Zsolt Harsanyi

Ungarische Rhapsodie

Zsolt Harsanyi

Ungarische Rhapsodie

Der Franz-Liszt-Roman

PAUL NEFF VERLAG WIEN

Aus dem Ungarischen übertragen und bearbeitet
von J. P. Toth und A. Luther

Titel der ungarischen Ausgabe
MAGYAR RAPSZODIA

Printed in Germany

ISBN 3-7014-0223-X
Umschlaggestaltung: Bruno Schachtner Grafik-Werkstatt, Dachau
Umschlagphoto: Bildarchiv Preußischer Kulturbesitz, Berlin
Druck und Bindung: Friedrich Pustet, Regensburg

ERSTES BUCH

ERSTES KAPITEL

Er wachte darüber auf, daß unter den Fenstern die eintönigen, brummelnden Stimmen zweier Erwachsener erklangen. Eine Weile noch lag er unbeweglich. Zunächst hatte er nicht gewußt, ob er noch träumte oder ob er schon wach sei. Aber das gleichmäßige Ticktack der Wanduhr, die ungewohnte Alltäglichkeit der Möbel und Einrichtungsgegenstände des Zimmers überzeugten ihn, daß er aufgewacht war. Er lauschte noch ein bißchen auf das durchs Fenster hereintönende Gespräch und hörte, daß man ungarisch sprach, aber Ungarisch verstand er nicht. Er hätte sich schon sehr anstrengen müssen, um allein aus der Art des Gespräches etwas zu begreifen.

Dann setzte er sich aufrecht und ließ seine Beine auf den Fußboden herunterbaumeln. Mit gespreizten Fingern fuhr er sich einige Male durch sein zerzaustes Haar und strich es nach hinten. Dann schaute er sich um. Die beiden Betten, in denen sein Vater und seine Mutter schliefen, waren bereits wieder gemacht. Seit er sich erinnern konnte, hing von diesen beiden Betten die abgeschabte, grüne Decke mit den Fransen am Rande herunter. Der Vater war draußen irgendwo bei den Schafen, die Mutter in der Küche. Er hörte sie nebenan schalten und walten.

So saß er lange untätig und unbeweglich. Obwohl er genug geschlafen hatte, fühlte er sich müde und abgespannt wie fast jeden Morgen. Er war oft krank. Während man die anderen Kinder im Dorfe schon frühmorgens aus dem Bett jagte, durfte er immer schlafen, solange er wollte. Er durfte auch mit dem Anziehen trödeln. Auch jetzt griff er noch nicht nach seinen Kleidern. Er saß nur, leicht seufzend vor Müdigkeit, auf dem Bettrand und sah auf seine beiden Hände herunter, die auf seinen Knien lagen. Dann hob er beide Hände und bewegte die Finger in der Luft, als ob er jemandem drohen wollte. Dann mühte er sich, den Ringfinger seiner ausgespreizten Hand so hin und her und auf und ab zu bewegen, daß die anderen Finger unbeweglich blieben. Verträumt und verwundert blickte er auf seine gelenkigen Finger – dann ließ er die Hand wieder auf die Knie fallen und stierte vor sich ins Leere. Und seufzte tief. Endlich nach langem Zögern hatte er sich entschlossen:

»Mutti!«

Sofort kam die Antwort von der Küche her:

»Ja, mein Kind, ich komme gleich.«

Im nächsten Augenblick trat auch schon die Mutter ein, eine große, schlanke Frau. Unter der weißen Haube lugte das in der Mitte gescheitelte, glattgestrichene schwarze Haar hervor. Die Ärmel ihres Kleides waren bis zum Ellenbogen aufgekrempelt. An der Hüfte klingelten die Schlüssel. Kind und Mutter sahen sich mit zärtlich vertrautem Lächeln an.

»Wie fühlst du dich, Putzi? Wirst du dich nicht erkälten?«

»Es ist doch Sommer, Mutti.«

Sie gingen zusammen hinaus in die Küche. Da stand auf einem Stuhl schon das Waschbecken bereit, daneben lag die Seife, über der Stuhllehne hing das Handtuch. Der Junge zog sein Nachthemd über den Kopf, band es wie eine Schürze um seine Hüften und neigte sich folgsam und ergeben über die Schüssel. Er kniff die Augen fest zusammen, damit keine Seife hereinkomme. Fleißig schrubbte die mütterliche Hand sein Gesicht, seinen Hals und seine Schultern. Die seifigen Finger überfielen auch seine Ohren und bohrten sich umständlich in alle Windungen der Muschel. Dazwischen fragte die Mutter:

»Wie geht es dir, Putzi?«

»Wie immer.«

»Bist du noch müde?«

»Ja.«

»Gestern warst du wieder ungehorsam. Hast eine halbe Stunde länger geübt, als du durftest.«

Der Junge sagte nichts, da er nicht sprechen konnte. Das grobe hausgewebte Handtuch rieb seinen Hals und seine Nase. Endlich hatte er das Waschen überstanden. Er lief zurück ins Zimmer. Im Nu erledigte er das Anziehen, schlüpfte in Hemd und Hose, zog die Stiefel einfach auf den nackten Fuß. Unterdessen brachte die Mutter einen Topf Kaffee mit einem Ranft Brot, stellte beides auf den Tisch und begann das Bett des Sohnes zu ordnen.

»Beten, Putzi!«

Doch dieser Ermahnung hätte es nicht bedurft. Der Junge kniete schon vor dem Marienbilde, unter dem ein flackerndes Flämmchen durch das rote Glas zwinkerte. Er bekreuzigte sich und sprach die täglichen Gebete: das Vaterunser, das Ave-Maria und das Morgengebet. Dieses sprach er besonders gern. Es enthielt einen Satz »Du, der du mich liebst«. Immer, wenn er betete, beeilte er sich ein wenig, um recht schnell zu diesem Satz zu gelangen. Hier überkam ihn stets eine liebevolle, selige Wärme . . . Zum Schluß bekreuzigte er sich wieder und setzte sich dann an den Tisch zum Kaffee. In ihm lächelte noch immer die Freude dieses Satzes – »Du, der du mich liebst« . . . Er fühlte: hier ist Einer, der ist groß und undurchdringlich und unfaßbar mächtig, Einer, der sich jetzt nur mit mir beschäftigt und mir zuliebe das ganze Weltall für eine Sekunde im Stich läßt, jetzt nur mich liebt, mich, – den Sohn des Adam Liszt in Raiding.

»Trinke den Kaffee hübsch langsam, Putzi, das Klavier läuft dir nicht weg. Jetzt ist es halb acht, bis halb elf Uhr darfst du spielen.« Die Mutter ging aus der Stube. Er versuchte, brav zu sein, aber seine Gier war größer als sein guter Wille. Mit mächtigen Bissen verschlang er das Brot und trank in großen Schlucken den Kaffee. Er kaute noch, als er schon auf den Klaviersessel geklettert war und den Deckel öffnete. Bis jetzt war er noch müde und matt gewesen, nun kam mit einem Male Leben in ihn. Auf dem Notenständer lag ein Notenheft: »Das wohltemperierte Klavier.« Er schlug das Vorspiel auf. Mit dem Fuße tastete er nach dem Pedal. Dann hielt er die Hände mit gespreizten Fingern hoch und klimperte rasch noch ein bißchen in der Luft. Hastig griff er noch einmal an seine Ohren: es juckte, weil die Mutter etwas Seifenschaum darin gelassen hatte. Dann hielt er die Hände wieder vor sich hin. Aber er schlug noch keine Taste an. Zu schön war die Erwartung dieser Erfüllung. Er schürte in sich förmlich die nahe Wonne und genoß noch, daß dieser großen Freude kein Hindernis mehr gesetzt war. Dann schlug er den ersten Ton an. Alsbald verwandelte sich das Kind. Es schloß die Augen, sein Gesicht begann zu glühen.

Die Noten hätten gar nicht vor ihm zu stehen brauchen, er kannte den ganzen Band auswendig. Jedes Vorspiel, jede Fuge lebte nicht nur im Gedächtnis seines Gehirns, sondern auch in dem seiner Hände. Wie er so ein Stück nach dem anderen spielte, tauchte er mit seinem ganzen Körper in die herrliche Pracht der Töne, gleich einem, der beim Baden in die kühlenden Fluten des Baches taucht. Mit dem Rücken, mit den Schultern fühlte er dieses vollständige Versinken in der Musik. Er neigte den Kopf verzückt zur Seite, ja, bei der Schönheit einer bestimmten Modulation wiegte er ihn hin und her, wie einer, der das Haupt verneinend schüttelt.

Inmitten der zweiten Fuge hielt er plötzlich inne und öffnete die Augen. Er sah herab auf die schwarz-weißen Reihen der Tasten, als wollte er ein Geheimnis erforschen. Dann schlug er neugierig ein C an. Langes, verhaltenes Lauschen. Der Klang machte ihm Freude. Er schlug immer wieder denselben Ton an, bald schneller, bald langsamer, dann wieder kräftiger und schwächer, setzte den Fuß auf das rechte Pedal und ließ das C ungehemmt ausklingen. Der Ton, dieses unerhörte Wunder, schwamm langsam in der Luft, klang lange schwingend nach, nahm leise verhallend ab, war aber immer noch hörbar, wurde endlich zum Hauch . . . noch weniger . . . und dann war es still . . . Schweigen, in dem nur noch die ahnende Erinnerung des Tones lebte. Und wieder schlug er kräftig an, ließ den Ton noch einmal anschwellen und langsam ersterben. Er konnte nicht genug bekommen von diesem Wunder, das immer neu und geheimnisvoll blieb.

»Putzi, was klimperst du wieder? Spiele ordentlich!«

Die Stimme der Mutter tönte aus der Küche. Er fuhr zusammen und setzte die Fuge fort, wo er sie unterbrochen hatte – verschämt lächelnd wie ein erwischter Zuckerdieb.

Nach sechs Vorspielen und sechs Fugen hörte er auf. Auf väterlichen Befehl hatte er dieses Pensum täglich zu üben. Er schloß das Bach-Heft und suchte neue Noten, blätterte in Haydn, Mozart, Beethoven, Händel, Ries und Hummel – war unschlüssig. Wahllos schlug er ein paar Takte an, improvisierte, spielte schneller als das vorgeschriebene Tempo – dann blätterte er weiter.

Bei einem Beethoven-Werk, bei der Sonate Opus 10, D-Dur, hielt er an. Er strich die Seiten glatt. Seine Augen flammten auf vor Freude. Das erste Presto der Sonate begann mit einer Oktave der rechten Hand. Da mußte er an die schmerzlichen Qualen denken, die ihn in früheren Jahren beim Oktavenspielen überfallen hatten. Seine Hand war damals für Oktaven noch zu klein gewesen. Er konnte sich noch so anstrengen, die Spanne vom Daumen zum kleinen Finger umfaßte keine acht Tasten. Nur durch eine List gelang es ihm, in dieser Zeit eine Oktave anzuschlagen: nämlich mit blitzschnell weiterspringender Hand. Als er sieben Jahre alt war, hatte er noch so gespielt. Damals flehte er in heimlichen Gebeten zum lieben Gott, daß seine Hand schneller wachsen möge. Und mehr als einmal ertappte er sich bei dem Gedanken, mit Vaters Rasiermesser die Bindehaut zwischen den Fingern aufzuschneiden. Eine unsagbare Sehnsucht hatte ihn gequält, was in den Noten gedruckt stand, nach Belieben spielen zu können. Als er damals das erste Mal eine Komposition von Ries spielte, sah er mit Schrekken, daß die linke Hand eine Dezime greifen mußte. Wie sollte er aber mit seiner schmalen Hand eine Entfernung von zehn Tasten umspannen? Die große Not machte ihn erfinderisch: während er oben die Töne mit der rechten Hand und unten den letzten Ton der Dezime mit der linken anschlug, neigte er sich schnell über die Tasten und drückte mit der Nase den fehlenden Ton nieder. Sein Vater lachte damals schallend, zog ihn auf seinen Schoß und küßte ihn. Aber er selbst lachte nicht. Er haßte seine Unbeholfenheit. Heute, mit zehn Jahren, war die Sache anders. Wenn auch keine Dezime – eine Oktave konnte er schon spannen. Der Daumen und der kleine Finger seiner Hand spreizten sich in gewaltsamer Anspannung förmlich zu einer waagerechten Linie. Leicht und stolz schlug er die drei D-Töne an, piano, wie vom Komponisten vorgeschrieben, obwohl dieser Umstand das Spiel außerordentlich erschwerte.

Die winzigen Finger liefen mit prahlender Sicherheit über die Tasten. Wenn seine rechte Hand die Melodie der linken abgab und dann wieder zurücknahm, wiegte sich sein Oberkörper schaukelnd hin und her. Beim Crescendo preßte er die Zähne so zusammen, wie wenn er jemanden beißen wollte, und als er zum Tremolo-H kam, zitterte sein ganzer Körper vor Wonne. Von neuem Schwunge beseelt, verfolgte er die Wendungen der Komposition. Beim Pianissimo streichelte er förmlich die Tasten, dann spielte er wieder frei und erlöst wie einer, der über eine große, breite Wasserfläche auf einem wackeligen, schmalen Holzsteg sicher hinwegschreitet. Nun war er beim Satz »Largo e mesto« angelangt. Schon beim zweiten Takte füllten sich seine Augen mit Tränen. Die schmerzlich-süßen,

schwermütigen Klagen durchdrangen seine ganze Seele mit erhabener Trauer. Während die linke Hand genau, gleich dem Pulsschlag, die Begleitung versah, spielte die rechte mit so unendlicher Dankbarkeit und Hingabe die flehenden Melodien, daß er plötzlich die Hand aufheben mußte, um die Tränen abzuwischen, die kribbelnd über seine Nase rannen. Trotz allem kam er aber nicht aus dem Takt. Gleichmäßig spielte er weiter, noch an den salzigen Tränen schluckend, im geheimen aber schon erfüllt von freudiger Erwartung des folgenden Menuetts.
Dieses Menuett liebte er aus ganzem Herzen. Als er zu spielen begann, paßten sich seine Gesichtszüge sofort dem tieftraurigen Lächeln des musikalischen Motives an. »Ein tieftrauriges Lächeln«, flüsterte er in sich hinein; es war die Bezeichnung, die er sich selbst für diese Musik ausgedacht hatte. Plötzlich aber brach er ab und fing von neuem an. Nicht im Spiel lag der Fehler – mit seinem Mienenspiel war er unzufrieden. Er legte sich einen passenden Gesichtsausdruck zurecht, ordnete sozusagen seine Züge neu und begann von vorn. Allein es wollte nicht gelingen – die Finger gehorchten wohl, nicht aber das Gesicht. Da kletterte er entschlossen vom Sessel, lief in das Nebenzimmer vor den Spiegel seiner Mutter und versuchte, in seinem Gesicht das »tieftraurige Lächeln« auszudrücken. Er legte den Kopf halb nach hinten, verzog die Mundwinkel leise nach unten, ließ die Augenlider sinken und ging dann schnell, mit erstarrter Miene zurück zum Klavier. Den eingeübten Ausdruck seines Gesichtes behielt er bei, wie jemand ein bis zum Rande gefülltes Gefäß vorsichtig trägt. Abermals setzte er sich und begann zu spielen. Nun war es richtig. So schauspielernd übte er die musikalischen Sätze bis zum Trio. Er wiederholte diesen Satz gemäß den Vorschriften, und als er damit zu Ende war, blieb er mit würdigem Antlitz sitzen und verneigte sich stumm und ernst vor dem angenommenen Beifallssturm. Zugleich schielte er aber auch nach der Tür, ob nicht jemand sein stummes Spiel beobachte. Er hätte sich zu Tode geschämt, wenn man ihn erwischt hätte. Aber es sah ihn niemand. Draußen im Hof war kein Mensch. Beruhigt begann er nun das Trio und ausgelassen überspielte er mit der linken die rechte Hand, einmal da, einmal dort übergreifend. Dann spielte er alles noch einmal, um bei der Wiederholung des Menuetts dieses einstudierte traurige Lächeln, in dem er sich so sehr gefiel, wieder auf seine Mienen zaubern zu können.
Nun hätte eigentlich noch das Rondo folgen müssen. Aber seine Hände ruhten untätig auf den Tasten, den abschließenden D-Dur-Akkord festhaltend. Sein Blick streifte die Wand. Da hing Beethovens Bild in einem schwarzen ovalen Rahmen. Seit er sich erinnern konnte, hing dieses Bild dort. Darunter stand Vaters Cello angelehnt, da hing auch die Gitarre, all die Instrumente, nach denen das Familienoberhaupt monatelang kein einziges Mal griff, weil auch er am liebsten Klavier spielte.
Das Bild zeigte einen Mann mit düsterem Blick, breiter Nase und breiter

Stirn. Vom Hörensagen wußte er auch viel von ihm. Sein Vater und die Gäste seines Hauses erinnerten sich seiner oft mit Andacht. Andere Musiker wurden von ihnen öfters bekrittelt, dieser eine nie. Der Ton der Unterhaltung änderte sich sofort, wenn man von Beethoven nur zu reden begann. Als ob er selbst mit seinem würdevollen, achtunggebietenden Antlitz in ihrem Kreise weilte. Man erzählte sich von ihm, daß er grantig sei, daß er in unbändigem Stolz seinen Kopf nicht einmal vor geborenen Aristokraten neige, daß er in seiner engen Wiener Wohnung sparsam, von den Menschen abgeschieden, lebe, daß sein Gehör mit seinem dreißigsten Jahre angefangen habe, schwächer zu werden, und daß er jetzt ganz taub sei. Man erzählte sich auch, daß er über seinem Klavier ein sonderbar gebogenes Messingschild habe anbringen lassen, damit er wenigstens etwas aus der Resonanz der Töne ahnen könne, wenn er den Versuch machte, zu spielen. Aber trotz seiner Taubheit sei er der größte von allen zur Zeit lebenden Musikern.

Auf das Kind hattte dieser streng blickende Mann mit dem breitknochigen Gesicht einen außergewöhnlichen Eindruck gemacht. Als ihn einmal die Gäste seines Vaters fragten, was er werden wolle, wenn er erwachsen sei, deutete er auf das Bild und sagte verschämt: »So einer.«

Auch jetzt betrachtete er eingehend diesen geheimnisvollen Erwachsenen, den er sich zum Vorbild gewählt hatte. Er wünschte sehnsüchtig, daß er einmal an ihn heranreichen und daß jener ihn liebgewinnen möge. Er hatte das Gefühl, als ob er sehr viel von ihm wisse – wie wenn die Werke, die er von ihm gespielt, allesamt ein vertrauliches Gespräch des Großen mit ihm, dem kleinen Kerl aus Raiding, gewesen wären. Während er die Freunde seines Vaters, die hin und wieder zu Besuch kamen, als vertraute Onkel betrachtete, konnte er an ihn, an Beethoven, so nicht denken. Er war kein Onkel für ihn, sondern ein Jemand ohne Alter, mit dem zusammen zu sein unvergleichlich schön sein müßte. Man brauchte gar nicht miteinander zu sprechen – es wäre schon Glücks genug, mit ihm vor dem Klavier zu sitzen und zum Beispiel die tiefsinnigen und gefühlvollen Anfangstakte der As-Dur-Sonate zu spielen und mit entzückter gemeinsamer Freude einander in die Augen zu sehen. Und neben ihm bleiben, immer, immer . . .

Ob er auch einmal »so einer« werden würde, wie er sich das vorgestellt hatte . . .? Arbeiten, – arbeiten! Er riß sich aus seiner Verträumtheit los, schloß den Sonatenband und begann unter den vielen Noten herumzustöbern. Er kannte sie alle sehr gut: am Deckel, am Griff, an der Form des ausgefransten Randes . . . Endlich zog er aus dem Notenhaufen die Czerny-Etüden hervor und schlug sie an der Stelle auf, wo ihm sein Vater gestern mit dem Bleistift ein Zeichen gemacht hatte. Er rückte sich zurecht, streckte abermals die Hände vor wie zum Kampf hieb- und stichbereite Waffen – begann aber noch nicht. Zuvor bekreuzigte er sich. Dann griff er in die Tasten, holte tief Atem und schlug an. Die tägliche Arbeit begann: die hun-

dertmalige Wiederholung des einförmigen Motives – eintönig – störrisch – immer und immer wieder – wie wenn er den Sand der Wüste Sandkorn für Sandkorn einzeln übereinanderordnen müßte . . fünf Minuten – eine Viertelstunde – eine halbe Stunde – nur immer weiter – ununterbrochen, ohne Abwechslung – das Ende unabsehbar. Seine Gedanken möchten am liebsten der mechanischen Arbeit der Finger davonlaufen. Wenn er sie aber nur für einen Augenblick ohne Aufsicht läßt, geraten sie sofort durcheinander wie hinterlistige Sklaven. In solchen Fällen muß man die Ungehorsamen strafen, achtmal, zehnmal, zwanzigmal mit ihnen ein und denselben Takt wiederholen. Insbesondere aber diese zwei Ungeschickten, die beiden Ringfinger, muß man zur Arbeit antreiben, denn die freuen sich immer, wenn sie einmal schwänzen können. Eine halbe Stunde, eine Stunde, anderthalb Stunden in der niederdrückenden Eintönigkeit einer Tretmühle . . .
»Putzi, nun ist es genug. Es ist halb zwölf Uhr.«
Die Mutter trat zum Klavier, in der Hand ein Butterbrot. Das Kind brach mitten im Üben ab und sprang vom Klavierschemel. Im nächsten Augenblick verschlang es schon gierig sein Butterbrot.
»Was gibt's zu Mittag, Mutti?«
»Aber Putzi, schämst du dich denn nicht? Hast den ganzen Mund voll und bist mit den Gedanken schon wieder beim Mittagessen! Spute dich, lauf zum Herrn Kaplan und sei um halb eins zu Hause, sonst kriegst du deinen Teil vom Vater, du weißt . . .«
Draußen auf der Straße flimmerte drückend heiß der ländliche Sommer. Die weiß getünchten Mauern der winzigen Häuser blendeten das Auge. In den Mittagsstunden spendeten nicht einmal die verstaubten Akazienbäume Schatten. Auf der Landstraße brannte der Staub geradezu. In dem blumenüberwucherten Graben drängten sich scharenweise vor Hitze keuchende Gänse. Menschen waren nirgends zu sehen. Nur ganz weit entfernt schlenderte ein Bauer daher, der offenbar von Ödenburg heimkam.
Das Kind lief eilends nach dem Hause des Kaplans. Trotz der großen Hitze bekam ihm das Laufen recht gut nach dem langen Sitzen am Klavier. Als er am Hause des Landwirts Zirkel vorbeirannte, rief ihn der Seppl an, der mit einer Schnitzerei vor dem Hause saß:
»Putzi!«
»Hab keine Zeit.«
»Hast du das schon, worüber wir gesprochen haben?«
»Nachmittags! Jetzt hab ich Eile.«
Der Seppl Zirkel schnitzte weiter an seinem Stückchen Holz herum, und der Putzi lief davon. Die Sache, an die der Seppl ihn erinnerte, hatte er ganz vergessen. Sie hatten nämlich ausgeheckt, daß er aus Vaters Jagdsachen eine Handvoll Schießpulver klauen sollte, mit dem sie sich dann irgendeinen Spaß machen wollten. Aber das hatte er nun ganz und gar vergessen. Doch es hatte ja Zeit bis nachmittags.

Der Herr Kaplan, Onkel Rohrer, saß in Hemdsärmeln auf seinem Hof. Nicht einmal seinen Pfarrer-Rock hatte er an, sondern er trug nur eine schwarze Lüsterhose. Er war damit beschäftigt, in den Schaft einer kleinen Axt einen Keil zu treiben. Dabei rauchte er seine Pfeife.
»Nun, wie fühlen wir uns, mein Sohn?«
»Ich danke vielmals, Onkel Rohrer, gut. Ich hab bis jetzt geübt.«
»Ist dein Vater zu Hause?«
»Nein. Er kommt erst zum Mittagessen.«
Sie schwiegen. Der Kaplan hämmerte schnaufend an der Axt herum. Zwischendurch wischte er mit seinen Hemdsärmeln über seine schweißtriefende Stirn. Der Junge wartete geduldig. Er tätschelte den schlampigen, weißen Wachthund, der seinen altersschwachen, fetten Körper träge zu ihm schleppte und, ohne einen Laut von sich zu geben, den alten starräugigen Kopf in die vertrauten, streichelnden Kinderhände schmiegte.
»Eine Hundehitze«, sagte der Kaplan. »Na, gehen wir hinein. Drinnen ist's doch etwas kühler.«
Sie gingen ins Haus, an der Küche vorbei, wo schwerer Speisengeruch und das zischende Geräusch des Feuers ihnen entgegenschlug. Eine dichte Wolke von Fliegen überfiel sie. In der Stube erwartete sie muffiges Halbdunkel. Der Kaplan füllte seine Pfeife von neuem und schleppte seinen schweren Körper ächzend zum Tisch. Das Kind ging mit heimischer Vertrautheit zum Fenstersims und suchte seine Sachen zusammen: Bücher, Hefte, Schreibzeug. Dann siedelte es sich auch am Tisch an, tauchte die Feder ein und wartete. Der Kaplan fing an zu diktieren und nahm gleichzeitig eine Fliegenklappe in die Hand.
»Constitit atque oculis . . .«
». . . oculis.«
»Phrygia agmina – hast du's?«
»Ja.«
»Circumspexit, hast du's? Zeig her. *Was* ist das? Phrygia? Wie wird das geschrieben, Phrygia? Du paßt aber auch nie auf, Junge! Erst gestern hab ich dir's buchstabiert.«
Die Hand des Lehrers verbesserte energisch das falsch geschriebene Wort.
»Jetzt übersetze es. Was heißt ›constitit‹?«
Der Junge schwieg.
»Nun? Los, los! Laß dich nicht bitten!«
Im selben Augenblick sauste die Fliegenklappe klatschend auf den Tisch nieder, und Kaplan Rohrer strich mit flacher Hand die erwischte Fliege von der Tischplatte herunter. Der Unterricht schleppte sich schwerfällig und schläfrig weiter.
»Er blieb stehen und betrachtete die phrygischen Streitkräfte.«
Dann folgte wieder Diktat. Dann abermals Übersetzung. Andauernd mußte

der Junge mit Händen und Füßen die Fliegen von sich abwehren. Auch die Fliegenklappe des Kaplans knallte wiederholt kräftig.

»Was? ›Litterarum‹ mit einem t? Gehen dir denn da nicht die Augen über, wenn du das siehst? Das Wunderkind, das in Preßburg und in Wien schon selber Konzerte gegeben hat, beherrscht nicht einmal die Rechtschreibung, so sehr ich mich auch mit ihm abmühe! Aus dir wird nie etwas! Wenn das noch einmal vorkommt, sage ich es deinem Vater, daß du niemals aufpaßt.«

»Nein, nein«, schrie der Junge erschrocken auf.

»Siehst du, jetzt hast du Angst. Aber aufpassen, das willst du nicht. Nun sage mal, was wird denn überhaupt mit euch? Geht ihr wirklich ins Ausland oder nicht?«

»Ich weiß es nicht, Onkel Rohrer. Der Vater hat es mir noch nicht gesagt.«

»Ich habe gehört, daß Seine Durchlaucht euch ein Stipendium gewähren will.«

»Ich weiß nicht.«

»Und was gibt's Neues von deinem Großvater? Ist er noch immer in Pottendorf in der Tuchfabrik?«

»Ja, er ist noch dort.«

»Also, sage deinem Vater, daß ich an einem der nächsten Tage zu euch komme. Ich hab es mir schon seit Wochen vorgenommen, aber immer kommt etwas dazwischen. Warte ein bißchen, ich bin gleich wieder da. Sieh dir einstweilen deine Fehler an. Eine schöne Geschichte! Das Wunderkind beherrscht nicht einmal die Rechtschreibung! Glaubst du am Ende, daß Mozart auch nicht richtig schreiben konnte?«

Er tapste hinaus. Der Junge blieb allein. Unlustig zog er die Schultern hoch. Er konnte diese Unterrichtsstunden nicht ausstehen, bei denen immer nur seine Unwissenheit und Unaufmerksamkeit zum Vorschein kamen. Schnell war er deshalb bemüht, in seinen prahlenden Erinnerungen nach einer Salbe für die Wunde seines verletzten Selbstbewußtseins zu suchen.

Da dachte er zuerst an sein Konzert in Ödenburg. Oh, war das wunderbar! Der junge, blinde Baron, der von dem neunjährigen, fabelhaft Klavier spielenden Sohn des Raidinger Verwalters gehört hatte, bat den Vater, er möge das Kind in seinem Konzert auftreten lassen, vielleicht würde das auch noch andere Leute aufmerksam machen. Der Vater hatte es erlaubt. Unten im Saale saßen viele Leute, sein Platz war auf dem Podium, um ihn herum das vollzählige Orchester. Er fühlte heute noch ganz genau das qualvolle Zittern einer bestimmten Stelle seiner Brust unmittelbar über dem Magen. Vollkommene Taubheit befiel seine Ohren, als er das zu Hause schon unzählige Male geübte Es-Dur-Klavierkonzert von Ries zu spielen begann. Er hörte weder etwas vom Orchester noch von seinem eigenen Klavierspiel. Es bedrängte ihn nur das bange Gefühl, im nächsten Augenblick ohnmächtig zu werden. Aber die ersten Takte gingen glücklich vorüber, und er kam langsam wieder zu sich. Nach zwei Minuten war er schon wieder vollkommen Herr über seine Finger. Mit pochendem Herzen, im Fieber einer merkwürdigen Spannung, spielte er trotzdem ruhig. Und der Beifall, der dem Vortrag folgte, klang ihm heute noch in den Ohren. Der erste öffentliche Applaus seines Lebens. Dieses aufpeitschende, geliebte harte Krachen, das sich anhört wie ein prasselnder Hagelregen. Die Menschen sprangen von ihren Sitzen hoch, kamen zum Klavier heraufgelaufen – Männer und Frauen umarmten ihn gleichermaßen, man küßte ihn, man strich ihm gerührt über das Haar, man streichelte seine Wangen, und in dem unerhörten, freudigen Tumult schrien alle durcheinander: »Ist der aber goldig, ist der aber lieb, nein so etwas, wie entzückend . . .« Nach diesem Konzert geschah es, als sie im Bett lagen, daß sein Vater, der ihn schon schlafend glaubte, auf Zehenspitzen zu ihm geschlichen kam, ihn küßte und weinte. Am anderen Tag beschloß man, daß der Putzi nunmehr auch allein in Ödenburg auftreten könne. Auch dieses zweite Konzert brachten die rührigen Eltern zustande. Der Vater rannte ununterbrochen von früh bis abends mit den Eintrittskarten herum, und auch die Mutter war fortan zwischen Raiding und Ödenburg dauernd auf den Beinen. Er selbst mußte täglich sechs Stunden üben. Diesem Konzert war ein noch größerer Erfolg beschieden als dem ersten. Der Saal füllte sich bis auf den letzten Platz, und schon bei seinem Eintreten begrüßte ihn ein überwältigender Applaus, als er sich artig verbeugte. Und erst der Beifall nach den einzelnen Vorträgen . . . Was für ein gewaltiger Unterschied in dieser Beziehung zwischen einem großen und einem kleinen Publikum . . .! Und wie gab man ihn von Hand zu Hand, wie wurde er gestreichelt und geküßt, hundertmal mehr als das erstemal! Wie selig besprachen damals Vater und Mutter stundenlang, was dieser und jener große Herr gesagt habe . . . Zu dieser Zeit entstand in seiner Seele das nagende und quälende Geheimnis, das er seitdem niemandem verraten hatte . . .

»Also da bin ich wieder«, sagte der Kaplan schnaufend. »Ich verstehe wirklich nicht, wohin man wieder mein Taschenmesser gelegt hat . . . Hol mal deine deutsche Grammatik vor.«

Der Junge schluckte den aufsteigenden Seufzer hinunter. Folgsam holte er das Buch hervor. Er blätterte die Seite auf, die heute darankommen mußte, und fing laut zu lesen an: »Fürwörter nennt man Wörter, welche . . .« Er las widerwillig, unlustig und unaufmerksam. Hier und da unterbrach ihn der Kaplan mit Fragen, auf die er fast immer zögernde, meist aber unruhige Antworten gab. Eine Ermahnung jagte die andere. Gerade setzte ihn wieder eine verfängliche Frage in Verlegenheit, als das mittägliche Glockengeläut mit seiner altbekannten summenden Gis-Stimme ertönte. Sowohl der Kaplan als auch das Kind unterbrachen sofort das Lernen. Sie bekreuzigten sich und fingen murmelnd zu beten an. Rohrer wurde früher fertig, und ohne des noch versunken betenden Kindes zu achten, sagte er vor sich hin, über die Schultern hinweg: »Sofort« und ging abermals hinaus, um etwas nachzusehen.

Endlich bekreuzigte sich auch der Junge und floh schnell in das Selbstgefühl seiner sieghaften Erinnerung zurück. Wie war das dann nach Ödenburg? Eines Tages kam sein Vater aufgeregt mit der großen Nachricht nach Hause: sie müßten nach Preßburg, der Fürst wolle das Kind spielen hören. Was für eine fürchterliche Aufregung entstand im Hause! Er erkannte seinen Vater nicht wieder: der Mann, den er bislang hier auf Erden für den größten, den stärksten, den mächtigsten gehalten hatte, kam ihm auf einmal vor wie ein erbärmlich zitternder Sklave, wie ein um die Gunst einer überirdischen Persönlichkeit buhlender ... Von früh bis abends sprach man nur von dem Preßburger Auftreten. Und das Gespräch kam immer wieder auf dasselbe zurück, nämlich auf den Fürsten. Man sprach von ihm nicht als »Fürst«, sondern von »Seiner Durchlaucht«, und die Stimmen senkten sich dabei ehrerbietig. In die Gesichter trat etwas Starres, Ehrfürchtiges, sooft sie diese Anrede gebrauchten. Aber es war eine ganz andere Ehrfurcht, als wie man sie in Gesprächen über Musik etwa Beethoven zollte. Er konnte sich das selbst nicht richtig erklären, aber diese sonderbare, sich sklavisch duckende Aufregung seiner Eltern, hauptsächlich des Vaters, wühlte ihn bis in die tiefste Seele auf. Bisher war sein Vater für ihn der erste und vollkommenste Mensch der Welt gewesen, und jetzt mußte er mit ansehen, wie sein mit glühender Verehrung geliebter Abgott von seinem Altar herabstieg. In seiner qualvollen Zerrissenheit verkroch er sich in sein Stübchen. Dort litt er, und seinen Schmerz teilte er mit niemandem. Bis dahin hatte er vor seinen Eltern nichts verschwiegen. Jetzt machte sich in seinem Herzen zum ersten Male bitteres Mißtrauen breit. Dazu kam noch, daß sowohl der Vater als auch die Mutter ihn fast jeden Augenblick anfuhren und ermahnten, weil sie immer wieder etwas Neues an seinem Benehmen auszusetzen fanden. »Wie sitzt du auf deinem Stuhl? Halte dich nicht krumm! Wirst du vor Seiner Durchlaucht auch so dastehen? Wie hältst du das Messer? Wirst du in Preßburg auch so essen? Was wird dann die Umgebung Seiner Durchlaucht sagen?« Wenn er stand, wenn er saß, wenn er aß, wenn er auch nur den kleinsten Schritt getan hatte – alles war falsch. Und all das wegen des Fürsten. Bald haßte er ihn aus tiefstem Herzen. Aber was noch viel, viel unheimlicher schien, das war die erschreckende Veränderung, die in ihm selbst vorging. Er fühlte einen Riß in der schwärmerischen Verehrung, die er bis jetzt seinem Vater entgegengebracht hatte. Anfänglich leugnete er das zwar vor sich selbst – umsonst, es wurde ihm immer klarer, daß er seinem Vater tief grollte. Er fühlte sich erniedrigt und ernüchtert. Und dann konnte er sich nicht mehr halten und fuhr zornig los:

»Ermahnen Sie mich doch nicht dauernd wegen des Fürsten, Vater! Ist denn dieser Fürst der Herrgott selber?«

Überrascht blickte der Vater ihn an und sagte:
»Beinahe.«
Ernst, in seiner Stimme teilnehmende Zärtlichkeit, fuhr er fort:
»Wir verdanken unser Brot dem Fürsten Nikolaus von Esterhazy. Du bist noch klein und kannst noch nicht begreifen, was für ein mächtiger Herr er ist. In ganz Europa kommt er gleich nach dem Kaiser Franz. Dieses Haus gehört ihm. Ganz Raiding gehört ihm. Soweit du nur die Felder, die Berge, die Wälder sehen kannst, alles ist sein Eigentum. Was wir essen, bekommen wir von ihm. Auch dein Großvater in Pottendorf bekommt von ihm seine Nahrung. Die Kleider, die wir alle tragen, erhalten wir ebenfalls von ihm. Wenn er zornig ist, steht es ihm frei, zu bestimmen, daß wir mogen kein Dach mehr über uns und nichts zu essen haben. Und wenn es ihn gelüstet, kann er uns viel Geld geben; wir können in ein noch schöneres Haus ziehen und ich kann dich von Professoren im Klavierspiel unterrichten lassen. Weißt du, wem der alte Fürst in Eisenstadt zu essen gegeben hat? Dem Haydn! Und auch dem Hummel! Die konnten ihre Studien nur fortsetzen, weil er seine Hand schützend über sie hielt. Wer Cherubini ist, habe ich dir auch schon erklärt, und siehst du, auch dieser Cherubini ist von weit, weit her zu dem Fürsten gekommen, weil der es so gewollt hat. Du mußt dich rechtzeitig daran gewöhnen, mein lieber Sohn, daß es auf der Welt zweierlei Menschen gibt: die vornehmen, großen Herren und die armen Leute. Die armen Leute müssen untertänig, anständig und folgsam sein, wenn sie im Leben vorwärtskommen wollen.«
»Aber ich möchte Ihnen gehorchen, Vater, nicht ihm, dem Fürsten. Ich kenne ihn doch gar nicht.«
»Widersprich deinem Vater nicht, mein Junge! Du mußt dich in Preßburg tüchtig zusammenreißen, wenn dir das Glück zuteil wird, vor Seiner Durchlaucht spielen zu dürfen, denn von ihm hängt sehr, sehr viel ab. Du wirst im Hause eines Verwandten des Durchlauchtigsten Herrn spielen. Das ist eine ganz unerhörte Bevorzugung.«
Der Junge schwieg mit Bitterkeit und Enttäuschung im Herzen, und beides vergab er seinem Vater nicht.
Fleißig übte er stundenlang, das Konzert erfüllte ihn mit heftigem Ehrgeiz. Und als man ihm aus Ödenburg einen prachtvollen ungarischen Galaanzug brachte, war er außer sich vor Freude. Aber in seinem Innern schürte er mit geheimem Trotz den gärenden Aufruhr.
Dieses Konzert war in seinem Herzen zu einem derartig verworrenen, bunten Kranz von Erinnerungen geworden, daß er nur einzelne unzusammenhängende Erlebnisse wieder heraufbeschwören konnte. Er sah sich begeistert von der großen Stadt Preßburg, ihren Palästen, ihren durch die Straßen rasselnden fransenverzierten Gespannen, die er sich bis dahin nicht einmal in seiner kühnsten Phantasie hätte vorstellen können . . . Er sah sich zwischen prächtigen Husaren – und er sah sich inmitten lautlos hin und her

eilender Lakaien durch den Aufgang für Bediente in den Saal treten, die Hand seines Vaters verkrampft festhaltend. Vor allem gewahrte er aber jenes verhaßte Bild: wie sein Vater sich vor den höfischen Lakaien unterwürfig verneigte. Und endlich sah er sich in dem feenhaft glitzernden Konzertsaal vor dem Klavier, geblendet und betäubt von der Purpurpracht goldener Sessel, in denen so unerhört glanzvolle Menschen saßen, daß seine Augen das Bild kaum fassen konnten . . . Er erinnerte sich seines Spieles und des totenblassen, gespannten Erschreckens, das ihn befiel, als er sah, wie heftig die Noten blätternden Finger des Vaters zitterten . . . Er erinnerte sich der flüsternden Verwunderung, die durch den Saal lief, als man ihm unbekannte Noten vorlegte, damit er sie vom Blatt spiele . . . Und dann erblickte er den Fürsten vor sich, diesen überirdisch anmutenden Greis, den er so brennend gern hätte hassen wollen, was aber nicht anging, weil dieser heldenhafte, prachtvoll gekleidete alte Mann so liebenswürdig, so gütig das lächelnde Wohlwollen selbst war: er hob ihn empor, drückte ihn an seine Brust, küßte ihn rechts und links auf die Wangen, während im Saal dröhnender Beifall tobte . . . Dann verschwamm alles vor seinen Augen: Herren in ungarischer Gala und märchenhafte Prinzessinnen umfluteten ihn. An weiteres vermochte er sich nicht mehr zu erinnern.
Wohl aber konnte er sich darauf besinnen, daß seine Mutter draußen zwischen der Dienerschaft hatte warten müssen, während er spielte. Seiner Mutter war es nicht erlaubt gewesen, dem Konzert beizuwohnen. Ein gezierter Lakai mit gepuderter Perücke fuhr sie barsch an, als sie versuchte, sich heranzuschleichen. Ihm hatte das Geschehnis brennend weh getan. Die Mutter zog sich mit einem Lächeln zurück, wie ein bei einem Streich ertapptes Kind.
Dann konnte er sich nur noch daran erinnern, daß man ihn irgendwie nach Hause brachte. Vater und Mutter stürzten die Tränen aus den Augen, als sie sich zum Mittagessen setzten. Sie drückten ihn an sich, umarmten und küßten ihn.
»Es wird alles anders werden«, sagte der Vater, vor Rührung zitternd. »Die Magnaten waren so begeistert, mein Sohn, daß sie ein Stipendium für sechs Jahre bewilligt haben. Ich nehme dich mit zu Hummel, bei dem sollst du lernen. Was möchtest du jetzt, mein lieber Junge? Willst du etwas essen, oder willst du etwas trinken? Du kannst haben, was du willst. Sollen wir dir etwas in der Stadt kaufen? Wozu hättest du Lust?«
Aber er hatte zu gar nichts Lust. Er war nur furchtbar müde. Den ganzen Nachmittag und den ganzen Abend blieb er mißmutig. Er sehnte sich nach seinem Bett. Doch Vater und Mutter ließen ihn nicht schlafen. Noch stundenlang verhandelten sie am Tisch des Hotelzimmers. Der Vater hatte die Namen der Magnaten aufgeschrieben und vorgelesen: Graf Amadé, Graf Viczay, Graf Szapary, Graf Esterhazy, Graf Apponyi . . . und dabei neben die einzelnen Namen jedesmal verschiedene Ziffern hingeschrieben.

Lange und anhaltend beriet er sich in jedem einzelnen Falle mit der Mutter. Die Eltern waren so unterwürfig, ja sogar im Ton ihrer Stimme, wenn sie die Namen dieser Magnaten aussprachen, lag unverhohlen eine demütige Dankbarkeit, daß ihn, der indessen mit geschlossenen Lidern Schlaf vorspiegelte, das brennende und im Grunde genommen unbegreifliche Gefühl einer schmachvollen Demütigung marterte.
Dann waren sie wieder daheim in Raiding. Und der in Regenbogenfarben schimmernde Goldrausch des Konzerterfolges verflog nunmehr. Die Grafen hatten zwar ein sechsjähriges Stipendium angeboten, aber nun, da dieses großzügige Angebot in bares Geld umgewandelt werden sollte, konnte Adam Liszt nicht weiter. Er wußte nicht, was er anfangen sollte. Stundenlang lief er in Eisenstadt bei den mächtigen Verwaltern der fürstlichen Besitzungen von Tür zu Tür, um sich Rat zu holen. Die aber warnten ihn, die Freunde Seiner Durchlaucht zu behelligen. Ja, sie verboten ihm sogar, an den Fürsten selbst ein Gesuch zu richten, er möge doch die Aristokraten an ihr Versprechen erinnern. Und jene, die damals in der mitreißenden Stimmung des Konzertes dem Wunderkinde großzügig ihre Geldversprechungen hingeworfen hatten, sandten von sich aus nicht einen einzigen Heller nach Raiding. Das hatte man von ihnen auch gar nicht erwarten können. Es hätte sich jemand finden müssen, der sie der Reihe nach besuchte, um die angebotenen Goldstücke einzusammeln. So ein Jemand war aber nicht vorhanden. Und der berauschende Traum, die ganze kleine Familie könnte mit dem reichlichen Stipendium zur Weiterbildung des Jungen nach dem Auslande übersiedeln, wandelte sich zu einem in immer weiterer Ferne verschwindenden narrenden Trugbild. Drei Monate lang hatte Adam Liszt, zur Untätigkeit verdammt, mit den leeren Versprechungen in der Tasche gewartet. Dann hatte er sich in den Kopf gesetzt, daß sein Sohn in Wien auftreten müsse. Da würden die ungarischen Magnaten schon aufhorchen, sie würden sich ihrer Preßburger Versprechungen wieder erinnern – und vielleicht mochte sich dann sogar eine Durchlaucht gnädig und freigebig zeigen. Ein reger Briefwechsel begann: der Vater saß allabendlich bis Mitternacht gebeugt am Tsich und kritzelte unzählige Briefe. Wen er nur in Wien kannte, an den wandte er sich. Auch die Mutter zerbrach sich andauernd den Kopf, wer von ihren Wiener Bekannten aus der Zeit, da sie noch als Mädchen daheim in Krems in der Langerschen Kurzwarenhandlung saß, noch in Betracht kommen könnte. Und endlich kam das Wiener Konzert wahrhaftig zustande . . .
Der Kaplan kehrte mit tapsenden Schritten zurück. Erschrocken griff der Junge sofort nach dem deutschen Buch. Aber der Lehrer hielt zögernd inne:
»Ich glaube, für heute ist's genug. Es ist unerträglich heiß. Morgen lernen wir weiter.«
»Jawohl.«

Eifrig raffte er seine Sachen zusammen und legte sie zurück auf das Fenstersims. Da knarrte auch schon hinter ihm das Sofa, auf das sich der Kaplan der Länge nach ächzend hinwarf, wobei er in seiner Trägheit den Gruß des sich verabschiedenden Jungen kaum erwiderte. Der ging nach Hause – viel langsamer, als er gekommen war. Er hatte den bunten Reigen seiner Erlebnisse so lebhaft in sich heraufbeschworen, daß er sie nicht loswerden konnte. Als er so im hellen Sonnenschein dahintrottete, träumte er sich zurück in die Tage des Wiener Konzerts, tief sinnend und mit solch gespannter Neugier, als ob er ein Bilderbuch betrachtete.

Aber auch von dieser Wiener Reise war in seiner Erinnerung nur eine Reihe zusammenhangloser Bilder geblieben. Vor seinen Augen tauchten die Insassen der geräumigen Postkutsche auf, das Horn des Postillions, sein bunter Rock, einzelne Abenteuer dieser Reise. Dann sah er die Straßen Wiens im Glanzlicht des lauen Frühlingsabends, an dem sie dort ankamen, die langen Reihen der großen Paläste, die noch imposanter waren als die in Preßburg, die vielen Leute, den riesenhaften Verkehr. Und dann die keuchende Unrast seines Vaters: an einem einzigen Vormittag verließ er fünfmal das Hotelzimmer, um mit vollgepumpter Brust schweißtriefend wieder zurückzukehren. Und endlich das Konzert selbst: halbleerer Saal, eisige Stimmung, dünner Beifall, ein paar begeisterte alte Tanten, die ihn auf ihren Schoß zogen und mit neugierigen Fragen bestürmten – viele Leute, die zu seinem Vater kamen und die er nicht kannte. Auch an die Heimreise erinnerte er sich noch ganz gut: der Vater saß schlechtgelaunt in der Postkutsche und nörgelte wegen jeder Kleinigkeit an ihm herum. Und er hatte doch nichts dafür gekonnt. Er hatte ebenso gespielt wie in Preßburg. Daß nur wenige zu seinem Konzert gekommen waren, war ja nicht seine Schuld.

Doch darüber waren nun auch wieder ein paar Monate vergangen. Seit dieser Zeit arbeitete der Vater selbst mit unnachgiebiger Zähigkeit daran, daß sie irgendwie nach dem Auslande übersiedeln könnten. Der Knabe mußte fleißig üben, sechs, sieben Stunden am Tage. Seine Mutter beobachtete ihn still und unentwegt mit sorgenvollen Augen und drang in ihn, ob er nicht irgendwelche Beschwerden habe, ob ihm auch nichts weh tue. Aber er konnte immer nur erwidern, ihm fehle nichts, und von den Schwächezuständen der früheren Jahre zeigte sich auch nicht die geringste Spur mehr. Früher hatten ihn ständig schwere Krankheiten heimgesucht. Einmal quälte ihn monatelang ein heftiges Sumpffieber. Er schrumpfte zu Haut und Knochen zusammen. Nicht einmal soviel Kraft war ihm verblieben, daß er die Hand heben konnte. Das Klavierspielen hatte er für lange, lange Zeit unterbrechen müssen. Und von seinen Eltern hatte er gehört, daß er, als er noch ganz, ganz klein war, sehr oft von eigenartigen Krämpfen befallen worden war. Aber daran konnte er sich nicht mehr erinnern. Er sollte da ganz unbeweglich gelegen haben, dann wieder wären merkwürdige Zuckungen durch seinen ganzen Körper gelaufen. Man hatte gar nicht geglaubt, daß das dahinsiechende Kind nach so vielen Krankheiten doch weiterleben würde. Einmal ging es ihm schon so schlecht, daß der Vater sogar den Tischler des Dorfes kommen ließ und bei ihm einen Kindersarg bestellte. Gott sei Dank hatten sich diese Krankheiten dann immer seltener gezeigt. Jetzt fühlte er sich wohl. Das Klavierüben bewältigte er mit Leichtigkeit und hatte einen Appetit wie ein Wolf. Nur in der Frühe war er immer müde. Seine Mutter hörte jedoch nicht auf, ihn sorgsam vor der Schwindsucht zu behüten; sein kleiner Bruder nämlich, den er nicht mehr kannte, war an dieser Krankheit gestorben . . .

Hungrig geworden, legte er nun doch den Rest des Heimwegs im Sturmschritt zurück. Er begegnete einzelnen Raidinger Bauern, die nach Dorfsitte eine Leinenschürze trugen und schnaufend und schweißtriefend in der mittäglichen Hitze ihrer Arbeit nachgingen. Vor Zirkels Haus saß der Seppl nicht mehr draußen. Sicherlich war er beim Mittagessen und wartete darauf, daß sein Kamerad das Nachtmittagsüben beendete . . .

Adam Liszt war schon zu Hause. Er ging auf und ab in dem kleinen Hofe und wartete auf das Mittagessen. Hier richtete er eine verbogene Latte auf, dort stieß er mit dem Fuß einen herabgefallenen Ast weg, befühlte die Wäsche über der Leine, ob sie gut trocknete . . . und zwischendurch wetterte er mit strenger Stimme seiner Frau entgegen, die mit dem Tischdecken beschäftigt war:

»Wie oft hab ich schon gesagt, Anna, daß man das Loch in der Scheunentür zunageln muß! Spreche ich denn umsonst?«

Die Frau antwortete duldsam aus dem Zimmer:

»Ich erledige es am Nachmittag.«

Das Kind trat in den Hof, lief auf seinen Vater zu und küßte ihm die Hand.

»Hast du geübt?«

»Jawohl, sechs Fugen und sechs Préludes. Dann hab ich auch noch die D-Dur-Sonate gespielt.«

»Schon wieder?« Die väterliche Stimme klang scheltend und ermahnend zugleich.

»Nur einmal, Vater, wirklich nur ein einziges Mal. Und dann hab ich Czerny geübt bis um halb zwölf. Jetzt komm ich von Onkel Rohrer.«

»Ich habe dir schon tausendmal gesagt, daß der Vormittag nicht zum Vergnügen da ist! Bitte so zu üben, wie ich es dir befohlen habe. Hast du verstanden?«

»Jawohl.«

Die Mutter rief zum Mittagessen, und sie traten in das von Fliegen summende Zimmer. In stummem Gebet standen sie einen Augenblick lang hinter ihren Stühlen und bekreuzigten sich dann. Die Mutter teilte die Suppe aus. Froh und hungrig fiel das Kind darüber her. Es horchte gar nicht auf seine Eltern, die sich über die Wirtschaft unterhielten – von Schafen und immer wieder von Schafen. Denn das war Pflicht und Aufgabe von Adam Liszt in Raiding: in diesem Teil des fürstlichen Besitztums über das Gedeihen der Schafzucht zu wachen. Der Junge machte sich nichts aus solchen Gesprächen. Während des Essens dachte er teils darüber nach, ob Mozart auch einen neuen Anzug bekommen habe, als man ihn nach Wien brachte, und teils darüber, daß er heute nachmittag unter allen Umständen das Schießpulver klauen müsse, wenn er es dem Seppl Zirkel doch so hoch und heilig versprochen hatte.

Kaum hatten sie sich nach dem Mittagessen den Mund abgewischt, da saßen Vater und Sohn auch schon am Klavier. Zuerst spielten sie vierhändig. Aufmerksam und gespannt verschlang er die Notenköpfe, und in seinem grenzenlosen Eifer steckte er sogar die Zungenspitze zu den Mundwinkeln heraus. Hin und wieder fuhr er erschrocken zusammen, wenn der Vater, die Baßtakte kräftig betonend, ihn streng ermahnte:

»Takt hal-ten! Takt hal-ten!«

Dann kam das Transponieren. Der Vater wählte eine Czerny-Etüde. Zuerst spielte sie der Junge in C-Dur, dann in G-Dur, darauf in A-Dur und so weiter in allen Tonarten. Wenn er auch nur den kleinsten Fehler beging, ertönte sofort die Stimme des Vaters:

»Was machst du denn? Was war denn das? Bitte, Fis, nicht G. Was ist das für eine Nachlässigkeit!«

Dann kam eine andere Etüde in sämtlichen Moll-Tonarten dran. Und dann in der Reihenfolge der Harmonielehre die dritte Etüde in D-Dur, anschließend in Es-Dur. Dann wieder eine vierte in d-Moll und c-Moll. Sie spielten schon gute anderthalb Stunden. Die Mutter hatte unterdessen in der Küche alles aufgewaschen. Sie kam herein, blieb hinter ihnen stehen, zögerte eine Weile und fragte endlich:

»Bist du nicht sehr müde, mein Kind?«

Der Junge konnte gar nicht so schnell antworten, als sein Vater schon unwirsch über die Schulter zurückgab:

»Rede du nicht drein, mein Liebling, und störe nicht. Ich sehe es schon selbst, wenn er müde ist.«

Die Mutter erwiderte nichts und ging still an ihre Arbeit. Die beiden gingen nunmehr dazu über, den einwandfreien Vortrag einzelner Stücke zu üben, wie sie es jeden Tag hielten. Der Vater erhob sich, überließ dem Sohn das Klavier allein, setzte sich an den Tisch und holte seine Papiere und Schreibsachen hervor. Er schrieb seine täglichen Briefe, mit denen er seine Wiener Bekannten, die Verwalter der Eisenstädter Güter, ja sogar die ihm persönlich unbekannten Wiener Komponisten zu überschütten pflegte. Der Junge hatte währenddessen ein größeres Konzertstück mit einstudiertem Vortrag zu spielen, wie wenn er auf dem Podium säße. Obwohl Adam Liszt mit seinen Briefen beschäftigt war, überwachte er mit halbem Ohr die Arbeit seines Sohnes und unterbrach ihn dann und wann.

»Langsamer, langsamer! Was ist das für ein Tempo? Willst du dieses Diminuendo denn nie erlernen?«
Oder er schlug ärgerlich auf den Tisch:
»Was ist das für eine Holzhackerei?! Viel weicher! Mit Gefühl! Weißt du nicht, was Gefühl ist? Na, also!«
Als der Zeiger der Wanduhr bei der dritten Stunde angelangt war, kam endlich die Erlösung:
»Jetzt darfst du eine Stunde lang improvisieren, aber nur eine Stunde. Und morgen wirst du eine Stunde lang vor allem die chromatischen Terzen üben – mit beiden Händen. Heute hörten sie sich verheerend an.«
Der Vater nahm seinen Hut und ging, der Junge blieb allein bei seinem Klavier, das jetzt ohne Einschränkungen und ohne Verbote ganz seiner Macht überlassen war. Er nahm es in Besitz wie ein Liebender etwas lang Ersehntes – mit jener heißen Begierde, die zugleich anbeten und vernichten will. Er lief mit beiden Hände in Fugen über die Tasten, die gleich dem Gebälk eines im Sturm brennenden Hauses funkensprühend donnerten und zu bersten schienen. Dann versuchte er, zerstreut den Übergang zwischen den einzelnen Tonarten suchend, irgendein Thema zustande zu bringen. Aber es fiel ihm keine Melodie nach seinem Geschmack ein. Plötzlich verirrten sich seine planlos umhertastenden Finger zu der Melodie: »O du lieber Augustin«. Sein Gesicht verzog sich zu einem Lächeln: das hatte er schon einmal vor der Öffentlichkeit variiert, im Wiener Konzert. Als er damals sein festgesetztes Programm beendigt hatte und nach verpflichtendem Konzertgebrauch die ihm aus den Reihen der Zuhörer zugerufenen Melodien im Stegreif ausarbeiten mußte, war auch dieser Wunsch laut geworden. Wie hatte er das damals nur gemacht? Zunächst spielte er das Thema in strenger Einfachheit, als müßte er eine zu zergliedernde geometrische Figur auf die Tafel zeichnen. Dann setzte er es fugenartig fort. Die Melodie tauchte zweimal gleich einem Paar ineinander verflochtener Schlangen auf, alsbald gesellte sich eine dritte hinzu, dann eine vierte, und endlich vereinigte sich das Gesicht der vierstimmigen Melodie wie auf einem Webstuhl zu einem einzigen dichten Gewebe. Plötzlich löste er die verwirrte Formel wieder und zerlegte die Melodie in trillernde Sechzehntel. Dann wechselte er ebenso urplötzlich die Stimmführung und spielte melodische, launenhafte Fugen mit der Rechten zu der tiefen, dröhnenden Melodie der Linken, wie wenn er alles in den glitzernden Wasserstrahl eines farbigen Springbrunnens getaucht hätte. Nicht nur mit beiden Händen, mit seinem ganzen Körper gab er sich der Musik hin. Jedes seiner Glieder nahm daran teil. Wie bei einem in sich selbst versunken Tänzer wiegten sich seine Schultern; pendelte sein Kopf nach rechts und links . . . Er wälzte sich fast in dem zügellosen Klavierspiel, und in diesem Augenblick begriff er den jungen Hund, der sich tobend rücklings auf den Rasen wirft, als wollte er übermütig in seiner eigenen guten Laune baden, überschäumend vor Lebensfreude . . .

Er hätte stundenlang so gespielt – bis in die Ewigkeit – wenn seine Mutter ihm nicht die Hand auf die Schulter gelegt hätte:
»Es wird genug sein, mein Liebling, sonst wirst du wieder krank, und dein Vater wird auch böse sein, wenn du dich solange vergnügst.«
Der Junge brach das Spiel seufzend mitten im Motiv ab. Er erhob sich und wollte nicht zugeben, daß er müde sei, aber er konnte es nicht verheimlichen. Er fühlte eine süße und zugleich tödliche Erschöpfung. Auf dem zerschlissenen Sofa mit der gebrochenen Feder streckte er sich aus und schloß die Augen. Er schlief nicht, und er dachte an nichts. Sein ganzer Körper musizierte weiter mit unaufhaltbarem Schwung, obwohl seine beiden Hände ermattet neben ihm ruhten. Die Mutter strich zärtlich über seinen Kopf und ging wieder aus dem Zimmer . . . Lange, lange hatte er so gelegen, als ihn die hastigen Schritte seines Vaters im Hofe draußen aufschreckten. Adam Liszt kaum aufgeregt nach Hause. Noch am Tor rief er:
»Anna, Anna!« Die Mutter eilte ihm entgegen. »Gleich muß alles vor dem Hause sauber gefegt werden. Und es würde auch nicht schaden, die Fenster zu putzen. Seine Durchlaucht kommt in kurzer Zeit hier vorbei.«
Seine Stimme klang vor Aufregung ganz anders als sonst. Er rannte in die Stube, beachtete den Jungen überhaupt nicht und zerrte in großer Hast sein Staatsgewand aus dem Schrank. Inzwischen rief er nach der Küche:
»Mach auch du dich zurecht. Ich laufe gleich ins Dorf, damit alles in Ordnung ist! Zieh auch das Kind an.«
Im nächsten Augenblick stürzte er schon wieder fort. Die Mutter hastete herein und legte dem Jungen seinen Festanzug zurecht. Nicht die prächtige ungarische Galauniform, die man für die Konzerte hatte anfertigen lassen, sondern seinen Kirchgangsanzug. Er zog sich folgsam an. Dann blieb er allein, weil die Mutter die nach der Straße gelegenen Fenster putzte.
Plötzlich fiel ihm das Schießpulver ein. Die Gelegenheit schien ihm günstig, den gefaßten Plan auszuführen. Er öffnete die unterste Schublade der unter dem Fenster stehenden großen Kommode, wühlte darin herum und stieß endlich mit den Fingerspitzen an das Gesuchte. Hastig zog er den kleinen, schwarz gewordenen Lederbeutel hervor, in dem das Schießpulver aufbewahrt wurde. Er öffnete das Säckchen, griff hinein und nahm eine Handvoll von dem glatten, schwarzglänzenden Pulver. Er schüttete es in seinen Hut. Schnell nahm er noch eine Handvoll und, habgierig und unersättlich, noch eine. Endlich schnürte er den Sack wieder zu, legte ihn auf seinen Platz, schloß die Schublade und stand nun unschlüssig da, angestrengt nachdenkend, wie er jetzt zum Seppl Zirkel entwischen könnte.
Da kam aber auch schon der Seppl höchstpersönlich. Sein rotes, sommersprossiges Gesicht blickte begehrlich und neugierig. Er brachte seine neuen Zeichnungen – denn der Seppl Zirkel zeichnete leidenschaftlich gern – viel früher als sonst, um sie seinem Kameraden zu zeigen. Aber sehr schnell ging er auf die Frage nach dem Schießpulver über.

»Ich hab's«, sagte der Putzi geheimnisvoll und zeigte den mit Schießpulver gefüllten Hut. »Was machen wir nun damit?«
»Das lassen wir jetzt explodieren«, antwortete der Seppl mit vor Aufregung funkelnden Augen.
»Aber wo?«
»Wir schaffen's zum Ententeich.«
»Das geht nicht. Ich habe heute mein Sonntagskleid an, und da darf ich nicht auf die Straße spielen gehen.«
Seppl schaute sich mit sorgenvollem Gesicht um:
»Dann müssen wir's hier machen.«
»In der Stube? Da fliegt doch das ganze Haus in die Luft!«
»Wenn wir's in den Ofen stecken, kann nichts geschehen. Im Ofen ist ja sonst auch Feuer, und das schadet doch dem Ofen nichts.«
Seppl war so kaltblütig entschlossen, und die Sachlichkeit seiner Rede wirkte so überzeugend, daß es dem Putzi gar nicht einfiel, zu widersprechen. Sie hockten sich vor den Ziegelsteinofen und öffneten die untere Türe. Erst versuchten sie, das Schießpulver aus dem Hut hineinzuschütten, aber das ging nicht. Da setzten sie den Hut auf die Erde und streuten das Pulver mit der Hand in den Ofen.
»Bring jetzt aus der Küche Glut«, sagte der Seppl, die Stirn runzelnd, wie jemand, der eine wichtige Amtshandlung vornimmt.
»Wird aber auch wirklich nichts geschehen?« fragte der Putzi unschlüssig.
»Wenn du feige bist, dann können wir ja die ganze Sache lassen, mir ist das ganz gleichgültig.«
Da trottete der Putzi in die Küche und hoffte sehnsüchtig, daß auch im Herd keine Glut sein möge – aber es war welche da. Nun ist alles gleich, dachte er, nahm aus dem neben dem Herd liegenden Holzhaufen einen dünnen Span heraus und hielt ihn in die Glut. Das trockene Holz fing sofort Feuer. Er rannte damit zurück in die Stube.
»Wie muß ich's nun machen?« fragte er den erfahrenen Seppl.
»Jetzt ziehen wir uns soweit zurück, daß du gerade noch an die Ofenöffnung langen kannst, dann hältst du den Span hin, und dann kommt gleich das Feuerwerk. Das gibt eine mächtige Flamme, und das ist großartig. Mir gelingt's immer.«
Sie legten sich beide vor die Offenöffnung auf den Bauch, und der Putzi schob den am Ende glimmenden Span langsam auf das Schießpulver . . . Plötzlich ertönte ein ungeheurer Knall. Vor seinen Augen verschwamm alles. Im nächsten Augenblick wußte er nichts mehr. Er kam erst wieder zu sich, als seine Mutter entsetzt aufschreiend vor ihm stand, sich zu ihm neigte und ihm auf die Füße half. Zugleich schrie auch der Seppl entsetzt und erschrocken auf.
»Um Gottes willen, was habt ihr denn bloß angestellt?«

Die Mutter tastete den Jungen ab. Er blutete nicht. Sein Gesicht, seine Hände und sein Kleid waren aber so schwarz, wie wenn man ihn durch den Kamin gezogen hätte. Seppl verschwand schnell wie ein Wiesel – er machte sich davon und ließ seinen Kumpan im Mißgeschick allein. Dem ging nur das eine durch den Kopf, daß zum größten Glück sein Vater nicht zu Hause war. Die Folgen des Unglücks konnte man ja schnell beseitigen . . . die Mutter würde ihn zwar bestrafen, aber dem Vater würde sie nichts sagen . . .
Doch es sollte anders kommen. Adam Liszt trat eben zur Tür herein.
»Was ist denn hier los?«
Der Junge ergab sich in sein Schicksal und erzählte alles. Die Umgebung sprach auch für sich; um den Ofen herum war alles schwarz. In der Luft flogen auch immer noch schwarze Flocken umher . . . Und urplötzlich knallte die erste väterliche Ohrfeige, im Anschluß daran die zweite, dann die dritte und ungezählt die folgenden. Der Sünder fing an, bitterlich zu weinen.
»Heule nicht«, schrie ihn der Vater an, »zeige deine Hände.«
»Bewege deine Finger, einen nach dem andern! Tut's weh?«
Vor Schluchzen konnte das Kind nicht antworten und schüttelte nur den Kopf. Der Vater hatte sich beruhigt: die Hände des Jungen waren in Ordnung, also war nichts geschehen.
»Schon gut, die Mutter wird dich saubermachen, dann kniest du dich zwei Stunden in die Ecke und bekommst heute kein Abendbrot. Übrigens . . .«
Es entstand eine Pause. Das Familienoberhaupt dachte nach.
»Machen wir's anders: wenn deine Mutter dich in Ordnung gebracht hat, kommst du mit mir vors Haus. Ich möchte, daß dich Seine Durchlaucht sieht, obwohl du es nicht verdient hast. Erst wenn die Kutsche vorbei ist, wirst du dich in die Ecke knien. Nun aber schnell, eins, zwei.«
Adam Liszt eilte hinaus. Die Mutter nahm den Sohn schweigend zum Waschen mit. Getröstet hatte sie ihn mit keinem Wort, aber die schaumbedeckten Hände berührten seine Wangen und seine Hände viel zärtlicher als sonst . . . Das verrußte, graue Gewand konnte er nun nicht wieder anziehen, aus dem Schrank kam die schöne ungarische Galauniform zum Vorschein.
Als er fertig war, schickte ihn die Mutter vors Haus. Da stand der Vater und spähte aufmerksam die Landstraße entlang. Seinem Sohn warf er nur einen kurzen, zürnenden Blick zu.
»Na, das kann man wohl sagen, du verdienst das teure Kleid . . .«
Dann beobachtete er weiter die Landstraße. Die Häuserreihen entlang sammelten sich vor jeder Tür die Bewohner: die Männer mit blauer Schürze, die Frauen mit dem Kopftuch. Aus der entgegengesetzten Richtung näherte sich ein Bauernkarren. Eben bog er von der Brücke auf die Landstraße – ein Bauernjunge lenkte ihn.

»Zurück!« schrie Adam Liszt. »Zurück! Kannst du nicht hören? Scher dich zurück!«
Der Bauernjunge zog verdutzt die Zügel an und wich zurück. Zu gleicher Zeit eilte auch Mutter Liszt vor das Haus, auf dem Kopf ein sauberes, frisch gewaschenes Tuch und um die Hüften eine steife Schürze. Weit draußen auf der Landstraße zeigte sich eine das Nahen des großen Reisenden ankündigende Staubwolke.
»Schnell«, sagte Adam Liszt zu seiner Frau, »faß die andere Hand des Jungen.«
Die Staubwolke wälzte sich heran, und es schälte sich eine prachtvolle Kutsche heraus. Vier feurige Pferde waren vorgespannt. Wie eine leuchtende Vision sauste das Gefährt dahin. Der Blick des Knaben erhaschte einen der sich im Wagen Gegenübersitzenden, den Fürsten. Der Magnat sah weder nach rechts noch nach links. Er unterhielt sich mit einer der Damen . . . Und schon war die Kutsche vorbei, wiederum gefolgt von einer Staubwolke. Die Insassen konnte man nicht mehr unterscheiden.
Das Kind sah seinen Vater, der sich jetzt erst aus seiner tiefen, dienerhaften Verneigung hochreckte. Auf seinem Gesicht stand noch immer das krampfhafte Lächeln kriecherischer Unterwürfigkeit, als er der im Staubwirbel verschwindenden Kutsche nachblickte. Der Junge sah das mit brennendem Schmerz. Einen Augenblick lang kam über ihn eine rasende Wut. Am liebsten wäre er hinter der Kutsche hergerannt, um den Insassen ein beleidigendes Wort zähneknirschend ins Gesicht zu schleudern und dann den Vater mit stummer Verachtung anzublicken . . .
»Marsch in die Ecke!« schrie ihn der Vater an.
Stumm und kleinlaut schlich er in die Stube. Dort kniete er in der Ecke nieder. Sein Gesicht brannte noch immer von den Ohrfeigen. Sein Inneres aber loderte ebensosehr von der Schmach dieses Bildes, das ihm nicht aus dem Sinn gehen wollte: sein Vater barhäuptig dienernd vor dem dahinfahrenden Halbgott, der den Demütigen nicht einmal eines Blickes würdigte . . . Das kniende Kind atmete schwer; seine Augen starrten krampfhaft die Wand an. Es suchte in seiner Erinnerung nach einem schnellen Trost, nach einer Genugtuung um jeden Preis, die den verletzten kindlichen Stolz labend steicheln sollte, und begann halblaut vor sich hin zu murmeln: »Am vergangen Sonntag, am 26. dieses Monats, wurde dem neunjährigen Klavierkünstler Franz Liszt die Ehre zuteil, vor einer illustren Gesellschaft von Herrschaften des hohen Adels und Kunstfreunden im Palais des Grafen Esterhazy sein Können am Klavier zu zeigen. Die außergewöhnliche Fingerfertigkeit des jugendlichen Künstlers und seine schnelle Auffassungsgabe – er spielte auch die schwierigsten Kompositionen, die man ihm vorlegte, vom Blatt – erweckten allgemeine Bewunderung und berechtigen zu den großartigsten Erwartungen . . .«
So lautete die Mitteilung der »Städtischen Preßburger Zeitung« über sein

Preßburger Konzert. Er kannte sie auswendig, Wort für Wort. Und während er dort in der Ecke kniete, flüsterte er mit trüber Rachsucht diesen Text vor sich hin . . .

ZWEITES KAPITEL

Am Rande des Dorfes hatten Zigeuner ihre Zelte aufgeschlagen. Die Landstraße entlang sah man weite Rasenflächen; der Boden war holprig und voller Gruben. Hier ließen die Bauern ihre Schafe weiden. Und hier wohnten jetzt in einer Mulde die Zigeuner. Ein unübersichtliches Gedränge von Zelten und Wagen! Halbnackte Mütter hockten auf der Erde und stillten mit herausfordernder Ungezwungenheit, die Pfeife zwischen die Zähne geklemmt, ihre rostbraunen Kinder. Die jungen Männer ließen das Haar und den lockigen Bart wild wachsen, die alten Zigeuner hatten Silbertaler an ihren zerrissenen und zerschlissenen Westen hängen, und die alten Weiber in ihren zerlumpten Kleidern und mit ihren zerzausten Köpfen sahen wie Hexen aus.

Putzi hatten die Eltern verboten, in der Nähe des Zigeunerlagers umherzustrolchen. Man erzählte ihm Geschichten von geraubten und in ferne Länder verschleppten Kindern, denen die Zigeuner Hände und Füße ausgerenkt und die sie dann für einen guten Preis an einen Zirkus verkauft hätten. Und wenn sie die herumstehenden und herumlungernden Kinder auch nicht immer gleich geraubt hätten, so hätten sie ihnen doch jedenfalls ihre Kleider weggenommen, und die Diebe habe man niemals fassen können . . .

Er war also folgsam und ging nicht nach dem Zigeunerlager, obwohl ihn eine brennende Neugier dorthin trieb. Denn diese sonderbaren Leute, die aus Lehm Ziegel schlugen, die die löcherigen Kessel des ganzen Dorfes flickten, die ihre Frauen als Wahrsagerinnen ins Dorf schickten, um Hühner zu stehlen – bei all ihrer hoffnungslosen Nichtsnutzigkeit verstanden sie eins sehr gut: Geige zu spielen. Sie spielten ganz anders Geige als Adam Liszt oder irgendeiner von den Bekannten, die aus den benachbarten Esterhazyschen Dörfern an Feiertagen zu ihnen kamen, um zu musizieren. Diese Herren pflegten eine durch große Namen geweihte Geigenkunst und hielten sich streng an die aus Wien bezogenen Noten. Ganz anders die Zigeuner. Der Knabe hatte sie zum erstenmal beim Kirchgang in Neckenmarkt gehört, wohin ihn seine Eltern einmal mitgenommen hatten. Diese einzigartige, lockende, wilde Musik klang ihm noch nach Jahren in den Ohren. Was sie da den wallfahrenden Bauern zum Tanze aufspielten, erinnerte in keiner Weise an Beethoven, Mozart oder Cramer. Das war etwas ganz anderes als alles, was er bisher als Musik gekannt hatte. In der Regellosigkeit

dieser Melodien schien ihm ungleich mehr Rhythmus zu liegen als in der strengen Gleichmäßigkeit der zu Hause gehörten Sonaten. Und in ihren wenig abwechslungsreichen Modulationen, aber um so eigentümlicheren Färbungen summte ein sonderbares, fernes, unlösbares Geheimnis. Hier, in Raiding hatte man mehr Freude am erzenen Schmettern einer Bläserkapelle. Aber mitunter lauschte er dem Zigeunerbuben, der mit seiner kläglichen Geige unter der Trauerweide am Bache saß und ganz allein für sich spielte, ohne zu ahnen, welch heftiges Herzklopfen er mit seinen bescheidenen, winselnden Melodien bei dem verborgenen Zuhörer hervorrief.
Daß sie so eine merkwürdige Musik hatten, machte ihm die Zigeuner so verlockend. Er versuchte oft, von seinen Eltern etwas über sie zu erfahren. Der Vater war schnell mit den Zigeunern fertig: was sie machten, sei keine ernsthafte Musik, und wer in der Musik etwas erreichen wolle, dessen sei es nicht würdig, sich den Kopf über eine solche Dreckbande zu zerbrechen.
»Sagen Sie mir bitte nur noch das eine, Vater: wer hat das eigentlich komponiert, was die spielen?«
»Niemand. Das wächst von selbst wie die Disteln an der Landstraße. Es ist einfach nicht der Mühe wert, darüber zu reden. Es ist viel vernünftiger, wenn du über die Triller des vierten und fünften Fingers nachdenkst. Davon hast du mehr Nutzen.«
Sooft er sich mit aufgeregter Neugier an seine Mutter wandte, bekam er immer nur die Antwort, daß die Zigeuner gefährliche Verbrecher seien, bestenfalls Tagediebe, vor denen man sich hüten müsse. Er sprach also nicht mehr von den Zigeunern. Und da er sich schon langsam daran gewöhnt hatte, daß es Gedanken gibt, mit denen man allein bleiben muß, reihte er in seinem Herzen auch die Zigeuner dazu. Wenn er aber sicher war, daß niemand ihn hören konnte, dann ahmte er mit sündhafter Freude über die verbotene Wonne die geheimnisvollen Melodien am Klavier nach, bemühte sich, dieselben überraschenden Bässe dazu zu finden und die fremden Linien mit reichen Schnörkeln zu versehen. Wie anderen Kindern das Naschen von unreifen Früchten oder das Schlecken aus dem Honigtopfe in der Vorratskammer, so wurde ihm das heimliche Schwelgen in der Zigeunermusik zur Leidenschaft . . .
Einmal kam aber doch der Tag, an dem er seiner geheimen Leidenschaft und zugleich ganz Raiding Lebewohl sagen mußte. Nach langen, zähen, qualvollen Bemühungen glaubte Adam Liszt endlich doch so weit zu sein, daß er seinen Sohn aus dem abgelegenen Dorf in die Großstadt bringen konnte.
Der erste maßgebende Mann, den er für seine Pläne hatte gewinnen können, war Fuchs, der Dirigent des fürstlichen Orchesters. Nach wochenlangen Bitten und allen möglichen Bemühungen hatte er ihn schließlich dazu veranlaßt, nach Raiding zu kommen. Der Dirigent hörte sich das Spiel des

Jungen gründlich an – anfangs nur mit dem wohlwollenden Nicken, mit dem Erwachsene die Vorführungen sehr begabter Kinder entgegenzunehmen pflegen. Alsbald überkam ihn aber bestürzte Verwunderung und Aufregung. Er verlangte immer wieder nach neuen Vorträgen des Knaben, ließ ihn schwere Transponieraufgaben lösen, legte ihm die neuesten Noten vor, die er eben aus Wien erhalten und mitgebracht hatte, und wurde stumm vor Bewunderung, als das Kind auf den ersten Blick alles in vorgeschriebenem Tempo geläufig vom Blatt spielte. Dann unterhielt er sich lediglich mit dem Vater, den Jungen nur mit verstohlenen Blicken musternd. Er wäre in Verlegenheit gewesen, in welchem Tone er mit ihm hätte sprechen sollen . . .

»Wenn mir das jemand erzählt hätte, würde ich es einfach nicht geglaubt haben«, sagte er ernst und verstört.

Der Vater schmiedete das Eisen mit voller Stärke, solange es heiß war. Er nannte hundert Möglichkeiten einer weiteren Ausbildung des Jungen, ab und zu eine angstvolle Zwischenfrage der Mutter erwidernd. Der Knabe wurde nicht gefragt, er stand ehrerbietig abseits und hörte zu, wie man über ihn verhandelte. Fuchs blieb den ganzen Tag da und verabschiedete sich erst abends mit dem Versprechen, daß er selbst mit Johann Szentgaly, dem Direktor der Gutsverwaltung, über die Zukunft des Kindes sprechen werde.

Von da ab war Szentgaly, der »Hofrat«, wie die Eltern ihn nannten, Mittelpunkt aller Familiengespräche. Adam Liszt ging nun sehr oft nach Eisenstadt und bat um Audienz beim »Hofrat«. Die wurde ihm auch zumeist gewährt, da Fuchs zu seinem Wort stand und den Sohn des Schäferei-Rentmeisters wahrhaftig als ein unglaubliches Wunder gepriesen hatte. Von Woche zu Woche besprach man diese Audienzen zu Hause und berechnete andauernd mit dem Bleistift, was ein Jahr in Weimar kosten würde. Denn dorthin wollte Adam Liszt das Kind schicken, nach Weimar. Der berühmte Hummel, der am Hofe Esterhazys seine musikalische Laufbahn begonnen hatte, war nämlich als Hofkapellmeister nach Weimar gekommen. Einst verband ihn gute Freundschaft mit dem selbst leidenschaftlich gern musizierenden Adam Liszt. Diese Freundschaft konnte eine große Hilfe sein, wenn es gelingen sollte, das Kind in die »klassische Stadt Goethes und Schillers« zu bringen. So drückte sich Adam Liszt aus, der gern von seinem »zerbrochenen« Leben sprach, weil er kein Musiker hatte werden können, und der sich in solch hochtrabenden Ausdrücken gefiel, um dadurch den Unterschied zwischen seiner armseligen Stellung und seiner Bildung auffällig hervorzuheben.

Als es endlich so aussah, als könnte dank der Unterstützung des »Hofrates« aus den ausländischen Plänen doch etwas werden, setzte sich Adam Liszt hin und schrieb einen Brief an den Herrn Hofkapellmeister Hummel nach Weimar. Er bezog sich auf ihre beiderseitige alte Freundschaft und schilderte lang und breit die bewunderungswerte Begabung seines Sohnes. Er erzählte, daß es höchstwahrscheinlich gelingen würde, mit Hilfe Seiner Durchlaucht nach Weimar überzusiedeln, und daß er dann mit unbeschreiblicher Freude dieses jungen Talent der Führung seines einstigen Freundes anvertrauen würde, des Feuergeistes, der es mit Gottes Hilfe so weit gebracht habe. Er bat um Auskunft über die dortigen Lebensverhältnisse und über die Preise der Unterrichtsstunden . . . und war der Antwort gewiß, daß der alte Freund sicher mit ihm eine Ausnahme machen und einen angemessenen Preis für die Stunden verlangen werde. Aber die Antwort des berühmten Mannes fiel ganz anders aus. Hummel erwiderte zuvorkommend, er wünsche ihm von Herzen gutes Vorwärtskommen, aber, was den Stundenpreis anginge, so wäre er leider nicht in der Lage, für die Stunde weniger als einen Louisdor zu berechnen, da er jetzt schon sehr viele Schüler habe . . .

Adam Liszt griff sich entsetzt an den Kopf: ein Louisdor – schrecklich! Ein Louisdor ist ja soviel wie achteinhalb Gulden. Sein Gehalt beträgt außer Roggen, Wein, Holz, Heu und anderweitigen Naturalbeiträgen zum Haushalt einhundertdreißig Gulden Bargeld. Wenn ihn also die Gutsverwaltung auf ein Jahr mit vollem Gehalt beurlauben würde, so könnte er dafür fünfzehn Unterrichtsstunden von Hummel bekommen. Das würde bedeuten, daß sein ganzes Jahresgehalt draufginge, damit sein Sohn monatlich eine Stunde nehmen könnte. Und diesen Preis verlangt Hummel von ihm, dem einstigen guten Freund, mit dem er als Jüngling so viele gesellige Stunden verbracht hat und der nur allzu genau darüber unterrichtet ist, wieviel Geld der Raidinger Rentmeister hat . . .

Auf Weimar mußte man verzichten – Hummel würde das Kind nicht weiter ausbilden. Dieser schöne Traum war ins Wasser gefallen. Wieder endlose Beratungen, was nun zu unternehmen sei. Fuchs und die herzoglichen Musikanten rieten dem Vater immer wieder, das Kind nach Wien zu bringen, wenn er dazu nur irgendwie in der Lage sei. Dort fände er auch genügend hervorragende Klavierlehrer . . .

Also gut, er nimmt das Kind mit nach Wien. Aber wie? Wenn er sich dazu entschließt, den Jungen allein zu lassen, muß er für die Verpflegung monatlich mindestens fünfzig Gulden rechnen, für die Stunden siebzig Gulden; Kleider, Noten, Bücher und sonstige Kleinigkeiten zwanzig Gulden, alles ganz knapp gerechnet. Das macht im Jahre eintausendsiebenhundert Gulden, und er verfügt nicht einmal über den zehnten Teil dieses Betrages, und darüber auch nur dann, wenn er von der Gutsverwaltung einen Jahresurlaub mit vollem Gehalt erhält. Das ist aber längst noch nicht sicher. Und selbst wenn ihm das bewilligt wird, woher soll er das noch fehlende Geld auftreiben . . .? Allabendlich grübelten und beratschlagten die Eltern darüber, und mehr als einmal wachte das Kind in der Nacht dadurch auf, daß Vater und Mutter die Möglichkeiten seiner künftigen Ausbildung im Dunkeln erörterten. Sie nannten immer nur Zahlen, und der Ton der Unterhaltung wurde immer verzweifelter. Und eines schönen Tages stellte sich noch heraus, daß die feuchte Wohnung schon das dritte Klavier vollständig zugrunde gerichtet hatte und daß das Kind auf diesem unzulänglichen Instrument nicht mehr üben konnte. Nach tagelangem Kampfe mit sich selber holte der Vater seine ängstlich gehütete goldene Repetieruhr vom Schrank herunter.

»Adam«, rief seine Frau bestürzt, »was willst du mit der Uhr machen?«

»Das Klavier ist wichtiger«, sagte der Vater düster und zuckte mit der Schulter.

Einst hatte er sie für fast vierhundert Gulden gekauft – als er noch unverheiratet war und als es ihm noch gut ging. Jetzt verschleuderte er sie und kaufte dafür das neue Klavier. Tagelang lief er aber schweigsam umher . . . Das Kind, durch soviel Opferbereitschaft erschüttert, war ganz außer sich und benahm sich wie ein Engel. Das vermochte aber an der Bedrücktheit seiner Eltern nichts zu ändern. Adam Liszt zappelte immer ohnmächtiger im wirren Netz erdrückender Schulden. Immer wieder waren neue Noten erforderlich. Schon lagen über tausend Werke in dem kleinen, muffigen Dorfzimmer neben dem Klavier, auf dem Tisch, auf dem Schrank, auf den Regalen. Und wenn sich der Vater zum Rechnen hinsetzte, ergab sich, daß sie aus dem jährlichen Gehalt von einhundertdreißig Gulden und aus der mageren Mitgift der Frau schon mehr als vierhundertachtzig Gulden für Noten ausgegeben hatten. Es war geradezu unbegreiflich, wovon sie die Kleider gekauft hatten, die sie trugen. Und es wurde noch rätselhafter, wovon sie von nun an leben würden, auch dann, wenn sie in Raiding blieben . . . Aber inmitten der turmhohen Sorgen schmiedete der Vater allem zum Trotz zähe die verführerischen Pläne eines Auslandsaufenthaltes weiter.

Eines schönen Tages kam er mit heller Freude nach Hause. Der »Hofrat« hatte ihm einen vorzüglichen Rat gegeben: er möge sich an die Wiener Kanzlei der Gutsverwaltung versetzen lassen. Der Fürst besaß viele Häuser und eine ausgedehnte Zentralkanzlei in Wien. Wenn man Adam Liszt dahin versetzte, würde all das mit einem Schlage Wirklichkeit, was bisher nur ein märchenhafter Traum schien. Aber die große Freude hielt nicht lange an. Es stellte sich heraus, daß beim Wiener Hofhalt jeder Platz derartig ausgefüllt war, daß man nicht einmal mehr einen Nagel hätte unterbringen können. Da kam der gute Szentgaly auf den Gedanken, eine neue Stelle bei der Wiener Weinkellerei zu schaffen, obwohl er damit das Wohlwollen Seiner Durchlaucht aufs Spiel setzte; denn es war streng verboten, ohne besondere Anforderung seitens des Fürsten eine neue Stelle einzurichten. Es wurde auch daraus nichts: Seine Durchlaucht wies das Gesuch ab. Wieder ersann Szentgaly etwas Neues: Seine Durchlaucht solle die Kosten des Unterrichts übernehmen, der Raidinger Rentmeister solle sich dagegen verpflichten, seinen Sohn in die Dienste des fürstlichen Orchesters treten zu lassen, und zwar so lange, bis die Kosten des Unterrichtes zurückgezahlt seien. Adam

Liszt entwarf ein entsprechendes Gesuch. Aber auch dieses wies der Fürst ab. Endlich hatten Szentgaly und der Vater darum ersucht, Seine Durchlaucht möge einen Urlaub für ein Jahr ohne Gehalt gewähren mit der Zusicherung, daß er ihn nach Ablauf des Jahres wieder in seine Dienste nehme, wenn es bis dahin nicht gelungen sein sollte, aus dem Kinde einen selbständig verdienenden Klavierkünstler zu machen. Da willigte der Fürst ein. Mit großem Wohlwollen gewährte er sogar für das Kind einen Betrag von zweihundert Gulden für ein Jahr.
Adam Liszt verbrachte ganze Nächte über Zahlenzusammenstellungen. Tagelang war er bei Verwandten unterwegs. Er wollte unter allen Umständen das Geld zusammenklauben, das außer den zweihundert Gulden ihren Wiener Aufenthalt für ein Jahr sichern sollte. In ein paar Tagen wollte er alles erledigt haben . . . Aus den Tagen wurden Wochen, aus den Wochen Monate. Und nach Monaten stellte sich heraus, daß es unmöglich war, einen Jahresaufenthalt in Wien zu sichern. Da hieb Adam Liszt an einem schönen Frühlingstage mächtig auf den Tisch:
»Das halte ich nicht länger aus! Ich werde darüber noch verrückt! Und wenn ich zugrunde gehen soll, da will ich's lieber in Wien! Mag kommen, was da will, im nächsten Monat ziehen wir nach Wien. Punktum.«
Das beschloß er und kannte keine Hindernisse mehr. Die Bekannten hörten erschrocken von der törichten Unternehmung. ›Adam Liszt hat den Verstand verloren; er läßt seine sichere Stellung im Stich, verschleudert seine Möbel, sein Vieh, sein ganzes Hab und Gut, geht ins Ungewisse und überläßt seine Stelle einem fremden Menschen . . . Es ist ja ganz schön und gut, daß er nach Ablauf eines Jahres wieder zurückkommen kann, aber man weiß ja, wie da ist: der neue Mann hat sich inzwischen bewährt, Adam Liszt wird in irgendeine untergeordnete Stellung gezwängt, als Überflüssiger, und eines schönen Tages, wenn es zu spät ist, kommt er zur Besinnung und sieht, daß er alles verloren hat . . .‹
Der erste, der entsetzt die Hände zusammenschlug, war der Dirigent Fuchs:
»Was werdet ihr essen, um des Himmels willen? In Raiding kannst du das Kind wenigstens ernähren!«
Sogar der Großvater kam aus Pottendorf, der sich zu anderen Zeiten überhaupt nicht um sie gekümmert hatte. Er hatte jetzt schon die dritte Frau, und jedes Jahr nahm die Familie um ein Kind zu. Er fürchtete, das Schicksal des leichtsinnigen Adam könnte später einmal auch ihn bedrücken. Solange er mit den Eltern verhandelte, schickte man den Jungen zum Spielen hinaus. Bald verabschiedete sich der Großvater unverrichteterdinge, achselzuckend und in schlechter Laune. Dem Klavierspiel seines Enkels hatte er mißmutig zugehört.
Jeden Tag kam auch Onkel Rohrer angerannt. Als dessen Ermahnungen dem Vater zuwider wurden, und er, irgend etwas Belangloses über die

Schafe vorbringend, aus dem Hause lief, bat der Kaplan die Mutter flehentlich, sie dürfe nicht zulassen, daß sie alle ins sichere Verderben rennten . . .

Aber Adam Liszt hatte sich fest entschlossen, und man konnte ihm sagen, was man wollte, er machte sich reisefertig. Er verkaufte seine Kuh, seine zwei Pferde, seine Schafe, seine Hühner. Er schätzte seine Möbel ab und verkaufte diejenigen, die zu schwer zu transportieren waren. Er hetzte hin und her, handelte, rechnete und stritt sich herum. Zwischendurch verfaßte er ein langes, großartiges Dankschreiben an den Fürsten: ». . . Das Vorwärtskommen meines Sohnes, seine in- und ausländischen Erfolge werde ich nicht mir zugute halten, sondern dem Ruhme des fürstlichen Hauses angedeihen lassen, da ich meine Pläne lediglich durch die Großzügigkeit Eurer Durchlaucht verwirklichen kann . . .«

Der letzte Tag brach an.

Im Hofe des kleinen Hauses standen die Wagen bereit, die die einzelnen Sachen befördern sollten. Zwei Fuhrwerke waren schon in der vergangen Nacht vorausgefahren. Das Kind schlief auf der Erde auf ausgebreiteten Kleidern, weil die Betten und das Bettzeug schon tags vorher aufgeladen worden waren. Ein friedlicher Maienmorgen erglänzte über Raiding. Die tiefe Baßstimme des Vaters schmetterte die Befehle über den Hof.

Der Junge ging noch einmal durch die leeren Zimmer. Lichte Flecke bezeichneten an der Wand die Stellen, wo so viele Jahre lang die vertrauten Möbel gestanden hatten. Eine Fensterscheibe war bei den Ausräumungsarbeiten eingeschlagen worden, die Scherben lagen einsam auf dem Boden, niemand kümmerte sich um das zerbrochene Fenster. Wo noch vorgestern das Klavier gestanden, gähnte jetzt eine beängstigende Leere. Der Junge trat an die Stelle, wo sich ehemals der Stuhl befand, schloß die Augen und ließ mit ausgestreckten Händen seine Finger in Gedanken über die schwarzweißen Elfenbeintasten laufen. Sein Herz krampfte sich zusammen, er hätte am liebsten geweint.

»Steh nicht herum«, schrie ihn der Vater an, »wir müssen uns beeilen, zur Kirche zu kommen.«

Anläßlich des Scheidens der Familie las Kaplan Rohrer eine Messe. Die kleine Kirche war dicht besetzt, als sie hinkamen. Die Bevölkerung von Raiding war ihnen zugetan gewesen. Adam Liszt setzte sich sofort an die kleine Orgel, seine Frau und sein Sohn nahmen ihre gewohnten Plätze in der ersten Bank ein. Der Seppl Zirkel ministrierte dem Kaplan. Nach dem ersten »et cum spiritu tuo« schaute er sich um, und als sich ihre Blicke trafen, versuchte der Seppl seine weinerliche Ergriffenheit hinter einem Grinsen zu verbergen.

»Bete«, flüsterte die Mutter, »daß dir der liebe Gott helfen möge!«

Er betete. Er betete gern. Schon seit Jahren rang er darum, ganz im erhabenen Gefühl der Andacht aufgehen zu können. Er verfolgte zwar nicht immer genau den Text des Gebetes, aber seine Gedanken verirrten sich auch nicht: er verweilte in inbrünstigem, andächtigem Flehen, in bedingungsloser Anbetung, wie man es ihn seit frühester Kindheit gelehrt hatte. In solchen Augenblicken überkam ihn das Gefühl, daß er, wenn er jetzt emporschauen würde, in das strahlende Antlitz dessen blicken könnte, der ihn so unendlich liebte. Dann schmiegte sich seine Seele förmlich an die Brust des Herrgotts, und er fühlte sich so glücklich, wie er es selbst beim Klavierspielen nur ganz selten war.

»Ich bitte dich, mein lieber, guter Gott . . .«

Aber das faßte er in seinem Herzen nicht in Worte, sondern erlebte diese Bitte nur tief, wie er überhaupt das, worum er bat, nicht einmal in Gedanken kleidete. Er betete eben, um zu beten, damit er demütig bleiben, damit er durch sein seliges Vertrauen seine Hingabe bezeugen könne. Und als in Seppls Hand das den großen Augenblick der Messe ankündigende Glöcklein erklang, liefen freudige Tränen seine Wangen herunter. Diese Tränen stürzten ihm jedesmal beim Segen in die Augen, weil ihm eine alles übersprudelnde Begeisterungsfähigkeit innewohnte. Nach der Messe kamen sie vor der Kirche in ein großes, lärmendes Gedränge. Die Bevölkerung nahm Abschied von ihrem Verwalter. Adam Liszt drückte jedem Bauern, jeder Frau die Hand. Die Männer verabschiedeten sich mit lauten Worten, die Frauen weinten. Den Jungen umarmten und küßten alle der Reihe nach.

»Du kommst einmal noch zurück«, verkündete die älteste, die taube Frau Reichel, »du kommst noch einmal zu uns zurück, aber in einer Galakutsche, du wirst schon sehen . . .«

Inzwischen legte Kaplan Rohrer seine Messegewänder ab und gesellte sich zu ihnen, um ebenfalls herzlich Abschied zu nehmen. Der Wagen erwartete sie schon vor der Kirche. Adam Liszt half zuerst seiner Frau hinauf, dann griff er dem Kinde unter die Arme und setzte es auf den Wagen.

»Gott segne Sie alle!«

Da standen nun die Raidinger, erwiderten die Grüße, winkten und wünschten eine recht gute Reise, während die Pferde anzogen. Eines nach dem anderen blieben die Häuser zurück. Der Junge drehte sich um: die Menschenmenge vor der Kirche sah aus wie ein schwarzer Punkt, der langsam zerfließt. Es kam ihm vor, als ob ihn die Fenster der zurückbleibenden Häuser mit vorwurfsvollem Schweigen anstarrten. Plötzlich fing er zu weinen an.

»Was ist das für ein Getue«, herrschte ihn sofort der Vater an, »du wirst elf Jahre alt und flennst bei jeder Gelegenheit?!«

Aber die Mutter zog ihn an sich, drückte den Kopf des weinenden Kindes an ihre Brust und sagte mit zitternder Stimme:

»Tu ihm jetzt nicht weh. Ich bin zwar nicht mehr elf Jahre alt, aber ich könnte auch weinen. Das alles ist doch keine Kleinigkeit. Wer weiß, was uns bevorsteht . . .«

Der Vater antwortete nicht. Schon rollte der Wagen draußen zwischen freien Feldern. Raiding wurde kleiner, noch kleiner, ganz winzig . . . und auf einmal war nichts mehr von ihm zu sehen.

DRITTES KAPITEL

Weit draußen in der äußeren Straße stand bescheiden das Gasthaus »Zum grünen Igel«. Eingeklemmt zwischen den Häusern der engen Gasse war es kein bißchen prächtiger oder geräumiger als diese. Nur das unterschied es von seinem Nachbarn, daß über seinem Tore an einer langen Eisenstange ein Blechschild hing. Die Zeit hatte die Farbe abgewaschen, niemand hätte erraten können, was es darstellen sollte, wenn nicht die mit verschnörkelten, gotischen Buchstaben eingeprägte Inschrift Auskunft gegeben hätte: »Gasthaus zum grünen Igel, Stiftgasse 92.«

In einem nach der Straße gelegenen Zimmer im ersten Stockwerk hatte die dreiköpfige Familie Unterkunft gefunden. Zuerst wollten sie nur einen Tag dort bleiben, bis sie eine Wohnung gefunden hätten. Aber der Vater überzählte sein Geld und tüftelte aus, daß sie besser dran wären, wenn sie in diesem billigen Zimmerchen blieben und keinen Haushalt führten. Den Morgenkaffee kochten sie im Zimmer, und zum Mittagessen ließen sie sich nur zwei Portionen bringen; die teilten sie so ein, daß auch noch etwas für den Abend übrigblieb. An Möbeln stellten sie nur das Klaiver auf, alles andere brachten sie auf dem Boden des Gasthauses unter.

»Du brauchst dich um nichts zu kümmern«, sagte Adam Liszt zu seinem Sohne, »du sollst nur üben, bis ich einen Lehrmeister für dich gefunden habe.«

Er übte also in dem kleinen, engen Raum, wo das große Klavier, die unzähligen Noten und die wenigen Sachen für ihren persönlichen Gebrauch soviel Platz beanspruchten, daß man sich kaum umdrehen konnte. Von der Stadt sah er nichts, da sowohl der Vater als auch die Mutter vollauf zu tun hatten und er allein nicht weggehen durfte – es könnte ihn ja ein Wagen überfahren . . .

Aber schon am dritten Tage kamen sie ins richtige Geleise. Als der Vater zum Mittagessen nach Hause kam, sprudelte er aufgeregt die Neuigkeit hervor:

»Ich habe den Meister! Jeder Sachverständige sagt, man müsse bei Czerny lernen. Es wurde mir auch Sechter genannt, der früher im Blindeninstitut gearbeitet hat und jetzt Hofmusiker ist – aber Czerny dürfte der beste sein!«

»Welcher Czerny?« fragte der Junge gespannt. »Der, von dem ...«
»Jawohl, derselbe, der die Etüden geschrieben hat. Heute nachmittag gehen wir zu ihm. Nimm dich ordentlich zusammen, denn ich habe gehört, es sei gar nicht leicht, bei ihm als Schüler anzukommen.«
»Ja, Vater.«
»Wenn du schlampig spielst, nimmt er dich nicht oder läßt sich sehr teuer bezahlen. Wenn du aber sehr schön spielst, macht er es sicherlich auch für billiges Geld. Und du weißt ja sehr gut, daß wir kein Geld haben.«
»Ja, Vater.«
»Na also.«
Mehr wurde darüber nicht gesprochen. Doch gleich nach dem Mittagessen begannen sie mit den Vorbereitungen. Die Mutter kämmte den Sohn mit besonderer Sorgfalt und bückte sich im letzten Augenblicke noch, um seine Schuhe blank zu putzen.
»Das ist nicht nötig«, sagte der Vater, »die Straßen sind so matschig, daß wir doch bis an die Knie schmutzig werden, ehe wir in die Stadt hineinkommen.«
Als Vater und Sohn sich Hand in Hand auf den Weg machten, fing es an zu rieseln. Adam Liszt schlug den großen roten Regenschirm auf. Das Kind schmiegte sich näher an ihn, und so trotteten sie die endlosen Straßen stadtwärts. Es regnete hartnäckig und trostlos. Die Leute rannten über die Straßen, um sich irgendwo schutzsuchend unterzustellen. In manchem geräumigen Torbogen standen Frauen mit weiten Krinolinen und Männer mit hohen Zylinderhüten eng aneinandergedrängt. Ab und zu humpelte eine Marktfrau neben ihnen her, ihren Oberrock über dem Kopf zusammengeschlagen. Über das holprige Pflaster rasselten Kutschen mit aufgeschlagenem Dach. Die Insassen betrachteten die im Regen Gehenden mit der Gleichgültigkeit der Geborgenen. Vater und Sohn setzten unter ihrem roten Schirm unverdrossen ihren Weg fort. Es dauerte eine gute Stunde, bis sie die innere Stadt erreicht hatten, denn ab und zu mußte sich Adam Liszt auch nach dem Weg erkundigen. Er kannte sich in der riesigen Stadt nicht aus. Endlich fanden sie das gesuchte Haus, stiegen die Treppe hoch, stampften den Schmutz von den Füßen und stellten den Regenschirm, zum Trocknen aufgespannt, vor die Tür. Dann riß Adam Liszt an der Glocke.
»Ich will gleich nachsehen«, rief drinnen eine Frau, offenbar die Mutter des berühmten Mannes.
Sie warteten im Vorzimmer. In der Wohnung war es still, man hörte kein Klavierspiel. Sie unterhielten sich flüsternd.
»Anscheinend unterrichtet der Alte jetzt nicht«, sagte der Vater.
Da kam die Frau zurück:
»Mein Sohn bedauert außerordentlich, er empfängt nicht in Unterrichtsangelegenheiten, da es ihm leider unmöglich ist, neue Schüler anzunehmen.«

Durch den Körper des Jungen zuckte es wie ein eisiger Schlag. Er fühlte seinen ganzen Körper erstarren.
»Bitte schön«, sagte Adam Liszt bestimmt, »gehen Sie hinein, und richten Sie Herrn Czerny aus, daß ich ihn unbedingt persönlich sprechen müsse.«
Die Frau verzog das Gesicht, wollte etwas erwidern, zuckte aber nur die Schultern und verschwand abermals. Nach wenigen Minuten ging die Tür auf. Da stand ein Herr mit Brille, etwa dreißig Jahre alt.
»Ich bedaure außerordentlich«, begann er, »aber . . .«
Adam Liszt ging mit festen Schritten auf ihn zu, der Hausherr war gezwungen, ihm Platz zu machen. Und schon war er im Zimmer drinnen.
»Ich suche Herrn Czerny«, sagte er.
»Der bin ich.«
»Sie? Verzeihen Sie, das überrascht mich. Ich kann mir nicht vorstellen, daß der berühmte Czerny so jung sein soll. Ich suche den Musikpädagogen Czerny, bitte schön.«
»Ich sagte doch, der bin ich«, erwiderte der junge Mann trotz seiner Ungeduld lächelnd.
»Und seit wieviel Jahren belieben Sie zu unterrichten?«
»Seit fünfzehn.«
»Seit fünfzehn . . .? Wenn ich Sie nicht beleidige mit meiner Frage, bitte schön . . . wie alt belieben Sie zu sein?«
»Dreißig.«
Adam Liszt schüttelte seinen Kopf, kam dann aber schnell zur Sache.
»Bitte schön, Herr Czerny, mein Sohn, den ich zum Vorspielen mitgebracht habe . . .«
»Entschuldigung!« unterbrach ihn der Meister. »Es ist schade um jedes Wort, es ist mir ganz unmöglich, einen neuen Schüler anzunehmen. Ich bin mit Stundengeben derartig überlastet, daß die wenige Zeit, die mir verbleibt . . .«
Er verstummte plötzlich überrascht und riß seinen Kopf herum. Der Junge war nämlich inzwischen, den stummen, aber dringlichen Wink des Vaters verstehend, zum Klavier geschlichen und hatte mit voller Kraft die schwerste Czerny-Etüde begonnen. Und sofort war er ganz versunken, kümmerte sich um nichts mehr und spielte mit unvergleichlicher Überlegenheit, wie wenn Gauß sich damit belustigt haben würde, das Einmaleins herzusagen.
»Was ist das?« preßte Czerny bestürzt hervor und trat zum Klavier.
Der Junge ging mit einer Passage von der Czerny-Etüde in jene Hummel-Komposition über, die er für das schwerste Vortragsstück hielt; er spielte begeistert und schaute gar nicht auf.
»Unerhört«, staunte Czerny und setzte sich auf den zweiten Klavierstuhl.

Und nun verfolgte er stumm und wie gebannt das Spiel des Kindes . . . Die Hummel-Komposition verklang. Erst jetzt sah das Kind zur Seite. In seinem Blick lag bettelnde Schmeichelei, zugleich aber eine kleine, listige Schadenfreude. Und dem Gesicht des berühmten Czerny merkte man es an, daß ihn die bewundernswerte musikalische Reife des Knaben ebenso überraschte wie dessen sicheres Benehmen.
»Wie alt bist du?«
»Zehn«, antwortete der Vater für den Sohn, »und bitte mir zu gestatten, daß ich mich vorstelle.«
Er verbeugte sich, nannte seinen Namen, seine Stellung und erzählte die Geschichte seiner tollkühnen Übersiedlung nach Wien.
»Mein Herr«, sagte er schließlich, »mein Leben ist ein verfehltes Leben. Ich wollte immer ein großer Musiker werden, konnte es aber nicht infolge meiner großen Armut. Doch was *mir* das Leben versagte, das möchte ich in diesem Kinde verwirklicht sehen. Für meinen Jungen bin ich zu jedem Opfer gern bereit. Ich und meine Frau haben keine anderes Lebensziel, als ihn zu einem großen Künstler ausbilden zu lassen. Was Sie jetzt gehört haben, ist noch gar nichts. Mein Sohn kann noch viel, viel mehr . . .«
»Bitte«, fiel ihm Czerny ins Wort, »davon wollen wir jetzt nicht sprechen. Ich übernehme Ihren Sohn. Es geht aber leider nicht anders: ich kann ihn nur abends unterrichten . . . Seit Schubert war ein solches Talent nicht mehr bei mir . . .«
»Hörst du das?« wandte sich der Vater an den Sohn.
»Kurz und gut, ich unterrichte Ihren Jungen. Wenn Sie mir Ihr Wort geben, niemandem etwas zu sagen, setze ich auch das Stundengeld bis auf die unterste Stufe herab. Sie zahlen für jede Stunde zwei Gulden. Ich gebe wöchentlich vier Stunden.«
»Soviel kann ich nicht schaffen. Für wöchentlich drei Stunden würde es reichen. Monatlich fünfundzwanzig Gulden, das könnte ich noch ermöglichen.«
»Bleiben wir zunächst bei zwei Gulden, das andere wird sich später zeigen. Wann soll die erste Stunde sein? Heute geht es nicht mehr, wollen mal im Vormerkkalender nachsehen . . . morgen geht's. Der Junge kann um halb acht Uhr kommen, ich pflege um sieben Uhr zu Abend zu essen. Eine andere Zeit habe ich nicht zur Verfügung. Ich will ihm meine Abende widmen.«
»Wie Sie wünschen – und wenn es um Mitternacht wäre!«
Frau Czerny trat ein:
»Der Bote kommt mit der Korrektur.«
»Er soll warten, ich bin gleich fertig. Also, wie gesagt, morgen abend. Der Junge soll Schreibzeug und Notenpapier mitbringen.«
Auf dem Tisch lag eine Menge frisch beschriebener Notenblätter: bei dieser Arbeit hatte der Besuch den Meister gestört. Adam Liszt verneigte sich. Franz Liszt sprang vom Klavierstuhl, den er bis jetzt noch nicht verlassen

hatte, und machte einen linkischen Kratzfuß. An der Tür schaute der Knabe sich nochmals um, sein Blick begegnete den erstaunten, ernsten Augen des berühmten Mannes.
»Es geht alles«, sagte Adam Liszt im Vorzimmer, »man muß es bloß wollen? Soll ich dich auf diese Freude hin in eine Konditorei führen? Wir warten dort, bis es aufgehört hat zu regnen.«
»Ich möchte schon sehr gern«, antwortete das Kind zögernd, »aber die Mutter wird sicherlich aufgeregt auf uns warten.«
»Also gut, dann gehen wir nach Hause.«
Sie hoben den roten Regenschirm auf, von dem inzwischen eine Menge kleiner Pfützen auf den Steinboden abgetropft war. Es regnete noch immer in Strömen. Aber sie wateten unbeirrt eine Stunde lang wieder heimwärts.
»Wie wird denn nun das«, sagte der Vater, »mit diesem langen Weg? Du mußt ihn wöchentlich dreimal bewältigen. Und es wird abends zehn Uhr werden, bis du nach Hause kommst. In einer so großen Stadt können wir dich doch nicht allein gehen lassen.«
»Aber ja, Vater – ganz sicher, ich bin doch schon erwachsen. Ich werde den Weg bald kennen, und sollte ich mich einmal verirren, dann frage ich mich schon durch. Vater, erlauben Sie mir doch, allein zu den Stunden zu gehen . . . Ich möchte das so gern, wirklich . . .«
»Nun, wollen mal sehen.«
Als die Mutter die entscheidende Nachricht vernahm, umarmte sie die beiden unter langem Jubel so stürmisch, daß sie von den beiden Durchnäßten selbst ganz naß wurde. Aber Adam Liszt ließ ihr kaum Zeit für Gefühlsergüsse. Schon befahl er dem Sohn, sich ans Klavier zu setzen und wieder zu üben.
Am Tage darauf ließ er ihn zur ersten Czerny-Stunde noch nicht allein gehen. Erst bei der vierten gab er nach. Und von der sechsten kam der Junge mit einer frohen Botschaft nach Hause:
»Vater, Herr Professor Czerny läßt Ihnen sagen: nachdem er mich jetzt zwei Wochen unterrichtet hat, sieht er ganz klar, wie weit ich es einmal bringen werde, und darum nimmt er für die Stunden von nun an kein Geld mehr.«
»Was sagst du? Er will dich umsonst unterrichten?«
»Jawohl. Er sagte, er nähme nichts mehr an. Er läßt Ihnen bestellen, Sie möchten übermorgen auch mitkommen, denn er will mit Ihnen darüber reden, daß ich auch theoretisch lernen müßte. Er sprach von Harmonielehre, von Partiturlesen und dergleichen.«
Die Mutter fiel inmitten der großen Freude besorgt ein:
»Auch noch lernen? Das ist ganz ausgeschlossen. Wenn du deine Schulaufgaben machen willst und üben, dann zu Czerny gehen und dann noch das Neue studieren – das hältst du einfach nicht aus. Du siehst ohnedies schon

so aus, wie wenn die Seele in deinem Körper lediglich zum Schlafen einkehre . . .«
Adam Liszt beruhigte seine Frau:
»Geduld, Geduld, *ich* bin ja dazu da, all das zu erwägen. Vor allem soll sich das Kind jetzt sofort niederlegen, und wir beide gehen ein Weilchen hinaus auf den Gang.«
So hielten sie es immer, wenn irgendeine wichtige Angelegenheit zu besprechen war. Die Mutter schlief nämlich im Bett, der Vater auf dem knarrenden Sofa, und dem Kinde hatten sie bloß auf dem Fußboden neben dem Klavier eine Lagerstätte herrichten können. Wenn die Eltern sich dann nach dem Zubettgehen noch unterhielten, konnte der Junge nicht einschlafen. Darum setzten sie zwei von den drei Stühlen hinaus auf den Gang mit dem eisernen Gitter. Es war ja auch schon Sommer, deshalb konnten sie sich dort zu dieser Zeit so lange unterhalten, wie sie nur wollten. So auch jetzt. Der Junge legte sich gehorsam nieder, und eine Weile noch summte das gleichmäßige Flüstern der Eltern in seinen Ohren . . . Er wußte genau, worüber sie sprachen: in den letzten Tagen hatten sie nämlich schon dauernd nur darüber geredet, was neben der Musik mit der Schulbildung des Jungen werden sollte. Er hätte ja Geographie, Latein, Rechnen und alles andere ebenso weiter lernen müssen wie das Klavierspielen. Aber bisher hatten sie noch keinen Ausweg gefunden. In eine öffentliche Schule konnten sie ihn nicht schicken, weil das auf Kosten der Übungsstunden gegangen wäre. Und einen Hauslehrer konnten sie nicht halten, weil sie ihn nicht bezahlen konnten. Der Vater konnte ihn auch nicht unterrichten, denn er durfte ja mit gutem Gewissen nicht auf sich nehmen, etwas zu lehren, was er selbst schon längst wieder vergessen hatte. So grübelten sie und berieten unaufhörlich. Der Junge sagte nichts und wartete nur ängstlich darauf, wann er in irgendeiner Form mit diesem Lernen beginnen würde, das ihm aus ganzem Herzen zuwider war. Er wollte von nichts anderem wissen als von der Musik. Er sann und sann, welches Schicksal ihm nun beschieden sein würde . . . Endlich übermannte ihn der Schlaf. Als seine Eltern wieder hereinkamen, schlief er schon ganz fest.
Erst am anderen Morgen beim Kaffee erfuhr er das Ergebnis der nächtlichen Unterredung:
»Hör mal zu, mein Junge. Ich habe mich in der Nacht dazu entschlossen, dich außer von deinen musikalischen Studien von allem anderen vorübergehend zu befreien. Du wirst zu leicht krank, und ich möchte dich nicht überlasten. Auch bei anderen Jungen kann es vorkommen, daß sie ein Jahr verlieren. Ich betrachte also die Sache einfach so, als kämst du erst ein Jahr später in die Schule. Wenn du dann im Klavierstudium genügend fortgeschritten bist, kommt die Reihe wieder an die anderen Fächer. Ich will aber auf alle Fälle Czerny fragen, wie es die Eltern Mozarts seinerzeit gemacht haben.«

Der Junge war überglücklich. Seinen geheimsten Wunsch hätte das Leben nicht schöner erfüllen können . . . das Klavierspielen, ja sogar das andauernde Üben, betrachtete er bis jetzt niemals als Aufgabe, sondern als leidenschaftlich geliebte Unterhaltung. Lediglich nach den letzten zwei Czerny-Stunden verspürte er eine gewisse Unlust, daß der Meister alles untersagte, was von der unerbittlichen Maschinenmäßigkeit der Übungen abwich. Er dachte aber, daß sich das schon irgendwie ändern würde.
Adam Liszt besprach nunmehr die theoretische Ausbildung des Jungen eingehend mit Czerny, der den alten Italiener Salieri empfahl. Er nähme gleichfalls keine neuen Schüler an, aber er würde sicherlich ebenso eine Ausnahme machen, wie er, Czerny, das getan habe. So war es auch. Sie hatten sich die Adresse des Meisters geben lassen und fanden einen weißhaarigen Mann von siebzig Jahren, der zwar schon über dreißig Jahre in Wien lebte, die deutsche Sprache aber immer noch mit auffallender italienischer Betonung sprach.
»Ick bin mude, mein Err, mude bin ick.«
Zuerst wollte er um keinen Preis die Ausbildung des Jungen übernehmen. Und für den sehr herzlich gehaltenen Empfehlungsbrief Czernys hatte er auch nur ein Achselzucken. Es erging ihm dann aber genau so, wie es Czerny ergangen war. Der Junge setzte sich ungefragt ans Klavier und fing an zu spielen . . . Innerhalb zehn Minuten hatte der bestürzte Alte sich gleichfalls bereit erklärt, den Unterricht umsonst zu geben, und erwartete die erste Stunde ungeduldiger als der Schüler selbst.
Jeden Tag, den der liebe Gott werden ließ, ging der Junge aus der entfernten Vorstadt zu Fuß in die Gegend des Stephansdomes. Einen Tag mit Lust und Liebe, den anderen Tag widerstrebend, denn zu Salieri ging er gern, zu Czerny aber ungern.
Die Stunden bei Salieri waren außerordentlich anregend. Der Alte baute den Unterricht in der Harmonielehre auf kleinen Schöpfungen kirchlicher Musik auf. Es vergingen keine drei Unterrichtsstunden, und der Junge entdeckte mit freudigem Herzklopfen, daß man in der Musik beten könne. Seit er sich erinnern konnte, hatte er leidenschaftlich gern gebetet, weil es ihm eine unendliche Freude bereitete, sein Herz auf schwärmerische Hingabe abstimmen zu können. Aber bis jetzt war das alles noch formlos gewesen. Sobald er zu beten anfing, füllte sich sein ganzes Innere mit einer glühenden Spannung, aber seine kleine Seele vermochte die in ihm waltenden Gefühle nicht zu gestalten. Durch den Unterricht des alten Italieners jedoch hatte er nun den Weg gefunden, wie man sein ganzes Empfinden harmonisch aussprechen könne. Diese Harmonien konnten singen. Sie stahlen sich in sein Herz bis in das geheimste Versteck ein, sie wühlten seine ganze innere Welt auf. Singend und summend lief er umher, und mehr als einmal rannte er auf der Straße gegen Menschen an, da er in verzückter Versunkenheit die Augen geschlossen hielt. Die Tonarten wurden auf einmal zu verschie-

denartigen Personen, die man nur unter Wahrung strengster Etikette miteinander verkehren lassen konnte. Die Modulationen, die er aus dem unzulänglichen Vortrag seines Vaters erlernt, von Klassikern entlehnt oder instinktiv selbst empfunden hatte, erhielten auf einmal einen verständlichen Inhalt und ordneten sich in wundersam logischer Folge. Er erlebte das alles am Klavier wie einer, der zum ersten Male bei strahlendem Sonnenschein in all den Gegenden umherstreift, in denen er schon früher einmal bei undurchdringlicher Finsternis herumstolperte.
Überdies wußte der alte Italiener sehr reizvolle Sachen zu erzählen. Er war von Natur sehr gesprächig, und bei allem kam ihm sofort ein Erlebnis oder eine Anekdote in den Sinn. Er erzählte von seiner Kindheit in Legnano und von seinem ersten Lehrer, der zugleich sein leiblicher Bruder und seinerseits Schüler keines Geringeren als Tartini war, jenes berühmten Tartini, der die Teufelssonate geschrieben hatte. Oder er erzählte von Mozart, dessen so heftiger Gegner er einst war und dessen »Don Juan« seinerzeit seine Oper »Azur« glorreich besiegt hatte. Als Mozart gestorben war, habe man in Wien sogar munkeln hören können, daß er ihn vergiftet habe . . . Oder er frischte seine Erinnerungen aus der Zeit auf, als er noch Mitglied des Gesangchors der Markuskirche in Venedig war. Oder er erzählte, wie ihm sein Freund und Gönner Gluck geholfen hatte, seine Oper »Die Danaiden« in Paris zu inszenieren: sie schrieben damals »Gluck und Salieri« als Autoren auf den Theaterzettel, und erst als der große Erfolg da war, gaben sie bekannt, daß Salieri die Oper allein komponiert hatte. Das Kind lauschte mit offenem Munde und offenem Herzen diesen Geschichten, die ihm die buntschillernde Welt der Vergangenheit und der Zukunft zugleich öffneten. An den Tagen, an denen er Stunden bei Salieri hatte, fing er schon morgens an, nach der Uhr zu schauen . . .
Mit Czerny standen die Dinge anders. Czerny hatte ihn zunächst zwei Wochen ruhig spielen lassen, um ihn um so beser kennenzulernen, und machte lediglich oberflächliche Bemerkungen. Nach Ablauf der zwei Wochen begann er erst mit dem regelrechten Unterricht. Vor allem stellte er ein Metronom auf. Diesen tickenden Obelisk kannte der Junge noch nicht. Jetzt stand dieser feindselige unbarmherzige Taktmesser am Klavier und achtete unbestechlich darauf, daß er sich seines Spiels nicht mehr freuen konnte. Sobald es ihn gelüstet hätte, vor einer merkwürdigen Auflösung der Melodie das Spiel zu verlangsamen, um die freudige Überraschung desto mehr genießen zu können, wies ihn das Metronom mit gefühllosem Neid zurecht, und mit der gleichen unausstehlichen Strenge hielt es ihn zurück, sobald er das anschwellende Perlen einer Passage entzückt beschleunigen wollte. Und Czerny selbst war so etwas wie ein Metronom in Menschengestalt.
»Was ist denn das? Was ist das für ein Ritenuto?«
»So ist es schöner.«

»So ist es *nicht* schöner. Nur das ist schöner, was pünktlich und vollständig ist. Spiele anständig!«
Er spielte mit Unlust weiter. Nach zwei Takten schlug Czerny wieder auf den Deckel des Klaviers:
»Was machst du, was machst du, was machst du bloß? Eine unglaubliche Nachlässigkeit. Steht da accelerando?«
»Nein, aber ich fühle es so.«
»Du hast nichts zu fühlen, sondern dich an das zu halten, was dasteht. Noch einmal das Ganze von vorn! Du sollst nicht in Gefühlen schwelgen, sondern dich bemühen, die Zweiunddreißigstel zu spielen. Denn die sind nicht gleichmäßig. Du spielst so nachlässig, daß es eine Schande ist.«
Der Junge übte stumm weiter. Er verlor aber immer mehr die Lust zum Ganzen, obwohl er anfänglich alles schön und reizvoll gefunden hatte, was er spielen mußte. Er wurde unruhig und reizbar. Sein Vortrag wurde noch schlechter als vorher. Jetzt griff er sogar daneben. Aber Czerny war nicht ungeduldig. Er ließ mit eiserner Unbarmherzigkeit die jeglichen Gemütes, jeglichen Lächelns und jeglicher Ergriffenheit beraubten und zu nackter Maschinenmäßigkeit entkleideten Notenreihen wiederholen.
Das Verhältnis zwischen ihnen wurde immer kühler. Und als Czerny zum Üben der Clementi-Etüden überging, schien dem Jungen das Leben überhaupt untragbar. Vom ersten Augenblick an war ihm der »Gradus ad Parnassum« verhaßt. Warum er gegen diese Übungen so leidenschaftlich aufgebracht war, hätte er selbst nicht sagen können. Als man ihm den ersten Band vorlegte, spielte er das Ganze von Anfang bis Ende ohne Fehler vom Blatt. Und als er fertig war, fragte er seinen Meister ganz bestürzt:
»Dieses leichte Zeug soll ich spielen?«
»Reg *du* dich nur nicht auf. Diese Clementi-Übungen sind eben dadurch genial, daß sie so leicht sind. Denn jedes Stück entwickelt eine andere Fingersetzung, stärkt jedes Handgelenk abwechselnd, läßt immer wieder andere Finger arbeiten – man muß sie bloß oft genug spielen. Erfolg kann immer wieder nur der Fleiß bringen. Wenn du es satt hast, so habe es getrost satt, die Hauptsache ist, daß du übst – hundertmal hintereinander.«
Der Junge schluckte und übte – zähneknirschend mit bitterem Haß. Er empfand es als Erniedrigung, diese lächerlichen Kindereien spielen zu müssen, und noch dazu als Sklave dieses arglistig tickenden Metronoms. Als ob man ein edles Rennpferd vor einen Pflug spannte, und ein ungeschlachter Lümmel stieße ihm dauernd seine Faust in die Flanke . . . Mit zitternder Ungeduld ersehnte er das Ende der Stunde. Zu Hause kam er aus dem Jammern nicht heraus. Sein Vater schnitt aber solche Gespräche kurzerhand ab:
»Czerny ist der beste Meister und weiß genau, was er tut. Wenn das seine Unterrichtsmethode ist, so wollen wir uns dagegen nicht auflehnen. Sei lieber dankbar, daß er dich umsonst unterrichtet.«

Der Junge schwieg. Er konnte ja nichts anderes tun als gehorchen. Und langsam begann er sich in sein Joch zu fügen. Das Lernen bei Czerny, das er zuerst als himmlische Wonne empfunden hatte, wurde ihm zur drückenden Pflicht. Ganz unbeteiligt erledigte er diese die Seele lähmenden, stundenlangen, vom Metronom unerbittlich begleiteten Übungen, die mit Musik nichts mehr gemein hatten und lediglich durch beschwerliche Fingersetzung bildeten und erzogen, um die zehn Finger voneinander unabhängig zu machen. Kaum hatte er sich jedoch dieser Pflicht entledigt, so gab er sich selig dem Rausche der Salieri-Aufgaben hin. Er war in seinem Studium schon so weit fortgeschritten, daß er sich eines Tages ans Komponieren wagte. Er wollte nicht mehr nur eine Hausaufgabe lösen, sondern ein richtiges Tonwerk dichten wie die »Großen«. Salieri hatte ihn über die kirchliche Musik ausgiebig unterrichtet. Er erläuterte ihm die einzelnen Teile des Gottesdienstes, von dem ihn das Segenslied, »Tantum ergo«, am tiefsten ergriff, jener Teil des Gottesdienstes, der ihm schon in der Raidinger Dorfkirche am meisten ans Herz gewachsen war. Salieri schrieb ihm den Text ab:

Tantum ergo sacramentum veneremur cernui,
Et antiqum documentum novo cedat ritui.

Da er den lateinischen Text nicht ganz genau verstand übersetzte ihn der alte Italiener:

Laßt uns tiefgebeugt verehren dieses hohe Sakrament,
Vor des neuen Bundes Lehren weicht das Alte Testament.

Das kleine Zettelchen legte der Junge vor sich hin und suchte in der Sprache der Töne all das wiederzugeben, was er in der Kirche in schwärmerischer Verklärtheit bei der Liturgie empfunden hatte. Bald schaute er aber auch nicht mehr auf das Zettelchen, sondern sah in sich hinein. Er lauschte der geheimnisvollen Messe, die in seinem Herzen erklang, von der er aber zunächst nur einzelne Teile zu erfassen mochte. Er saß mit geschlossenen Augen am Klavier. Seine Hand lag unbeweglich auf den Tasten, während er in sich nach einer musikalischen Gestaltung dieser Melodien suchte. Zugleich genoß er die wunderbare Seltsamkeit des neuen Erlebnisses: zu komponieren, obwohl er noch nicht einen einzigen Ton niedergeschrieben hatte. Er empfand das Ganze gleichermaßen quälend und erhebend. Es war ihm, als sei er eben erwacht, fühle noch genau den soeben erlebten, eigenartigen Traum und könne ihn doch nicht in Worte fassen, nicht einmal in einen Begriff . . . So schwebte auch die Komposition in ihm. Wenn er danach griff, griff er in nichts, obwohl er sicher war, daß diese traumhaften Melodien irgendwo in den Falten seiner musikalischen Gedanken versteckt waren. Nach tagelanger Qual schrie er plötzlich auf wie einer, der mit seinem Hut einen Schmetterling einfängt und ausruft: »Ich hab ihn!« Er ging gerade die Häuser der Wollzeile entlang, und die Erkenntnis kam mit derartiger Wucht über ihn, daß er stehenbleiben mußte. Mit einem Male stand

die ganze Komposition fertig vor ihm, genau so, wie er das alles hatte wiedergeben wollen: die ganze Reihe der gefälligen Melodien schlängelte sich in mitreißender Harmonie zum letzten Septimenakkord durch und endete mit einem sieghaften Fortissimo. Hastig suchte er unter einem Torbogen Zuflucht, um in fieberhafter Erregung die gefundene Reihenfolge der Melodien in sich festzuhalten. Greifbar nahe vor seinen Augen erschienen die schwarzen Punkte der einzelne Akkorde, die sich traubenförmig an die kleinen Fähnchen ansaugten, die zwischen den Notenwegen stehen. Ach, daß er ihm nur nicht wegfliegt, der wundersame Schmetterling, nun er ihn endlich gefangen! . . . Wie jemand, der auf dem Bürgersteig ein Schmuckstück gefunden hat und unter einen Torbogen schleicht, um seinen Schatz im geheimen zu betrachten, so zeichnete er sich dort sofort den Aufbau des »Tantum ergo« auf, das Notenpapier, das er bei sich gehabt, gegen die Mauer pressend. Zwei Wochen arbeitete er an seiner Komposition. Die Clementi-Übungen, die Hausaufgaben und die Stunden bei Czerny und Salieri ließen ihm nur wenig freie Zeit. Er schrieb das »Tantum ergo« für vier Stimmen mit Orgelbegleitung. Und er schuf die ganze Komposition halb stehend, halb sitzend; denn was er im Kopf ausgearbeitet hatte, mußte er zunächst am Klavier ausprobieren, und um es dann endgültig niederzuschreiben, mußte er wieder aufstehen. Er war eben noch zu klein, um sitzend am Klavier schreiben zu können. In zwei Wochen hatte er es aber geschafft. Dann bettelte er bei seinem Vater so lange, bis er ihm Geld gab, feines Notenpapier für die Reinschrift des »Tantum ergo« zu kaufen. Und als er fertig war, brachte er es klopfenden Herzens zu Salieri.
»Kannst du den ganzen Orgelsatz auswendig?«
»Ja.«
»Dann spiele und gib die Noten her, damit ich den Gesang nachlesen kann.«
Der Junge spielte sein »Tantum ergo« von Anfang bis zu Ende. Er hatte überhaupt kein Lampenfieber. Fühlte nichts anderes als jauchzende Freude und hegte nur den heißen Wunsch, daß sein Werk auch Salieri gefallen möge. Der Alte summte leise mit. Als der Vortrag beendet war, blätterte er zur ersten Seite zurück und zeigte auf einen Takt:
»Was habe ich dir von der Subdominante gesagt?«
Der junge Komponist starrte erschrocken auf diesen Takt. Er sah den Fehler sofort. Wie er das bloß hatte verwechseln können?! Unbegreiflich! Aber Salieri ging schon weiter, schob den Jungen vom Harmonium weg, setzte sich selbst, und, auf eine Notenzeile der Komposition deutend, fing er das Tantum zu spielen an. Aber ganz anders als wie es das Notenblatt vorschrieb. Das Kind hörte staunend seine eigenen Gedanken singen. Genau so, wie sie in ihm selber gelebt hatten, wie er sie aber nicht auszudrücken vermocht hatte. Was er geschrieben hatte, war drei Takte lang ein holperiges Stammeln; was Salieri spielte, war fließend und mitreißend.

»Gott, wie schön«, jubelte der Junge, »genau so hab ich mir's vorgestellt!«
Hastig ergriff er das Notenblatt, lief zum Tisch und vermerkte bei den in Frage kommenden Stellen die richtige Lösung. Dann sah er den Alten fragend an. Der nickte nur und sagte mit gleichmütiger Stimme:
»Hervorragend. Man kann es drucken lassen.«
Mehr sprachen sie nicht über die Komposition. Und er schwelgte in dem lodernden Stolz, daß der berühmte und weise Salieri es für selbstverständlich hielt, wenn sein Schüler etwas Hervorragendes geschaffen hatte . . .
Der Rest der Stunde verging mit Partiturlesen. Sonst liebte er das sehr und hatte seine Freude daran, mit einem einzigen Blick die weitverzweigten Sätze zu überblicken und zusammenzufassen. Jetzt konnte er nicht aufpassen. Am liebsten wäre er schon zu Hause gewesen, um seine vervollständigte Komposition seinen Eltern vorspielen zu können.
Adam Liszt nahm das Manuskript zur Hand, während sich der Junge ans Klavier setzte. Die Mutter verfügte über keine musikalischen Kenntnisse, sie hörte nur so zu, wie ein unverständiger Konzertbesucher. Eine um so größere Sachkenntnis bewies der Vater. Er nickte lebhaft bei den einzelnen Absätzen, dann runzelte er die Stirn, dann wartete er mit betonter Aufmerksamkeit auf die Fortsetzung, und zum Schluß faßte er sein Urteil folgendermaßen zusammen:
»All die Wochen hindurch habe ich ja zur Genüge gehört, wie du es aufgebaut hast. Ich finde es so ganz gut. Als ich vierundzwanzig Jahre alt war, habe ich ein ›Tedeum‹ geschrieben. Das war aber eine größere Komposition für Orchester: zwei Violinen, zwei Oboen, zwei Klarinetten, vier Trompeten, zwei Waldhörner, Cello, Baßgeige, zwei Pauken und Orgel. Ich habe es Seiner Durchlaucht gewidmet, und er hat es auch angenommen. In der fürstlichen Bibliothek muß es heute noch vorhanden sein. Warte nur, ich will dir gleich alles erzählen, wenn ich mich noch zurückerinnern kann . . . laß mich mal zum Klavier . . .«
Es folgte eine lange, lange Erklärung. Der Junge hörte artig zu. Es schmerzte ihn aber doch sehr, daß man an diesem Tage nicht von *seinem* Werk soviel sprach, sondern von dem seines Vaters.
»Diese kirchliche Musik ist aber auch wunderbar«, sagte endlich der Vater versonnen. »Du kannst mir glauben – *darum* vor allem war mir's leid, als ich mich entschloß, doch kein Franziskaner zu werden.« In der Familie war es allgemein bekannt, daß Adam Liszt ursprünglich Pfarrer werden sollte, doch schon als Novize den Orden verlassen hatte. In seiner ganzen Erscheinung, im Ausdruck seines Gesichtes lag aber heute noch etwas Priesterliches. Der einstige Novize besann sich: es wäre doch wohl schicklich, nunmehr auch von der Komposition seines Sohnes zu sprechen.
»Aber um wieder auf dein Tantum ergo zu kommen: ich muß es wirklich sehr loben. Es ist ein vielversprechender Anfang. Nur immer so weiter auf

dem beschrittenen Wege! Das Klavierspiel darfst du aber selbstverständlich auch nicht vernachlässigen. Wie weit bist du mit Czerny?«
Der Junge hob unlustig die Schultern:
»Dieser Clementi ist furchtbar. Er nimmt mir meine ganze Lust am Klavierspiel. So gern wie ich früher Klavier gespielt habe, so sehr ist es mir jetzt zuwider.«
»Was? Du spielst nicht gern Klavier?«
»Nein. Ich hasse das Klavier. Ich liebe die Harmonielehre und das Partiturlesen, das Klavierspielen nicht.«
»Mein lieber Sohn, du jagst mir ja einen schönen Schrecken ein! Lernst du denn nicht mit Lust und Liebe bei Czerny?«
Das Kind fing plötzlich an zu weinen und fiel dem Vater um den Hals.
»Vater, nehmen Sie mich weg von Czerny. Ich halte das nicht länger aus! Ich übe Clementi nicht mehr . . . eher nehme ich mir das Leben . . .«
»Was ist los? Hör mal zu, mein Junge, wenn du solchen Unsinn redest, setzt es eine Ohrfeige. Das wäre doch noch schöner . . .«
Die Mutter trat dazwischen. Sie zog den Kopf des schluchzenden Kindes an sich und streichelte es:
»Aber Adam, ausgerechnet jetzt mußt du das Kind schelten, wo es uns gerade seine erste Komposition vorgespielt . . . wie schön ist doch dieses Tantum ergo . . . wenn ich das in einer Kirche hören könnte, wäre ich ganz hingerissen . . . Nun, weine nicht mehr, mein Liebling, wir wollen den Vater mal schön bitten, mit diesem Czerny zu sprechen, vielleicht kann man doch etwas machen . . .«
Das Kind murmelte mit tränenerstickter Stimme:
»Es ist entsetzlich, dieses Üben nach Czernys Art . . . Ich bin noch so klein und hab schon so furchtbar viel gelitten . . .«
Da lächelten Vater und Mutter.
»Warum sagst du denn nichts, du Esel?« polterte der Vater heiter. »Ich kann doch nicht wissen, daß du so fertig bist! Morgen noch spreche ich mit Czerny.«
»Ja, aber gehen Sie gleich morgen früh hin, Vater, damit dieser Clementi schon erledigt ist, wenn ich abends meine Stunde habe.«
»Gut, gut, wollen sehen, jetzt geh aber schlafen.«
Adam Liszt sprach am anderen Tage tatsächlich mit Czerny. Als der Junge zur gewohnten abendlichen Stunde zum Meister kam, betrachtete dieser ihn lange mit stummem Vorwurf:
»Eine schöne Sache ist das, kann ich dir sagen! So einer bist du? Von dem kleinen bißchen Clementi bist du schon kaputt? Setz dich mal hin und spiele mit beiden Händen eine chromatische Skala – über das ganze Klavier hinweg. Prestissimo und Glissando.«
Das Kind griff in die unterste Oktave und dröhnte aufwärts bis zum Schluß wie ein tobendes Gewitter.

»Siehst du. Und nun besinne dich mal: wie hast du dasselbe gespielt, als du zu mir kamst? Holperig, ungleichmäßig, hinkend, torkelnd. Wem verdankst du das? Diesem unaustehlichen Clementi. Aber ich will dich zu nichts zwingen. Was der Mensch ohne Lust und Liebe tut, darauf ruht kein Segen. Von nun an werden wir Cramer versuchen. Aber nur, wenn du mir hoch und heilig versprichst, daß du auch fleißig arbeiten wirst wie ein Engel.«

»Ich verspreche es.«

»Na, wir werden ja sehen. Jetzt fehlt wirklich nicht mehr viel dazu, daß du öffentlich auftreten kannst. Ich rechne damit, daß du im November fertig bist, und dann geben wir das erste große Konzert, damit ihr leben könnt.«

»Ich hab schon in Wien gespielt . . .«

»Das ist nichts. Ich denke an ein ernstes, vorbereitetes Konzert mit Plakaten, mit einer ordentlichen Vortragsfolge, mit Zeitungsbesprechungen und Kritikern. Wenn du fleißig arbeitest, wage ich es, dich noch dieses Jahr herauszustellen. Und wenn alles gut geht, steht dir die ganze Welt offen. Mit deinem Vater habe ich schon darüber gesprochen. Du sollst nur auf mich hören und nicht alles besser wissen wollen. Ich für mein Teil will dich nicht mehr mit Clementi quälen, du für dein Teil sei aber mit Leib und Seele bei der Sache. Du arbeitest ja auch nicht für mich, sondern für dich selbst. Also nun los, was war für heute vorgeschrieben?«

Der Junge setzte sich beflissen zum Klavier. Er fühlte sich wie erlöst und bemühte sich aus ganzem Herzen, dem Meister alles recht zu machen. Als er an dem rauhen Herbstabend durch die dunklen Straßen nach der äußeren Stadt zu wanderte, summte er selig die Melodie seines »Tantum ergo« vor sich hin. Das Leben war wieder schön und spannend.

Zu Hause erwartete ihn eine neue Freude, die Post hatte eine große Neuigkeit gebracht: Adam Liszt hatte schon vor langer Zeit ein Gesuch an den Fürsten gerichtet, er möge ihm eine bescheidene Wohnung in einem der zahlreichen, zu dem unermeßlichen Besitz der Esterhazys gehörigen Häuser zuweisen, damit sein Sohn nicht gezwungen wäre, täglich stundenlang in die Stadt und zurück zu wandern, und mehr Zeit auf das Lernen verwenden könnte. Dieses Gesuch hatte der alte Salieri, der dem Fürsten persönlich bekannt war, durch ein begeistertes Empfehlungsschreiben unterstützt. Und jetzt kam die Mitteilung von der Direktion der Verwaltung der Esterhazy-Ländereien, daß Seine Durchlaucht eine aus zwei Zimmern bestehende Freiwohnung genehmigt habe für den vorübergehend beurlaubten Schäferei-Rentmeister Adam Liszt und seine Familie in der inneren Stadt, Krügerstraße 1047, zweite Etage. Die Eltern strahlten vor Freude. Czerny und Salieri wohnten auch in der Nähe dieses Hauses.

»Es kam im letzten Augenblick«, sagte Adam Liszt. »Dieses Zimmer hätten wir für die nächste Woche nicht mehr bezahlen können, und zum Verkaufen haben wir auch nichts mehr.«

In den Lichtschein der Lampe starrend, schwieg er lange, dann sah er seinen Sohn an:
»Wenn dein Konzert Erfolg hat und du anfängst zu verdienen, sind wir gerettet. Hat es keinen Erfolg, ist alles aus. Dann haben wir nichts mehr zum Leben und müssen nach Raiding zurück. Strenge dich also dementsprechend an. Hm? Warum antwortest du nicht?«
Das Kind antwortete nicht, weil es im Sitzen vor dem Tisch eingeschlafen war, so müde war es.

VIERTES KAPITEL

Von den Vergnügungen der Großstadt wurde der schwer kämpfenden Familie wenig zuteil. Der Vater war den ganzen geschlagenen Tag auf den Beinen, um entweder in seinen eigenen Angelegenheiten die Wiener Angestellten der Gutsverwaltung zu behelligen oder die Belange seines Sohnes zu festigen. Die Mutter ging überhaupt nicht aus. Der Junge arbeitete den ganzen Tag, er hatte nicht eine einzige Stunde für sich allein. Gleich nach der Ankunft in Wien besuchten sie den dort ansässigen Bruder von Adam Liszt, Antonius, der ein gutgehendes Uhrengeschäft besaß. Aber er empfing sie mit saurer Vorsicht. Er hatte Angst, daß Adams, die so tollkühn nach Wien gezogen waren, ihm früher oder später auf der Tasche liegen würden. Der freundschaftliche Verkehr mit den Verwandten kam also nicht zustande; sie besuchten den Uhrmacher nicht noch einmal.
An einem schönen Sommertag sahen sie sich den Prater an. Sie beschlossen, den ganzen Tag draußen im Grünen zu bleiben und erst abends nach Hause zurückzukehren. Ein Eßpaket wurde mitgenommen, damit man nichts zu kaufen brauchte. Vom vielen Umherlaufen bekamen sie Blasen an den Füßen. Die vielen Leute, die Drehorgeln, das Getöse der Wagen betäubte sie förmlich. Sie schlenderten durch die unbekannten Parkwege, und zu Tode ermattet, mußten sie schließlich doch Geld für Bier und Kaffee ausgeben. Im Gedränge hatte ein geschickter Dieb Frau Annas schönes Kaschmirtuch, das sie nur zu feierlichen Anlässen umlegte, gestohlen, und so kamen sie müde und verärgert, mit wunden Füßen nach Hause und schwuren, nie wieder in den Prater zu gehen. Dann aber kam der Sonntag, an dem sie die Burg besichtigten. Hier hatten sie anfänglich mehr Glück. Sie sahen nämlich den alten Kaiser ausfahren, und neben ihm seinen Enkel, den kleinen Herzog von Reichstadt. Der Napoleonsohn war ebenso alt wie der kleine Liszt, er war ein sehr schönes Kind, das in seiner Kadettenuniform aussah wie eine Theaterpuppe. Dieses Erlebnis genossen sie erfreut, und das Familienoberhaupt erörterte lang und breit die Geschichte von Napoleon und

Marie Luise. Später aber geriet Adam Liszt in Wortwechsel mit einem hochmütigen Posten. Beide schrien aus Leibeskräften, und es fehlte wirklich nicht mehr viel, da hätte der Soldat den tobenden Sonntagsausflügler an der Brust gepackt, doch Frau Liszt trat erschrocken zwischen die Streitenden und trennte sie. Während dieses Vorfalles hatte das Kind blaß und zitternd, aber lauernd wie ein junger Tiger, auf den passenden Augenblick gewartet, den groben Soldaten zum Schutze seines Vaters mit Nägeln und Zähnen zu überfallen. Und so verging ihnen abermals für lange Zeit die Lust an Ausflügen. Als einziges sonntägliches Ereignis blieb ihnen der Besuch der Mariahilfer Kirche. Besonders das Kind liebte diese Messen. Nach der Kirche begaben sie sich wieder heimwärts, saßen schön zu Hause und gingen auch nirgends mehr hin. Später durften sie sich noch weniger erlauben. Jeden Pfennig mußten sie umdrehen, ehe sie ihn ausgeben konnten. Abende lang lebten sie nur von Kaffee; so unerfahrene Dörfler brauchten nur einen Schritt zu tun, und schon waren sie ihr Geld los. Ab und zu gelang es aber dem Vater, von jemandem ein wenig Geld zu leihen, und auf die Freude hin, daß sie eine Freiwohnung beziehen sollten, wagte das Familienoberhaupt einen Konzertbesuch. Mehr seinem Sohne zuliebe als zu seinem eigenen Vergnügen. Den Besuch dieses Konzertes hatte sich nämlich das Kind erbettelt.

Die Sache kam so: bei Salieri verkehrte einer seiner älteren Schüler, ein gewisser Randhartinger, der neben seinem juristischen Beruf auch seinen musikalischen Studien weiter nachging. Mit diesem Mann freundete sich der Junge an. Sie verließen oft gemeinsam die Wohnung Salieris und sprachen über Musik. Gelegentlich fragte dann auch Benz – so hieß nämlich Randhartinger mit dem Vornamen:

»Nicht wahr, du bist in Ungarn geboren?«

»Ja.«

»In der nächsten Woche wird ein berühmter Landsmann von dir hier ein Konzert geben: Bihari, der Zigeuner. Wollt ihr es euch nicht anhören?«

»Bihari? Wer ist das? Ich habe ihn noch nie gehört.«

»Du hast Bihari nicht gehört? Das ist doch heute Ungarns berühmtester Zigeuner! Hier in Wien ist er außerordentlich beliebt. Man nennt ihn im Volksmunde den ›ungarischen Beethoven‹. Ein ausgezeichneter Violinspieler. Er spielt meistens nur seine eigenen Kompositionen und macht damit die ganze Stadt verrückt. Sag es deinem Vater, daß es wirklich der Mühe wert ist, ihn anzuhören. Die hier lebenden Ungarn gehen alle hin.«

Das Gespräch machte den Jungen stutzig. Als er nach Hause kam, fing er sofort an, mit seinem Vater darüber zu sprechen.

»Bihari? Na selbstverständlich«, sagte der, »das ist ein sehr berühmter Mann. Ich habe ihn schon in Ödenburg gehört. Er spielt ganz prächtig. Solche wilde Sachen, solche zigeunerische . . . na, wie nennt man's schon . . .? Aber er macht das allerdings fabelhaft. Besonders hat er eine heitere Kom-

position: ›Das Lied Biharis, wenn er kein Geld mehr hat‹. Ich hab's von ihm gehört. In seiner Art ist es ganz hervorragend.«
»Vater, ich möchte so gern zu diesem Konzert . . .«
»Davon kann keine Rede sein, mein Sohn. Wir haben doch für so etwas kein Geld. Darauf mußt du schon verzichten.«
Aber er verzichtete nicht so leicht darauf. Bei jeder Gelegenheit kam er wieder mit der Sache. Und als ihm dann verboten war, davon zu sprechen, deutete er mit schmollendem, vorwurfsvollem Schweigen an, daß er sich immer noch unablässig nach dem Konzert sehne.
»Wir gehen *nicht* hin, mein Sohn. Sieh mal, du übst ja schon für dein eigenes Konzert, und dieses Konzertstück von Hummel ist doch schwer genug. Da brauchst du dich nicht noch mit fremder Musik zu belasten.«
Aber der Junge war zäher als der väterliche Widerstand. Schließlich gingen sie doch zum Konzert. Alle drei. Zwar auf einen Stehplatz, aber sie gingen. In dem fürchterlichen Gedränge wurde das Kind von den Eltern getrennt. Weil es niemandem die Aussicht versperrte, ließ man es bis zur Rampe der Stehplätze vor. Rundherum wurde viel ungarisch gesprochen. Das Konzert eröffnete ein Sänger, der allen zuwider war. Endlich, unter stürmischem Applaus, erschien der berühmte Zigeuner in seiner bunten Tracht, in hohen Stiefeln und reich mit Schnüren besetztem Rock. Der Junge starrte den Alten, der sich mit gewinnendem Lächeln nach rechts und links verbeugte, mit brennenden Blicken unverwandt an. Der Applaus verstummte. Bihari klemmte seine Geige unter das Kinn. Irgend jemand in der Nähe, der ein Programm besaß, flüsterte hastig:
»Das Lied des Obersten Hadik.«
Der Zigeuner setzte an. Schon beim ersten Ton verfiel der Junge in Staunen. Bis jetzt hatte er einen richtigen Violinspieler noch nicht gehört. Er kannte bisher nur das bäurische Winseln dieses Instrumentes. Nun war er verblüfft, daß Bogen und Saiten so helle, gewaltige Töne hervorbringen konnten. Aber zum Staunen blieb ihm nicht viel Zeit. Die Melodien, die der Geiger spielte, nahmen ihn völlig gefangen. Am Kirchweihtag in Neckenmarkt hatte er zwar Ähnliches gehört, aber das hier, das war hundertmal, tausendmal schöner. Die launenhafte Eigenwilligkeit der Melodie war mit nichts von all dem zu vergleichen, was er bei seinen Meistern gelernt hatte. Diese Melodie kannte kein Metronom. Sie war einer Traubenranke gleich reich verästelt und legte sich auf die langgezogenen Töne mit einer in Noten nicht zu fassenden willkürlichen Unregelmäßigkeit. Dann verweilte die Melodie bei einem vierstimmigen Satz und steigerte sich zu immer schnellerem Tempo so lange, bis alles in einem einzigen, zitternden Tremolo unterging. Und dann verlangsamte sie sich wieder ohne jeden Übergang, als finge die Geige zu schluchzen an.
Das Kind lauschte ergriffen. Geheime Ahnungen stiegen in ihm auf: dieser Künstler verwirft ebenso die Taktstriche, wie auch er es manchmal möchte,

wenn er züggellos dem Ausdruck verleihen will, was er in die einzelnen Melodien hineinfühlt. Die Seele dieser Geige ist seiner Seele verwandt. Diese Musik zauberte ihm die Rahmenstiefel und Schnürenröcke der Nekkenmarkter vor die Augen und die verlassene Heimat. Er empfand jetzt zum ersten Male in seinem Leben, daß die Geige die Musik eines ganz anderen Volkes wiedergab, und er fühlte blitzartig, daß er mit all dem vieles gemein hatte. Wenn ihn jetzt jemand gefragt hätte, was in ihm vorging, er würde nicht ein einziges Wort gefunden haben, das diese Gefühle hätte ausdrükken können – obwohl sie so mächtig und so klar waren, daß bei den Klängen der Geige sein Rückgrat zitterte und sein ganzer Körper mitschwang. Dieses sonderbare Gefühl hielt ihn fest in seinem Bann, von Minute zu Minute wurde es stärker. Auch einen »Husaren-Werbetanz« spielte der Zigeuner. Der vierviertelaktive Rhythmus dieses Tanzes versetzte das Kind in unbeschreibliche Aufregung. Diese vier Viertel hatten eine teuflische Macht: wie das Opfer einer Zauberei gehorchte sein ganzer Körper diesen vier Vierteln, und auf einmal erschien vor ihm das vertraute Bild der tanzenden Bauern. Er befand sich in einem unbegreiflichen Zustande. Obwohl er nicht weinte, waren seine Augen feucht, und obwohl er innerlich vor Fieber glühte, wußte er, daß er sehr bleich war. Der Geiger hatte etwas Verhextes an sich, etwas unwiderstehlich rätselhaft Mitreißendes. Die Leute schrien: »Bravo!« und klatschten rasend Beifall. Der Junge hielt nur die Rampe krampfhaft umklammert und mußte mit ausgetrockneter Kehle dauernd schlucken. Als das Konzert zu Ende war, fühlte er sich grenzenlos müde, sein Gehirn wollte nicht mehr arbeiten. Und in dem großen Durcheinander konnten ihn die Eltern kaum wiederfinden. Sie schalten ihn, daß er ihnen mit seinem Verschwinden soviel Angst gemacht, aber er konnte auf die Ermahnungen nicht einmal antworten. Auf dem Heimwege blieb er stumm, zu Hause aber löste sich seine Zunge, und er richtete eine Frage nach der anderen an den Vater. Der war kaum imstande, ihm zu antworten.

»Vater, wie kann man so eine Musik in Noten fassen? Andauernd mit Rubato-Vermerken?«

»Möglich. Aber auch daran kannst du erkennen, daß das keine wirkliche Musik ist, sondern nur etwas Bäurisches. Zerbrich dir bloß darüber nicht den Kopf, das gefällt mir gar nicht, jetzt, vor deinem Konzert. Ich fange schon an, zu bereuen, daß ich dich überhaupt mitgenommen habe.«

Das Kind schwieg eine Weile. Dann fragte es abermals:

»Vater, sind wir Ungarn?«

»Ja«, antwortete Adam Liszt gleichgültig.

»Und warum können wir dann nicht Ungarisch sprechen?«

»Ich kann es ja einigermaßen, nur die Mutter und du, ihr könnt es nicht. Wenn du aber im Ausland vorwärtskommen willst, brauchst du auch gar nicht Ungarisch zu sprechen. In Ungarn hat man diese Sprache überhaupt nicht nötig, nur für die Bauern ist sie wichtig. Du hast es ja in Preßburg hören können: die vornehmen Herren sprachen entweder Latein oder Deutsch, Ungarisch nur ganz vereinzelt. So ist das auch mit dieser Zigeunermusik. Das ist etwas für die Bauern. Für uns ist Beethoven da.«

»Ja, aber im Bihari-Konzert waren doch keine Bauern, sondern vornehme Herren, und die haben sehr viel applaudiert.«

»Applaudiert haben sie natürlich. Man guckt sich ja auch einen Bärentanz an und vergnügt sich dabei: als vornehme Unterhaltung kommt aber doch nur die Kammermusik in Betracht – verstehst du das nun?« Das Kind nickte zögernd, obwohl es nichts verstanden hatte. Es überlegte wieder und fragte dann:

»Vater, warum sind wir keine Bauern?«

»Gott im Himmel, stellst du aber komische Fragen! Wir sind eben nicht als Bauern geboren. In der Familie erzählt man, daß wir sogar adlig seien. Mein Großvater, also dein Urgroßvater, Georg Liszt, war noch Oberleutnant, und in einem Husarenregiment können nur vornehme Leute Offiziere werden. Vermögen hat er aber nicht hinterlassen, und dein Großvater wurde schon als armer Junge erzogen. Ich weiß aber auch, daß man uns ›Liszthyensis‹ mit t–h und y schrieb, wie die ungarischen adeligen Herren ihre Namen zu schreiben pflegten. Aber wir sind arme Leute, und wer kein Geld hat, macht sich nur lächerlich, wenn er mit so etwas prahlt. Zerbrich dir nicht den Kopf mit solchem Zeug! Lerne fleißig, damit ein Mann aus dir wird.«

Die Mutter unterbrach ihn:

»Erzähle ihm doch vom Baron, Adam.«

»Wozu denn, Anna? Ich verstehe dich wirklich nicht. Sollen wir dem Jungen mit solchen Dingen, die wir noch dazu gar nicht genau wissen, den Kopf verdrehen?«

Frau Liszt schwieg, aber das Kind erkundigte sich neugierig:

»Was ist ein Baron, Vater? Erzählen Sie es mir doch bitte, ich möchte es so gern wissen.«

»Eh, das Ganze ist Unsinn. Dein Großvater erzählt, daß sein Vater, der Husaren-Oberleutnant, seine Baronswürde nachweisen wollte, denn es gab einen Baron Ladislaus Listius, einen berühmten und reichen Mann, der auch gedichtet hat. Der lebte vor ein paar hundert Jahren, und dein Urgroßvater forschte in allerlei Dokumenten nach, weil er die heilige Überzeugung hatte, daß unsere Familie mit diesem alten ungarischen Baron verwandt sei.«

Die Augen des Jungen leuchteten erwartungsvoll.

»Und dann sind wir auch Barone?«

»Unmöglich wäre es nicht. Es hat aber gar keinen Sinn, sich damit zu brüsten, denn es stellte sich heraus, daß dieser berühmte Baron Listius ein Mörder, Räuber und Falschmünzer war, der für seine Schandtaten aufs Rad geflochten wurde. Es ist besser, wir forschen da nicht weiter nach. Wir sind

arme Leute, mein Sohn, und du sollst dich nicht mit so unnützem Zeug belasten, sondern zusehen, daß du es im Leben zu etwas bringst.«
»Ja. Und wo können die Dokumente liegen, nach denen mein Urgroßvater geforscht hat?«
Die Stimme des Vaters wurde auf einmal streng:
»Nun ist's aber genug mit dem Blödsinn! Siehst du, Anna, warum mußt du dem Jungen solche Sachen weismachen? Ihr sollt euch daran gewöhnen, daß wir arme Leute sind, und wir sollen uns freuen, daß wir überhaupt leben können. Ich halte nichts von dieser adeligen Abstammung und will nichts mehr davon hören.«
Der Junge schwieg, beobachtete aber verstohlen seinen Vater. Diese aufregende Adelsgeschichte hinterließ ihm einen nachhaltigen Eindruck. Seiner erregten und von der Zigeunermusik aufgewühlten Seele kam das abenteuerliche Märchen, das der Vater erzählt hatte, gerade gelegen. Er konnte lange nicht einschlafen. Bis nach Mitternacht hörte er draußen einzelne Fußgänger über das holperige Pflaster der Krügerstraße laufen. Aus seinen verworrenen Gedanken, in denen er keinen roten Faden finden konnte, schälte sich aber eine feststehende Tatsache heraus: nämlich, daß ihn die sonderbare Musik Biharis mehr anging als alle anderen.
Am nächsten Tage, als er noch ohne Aufsicht war und tun konnte, was er wollte, versuchte er, die sonderbaren und aufregenden Melodien des ungarischen Zigeuners am Klavier in sein Gedächtnis zurückzurufen. Die merkwürdigen Akkorde, die reichen Verzierungen der verschnörkelten Melodien entzückten ihn unsagbar . . . Dann schlug ihm aber das Gewissen: die Zeit seines Konzertes rückte gefährlich nahe, und er mußte mit voller Hingabe das Konzertstück von Hummel üben. Langsam verblich das eigenartige Zigeunerkonzert zu einer traumhaften Erinnerung. Wenn es ihm aber noch ab und zu ins Gedächtnis kam, so konnte er sich des Gefühls nicht erwehren, daß er später noch einmal mit besonderer Aufmerksamkeit und in allen Einzelheiten darauf zurückkommen würde . . .
Sein Konzert wurde auf Anfang Dezember festgesetzt. Adam Liszt war in dieser Zeit doppelt soviel als sonst auf den Beinen. Erst jetzt stellte sich heraus, daß er, während sein Sohn monatelang geübt und Harmonielehre gelernt und er selber sich scheinbar ziellos in der Stadt herumgetrieben hatte, im Grunde keinen einzigen Tag ungenützt hatte vorübergehen lassen: er hatte überall zur Musikwelt Verbindungen angebahnt. Er kannte die Notenverleger, die Musiker im Theater, die Konzertunternehmer, die Zeitungsschreiber oder Leute, die mit diesen Verbindungen hatten. Von seinen Verhandlungen sprach er zu Hause nur wenig. Seine Frau stellte ihm hin und wieder eine schüchterne Frage. Er ging aber gereizt der Antwort aus dem Wege:
»Schau, Anna, ich bin sehr müde, ich habe stundenlang verhandelt und gefeilscht. Ich müßte dir zuvor einen ellenlangen Vortrag halten, damit du

überhaupt begreifst, was ich heute alles erledigt habe. Erspare mir das bitte. Begnüge dich damit, daß sich alles zum besten anläßt.« Aber manchmal erzählte er ihr doch einige Neuigkeiten. Zum Beispiel, daß der Ort des Konzertes nunmehr endgültig feststehe: es sollte nämlich im Landständesaal gegeben werden. Und eines Tages berichtete er, daß auch der andere mitwirkende Künstler gefunden sei: der Geiger Saint-Lubin. Das sei eine ganz vortreffliche Lösung, denn Saint-Lubin sei erst siebzehn Jahre alt, also einerseits geeignet, das Publikum zu fesseln, andererseits aber schon viel zu alt, um dem Reiz eines elfjährigen Klavierkünstlers Abbruch zu tun. Jetzt wäre nur noch eine ansprechende Künstlerin erforderlich, aber die würde auch noch zu finden sein. In ein paar Tagen war auch das geregelt, die Wahl fiel auf eine schöne, junge ungarische Sängerin. Sie hieß Karoline Unger und war aus ihrer Geburtsstadt Stuhlweißenburg nach Wien gekommen, um Gesang zu studieren. Sie hatte eine wunderbare Stimme und war darauf angewiesen, Geld zu verdienen, da sie die Absicht hatte, zu Ronconi nach Mailand zu gehen, um dort ihre Stimme zu vervollkommnen.

Abgesehen von der kurzen Mittagspause übte das Kind den ganzen Tag. Auf die Stunden bei Salieri verzichtete man in den letzten beiden Wochen vollständig. Czerny wurde der einzige Führer, Tyrann, Ermunterer, Antreiber, Quäler, Tröster und Richter des Jungen an den einsamen Winterabenden. Die Stunden mußten verlängert werden. Zu dem bisherigen Stoff gesellte sich ein weiteres Fach: das Studium der neuzeitlichen Musikliteratur. Denn zum Schluß eines jeden Konzertes mußte immer wieder dasselbe kommen: der Künstler phantasierte über die ihm aus den Reihen der Zuhörerschaft gestellten Themen. Hierzu mußte also der Künstler alle jene Melodien kennen, die einem durchschnittlichen Konzertbesucher einfallen konnten. Die klassische Literatur beherrschte der Junge gut. Aus den Werken von Beethoven, Bach, Gluck und Mozart hätte man ihm kaum etwas nennen können, was er nicht kannte. Er mußte aber auch noch andere Stücke kennenlernen. Czerny ließ ihn jeden Tag mindestens eine Stunde lang vom Blatt spielen. Er legte ihm die verschiedensten Noten vor, angefangen von den Werken Schuberts und Opern Rossinis bis zu den Volksliedern des Salzkammergutes. Und obgleich er eine Anerkennung nur schwer über die Lippen brachte, entfuhr es ihm eines Abends doch:

»Du kannst wirklich dem lieben Gott nicht dankbar genug sein! So einem unglaublichen musikalischen Gedächtnis bin ich noch nicht begegnet, seit ich mich mit Musik befasse.«

Eine Woche vor dem Konzert hielt die Familie zu Hause eine Probe ab. Vater und Mutter setzten sich auf das Sofa. Seit sie in der Krügerstraße wohnten und ihre alten Möbel in dem geräumigen Zimmer wieder Platz hatten, kam auch das alte Raidinger Sofa wieder zu Ehren. Der Junge ging in die Küche hinaus, kam wieder herein und verbeugte sich. Dreimal schickte ihn der Vater zurück, ehe er mit der Verbeugung zufrieden war. Dann erst durfte sich der Junge ans Klavier setzen. Er spielte zunächst das Vorspiel von Clement, das lediglich durch den Namen an Clementi erinnerte, sonst war es eine anschauliche und wohlgefällige Komposition. Czerny hatte sie ausgewählt, weil die Wiener erwarteten, daß die Vortragsfolge auch das Werk eines Wiener Komponisten enthalte, und dieser Clement, Dirigent am Theater an der Wien, erfreute sich großer Volkstümlichkeit. Nach dem Vorspiel erhob sich der Junge und verneigte sich auf den Applaus der Eltern. Das mußte wieder zweimal wiederholt werden. Dann stellte sich auch der Vater hin und nahm die Violine zur Hand. Beim Konzertstück von Hummel vertrat er das Orchester. Dadurch entstand aber eine kleine Störung. Adam Liszt hatte schon lange nicht mehr Geige gespielt und brachte zum Klavierspiel seines Sohnes nur ein mißtöniges Winseln zustande. Zweimal kamen sie sogar auseinander.

»Warum paßt du nicht auf?« fuhr er den Jungen ärgerlich an, obwohl offensichtlich war, daß er selbst nicht richtig gespielt hatte.

Schließlich trug das Kind das ganze Konzert allein vor. Auch die Partien des Orchesters spielte es mit. Der Vater ließ verblüfft die Violine sinken. Fast erschrocken sah er seinen Sohn an, der auf dem Gesicht seines Vaters den Ausdruck stummer Bewunderung hätte entdecken können, wenn er nur aufgeblickt hätte. Aber er blickte nicht auf. Er wollte mit viel Feingefühl und Takt die Aufmerksamkeit von der Schwäche seines Vaters ablenken.

»Sehr gut«, sagte der Vater, als er fertig war. »Das Improvisieren erlasse ich dir. Damit will ich dich nicht weiter bemühen. Du hast wirklich sehr schön gespielt, und es müßte mit dem Teufel zugehen, wenn du nicht einen Riesenerfolg haben solltest. Im übrigen, beinahe hätte ich es vergessen, merke dir gut, daß du als Zehnjähriger auftrittst, falls jemand behaupten sollte, du seist schon über elf Jahre alt. Das geht niemanden etwas an, du bist zehn Jahre alt. Hast du mich verstanden?«

»Ja«, erwiderte der Junge mit einem Lächeln, mit dem sonst die Erwachsenen die kleinen Schwächen der Kinder zu verzeihen pflegen.

»Mein großer Sohn, mein großer Sohn!« sagte die Mutter ergriffen, während sie den Jungen an sich drückte.

Am anderen Tage machten sie sich auf, um den Saal zu besichtigen, nur zu zweit, Vater und Sohn. Sie betraten das Podium, wo das Klavier stehen sollte, mitten im Orchester. Der Junge sah sich im leeren Saale um. Er war sehr guter Laune an diesem Vormittag.

»Schauen Sie, Vater, was ich kann.«

Er stieg vom Podium herab und legte sich auf die Erde. Sein Vater sah ihm bestürzt zu. Der Junge kletterte mit beiden Füßen an der Wand des Podiums aufwärts, bis er eine Sekunde lang auf den Händen stand. Dann ließ er die Füße wieder zurückfallen und erhob sich. Atemlos und mit erhitztem Gesicht sagte er:

»Das ist der Handstand. Randhartinger hat ihn mir neulich gezeigt. An der Wand kann ich ihn ganz gut machen.«
Der Vater schüttelte erzürnt den Kopf.
»In diesem Saale entscheidet sich dein und deiner Eltern Schicksal. Fällt dir da nichts weiter ein als das, wenn du dich hier umsiehst? Nimmst du denn gar nichts ernst? Es wird nie etwas aus dir werden!«
Der Junge wurde kleinlaut. Seine fröhliche Stimmung war mit einem Male dahin. Der Vater fuhr aufgebracht fort:
»Und daran denkst du nicht, was mit dir wird, wenn du dir durch diesen Blödsinn die Hand verrenkst? Du verdientest wahrhaftig eine Ohrfeige!«
Mehr sprachen sie nicht darüber. Auf dem ganzen Heimwege gingen sie stumm nebeneinander her. An der Mariahilfer Straße sahen sie einen großen zottigen Hund, der in ausgelassener Freude über den neugefallenen Schnee herfiel. Er bohrte seine Schnauze in den Schnee, wälzte sich auf dem Rücken, sprang wieder auf die Beine und bellte lustig und übermütig eine vorbeifahrende Karre an, stob ein kleines Stück hinterher, kam gleich wieder zurück und bohrte seine Schnauze von neuem in den Schnee. Das Kind wäre zu gern langsamer gegangen, um ihm ein bißchen zuzusehen, aber der Vater mahnte:
»Komm, komm, du mußt üben.«
Vor dem Tore verabschiedeten sie sich. Der Junge küßte dem Vater die Hand und stieg die zwei Treppen hoch. In der Wohnung hatte die Mutter fürsorglich so eingeheizt, daß der Ofen glühte. Kaum hatte er seinen Mantel abgelegt, als er sich auch schon ans Klavier setzte . . .
Vor dem Konzert wurde eine einmalige Orchesterprobe abgehalten. Hier lernte der Junge die beiden anderen Künstler kennen. Saint-Lubin, der Geiger, war ein schlanker junger Mann, der aber ganz offensichtlich als kleiner Junge erscheinen wollte; er war kindlich angezogen. Seine Stimme aber, die wie das Organ eines Erwachsenen donnerte, paßte schlecht zu diesem Aufzug. Deutsch sprach er nur gebrochen. Vater Liszt begrüßte ihn ihm einen alten Bekannten, da sie einander schon oft begegnet waren und oft miteinander gefeilscht hatten. Der geigende Wunderknabe, der Sohn eines in Italien lebenden französischen Sprachlehrers, entpuppte sich als gerissener Geschäftspartner. Adam Liszt mußte gründlich hinterher sein, damit der Junge ihn beim Kartenverkauf nicht überlistete. Auch sonst benahm sich der junge Mann höchst anspruchsvoll und anmaßend. Das Podium fand er viel zu breit, die Treppen zu schmal, schimpfte laut über den nur mäßig geheizten Saal und beklagte sich später, daß es zu heiß sei.
Um so liebenswürdiger war Karoline Unger, die Ungarin. Sie hatte nicht gewartet, bis man den kleinen Klavierkünstler zu ihr führte, sondern eilte selbst auf ihn zu, streckte ihm beide Hände entgegen und sagte ihm etwas in langen ungarischen Sätzen.
»Ich kann nicht Ungarisch«, erwiderte das Kind.

»Dann sprechen wir deutsch. Ich habe schon so viel von dir gehört. Du bist doch der gewisse Putzi, nicht wahr? Ich freue mich schrecklich, daß wir zusammen auftreten werden.«
Sie war ein schönes Mädchen mit feurigen Augen und strahlendem Lächeln. Der Junge gewann sie sofort lieb und sah ihr vertraut in die Augen.
»Ich freue mich auch sehr, Tante Karoline.«
Karoline guckte sich verstohlen um und neigte sich dann zu dem Kind herab. In ihrer flüsternden Stimme schwang viel Fröhlichkeit mit:
»Was sagst du nur zu diesem Affen, dem Geiger? Dem ist nichts gut genug. Weißt du was, lachen wir ihn aus!«
Fröhlich lachten sie beide auf.
»Seine Stimme klingt«, flüsterte das Kind zurück, »wie eine Baßgeige, wenn man sie nicht harzt.«
»Köstlich! Was denkst du, wie alt der ist? Ich bin neunzehn, aber ich wette, der ist nicht viel jünger als ich.«
Wieder lachten sie, und schon waren sie auf Gedeih und Verderb miteinander verbündet. Die Probe begann. Der Junge setzte sich ans Klavier und spielte die Clement-Ouvertüre. Czerny blätterte ihm die Noten um, obwohl das gar nicht nötig war, denn er sah sie nicht ein einziges Mal an.
»Beobachte die Akustik«, sagte Czerny zwischendurch, »und probiere die Kraft des Piano und des Forte aus!«
Der Junge spielte. Die Musiker, die sich bis dahin laut unterhalten und ihre Gespräche auch beim Beginn des Klavierspiels nicht abgebrochen hatten, verstummten bald. Nach zehn Takten war Totenstille. Und bis zum Schluß muckste niemand. Als der Vortrag beendet war, drängten sich die Musiker Schulter an Schulter um das Klavier. Zehn sprachen auf einmal auf ihn ein. Die weiter entfernt standen, gaben ihrer Verwunderung durch laute Worte Ausdruck.
»Unerhört!«
»So etwas habe ich in meinem ganzen Leben noch nicht gehört!«
»Woher kommt dieses Kind? Wer ist es?«
Die ihm am nächsten Stehenden fragten ihn aus und stierten ihn an. Einige betasteten ihn sogar, ob er auch tatsächlich ein lebendes Wesen wäre. Aber er beachtete sie gar nicht. Er schmiegte sich mit kindlicher Zärtlichkeit an die schöne Karoline, die ihn mit glänzenden Augen wortlos bewunderte und an sich zog.
»Vorwärts, meine Herrschaften! Wir werden ja sonst nie fertig!«
Der Dirigent des Orchesters klopfte ungeduldig mit dem Bogen auf den Rücken seiner Geige. Weil er das Konzert leitete, war es auch seine Aufgabe, der allgemeinen Begeisterung ein Ende zu machen. Alle nahmen ihre Plätze wieder ein. Nun war das Hummel-Konzert an der Reihe. Czerny wandte auch diesmal die Noten um. Als sie bei der Fermate des Quartsextakkords angelangt waren, dem das Solo des Klaviers folgte, erhoben sich

alle Musiker abermals, um das Wunderkind besser beobachten zu können. Am Schluß dieses Vortrages setzte ein noch größerer Lärm ein. Ein Weißbärtiger, der die Bratsche spielte, ging auf Adam Liszt zu:
»Mein Herr«, sprach er, an einem Knopf seines Rockes drehend, »ich habe vor vierzig Jahren Mozart spielen hören. Ihr Sohn ist genau so ein Meister, wie der es war.«
Alle drängten sich um den Jungen, ein fester Ring hatte sich um ihn gebildet. Außer sich vor Begeisterung sprachen wiederum zehn auf einmal auf ihn ein. Plötzlich übertönte eine starke, kräftige Stimme ungeduldig das durcheinanderschwirrende Geschwätz:
»Bitte, was ist hier eigentlich los? Proben wir oder proben wir nicht?« Es war Saint-Lubin, der geigende Wunderknabe. Er stand mit der Violine in der Hand auf dem Podium, neben ihm sein Begleiter, ein älterer dicker Mann mit schlechter Laune. Langsam ebbte die laute Begeisterung ab. Karoline nahm ihren neuen Freund bei der Hand und zog ihn mit in den Zuschauerraum. Dort setzten sie sich in der zweiten Reihe an der Seite nieder.
»Paß auf Putzi, jetzt dürfen wir nicht lachen, sonst ist er beleidigt. Benehmen wir uns anständig!«
Als der Geiger begann, war aber sie diejenige, die ihn spitzbübisch in die Seite kniff. Er hätte am liebsten gleich wieder losgelacht, zwang sich aber zu ernster Miene. Neuer Kniff. Neuer Lachreiz. Indes spielte die Geige singend ihre Variationen weiter. Aber der Skandal sollte bald ausbrechen. Das Kind konnte sich nicht mehr halten und lachte schallend los, und Karoline lachte mit. Entrüstet unterbrach der Geiger das Spiel und während sein Begleiter am Klavier planlos weiterspielte, schrie er unwillig:
»Ja, so kann ich nicht spielen.«
»Schon recht«, rief die schöne Karoline beschwichtigend zurück, »fahren Sie nur ruhig fort, wir lachen jetzt nicht mehr.«
Adam Liszt drohte streng mit dem Finger. Czerny schüttelte mißbilligend seinen Kopf. Saint-Lubin begann mit verächtlicher Miene von neuem.
»Sehen Sie, warum haben Sie gelacht?« flüsterte der Junge.
»Weißt du«, flüsterte Karoline zurück, »was jetzt fabelhaft wäre? Sich hinter seinen Rücken zu schleichen und ihm einen mächtigen Hieb auf den Kopf zu versetzen.«
Der Junge biß sich derb auf die Lippen, das Lachen kam ihn schon wieder an. Er empfand eine zärtliche Zuneigung zu dieser schönen, jungen Tante. Er legte seine Hand so auf die Lehne des Stuhles, daß er das Kleid der Sängerin streifen konnte ... er fühlte sich so geborgen ... Und während oben die Geige erklang, dachte er darüber nach, warum die Frauen soviel lieber und anziehender sind als die Männer ...
Der schlechtgelaunte Bursche hatte inzwischen sein Violinspiel beendet. Er legte sein Instrument in den Geigenkasten zurück, und während Karoline

Unger das Podium betrat, entfernte er sich mit mißmutigem Gesicht, ohne jemand zu grüßen. Sein Begleiter folgte ihm gelangweilt. Aus dem Orchester erhob sich ein sommersprossiger junger Mann und setzte sich ans Klavier, er begleitete die Sängerin.
Im leeren Raum erklang der erfrischende Sopran des ungarischen Mädchens. Der Junge kannte das Stück sofort: es war die Koloraturarie aus der Oper »Demetrio e Polibio« von Rossini. Die Frauenstimme sang betörend. Der Junge fühlte sein Herz weich werden und, leicht zu Tränen gerührt, hätte er am liebsten geweint, wenn er sich nicht geschämt hätte. Einen solchen Kameraden hatte er bis jetzt noch nicht gehabt. Er hatte irgendwie das Gefühl, als ob diese reizende Stimme aus festem Stoff und greifbar wäre. Nur zu gern hätte er den duftenden Samt der Fiorituren, jener zarten, schmückenden Blüten der Koloratur, mit weicher Hand gestreichelt. Und seine Zuneigung zu dem schönen, schlanken Mädchen da oben, zwischen dessen leuchtenden Zähnen sich das unbeschreibliche Wunder des Belkanto, des »schönen Gesanges«, vollzog, steigerte sich zu einer wahren Anbetung, während er ihr wie gebannt zuhörte.
Als sie die Arie beendet hatte, lief er aufs Podium und küßte ihre Hände.
»Sieh mal einer diesen niedlichen, kleinen Kavalier an«, scherzte die Sängerin, »galant wie ein Husarenleutnant.«
Sie neigte sich zu dem Jungen herab und gab ihm einen Kuß. Das war fast zuviel Seligkeit für ihn . . .
Die Probe war zu Ende. Eigentlich hätte noch das Phantasieren am Klavier folgen müssen, aber Adam Liszt wünschte das nicht, und Czerny war auch der Meinung, daß man das Kind nicht überanstrengen solle. Deshalb gingen sie zu viert von der Probe weg: der Vater, der Sohn, der Meister und die Sängerin. Der Junge faßte nach der Hand des Mädchens und ging so mit ihr die Treppe hinunter. Er wünschte, diese Hand nie wieder loslassen zu müssen . . . Vor dem Tore wartete eine prunkvolle Equipage, und das Mädchen verabschiedete sich von ihnen.
»Gott mit dir, Putzi, leb wohl bis morgen. Du wirst sehen, du hast einen Riesenerfolg!«
Sie stieg ein, die Tür schloß sich, und die Kutsche rollte davon. Lange schaute ihr der Junge nach . . .
»Vater«, sagte er endlich mit befangener Stimme, »ich hab die Tante Karoline so lieb, daß ich das gar nicht beschreiben kann . . .«
Der Vater nickte:
»Ein sehr liebes Mädchen und für uns sehr nützlich. Sie kann die ganze Aristokratie in Bewegung bringen. Der Fürst Metternich löste schon gestern seine Karten. Wenn Gott es auch so will, haben wir morgen eine fabelhafte Zuhörerschaft. Ach, ich möchte um zwei Tage älter sein . . .«
Auf Anraten Czernys übte der Junge an diesem Tage nicht mehr, und auch am anderen Tage lediglich zwei Stunden lang unmittelbar vor dem Konzert.

Er übte aber recht unaufmerksam. Dauernd ging ihm nur Karoline, sein neuer Abgott, im Kopf herum. Er zitterte vor Ungeduld und Erwartung, als ihn seine Mutter ankleidete. Auch der Weg von der Krügerstraße nach dem Landständesaal war ihm viel zu lang. Er wäre am liebsten eins-zwei-drei dagewesen, wie im Märchen, um so schnell als möglich bei ihr zu sein . . .

Ausnahmsweise ließ der Vater eine Kutsche kommen, damit das Kind nicht im Schnee zu stapfen brauchte. Eine gute Stunde vor der festgesetzten Zeit kamen sie an. In dem kleinen Zimmer, das den Künstlern als Aufenthaltsraum diente, war Karoline noch nicht anwesend. Ungeduldig trat er von einem Fuß auf den anderen. An das Konzert dachte er überhaupt nicht. Er wartete nur auf Karoline. Der Vater ging hinaus, um an der Kasse nach dem Rechten zu sehen. Die Mutter, vor Aufregung dem Weinen nahe, nahm schon ihren Platz im Zuschauerraum ein. Endlich kam Karoline. Die Kälte hatte eine frische Röte auf ihre Wangen gezaubert. Sie streifte die Handschuhe von den Fingern und legte ihren bis zum Fußboden reichenden Pelz ab. Sie trug ein wunderschönes rosa Kleid, mit hoher, schlanker Taille und unten duftig gekräuselt. In den meisterhaft gelegten Schnecken ihrer Haare wippten drei Rosen. Das Kind lief voll schwärmerischer Bewunderung auf sie zu:

»Tante Karoline, die Schönste auf der ganzen Welt!«

»Bist du aber lieb! Gefalle ich dir?«

»Sehr, sehr, sehr!«

Der Geiger Saint-Lubin kam und grüßte kaum. Mit einer jedes Entgegenkommen von vornherein abweisenden Hochnäsigkeit legte er seinen Mantel ab. Das Kind und Karoline blickten einander an und wandten sich mit verstohlenem Lächeln ab: der große Bursche war wie ein zehnjähriger Junge angezogen, trug kurze Hosen und hatte das Haar kindlich glatt und anliegend gekämmt.

»Eine richtige Affenkomödie«, flüsterte Karoline.

»Zerplatzen könnte man«, flüsterte er wichtigtuend zurück.

Adam Liszt kam keuchend hereingerannt. Aus seiner Tasche lugte ein Bündel Programme hervor. Seine Haare waren zerzaust, seine Stirn über und über mit Schweißperlen besät.

»Ich habe eine Anzahl Karten hier vergessen! Hat niemand hier Karten liegen sehen?«

Aber er wartete die Antwort gar nicht ab und hetzte schon wieder hinaus. Das kleine Zimmer schien förmlich zu schwanken von der in der Luft liegenden Aufregung. Karoline trat zum Spiegel, ihre Hände zitterten, als sie die Blumen in ihrem Haar richtete.

»Ich habe entsetzliches Lampenfieber! Du bist gar nicht aufgeregt, Putzi?«

»Nicht ein bißchen!«

Er sagte auch die Wahrheit. Zu Hause war er zwar den ganzen Tag etwas aufgeregt gewesen, aber nur deshalb, weil mit dem großen Ereignis der Gedanke an Karoline so eng verknüpft war. Jetzt war er ganz ruhig, und außer Neugierde plagten ihn keine anderen Gefühle. Der Anfang des Konzertes rückte immer näher. Czerny trat ein, um nachzusehen, ob alles in Ordnung sei. Der alte Salieri kam herein und zeichnete als frommer Italiener, der er war, ein Kreuz auf die Stirn des Jungen. Und auch der ohne Sinn und Verstand herumhastende Vater stürzte herein:

»Wir beginnen sofort! Komm her, durch diese Tür kann man in den Zuschauerraum sehen. Ich öffne sie ein wenig, damit man das Klavier stehen sieht.«

Die väterliche Hand öffnete die Tür fingerbreit. Da schlug ihnen ein warmes Rauschen und das Scharren der sich versammelnden Zuhörer entgegen. Der Junge äugte gebannt durch den schmalen Spalt. Er sah unzählige juwelenfunkelnde Damen und elegante Herren mit gekräuselter Hemdbrust. Auf dem Podium war schon das ganze Orchester versammelt, und zu dem Raunen der Gäste gesellte sich das »Tülülülü« und »Bang-banggg« der stimmenden Musiker.

»Jetzt paß mal auf! Siehst du in der ersten Reihe den großen, sehr eleganten Herrn?«

»Den weißhaarigen? Ja, den sehe ich.«

»Das ist Fürst Metternich. Wenn du hinausgehst auf das Podium, mußt du dich namentlich zu ihm hin verbeugen. Und dann mußt du noch einen beachten, drei Stühle weiter sitzt ein junger Mann – jetzt lacht er eben –, siehst du ihn?«

»Ja.«

»Weißt du auch, wer *das* ist? Rossini! Er ist hier in Wien und hat dein Konzert nicht versäumt. Heute früh löste er sich die Eintrittskarte. Das ist eine unerhörte Sache, daß *der* gekommen ist. Auch nach ihm mußt du dich verneigen! Und die vielen Aristokraten . . . Hast du keine Angst?«

»Nein, warum sollte ich denn Angst haben?« lachte das Kind.

Sie schlossen die Tür wieder. Karoline stand in einer Ecke des Zimmers, preßte ihre Hand aufs Herz und bat mit gequälter Stimme, man möge sie jetzt nicht martern. Es wurde ihr gerade ein Brief mit einem riesengroßen Blumenstrauß gebracht. Der Vater rannte abermals hinaus und kam in einer halben Minute schon wieder zurück, atemlos, so daß kein Laut über seine Lippen gekommen wäre, wenn er hätte sprechen müssen. Endlich stöhnte er mit heiserer und ächzender Stimme:

»Es kann losgehen! Paß auf, ich öffne dir die Tür.«

Der Junge trat vor und verneigte sich so, wie *er* sich das vorher ausgedacht hatte, ohne jemanden darüber zu befragen: er legte seine linke Hand leicht auf das Klavier. Zuerst verbeugte er sich artig vor der gesamten Zuhörerschaft, dann verbeugte er sich besonders vor dem Fürsten Metternich und

nach Rossini zu. Prasselnder Beifall dröhnte ihm entgegen. Er richtete sich hoch und sah verwundert auf die Besucher herab. Am liebsten wäre er zunächst ein wenig in allerlei Betrachtungen versunken . . . Der Saal war zwar nicht ganz besetzt, dennoch waren sehr, sehr viele gekommen, und die ganze Zuhörerschaft schien ihm außerordentlich interessant und farbenprächtig. Das war wahrhaftig ein wirkliches Konzert mit richtigen Zuhörern! Nicht so wie das jämmerliche im vorigen Jahre im großen Gasthaussaale mit der erbärmlichen Beleuchtung und der spärlichen Zuhörerschaft. Diesmal war alles Glanz und Vornehmheit.
Er setzte sich vor dem Klavier nieder, nein, er setzte sich vielmehr hoch, denn der Klavierstuhl war im Verhältnis zum Instrument sehr hoch. Dann sah er die Zuhörer nicht mehr an. Auch nicht den jungen Musiker, der es übernommen hatte, die Noten umzublättern, und schon neben ihm auf dem anderen Stuhl saß. Die Noten sah er erst recht nicht an. Er senkte den Kopf und dachte einen Augenblick lang an den lieben Gott, wie er sich das vorgenommen hatte. Er hob dabei seine beiden Hände und verblieb so eine Weile . . . »Amen« flüsterte er vor sich hin und schlug den ersten Ton an. Nun war für ihn nur noch das Klavier vorhanden und sonst nichts auf der ganzen Welt . . . Als er seinen Vortrag beendet hatte, sprang er vom Stuhl herab.
Alle spendeten Beifall. Es war ein gleichmäßig starker, wuchtiger Beifall, der gar nicht wieder verebben wollte. Er verbeugte sich, freute sich und lächelte. Der Applaus hielt unvermindert an. Er verbeugte sich abermals – immer noch und immer wieder Beifallsklatschen. Endlich kam es ihm vor, als ob das Dröhnen nachließe. Da trat er zurück, wie man es ihn gelehrt hatte. Hinter der Tür blickte er in das blasse, zuckende Gesicht seines Vaters:
»Warte jetzt«, sagte der heiser, ergriff krampfhaft seinen Arm, hielt ihn eine Weile fest und stieß ihn an. »Weiter!«
Der Applaus tobte noch immer. Abermalige Verbeugung. Dann setzte er sich zum Klavier, und mit einem Male war es still. Der Konzertmeister klopfte an seine Geige, das Klavierkonzert von Hummel war an der Reihe. Er verspürte keinerlei Unruhe, nur die schmachtende, heiße Erregung des Aufgehens im Spiel. Als er für ein paar Minuten auszusetzen hatte, zog er überlegen die Mundwinkel etwas herab und strich mit einer Hand sein Haar glatt. Er wagte sogar die Zuhörer zu betrachten, als ob ihn das Warten langweilte. Aber im richtigen Augenblick begann er mit seinem Einsatz. Den ganzen Vortrag begleitete bis zum Schluß eine lautlose Stille, die der Ausdruck erschrockener Verwunderung war. Hinter den einzelnen Minuten lauerte förmlich der Beifall, der sich kaum zurückhalten ließ. Er brach dann auch los – wolkenbruchartig und donnernd. Viele standen auf und schrien Bravo. Der Junge war selig, er lachte über das ganze Gesicht, verbeugte sich immer und immer wieder und suchte den Blick seiner Mutter. Die Musiker

klopften mit dem Bogen auf ihre Instrumente und zeigten so ihre Anerkennung. Die Mutter winkte vom Rande der sechsten Reihe her, und er lächelte sie strahlend und vertraut an. Im ganzen Saale bemerkte man diesen Blick, und alle schauten neugierig in diese Richtung. Als er in das Künstlerzimmer trat, schmerzten ihn seine Hüften von dem vielen Verbeugen.
»Los, los«, zischte der Geiger, »sonst wird es noch Nacht.«
Er betrat hastig das Podium. Im Nu verwandelte sich die grenzenlose Begeisterung in ein höfliches Begrüßungsklatschen ... Denn der Beifall hat seine hundertfache Ausdrucksweise ebenso wie die menschliche Sprache. Karoline eilte dem Jungen entgegen und umarmte ihn. Er preßte selig mit einem erlösenden Lachen sein Gesicht an die Hüften der Sängerin. Der Vater hatte feuchte Augen und trat vor verlegener Rührung von einem Fuß auf den anderen.
»Vater, ich freue mich so sehr! Nicht wahr, es war gut?«
Das Wunderkind lockte viele Besucher an, die schon das Künstlerzimmer zu stürmen begannen und auf das Violinspiel nicht neugierig waren. Hauptsächlich kamen Frauen und die bekannten Größen der Musikwelt. Adam Liszt war eifrig um sie bemüht, stellte sich einem jeden vor, verbeugte sich unaufhörlich, sprach nach allen Seiten hin und war unermüdlich wie eine Dreschmaschine. Aber die Herandrängenden wollten gerade von ihm am wenigsten wissen. Der Wunderknabe zog sie an, der dort inmitten des engen Ringes der ihn weit überragenden Damen und Herren stand. Jeder wollte sich zu ihm neigen, jeder wollte ihn streicheln.
»Seit wievielen Jahren spielst du?«
»Wo bist du geboren? Ist es wahr, daß du Ungar bist?«
»Wieviele Geschwister hast du?«
»Spielst du Mozart nie? Warum hast du nichts von Mozart gespielt?«
»Was fühlst du, wenn du auf das Podium hinaufgehst?«
Es waren aber auch viele, die nichts zu fragen wußten; sie drehten ihn zu sich, sahen ihm ins Gesicht und überlegten, worüber sie sich mit ihm unterhalten sollten. Andere wieder betrachteten ihn mißtrauisch, ob er tatsächlich noch ein Kind wäre und ob man aus unmittelbarer Nähe nicht einen Betrug entdecken könnte ... Das Kind kam gar nicht dazu, die sich überstürzenden Fragen zu beantworten, denn sein Vater schaltete sich immer wieder dazwischen. Er antwortete nach rechts und links, nach vorn und nach hinten. Er prahlte auf jede Art und Weise damit, daß diese ganze Sache im Grunde genommen *sein* Erfolg sei, denn sowohl das Kind als auch die Begabung des Kindes stamme von *ihm* ...
Nach dem ersten Ansturm ließ der Andrang etwas nach. Der Ring lockerte sich. Da erblickte der Junge endlich seine Mutter, die bescheiden wartend an der Wand lehnte, bis die Reihe an ihr war.
»Mutti!« schrie er selig und lief in die ausgebreiteten Arme.
Inzwischen beendete Saint-Lubin seinen Vortrag, und die Reihe kam an

Karoline. Das junge Mädchen betrat das Podium blaß und taumelnd. Bald erklang ihre Sopranstimme. Der Junge wurde weiter mit Fragen bestürmt und verhätschelt und verwöhnt. Aber er überließ nunmehr die Beantwortung vollständig seinem Vater. Mit halbem Ohr lauschte er entzückt dieser engelhaften Stimme, die seine Seele mit unbeschreiblicher Wonne einwiegte. Karoline hatte ebenfalls einen großen Erfolg. Man spendete ihr lange und herzlich Beifall. Als sie in das Künstlerzimmer zurückkehrte, zog sie sogleich das Kind an sich:

»Putzi, es ging alles fabelhaft. Ich bin so unendlich glücklich! Du und ich haben einen Riesenerfolg gehabt. Wo ist denn der Geiger? Der zerspringt sicherlich . . .«

Der Geiger war nirgends mehr zu finden. Weil sich niemand um ihn gekümmert hatte, war er lautlos verschwunden.

»Jetzt paßt gut auf!« sagte Adam Liszt aufgeregt zu seinem Sohne.

Eine Hand legte er auf die Klinke, mit der anderen faßte er die Hand seines Jungen. Dann öffnete er mit plötzlichem Entschluß die Tür. Vater und Sohn betraten das Podium. Als der tobende Beifall verstummte, setzte sich das Kind ans Klavier, während sich der Vater am Rande des Podiums aufstellte:

»Ich ersuche den hohen Adel und die verehrten Zuhörer, ihre Wünsche zu äußern und Themen zu bestimmen, über die mein Sohn am Klavier phantasieren wird.«

Da kam auch schon ein Saaldiener und brachte die inzwischen gesammelten Zettelchen. Zu gleicher Zeit ertönten hier und da Zwischenrufe:

»Die Arie der Königin der Nacht aus der ›Zauberflöte‹!«

»Irgendein italienisches Lied, bitte!«

»Haydn! ›Ariadne auf Naxos‹!«

»Beethoven!«

Adam Liszt nahm jeden Wunsch beflissen entgegen und übergab die Zettelchen dann seinem Sohn, der sie neugierig durchsah. Der Vater wollte ihm noch etwas zuflüstern, aber er achtete nicht auf ihn. Schon war er im Spiel und schlug die ersten Takte der Oper »Xerxes« von Händel an. Aber nur die ersten Takte, dann begann er sie auch schon zu variieren. Das war so leicht! Das umfangreiche Werk »Thema con variazioni« war ihm bis in die kleinsten Einzelheiten bekannt. Es war einfach ein Kinderspiel für ihn, ein und dasselbe Thema verschiedenartig vorzutragen. Während er mit einer Hand noch spielte, suchte er mit der anderen aus den Zettelchen bereits das nächste Thema heraus. So ging das über acht bis zehn Themen hinweg. Er kam auch allen jenen Wünschen nach, die man ihm zurief. Nunmehr war nur noch einer übrig: das Andante der Siebenten Symphonie von Beethoven. Weil er dies am meisten liebte, hob er es sich bis zum Schluß auf. Als er es dann begann, tuschelte ihm der neben ihm sitzende Vater eindringlich ins Ohr:

»Unbedingt etwas von Rossini! – Rossini – Rossini!«
Der Knabe nickte und spielte in derselben Tonart ein Lied aus »Zelmira«, der neuesten Oper von Rossini. Zwei Motive wechselten sich ab . . . er verflocht sie ineinander . . . bald übernahm die rechte, bald die linke Hand die Melodieführung . . . Als ob er alles zu fest mit einander verknüpft hätte, löste er dann in breiten, dröhnenden A-Dur-Fugen das Ganze wieder auf . . . ließ sie nach und nach leiser werden, um eines der beiden Themen ben marcato perlend wieder erklingen lassen zu können . . .
»Genug«, flüsterte der Vater, »hör auf!«
Aber er hörte nicht auf. Er spielte ja nicht für die Zuhörer, sondern für sich selbst. Das, was er jetzt spielte, hatte doch einen Aufbau, das konnte man nicht beenden, wenn man es einmal angefangen hatte . . . Es war noch unvollständig . . . schön und sauber entwickelte er alles weiter, damit Salieri nichts aussetzen konnte . . . Endlich schlug er mit elementarer Kraft feierlich den A-Dur-Schlußakkord an – und noch einmal – und noch einmal . . . Unbeschreiblicher Beifall ertönte schon, als er, nicht endenwollend, noch immer das tiefe A anschlug.
Der ganze Zuschauerraum geriet in Bewegung. Viele standen auf und gingen dem Ausgange zu. Unzählige aber drängten sich zum Podium. Aus unmittelbarer Nähe spendeten sie dem Jungen stehend Beifall. Der Vater nickte ihnen wohlwollend zu, dann verließ er das Konzert. Nun ließen sich die Drängenden nicht mehr zurückhalten und brachen durch bis aufs Podium. Alle schlossen sich zu einem Kreis um den Jungen.
»Non parla italiano?« fragte Rossini den Vater.
Adam Liszt schüttelte mit bedauerndem Lächeln den Kopf.
»Et le français, vous ne parlez non plus?«
Wiederum mußte der Vater mit dem Kopf schütteln. Da zeigte Rossini auf den Jungen und deutete mit einer breiten Geste seiner Hand nach dem Himmel. Das sollte heißen, daß das Kind eine göttliche Begabung habe. Er umarmte den Jungen und küßte ihn rechts und links. Plötzlich entdeckte er Salieri, der ebenfalls zu dieser Gruppe kam. Laut und begeistert begannen sie eine schnellzüngige italienische Unterhaltung. Auch Czerny trat zu ihnen. Eine ganze Anzahl Menschen strömte, das kaum sichtbare Wunderkind in ihrer Mitte, nach dem Künstlerzimmer.
»Wo ist Tante Karoline?« fragte der Junge.
»Küsse deinen beiden Meistern die Hand«, entgegnete der Vater, »und kümmere dich jetzt nicht um andere Dinge – küsse ihnen die Hand, das schickt sich so!«
Der Junge küßte beiden folgsam die Hand. Dann brachte die Mutter einen Mantel, und man zog ihn an. Nur mit Mühe und Not kamen sie ins Treppenhaus, man konnte sich kaum bewegen. Der Held des Abends sah sich ungeduldig nach allen Seiten um, die Eltern hielten ihn zwischen sich fest an den Händen.

»Wo ist Tante Karoline?«
»Ach, die ist längst weggegangen«, sagte der Vater, »wahrscheinlich gleich nach Beendigung ihres Vortrages. Also, mein lieber Sohn, das war ein riesenhafter Erfolg! Für die Zukunft dürfen wir das Schönste hoffen. Ich werde jetzt dein Preßburger Konzert vorbereiten, und dann gehen wir auch nach Budapest. Von den Magnaten werde ich nunmehr das Stipendium sicher erhalten! Und wenn mir das gelingt, nehme ich dich mit nach Paris zu Cherubini. Ich glaube, am heutigen Abend hat sich unser aller Schicksal entschieden . . .«
Der Junge schwieg. Als sie in die Kutsche stiegen, Platz nahmen und die Mutter besonders fürsorglich eine Decke über seine Knie legte, sagte er drängend:
»Vater, Sie haben mit der Tante Karoline nicht gesprochen, als sie wegging?«
»Nein, ich habe nicht mit ihr gesprochen – oder habe ich mit ihr gesprochen? Ich weiß es wirklich nicht. Ich hatte den Kopf so voll von dieser großen Hetzerei, daß ich mir fast schon wie ein Verrückter vorkam. In Preßburg werden wir den Durchlauchtigsten Fürsten angehen und von ihm ein Empfehlungsschreiben für Cherubini erbitten. Er kennt ihn gut. Außerdem werde ich mich beim Fürsten Metternich zur Audienz melden und ihn bitten, daß er uns für die französischen Aristokraten Empfehlungsschreiben gibt. Paß auf, alles wird wie am Schnürchen gehen! Gut, daß es endlich losgegangen ist . . .«
Dann wurde nichts mehr gesprochen, bis sie nach Hause kamen. Als sie die wackelige Holztreppe bis zum zweiten Stockwerk erstiegen hatten und das Kind müde seinen Mantel ablegte, faßte ihm die Mutter sorgenvoll unter das Kinn und sah ihm in die Augen:
»Bist du nicht sehr müde? Ist dir die große Aufregung schlecht bekommen?«
»Nein, warum? . . . Sagen Sie, bitte, Vater, hat mir Tante Karoline nichts ausrichten lassen?«
»Nein, was soll sie dir auch mitteilen?«
Verschämt kam die Antwort:
»Ich weiß nicht . . . nichts . . . ich hab nur so gedacht . . . Wann sehen wir Tante Karoline wieder?«
»So bald jedenfalls nicht. Meines Wissens reist sie nach Mailand. Übrigens richtet euch danach, wir sind morgen zur Jause eingeladen. Bei Frau Kozeluch, der Witwe des Komponisten. Sie ist auch sehr musikverständig und eine außerordentlich liebe Frau. Czerny wird auch da sein. Du wirst dort etwas vorspielen müssen. Das ist deine erste Einladung, benimm dich anständig und mach mir keine Schande! Warum ziehst du denn ein so saures Gesicht? Fehlt dir etwas?«
»Nein, wirklich nichts.«

Da fühlte aber der Vater, daß das Kind jetzt ein paar gute und freundliche Worte und väterliche Anerkennung verdiente.
»Jetzt könntest du wirklich gute Laune haben und so oft Handstand machen, wie du willst, wenn du Lust dazu hast . . .«
Der Junge antwortete nicht, er lächelte nur höflich. Er konnte an gar nichts anderes denken als an Tante Karoline. Unsagbar gern wäre er jetzt mit ihr zusammen gewesen. Er dachte an ihre feenhaft trillernde Stimme und schloß die Augen . . .

FÜNFTES KAPITEL

Zwei Wochen darauf fuhren sie nach Preßburg. Adam Liszt brachte das Konzert rührig und geschickt zustande. Er war jetzt auch mutig genug, die Magnaten aufzusuchen, die beim Konzert im Esterhazy-Palais freimütig das Stipendium für den Unterricht des Jungen angeboten hatten. Und wahrhaftig: alle jene, die er auffinden konnte, standen ohne Zögern zu ihrem gegebenen Wort. Für jene, die er nicht antraf, traten neue Gönner ein. Da war zum Beispiel der junge Graf Franz Bethlen. Er hörte von der Sache und bot freiwillig eine Unterstützung für den begabten Jungen an.
Das Konzert verlief mit großartigem Erfolg. Der Durchlauchtigste Fürst war zwar nicht anwesend, aber an Vornehmen hatte es nicht gefehlt. Nach Abzug der Kosten blieb noch etwas Geld für Adam Liszts eigene Tasche.
All das war für den Jungen aber weniger wichtig als die Tatsache, daß er hier mit Seppl Zirkel zusammentraf. Er rannte auf der Straße gegen ihn an. Die beiden kleinen Burschen waren nicht wenig verwundert über dieses Wiedersehen. Es stellte sich heraus, daß Seppl bei seinem Vater so lange gebettelt hatte, bis er mit ihm zu dem in Preßburg wohnenden namhaften Maler Lütgendorff-Leinburg gefahren war. Der Maler prüfte die Zeichnungen des sommersprossigen, schwäbischen Kindes eingehend – und behielt den Jungen bei sich. Nun standen sich die beiden Raidinger Knaben gegenüber, und in der freudigen Überraschung wußte keiner, was er sagen sollte.
»Komm zu uns«, sagte der Seppl, »schau dir mal an, in was für einem vornehmen Hause ich untergebracht bin.«
Sie gingen gemeinsam zu Adam Liszt, die Erlaubnis einzuholen. Der Vater erkundigte sich zuvor im Gasthaus, wer dieser Lütgendorff-Leinburg sei, und als er hörte, daß das nicht nur ein namhafter Künstler, sondern auch ein Adeliger war, ließ er seinen Sohn sofort mitgehen. Der Maler empfing den Besucher mit großer Freude, denn er war am vorhergehenden Tage

auch im Konzert gewesen. Die ganze Familie versammelte sich, das Wunderkind zu bestaunen, und der Seppl konnte nicht hochnäsig genug damit prahlen, daß dieses Wunderkind sein ureigenster Raidinger Landsmann und Spielkamerad wäre . . . Nach einer Weile war es dem Wunderknaben, dem Malschüler und den Malerskindern erlaubt, in den Garten zu gehen. Dort lag der Schnee bis zu den Knien hoch. Die Kinder balgten sich, machten eine Schneeballschlacht und tobten ausgelassen bis zur Mittagszeit. Dann ließ der Maler Adam Liszt Bescheid sagen, daß er seinen Sohn zum Mittagessen bei sich behalten wolle.
Die Schneeballschlacht und überhaupt die ungewohnte Freude des unbändigen Spieles steigerten den Appetit des Jungen ins Riesenhafte. Zu allem Überfluß gab es auch noch Siebenbürger Gulasch, das er über alle Maßen gern aß. Er schlang hinunter wie ein Wolf. Ganz wie zu Hause fühlte er sich. Jeder duzte ihn und nannte ihn »Putzi« – wie zu Hause. Nach dem Mittagessen gingen sie wieder spielen. Als sie das Herumrennen im Schnee satt hatten, verzogen sie sich in die Küche, um sich zu wärmen. Am Rande des Herdes stand ein großer Topf mit Siebenbürger Gulasch, das noch vom Mittagessen übriggeblieben war. »Was sagst du zu der Tochter meines Meisters?« fragte der Seppl mit geheimnisvoller Betonung und errötete unter seinen Sommersprossen. Der Wunderknabe griff ganz in Gedanken versunken mit den Fingern in den Gulaschtopf und stopfte ein Stückchen Fleisch in seinen Mund. Er konnte nicht widerstehen.
»Ein schönes, kleines Mädchen«, nickte er, »ich kann mich aber mit solchen Kleinen nicht anfreunden.«
Prahle nur nicht! Die Großen geben sich wohl mit dir ab!«
Putzi nahm ein neues Stück Fleisch aus dem Topf und erwiderte aufgeblasen:
»Mit mir? Meine beste Freundin ist die Karoline Unger. Eine berühmte Sängerin. Auf der ganzen Welt hat sie die schönste Stimme. Ich kann dir bloß sagen, wir sind sehr gute Freunde.«
Seppl sah seinen Freund zweifelnd an. Er wußte nicht recht, sollte er ihm glauben oder nicht. Da erschien der Maler mit seiner Frau in der Küchentür.
»Verträgt ihr euch auch gut? Möchtet ihr gern noch etwas haben? Unterhaltet euch nur schön!«
Darauf gingen sie zurück in das Wohnzimmer. Ein schalkhaftes Lächeln spielte auf ihren Gesichtern.
»Hast du gesehen?« sagte die Frau zu ihrem Mann. »Was für ein großer Künstler und dabei noch das reinste Kind! Er nascht mit denselben Fingern Gulasch, mit denen er so herrlich Beethoven spielt.«
Das hörten die Kinder. Der Seppl schielte schelmisch auf den Freund der berühmten Sängerin. Der wurde rot bis über die Ohren und lutschte verstört seine Finger sauber. Von da ab fühlte er sich nicht mehr besonders

wohl in Seppls Gesellschaft. Er verabschiedete sich daher bald und kehrte zu seinem Vater ins Gasthaus zurück.
Alles in allem hatte er sich in Preßburg nicht wohlgefühlt. Die Magnaten waren hier sehr zahlreich, und obwohl sie ausnehmend liebenswürdig zu ihm waren – sogar opferbereit –, quälte ihn abermals der unerklärliche Aufruhr, der stets in ihm ausbrach, wenn er seinen Vater unterwürfig vor den Magnaten dienern sah. Er wußte, daß er den Leuten dankbar sein mußte, die die Mittel für seine weitere Ausbildung zur Verfügung stellen wollten. Und trotzdem nagte eine niedrige Rachsucht an ihm. Er wußte ganz genau, daß das, was er empfand, häßlich war, und eben dadurch entstand in seinem Herzen dieser fürchterliche, verwirrende Zwiespalt. Er wollte so schnell als möglich aus Preßburg wieder nach Hause zurück.
Sie fuhren auch bald darauf nach Wien, und nun kamen abermals die von den Unterrichtsstunden bei Czerny und Salieri ausgefüllten Tage. Sein Leben aber verlief von jetzt an ganz anders als zuvor. Er fing an, bekannt zu werden, auf der Straße wurde er nicht selten von allerlei Leuten angesprochen, von deren Vorhandensein er bisher keine Ahnung gehabt hatte. Jede Woche waren sie zwei-, dreimal in vornehmen Familien zur Jause eingeladen. Sein Vater erklärte ihm vorher stets ganz genau, welche Familie sie besuchten, wie er jeden anreden müsse und was er, wenn man ihn zum Klavier bitten sollte, von selbst vorspielen müsse. Während solcher Jausen wurde er wahllos umarmt und halbtot geküßt, und man entließ ihn nie ohne irgendein Geschenk; am häufigsten bekam er eine kleine Samtbörse mit zwei, fünf, sogar zehn Goldstücken. Die Goldstücke bewahrte der Vater auf, und er behielt für sich die Börsen. Er hatte schon eine ganze Reihe solcher Geldbörsen gesammelt. Aber er erhielt auch andere Geschenke: schönes Spielzeug, Noten und Bücher in Prachteinbänden.
In den Musikalienhandlungen war er überall bekannt. Er ging bereits ohne väterliche Begleitung in diesen Geschäften ein und aus, schlug jedes Notenheft auf, prüfte den Ton jedes Klaviers und unterhielt sich mit den Besuchern, die ihn interessiert ansprachen. Obgleich er ein Wunderkind war, behandelte man ihn anfänglich hier und da aus Unkenntnis wie einen herumlungernden Jungen. Da war zum Beispiel eine Notenhandlung Am Graben, deren alter säuerlicher Inhaber ihn zuerst mit zornigen Blicken aus dem Laden jagen wollte – er hatte ihn nicht erkannt . . .
»Ich möchte etwas recht Schweres haben«, verlangte das Kind.
»Wozu denn das?«
»Ich möchte es hier spielen, und wenn es mir gefällt, nehme ich es mit nach Hause. Es soll aber sehr schwer sein.«
Der Händler sah ihn verärgert an, legte ihm endlich ein Heft vor und sagte mit schadenfroher Stimme:
»Bitte – wenn es etwas Schweres sein soll, hier ist etwas. Das hat bis jetzt noch niemand vom Blatt spielen können. Nun kannst du prahlen . . .«

Es war das h-Moll-Klavierkonzert von Hummel, dem Jungen war es noch unbekannt. Zuerst überflog er das Ganze mit den Augen, dann blätterte er zurück und fing an zu spielen. Ohne einen einzigen Fehler spielte er es bis zum Schluß in dem vorgeschriebenen Zeitmaß herunter. Nach dem letzten Akkord wandte er sich ein wenig spöttisch nach dem Händler um. Aber der stand schon nicht mehr allein hinter seinem Rücken. Alle Gehilfen der Musikalienhandlung waren hinzugekommen, und auch die eintretenden Kunden hatten sich zu ihnen gesellt. Verstohlen hörte man es tuscheln: »Das ist der kleine Liszt!«

»Nun, mein Sohn«, sagte der Musikalienhändler, »ich bin in der Musik alt und grau geworden, aber so etwas habe ich noch nicht erlebt! Selbst Mozart konnte nicht so Klavier spielen. Ich schenke dir die Noten, nimm sie mit nach Hause und komm recht häufig zu mir.«

Kurz nach Weihnachten schwang ihm der alte Händler ein kleines Heft entgegen, als er in den Laden eintrat:

»Das bringe mal deinem Vater nach Hause, der wird sich freuen!«

»Was ist das?«

»Das ist die neueste Nummer der ›Allgemeinen Musikalischen Zeitung‹. Soeben ist sie mir von Breitkopf & Härtel aus Leipzig geschickt worden. Da steht auch etwas von dir drin, du kannst es selber lesen.«

Der Junge setzte sich, schlug das Heft auf und suchte nach der Kritik. Er fand sie schnell und vertiefte sich ins Lesen:

»Am 1. Dezember (1822) im Landständischen Saal *Franz Liszt*, ein zehnjähriger Knabe, aus Ungarn gebürtig:
1) Ouvertüre von *Clement*, 2) *Hummels Pianoforte-Koncert in a-Moll*, 3) *Variationen von Rode*, gespielt von Herrn *Leon de Saint-Lubin*, 4) *Arie* aus *›Demetrio e Polibio‹* von *Rossini*, gesungen von Demoiselle *Unger*, 5) Freie Phantasie auf dem Pianoforte. –
Wieder ein junger Virtuose, gleichsam aus den Wolken heruntergefallen, der zu höchster Bewunderung hinreißt. Es grenzt ans Unglaubliche, was dieser Knabe für sein Alter leistet, und man wird in Versuchung geführt, die physische Unmöglichkeit zu bezweifeln, wenn man den jungen Riesen Hummels schwere und besonders im letzten Satze sehr ermüdende Kompositionen mit ungeschwächter Kraft herabdonnern hört. Aber auch Gefühl, Ausdruck, Schattierung und alle feineren Nuancen sind vorhanden, so wie überhaupt dieses musikalische Wunderkind alles a vista lesen und jetzt schon im Partiturspiel seinesgleichen suchen soll. Polyhymnia möge die zarte Pflanze schützen und vor entblätternden Stürmen bewahren, auf daß sie wachse und gedeihe! – Die Phantasie wollen wir lieber ein Capriccio nennen; denn mehrere durch Zwischenspiele aneinandergereihte Themata verdienen noch nicht jenen in unseren Zeiten nur zu oft mißbrauchten Prachttitel. Indeß war es recht artig, wie der kleine Herkules *Beethovens* Andante der A-Dur-Symphonie und das Motiv ei-

ner Kantilene aus Rossinis ›Zelmira‹ vereinigte und sozusagen in einen Teig knetete. *Est deus in nobis!*«

»Weißt du auch, was dieser lateinische Satz am Schluß bedeutet?«

»Natürlich weiß ich das. Ich kann doch lateinisch: ›Es gibt einen Gott in uns.‹«

»Aber warum bist du so zornig?«

Der Junge zuckte die Achseln und antwortete nicht. Er stand noch ein Weilchen im Laden herum und ging dann nach Hause. Unlustig legte er dem Vater die Zeitschrift hin. Adam Liszt griff hastig danach, las den Artikel aufgeregt und sagte am Ende ganz beglückt:

»Großartig! Fabelhaft! Anna, Anna, hör mal zu, was diese musikalische Zeitschrift von deinem Sohne schreibt!«

Die Mutter kam schnell aus der Küche und hörte entzückt und selig zu.

»Warum freust du dich denn nicht?« wandte sich der Vater überrascht an den Sohn. »Was ist denn? Du weinst doch nicht etwa, mein Junge?« Doch, er weinte. Bis jetzt hatte er sich mühsam zurückhalten können, aber nun brach der Schmerz gewaltsam aus ihm heraus. Trotzige Tränen liefen an seinen Wangen herunter, und mit zuckendem Mund schluchzte er:

»Wieso war das Improvisieren nicht gut? Jeder hat gesagt, daß es gut war. Dem Salieri, dem Czerny und dem Rossini hat es auch gefallen. Ausgerechnet dem nicht, der das geschrieben hat!«

Wütend warf er seine Mütze auf das Bett, drehte sich weg, setzte sich an den Tisch und weinte stumm weiter.

»Sei doch nicht so töricht, du großes Kind du, das ist doch eine ganz fabelhafte Kritik!«

»So – der Mann, der das geschrieben hat, versteht also etwas von Musik, und der Rossini nicht? Mir ist es gleich! Ich werde nie mehr frei phantasieren. Wenn denen das nicht gefällt, ist es auch gut. Mir soll es gleich sein!«

Er heulte noch heftiger. Vater und Mutter sahen sich verdutzt an und schüttelten ratlos die Köpfe. Adam Liszt war nahe daran, dem weinenden Klavierkünstler einen längeren Vortrag zu halten, als seine Frau ihn leise bat:

»Laß ihn jetzt, bis er sich beruhigt hat.«

In der nächsten halben Stunde versiegten zwar seine Tränen, aber er konnte sich noch lange nicht beruhigen. Die Kritik blieb in seinem Herzen wie ein Dorn stecken. Düster ging und kam er, und im Notenladen, wo er nunmehr täglicher Gast war, betrachtete er die neueingegangenen Noten mit gekränkter Miene ... Nur mit dem Komponisten Diabelli unterhielt er sich ganz gern, der tagelang als stiller Teilhaber des Eigentümers in der Cappischen Musikalienhandlung herumsaß. Diabelli hatte einst Haydn gut gekannt und erzählte viel von ihm. Es entwickelte sich eine gewisse Vertrautheit zwischen dem alten Meister und dem Wunderknaben, der aber auch ihm kein Sterbenswörtchen von der geheimen Wunde seines verletzten

Selbstbewußtseins sagte. Er sprach nur dauernd davon, daß er komponieren möchte, um zu zeigen, was er könne. Er spielte ihm das »Tantum ergo« vor und bekam ein Lob dafür.

»Weißt du was«, sagte Diabelli mit einem listigen Seitenblick, »ich erlaube dir, zu meinem Walzer Variationen zu komponieren, zu dem berühmten Walzer, du kennst ihn ja.«

»Selbstverständlich.«

»Zu diesem Walzer hat schon jeder große Musiker hier in Wien Variationen komponiert. Ich brauche nicht mehr dazu zu sagen, als daß von Beethoven nicht weniger als dreiunddreißig stammen.«

»Ich kenne sie alle, ich spiele sie ja selbst.«

»Na siehst du. Und wenn du sehr geschickte Variationen komponierst, werde ich Herrn Cappi bitten, daß er sie veröffentlicht.«

Der Junge küßte Diabelli frohlockend die Hand und rannte nach Hause. Er fiel richtig über das Klavier her . . . Nach drei Tagen erschien er mit einer sauber abgeschriebenen Komposition wieder im Cappischen Laden, drückte Diabelli die Noten in die Hand und setzte sich selbst ans Klavier, Diabelli sagte am Schluß leichthin: »Hm.«

Dann zog er sich mit seinem Teilhaber Cappi zurück. Sie verhandelten nur wenige Minuten hinter verschlossener Tür, dann kamen sie wieder zu ihm ans Klavier und ließen ihn die Variationen noch einmal vorspielen. Sie sahen einander an und nickten. Und dann sagte Diabelli:

»In Ordnung, wir geben sie heraus.«

Das Kind küßte beiden die Hand und lief mit der großen Nachricht zuerst zu Czerny, dann zu Salieri und dann erst nach Hause. Von diesem Augenblick an erlebte er von Tag zu Tag, von Woche zu Woche die Aufregungen eines neugebackenen Komponisten. Zuerst dachte er, daß die Noten bereits nach ein paar Tagen erscheinen würden. Bedrückt mußte er aber einsehen, daß davon gar keine Rede sein konnte. Die Noten mußten erst gestochen werden, und der Stecher sei mit Aufträgen überhäuft . . . Und er hatte doch keinen größeren Wunsch, als der Welt dieses Werk vor die Füße zu werfen, damit die »Allgemeine Musikalische Zeitung« sehen könne, mit wem sie es zu tun habe . . . Die Aufregung des Notendrucks verblaßte aber vor einer neuen Aufregung: der Vater bereitete wieder ein Konzert vor. Das erste war so gut gelungen, und die Berühmtheit des Kindes hatte sich in den letzten drei Monaten derartig verbreitet, daß ein neues Konzert ein ausgezeichnetes Geschäft zu werden versprach. Und Geld war dringend nötig, denn Adam Liszt wälzte seit dem ersten großen Erfolg ganz gewaltige Pläne in seinem Kopf. Obwohl er seine Absichten seiner Familie vorher nie mitzuteilen pflegte, war aus seinen gelegentlichen Bemerkungen doch ersichtlich, daß ihn vor allem ein bereits durchdachter Plan beschäftigte. Dieses zweite Konzert sollte nämlich im Augarten stattfinden. Abermals rannte er von morgens früh bis spät abends umher, und das Kind übte wieder einmal bis tief in die Nacht hinein, denn sie hatten als Glanznummer das besonders schwere h-Moll-Klavierkonzert von Hummel bestimmt. Inmitten der Vorbereitungen überraschte der Vater den Jungen eines Abends mit folgender Bemerkung: »Morgen vormittag wirst du ausnahmsweise weniger üben. Um zehn Uhr gehen wir zu Beethoven.«

»Wohin?« Der Junge fuhr vom Klavierschemel hoch.

»Zu Beethoven, ich glaube, ich spreche deutlich genug. Ich habe lange mich bemühen müssen, bis ich bei Schindler diesen Besuch durchsetzen konnte. Du ziehst dein neues Kleid an. Beethoven hört nichts, man muß alles aufschreiben, was man ihm sagen will. Und zwar werde *ich* schreiben, denn dein Gekritzel würde ihn sicherlich langweilen. Beethoven kennst du ja vom Bilde her. Von ihm brauche ich dir also nichts mehr zu erzählen. Es wird da noch ein junger Mann anwesend sein, ungefähr achtundzwanzig bis dreißig Jahre alt, das ist Schindler, sein Faktotum. Zu dem mußt du sehr zuvorkommend sein, denn von ihm hängt sehr viel ab. Dann ist vielleicht noch ein sechzehnjähriger Junge da, Karl, der Neffe Beethovens, den er sehr gern hat. Ich mache dich schon jetzt darauf aufmerksam, daß du dich sehr anständig zu benehmen hast. Der Alte ist sehr grantig, und wenn du irgend etwas Unpassendes tust oder sagst, wird er dich ganz gehörig zurechtweisen.«

Der Knabe hörte nur mit halbem Ohr den Ermahnungen des Vaters zu. Sein ganzes Herz war von dem unerhörten Gedanken beseelt: er sollte Beethoven sehen und mit ihm sprechen! An diesem Abend konnte er lange nicht einschlafen. Während er sich unruhig hin und her wälzte, sah er andauernd nur sich selbst vor dem großen Mann stehen, der sich zu ihm neigte . . .

Am anderen Tage klopften sie pünktlich um zehn Uhr an der Wohnungstür Beethovens. Ein lebhafter junger Mann öffnete die Tür.

»Wie ist der Meister heute gelaunt?« fragte Adam Liszt doch etwas besorgt.

»Bissig«, antwortete Schindler, »aber hoffen wir das Beste. Bitte dort einzutreten.«

Sie kamen in eine enge und überladene Stube. Neben dem Klavier stand der große Beethoven – untersetzt, mit breiten Schultern. Seine mächtige Stirn drängte sich wie zum Angriff vor, und als er unter seinen buschigen Augenbrauen die Eintretenden feindlich musterte, loderte in seinem Blick eine unruhige, zürnende Gereiztheit.

»Sagen Sie nichts«, raunte Schindler, »hier ist der Bleistift, schreiben Sie.«

Der Vater schrieb. Es war totenstill im Zimmer. Der Junge, dessen Hand der Vater losgelassen hatte, fühlte seine Schläfen hämmern und seine Knie weich werden. Wie ein Irrer wiederholte er für sich mechanisch das Datum dieses Tages: der zwölfte April achtzehnhundertdreiundzwanzig . . . der zwölfte April achtzehnhundertdreiundzwanzig . . . Er war einfach nicht

imstande, an irgend etwas anderes zu denken. Er vergötterte diesen stiernackigen, schweigsamen Mann mit dem flammenden Blick und fürchtete sich zugleich vor ihm. Noch nie hatte er etwas Derartiges empfunden. Er fühlte, hier ist einer, der überirdisch groß ist, schicksalhaft und furchterregend . . .
Schindler nahm Adam Liszt das beschriebene Blatt ab und hielt es Beethoven unter die Augen. Der überflog es nur und antwortete in jenem sonderbaren, dumpfen, tauben Menschen eigenen Tone unwirsch:
»Ich kann Wunderknaben nicht ausstehen.«
Den Jungen blickte er nicht einmal an, den Vater auch nicht. Er sah ins Leere, und zum Zeichen seiner Ungeduld trommelte er gereizt mit seinen Fingern auf dem Deckel des Klaviers. Jetzt begann Schindler etwas aufzuschreiben. Beethoven trat von einem Bein auf das andere. Er war wie ein Löwe, den man reizt. Schindler hielt das neue Blatt hin. Er überflog es abermals. Ein plötzliches Zucken durchlief sein Gesicht. Dann antwortete er noch mißmutiger:
»Ich besuche keine Konzerte. Ich gebe keine Themen.«
Und sah wieder ins Leere und trommelte wieder auf dem Klavierdeckel.
Schindler flüsterte:
»Leider ist es nicht gelungen . . . Verabschieden Sie sich.«
Adam Liszt, ganz verstört, verneigte sich, und das Kind folgte seinem Beispiel. In tödlicher Verlegenheit verließen sie das Zimmer. Sie waren noch nicht wieder an der Tür angelangt, da wandte ihnen Beethoven schon den Rücken. Im Nachbarzimmer erklärte Schindler schnell:
»Betrachten Sie das nicht als endgültig. Der alte Herr befindet sich heute bei ausnehmend schlechter Laune. Sonst pflegt er nie so unzugänglich zu sein, und zu Kindern ist er besonders freundlich. Ich kann selbst nicht begreifen, was heute in ihn gefahren ist. Ich meinerseits werde es nicht dabei bewenden lassen. Vertrauen Sie mir. Auf Wiedersehen.«
Schon waren sie draußen. Der Junge blickte kreidebleich den Vater an. Der schwieg, biß sich auf die Lippen und schüttelte immer wieder den Kopf. Sie waren schon ein ganzes Stück schweigsam nebeneinander hergegangen, als der Junge die Stille zu unterbrechen wagte:
»Was haben Sie ihm geschrieben Vater?«
»Ich schrieb ihm deinen Namen auf, und er möge zum Konzert kommen.«
»Und was hat Schindler geschrieben?«
»Er solle dir in einem versiegelten Umschlag ein Thema stellen, du würdest es dann im Konzert öffnen und über dieses Thema frei phantasieren.«
Mehr sprachen sie nicht. Zu Hause angelangt, begann der Junge sofort zu üben. Er übte Hummel und lauschte inzwischen mit halbem Ohr, wie der Vater kurz und bündig die neugierigen Fragen der Mutter von sich abschüttelte, was denn los sei . . . und wie es gewesen wäre . . . Am Nachmittag,

als er allein blieb, ließ er seinen Gedanken freien Lauf. Er litt unsäglich. Einen ähnlichen Schmerz wie den heute erlebten hätte er nur empfinden können, wenn sich herausgestellt hätte, daß ihn der liebe Gott nicht mehr leiden mochte, dieser liebe Gott, zu dem er jeden Morgen und jeden Abend mit so andächtiger Hingabe und so seligem Vertrauen betete ... Aber wie konnte das auch nur möglich sein, daß Beethoven *so* zu ihm war? Beethoven! Ließ sich denn das überhaupt ausdenken? ... Maßlos verwundert setzte er sich ans Klavier – um Beethoven zu spielen. Tief in Gedanken versunken, begann er den Teil einer Sonate ... den Teil einer Symphonie ... Das Klavier erklang edel, tief und gefühlvoll unter seinen Händen, als ob es seine stummen Fragen beantworten wollte. »Ich kann es nicht fassen«, sagten seine über die Tasten gleitenden Finger. »Glaube es auch nicht, er ist groß und gütig!« antworteten die Töne. Wie hatte aber das geschehen können, was sich zugetragen hatte? Die junge Seele, die den großen Mann vom ersten Augenblick an verehrt und angebetet hatte, quälte sich jetzt verstört und zerrissen am Klavier und verlor mit einem Schlage die ganze Liebe und den ganzen Glauben an die Musik, an das Leben und an die Welt. Es war ihm, als hätte er einen Teil seines Körpers verloren – überhaupt hatte alles gar keinen Sinn mehr, die Menschen sollten mit allem und alle auf einmal aufhören zu leben ...

Er brach mit einem tiefen Seufzer sein Spiel ab: es war das Allegretto der Siebenten Symphonie. Mitten entzwei riß er die in seiner Seele erklingende, bezaubernde Träumerei des Cellos und wandte sich in tiefer Trauer von Beethoven ab. Er war einsam und kummerbeladen wie ein Kind, das man ungerecht hart geschlagen hat ... Dann begann er wieder seinen Konzertvortrag zu üben ...

Bis zum Tage des Konzertes sprach er kaum ein Wort. Stumm und zerstreut stand er im Künstlerzimmer herum. Plötzlich kam Adam Liszt keuchend hereingestürzt:

»Beethoven ist da! Ein unerhörtes Ereignis! Seit Jahren ist das nicht mehr vorgekommen! Jetzt paß aber gut auf und zeichne dich aus!« Der Junge schrie auf und wußte selbst nicht, was er sagte:

»So ... so hab ich mir's vorgestellt ...«

Als er auf das Podium trat, sah er Beethoven sofort. Er saß am Rande der ersten Reihe. Sein Gesichtsausdruck war jetzt nicht mehr düster, sondern unbeschreiblich traurig und ernst. Der Saal war überfüllt. Auch die drängten sich herein, die keine Karte mehr erhalten konnten, sie standen förmlich übereinander. Der Junge spielte wie noch nie. Ab und zu forschte er verstohlen in Beethovens Gesicht. Diesem Antlitz aber merkte man an, daß es vom ganzen Konzert nicht einen einzigen Ton vernehmen konnte. Er saß auch so, daß er die Hände des Spielenden nicht zu sehen vermochte, sonst hätte er sich als Musiker wenigstens von der bewundernswerten Fertigkeit des Spiels einen Begriff machen können. Er sah nichts, er hörte nichts, er

saß nur unbeweglich auf seinem Platz, den breiten Mund hart zusammengepreßt, das Gesicht vorgeneigt.
Nach den einzelnen Vorträgen applaudierte er nicht. Endlich kamen die Improvisationen. Adam Liszt sammelte die Themen ein. Beethoven rührte sich nicht. Der Knabe nahm die Zettelchen und begann den großen Vortrag. Er legte sein ganzes Herz in sein Spiel hinein, obwohl er alles mögliche durcheinander vortragen mußte. Aber er spielte jetzt nur für Beethoven, der von alledem nichts hören konnte . . .
Nach Beendigung der Improvisationen brach ein noch nie dagewesener Beifallssturm los. Der Wunderknabe verneigte sich. Er verbeugte sich auch vor Beethoven, und da sah er, daß der Vergötterte aufstand und auf ihn zukam . . .
Beethoven ging mit trottenden Bärenschritten auf das Podium, trat zu ihm, griff ihm unter die Arme, hob ihn zu sich hoch und drückte ihn an sich. Sanft und lang anhaltend küßte er ihn auf die Stirn. Im Saale dröhnte noch immer der unbändige Applaus. Dann setzte der Meister das Kind nieder und stieg vom Podium herab. Die dichtgedrängte Menge gab ihm ehrfurchtsvoll den Weg frei. Man konnte lange mit den Augen verfolgen, wie sich die Schar der Zuhörer in tiefer Ergriffenheit vor ihm öffnete und hinter ihm wieder schloß. Der Junge dankte nicht mehr für den Beifall. Er stand an der Rampe des Podiums, verzückt, wie einer, der eine glanzvolle Vision hat . . .

SECHSTES KAPITEL

Als der erfolgreiche junge Künstler nach seinem Konzert zum erstenmal wieder zu Czerny kam, sagte der Meister:
»Ich sehe dich immer gern bei mir, mein Sohn, aber von mir kannst du nichts mehr lernen. Ich habe deinem Vater bereits gesagt, daß ihr nunmehr einen Schritt weitergehen müßtet. Hat er mit dir schon über Paris gesprochen?«
»Er hat es nur flüchtig erwähnt.«
»Dorthin müßt ihr – nach Paris. Anderswo kannst du nichts mehr lernen, nur noch in Paris im Konservatorium. Auch sonst müßtet ihr ja dorthin, denn Paris ist der Mittelpunkt der Welt. Du bist jetzt weit genug, um ganz Europa zu zeigen, was du kannst. In ganz Europa sind nur zwei dir überlegen.«
»Ja, ich weiß«, nickte der Junge.
Die Namen brauchten sie nicht zu nennen. Seit Monaten schon hatten sie über sämtliche berühmten Klavierspieler der ganzen Welt eingehend de-

battiert und längst festgestellt, daß der ungarische Wunderknabe nur *zwei* Rivalen zu besiegen hatte. Der eine war Moscheles aus Prag, der einst auch hier in Wien bei Salieri Unterricht hatte. Zu derselben Zeit studierte auch der junge Meyerbeer in Wien, und beide wetteiferten um die Siegespalme auf dem Klavier; Moscheles siegte. Jetzt lebte er in London und hätte als der erste Klavierspieler der Welt gegolten, wenn Hummel nicht gewesen wäre; denn dieser war nicht nur ein berühmter Komponist und Dirigent am Weimarer Hof, sondern auch ein ganz hervorragender Pianist.

»Wie alt sind die beiden?« fragte der Junge.

»Moscheles wird an die dreißig, Hummel über vierzig sein.«

»Dann habe ich noch viel Zeit, um sie zu erreichen.«

»Es kommt nicht auf die Zeit an, mein Sohn, sondern auf den Willen. Die Begabung hast du dazu, soweit ich das beurteilen kann. Es fragt sich nur noch, wie es mit Ausdauer und Fleiß bei dir bestellt ist. Die Sache ist nicht so einfach. In keiner anderen Laufbahn kann man so zum Sklaven seines Meisters werden wie in der musikalischen. Und dabei kann in jedem Augenblick noch ein neues Genie auftauchen, das dich aus dem Sattel hebt. Ich höre da zum Beispiel immer wieder von einem Berliner Wunderkind . . .«

»Ja, ich weiß, es heißt Mendelssohn. Der ist schon vierzehn Jahre alt, und ich bin erst elf. Ach, der hat's leicht. Sein Vater ist Bankier. Wir aber sind arme Leute . . .«

»Versündige dich nicht gegen den lieben Gott! Du hast bisher kaum etwas davon gespürt, daß ihr arm seid, nur dein Vater muß sich plagen. Aber um ihn braucht man sich auch für die Zukunft keine Sorge zu machen, er wird in Paris gleichfalls seinen Mann stehen, dessen bin ich gewiß. An ihm wird es also nicht liegen, wenn du nicht vorwärtskommst, sondern nur an dir. Du hast schwere Fehler, gegen die du lange Jahre wirst ankämpfen müssen. Du bist viel zu leidenschaftlich beim Spiel, verlierst ganz die Herrschaft über die vorgeschriebenen Tempi und wirfst die Takte so willkürlich durcheinander wie ein Zigeuner. Und wenn ich dir einen sehr guten Rat für das ganze Leben geben soll: stell dir am Klavier stets das Metronom vor! Nun wollen wir mal die Sext-Übungen hören . . .«

Der junge Virtuose setzte sich ans Klavier, um Unterricht von dem Meister zu empfangen, den er innerhalb weniger Monate überflügelt hatte und »von dem er nichts mehr lernen konnte«. Doch hörte er aufmerksam auf seine Bemerkungen und befolgte jeden seiner Winke, obwohl seine Gedanken nicht beim Klavierspiel waren. Schon seit Wochen erregte ihn der Gedanke an dieses geheimnisvolle, märchenhafte Paris, wohin die Pläne seines Vaters zielten. Von diesen Absichten wußte er freilich kaum etwas, denn der Vater pflegte seiner Familie nur die fertigen Entschlüsse mitzuteilen, und zwar in Form von Befehlen, meistens ohne jede Begründung.

Zu Hause erwartete ihn schon ein solcher. Der Vater hatte ihm mitgeteilt, daß sie von morgen ab alle drei Französisch lernen würden. Jeden geschlagenen Tag werde ein Sprachlehrer zu ihnen kommen, der sie gegen Empfang des Mittagessens unentgeltlich unterrichten wolle. Man müsse die Gelegenheit ausnützen, denn wenn sie nach Paris kämen, müßten sie alle Französisch sprechen und verstehen können. Daneben müsse er auch für das Budapester Konzert üben. Wenn je ein Konzert wichtig war, so dieses Budapester!

»Vater, was für eine Stadt ist dieses Pest?«

»Eine herrliche Stadt, ich habe nichts Schöneres gesehen. Der Donaustrand . . . auf der anderen Seite der Berg . . . Du wirst ja sehen.«

»Werde ich da Erfolg haben?«

»Wenn du dich tüchtig zusammennimmst, ja. In Pest ist alles Ausländische außerordentlich beliebt. Das Heimische kann noch so gut sein – was aus der Fremde kommt, findet stets größeren Anklang. Du bist in Ungarn geboren und hast hier in Wien großen Erfolg gehabt. Das wiegt dort sehr viel.«

»Und wie wird es mir dort ergehen? Ich kann doch nicht Ungarisch.«

»Das braucht man ja gar nicht, du Esel. In Pest spricht jeder Deutsch und Lateinisch. Ungarisch sprechen nur die Bauern, und mit denen wirst du nichts zu tun haben. Du sollst bloß gut Klavier spielen, und alles andere kann dir gleichgültig sein.«

Am Tage darauf kam tatsächlich der Französischlehrer. Die erste Stunde war ebenso komisch wie anstrengend. Der Vater hatte nämlich bestimmt, daß eine Stunde lang kein deutsches Wort gesprochen werden dürfe. Nicht einmal deutsch fragen durfte man. Jeder konnte sich ja durch entsprechende Gebärden verständlich machen. Und so geschah es auch. Der Sprachlehrer, »Mosjö« Hachette, war ein bebrilltes, schmächtiges, kleines Männlein, er sprach außerordentlich schnell und brachte einen unglaublichen Appetit mit. Während des Mittagessens redete er in einem fort. Er zeigte auf die Suppe:

»Soupe. La soupe. Je mange de la soupe.«

Sowohl die Mutter als auch der Junge mußten das wiederholen.

»Soupe. La soupe, Je mange de la soupe.«

Der Vater prahlte stolz mit einigen französischen Brocken, die aus seiner Schulzeit noch bei ihm haftengeblieben waren. Er benahm sich eher wie ein Lehrer als wie ein Schüler. Sie lachten alle sehr viel, denn dieses erste Mittagessen gab reichlich Anlaß zu stummer Zeichensprache und fragendem Herumfuchteln. Am herzlichsten aber lachten sie, als sich der Sprachlehrer mit »Adieu« verabschiedete. Die Mutter traute sich nicht, das Wort zu wiederholen, weil sie nicht wußte, daß es französisch war . . .

Zwei Wochen lang bot die Neuheit des Französischlernens eine belebende Abwechslung zu dem ewigen Klavierüben. Dann reisten Vater und Sohn nach Pest. Die Reise war sehr spannend. Bis Preßburg fuhren sie mit der Postkutsche. Dort übernachteten sie. Und von da beförderte sie ein Bauernwagen bis Pest. Während der Fahrt fragte der Knabe den Vater ununterbrochen. Hundert und aber hundert Fragen richtete er an ihn – über die Dörfer, die sie durchfuhren, über die wechselnden Eigentümlichkeiten der Volkstrachten, über die auf den Landstraßen reitenden Soldaten, über unverständliche Aufschriften . . . Seine Aufmerksamkeit ließ keinen Augenblick nach, alles interessierte ihn, und seine unstillbare Neugierde verschluckte die Erklärungen wie der Sand das Wasser. Zweimal begegneten sie sogar einer wandernden Zigeunerkarawane. Und dieses Erlebnis versetzte den Jungen in sprudelnde Aufregung. Mit ausgerecktem Halse blickte er unverwandt dem zurückbleibenden Volke nach, als es auf der schlammigen Landstraße kaum mehr sichtbar war.

An einem dämmerigen Frühlingsabend kamen sie in Pest an. Der Junge war von dem Gerüttel im Bauernkarren todmüde. Aber ein neues Erlebnis hielt ihn wach: was sich vor ihm in abendlichem Glanze an den Ufern des mächtigen Stromes ausbreitete, das war also Pest, der Mittelpunkt seines Heimatlandes . . . Der Wagen brachte sie an das vornehme Gasthaus »Zu den sieben Wählern«. Ein Diener begrüßte sie mit tiefen, ehrerbietigen Verbeugungen und nahm das Gepäck vom Wagen. Man geleitete sie wie vornehme Herren die Treppe hinauf, und das Zimmer, das man ihnen anbot, hätte dem Anspruchsvollsten genügen können – nach dem Urteil des Jungen. Es war ein breites, doppelbettiges Zimmer mit Aussicht auf einen freien Platz vor dem Gasthaus, hinter dem sich der breite Strom der Donau unter dem Berge dunkel färbte.

Während der Vater mit Hilfe eines Bedienten die Kleider, die Noten und alles andere auspackte, durfte der Knabe aus dem Fenster schauen. Es war ein lauer Aprilabend, und auf das Drängen des Jungen öffnete man die Fenster. Mit durstigen Augen beobachtete er das Leben am Ufer. Vereinzelt kamen Menschen an seinem Fenster vorbei. Oft vernahm er deutsche Worte, doch ebenso viele sprachen auch Ungarisch. Da, ganz unerwartet, als hätte sie jemand eigens zu seiner Freude angestimmt, ertönte irgendwoher aus der Nähe Zigeunermusik. Der Junge lauschte mit pochendem Herzen. Und die abendlichen Geräusche der Stadt, die zu ihm herauftönenden Gesprächsfetzen, das Raunen des Flusses, die geheimnisvolle Zigeunermusik, wie das alles ihm entgegenströmte – da verstand er mit einem Male, daß hier etwas Unbegreifliches und Unfaßbares vorhanden war, das sein war, das zu ihm gehörte . . . aber er konnte seine Hände nicht danach ausstrecken. In der polternden Kutsche, im ungarischen Zwiegespräch der zwei jungen Männer in hohen Stiefeln und Pelzmützen, in der unbeweglichen Dunkelheit des gegenüberliegenden Berges, in der Zigeunermusik – in allem spürte er etwas innig Gemeinsames, das er doch nicht zu erfassen vermochte. Eine unergründliche, sonderbare Stimmung kam über ihn, eine hilflose Sehnsucht, und er wußte selbst nicht warum, er mußte an einen ihrer alten Raidinger Hunde denken, der in seinen hilflosen, sprechen wol-

lenden, klugen und warmen Augen etwas von diesem Unaussprechlichen hatte, das sich jetzt über sein Herz ergoß . . .
»Gehen wir hinunter, Abendbrot essen. Hörst du nicht?«
Der Vater schlug ihm von hinten leicht auf die Schulter. Offenbar hatte er schon früher etwas gesagt, aber der Junge hatte es beim Stimmengewirr der Straße nicht gehört. Sie schlossen die Fenster und gingen hinunter. Aber sie aßen nicht im selben Hause, der Vater führte ihn einige Straßen weiter. Sie kehrten in einer kleinen Schenke ein, wo keine Zigeuner waren. Das Kind konnte sich nur mit brennendem Herzen dreinfinden. Um sie herum an den mit rotem Tuch gedeckten Tischen saßen viele Leute. Auch hier hörte man die deutsche und die ungarische Sprache durcheinander. Der Kellner, der zu ihrem Tische trat, sprach deutsch. Müde saßen sie da und wortkarg. Kaum hatten sie den letzten Bissen hinuntergeschluckt, da klopfte auch schon der Vater mit dem Ring gegen das Bierglas.
»Wir müssen morgen früh aufstehen! Es ist höchste Zeit, daß wir zu Bett gehen. Du wirst morgen üben, ich habe sehr viel zu erledigen.«
Dem Jungen tat es gar nicht leid, daß sie schon zu Bett gehen sollten, da ja doch keine Zigeuner da waren . . . Aber in ihrem Zimmer konnte man auch jetzt noch etwas von der irgendwo in der Nähe erklingenden Zigeunermusik vernehmen. Sehr leise, sehr gedämpft, aber doch deutlich hörbar. Und eingewiegt von diesen sonderbaren, heimlich geliebten Klängen schlief der Junge in dieser seiner ersten Pester Nacht ein. Von der Stadt bekam er sehr wenig zu sehen, sowohl am nächsten Tage als auch später. Der Vater ließ für ihn schon früh am Morgen ein Klavier in das Zimmer stellen. Er mußte bis Mittag üben. Mittags kam dann ein französischer Sprachlehrer, denn der Vater ließ den Unterricht nicht einen einzigen Tag ausfallen. Nachmittags erledigten sie Verschiedenes in einer Notenhandlung, in einer Druckerei, bei einer Zeitung und in irgendeinem Amt. Er verstand von alledem nicht viel. Sein Vater sprach stets an seiner Stelle. Er begriff lediglich das eine, daß man ihn, der den Namen Franz Liszt trug, in der Sprache seines Heimatlandes »Liszt Ferenc« nannte. Er fand es sonderbar, aber es gefiel ihm, und er sprach es häufig vor sich hin, Liszt Ferenc, Liszt Ferenc . . . Diese umgedrehte Reihenfolge und der eigentümlich klingende Rufname bargen irgendeinen fremden Zauber in sich. »Ferenc« fand er viel reizvoller als »Franz«. Er ergötzte sich an diesem neuen Namen, wie wenn er ihn statt einer roten Blume ins Knopfloch hätte stecken können. Er hatte kaum Zeit, dem Verkehr in einzelnen Straßen zuzusehen, sich nach ein paar Kutschen umzudrehen, auf deren Bock ein prächtiger Husar neben einem Kutscher thronte, dessen Livree mit Metallknöpfen verziert war, sich darüber zu wundern, daß hier die Mähnen der Kutschpferde bunt gefärbt waren – da ging es schon wieder nach Hause zum Üben. Er arbeitete ununterbrochen bis abends, und dann war der Tag zu Ende. Er klagte aber nicht, nicht einmal vor sich selbst. Er verstand, daß das so sein mußte. Vor einem Konzert täg-

lich mindestens sechs bis sieben Stunden üben – das war selbstverständlich, das lag einfach in seinem Beruf begründet ... Am dritten Tage brachte der Vater Plakate mit nach Hause. Sie kamen soeben aus der Druckerei und waren noch ganz feucht. Es war eine in ungarischer Sprache verfaßte Ankündigung, und er verstand davon keine Silbe. Der Vater übersetzte sie ihm:

»Hoher, gnädiger Adel!

Löbliches k. k. Militär!

Verehrungswürdiges Publikum!

Ich bin ein Ungar und kenne kein größeres Glück, als die ersten Früchte meiner Erziehung und Bildung meinem treuen Vaterlande als das erste Opfer der innigsten Anhänglichkeit und Dankbarkeit vor meiner Abreise nach Frankreich und England ehrfurchtsvoll darzubringen; was diesen noch an Reife mangelt, dürfte ein anhaltender Fleiß zur größeren Vollkommenheit führen und mich vielleicht einstens in die glücklichste Lage versetzen, auch ein Zweig der Zierden des teuren Vaterlandes geworden zu sein.«

Unter dieser Erklärung stand in großen Buchstaben sein Name: Liszt Ferenc.

»Gehen wir auch nach England?« fragte er neugierig.

»Selbstverständlich gehen wir dorthin, wenn Moscheles auch dorthin gegangen ist. Aber sonst hast du dafür kein Wort übrig? Ist das der Dank, daß ich soviel für dich tue?«

»Es ist fabelhaft ... es ist wirklich sehr schön ... ich danke vielmals ...«

»Nun? Warum zögerst du? Mißfällt dir etwas daran?«

»Nein, nein, es gefällt mir sehr gut. Es ist wirklich prachtvoll ...«

»Aber?«

»Ja, warum sagen wir selbst von mir, daß es meiner Ausbildung noch an Reife mangelt? Czerny hat doch erklärt, ich könnte von ihm nichts mehr lernen. Ist er denn nicht reif genug? Der Mann, dem Schubert vorgespielt hat, nicht reif genug ...?«

Der Vater wurde unruhig.

»Sei nur nicht so überklug! Du willst immer mehr wissen als alle anderen. Dir ist anscheinend der Ruhm schon zu Kopf gestiegen. Wie kann ein elfjähriges Kind sich unterstehen, zu behaupten, es sei schon reif! Da bleibt einem wahrhaftig der Verstand weg. Na ja, natürlich! Jetzt heulst du wieder. So ist's recht! Der reife Herr Künstler heult. Marsch zum Klavier, üben. Anderthalb Stunden übst du jetzt, dann komme ich zurück, hole dich ab, und wir gehen zusammen ins Deutsche Theater.«

Der junge Künstler übte unter langsam versiegenden Tränen das Klavierkonzert von Moscheles und die Ouvertüre von Schneider. Dann holte ihn der Vater ab, schalt ihn abermals aus und nahm ihn ins Theater mit. Sie gingen durch den hinteren Eingang auf die Bühne. Da wurde gerade eine Gluck-Oper geprobt. Der Vater, der offenbar schon hier gewesen war, suchte die für das Konzert noch mitverpflichteten beiden Künstler auf, Herrn Babnigg und Fräulein Teyler, um ihnen seinen Sohn, wie es sich schickte, vorzustellen. Die beiden unterhielten sich mit ihm in dem scherzhaften, liebevoll überlegenen Tone, den man kleinen Kindern gegenüber so gern anschlägt. Und das haßte er aus tiefster Seele. Es verletzte sein Selbstbewußtsein, wenn man ihn als Baby behandelte, und die Erwachsenen, die so kindlich taten und mit ihm nicht wie Erwachsene sprachen, sah er als außerordentlich dumm an. Sein Herz krampfte sich zusammen, und inmitten der gurrenden Melodien des Fagotts der Gluckschen Musik fühlte er sich unbeschreiblich einsam, verkannt und traurig . . .

Das Konzert fand am ersten Mai, einem Donnerstag, statt, und zwar in dem Saale ihres Gasthauses. Der Saal füllte sich bis auf den letzten Platz. Und die Ouvertüre entschied bereits den Erfolg. Nach den Moscheles-Variationen setzte ein Beifall ein, wie er ihn nicht einmal in Wien erlebt hatte. Die Zuhörerschaft wirkte diesmal ganz anders auf ihn. Hier erfaßte den ganzen Saal eine leidenschaftliche Spannung. Die Hörer gingen ganz in der Musik auf, und der Beifall tobte wie ein versengendes Feuer. Die Gesichter, auf die er vom Podium herabsah, strahlten und glühten. Schon während des Spielens fühlte er, daß die Klänge seines Klaviers allen ins Herz griffen. Und wenn er in Wien die Erfahrung gemacht hatte, daß es ein geheimes Gemeinschaftsempfinden gibt, in das er, um Erfolg zu haben, die ganze Zuhörerschaft oft mit harter Mühe um jeden Preis hineinführen mußte, so erlebte er hier, daß dieses geheimnisvolle Einssein in einem einzigen Augenblick aufflammen kann. Hier fühlte er sein eigenes Feuer von der Zuhörerschaft zu sich zurückfluten. Aus dem donnernden Beifallslärm waren die »Eljen«-Rufe deutlich herauszuhören. Dieses Wort war ihm bekannt. Und während er sich immer wieder frohlockend verneigte, mußte er an die unbefriedigte, sich ins Ungewisse sehnende Stimmung seines ersten Abends denken. Jetzt hatte er das Empfinden, als bekäme er in diesem Augenblick, wonach er sich unbewußt gesehnt hatte . . .

Erst am Tage darauf sah man aber den starken Erfolg sich voll auswirken. Noch im Laufe des Vormittags empfing Adam Liszt drei Besucher, die mit ihm über weitere Konzerte verhandeln wollten. Bis Mittag hatte er daher den Entschluß gefaßt, noch zwei Wochen in Pest zu bleiben. Am Nachmittag mußte man die Frist nochmals verlängern, denn das Kind wurde zu weiteren Konzerten aufgefordert. Einladungen zu Jausen und Mittagessen kamen in Menge. Unbekannte Familien schickten Torten, Spielzeug, gestickte Tücher und allerlei andere Geschenke. Eine begeisterte Dame trat plötzlich in das Zimmer, umarmte und küßte das Kind stürmisch und erklärte erst in der Tür: »Weiter wollte ich nichts!«

Als sie die Treppe hinunterstiegen, trat ihnen eine Dame in Trauer entgegen, entschuldigte sich bescheiden wegen der Störung und überreichte Adam Liszt einen Rosenkranz.

»Geben Sie ihn Ihrer Frau, mein Herr, und sagen Sie ihr, eine unglückliche Mutter schicke ihn einer glücklichen; sie möge für einen dahingeschiedenen Knaben beten.«

Sie brach in Tränen aus und eilte weg.

Beim Portier fing sie ein junger Mann ab, stellte sich vor und erbot sich, mit ihnen nach Paris und London zu fahren. Seine Auslagen würde er natürlich selbst bestreiten, er wolle lediglich Zeuge der Triumphe seines kleinen Landsmannes sein. So ging das auf Schritt und Tritt. Staunend fragte der Knabe den Vater: »Warum sind denn bloß die Pester so?«

»Es ist eine viel kleinere Stadt als Wien, mein Sohn. Und da spricht sich eine Neuigkeit viel schneller herum, die Menschen stehen einander näher. Und dann wohnen hier Ungarn. Und die Ungarn sind schon so.«

»Wohin gehen wir jetzt?« fragte der Junge, als sie auf die Straße traten.

»Ich nehme dich jetzt zum Kloster der Franziskaner mit, wo ich einmal Ordensbruder werden wollte. Ich möchte, daß du dort zu dem ›Heiligen Franz‹, deinem Schutzheiligen, betest, damit er dich auch weiterhin unter seiner Obhut behalte.«

Nach dem Lärm der Straße nahm sie die Kühle und die segnende Stille der mit Steinfliesen ausgelegten Klostergänge auf. An den schneeweißen Mauern sah man Heiligenbilder, Kruzifixe, Weihwasserbecken. Adam Liszt ging, seinen Sohn an der Hand, den vertrauten Weg nach dem Zimmer des Priors.

»Ich will doch gleich sonst was sein, wenn das nicht der Adam Liszt ist!« rief laut und fröhlich ein sonniger, alter Pater, der mit starker, ungarischer Betonung deutsch radebrechte.

»Ich bin es, mein Vater. Ich habe Ihnen meinen Jungen gebracht. Sie sollen ihn segnen.«

»Aber, aber nur nicht so hastig! Ohne ein Gläschen Slibowitz lasse ich dich nicht wieder fort, mein Sohn. Und die Brüder aus deiner Zeit – wie werden die sich erst über deinen Anblick freuen! Nimm Platz. Und du, kleiner Mann, komm mal näher zu mir heran!«

Der Prior griff nach dem bestickten Glockenband. Dann setzte er sich und zog den Jungen zwischen seine Knie:

»Ein hübscher Kerl, es wäre wahrlich schade gewesen, wenn du Mönch geblieben wärst. Aber nur der liebe Gott weiß, ob jemand zur Freude oder zum Leid auf diese Welt kommt.«

Adam Liszt erwiderte irgend etwas von den unerforschbaren Wegen Gottes, und mit einem Male war der Junge wieder aus der Unterhaltung ausgeschaltet. Bescheiden trat er zur Seite. Der Prior brachte ein Pfeifensieb, Pfeife und Likörgläser und gab dem auf sein Läuten eintretenden jungen Mönch Anweisungen. Nach einer kleinen Weile kam eine ganze Schar Patres in die Stube. Alle begrüßten Adam Liszt mit herzlicher Freude. Das Kind wurde der Reihe nach vorgestellt und küßte jedem die Hand. Eine fröhliche Unterhaltung begann. Der Junge zog sich in eine Fensternische zurück und beobachtete die Herren. Sie waren alle ganz verschieden: klein, dick und mit dröhnender Stimme, schmächtig und mit funkelnden Augen, schweigsam, hager, dürr und ernst. Und doch waren sie sich irgendwie alle ähnlich: die tiefe Innigkeit der Gebete und der Friede der Abgeschiedenheit verband sie alle miteinander. Adam Liszts Persönlichkeit stach grell von ihnen ab.

Der Junge ließ sie nicht aus den Augen und sann über sie nach. Er malte sich ihr Leben aus, das ein ununterbrochenes Gebet und Orgelspiel sein müßte, als die zwei schönsten Dinge der Welt. Die weißgetünchten Klostergänge waren so schön, das Kruzifix so herzergreifend, und auf der Orgel könnte ein junger Mönch inmitten der süßen Weihrauchdüfte mit soviel Hingabe das »Tantum ergo« spielen . . . Ob es nicht gut wäre, gleich zu sagen, daß auch er Priester werden möchte? Doch da fiel ihm das mit unbekannten Geheimnissen lockende Paris ein und Moscheles in London, mit dem er sich messen mußte, und die Sonaten, die Symphonien, die herrliche Welt des Partiturlesens und der sagenhafte Cherubini, der nur auf ihn wartete, und die Diabelli-Variationen, die sicherlich schon erschienen sein würden, wenn sie nach Wien zurückkehrten . . . Nein, er konnte doch nicht Priester werden . . .

Die Mönche verabschiedeten sich mit herzlicher Liebenswürdigkeit von Adam Liszt und nahmen ihm das Versprechen ab, mit seinem Sohne zum Abendessen in das Ordenshaus zu kommen. Der gemütliche Prior drehte dem Jungen ein Hörnchen am Kopf und schenkte ihm ein blankes Zwanzighellerstück.

Sie besuchten noch die Kirche, um zu beten. Als sie wieder heraustraten, starrte ihnen eine elegant gekleidete junge Frau ins Gesicht und blieb zögernd stehen:

»Ist das nicht der kleine Klavierkünstler?«

»Jawohl«, antwortete Adam Liszt, »mein Sohn, Franz Liszt.«

Die junge Frau umarmte den Jungen hastig, faßte ihn an den Schultern, sah ihm ins Gesicht und rief entzückt:

»Weißt du, daß du ein sehr schöner Knabe bist? Ich habe einen so schönen, blonden Jungen noch nicht gesehen . . .«

Der Junge errötete geschmeichelt, während der Vater mit gereizter Stimme dazwischenfuhr:

»Verzeihung, aber derartige Bemerkungen dürften dem Kinde kaum nützen.«

Die Dame richtete sich auf und sagte mit gurrender Taubenstimme, den Blick unverwandt auf das Gesicht des Jungen gerichtet:

»Trotzdem bist du ein sehr schöner Junge . . .«

Lächelnd wandte sie sich ab und ging, ohne Adam Liszt auch nur zu beachten, eilends weiter, wie jemand, dem ein Streich geglückt ist.

Der Vater ergriff hastig die Hand seines Sohnes, und schweigend setzten sie ihren Weg fort. Verschmitzt und ein bißchen schadenfroh sah der Sohn den Vater verstohlen an. ›Du versuchst es umsonst, vor mir zu verheimlichen, daß ich schön bin, das weiß ich selber schon lange‹, sagte sein Blick.

SIEBENTES KAPITEL

Mehr als zwei Wochen verbrachten sie in Pest. Als sie nach Wien heimkehrten, fand Adam Liszt unter den angesammelten Postsachen ein streng aussehendes, versiegeltes Schreiben: die Direktion der Esterhazyschen Gutsverwaltung forderte ihn auf, sofort in seine Stellung als Rentmeister nach Raiding zurückzukehren. Er habe nunmehr genügend Urlaub gehabt, und seine Arbeit sei in der letzten Zeit sowieso nicht viel wert gewesen, denn er habe nur daran gedacht, woher er Geld bekommen könnte. Sollte er dieser Aufforderung nicht sofort Folge leisten, so habe er sich als entlassen zu betrachten . . .

Adam Liszt faßte die Angelegenheit nicht allzu tragisch auf. Für alle Fälle richtete er ein neues Gesuch an Seine Durchlaucht und suchte in dem üblichen bittenden Ton um weiteren Urlaub nach. Ohne sich aber um das Schicksal seines Gesuches auch nur im geringsten zu kümmern, betrieb er rastlos die Vorbereitungen für Paris. Er hatte den Gedanken, daß sich unterwegs auf der weiten Reise Konzerte veranstalten ließen. So würde er sich Geld beschaffen und gleichzeitig den Ruf seines Sohnes festigen, noch bevor sie in Paris einträfen. Er schrieb unheimlich viel, war andauernd auf den Beinen und zog Erkundigungen ein über Gott und alle Welt. Der französische Unterricht ging selbstverständlich fleißig weiter.

Schon aus Pest hatte er eine ganze Reihe Empfehlungsschreiben mitgebracht, denn er hatte die ungarischen Magnaten, die sich nach dem Wohlergehen seines Sohnes erkundigten, der Reihe nach um Empfehlungsschreiben an ihre Bekannten in Paris gebeten. Graf Amadé und Graf Szapary versahen ihn mit einer ganzen Anzahl solcher Schreiben. Und auch jetzt in Wien war das Briefesammeln der Hauptzweck seines täglichen Kommens und Gehens. Er nützte auch die unbedeutendste Verbindung aus und stieg dabei, wie auf einer Treppe, immer höher und höher hinauf. Eines schönen Tages gewährte ihm sogar Metternich eine Audienz, der sich auf das so wunderbar Klavier spielende Kind noch gut besinnen konnte. Metternich schrieb ihm ebenfalls bereitwilligst drei Empfehlungsbriefe: einen an den Botschafter in Paris, einen an Cherubini und einen an Paer, den berühmten Meister, der in der musikalischen Welt Frankreichs großen Einfluß hatte. Aber auch von anderen Berühmtheiten besaß Adam Liszt bereits Schriftstücke. Eine ganze Schublade war voll davon. In derselben Schublade wurde auch der Prachtband einer Komposition aufbewahrt: es waren die Variationen nach Diabelli aus der Feder der fünfundzwanzig berühmtesten Kompo-

nisten; darunter befand sich auch der Name des Wunderkindes Franz Liszt.
Die Verwaltung der Esterhazyschen Ländereien lehnte das Gesuch ab. Adam Liszt hatte keine Stellung mehr. Er legte das amtliche Schreiben achselzuckend zur Seite. Die Verträge für die Münchener, Augsburger, Stuttgarter und Straßburger Konzerte waren abgeschlossen. Auf die Freiwohnung waren sie nun auch nicht mehr angewiesen. Sie verkauften die Möbel und verabschiedeten sich von allen ihren Bekannten. An einem Septembertage begaben sie sich auf die große Reise.
»Woran denkst du, mein kleiner Junge?« fragte die Mutter, als die Postkutsche sich in Bewegung setzte und der Knabe sinnend vor sich hinblickte.
»Ich habe daran gedacht, daß ich im nächsten Monat zwölf Jahre alt werde.«
Aber sogleich schwieg er wieder, da ihn der Vater mißbilligend ansah. Vor den anderen Reisenden wollte er nichts sagen. In jedem Briefe hatte er den Jungen als Elfjährigen hingestellt und ihm nahegelegt, daß er sich danach zu richten habe.
Nach sechstägiger beschwerlicher Reise kamen sie in München an. Der Vater hatte tollkühn das Datum für das Konzert gewählt. Er wußte, daß Anfang Oktober Moscheles hier einen Vortragsabend geben würde, und setzte absichtlich das Konzert seines Sohnes unmittelbar danach an. Aber bereits bei seiner Ankunft erwartete ihn die Nachricht, daß Moscheles den Termin verlegt hatte. Sofort verschob auch er die Musikaufführung seines Sohnes.
Zu Moscheles' Konzert waren sie selbstverständlich anwesend. Eine auserlesene Zuhörerschaft hatte sich versammelt, selbst der König war da. Als der dreißigjährige Künstler auf dem Podium erschien, preßte Adam Liszt in seiner Aufregung die Hände seines neben ihm sitzenden Sohnes so heftig zusammen, daß dieser fast aufschrie. Der weltberühmte Künstler setzte sich ans Klavier und begann. Sein Spiel war wunderbar. Fünf Minuten lang hörten sie ihm unbeweglich zu. Dann gab der Junge dem Vater ein Zeichen, er wolle ihm etwas zuflüstern. Der Vater neigte den Kopf zur Seite:
»Es ist alles in Ordnung, Vater«, raunte das Kind, »soviel kann ich auch.«
Als nach dem Vortrag der Sturm losbrach, klatschten sie ebenfalls recht betont Beifall. Diese Sonderkundgebung hatte aber nicht viel Sinn, denn in München kannte sie doch noch keiner. In der Pause nahm aber Adam Liszt seinen Sohn bei der Hand und suchte mit ihm das Künstlerzimmer auf. Dort saß der gefeierte Moscheles und trocknete, schwer nach Atem ringend, seine schweißtriefende Stirn. Adam Liszt nannte seinen Namen und schob seinen Sohn vor:
»Wir bringen Ihnen Grüße von Salieri, Ihrem ehemaligen Meister.« Er überreichte sein Empfehlungsschreiben. Moscheles überflog es:
»Ah, der kleine Liszt, ich habe schon von ihm gehört. Bist du das, mein

Sohn? Ich bin sehr neugierig auf dich. Wollen Sie nach dem Konzert nicht mit mir zusammen zu Abend speisen?«
Als sie nach dem Konzert den Künstler beim Bühnenausgang erwarteten, sagte der Junge gelassen und mit sichtlicher Erleichterung: »Er kann sehr viel, aber das, was er kann, kann ich auch.«
Dem Gesicht des Vaters merkte man deutlich an, daß ihn diese Äußerung beruhigte. Die Kunst Moscheles' und die seines Sohnes bewegten sich zwar gleichwertig in so hohen Regionen, daß sein Urteil nur den Wert eines mit verbundenen Augen Umhertastenden über seine Umgebung haben konnte, allein die Sicherheit seines Sohnes machte auch ihn sicher.
Zum Abendessen mit Moscheles erschien nicht nur die Familie Liszt. Im Gasthaus hatte sich eine aus fünfzehn Köpfen bestehende Gesellschaft versammelt, alle Größen der Münchener Musikwelt, Ehepaare und unbekannte Herren. Adam Liszt erkundigte sich bei seinem rechten Nachbar, wer der linke sei, und umgekehrt. Höflich unterhielt sich jeder mit ihnen. Mittelpunkt der Unterhaltung war aber doch der gefeierte Moscheles. Er führte auch das Wort, erzählte Anekdoten aus seinem Leben in London, von den eigenartigen englischen Gebräuchen, die sein Leben beherrschten. Er gab gesellschaftlichen Klatsch zum besten und berichtete von dem aufsehenerregenden Scheidungsprozeß König Georgs und der Lady Conyngham, der königlichen Geliebten . . . Oder man sprach allgemein von Lord Byron, dem berühmten Dichter, der die ganze Welt in Aufregung versetzt hatte, als er nach Griechenland gereist war, um den Freiheitskampf der Griechen zu unterstützen . . . Der Junge verschlang gierig jedes Wort. Vor ihm tat sich die Welt auf, und er verspürte einen Riesenhunger, diese mächtige, bunte und unerhört spannende Welt so schnell als möglich zu sehen, zu erleben und zu vertilgen . . . Die beiden Klavierkünstler konnten sich an diesem Abend nicht viel miteinander unterhalten. Beim Abschiednehmen vereinbarten sie für den nächsten Vormittag eine Zusammenkunft in einer Musikalienhandlung. Moscheles ließ das Kind sich sofort ans Klavier setzen und etwas von Hummel vorspielen. Der Junge spielte das Ganze vom Blatt.
»Das ist erstaunlich«, sagte Moscheles, »wenn jemand behauptet hätte, daß so etwas möglich sei, hätte ich es nicht geglaubt.«
Etwas abseits standen verdutzt die Angestellten des Geschäftes und Käufer und tauschten verwunderte Blicke. Moscheles begann den Jungen auszufragen. Seit wann er lerne, wann er angefangen habe, was er gern habe und wie er übe. Gewisse Eigentümlichkeiten des Fingersatzes ließ er von ihm immer wieder von neuem wiederholen. Dann besprachen sie allerlei besondere Schwierigkeiten des Klavierspiels, erörterten Einzelheiten, mal von diesem, mal von jenem Komponisten, versanken in allgemeine Betrachtungen und führten sich gegenseitig ihre Anschlagtechnik vor. Der Vater stand schweigend neben ihnen. Er hatte anfänglich versucht, als Dritter an ihrer

Unterhaltung teilzunehmen, vermochte aber alsbald nicht mehr zu folgen. Auch das Mittagessen nahmen sie gemeinsam ein. Sie sprachen von Paris, wo sich Moscheles ein Jahr lang aufgehalten hatte. Er bedachte sie mit guten Ratschlägen, nannte ihnen Adressen, Namen von Gasthäusern, bedeutende Persönlichkeiten und Zeitungsredaktionen.
»Den alten Erard müssen Sie gleich am ersten Tage besuchen!«
»Wer ist das?« fragte der Vater.
»Der Klavierbauer Erard? Wer das ist?«
»Ach, natürlich, es war mir nur im Augenblick entfallen.«
»Das ist ein ganz großer Mann. Haben Sie von der Repetitionsmechanik noch nichts gehört, die er jetzt erfunden hat?«
»Nein, was ist das?«
»Die Revolution, mein Herr, die Revolution! Wir können allesamt von neuem Klavier spielen lernen. Seine Neuerfindung nennt man ›Double Echappement‹. Wenn ich die Taste niederdrücke, schlägt doch drinnen der kleine Hammer die Saite an, nicht wahr? Und der kleine Hammer bleibt auch an der Saite haften, solange ich die Taste mit meinem Finger niederdrücke, nicht wahr? Also er hat nun erfunden, daß dieser kleine Hammer nicht an der Saite hängen bleibt. Beim neuen Erard-Klavier schlägt zwar der Hammer die Saite an, fällt aber gleich wieder zurück, auch wenn ich die Taste noch nicht losgelassen habe, verstehen Sie mich? Nun drücke ich die Taste weiter nieder, und schon beim leisesten Druck ertönt die Saite von neuem, mein Herr! Eine unglaubliche Sache! Warum ich Ihnen das erkläre? Ich muß das doch dem Kinde auseinandersetzen. Verstehst du, was ich gesagt habe?«
»Ich verstehe es«, sagte der Junge leise und erregt, »seien Sie jetzt bitte einmal einen Augenblick still.«
Er schloß die Augen und dachte angestrengt nach. Er stellte sich die Arbeit seines Fingers vor, wenn er eine Taste anschlug. Er dachte daran, wie der die Taste von neuem anschlüge, ohne sie losgelassen zu haben. Er legte seine Finger auf die Tischdecke, als wenn er Klavier spielen wollte . . . Dann sprang er plötzlich vom Tisch auf:
»Herr Moscheles«, stotterte er heiser und mit bebender Stimme, »das . . . das . . . ist ja ein ganz neues Instrument. Das Klavier fängt erst jetzt an, wirklich Klavier zu werden. Dann . . .«
Der Vater wollte das Kind ermahnen, in einem öffentlichen Lokal nicht dauernd herumzuhüpfen und zu schreien, sondern sich artig hinzusetzen. Aber er konnte seine Ermahnungen nicht anbringen, denn die beiden fielen sich gegenseitig ins Wort und sprachen beide zugleich aufeinander ein. Der Knabe schüttelte den Kopf, starrte in die Luft und spielte auf der Tischdecke Klavier. Er war so erregt wie noch nie in seinem Leben . . .
Moscheles gab ihnen ein Empfehlungsschreiben an Erard mit, den er als einen außerordentlich liebenswürdigen und gütigen alten Herrn schilderte.

Der Vater legte das Schreiben behutsam in die entsprechende Tasche. Denn er hielt in seinen Taschen nach einem ausgeklügelten, ein für allemal gültigen System strenge Ordnung. In einer Tasche bewahrte er nur die Schriftstücke auf, die die Konzerte betrafen, eine andere Tasche war für seine Privatkorrespondenz bestimmt, und eine dritte Tasche enthielt die Adressen billiger, aber als gut empfohlener Gasthäuser, Anschriften von aufzusuchenden Leuten, Notenverlegern und ähnliches. In seiner Konzerttasche herrschte außerdem noch eine ganz besondere Einteilung: es lagen vier große Umschläge darin, auf die er einzeln mit großen, roten Buchstaben München, Augsburg, Stuttgart und Straßburg geschrieben hatte.

Da Moscheles weiterreisen mußte und noch verschiedene Besuche zu machen hatte, verabredeten sie sich nicht noch einmal mit ihm. Er gab ihnen aber seine Londoner Adresse und redete ihnen ins Gewissen, daß es ihre erste Aufgabe sein müsse, ihn in London zu besuchen. Er konnte das Konzert nicht mehr abwarten, das das Kind unmittelbar nach seinem Auftreten zu veranstalten wagte, offensichtlich zum Vergleich herausfordernd. Der Saal war zwar schwach besetzt, aber die Besucher verbreiteten am anderen Tage die Nachricht von einem so gewaltigen Erfolg, daß man sofort ein zweites Konzert ankündigen konnte. Das kühne Wagnis Adam Liszts wurde reichlich belohnt. Für das zweite Konzert waren fast sämtliche Karten schon am Tage vorher vergriffen. An der Abendkasse wurde auch noch der Rest vollständig untergebracht. Und schließlich hatten sich mehr Leute ohne Karte Eintritt erzwungen, als zum ersten Konzert überhaupt gekommen waren. In der ersten Reihe saß höchstpersönlich der König von Bayern mit den königlichen Prinzessinnen. Franz Liszt spielte ganz unbefangen. Er war jetzt schon so gewöhnt, vor das zuerst raunende, dann in Beifall ausbrechende und endlich vor Erwartung stiller werdende Publikum zu treten, daß er keinerlei Aufregung mehr verspürte. Seines Erfolges war er von vornherein sicher, und er hatte sogar noch Zeit, die neugierige Gesichterreihe unten im Saal zu mustern. Auch die Anwesenheit des Königs beunruhigte ihn keineswegs. Der erste König, vor dem er spielen durfte . . . Es befiel ihn höchstens ein kleines Unlustgefühl, wenn er daran dachte, daß Mozart erst sieben Jahre zählte, als er es soweit gebracht hatte – und er war doch schon zwölf Jahre alt!

In der Pause erschien im Künstlerzimmer ein alter Offizier in Galauniform, der Adjutant des Königs. Er richtete aus, daß Seine Majestät allergnädigst geruhten, anderntags um dreiviertel zehn Uhr den kleinen Künstler mit seinem Vater in einer Audienz zu empfangen.

In dieser Nacht schlief Adam Liszt nur wenig. Mit sorgenvollen Seufzern wälzte er sich ruhelos in seinem Bett hin und her. Aber auch der Junge schlief nicht. Ihm ging die wundervolle Erfindung Erards nicht aus dem Kopf. Das ächzende Herumwälzen seines Vaters nahm er nur nebenbei zur Kenntnis. Er wußte, was ihn so aufwühlte: die königliche Audienz. Im

Dunkel des Zimmers dachte er an seinen Vater wie an einen, dem gewisse Schwächen nicht mehr abgewöhnt werden können. Und wieder ergriff ihn das quälende, aus Scham und verbissenem Zorn gemischte Gefühl, daß sein Vater eine so unterwürfige Sklavenseele besaß. Er hätte ihn so gern als stolzen, hochfahrenden, der ganzen Welt trotzenden Mann gesehen. In tiefem Gram wandte er sich von ihm ab und rettete sich zu dem Wunder des Erardschen Klaviers, das ihn nicht schlafen ließ. Er spielte sich in Gedanken lange Konzerte auf diesem Klavier vor und beobachtete gespannt, wie sich die Arbeit seiner Finger dieser neuen Erfindung anpassen würde . . .
Die Pracht des Königsschlosses bewunderte nicht nur der große Künstler, sondern auch der kleine Knabe mit offenem Munde. Er hätte am liebsten die Zeit stillstehen heißen wollen, soviel gab es zu sehen: die Federbüsche der Gardisten, die prunkvollen Livreen der über die schweren Teppiche lautlos dahineilenden Lakaien, das vornehme Zeremoniell der höfischen Umgebung, alles war so ungemein spannend . . .
Als er das Arbeitszimmer des alten Königs betrat, war er ergriffen. Auf dem Konzertpodium hatte er sich auch in Anwesenheit des Königs fest und sicher gefühlt, aber hier versank er in eine neue fremde Welt, die nicht die seine war: eine Welt der Verbeugungen, des ehrfurchtsvoll raunenden Geflüsters, die prachtstrotzende Welt des greisen Herrschers, dessen Macht ihm überirdisch erschien.
Adam Liszt sagte stotternd und mit bebenden Lippen die vorher einstudierten Dankesworte her. Der schwer atmende König nickte nur, sah den Vater gar nicht an und wandte sich liebenswürdig lächelnd an den Sohn:
»Nun, du kleiner Knirps hast den Mut gehabt, nach Moscheles aufzutreten?«
Der Junge erwiderte nichts, weil ihm nichts einfiel. Wohlwollend musterte ihn der König und fragte dann den Vater:
»Wo kommen Sie her?«
»Aus Ungarn, Majestät.«
»So. Ja. Hm. Also . . . Ja.«
Nicht nur das Kind, auch der König wußte nicht recht, was er sagen sollte. Dem König fiel aber schneller etwas ein. Er fragte, seit wann der Junge lerne, wie alt er sei, und löste damit die vor Ehrfurcht stotternde Zunge Adam Liszts. Sie wechselten ein paar Sätze, dann trat wieder Stille ein. Schließlich nickte der König, und sie wichen rücklings auf der spiegelglatten Fläche des Parketts zurück, zitternd vor Furcht, daß sie ausgleiten könnten. Als sie glücklich draußen waren, atmete Adam Liszt mit hörbarer Erleichterung auf.
Im Gasthaus erzählte er seiner Frau, die sie aufgeregt erwartete, eine geschlagene Stunde lang die Vorgeschichte und den Verlauf der Drei-Minuten-Audienz. Jetzt hatte er seine Sicherheit wiedergefunden. Und von dieser Stunde an verstand er es meisterhaft, in seinen Gesprächen auf

hunderterlei Art und Weise, mit wem er sich auch unterhielt, Bemerkungen über das Äußere des Königs, seine Gepflogenheiten, seine Liebenswürdigkeit, seine angenehme Stimme, seine Umgebung und alles Drum und Dran einzuflechten.

Eigentlich wollten sie schon am nächsten Tage weiterreisen, aber der Direktor der Königlichen Theater wandte sich mit der Bitte an sie, den Jungen in dem Violinkonzert der Gebrüder Ebner auftreten zu lassen. Der Vater willigte sofort ein und verzichtete auf Honorar. Das wurde umgehend durch eine neue Audienz beim König belohnt. Jetzt gingen sie schon wie alte Bekannte ins Schloß. Adam Liszt wagte es sogar, mit einem ehrerbietigen Lächeln vor Seine Majestät hinzutreten. Der alte König sagte mit anerkennendem Kopfnicken:

»Es ist wirklich schön von Ihnen, daß Sie diese beiden würdigen Menschen unterstützt haben.«

Dann folgten wieder ein paar abgerissene Worte, und auf einmal sagte der König gutgelaunt:

»Na, komm her, Kleiner, ich muß dich mal küssen.«

Der Junge trat einen schüchternen Schritt dem Herrscher entgegen, der alte Herr neigte sich zu ihm herab, küßte ihn rechts und links und tätschelte seine Wangen. Es war gar nicht mehr der König, sondern ein lieber, gütiger alter Herr, der Kinder gern hat.

»Nun hoffe ich aber«, sagte der Vater vor dem Tore des Schlosses, »daß du jetzt überglücklich bist.«

»Ja«, antwortete das Kind, »aber ich hätte mich erst dann richtig gefreut, wenn auch die Mutter hätte dabeisein können.«

Das betonte er auch zu Hause. Der Mutter traten Tränen in die Augen, sie drückte den Jungen an sich und wiegte ihn in ihren Armen hin und her, wie sie einst den Säugling gewiegt hatte . . .

Tags darauf fuhren sie nach Augsburg. Dort hielten sie sich eine Woche lang auf. Neue Bekannte, neue Laufereien, wieder nur wenig Zuhörer beim ersten Konzert und ein ausverkauftes Haus beim zweiten. Patrizier, Einladungen in Hülle und Fülle, staunende Menschen in den Musikalienhandlungen, französischer Sprachunterricht . . .

Dann Straßburg, viel französische Unterhaltung, ganz andersgeartete Menschen, zwei Konzerte, das eine in einem Konzertsaal, das andere in einem Theater . . .

Und endlich saßen sie von Kopf bis Fuß eingemummelt in der Postkutsche. Zwar wärmten sich die Insassen gegenseitig, so eng saßen sie, wenn aber an einer Station die Tür aufging, ballte sich der Atemhauch in der Luft, und der Wind trieb Schneeflocken zu ihnen herein. Die Familie sprach kaum miteinander. Die Unbequemlichkeiten und Beschwernisse der nunmehr schon Wochen andauernden Konzertreise hatten sie sehr mitgenommen. Schlaflosigkeit und Aufregung hatten ihnen tiefe Ringe unter die Augen gemalt. Sie konnten sich vor Abspannung gar nicht richtig freuen über die beispiellosen Erfolge, über die Menge der Goldstücke, die der Vater unter seinem Hemd trug, und über die überschwenglichen Urteile der Zeitungen. Die »Augsburger Allgemeine Zeitung« schrieb zum Beispiel: »Wir haben Hummel und Moscheles gehört und zögern nicht, zu gestehen, daß das Kind, was den Vortrag anbelangt, in keiner Weise hinter diesen zurücksteht. So konnte es nicht wundernehmen, daß das bezauberte Publikum, hingerissen und entzückt, seiner Begeisterung keine Grenzen zu setzen vermochte.« Der »Schwäbische Merkur« schrieb vom Stuttgarter Konzert: »Diesem Knaben gebührt heute bereits ein Platz unter den ersten Klavierkünstlern Europas, wenn er sie nicht schon überragt.« Solche Artikel lagen bündelweise in ihrem Gepäck. Der überragende Künstler Europas aber war todmüde, lehnte sich einmal an die Schulter seines Vaters, einmal an die Schulter seiner Mutter und war Tag und Nacht in Halbschlaf versunken.

An einem Dezembertag kamen sie nach zweimonatiger Reise in Paris an. Da sprach schon alles um sie herum Französisch. Seit Straßburg waren sie die einzigen, die Deutsch miteinander gesprochen hatten. Der Postillion riß die Tür auf und rief in den Wagen herein:

»Tout le monde descend, mesdames et messieurs, c'est Paris!«

Das wäre gar nicht erforderlich gewesen, denn schon seit einer halben Stunde hatte man sich im Wagen darauf vorbereitet und zurechtgemacht. Der schlummernde Knabe wurde von dem aufregenden Ereignis der Ankunft vollständig munter. Als er auf die frostige Straße hinaustrat, blickte er sich neugierig um. Er sah einen großen Platz, große Häuser und hin und her eilende Menschen.

»Paris«, flüsterte erregt die Mutter, »mein lieber Sohn, wir sind in Paris! Mein Gott, was wird uns nun die Stadt bringen . . .«

Der Vater gab hinter dem Wagen die nötigen Anordnungen wegen des Gepäckes. Mutter und Sohn standen wartend im Schnee.

»Ach, wenn ich es schon sehen könnte!« seufzte ungeduldig das Kind.

»Was, mein Liebling? Paris? Hier siehst du es doch!«

»Nein, nein, das neue Klavier . . .«

ACHTES KAPITEL

Zwischen unausgepacktem Gepäck schliefen sie in dieser Nacht in jenem kleinen Gasthaus, dessen Anschrift der Vater von einem Zettel ablas, als sie sich in einen Mietwagen setzten. Er mußte sogar dreimal wiederholen:

»Dix, Rue de Mail, Hôtel d'Angleterre.«

Der Kutscher wollte es durchaus nicht verstehen. Ihr erster praktischer Gebrauch der französischen Sprache ging nicht ohne Hindernisse vonstatten. Es schien, als ob die Pariser Bevölkerung ein ganz besonderes Französisch spräche, alles viel breiter, viel eigenartiger. Auch die Speisen, die sie in den unteren Räumen des Gasthauses zu sich nahmen, waren fremdartig. Mit dem Brot und den stark mit Butter durchsetzten Gerichten konnten sie sich nicht anfreunden.

»Es wird schwer werden, sich daran zu gewöhnen; das sehe ich schon«, seufzte die Mutter.

Vater und Sohn antworteten nichts, sie waren viel zu müde. Sie wankten die enge, knatternde Holzstiege hinauf und den dunklen Gang entlang und fielen wie Holzklötze in ihre Betten. Auch am anderen Morgen war das Kind noch todmüde, als der Vater es weckte und zum Ankleiden anspornte.

»Los, los, wir dürfen nicht eine einzige Stunde versäumen. Wir sind nach Paris gekommen, um zu arbeiten.«

Das Auspacken und Ordnen der Sachen übertrug er seiner Frau. Er selbst machte sich schon um halb zehn Uhr mit dem Jungen auf den Weg ins Konservatorium. Das mußte irgendwo hier in der Nähe liegen. Deswegen hatten sie ja gerade dieses Gasthaus gewählt. Der »Patron«, den sie um Auskunft baten, erklärte ihnen denn auch wortreich, in welcher Richtung sie zu gehen hätten, aber sie verstanden keine Silbe. Dies einzugestehen schämten sie sich wiederum. So gingen sie blindlings in der angedeuteten Richtung und redeten jeden dritten Fußgänger an. Auf diese Weise überquerten sie den Boulevard, fanden nach unzähligen Wegweisungen auch den Faubourg Poissonnière, und endlich, als sie schon glaubten, sich vollständig verirrt zu haben, stellte es sich heraus, daß sie gerade vor dem Konservatorium standen.

Der Knabe blickte erstaunt auf den wenig feierlichen Eingang. Er hatte sich ein prachtvolles Marmorschloß vorgestellt mit weißen Säulen und breiten Treppen. Man behauptete doch, das Konservatorium in Paris sei der musikalische Mittelpunkt der Welt, und der Mann, der seit vorigem Jahr darin herrschte, Cherubini, sei in musikalischen Dingen die ausschlaggebende Größe . . . Als er zum König von Bayern ging, war er nicht so befangen gewesen; jetzt jedoch krampfte ihm eine gereizte Spannung den Magen zusammen und trocknete seine Kehle aus.

Sie traten ein. Der Vater suchte den Pförtner und setzte ihm in unzulänglichem Französisch umständlich auseinander, was er sich schon vorher Wort für Wort sorgsam zurechtgelegt hatte: daß er nämlich von dem Durchlauchtigsten Fürsten Metternich einen Brief an Meister Cherubini erhalten habe, den er jetzt überreichen möchte. Während er mit dem Pförtner verhandelte, sah sich das Kind pochenden Herzens um. Junge Männer und junge Mädchen kamen und gingen, aus den einzelnen Sälen ertönte Musik,

die beim Öffnen der Tür plötzlich anschwoll und beim Schließen unvermittelt leiser wurde.
Man verwies sie in ein Zimmer der Verwaltung. Da fanden sie einen Herrn mit Brille, dessen spärliches Haar sich von dem Hinterkopf aus über den kahlen Scheitel mühsam verteilte. Dieser Herr nahm ihnen den Brief ab und ging damit in ein anderes Zimmer. Nach einer kleinen Weile kam er wieder zurück und deutete mit der Hand auf eine geöffnete Tür.
Dort stand die überwältigende Persönlichkeit, der alte Cherubini. Er machte einen vornehmen, aber frostigen Eindruck. Sein feines, längliches, glattrasiertes Gesicht war unbeweglich wie das eines Staatsmannes. Ein schwarzer Frack betonte seine hagere Gestalt. Die Spitzen des hohen Kragens reichten bis zur Mitte seiner Wangen. Er blieb steif stehen, rührte sich nicht vom Platz und reichte ihnen auch nicht die Hand. Der Junge eilte sofort auf ihn zu und küßte ihm stürmisch die Hand. Cherubini versuchte überrascht, sie wegzuziehen, und sah das Kind betroffen an. Dem Knaben schoß plötzlich der Gedanke durch den Kopf, daß sicherlich der Handkuß hier in Paris nicht allgemein üblich sei wie in Wien und daß er wahrscheinlich seine Sache mit einem schweren Fehler begonnen habe. Er wurde weiß wie die Wand, und seine Augen füllten sich mit Tränen.
Inzwischen fing der Vater auch schon an herunterzuleiern, was er sagen wollte, er hatte auch das im voraus auswendig gelernt. Der Maestro habe sicherlich schon vom Auftreten seines Sohnes gehört, die Zeitungen hätten sicherlich bereits von ihm berichtet und sein Können neben das eines Moscheles und eines Hummel gestellt. Das ruhmreiche Konservatorium wäre der einzige Platz, wo sich der Junge noch vervollkommnen könne; er empfehle also das Kind mit ehrerbietiger Achtung und großem Vertrauen in die Hände des weltberühmten Meisters. Der Junge brenne vor Sehnsucht, seine Übungen, wenn es erforderlich sei, sogar in dieser Stunde noch, zu beginnen und so weiter . . .
»Welche Nationalität besitzen Sie?« unterbrach ihn Cherubini mit unbeweglicher Miene.
»Die ungarische.«
»Dann kann ich zu meinem größten Bedauern Ihren Sohn nicht aufnehmen. Nach den Vorschriften des Konservatoriums dürfen an dieses Institut nur Franzosen aufgenommen werden.«
Plötzliche Stille entstand, eine Stille der Bestürzung. Die eben gehörten Worte klangen ganz unglaubhaft. Das Konservatorium nahm dieses Kind nicht auf, das wahrscheinlich schon der erste Pianist der Welt war . . .?
Adam versuchte stotternd und mit gezwungenem Lächeln etwas zu erwidern. Er fand kaum die Worte, denn auf so etwas war er nicht vorbereitet gewesen:
»Aber entschuldigen Sie bitte . . . das Kind ist ja auch nach der Meinung Beethovens . . .«

»Bitte«, fiel ihm der elegante alte Herr mit unbeweglicher Miene ins Wort, »hier ist nicht von der Begabung des Jungen die Rede. Unsere Vorschriften untersagen es, einen Ausländer aufzunehmen.«
»Verzeihung . . . bei solch einer Begabung kann man aber vielleicht doch . . . wir haben Kritiken . . . Das Kind kann ja gleich etwas vorspielen, und der Maestro wird selbst erstaunt sein, daß man in diesem Alter . . .«
»Bitte, bitte . . . wir wollen uns doch verstehen. Ich könnte selbst Mozart nicht aufnehmen. Das Konservatorium gehört nicht mir. Die Vorschriften sind dazu da, daß sie eingehalten werden, und ich habe darüber zu wachen.«
Da weinte der Junge auch schon. Er sah zu dem frostigen Alten auf und begann mit bebenden Lippen flehentlich zu stottern:
»Ich bitte Sie . . . ich bitte Sie sehr . . .«
Cherubini schüttelte den Kopf:
»Es ist ausgeschlossen, es ist schade um jedes Wort.«
Jetzt schluchzte das Kind bereits. Eine tiefe Verzweiflung bemächtigte sich seiner.
»Ich will vorspielen . . . bitte hören Sie sich doch an, wer ich bin . . . ich will Ihnen vorspielen . . .«
»Ich bedaure, es ist vollkommen überflüssig.«
Der Junge fiel auf die Knie, faltete seine Hände und schluchzte, ungeschickt nach den französischen Ausdrücken suchend:
»Ich flehe Sie von ganzem Herzen an, nehmen Sie mich bitte auf . . . Ich muß hier in Paris lernen . . . wegen des Erardschen Klaviers . . . Ich sterbe, wenn ich nicht hierbleiben kann . . . bitte . . . bitte . . .«
Cherubini neigte sich zu dem Jungen herab, um ihm aufzuhelfen. Er war etwas erschrocken, er verstand ihn auch nicht richtig.
»Sie sind viel zu empfindlich, mein Kind. Finden Sie sich damit ab, daß das, was Sie wünschen, unmöglich ist. Verlangen Sie keinen Vertrauensmißbrauch von mir. Dem Fürsten werde ich den Sachverhalt mitteilen, er wird alles einsehen. Wir nehmen uns gegenseitig jetzt nur völlig unnütz die Zeit weg.«
Adam Liszt zog hilflos die Schultern hoch und ergriff die Hand seines Sohnes:
»Komm, mein Junge . . . Verzeihen Sie die Störung!«
»Keine Ursache. Adieu.«
Laut aufweinend taumelte der Knabe aus dem Zimmer. Sein Vater besänftigte ihn, so gut er konnte. Als sie durch die vielen Zimmer, die Gänge und das Treppenhaus gingen, blieben alle, denen sie begegneten, verwundert stehen. Auf der Straße war Adam Liszt genötigt, eine Droschke zu nehmen, weil es ihm peinlich gewesen wäre, derart Aufsehen zu erregen. Das Schluchzen des Kindes war beängstigend. Als sie zu Hause ankamen, wollte der Weinkrampf noch immer nicht nachlassen. Die Mutter erkundigte sich

entsetzt, was mit ihm geschehen sei. Sie entkleidete ihn und legte ihn ins Bett. Er weinte auch im Bett noch mit keuchender Brust weiter. Kein einziges Wort war aus ihm herauszubringen, er winkte nur mit der Hand ab, man solle ihn in Ruhe lassen. Der Vater setzte sich auf den Bettrand und beobachtete ihn erschüttert, die Mutter ging auf Zehenspitzen im Zimmer auf und ab.

Nach einer guten Stunde wurde der Junge ruhiger. Er fing erst jetzt an, darüber nachzudenken, was ihm eigentlich einen solchen Schmerz verursacht hatte. Er konnte es sich aber nicht genau zusammenreimen. Der Vater trat zu ihm und legte ihm die Hand auf die Stirn.

»Wie ich sehe, hast du kein Fieber. Hast du dich nun etwas beruhigt?«

»Ja«, schluckte er mit verweinter, zitternder Stimme.

»Man darf nicht gleich so in Verzweiflung geraten! Schlimmstenfalls wirst du eben nicht im Konservatorium studieren. Wir werden ihm schon zeigen, wer wir sind. Mit Empfehlungsschreiben sind wir ja zur Genüge versehen. Wir geben ein Konzert. Die werden schon noch kommen und sich entschuldigen, hab nur keine Angst. Es ist ja noch gar nichts geschehen. Ich verstehe einfach nicht, was dich so außer Rand und Band gebracht hat! Kannst du Klavier spielen, oder kannst du nicht Klavier spielen?«

»Ich kann . . .«

»Na, siehst du. Und nur das ist wichtig!«

»Ja, aber dieses Erard-Klavier . . .«

»Von diesem Instrument wird uns Erard selbst erzählen. Wenn du stark genug bist, gehen wir gleich nach dem Mittagessen hin. Du brauchst gar keine Furcht zu haben, solange ich bei dir bin.«

Untätig sann das Kind im Bett nach und betrachtete die Wand. Was würde jetzt aus ihm werden? Was sollte er hier in Paris anfangen, wenn gleich seinem ersten Schritt ein Mißerfolg beschieden war? Er wußte nicht, woran er war, und die Vorstellung der fremden, großen Stadt lastete so schwer auf ihm, als ob er im Dunkeln tappte und sich schrecklich fürchtete . . . Das Klavier, diese aufregende Neuerfindung, hatte ihn aber auch vollkommen aufgewühlt. Seine bisherige unumstößliche Festigkeit schien zu wanken. An dem stolzen Glauben zu sich selbst hatte er zu zweifeln begonnen. Vielleicht war er deswegen so sehr aus dem Gleichgewicht geraten . . .? Er wußte es nicht. Überall sah er nur Unbestimmtheit und Unschlüssigkeit, wo er auch hinblickte. Als sie ihr Mittagessen eingenommen hatten – ihm wurde es ans Bett gebracht –, fragte die Mutter besorgt:

»Sollte man diesen Besuch bei Erard nicht auf morgen verschieben?«

»Nein«, schrie er heftig, »gehen wir jetzt gleich! Vater, nicht wahr, wir gehen jetzt gleich!«

Der Vater beschloß, alsbald zu gehen. Während sich der Junge ankleidete, ging er hinunter, um sich über den Weg zu erkundigen. Er kam mit der erfreulichen Nachricht zurück, daß Erard ganz in der Nähe wohnte, fast ihnen gegenüber. Er lebte in einem wunderbaren Palast, der hieße »Palais Muette« und wäre eine historische Berühmtheit. Erard hatte das Haus gekauft, denn er sei ein sehr reicher Mann. Er war auch schon drüben gewesen und hatte das Schreiben von Moscheles bereits abgeben lassen. Erard wäre zu Hause und erwarte sie beide . . .

In wenigen Minuten stand der Junge vor dem »Palais Muette«. Er verhielt zögernd den Schritt, denn er war furchtbar aufgeregt und wollte sich vor dem Eintritt etwas beruhigen. Vor sich sah er ein schönes Palais, einstöckig und in drei Teile gegliedert. Hinter dem Gitter ließen einzelne kleine Schneehügelchen die Anlage von Blumenbeeten ahnen.

»Wir können hinaufgehen«, sagte er endlich zum Vater.

Sie mußten um das Haus herumgehen, da das Hauptportal nicht benutzt wurde und verlassen und still dastand. Adam Liszt kannte die Richtung schon. Ein Diener in Kniehosen führte sie einen Gang entlang; frisch gehobelte Holzbretter standen an den Wänden. Endlich traten sie in einen breiten Raum, wo im Kamin das Feuer anheimelnd knisterte. Alle Schränke waren hier mit Entwürfen vollgepackt. Auf dem Boden konnte man kaum einen Schritt tun, überall lagen Klavierteile, zerbrochene Pedale und Klavierdeckel herum. Von einem langen Tisch erhob sich ein weißhaariger kleiner alter Herr in jugendlicher Frische und ging auf sie zu. In seinen munter dreinschauenden Augen blitzte ein Lächeln. Er streckte ihnen beide Hände entgegen, zog den Jungen an sich und umarmte ihn. Der fing gleich wieder an zu weinen.

»Was ist denn los, um des Himmels willen?«

»Der Onkel ist so gut . . .«, schluchzte das Weltwunder.

»Das Kind ist etwas nervös«, erklärte der Vater, »die lange Reise, das Konzertieren und alles Drum und Dran haben ihn ermüdet. Heute vormittag befiehl ihn sogar ein Weinkrampf wegen Cherubini. Jetzt hat er sich aber schon leidlich beruhigt.«

Und er begann zu erzählen, was im Konservatorium vorgefallen war.

Der alte Erard unterbrach ihn:

»Wenn Ihnen die deutsche Sprache leichter fällt, so sprechen wir deutsch. Ich bin aus Straßburg.«

Nun strömte förmlich das Wort aus Adam Liszts Munde. Erard hörte ihn ruhig an und legte dann seine Hand auf den Kopf des Jungen.

»Das darfst du dir nicht so zu Herzen nehmen! Dieser Cherubini ist kein schlechter Mensch, er ist nur ein Wichtigtuer. Der Buchstabe auf dem Papier ist ihm heilig. Ich habe selbst viel Schwierigkeiten mit ihm. Meine Klaviere machen ihn nervös.«

Der Junge hob begierig den Kopf.

»Du bist auf das neue Klavier neugierig, was? Und ich bin auf dich neugierig. Komm mal her.«

Er führte ihn zu einem riesengroßen Klavier. Der Junge zitterte erwar-

tungsvoll vor Erregung. Mit rascher Bewegung setzte er sich und schlug ein H so behutsam an, als ob er einen Schmetterling gefangen hätte. Er ließ die Taste nicht los und drückte sie noch tiefer. Das H erklang abermals . . .
»Unglaublich«, staunte der Junge.
Mit einem fünfstimmigen Akkord wiederholte er dasselbe. Er war erschüttert. Suchend probierte er einzelne Fingersätze aus.
»Warte mal ein bißchen, mein Sohn«, sagte der alte Erard. »Spiele erst einmal so, wie du es sonst gewöhnt bist. Ich möchte hören, was du kannst.«
Der Junge gehorchte. Er spielte die Es-Dur-Variationen von Czerny, dann ging er willkürlich in eine Beethoven-Sonate über und spielte sie bis zum Schluß in korrektem Vortrag. Dann ließ er seine Finger über die Modulationen einzelner Passagen eilen und begann ein Hummel-Konzert. Er war berauscht von dem Klavier. Noch niemals hatte er mit solcher Freude gespielt. Mittendrin brach er das Hummel-Konzert ab und begann die Diabelli-Variationen.
»Diabelli«, nickte der alte Herr, »ich kenne es schon.«
Der Junge sah überrascht vom Klavier auf.
»Natürlich, ich habe die Noten aus Wien erhalten. Ich muß in solchen Sachen ›au fait‹ sein. Was sagst du zu diesem Klavier?«
»Das habe ich mir immer erträumt.«
»Das freut mich. Nun, du bekommst eins von mir. Ja, ja . . . wirklich . . . ich lasse dir so ein Klavier bauen. Vorderhand habe ich nur drei davon. Das vierte erhältst du. Ich werde mich freuen, wenn du darauf spielst. Denn das eine kann ich dir versichern, daß du dich um das Konservatorium tatsächlich wenig zu kümmern bauchst. Dort kannst *du* nicht mehr viel lernen, höchstens Theorie. Aber dazu hast du wiederum das Konservatorium nicht nötig. Da findest du den richtigen Mann. Heute nachmittag kommt zum Beispiel Paer zu mir.«
»Ich habe für ihn ein Empfehlungsschreiben von Metternich«, fiel der Vater schnell ein.
»Das ist gar nicht erforderlich. Es genügt, wenn der Junge ihm vorspielt. Paer wird es Freude machen, daß er sich mit einer so erstaunlichen Begabung befassen kann. Wie alt bist du?«
»Zwölf«, antwortete der Junge.
»Elf«, sagte gleichzeitig der Vater.
Erard sah sie beide an und lachte gutgelaunt:
»Mir können Sie es ruhig eingestehen, ich bin selbst Kaufmann und verrate keine Geschäftsgeheimnisse. Dein Spiel ist ja in diesem Alter geradezu unheimlich! Mozart hat nicht so reif sein können. Im übrigen habe ich ihn noch in Paris gehört, aber da war er schon zweiundzwanzig Jahre alt. Mit zwölf Jahren hat er schwerlich schon das gekonnt, was du kannst. Paris gehört dir, das ist ganz sicher. Ich werde dich mit Leib und Seele unterstüzen.

Und mein Einfluß ist nicht gering. Ich kann es dir schon jetzt ruhig versprechen: du wirst demnächst im Palais Royal vor dem Herzog von Orléans spielen dürfen.«

Der Knabe fiel plötzlich dem alten Herrn um den Hals. Er umarmte ihn und preßte sich an ihn. Er fühlte, daß er diesen Mann liebhaben mußte.

»Ich habe den Onkel so lieb . . .

»Auch ich habe dich sehr lieb, mein kleiner Sohn. Ich hoffe, dein Vater wird es erlauben, daß du noch recht oft zu mir kommst. Du wirst meinen jüngeren Bruder Pierre kennenlernen, der mein Geschäft in London leitet und sich zur Zeit hier aufhält. Und meine Schwestern, die drinnen in der Stadt das Geschäft führen. Mein Haus kannst du so betrachten wie dein zweites Zuhause. Sagen Sie, Monsieur Liszt, haben Sie für heute abend etwas vor?«

»Nein, wir haben nichts vor.«

»Wissen Sie was, kommen Sie zu mir zum Mittagessen. Wir essen um sechs Uhr. Warum lachst du denn, Knirps?«

»Zum Mittagessen? Wir essen um zwölf oder um halb ein Uhr zu Mittag.«

»So? Bei euch zu Hause sind die Gepflogenheiten natürlich andere. Hier wirst du abends um sechs Mittag essen. Kommt also mit der Mutter herüber zu mir. Meine Familie wird sich sehr freuen. Ich werde auch Paer dabehalten, so kannst du dich gleich mit ihm aussprechen. Jetzt spiele mir noch etwas vor. Kennst du etwas von Spontini? Das ist mein Schwiegersohn.«

»Natürlich, ich kenne sogar sehr vieles von ihm.«

Er setzte sich und spielte abermals. Der Alte hörte ihm mit geschlossenen Augen zu, und als er endete, streichelte er seine Wangen:

»Du bist ein kleiner Junge, aber ein großer Mann!«

Dann verabschiedeten sie sich. Es dämmerte schon. Daheim konnten sie der Mutter gerade die Einzelheiten des glücklichen Nachmittags flüchtig erzählen, und schon mußten sie mit dem Anziehen beginnen. Mama Liszt bekam Lampenfieber und wäre am liebsten zu Hause geblieben. Das ließen sie aber nicht zu. Pünktlich um sechs Uhr erschien die ganze Familie in großer Gala bei dem Nachbar. Sie fanden wirklich Pierre vor, den Londoner, der eher ein Weltmann zu sein schien als ein Klavierhändler – zugleich auch die Schwestern, zwei gutgelaunte Damen, liebenswürdig und zum Scherzen immer aufgelegt. Und schließlich war da noch ein ungefähr fünfzigjähriger, beleibter Herr: Ferdinando Paer, der in Paris lebende italienische Opernkomponist.

Die Befangenheit der Mutter Liszt verflog im ersten Augenblick. Als sie sich an den mit Kerzen geschmückten und vor Silber strotzenden Tisch setzten – noch nie hatten sie an einem so festlichen Tisch gespeist –, unterhielt sie sich bereits mit den Erard-Damen lebhaft über die Pariser Lebensmittelpreise. Die auserwählten Gerichte schmeckten allen dreien ganz vorzüglich. Sie bekamen eine dicke Cremesuppe vorgesetzt, eine aus

unbekannten Gemüsen zubereitete Vorspeise, Wildschwein und kleines Gebäck. Zu alledem vielerlei Weine, von denen Vater Liszt den »Sauternes« genannten überschwenglich pries.
Nach dem Essen mußte der Junge sich ans Klavier setzen. Er war eigentlich nur von dem heißen Verlangen beseelt, neugierig weiterzuprobieren und herumzuklimpern. Aber das ging jetzt nicht an. Er mußte ernsthaft spielen. Paer setzte sich zu ihm, und schon nach fünf Minuten begann er den Knaben erregt auszufragen: wie er gelernt habe, bei wem und wie lange . . .
Um elf Uhr ging die ganze Gesellschaft auseinander. Da waren sich bereits Paer und Vater Liszt über den Unterricht einig.
»Du willst etwas fragen, mein Sohn«, ermunterte der alte Erard, »ich sehe es dir an der Nasenspitze an, du getraust dich bloß nicht. Also heraus mit der Sprache.«
Das Kind wurde über und über rot.
»Wann . . . wann bekomme ich . . . das Klavier?«
»Das könnte Pierre dir sagen. Pierre, wann wird das Klavier fertig?«
»In zwei bis drei Monaten.«
Im knisternden Schnee auf der Straße unterhielten sie sich noch mit Paer, der sie bis zu ihrem Gasthaus begleitete. Besser gesagt, nur noch der Junge sprach mit ihm. Paer interessierten die Eltern weniger, um so mehr aber offensichtlich das Kind.
Als sie wieder in ihrem Zimmer angelangt waren, rief der Vater, selig vom schweren Wein:
»Das war unser erster Tag in Paris! So furchtbar er anfing, so schön hat er geendet. Aber sieh mal an, was ist denn das?«
Zehn Flaschen »Sauternes« standen auf dem Tisch. Der alte Erard hatte sie zu ihnen schicken lassen, noch während sie bei ihm zu Gaste waren.
»Ein rührender Mensch!« sagte die Mutter tiefbewegt.
»Laß nur«, beschwichtigte der Vater, »der weiß ganz gut, was er macht . . .«
Der Junge hörte alles mit an, erwiderte aber nichts. Er schluckte seine Bestürzung in sich hinein. Er hatte das Gefühl, daß er noch niemals einen Menschen so gern gehabt hatte wie diesen goldigen weißhaarigen Alten.

NEUNTES KAPITEL

Der Vater prüfte den Jungen, während ihn die Mutter anzog: »Also, wohin gehen wir jetzt?«
»Zu Ihrer Hoheit, der Herzogin von Berry.«

»Richtig. Wessen Tochter ist die Herzogin?«
»Des Thronfolgers von Neapel.«
»Und wer war ihr Gemahl, der vor vier Jahren in der Oper umgebracht wurde?«
»Der Herzog von Berry, der Sohn des Grafen Artois. Und dieser Graf wird heute beim Konzert anwesend sein.«
»Sehr gut. Wer ist dieser Graf Artois?«
»Ein Enkel von Ludwig XV. Der andere Enkel war Ludwig XVI., der am Grève-Platz durch die Guillotine enthauptet wurde, dort, wo Sie es mir gestern gezeigt haben. Dessen Sohn war der kleine Junge, der schon in seinem zehnten Jahre gestorben ist, Ludwig XVII. Und der dritte Enkel ist der jetzige König, Ludwig XVIII. Der wird auch bei dem Herzog anwesend sein.«
»Ausgezeichnet. Jetzt paß auf. Wenn der derzeitige König, Seine Majestät Ludwig XVIII., stirbt, wer wird dann König?«
»Dann . . . dann wird Graf Artois König. Und wir gehen zu der Witwe seines Sohnes. Dann wird der Sohn der Herzogin der Thronfolger.«
»Vortrefflich. Wer wird also alles zu deinem Konzert versammelt sein? Der König von Frankreich, der künftige König und der nachfolgende König. Und jetzt gehen wir zu der Tochter des künftigen Königs von Neapel. Danach richte dich also!«
Der Junge war gar nicht aufgeregt, aber die Hand der Mutter zitterte, während sie ihn kämmte. Auch der Vater hüstelte fortwährend kurz und streng und sah mit ernster Miene um sich, wie immer, wenn er Lampenfieber hatte. Als sie schon im Wagen saßen, sah er aufgeregt die Noten durch, ob denn auch alle vorhanden wären. Auf dem ganzen Wege schärfte er seinem Sohne immer wieder nachdrücklich ein, daß man nur den alten König mit »Sire« anzureden habe, zu allen anderen müsse man »Altesse Royale« sagen.
Im Palais ging alles wie am Schnürchen. Beim Eingang übergab sie ein Gardist einem Lakaien, der führte sie über Treppen und Gänge und überließ sie dann einem Adjutanten. So wurden sie von Hand zu Hand gegeben, bis sie schließlich in einem mit Rokokomöbeln ausgestatteten kleinen Salon landeten, wo sie noch einige Zeit warten mußten. Endlich trat ein hoher Offizier ein, der vor allem ihre Kleidung prüfte und dann erst das Wort an sie richtete:
»Sind Sie der Vater?«
»Zu dienen, ich bin es.«
»Sie werden durch diese Tür eintreten. Sofort nach Ihrem Eintritt haben Sie sich vor Seiner Majestät und den hohen Herrschaften, die zur Linken sitzen, tief zu verneigen. Sodann nähern Sie sich dem Instrument, das rechter Hand steht. Sie müssen besonders darauf achten, daß Ihr Gesicht stets Seiner Majestät und den durchlauchtigsten Herrschaften zugewandt ist.

Nach zehn Schritten haben Sie sich wieder tief zu verbeugen. Dann können Sie Ihre Plätze neben dem Instrument einnehmen. Während das Kind spielt, dürfen Sie sitzen und die Noten wenden. Sobald das Kind das Spiel beendet hat, haben Sie sich zu erheben und bleiben am Klavier stehen. Möglicherweise werden die Herrschaften das Kind zu sich heranrufen und mit einer Anrede auszeichnen. *Sie* stehen aber auch in diesem Falle unbeweglich am Klavier. Haben Sie mich genau verstanden?«

»Zu dienen.«

Der Offizier betrachtete beide noch einmal mit prüfenden Augen. Dann bedeutete er ihnen, noch zu warten, und verschwand durch eine andere Tür. Sie warteten. Außer ihnen stand noch ein Lakai wie ein stummes unbewegliches Standbild im Zimmer.

Plötzlich rief der Offizier von vorhin:

»Jetzt! Schnell!«

Im selben Augenblick öffnete sich die Tür vor ihnen. Sie betraten beide gleichzeitig das spiegelglatte Parkett, verbeugten sich zweimal vorschriftsmäßig und schritten zum Klavier. Der Vater stellte die Noten auf, während der Junge neugierig die Zuhörer betrachtete. Sie trugen weder Kronen noch Purpurmäntel: zwei alte Soldaten saßen da in goldenen Lehnstühlen und neben ihnen eine ganz junge Dame mit zwei kleinen Kindern. Das eine hielt eine riesengroße Puppe im Arm. So eine große Puppe, wie sie der junge Klavierkünstler noch nie gesehen hatte! Die beiden Kinder sahen sehr niedlich aus und bestaunten ihn mit offenem Munde. Ihre schöne, junge Mutter lächelte ihm liebenswürdig und aufmunternd zu. Er lächelte unbefangen zurück. Dann rieb er sich die Hände, wie er das vor jedem Spiel gewohnt war, hielt sie eine Weile ruhig über die Tasten und schlug an.

Er spielte. In die Noten blickte er nicht ein einziges Mal. Das hatte er auch gar nicht nötig. Sein aufgeregter Vater blätterte so ungeschickt um, daß die Noten herabglitten und der erschrockene Mann sie zitternd auffangen mußte. Der Junge achtete gar nicht darauf. Er beobachtete unverwandt die Zuhörer und begegnete abermals dem ermunternden, liebenswürdigen Lächeln der Herzogin von Berry. Und wieder lächelte er gewinnend zurück. Der ältere Soldat – es war Ludwig XVIII. selbst – hielt dauernd die Augen geschlossen. Er machte den Eindruck eines geplagten alten Mannes, der, mühsam gegen den Schlaf ankämpfend, nur mit halbem Ohre der Musik lauscht. Der andere alte Soldat nickte öfters zustimmend. Die beiden kleinen Kinder hörten artig zu, und wenn sie hin und wieder zu flüstern begannen, mahnte sie ihre Mutter sofort mit »Pst« zur Ruhe.

Das erste Stück war beendet. Graf Artois nickte gnädig:

»Bravo, das ist ja großartig!«

Der schläfrige König öffnete die Augen und nickte gelassen und gleichgültig. Die Herzogin von Berry lachte den Künstler an und klatschte in die Hände. Den beiden Kindern gefiel das. Sie fingen auch mit ihren kleinen

Händen ungeschickt zu klatschen an. Es folgte das zweite Stück, dann das dritte nach der festgesetzten Vortragsfolge. Adam Liszt erhob sich, noch bevor der letzte Akkord verklungen war. Er blieb reglos am Klavier stehen wie eine Säule. Der junge Künstler stand gleichfalls auf. Die Herzogin von Berry und Graf Artois wechselten ein paar leise Worte.

»Komm mal her, Kleiner«, sagte die hohe Frau, »der Graf von Artois möchte mit dir sprechen.«

Der Graf von Artois war ein schmächtiger, weißhaariger Mann mit glattrasiertem Gesicht. Er zog das Kind an sich heran.

»Das ist ja einfach unglaublich, was du kannst! Ich verstehe viel von Musik, habe aber noch nie jemanden so Klavier spielen hören. Ich möchte dir irgendeine Freude machen. Verlange von mir etwas, was du gern haben möchtest.«

Der junge Meister blickte sofort auf die Puppe, die der kleine, vierjährige Knabe in seinen Armen hielt.

»Ich möchte diese . . . diese . . .«

»Diese Puppe?«

Der Graf von Artois und die Herzogin von Berry lachten herzlich. Seine Majestät Ludwig XVIII. lächelte gleichfalls. Aber der Herzog von Bordeaux, Graf von Chambord, drückte entsetzt seine Puppe an sich und flüchtete auf den Schoß seiner Mutter. Die kleine fünfjährige Herzogin blitzte den fremden Jungen sehr feindselig an, der ihnen ihre Puppe wegnehmen wollte.

»Das wird schwer möglich sein«, lachte der Graf von Artois, »du siehst ja selbst, wie furchtbar der Herzog von Bordeaux erschrocken ist, daß wir ihm die Puppe nehmen wollen. Geh für heute schön nach Hause, ich werde dir eine schicken.«

Er hielt den Jungen nochmals zurück, der sich bereits entfernen wollte, und wandte sich zu seinem allerhöchsten Bruder:

»Was meinen *Sie* zu diesem Phänomen, Sire?«

Der alte König sagte mit unbeweglicher Miene:

»Wirklich unerhört! Ich bin sehr müde.«

Die Herzogin von Berry, die die beiden alten Soldaten bisher nicht aus den Augen gelassen hatte, sah sich um. Da wurde der Hintergrund lebendig, und zwei bisher unsichtbar gewesene Lakaien traten hervor. Der Graf von Artois sprang ehrerbietig auf, mit noch größerer Hochachtung erhob sich die Herzogin. Die beiden Lakaien ergriffen den Lehnstuhl, in dem der König Platz genommen hatte. Erst jetzt stellte es sich heraus, daß er in einem Rollstuhl saß. Seine beiden Beine, die bis über die Knie durch eine rote Samtdecke verdeckt gewesen waren, ruhten auf einer Stütze des Rollstuhles. Die Augen in seinem pergamentfarbigen, großnasigen Gesicht fielen bereits zu, als er hinausgeschoben wurde. Die Familie begleitete ihn. In der Tür winkte die Herzogin von Berry dem Wunderkind nochmals liebenswürdig zu. Für einen Augenblick blieben nur das fünfjährige Mädchen und der vierjährige Knabe im großen Saale zurück. Furchtsam zurückweichend, preßte der kleine Kerl seine Puppe an sich und hielt sich am Kleid seiner Schwester fest.

Jetzt erst trat Adam Liszt hervor, ergriff die Hand seines Sohnes und verbeugte sich tief vor den durchlauchtigsten Kindern. Dann gingen sie hinaus. Hinter der Tür herrschte der Vater mit gepreßter Stimme seinen Sohn sofort an:

»Bist du verrückt? Warum hast du dich denn nicht verbeugt vor den durchlauchtigsten Kindern? Es ist fürchterlich, daß du niemals aufpaßt!«

Dieser Zwischenfall konnte zum Glück nicht lange erörtert werden, denn der Offizier trat wieder zu ihnen und übergab Adam Liszt eine rote Seidenbörse:

»In Auftrage Ihrer Hoheit, der Herzogin.«

Dann winkte er einem Lakai, der sie hinausführte und einem anderen weitergab. So gelangten sie, wieder von Hand zu Hand gegeben, zum Ausgang des Schlosses. Dort fanden sie ihren Mietwagen nicht. An dessen Stelle erwartete sie eine Galakutsche. Die Tür öffnete sich, der Lakai schnarrte die Adresse, und alsbald schoß das prunkvolle Gefährt mit ihnen ratternd über die winterlichen Straßen. Am selben Abend noch klopfte ein Lakai bei ihnen an und brachte im Auftrage des Grafen Artois zwei riesengroße Puppen für den Jungen.

Erard, den man jeden Tag, oft sogar zweimal, besuchte, meinte:

»Mit dem Herzog von Orléans wird die Sache ebenfalls glatt gehen. Das muß aber eingehend beraten werden. Es schadet nichts, wenn mein kleiner Freund auch hört, was ich sage. Sie müssen die Politik in Paris kennenlernen, damit Sie sich in den Einladungen zurechtfinden können.«

Dann hielt er einen langen Vortrag über die Liberalen und über die Ultras. Die Ultras seien die ganz rechtsstehenden Royalisten, während die Liberalen in dem Herzog von Orléans ihren Führer erblickten und an Stelle der alten und steifen adeligen Überlieferung etwas mehr frische Luft im öffentlichen Leben verlangten. Napoleon gehöre längst der Vergangenheit an, und auch das Königtum habe im öffentlichen Leben schon lange zu keiner Aufregung mehr Veranlassung gegeben. Die Gemüter fingen an sich zu erhitzen, denn ohne Politik gäbe es in Paris keine Karriere . . .

»Welcher Partei gehören Sie an?« fragte Adam Liszt, angestrengt nachdenkend.

»Du lieber Gott! Meine Gönnerin war noch die unglückliche Marie Antoinette. Sie sang gern, die Unglückselige, hatte aber nur eine kleine Stimme. Sie vermochte nicht einmal die Mezzohöhe zu bewältigen. Ich habe ihr dann ein Klavier gebaut, dessen ganze Klaviatur um einen halben Ton, einen ganzen Ton oder gar um anderthalb Töne transponiert werden konnte. So konnte die Königin in ihrer ursprünglichen Tonart singen und sang doch wesentlich tiefer. Sie hat mich dafür auch belohnt. Meine Feinde wollten mich damals zugrunde richten. Seinerzeit mußte ein Gewerbetreibender nämlich irgendeiner Zunft angehören, und da die Klavier- und Harfenbauer ihre Instrumente auch mit Perlmuttereinlagen schmückten, fanden sie keine andere Zunft für sich als die der Fächermacher, denn die verarbeiteten ebenfalls Perlmutter. Alle traten nun dieser Zunft bei. Nur ich nicht. Und als mein erstes Pianoforte-Klavier sie alle aus dem Felde geschlagen hatte, verklagten sie mich. Nach dem Buchstaben des Gesetzes waren sie auch im Recht, denn ich hätte der Zunft beitreten müssen. Der Prozeß ging hinauf bis zum König. Und Marie Antoinette half mir. Ludwig XVI., der Unglückliche, entschied zu meinen Gunsten. Dadurch rettete er meine Laufbahn, meine Arbeit und mein Vermögen . . . Ich halte also nur zu dieser Familie.«

»Freut mich, daß ich das höre. Mich zieht es selbst zu ihnen. Aus Paris und London wollen wir ja sowieso wieder nach Wien zurück. Und dort, ja auch in Pest, beherrscht die Aristokratie das Feld. Es liegt ja schon im Interesse meines Sohnes, daß ich mir das Wohlwollen der Aristokratie nicht verscherze.«

»So? Sie wollen nach Wien zurückkehren?«

»Ja, nach Wien und nach Pest. Die Hauptstadt des Landes ist Wien, aber die ungarische Aristokratie sieht es gern, wenn auch Pest nicht vernachlässigt wird. Wir stammen ja von dort her. Meine Frau ist außerstande, im Auslande zu leben, und auch ich fühle mich in der Fremde nicht recht wohl. Anfangs glaubte ich, wir müßten wegen des Konservatoriums zwei Jahre hierbleiben. Jetzt sehe ich aber, daß es auch dann nicht nötig gewesen wäre, wenn man meinen Sohn aufgenommen hätte. Meine Absicht ist, hier und in England soviel Lorbeeren zu ernten, als nur irgend möglich, und dann in die Heimat zurückzukehren. Wenn einem Beethoven Wien gut genug ist, nun, so ist es das für uns erst recht.«

Der Knabe lauschte gespannt, denn nur durch solche Zufälle erfuhr er etwas von den Absichten seines Vaters. Über die wichtien Dinge verhandelte dieser niemals mit ihm.

»Ich will ja nicht dreinreden«, sagte Erard, »jeder soll dort leben, wo er sich wohlfühlt. Nun sag mir mal, mein Kind, wie lassen sich denn die Stunden bei Meister Paer an?«

Die Augen des Jungen flammten auf.

»Ich habe eine große Neuigkeit, Onkel Erard, Paer ist so zufrieden mit mir, daß er es gern sehen würde, wenn ich eine Oper komponierte.«

»Was?«

»Ja. Er hat es auch dem Vater gesagt. Er meinte, nach meinem freien Phantasieren könne er mir das ohne weiteres zutrauen. Und er hat versprochen, den Text dazu zu beschaffen. Wie heißt er nur, wie heißt er nur . . .? Vater, erinnern Sie sich nicht?«

»Théaulou.«
»Ja, ja. Der Schriftsteller Théaulou soll das Textbuch schreiben. Mir sind auch schon allerlei Motive eingefallen. Soll ich etwas vorspielen?«
Er eilte zum Klavier, dessen Geheimnisse er in den letzten Tagen restlos erforscht hatte. Mit Beruhigung hatte er festgestellt, daß man auf diesem Instrument eigentlich genau so spielen mußte wie auf den alten Klavieren. Aber im Anschlag konnte man ein paar neue und sehr schöne Wirkungen herausholen. Diese neuen Möglichkeiten paßten sich indes sehr gut seiner bisherigen Fertigkeit an. Da also die neue Erfindung sein Können nicht über den Haufen warf, spielte er jetzt noch viel sicherer und mit unvergleichlich größerer Freude, sooft er sich nur ans Instrument setzen durfte. Es war bisher kein Tag vergangen, an dem er nicht immer noch ein Stück vorwärtsgekommen wäre. Und auch heute noch, da niemand besser spielen konnte als er, war er nicht selten verwundert, wenn er leise ahnte, welche Entwicklungsmöglichkeiten für sein Spiel noch vorhanden waren. Sein neuer Meister Paer war grenzenlos erstaunt. Bei ihm lernte er auch nicht Klavier spielen, denn er hätte eher seinen Professor unterrichten können, sondern er erhielt Unterricht im Komponieren. Paer konnte noch mehr als Salieri. Der Junge war Feuer und Flamme. Andauernd gingen ihm die Kontrapunktlehren im Kopf herum, er widmete sich leidenschaftlich dem neuen Studium und komponierte in einem fort. In seinem Herzen sang eine menschliche Stimme mit Orchesterbegleitung. Er konnte denken an was er wollte, immer war es nur in einer einzigen Form auszudrücken: durch Gesang und Orchester. Er versuchte auch mit seiner kleinen, unzulänglichen Stimme eine große Arie zu singen und war enttäuscht, daß er nicht imstande war, mit seiner eigenen Stimme sein Klavierspiel zu übertönen. Man lobte ihn aber sehr, ließ ihn wiederholen und redete ihm gut zu.
»Was sagen Sie zu Ihrem Sohn, Herr Liszt?« fragte das eine Fräulein Erard entzückt.
»Mir macht das alles große Sorge, bitte schön! Ich bin unablässig bemüht, mich über die Verhältnisse der Musikverlage in Paris zu unterrichten. Aber ich glaube, in London hätte ich bessere Aussichten. Deshalb lasse ich einstweilen noch nichts verlegen. In London hoffe ich bessere Bedingungen herausholen zu können. Mein Sohn hat schon eine ganze Reihe solcher Arien ins reine geschrieben. Ach, mit wie vielen Sorgen ist dieser Beruf verbunden! Die Empfehlungsbriefe der österreichischen und ungarischen Magnaten habe ich bereits alle der hiesigen Aristokratie übergeben. Jetzt müssen die Einladungen kommen, und wir werden kaum noch Zeit zum Schlafen haben.«
Die Befürchtungen des Vaters bewahrheiteten sich sehr schnell. Es liefen die ersten Einladungen ein: Graf Charette und Gemahlin . . . De Lucinge Faucigny und Gemahlin . . . Ein Kurier vom Hofe brachte die große Einladung: am Neujahrstage, mittags, wünschten der Herzog von Orléans und

Gemahlin das Spiel des Wunderkindes zu hören. Der 1. Januar 1824. Ein feuchter, nebeliger Wintertag. Adam Liszt und sein Sohn fuhren in einer Galakutsche zum Palais Royal, in dem der Herzog von Orléans wohnte. Während der Fahrt begann wieder die Befragung über die hohe Familie. Der Junge mußte genau wissen, wohin sie geladen waren. Daß das die jüngere Linie der Bourbonen sei, denn die Herzöge von Orléans stammten vom zweiten Sohne Ludwigs XVIII., die königliche Linie hingegen vom ersten Sohne Ludwigs XIV. ab. Der Vater des jetzigen Herzogs sei der berühmte Philipp Égalité gewesen, der während der großen Revolution hingerichtet worden sei.
»Hast du nun alles verstanden?«
»Jawohl«, antwortete der Knabe, aber er hatte nichts begriffen.
Doch er durfte mit ruhigem Gewissen so antworten, denn Adam Liszt übertrieb gern die Unterhaltungsmöglichkeiten, die sich unter Umständen hätten bieten können.
In diesem Schloß wurden sie ganz anders empfangen als bei der Herzogin von Berry. Das höfische Zeremoniell war bei weitem nicht so schwierig, und dem Vater gab man vorher auch keine Verhaltungsmaßregeln über höfisches Benehmen. Sie fanden hier eine größere Gesellschaft beisammen. Da war zunächst die herzogliche Familie: der Herzog selbst, ein beleibter, feistwangiger Mann, dessen Auftreten etwas kleinbürgerlich wirkte, die gleichfalls recht rundliche Herzogin, ferner Herzogin Adelaide, die Schwester des erlauchten Herrn, und sechs Kinder, von denen das älteste, ein Knabe, vierzehn Jahre zählte. Außer der Familie waren noch einige Damen und Herren anwesend, die Herren sämtlich in Zivil. Und unter den Damen überraschenderweise eine alte Bekannte: die Herzogin von Berry.
Auch das ganze Konzert verlief anders als bei der königlichen Familie. Man applaudierte begeistert. Ein Herr rief ihnen nach dem dritten Vortrag zu:
»Wir bitten um etwas von Gluck.«
Er sprach es wie »Glück« aus. Das Kind blickte fragend den Herzog von Orleans an, der nickte zustimmend:
»Wenn Monsieur Guizot Gluck wünscht, spiele Gluck.«
Der Junge tat es. Abermals erntete er rauschenden Beifall. Der Herzog von Orléans trat sogar zum Klavier. Andere kamen ebenfalls zwangslos heran, auch die Herren in Zivil. Unter den Damen befand sich die Herzogin von Berry. Unbemerkt stieß der Vater den Jungen an, der sofort wußte, was das zu bedeuten hatte. Artig verneigte er sich vor ihr:
»Eure Hoheit, meinen herzlichsten Dank für das schöne Spielzeug.«
»Hast du dich gefreut?«
Sie wandte sich an den Herzog von Orléans:
»Stelle dir vor, Onkel Louis, als er bei uns gespielt hatte, wollte er die Puppe meines Sohnes haben. Mein Schwiegervater schenkte ihm zwei andere dafür.«

»Ich werde dir auch eine schicken«, lächelte der Herzog.
Um sie herum bildete sich ein kleiner Kreis. Man neigte sich zu ihm nieder: die Herzogin von Orléans und die Herzogin Adelaide küßten ihn.
»Wie ich höre, sind Sie Österreicher?« fragte der Herzog in deutscher Sprache.
»Jawohl, Hoheit«, stammelte der Vater, »wir sind Ungarn.«
»Sie wundern sich gewiß, daß ich die deutsche Sprache so gut beherrsche? Sie müssen bedenken: im Exil bin ich eine Zeitlang Professor an der Akademie in Reichenau gewesen. Dann wohnte ich eine ganze Zeit auch in Hamburg. Wann haben Sie Wien verlassen? Hat der Junge dort gelernt?«
Der Herzog von Orléans und Adam Liszt vertieften sich in eine längere Unterhaltung. Die Herzogin von Orléans und die Herzogin von Berry geleiteten den Pianisten zu den Kindern des Hauses:
»Verneige dich artig vor dem Herzog von Chartres und den kleinen Herzoginnen.«
Er machte eine tiefe Verbeugung. Befangen und neugierig zugleich musterte er den vierzehnjährigen Jungen ebenso wie dieser ihn. Er hätte den kleinen Herzog zu gern angesprochen und ihn über sein Herzogtum ausgefragt. Auch der kleine Herzog hätte gern mit dem Wunderkind gesprochen. Aber verlegen schwiegen sie alle beide. Die kleinen Herzoginnen lächelten sich verstohlen an.
Adam Liszt bekam hier hundert Franken. Von der Herzogin von Berry hatten sie hundertfünfzig erhalten. Das war eine große Freude. Obwohl sie von hier kein Galagespann nach Hause brachte, war der Vater auf dem Heimwege außerordentlich lustig, ja sogar mitteilsam.
»Das sind doch ganz andere Leute«, sagte er in der Kutsche, »der Herzog ist vornehm und liebenswürdig zugleich. Und es ist doch keine Kleinigkeit, daß ich mich mit dem Ur-Ur-Enkel Ludwigs XIII. unterhalten habe. Es ist doch dasselbe Blut.«
Von dem Klang seiner Stimme unangenehm berührt, erhob der Knabe den Kopf. Diese kleinliche, eitle Freude des Vaters über die Gunst des Herzogs befremdete ihn. Das sind Kindereien, dachte er bei sich. Aber er erwiderte nichts.
»Wir werden jetzt Einladungen in Hülle und Fülle erhalten«, sagte der Vater, »wenn die Kunde von diesen beiden vornehmen Einladungen sich erst verbreitet hat. In jedem Lande ist es ja doch so, daß der hohe Adel bestrebt ist, dem nachzueifern, was die Dynastie vormacht. Wir haben zwar jetzt schon sehr viel zu tun, aber nun müssen wir auch noch Englisch lernen.«
»Auch noch Englisch?«
»Selbstverständlich! Wenn wir nach England gehen wollen, müssen wir doch Englisch sprechen können. Nein, aber daß dieser Herzog ein so liebenswürdiger Mensch ist! Ich kann kaum erwarten, es deiner Mutter zu erzählen . . .«

Wenn es Adam Liszt nur um die Aristokraten zu tun war, so konnte er jetzt wirklich genug von ihnen haben. In der ersten Woche des neuen Jahres erhielten sie drei Einladungen, in der zweiten fünf, und von der dritten Woche an verblieb ihnen selber nicht ein einziger Abend. Von Tag zu Tag stieg der Ruhm des Knaben, der allerdings überall nur »Litz« genannt wurde. Warum man in Paris den an sich doch gar nicht schwierigen Namen änderte, warum die Franzosen die Wörter wie piston, battiste, bistre mühelos aussprechen konnten, ihn Litz nannten, bleibt ein Rätsel. Eine Zeitlang kämpften sie dagegen an und verbesserten den Namen »Litz« stets in »Liszt«. Aber die Gewöhnung war stärker als sie. An dem Kinde blieb der Name »le petit Litz« haften. Den konnte ihm wirklich niemand mehr nehmen . . .

»Der kleine Litz« sah Rossini wieder. Der berühmte Italiener war erst unlängst aus London zurückgekehrt und übernahm die Leitung des Théâtre Italien. Die italienische Oper war in Paris große Mode, und die vornehmen Familien pflegten sich an dieses Institut zu wenden, wenn sie zu ihren großen Empfängen musikalische Vorträge benötigten. Bei solchen Gelegenheiten teilten sie Rossini lediglich mit, wieviel Geld sie auszugeben gedachten und welcherart die Vorträge sein sollten. Alles andere war dann seine Sache. Er regelte alle Einzelheiten mit den Mitwirkenden, er erschien rechtzeitig mit ihnen zu der Veranstaltung, er setzte sich selbst ans Klavier und begleitete. Dann erhielt er das Geld, und die Mitwirkenden entfernten sich wieder, oder durften, wenn die Frau des Hauses sehr entgegenkommend sein wollte, auch zum Essen dort bleiben. Für sie wurde jedoch besonders aufgetragen; denn an die herrschaftliche Tafel konnte man die Musiker unmöglich setzen . . .

Der Knabe erlebte dies erstmalig im Hause der Herzogin von Montmorency-Matignon. Dort war es auch, wo er Rossini wiedersah. Den jungen Klavierkünstler hatte die Herzogin zwar unabhängig von Rossini eingeladen, er mußte sich aber auf alle Fälle auch bei ihm melden. Der italienische Maestro begrüßte ihn mit lauter Freude, drückte ihn immer wieder an sich und befragte ihn, was er alles seit dem Wiener Konzert erlebt habe. Vater Liszt hingegen fragte den Italiener über die Londoner Verhältnisse aus. Dann begann das Konzert, und sie fanden keine Zeit mehr zur Unterhaltung. Als die Konzertfolge beendet war, führte man die Künstler zu einem gesondert gedeckten Tisch, den kleinen Liszt aber nahm die Herzogin mit an den Tisch der Gäste. Der Junge sah sich um, wo sein Vater geblieben war, aber Adam Liszt schritt bereits mit Rossini zum Künstlertisch. Ihm kam nicht einmal der Gedanke, daß er mit seinem Sohne gehen könne . . .

Dem Knaben ließ das keine Ruhe, er sprach auch zu Hause davon. Er empfand es als Erniedrigung, daß man seinen Vater nicht in die Gesellschaft der Gäste aufgenommen hatte. Adam Liszt lachte ihn aus: »Du bist noch ein

Kind, du verstehst das nicht. Das *muß* so sein, das ist die Ordnung der Welt.«

»Sind wir denn nicht genau solche Menschen wie die?«

»Selbstverständlich nicht. Der Künstler steht außerhalb der Gesellschaft. Er steht weder unterhalb noch oberhalb, er steht eben einfach außerhalb.«

»Aber warum hat man *mich* dorthin gesetzt? Die Herzogin von Montmorency hat mich sogar gelobt, daß ich so schön esse.«

»Ach, du kleiner Dummkopf, man hat dich mitgenommen, um dich zu verwöhnen und sich mit dir zu belustigen, obwohl ich das nicht besonders schätze. Wenn du aber einige Jahre älter bist und kein kleiner Junge mehr sein wirst, kommst du auch an den ›Katzentisch‹.«

Das Kind schüttelte heftig den Kopf:

»Nein, dorthin setze ich mich nie! Wenn sie mir unter sich keinen Platz geben, gehe ich lieber nach Hause. Am ›Katzentisch‹ esse *ich* nicht. Aber Sie werden schon sehen, Vater, daß die mich an ihren Tisch setzen. Mich hat ein jeder gern.«

»Schon wieder plapperst du so eingebildetes Zeug. Wie oft hab ich dir bereits gesagt, daß du bescheiden sein sollst! Dieses ewige Verwöhnen ist dir anscheinend zu Kopf gestiegen.«

Der Junge schwieg. Aber bei sich dachte er: es ist umsonst, mich hat wirklich jeder lieb ... Der alte Erard behandelte ihn wie seinen eigenen Sohn ... Die Herzogin von Berry wollte ihn schon zum zweitenmal einladen ... Und dann war da vor allem der alte Marquis Noailles, von dem jeder behauptete, daß er ein finsterer Menschenhasser sei und mit niemandem spreche. Und wie lieb hatte gerade der ihn gewonnen: er unterhielt sich lange mit ihm, erklärte ihm allerhand spannende, künstlerische und wissenschaftliche Dinge, ja er wollte ihn sogar nächste Woche in den Louvre mitnehmen, um ihm dort die berühmtesten Gemälde zu zeigen und zu erläutern ... Oder der Maler Roehn: der kam eigens in das Hotel d'Angleterre, um ihn zu zeichnen, und konnte sich nicht genug tun, ihn fortwährend wegen seines feinen Gesichtes zu loben. Er sagte sogar, daß man die Bilder vervielfältigen und in die Auslagen stellen würde ... Den Theaterschriftsteller Théaulou nicht zu vergessen. Der hatte seinem Spiel zugehört und sich sofort bereit erklärt, ihm einen Operntext zu schreiben. Am Tage darauf kam er tatsächlich mit seinem Kollegen de Rancé wieder, damit auch der den Knaben spielen höre ... Oder der englische Sprachlehrer Carruthers. Hatte der etwa nicht gesagt, daß er in seinem ganzen Leben noch nie einem derartigen Sprachtalent begegnet sei? Warum durfte er denn dann nicht behaupten, daß ihn jedermann gern habe, wenn das alles so war? Trotzdem widersprach er seinem Vater nicht. Er fühlte eine leise Entfremdung ihm gegenüber.

Oft betrachtete er auch unbemerkt seinen Vater. Er musterte seine Stirn,

seine starke Nase und überhaupt sein Gesicht mit den breiten Backenknochen. Er forschte nach diesen Zügen bei sich selbst, aber er fand sie nicht. Das war ihm auch lieber so. Er wollte diesem Manne nicht gleichen, dem eine so unterwürfige Natur eigen war, der sich den Hochmut der Vornehmen so schnell und widerspruchslos gefallen ließ und der vor Freude zitterte, wenn ihn ein Aristokrat einer Anrede würdigte . . . ›Mein Vater ist nicht stolz‹, stellte er bei sich fest, ›aber ich bin stolz!‹ Und obwohl *er* dem Vater die ihm gebührende Achtung nicht versagte, wandte er sich mit der ganzen Glut seines Herzens seiner Mutter zu, dieser schweigsamen, gütigen Frau, die sich weder um Herzoge noch um Empfänge, sondern ausschließlich um ihren Sohn kümmerte, die ihn verwöhnte und verhätschelte, alle Sonnabende eigenhändig in warmem Wasser badete und täglich eigenhändig kämmte . . . Zwischen Mutter und Sohn entwickelte sich die zärtliche Zuneigung zu einem geheimen Bund. Der Vater mußte sie immer häufiger ermahnen, nicht so gefühlsduselig zu sein.
»*Du* könntest doch wenigstens Vernunft annehmen«, warf er seiner Frau verärgert vor, »und ihn nicht so maßlos verwöhnen! Es ist schon kaum noch mit anzusehen, was die Frauen in den vornehmen Familien mit ihm anstellen. Sie ziehen ihn auf ihren Schoß, sie streicheln ihn und lecken ihn ab wie die alten Fräulein einen kleinen Hund. Sie richten ihn noch ganz und gar zugrunde. Und damit nicht genug, verdirbst du ihn auch noch hier zu Hause. Aber eines schönen Tages werde ich das alles satt haben und dann . . .«
Es sah beinahe so aus, als ob der Vater etwas gegen die Erfolge seines Sohnes hätte. Jeden neuen Triumph nahm er immer grimmiger zur Kenntnis. Das Roehn-Bild hatte man tatsächlich in Kupfer gestochen, und eines schönen Tages waren die Auslagen aller großen Geschäfte mit dem Bilde des kleinen Klavierkünstlers überflutet. Die Mutter ging unter allerlei Vorwänden von zu Hause weg, um bei jedem Schaufenster stehenbleiben zu können und still für sich ihren Sohn zu bewundern. Als sie nach Hause zurückkehrte, fand sie schon wieder zwei, drei neue Pakete vor: die vornehmen Damen überhäuften das Kind mit Spielzeug und Leckereien. Sie konnten die vielen Sachen schon nirgends mehr aufbewahren. Der Junge betrachtete die Geschenke gründlich, belustigte sich eine Zeitlang mit dem Spielzeug – und achtete dann nicht mehr darauf. Er setzte sich lieber ans Klavier, um zu improvisieren.
Auch jetzt noch schmiedete der Vater allein die Pläne für das Auftreten seines Sohnes und teilte ihm erst in letzter Minute das Nötige im Befehlston mit. So gab er ihm auch davon Kenntnis, daß sein erstes öffentliches Konzert in Paris am 7. März stattfinden werde, und zwar in der Oper. Das war noch nie vorgekommen. Noch niemandem hatte man das vornehme Hoftheater für solche Zwecke überlassen, besonders nicht ausländischen Künstlern. Jetzt aber hatten sie es dem ungarischen Jungen zur Verfügung

gestellt. Das entscheidende Wort hatte dabei der König selbst gesprochen.

»Gib dein Bestes her, mein Sohn, denn schon haben allerlei Intrigen lebhaft eingesetzt. Viele arbeiten uns entgegen und versuchen, Stimmung gegen uns zu machen. Wenn du dich nur im geringsten gehen läßt, bist du erledigt. Die liberalen Blätter möchten schon lange etwas Schlechtes über uns schreiben, sie warten nur noch die geeignete Gelegenheit ab . . .«

Der Junge ließ seinen Vater ruhig gewähren. Er erwiderte höflich, daß er tun wolle, was er könne, aber ihm waren solche dunklen Weissagungen zuwider. Wie er am Klavier spielen konnte, wußte er selbst am besten. Und ruhig, fast gelangweilt, sah er jeder nur denkbaren Verantwortung entgegen.

Als der Tag des Konzertes herannahte, sprach ganz Paris von nichts anderem. Man hatte gar nicht nötig gehabt, die großen Zeitungen zu ersuchen, sich des Konzertes ein wenig anzunehmen; sie schrieben ganz von selbst reichlich, denn »der kleine Litz« war ein aufregendes und fesselndes Thema. Das Opernhaus füllte sich bis auf den letzten Platz. Auf dem Programm stand nur eine kurze Oper, »Nina« von Païsiello und danach das Wunderkind. Die Opernvorführung hörte sich »der kleine Litz« hinter den Kulissen an. Die Hauptrolle sang der berühmte Pasta Giuditta, der den Jungen sehr gern hatte und ihm zu Gefallen auftrat.

»Hör mal diese Stimme an«, erklärte Paer, der selbst mit ihm hinter den Kulissen stand und ihm auch dort Belehrungen gab, »das ist jetzt auf der ganzen Welt die schönste Stimme. Der Umfang ist unglaublich. Er kann vom tiefen A bis zum hohen D singen. Jetzt paß auf . . . hörst du, wie er beides miteinander verbindet? Das ist das, was ich dir gestern erklärt habe . . .«

Das Kind achtete auf alles und jedes und studierte die Harmoniegesetze. Da waren tausenderlei Sachen, die er mit reger Teilnahme in sich aufnahm. Von den einzelnen Instrumenten des Orchesters sprach jedes in einer anderen Klangfarbe und Ausdrucksweise zu ihm. Die Verschiedenheit ihrer Zusammenstellung zeigte neue und abermals neue Tönungen. Die stolze Violine, die verträumte Bratsche, das hingebungsvolle Cello, die verliebte Harfe, die traurige Flöte, die leidenschaftliche Baßgeige, die aufregende Trommel – allesamt stellten sie sich ihm wie einzelne Personen vor, die er kennenlernen sollte. Eines ganz besonderen Studiums bedurfte die interessante Arbeit Granets, des Kapellmeisters. Wie er das ganze Orchester zusammenfaßte, und, es in beide Hände nehmend, nach seinem eigenen Willen anfeuerte oder zurückhielt, wie er den einzelnen Instrumenten im richtigen Augenblick den Einsatz winkte, wie er mit seinen Bewegungen die Klänge färbte, anspornte, beruhigte, alles das erweckte die begeisterte Bewunderung des Jungen. Besonders machte ihn auch das Verhältnis der Gesangsstimme zum Orchester neugierig. Nichts entging ihm, er nahm al-

les wie gebannt in sich auf. Daß er selber alsbald auf die Bühne mußte, ließ ihn völlig gleichgültig. Der Vater aber ging in seiner Nähe aufgeregt hin und her.
Endlich war der Augenblick seines Auftretens da. Der Vorhang ging auf. Das Klavier stand mit dem Rücken zu den Gästen, damit er ihnen gegenübersitzen solle. Ein ohrenbetäubender Beifall empfing ihn; das galt der in Mode stehenden Berühmtheit.
Er trug ein Klavierkonzert von Hummel vor. Er selbst genoß es am meisten, mit welcher Sicherheit und mit welch grenzenlosem Können das Spiel vor sich ging. Kaum hatte er jedoch zwanzig Takte gespielt, als unter den Zuhörern eine Störung entstand. Er blickte den Dirigenten an und überzeugte sich, daß auch der etwas vernommen hatte. Unter dem Publikum wurden Rufe laut. Granet winkte dem Orchester ab und wandte sich um. Verworrene Stimmen. Viele sprachen auf einmal. Endlich stand in der Mitte des Parketts ein junger Mann auf und sagte laut und vernehmlich:
»Drehen Sie das Klavier um, denn so können wir nur die Beine und den Kopf des Jungen sehen. Wir wollen aber seine Hände beobachten!«
Zustimmung seitens der Zuhörerschaft. Der Dirigent sah sich ratlos auf der Bühne um. Plötzlich sank der Vorhang. Adam Liszt kam mit zwei Bühnenarbeitern gerannt.
»Steh schnell auf, wir drehen das Klavier um.«
Das Kind setzte sich mit dem Rücken zu den Zuhörern und sogar mit dem Rücken zum Dirigenten. Wie wird das werden, wenn er den Dirigenten nicht sieht? Aber es war schon zu spät, darüber nachzudenken. Der Vorhang ging abermals auf. Dröhnender Applaus. Der Junge drehte sich im Sitzen um und neigte dankend den Kopf. Dann begann das Klavierkonzert von neuem. Obwohl er den Dirigenten nicht sah, verlief alles, wie es sein mußte. Endlich kam der Teil der Komposition an die Reihe, wo das Klavier das große Solo ohne Orchesterbegleitung hat. In diesem Teil gab sich der Junge ganz aus. Er hatte diese Partie noch nie in derselben Weise wiedergegeben, sooft er sie auch gespielt hatte. Auch jetzt ergötzte er sich nach Belieben an der unerhörten Freude des Spieles. So mutwillig wie junge Delphine im Wasser tobte er auf den Tasten herum. In seinem Rücken fühlte er die verblüffte Stille des Zuhörerraumes. Endlich war die große Solopartie beendet. Beim Ritornell hätte das Orchester einsetzen müssen.
Er blieb aber allein mit den Klängen seines Klaviers, das Orchester setzte nicht ein. Er spielte weiter und drehte sich neugierig um, wo denn das Orchester bliebe, und erfaßte sofort, was vorgefallen war: die Musiker, die auf der Probe dieses Solo nicht gehört hatten, denn das hatte er nicht geprobt, bewunderten einmütig stehend das unbegreifliche Geschehen und waren so erstarrt, daß sie den Einsatz ganz vergessen hatten. Erschrockene Gesichter stierten ihm aus dem Orchester entgegen, und man sah es an ihrer verlege-

nen Hast, daß auch sie langsam ihr Versäumnis zu begreifen begannen. Und nun schaltete sich erst ein Instrument, dann ein zweites, ein drittes eilends und verschämt in die Melodie ein. Das Wunderkind blickte sich abermals um und lächelte. Auch durch die Zuhörer lief eine raunende Heiterheit. Jeder hatte es bemerkt und verstanden, was geschehen war.

Seinem Vortrag folgte ein derartiger Beifallsturm, wie er ihn noch nirgends erlebt hatte. Minutenlang verbeugte er sich an der Rampe vor dem Souffleurkasten. Er wollte längst mit dem nächsten Vortrag beginnen, aber es war unmöglich. Der Applaus dröhnte mit unverminderter Kraft weiter. Und er stand da und vebeugte sich aber- und abermals und lächelte den Zuhörern zu. Hier und da entdeckte er das bekannte Gesicht eines Aristokraten. Die begrüßte er mit einem besonderen Lächeln und besonderem Kopfnicken. Und so waren zehn Minuten vergangen, ehe er sich wieder zum Klavier setzen konnte.

Als Phantasie wählte er die »Non più andrai«-Arie aus Mozarts »Don Juan«. Jetzt machte er es nicht mehr wie einst, sondern komponierte förmlich am Klavier. Er lebte sich so gründlich in die Melodie hinein, daß er sie mit seiner dünnen Kinderstimme leise vor sich hinsummte, während er spielte. Er teilte die Melodie, fügte sie wieder zusammen, vermischte die Teile untereinander, ließ sie einmal von da, einmal von dort durchschlüpfen, hielt kontrapunktale Übungen ab, steuerte endlich dem Schluß zu, immer breiter, immer steigender. Mit sicherer, aufbauender Hand lief er dem Ziele entgegen. Die Kraft des Anschlages steigerte er gleichmäßig, und als sein Vortrag beendet war, vermischte sich das Dröhnen des Klaviers mit dem atemberaubenden Beifallsklatschen des ganzen Hauses.

Damit aber war der Erfolg noch nicht beendet. Jetzt stieg die sogenannte »Tour des loges«. In Paris war es Brauch, daß die in den Logen sitzenden Gäste die Künstler, die ihnen besonders gefallen hatten, zu sich bitten lassen durften. Der Wunderknabe ging gemeinsam mit seinem Vater, der ihn in der Öffentlichkeit stets an der Hand hielt. Nacheinander klopften sie an den Logen an, in denen man den Jungen zu empfangen wünschte. Er trat ein, während der Vater draußen blieb, denn man hatte ihnen erklärt, daß die Etikette es so verlangte. Drinnen in der Loge umarmte man ihn, küßte ihn und riß ihn fast in Stücke.

»Mon petit chou, viens ici.«

»Tu étais divin, tu sais!«

Man stopfte seine Taschen voll mit Süßigkeiten und mit Geld. Nach drei, vier Logenbesuchen hatte er keinen Platz mehr, um irgend etwas unterzubringen. Die Taschen seines Vaters bauschten sich, beider Hände wurden klebrig von der schmelzenden Schokolade, und sogar die sich häufenden Louisdors wurden von der Schokolade und den Süßigkeiten klebrig. Der Junge ließ sich anbeten und überließ seine Wangen teilnahmslos den Küssen. »Merci bien, comtesse« . . . »merci bien, marquise« . . . »merci bien,

duchesse« . . . Wenn er nicht wußte, wer ihn gerade umarmte, sagte er: »merci bien, madame« . . . und ging weiter.
Zwischen zwei Logen hielt ihn ein würdig aussehender, schöner Mann an:
»Bleib stehen, Junge! Ich bin Talma. Hast du meinen Namen schon gehört?«
»Natürlich!«
Das war der große Talma, der einstige Freund Napoleons, der gefeiertste Künstler der ganzen Welt. Er stand selbstbewußt da im Glanze seines Ruhmes, mit dem kaum verblaßten Zauber sechzigjähriger Mannesschönheit. Seine Stimme war schwungvoll. Sogar die Bindewörter hatten bei ihm einen machtvollen Klang. Jeden einzelnen Buchstaben konnte man für sich ertönen hören. Und so waren auch seine Bewegungen, erlesen einstudiert, gemessen und rund, heroisch und an Bewunderung gewöhnt.
»Schau in meine Augen, Junge! Ich möchte deinen Blick sehen! Ja, ja . . . das ist der Feuergeist!«
Er hob einen Arm hoch, und seine Stimme erklang in neuen Registern: »Ich sage es dir voraus, du wirst ein großer Mann werden. Jetzt geh weiter!«
Vorher küßte er ihn noch auf die Stirn. Erst dann schritt er weiter, würdevoll wie ein klassischer Cäsar. Das Kind folgte ihm mit den Augen und wandte sich dann an seinen Vater:
»Warum sagte er, daß ich es erst werde? Bin ich es noch nicht? Habe ich schlecht gespielt?«
»Du hast gut gespielt, bist aber maßlos unverschämt! Los, los, wir haben keine Zeit zu verlieren.«
Sie setzten ihre Logenbesuche fort. Zwei Diener mußten ihnen folgen, soviel Süßigkeiten, Schokolade und Geschenke waren es schon geworden. Zu Tode erschöpft, langten sie wieder auf der Bühne an. Dort erwartete sie eine richtige Menschenansammlung: Kritiker, Schwärmer und um den Vortrag ihrer Kompositonen flehende unbekannte Tondichter. Auch einige Bekannte. Der Marquis Noailles faßte das Kind an der Hand, um es dem Ansturm zu entziehen. Mit der anderen Hand zog er einen kleinen, alten, kahlköpfigen Mann heran, dessen Gesicht über und über mit Warzen bedeckt war. Auch Adam Liszt trat zu ihnen.
»Sieh mal, mein Sohn«, sagte der Marquis, »ich habe dir neulich etwas von Phrenologie erklärt. Dieser Herr ist Gall, der große Gelehrte. Er möchte um jeden Preis deinen Schädel sehen, um deine Kopfform zu untersuchen.«
Das Kind lachte dem greisen Gelehrten ins Gesicht. Der blieb ernst und begann den Kopf des Jungen abzutasten. Er betrachtete ihn lange und drehte ihn hin und her. Dann wandte er sich zu Adam Liszt und sagte in deutscher Sprache:
»Mein Herr, ich kann so nichts sehen. Diesen Schädel muß ich aber unter allen Umständen einer ganz genauen Prüfung unterziehen, denn ich befasse

mich mit der Schädelbildung des Genies. Gestatten Sie mir bitte, daß ich vom Kopfe des Kindes einen Gipsabdruck herstellen darf.«
»Tut das nicht weh?« fragte erschrocken der erste Klavierkünstler der Welt.
»Nein, nicht ein bißchen.«
Gall erschien am anderen Tage im »Angleterre« mit seinen Instrumenten und einem Gehilfen. Drei geschlagene Stunden des Klavierübens mußten geopfert werden. Beim Abschied sprach der Gelehrte den Eltern des Feuergeistes im Namen der Wissenschaft seinen Dank aus und behauptete, die Schädelform des Jungen in einem Buche besprechen zu wollen.
Die Zeitungen berichteten im Tone vollster Bewunderung von dem Konzert; die Liberalen und die Ultras gleichermaßen. »Das ist ein Künstler, ein wahrhafter Künstler!« schrieb die eine Zeitung. »Stolzes und männliches Spiel, seine bezaubernde Eleganz verblüfft, bis in die kleinsten Einzelheiten vollkommen . . .«, schrieb die »Étoile«. »Es ist unverständlich«, schrieb eine dritte Zeitung, »daß zehn Finger, die eine Oktave kaum zu fassen vermögen, so eine Leistung vollbringen können. Viele von den Zuhörern glaubten an ein Wunder, und es waren auch welche darunter, die fest davon überzeugt waren, daß irgendeine Zauberei mit im Spiele sei.« In den höchsten Tönen schrieb jedoch das königstreue »Drapeau Blanc«. Der Kritiker dieser Zeitung, Martainville, berief sich auf okkulte Vorgänge und wollte beweisen, daß in diesen Jungen die Seele des verstorbenen Mozart eingezogen wäre . . .
Adam Liszt gab am anderen Tage tausend Gulden bei der Post auf für die Direktion der Fürstlich Esterhazyschen Ländereiverwaltung. So hoch waren die Vorschüsse und Unterstützungen gestiegen, die er bis jetzt von Seiner Durchlaucht in Anspruch genommen hatte. Nun war alles zurückgezahlt, und obendrein blieb ihm noch reichlich Geld. Er konnte ohne Sorgen in die Zukunft schauen.
Materielle Nöte hatte er also nicht mehr zu fürchten. Aber die moralische Entwicklung seines Sohnes machte ihm um so größere Sorgen. Während die Damen der Gesellschaft den Jungen mit einer fast krankhaften Schwärmerei verhätschelten und verwöhnten, wurde der Vater immer strenger und ermahnte und schalt ihn fortwährend zu Hause. Und eines Tages faßte er einen schweren Entschluß. Nachdem er eine einstündige Unterredung mit seiner Frau gehabt hatte, nahm er sich das Kind vor.
»Hör mal zu! Ich möchte etwas Wichtiges mit dir besprechen. Da deine moralische Entwicklung schwer bedroht ist, müssen wir uns ganz anders einrichten. Die Nähe deiner Mutter wirkt verweichlichend auf dich. Das sieht auch sie ein. Außerdem ist sie nicht imstande, im Auslande zu leben. Deshalb hab ich mich entschlossen, daß wir schon im Mai nach England reisen, und dies um so mehr, als der junge Erard auch zu dieser Zeit hinüberfährt, und wir dann mit ihm zusammen ankommen können. Für diese Zeit über-

siedelt deine Mutter zu ihrer Schwester nach Steiermark. Nein, nein, ich will kein Wort hören! Ich habe das so beschlossen, und so wird es gemacht. Du mußt dich eben daran gewöhnen, daß ich dich zu einem Manne erziehen will und nicht zu einer empfindlichen, flennenden, süßlichen alten Jungfer. Auch deine Mutter findet das so richtig. Und dann möchte ich gleich noch hinzufügen, daß es nunmehr mit dem ›Putzi‹ genug ist. Einen ernsthaften Jungen nennt man nicht ›Putzi‹. Von nun an heißt du ›Franzi‹, und das Wort ›Putzi‹ will ich nicht mehr hören!«

»Mutti«, rief das Kind mit weinerlicher Stimme, »Sie reisen nach Hause? Ist das wahr?«

»Es ist wahr, mein kleiner Sohn«, erwiderte die Mutter mit tränenerstickter Stimme. »Dein Vater hat vollständig recht. Es wird wirklich am besten so sein.«

Es hob ein zweitöniges Wehklagen an. Aber Tränen ermüden. Und dann brachte Théaulou, der Schriftsteller, zur selben Zeit das vollständig fertige Textbuch. Es hatte einen sehr schönen Titel: »Don Sanche oder die Liebesburg.« Das lenkte ihn von seinem großen Kummer ab. Er begann fiebernd im Buch zu blättern. Und schon beim Lesen fingen die einzelnen Zeilen der Verse von selbst in seinem Kopfe zu singen an.

Das Stück handelte von einer verzauberten Burg, der Liebesburg, die nur von denen betreten werden darf, deren Liebe Erwiderung gefunden. Don Sanche kann deswegen in diese Burg nicht eingelassen werden, weil er die Herzogin Elzire hoffnungslos liebt. Der Burgherr, der Zauberer Alidor, will dem armen Don Sanche aber helfen. Als die Herzogin Elzire im Begriff ist, nach Navarra zu gehen, um die Frau des Herzogs von Navarra zu werden, läßt der Zauberer in der Nacht einen Sturm über sie hereinbrechen. Die Herzogin ist gezwungen, in der Nähe ihrer Burg Schutz zu suchen. In einer Laube erwartet sie das Austoben des Sturmes, und da erscheint Don Sanche. In glühenden Geständnissen beschwört er sie, aber umsonst, die Herzogin bleibt gleichgültig. Da verwandelt sich Alidor in ein Ungestüm und tut so, als ob er Elzire entführen wolle. Der tapfere Sanche fordert ihn jedoch zu einem Zweikampf heraus. Er wird verwundet. Da entdeckt die Herzogin, daß sie im Grunde genommen doch Don Sanche liebt und seinen Verlust nicht überleben könnte. Sie entsagt der Krone von Navarra und verspricht sich Sanche. Jetzt dürfen sie beide die Liebesburg betreten.

Kaum hatte der Junge die letzte Seite zu Ende gelesen, als er auch schon zum Klavier eilte. Er begann mit fanatischem Eifer zu komponieren, obwohl seine Seele von schneidendem Schmerz über die bevorstehende Trennung von der Mutter ganz erfüllt war.

Über den Abschied half ihm eine kleine Täuschung hinweg. Eines Abends brachte ihn seine Mutter unter heftigen Umarmungen und Küssen zu Bett. Es hieß da noch, daß sie erst in zwei Tagen abreisen würde. Am anderen Tage aber, als er aufstand, fand er sie nirgends mehr. Der Junge legte sich

wieder in sein Bett und schluchzte so verzweifelt, daß er ohnmächtig wurde. Er lag zwei Tage lang. Erards kamen herüber, um ihn zu trösten. Nach zwei Tagen stand er wieder auf, aber noch tagelang lief er wortlos im Zimmer umher. Da er jeden Tag ein Konzert zu geben hatte, kam er den Einladungen gezwungenermaßen mißmutig nach. Aber er verzog sich dann sofort wieder in seine Stube, um zu trauern. Nicht einmal zum Klavierspielen hatte er Lust. Erst nach und nach beruhigte er sich.
Als sie Ende Mai mit Pierre Erard nach London fuhren, das Schiff den Hafen verließ und die Entfernung zum Festlande immer größer und größer wurde, da dachte das Wunderkind an seine Mutter, verkroch sich in eine Ecke und weinte herzzerbrechend.

ZEHNTES KAPITEL

Zu Unrecht hatte man Paris als den Mittelpunkt der musikalischen Welt bezeichnet. Hier in London wimmelte es förmlich von berühmten Musikern aus ganz Europa.
Sie fanden hier Cramer, den Gelehrten des Klaviers, dessen Etüden das Wunderkind in Wien soviel geübt hatte. Hier war Ries, bei dessen Sonaten er in Raiding den Sinn des Klavierspieles erfaßt hatte und von dem er im ersten Konzert seines Lebens etwas vorgetragen hatte. Und nicht zu vergessen Kalkbrenner, jener berühmte Klavierpädagoge für die Ausbildung der linken Hand, der in London eine Firma gegründet hatte zur Auswertung eines von ihm erfundenen, die Handhaltung am Klavier regelnden Apparates. Neste, Griffin, Potter, Latour, allesamt berühmte Klavierkünstler, hielten sich gleichfalls in London auf. Und in einem englischen Dorfe, in Evesham, lebte der greise Italiener Muzio Clementi, dessen Fingerübungen das Raidinger Klavierwunder einst in Czernys Stunden so erbittert gehaßt hatte.
Außer diesen erwachsenen Berühmtheiten hielten sich noch zwei junge Rivalen in London auf: erstens ein junges Mädchen, namens Delphine Schauroth, die aus München in die englische Hauptstadt gekommen war, und zweitens das Wunderkind der Engländer: ein Junge aus Manchester, namens Aspull, den die Londoner Zeitungen als »Mozart Britannicus« zu bezeichnen liebten. Adam Liszt war in den ersten Tagen verzweifelt: warum hatte er bloß seinen Sohn hierhergebracht.
Es stellte sich heraus, daß in London die Einteilung der Saison in der Gesellschaft eine ganz andere war als in Paris. Die Franzosen betrachteten den Mai noch als große Saison. Bei den Engländern, die es vorziehen, sich so schnell wie möglich auf ihre ländlichen Schlösser zurückzuziehen, hatten die letz-

ten Tage des Mai nur noch wenig Bedeutung. Einladungen aus der Gesellschaft liefen deshalb nur spärlich ein. Erard hatte ihnen zwar einzelne Einladungen zu reichen Familien verschafft, allein es machte sich auch weiter bemerkbar, daß die französische Aristokratie ganz anders war als die englische. Hier waren die einzelnen Häuser mit siebenfachen Schlössern versehen. Und nichts war schwerer zu erreichen, als in das Heim eines wirklich vornehmen Engländers Zutritt zu finden. Die mit viel Lauferei verbundenen Vorbereitungsarbeiten des Vaters wurden auch noch durch einen ihn sehr verletzenden Umstand erschwert: die Künstlerkollegen drängten sich nicht, ihnen behilflich zu sein. Moscheles, von dessen Hilfsbereitschaft sie etwas hätten erhoffen können, war zur Zeit nicht in London, und die anderen beantworteten die Fragen Adam Liszts mit eisiger Gleichgültigkeit. Einen wirklich wertvollen Rat wollte keiner geben. Und Kalkbrenner machte sogar aus seinem Ärger über das Auftauchen des Kindes in London gar kein Hehl. Wo er nur konnte, arbeitete er ihnen entgegen. Der einzige, der ihnen half, war Ries, der sich als freundlicher und selbstloser Mensch erwies. Mit großer Anhänglichkeit erinnerte er sich seiner im Umkreis Beethovens verbrachten Lehrjahre und war im Gedanken an die eigene Jugend bestrebt, dem aus Wien kommenden ungarischen Jungen, auf dessen Stirn der Hauch von Beethovens Kuß schwebte, zu helfen. Auch das berührte ihn angenehm, daß er Vater und Sohn zusammen sah. Denn er liebte und verehrte seinen eigenen Vater über alles, der zu der Zeit, da er noch als Konzertmeister in Bonn lebte, mit Beethoven gut befreundet war.
Verärgert und von Sorgen gequält, begann Adam Liszt, das Konzert in London – denn im Hinblick auf die beginnende Sommerszeit konnte nur von einem einzigen Konzert die Rede sein – vorzubereiten. Nur unter großen Schwierigkeiten gelang es ihm, den Argyll-Konzertsaal zu bekommen, das Orchester zu engagieren und Sir George Smart, den mit der Baronetwürde ausgezeichneten Musiker, zum Dirigenten zu gewinnen. Er ließ Wandanschläge drucken und besuchte der Reihe nach die Redaktionen aller einflußreichen Zeitungen. Der große Tag wurde auf den 24. Juni festgesetzt. Da erfuhr Adam Liszt zu seinem Schrecken, daß Pasta Giuditta, der aus Paris herübergekommen war, sein Gesangskonzert gleichfalls an diesem Tage gab. Und zu alledem fand noch am selben Tage bei dem jüngeren Bruder des Königs, dem Herzog Clarence, ein großer Empfang statt, zu dem der gesamte Hochadel geladen war. Da aber der Argyll-Saal nur noch für diesen Tag zur Verfügung stand, konnte das Konzert auch nicht mehr verschoben werden. Allabendlich kehrte Adam Liszt düster in sein Boardinghouse zurück und konnte vor Sorgen lange nicht einschlafen.
Und dann wurde mit einem Schlage alles wieder gut. Das Konzert verlief auch hier glänzend. Die Begeisterung der Zuhörerschaft blieb in keiner Weise hinter der von Paris zurück. Als das Programm beendet war und Sir George Smart sich vom Dirigentenpult aus an die Zuhörer wandte und sie

bat, ein Thema zu nennen, worüber »Master Liszt« frei phantasieren würde, antwortete lange niemand. Der Junge wartete untätig am Klavier. Endlich rief eine Dame im Parkett:

»Zitti, zitti, from the third act of the ›Barbiere‹ by Rossini.«

Der Junge nickte: »Zitti, zitti, piano, piano! No facciamo confusione.« Ohne nachzudenken, begann er das Thema. Er gestaltete es fugenartig, als ob er eine Kompositionsaufgabe für Paer ausarbeiten müßte. Er spielte lange. Ein überwältigender Beifallsturm setzte ein. Vom Lande war der alte Clementi hereingekommen, aber auch die Eifersüchtigen waren da: Kalkbrenner, Cramer und die anderen. Als guter Freund war Ries erschienen. Ganz hingerissen feierte das Publikum den Jungen, von dem die Zeitungen schon berichtet hatten, daß ihn die Pariser Presse »das achte Wunder der Welt« nenne. Mit einem Auge schielten die Zuhörer aber auch nach den anwesenden Klavierberühmtheiten. Und die waren einfach gezwungen, Beifall zu klatschen. Der alte Clementi stellte fest, daß zur Zeit auf der ganzen Welt niemand besser Klavier spielte als dieser ungarische Junge; dann reiste er zurück nach Evesham.

Adam Liszt hatte bei diesem Konzert rund hundertzwanzig englische Pfund draufzahlen müssen. Aber er war jetzt nicht mehr bange, die Ausgabe würde sich reichlich lohnen . . . Denn nun kam die Zahl der Einladungen. Abermals verging kein Tag, an dem man das Kind nicht in irgendeine vornehme Familie zum Spielen einlud. Man gab seinem Vater nie weniger als fünf Pfund. Der französische Gesandte zahlte sogar zwanzig Pfund. Adam Liszt war für die nächsten Monate jeglicher Sorgen enthoben. Das Kind kam hier ebenso in Mode wie in Paris.

Und doch war es hier anders. Hier fütterten ihn die begeisterten Damen nicht mit Schokolade. Hier küßten ihn die gütigen, alten Frauen nicht zu Tode. Anstatt »le petit Litz« war er hier »Master Liszt«. Das gefiel vornehmlich seinem Vater, weniger ihm selbst. Keine überschwengliche Zärtlichkeit schlug ihm hier entgegen, und wenn er, danach verlangend, sich unwillkürlich an die Mutter wenden wollte, war sie nicht mehr bei ihm. Nur Briefe konnte man mit ihr wechseln. Und dann dauerte es Wochen, ehe eine Antwort kam . . .

In seiner Sehnsucht nach Zärtlichkeit fiel er über den Operntext her. Seiner stets restlose Hingabe verlangenden Seele wurde das Komponieren zur Zuflucht, zur Kirche, zur Religion; denn in London suchte er umsonst nach den weihrauchduftenden Mystien seines katholischen Glaubens. Die Kathedralen blieben ihm fremd. So sehr er es in Paris geliebt hatte, mehrmals am Tage für fünf Minuten in die Kirche einzutreten, um seine Seele geheimnisvoll unterzutauchen und dann im Innern getröstet weiterzugehen, so wenig besuchte er in London die Kirchen. Tag für Tag betete er und flehte vor allem inbrünstig um das Wohlergehen seiner Mutter, wobei er sich des Gefühles nicht erwehren konnte, daß er seinen Vater hintergehe und seinen

Kopf nun doch an die Brust der Mutter lege ... Eine wirklich tiefe und innige Versunkenheit bedeutete ihm jedoch das Komponieren; darin schien ihm etwas unsagbar Lockendes, fast Sündhaftes zu liegen, obwohl es ihm niemand verboten hatte und der Vater ihn sogar täglich zu fleißiger Arbeit antrieb.

Er arbeitete genau nach den Anweisungen Paers: erst mußte er die ganze Oper von Anfang bis zu Ende komponieren, und zwar ohne Instrumentation. Die Arien für zwei und vier Stimmen, die Melodien des Chors skizzierte er flüchtig in hingeworfenen Akkordzeichen, gleichzeitig die Hauptfärbung der Instrumentation festlegend. Niemand hätte seine Niederschrift entziffern können. Nacheinander schuf er den einleitenden Chorgesang und den Tanz der Bauern. Dann den langsamen Marsch der aufziehenden Ritter und Damen. Die einzelnen Rezitative ließ er einstweilen noch weg, um zuerst mit den geschlossenen Partien fertig zu werden. Endlich nahm er die Liebesarie Sanches vor. Arien von Rossini, Gluck und von anderen spukten in seinen Kopf herum, und die Verse von Théaulou gaben dazu das Gerippe. Es war nicht schwer, zu diesen wohlklingenden Strophen eine schwungvolle Melodie zu erdenken.

Als er sich an diesem Abend zu Bett legte und nach dem Gebet einschlafen wollte, gingen ihm die einzelnen Verse nicht aus dem Kopfe. »Mes lèvres qui te cherchent ...« »Ce désir enivrant ...« Er fing an, darüber nachzusinnen, was eigentlich diese Liebe sein könnte, von der die Erwachsenen soviel redeten. In den Erinnerungen seines zwölfjährigen Lebens fand er keine Antwort. Dank der im elterlichen Hause genossenen Erziehung empfand er von jeher gegen alles, was nicht rein war, tiefen Abscheu – sogar gegen alles, was Ungehörigkeit oder Häßlichkeit auch nur hätte vermuten lassen. Während seiner Kinderjahre auf dem Lande hatte er an Tieren mancherlei beobachtet, was als etwas ganz Selbstverständliches und Nichtzuverbergendes angesehen wird. Als aber seine irrenden Gedanken ihn dann fast so weit trieben, daß er zwischen dem Leben der Tiere und den Geheimnissen des menschlichen Lebens Vergleiche ziehen wollte, da stellten sich ihm sein aufrichtiger Gehorsam und sein tiefes, religiöses Gefühl Einhalt gebietend in den Weg. Und so legte er sich zurecht, daß das, was die Erwachsenen »Liebe« nennen, gewiß für ihn verschleierte Wesenszüge habe und daß es ihm verboten sei, den Schleier zu lüften; denn das wäre eine Sünde, mit der er seinen aus voller Inbrunst geliebten Gott bitter kränken würde. An dieser Liebe war aber auch vieles, worüber er nachdenken durfte. Und was konnte diese Liebe anderes sein als verzehrende Sehnsucht nach der Nähe eines Menschen? Als er mit seinen Grübeleien im Halbschlaf soweit gekommen war, fühlte er plötzlich sein Herz selig zusammenzucken. Das traf ihn so heftig, daß er sich im Dunkeln aufrichten mußte. Er entdeckte auf einmal, daß er in Karoline Unger verliebt war. Mit einem lieblich-wehmütigen Lächeln rief er sich das Bild des blühenden, schönen Mädchens ins Gedächtnis zurück. Dann kuschelte er sich wieder in sein Bett, konnte aber noch lange nicht einschlafen. Am nächsten Morgen war seine erste Arbeit, die Liebesarie des Don Sanche nochmals zu überprüfen. Er schüttelte den Kopf: das war nicht das Richtige! Und er warf das Blatt fort. Er dachte an Karoline und ließ die Verse der Arie nochmals an seinen Augen vorüberziehen. Als er aber im Textbuch weiterlas, wurde er mit einem Male dunkelrot vor Scham. Durch irgendeinen unbegreiflichen, bösen Zauber erschien Karoline plötzlich vollständig nackt vor ihm. Erschrocken wehrte er sich gegen diese sündhafte Erscheinung, aber sie wollte aus seiner Vorstellung nicht weichen. Er eilte zum Fenster und sah auf die Londoner Straße hinunter. Es war eine kleine Seitenstraße, und es gingen nur wenige Leute vorbei, deren Schritte im sommerlichen Morgenglanz auf dem Pflaster widerhallten. Auf der gegenüberliegenden Seite der Straße konnte man durch das geöffnete Fenster eines roten Backsteinhauses in ein Zimmer hineinsehen. Da saß eine junge Mutter und stillte ihren Säugling. Entsetzt lief er zum Klavier zurück, ließ aber die Finger vergeblich über die Tasten eilen, sein Herz schlug aufgeregt, und abermals erschien Karoline vor ihm mit dem feenhaften Gesichtchen über dem entblößten Körper . . . Ganz verstört und aufgewühlt wurde er auf sich selbst böse. Die Liebesarie, die er weggeworfen hatte, nahm er wieder vom Boden auf und legte sie zwischen die anderen Notenblätter. Er entschloß sich, sie doch zu behalten, und machte sich an den nächsten Teil.

Es folgte das Duett des Zauberers und Sanches: der Zauberer teilt mit, daß Elzire die Gattin des Herzogs von Navarra werden wolle, und Sanche wird eifersüchtig. Er las den Text, überflog ihn sogar dreimal, aber die Verse regten ihn zu keiner Musik an. Da legte er das Ganze wieder weg und fing zu spielen an. Er übte umbarmherzig und mit grausamem Eifer wie ein Mönch, der seinen sündhaften Leib mit einem nagelbespickten Gürtel kasteit . . .

Als sein Vater nach Hause kam, bat er ihn um Rat, was er mit diesem Eifersuchtsduett anfangen solle. Er könne einfach nichts von dem fühlen, was da ausgedrückt werden müsse. Der Vater dachte ein Weilchen nach.

»Stell dir vor«, sagte er dann, »was du empfinden würdest, wenn jetzt dieser Zauberer Alidor käme und behauptete, deine Mutter habe das Spiel dieses Londoner Wunderknaben Aspull lieber als das deine. Was würdest du dann empfinden? Dieses Gefühl mußt du in Töne kleiden.«

»Ja.«

Sofort setzte er sich wieder ans Klavier und schloß die Augen. Vor ihm erschien das liebe und gütige Gesicht seiner Mutter, aber im selben Augenblick fühlte er entsetzt, daß er schnell an irgend etwas anderes denken müsse, sonst stiege wieder ein fürchterlicher Gedanke in ihm hoch. Er bedeckte sein Gesicht mit beiden Händen.

»Vater«, sagte er flehend, »ich weiß nicht, was mir fehlt, ich kann heute nicht arbeiten.«

»Dann höre damit auf und übe. Wenn das Komponieren irgendwo überhaupt nicht vorwärtsgehen will, dann überspring die Stelle und mache zwischendurch etwas anderes. Später kannst du ja wieder darauf zurückkommen. Versuche es doch statt der Eifersuchtsszene mal mit dem nahenden Gewitter. Das ist bestimmt nicht schwer.«
»Ja.«
Er setzte sich ans Klavier und donnerte nur so aus dem Handgelenk das aufziehende Gewitter in Tönen. Unwillkürlich übertrug er das in seinem Innern tobende Gewitter auf das Erardsche Klavier. Der Vater schob die Briefumschläge, die er mit Adressen versehen wollte, beiseite, stand auf und stellte sich zu ihm. Der Knabe spielte weiter. Auf seinem Klavier tobte der entfesselte Sturm. Das ganze Instrument erzitterte, und mit ihm bebte auch er. Er spielte, spielte, spielte, blaß, mit erschrockenem Gesicht, wie jemand, der vor einem Dämon flüchtet.
»So wird es richtig!« lobte der Vater ruhig.
Aber er hörte nicht auf ihn. Er raste, dröhnte und blitzte unentwegt weiter. Er peitschte sich selbst immer mehr und mehr in den Orkan hinein, bis endlich seine Finger ohne einen Schlußakkord von den Tasten glitten. Taumelnd schlich er zum Sofa und legte sich todmüde nieder.
»Fehlt dir etwas?«
»Nein, Vater, sorgen Sie sich nicht um mich.«
»Selbstverständlich sorge ich mich um dich. Wenn du schon am Vormittag so müde bist, mußt du doch sehr nervös sein. Ein kleiner Spaziergang würde dir guttun. Laß dich nicht so gehen. Ich muß sowieso zum Hofmarschallamt, du kannst mitkommen.«
Der Junge gehorchte schweigend. Ein »Cab« brachte sie zu dem vornehmen Amt. Dort verwies sie ein Herr an den anderen. Die Angelegenheit wickelte sich sehr langsam ab, denn wenn sie auch schon ganz leidlich englisch sprechen konnten, verstanden sie die Sprache der Londoner nur mit der größten Mühe. Endlich stellte sich heraus, daß Seine Majestät, König Georg IV., am 7. Juli, abends um 7 Uhr, geneigt wäre, den Jungen in Windsor, wo er den Sommer verbringe, anzuhören. Dieser siebente Juli wurde ein großer Tag für sie. Schon früh am Morgen fuhren sie mit dem Dampfer nach Windsor. Die Festanzüge nahmen sie im Gepäck mit. Siedende Hitze lastete über der Themse. Zweimal nahmen sie sogar den Eisverkäufer in Anspruch, der auf Deck hin und her ging. Adam Liszt ließ sich in eine längere Unterhaltung mit ihm ein, um sich in der Sprache zu üben. Im Dorfe mieteten sie sich ein Zimmer und begaben sich in die öffentliche Schwimmanstalt, um zu baden. Dann gingen sie spazieren und sahen sich das berühmte Schloß von außen an. Es kam ihnen wie eine große Festung vor mit seinen runden Bollwerken, Türmen und den das Mittelalter heraufbeschwörenden gewaltigen Mauern.
»Es ist größer als das Kastell in Eisenstadt«, meinte der Junge scherzend.

»Schmähe du mir bloß nicht das Kastell in Eisenstadt! Wenn Seine Durchlaucht es gewollt hätte, wäre das heute auch ein königliches Kastell.«
»Wieso?«
»Als Napoleon bis nach Ungarn vorgedrungen war, wollte er es von den Habsburgern befreien, wenn Seine Durchlaucht Nikolaus Esterhazy zum König gewählt würde. Aber der Fürst war damit nicht einverstanden, und so wurde aus der ganzen Sache nichts. Warum sollte er auch König werden? Er ist auch so ein mächtiger Herr.«
Im kleinen Gasthaus von Windsor nahmen sie den Lunch ein. Da mußte der Vater den Sohn abermals zurechtweisen, weil er fortwährend über das Essen klagte. Alle Speisen schmeckten nach Talg, behauptete er. Aber der Vater zankte ihn aus. Was anderen schmeckte, müsse auch ihm gut genug sein. Die Süßigkeiten in Paris hätten ihm wohl besser gefallen, aber davon bekäme man nur schlechte Zähne, wenn man sich nicht sehr in acht nehme.
Zeitig kleideten sie sich um und erschienen viel früher als zur festgesetzten Stunde vor dem Eingang. Nach zahllosem Sichausweisen und endlosem Umherirren gelangten sie schließlich in einen kleinen Saal. Sieben Uhr war längst vorüber. »His Royal Majesty« schien sich aber offensichtlich beim Abendessen sehr wohl zu fühlen. Endlich ließ man sie in den Musiksaal eintreten. Dort mußten sie am Klavier Platz nehmen. Außer ihnen war noch niemand da, und sie blieben auch noch eine ganze Weile allein. Plötzlich öffneten sich von selbst die beiden Flügel einer Tür. Der sechzigjährige König trat mit seiner Begleitung ein. Er war ein korpulenter Mann; sein Gesicht trug noch die Merkmale einstiger Mannesschönheit. Neben ihm nahmen mehrere Damen und Herren Platz. Ein prächtig gekleideter Mann gab ihnen einen Wink, sie könnten anfangen.
Er begann mit den Variationen Czernys. Als er sie beendet hatte, blieb alles ruhig. Der König nickte der neben ihm sitzenden Dame zu und redete dann das Kind deutsch an:
»Bravo, mein Junge! So etwas habe ich in meinem ganzen Leben noch nicht gehört.«
Dann wandte er sich wieder zu seiner Umgebung und fuhr fort:
»He is better than Moscheles, Kalkbrenner, Cramer or any other.« Zu einem älteren Herrn mit feinen Gesichtszügen sagte er:
»Vous n'êtes pas de mon avis?«
»Mais certainement, Sire!« erwiderte dieser.
Dann gab ihm der König einen Wink, er möge weiterspielen. Er spielte Hummel, Ries, Mozart, Rossini, Beethoven. Der König hatte noch immer nicht genug. Zwei geschlagene Stunden lang ließ er den Jungen spielen. Zwischendurch wurde Sekt herumgereicht. Der König trank bei jeder Gelegenheit hastig und in großen Schlucken. Endlich fragte er den Knaben, ob er auch das Menuett aus dem »Don Juan« kenne? Ja? Dann möge er über

diese Melodie frei phantasieren. Das Kind variierte das Thema eine Viertelstunde lang. Er baute die Melodie in Fugen auf. Als er geendet hatte, redete ihn der König abermals in deutscher Sprache an, während er sich erhob:

»Komm mal her, daß ich dich in der Nähe betrachten kann. Ich höre, ihr kommt aus Wien?«

»Jawohl, Sire, wir sind Ungarn.«

»Soso. Meinen herzlichsten Glückwunsch, Fürst!«

Der Herr, an den er sich wandte, lächelte und verbeugte sich. Der Junge erriet sofort, daß das niemand anders sein könne als der Londoner Gesandte des Kaisers Franz: Fürst Paul Esterhazy. Denn warum sollte ihn der König sonst beglückwünschen?

»Es ist gut, ich bin mit dir sehr zufrieden. And what about your opinion, Mylady?«

Dies fragte er die neben ihm sitzende Dame, die offenbar niemand anders war als die berühmte Lady Conyngham.

»Very nice indeed, Sire!«

Adam Liszt war im Hintergrund geblieben. Da geschah plötzlich etwas Überraschendes: der Fürst Paul von Esterhazy richtete nicht an den Jungen, sondern an ihn eine deutsche Frage:

»Aus welcher Gegend Ungarns stammen Sie?«

»Ich war Eures Durchlauchtigsten Vaters untertänigster Angestellter in Raiding.«

»Was Sie sagen! Das ist sehr interessant. Haben Sie gehört, Sire? Unser Haus huldigt der Musik. Haydn kam von uns und auch Hummel. Beethoven und Cherubini hielten sich ebenfalls da auf. In welchem Dorfe waren Sie angestellt?«

»In Raiding, Durchlaucht.«

»Ach ja, natürlich in Raiding, selbstverständlich.«

Dann wandte sich der ungarische Fürst wieder an den König. Er fing an von Haydn zu erzählen. Inzwischen pirschte sich der Vater tollkühn an seinen Sohn heran. Schließlich entspann sich eine allgemeine erregte musikalische Unterhaltung, an der auch Adam Liszt teilnahm. Dabei stellte sich heraus, daß der König die Musik nicht nur liebte, sondern auch sehr bewandert darin war. Er machte den Eindruck eines außerordentlich anziehenden Menschen, liebenswürdig, gut gelaunt und ungekünstelt.

Aber jeder schöne Traum endet einmal. Der König unterdrückte ein Gähnen.

»Sie übernachten heute hier im Schloß. Es ist schon zu spät, nach London zurückzukehren.«

Dann nickte er und entließ sie. Der Hofmarschall begleitete sie hinaus und gab draußen einem Lakaien leise eine Anweisung. Durch lange Gänge und über einen Hof führte man Vater und Sohn in ein Fremdenzimmer. Ihr Ge-

päck wurde vom Gasthaus abgeholt. Adam Liszt war vor Seligkeit außer Rand und Band.
Er betastete die Einrichtungsgegenstände des Zimmers und prüfte das Gewebe des Bettzeuges zwischen seinen Fingern. Auf die mit der Königskrone geschmückten Gegenstände machte er seinen Sohn besonders aufmerksam. Vor lauter Seligkeit warf er sich noch lange schlaflos in seinem Bett herum.
Am anderen Morgen wurden sie gefragt, was sie zum »Breakfast« befehlen. Auf einem fahrenden Tischchen richtete man ihnen fast ein Bankett. Auch Briefpapier mit der Aufschrift »Windsor Castle« war im Zimmer vorhanden. Adam Liszt schrieb sofort zwei lange Briefe, den einen an Czerny, den anderen an seine Frau. Dem Brief an die Mutter fügte auch der Sohn ein paar sehnsüchtige Zeilen bei.
Mittags waren sie wieder in London. Die täglichen Einladungen und dazwischen die ununterbrochene Kompositonsarbeit – alles war wieder beim alten. Nach einigen Tagen bekamen sie einen interessanten Gast: Aspull, den britischen Mozart. Sie hatten bereits eines seiner Konzerte besucht, in dem er ein Klavierkonzert von Czerny spielte. Schon in den ersten Minuten konnten sie beruhigt feststellen, daß sie von diesem Knaben nichts zu befürchten hatten. Er war ein ausgezeichneter Klavierspieler, aber sein Rhythmus war nicht gleichmäßig und seinem Anschlag fehlten die feinen Unterschiede der Klangfarben. Sie besuchten ihn in der Pause, und so lernten sich die beiden Wunderkinder kennen. Master Liszt beglückwünschte Master Aspull sehr liebenswürdig und mit ehrlicher Anerkennung. Und dieser nahm die Komplimente mit einer Miene entgegen, deren Bescheidenheit und leichtem Erröten man ansehen konnte, daß ihm die Überlegenheit des Fremden wohl bewußt war. Damals hatten sie vereinbart, daß er sie eines Tages besuchen sollte. Er kam auch wirklich in ihre Wohnung in der Frith-Street im Soho-Viertel. Ein hagerer, scheuer, außerordentlich wohlerzogener Junge war dieser Aspull, sichtlich älter als sein kleiner Kollege. In jeder seiner Bewegungen und in jedem seiner Worte kam die Achtung zum Ausdruck, die er dem überlegenen Virtuosen zollte. Liszt Vater und Sohn setzten ihm Tee vor. Die Unterhaltung schleppte sich mühsam hin. Sie sprachen ausschließlich vom Klavier und von Musik. Aspull trug auch Variationen vor und beobachtete ängstlich seine Gastgeber, ob es ihnen gefalle. Sie sprachen ihm laut und freundlich ihre Anerkennung aus.
Dann ging der Vater in das Zimmer nebenan, zu seinen Rechnungen und Schriftstücken. Mochten die Kinder sich nach Herzenslust unterhalten. Aber die beiden saßen still beisammen und konnten nichts miteinander anfangen. Sie waren beide verlegen und unbeholfen. Auch die Sprache hinderte sie empfindlich daran, die steile Mauer der Fremdheit zwischen ihnen zu durchbrechen. Master Aspull sprach nur Englisch, und Liszts Englisch war recht dürftig.

»Hast du schon vor deinem König gespielt?« fragte endlich Master Liszt.
»Ja, ich habe schon vor ihm gespielt«, antwortete Master Aspull.
»Spielst du gern öffentlich?«
»Nein, ich habe immer Angst, wenn ich auf das Podium heraus muß. Ich spiele nur zu Hause gern Klavier.«
Es entstand eine lange Pause. Bedrückt schwiegen alle beide. Da entschloß sich plötzlich Master Liszt und stellte kühn die eine Frage, die ihm schon lange am Herzen lag:
»Warst du schon verliebt?«
Der englische Junge erschrak heftig. Er wurde über und über rot wie eine Mohnblume.
»Ich weiß nicht . . .« stotterte er leise. »Nein . . . nein . . . ich weiß es nicht . . .«
Unbeschreibliche Verlegenheit bemächtigte sich seiner, und die Verlegenheit des Gastes übertrug sich auch auf den jungen Hausherrn. Auch er errötete tief, und seine Finger zitterten. Die Situation war höchst peinlich. Endlich stand Master Aspull gequält auf:
»Ich glaube, ich muß jetzt gehen.«
Hastig und mit ausweichenden Blicken verabschiedete er sich, und es war ihm deutlich anzusehen, daß er froh war, hinter sich die Tür schließen zu können. Auch Master Liszt fühlte sich erleichtert, aber am liebsten hätte er ihn doch zurückgerufen. Er empfand solche Sehnsucht, mit einem einigermaßen gleichaltrigen Jungen über alle die Dinge zu sprechen, die die Großen angehen. Er hatte keinen jungen Freund. Er kannte nur Erwachsene.
Aus dem Nebenzimmer kam der Vater. Er hielt einen Brief in der Hand.
»Richte dich darauf ein, daß wir in den nächsten Tagen nach Manchester reisen. Ich habe das Konzert soeben vereinbart. Im August kehren wir nach Paris zurück.«

ELFTES KAPITEL

Als sie in Paris ankamen, war Ludwig XVIII. gerade gestorben. Eine fiebrige Erregung beherrschte die große Stadt. Der Graf von Artois wurde König und mit unerhörtem Pomp in Reims gekrönt. Die Zeitungen waren voll von begeisterten Berichten. Rossini hatte eine Festoper komponiert. Die Krönung fegte alle anderen Neuigkeiten weg; in ganz Paris sprach man nur noch von Karl X. »Le petit Litz« hatte aufgehört, die Mode der Saison zu sein. Er erhielt auch bedeutend weniger Einladungen, weil die Familien des Hochadels während der Hoftrauer keine Musik wünschten.

Um so mehr hatte er Zeit zur Arbeit. Im Herbst war die Überarbeitung seiner Oper beendet. Paer überprüfte das gesamte Werk, und es verblieb kaum eine Seite, zu der er nicht irgendeine immer sehr belehrende Bemerkung gemacht hätte. Der Junge verbrachte seinen dreizehnten Geburtstag damit, daß er an der Instrumentation arbeitete. Er nahm jede Gelegenheit wahr, ein Orchester zu hören. Paer und sein Vater begleiteten ihn meist. Er beobachtete gespannt die geheimnisvolle Wirkung der einzelnen Instrumente. Erschüttert aber war er von der wunderbaren Beredsamkeit des gesamten Orchesters. Was war das zum Beispiel für ein Unterschied in der Klangfarbe, wenn von zwei Geigen, die beide dieselbe Melodie spielten, die eine eine Oktave tiefer lag! Wie ergreifend war die Klangfärbung der mit der Flöte zusammenklingenden Geige, das gefühlvolle Untermalen des Cellos, die dramatischen Möglichkeiten der dröhnenden Kesselpauken, die grundlegende, Ordnung schaffende Kraft der Baßgeige, die sich um die Trompetenstimmen züngelnden Geigentöne . . . Alles das erfüllte ihn mit Aufregung und Entzücken. Sogar in seinen unruhigen Träumen bekämpften die Kontrapunkte der einzelnen Instrumente einander.
Ohne auszuruhen komponierte er zwischendurch auch andere Sachen. Die neueren Opern von Rossini und Spontini spielte er zu Hause sehr oft, zerlegte die einzelnen Melodien am Klavier und befaßte sich solange mit ihnen, bis aus dem Ganzen ein Impromptu wurde. Er schrieb es sauber ins reine und überreichte es, nachdem es ein Lob von Paer erhalten, seinem Vater. Adam Liszt hatte große Sorgen mit der Veröffentlichung dieser Kompositionen. In London hatte er wider Erwarten bei den Musikverlegern nicht viel erreichen können, und jetzt konnte er sich auch in Paris immer noch nicht recht entschließen, obwohl er für Czerny mit einzelnen Musikverlegern recht günstige Vereinbarungen getroffen hatte. So mit der Madame Bonnemaison. Diese Verlegerin zahlte fünfzig Goldstücke für das Rondo di Bravura, und er schickte stolz das Geld nach Wien. Mit den Kompositionen seines Sohnes aber zögerte er immer noch. Der Junge schuf inzwischen noch ein Werk, an dessen Herausgabe man ebenfalls hätte denken können: eine Klaviersonate, die er, ohne aufzuhören, stets dann zu Ende zu spielen pflegte, wenn er durch die Instrumentation sehr ermüdet war. Endlich dachte er daran, daß er wie Clementi, Cramer, Czerny und so viele andere auch Etüden schreiben könnte, kleine Vortragsstücke, die zur Stählung einzelner Finger und zur Ausbildung schwieriger Fingersätze dienen sollten. Immer wieder kamen ihm neue reizvolle Gedanken, die er sich am Klavier sorgfältig notierte. Eines schönen Tages legte ihm sein Vater ein Notenheft vor. Er lachte laut auf vor Freude, denn er las auf der Titelseite: »Impromptu sur des Thèmes de Rossini et Spontini par F. Liszt.«
Das war schon etwas ganz anderes als die Diabelli-Variationen. Dort verlor sich sein Name unter den Namen vieler erwachsener Tondichter. Hier trat er aber allein auf, hier stand sein Name ganz allein da in gedruckten Buch-

staben. Er konnte sich nicht satt sehen, er schlug das Notenblatt auf, um gleich wieder zum Titel zurückzublättern. Dann legte er es vor sich hin und spielte sein Stück so, als wollte er sich mit einem fremden Werk vertraut machen. Er fand es zuerst gut, dann gefiel es ihm noch besser, und schließlich war er davon hingerissen. Der Vater hatte ihm zwei Texte vorgeschrieben, die er in je ein Notenheft als Widmung eintragen sollte. Eins mußte an die Italienische Oper für Rossini, das andere nach Berlin an Spontini geschickt werden. Mit stolzer Freude und außerordentlich sorgfältigen Kinderbuchstaben malte er auf die beiden Notenhefte die Widmung. Ein Napoleon hätte seinen Namen nicht stolzer unter ein Schriftstück setzen können, als er die Buchstaben »F. Liszt« hinmalte!
Monate vergingen in harter Arbeit. Der alte Erard hörte jede Einzelheit an und ließ sich auch die Instrumentation erklären. Die der Musikwelt Nahestehenden fragten ihn oft, wie weit er mit seiner Oper sei. Hier und da erinnerte sich auch eine Zeitung seiner. So schrieb ein Blatt der Opposition, »Le Corsaire«, das fortwährend an der Leitung der Oper etwas auszusetzen hatte, eines Tages: »Der jugendliche, frühgereifte Musiker Liszt arbeitet, wie man berichtet, an der Vertonung eines Operntextes von Théaulou. Bleibt dieses Werk ebensolange bei der Direktion wie alle anderen Opern, so wird das elfjährige Kind bei der Uraufführung gerade volljährig sein.«
Diese Zeitungsnachricht entfesselte einen großen Sturm in der Familie Liszt. Der Junge fing an zu weinen und wurde in seinem Zorn sehr lebhaft:
»Ich bin nicht elf Jahre alt. Ich bin schon über dreizehn Jahre alt. Ich hasse es so, wenn man mich als kleines Kind behandelt. Und wenn man mich ›le petit Liszt‹ nennt, möchte ich die Leute am liebsten beißen.«
»Du, sei bloß still! Was das Geschäftsinteresse verlangt, das beurteile ich. Du bist elf Jahre alt und damit Schluß. Und wenn du es wagst, vor Fremden etwas anderes zu behaupten, so werde ich einmal ganz grob.«
Das Kind biß sich auf die Lippen und flüchtete in stummer Verzweiflung zu seiner Arbeit. Er hatte jetzt noch viel mehr zu tun als bisher, denn der Vater bereitete eine Konzertrundreise durch die südfranzösischen Städte vor. Für diese mußte er fleißig üben. Im März traten sie die große Reise an. Sie begannen mit Konzerten in Bordeaux, dann folgten Toulouse, Lyon und Marseille.
Das waren ermüdende und trotz der wechselnden Städte eintönige Wochen. Überall die gleiche Ankunft mit der Postkutsche, auf deren Boden das Stroh hochgetürmt lag. Im Stroh unglaublich viel Flöhe. So eine Reise bestand aus nichts anderem als ständigem Jucken, seelenzermarterndem Rütteln und Schütteln, erstickendem Hustenreiz vom Zigarrenrauch der Mitreisenden und quälender Schlaflosigkeit. Auch die einfachen Gasthäuser waren sich stets gleich, wo sie auch absteigen mochten. In das Zimmer wurde sofort ein Klavier gestellt, und nach einer halben Stunde donnerte schon

die Stimme Adam Liszts durch das Haus, weil er sich mit den empörten Nachbarn stritt. Gleichförmig war auch der Rundgang: von den städtischen Berühmtheiten zu der Redaktion des Lokalblattes, dem ansässigen Klavierlehrer und den die Kunst fördernden vornehmen Familien. Auch die Konzerte waren eins wie das andere: derselbe Beifall, dasselbe Staunen nach den einzelnen Vorträgen, dasselbe lästige Gedränge am Ende des Konzertes, zwanzig Menschen, die alle auf einmal auf ihn einsprachen und ihn gleichzeitig umarmen wollten. Auch das Festessen nach jedem Konzert war das gleiche: die ansässigen musikalischen Größen, die Mitarbeiter der Zeitungen, schwärmende und aufdringliche, begeisterte Damen, in der Provinz steckengebliebene Begabungen, die über die Kleinstadt schimpften und begierig die Kulissengeheimnisse des Pariser Musiklebens erforschen wollten.
Von den Städten selbst sah der Wunderknabe herzlich wenig. Er erinnerte sich nur an die Garonne-Brücke in Bordeaux, an die Festung und daß sich die Einwohner »Bordelais« nannten.
In Toulouse nahm ihn sein Vater in die Kirche Saint-Denis mit, deren Inneres das empfindliche Kind vor Entzücken zu Tränen hinriß. Auf der Empore wurde wunderschön Orgel gespielt, und der betörende, süße Duft des Weihrauchs hüllte seine Seele ein. Am liebsten wäre er immer in dieser Kirche geblieben.
In Lyon sah er, wie ein Pferd stürzte. Das unglückliche Tier hatte sich das Bein gebrochen. Es wurde von Fußgängern umlagert, und er sah die schief aus dem Maul heraushängende Zunge, als er mit seinem Vater im Wagen vorbeifuhr. Dieses Bild quälte ihn zwei Tage lang in seinen Träumen. Nach Herzenslust herumstreifen konnte er in keiner der Städte. Er mußte den ganzen geschlagenen Tag arbeiten, denn an der Instrumentation seiner Oper, die er mitgenommen hatte, war noch sehr viel zu feilen.
Lediglich aus Bordeaux brachte er die Erinnerung an einen kleinen Vorfall mit nach Hause, den er mit schelmischer Freude für sein ganzes Leben bewahrte. In dieser Stadt machten sie die Bekanntschaft von Pierre Rode, dem berühmten Violinkünstler, der durch seinen Beruf reich geworden war und sich in seiner Geburtsstadt zur Ruhe gesetzt hatte. Er lud die Familie Liszt zu sich ein. Aber auch andere hatte er zu Ehren des Raidinger Weltwunders gebeten, Musikverständige und Künstler. Der Wunderknabe erzählte, daß er anläßlich seines ersten Wiener Konzertes durch Saint-Lubin eine Rode-Komposition kennengelernt habe, und es wurde auch darüber gesprochen, daß ihn Beethoven öffentlich geküßt habe.
Den alternden Violinkünstler machte die große Berühmtheit des Knaben sichtlich reizbar. Er war bestrebt, ihn in jeder nur denkbaren Hinsicht zu übertrumpfen. Wenn das Wunderkind schon vor drei Königen gespielt hatte, so zählte er aus seiner Erinnerung mindestens elf zusammen. Wenn man das Wunderkind als »kleinen Mozart« bezeichnete, so behauptete er,

daß ihn eine deutsche Zeitung als »Apollo« verherrlicht habe. Endlich hatte sich die Situation so zugespitzt, daß Rode und Adam Liszt in Vertretung seines Sohnes sich gegenseitig übertrumpfen wollten, und als die Rede nochmals auf den Kuß Beethovens kam, winkte Rode ab:
»Beethoven? Mein bester Freund! Vor elf Jahren hat er mir eine Violinromanze geschrieben. Opus 50. Ich wage es, zu behaupten, daß außer mir auf der ganzen Welt keiner meinen Freund Beethoven besser kennt und versteht als ich.«
Das Kind saß am Klavier und fing zerstreut zu spielen an. Rode nickte sofort mit verklärter Miene:
»Das Allegro der A-Dur-Symphonie. Großartig!«
Das Kind spielte ein anderes Thema, Rode erkannte es sofort. Nach vier oder fünf Themen kam dem Jungen plötzlich ein kühner Gedanke. Er begann seine eigene Klaviersonate zu spielen. Rode stutzte einen Augenblick, nickte aber dann:
»Selbstverständlich, selbstverständlich kenne ich es. Auch das klingt herrlich!«
Adam Liszt erkannte natürlich das Werk seines Sohnes und blickte ihn bestürzt an. Das Kind spielte mit einem unterdrückten schelmischen Lächeln seine eigene Sonate weiter. Rode wandte sich mit gnädiger Großspurigkeit an seine Gäste:
»Ist das nicht unerhört schön? Es gibt wahrlich nur einen Beethoven auf der ganzen Welt!«
Während das Kind weiterspielte, nickten die anderen alle eifrig zustimmend. Keiner getraute sich einzugestehen, daß er die Komposition nicht kenne. Zum Schluß ging der Junge geschickt in die »Appassionata« über. Die qualvolle Gespanntheit Adam Liszts löste sich. Bald darauf verabschiedete sich die ganze Gesellschaft.
Als Vater und Sohn allein waren, sagte der Vater:
»Hör mich mal an. Von nun an wagst du keine solche beispiellose Kühnheit mehr! Das hätte sehr schlecht enden können, und du würdest dir in Bordeaux einen Todfeind geschaffen haben. Ich verbiete dir auf das strengste, daß du das jemals jemandem erzählst.«
»Ich verspreche es Ihnen, Vater. Aber sehen Sie wenigstens ein, daß er das verdient hat? Warum will mich, wo ich noch so jung bin, ein so alter Mann an die Wand drücken?«
Dieses kleine Erlebnis also hatte er von seiner Konzertrundreise in Südfrankreich mitgebracht, aber auch den größten Teil der inzwischen fertiggestellten Instrumentationsarbeiten.
Adam Liszt brachte reichlich Geld nach Hause. Die Konzertreise hatte sich gelohnt. Dem Kinde war aber keine Ruhepause vergönnt gewesen. Wegen des bereits im vorigen Jahre abgeschlossenen Vertrages mußte er abermals nach London reisen.

Es war Juli, ein heißer Sommer. Das Londoner Konzert verlief auch diesmal sehr erfolgreich. König Georg lud sie wiederum nach Windsor ein und sprach jetzt mit dem Jungen wie mit einem alten Bekannten. Er unterhielt sich lange mit ihm und überhäufte ihn mit liebevollen und gütigen Worten höchster Zufriedenheit. Auch diesmal blieben sie über Nacht im Schloß zu Gaste. Adam Liszt schaltete und waltete im Gastzimmer so vertraut wie zu Hause. Das Kind bemerkte einen grenzenlosen Hochmut in den herabgezogenen Mundwinkeln seines Vaters. Sicherlich blieb dieser hochmütige Ausdruck auch dann noch in seinem Gesicht, wenn er die Kerze ausgeblasen hatte . . .

Auch in Manchester waren sie wieder. Hier wurde jedoch der gleichmäßige Erfolg durch ein großes Ereignis unterbrochen, das den Jungen in beispiellose Erregung versetzte. Beim zweiten Konzert in Manchester, in dem ein neunjähriger, zumindest aber für neunjährig ausgegebener Violine spielender Wunderknabe namens Banks auftrat, trug das Orchester zuerst das Vorspiel zum »Don Sanche« vor. Daß diese Ouvertüre zu der Oper gehörte, die in Paris uraufgeführt werden sollte, mochte Adam Liszt nicht verraten. Er hatte auf das Programm drucken lassen: »A new grand ouverture composed by the celebrated Master Liszt«, verschwieg aber auch nicht, daß dies die erste öffentliche Aufführung dieser Tondichtung sei. Er hatte seine väterliche Ungeduld nicht länger bezähmen können und wollte unter allen Umständen hören, wie die Opernmusik seines Sohnes mit Orchester wirkte. Und diese englische Landstadt hielt er dafür am geeignetsten.

Hundertmal aufgeregter war der junge Komponist selber. Ein Kapellmeister namens Cudmore dirigierte das Orchester. Auf den Pulten vor den Musikern lagen die »Stimmen«, die Adam Liszt für teures Geld noch in London aus der Partitur seines Sohnes hatte ausschreiben lassen. Der Junge hatte die Probe nicht gehört, weil er fieberte und der Vater ihm nicht erlaubte, das Bett zu verlassen. Jetzt saß er in der ersten Reihe, gleich allen anderen Zuhörern. Die Instrumente lösten in ihm eine fast unüberwindliche Aufregung aus mit ihren klingenden und quirlenden Geräuschen, während sie gestimmt und probiert wurden. Endlich stellte sich Cudmore in seinem braunen Frack, mit dem roten Gesicht zwischen den weitabstehenden weißen Kragenspitzen, vor das Orchester und klopfte auf das Notenpult. Im nächsten Augenblick hob er auch schon den Arm, und nun begann das Orchester zu spielen, was der Junge vor vielen, vielen Monaten in der Stille seines Zimmers mit klingendem Herzen erdacht hatte.

Das war ein wunderbares Gefühl und mit keiner anderen bisherigen Regung zu vergleichen. Bei den Klängen der von dem Zauberer handelnden Oper fühlte er sich selbst als Zauberer. Wie sonderbar: er sitzt hier unten auf seinem Platz mit ausgetrockneter, brennender Kehle, und trotzdem singt er selbst da oben, auf dem Podium, mit der Stimme von vierzig Instrumenten! Das sind *seine* Seufzer, das ist *seine* Rührung, *seine* Sehnsucht, alles *sein* Gefühl. Was da erklingt, singt, schmettert, zittert und summt, das alles ist er selbst; alle die Menschen in dem großen Saal hören *ihm* zu, dem wirklichen Führer, dessen allmächtige Befehle die Instrumente von Stimme zu Stimme befolgen. Erwachsene Menschen, ab und zu ganz alte, sitzen da oben im Orchester . . . die meisten haben eine Familie und so große Kinder, wie er eines ist . . . Aber alle zusammen blasen, schmettern, streichen mit dem Bogen ihrer Geige gehorsam dem folgend, was er ihnen vorgeschrieben hat, und beobachten mit der Hingabe von Sklaven die Befehle der Notenköpfe. Du heiliger Gott – da sinnt er solchen Dingen nach und achtet gar nicht auf seine eigene Komposition! Nun wollen wir mal hören . . . wirklich wunderbar . . . Seine Schultern bewegen sich im Takte der Musik. Er gab sich vollkommen den Klängen hin. Er war wahrhaftig und grenzenlos selig. Tief, sehr tief schöpfte er Atem, als der Dirigentenstab den letzten Akkord in der Luft durchschnitt. Der ausbrechende Beifall blieb ohne Wirkung auf ihn. Im ersten Augenblick tat es ihm weh, aus dem Himmel wieder auf die Erde zu fallen. In diesem Konzert übertraf er sich selbst.

Mit erneuter Leidenschaft stürzte er sich auf die Arbeit der Instrumentation. Mit den letzten Seiten wurde er erst in London fertig. Am darauffolgenden Tage war er nicht mehr fähig, aufzustehen. Er hatte Fieber, sein Schädel brummte, und er fühlte in sich eine stumpfe, ausgemergelte Leere. Vom Frühstück wandte er sich ab, er wollte gar nichts, nur unbeweglich liegen und an nichts denken. Der Vater ließ einen Arzt kommen, der ihn untersuchte, befragte und dann das Urteil sprach: dem Jungen fehle nichts Besonderes, als daß er einfach erschöpft sei. Man müsse im allgemeinen sehr auf ihn achten, denn er habe eine empfindliche Natur, wenn er sonst auch vollkommen gesund sei. Jetzt würden ihm auf alle Fälle ein bis zwei Wochen Seeluft und unbedingte Ruhe guttun.

Adam Liszt überlegte und fragte dann:

»Kann das Kind während der zwei Wochen wenigstens ein einziges Mal spielen?«

Der Arzt zuckte die Achseln:

»Von mir aus kann es auch zehnmal spielen. Tatsache ist jedoch, daß es unter allen Umständen Ruhe haben muß.«

»Ja, gewiß. Aber wenn der Junge innerhalb dieser zwei Wochen ein einziges Mal spielt, kann ihm das schaden?«

»Du lieber Gott, davon wird er noch nicht krank. Warum?«

»Weil ich ein Angebot für ein Konzert in Boulogne habe. Ich möchte es annehmen, und dann haben wir die Kosten für die zweiwöchige Badereise verdient.«

Der Arzt wollte noch etwas erwidern, aber er strich dem Jungen nur übers Haar, schwieg und ging. Nach vier Tagen überquerten sie abermals den Kanal. In Boulogne mieteten sie unmittelbar am Meeresstrand eine Wohnung,

und schon lief der Vater in die Stadt wegen der Eintrittskarten, Wandanschläge, wegen des Orchesters, der Konzertfolge und der Kritik.
Sie verbrachten dort zwei Wochen und, das Konzert abgerechnet, dem bei den vornehmen Badegästen ein strahlender Erfolg beschieden war, hatte das Kind fast vollständige Ruhe. Sogar die Tonleiterübungen mit dem Metronom erließ ihm der Vater ausnahmsweise. Schon am ersten Tag gingen sie zum Meer hinunter, um zu baden. Fröhliche Kinder jagten sich, schrien oder bauten Sandburgen.
»Mach dich doch mit ihnen bekannt«, sagte der Vater. »Und spiele soviel mit, wie du nur willst. Du darfst bloß nicht über das gezogene Seil hinaus. Jetzt geh!«
Der Junge stand in seiner Schwimmhose unschlüssig da. Sein Körper war schneeweiß, seine Beine dünn und gerade. Er sah wie ein fremdrassiger Junge aus zwischen den anderen kleinen, sonnengebräunten Kindern. Sein Vater begann, im Sande liegend, die Zeitung zu lesen. Der Junge blickte befangen und ratlos auf die Spielenden. Endlich sprach ihn ein französischer Junge an, ob er nicht helfen möchte, sie wollten das Wasser aus einem Kahn schöpfen und sich dann hineinsetzen. Er schloß sich ihnen an und machte alles, was die anderen sagten. Wenn sie lachten, lachte er fröhlich mit. Wenn sie in den Kahn hinein- und wieder heraussprangen und miteinander wetteiferten – er machte mit. So spielten er eine halbe Stunde lang. Dann suchte er seinen Vater.
»Was ist denn los? Gefällt dir das Spielen nicht mehr?«
Der Junge zuckte mit den Achseln:
»Ich weiß nicht, worüber ich mich mit ihnen unterhalten soll.«
Er setzte sich neben seinen Vater, der ruhig weiterlas. Er wartete höflich, bis er umblätterte, dann fragte er:
»Sagen Sie, Vater, wie lange bleiben wir noch hier?«

ZWÖLFTES KAPITEL

Der Vater beschloß, ihre Ankunft in Paris niemandem mitzuteilen. Er sah selber, daß sein Sohn sehr erschöpft war und daß er ihn auch noch nach dem Boulogner Aufenthalt würde schonen müssen. Er schrieb also niemandem.
»Wir werden zwei Wochen inkognito verbringen«, betonte er mit gebührender Wichtigkeit, »wir gehen nirgends hin und zeigen uns niemand. Währendessen ißt du viel, schläfst viel und ruhst dich richtig aus.«

An einem heißen Julitage kamen sie an. Hinter den orangefarbenen Leinengardinen lag das Zimmer im Dämmer. Der Junge blieb fast den ganzen Tag liegen, am ersten Tage verließ er sogar das Bett überhaupt nicht. Drei, vier Tage lang ging er dann nur in der Badehose umher, während draußen auf der Straße die glühende Luft von Paris einen beinahe ohnmächtig machen konnte. Manchmal ließ er seine Finger gedankenlos über das Klavier gleiten, dann lag er wieder auf dem Sofa und träumte von seinen Londoner Erlebnissen. Von diesen Geschehnissen war eines besonders wach in ihm: das Konzert eines Kinderchors in der St.-Pauls-Kathedrale. Irgendein Feiertag der englischen Kirche hatte sechstausend Kinder auf die Beinchen gebracht. Diesen Kindern war schon in der Elementarklasse Unterricht im Kirchengesang zuteil geworden. Und was diese sechstausend vortrugen, war tief ergreifend. Wenn er an diese erhabenen Augenblicke zurückdachte, wo ihn die vollendete Schönheit der Haydnschen Harmonien mit süßem Schmerz überwältigte, dann packte ihn die Sehnsucht, sich zu diesen Engelsstimmen zurückzuretten, in den verzauberten, silbernen Ozean der sechstausend Sopranstimmen.

Am fünften Tage brachte die Post einen Brief. Adam Liszt las ihn aufgeregt seinem Sohne vor: »Das Ministerium fordert François Liszt, den minderjährigen Komponisten, auf, seine Tondichtung vor einer dazu berufenen Jury innerhalb acht Tagen vorzuführen.«

»Mir bleibt der Verstand stehen«, rief der Vater entsetzt, »wir haben die Rollen noch nicht verteilt, kein einziger Sänger kennt seine Arie. Was, zum Teufel, sollen wir jetzt machen? Jedenfalls muß ich sofort in das Ministerium eilen.«

Während er an seinen Kleidern herumzerrte, stellte er eher für sich als für seinen Sohn die Lebensweisheit auf:

»Übergroße Protektion ist wohl ein ebenso schlimmes Übel wie überhaupt keine. Ich hatte beim Hofe erreicht, daß das Ministerium die ganze Angelegenheit etwas beschleunigen würde. Nun ist das geschehen, und ich möchte verrückt werden, weil ich nicht weiß, wie ich so schnell fertig werden soll.«

Mittags kam er mit der Nachricht zurück, daß er im Ministerium ein Gesuch geschrieben und um vierzehntägigen Aufschub gebeten habe. Aber man habe ihm sogleich mitgeteilt, daß die Genehmigung kaum erteilt werden dürfte. Die Operndirektion hätte es mit der Prüfung sehr eilig, da der Spielplan zusammengestellt werden müsse. Also an die Arbeit!

Adam Liszt war imstande, für zehn zu schaffen, wenn ihm eine Sache am Herzen lag. Noch am selben Abend wurden Notenkopierer bestellt, die die großen Arien für die Hauptdarsteller abschreiben mußten. Er sprach bei sämtlichen Solisten der Reihe nach vor, brachte die Textdichter auf die Beine, verhandelte, beredete und überredete. Vom frühen Morgen an war er schon unterwegs. Er kam im Laufe des Tages zehnmal nach Hause und

ging zehnmal wieder weg. Ein ganzes Regiment von Menschen hatte er mobilgemacht und interessiert.
Und wenn auch in acht Tagen nicht alles zu schaffen war, so konnte doch in zwei Wochen die Oper der Jury vorgeführt werden. Im Beratungssaal der Académie Royale hatten sich sämtliche zuständige Persönlichkeiten eingefunden. Am grünen Tisch, im Präsidentenstuhl, saß steif und vornehm der große Cherubini. Ihm zur Seite die Mitglieder der Prüfungskommission: Berton, Professor der Harmonielehre und zugleich Opernkomponist, Catel, Mitglied der Akademie und ebenfalls Opernkomponist, Le Sueur, Professor der Kompositionslehre, Dirigent an der Oper und Opernkomponist, und endlich Boieldieu, zweiter Professor der Kompositionslehre und Opernkomponist. Fünf junge Sänger, zumeist Schüler der Musikakademie, hatten sich für ein geringes Honorar bereit erklärt, bei dieser Aufführung mitzuwirken, und zwar waren es zwei junge Männer und drei junge Damen. Auch die beiden Textdichter Théaulou und de Rancé waren anwesend. Nicht zu vergessen der blasse, mit den Fingern auf dem Tisch trommelnde Vater. Und am Klavier saß der bald vierzehnjährige Junge, bereit, jedem Befehl des allmächtigen Alten sofort nachzukommen.
Cherubini legte die Partitur vor sich hin. Der Komponist brauchte keine Noten.
»Wir können beginnen. Zuerst wollen wir das Vorspiel hören.«
Der Komponist spielte die Ouvertüre. Er spielte sie so, wie der erste Klavierspieler der Welt eine Ouvertüre spielen kann. Als sie ausklang, sah Cherubini seine vier Kollegen an, erst die beiden zur Linken, dann die zur Rechten. Alle vier nickten. Da nickte auch Cherubini.
»Die Rezitative lassen wir vielleicht. Wir wollen lieber die . . . wie heißt er denn? Sanche? Also die Arie Sanches hören.«
Ein junger Mann sang die Arie recht mittelmäßig herunter. Der Komponist begleitete ihn auf dem Klavier.
Da sagte Boieldieu:
»Das war sehr nett. Sind alle anderen auch so, soll es mich sehr freuen.«
Sie probten sämtliche Soli, hörten aber doch nicht alles an. Die junge Sängerin, die die Rolle des Pagen zu singen hatte, war umsonst erschienen. Ihre Partie wurde nicht mehr verlangt. Viele anerkennende Worte fielen. Nach dem letzten Takt stand Cherubini auf.
»Wir danken. Die Entscheidung wird der Komponist schriftlich erhalten.«
Dann nickte er und verließ den Saal, mit ihm die anderen vier Mächtigen. Sie entfernten sich wie das Gericht, das sich zur Beratung über ein Urteil zurückzieht. Der alte Boildieu winkte aber in der Tür dem Jungen noch einmal freundlich zu. Sie nahmen ihre Noten und gingen nach Hause. Am Nachmittag trieb sich der Vater solange vor der Académie Royale herum, bis es ihm gelungen war, die Entscheidung zu erfahren: die Prüfungskom-

mission empfahl das Stück zur Aufführung. Der Junge erfuhr das aber erst am nächsten Morgen. Adam Liszt besuchte nämlich sofort der Reihe nach alle in Aussicht genommenen Schauspieler und Sänger, verhandelte mit ihnen den ganzen Abend und beriet sich mit den Textdichtern bis zum Morgengrauen. Als er nach Hause kam, schlief sein Sohn. Nur zehn Tage hatte gedauert, was bei anderen Werken Jahre in Anspruch zu nehmen pflegte. Am 14. August traf die schriftliche Nachricht von der Direktion der Oper ein, das Stück sei zur Aufführung angenommen. Im Hinblick darauf, daß es noch im Laufe des Herbstes aufgeführt werden sollte, wurde der Komponist gebeten, sich anderntags in die Direktion zur Besprechung der Rollenverteilung zu bemühen.
Der Komponist begab sich am anderen Tage in Begleitung seines Vaters in das stolze Gebäude der Rue le Peletier. Adam Liszt wollte sich und seinen Sohn bei Direktor Dublantys melden lassen, aber der Diener entgegnete:
»Bitte, treten Sie gleich ein. Der Herr Dirigent ist schon beim Herrn Direktor, und sie erwarten die Herren.«
»Die Herren.« Das Herz des dreizehnjährigen Komponisten schlug laut. Sie traten ein. Zuerst erlaubte sich Dublantys einen kleinen Scherz, indem er den Jungen stets mit »Herr Komponist« anredete und ihn mit einer übertrieben zur Schau getragenen Feierlichkeit um seine Meinung über die Verwendungsfähigkeit dieses oder jenes Sängers befragte. Er hatte aber diesen Ton sehr schnell wieder aufgeben müssen, denn der Junge nahm ihn für bare Münze und trug eine derartige Würde zur Schau, daß man darüber nicht mehr zu lächeln vermochte. Mit der Rollenverteilung waren sie in wenigen Minuten fertig, denn der Vater hatte die Angelegenheit schon vorher mit jedem einzelnen Schauspieler besprochen. Von entscheidender Bedeutung war lediglich die Besetzung der Tenorpartie, die der junge Nourrit übernehmen sollte, der erst vor kurzem das Erbe seines berühmten Vaters an der Oper angetreten hatte. Sein Name allein verbürgte schon den Erfolg. Für die Baritonpartie des Zauberers war Prévost ausgewählt worden, die Partie der Elzire übernahm die italienische Koloratursängerin Grassari, die Mezzosopranpartie Fräulein Prémont. Bezüglich der Rolle des Pagen äußerte Adam Liszt den Wunsch, diese Partie der schönen tschechischen Sängerin, Fräulein Jovurek, anzuvertrauen. Seinem Wunsche wurden von seiten der Direktion keinerlei Schwierigkeiten entgegengesetzt. Die Hauptrolle im Ballett fiel Fräulein Montessu zu. Nun aber geschah etwas, was den jungen Komponisten plötzlich totenbleich werden ließ. Der Dirigent sagte nämlich:
»Wir müssen noch die Kürzungen besprechen.«
»Welche Kürzungen?« erschrak der Knabe.
»Das Stück hat Längen, die müssen wir kürzen. Erschrick nur nicht, mein lieber Sohn, das ist in der ganzen Welt bei jedem Komponisten so. Auch bei Rossini müssen wir dauernd kürzen, und er sieht das stets ein. Sei also

auch du einsichtig. Wir werden das ganze Stück nochmals zusammen durchsehen, ich habe die betreffenden Stellen schon angemerkt. Wir brauchen das nicht gleich heute tun, es hat gut noch zwei bis drei Tage Zeit. Geschehen muß es aber, denn wir sparen dadurch sehr viel Arbeit. Vielleicht kommst du morgen um diese Zeit wieder.«

Der Junge kam erst zum Überlegen, als sie sich schon verabschiedet hatten und er mit dem Vater die Treppe hinunterstieg. Plötzlich übermannte ihn die Entrüstung, und seine Augen füllten sich mit Tränen. Auf der Treppe blieb er stehen und rief mit tränenerstickter Stimme: »Ich lasse es nicht zu, daß man etwas wegläßt! Es ist schrecklich, daß man kürzen will, woran ich solange gearbeitet habe! Ich lasse es nicht zu! Warum war Théaulou nicht da? Und de Rancé? Sie hätten Einspruch erheben müssen! Und warum lassen *Sie* das zu, Vater?«

»Sie haben vorher gesagt, daß sie nicht kommen würden, weil es überflüssig sei. Heule nicht hier auf der Treppe! Schämst du dich denn nicht? Denkst du etwa, es habe schon einmal einen Komponisten gegeben, der hier auf der Treppe so geheult hat?«

»Mir ist das gleichgültig, ich lasse nichts kürzen!«

Er konnte sich nicht beruhigen. Auch zu Hause weinte er weiter. Nachmittags gingen sie zu Erards in das Palais Muette. Dort fand es jeder ganz natürlich, daß man eine Oper kürzt. Die beiden Textdichter waren ebenfalls anwesend und fanden auch nichts dabei. Sie hatten schon unzählige Operntexte geschrieben, aber keins ihrer Stücke war jemals ungekürzt aufgeführt worden. Der Junge blieb allein mit seinem Schmerz, den niemand mit ihm teilen wollte. Am anderen Tage erschienen auch die beiden Textdichter beim Dirigenten, weil er sie sehr darum gebeten hatte. Jeder zum Tode verurteilte Takt entfesselte einen neuen Kampf. Der Knabe flehte die Erwachsenen förmlich an, dieses und jenes noch stehenzulassen, und wenn sie nicht auf ihn hörten, flehte er seinen Vater an, daß er für ihn bitten solle. So gelang es ihm zwar, noch einen kleinen Teil zu retten, im ganzen aber hatte er die Schlacht verloren. Er fing an, den Dirigenten zu hassen. Daheim sprach er kaum ein Wort. Als ihn der Vater seiner überschwenglichen Empfindlichkeit wegen schalt, erwiderte er düster:

»Jetzt ist mir die Lust an der ganzen Sache vergangen! Mir wäre es am liebsten, wenn ich gar nicht mehr hinzugehen brauchte. Erlauben Sie mir, bei der Uraufführung zu Hause zu bleiben, Vater.«

Der Vater fuhr ihn an, er solle kein dummes Zeug reden. Nur seine Mutter hätte ihn trösten können, der er laufend in regelmäßigen Zeitabschnitten schrieb. Aber auch in einem Brief durfte er sich nicht beklagen, denn alle Briefe gingen, bevor sie abgeschickt wurden, stets durch die Zensur des Vaters.

Bei der Familie Erard kehrte ein berühmter Gast ein: der Schwiegersohn des alten Herrn, Spontini. Er kam aus Berlin, und Erards machten aus dem

Besuch ein großes Ereignis. Sie ließen den Jungen kommen, um ihn vorzustellen, und schon in den ersten zehn Minuten der neuen Bekanntschaft klagte er dem berühmten Komponisten sein Leid. Aber auch der hörte ihn teilnahmslos an und war sogar selbst der Ansicht, daß ohne Striche noch kein einziges Stück aufgeführt worden sei. Das Kind wurde kurzerhand an das Klavier geführt, und man hieß ihn das Impromptu spielen, in dem auch Melodien von Spontini enthalten waren. Von den Strichen wurde nicht mehr gesprochen.

Langsam heilten seine Wunden. Die Zeit verging; währenddessen wurden die Rollen ausgeschrieben. Dann wurde die Klavierprobe des »Don Sanche« angesetzt. Morgens um neun Uhr probte Nourrit seine Arien im Klaviersaal. Zum größten Leidwesen des Dirigenten trieb sich auch der Junge auf der ersten Probe herum, und von da ab bei sämtlichen Proben. Er hatte sich vollständig in die Rolle eines von Sorgen geplagten Komponisten hineingelebt. Er machte zwar seinem Vater nichts vor, um so mehr aber sich selber. Beim Abendessen seufzte er und sagte mit gerunzelter Stirn:

»Morgen habe ich schon in aller Frühe Probe. Dieses Duett will immer noch nicht klappen. Ich weiß gar nicht, was ich anfangen soll.«

Er gefiel sich darin, seinen Bekannten zu klagen, wieviel Mühe er in den Proben hätte. Er liebte es, in die Unterhaltung Bemerkungen einzustreuen, wie: »Einmal, als ich gerade das Finale meiner Oper komponiert hatte . . .« Oder: »Von der Primadonna meines Stückes, von Fräulein Grassari, habe ich gehört . . .« Er sprach viel von Mozart und meinte, sein Jugendwerk »La finta semplic« enthalte manches Hübsche. Und er betonte, daß er sehr müde sei . . .

Und dabei verspürte er gerade jetzt keinerlei Müdigkeit. Er beobachtete genau die langsam sich gestaltende Aufführung, und die hunderterlei reizvollen Einzelheiten der Theaterorganisation hielten seine Nerven in prickelnder Spannung. Er sah die Probe vom Klavierzimmer auf die Bühne »hinuntergehen«, er verfolgte die Arbeit des Spielleiters, er wohnte der »Orchesterverbesserungsprobe« bei, bestaunte die wirren, unverständlichen Farbenflächen der Kulissen und erlebte verwundert, wie daraus das Bild der verzauberten Burg entstand. Er stand inmitten des auf sein Auftreten wartenden Chors hinter den Kulissen und lauschte der freien und schelmischen Unterhaltung. Der durch den Kleister, durch die frische Kulissenfarbe, durch den Bühnenstaub und durch den Dunst der Gaslampen entstandene, ganz eigenartige Theatergeruch nistete sich in seiner Nase ein, und eines schönen Tages ging er nicht nur wegen seines eigenen Stückes ins Theater, sondern weil ihn der starke Zauber der Kulissen gefangengenommen hatte.

Im Chor sang auch ein immer lachendes, blondes Mädchen, ein gewisses Fräulein Noir, die den Spitznamen »Coco« hatte. Jeder wußte und hielt es für die natürlichste Sache der Welt, daß die kleine, blonde Coco zu dem Tenor Nourrit gehörte. Die Neckereien machten es auch dem Jungen klar, daß zwischen Nourrit, dem Liebling des Publikums, und Coco eine geheime Verbindung bestand, über die nachzudenken für ihn noch verboten und sündhaft wäre. Alle solche Gedanken wehrte er standhaft ab, doch sie meldeten sich immer heftiger. Er kämpfte heldenhaft. Kaum einen Tag ließ er vorübergehen, an dem er nicht in einer Kirche weilte. Da betete er mit andächtiger Inbrunst und legte Tag für Tag von neuem das Gelübde ab, daß er sich nicht mit sündhaften Gedanken beschäftigen wolle. Sobald er aber die Bühne betrat, fing sein Ohr schon in der nächsten Minute das klingende Lachen Cocos aus dem schwatzenden Chor auf. Er ging sofort zu ihr hin, um sie zu begrüßen. Und von da ab hörte er nicht einen einzigen Ton mehr von seinem Stück. Er ließ den Tenor nicht aus den Augen, wie und wann dieser das Mädchen während der Probe ansah.

Es war Anfang Oktober. Die Direktion hatte die endgültigen Termine festgesetzt. Auf den Fünfzehnten die Hauptprobe, auf den Siebzehnten die Uraufführung. Die Proben wurden immer farbenprächtiger, rundeten sich immer mehr ab. Je näher der große Tag kam, um so mehr unterzog sich auch seine persönliche Stellung im Theater einer sichtbaren Wandlung. Bei der ersten Probe war er das weltberühmte Wunderkind gewesen, man hatte ihn bestaunt wie ein fremdartiges, sonderbares Tier. Später hatte sich jeder mit ihm angefreundet, sie nahmen ihn in ihren Kreis auf, baten ihn, von London zu erzählen, weihten ihn in verschiedene Kulissengeheimnisse, Späße und Anekdoten einzelner Schauspieler ein, und während sein Vater aufmerksam im Zuschauerraum hinter dem Dirigenten saß, hatte er nicht viel auf seine eigene Oper geachtet. Er war zu einer Art Theaterkind geworden, das die Erwachsenen gewähren ließen, weil es einmal da war. Nunmehr aber fiel es jedem ein, daß er ja der Komponist war. Gott sei Dank!

»Das gibt einen schönen Erfolg«, verhieß der Souffleur sehr liebenswürdig.

»Hast du große Angst?« fragte der Bariton Prévost.

»Ich werde schon sehen, wie du dich verbeugen mußt«, scherzte Nourrit.

Kurz, sein Ansehen wuchs von Tag zu Tag. Die letzten Proben sah und hörte er schon vom Zuschauerraum aus an, inmitten der Schauspieler und Choristen, die gerade nicht aufzutreten hatten. Meistens saß Coco neben ihm, sein Kamerad. Als die Hauptprobe herangekommen war und an der großen, schwarzen Tafel das mächtige Wort prangte: Répétition Générale, saß der Junge in der ersten Reihe neben seinem Vater, an seiner anderen Seite eine hervorragende Größe des Ministeriums, weiter die Herren von der Presse und der Musikakademie, und hinter ihnen lag der besetzte Zuschauerraum. Das war fast schon wie eine Uraufführung. Der Junge hielt die gedruckte Partitur in seiner Hand. Von den Textautoren war eine Widmung darin enthalten, die ihm galt. Die Zeitungsnachrichten hatten ihn als Zwölfjährigen geschildert, und nun erwartete jeder ein Wunder.

Bei dieser Hauptprobe gab es einen kleinen Skandal. Der Junge vernahm, als er nach dem Fallen des Vorhanges die Bühne betrat, aus der Unterredung seines Vaters mit dem Dirigenten plötzlich die erregte, ungeduldige Stimme des letzteren.
»Mein Herr, lassen Sie mich in Ruhe und mischen Sie sich nicht dauernd in Sachen, die Sie gar nichts angehen! Dieses Ritenuto ist meine Angelegenheit und nicht Ihre. Und im übrigen, haben *Sie* diese Oper geschrieben?«
»Nein, ich habe sie nicht geschrieben«, schrie wütend der Vater, »aber ich vertrete den, der sie geschrieben hat!«
Der Junge erschrak, er nahm eilig Coco bei der Hand und zog sie schnell hinter die Kulissen, während auf der Bühne die ruhige und versöhnende Stimme Nourrits ertönte.
»Was willst du denn?« fragte das Mädchen.
»Schnell, wir müssen uns verstecken! Der Dirigent ist im Recht, nicht mein Vater. Und wenn sie mich finden, muß ich das bestätigen, und das kann ich doch nicht!«
Coco sah den Jungen überrascht an:
»Siehst du, das ist schön von dir. Du bist ein wirklicher kleiner Kavalier! Und was für ein schöner Junge du bist . . .«
Plötzlich ergriff sie ihn beim Kopf und küßte ihn. Er wußte nicht, wie ihm geschah. Erst hinterher konnte er sich klarwerden. Er umfaßte das Mädchen und drückte es mit leidenschaftlicher Kraft ungeschickt an sich. Die Sängerin löste sich sofort aus der Umarmung, rief ihm aber noch mit aufblitzendem Blick über die Schulter zu:
»Sieh mal einer an. Du bist ja wahrhaftig schon ein Mann! Und dich bezeichnet dein Vater als zwölfjährig? Von nun an werde ich mich vor dir in acht nehmen.«
Auf der Bühne stritt sich indessen der Dirigent mit Vater Liszt immer noch mächtig herum. Draußen lachte der Junge selig und erlöst auf. Das Mädchen war im Nu verschwunden. Nach dem Wunderkinde war schon fortwährend gefragt worden. Gratulanten, Schwärmer, alte Bekannte kamen jetzt aus dem Zuschauerraum auf die Bühne. Im nächsten Augenblick mußte er schon auf hunderterlei Fragen antworten.
Am Abend der Uraufführung füllte sich das ganze Theater mit auserlesenem Publikum. Der Hochadel erschien vollzählig, um seinen wieder in Mode gekommenen Liebling zu feiern. Nourrit sang wundervoll, seine Arie und sein Duett mußten wiederholt werden. Der Komponist hatte der Aufführung in den Kulissen beigewohnt. Er war unsagbar selig und aufgeregt und bemühte sich, wie ein Erwachsener seinem Gesicht Ruhe aufzuzwingen. Als sich der Vorhang senkte, mußten sich die Schauspieler, vor allem Nourrit, auf den großen Beifall hin viele Male verbeugen. Auf einmal stieß ihn sein Vater an:

»Los, jetzt ruft man dich!«
Zugleich griff aber auch schon die Hand Nourrits nach ihm. Er trat zusammen mit dem berühmten Tenor an die Rampe. Da wollte er sich gerade mit einer einstudierten, würdigen Verbeugung verneigen, als ihn Nourrit hochhob und küßte. Während der überraschte Knabe sich aus Nourrits Armen befreien wollte, war auch schon der Vorhang wieder gefallen. Mit leidenschaftlichem Zorn schrie er den Tenor an:
»Was tun Sie mit mir? Warum machen Sie mich lächerlich? Warum nehmen Sie mich in Ihre Arme wie ein Kind?«
»Widersprich nur nicht, du bist ja auch noch ein Kind.«
»Ich ein Kind?« schrie der Junge mit funkelnden Augen. »Fragen Sie doch Fräulein Noir, ob ich ein Mann bin oder nicht.«
Der Tenor sah das Kind verdutzt an, als wollte er seinen Ohren nicht trauen. Auf einmal brüllte er:
»Wo ist die Bestie?«
Und schon rannte er in der Richtung der Ankleideräume davon. Es entstand ein Raunen und wildes Durcheinander, doch die meisten verließen die Bühne bereits. Man kam, den Jungen abzuholen, weil man ihn in die Logen gerufen hatte. Sein Vater hielt ihn bei der Hand und ging mit ihm nach dem Zuschauerraum. Er aber befreite seine Hand unter dem Vorwand, seine Jacke richten zu müssen.
»Was hast du von diesem Mädchen erzählt?«
»Nichts. Sie hat mir gesagt, ich wäre schon ein Mann.«
»Warum hat sie das gesagt? Ist etwas geschehen?«
»Wieso? Sie hat es nur gesagt.«
Kaum waren sie aber in den ersten Logen angelangt, um sich zu bedanken und zu verbeugen, als ihnen schon ein Diener von der Direktion nacheilte, sie möchten sofort auf die Bühne kommen. Dort stand der Direktor ganz aufgeregt und rief, daß Nourrit die zweite Vorstellung abgesagt habe, den Komponisten ohrfeigen würde, aber nicht sagen wolle, warum. Adam Liszt beschloß sofort, den Komponisten nach Hause zu schicken, Nourrit in seinem Ankleideraum aufzusuchen und die Angelegenheit in Ordnung zu bringen. Der Knabe schlief schon längst, als sein Vater nach Hause kam. Er hatte sich am Tage seiner ersten Uraufführung ohne Abendessen niedergelegt. Jetzt weckte ihn der Vater:
»Ich habe die Sache aus der Welt geschafft. Das Ganze war ein Mißverständnis. Nourrit und dieses Mädchen sind nun gemeinsam zum Abendessen gegangen. Siehst du nun, was du alles anstellst?«
»Ich habe nichts angestellt.«
»Du hättest fast die ganze Aufführung in Frage gestellt. Nourrit glaubte, du hättest das Mädchen verführt.«
Der Junge setzte sich frohlockend im Bett auf:
»Hat er das gedacht? Hat er das von mir geglaubt?«

»Es scheint so. Jetzt schlafe aber weiter und habe keine Angst, solange ich neben dir bin.«
Der Junge wandte sich glücklich der Wand zu. Er dachte daran, daß in vier Tagen, am 22. Oktober, in der Welt eine gewaltige Veränderung vor sich gehen werde. An diesem Tage beendete er sein vierzehntes Lebensjahr, und wenn man ihn von diesem Tage an fragen würde, wie alt er sei, dann durfte er mit Recht antworten: Ich werde fünfzehn.
Er hustete einmal und war bestrebt, diesem Husten einen tieferen, männlichen Ton zu geben, so wie er es von seinem Vater zu hören gewohnt war.

DREIZEHNTES KAPITEL

Die Oper des Wunderkindes wurde in Paris insgesamt viermal aufgeführt. Bereits am zehnten Tage nach der Uraufführung wurde ein anderes Stück auf den Spielplan gesetzt. Die Urteile der Kritik, auf die Vater und Sohn mit größter Spannung gewartet hatten, gingen weit auseinander, waren aber im ganzen mehr schlecht als gut. Bei der Hauptprobe schien es noch ein unglaublicher Erfolg, daß die Oper des ungarischen Kindes auf der ersten Bühne der Welt zur Aufführung gelangte. Der Knabe thronte auf der schwindelnden Höhe des Weltruhms, aber nach der Uraufführung mußte wohl oder übel zum ersten Male in der Laufbahn des Knaben das furchtbare Wort ausgesprochen werden: durchgefallen! Es war nicht zu bezweifeln: das Stück *war* durchgefallen. Die »Gazette de France« lobte den Jungen zwar und nannte ihn »unseren kommenden kleinen Mozart«, aber auch aus dieser Anerkennung klang ein Ton wohlwollender Nachsicht dem Kinde gegenüber heraus, der schmerzlich berührte. Eine andere Zeitung, die die ganze Angelegenheit ruhig und sachlich beurteilte, meinte, daß schon die Aufführung im Opernhause ein verhängnisvoller Irrtum gewesen wäre; man hätte statt dessen das Stück in der Musikakademie als eine Art Abschlußprüfung vorführen sollen. Dafür sei es wunderbar geeignet. Es gab auch Blätter, die den Komponisten einfach herunterrissen. Der Kritiker der »Débats«, der strenge Castil-Blaze, stellte fest: dieses Kind könne wohl der beste Klavierspieler der Welt sein, habe aber zum Komponieren gar kein Talent. Die größten Blätter ganz Europas waren durch Berichterstatter in Paris vertreten gewesen. Auch diese meldeten nach Hause, daß der Oper des Wunderkindes ein Mißerfolg beschieden gewesen wäre. Die »Leipziger Allgemeine Musikalische Zeitung« äußerte sich: »Mozart her, Mozart hin, dieser Mozart ist nicht imstande, eine Partitur zu schreiben.«

Der Junge war von seinem Thron gestürzt. Er litt höllische Qualen vor Scham. Er dachte, man rede in ganz Europa von nichts anderem mehr als von dem niederschmetternden Mißerfolg seiner Oper. Er quälte sich fortwährend mit der Vorstellung, daß der König von Bayern, der König von England, der König von Frankreich, der Herzog von Orleans, die Herzogin von Berry, der alte Fürst Esterhazy, der junge Fürst Esterhazy, Czerny, Salieri, Ries, Karoline Unger, Rossini, der Londoner Erard, alle, alle, die einst gut zu ihm gewesen waren, jetzt von seinem Sturz läsen. Und auch jene, die ihm kein Wohlwollen gezeigt hatten: Cherubini, Kalkbrenner, Saint-Lubin, Cramer und die tausend und aber tausend von ihm in den Schatten gestellten Pianisten der Welt, sie alle lasen jetzt auch mit höhnischem Grinsen von seinem Sturz. Und wenn sie jetzt einander begegneten, fragten sie sich vielleicht schadenfroh: »Hast du die Kritiken gelesen?« Und wenn es seine Mutter in Steiermark liest . . . Daran zu denken war das Furchtbarste.

Er wäre am liebsten gestorben. Er hatte keine Lust, irgend etwas zu unternehmen. Vom Klavier wandte er sich ab, sooft sein Blick darauf traf. Er nahm ein Buch zur Hand, aber schon nach fünf Minuten legte er es verärgert wieder weg. Was man ihm auch sagte, er hörte nicht hin und lief davon. Wenn ihn sein Vater mit Gewalt zu Erards ins Palais Muette brachte und der alte Herr oder eine der Damen ihn zu trösten versuchte, wäre er am liebsten in seiner Qual davongerannt, obwohl der alte Erard sehr kluge und beruhigende Dinge sagte:

»Du wurdest das Opfer eines großen Irrtums, mein Sohn. Man vergleicht dich dauernd mit Mozart, und das mit Recht. Von dir als Pianisten erwartet man Leistungen, die denen Mozarts gleichkommen, und das vermagst du den Leuten auch zu bieten. Jetzt hast du aber eine Oper geschrieben, und da wollen sie von dir auch eine Mozartsche Oper haben. Auch das wäre in Ordnung, wenn man dabei an »Lucio Silla‹ gedacht hätte. Diese Oper schrieb Mozart mit sechzehn Jahren, und deine Oper kann sich mit ihr auch sehr wohl vergleichen. Doch man erwartet von dir zumindest einen ›Don Giovanni‹, was du ihnen mit keinem Wort versprochen hast! Sie haben sich getäuscht und sind jetzt über ihre eigene Enttäuschung wütend. Dir ist ein großes Unrecht widerfahren.«

Diese Worte hätten ein beruhigender Balsam für sein Herz sein können, aber auch sie wurden ihm zur Qual. Er preßte die Lippen hart aufeinander, in seinem blassen Gesicht zeigten sich tiefe Furchen unter den Augen. Er rang krampfhaft die Hände und schwieg stundenlang. Sein einziger Trost war das Gebet. Noch nie war er soviel in die Kirche gegangen wie jetzt. Drei-, viermal lief er tagsüber von zu Hause weg, wenn er das Gefühl der Schmach nicht mehr ertragen konnte, und flüchtete in die Kirche. Dort eilte er zu einem einsamen Altar, kniete nieder, und in höchster Ekstase, wie gewisse Fakire, warf er sich im nächsten Augenblick an die Brust Gottes. Er

stellte sich vor, daß eine himmlische Hand seine hämmernden Schläfen streichle, er preßte sein Gesicht an die Gedanken Gottes wie zwischen die Falten eines geheiligten Gewandes. So fand er Erleichterung, und die tiefe Inbrunst der Andacht schläferte seinen Schmerz für einige Zeit ein. In seiner großen Verzweiflung machte er aber eine wichtige Entdeckung, die ihm neben der religiösen Schwärmerei seine Qualen ertragen half: er entdeckte, daß sein Vater ihn liebhatte.
Adam Liszt behandelte seinen Sohn stets hart. Er ermahnte ihn andauernd und ließ sich mit ihm niemals in Vertraulichkeiten ein. Schon seit Jahren lebten sie in einer gewissen Entfremdung. Schlimmer noch war, daß der Junge in tiefster Seele für seinen Vater keine richtige Achtung mehr empfand. Er mußte zwar anerkennen, daß der Vater, ohne jemals Mühe und Wege zu scheuen, von früh bis abends in seinen, des Sohnes, Angelegenheiten unterwegs war und wirklich sehr viel arbeitete. Trotzdem aber ließ ihm ein Gedanke, nachdem er sich einmal in sein Herz eingeschlichen, keine Ruhe mehr: daß nämlich der Vater auf seine, des Sohnes, Kosten lebte. Wenn er einen neuen Anzug an seinem Vater sah oder wenn dieser mit einer Kiste Zigarren nach Hause kam, schoß ihm sofort der Gedanke durch den Kopf, daß *er* dieses Geld verdient hatte, er, das Kind. Seine angeborene Zärtlichkeit und sein ehrliches Anstandsgefühl trieben ihm zwar sofort die Schamröte ins Gesicht, daß er solche kleinlichen Gedanken hege; aber dieser immer wiederkehrende innere Kampf, von dem er nie mit einem Menschen reden konnte, hatte zur Folge, daß sich in seinem Herzen eine gewisse leichte Verachtung gegenüber dem Vater einnistete. Die Reste der noch übriggebliebenen pflichtschuldigen kindlichen Achtung erhielten dann in London den Todesstoß, und zwar auf eine ganz eigentümliche Weise. Eines schönen Tages hörte er in irgendeiner Gesellschaft das Wort »snobism«. Neugierig fragte er, was das bedeute, und ließ sich den Sinn des Wortes bis in die kleinsten Einzelheiten auseinandersetzen. Und wehmütig durchzuckte ihn die Erkenntnis, daß sein Vater ein hervorragendes Beispiel für diesen Snobismus sei. Wenn irgend jemand auf dieser Welt ein Snob war, so war es Adam Liszt. Die Nähe eines Aristokraten erweckte in ihm schon zitternde Seligkeit. Und diese Anbetung des hohen Ranges machte ihn oft furchtbar lächerlich. Der Junge schluckte die schmerzende Erkenntnis herunter. Nunmehr verachtete er seinen Vater, in dem nicht eine Spur von Stolz vorhanden war, ganz offenkundig. Unwillkürlich stellte er die Mutter dem Vater gegenüber. Die einfache, gütige, bescheidene Mutter, in deren stummer Selbstlosigkeit er viel mehr Stolz zu sehen glaubte, als er irgendwelchen königlichen Personen je hätte eigen sein können. Auch in ihm lebte dieser Stolz, dieses starke Selbstgefühl des Sich-nicht-erniedrigen-Könnens. Doch trotz dieser Erkenntnis blieb seine ehrerbietige Haltung dem Vater gegenüber unverändert. Er benahm sich nach wie vor tadellos, einen folgsameren Knaben konnte man sich kaum vorstellen. Aber in seiner tief-

sten Seele verachtete er diesen Erwachsenen und empfand ihn, der ihm das Leben gegeben und mit dem er unter einem Dache zu leben hatte, als einen Fremden.
Jetzt, in der schweren Zeit der Prüfung, bemerkte er überrascht, daß in seinem Vater eine tiefe und warme Zärtlichkeit für ihn lebte. Wenn der rechthaberische Mann mit seiner kalten Art sich auch jetzt nicht zu gefühlvollen Anwandlungen hinreißen ließ, so fing der Junge doch hier und da einen sorgenden Blick oder eine Bemerkung auf, hinter der er das Geheimnis einer heißen väterlichen Liebe spürte. Auf einmal erkannte er, daß dieser Mann ihn auf *seine* Art immer *sehr* und *mehr* als alle anderen liebgehabt hatte. Und da verzieh er ihm vieles und fühlte sich unwiderstehlich zu ihm hingezogen. Und als er dann auch noch entdeckte, daß der Vater sich nächtelang um ihn sorgte und mit ihm litt, überkam ihn das heiße Verlangen, seinen Vater zu trösten, statt sich von ihm trösten zu lassen.
Der Vater hingegen bemerkte, daß dem Kinde die einzige Beruhigung in seinem inneren Kampf die Religion war. Er war deshalb bemüht, diesen Umstand, wie alle Möglichkeiten, die ihm in den Weg traten, auch auszunützen. Bis jetzt hatte er den Sohn noch nicht zur Beichte gehen lassen, nun aber fand er, daß es höchste Zeit wäre, ihn zur ersten Kommunion zu schikken. Er nahm ihn deshalb zur nächsten Parochie mit und stellte ihn dort dem Père Bardin vor, einem pockennarbigen, außerordentlich liebenswürdigen Pfarrer mit schmetternder Stimme. Sie besprachen alles Erforderliche. Der Junge mußte an Übungen teilnehmen, den Katechismus lernen und sich für das große, seelische Ereignis würdig vorbereiten.
So wurden aus den gelegentlichen viertelstündigen kirchlichen Andachten regelmäßige, den Tag füllende Übungen. Er saß auch jetzt noch seine sechs Stunden täglich am Klavier, das unerbittlich tickende Metronom vor sich. Seine übrige Zeit aber gehörte der inneren Einkehr. Hingebungsvoll lernte er den Katechismus, las religiöse Bücher, und schon am ersten Tage entdeckte er zu seiner großen Freude den Satz: »Credo, quia absurdum.« Es war ihm, als ob diese Worte für ihn geprägt worden seien. Seit er denken konnte, war es stets seine größte Sehnsucht gewesen, sich rückhaltlos, unbedenklich hingeben zu können. Und in seinem katholischen Glauben, dessen Wesen nun allmählich Gestalt für ihn gewann, fand er diese Sehnsucht verwirklicht: eine vollständige Hingabe, ein restloses Aufgehen in der Andacht, die ganze Seligkeit des Sichaufgebens. Er vertiefte sich mit aller Gründlichkeit in seine Aufgaben: die Hauptstücke der Bibel, die in Fragen und Antworten gefaßte Lehre der Wunder der Dreifaltigkeit, die Gebote, die grundlegenden Dogmen, die Sakramente und die streng in Gruppen aufgeteilten Sünden. Alles das beschäftigte ihn lebhaft, doch seine ganze Sehnsucht galt der feierlichen, heiligen Handlung, deren Termin immer näher heranrückte. Diese war für ihn das eigentliche Erlebnis.
Bevor er zum erstenmal beichtete, unterzog er sich selbst einer genauen,

ehrlichen Prüfung. Er stellte eine lange Liste von seinen Sünden zusammen, auch die leichten und kleinen zählte er gewissenhaft mit auf, und er täuschte sich nicht darüber hinweg, daß er zwei wirkliche Sünden hatte: erstens den Mangel an Demut, die Eitelkeit, das gierige Gefallenwollen und zweitens die Neigung zu unzüchtigen Gedanken. Diese Sünden hatte er laut Vorschrift an dem der Kommunion vorangehenden Abend tief zu bereuen. Nach der Beichte ging er nach Hause, schloß sich ein und begann, überzeugt, daß ihn niemand sähe, mit seinen Exerzitien. Er kniete nieder und schlug sich vor die Brust, mit der Faust, und zwar heftig, damit es recht weh tun sollte. Dann neigte er sich immer tiefer, bis er mit der Stirn auf den Boden schlug. Dabei weinte er bitterlich und flehte in langen, zusammenhanglosen Sätzen um Vergebung. Er lag auf dem Bauch, und unter seinem Gesicht war der Fußboden naß von seinen wilden Tränen. Plötzlich, während die Reuetränen immer noch weiterströmten, durchzuckte ihn der Gedanke, wie es wäre, wenn ihn jemand in dieser asketenhaften Stellung sähe. Im nächsten Augenblick schon stand er aufrecht da.

»Was für ein Komödiant bin ich!« sagte er mit bedauerndem Lächeln vor sich hin.

Sofort schrieb er aber auch diesen Gedanken der Eitelkeit auf die Liste seiner Sünden. Er betete noch lange und legte sich an diesem Tage hungrig im verschlossenen Zimmer nieder. Im Nebenzimmer hörte er den Vater schalten und walten. Am nächsten Morgen ging er zur Kommunion. Außer ihm nahmen noch ungefähr zwanzig Kinder an diesem großen Ereignis teil. Sie wollten alle recht brav sein und bewegten sich befangen mit verstörtem Lächeln in ihren Festgewändern. Er fühlte sich so leicht, so schwebend, als wenn er gleich ohnmächtig werden würde . . . Er wäre nicht verwundert gewesen, wenn Engel mit rauschenden Flügeln ihn, so wie er war, sofort in den Himmel getragen hätten. Als man ihm die geweihte Hostie in den Mund legte, hätte nicht viel gefehlt, daß er umgesunken wäre. Und in diesem Augenblick kam ihm die Erkenntnis, daß noch kein Beifallssturm ihm eine solche Seligkeit hatte geben können. Die Töne der Orgel umbrausten ihn, seine Nase zog den geheiligten Duft des Weihrauchs ein . . .

Dieses Erlebnis hinterließ einen unauslöschlichen Eindruck in ihm. Er war ganz erfüllt von seinem Glauben. Wie heiß liebte er das alles: das Halbdunkel der Kirchen, die zarten Flämmchen der roten Ampeln, die leise schlurfenden, frommen alten Frauen, die auf den Steinfliesen verhallenden Schritte, die holde Gestalt der Madonna und das göttliche Kind in ihren Armen, die Stimme der Orgel . . . Glaube und Musik – sprach sein Herz – und nichts anderes! Die Versuchung, die ihn in der Gestalt einer nackten Frau heimgesucht hatte, wies er weit von sich. Jeden Morgen besuchte er die Messe und beichtete mindestens einmal in der Woche. Auf Anraten seines Beichtvaters stellte er in seinem Zimmer einen großen Eimer mit eiskaltem Wasser auf, und oft, wenn er nicht einschlafen konnte, sprang er aus dem

Bett und kühlte seinen unfolgsamen Körper ab. Er hatte sich im geheimen gelobt, rein zu bleiben in seinem ganzen Leben.
Anläßlich der Kommunion lernte er eine merkwürdige Frau kennen, die Verwandte eines seiner Mitkommunikanten. Sie war verwachsen, aber die zarte Feinheit ihrer Gesichtszüge machte sie außerordentlich anziehend und ließ ihre Mißgestalt vergessen. Ihr Gesicht erinnerte an die zarten Elfenbeinfiguren des Mittelalters, und die außerordentliche Schönheit ihrer Hände fiel sofort auf. Sie hieß Lydia Garella. Da sie sich als Musikschwärmerin bezeichnete und gestand, daß sie bisher sämtlichen Konzerten des Wunderknaben beigewohnt habe, bat Adam Liszt sie höflich um ihren Besuch. Am anderen Tage erschien sie dann auch. Sie spielte mit dem Jungen vierhändig, und es erwies sich, daß sie eine ausgezeichnete Klavierspielerin war. Sie wurden sofort die besten Freunde. Von diesem Tage an war die kleine, bucklige Lydia ständiger Gast der Familie Liszt. Auch ihre Zuflucht waren Glaube und Musik; daher verstanden sie sich gleich so gut.
Die Klavieretüden, die der Junge nach und nach komponiert hatte, waren neun an der Zahl. Eines Tages reihte er sie nach einem gewissen System aneinander. Dabei stellte sich heraus, daß er, wenn er eine wegließe und vier neue dazukomponierte, ein geschlossenes Ganzes von zwölf Etüden haben würde. An diese Aufgabe machte er sich nun. Er schuf die noch fehlenden vier Stücke und war gerade damit fertig geworden, als ihm sein Vater eröffnete, daß es nun wieder an der Zeit sei, sich um ihren Lebensunterhalt zu kümmern. Sie müßten eine längere Konzertreise unternehmen. Mit einem tiefen Seufzer nahm der Junge das zur Kenntnis. Es fiel ihm so schwer wie noch nie, sich von Paris, von den geliebten Altären der einzelnen Kirchen, von seinem Beichtvater und von Lydias Freundschaft zu trennen. Der Gedanke, sich wieder auf das Podium stellen und sich verbeugen zu müssen, erfüllte ihn mit Widerwillen. Er sehnte sich nach andächtiger Ruhe und sollte statt dessen grellem Glanz und dröhnendem Beifallslärm entgegengehen. Vor seiner Abreise bereitete ihm der alte Erard eine letzte Freude. Er hörte sich die Etüden an, prüfte alle gründlich und sagte endlich:
»Was du da geschrieben hast, ist erstklassig. Ich erkühne mich, dieses Werk neben Cramers Etüden zu stellen, wenn deine nicht sogar besser sind. Diese Etüden haben ihren Platz in der Musikgeschichte.«
Sie besuchten die Städte Südfrankreichs. Vor allem in Marseille war der Erfolg groß. Dort hielt Adam Liszt sich längere Zeit auf. Da der dortige Musikverleger Boisselot ihnen vorteilhaftere Bedingungen gestellt hatte als alle Firmen in Paris, überließen sie ihm die Etüden sofort. Mit Stolz sah der Junge auf dem Notenheft: Opus 6. Nach dem Tantum ergo, der Klaviersonate, dem Impromptu, dem Allegro di bravura und nach dem A-Dur-Klavierkonzert war das sein sechstes Werk. Die Etüden widmete er Lydia. Er war glücklich, seiner Pariser Freundin eine Freude bereiten zu können.

Schöneres ward ihm auf dieser Konzertrundreise nicht mehr zuteil. Die lauten Erfolge der Konzerte wurden ihm immer gleichgültiger. Überall besuchte er zuerst die Kirchen, auf dem Podium erfüllte er lediglich seine Pflicht. Und wenn ihn ab und zu die Freude über den Beifall mitriß, beeilte er sich, das zu beichten. Er verachtete sich, wenn er der Sünde der weltlichen Eitelkeit verfiel. »Das Weltliche« wurde ihm überhaupt zu einem unwürdigen und verächtlichen Begriff. Als Adam Liszt einmal einen Brief aus der Heimat öffnete, fragte er seinen Sohn erfreut:
»Erinnerst du dich noch an deine Tante, die Frau Hennig, die einmal bei uns zu Besuch in Raiding war?«
Der Junge wußte nichts mehr von ihr. Wie hätte er sich auch einer einzelnen aus der Unmenge seiner Tanten und Onkel erinnern sollen? Aus den drei Ehen seines Großvaters, des alten Adam, waren siebenundzwanzig Kinder hervorgegangen.
»Nein, ich kann mich nicht erinnern.«
»Aber natürlich erinnerst du dich noch, du hast doch auf ihrem Schoß gesessen. Sie schreibt, daß sie einen kleinen Sohn bekommen haben, der Alois heißen soll. Der ist jetzt dein Vetter.«
»Ich habe keine Verwandten«, sagte der Junge, »ich habe nur meinen Glauben und meine Musik.«
»Was? Und sonst niemand?«
»Meine Eltern natürlich«, verbesserte sich der Junge beflissen, »aber das brauche ich ja nicht zu betonen.«
»Du, Franzi«, sagte der Vater ernst, »es gefällt mir nicht, daß du diese Sachen so übertreibst. Ich werde guttun, aufzupassen. Es gibt nämlich gewisse Grenzen, und wenn du die überschreitest, so kann ich das nicht dulden.«
Der Junge erwiderte nichts, lächelte wehmütig und gefiel sich in der Rolle des Märtyrers. Nach einer monatelangen Konzertrundreise kehrten sie endlich nach Paris zurück mit der Erinnerung an viele Städte, an noch zahlreichere Konzerte und – wenigstens der Junge – an unzählige Kirchen und Beichten. In Paris erwartete ihn die unveränderte Freundschaft der liebenswürdigen jungen Lydia.
Aber auch neue Arbeit harrte seiner. Er mußte weiterlernen. Der Mißerfolg der Oper hatte Paer unlustig gemacht. Er unterrichtete den Jungen nicht mehr mit dem alten Interesse. Und als der Knabe wegblieb, galt das als stillschweigende Vereinbarung, mit den Stunden aufzuhören. Adam Liszt fand einen neuen Meister in der Person des Professors Reicha.
Dieser Reicha war ein sonderbarer Mensch. Auf seinem krummbeinigen, schwachen, in stets mit Zigarrenasche befleckten, unsauberen Kleidern steckenden Körper saß ein ungewöhnlich großer Kopf. Dieser gnomenhafte Mensch war trotz seiner starken Kurzsichtigkeit andauernd in unruhiger Bewegung. Auf die Noten beugte er sich so tief herab, daß er sie fast mit der Nase berührte. Er hatte eine tiefe, brummelnde Stimme, die er aber sel-

ten erhob. Er zog es vor, zu schweigen, obwohl er mit seinen sechzig Jahren allerhand erlebt hatte und viel hätte erzählen können. Seiner Herkunft nach war er Tscheche. Zu einem wirklichen Meister war er in Wien geworden. Dort hatte er gelebt, als Beethoven und Haydn noch im besten Mannesalter standen, und auch Salieri kannte er gut.

Er wohnte am Platz Château d'Eau im Hause Nr. 17. Die Wände seines Arbeitszimmers hatte er mit Notenpapier ausschlagen lassen. An der Wand lief in Schulterhöhe ein Sims entlang. Darauf war eine Sammlung der verschiedenartigsten Gegenstände untergebracht: Büsten, Tassen, Uhren, Dosen, Dirigentenstäbe, Hüte, vor allem aber Andenken an berühmte Leute, tausenderlei an Cimarosa, Gluck, Mozart, Haydn, Salieri, Beethoven und andere Größen erinnernde Kleinigkeiten. Am Fenster stand sein großes Erard-Klavier, auf dem sich in unbeschreiblicher Unordnung tausend und aber tausend Notenhefte türmten. Hierher also kam der Junge dreimal in der Woche zum Unterricht. Bald hatte er Reicha liebgewonnen, er fand in ihm einen lieben, gutherzigen Menschen, über dessen Lippen nie ein böses Wort kam. Er wußte für alles eine Entschuldigung. Seine Kunst beherrschte er vortrefflich; schon in der zweiten Stunde hatten sie sich gefunden.

Neben dem Studium und dem mindestens sechstündigen täglichen Klavierspiel widmete der Junge seine ganze übrige Zeit seinem Glauben. Er entwikkelte sich körperlich außerordentlich rasch, und die Gedanken, die er als »Anfechtungen des Fleisches« zu bezeichnen gewohnt war, quälten ihn immer heftiger. Neuerdings schlichen sich diese Anfechtungen besonders häufig in seine Träume ein. Nackte, weiß schimmernde Frauenkörper boten sich ihm dar, schneeweiße Arme griffen nach ihm, sehnsüchtig funkelnde Augen lockten ihn, schamlose Brüste schmiegten sich an seine Wangen . . . Mit bleischwerem Kopf wachte er jeden Morgen auf und machte sich bittere Vorwürfe wegen seiner sündhaften Phantasien. Sie suchten ihn in wahlloser Reihenfolge heim. Ab und zu hatte er ein bis zwei Wochen lang Ruhe, dann überraschten ihn wiederum die vom Teufel gezeichneten, narrenden, sinnlichen Bilder. Unbarmherzig verfolgt fühlte er sich, was er auch unternahm; und nicht nur in seinen Träumen, sondern auch in der Wirklichkeit des Alltags. In den Straßen von Paris war der berühmte Klavierkünstler kein Unbekannter. Auf Schritt und Tritt lächelten strahlende Frauengesichter ihn verführerisch an, ab und zu auch gemein und herausfordernd. Er wehrte sich mit ganzer Kraft gegen diese Versuchungen. Je heftiger sie ihn überfielen, um so hartnäckiger verschanzte er sich hinter dem Wall seines reinen Glaubens. Als er fünfzehn Jahre alt wurde, nahm ihn der Vater einmal unter vier Augen vor. Man sah es ihm an, wie schwer es ihm fiel, an diese heiklen Dinge zu rühren. Mit niedergeschlagenen Augen und verstört hörte der Sohn die abgerissenen Sätze seines Vaters an. Beide fanden sich in einer großen, qualvollen Verlegenheit.

»Du hast nun das Alter erreicht, in dem man noch kein Mann, aber auch schon kein Kind mehr ist. Es gibt Sachen, die man ... von denen man ...«

Bei dem Jungen machten sich Ungeduld, Scham und Verlegenheit gewaltsam Luft:

»Vater, reden wir nicht von diesen Sachen. Ich will davon nichts hören und will sie auch nicht kennen. Ich habe mein Leben dem Herrn, unserem Gott, und der heiligen Mutter Maria geweiht ... Haben Sie keine Sorge um mich, Vater ... lassen wir das Ganze, ich bitte Sie ...«

»Wie du willst«, atmete der Vater erleichtert auf, »wir müssen aber noch über etwas anderes sprechen. Du bist doch jetzt nun sozusagen ein junger Mann. Ich möchte dich deshalb daran gewöhnen, mit Geld umzugehen. Von nun an sollst du regelmäßig Taschengeld erhalten. Du bekommst von mir jeden Montag einen kleinen Betrag, von dem du deine Ausgaben selbst zu bestreiten hast: Fahrgeld, Bleistifte und was weiß ich noch alles. Wieviel denkst du, daß ich dir geben soll?«

»Mir ist das ganz gleich, Vater, bestimmen Sie es selbst.«

Auch von solchen Sachen zu sprechen langweilte ihn, denn auch das war ja eine »weltliche« Angelegenheit und seiner in Weihrauchwolken schwebenden Schwärmerei unwürdig. Als er aber sein erstes Taschengeld erhielt, fing er doch an zu rechnen. Die Hälfte legte er sofort beiseite, sie war für seine Mutter bestimmt.

Im Herbst gingen sie abermals auf eine Konzertreise. Diesmal begannen sie in Dijon, und dann kamen die Städte der Schweiz an die Reihe. Sie weilten in Genf, in Bern, in Luzern, in Basel und an unzähligen anderen Orten. Überall waren dem Knaben große Erfolge beschieden. Er hatte sich aber schon ganz und gar verändert. Der Beifall, die ihn anstrahlenden Gesichter, alles, was ihn einst mit erregender Freude erfüllte, war ihm jetzt zuwider. Das öffentliche Klavierspielen empfand er als eine langweilige Pflicht, er fühlte sich nicht besser als ein Akrobat im Zirkus. Er hatte besonders die oberflächliche Virtuosität des Klavierspielens satt, bei dem der äußerliche Glanz stärker wirkte als der innere Gehalt. Auch das Publikum, das gekommen war, den Knaben mit offenem Munde zu bestaunen wie einen dressierten kleinen Hund und nicht als Künstler zu würdigen, stieß ihn ab. Während seiner Reisen verschlang er förmlich alle die Bücher, mit denen Lydia fast einen ganzen Koffer vollgepackt hatte. Es waren durchweg religiöse Schriften, Heiligenlegenden, Andachten, in wunderbarer Sprache verfaßte Gebete, Geschichten von den blutigen Martern der ersten Christen, dem Leben frommer Einsiedler und Büßer. Er las sie in einem Zuge durch, wie ein anderer Junge Schauergeschichten liest, und empfand eine nicht geringere Freude und Aufregung darüber. Drei Bücher nahm er immer wieder zur Hand. Das eine war die Bibel, das zweite die Lebensgeschichte seines Schutzheiligen, des heiligen Franz von Paula, das dritte die Nachfolge Christi des Thomas a Kempis. Dieses dritte liebte er am meisten. Den größten

Teil konnte er schon auswendig. Vieles hatte er in diesem Buche unterstrichen, einzelne Sätze sogar in einem besonderen kleinen Heftchen vermerkt: »Die Grundlage unserer Tugend und Seligkeit ist nicht der Genuß.« – »Sei bestrebt, dich nur deiner guten Taten zu freuen.« – »Was du auch seist, du bist nicht mehr und kannst nie mehr werden, als was du vor Gott bist.« – »Du wirst nicht besser, wenn man dich lobt, und nicht schlechter, wenn man dich tadelt ...«

Als sie von dieser Konzertreise nach Paris zurückkehrten, suchte er zuallererst seinen Beichtvater auf. Er beriet sich lange mit ihm, und nach dem Abendessen sagte er zu seinem Vater:

»Vater, ich möchte Sie bitten, jetzt keine Zeitung zu lesen, ich muß Ihnen etwas Wichtiges mitteilen.«

Adam Liszt legte mißtrauisch die neueste Nummer der »Débats« zur Seite und sah seinen Sohn fragend an.

»Ich bin mit mir selbst zu Rate gegangen. Ich kann in dieser Welt nicht bleiben. Lassen Sie mich Priester werden!«

»Was? Hast du den Verstand verloren?«

»Im Gegenteil«, lächelte der junge Märtyrer traurig, »ich habe ihn erst gefunden. Es wäre sehr schmerzlich für mich, Vater, wenn Sie mich nicht verstehen würden. Ich kann keine andere Seligkeit finden als die der Religion. Wenn ich ein anderes Leben führen müßte, würde ich unglücklich sein. Lassen Sie mich Priester werden.«

»So. Und was wird mit der Musik?«

»Ich will mich mit kirchlicher Musik befassen. Gott gab mir meine Begabung nur, um seinem Ruhme zu dienen. Jede Begabung ist lediglich dazu da. Und Thomas a Kempis sagt auch ...«

»Genug, mein Sohn, halte mir keine Predigt. Ich war in meinem ganzen Leben ein guter Katholik und zeigte mich stets bestrebt, würdig vor Gottes Antlitz zu stehen. Aber ich habe auch einen nüchternen Verstand, den mir der liebe Gott gegeben hat, damit ich ihn gebrauche. Ich denke nicht im geringsten daran, dich Priester werden zu lassen. Du taugst ja auch gar nicht zum Geistlichen. Das Orgelspiel ist dir ein bißchen in den Kopf gestiegen, weiter nichts. Ich kenne diese Schwärmerei in deinem Alter, ich mußte sie auch durchmachen. Ich habe aber noch rechtzeitig eingesehen, daß alles das, was man sich in seinem kindlichen Gemüt so schön vorstellt, meistens nur ein Phantasiegebilde ist. Du wirst kein Geistlicher, schlage dir das ja aus dem Kopf.«

»Aber sehen Sie doch, Vater ...«

»Ich sehe nichts. Diese Bücher haben dir den Kopf verdreht. Ich habe einen großen Fehler begangen, daß ich nicht schon früher eingegriffen habe. Ich nehme mir nächstens den ganzen Bücherhaufen her und werfe ihn zum Fenster hinaus.«

»Vater«, schrie der Junge entsetzt und mit Tränen in den Augen, »versündigen Sie sich nicht! Himmlischer Vater da oben, vergib ihm, denn er weiß nicht, was er tut . . .«

»Ich will dir mal etwas sagen, lieber Sohn, du kriegst von mir gleich eine tüchtige Ohrfeige, obwohl du kein Säugling mehr bist. Du sollst *mich* bloß nicht erziehen wollen! Erziehen werde *ich dich*. Du bist noch ein unerfahrener Mensch, und ich habe die Verantwortung für dich.«

Der Junge ging zu seinem Betschemel, den ihm Lydia geschenkt hatte, kniete nieder und betete. Er betete unter Tränen. Inzwischen ging ihm dauernd der Gedanke durch den Kopf, daß ihn sein Vater jetzt sicherlich beobachtete, ihn, den schlanken Jungen, dessen Gestalt sich andächtig über den Betschemel neigte . . .

Am folgenden Tage begann er das Thema von neuem. Zuerst nahm sich der Vater die Mühe, ihm geduldig zuzureden. Das Ende war aber, daß sie wieder in Streit gerieten. Der Knabe legte sich schluchzend schlafen. Dieser Zweikampf dauerte tagelang. Endlich verlor Adam Liszt die Geduld und nahm ihm die Bücher weg. Er begnügte sich aber nicht damit, sondern schrie heftig drohend: wenn ihm der Junge nochmals derartige Lektüre ins Haus zu bringen wage, werde er ihn kräftig verprügeln. Von Priester werden zu reden, solle er sich nicht mehr unterstehen, sonst würde noch etwas ganz Schlimmes passieren . . .

Der Junge verlor sich immer mehr in die Stimmung der christlichen Märtyrer. Er gefiel sich darin, für seinen Glauben zu leiden. Von neuem überfielen ihn sinnliche Anfechtungen mit ungebrochener Kraft. Seine Träume wurden zu einem Aufruhr tobender Begierden. Zwei-, dreimal wusch er sich in der Nacht in eiskaltem Wasser – umsonst. Auf die Straße wagte er kaum noch einen Schritt zu tun; denn da gingen Frauen, und ihn zwang eine teuflische Macht, die Linien ihrer Bewegungen zu verfolgen und sich nach ihnen umzudrehen. Es gab Tage, an denen er dreimal beichtete. Seine Bekannten schüttelten die Köpfe. Er benahm sich wie ein Narr. Er ging, geistliche Lieder singend, die Straße entlang, fing plötzlich zu weinen an, nicht weil ihm etwas gefehlt hätte, sondern weil seine überreizten Nerven in den Tränen Erleichterung suchten. Mitten im Gespräch bekreuzigte er sich plötzlich ohne jeden Grund mit einem überirdischen Lächeln. Wenn man ihn etwas fragte, blickte er ins Leere und antwortete mit verträumter Stimme geistesabwesend mit irgendeinem religiösen Spruch, der gar nicht in die Unterhaltung paßte. Im nächsten Augenblick flammten seine Augen wieder auf: er wandte sich nach einer Frau um, dann wurde er rot, biß sich in die Lippen und rannte in peinlicher Verlegenheit ohne Gruß davon.

Als er eines Morgens sein Taschengeld erhalten hatte, beschloß er, alles, was ihm außer dem für die Mutter Bestimmten übrigbliebe, unter die Armen zu verteilen. Er wollte sich mit Entbehrungen für seine sinnlichen Begierden strafen. Er ging in seine Lieblingskirche, steckte Geld in die verschiedenen Sammelbüchsen vor den einzelnen Altären und bedachte die vor

der Kirchentür sitzenden Bettler reichlich. In seiner Tasche blieb noch ein Fünffrancstück, das wollte er auf dem Heimwege verteilen.
Zwei Häuser weiter sah er einen zerrissenen Straßenkehrer mit ausgehungertem Gesicht. Es war ein schmächtiger Junge, der die Unterstürzung ohne Zweifel gebrauchen konnte. Er sprach ihn an:
»Wollen Sie Geld haben?«
»Wieviel?« fragte dieser verdutzt und gierig.
»Ich schenke Ihnen einen Franken. Geben Sie mir von fünfen vier wieder.«
»Vier Franken? O lala. Wann hätte ich jemals vier Franken gehabt! Aber geben Sie nur her, ich lasse es wechseln.«
Er gab ihm das Geld. Der Bursche wollte eilends davonlaufen, aber der große Besen war im Wege.
»Wollen Sie nicht inzwischen diesen Besen halten?«
»Gern!«
Er faßte danach, und der Bursche lief weg. Da stand er nun mit dem unförmig großen Besen und wartete. Zwei Mädchen kamen vorbei. Sie hatten einen wiegenden Gang, biegsame Hüften, und die Linien ihrer Kleider ließen den aufregenden Liebreiz ihrer Brüste ahnen.
»Sieh mal«, kicherte die eine, mit dem Ellenbogen die andere anstoßend, »wie komisch! Was macht der kleine Litz hier mit dem Besen?«
Die andere blickte den Jungen an. Ihre Augen funkelten.
»Der ist gar nicht so klein.«
Beide brachen in ein fröhliches Gelächter aus. Aneinandergeschmiegt setzten sie ihren Weg fort, mit gurrendem Lachen nochmals zurückblickend.
Der Junge sah ihnen nach. Er maß sie mit einem verächtlichen Blick vom Kopf bis zum Fuß. Und als seine Augen bei ihren schmalen Fesseln angelangt waren, erzitterte sein ganzer Körper. Er bebte so heftig, als ob ihn der Teufel selber schüttelte.
»Unmöglich«, flüsterte er, mit dem Besen in der Hand, vor sich hin, »was soll ich bloß tun . . . Ich kann das nicht ertragen . . .«
In seiner Erschütterung fing er an zu weinen, den großen, unförmigen Besen krampfhaft festhaltend.

VIERZEHNTES KAPITEL

Im Frühjahr 1827 war Beethoven gestorben. Der Junge trauerte in tiefer Ergriffenheit um ihn und kaufte sich jede Zeitung, in der nur irgend etwas über den Meister stand. Aus den Nachrufen hatte er feststellen können, daß zu der Zeit, als sein unvergeßliches Wiener Konzert stattfand, Beethoven

gerade die Neunte Symphonie komponierte. Von den Klängen der »Neunten« war er zu seinem Konzert gekommen . . . in der Stimmung der »Neunten« hatte er ihn geküßt . . . und zu seiner »Neunten« war er von seinem Konzert wieder nach Hause gegangen . . .
Der Gedanke des Todes beschäftigte den Jungen jetzt sehr viel. Seine religiöse Lektüre gemahnte ihn immer wieder an den Tod, seine aufgewühlten Nerven befremdete der beruhigende Begriff der Vergänglichkeit nicht. Der Gedanke an Selbstmord ging ihm mehr als einmal durch den Kopf. Da er aber wußte, daß das eine Sünde war, wies er solche Gedanken gleich wieder von sich. Trotzdem blieb in ihm das Todessehnen. Er liebte die Töne der Trauer in der Musik, mit krankhafter Wonne lauschte er den Klängen der Totenmesse, und wenn er ein Begräbnis sah, hatte er das Gefühl von etwas Erhabenem. Die Menschen mied er. Ab und zu ging er in das Palais Muette zu Erard, er nahm regelmäßig seine Stunden bei Reicha, spielte mit der frommen Lydia vierhändig und stattete jede Woche seinem Beichtvater einen langen Besuch ab. Mit seinem Vater wechselte er tagelang kaum ein Wort. Von seiner Sehnsucht, die geistliche Laufbahn einzuschlagen, wagte er nicht mehr zu sprechen. Auch der Vater erwähnte nichts mehr davon. Sie saßen nebeneinander, zwei Feinden gleich, die einen Waffenstillstand geschlossen haben.
Im Mai gingen sie abermals nach London. Das war nun schon die dritte Londoner Reise. Sie stiegen in den alten Quartieren ab, begegneten alten Bekannten, alles verlief im gewohnten Geleise: das Konzert in London, die Kritiken, die Reise nach Manchester, das sechsstündige Üben am Tage. Aber ihm fehlten die Pariser Kirchen und sein Beichtvater. Auf dessen Anraten suchte er zwar einen katholischen Geistlichen auf, aber es war nicht der richtige. Der Abbé in Paris kannte seine Seele wie ein offenes Buch. Diesem hingegen mußte er seine Probleme erst lang und breit auseinandersetzen. Er hatte stets gebeichtet, weil ihm seine Religion das vorschrieb und weil er in seiner frommen Verzückung nach der Erhabenheit des reumütigen Bekenntnisses dürstete. Aber vor den Londoner Beichtstühlen fühlte er sich so fremd, als ob er ein fremdes Kleid angezogen hätte.
Sie verbrachten diesmal drei Monate in London. In dieser Zeit fühlte er sich von Tag zu Tag schwächer und matter werden. Da ihm der Vater die Maßlosigkeit seiner religiösen Übungen verboten hatte, verwendete er die nächtlichen Stunden dazu. Während der Vater schlief, stand er vorsichtig auf und begann im Finstern zu beten. Stundenlang murmelte er die vorgeschriebenen Gebete, sank dann erschöpft in sein Bett, und trotz allem überfielen ihn in seinen Träumen abermals die Versuchungen mit unverminderter Gewalt. Er wälzte sich fiebernd in seinem heißen Bett und knirschte mit zusammengepreßten Zähnen inmitten der verbotenen und furchtbaren Wonne der Träume. Dann wachte er verzweifelt auf und begann abermals zu beten. So vergingen seine Nächte in wildem Ringen und heimlichem

Wachen. Am Morgen wurde ihm zumeist schwindlig, wenn er, aus dem Bett steigend, sich auf die Füße stellen wollte. Er wankte und mußte sich festhalten. Auch tagsüber erging es ihm oft so. Sein Gesicht und seine Hände waren auffallend heiß, Kopfschmerzen quälten ihn ständig, und er nahm zusehends ab. Er war fast nur noch Haut und Knochen. Unter den Augen gruben sich dicke und dunkle Ringe ein, seine Gereiztheit hatte so überhand genommen, daß er schon beim geringsten Anlaß weinte. Der Vater ließ öfter einen Arzt kommen. Der Arzt sagte immer wieder: der Junge müsse viel essen, viel ruhen, sich nicht aufregen und nach Möglichkeit eine oder zwei Wochen am Meer verbringen.

Sie reisten abermals nach Boulogne. Auch der Vater hatte schon in London geklagt, daß er sich nicht wohl fühle. Darauf hatte man aber nicht viel geben können, denn Adam Liszt beschäftigte sich andauernd mit seiner Gesundheit. Er beobachtete an sich die sonderbarsten Symptome, die sich dann aber stets als blinder Alarm herausstellten. Jetzt aber sah man ihm an, daß er ernstlich krank war. Sie gingen der Gesundheit des Jungen wegen nach Boulogne, und nun mußte der Vater sich zu Bett legen. Es schien sich um eine starke Magenverstimmung zu handeln, und man konnte wohl annehmen, daß er in wenigen Tagen wieder gesund sein würde.

Aber sein Zustand besserte sich nicht. Er hatte jeden Tag Fieber, und das Fieber stieg hartnäckig. Der Arzt in Boulogne, den man gleich am ersten Tage geholt hatte, wurde bedenklich. Der Leib des Kranken begann sich aufzublähen, auf seinem Körper erschienen kleine rote Flecke, er hustete viel. Er hatte dauernd Kopfweh, er keuchte schnaufend vor Fieberhitze. Schließlich stieg das Fieber auf einundvierzig Grad. Er verlor die Besinnung nicht. Er redete auch nicht irre. Aber was er sprach, war wie das Lallen eines Betrunkenen. Er wünschte seinen Sohn fortwährend um sich zu haben und, obwohl ihm das Sprechen sehr schwerfiel, wollte er ihm immer etwas erzählen. Er kam dabei stets wieder auf die Zeit zurück, in der der Junge noch ganz klein war, und konnte sich gar nicht genugtun an diesen Erinnerungen.

»Du bist in einem Kometenjahr geboren. 1811 stieg der große Komet auf. Deine Mutter und ich haben ihn auch gesehen. Es war ein schöner Stern, und er zog einen langen, glänzenden Schweif hinter sich her wie einen Schleier. Unter den Dorfbewohnern tuschelte man, das Ende der Welt sei nun gekommen. Erinnerst du dich auch noch an die alte Frau Hottmeyer?«

»Nein.«

»Ach natürlich, du kannst dich ja gar nicht erinnern, du warst ja erst anderthalb Jahr alt, als sie starb. Frau Hottmeyer war überzeugt, daß das Ende der Welt nunmehr da sei. Sie legte sich in ihr Bett und nähte sich ihr erspartes Geld in das Nachthemd. Aber der Komet war vergebens aufgetaucht, das Ende der Welt war noch nicht gekommen. Die gute Frau Hottmeyer

schlief ein wie immer, und als sie am nächsten Morgen aufwachte, war sie felsenfest überzeugt, daß sie im Himmel sei. Wir haben viel über sie gelacht. Über den Kometen haben wir uns sehr gefreut; denn deine Mutter wartete damals gerade darauf, daß du zur Welt kommen solltest, und war der Meinung, daß der liebe Gott uns mit diesem Kometen ein Zeichen geben und uns ein ganz wunderbares Kind schenken wolle . . . Aber ich bin so hungrig, ich möchte so gern ein Stückchen Brot essen. Die Milch ist mir schon so zuwider.«
»Das geht nicht, Vater, der Arzt hat es verboten. Nur Milch ist erlaubt. Soll ich Ihnen Milch geben?«
»Nein, die will ich nicht, mich ekelt schon davor. Erinnerst du dich an unseren Raidinger Brunnen?«
»Ja.«
»Vier Monate vor deiner Geburt fiel deine Mutter in diesen Brunnen. Eine Planke war morsch und brach unter ihr zusammen. Deine Mutter fiel ins Wasser. Zum Glück waren gleich Menschen in der Nähe, und das Wasser reichte ihr auch nur bis zu den Schultern. Man brachte eine Leiter, ließ sie in den Brunnen hinab, und deine Mutter stieg, von Wasser triefend, heraus. Nichts war ihr geschehen. Sie hatte sich nicht einmal erkältet. Das alles war ja im Juni passiert. Auch damals haben wir schon gesagt, daß dieses Kind bestimmt ein Glückskind sein werde. Aber gib mir doch bitte ein Glas Milch.«
Er trank die Milch, ruhte eine Viertelstunde lang keuchend, dann begann er wieder mit den alten Erinnerungen. Jetzt ordnete auch schon der Arzt an, daß er weniger sprechen solle, denn er vergeude dadurch bloß seine Kräfte. Und sein Zustand sei nicht leichtzunehmen. Das Fieber wollte nicht zurückgehen, der Kranke nahm zusehends ab, sein Gesicht wurde erschrekkend schmal, und da er sich nicht rasieren konnte, bedeckten sich seine Wangen mit unzähligen weißen Borsten. Er wurde im Krankenbett mit einem Male zum Greis.
Sie waren um den 10. August herum in Boulogne angekommen, und am 24. August früh konnte der Vater kaum noch hörbar flüstern.
»Ich fühle es, mein lieber Sohn, daß ich ernstlich krank bin. Ich glaube, du tätest gut, deiner Mutter zu schreiben. Vielleicht wird sie mich pflegen müssen. Aber wir dürfen sie auch nicht ohne Grund erschrecken. Wir wollen erst hören, was der Arzt meint.«
Der Arzt kam in den gewohnten Frühstunden. Er untersuchte den Kranken und murmelte einige beruhigende Worte. Als er sich entfernte, gab er dem Jungen im geheimen einen Wink, ihm zu folgen.
»Was ich befürchtet habe, ist eingetreten«, sagte er auf dem Flur, »alle Anzeichen weisen darauf hin, daß dein Vater Typhus hat. Seine Genesung ist nicht ausgeschlossen, aber man muß auch auf eine Verschlechterung des Zustandes gefaßt sein.«

»Was meinen Sie, Herr Doktor, soll ich meiner Mutter schreiben?«
»Auf alle Fälle, die Lage ist sehr ernst! Ich komme nachmittags wieder.«
Der Junge ging zurück. Auf dem Gesicht seines Vaters las er das Mißtrauen und die suchende Neugier des Schwerkranken.
»Hast du mit dem Arzt draußen gesprochen?«
»Nur einige Worte. Er sagte, die Krankheit sei ernst. Wenn Sie aber auf sich achtgeben, werden Sie bestimmt wieder gesund.«
»So. Also schreibe nur der Mutter.«
»Jawohl, ich gehe ja sowieso in die Apotheke, ich schreibe den Brief dann gleich auf der Post.«
»Nein, schreibe ihn hier. Jetzt gleich, ich will lesen, was du schreibst.«
Der Junge setzte sich folgsam hin, um zu schreiben, und zwar deutsch. Mit seinem Vater unterhielt er sich schon seit langer Zeit nur noch französisch. Sie hatten sich das so angewöhnt, daß sie auch zu Hause nur noch französisch miteinander redeten. Seiner Mutter aber pflegte er in der Heimatsprache zu schreiben. Er dachte angestrengt nach, wie er diesen Brief abfassen sollte. Er wollte die Mutter nicht erschrecken, und er durfte den Vater nicht aufregen. Den Ernst der Lage mußte er ihr aber doch irgendwie klarmachen . . .

»Boulogne, am 24. August 1827.

Meine beste Frau Mutter!

In diesem Augenblick, in dem ich diese Zeilen schreibe, bin ich um meinen Vater sehr besorgt. Als er hier ankam, hatte er sich schon nicht wohlgefühlt, und heute sagte mir der Arzt, daß . . .«

Er sah seinen Vater an, der war inzwischen eingeschlafen.

». . . daß die Krankheit gefährlich werden könne. Der Vater bittet Sie, den Mut nicht gleich zu verlieren. Er selbst fühlt sich sehr krank und läßt mich diesen Brief schreiben, um Sie darauf vorzubereiten, daß Sie unter Umständen gezwungen sein könnten, nach Frankreich zu kommen. Er glaubte aber, daß wir mit dieser Mitteilung noch einige Tage warten könnten, und sagte folgendes zu mir: ›Wenn wir etwas Bestimmtes wissen, dann darfst du es ihr schreiben.‹ Ich werde das auch nicht versäumen. Ihren Brief hat er mit großer Freude erhalten. Ich danke Ihnen aus ganzem Herzen, daß Sie sich darin auch meiner erinnert haben. In drei oder vier Tagen werde ich Ihnen auf jeden Fall wieder schreiben. Bleiben Sie glücklich! Wir umarmen Sie vielmals. Ich habe jetzt große Eile.

F. Liszt.«

Er versah den Umschlag schnell mit der Anschrift, rief nach Lucienne, dem kleinen schwarzen Stubenmädchen des Hotels, das auf den Kranken aufpassen sollte, und lief in die Apotheke und zur Post. Als er zurückkam, schlief der Vater immer noch. Erst spät am Nachmittag wachte er wieder auf, als der Arzt kam. Dann fing er abermals an, mühsam die Worte zu formen:

»Wenn es mir so schlecht gehen sollte, daß deine Mutter kommen muß, dann findest du das Geld in der kleinen Ledertasche. Der Schlüssel dazu ist in der hinteren Tasche meines Rockes. Auch wenn ich lange krank sein müßte, würde das Geld reichen. Und du hast ja auch für deine Mutter Geld gespart, wie ich gesehen habe. Das ist sehr richtig. Deine Mutter verdient alles Gute von dir, denn sie ist eine wirklich gute Mutter. Als du noch ganz klein warst, hast du an recht merkwürdigen Krämpfen gelitten. Wir dachten damals oft, daß du sterben würdest. Einmal hatte ich sogar schon einen Sarg für dich bestellt. Deine Mutter gebärdete sich wie eine Wahnsinnige. Sie schrie laut und raufte sich die Haare. Alle Nachbarn liefen zusammen. Damals wohnten wir noch in Pammaggen.«

»In Pammaggen? Bin ich denn in Pammaggen geboren?«

»Nein, du bist in Raiding geboren. Aber als du noch ein Säugling warst, wurde ich für kurze Zeit nach Pammaggen versetzt. Dann kamen wir wieder nach Raiding zurück. Eine kurze Zeit wohnten wir sogar in Frauenkirchen. Aber du kannst dich darauf nicht mehr besinnen.«

»Nein. Ich kann mich nur an Raiding erinnern.«

»Ja, ja, und durch dieses viele Umherziehen hattest du auch das Sumpffieber bekommen, denn da war der Teich Fertö sehr nahe. Großer Gott, wie sehr hat sich deine Mutter mit dir gequält! Du warst mehr krank als gesund. Auch damals, als ich dich nach Eisenstadt mitnahm und die Frau Fürstin dir das Haydn-Album schenkte, hattest du dich schwer erkältet.«

»Was für ein Haydn-Album? Ich kann mich nicht erinnern. Ich weiß auch nichts mehr von der Frau Fürstin.«

»Aber ja. Als du vier Jahre alt warst, hast du vor der Frau Fürstin Klavier gespielt, und sie schenkte dir das Erinnerungsbuch Haydns, in das Haydn von jedem seiner Bekannten irgend etwas hineinschreiben ließ. Es hätte jetzt großen Wert, wenn es noch vorhanden wäre. Irgendwie ist es aber verlorengegangen. Wir haben es nie wiedergefunden.«

Adam Liszt sprach schon mit sehr großer Mühe. Zwischen den einzelnen Sätzen machte er lange Pausen und keuchte schwer. Die Augen hielt er halb geschlossen. Ab und zu schlummerte er für zehn Minuten ein, dann schrak er wieder auf. Er war entsetzlich abgemagert. Niemand hätte ihn mehr erkannt, der ihn jetzt gesehen haben würde. Als man das Bett frisch überzog, erblickte der Junge mit Schrecken die Schenkel seines Vaters: die waren nicht breiter als sein eigener Oberarm.

Am nächsten Tage ging es dem Vater noch schlechter. Der Arzt teilte dem Jungen mit, daß er auf das Schlimmste gefaßt sein müsse. Der Kranke sprach kaum noch. Er öffnete die Augen immer seltener. Seine Hand war

zu schwach, um das Milchglas zu halten, man mußte es ihm an die Lippen setzen. Das Fieber stieg wieder auf 40,5 Grad.
Nunmehr fühlte der Junge, daß sein Vater sterben werde. Er wußte auch, daß er das seiner Mutter schreiben müsse. Aber er fand diese Aufgabe so ungeheuerlich, daß er sich dazu nicht entschließen konnte. Er saß ständig neben dem Kranken auf einem Stuhl und sah ihn an. Er sann über das unlösbare Rätsel des Lebens und des Todes nach. Dann betete er. Jetzt konnte er nach Herzenslust beten, soviel er nur wollte; der sterbende Vater hinderte ihn nicht mehr. Wenn er des Betens müde wurde, blickte er unverwandt auf den weißbärtigen, zur Größe eines Kindes zusammengeschrumpften Kranken. Seine unschlüssigen Gedanken versuchten die Zukunft zu erforschen, wie er mit seiner Mutter zu zweit leben solle. Aber sofort bereute er diese Gedanken tief. Es schien ihm eine sündhafte Lieblosigkeit, daß er fähig war, mit dem Tode des Vaters zu rechnen . . .
Am letzten Tag, am 28. August, sprach Adam Liszt kaum noch ein oder zwei unverständliche Worte. Man hätte glauben können, er sei ohne Besinnung. Aber mit einer schwachen Bewegung seiner Hand deutete er an, daß er etwas sagen möchte. Der Junge neigte sich zu ihm.
»Wollen Sie etwas sagen, Vater?« fragte er.
Der Sterbende flüsterte kaum hörbar mit schwachbewegten Lippen:
»Franzi, ich habe Angst um dich wegen der Frauen!«
Der Junge sah ihn entsetzt an. Sein Herzschlag schien auszusetzen. Hatte der Vater Kenntnis von seinen furchtbaren Seelenkämpfen? Er war doch rein geblieben, und das mußte der Vater ja wissen . . . Woher wußte er, daß man sich um ihn bangen müsse? Die Sorge des sterbenden Vaters beleuchtete grell die bitteren Qualen seiner Seele. Er ließ die Augen keinen Augenblick von dem Sterbenden, dem er so lange Zeit fremd gegenüberzustehen geglaubt hatte und der jetzt erkennen ließ, daß er tief in die ängstlich gehüteten Geheimnisse seines Sohnes hineingeschaut hatte . . .
Das waren die letzten verständlichen Worte des Vaters. Er lächelte nur noch ab und zu, ohne Besinnung und unverständlich. Der Arzt kam nochmals, prüfte den Pulsschlag des anscheinend besinnungslos daliegenden Mannes und stellte fest:
»Er hat noch ein bis zwei Stunden zu leben.«
Dann räusperte er sich und bemerkte:
»Wann kann ich Ihnen meine Rechnung vorlegen?«
»Wann es Ihnen beliebt«, antwortete der Junge mit Tränen in den Augen, »ich spreche vielleicht morgen bei Ihnen vor.«
Der Arzt ging.
Der Junge setzte sich wieder auf seinen Stuhl neben dem Bett. Er sah den Sterbenden an und betete. Von draußen drang der fröhliche Lärm des Boulogner Alltags herein. Strahlend schien die Sonne. Franz weinte und betete nur. Er erhob sich vom Stuhl und kniete neben dem Bett nieder. Er legte

seine Stirn auf den Rand des Bettes, krampfhaftes Schluchzen schüttelte seine Brust. Lange, lange betete er. Dann sah er hoch. Und in plötzlichem Erschrecken sprang er auf die Beine. Sein Vater blickte mit offenen Augen in das Nichts, sein Mund war geöffnet, als ob ihm ein Schrei im Hals steckengeblieben wäre. Der Anblick war so fürchterlich, daß der Junge sich vor Entsetzen bis zur Tür zurückzog und so schnell aus dem Zimmer sprang, als ob er fliehen wollte. Er warf die Tür hinter sich zu und schrie heiser:
»Lucienne!«
Das Stubenmädchen kam und verstand sofort alles.
»Gestorben? Armer Junge! Wie sehr ich Sie bedaure.«
Voller Mitleid und Liebe legte sie die Arme um die Schultern des weinenden Jungen. Sie zog ihn tröstend an sich. Dann trat sie in das Zimmer, wo der Tote lag. Draußen im Flur aber schlug sich der Junge mit der Faust an den Kopf . . . in blinder Wut, schonungslos . . .
»Niederträchtiger Schurke!« knirschte er. »Taugenichts! In solch einem Augenblick bist du fähig, die Umarmung einer Frau zu empfinden! Elender, Nichtsnutziger, Gemeiner . . .«
Er schluchzte und schlug mit dem Kopf gegen die Wand. Dann lehnte er sich an und stöhnte bitterlich:
»Vater, Vater . . . mein lieber, teurer Vater . . .«

FÜNFZEHNTES KAPITEL

Zwischen ungeöffneten Kisten, inmitten eines unbeschreiblichen Durcheinanders berieten sich Mutter und Sohn über die Zukunft. Dreieinhalb Jahre lang hatten sie sich nicht mehr gesehen, und nun konnten sie sich aneinander nicht sattsehen. Als Anna Liszt in Paris ankam, hatte ihr Sohn, der vorübergehend bei Erards im Palais Muette gewohnt hatte, schon eine neue Wohnung gefunden. In dem alten Heim, wo er mit dem Vater so lange gehaust hatte, wäre es ihm unmöglich gewesen, zu bleiben. Die Erardschen Damen suchten ihm eine neue Wohnung. Er selbst vermochte sich kaum zu rühren in seiner verzweifelten Unbeholfenheit. Sie mieteten am Montmartre eine Dreizimmerwohnung in der Rue Cocquenard. Die ungeöffneten Kisten und die umherliegenden Sachen ließen kein Gefühl der Behaglichkeit aufkommen.
»Ich werde keine Konzertreise mehr unternehmen, Mutter, ich habe mich entschlossen, diese Rundreisen aufzugeben, weil ich sie hasse. Ich habe soviel darum gelitten, daß ich am liebsten immer geweint hätte. Ich will nicht mehr der Affe auf der großen Trommel sein.«

»Was willst du nicht mehr sein?«
»Affe auf der Trommel. Ein Schaustück im Zirkus. Glauben Sie denn, daß die Leute, die zu solchen Konzerten kommen, den *Künstler* sehen wollen? Ach wo! Auf das Wunderkind sind sie neugierig, und ich bin kein Wunderkind mehr. Der arme Vater hat mich noch zuletzt als Vierzehnjährigen bezeichnet, und ich bin schon sechzehn Jahre alt. Nun ist es genug.«
»Aber wovon werden wir leben, mein Sohn?«
»Ich werde Stunden geben. Sehen Sie doch einmal an, wie gut Czerny davon leben kann. Warum sollte ich das nicht auch können, der ich hundertmal berühmter bin. Sie werden schon merken, was für ein schönes, behagliches Leben wir führen werden, so zu zweit. Bis es sich herumspricht, daß ich Unterricht gebe, langt mein Geld noch. Vor allem anderen habe ich keine Angst.«
»Hast du mit dem Begräbnis viele Ausgaben gehabt?«
»Fragen Sie lieber gar nicht, sehr, sehr viele. Der Arzt, die Apotheke, das Hotel . . . Man darf gar nicht daran denken.«
»Und hast *du* wenigstens genug Geld gehabt?«
»Nein, ich habe keins gehabt. Aber ich habe mir geholfen.«
»Du hast wohl welches von Erards verlangt, nicht wahr?«
»Verlangt? Nein. Ich könnte von niemandem Geld verlangen. In Boulogne habe ich über alle Kosten einen Schuldschein ausgestellt, und hier zu Hause mußte ich dann mein Erard-Klavier verkaufen. Ich habe ja noch ein anderes. Leider habe ich es unter dem Preis verkaufen müssen, aber ich hatte keine andere Wahl. Ich habe dann in Boulogne alles bezahlt, und es ist auch noch etwas übriggeblieben, womit wir das neue Leben anfangen können. Sind Sie mit meinen Plänen einverstanden, Mutter?«
»Mein lieber Sohn, ich rede in nichts drein. Du bist schon ein großer Junge und weißt besser, was zu tun ist. Ich bin glücklich, daß wir wieder zusammensein können; alles andere kümmert mich nicht. Wohin wollen wir dein Klavier stellen? Denn danach möchte ich dann die anderen Möbel verteilen.«
»Das ist ganz gleichgültig. Wie Sie es für richtig finden.«
»Aber mein Engel, das mußt *du* sagen. Du wirst ja darauf spielen, nicht ich.«
»Das ist wirklich ganz einerlei. Ich gehe jetzt zu Reicha.«
Er küßte seiner Mutter die Hand und ging. Er war froh, auf die Straße zu kommen, denn er stand allen praktischen Dingen und Anordnungen im Leben fremd gegenüber. Solange er lebte, hatte das ja stets sein Vater für ihn erledigt. Und es wurde ihm immer klarer, daß Adam Liszt ihm noch lange, lange Zeit fehlen würde.
Langsam kamen sie mit der Wohnung in Ordnung, und nach einiger Zeit hatte sich auch schon die neue, regelmäßige Lebensform des kleinen Heimes herausgebildet. Seine Erwartungen hinsichtlich der Unterrichtsstun-

den hatten ihn nicht getäuscht. Innerhalb weniger Tage meldeten sich bereits so viele Schüler, daß er von dem Stundenhonorar die Haushaltungskosten reichlich bestreiten konnte. Die Gräfin Montesquiou war die erste, die ihre kleine Tochter unterrichten lassen wollte. Am selben Tage ließ ihm der Earl of Granville, der englische Botschafter, Bescheid zukommen, er möge ihn besuchen, da er mit ihm über die Ausbildung seiner Töchter sprechen wolle. Ein junger Mann aus Genf namens Pierre Wolff, ein Belgier namens Louis Messmecker meldeten sich gleichfalls. Das waren die ersten. Aber ihnen folgten zahllose weitere. Nach einer Woche konnte er schon niemanden mehr annehmen. Drei oder vier Schüler mußte er mit Bedauern zurückweisen. Eine hatte er aber doch nicht abweisen können. Das war die Gräfin Saint-Cricq, die Frau des Handelsministers, die gleichfalls ihre Tochter unterrichten lassen wollte.
Morgens um einhalb neun Uhr ging er von Hause weg. In der Kirche hörte er sich jeden Tag die stille Messe an und begann dann seine Arbeit. Er meldete sich im ersten Haus, gab die Stunde, verabschiedete sich artig und ging dann die endlosen Straßen entlang. Einen Mietwagen konnte er nicht nehmen, weil sonst der größte Teil der Stundengelder draufgegangen wäre. Auch im zweiten Hause erteilte er seinen Unterricht und lief weiter in das dritte. Dann war es aber auch schon Zeit für das Mittagessen. Kaum hatte er den letzten Bissen hinuntergeschluckt, mußte er wieder gehen. Von dem einen Ende der Stadt bis zum anderen zu Fuß, bei gutem Wetter ebenso wie bei schlechtem . . . Oft wurde es zehn Uhr abends, ehe er wieder nach Hause kam. Dann hatte er meistens vor Erschöpfung keinen Hunger mehr. Er schlang nur hastig ein paar Bissen hinunter, um so schnell als möglich zu seinen Büchern zu kommen. Zur Zeit las er »Les pères du désert«, außerdem blätterte er täglich in der Bibel und in dem unentbehrlichen Thomas a Kempis.
Die Schüler machten ihm Freude. Das Unterrichten fand er ganz angenehm, und es erfüllte ihn mit Genugtuung, wenn er die grundlegenden Fehler seiner Schüler sofort entdeckte, wenn er sogleich sah, welche Übungen er vorschreiben mußte, und er war glücklich, wenn der Schüler sich selbst am meisten wunderte, wie schnell sich sein Spiel verbesserte, wenn es überhaupt zu verbessern war. Unter den ersten Schülern befanden sich aber auch solche, mit denen selbst beim sorgfältigsten Unterricht nichts zu erreichen war. In solchen Fällen sagte er nach ein bis zwei Wochen, er fände es unanständig, Geld anzunehmen, für das er keine Gegenleistung bieten könne. Es müßte ja nicht ein jeder Klavier spielen . . .
Aber da war besonders eine, die ihm gleich in der ersten Stunde ans Herz gewachsen war: die Tochter der Gräfin Saint-Cricq. Als er das erstemal in dieses Haus eintrat, empfing ihn das Familienoberhaupt selbst. Er war ein außerordentlich höflicher, steifer und ernster Aristokrat, der Minister für Handel und Gewerbe der Martignac-Regierung. Er fragte, was der junge

Künstler für eine Stunde bezahlt haben möchte. Auf die Antwort: »Dreißig Franken« nickte er kurz, und schon übergab er den jungen Meister einem Lakaien, der ihn zu den Damen führen sollte. Nach den Sitten der vornehmen Pariser Welt war es selbstverständlich, daß den Klavierstunden eines jungen Mädchens auch die Mutter beiwohnte.

Diese Mutter war eine reizende, liebenswürdige Dame. Franzi kannte sie schon. Er war ihr bereits in den Salons begegnet, wo er Klavier gespielt hatte, auch in ihrer Loge war er schon gewesen. Das Mädchen aber sah er heute zum erstenmal.

»Kommen Sie, lieber Litz, daß ich Sie meiner Tochter Caroline vorstelle.«

Ein schlankes Mädchen von hohem Wuchs, fast noch ein Kind, stand vor ihm. Sie mochte mit ihm im gleichen Alter sein. Das Auffallendste an ihr war ihre blendend weiße Haut, die der Farbe des Porzellans glich, nicht aber der des polierten Porzellans; nur auf ihren Wangen lag ein leichter, rosiger Hauch. Sie hatte goldblondes Haar, und ihre Augen waren dunkelblau. In ihrem duftigen, blaß-veilchenfarbigen Kleid bot sie einen so märchenhaften Anblick, daß der junge Künstler vor Verwunderung zu grüßen vergaß. Endlich konnte er sich wieder sammeln und zurechtfinden, er verbeugte sich:

»Ich freue mich, Komtesse, Sie kennenzulernen.«

Dann setzten sie sich ans Klavier. Die Unterhaltung führte die Mutter mit der angeregten Fröhlichkeit und Sicherheit in der Beherrschung der Umgangsformen, die in solchen ersten Viertelstunden der Jugend über ihre Befangenheit hinweghilft. Sie meinte, daß es dem Lehrmeister sicherlich angenehm sein werde, sich mit dieser Schülerin zu befassen, denn sie sei fleißig, pflichtbewußt und ernst, vielleicht zu ernst. Dann erzählte sie von dem bisherigen Unterricht ihrer Tochter und forderte sie endlich auf, ihr Können zu zeigen. Die Komtesse begann folgsam. Sie spielte »Il pleut, bergère« und spielte dieses Liedchen sehr zart und liebevoll. Dann schwieg sie und senkte artig ihren Blick auf die Tasten.

»Nun?« fragte die Mutter.

»Ich wage zu behaupten, daß die Komtesse eine ausgesprochene Begabung zeigt. Ich übernehme jede Verantwortung dafür, daß sie in einigen Monaten eine vorzügliche Pianistin sein wird, wenn sie gewissenhaft übt, denn Klavierspielen kommt nicht von selbst. Wenn sie es ernst nehmen will, so heißt es, mindestens vier Stunden am Tage üben.«

»Wieviel haben Monsieur geübt?« fragte das junge Mädchen.

›Monsieur!‹ Der junge Mann fühlte einen freudigen Schlag in der Gegend des Herzens. Man sagte zu ihm das erstemal in seinem Leben, und zwar nicht zum Scherz, »Monsieur‹. Während ihn eine frohe Erregung und innigster Dank dem schneeweißen Mädchen gegenüber erfüllte, richtete er sich in seinem Klavierstuhl auf:

»Seit meinem vierten Lebensjahre mindestens sechs Stunden am Tage. Es hat aber auch Tage gegeben, wo ich zehn Stunden geübt habe.«
»Unerhört«, rief die Gräfin verwundert. »Und nebenbei auch noch die Schulaufgaben erledigen! Armer Junge!«
Franzi wurde rot. Seine Ehrlichkeit trieb ihn dazu, richtigzustellen, daß er sich mit Schulaufgaben nie beschäftigt habe. Aber er schämte sich vor den beiden vornehmen Damen . . . und dann hatte er auch gar keine Zeit zu dieser Erklärung. Die Gräfin führte die Unterhaltung weiter.
»Es wäre vielleicht zweckmäßig, wenn Sie meiner Tochter zeigen würden, wie *Sie* dieses kleine Lied spielen. Ich kann mich gut erinnern, daß ich es einmal von Ihnen bei einem Hauskonzert gehört habe. Wo war es denn gleich?«
»Ich habe es bei verschiedenen Gelegenheiten gespielt«, antwortete er.
Die Komtesse machte Platz, und er schob seinen Stuhl vor die Mitte des Klaviers. Viel hingebungsvoller als jemals in einem seiner Konzerte spielte er. Diesen beiden Damen wollte er unbedingt sehr gefallen. Nach dem zarten, feinen Spiel der Komtesse wirkte sein Vortrag wie die Stimme des Löwen nach dem Vogelgezwitscher. Er sah nicht zur Seite, spürte aber selbst mit den Schultern, daß ihn das junge Mädchen in stummer Betroffenheit anblickte.
»Was sagst du dazu?« fragte die Mutter, den Erfolg förmlich für sich in Anspruch nehmend.
»Ich finde keine Worte«, erwiderte das Mädchen leise, »ich habe nicht gewußt, daß es überhaupt möglich ist, so Klavier zu spielen. Monsieur sind wirklich ein großer Künstler.«
»Du kleines Schaf«, lachte die Mutter, »selbstverständlich ist er ein großer Künstler! Heute spielt niemand auf der ganzen Welt besser Klavier als er. Ich habe es dir doch schon erzählt.«
»Auf der ganzen Welt . . .«, flüsterte das Mädchen, »es muß ein wunderbares Gefühl sein, das von sich zu wissen. Das ist so ähnlich, wie König zu sein. Einen Karl X. gibt es ja auch nur einmal auf der Welt, und es gibt auch nur einen Papst Leo.«
»Es gibt vielleicht auch nur ein einziges sechsfüßiges Kalb auf der ganzen Welt. Wenn man so ein zur Schau gestelltes seltenes Tier ist, so ist das eher ein schmerzliches Gefühl . . .«
Mutter und Tochter sahen ihn überrascht an, erwiderten aber nichts. Dann kamen sie abermals auf den Unterricht des Mädchens zurück. Der junge Meister klärte sie sofort über ihre offensichtlichsten Fehler auf. Vor allem stellte er fest, daß die Handhaltung der Komtesse unrichtig sei. Ihre Handgelenke wären zu steif, sie müßten lockerer werden. Das Mädchen versuchte es.
»Die Ellenbogen bitte näher zu den Hüften heran, Komtesse. Noch mehr. Und jetzt bitte gerade sitzen! So. Sie müssen mehr von oben auf das Klavier

herabsehen. Nein, nicht auf die Tasten, auf die Noten! Die Tasten dürfen Sie nie ansehen. Jetzt bitte die Gelenke etwas höher. Das ist zu hoch. Jetzt halten Sie sich wieder zu tief . . .«

Seine Hand näherte sich unwillkürlich der des jungen Mädchens. Gleichzeitig antwortete aber auch schon eine unwillkürliche Bewegung des Mädchens: ihre Handgelenke erzitterten, als ob sie vor dieser fremden Berührung flüchten wollten. Der junge Mann wartete das gar nicht ab, er zog seine Hand sogleich zurück. Er durfte dieses Mädchen nicht berühren, auch dann nicht, wenn es nötig war. Diese aus schneeweißen, kornblumenblauen, goldblonden und kirschroten Farben zusammengesetzte, hauchzarte Erscheinung schien überirdisch schwebend, als sie neben ihm saß, in ihrer visionären Unerreichbarkeit. Das verzauberte Sinnbild der Reinheit saß neben ihm als Sinnbild all dessen, was er in der Versunkenheit seiner monatelangen Gebete in seinen frommen Büchern gesucht hatte . . .

Abends hätte er seiner Mutter am liebsten erzählt, was für einen gewaltigen Eindruck dieses durchgeistigte Mädchen mit der Marmorblässe auf ihn gemacht hatte. Aber er hatte Angst, daß er sich nicht richtig würde ausdrükken können und seine Mutter dann seine makellose Begeisterung mißverstehen könnte. Deshalb sagte er nur:

»Die Stunden verlaufen sehr gut, Mutti. Ich habe sehr liebe Schüler. Es ist eine Freude, sich mit ihnen zu beschäftigen.«

»Gott sei Dank! Und ich kann dir auch nur Gutes berichten. Ich habe heute einen anderen Kolonialwarenhändler gefunden, zwar etwas weiter entfernt, aber viel billiger. Dem Fleischer habe ich erzählt, wer ich bin, da hat er sofort gesagt, daß er für uns stets das schönste Fleisch bereithalten werde. Er hat dich einmal Klavier spielen hören. Das ist ein günstiger Umstand. Von nun an werde ich immer sagen, für wen es bestimmt ist, wo ich auch einkaufe.«

Der Junge wollte schnell widersprechen. Das Vorhaben der Mutter war ihm nicht recht. Aber dann erwiderte er doch nichts. Er fühlte sich so leicht und froh und wollte auch seiner Mutter die gute Laune nicht verderben. Er nahm seine religiösen Bücher vor, konnte aber nicht lesen. Die feine Gestalt des Mädchens schwebte fortwährend zwischen den Buchstaben und seinen Gedanken. Da setzte er sich ans Klavier. Am liebsten spielte er jetzt seine neueste Komposition, das g-Moll-Scherzo, das er noch zu Lebzeiten des Vaters geschrieben hatte. Auf Geheiß seines Vaters widmete er es dem Grafen Tadé Amadé, jenem ungarischen Magnaten, der seinerzeit in Preßburg das größte und wärmste Interesse für die künftige Ausbildung des Wunderkindes bezeugt hatte. Und daß er dies nicht nur in einer augenblicklichen, begeisterten Laune getan hatte, ersah man am besten aus seinen Briefen, in denen er sich ständig nach dem Vorwärtskommen des Jungen erkundigte. In der letzten Zeit war allerdings lange kein Brief mehr von ihm eingetroffen.

Er wäre aber auch ganz vergebens gekommen. Der junge Meister hatte seine Gedanken nur bei seiner neuen Schülerin. Er hätte am liebsten die Nacht übersprungen, daß es gleich wieder Morgen würde. Und auch die nächsten Tage hätte er gern übersprungen, um wieder in das Palais Saint-Cricq gehen zu können, wo ihn die zweite Stunde erwartete.
Die zweite Stunde war noch schöner als die erste. In der Liebenswürdigkeit der Gräfin lag etwas Fesselndes, Verbindliches, etwas Vertrauliches und Natürliches. Es war ganz unmöglich, sie nicht gern zu haben. Und fast schien es, als ob die Zurückhaltung des jungen Mädchens schon etwas nachgelassen hätte, obwohl man es an ihrem Benehmen nicht feststellen konnte. Sie war wieder sehr schweigsam, und es schien beinahe unmöglich, ihr in die Augen zu sehen, denn sie hielt ihren Blick stets anstandsvoll gesenkt. Ihre leise Annäherung war aber gleichsam schon in der Luft zu verspüren. Und wenn sie während ihrer Übungen als einzige Unterhaltung »Oui, monsieur« oder »Non, monsieur« hauchte, dann erfüllte den jungen Menschen, den noch vor einigen Monaten sein seliger Vater als Wunderkind behandelt hatte, eine stolze Freude über sein Erwachsensein.
Die Gräfin, die sich an einem Tisch des Salons mit einer Stickerei beschäftigte, bedauerte beim Abschied:
»Müssen Sie schon gehen? Ich hätte sie gern noch spielen hören.«
Er wandte sich sofort zum Klavier, um zu bleiben. Die Gräfin lächelte.
»Nein, nein, das dürfen wir von Ihnen nicht verlangen. Es schickt sich nicht, daß wir Ihre Anwesenheit ausnützen. Wenn Sie wieder ein Konzert geben, gehen wir natürlich hin.«
Der junge Mann wurde über und über rot. Seine Gedanken arbeiteten schnell.
»Denen, die ich liebhabe, spiele ich sehr gern vor. Aber meine Stunde ist zu Ende, und ich habe kein Recht, hierzubleiben.«
Die Gräfin blickte den Jungen an. Unausgesprochene Worte schwebten zwischen ihnen. Aber sie war eine feinfühlige Frau. Sie griff nach dem seidenen Glockenzug:
»Ich bitte nicht den Klavierlehrer, zu bleiben, das wäre eine Unbescheidenheit. Aber den lieben Bekannten sehe ich wirklich sehr gern in meinem Heim.«
Dann wandte sie sich zu dem eintretenden Lakaien:
»Georges, bringen Sie Portwein und Konfitüren. Und Sie, nehmen Sie bitte Platz, wenn Sie Zeit haben. Sie sollen nur dann Klavier spielen, wenn Sie in Stimmung dazu sind, sonst können wir uns so lange unterhalten, bis Sie gehen müssen.«
In einem einzigen Augenblick hatte sich die ganze Stimmung im Salon verändert. Bis dahin war er, der Klavierlehrer, seiner Pflicht nachgekommen, in einem kaum höheren Range als ein vor einem Galaabend bestellter Friseur. Jetzt aber unterhielten sich zwei vornehme Damen mit einem Mann.

Mit einem jungen Mann, der nun mit unbändiger Freude daran dachte, daß man in den vornehmen Familien nicht einmal Rossini zu Tisch gebeten hatte . . .
»Ich danke Ihnen vielmals für die liebenswürdige Einladung, Frau Gräfin. Ich wäre besonders glücklich, wenn wir uns ein wenig unterhalten könnten.«
Und er trat nicht zum Klavier, sondern zum Fenster, wo die taubengrauen Seidenmöbel mit vergoldeten Füßen und gestickten Mustern eine trauliche Ecke bildeten. Er faßte die Lehne eines Stuhles und wartete auf die einladende Handbewegung der Gräfin. Die beiden Damen nahmen Platz, und die erwartete Handbewegung kam. Auch er setzte sich, ungezwungen, ohne die verkrampfte Körperhaltung sich qualvoll beobachtender Menschen. Seit zehn Jahren hatte er schon unzählige Male in Gesellschaften gesessen, in denen sich außer ihm und seinem abseitsstehenden Vater nur Aristokraten befanden. Seine Bewegungen, seine Haltung, alles entsprach dem Benehmen eines Gesellschaftsmenschen, und während andere Jungen mit sechzehn Jahren ihre zu nichts nützen Hände als furchtbare Last empfanden, trug er das natürliche und glatte Benehmen eines Weltmannes zur Schau.
»Gestern habe ich mit der Herzogin Montmorency-Matignon über die Frau Gräfin und die Komtesse gesprochen.«
»Wirklich? Wo haben Sie sie getroffen?«
»Beim englischen Botschafter. Sie wollte sich eben verabschieden, als ich gekommen war, und da haben wir uns ein wenig unterhalten. Ich habe erwähnt, welches Glück mir zuteil geworden sei, daß ich der Komtesse Caroline Stunden geben darf. Da erwiderte sie, daß ich mich mit Recht darüber freuen könne, denn sie kenne wenige so entzückende junge Damen wie die Komtesse.«
Komtesse Caroline neigte der gesellschaftlichen Form entsprechend ihre weiße Stirn und dankte artig:
»Die Herzogin ist sehr gütig.«
»Und wovon sprach die Herzogin noch?« fragte die Mutter.
»Sie erwähnte noch den Herzog Durras, da ich mich nach ihm erkundigte. Der Herzog ist mir nämlich sehr zugetan. ›Ach, fragen Sie gar nicht‹, sagte die Herzogin, ›den armen Durras hat vorige Woche der König heftig gescholten, denn er hatte beim Whistspiel zwei große Fehler begangen, und dadurch verlor der König‹.«
»Oh! là là«, lachte die Gräfin, »das ist sehr schlimm. Der König kann alles verzeihen, nur das nicht.«
»Sonst ist er aber ein sehr liebenswürdiger Mensch«, fuhr Franzi fort, »Sie werden das selber sehen, Komtesse Caroline, wenn man Sie bei Hofe vorstellt.«
Der Wein und die Süßigkeiten wurden hereingebracht. Die Unterhaltung

verlief stockend, denn alle drei warteten auf das Klavierspiel. Aber die Gräfin fand es nicht taktvoll, abermals darum zu bitten, und der junge Künstler hatte sich in seinem eigenen Netz gefangen: er fand keinen Vorwand, sich ans Klavier zu setzen. Da lächelte das junge Mädchen.

»Wollen Sie nicht doch lieber etwas spielen?« fragte sie leise.

»Aber Liline«, ermahnte die Mutter sofort, in einem Ton, in dem mehr Liebe als Zurechtweisung schwang.

Franzi war schon aufgesprungen und trat zum Klavier. Schon spielte er. Mutter und Tochter stellten sich rechts und links neben ihn.

»Oh«, flüsterte die Komtesse, »die Mondscheinsonate . . .«

Als er sie beendet hatte, sagte die Schülerin ernst:

»Ich beneide Sie um die Freude, so spielen zu können.«

»Beneide ihn lieber nicht«, sagte die Mutter, »sondern lerne fleißig, damit du sie auch wenigstens einigermaßen spielen kannst.«

Der Künstler schüttelte den Kopf.

»Es wäre schade, wenn die Komtesse damit beginnen würde. Das könnte doch nie vollkommen werden. Es gibt Kompositionen, die sich nicht für Frauen eignen. Dies ist so eine. Das können nur wir Männer wirklich gut spielen.«

Die Mutter lachte:

»Sie Männer . . . Sie sind ein liebes Kind, Litz, ein sehr, sehr liebes!«

Der junge Mann errötete tief. Die Gräfin hatte ihn an seiner empfindlichsten Stelle getroffen. Aber so liebenswürdig und so warm, daß er nicht imstande war, es ihr nachzutragen. Nur ein bißchen scheu war er geworden und lächelte verstört. Dann erhob er sich und nahm Abschied.

»Ich hoffe«, sprach die Gräfin, ihm die Hand reichend, »ich habe Sie nicht gekränkt. Sie brauchen keine Angst zu haben, wir sehen Sie nicht als Kind an. Ich habe darüber schon mit Liline gesprochen, daß Sie eigentlich gar nicht in unsere heutige Zeit passen, sondern wirklich ein Ritter aus der Renaissancezeit sind. Nur zu dieser Zeit wurden solche Menschen geboren, die schon in ihrer Kindheit zehn Sprachen beherrschten, sehr gut musizierten und daneben auch noch gut aussahen. Liline liest außerordentlich viel und ist auch jetzt noch innerlich mit dieser Epoche beschäftigt. Sie müßten auch so einhergehen in einem Wams aus Samt, den Degen an der Seite und mit blonden Haaren, die bis zu den Schultern reichen. Was meinst du dazu, Liline?«

In ihrer Stimme lag aufrichtige Wärme, aber auch Schelmerei. Das junge Mädchen nickte ernst:

»Ich kann es mir vorstellen.«

Der junge Mann empfahl sich mit einer liebenswürdigen Verbeugung. Er entfernte sich nicht aus einer Klavierstunde, sondern von einem Besuch. Als er aus dem Palais heraustrat, fiel ihm sein Vater ein. Er hätte es ihm am liebsten gleich gesagt: ›Siehst du, wir brauchen auch vor diesen Leuten nicht auf den Bauch zu fallen. Denn einer, der etwas wert ist, wird überall geschätzt.‹

Er hatte sich reichlich verspätet und wollte doch in das Nonnenkloster von Saint-Denis. Sein Beichtvater hatte ihm versprochen, ihm in diesem Kloster die Stelle eines Klavierlehrers zu verschaffen. Da hätte er eine ständige Beschäftigung, und dieser feste monatliche Betrag käme sicherlich dort zustatten, wo man für einen Haushalt zu sorgen hätte . . . Zu den Nonnen in Saint-Denis brachte man nur Töchter aus besseren Familien zur Erziehung. Diese Stellung wäre also in jeder Hinsicht wünschenswert gewesen.

Die Oberin des Ordens empfing ihn hinter einem Holzgitter sitzend, vor dem der junge Mann stehenbleiben mußte. Die alte Dame brachte zuerst das Gespräch auf die Verspätung:

»Sie sind nicht pünktlich. Das ist bei uns eine sehr schlechte Empfehlung. Aber nachdem ich Sie gesehen habe, brauchen wir sowieso von der Angelegenheit nicht mehr zu sprechen.«

»Warum denn nicht?«

»Man hat mir gesagt, daß Sie ein Wunderkind seien. Ein *Kind* hätte ich gern angenommen. Aber Sie . . . Wie alt sind Sie?«

»Sechzehn.«

»Und Sie sehen doch viel älter aus. Ich bedaure außerordentlich, mein Herr, daß Sie sich, wenn auch verspätet, herbemüht haben. Sie sind kein Wunderkind, sondern ein erwachsener Mann. Ich kann Sie nicht zu den jungen Mädchen lassen, das schickt sich nicht. Sie müßten entweder um vier Jahre jünger sein oder aber um vierzig Jahre älter. So geht das nicht. Guten Tag, mein Herr.«

Der Empfang war zu Ende. Der abgewiesene Bewerber bemühte sich, verärgert zu sein und die Angelegenheit zu bedauern. Da bemerkte er aber überrascht, daß er maßlos glücklich war. ›Sie sind kein Wunderkind, sondern ein erwachsener Mann.‹ Hätte er vom Schicksal ein schöneres Geschenk erhalten können, kaum eine halbe Stunde, nachdem die liebenswürdige Gräfin Saint-Cricq seine Manneswürde belächelt hatte? Er ging mit stolz geschwellter Brust nach Hause.

Nach dem Mittagessen, während seine Mutter das Geschirr in die Küche trug, stellte er sich vor den großen Spiegel. Er musterte aufmerksam sein Gesicht. Er sah sich streng in die Augen . . . er lächelte . . . Dann wurde sein Blick trauriger – er wandte sich zur Seite und prüfte sein Profil, neigte den Kopf etwas nach vorn und betrachtete sich verträumt in dieser Haltung . . . Aber gleich fuhr er wieder zusammen, denn die Mutter trat ein.

»Betrachtest du dich im Spiegel, mein Sohn? Es wäre schon nötig, daß du dir dein Haar schneiden ließest.«

»Ich werde mein Haar nicht schneiden lassen, Mutter, ich lasse mir langes

Haar wachsen, das bis an die Schulter reicht, wie bei den Rittern der Renaissancezeit.«
»Lange Haare? Du wirst dir doch nicht selbst eine Komödie vorspielen wollen?«
Der Junge erwiderte nichts. Er setzte sich ans Klavier, schloß die Augen und begann die Mondscheinsonate zu spielen . . .

SECHZEHNTES KAPITEL

Glitzernder Frühlingssonnenschein lag über Paris. Im Palais Saint-Cricq flackerte noch das Feuer im Kamin, draußen aber lächelte schon der Mai. Mutter und Tochter hörten dem langhaarigen jungen Mann zu, der ihnen einen Brief vorlas.

». . . Sie haben jetzt eine schwere Aufgabe zu erfüllen. Sie brauchen Freunde. Sie müssen für Ihre Mutter sorgen und Gott dem Herrn danken, daß er sie Ihnen erhalten hat, die, Ihrem seligen Vater gleich, stets bestrebt sein wird, Sie zu lieben und zu verwöhnen. Nicht so aber wird es mit Ihren neuen Freunden sein, die Sie in Ihrer neuen Lage brauchen. Die Selbstverleugnung und Selbstaufopferung, die den Eltern eigen ist, werden Sie hier nicht finden. Es ist schon ein Glück, wenn Ihre Freunde nur einiges Interesse für Sie zeigen. Deshalb müssen Sie den Mut nicht verlieren. Wenn Sie beharrlich Ihrem Ziel zustreben, wenn Sie genau und pünktlich die Ihnen vom Leben auferlegten Pflichten erfüllen, wenn Sie sich bemühen, stets einfach und bescheiden zu sein, werden Sie früher oder später allgemeine Achtung und die Zuneigung jedes wirklich wertvollen Mannes erringen. Dieser Rat entspringt meinen freundschaftlichen Gefühlen für Sie, weil Ihr Schicksal mich lebhaft beschäftigt. Und wenn Sie glauben, daß ich Ihnen jetzt oder in der Zukunft in irgendeiner Sache behilflich sein könnte, so wenden Sie sich an mich mit dem Vertrauen, das ich auf Grund meiner aufrichtigen Zuneigung für Sie wohl erwarten darf. Schreiben Sie mir ab und zu, erzählen Sie mir von Ihren Erlebnissen, von Ihren Plänen, mit einem Wort, betrachten Sie mich als denjenigen, der nächst Ihren Eltern an Ihrem Schicksal den stärksten Anteil nimmt. Ihre Mutter lasse ich grüßen. Sagen Sie ihr, daß sie sich nicht getäuscht hat, wenn sie mit der Stetigkeit meiner Gefühle für Sie gerechnet hat. Gott segne Sie, mein lieber Liszt, schreiben Sie mir recht bald, denn alles, was mit Ihnen zusammenhängt, ist meiner Teilnahme von vornherein sicher.

Wien, den 1. Mai 1828.
Graf Tadé Amadé.«

Als er den Brief zu Ende gelesen hatte, ließ er ihn sinken und blickte in den Spiegel. Er liebte, wo er sich auch aufhielt, gegenüber dem Spiegel zu sitzen. Er betrachtete sich immer mit der gleichen Aufmerksamkeit. Zu Hause musterte er eingehend seine schlanke Nase, die großen, tiefliegenden Augen, das schmale Kinn, die schön gezeichneten roten Lippen, die hohe Stirn und das wallende blonde Haar, von dem das auffallend blasse, durchgeistigte Gesicht umrahmt war. Er erforschte sein eigenes Spiegelbild, als ob er in ein Geheimnis eindringen wollte. Wenn er nicht zu Hause war, begnügte er sich damit, sein Gesicht nur im Vorübergehen an einem Spiegel eilends zu streifen . . .
Die Gräfin wollte etwas zu dem Brief sagen, sie wurde aber von einem heftigen Husten befallen. Man sah ihr an, daß sie vom Fieber geplagt war. Endlich fand sie die Sprache wieder:
»Ist das jener gräfliche Musiker, von dem Sie uns schon so oft erzählt haben?«
»Ja, das ist er. Ein ganz hervorragender Klavierspieler. Auch er war einst ein Wunderkind und spielte ebenfalls am Wiener Hof. Aber seine Herkunft machte es ihm unmöglich, die musikalische Laufbahn zu beschreiten. Mich hat er in Preßburg kennengelernt, als ich mein erstes Konzert gab. Seit dieser Zeit interessiert er sich noch immer für mich. Ich hatte seinen Brief mitgebracht, um Sie hören zu lassen, was er von den Freunden schreibt, bei denen ich keine selbstlose Zuneigung finden würde . . .«
Mit einem vertrauensseligen, hingebungsvollen Blick sah er die beiden Frauen, Mutter und Tochter, an. Sie lächelten ihm mit ebenso offenem Vertrauen zu.
»Ich liebe diesen ungarischen Grafen«, sagte die Komtesse, »weil er Sie gern hat. Was werden Sie ihm antworten?«
»Ich habe es mir schon überlegt. Ich möchte ihm einen sehr schönen Brief schreiben. Daß ich zwei Seelen gefunden habe, die mir noch viel mehr bedeuten als meine Familie und alles andere auf der Welt . . . Daß ich außer meiner wirklichen Mutter noch eine zweite Mutter gefunden habe, die wunderschön und anbetungswürdig ist, und daß ich auch eine Schwester gefunden habe, die ein Teil meiner Seele ist und von der ich glaube, daß in meiner Brust ihr Herz schlägt und in der ihrigen das meine, die mein ganzes Leben, mein Tod, meine Zukunft, mein Atem ist . . . Ich habe keine Kunst, wenn nicht durch sie, ich habe keine Freude ohne sie, mich kann kein Kummer quälen, es sei denn um sie . . .«
Die Komtesse schloß die Augen und ließ ihre Hand auf der Sessellehne weitergleiten, damit sie die Finger des jungen Mannes berührte. Die Mutter sah es und freute sich mit einem stillen Lächeln. Sie hustete wieder stark und sagte dann:
»Aber Namen brauchen Sie deswegen dem Grafen nicht zu nennen. Verzeihen Sie, ich weiß nicht, warum ich das sage. Wenn es einen Menschen

gibt, den man über Geschmack, Anstand und vornehmes Betragen nicht zu belehren braucht, so sind Sie es, lieber Franzi.«
Der junge Mann neigte sich über die Hand der Gräfin, hauchte einen zärtlichen Kuß darauf und behielt sie in der seinen.
»Wie heiß Ihre Hand ist!« sagte er sorgenvoll. »Sie haben wieder Fieber.«
»Ich fühle mich nicht schlecht. Aber lassen Sie meine Hand wieder los, mein Sohn. Wenn der Diener eintritt, sieht er, wie vertraut wir zueinander stehen. Und wir können nicht vorsichtig genug sein. Wer im geheimen eine Verschwörung anzettelt, dessen Pflicht ist es auch, vorsichtig und klug zu sein.«
»Mein Gott«, seufzte der Junge, »wenn ich doch in die Zukunft sehen könnte, nicht wahr, Liline?«
»Das wäre schön . . .«, seufzte auch die Komtesse.
»Geduld, Kinder, Geduld! Ich habe euch schon oft gesagt, wenn etwas schwer auf dieser Welt ist, so ist es dies. Wir können nur Schritt für Schritt vorwärtskommen. Wenn wir nicht aufpassen, können wir alles wieder verlieren. Und das würde mir ebenso weh tun wie euch. Meinem Leben ist das Glück ferngeblieben, mir kann das Schicksal nur die eine einzige Freude geben, daß meine Tochter glücklich wird. Und wenn uns Gott leben läßt, werden wir das zu dritt schon erkämpfen.«
»Ja«, sagte Franzi, »aber wie?«
»Langsam, wie der Regentropfen den Felsen aushöhlt, Zeit haben wir ja genug. Ihr seid beide siebzehn Jahre alt, und unter drei Jahren können wir nicht daran denken, euch trauen zu lassen. Und in dieser Zeit kann noch vieles geschehen. Ich habe das gleich gesagt, als mir Liline das erstemal ihr Herz ausschüttete.«
»Früher als mir«, lächelte der junge Mann.
»Selbstverständlich. Sie haben mir ja auch alles früher gesagt als ihr, lieber Franzi.«
Glücklich sahen sich alle drei in die Augen. Dann richtete der junge Mann den Blick zu der mit Goldlinien verzierten Decke empor.
»Und was für ein furchtbarer Mut war dazu notwendig! Ich erinnere mich heute noch an die Nacht vor dem Tage, an dem ich zu Ihnen kam. Ich konnte gar nicht schlafen, habe nur andauernd gebetet. Am Morgen habe ich gebeichtet und bin zur Messe gegangen. Vor diesen kleinen Altären, die ich so sehr liebe. Die Orgel klang wunderbar. Urhan spielte. Ich höre jetzt noch diese Des-Dur-Töne, wie sie sich mit dem Weihrauch mischten. Nach der Messe verblieb ich noch lange kniend, um vollständige Klarheit in mir zu schaffen. Ich fragte mich nochmals, ob ich Liline wahrhaftig über alles liebe. Und ich habe mit ›Ja‹ geantwortet: mehr kann ein irdischer Mensch einen anderen nicht lieben. Dann fragte ich mich, ob ich überhaupt daran denken dürfe, ich, der ich kein Adliger, sondern nur ein Künstler bin? Und dann habe ich mich wegen dieses Wörtchens ›nur‹ selbst zur Ordnung gewiesen.

Die Kunst ist nach Gott das Höchste auf dieser Welt. Ich kann mich als Menschen verachten, soviel ich will, aber den Künstler in mir habe ich zu achten. Denn das, was Künstler in mir ist, gehört nicht mir, sondern Gott. Ich durfte also mit Ihnen sprechen. Die Frage war nur, ob die Frau Gräfin es begreifen würde, daß ich diese unglaubliche Kühnheit wage. Dann habe ich wieder eine halbe Stunde lang nur gebetet und die heilige Gottesmutter Maria und den heiligen Franz, meinen Schutzpatron, angefleht, mir beizustehen. Und endlich bin ich hierhergekommen. Was war das für eine Stunde! Wie hat mein Herz gebebt, und nicht nur meine Hände haben gezittert, sondern auch meine Schultern. Und dann bat ich die Frau Gräfin, sie möge mir zehn Minuten Zeit unter vier Augen gewähren.«

Die Gräfin nickte.

»Es war ergreifend. Vielleicht noch mehr als das. Wie Sie von Ihren Gefühlen sprachen, das hätte ja auch einen Stein erweichen können. Als ich meine Hand auf Ihren Kopf legte, war mir zumute, als ob auch Sie mein Sohn wären, ein Bruder meiner Söhne. Na, na, Sie brauchen nicht gleich ernst zu werden, und es wird schon noch die Zeit kommen, in der auch die Jungen Sie liebgewinnen. In ihrem tiefsten Herzen sind es ja gute Jungen, aber sie wurden eben von ihrem Vater erzogen. Liline dagegen habe ich großgezogen. Eine andere Mutter würde das vielleicht nicht für richtig halten, ich sage es aber ruhig vor ihr, daß ich ihr sehr dankbar dafür bin, daß sie so ist, wie sie ist.«

Mutter und Tochter legten ihre Hände ineinander. Dann fuhr die Mutter fort:

»Ich werde auch nie vergessen können, wie sich meine Tochter an diesem Tage verhalten hat. Als ich vorsichtig erforschen wollte, was in ihrem Herzen vorgehe, und sie fragte, ob sie Ihnen gewogen sei, antwortete sie ganz einfach und ruhig: ›Ich liebe ihn unsagbar, und wenn ich nicht die Seine werden kann, gehe ich ins Kloster‹.«

»Ja, das habe ich gesagt«, nickte die Komtesse, »obwohl ich von den Gefühlen Franzis keine Ahnung hatte. Ich müßte jetzt vielleicht beschämt und sittsam sagen: ›Ach, Mama, reden Sie nicht davon‹, aber ich sage es jetzt noch einmal, daß ich ihn grenzenlos liebe, und wenn ich nicht die Seine werden kann, gehe ich ins Kloster. Ist das nicht merkwürdig? Sind wir alle drei nicht sonderbar, daß wir so anders geartet sind als die anderen Menschen? Ich überlege es mir manchmal, Mama, wenn ich auch nicht Ihre Tochter wäre, wir drei würden uns trotzdem ebenso zusammengefunden und einander ebenso lieb haben.«

»Sicherlich«, bestätigte Franzi im Tone schwärmerischer Überzeugung, »ganz sicher. Wissen Sie, wann ich das klar gefühlt habe? In meinem Konzert im April im Chantereine-Saal während der Beethoven-Symphonie, die wir achthändig gespielt haben. Erinnern Sie sich?«

»Natürlich«, sagte die Komtesse, »in der Bertinischen Bearbeitung.«

»Da saß ich dort an einem der vier Klaviere, auch die anderen drei spielten die A-Dur-Symphonie wie ich. Und doch habe ich sie eigentlich allein gespielt. Unter den Zuhörern waren sicherlich viele, die Beethoven gern haben. Und trotzdem. Nur wir drei waren im Saale. Wir drei und Beethoven. Wir drei mit Beethoven und dem lieben Gott.«
Sein Atem ging schnell, seine Augen glühten, sein Gesicht wurde, statt durch die Erregung zu erröten, noch blasser als gewöhnlich. Das junge Mädchen berührte seinen Arm, wie sie es in solchen Fällen zu tun pflegte:
»Ruhig, Franzi, ruhig!«
»Ja«, entgegnete er folgsam, strich sich mit den Händen über das Gesicht und schüttelte sein langes Haar. »Ich bin schon wieder ganz ruhig.«
»Erzählen Sie, wie es bei Ihnen zu Hause aussieht. Sind Sie nach dem Umzug schon in Ordnung gekommen?«
»Halb und halb. Die Rue Montholon ist eine nette Straße, und die neue Wohnung viel besser als die vorige. Meine Mutter ist von all dem Kommen und Gehen, von der ewigen Arbeit recht angegriffen. Aber ihr ist nicht zu helfen. Sie ist außerstande, ohne Arbeit zu leben. Und zu alledem bleibt sie jetzt abends länger wach, weil ihr die neue Wohnung so sehr gefällt, daß es ihr leid tut, sich schlafen legen zu müssen. Sie geht in den Räumen umher und ist glücklich. Jetzt sind auch schon meine Bücher in Ordnung.«
»Wie weit sind Sie mit René?«
»Ich bin bald am Schluß. Morgen habe ich es zu Ende gelesen, und dann will ich mit Ihnen über Chateaubriand sprechen. Er hat mir ganz neue Gebiete erschlossen. Ich bin Ihnen zu außerordentlichem Dank verpflichtet für diesen Chateaubriand, Liline. Und nicht nur für ihn, sondern auch für alles andere. Sie haben mich erst zu dieser Erkenntnis gebracht, wie furchtbar ungebildet ich bin. Seit ich Sie kenne, lese und lerne ich nur noch Ihnen zuliebe. Ich habe jetzt mehr gelernt als in den vorangegangenen zehn Jahren. Ich müßte wirklich jede Minute niederknien und ein Dankgebet sprechen, daß ich jetzt ein so schönes Leben habe. Und dann auch diese Kirche! Ist es nicht wunderbar, daß ich ausgerechnet in nächster Nähe der Kirche wohne, die ich am liebsten aufsuche? Oft frage ich mich, was ich vor Freude anstellen könnte. Als Kind sah ich in Raiding einmal ein paar kleine Fohlen, die erst wenige Wochen alt waren. Die sprangen vor Freude umher wie die Verrückten. So etwas möchte ich auch tun! Rennen, schreien, irgendwohin springen oder irgendwo einbrechen, oder . . . oder . . .«
Das junge Mädchen berührte abermals seinen Arm, und der junge Mann, dem die Stimme zu ersticken drohte, dessen Schultern vor Glückseligkeit erzitterten, nahm sich sofort willig zusammen.
»Ja, ja«, sagte er leise, »und jetzt muß ich auch gehen. Nun werde ich einen Tag lang überhaupt nicht leben. Ich werde bloß auf der Welt sein. Der einzige Inhalt meines Daseins wird sein, hierher zu denken, beim Klavierspiel,

im Gebet. Und in Gedanken umarme ich alles hier, den Stuhl, das Klavier, diese kleine Statue, die beiden Vasen, die Klinke, alles, alles . . . Und jetzt laufe ich davon und bitte um Verzeihung, daß ich mich nicht verabschiede; aber wenn ich erst anfange, mich zu verabschieden, dann habe ich nicht mehr die Kraft, mich auch nur für einen einzigen Tag zu trennen. Auf Wiedersehen, auf Wiedersehen!«

Hastig stürzte er zur Tür hinaus. Er schritt an der Loge des Pförtners vorbei, wo wie gewöhnlich das saure Gesicht des alten Baptiste durch das Fenster guckte. Dann ging er durch das vornehme Portal hinaus. An der Ecke drehte er sich noch einmal um. Er sah nach dem Fenster zurück, an dem er eben vor einer Minute mit dem jungen Mädchen zusammengesessen hatte. Wie alle Tage. Jetzt gab er ihr schon sechs Stunden in der Woche. Mit Ausnahme des Sonntags fand er sich täglich im Palais des gräflichen Ministers ein. Und wenn er nicht selbst dort sein konnte, so waren es wenigstens seine Gedanken. Den ganzen geschlagenen Tag mußte er sich um seine anderen Stunden kümmern. Er fühlte sich als Ausgestoßener, der jeden Tag von neuem und immer wieder die mühselige Arbeit in der Tretmühle verrichten muß, um am folgenden Tage zum Lohne zwei Stunden seligen Beisammenseins geschenkt zu erhalten. Die Zahl seiner Schüler wuchs ständig. Aber, obwohl der kleine Haushalt dank des außerordentlich sparsamen und erfinderischen Waltens der Mutter nicht viel kostete, mußte auch dieses wenige durch Unterrichtsstunden und vereinzelte Konzerte schwer verdient werden. Erst jetzt lernten Mutter und Sohn schätzen, was Adam Liszt für sie bedeutet hatte! Seine bewunderungswürdige Energie, seine geschäftliche Regsamkeit, seine Organisationsgabe waren aus dem Leben des Sohnes ausgelöscht; an ihre Stelle war die Unerfahrenheit, die jeder praktischen Erfahrung entbehrende Unbeholfenheit des Jungen getreten.

Und doch verlief dieses neue Leben mehr nach dem Herzen des jungen Menschen. Nachdem der Schmerz über den Verlust des Vaters in ihm stiller geworden war, kam es wie ein Gefühl der Erlösung über ihn. Sich als erwachsener Mann zu fühlen, konnte ihm nun keine höhere Macht mehr nehmen. Seine Mutter war nicht herrschsüchtig, sondern eine hingebende, sich aufopfernde, im stillen wirkende Mutter, die jede noch so vorsichtige schüchterne Bemerkung erst wochenlang in sich reifen ließ, ehe sie sie in Worte faßte. Der Junge war schon sechzehn Jahre alt gewesen, als sein Vater starb, und wurde unmittelbar danach siebzehn. In Wirklichkeit hatte er aber bis zum Tode des Vaters wie ein vierzehnjähriges Kind gelebt; dafür benahm er sich jetzt wie ein Zwanzigjähriger, weil ihn niemand mehr hinderte und weil es sein sehnsüchtigster Wunsch war, als Erwachsener zu gelten. Unter dem Vorwande, daß er bei seiner aufreibenden Tätigkeit seine erschöpften Nerven anregen müsse, verlangte er Wein zu den Mahlzeiten und gewöhnte sich auch, tagsüber ab und zu ein Glas zu trinken – nur weil er der Überzeugung war, daß das zum Erwachsensein gehöre. Kaum ging die Trauerzeit zu Ende, so fing er an, Pfeife zu rauchen, woran er sich erst richtig mit Gewalt gewöhnen mußte. Anfangs hustete er stark, und auch sein Magen wehrte sich gegen den Tabak, aber er behauptete hartnäckig, daß er gern rauche. Und bald tat er es auch wirklich gern.

An die Unterrichtsstunden gewöhnte er sich ebenfalls nach und nach. Für seine Tageseinteilung bedeuteten diese Stunden keinerlei Zwang, denn er hielt keine Reihenfolge ein und bezähmte auch um seiner Pflichten willen seine übermütige, leidenschaftliche Laune in keiner Weise. Pünktlich war er nie. Bald erschien er früher als zur festgesetzten Zeit, bald kam er mit anderthalbstündiger Verspätung an. Wenn er sich in gereizter Stimmung befand, diktierte er ganz unerwartet schon nach einem viertelstündigen Unterricht dem Schüler die zu erlernenden Übungen und lief davon. Ein anderes Mal saß er drei Stunden lang mit unermeßlicher Geduld neben dem Schüler, unterwies ihn in den kleinsten Einzelheiten und holte in solchen Stunden auf einmal das in zwei Wochen Versäumte wieder nach. Zum Mittagessen kam er sehr unregelmäßig nach Hause. Manchmal verspätete er sich um Stunden, und die Mutter beschwor ihn fast weinend, daß auch das Beste, das sie für ihn gekocht habe, schlecht werde und verderbe. Manchmal kam er überhaupt nicht nach Hause. Er setzte sich in irgendein Kaffeehaus, das ihm am Wege lag, aß in aller Eile eine Kleinigkeit, trank einen Kognak dazu und lief weiter, die Straßen der Riesenstadt entlang . . . Abends kehrte er meistens so müde nach Hause zurück, daß es ihn eine große Überwindung kostete, noch ein bis zwei Stunden neben dem Metronom zu üben, dessen Ticken ihm jetzt unentbehrlich geworden war. Dann widmete er sich endlich seinen Büchern. In dichtem Pfeifenqualm dasitzend, verschlang er die einzelnen Seiten förmlich.

Ohne Maß und Ziel las er alles, was ihm in die Hände fiel. Nach einem geographischen Handbuch nahm er Boileau vor, dann eine amerikanische Reisebeschreibung, dann Voltaire, Goethe, Byron, eine französische Übersetzung des Plato, Tassos Befreites Jerusalem. Eine Schule hatte er ja nie besucht. Seit dem Unterricht beim Raidinger Kaplan hatte er nichts mehr gelernt, und das in diesen vielen Jahren Versäumte wollte er jetzt mit einem Male nachholen. Er bemerkte zu seiner großen Freude, daß sein Geist alles aufsog, wie ein brachliegender Boden, der jahrelang keine Saat mehr aufgenommen hat, und daß sein Gedächtnis die neuerworbenen Kenntnisse sicher zu bewahren wußte. Was er einmal gelesen hatte, blieb in seiner Erinnerung lange Zeit mit den kleinsten Einzelheiten lebendig. Und wenn er mit der Gräfin Saint-Cricq und ihrer Tochter über seine von ihnen planmäßig überwachte Lektüre sprach, so sah er mit großer Freude und Genugtuung an ihren Gesichtern die Wirkung: wie er am Tage zehnmal aus dem Spiegel festgestellt hatte, daß er ein auffallend schöner Junge war, so konnte er aus den Gesichtern der beiden Frauen lesen, daß sein Geist und sein Verstand auch nicht alltäglich seien.

Er las bis nach Mitternacht, ehe er sich endlich von seinen Büchern trennen konnte. Dann betete er noch lange: seine Gebete waren jetzt nichts anderes als vertraute Gespräche mit dem lieben Gott über die Komtesse Caroline Saint-Cricq: »Du weißt es, mein lieber, guter Gott, daß ihre Seele rein ist wie der Schnee und auch die meine. Noch nie hat ein sündiger Gedanke weder ihre Gefühle noch die meinigen befleckt. Wir wollen beide rein bleiben, bis du unsere Hände ineinander legst. Und nur du weißt es, wie tief und grenzenlos meine Liebe ist. Nur du kannst in ihre wunderbare Seele sehen. Mache uns beide glücklich und lasse durch uns auch ihre und meine Mutter glücklich werden. Ich danke dir mit unbeschreiblicher Verehrung, daß ich rein bleiben durfte, ehe ich sie kennengelernt; denn es wäre furchtbar, sich vorzustellen, daß ich ihr meine seelische und körperliche Reinheit nicht mehr hätte schenken können. Sie schläft jetzt. Mein lieber, guter Herrgott, schaue ihr jetzt ins Gesicht, damit sie etwas Wunderbares träumt, und mache, daß sie morgen wieder so bezaubernd und feenhaft schön ist, wie sie es heute war. Denn heute war sie wie das Lächeln eines Engels. Ich denke nur an dich und nur an sie, bevor ich einschlafe. Amen.«

Und er konnte jetzt auch einschlafen. Die qualvollen Träume aus früherer Zeit marterten ihn nicht mehr. Die seine ganze Seele erfüllende Schwärmerei war so stark, daß sie sogar diesen Träumen befehlen konnte. Am Morgen wachte er, von seiner Mutter geweckt, zwar mit benebeltem Kopf, aber glückselig auf. Sein erster Gedanke war das junge Mädchen, und dieser Gedanke erfüllte ihm die ersten Minuten des Wachseins mit einer so unendlichen Seligkeit, daß er meistens den neuen Tag mit heißen Freudentränen begrüßte. Unter dem Druck seiner überreizten Nerven ging er geradewegs in die Kirche: in die kleine Saint-Vincent-de-Paul, die gegenüber ihrer Wohnung lag. Ihr Haus trug die Nummer sieben in der Rue Montholon, die Kirche die Nummer sechs.

In dieser Kirche bediente sein bester Freund, der sonderbare Chrétien Urhan, die Orgel. Dieser Urhan war schon ein reifer Mann von bald vierzig Jahren, aber auch er besaß keinen lieberen Freund als den jungen Pianisten. Urhan war ein in Aachen geborener Franzose; eine plötzliche Laune der Kaiserin Josephine hatte ihn noch als Kind nach Paris verschlagen. Er ließ sich zum Geiger ausbilden und spielte lange Zeit im Orchester der Oper. Dann übernahm er noch nebenbei die Stellung eines Organisten in dieser kleinen Kirche. Er hatte irgendeine große, seelische Erschütterung erlebt, die ihn in eine mystische religiöse Schwärmerei trieb, aber er sprach nie davon. Sein asketenhaftes Äußere erfüllte alle mit Entsetzen, die ihn zum ersten Male sahen. In seinem gelben Gesicht funkelten feurig zündende, schwarze Augen. Seine Hände hatten die Farbe von Wachs, und seine Sprechweise war die eines Propheten aus dem Alten Testament. Auf Franzi war er in der Kirche aufmerksam geworden. Er sprach ihn an, und sie wurden bald Freunde.

Jeden Morgen trafen sie sich nach der Messe. In eine Ecke des Kirchenportales gedrückt oder auf der Straße auf und ab gehend, debattierten sie über Musik oder über Religion. Wenn von Musik die Rede war, brachte der wunderliche Organist überraschende Dinge vor: er bespannte zum Beispiel die Violine statt mit vier mit fünf Saiten. Dieses Instrument nannte er »Violinalto« und erklärte heftig, daß die ganze Welt unrichtig Geige spiele. Als sie einmal auf religiöse Fragen zu sprechen kamen, blickte der sonderbare Mann seinen jungen Freund an und raunte:
»In der Nacht sprach ich mit Ihm.«
»Mit wem?«
»Mit Ihm, dem Sohne. Ich bin davon aufgewacht, daß Er vor meinem Bette stand. Das ganze Zimmer wurde zu einem einzigen Glanz. Er sah mich an und sprach: ›Chrétien, du bist mein Sohn, an dem ich mein Wohlgefallen habe.‹ Ich weiß, warum Er mir das gesagt hat. Ich habe Ihm gestern eine meiner Erinnerungen gewidmet, einen Gegenstand, der mir sehr lieb war. Ich habe diesen Ihm gewidmet und verbrannt. Deswegen ist Er mir erschienen. Aber sagen Sie das niemandem, mein Sohn.«
»Ich werde es niemandem sagen.«
»Jetzt gehen Sie, zuvor will ich Sie aber segnen.«
Die Fußgänger drehten sich verwundert nach den beiden rappeligen Leuten um, dem in Schwarz gekleideten, wachskerzenfarbigen Asketen und dem blühenden, schönen Jungen, der bis zu den Schultern reichendes Haar trug. Soeben hatten sie noch, leidenschaftlich herumfuchtelnd, pfeifend und vor sich hinsummend debattiert, und auf einmal legte der Ältere beide Hände auf den Kopf des Jüngeren, der sich tief neigte. Man mußte sie für Narren halten. Aber darum kümmerten sie sich nicht im geringsten. Der eine trug neben Gott irgendeinen geheimen, tiefen Schmerz in seinem Herzen, der andere ein weiß schimmerndes, wunderbares Mädchenantlitz . . .
Der eine ging nach links, der andere nach rechts.

SIEBZEHNTES KAPITEL

Komtesse Liline war im Louvre gewesen. Am nächsten Tag konnte sie ihrem Liebsten nicht genug vorschwärmen: sie hatte eine Vase gesehen, die den »Orpheus« darstellte . . .
»Sie müssen unter allen Umständen diesen Orpheus sehen. Eine Königskrone ziert seine Schläfen. Der Umhang, den er trägt, ist mit Sternen besät, sein Mund ist geöffnet. Er spielt auf der Leier und singt dazu. Der ganze Orpheus, wie er da steht, sind Sie. Aber so ganz und gar Sie, daß mich bei

dieser Erkenntnis ein Schauer überlief. Wann haben Sie Zeit, daß wir uns das zusammen ansehen können? Ich möchte es so gern mit Ihnen gemeinsam betrachten.«

Sie verabredeten den Tag und die Stunde. Spät am Abend aber traf ein Brief aus dem Palais Saint-Cricq ein: »Meine Mutter ist sehr krank. Wir müssen die nächsten Stunden ausfallen lassen. Kommen Sie nicht. Beten Sie für meine Mutter, die Sie herzlich grüßt. Ewig unverändert C. S.«

Insgesamt drei Tage währte das sorgenvolle Warten. Er ging zweimal täglich ins Palais, um sich bei dem griesgrämigen Pförtner nach dem Befinden der Gräfin zu erkundigen. Baptiste antwortete stets: »Der Zustand der Frau Gräfin ist unverändert schlimm.« Am vierten Morgen sagte er: »Die Frau Gräfin ist gestorben.« Franzi blieb neben der Loge des Pförtners unter dem vornehmen, düsteren Torbogen stehen und glaubte sich vom Blitz getroffen. Sein erster Gedanke war, die Treppen hinaufzustürmen, um die Hand des schluchzenden Mädchens zu streicheln. Jetzt gehörte er doch an ihre Seite. Aber es kamen fremde Leute, wahrscheinlich, um ihr Beileid auszusprechen. In den Torweg bog eine Kutsche ein, und auf dem Gesicht des Pförtners konnte man deutlich lesen, daß der junge Klavierlehrer jetzt lästig war. Er wandte sich um und stahl sich mit gesenktem Kopf ins Freie. Was sollte nun werden? Der Grundpfeiler seiner Liebe, seine stärkste Hoffnung, die gütige Hüterin einer schönen Zukunft, hatte von der Welt Abschied genommen! Das junge Mädchen blieb allein mit dem Vater und den Brüdern, die ihm gegenüber vollständig gleichgültig waren. Er hatte sie kaum einoder zweimal gesehen und war von ihnen mit starrer, eisiger Höflichkeit behandelt worden.

In diesen Tagen versäumte er alle Unterrichtsstunden. Er verbrachte ganze Vormittage und Nachmittage in irgendeiner Kirche. Woher er auch kam, wohin er auch ging, immer fand er sich schließlich vor dem Palais Saint-Cricq, obwohl er dort nichts zu suchen hatte. Rastlos schlich er um das Haus herum, sah die stummen Fenster an und ging dann weiterbeten.

Zum Begräbnis erschien er nicht. Er hatte lange mit sich gekämpft, nahm aber am Ende doch nicht daran teil. Es war ihm unerträglich, das junge Mädchen hinter dem Sarge stehen zu sehen, ohne daß er sich hätte neben sie stellen können. Er malte sich aus, wie der Ministerpräsident Martignac an der Bahre erscheinen, wie er den einzelnen Mitgliedern der Familie sein Beileid aussprechen würde . . . Und dann kommt in Vertretung des Königs der Herzog Durras oder De Vibraye oder De Damas, die große Schar der Aristokraten gibt den Weg frei, und die Komtesse begrüßt ihn mit einer tiefen höfischen Verbeugung. Lauter Grafen, Marquis und Herzöge, zwanzig, dreißig, fünfzig! Und *er* allein darf nicht mit dabeisein, er, der der verstorbenen Frau näherstand als alle anderen . . . er, dessen Seele, dessen Leben, dessen ganze Welt eins ist mit der Seele, dem Leben und der ganzen Welt des neben der Bahre trauernden Mädchens . . .

Zehn Tage lang erhielt er nur ganz kurze Mitteilungen in wenigen Zeilen. Es waren in aller Eile hingeworfene Worte: »Mein Herz ist bei Ihnen und blutet. C.« Oder es stand auf dem feinen Papier geschrieben: »Ich bete Sie an. C.« Am zehnten Tage erhielt er vom Sekretär des Grafen einen Brief: der Herr Graf lege Wert darauf, daß die musikalischen Studien der Komtesse fortgesetzt würden, deshalb solle Monsieur bemüht sein, die Stunden von morgen ab in der alten Ordnung wieder aufzunehmen.
Er ging hin. In dem ihm so wohlbekannten Salon trat das junge Mädchen in Trauerkleidung vor ihn hin. Sie reichte ihm nicht einmal die Hand, und er war ihr dankbar dafür. Der nach den strengen gesellschaftlichen Regeln vorgeschriebene flüchtige Händedruck wäre ihm nur schmerzlich gewesen, wenn sie sich nicht wie früher fest, zärtlich und aufmunternd lange, lange bei der Hand halten konnten. Daran war aber nicht zu denken, denn auf dem verwaisten Platz der Mutter saß jetzt eine stark gepuderte alte Dame.
»Gestatten Sie mir, liebe Großtante, daß ich Ihnen meinen Meister, Herrn Liszt, vorstelle.«
Die alte Dame nickte würdevoll und ernst, der Trauer entsprechend. Augenscheinlich hatte sie während der Unterrichtsstunden die Pflichten der unvermeidlichen Gardedame zu erfüllen. In ihrem Schoß lag ein Buch. Nachdem sie durch ihr Lorgnon den Klavierlehrer aufmerksam gemustert hatte, wandte sie sich sofort wieder ihrem Buch zu, damit gleichsam andeutend, daß dieser junge Mann sie nichts anginge; sie säße lediglich von Amts wegen hier . . .
Sie setzten sich zusammen ans Klavier. Das junge Mädchen begann zu spielen.
»Das ist ja fürchterlich«, flüsterte der junge Mann. »Können wir nicht sprechen?«
»O ja, seelenruhig. Sie hört schwer.«
»Haben Sie mich lieb?«
»Ich bete Sie an.«
»Haben Sie viel gelitten?«
»Ich leide auch jetzt noch. Wenn Sie nicht wären, wäre ich vielleicht gestorben.«
»Was wird nun aus uns werden?«
»Wir wollen vertrauen und beten. Die arme Mama hat sogar in ihrer letzten Stunde noch an unser Glück gedacht. Es ist etwas sehr Bedeutendes vorgefallen.«
»Was?«
Das junge Mädchen spielte ununterbrochen. Sie sahen sich nicht an, und ihre leise Stimme konnte die alte Dame nicht vernehmen.
»Die Mama hat dem Papa alles gesagt.«
»Alles?«

»Ich erzähle es Ihnen Wort für Wort. Ich war dabei. Wir wußten, daß es mit der Mutter zu Ende gehe, aber sie hatte noch Kraft genug, um zu sprechen. Sie gab den Brüdern einen Wink mit den Augen. Wir verstanden, daß sie nur mich und den Papa bei sich haben wollte. Als die Brüder gegangen waren, faßte ich ihre Hand. Und sie sagte zum Papa: ›Mein Lieber, ich habe eine letzte Bitte an dich. Liline und Liszt lieben sich. Gib deinen Segen, daß sie glücklich werden.‹ Man konnte ihre Worte kaum verstehen, so leise sprach sie. Papa antwortete: ›Ja, mein Liebling, selbstverständlich, du darfst jetzt nicht sprechen.‹ Da schloß die Mama ihre Augen und hat sie nicht wieder geöffnet. Die Brüder kamen dann wieder herein und standen um das Bett. Ich habe ihr bis zum Schluß die Hand gehalten. Ungefähr eine Stunde danach war sie verschieden. Man hat es kaum merken können.«
Die flüsternde Stimme des jungen Mannes wurde vor Erregung heiser:
»Also hat der Graf seine Zustimmung gegeben?«
»Ich kann mich nicht ganz zurechtfinden. Mit mir hat er noch nicht darüber gesprochen. Er erwähnte den Vorfall mit keinem Wort, fragte auch nicht. Gestern hatte ich beschlossen, davon anzufangen. Ich ging zu ihm und bat ihn, mich die Klavierstunden fortsetzen zu lassen. Er nickte nur, ließ sofort seinen Sekretär kommen und hieß ihn, Ihnen zu schreiben. Mehr ist nicht geschehen.«
»Woran sind wir denn nun?«
»Ich weiß es nicht. Es ist möglich, daß Papa einverstanden ist. Er will vielleicht bloß jetzt noch nichts sagen. Es ist aber auch möglich, daß er die letzte Bitte der Mama gar nicht verstanden hat und nur irgend etwas darauf erwiderte. Wir werden es ja sehen. Das einzige, was wir tun können, ist: geduldig warten.«
Sie warteten. Die Unterrichtsstunden liefen bald wieder regelmäßig weiter. Dabei gab es allerdings eine große Veränderung. Die Komtesse hatte die Großtante, der der beschäftigte Vater restlos die Sorge für das junge Mädchen anvertraut hatte, überreden können, die Stunden auf die Zeit nach dem Diner zu verlegen. Im Schloß wurde das Diner um sechs Uhr serviert. Das junge Mädchen und die Großtante aßen für sich, und so konnte um halb sieben Uhr die Stunde schon beginnen. Die Großtante war damit sofort einverstanden, ihr war die Zeit gleichgültig. Aber ihnen war sie nicht gleichgültig. Franzi hatte abends keine Stunden mehr zu geben und konnte deshalb solange bleiben, wie er wollte. So konnten sie von halb sieben bis acht Uhr musizieren und sich sogar bis neun Uhr noch unterhalten. Jeden Tag um halb sieben Uhr erschien der junge Mann pünktlich im Palais. Schon am dritten Tage schlief die Großtante gegen acht Uhr im großen Lehnstuhl ein. Sie hatte bis jetzt auf dem Lande gelebt und war gewöhnt, früh um vier Uhr zu erwachen. In diesen Abendstunden war sie dann unüberwindlich müde.
»Warum legen Sie sich nicht zu Bett?« schrie ihr die Komtesse ins Ohr.

»Warum quälen Sie sich hier im Lehnstuhl? Liszt bleibt noch eine Viertelstunde hier, dann gehe auch ich schlafen.«
Die Tante zögerte zuerst. Aber einerseits hatte sie den jungen Mann sehr liebgewonnen, und andererseits tat ihr nichts so wohl, als früh zu Bett gehen zu dürfen.
»Ich weiß nicht, was dein Vater dazu sagen würde . . .«
»Ach, überlassen Sie das ruhig mir. Legen Sie sich doch schon schlafen.«
Endlich überwand doch die Sehnsucht nach dem Schlaf die Bedenken der alten Tante. Sie ging. Und die beiden blieben allein. Sie unterhielten sich bis neun Uhr. Und das von da an jeden Tag. Schönere und seligere Abende hätten sie sich nicht einmal erträumen können. Zu Anfang der Klavierstunden saß die Tante anstandshalber ein bißchen herum, dann nahm sie ihr Buch, ihr Lorgnon, ihre Schnupftabaksdose, ihren Rosenkranz und verschwand lautlos.
Das waren lange, lange Wochen unbeschreiblicher Seligkeit. In den vertrauten Abendstunden offenbarten sie sich gegenseitig ihr geheimstes Innenleben, als ob sie eine starke Sehnsucht nach vollkommener seelischer Nacktheit triebe. Sie erzählten sich alle nur denkbaren Einzelheiten aus ihrem bisherigen Leben. Nach und nach kannten sie einander so genau, daß sie manches Mal beide überrascht waren. Wenn eines irgend etwas erzählte, ergänzte das andere es sofort durch Namen, Daten, die es schon auswendig wußte. Ihre Liebe wuchs von Tag zu Tag immer mehr. Jeden Tag waren sie davon überzeugt, den höchsten Gipfel ihrer hingebungsvollen Schwärmerei erreicht zu haben, und sie fühlten trotzdem am anderen Tage, daß sie sich noch viel lieber hatten.
Der junge Mann bildete sich mit leidenschaftlichem Fleiß. In der Musik führte er das junge Mädchen, in der Lektüre aber war sie die Führerin. In planvoller Reihenfolge ließ sie ihn Geschichte, Musikgeschichte und schöngeistige Literatur lesen. Jeden Abend sprachen sie dann über das Gelesene.
»Ich bin von Ihnen bezaubert, Franzi«, sagte das Mädchen hin und wieder, »Sie sind so gescheit und haben ein so scharfes Gedächtnis, daß ich Sie nicht genug bewundern kann. Sie brauchen ein Buch nur zu überfliegen, und schon sehen Sie das Wesentliche darin und wissen mehr davon als ich, die von fünf Hauslehrern und fünf Erzieherinnen oder noch mehr unterrichtet wurde.«
Die Gedanken des jungen Mannes trübte nur ein Bild, das er nicht vergessen konnte: sein vor den Aristokraten sich unterwürfig verneigender Vater. Es schmerzte ihn von neuem, daß er einst so sehr an seinem erniedrigten Stolz gelitten hatte. Aber jetzt lachte ihm siegreich die Genugtuung: die einzige Tochter, die Augenweide, das schneeweiße Feenfräulein des französischen Ministers blickte mit Bewunderung auf ihn, den Sohn des Raidinger Rent-

meisters. Und er verspürte tiefen, heißen Dank gegen dieses junge Mädchen, von dem er den Balsam für den geheimsten und brennendsten Schmerz seiner empfindlich stolzen Seele erhalten hatte . . .
Sie sprachen auch von der Liebe, von der Welt, von Gott und von der Seele. Sie suchten in allem, wie zwei ernste Engel, immer nur das Größte und Reinste. Ab und zu berührten sich ihre Finger. Manchmal ergriff den Jungen wohl die Sehnsucht, sein Gesicht ganz nahe an das Gesicht des jungen Mädchens zu bringen, behutsam, wie ein Hauch . . . Wenn er aber dann das ätherische Mädchen anblickte, das während ihrer schwärmerischen Gespräche noch durchgeistigter aussah, bereute er seine Sehnsucht sofort und beschloß, sogar diesen Gedanken zu beichten.
Bald kannten sie sich schon so gut und waren so vollkommen eins, daß sie sich manchmal nur anzusehen brauchten.
»Ich habe auch gerade an das gedacht«, lächelte das junge Mädchen, »woran Sie jetzt gedacht haben.«
Und sie erwähnten nicht einmal den Gedanken, so sicher waren sie dessen, daß eines mit dem Verstand des anderen denke und beide mit *einem* Herzen fühlten. Ihre gemeinsam verbrachten Stunden begannen nun sich auch immer mehr auszudehnen. Franzi blieb oft bis um zehn Uhr, bis halb elf Uhr. Es kam sogar vor, daß er seine Mutter, die ihn sonst stets zu erwarten pflegte, nicht mehr wach vorfand. Die rastlos arbeitende Hausfrau hatte der abendlichen Müdigkeit nicht mehr widerstehen können und sich schlafen gelegt. Der Junge sah, daß kein Licht mehr durch die Tür schimmerte. Zu seinem Zimmer konnte er aber nur durch das seiner Mutter gelangen. Er schämte sich sehr, daß er sie jetzt in ihren Träumen stören mußte, sie, die den ganzen Tag nur für ihn arbeitete. In seiner fürsorglichen Zärtlichkeit nahm er sämtliche Kleider, die am Kleiderhaken hingen, breitete sie auf der Schwelle zum Zimmer seiner Mutter aus und schlief nach dankerfülltem Gebet selig darauf ein. Anderntags lachte er fröhlich, als die Mutter ihn nicht genug ermahnen konnte, diese kindlichen Aufmerksamkeiten nicht zu übertreiben; es müßten ihm ja alle Glieder weh tun von dem Liegen auf dem harten Fußboden . . .
Einmal blieb er bis elf Uhr bei seiner Angebeteten. Sie unterhielten sich über den Katholizismus Chateaubriands und waren so versunken, daß sie nicht auf die Zeit achteten. Unten im Torbogen war die Loge des Pförtners schon finster, und er war gezwungen, Baptiste zu wecken. Nach geraumer Zeit kam dieser endlich in zerschlissenen Unterkleidern hervorgekrochen, in einer Hand die Kerze, in der anderen den Torschlüssel. Man sah es ihm an, daß er sehr ärgerlich war, aus seinem Traume geweckt worden zu sein. Der junge Mann wünschte ihm eine gute Nacht, aber Baptiste erwiderte den Gruß nicht. Einen Augenblick lang hielt er die Tür noch offen, als ob er auf etwas wartete, dann warf er sie zu, daß es nur so dröhnte. Franzi verschwand achselzuckend in der schönen Sommernacht. In seinem Glück

fühlte er sich fast federleicht und schwebte förmlich durch die dunklen Straßen.
Am anderen Tage beachteten sie die Zeit besser. Um zehn Uhr verabschiedeten sie sich. Tagelang blieben sie nicht länger beisammen als bis zehn Uhr. Eines Abends aber begannen sie davon zu sprechen, was ihre älteste Erinnerung sei. Die Komtesse erinnerte sich, daß einmal, als sie noch nicht ganz vier Jahre alt war, eine große Aufregung im Palais entstand, weil der im Exil lebende Napoleon unverhofft nach Paris zurückgekehrt war. Man hatte sie ohne Aufsicht gelassen, und sie riß eine große Blumenvase herunter, unter die sie zu liegen kam. Auch Franzi suchte versunken in seinen Erinnerungen und begann von den Zigeunern zu erzählen. Er setzte sich ans Klavier und versuchte mit langen musikalischen Erklärungen dem jungen Mädchen einen Begriff davon zu vermitteln, was die Zigeuner in Ungarn bedeuteten. Er spielte sogar eine Komposition dreimal vor, die er aus den Bruchstücken aufgebaut hatte, die ihm noch seit seiner Kindheit im Ohr haftengeblieben waren. Er erklärte die sonderbare Tonleiter, die eigentümlichen Farben der Harmonie, vor allem aber den rhapsodischen, ungezähmten Rhythmus. Das junge Mädchen hörte ihm andächtig zu, und er spielte in einem fort weiter und erklärte ununterbrochen. Er redete so viel, bis er zum Schluß müde wurde. Da sah er auf die Uhr und sprang entsetzt auf:
»Großer Gott, es ist halb zwölf vorbei!«
In großer Eile verabschiedete er sich. Unten beim Tor mußte er wieder lange pochen. Baptiste ließ diesmal noch länger auf sich warten – wie leicht festzustellen war, mit Absicht. Als er endlich angeschlurft kam, brummte er mit unverhohlenem Zorn etwas vor sich hin, was man nicht verstehen konnte. Franzi fühlte sich unbehaglich. Er war verstimmt, daß gerade der Pförtner *dieses* Hauses ihm nicht genügend Achtung zollte. Baptiste murrte noch immer, während er das Tor öffnete. Und als er es geöffnet hatte, wartete er abermals. Dem jungen Mann ging die Geduld aus:
»Wollen Sie mir noch etwas sagen?« rief er spitz.
Der Pförtner erwiderte nichts. Dunkler Haß lauerte auf seinem Gesicht, das die flackernde Kerze erhellte. Er schlug die Tür heftig zu, und noch draußen konnte man ihn mit lauter Stimme schimpfen hören. Der Beschimpfte aber stand unbeholfen jenseits der Tür. In ihm kochte die Wut. Er hätte am liebsten an die Tür gepoltert, um den unverschämten Mann zurückzurufen. Rechtzeitig fiel ihm aber noch ein, daß es nicht ratsam wäre, einen nächtlichen Skandal heraufzubeschwören. Er wandte sich um und lief zwischen den strengen und dunklen Palästen des Faubourg Saint-Germain heimwärts. Morgen würde er diesem Burschen schon seine Meinung sagen!
Am nächsten Tage aber war sein Zorn bereits wieder verraucht. Er beschloß, an der Loge des Pförtners vorbeizugehen, ohne hineinzublicken. Aber es kam anders. Baptiste trat aus der Loge und stellte sich ihm in den Weg.

»Der Herr Graf lassen bitten, sich geradewegs in sein Arbeitszimmer zu begeben. Er ist zu Hause.«
Überrascht stieg er die Treppe hinauf. Unter den vielen, ihm durch den Kopf schwirrenden Vermutungen kam ihm plötzlich der Gedanke, daß vielleicht die Gelegenheit da sei, um die Hand seiner geliebten Liline anzuhalten. Es war ja nicht ausgeschlossen, daß zwischen ihr und ihrem Vater eine entscheidende Unterredung stattgefunden hatte.
Und alle Anzeichen deuteten darauf hin, daß er eine günstige Antwort erhoffen konnte.
Der Graf empfing ihn stehend in der Mitte seines Arbeitszimmers. Er nickte nur kurz auf seinen Gruß, reichte ihm keine Hand und bat ihn auch nicht, Platz zu nehmen.
»Es ist mir zu Ohren gekommen, daß Sie sich bis spät in die Nacht hinein in der Gesellschaft meiner Tochter aufzuhalten pflegen. Stimmt das?«
»Ja.«
»Und Sie finden das zulässig?«
»Wenn ich gegen die Form verstoßen habe, so bitte ich achtungsvoll um Entschuldigung. Früher oder später muß ich es ja doch sagen, daß die Komtesse und ich einander lieben. Und wenn . . .«
»Mit meiner Tochter habe ich bereits gesprochen. Ich habe ihr schon gesagt, daß sie auf diesen Unsinn verzichten muß. Jetzt teile ich es Ihnen mit.«
»Verzeihung, wieso Unsinn?«
»Ich begreife nicht, wie Sie so fragen können. Sie sind ein ganz vorzüglicher Pianist, aber Sie werden mir schon erlauben, zu bemerken, daß meine Tochter nicht dazu da ist, einen Künstler oder so etwas Ähnliches zu heiraten. Meine Tochter wird ihrem Range und Vermögen entsprechend heiraten. Sie werden auch schon eine Frau finden, eine . . . im übrigen geht mich das gar nichts an. Den Unterricht betrachte ich hiermit als beendigt.«
Der junge Mann wurde blaß. Stammelnd suchte er nach Worten:
»Aber . . . Verzeihung . . . die verstorbene Frau Gräfin . . . sie hat auf ihrem Totenbett . . . ihr letzter Wunsch . . .«
»Ja. Das habe ich auch schon von meiner Tochter gehört. Es ist möglich, daß meine heimgegangene Frau etwas Ähnliches gesagt hat. Ich habe dem aber gar keine Bedeutung beigemessen. Sie fieberte bereits schwer, die Arme, und hat nicht mehr genau wissen können, was sie redete. Im übrigen, in diesem Hause . . .«
Er unterbrach sich, da von den totenblassen Wangen des jungen Mannes zwei Tränen herabrollten.
»Ich bedaure, daß Sie sich in einen unmöglichen Gedanken so verrennen konnten. Vielleicht bin ich auch selbst daran schuld. Ich hätte bedenken müssen, daß es unvorsichtig ist, Sie in diesem Alter mit einem jungen Mädchen zusammenzubringen. Mit einem Wort, wenn Sie noch Honorar zu er-

halten haben, lasse ich es Ihnen schicken. Meine Tochter können Sie nicht mehr sehen.«
»Nie mehr?« kam die erstickte Frage des jungen Menschen.
»Selbstverständlich nie mehr. Was haben Sie sich denn gedacht? Ich bedaure, daß ich hart sein muß, aber in dieses Haus können Sie nie mehr kommen. Es wäre auch zwecklos, derartiges zu versuchen, denn der Pförtner kennt seine Pflicht.«
Der bittere und verzweifelte Kummer des Jungen verwandelte sich augenblicklich in lodernden Zorn.
»Haben Sie dem Pförtner etwas gesagt?«
»Selbstverständlich.«
»Das war überflüssig, mein Herr. Es hätte genügt, *mir* etwas zu sagen. Es wäre nicht erforderlich gewesen, mich vor einem Diener so zu erniedrigen. Ihrer Tochter werde ich mich in keiner Art und Weise mehr nähern, wenn ich darüber auch sterben müßte . . . auch dann nicht . . . Hierüber dürfen Sie beruhigt sein. Ich bin ein vornehmer Mann und halte mein Wort. Sie zwingen mich aber jetzt, unten bei dem höhnischen Grinsen dieses Dieners vorbeizugehen. *Sie*, mein Herr, sind *kein* vornehmer Mann!«
Er wandte sich um und lief mit tränenüberströmtem Gesicht aus dem Zimmer. Seine Knie zitterten vor Aufregung. Aber statt der Genugtuung, daß er diesem Manne seine Meinung so stolz hatte ins Gesicht schleudern können, tobte eine ohnmächtige Wut in ihm. Denn er fühlte noch den letzten Blick des Grafen Saint-Cricq. Das war der spöttische, gleichgültige und kalte Blick eines felsenfest dastehenden, ruhigen, unantastbaren Menschen. Das war der Blick eines Grafen, eines Ministers, eines französischen Pairs, den ein aufgeregter Musiker nicht beleidigen konnte. Auch der Regen könnte ihm nichts anhaben, der auf seinen Mantel tropft . . . Alles ist umsonst . . . *Die* haben die Übermacht . . .
Und jetzt mußte er noch an dem Pförtner vorbei. Er preßte seine knirschenden Zähne fest aufeinander und nahm die Treppenstufen in großen Sprüngen. Nur diese wenigen Sekunden sollen erst hinter mir sein . . ., dachte er unaufhörlich. Vor der Loge wandte er den Kopf weg. Er rannte, über sein Gesicht strömten die Tränen, und wenn er es auch nicht gesehen hatte, so wußte er, daß der Mann da drin ihm mit triumphierender Schadenfreude nachgrinste.
Auf der Straße lief er noch immer. In hartem Zorn hatte er sich vorgenommen, nicht nach den Fenstern zurückzusehen. Er hielt erst etwas ein mit Laufen, als er in eine Seitenstraße einbog. Dann begann er abermals zu rennen, um schnell in einer Kirche zu sein. Er überlegte hastig, wo die nächste sei. Nur nicht denken bis dahin. Nur mit Gewalt den Schmerz ersticken, die Gedanken an die Demütigung. Wenn er erst in eine Kirche käme, würde er sich sofort leichter fühlen . . .
Die Fußgänger drehten sich nach ihm um. Er beachtete sie nicht. Er lief trä-

nenüberströmt und keuchend weiter. Sein langes Haar flatterte hinter ihm her. Endlich ging er in eine Kirche hinein. Und wie ein von Verfolgern gehetztes Wild, dem es gelungen ist, seine Höhle zu erreichen, fiel er erleichtert beim Gitter des ersten Altars auf die Knie. Er legte seinen Kopf auf die auf dem Gitter verschränkten Arme und schluchzte mit krampfhaft zukkenden Schultern . . .

»Lieber Gott«, sagte er mit wehmütigem Vorwurf, »alles ist verloren! Du liebst mich also nicht. Ich habe gedacht, daß du mich lieb hast . . .«

ACHTZEHNTES KAPITEL

»*Liszts Tod.* Der junge Liszt ist in Paris gestorben. In einem Alter, in dem andere Kinder noch kaum an die Schule denken, hatte er mit seinen Erfolgen schon die Welt erobert. In seinem neunten Lebensjahr, wo andere Kinder kaum ihre Sprache stammeln können, improvisierte er schon zur Verwunderung der Meister am Klavier. Und doch hieß er nur ›le petit Litz‹; so verband das Publikum seinen Namen mit jener entzückenden Kindlichkeit, die er nicht lange überleben sollte. Als er das erstemal in der Oper improvisiert hatte, mußte er nacheinander die Logen besuchen und wurde von den Damen geliebkost. In ihrer stürmischen, dem Alter des kleinen Künstlers angepaßten Bewunderung meinten sie, ihn nicht besser belohnen zu können, als wenn sie ihn mit Küssen und gebrannten Mandeln beschenkten. Und während sie ihm mit der einen Hand Süßigkeiten anboten, spielte die andere mit seinen seidigen Locken. Dieser außergewöhnliche Junge stellt sich in die Reihe jener Wunderkinder, die auf dieser Welt nur erscheinen, um gleich wieder zu verschwinden. Wie Treibhauspflanzen, die nach dem Hervorbringen einiger prachtvoller Früchte wieder zugrunde gehen. Auch Mozart, der ähnlich wie Liszt durch seine Frühreife überraschte, starb mit fünfunddreißig Jahren. Sein kurzes Leben hatte er aber mit so viel Qualen und Kummer bezahlen müssen, daß ihm der frühe Tod eine Wohltat war. Denken wir an die auf ein Talent lauernden Gefahren, an die einen Feuergeist begleitenden und ihn bis zu seinem letzten Schritt verfolgenden Schrecknisse, vergegenwärtigen wir uns, daß jeder Erfolg seine Neider hat, und daß jeder das Mittelmaß beschämende Erfolg Intrigen heraufbeschwört, dann möchten wir fast glauben, daß es besser für diese Blume war, zu verwelken, als den Stürmen ausgesetzt zu sein, die sie später überfallen und vernichtet hätten. Sein Schutzschild war sein Alter, das jeden Angriff von ihm abwehrte. Bis jetzt hatte er nur Bewunderer. ›Er ist noch ein Kind‹, sagte man bei seinen Erfolgen, und der Neid ergab sich in Geduld. Wenn er aber älter geworden wäre und der in ihm glühende göttliche Funke sich noch weiter hätte entwickeln können, dann würde die Kritik nach seinen Fehlern gesucht, seine Verdienste herabgemindert und vielleicht sein ganzes Leben verbittert haben. Er hätte vielleicht die Launen des Schicksals und die Ungerechtigkeit der Gewalt kennenlernen müssen. Die groben Angriffe unwürdiger und haßerfüllter Leidenschaften würden ihn vielleicht erdrückt haben, während er jetzt unter dem Bahrtuch seine kindlichen Träume weiterträumen mag, vielleicht entschlummert mit der Sehnsucht, den gestrigen Traum fortzusetzen. Der Trauerfall ist schmerzlich. Nicht für den Vater, der seinem Sohne schon um ein Jahr vorausgegangen ist, aber für seine Familie, deren Namen er berühmt zu machen begann. Er ist auch für uns schmerzlich, denen er zweifelsohne neue Quellen musikalischer Schönheit erschlossen hätte. Auch wir trauern ihm nach und vereinen uns mit seiner Familie, um seinen frühen Tod zu beweinen.«

Diese Mitteilung erschien in der »Étoile«. Ganz Paris las, die ganze Welt vernahm, daß der junge Franz Liszt gestorben sei. Auch er las es auf seinem Krankenbett. Seit ihm im Hause der Saint-Cricqs diese Schmach widerfuhr, war sein seelisches Gleichgewicht erschüttert. Er gab alle seine Unterrichtsstunden auf und kümmerte sich nicht darum, daß seine Mutter gezwungen war, das ersparte Geld anzugreifen. Er dachte überhaupt an nichts. Tagelang lag er stumm im Bett, las nicht einmal in seinen Büchern, und tat nichts anderes als beten. Nur ab und zu stand er auf und schleppte sich in seine Lieblingskirche, um Urhan Orgel spielen zu hören.

Zufolge einer früheren Vereinbarung mußte er in einem Konzert auftreten: er spielte das Es-Dur-Konzert von Beethoven. Er sah die Zuhörer nicht einmal an, er wußte ja, daß die einzige, die er ansehen würde, nicht dort sein konnte. Er spielte sein Stück von Anfang bis zu Ende herunter, als ob er von Feinden umgeben wäre, nickte kurz mit dem Kopf zu dem Beifall und verließ das Podium. Er ging geradewegs nach Hause.

Noch in einem anderen Konzert hätte er spielen müssen, das auch die Mitglieder der Königlichen Familie besuchen wollten. Die grellen, gelben Plakate hingen an jeder Ecke. Zwei Tage vor dem Konzert aber verspürte er ein heftiges Fieber. Er mußte einen Arzt kommen lassen. Der Arzt untersuchte ihn und war sofort mit der Diagnose fertig:

»Sie haben Scharlachfieber.«

»Ich muß übermorgen spielen.«

»Schon möglich, dann spielen Sie aber mit Ihrem Leben. Sie sind derartig heruntergekommen, daß ich für nichts einstehe, wenn Sie nicht selbst auf sich aufpassen.«

»Darf ich unter keinen Umständen aufstehen?«

»Ich kann Ihnen nur soviel sagen, daß Sie sich davon den Tod holen könnten.«

»Gott sei Dank! Ich hasse dieses Konzert. Jetzt bin ich es wenigstens los.«

Lächelnd begrüßte er seine Krankheit. Er fand Gefallen am Leiden. Er liebte den Rausch des Fiebers, und mit schadenfroher Selbstquälerei probierte er immer wieder, wie sehr sein Hals beim Schlucken schmerze. Und er betete. Über der Decke hielt er den Rosenkranz. Wenn seine Mutter zu ihm ins Zimmer hereinsah, fand sie ihn meistens mit geschlossenen Augen liegend, sein schmales Gesicht umrahmt von dem langen, zerzausten Haar, die Lippen wortlos Gebete murmelnd. Eines Tages enstand aus unbekannter Quelle das Gerücht, er sei gestorben. Die »Étoile« brachte die Mitteilung auch, bis zu den anderen Zeitungen kam diese Ente nicht mehr. So konnte er in diesem einen Blatt über sein eigenes Ableben lesen.

»Du wirst noch lange leben«, freute sich die Mutter. »Totgesagte haben immer ein langes Leben vor sich.«

Der Kranke hob die Schultern.

»Glauben Sie denn, Mutter, daß das für mich ein Trost ist? In diesem Artikel können Sie selbst lesen, was mich erwartet. Man wird mich beschimpfen, mich hassen, erdrücken und angreifen. Dafür ist mir das Leben geschenkt worden, das seinen Zweck jetzt sowieso verfehlt hat . . .?«

»Mein Sohn, versündige dich nicht gegen Gott . . .«

»Sie haben recht, das war ein sündhafter Gedanke. Wenn ich doch wenigstens schon in die Kirche gehen könnte!«

Die Mutter erwiderte nichts. Aber als sie aus der Tür trat, spiegelte ihr Gesicht die schwere Sorge um ihren Sohn wider. Sie selbst war zwar eine außerordentlich religiöse Frau. Es verging kein Tag, an dem sie nicht in ihrem Lieblingsbuche blätterte, dessen Titelseite die Überschrift »Stunden der Andacht« aufgewiesen hätte, wenn sie nicht schon längst abgerissen wäre; denn das Buch von Zschokke begleitete sie schon seit Raiding. Wenn sie auch gern betete, erschrak sie doch vor der maßlosen Frömmigkeit und dem andauernd In-die-Kirche-Laufen ihres Sohnes. Auch vor seinem ganzen sonstigen Benehmen. Der Junge machte ab und zu den Eindruck, als sei er nicht völlig bei Sinnen.

Nachdem er vom Scharlach wieder genesen war, war sein erster Gang in die Kirche. Dort betete er dreieinhalb Stunden lang. Er hatte sich so in die Gedankenwelt seiner Religion und deren Ausdrucksweise eingelebt, daß er auch seine verlorene Liebe zu einem religiösen Opfer in seinem Herzen gestaltete. Er sah sich selber, wie er das schneeweiße Mädchen mit beiden Armen hochhebt und Gott darbringt. Blaß vermischte sich in ihm die für immer verlorene Liebe mit dem Opfer Abrahams. Und während seiner langen Gebete wurde sein Schmerz langsam zu einem wunderbaren Schauspiel der Trauer: er erlebte Tag für Tag im geliebten Duft des Weihrauches, in der Stimmung der bunten Kirchenfenster, inmitten der verzaubernden Töne der Orgel das Mysterium des blutig wonnevollen Leidens.

Das Klavier gehörte nur zu jener äußeren Welt, die seine schwärmerische Seele als notwendiges Gewand trug. Für neue musikalische Eindrücke war er kaum aufnahmefähig. In einer neuen Komposition Aubers kam eine melodiöse Tirolienne vor, die ihm gefiel und die er deshalb zu variieren begann, mehr zur Zerstreuung als aus schöpferischem Ernst. Nur auf das fortwährende Drängen seiner Mutter schrieb er die geschaffenen Fantasien nieder.

Einmal besuchte ihn ein Russe namens Lenz. Er war kein Musiker von Beruf, sondern kam als Jurist an die Universität in Paris, liebte aber das Klavierspiel leidenschaftlich. Er wollte um jeden Preis den besten Klavierspieler der Welt kennenlernen. Er hatte Glück, der beste Klavierspieler der Welt war zufällig nicht in der Kirche, sondern lag auf dem Sofa und rauchte Pfeife, umgeben von seinen drei Klavieren. Denn an Stelle des beim Tode seines Vaters verkauften Erard-Klavieres hatte er sich selbst ein neues, kurzes gekauft; der alte Erard überraschte ihn bald danach auch mit einem neuen, und endlich bedachte ihn eine andere Klavierfabrik, die Pleyelsche, mit einem sorgfältig hergestellten Instrument. Zwischen den drei Klavieren konnte man sich in dem auch noch von anderen Möbeln vollgestellten Zimmer kaum bewegen, und durch den dicken Pfeifenqualm vermochte man überhaupt nichts zu sehen. Der Russe stellte sich vor, überhäufte den Künstler mit Komplimenten und bat dann, als Beweis seines Könnens etwas vorspielen zu dürfen, zum Beispiel die Linke-Hand-Sonate von Kalkbrenner.

»Nein«, widersprach mit unerwarteter Heftigkeit der bis jetzt schweigsam gebliebene junge Mann, »das ist keine Kunst. Diese Sonate habe ich nie gehört und will sie auch gar nicht kennenlernen. Zu mir darf nichts kommen, was nicht rein und heilig ist.«

Der russische Jurist war erschrocken. Dann fragte er mit schüchterner Stimme den Hausherrn, ob er etwas von Weber spielen dürfe. Liszt nickte stumm. Weber kannte er noch kaum. Einzelne Sachen von ihm hatte einst Frau Kozeluch, an die er sich noch erinnerte, in Wien vorgetragen.

»Dann spiele ich die ›Aufforderung zum Tanz‹.«

Er begann. Bei den ersten Tönen stutzte er: die Tasten bewegten sich sehr schwer, sogar das »piano« mußte man mit harter Kraft anschlagen. Der junge Meister bevorzugte zu Hause solch ein Klavier, um dadurch seine Finger zu stählen. Lenz war verblüfft, sagte aber nichts und spielte weiter. Franzi lag friedlich auf dem Sofa, von dem er sich bis jetzt noch gar nicht erhoben hatte. Aber nach den ersten Takten schnellte er empor.

»Warten Sie mal, bitte. Wie ist das, was war das?«

»Das ist ein Zwiegespräch«, erklärte beflissen der Russe, »der Tänzer fordert seine Dame auf, die Dame antwortet, sie unterhalten sich. Dann tanzen sie zusammen. Zum Schluß kommt wieder ein Zwiegespräch. Belieben Sie es einmal bis zum Ende anzuhören.«

Der Russe spielte. Er war ein tüchtiger Pianist, stark, schwungvoll, wenn auch in der Dynamik und in der Willkürlichkeit der Tempi etwas barbarisch. Die Fülle der Einfälle und der Liebreiz der Komposition ergriff den Zuhörer.

»Sehr sinnig«, sagte er leichthin, als er aufstand, »das gefällt mir. Die Form des Zwiegespräches ist ganz entzückend. Von nun an werde ich Weber mehr Beachtung schenken. Was kennen Sie noch von ihm?«

Der Besucher kannte noch mehr von ihm, und sie musizierten lange Zeit zusammen. Als der Gast wieder gegangen war, schrieb Franzi auf einen Zettel »Karl Maria Weber« und bat seine Mutter, daß sie am anderen Tage, wenn sie einkaufen ginge, jede nur erhältliche Komposition von ihm in der Notenhandlung erstehen solle. Dann legte er sich wieder auf das Sofa. Er sann über diesen Weber nach, den er erst jetzt kennengelernt hatte und in dessen Werke er morgen noch tiefer eindringen wollte. Ein sehr feiner, geistvoller und einfallsreicher Komponist. Dieser Walzer ist wirklich ganz ausgezeichnet. Man sieht richtig das sich in den Armen des Tänzers wiegende Mädchen von schlanker Gestalt, mit lieblich blauen Augen und einer schneeweißen Stirn. Aus dem Reigen des musikalischen Sinnens trat schimmernd die schmerzvolle Erinnerung hervor. Weber war nirgends mehr. Nur die für ewig verlorene Liebe erfüllte von neuem des Meisters ganzes Dasein.

In die Untätigkeit der mystischen Grübeleien mischten sich aber nun langsam die Sorgen des Alltags. Das ersparte Geld schrumpfte zusehends zusammen. Er mußte wieder mit den unterbrochenen Unterrichtsstunden beginnen. Die meisten der alten Schüler begrüßten freudig die Nachricht, daß sie wieder bei ihm lernen könnten. Auch neue fanden sich an Stelle der alten, und zwar für ein höheres Honorar als das bisherige. Für zwanzig Franken Stundenhonorar bekam er soviel Schüler, wie er nur haben wollte. Den Lernenden trat aber ein ganz anderer Meister gegenüber als der, mit dem sie es früher zu tun hatten. Dieser neue Liszt war ein schweigsamer, nie lächelnder junger Mann, der nie von etwas anderem sprach als von Musik. Sein Blick war unstet, seine Rede verhalten, und wenn ihm hin und wieder eine Bemerkung über eine außerhalb der Musik liegende Sache unterlief, hob jeder, der ihm zugehört hatte, erschreckt den Kopf: an Stelle der seraphischen Heiterkeit war eine ätzende Bitterkeit in den hingeworfenen Worten des jungen Mannes, eine stolze, zornige Verachtung aller weltlichen Dinge.

Gesellschaften besuchte er nicht. Ab und zu ging er zu Erards, das war alles. Urhan blieb sein einziger Freund, mit dem er oft beisammen war. Das war der einzige Mensch, der mit seiner geheimnisvollen und nach Wundern suchenden Glaubensschwärmerei seinen in Weihrauch und Orgeltöne umgewandelten erhabenen Schmerz nicht störte. Urhan hatte jede Nacht Visionen. Himmlische Gestalten gingen in der Einsamkeit seines Zimmers ein und aus und machten wunderliche Musik. Er schrieb die Melodien am anderen Morgen auf, überarbeitete sie und sammelte sie in einer Reihenfolge, betitelt »Auditions«. Seinem jungen Freund spielte er alle vor, da dieser nicht nur den Schwärmer liebte, sondern auch den begabten Musiker in ihm schätzte. Aber sie unterhielten sich auch viel, hauptsächlich in übersinnlichen Höhen, über Sünde und Reinheit. Urhan vermochte mit bewunderungswürdiger Kraft an seinen wahnwitzigen Grundsätzen festzuhalten: im Orchester der Oper sitzend, warf er nicht einen einzigen Blick auf die Bühne, damit kein Makel seine Gedanken träfe, und wenn man ein Ballett aufführte, drehte er sich stets so, daß er nur den Dirigenten sehen konnte.

Das war der einzige Umgang des aus dem Paradiese vertriebenen Liebenden. In der Zeit, da er noch seine Abende im Palais Saint-Cricq verbrachte, waren seine Besuche bei allen anderen Familien unterblieben, und jetzt erneuerte er die alten Freundschaften auch nicht wieder. Früher hatte er nur in Aristokratenfamilien verkehrt, von denen ihn jetzt aber eine merkwürdige Scheu zurückhielt. Darüber, was er bei dem Wort »Aristokraten« empfand, konnte er sich keine Rechenschaft ablegen. Gegensätzliche Gefühle bekämpften sich in seinem Herzen. Er glaubte, daß er durch seine angeborene Vornehmheit nur zu den Vornehmsten gehöre, nur deren Benehmen, Pracht, Stolz und geistiges Niveau hätten für ihn Gültigkeit . . . Es quälte ihn aber gleichzeitig auch das Verlangen, alles, was an Herzögen, Grafen, Marquis und Baronen in Paris lebte, zu einem einzigen Bündel zusammenzuschnüren und mit beispielloser roher Unbarmherzigkeit zu erniedrigen. Seine Seele verlor sich in dem Durcheinander der Gefühle, in dem er keine Ordnung zu schaffen vermochte. Er ging diesen aufreibenden, inneren Kämpfen aus dem Wege und rettete sich lieber in die Kirche. Als die Saison herankam, überhäufte man ihn auch nicht mit Einladungen. Nur ganz vereinzelt meldeten sich wappengeschmückte Bogen der alten Paläste, die er noch aus seiner Kindheit gut kannte. Aus den Schilden, den Adlern, den Helmen und den verschiedenen Figuren der Wappen konnte er ganz genau ersehen, welch blaues Blut sie verkündeten. Er ging nirgends hin und nahm lediglich an zwei Abenden der Österreichischen Botschaft teil. Der Botschafter der Monarchie, Graf Antonius Apponyi, der erst seit kurzem in Vertretung des Kaisers Franz nach Paris gekommen war, war gütig und zuvorkommend zu ihm. Die Gräfin galt als außerordentlich musikliebend und zeichnete den weltberühmten jungen Künstler mit liebenswürdiger Aufmerksamkeit aus. Graf Apponyi vertrat im Namen seines Kaisers den Standpunkt des strengsten Legitimismus in Frankreich. Ganz Paris war in Aufregung geraten, als beim ersten Empfang der Botschaft der Graf die von Napoleon ernannten Herzöge nicht mit ihrem neuen Rang, sondern mit ihrem alten Namen ansprach. Jenen alten Soldaten zum Beispiel, der durch das Wohlwollen des einstigen Napoleon den protzigen Titel eines Herzogs von Dalmatien trug, fragte er:

»Wie geht es Ihnen, General Soult?«

Und so verfuhr er auch mit den anderen. Den jungen Ungarn freute das

ungemein. Niemand hätte das ja besser gefallen können als gerade ihm, wenn sein Heimatland sich so stolz und vornehm zeigte und wenn man gleichzeitig einen Herzog demütigte . . . Als er die erste Einladung der Botschaft erhielt, meldete er sich beim Grafen zu einer Audienz. Der Graf führte ihn zu seiner Frau, die ihn mit scharmanter Liebenswürdigkeit empfing und ihn bat, Klavier zu spielen. Sie fanden viele gemeinsame Bekannte, und Franzi verließ das Palais mit dem Gefühl, als ob eine unsichtbare Hand wohltuend über seine ständig brennende Wunde geglitten wäre . . .
Am ersten Empfangsabend schlenderte er allein in den prunkhaften Räumen umher. Die Uniformen der Generale, die Gewänder der hohen Geistlichkeit, die Fracks der Zivilisten, hier und da eine Kniehose, der gleißende Schmuck der Damen, alles zusammen vereinigte sich zu einem prächtigen, glanzvollen Auf und Ab, in dem er eine Zeitlang zerstreut umherlief, als ginge er zwischen den Seiten eines lebendig gewordenen Bilderbuches spazieren. Immer wieder fand sich eine Dame der Aristokratie, die ihn erkannte und anredete. Scheu gab er Antwort, und sobald er nur irgend konnte, beendete er das Gespräch, denn ihm graute vor dem Gedanken, daß vielleicht gerade die Person, mit der er sprach, die Geschichte seiner Verstoßung aus dem gräflichen Palais kenne. Er litt so sehr, daß er sich fest vornahm, nie wieder hierherzukommen.
Aber er mußte wiederkommen. Die Gräfin ließ ihn vor ihrer zweiten, kleineren Abendgesellschaft zu sich bitten. Sie hatte sich ausgedacht, die Pariser mit einer kleinen Kostprobe aus dem ungarischen Liederschatz zu überraschen. Ihr Sohn, der kleine Graf Rudi, hatte einen gut aussehenden ungarischen Juristen zum Erzieher, namens Fekete, der ein großer Kenner und Verehrer der ungarischen Lieder war. Franzi nahm an den Vorbereitungen keinen Anteil. In dieser Zeit war er wieder kränklich und lag meist zu Bett. Er übernahm aber trotzdem den Vortrag jener Komposition, die er aus den Bruchstücken einzelner ungarischer Lieder geschaffen hatte.
Die Soiree verlief glänzend, Fekete sang einzelne Lieder mit ungarischem Text. Nach der Erklärung des Programms waren es Bauernlieder aus der Gegend von Veszprem. Sie fanden stürmischen Beifall, begleitet von überraschtem Flüstern. Dann spielte der junge Liszt und hatte ebenfalls großen Erfolg. Zum Schluß führten sechs vornehme Paare, zum größten Teil ungarische Magnaten, die sich gerade in Paris aufhielten, ungarische Tänze zu Klängen der Originalmusik vor. Das Entzücken kannte keine Grenzen.
Franzi hatte das Gefühl, daß an diesem Abend neues Leben in ihn kam. Die ungarische Musik erfüllte ihn abermals mit prickelnder Erregung, wie immer, sooft er sie nur hörte. Die eigenartige Tonleiter, die ungehemmte Willkürlichkeit der Form, die unerhörte Kraft der Tanzrhythmen beschworen ihm Raiding und die Zigeuner herauf. Eine heiße Freude wallte in ihm auf: er hatte eine Heimat, der er in alter Verbundenheit angehörte . . .
Die Gräfin fand nach dem Konzert in dem allgemeinen Trubel Zeit, ihn an-

zusprechen und für seine Mitwirkung zu danken. Sie fragte ihn zugleich, was sie ihm noch schulde.
»Ich stehe in Ihrer Schuld für den Kunstgenuß«, wehrte er galant ab. »Was Sie für mein bescheidenes Auftreten bestimmt haben, Gräfin, widme ich ehrfurchtsvoll einem von Ihnen selbst zu bestimmenden wohltätigen Zweck. Es wäre nicht schicklich, aus meinem Heimatlande Vorteile zu ziehen.«
Die Gräfin sah ihn überrascht an und reichte ihm wortlos die Hand als Anerkennung und zugleich auch zum Abschied. Dann wandte sie sich aber nochmals um und richtete in dem allgemeinen französischen Wortwirrwarr noch einige deutsche Worte an ihn.
»Ach, was ich noch sagen wollte: ich hatte Ihnen doch gesagt, daß ich am nächsten Dienstag einen kleinen musikalischen Nachmittag veranstalten wollte. Der muß leider ausfallen. Die eingeladenen Gäste sind zum größten Teil durch die Hochzeit in Anspruch genommen.«
»Was für eine Hochzeit?«
»Wissen Sie das noch nicht? Die junge Komtesse Saint-Cricq heiratet den Grafen d'Artigaux. Den neuen Zeitpunkt für den ausfallenden Nachmittag gebe ich Ihnen noch bekannt.«
Dann entfernte sie sich und ließ in dem glanzvollen Wirbel der Gäste den wie vor den Kopf geschlagenen Jungen zurück. Er stand eine Weile unbeweglich an seinem Platz und lächelte einfältig in seiner Verlegenheit. Seine Lippen bebten, und seine Finger zuckten. Wenn er jetzt nicht wegginge, würden seine Knie unter ihm zusammenbrechen, dachte er. In der Garderobe suchte er seinen Mantel. Draußen regnete es trostlos. Er merkte nichts davon. In dem dicht strömenden Regen ging er zu Fuß nach Hause und fühlte nur, daß er nicht fähig war, an irgend etwas anderes zu denken, denn sein Verstand schien stehengeblieben zu sein. Der Schlag, der ihn getroffen hatte, war so schwer und unerwartet gekommen, daß er nicht sogleich die Gedanken ordnen konnte. Zu Hause in seinem Bett begann er langsam zu weinen und dann wütend zu schluchzen. Seine Mutter stand erschrocken aus dem Bett auf und drang in ihn, er aber schluchzte nur heftiger und konnte nicht antworten. So ging das anderthalb Stunden. Da kleidete sich Mutter Liszt an, um einen Arzt zu holen. Aber der Sohn bat sie in gebrochenen Worten, am ganzen Körper bebend, sie solle es nicht tun, er würde sich schon beruhigen. Beim Morgengrauen war er endlich in der Lage, zu sprechen.
»Komtesse Liline heiratet am Dienstag. Den Grafen d'Artigaux. Ich kenne ihn, ein Grubenbesitzer, ein reicher Mann. Alt.«
Abermals begann er zu schluchzen. Die Mutter saß am Rande des Bettes und hielt seine Hand.
»Mutter, ich kann nicht anders, ich werde Geistlicher.«
»Nein!« schrie erschrocken die Mutter.

»Ich muß. Sehen Sie doch ein, daß ich es muß. Ich kann in dieser Welt nicht leben. Ich sterbe darüber. Wollen Sie, daß ich lieber sterbe? Ich werde Sie schon durch Unterrichtsstunden unterstützen. Ich will kirchliche Musik schreiben. Ich halte es nicht aus, ich kann nicht mehr . . .«

»Mein teurer, kleiner Sohn, du wirst es ertragen können! So etwas kann man erdulden. Du wirst eine andere finden und . . .«

»Nie, nie! Das dürfen Sie mir gar nicht sagen. Niemals und keine andere, nur sie! Sagen Sie, daß Sie einverstanden sind, Mutter! Sie werden schon sehen, wie schön das wird, und Sie bleiben ja auch dann in meiner Nähe . . . Ich kann es wirklich nicht mehr ertragen . . . Ich will schon seit sehr, sehr langer Zeit Mönch werden . . .«

»Nein, mein Liebling, ich bitte dich um alles in der Welt, laß ab von diesem Gedanken. Du kannst ja den lieben Gott auch so liebhaben. Nicht wahr, du tust es nicht? Sag, daß du es nicht tust.«

So stritten sie lange. Die Mutter zog seinen langhaarigen, von Tränen feuchten blonden Kopf in ihren Schoß. Sie streichelte ihn und liebkoste ihn wie einst. Der winterliche Morgen graute schon, und sie unterhielten sich noch immer, alle beide todmüde, nur in langen Zwischenräumen sprachen sie ab und zu einen Satz.

»Also, du versprichst mir, daß du es nicht tust? Franzi, sage ja! Mir zuliebe! Willst du es mir nicht versprechen?«

Der Junge konnte nicht antworten. Im Schoße seiner Mutter überraschte ihn der Schlaf.

NEUNZEHNTES KAPITEL

»Un instinct secret me tourmente . . .«

»Ein geheimnisvoller Trieb beunruhigt mich . . .« Dieser Satz ging ihm nicht wieder aus dem Sinn. Bei Chateaubriand hatte er ihn gelesen. René sagt hier, daß er eine beunruhigende Sehnsucht verspüre, aber wonach er sich sehne, könne er nicht sagen. Franzi erkannte sich selbst in René. Dieser Roman wurde jetzt sein Lieblingsbuch. Auch René kam und ging durch die Welt wie er: mit ungepanzertem Herzen, so daß jede Berührung von außen gleich das lebendige Fleisch verletzte. Auch René flüchtete in stummem Stolz und schweigendem Leiden vor dem Leben, dessen auftauchende Sorgen er als feindliche Angriffe empfand. Auch René quälte sich und litt an einer Sehnsucht, die er weder in Worte fassen noch befriedigen konnte. Immer und immer wieder kehrte er zu diesem Buche zurück wie ein Durstender zum Brunnen, um Erleichterung seiner Martern zu finden. Er betrog sich selbst, indem er sich das himmlische Fest des Eintrittes der Komtesse

Liline in ein Kloster in Gedanken ausmalte. Mit dieser Vision verhüllte er die Wirklichkeit wie mit einem kühlen Nonnenschleier; denn wenn er schonungslos an die Tatsachen dachte, glaubte er vor Schmerz und Entsetzen aufschreien zu müssen: seine schneeweiße Liebe sah er reglos mit geschlossenen Augen in den Armen eines gierigen, alten Lüstlings!
Seine Mutter beobachtete ihn stillschweigend und war unablässig sorgend um ihn bemüht. Ihn unmittelbar zu befragen, wagte sie nicht, aber es lag klar auf der Hand, was sie anstrebte. Sie sprach oft von Luigina, einer jungen Italienerin, Franzis neuester Schülerin. Ihr Vater war ein braver, italienischer Sprachlehrer namens Biagioli, ein zappeliger, begeisterter, immer mit den Armen fuchtelnder Italiener. Als Witwer sah er in seiner Tochter die ganze Freude seines Lebens. Das kleine, schlichte Mädchen spielte auch sehr nett Klavier. Biagioli kam sehr oft, um sich nach ihren Fortschritten zu erkundigen, und freundete sich innig mit Mama Liszt an. Was die beiden Eltern ausklügelten, konnte man zwar nicht wissen, zu erraten war es aber nicht schwer: Papa Biagioli nannte den jungen Mann seinen Sohn, lobte seine Kunst bis in den Himmel, behandelte ihn wie einen Halbgott und versicherte ihn fortwährend seiner liebevollsten väterlichen Zuneigung. Mama Liszt wagte ab und zu einige vorsichtige Andeutungen: außerordentlich nett . . . reizend . . . ein lieber, guter Fratz ist diese Luigina . . . dem wird es wirklich gut gehen, der die einmal heiratet . . . Auch das junge Mädchen konnte man vom Verdacht nicht freisprechen, daß es an der Verschwörung beteiligt war. Während der Stunden errötete sie andauernd und sah ihren Meister mit großen Augen an, so daß dieser sich besondere Mühe geben mußte, ihre Blicke nicht zu bemerken.
Ab und zu empfand er ein oberflächliches Bedauern diesem kleinen Mädchen gegenüber, aber sobald sie seinen Augen entschwunden war, hatte er sie auch schon vergessen. Sie besaß keinen Reiz für ihn. Nichts reizte ihn. Und das wenige, was vorübergehend seine Aufmerksamkeit erregte, verging auch bald wieder. Webers Musik, auf die ihn der russische Jurist aufmerksam gemacht hatte, hielt sein Interesse zwei Wochen lang wach, dann wandte er sich auch von ihr wieder ab. An einem Novembertag kam er zufällig in das Konservatorium, als dort gerade ein Konzert stattfand. Er sah sich nicht einmal das Programm an. Gelangweilt hörte er den ersten Takten zu. Plötzlich jedoch neigte er sich interessiert vor und bat seinen Nachbar um das Programm. Es stellte sich heraus, daß diese kühn und eigenwillig instrumentierte Komposition, die ihn aufhorchen gemacht, »Concert des Sylphes« hieß und daß sie von einem bisher noch wenig bekannten Manne stammte: Hector Berlioz. Er hörte aufmerksam zu. Immer reizvoller, immer kühner schien ihm diese Musik. Zum Schluß applaudierte er lebhaft. Dann wandte er sich an seinen Nachbar, einen Schüler der Musik-Akademie.
»Das ist eine ganz hervorragende Musik. Wer ist dieser Berlioz?«

»Ich kenne ihn nicht persönlich. Er ist der komische rothaarige Mann in der dritten Reihe, der sich jetzt gerade erhebt. Wie ich gehört habe, ist dieses Stück nur ein Teil eines größeren Werkes, die Begleitmusik zu irgend etwas, aber wozu, habe ich schon wieder vergessen.«

Es wurde noch allerlei andere Musik vorgetragen, die Liszt aber nur nervös machte. Deshalb verließ er das Konzert. Die eigenartigen, kraftvollen Harmonien klangen noch lange in seinem Ohr nach. Er sehnte sich danach, diesen Mann kennenzulernen. Von Erards erfuhr er kurz darauf, daß dieser Berlioz der Sohn eines Dorfarztes sei und in der Pension d'Aubré Gitarrenunterricht erteile. Zu Goethes »Faust« habe er eine aus acht Sätzen bestehende Begleitmusik komponiert, und das gehörte Stück sei ein Teil davon. Franzi beschloß, gelegentlich der Familie Pleyel einen Besuch abzustatten, was er sowieso schon lange hätte tun müssen; dort würde er diesen Menschen mit der aufreizenden Musik schon kennenlernen. Er verschob den Besuch aber von einem Tag zum andern. Einmal hatte er sich schon auf den Weg gemacht, doch unterwegs konnte er der offenen Kirchenpforte nicht widerstehen, ging hinein und blieb dort. Dann verblaßte der Eindruck dieser Musik immer mehr in ihm. Er blätterte zwar aus Neugierde in Goethes »Faust«, und dabei fiel ihm der »Werther« in die Hände. Das Buch nahm ihn gefangen. Seine eigenen Qualen, seinen eigenen Schmerz, seine eigenen Leiden glaubte er hier wiederzufinden. Das Werk hinterließ einen so starken Eindruck bei ihm, daß er zuletzt auch von Selbstmord träumte. Tags darauf beeilte er sich zwar, diesen sündhaften Gedanken zu beichten, aber René und Werther begleiteten ihn auch weiter, als wären sie lebendige Wesen. Bei seinen überreizten Nerven hätte es ihn nicht verwundert, wenn sich in der Nacht die Tür aufgetan hätte, einer der beiden demütigen Romanhelden hereingekommen wäre und sich als guter Freund auf sein Bett gesetzt hätte. Er war schon so weit gekommen, daß er auf Visionen wartete; vielleicht würde er gleichfalls Erscheinungen erleben wie Urhan . . .

Und er selbst sah auch schon aus wie ein Gespenst. Seine von Natur schmächtige Gestalt wurde von Tag zu Tag magerer. Er schrumpfte zu Haut und Knochen zusammen. Auf dem schmalen, knochigen Rumpf saß ein sonderbarer Kopf: das kreideweiße Gesicht mit der stark vorspringenden Nase und dem fiebernden, gequälten, übersinnlichen Blick, dieses mittelalterliche Gesicht umwallte eine dichte, bis auf die Schultern reichende Haarmähne. In den Straßen von Paris war er bekannt. Trotzdem erschrak jeder, der an ihm vorüberging. In seinem unsteten, glühenden Blick, in seinem traumwandlerischen Gang, in seinen unberechenbaren Bewegungen lag etwas, so daß man nicht sagen konnte, ob er ein Heiliger war oder ein Narr.

Er wäre am liebsten ja auch ein Heiliger geworden. Seine Mutter befürchtete ernsthaft, er könnte den Verstand verlieren. Als er in sein neunzehntes Lebensjahr trat, hatte er den Vorsatz, Geistlicher zu werden, noch keineswegs aufgegeben. Um seine Mutter nicht zur Verzweiflung zu bringen, er-

wähnte er freilich wochenlang nichts davon. Dann aber ließ er wieder ganz unerwartet eine Bemerkung fallen, über die seine Mutter zwei Tage lang in einem fort weinte. Sie machte ihrem Herzen Luft.
»Mein Sohn«, jammerte sie verzweifelt, »ich kann es nicht mehr mit ansehen, wie du zugrunde gehst. Du lebst ja kaum mehr. Wenn nicht um deinetwillen, so kehre wenigstens mir zuliebe zu einer vernünftigen Lebensweise zurück. Du bist wie eine vollständig herabgebrannte Kerze, die trotzdem noch weiterglimmt. Es ist unmöglich, zu begreifen, was dir fehlt. Dieses Mädchen . . .«
»Damit habe ich mich schon abgefunden. Ich weiß, daß sie sehr leidet. Ich habe ihre Leiden Gott empfohlen.«
»Dann verstehe ich nicht, was in dich gefahren ist.«
»Das ist es ja eben! Ich verstehe es selbst nicht. Ich passe nun einmal nicht in dieses Leben. Aber ich vermag Sie ja nicht davon zu überzeugen.«
Und während seine Mutter leise neben ihm wimmerte, blies er den Rauch seiner Pfeife mit starrem Gesicht in die Luft und blickte mit einer die ganze Welt verachtenden Gleichgültigkeit ins Leere.
Als er das nächste Mal beichten ging, ließ ihn Pater Bardin nach der Absolution noch nicht weggehen.
»Warten Sie noch, mein lieber Sohn. Ich muß mit Ihnen sprechen. Ihre Mutter war bei mir.«
Er sah seinen Beichtvater erschrocken an. Eine schwache Röte stieg in seine Wangen.
»Sie sollen mir wohl von der geistlichen Laufbahn abraten? Verschwören Sie sich auch gegen mich?«
»Hören Sie mich erst an, mein lieber Sohn. Gott hat auch Ihnen befohlen, Ihre Mutter zu ehren . . .«
»Aber Christus sagte selbst, wer ihm folgen will, solle auch seine Eltern verlassen. Er hat seine Mutter ja auch verlassen.«
Sie stritten hin und her – ohne Erfolg. Franzi versprach schließlich, einstweilen noch zu warten. Und er faßte sich in Geduld. Er las die Biographie der heiligen Therese. Er schien völlig entrückt; wenn ihn seine Mutter anredete, hörte er es nicht. Sobald er seine Unterrichtsstunden beendet hatte, verbrachte er seine ganze freie Zeit in der Kirche. Höchstens die Gräfin Apponyi besuchte er ab und zu. Vorher erkundigte er sich aber stets, wen er alles bei ihr vorfinden würde. Noch immer ging er der Möglichkeit aus dem Wege, dem Grafen Saint-Cricq oder irgendeinem näheren Bekannten der gräflichen Familie zu begegnen. Im Palais der Botschaft traf er meistens Bekannte, Aristokraten des Faubourg Saint-Germain, mit denen er sich als Ebenbürtiger unterhalten zu können glaubte. Denn er kannte diese Familien seit langem, wußte über ihre verwandtschaftlichen Beziehungen Bescheid, kannte all die Erzählungen und Anekdoten aus dieser wiedererwachten, hochmütigen, liliengeschmückten Welt der Bourbonischen

Restauration. Von Politik verstand er nichts. Die Ereignisse des öffentlichen Lebens verfolgte er nicht. Er las keine Zeitung. Wenn der Herzog Polignac Ministerpräsident wurde, so bedeutete das für ihn nur, daß König Karl seinen eigenen, natürlichen Sohn zum Ministerpräsidenten ernannt und daß durch den Rücktritt der Martignac-Regierung der Graf Saint-Cricq aufgehört hatte, Minister zu sein. Was diese Änderungen sonst noch zu bedeuten hatten, interessierte ihn nicht. Er verstand ja auch nichts davon.

Seit geraumer Zeit politisierte aber alles um ihn herum fiebernd. Eine unruhige Spannung lag in der Luft. Je weiter der Frühling fortschritt, je wärmer die Sonne schien, desto mehr wuchs die Spannung. An den Tischen vor den Wirtshäusern scharten sich heftig schreiende und gestikulierende Leute. Seine Mutter brachte jeden Tag aus der Markthalle unheimliche, einander widersprechende Nachrichten mit. Einmal, daß eine Revolution im Gange sei und die Republik wiederkommen werde . . . ein andermal, daß der König das ganze Land dem Herzog von Orléans überlassen und nach dem Auslande reisen wolle . . . Dann wieder, daß der Sohn Napoleons aus Wien entflohen sei, sich im geheimen schon in Paris aufhalte und in der nächsten Woche zum Kaiser gekrönt werden solle . . .

Franzi hörte die Geschichten seiner Mutter geduldig an, dachte aber nicht weiter über sie nach. Er war mit seinen körperlichen, wie seinen seelischen Kräften am Ende. Nächtelang konnte er nicht schlafen, zweimal war er schon vor dem Eisengitter eines Altares ohnmächtig geworden und hatte ständig Fieber. Der Arzt, den die Mutter kommen ließ, vermochte auch nichts zu sagen, er schüttelte nur den Kopf. Dem jungen Mann ging es mit den Gebeten wie einem Trunkenbold mit dem Wein: nur der Rausch konnte seine Qualen mildern, aber immer mehr brauchte er von dem Gift. Er begann nun auch, seine Stunden zu vernachlässigen. Es kam vor, daß er morgens beim Aufstehen kraftlos in das Bett zurückfiel. Dann blieb er gleichgültig liegen, betete und rührte Speise und Trank den ganzen Tag nicht an. Draußen aber lag eine siedende Hitze über der Stadt.

An solch einem heißen Juli-Nachmittag lag er stumpf und teilnahmslos zu Hause. Seit zwei Tagen ging das schon so. Er hätte selbst nicht sagen können, ob er schlief oder wach war. Da vernahm er plötzlich von weit her ein sonderbares, unterirdisches Dröhnen. Er richtete sich im Bett auf. Von der Straße klang verworrener Lärm herauf, nach dem Hofe zu hastende Schritte und Türenschlagen. Er hörte auch Schreie, die er nicht verstehen konnte.

»Franzi, Franzi«, kam die Mutter weinend und entsetzt hereingelaufen, »auf der Straße wird geschossen. Die Revolution ist da!«

»Was für eine Revolution?«

»Der König läßt auf das Volk schießen, die Menschen reißen das Pflaster auf. Was wird mit uns, was wird mit uns . . .?«

Er sprang aus dem Bett und warf sich ein Kleidungsstück über. Die Mutter schrie:

»Ich lasse dich nicht hinaus! Auf die Straße lasse ich dich nicht!«
Er streichelte ihr zärtlich übers Gesicht, küßte sie und lief zum Tor. Draußen wogte eine dichte Menschenmenge hin und her. Viele sammelten sich unter den Toren. Es wurde aufgeregt geschrien und gebrüllt. Aus einer Seitengasse kam eine Gruppe von vier Menschen gerannt. Wie Spatzen, die alle zugleich einen fetten Bissen erwischt haben und ihn im Flug auseinanderzerren, so rissen diese vier Menschen einander eine mit Lilien bestickte bourbonische Flagge aus der Hand. Aber viele drängten ihnen entgegen, und auf einmal fiel die Fahne wie ein starrer Leichnam mitten unter sie. Unter sieghaftem Gejohle zerfetzten sie die Flagge. Zu gleicher Zeit wurde auf dem Dach eines gegenüber in der Rue Montholon gelegenen Hauses eine dreifarbige Fahne mit einem roten, einem weißen und einem blauen Streifen gehißt. Zwischendurch hörte man immer wieder das entfernte Dröhnen. Jetzt war er im Bilde: es war das Knattern von Gewehrsalven! Auch an einem anderen Hause waren schon zwei Trikoloren gehißt.
»Auf die Barrikaden!« brüllte ein dicker, schwitzender Mann.
Er begann zu rennen, sofort gefolgt von fünfzehn anderen. Gleichzeitig tönte vom anderen Ende der Straße neuer Lärm, und im nächsten Augenblick stürmte zwischen den Häusern eine Abteilung Soldaten heran. Man erkannte sie an ihren Uniformen: es waren Soldaten des Regiments »Ligne«. Ein Teil der auf die Straße geströmten Menschen lief schreiend unter die Torbogen, andere blieben stehen und schrien mit verbissener Wut:
»Nieder mit dem König!«
»Es lebe die Freiheit!«
»Es lebe die Charte!«
Die Soldaten beachteten diese Zurufe nicht. Sie liefen eilends auf ein unbekanntes Ziel zu. Die Torwege waren in wenigen Sekunden wieder bevölkert. Aus der Ferne hörte man das ununterbrochene Geknatter der Gewehre. Mutter Liszt rannte mit erschrockenem Schreien hinter ihrem Sohne dem Tore zu. Sie flehte ihn weinend an, er möge hereinkommen. Franzi faßte den Arm seiner Mutter, um sie zu beruhigen, starrte aber gespannt die Straße hinunter. Abermals kamen Menschen von einer Querstraße herbeigelaufen:
»Die Boulevards sind besetzt!«
»Bei den Tuilerien ist geschossen worden. Viele sind gefallen.«
Die Wahrheit konnte man nicht erfahren. Vielleicht hatte sich schon Blut über ganz Paris ergossen, vielleicht war es aber auch nur ein demonstrierendes Geplänkel. Die Menschenansammlung auf der Straße wuchs und wuchs. Plötzlich schrien alle entsetzt auf und versuchten hastig, sich in Sicherheit zu bringen. Aus derselben Richtung, aus der die Soldaten des »Ligne« gekommen waren, galoppierte jetzt eine Reiterabteilung heran. Franzi wußte selbst nicht wie, aber auf einmal war er innerhalb des Tores, das nun geschlossen wurde. Draußen sprengten die Reiter mit betäubendem Ge-

trappel vorbei. Zwei Pistolenschüsse knallten. Neben ihm und um ihn herum fremde Menschen, die er noch nie gesehen hatte. Eine Stimme unmittelbar neben ihm rief:

»Sie sind fort! Wer ein Veteranenabzeichen hat, stecke es an!«

Das Tor öffnete sich wieder. Einzelne Menschen stürmten den Reitern nach. Unmittelbar vor ihnen beiden richtete sich ein Mann in Hemdsärmeln auf. Er blutete. Mutter Liszt schrie entsetzt auf und zog ihren Jungen mit Gewalt nach der Wohnung hin. Der blutige Mann folgte ihnen. Sie erkannten ihn: es war Verrier, der Sattlermeister, der fünf Häuser weiter sein Geschäft hatte.

»Die Halunken haben mich angeschossen. Die Kugel hat meinen Arm getroffen. Könnten Sie mich nicht verbinden?«

Wiederum wurde das Tor zugeworfen, abermals galoppierten Reiter heran. Mutter und Sohn führten den Sattler in die Wohnung. Als er sein Hemd abgestreift hatte und bis zu den Hüften nackt dastand, stellte sich heraus, daß nichts Ernstes geschehen war, die Kugel hatte ihn nur gestreift. Mutter Liszt brachte Wasser und Leinenzeug.

»Was ist eigentlich los?« fragte Franzi leidenschaftlich. »Was ist los?«

»Ein berittener Gardist hat auf mich geschossen, weil ich nicht beizeiten unter das Tor habe springen können, obwohl ich gar nicht beteiligt war.«

»Ja, aber was ist draußen los? In der Stadt? Im ganzen Land?«

»Das ist los, Mosjö, daß Ihre aristokratischen Freunde es jetzt heimgezahlt bekommen. Sie haben genug Schweinereien gemacht. Damit ist es nun zu Ende. Wir werden die Herren Grafen jetzt schon belehren. Was die in der letzten Zeit getrieben haben, war ja nicht mehr zum Aushalten . . .«

»Was haben sie denn angestellt?«

»Was sie angestellt haben? Lesen Sie denn keine Zeitung? Kennen Sie denn die neuesten Verfügungen nicht? Wo leben Sie eigentlich, mein Herr? Und Sie wollen ein Franzose sein!«

»Ich bin kein Franzose, ich bin Ungar.«

»Aber Augen und Ohren haben Sie doch? Der König hat die Charte, mein Herr, die Charte, auf die er schwor, mit Füßen getreten. Er hat die Zeitungen verboten, ich bekomme schon seit zwei Tagen meine Zeitung nicht mehr. Er hat die Kammer aufgelöst und uns das Wahlrecht entzogen. Dafür also haben wir die Bourbonen zurückgebracht? Ich gebe keinen Sou um den Thron Karls, mein Herr! Es geschieht ihm aber ganz recht, warum läßt er die Grafen allein schalten und walten. Jetzt ist die Freiheit da. Die Herren Grafen mögen sich in die Hölle scheren. Wissen Sie, mein Herr, was die Freiheit ist? Ich weiß es! Ich habe noch die Guillotine am Grève-Platz arbeiten sehen, als ich ein kleines Kind war! Jetzt werden die Herren Grafen ihr Teil abbekommen! Ich danke, Madame!«

Das galt Frau Liszt, die inzwischen den Arm des Sattlers verbunden hatte. Sofort rannte Meister Verrier auch schon wieder auf die Straße.

Franzi wollte ihm nach, aber seine Mutter klammerte sich an seinen Arm.
»Ich lasse dich nicht weg! Ich sterbe eher, auf die Straße lasse ich dich nicht wieder.«
Vor Überraschung ließ sie aber dann doch ihren Sohn los. Von der Straße tönte schmetternder Gesang herauf und tobender Jubel. Im nächsten Augenblick rannte Franzi auch schon zum Tor. Die Mutter hinter ihm her. Das Tor war wieder offen. Die Straße war angefüllt mit Ligne-Truppen. Eine dichte Menschenmenge umgab sie. Viele sangen die Marseillaise. Unzählige hatten eine dreifarbige Kokarde am Hut stecken. Es war unerklärlich, woher man auf einmal so viele Fahnen und Kokarden hergenommen hatte. Das Volk umarmte die Soldaten und ließ sie hochleben.
»Vive la Ligne!«
Da erhob sich abermals Geschrei. Wagen rasselten heran. Man machte ihnen Platz. Studenten mit Kokarden sprangen heraus.
»Waffen!« schrie jemand.
»Hoch! Ein Waffenmagazin ist geplündert worden.«
»Auf die Barrikaden! Auch ihr, Brüder! Nieder mit den Grafen! Es lebe die Freiheit!«
Die Menschen rissen sich um die Gewehre! Inmitten einer dunklen, drohenden Masse marschierte das Militär los, begleitet von den bewaffneten Bürgern. Auch Frauen mit Gewehren waren dabei. Eine unbeschreibliche Begeisterung rüttelte die Menschenmassen durcheinander, die sich schreiend durch die Straßen wälzen. Die Marseillaise erklang in voller Wucht. Man konnte nicht mehr hören, ob in der Ferne die Gewehre noch feuerten oder nicht. Da plötzlich erzitterten die Mauern von einem Dröhnen, das selbst den Gesang übertönte.
»Eine Kanone!« schrien mehrere.
Frau Liszt sah ihren Sohn erschrocken an.
»Franzi, um Gottes Himmels willen, was ist mit dir? Komm sofort herein!«
Sie hängte sich an seinen Arm, zerrte und schleppte ihn zum Tor zurück. Der junge Mann war wie ausgewechselt. Sein Gesicht flammte, seine Augen hatten einen leuchtenden, lebensbewußten Ausdruck gewonnen, Schultern und Arme bebten. Die Mutter beobachtete ihn angstvoll.
»Franzi, wenn du jetzt nicht zu Hause bleibst, wenn du nur einen einzigen Schritt aus dem Hause gehst, nehme ich mir das Leben. Das schwöre ich dir. Jetzt geh, wenn du kannst.«
Der Junge lächelte. Kindlich, gutgelaunt, belustigt lächelte er wie seit langen, langen Monaten nicht mehr. Er streckte sich auf dem Sofa aus und zündete sich eine Pfeife an. Von draußen hörte man dumpfen Kanonendonner. Er starrte schweigend zur Decke hinauf, und in seinem Gehirn spielte sich eine überspannte Theaterszene ab: er sah den Grafen Saint-Cricq, wie

man ihn in einem Karren herumfuhr und ringsum die Menge ihn verspottete. Hinter ihm in einem anderen Karren fuhr man den Grafen d'Artigaux, der die Hände rang und vor Feigheit weinte. Und er selbst stand auf einem Podium. Als der Zug bis zu ihm gekommen war, warfen sich die beiden vor ihm auf die Knie nieder, er aber winkte großherzig und verächtlich ab: laßt dieses elende Getier laufen. Sein edles Profil wandte sich ab, seine blonden Haare flatterten im Winde . . .

»Mutter, es ist zwar Revolution, aber ich will dennoch essen. Haben wir Wein zu Hause?«

Die Mutter brachte verblüfft, noch immer bangend, den Wein. Er goß ein Glas hinunter, ohne abzusetzen. Er war vergnügt und ausgelassen, lief im Zimmer hin und her, sah sich lebhaft um und setzte sich plötzlich ans Klavier. Gedankenlos ließ er seine Finger über die Tasten laufen. Dann schlug er mächtige und dröhnende Akkorde an. In wuchtigem Takt. Die Melodie der Marseillaise formte sich. Er spielte sie dreimal hintereinander. Dann improvisierte er sinnend und ging auf einmal auf das Hussitenlied über, das er vor zwei Wochen von Urhan gehört hatte, das vierhundert Jahre alte Lied der Revolution. Ein protestantisches Lied? Schadet nichts! Höchstens dem Grafen Saint-Cricq würde es nicht gefallen! Als Musik aber klingt es sehr schön. Und so wird es auch dem lieben Gott nicht mißfallen! Und erst recht der deutsche Choral: Ein' feste Burg ist unser Gott! Auch das spielte er dreimal hintereinander. Dann begann er abermals die Marseillaise. Als seine Mutter sah, daß er so gutgelaunt Klavier spielte, verließ sie ihn und ging auf die Straße, um neue Nachrichten in Erfahrung zu bringen.

»Stell dir vor«, kam sie nach einer Weile erregt wieder hereingerannt, »die Soldaten halten es mit den Rebellen! Die Revolution siegt überall.«

Der Sohn nickte lächelnd und spielte weiter. Abwechselnd improvisierte er aus den Figuren dreier verschiedener Motive allerlei Melodien. Er vertiefte sich immer mehr darein. Die drei Motive verwob er untereinander, variierte sie in den verschiedenen Tonskalen und ließ sie breit ausklingen. Das Klavier dröhnte unter seinen Händen, die Mauern, die Häuser, die Straßen, die Länder schmetterten gewissermaßen mit ihm. Auf einem Klavierschemel saß sieghaft ein junger Mann und schlug so wuchtig die einzelnen Töne an, daß man Angst um das Instrument haben mußte. So spielte er bis Mitternacht. Die Mutter brachte ihm schweigend das Abendbrot ans Klavier. Er schüttelte den Kopf und rührte es nicht an. Um Mitternacht griff er plötzlich nach Bleistift und Notenpapier. Mit der einen Hand spielte er unaufhörlich, mit der anderen schrieb er.

»Was machst du, mein Sohn?« fragte die Mutter mit leiser Verwunderung, aber überglücklich.

»Eine Revolutionssymphonie!« rief er leidenschaftlich.

Er arbeitete bis vier Uhr früh. Dann übermannte ihn der Schlaf. Er schlief in den Kleidern ein. Am anderen Morgen um neun Uhr wachte er auf. Miß-

mutig, gequält, wie es bei ihm immer der Fall war, schlug er die Augen auf, aber schon nach wenigen Minuten breitete sich Munterkeit und Freude auf seinem Gesicht aus. Die Mutter konnte ihm bereits weitere Neuigkeiten berichten: die Revolution habe gesiegt. Nur der zwischen den Champs-Elysées und dem Louvre liegende Platz sei noch in der Hand des königstreuen Militärs. Dort befänden sich Barrikaden, und der Kampf tobte weiter. Die Soldaten hätten aber weder Lebensmittel noch Schießpulver. Im übrigen sei ganz Paris für die Revolution.
Franzi beendete schnell sein Morgengebet und setzte sich sofort ans Klavier, um zu arbeiten. Vom Stundengeben konnte an diesem Tage keine Rede sein. Er war bis spät in die Nacht tätig und gönnte sich kaum Zeit zum Essen. Auch am dritten Tage arbeitete er so, und am Nachmittag war seine Komposition fertig. Er fing sofort an, sie ins reine zu schreiben.
Am vierten Tage kam die Nachricht, daß auch die letzten Soldaten gefallen seien und das Volk der Barrikaden einen vollen Sieg errungen habe. Die Stadt gehöre der Revolution, die Macht der Aristokraten sei gebrochen. Der alte Lafayette habe alles übernommen.
An diesem Nachmittag war die »Revolutionssymphonie« endgültig fertig. Vorerst nur als Klavierauszug. Er kopierte gerade die letzten Takte, als er hörte, daß Biagioli zu Besuch komme. Nachdem die Straßen wieder sicher waren, galt sein erster Ausgang der Familie Liszt, um sich zu erkundigen, ob ihnen nichts zugestoßen sei.
»Was ist mit Franzi?« fragte er.
Der lächelte am Klavier und horchte neugierig auf, um die Antwort seiner Mutter zu hören.
»Man erkennt ihn nicht wieder. Seit drei Tagen ist er froh und munter. Er komponiert Tag und Nacht.«
»Was Sie sagen! Was ist denn auf einmal mit ihm geschehen?«
»Ich verstehe es selbst nicht. Die Kanone hat ihn geheilt.«

ZWANZIGSTES KAPITEL

Die Kanone hatte Franzi gleichsam wie durch ein Wunder geheilt. Als ob sie ihm in die Ohren gedröhnt hätte: stehe auf und wandle! Und er stand auf und wandelte. Man hatte zwar nicht einen einzigen Grafen auf dem Grève-Platz enthauptet, aus den blutigen Barrikaden war nicht einmal eine Republik geworden, der Thron blieb auch an seinem Platz, nur ein anderer bestieg ihn: Herzog Ludwig Philipp von Orléans, der Senior der jüngeren Linie der Dynastie. Aber Franzi wurde gesund. Die »Revolutionssympho-

nie« hob er sich auf, an die Julitage dachte er wie an einen wunderbaren, heilsamen Traum zurück, von dem nur die Heilung geblieben war.
Nach der Teilnahmslosigkeit, mit der er zwei Jahre lang alles betrachtet hatte, was außerhalb seiner religiösen Schwärmerei lag, stürzte er sich nunmehr mit unersättlichem Begehren auf all die tausendfältigen Erscheinungen des Lebens. Als ob er erst jetzt bemerkt hätte, daß über seinem Kopf sich ein blauer Himmel wölbte und daß die Äste der Bäume längst grün geworden waren. Er trank förmlich alles mit den Augen. Aus einer zwei Jahre lang währenden Verzauberung fand er endlich heim. Er schaute um sich und stellte mit freudiger Verwunderung fest, daß er lebte, daß er neunzehn Jahre alt war und daß die Welt mit Millionen merkwürdiger und spannender Dinge angefüllt war. Mit einem Male wollte er auch alles essen. Er griff nach allem wie ein auf einen Spielwarenladen losgelassenes Kind, das statt zweier Hände hundert haben möchte . . .
Seine Unterrichtsstunden gestaltete er völlig um. Nun hatte er keine Angst mehr, in den Häusern der Aristokraten zu erscheinen. Die Gräfin Liline war nach ihrer Vermählung aufs Land übergesiedelt, und der Graf Saint-Cricq besuchte keine Gesellschaften. Jetzt hätte er auch ein Wiedersehen mit ihr ertragen können. Im Faubourg Saint-Germain verbreitete sich die Nachricht wie ein Lauffeuer, daß »Litz« von heute auf morgen durch ein Wunder ein ganz anderer geworden sei. Er war nicht mehr so erschreckend närrisch, und man konnte sich mit ihm wieder wie mit einem normalen Menschen unterhalten. Briefe über Briefe kamen an, in denen man ihn um Unterrichtsstunden ersuchte. Er verlangte fünfundzwanzig Franken für eine Stunde, und in jedem Hause des Hochadels bewilligte man ihm diesen Betrag gern. Es war jetzt auch eine ganz andere Sache, Stunden zu geben, als in den Zeiten der Bourbonen. Das freier gewordene öffentliche Leben weckte auch die Unternehmungslust. In den Straßen von Paris war zum Beispiel schon vor zwei Jahren ein zur Beförderung von mehreren Personen ausreichender Gesellschaftswagen aufgetaucht, den man Omnibus nannte. Er wurde damals nicht volkstümlich. Jetzt aber hatten sich die Verhältnisse des Kleinbürgertums gebessert, und es bildeten sich nacheinander verschiedene Linien der neugegründeten Verkehrsgesellschaften. Der Omnibus eroberte Paris. Dem Klaviermeister reichte jetzt das Geld für sechs bis acht Wege aus, während es früher für dieselbe Strecke mit dem Mietwagen nicht gereicht hatte. Auch das war bemerkenswert. Alles war voll Reiz. Die Menschen dünkten ihn auch alle interessant. Auf einmal hatte er Hunderte und aber Hunderte von Bekannten. Er besuchte wieder Gesellschaften, und es verging kein Abend, für den er nicht eine Einladung bekommen hätte. In der Gesellschaft unterhielt man sich über Bücher; die Bücher fesselten ihn, er las sie alle. Das Lesen erweckte sein Interesse an den Schriftstellern; er fing an, die persönliche Bekanntschaft von Schriftstellern zu suchen. Die sprachen von Bildern und Statuen; er begann Bilder und Statuen zu be-

trachten und wurde auf Maler und Bildhauer neugierig. Überall ward politisiert. Neue politische Bewegungen entstanden, die neuen Streit entfachten. Auch das reizte ihn. Er wußte nicht, wonach er greifen, was er zuerst anfangen sollte. Er sah, er fragte, er las, er interessierte sich für alles, und mit aufblitzenden Augen bestaunte er die tausenderlei Wunder der Welt.

Die Wände im Salon der Herzogin Belgiojoso waren mit schwarzem Samt bespannt. Auf schwarzem Grund glänzten silberne Sterne. Die Hausfrau war eine eigenartige Schönheit. Byzantinisch blaß das adlernasige Gesicht, umrahmt von blauschwarzem Haar. Einmal in der Woche versammelte sie die jungen Helden der neuen Richtung in Literatur und Kunst auf silberbeinigen Stühlen um sich.

Im Salon der Herzogin Rauzan hingen große Gobelins. Hier war die Hausfrau eine außerordentlich liebenswürdige, rundliche Dame, nicht einmal besonders klug, aber begeistert von den Schöpfungen moderner Kunst und Dichtung.

Diese beiden Damen wagten als erste, in ihre Salons die jungen Geistesgrößen als *Gäste* einzuladen. Die strengen Familien des Faubourg Saint-Germain waren ob dieser Kühnheit sprachlos. Der alte Adel blieb zum größten Teil auch jetzt noch der Bourbonenpartei treu. Aber in das kalte Zeremoniell der Lebensformen hatte die Revolution doch eine Bresche geschlagen. Bislang war der junge »Litz« der einzige Künstler gewesen, den die Familien des Hochadels an ihren Tisch baten. Nunmehr aber fanden sich auch schon sehr vornehme Häuser, die ihre Tore Dutzenden von Künstlern öffneten, wenn auch nicht bedingungslos. Victor Hugo war zum Beispiel der Sohn eines Generals, zwar von Napoleons Gnaden, aber doch berechtigt, den Grafentitel zu führen. Alfred de Musset war ein Adliger, sein Vater ein hoher Beamter im Kriegsministerium. Lamartine stammte ebenfalls aus einer sehr guten Familie und vertrat einst als Diplomat die Bourbonen in Florenz. Delacroix hingegen war weder adelig noch Diplomat, sondern lediglich ein große Meinungsverschiedenheit entfesselnder junger Maler. Und François Mignet, der zu den Besuchern der Herzogin Belgiojoso zählte, hatte Jahre hindurch in der Zeitung »National« die Bourbonen heftig bekämpft und verdankte es diesem Umstand, daß er nach dem denkwürdigen Juli zum Hauptarchivar des Außenministeriums aufrückte. Mit all diesen Leuten wurde der wie neugeborene junge Mann nach und nach bekannt. In jeder Gesellschaft war er der Jüngste, aber auch der Interessanteste. Jeder seiner neuen Bekannten fragte ihn lebhaft: wo er denn bis jetzt gewesen wäre? Er zuckte nur mit der Schulter und achtete gierig auf jedes Wort, um nicht die geringste Kleinigkeit, kein Urteil der öffentlichen Meinung, keinen Klatsch zu überhören. Eine ungeheure Wißbegierde trieb ihn, alles zu erfahren. Als er die Bekanntschaft des zwanzigjährigen Musset machte, fragte er ihn nach allen möglichen Einzelheiten der neuesten Literatur aus. Am anderen Tage jagte er schon nach der Bekanntschaft Victor Hugos. Er mußte unbedingt diesen leidenschaftlichen Kämpfer kennenlernen, der schon mit achtundzwanzig Jahren den Ruhm des bedeutendsten literarischen Namens in Paris für sich in Anspruch nehmen durfte. Und er wollte auf alle Fälle dahinterkommen, was eigentlich diese »romantische Schule« sei, als deren Führer der Dichter das ganze Land aufgewühlt und sich den tödlichen Haß der klassischen Alten zugezogen hatte, so daß diese die Hauptproben seiner Dramen mit Spionen beschickten. Als er mit dem hochstirnigen, feurigen, feierlichen Dichter bekannt geworden war, kaufte er sofort alles zusammen, was unter dessen Namen erschienen war, und verschlang in einem Zuge all seine Werke. Dann erfuhr er durch Klatsch, daß in die schwarzäugige, schöne Adele, die Frau des Dichters, ein anderer Schriftsteller namens Sainte-Beuve wild und schmerzlich verliebt sei. Sofort beeilte er sich, auch diesen und seine Werke kennenzulernen. Sainte-Beuve erörterte mit ihm lang und breit die neuesten Fragen der Literatur und erwähnte unter anderem auch Lamartine. Franzi kaufte sich sämtliche Werke von Lamartine und lernte dann durch Mignet, der ein Verwandter des berühmten Diplomaten und Dichters war, Lamartine kennen. Im Hause Victor Hugos wurden Achille Dévéria, der hervorragende Zeichner, und Delacroix, der geniale und kühne Verfechter einer neuen, auf stärkste Farbwirkung berechneten Malerei, seine guten Bekannten. Er sprach mit ihnen über Malerei und befragte sie über den Sinn der neuen Richtung. Am nächsten Tage schon besuchte er den Louvre, um alles, was ihm die berühmten und großen Maler erzählt hatten, an den Bildern selbst zu studieren und seinem Gehirn noch besser einzuprägen. Er kaufte fortwährend Bücher, bunt durcheinander, ganz gleichgültig was, wenn es nur gedruckte Buchstaben waren. Nachts studierte er in seinem Bett das Lexikon mit atemloser Spannung, als ob es ein fesselnder Roman wäre. Im Omnibus blätterte er in einem naturgeschichtlichen Lehrbuch. Wahllos verschlang er alles Wissenswerte. Die Kraft seines Gedächtnisses setzte ihn selbst in Erstaunen. Nicht nur das Wesentliche, sondern auch die Einzelheiten alles dessen, was er gelesen hatte, vergaß er nie mehr.

»Verdirbst du dir nicht deine Augen?« mahnte die Mutter ständig, wenn sie nachts erwachte und ihren Sohn immer noch lesend vorfand.

»Ich gehe in die Schule, Mutter. Ich habe doch nie eine Schule besucht, und das Versäumte langer Jahre muß ich jetzt nachholen.«

Er ging nun auch öfter ins Theater. In der Gesellschaft hatte er eine Frau Goussard kennengelernt, die zu ihrem eigenen Vergnügen Gesang studiert hatte und von den italienischen Opern begeistert war. Die Loge von Frau Goussard stand ihm jederzeit zur Verfügung, und er nahm sie gern in Anspruch. Sein Verkehr mit Schriftstellern weckte auch sein Interesse am Schauspiel. Die Aufführungen der »Comédie Française« und des »Porte Saint-Martin« vermittelten ihm den Zauber der großen Schauspielkunst.

Jetzt konnte er schon über Mlle Mars oder Mme Dorval und deren neueste Rolle plaudern.
Sein ganzes Herz hing aber unverändert und vor allen Dingen an der Musik und an der Religion. Sein menschenscheues Einsiedlertum hatte ihn bisher von Habeneck ferngehalten, jetzt freundete er sich mit ihm um so mehr an. Dieser Habeneck war der in Mezières geborene Sohn eines aus Mannheim stammenden Militär-Musikmeisters, der in französische Dienste getreten war. Habeneck war Direktor des Konzertorchesters am Konservatorium und zehrte in dieser Stellung immer noch von den Beethoven-Erinnerungen seiner Kindheit. Er kannte als Hauptzweck seines Lebens nur das eine: daß er Paris für Beethoven erobern müsse! Und das war gar nicht so leicht. Selbst Kreutzer, der erste Geiger, derselbe, dem Beethoven seine berühmte Sonate gewidmet hatte, rief ihm bei der Probe einer Beethovenschen Symphonie zornig zu:
»Lassen Sie uns in Ruhe mit dieser barbarischen Musik!«
Und auch der hochthronende Herrscher des Konservatoriums, Cherubini, vermochte sich zu keiner anderen Meinungsäußerung herabzulassen als:
»Von dieser Musik bekomme ich ständig einen Niesreiz. Sie geht in meine Nase, statt in meine Ohren.«
Habeneck aber ließ nicht locker. Unermüdlich nahm er in seine Konzertprogramme immer wieder Werke Beethovens auf. Und der junge Raidinger Pianist war ihm schon früher jedesmal behilflich gewesen, wenn er ihn darum gebeten hatte. Jetzt aber wurde er zu seinem eifrigsten und begeistertsten Mitarbeiter. Sie verbrachten Stunden über dem Studium der Symphonien, erschüttert von den unerschöpflichen, wunderbaren Überraschungen der Partituren. Die »Neunte« studierten sie tagelang zusammen, bis in die kleinsten Einzelheiten, und das gigantische Werk riß sie zu einer derartigen Begeisterung hin, daß sie sich vor dem Klavier mit Tränen in den Augen um den Hals fielen.
In einer solchen Beethoven-Stunde sagte Habeneck zu seinem jungen Freund:
»Am Fünften bringe ich die Symphonie eines jungen Komponisten namens Berlioz. Versäumen Sie das nicht. Es ist eine außerordentlich interessante Arbeit.«
»Berlioz? Stand der nicht voriges Jahr einmal auf dem Programm? Ich erinnere mich nur ganz dunkel, daß das Stück mir sehr gefallen hatte.«
»Richtig. Es war ein Teil aus einer Goethe-Suite. Das neue Werk aber ist noch viel besser. Wenn Sie wollen, können Sie sich die Partitur ansehen.«
Franzi nahm sie mit nach Hause. Zwei Tage lang beschäftigte er sich mit ihr. Als er fertig war, ging er ins Konservatorium, erkundigte sich nach der Wohnung des Komponisten und suchte ihn sofort auf.
Er fand ein ärmliches Mietzimmer. Auf sein Klopfen öffnete derselbe rot-

haarige Mann die Tür, den er schon einmal im Konzertsaal von weitem gesehen hatte. Aus dem Zimmer strömte ein erstickender, aufdringlicher Duft, der Geruch von gerösteten Zwiebeln. Der Besucher nannte seinen Namen.

»Oh«, entschuldigte sich der andere lebhaft, »ich hätte Sie wirklich erkennen müssen! Bitte, treten Sie doch näher. Womit kann ich Ihnen dienen?«

»Ich bin gekommen, um Ihnen meine Glückwünsche auszusprechen. Habeneck gab mir Ihre neueste Symphonie zu lesen. Ich bin davon entzückt. Ich mußte Sie unbedingt kennenlernen. In diesem Werk ist irgend etwas, was mich sehr erregt hat.«

»Was ist das?« fragte Berlioz mit forschendem Blick, ein wenig mißtrauisch.

Franzi suchte mit schnellem Blick das Klavier, trat hin und schlug einen Akkord an.

»Das ist es. Ich kann davon nicht loskommen. Habeneck hat mir auch Ihre Erklärungen zum Text gegeben. Ich habe sie ebenfalls studiert. Sie sind genial.«

»*Was* ist genial? Aber verzeihen Sie, nehmen Sie doch bitte Platz. Erklären Sie mir, *warum* gefällt es Ihnen? Das ist mir außerordentlich wichtig. Stört Sie der Zwiebelgeruch nicht? Ich habe geröstete Zwiebeln sehr gern. Meinen Bekannten ist er aber meistens sehr lästig.«

»Mich stört er nicht, braten Sie Ihre Zwiebeln nur ruhig weiter. Also, wenn ich es richtig verstanden habe, so handelt es sich bei Ihnen darum, daß in der Seele eines Künstlers das Bild der angebeteten Frau nie anders erscheint als im Zusammenhange mit einem musikalischen Motiv. Mit jenem, das ich vorhin angeschlagen habe. Dieses Motiv ist sozusagen das musikalische Bildnis dieser Frau. Wie Sie sagen: ›Leidenschaftlich, aber vornehm und zurückhaltend‹.«

»So ist es.«

»Also vor allem ist dieser musikalische Gedanke genial. In der Tat erschien mir das Bild einer leidenschaftlichen, aber vornehmen und zurückhaltenden Frau. Diese Auffassung hat mir einen ungeheuren Horizont erschlossen. Und dafür muß ich Ihnen herzlich danken. Sie sind der erste in der Musikwelt, dem so etwas eingefallen ist. Sie bieten der Musik dadurch Möglichkeiten, wie sie bisher nur der Literatur offenstanden. Das zweite und meiner Meinung nach gleichfalls Unerhörte ist, daß Sie dieses kleine musikalische Motiv durch die ganze Symphonie weiterführen. Immer jedoch in einer anderen Beleuchtung. Der erste Abschnitt ist die Verträumtheit. Der zweite der Ball. Der dritte, wo der Künstler halb hoffend, halb bangend über das Schicksal seiner Liebe nachdenkt. Dann der Tod der Frau mit dem Trauermarsch. Und endlich dieser teuflische ›Danse macabre‹, wo die Frau im Reigen der Hexen erscheint. Das ist geradezu unerhört, mein Herr! Die Parodie des ›Dies irae‹ in diesem Hexentanz hat mich so aufgewühlt, daß ich mich jetzt noch nicht davon erholt habe.«

Der rothaarige Mann mit den breiten Schultern und der auffallend großen Nase hörte ihm stumm zu. Man merkte ihm an, daß auch er erregt war, seine Nasenlöcher blähten sich, während er mit fest zusammengepreßten Lippen die Luft einzog. Endlich stieß er hervor:

»Sie verstehen das Ganze. Und ich habe gedacht, daß niemand es verstehen würde.«

»Und *ob* ich es verstehe! Ich bedaure jetzt sogar, daß ich die Erklärung gelesen habe, denn sonst könnte ich Ihnen nun eine große Freude bereiten: Sie könnten sehen, daß ich es auch ohnedies genau verstanden habe. Wie nennen Sie doch gleich dieses ständig wiederkehrende, durchgehende Motiv?«

»Idée fixe.«

»Ja richtig. Mein lieber Herr Berlioz, ich will Ihnen einmal etwas sagen: diese ›Idée fixe‹ ist in der Musikgeschichte ein ganz gewaltiger, unübersehbarer Schritt, wie ihn schon lange niemand mehr getan hat.«

Berlioz betrachtete seinen Gast unverwandt und aufmerksam.

»Wie alt sind Sie, mein lieber Freund?«

»Neunzehn«, gestand dieser leicht errötend.

»Sonderbar. Ich habe das Gefühl, Sie sind fertiger und älter als ich, und ich bin schon siebenundzwanzig. Woher besitzen Sie diese unbegreifliche Reife?«

»Mein Gott, das ist nicht schwer zu erklären. Ich habe schon mit zehn Jahren angefangen, mein Brot selbst zu verdienen, wie es andere erst mit zwanzig Jahren zu tun brauchen. Ich bin also eigentlich alles in allem dreißig.«

»Merkwürdig. Was für ein Landsmann sind Sie? Ein Russe oder ein Pole, nicht wahr? Ich habe so etwas Ähnliches gehört . . .«

»Nein, ich bin Ungar, ich stamme aus Österreich. Aber sprechen wir doch nicht von mir, sondern von Ihnen. Wie sind Sie zur Musik gekommen, und bei wem haben Sie gelernt?«

So begannen sie einander auszufragen. Immer tiefer, immer vertrauter wurden die Fragen. Die Stunden vergingen, sie kümmerten sich nicht darum. Sie fühlten sich sehr zueinander hingezogen. Franzi erzählte von sich alles Wissenswerte und erfuhr von dem anderen, daß ihn sein Vater zum Beruf eines Arztes bestimmt hatte. Er kam auch nach Paris, ließ sich immatrikulieren, haßte aber das Sezieren und den Leichengeruch. Nach langen Kämpfen durfte er sich endlich auf dem Konservatorium einschreiben lassen. Acht Jahre lang mußte er mit der bittersten Not kämpfen. Jetzt hatte er wenigstens zu essen, nachdem er ein Stipendium erhalten. Mit dieser Unterstützung würde er jetzt auch nach Italien reisen, und, wenn er von dort zurückkomme, wolle er heiraten. Eine junge Klavierlehrerin namens

Camilla Mock. Denn seine erste große Liebe zu Harriet Smithson, einer in Paris gastierenden englischen Schauspielerin, hatte mit einem Bruch geendet.
Nachdem sie einen ganzen Nachmittag miteinander verbracht hatten, mußten sie sich endlich trennen. Franzi hatte, als er nach Hause ging, den Eindruck, daß dieser außerordentlich begabte, innerlich zerrissene und exzentrische Mann im Grunde seines Herzens noch immer die Schauspielerin liebte. Ihr galt auch diese Komposition, die er als phantastische Symphonie bezeichnet hatte. Die alte Liebe zerfleischte sich und klagte sich an in dem grausigen Hexentanz. Wie eigenartig: als *er* mit dem Schmerz seiner verlorenen Liebe focht, rettete er sich zu den Engeln, dieser aufgewühlte Mann zum Satan. Und in seinen verzerrt lächelnden Qualen hatte er etwas so Unerhörtes erfunden wie diese fortlaufende »Idée fixe«, die die bisherige maßgebliche Form der Symphonie vollständig umstieß. Aber es war großartig!
Am Tage darauf fand das Konzert statt. Die Symphonie riß ihn durch den Schwung, mit dem Habeneck dirigierte, noch mehr mit fort. Wie alte Freunde fielen er und der Komponist sich in die Arme. Denn über den großen Erfolg konnte kein Zweifel bestehen.
»Wenn ich aus Italien zurückkehre«, sagte Berlioz froh, »suche ich Sie auf, und wir werden sehr gute Freunde, nicht wahr?«
»Wir sind es schon«, erwiderte Franzi lächelnd.
Als sie sich verabschiedet hatten, eilte er noch schnell zu einer Gesellschaft und dann nach Hause. Dort erwarteten ihn die Werke Goethes. Am Tage vorher hatte ihm Berlioz sehr viel von der Faust-Musik erzählt, und er hatte wohl oder übel gestehen müssen, daß er Goethe noch kaum kannte. Nun war es seine erste Aufgabe, sich mit dem »Faust« zu beschäftigen.
Von dieser Zeit an wurde er überall der begeisterte Apostel Berlioz'. Er sprach überschwenglich von seiner interessanten, überwältigenden Begabung. Und wo es nur anging, erläuterte er am Klavier die Schönheiten dieser Kompositionen. Er tat es um so lieber, als er große Freude daran fand, alles, was ihm die Sprache der Partitur vermittelte, durch die Töne des Klaviers wiederzugeben. Obwohl er zu dieser Zeit weniger übte als sonst, kannte sein Spiel fast keine Unmöglichkeiten. Seine Finger verschwanden förmlich, es hatte den Anschein, als ob seine Gedanken am Klavier arbeiteten. Er spielte sein Instrument so wie einer, der unbefangen in seiner Muttersprache redet. Wo er hinkam, wurde der Name Berlioz bekannt. Denn die Begeisterung des ersten Klavierspielers der Welt galt viel, wenn von Musik die Rede war. Und während der Komponist mit Hilfe seines Stipendiums Monate in Italien verbrachte, mehrte sich sein Ruhm in Paris immer mehr. Aber auch andere begannen ihm zu huldigen. So kannte Victor Hugo Berlioz schon seit längerer Zeit. Der kühne Komponist hatte an den revolutionären Demonstrationen der romantischen Schriftsteller teilgenommen.

Liszt aber blieb es vorbehalten, Victor Hugo zu erklären, daß Berlioz dasselbe in der Musik anstrebe wie er und seine Mitkämpfer in der Literatur.
Wie all die neuen, gewaltigen Eindrücke sein musikalisches Empfinden erregten, beseelten und vertieften, so taten sich auch vor seinem religiösen Empfinden neue Wege auf. Vor noch nicht allzu langer Zeit war sein Glaube ein mystisches Steinkloster gewesen, in dessen undurchdringliche Finsternis er sich vor seinen Qualen rettete. Seine Leiden, die jetzt nur noch als sanfte Wehmut in seiner Erinnerung lebten, quälten ihn nicht mehr. Und er verließ dieses Kloster, um es zwar weiter in seinem Herzen zu behalten, aber von außen bei hellem Sonnenschein zu betrachten. Die tägliche Messe versäumte er auch jetzt nicht. Er bemühte sich aber, seiner Gläubigkeit einen verständigen Inhalt zu geben. Unerwartet hatte er das Leben liebgewonnen, und jetzt suchte er nach der Harmonie zwischen zwei Dingen: er wollte glauben und gut sein und zugleich ein bewegtes, anregendes Leben führen.
Schon seit langem hatte er von den sogenannten Saint-Simonisten gehört. So nannte man eine neugebildete religiöse Sekte, über deren Lehren allerlei Trübes durchsickerte. Keiner konnte jedoch genau sagen, was diese Leute eigentlich glaubten und wollten. Seine Bekannten kümmerten sich nicht viel um diese anscheinend bedeutungslose Angelegenheit. Sie pflegten sie als unschädliche Narrheit friedfertiger und harmloser Schwärmer zu bezeichnen und taten die Sache mit einer wohlwollenden Geste ab. Er aber schöpfte Verdacht: das war sicherlich etwas, was interessanter war als alle seine Schriftsteller, Maler und Musikfreunde. Wem er nun begegnete, den fragte er über die Saint-Simonisten aus. Er konnte nur so viel erfahren, daß ungefähr vor fünf Jahren ein gewisser Graf Saint-Simon gestorben war, der jedoch nicht identisch war mit dem berühmten Saint-Simon der großen Revolution. Dieser neue Saint-Simon hatte eine ganze Reihe von Büchern geschrieben, unter anderem auch eines unter dem Titel »Das neue Christentum«. Und einige seiner Anhänger gründeten nun eine Sekte, die nach seinen Grundsätzen die Gesellschaft, das Geistesleben und die gesamten wirtschaftlichen Verhältnisse neugestalten sollte. Diese Grundsätze im einzelnen zu formulieren, vermochte aber niemand, obwohl die Zeitungen schon seit Jahren über die sonderbare Bewegung berichteten.
Endlich machte er die Bekanntschaft eines Mannes namens Barrault. Dieser war vor der Julirevolution vom Lande nach Paris gekommen und hatte durch ein von ihm verfaßtes Theaterstück Aufsehen erregt. Auch ihn fragte Franzi, ob er etwas über die Saint-Simonisten wisse, und da stellte sich heraus, daß er diesmal an die richtige Quelle gekommen war, denn Barrault war einer der Führer dieser Sekte.
»Würden Sie nicht mit mir in einem Kaffeehaus Platz nehmen und mir den Sinn der ganzen Sache erklären?«
»Ich hätte keinen größeren Wunsch.«

Sie suchten eins der Kaffeehäuser am großen Boulevard auf und ließen sich eine Flasche Wein bringen.

»Also?« wandte sich Franzi neugierig an den Apostel.

»Ich bin zunächst außerordentlich glücklich, gerade Ihnen unsere Anschauungen erklären zu dürfen, denn ein Grundsatz unserer Lehren besagt, daß die Kunst das erste und wirksamste Mittel ist, eine neue Gesellschaft des Friedens und der Liebe aufzubauen und zu erhalten. Die Kunst ist nach unserer Lehre die weltliche Ausdrucksform der religiösen Gefühle.«

»Mit einem Wort, Religion und Kunst sind ein und dasselbe?«

»Unbedingt! Die *wahre* Kunst und der *wahre* Glaube selbstverständlich.«

»Das gefällt mir natürlich außerordentlich. Bitte erklären Sie mir das noch eingehender.«

»Gut. Beginnen wir von vorn. Wir streben an, die ganze Welt auf dem Boden des Christentums neu aufzubauen. Wir wollen das Reich Gottes auf dieser Erde errichten. Und das kann nichts anderes sein als ein Reich der Liebe. Im Grunde genommen ist das Ganze sehr einfach: wir müssen einander so liebhaben, wie Gott uns liebt. Einzig auf dieser Grundlage darf die ganze Welt aufgebaut werden und nicht auf Gewalt oder Vorurteilen.«

»Und ist das durchzuführen?«

»Wenn wir Christen sind, selbstverständlich. Alle Menschen kann ein einziger Gott, ein einziger Glaube vereinen, wenn wir einander lieben.«

»Gut, das verstehe ich. Es ist sehr schön. Es erscheint mir aber etwas abstrakt. Wie soll man das nun verwirklichen?«

»Wir *werden* es verwirklichen! Unser System ist sozusagen schon ausgearbeitet. Um Ihnen nur die hauptsächlichsten Gedanken zu vermitteln: jede Erscheinung unserer Welt können wir nach drei Richtungen beurteilen: ob sie wahr ist, ob sie schön ist und ob sie nützlich ist. Die göttliche Weisheit des christlichen Glaubens lehrt uns ja nicht umsonst die Heilige Dreifaltigkeit. Dieser Glaube beruht auf einem wunderbar tiefen und doch so leicht zu begreifenden philosophischen Gedanken: die Dreifaltigkeit des Vaters, des Sohnes und des Heiligen Geistes ist die Dreifaltigkeit der Kraft, der Wahrheit und der Schönheit. Können Sie dem folgen, was ich sage?«

»Selbstverständlich. Sehr interessant.«

»Also müssen wir das Leben auf dieser Dreifaltigkeit aufbauen. Was ist schön? Der Glaube und die Kunst. Was ist wahr? Das Dogma und die Wissenschaft. Was ist nützlich? Die Volkswirtschaft und die allgemeine Bildung. Und der Gedanke der Dreifaltigkeit ist in jeder Gruppe für sich gleichfalls verwendbar. *Sie* interessiert zum Beispiel die Kunst am meisten. Die teilt sich wieder in drei Teile: Dogma, Religion und allgemeine Bildung.«

»Wie? Das ist mir nicht ganz klar.«

»Und ist doch ganz einfach. Die bildenden Künste dienen der Allgemeinbildung, sie sind also nützlich. Die Musik symbolisiert das Schöne, weil die edle Musik dem Begriff der Ewigkeit und der Unendlichkeit nahekommt. Sie wirft also einen Strahl der Weltharmonie in die menschlichen Herzen. Verstehen Sie das?«

»Ungefähr.«

»Wir betrachten den Künstler als einen Priester. Wenn er auch keine Soutane trägt, für uns ist er ein Priester.«

»Wie?« unterbrach ihn Franzi lebhaft. »Wollen Sie mir das noch genauer erklären?«

»Gern. Wir teilen in dem kommenden Musterstaat die Menschen in Klassen. In die erste Klasse gehören die Geistlichen. Jeder Künstler wird Mitglied der ersten Klasse. Ihre Aufgabe wird es sein, in den Menschen das Empfinden für das Schöne und Erhabene zu wecken und emporlodern zu lassen. Interessiert Sie das?«

»Sehr. Haben Sie diesen Saint-Simon persönlich gekannt?«

»Nein, ich habe aber sehr viel von ihm gehört.«

»Was für ein Mensch war er?«

»Ein göttlicher Mensch. Ich brauche Ihnen nur eins zu erzählen: jeden Morgen weckte ihn sein Diener mit den Worten: ›Vergessen Sie nicht, Herr Graf, daß Sie große Dinge vollbringen müssen!‹ Ist das nicht großartig? Im übrigen war er ein direkter Abkömmling Karls des Großen und hat auch dessen große, seelische Kraft geerbt. Er ließ sich lieber in ein Gefängnis sperren, weil er sich nicht firmen lassen wollte, denn das deckte sich nicht mit seiner Überzeugung.«

Franzi wurde stutzig:

»Wieso? Sie verleugnen also die katholische Religion?«

»Wir verleugnen nichts. Wer gut und rein ist, hat einen Platz unter uns. Sie würden mich sehr erfreuen, wenn Sie gelegentlich einmal einer unserer Zusammenkünfte beiwohnen wollten. Kommen Sie, und überzeugen Sie sich von unseren Lehren! Und wenn es Ihnen gefällt, treten Sie in unsere Reihen.«

Franzi zögerte ein wenig. Er hatte über den Katholizismus keine klare Antwort bekommen, und das gefiel ihm nicht. Aber seine Neugierde war doch größer als sein Befremden.

»Gut, ich werde da sein. Wann soll ich kommen und wohin?«

Barrault erklärte ihm alles. Am Tage der Zusammenkunft, einem Donnerstage, suchte er das Haus auf, das an der Ecke der Rue Monsigny und der Passage Choiseul stand. Hier befand sich die Wohnung eines Herrn Enfantin, bei dem sich die Gläubigen versammelten. Unschlüssig sah Liszt sich unter dem Tor um, er konnte sich aber nicht irren, denn es kamen zahlreiche Menschen, alle mit blauer Krawatte. Das war das Abzeichen der Saint-Simonisten. Nur er trug keine blaue Krawatte.

Mit vielen anderen trat er ein. Barrault war schon da und erspähte ihn sofort.

»Kommen Sie, kommen Sie, ich werde Sie gleich den Vätern vorstellen.«
Der eine »Vater« war Herr Enfantin, ein seidenbärtiger, schöner Mann, der andere »Vater« war ein sehr kurzsichtiger Professor namens Bazard. Auch eine »Mutter« war anwesend: Frau Bazard, die einzige Frau, die an der Versammlung teilnahm. Alle anderen waren die »Söhne«. Denn zu den Grundsätzen der neuen Sekte gehörte es auch, daß die ganze Menschheit eine einzige Familie sein solle. Voriges Jahr zu Weihnachten hatten sie die beiden »Väter« gewählt. Enfantin war der »Vater des Gefühles«, Bazard der »Vater des Verstandes«. Der Raum glich eher einem Salon als einem Versammlungslokal. Die Mitglieder begrüßten einander mit überschwenglicher Herzlichkeit, auf ihren Gesichtern glänzte durchgeistigte Freude, das Ganze schien ein einziges Freudenfest zu sein. Auch ihn empfing man sehr herzlich. Viele umarmten ihn, man drückte seine Hände und bot ihm Platz an. Einer duzte den anderen. Einen Bekannten sah er nicht in der ungefähr vierzigköpfigen Gesellschaft. Aber auf einmal rief er doch verwundert aus:
»Adolphe, sind Sie es? Pardon, bist du es?«
Nourrit stand vor ihm, der berühmte Tenor, der einst in seiner Oper gesungen und ihn vor dem Vorhang emporgehoben und geküßt hatte.
»Ich bin es. Ich freue mich von ganzem Herzen, dich hier zu treffen. Du wirst schon sehen, wie froh du hier unter uns wirst. Ich fühle mich hier zwischen meinen Brüdern wie neugeboren. Setz dich neben mich, jetzt geht es los.«
Drei Stühle standen in einer Ecke des Salons. Dort nahmen die »Väter« und die »Mutter« Platz. Der Lärm legte sich, der Vater Enfantin erhob sich zum Vortrag. Er sprach ganz frei in der Art eines mit seinen Kindern plaudernden Vaters.
»Meine teuren Kinder, die ich mit der ganzen Wärme meines Herzens liebe, ich kann euch gar nicht sagen, mit welcher Seligkeit es mich erfüllt, daß ich mit euch zusammen sein kann. Und eine besondere Freude ist es für uns, daß heute ein glänzender Stern der Kunst in unserer Familie erschienen ist. Liebt ihr ihn?«
»Wir lieben ihn«, antworteten alle im Chor.
»Auch ich liebe ihn, weil er ein Künstler ist, also ein Stück von Gott in sich trägt. Und wenn ein Stück von Gott in ihm ist, dann ist auch Liebe in ihm. Diese Liebe, von der ich, das Thema der vorigen Zusammenkunft fortsetzend, heute sprechen will . . .«
Und so redete er weiter. Seine unwiderstehlich angenehme Stimme machte seinen Vortrag sehr anheimelnd, obwohl in seiner Rede weiter nichts enthalten war, als daß es unvergleichlich schön sei, wenn die Menschen einander liebhaben. Er brachte es aber fertig, diesen Gedanken auf hunderterlei Art zu formulieren, zu deuten und abzuwandeln, und endlich redete er sich in eine so große Begeisterung hinein, daß er in Tränen ausbrach. Rings-

herum weinten viele andere mit. Als Vater Enfantin sich gesetzt hatte, gingen zahlreiche Teilnehmer zu ihm, umarmten und streichelten ihn.
Nun erhob sich Vater Bazard, damit nach dem Gefühl auch der Verstand zu Worte komme. Dieser »Vater« sprach ganz anders. Mit eintöniger Sachlichkeit, mit der Stimme eines Professors, aber mit unantastbarer Logik. Schon nach wenigen Minuten konnte man feststellen, daß er einen scharfen und schneidenden Verstand besaß. Er erklärte, wie die Gesetzgebung in der neuen vollkommenen Welt aussehen werde. Das Parlament werde aus drei Kammern bestehen. Die erste sei die Entwurfskammer. Hier würden Künstler und andere, im Hinblick auf ihre starke Phantasie gewählte »Brüder« Zukunftspläne auszuarbeiten haben. Die zweite sei die erwägende Kammer. Hier werde der weise und gesetzte Verstand untersuchen und prüfen, welche von den vorgelegten Entwürfen zu verwirklichen seien. Und die dritte sei die Ausführungskammer, wo Gewerbetreibende, Kauf- und Finanzleute, Juristen und so weiter die Einzelheiten der Ausführung auszuarbeiten hätten.
»Meine geliebten Kinder«, schloß Vater Bazard, »für heute habe ich den Unterricht beendet. Zum Schluß will ich zu eurer Erbauung die Worte des großen Saint-Simon zitieren: ›Die Birne ist reif geworden, ihr könnt sie nunmehr pflücken. Vergeßt aber nicht, daß große Taten nur von leidenschaftlichen Menschen vollbracht werden können!‹«
Auch diese letzten Sätze sprach er ruhig, leidenschaftslos und setzte sich nieder. Auch ihn umarmte man, lobte und liebkoste ihn, als ob sie allesamt keine erwachsenen Menschen gewesen wären, sondern Kinder aus dem Kindergarten. Es war eine lustige Groteske, daß die »Väter« junge Männer waren, und unter den »Kindern« weißbärtige Greise sich befanden.
»Wer will sprechen?« fragte Vater Enfantin.
Ein pockennarbiger, rothaariger Mann stand auf. Er war zwar gerade sehr verschnupft, aber er wollte reden.
»Meine Geschwister«, sagte er vor Schnupfen stotternd, »ich . . . ich wollte sagen, daß . . . daß ich euch unsagbar liebhabe . . .«
Und damit brach er lächelnd in Tränen aus. Er setzte sich gleich wieder hin, und seine Nachbarn streichelten ihn und redeten begütigend auf ihn ein. Vater Enfantins klare Stimme ertönte:
»Und jetzt bitten wir den unter uns weilenden jungen Priester, er möge uns zu Gott emporheben. Mein liebes Kind Litz, segne uns alle in Liebe durch die Pracht der Musik.«
Franzi stand gefällig auf und trat zum Klavier.
»Was soll ich spielen? Irgend etwas Kirchliches?«
»Warum nicht gar! Unsere Kirche ist die Kunst und die Liebe selbst. Spiele irgend etwas, das ist ja sowieso Kunst, stammt also von Gott.«
Er dachte ein wenig nach, dann spielte er eine freie Phantasie über die auf die Idée fixe aufgebaute »Phantastische Symphonie« von Berlioz. Er spielte

begeistert und mit dem verzehrenden Feuer, das jetzt schon immer in ihm loderte. Er fühlte, daß er alle, die ihm zuhörten, vollständig im Banne hielt. Am Ende seiner Improvisation ging er auf den Hexentanz der Symphonie über, und in dessen zähneknirschendem, verwegenem, bitterem, wildem Rhythmus ließ er die Tasten erklingen. Doch alsbald besann er sich: diese gutherzigen liebenswürdigen Menschen verdienten andere Töne, Töne der Liebe. Er sprang zurück auf die verliebte Stimmung einzelner Teile der Komposition und beschloß damit sein Spiel. Als er seine Hand von den Tasten gleiten ließ und sich umblickte, glaubte er eine Gruppe verrückt gewordener Leute zu sehen. Die Saint-Simonisten sprangen auf, fielen einander weinend um den Hals, schrien begeistert, rannten auf ihn zu, und acht auf einmal überfielen ihn mit ihren Umarmungen. Ein aufgeschossener junger Mannn küßte schmachtend das Klavier, als sei er betrunken. Als die Begeisterung sich ein wenig gelegt hatte, kam Nourrit zu ihm:
»Was für eine Musik war das?«
»Ich habe aus der Symphonie meines Freundes Berlioz improvisiert. Hat es gefallen?«
»Ich weiß es nicht.«
»Du weißt nicht, ob es gefallen hat?«
»Ich habe es nicht verstanden. Es hat mich aber so aufgeregt, daß ich noch jetzt am ganzen Körper zittere.«
Die Saint-Simonisten blieben noch beisammen, um einander ihr Herz auszuschütten und ihre Sorgen und Kümmernisse zu erzählen. Dem Ratlosen wurde Rat erteilt. Der Verzweifelte wurde getröstet. Es bildeten sich kleine Gruppen; die Saint-Simonisten liebten sich gruppenweise. Es war eine sonderbare Gesellschaft von festlich strahlenden Gesichtern, verzückt verrenkten Hälsen, sich gegenseitig drückenden Händen . . . während unten auf der Rue Monsigny der Pariser Alltag lärmte und tobte.
Als sie sich verabschiedeten, fragte Barrault ihn:
»Nun, mit welchen Eindrücken entfernen Sie sich?«
»Vielleicht komme ich bald wieder.«
Er verbeugte sich lächelnd. Dann stürzte er aber in großer Hast die Treppe hinunter, weil er sich zu der Soiree der Herzogin Belgiojoso schon beträchtlich verspätet hatte.

EINUNDZWANZIGSTES KAPITEL

Es schien Mutter Liszts Schicksal zu sein, immer und ewig Anlaß zum Weinen zu haben. Bis zum Kanonendonner der Julirevolution hatte sie geweint, weil sie fürchtete, ihr Sohn werde an seiner religiösen Schwärmerei und einem unbekannten, verzehrenden, inneren Fieber zugrunde gehen. Nach

der heilenden Revolution weinte sie, weil sie fürchtete, daß ihn der maßlose Genuß des Lebens zugrunde richten werde.
Franzi lebte jetzt ein Leben, das zu seinem früheren im vollen Gegensatz stand. Er hetzte den ganzen Tag ruhelos umher, aß unregelmäßig, vernachlässigte seine Stunden, schlug sich ganze Nächte um die Ohren und schlief kaum. Wiederholt kam er leicht berauscht nach Hause. Wenn er die vornehmen Abendgesellschaften verließ, suchte er mit einigen Schriftstellern und Malern noch irgendeine Gastwirtschaft auf. Ein Kumpan fand sich immer. Victor Hugo allerdings war ein fleißiger Mann und eilte stets in strengster Pflichterfüllung nach Hause, weil er am anderen Tage früh aufstehen mußte. Auch Balzac konnte man zu solchen nächtlichen Gelagen nicht verführen, weil er nachts arbeitete und ihn nach diesen Gesellschaften zu Hause schon sein Manuskript erwartete. Musset aber war immer für ein paar Gläser Kognak zu haben. Aus einem Kognak wurden zwei, aus zweien zehn. Franzi kam im Morgengrauen nach Hause und stolperte benommen zwischen den Möbeln umher, warf seine Kleider unordentlich herum und konnte sich anderntags kaum Rechnung darüber ablegen, wie er überhaupt nach Hause gekommen war. Eine ganze Weile schwieg Mutter Liszt zu diesem Treiben, aber eines Tages konnte sie sich doch nicht mehr zurückhalten:
»Mein Sohn, diese Nacht hast du den neuen Krug zerbrochen. Ich sage dir das nicht deshalb, weil wir jetzt einen neuen kaufen müssen, sondern weil ich nicht zusehen kann, wie du dich zugrunde richtest. Du hast wieder getrunken.«
»Ach, nicht der Rede wert. Ich habe drei Kognaks getrunken.«
»Höchstwahrscheinlich waren es mehr als drei. Du hast dich sogar mit noch einem Schuh am Fuß zu Bett gelegt.«
Der Sünder schwieg. Er hatte kaum drei Stunden geschlafen und fühlte einen stechenden Schmerz in den Schläfen. Ein bitterer Geschmack lag auf seiner trockenen, wie gelähmten Zunge, seine Augen brannten. Er hatte das Gefühl, als ob ihm jedes einzelne Haar weh täte. Aber er mußte aufstehen, weil ihn Vater Erard erwartete, um irgendeine Konzertangelegenheit mit ihm zu besprechen. Seufzend tauchte er sein Gesicht in kaltes Wasser, um sich zu erfrischen. Die Mutter hörte jedoch nicht auf mit ihren Vorwürfen:
»Auch deine Kleider sind voller Flecke, und dein schöner, brauner Frack, den du dir erst vorige Woche hast machen lassen, ist vollständig hin. Und die neue taubengraue Hose hast du sogar angesengt.«
»Wo habe ich sie angesengt?«
»Am Knie.« Die Mutter hielt ihm die Hose hin. Da war wirklich ein großer Brandfleck. Franzi sah ihn erschrocken an. Das schöne Kleidungsstück war seine Schwäche. Er zog sich mit Vorliebe elegant an, und gerade diese Hose hatte er ausnehmend gern getragen.

»Goddam!« stieß er zornig durch die Zähne.
Wenn er wütend war, fluchte er immer englisch, weil seine Mutter nicht Englisch verstand und das Fluchen nicht duldete. Er wusch sich weiter, kühlte die Stirn und den Nacken mit dem erfrischend kalten Wasser. Eigensinnig ging die Mutter nicht von seiner Seite.
»Wann kommst du zum Mittagessen nach Hause?«
»Ich esse nicht zu Hause. Ich habe mich mit Edgar Quinet und Sainte-Beuve verabredet, wir wollen in der Stadt zusammen essen. Am Nachmittag habe ich bei Habeneck zu tun, dann muß ich zwei Stunden geben, und bei den Saint-Simonisten möchte ich auch noch kurz vorsprechen. Ich habe keine Zeit, nach Hause zu kommen.«
»Aber Franzi! Das junge Mädchen wird doch hier Mittag essen. Du hast ja den heutigen Tag selbst dazu bestimmt!«
»So? Ich hatte es ganz vergessen. Es tut mir leid, aber erfinden Sie bitte eine Ausrede und sagen Sie ab, Mutter.«
Die Mutter schwieg eine Weile. Dieses Schweigen war aber schlimmer als hundert häusliche Szenen. Endlich ging sie aus dem Zimmer und knallte wütend die Tür hinter sich zu. Franzi zog sich mit schlechtem Gewissen, halb lachend, halb wütend, fertig an. »Das junge Mädchen« war niemand anderes als Fräulein Delarue. Die Generalin Delarue wohnte im selben Hause und hatte sich sehr eng mit Mutter Liszt angefreundet. Seit Fräulein Biagioli dem Hause fernblieb, wollte Mutter Liszt Fräulein Delarue verheiraten. Das sagte sie zwar nicht laut, aber es war durchsichtig genug, was die beiden Mütter vorhatten. Das junge Mädchen besuchte sie fortwährend, und Mutter Liszt fand nach wenigen Minuten regelmäßig irgendeinen Grund, sich zu entfernen. Erst nach einer guten Viertelstunde kam sie wieder zurück. Das Mädchen, das noch ein unreifes, liebes, unschuldiges kleines Tierchen war, zeigte auf jede nur mögliche Art und Weise, wie verliebt sie war. Anfangs gefiel ihm das. Aber dann wurde es ihm zuwider. Sooft deshalb seine Mutter die Generalstochter erwähnte, knirschte er mit den Zähnen vor Unwillen.
Er kleidete sich schnell an, verabschiedete sich nicht einmal von der Mutter, und zum Zeichen *seines* Zornes knallte er ebenfalls die Tür zu. Aber schon tat es ihm wieder leid. Er zögerte, ob er nicht lieber umkehren und die Mutter, die jetzt sicherlich weinte, mit ein paar guten Worten versöhnen solle. Er hatte es jedoch sehr eilig und war froh, daß er diese Lieblosigkeit seiner knapp bemessenen Zeit zuschieben konnte.
Etwas benommen lief er an diesem Februarmorgen die Straßen entlang. Die frische Luft befreite ihn bald von seinen Kopfschmerzen. Er sah auf die Uhr und mußte feststellen, daß er die heutige Messe versäumt hatte. Dafür strafte er sich mit einigen Gebeten. Diese hatte er schon beendet, als er beim alten Erard im Palais Muette eintrat. Dort waren sie sich bald darüber einig, daß sie beim Wohltätigkeitskonzert der Gräfin Plater das Pleyel-Klavier der

Gräfin durch ein Erard-Klavier ersetzen und das Erardsche Fabrikat auch im Programm namhaft machen wollten.
»Sagen Sie, Onkel Erard, was wissen Sie von Paganini?«
Der Alte lächelte.
»Paganini, natürlich! Was kann man viel von ihm wissen? Ich kann mir schon vorstellen, wie dich das aufregt. Ich habe von ihm aber auch nur das vernommen, was die anderen von ihm gehört haben: er ist mit dem Teufel im Bunde.«
»Das schon. Das habe ich auch gehört. Aber ich frage Sie ernsthaft, was Sie von ihm wissen?«
»Ich sage es dir ja auch im vollen Ernst: nichts. Ich weiß nur, daß er auf eine teuflische Art und Weise Geige spielen kann. Ich habe die Berliner und Wiener Kritiken gelesen, da bleibt einem der Verstand stehen.«
»Die habe ich auch gelesen. Aber was ist er für ein Mensch? Jung oder alt? Was war sein Vater? Ist er verheiratet? Wie sieht er aus?«
»Ich wiederhole dir, mein lieber Sohn, ich kann dir keine genaue Antwort geben. Dieser Mann ist zweifellos genial, nicht nur als Geiger, sondern auch im Komödiespielen. Es ist ganz unglaublich, wie er die Leichtgläubigen durch listige Schliche erschreckt und doch in seinen Bann zieht, wie er seine Person und seine Fähigkeiten in geheimnisvolles Dunkel hüllt. Weißt du was, wenn dich das so sehr interessiert, gehe doch zu Rossini oder zu Paer, das sind gute Freunde von ihm. Meines Wissens haben sogar Paer und Paganini bei demselben Meister in Parma Harmonielehre gehabt. Es hat aber doch gar keinen Zweck, daß du dich jetzt schon aufregst, du wirst ihn ja sowieso sehen und hören. Jetzt nimm aber deinen Hut, ich habe sehr viel zu tun. Geht es deiner Mutter gut?«
»Ja, danke.«
Er hatte eine Unterrichtsstunde zu geben, die er schnell erledigte, dann zögerte er, zu wem er gehen sollte. Er entschied sich zuerst für Paer, traf ihn aber nicht an. Da nahm er sich einen Mietwagen und eilte zu Rossini. Den fand er zu Hause. Der große Feinschmecker saß gerade bei seinem Frühstück, vertilgte genießerisch kaltes Geflügel mit Kompott und schluckte eifrig einen spanischen Wein dazu.
»Nehmen Sie Platz, lieber Litz, welcher Wind hat Sie denn hergeweht?«
»Ich wollte mich teils nach Ihrem Wohlergehen erkundigen, lieber Maestro, teils mit Ihnen über Paganini sprechen.«
»Ad primum: ich fühle mich ausgezeichnet. Ad secundum: was kümmert Sie dieser Paganini? Diese Frage konnte ich mir übrigens schenken, denn eine Weltberühmtheit interessiert sich begreiflicherweise für die andere. Was wollen Sie von ihm wissen?«
»Wer er ist, was für ein Mensch er ist, was er kann und was von den vielen phantastischen Albernheiten wahr ist, die man von ihm hört.«
»Gut. Sehen Sie, ich bin ein guter Freund von ihm, aber ich kann Ihnen

auch nicht antworten. Man weiß einfach nichts von ihm. Das wenige, was ich weiß, will ich Ihnen aber gern kurz zusammenfassen. Er mag ungefähr fünfzig Jahre alt sein. Stammt aus Genua, sein Vater war Kaufmann. Der Junge wuchs in Parma auf und war lange Zeit in Lucca der Geliebte der Schwester Napoleons. Er hat mit unheimlich viel Frauen zu tun gehabt. Meines Wissens hat er aber nur eine wirklich geliebt: eine Sängerin namens Antonia Bianchi, eine außerordentlich liebe, zarte und schlichte Frau. Ich habe sie auch gekannt. Er hat sie dann auch geheiratet und hat einen Sohn, Achille. Das ist alles, was ich bestimmt von ihm weiß. Und noch das eine, daß er ein ›Jettatore‹ ist.«

»Jettatore? Was ist das?«

»Wissen Sie nicht, was Jettatore heißt? Wir Italiener nennen so einen Menschen, der einen gewissermaßen mit den Augen verletzen oder gar töten kann. Man tut gut, sich vor ihm zu hüten. Auch Ihnen rate ich: wenn Sie ein Konzert besuchen, machen Sie mit Ihrer Hand diese Bewegung. Das ist das beste Gegenmittel.«

Er streckte die Faust seiner rechten Hand so vor, daß daraus nur der Zeigefinger und der kleine Finger hervorstanden.

»Sind Sie abergläubisch, Maestro?«

»Abergläubisch? Das ist kein Aberglaube, mein lieber Freund, das ist eine allgemein bekannte Tatsache. Ich mache doch nicht den Eindruck eines abergläubischen Menschen, nicht wahr? Na also! Wenn ich Ihnen aber sage, daß es wirklich Jettatore gibt, und daß mein Freund Niccolò seit Bestehen der Welt der größte Jettatore ist, dann können Sie es mir schon glauben.«

»Also, kurz gesagt, er ist tatsächlich mit dem Teufel im Bunde?«

»Fragen Sie das nicht mit einem so leichtfertigen Lächeln. Wir Italiener pflegen über solche Sachen nicht zu lächeln. Der gebildetste Mann weiß doch, daß es zahlreiche Naturkräfte gibt, die wir nicht kennen. Ob wir die nun Teufel nennen oder irgendwie anders, ist nebensächlich. Paganini ist ein außerordentlich geheimnisvoller Mensch. Zu Hause in Italien hörte ich, er habe einmal aus Eifersucht einen Mord begangen und dafür zwanzig Jahre als Galeerensträfling büßen müssen. Nach den Berichten anderer saß er im Gefängnis und lernte dort auf einer zerbrochenen Geige, die nur noch eine Saite hatte, so vollkommen spielen. Das mag wahr sein, braucht es aber nicht. Von ihm selbst erfährt man nichts. Auf solche Fragen lächelt er bloß teuflisch und gibt keine Antwort. Das Geheimnis seiner Kunst kann man auch nicht erforschen, weil er nur eigene Kompositionen spielt und diese nicht veröffentlicht. Er geht in seiner Vorsicht sogar so weit, daß er ein und dasselbe Stück in einer Stadt nie zweimal spielt. Jedenfalls steht fest, daß noch niemand so Violine spielen konnte, seit die Welt besteht, und niemand auch jemals wieder so wird spielen können.«

Franzi druckste ein Weilchen, dann platzte er mit seiner Frage heraus:

»Kann er besser Violine spielen als ich Klavier?«
»Besser, mein lieber Freund, besser. Obwohl diese Frage nicht so einfach zu beantworten ist. Wie soll ich mich nur ausdrücken: Sie spielen zur Zeit Klavier wie kein anderer. Aber er *spielt* nicht nur auf seiner Violine. Von ihm kann man in fünf Minuten fünfzehn seiner Erfindungen hören. Seine Geige gibt nicht nur die Stimme der Geige wieder, sondern sie kann zwitschern, flöten, klingen, läuten wie eine Glocke oder, wenn er will, sogar bellen. Das kann ich Ihnen nicht erklären, das müssen Sie erleben. Sie werden ihn ja auch hören. Und nun spielen Sie mir etwas vor. Ich habe Sie lange nicht mehr gehört.«
Franzi setzte sich artig ans Klavier. Er hatte eine Phantasie über Rossinis neueste Oper »Wilhelm Tell« beendet. Die spielte er vor.
Rossini trat zu ihm hin und umarmte ihn:
»Großartig! Das ist wirklich der Gipfel der Klaviermeisterschaft. Bewundernswürdig, wie Sie die Flöte wiedergeben können. Vollkommener geht es nicht mehr. Wie alt sind Sie jetzt?«
»Ich werde zwanzig.«
»Das ist ungeheuerlich. Die berühmtesten Klavierspieler kamen in ihrer Glanzzeit nicht auf diese Höhe.«
»Das ist ja gerade das Furchtbare.«
»Bitte? Furchtbar? Was ist denn daran furchtbar?«
»Daß es nicht noch höher hinaufgeht. Ich bin erst zwanzig Jahre alt. Was soll ich mit meinem Leben anfangen? Was für einen Zweck hat mein Dasein, wenn ich nicht vollkommener werden kann? Soll ich mich noch vierzig Jahre lang wiederholen? Das ist doch kein Leben!«
»Das nicht. Aber Sie können ja komponieren. Da gibt es eine Weiterentwicklung ohne Grenzen.«
»Das ist auch nicht ganz richtig. Ich hatte schon ganz schön angefangen zu komponieren. Da kam dieser Berlioz und hat mich wieder vollständig aus dem Gleichgewicht gebracht. Haben Sie ihn noch nicht gehört, Maestro?«
»Nein. Aber ich glaube auch nicht an solche neuartigen . . . na, wie nennt man es gleich . . .? Das sind alles vergängliche Dinge. Wer genügend Einfälle hat und den Kontrapunkt vorteilhaft zu verwenden versteht, wird auch gute Musik schreiben können. Wer dagegen keine Einfälle hat und sein Handwerk nicht richtig erlernt hat, der kommt auf allerlei Absonderlichkeiten. Dadurch wird er aber noch lange kein guter Komponist. Wissen Sie, mein lieber Freund, solch ein Musiker gleicht einem Manne, der in der Hochzeitsnacht seine Frau mit lustigen Anekdoten bis in den Morgen hinein unterhält.«
Rossini lachte laut über seinen eigenen Scherz. Franzi aber wurde über und über rot. Bei solchen kühnen Andeutungen verriet sich seine Unschuld. Darüber lachte nun Rossini noch mehr. Sie verabschiedeten sich. Und dem

jungen Mann ging der Teufelsgeiger nicht aus dem Sinn, der besser spielen sollte als er, der Wunderpianist der ganzen Welt . . .?
An diesem Abend fand bei der Herzogin Rauzan ein Empfang statt. Eine große Gesellschaft war versammelt, ein buntes Durcheinander absonderlicher und eigenartiger Menschen, die die kühne Herzogin, dem ganzen Faubourg Saint-Germain trotzend, in ihr Haus eingeladen hatte. Andere Damen der Aristokratie luden den Fürsten Hardenberg ein, sie aber zog den Hausarzt des Fürsten, den Doktor Koreff, vor. Auch das breite, glattrasierte Gesicht Sainte-Beuves war da zu sehen, dann Maler, Schauspieler, Advokaten, Politiker und mitten darunter ein paar Damen der Gesellschaft, die tapfer genug waren, der Herausforderung der Herzogin Clara zu folgen.
»Kommen Sie, Litz, ich muß Sie einer Dame vorstellen, die sich schon lange danach sehnt, Sie kennenzulernen.«
In einem Lehnstuhl saß eine üppige, schöne, blonde Frau. Franzi verbeugte sich artig, küßte ihr die Hand und zog mit der selbstverständlichsten Höflichkeit eines Weltmannes sofort einen Stuhl heran, um sich mit seiner neuen Bekannten zu unterhalten. Er hatte schon gewußt, wer sie war; man hatte ihn auf diese Begegnung bereits vorbereitet. Sie war eine auf dem Lande lebende Aristokratin, die nur selten nach Paris hereinkam und, leidenschaftlich musikliebend, ihn unter allen Umständen kennenlernen wollte. Es war die Gräfin Laprunarède, eine junge, lebenshungrige Frau, die mit einem um Jahrzehnte älteren Manne verheiratet war.
»Endlich lerne ich Sie kennen, Sie Weltwunder!«
»Alle Wunder begegnen sich früher oder später, Gräfin.«
»Meinen Sie mich mit dem anderen Wunder?«
»Selbstverständlich. Die Schönheit ist genau so ein Wunder wie die Kunst. Die Saint-Simonisten, die ich heute nachmittag kurz besucht habe, lehren ganz eindeutig, daß sowohl die Schönheit als auch die Kunst eins sei mit dem Glauben. Wenn das wahr ist, so sind wir Gefährten. Sie, Gräfin, eine Priesterin, ich ein Priester.«
»Priesterin? Nein, das wünsche ich nicht zu sein. Nicht einmal bei den Saint-Simonisten. Sind das wenigstens liebenswürdige Leute?«
Die Gräfin lachte mit funkelnden Augen.
»Sehr liebenswürdige. Sie tragen eine blaue Krawatte und haben einander von Herzen lieb.«
»Das ist reizend. Es scheint eine sehr gescheite Sekte zu sein. Erzählen Sie mir doch noch etwas von ihnen.«
Die Unterhaltung kam in Fluß. Es war ein merkwürdiges Zwiegespräch. Nicht der Mann war der Angreifende, sondern die Frau, und nicht die Frau war die sich in ihrer reinen Burg geistreich Verteidigende, sondern der Mann. Sie sprachen vom Saint-Simonismus, von der »romantischen Schule«, von der italienischen Oper, vom Klavierspiel – aber von allem nur

oberflächlich. Im Grunde genommen führten sie zwei Gespräche zugleich, eines durch die ausgesprochenen Worte und das andere durch das Spiel der zwischen den einzelnen Sätzen versteckt blitzenden Gedanken. Später gingen sie zum Klavier, und die Gräfin begann zu spielen. Ihr musikalisches Niveau war sofort erkennbar: sehr geschickt, eine Fertigkeit, die sich sehen lassen konnte, im Anschlag jedoch und in der Benutzung des Pedals billige Effekthascherei. Er hörte ihr zu und sann darüber nach, wo die Grenzen des Könnens lägen und was dieser teuflische Italiener wissen mußte, wenn er mehr konnte als er.

»Woran denken Sie?« fragte die Gräfin, als sie das Boccherini-Menuett beendet hatte.

»Ich habe an Paganini gedacht«, fuhr er zusammen.

»Aber nicht doch, Sie Schmeichler«, wehrte die Dame glücklich errötend ab, »ich weiß zwar, daß ich gut spiele, aber *so* gut vielleicht doch nicht. Jetzt setzen *Sie* sich an meinen Platz.«

Er ließ sich nicht lange bitten. Wie ein junger Löwe, der in seinem Käfig einen rollenden Ball übermütig mit seinen Tatzen ohrfeigt, spielte er das gleiche Menuett. Seine Fugen sprühten Feuer wie ein Musik gewordener Sternschnuppenschwarm. Die Gastgeberin genoß stolz den Erfolg ihres Salons und lenkte nur mit den Augen die Lakaien in Kniehosen. Auf einmal fuhr sie überrascht auf. Das unvergleichliche Klavierspiel brach plötzlich ab. Liszt sprang heftig vom Klavier auf.

»Umsonst«, stöhnte er leidenschaftlich, »man kann es nicht mehr vervollkommnen. Was soll noch danach kommen?«

Alle sahen ihn verwundert an. Einzelne traten näher heran: vielleicht fehlt ihm etwas.

»Kümmern Sie sich nicht um mich«, bat er achselzuckend mit müdem Lächeln. »Ich kämpfe ab und zu mit mir. Wenn man Künstler ist, hat man solche Minuten des Zwiespalts. Sainte-Beuve, lenken Sie bitte die allgemeine Aufmerksamkeit von mir ab, und sagen Sie den Damen etwas Liebenswürdiges.«

Neue Gruppen bildeten sich, und er fand sich in zehn Minuten abermals mit der Gräfin Laprunarède zusammen. Nun blieb er den ganzen Abend an ihrer Seite. Er fand sie außerordentlich liebenswürdig, verbindlich, heiter, stets zum Lachen aufgelegt und ab und zu sogar geistreich. Als sich die Gesellschaft auflöste, nahmen sie herzlich voneinander Abschied.

»Wann sehe ich Sie wieder?« fragte Franzi.

»Ich gebe kein Rendezvous«, kam die schnelle Antwort.

Die Haltung des jungen Mannes wurde steif.

»Verzeihung, so habe ich es nicht gemeint. Ich pflege die gesellschaftlichen Unterschiede nie zu vergessen. Darüber können Sie beruhigt sein, Gräfin.«

»Nein, nein«, entgegnete die schöne Frau hastig, fast unterwürfig. »Sie

mißverstehen mich. Ich hätte jemandem, der meiner Gesellschaftsklasse angehört, ebenso geantwortet. Auf Wiedersehen.«
Aber er hatte sich schon abgewandt und verabschiedete sich von jemand anderem. Er wollte allein bleiben, um über Paganini nachdenken zu können. Am nächsten Tage ging er wieder zu Erard und bat ihn um die musikalischen Zeitschriften, die dem alten Herrn aus ganz Europa zugingen und die er alle sorgsam aufbewahrte. Franzi wollte die Kritiken über Paganini nochmals lesen. Im »Berliner Konversationsblatt« las er: »Wenn eine neue philosophische Schule als edelsten Ausdruck der Dichtung die tragische Ironie bezeichnet, so könnte man den wahren Vertreter dieser Schule in Paganini finden, der mit dem Großen, das er schafft, nur zu spielen scheint, der es wieder zerstört und aus den Trümmern eine neue Tondichtung aufbaut.« Rellstab, der berühmte Musikkritiker, schrieb: »Paganini hat den höchsten Berggipfel erreicht. Doch nur für andere ist es ein Gipfel, für ihn eine Hochebene. Dort wohnt er, lebt er, und von dort aus erhebt er sich erst in die höheren Regionen.« Eine andere Kritik: »Was er vollbringt, könnten auch andere erlernen, und doch wird er unvergleichlich bleiben.« Solche Kritiken studierte er eine Stunde lang. Aber umsonst zerbrach er sich den Kopf, er verstand von diesem Menschen noch weniger als zuvor.
Abends war er bei der Gräfin Plater eingeladen. In der Gesellschaft entdeckte er überrascht die Gräfin Laprunarède.
»Das hatte ich nicht erhofft«, sagte er etwas kühl, aber höflich.
»Aber ich. Es war nicht schwer, von meinen Freundinnen zu erfahren, wo Sie den heutigen Abend verbringen würden. Entschuldigen Sie sich jetzt für Ihre gestrige Bemerkung!«
»Ich bitte um Verzeihung, und zwar ehrlich.«
»Ich verzeihe Ihnen. Kommen Sie, lernen Sie meinen Mann kennen.«
Still in einer Ecke saß ein beleibter, kleiner, weißhaariger Herr. Im ersten Augenblick konnte man sich gar nicht vorstellen, daß diese schöne, blühende Frau einen so alten, abgelebten Mann hatte. Sie reichten sich die Hände. Graf Laprunarède wies dem jungen Mann gleich einen Platz neben sich an. Er wandte sich ihm liebenswürdig zu und bat zuerst um Vergebung, daß er nichts von Musik verstehe und die Kunst des Monsieur Litz nur auf Grund sachverständiger Urteile zu würdigen vermöge. So kamen sie ins Gespräch, und schon nach zehn Minuten war Franzi von dem alten Aristokraten bezaubert. Einen liebenswürdigeren, gütigeren und klügeren Mann hatte er schon lange nicht mehr getroffen. Als sich die Gruppen verschoben, rührte er sich nicht aus seiner Nähe. Später traf er mit der Gräfin in einer Fensternische zusammen. Es war offensichtlich, daß ihn die Gräfin Laprunarède durch besondere Liebenswürdigkeit auszeichnen wollte. Sie unterhielten sich über Nichtigkeiten, aber die Augen der Frau sprachen verwegen von etwas ganz anderem. Und unversehens war ein Stelldichein vereinbart:

sie beschlossen, sich anderntags im Louvre zu treffen. Da trat ein Gardeoffizier zu ihnen, und im weiteren Verlaufe dieses Abends entging es ihm nicht, daß zwischen der Gräfin und dem Gardeoffizier eine sehr vertraute Unterhaltung im Gange sein mußte. Viel vertrauter, als es mit der ihm bewiesenen Gunst zu vereinbaren gewesen wäre. Darüber geriet er in Wut. Und dabei hatte er das Empfinden, daß ihn nicht so sehr die Mißachtung seiner eigenen Person als die peinliche Lage des so liebenswürdigen, gütigen alten Ehemannes in Zorn versetzte.
Und doch erschien er pünktlich im Louvre. Die Frau überraschte ihn. Vormittags war sie ganz anders als abends. Sie sah jünger, frischer, einfacher und natürlicher aus. Die Bilder, von denen sie am vorhergehenden Abend gesprochen hatten, betrachteten sie freilich nur oberflächlich. Viel wichtiger war ihnen die Möglichkeit, ungestört plaudern zu dürfen. Die Dame fragte ihn über seine Kindheit aus, über seine wilde Heimat, über die Pußta, wo indianerähnliche Reiter den verhaßten Fremden niederschießen . . . Er lächelte und beschrieb Raiding, Preßburg und Pest.
»Sprechen Sie doch etwas Ungarisches, ich möchte gern hören, wie diese Sprache klingt.«
»Ich bedaure, aber ich kann nicht Ungarisch. Diese Sprache wird bei uns fast nur von den Bauern gesprochen.«
»Ach, natürlich, es wird so ein Dialekt sein wie bei uns das Provenzalische.«
Er ließ sie bei dieser Ansicht. Er hatte ja auch keine Ahnung, welchen Ursprung die ungarische Sprache hatte. Dafür reizte ihn die Frau aber um so mehr. Er musterte sie von der Seite und schätzte, wie alt sie sein mochte, fünfundzwanzig, sechsundzwanzig höchstens. Und auf einmal fragte er verwegen:
»Lieben Sie Ihren Mann, Frau Gräfin?«
»Ich habe ihn sehr gern«, erwiderte die Dame ruhig und ohne Überraschung, »er ist der beste und liebenswürdigste Mann auf der ganzen Welt. Aber . . . er ist so weit weg von all dem, was Musik ist, und ich lebe nur in der Musik . . .«
»Ich verstehe«, sagte er mit abgewandtem Blick. »Wir dürfen uns nicht mehr treffen, Gräfin.«
»Warum?«
»Es darf nicht sein. Ich habe den Grafen sehr liebgewonnen.«
»Auch ich habe ihn lieb, und –?«
»Unglücklicherweise habe ich aber nicht nur ihn lieb, sondern auch Sie. Und der Graf ist so gut, so liebenswürdig zu mir gewesen, daß ich schon diese . . . diese Begeisterung, mit der ich an Sie denke, für eine Charakterlosigkeit halte.«
Die Frau schwieg lange und stand bewegungslos vor der Wand mit den vielen Bildern. Dann reichte Sie ihm plötzlich die Hand:

»Ich danke Ihnen. Vergessen Sie mich. *Ich* werde Sie nie, nie vergessen. Jetzt gehen Sie; ich muß noch hierbleiben.«
Franzi ging. Er fühlte sich leicht, stolz, fast als ein Held, und dieses heroische Gefühl steigerte sein Entzücken über das liebe Gesicht mit den Grübchen nur noch mehr. In den nächsten Tagen trafen sie sich in der Gesellschaft nicht, und am 9. März kam sowieso der große Tag: Paganinis Konzert.
Auf den Straßen verkündeten aufreizende, grelle Plakate, die durch ihre Form, Farbe und Größe von allen anderen abstachen, das Auftreten des großen Italieners. Außer den Angaben über Tag und Ort des Konzertes enthielten sie nur die Worte: »Niccolò Paganini farà suonare il suo violino.«
In unbeschreiblicher Aufregung ging Liszt zum Konzert. Bis zum Beginn hielt er sich in einem Nebenraum versteckt. Eine gereizte Spannung quälte ihn. Er wollte mit niemandem sprechen. Seinen Platz nahm er erst ein, als das Auftreten des Meisters schon angekündigt wurde. Den vorausgehenden Orchestervortrag hörte er sich gar nicht an. In der Tür stehend, überblickte er den Zuschauerraum. Ganz Paris war zugegen. Er sah eine ganze Reihe bekannter Gesichter und erspähte auch mit pochendem Herzen die Gesichtszüge der Gräfin Laprunarède. An ihrer Seite saß eine ältere Dame, eine Reihe vor ihr aber der Gardeoffizier. Doch jetzt hatte er keine Zeit, darauf zu achten. Das Orchester spielte ein Beethoven-Motiv als Einleitung.
Aus den Reihen der Musiker löste sich mit schnellen und unhörbaren Schritten eine hohe, schwarze Gestalt, die sich förmlich auf das Podium schwang. Was besonders auffiel, war Paganinis unglaublich hagere Figur. Er trug eine alte, unten ausgefranste, knittrige Hose, die aussah, als gehöre sie einem Obdachlosen, der irgendwo in Kleidern geschlafen hatte. Die in dieser ganz straff anliegenden Hose steckenden Schenkel waren so dünn wie der Unterarm anderer Menschen. Sein ganzer Körper schien nur ein Gerippe. Er hielt das Kinn auf die Brust gesenkt wie einer, der von Kindheit an gewohnt ist, eine Geige unter das Kinn zu klemmen. Durch diese Haltung erschien seine hohe Stirn, die das strahlende Lampenlicht auffing, noch höher. Ein zerzauster, rabenschwarzer Schopf krönte den tiefgebeugten Kopf. Seine riesige Adlernase stach grotesk aus dem Gesicht hervor. Die beiden Schwalbenschwänze seines Fracks waren sehr lang und schmal geschnitten. Seine Schuhe konnten einem Landstreicher gehören. Das Auffallendste an ihm waren aber, als er die Geige unter das Kinn klemmte, seine beiden Hände. Furchterregende Hände mit unvorstellbar langen Fingern. Die ganze Gestalt verschmolz mit dem dunklen Hintergrund, nur die gewölbte Stirn und die kreidig weißen Hände hoben sich geisterhaft ab. Die Stirn und die beiden Hände wirkten so teuflisch, daß Franzi vor Entsetzen erbebte und unwillkürlich die bei Rossini gesehene Handbewegung wiederholte.

Die schreckhafte, dämonische Gestalt bewegte sich auf dem Podium wie ein Irrer. Er stolperte unbeholfen herum, trat sich auf seine eigenen Füße und verbeugte sich linkisch. Dann bekreuzigte er sich mit der den Bogen haltenden Hand. Er schien eine furchtbare Angst zu empfinden wie ein Verbrecher vor der Hinrichtung. Dann aber hob er den Bogen. Auf dem Programm stand ein Violinkonzert in D-Dur. Der erste Ton erklang. Franzi fuhr zusammen. D-Dur? Das war doch unmöglich. Die auf der Violine liegende Hand hatte zwar ein D gefaßt, soweit er es sehen konnte, aber seine Ohren konnten ihn nicht trügen: das war kein D, sondern Es. Für ihn bestand kein Zweifel darüber, daß der Künstler die Violine um einen halben Ton höher gestimmt hatte. Er überblickte die einzelnen Instrumente im Orchester. Nach der Stellung der Finger zu urteilen, spielten alle Es-Dur. Was war das? Warum Betrug? Warum bezeichnete er seine Kompositionen nicht als Es-Dur?
Aber er hatte keine Zeit, darüber nachzudenken. Er beobachtete die Sprache der Violine. Schon die ersten zwanzig Takte verrieten ein satanisches Können, aber eben doch nicht mehr als eine gewisse Überlegenheit. Allein schon im nächsten Augenblick stellte die Komposition unverkennbar einen Sturm dar. Auf der Violine ertönte das pfeifende Heulen des Windes, jedoch nicht nur in einem einfachen Portamento, im Zusammenklang der Töne lag das Wunder. Es war ganz und gar unbegreiflich, daß eine mit dem Bogen berührte Saite einen solchen Ton hervorbringen konnte. Das hätte nur ein Blasinstrument fertigbringen können, und auch nur eins, das die Musikwissenschaft bisher noch nicht gekannt hatte. Zu gleicher Zeit begann es auch schon zu regnen: auf der Geige war ganz deutlich das Pizzikato der Regentropfen zu hören. Und plötzlich schlug der Bogen auf einer Saite auf: im beginnenden Sturm schloß sich ein Fenster mit hartem Knall. Jetzt blies der Wind, und gleichzeitig trommelte der Regen auf der Geige. Franzi beobachtete verblüfft mit trockener Kehle, was dieser Dämon anstellte. Einer seiner Finger glitt unglaublich weit an der G-Saite entlang, so daß schon ein As daraus wurde, und der Bogen zauberte die klagende Stimme des Windes hervor. Zu gleicher Zeit rupften seine beiden Finger in ungezügeltem Takt die Pizzikatos. Dann zuckte ein Blitz auf: die teuflischen Fugen bezeichneten mit geisterhafter Genauigkeit den zackigen, glitzernden, funkensprühenden Weg des Blitzes am Himmel. Dann krachte der Donner. Wie machte er das nur? Mit welcher Saite oder mit welchen beiden Saiten? So folgte eine Überraschung nach der anderen – minutenlang. Das Gewitter war vorbei. Im Sonnenschein fielen nunmehr die Regentropfen nur noch spärlich und immer spärlicher vom Dachfirst. Nach einem hauchartigen, letzten regentropfenartigen Pizzikato war das Ganze vorbei.
Ein erschreckender Beifall setzte ein. Franzi vergaß oder vermochte gar nicht zu applaudieren. Das Staunen lähmte seine Hände. Er mußte es zugeben, er hatte Angst vor dem, der da oben spielte.

Da folgte auch schon der zweite Vortrag: »Fandango Spagnuolo«, ohne Orchesterbegleitung. Das Stück erzählte von einem spanischen Liebespaar, das in einem Hühnerhof zu tanzen anfängt. Die Violine zauberte nacheinander alle Tiere in den Hühnerhof. Sie konnte meckern, wiehern, bellen, krähen, gackern, grunzen und blöken. Aus dem Geschrei der Tiere schälte sich ab und zu die pulsierende Melodie des spanischen Tanzes heraus. Hin und wieder gaben zwei Tiere auf einmal einen Laut von sich. Dann schwiegen wieder alle, und nur der Tanz erklang mit unbeschreiblichem Liebreiz. Plötzlich wurde ein scharfes Miauen daraus und das Fauchen zweier sich bekämpfender Kater. Dieser Humor war farbenprächtig, erschreckend und hinreißend zugleich.
So ging es den ganzen Abend. Viele Capriccios hintereinander standen auf dem Programm; kurze Stücke, Tonmalereien eines menschlichen Gefühles oder eines bekannten Geräusches. Die Violine konnte höhnisch lachen und von einem Bauern erzählen, der, lustig pfeifend, seinen ohrenzerreißend quietschenden Karren vor sich her schiebt. Inmitten eines Vortrages drehte plötzlich der Künstler mit schnellem Griff am Schlüssel seiner Violine, und Franzi fuhr auf vor Erstaunen, als er sah, was geschehen war: Paganini spannte die G-Saite um eine verkürzte Terz höher, spielte aber in der gleichen Tonart weiter, dadurch bekam dieser Ton eine ganz andere Färbung, eine Färbung, die in dieser Komposition etwas Besonderes zu bedeuten hatte. Dann waren da noch die Obertöne, bei deren geheimnisvollem Vortrag man hätte erschauern können. Er holte aus den verschiedenen Klangfarben eine ganze Tonleiter heraus. Die Violine konnte auch in diesen Obertönen pfeifen. Endlich zauberte sie ein vollständiges Militärorchester her. Der Zuhörer konnte es kaum fassen und glauben: die Blechinstrumente schmetterten, aber auch die Harfe erklang!
Franzi erhob sich, er stand in herzbeklemmender Spannung, einer Ohnmacht nahe, von seinem Stuhle auf, als die Variationen über die Melodien des »Mose in Egitto« von Rossini verklungen waren. Er war niedergeschlagen und gedemütigt, hingerissen und empört. Man konnte die Gerüchte vollständig begreifen, die behaupteten, daß dieser Mensch die G-Saite seiner Geige aus dem Darm seiner verstorbenen Geliebten gedreht und daß er sein Können vom Teufel selber bekommen habe, denn in ihm steckte nicht nur eine satanische Artistik, sondern es lauerte auch eine gewisse verwegene und zähneknirschende Teufelei, ein toller, zügelloser Genuß der Schadenfreude über sich selbst, ein grinsender Frevel in der niederträchtigen und doch großartigen Nachahmung des Militärorchesters und der tierischen Laute. Diesen Mann hätte man ebenso anbeten wie mit bloßer Hand erwürgen können.
Franzi schritt wie völlig zusammengebrochen und in seiner Seele zutiefst aufgewühlt die Treppen der Oper hinab. Besser gesagt, er stahl sich hinunter, denn er wollte jetzt mit keinem Menschen sprechen. Aber er konnte

letzteres doch nicht vermeiden: im Gedränge des Tores traf er die Gräfin Laprunarède.
»Was sagen Sie dazu?« fragte sie.
»Entsetzlich!«
»Ja. Entsetzlich. Ob man auch so Klavierspielen kann?«
»Ich weiß es nicht. Es ist schon möglich, daß ich einmal soviel können werde.«
Die Frau sah ihm tief in die Augen.
»Sie werden es. Ich glaube an Sie. Auf Wiedersehen.«
Im Gedränge verloren sie einander sofort. Wie gehetzt eilte er nach Hause. Er setzte sich sofort ans Klavier und schlug einen Ton an. Beobachtete ihn. Schlug ihn nochmals, aber anders an. Lauschte. Hundertfach probierte er seine Handhaltung, seine Pedalbenutzung, die Kraft seines Anschlages. Mit zur Seite geneigtem Kopf achtete er gespannt auf den verschiedenartigen Klang eines und desselben As-Tones. Dann schlug er eine Terz an. Spielte Triller. Schlug von oben herab. Legte seine Finger flach auf die Tasten und schlug so an. Stundenlang. Er wußte, daß er seine Mutter nicht störte, sie war das nächtliche Klavierspielen gewöhnt.
Plötzlich fuhr er zusammen, weil seine Mutter ins Zimmer trat. Draußen dämmerte schon der Morgen. Er prüfte noch immer die einzelnen Töne.
»Du bist noch wach, mein Sohn?« fragte die Mutter besorgt. Sie trug ein weißes Nachthäubchen auf dem Kopf.
»Lassen Sie mich jetzt bitte, Mutter, das ist so außerordentlich wichtig...«

ZWEIUNDZWANZIGSTES KAPITEL

Mit übermenschlicher Anstrengung mußte das rätselhafte Klavier erobert werden. Es grinste schadenfroh mit seiner schwarzweißen Tastenreihe und stützte sich unbeweglich auf seine drei Beine, als ob es ganz von oben herab sagen wollte: »Nun, wir wollen mal sehen, ob du meine Geheimnisse erforschen kannst.« Und er stürzte sich mit einer wütenden Entschlossenheit, die der fixen Idee eines Nervenkranken gleichkam, auf diese Geheimnisse. Einmal übte er achtundzwanzig Stunden hintereinander, einen vollen Tag und noch vier Stunden.
Unterrichtsstunden erteilte er nur noch, um notdürftig leben zu können, und nur wenn seine Finger die unbarmherzige Anstrengung nicht mehr aushalten konnten, las er zur Entspannung – wahllos, alles durcheinander. Den gesellschaftlichen Verkehr gab er wieder auf. Seine Freunde sah er

kaum. Balzac war immer sehr beschäftigt. Victor Hugo arbeitete an einem großen Roman, der die Kathedrale Notre-Dame zum Thema hatte, Berlioz war nicht in Paris, und Musset lief andauernd hinter Weiberröcken her. Franzi saß stundenlang vor seinem Klavier und rang mit ihm wie mit einem Dämon. Es war ein furchtbarer Kampf.

»Ich werde entweder irrsinnig«, sagte er einmal bei Erards, »oder ich bringe auf dem Klavier dasselbe fertig, wie Paganini auf der Geige.«

Ein anderes Mal meinte er:

»Ich stelle fest, daß bis jetzt noch niemand Klavier gespielt hat. Ich auch nicht. Wir haben bisher nur eine Spieluhr betrieben. Das *Klavier* hat gespielt, nicht der Künstler. Ich werde der erste sein, der wirklich Klavier spielt.«

Er befand sich gewissermaßen auf einer Entdeckungsreise durch unbekannte, unbetretene Urwälder. Er war einzig und allein auf sich angewiesen. Der Anschlag, die Pedaltechnik, die Dynamik, die unterschiedliche Färbung der gleichzeitig angeschlagenen Töne und deren größere oder geringere Kraft verhundertfachten die Möglichkeiten, die versucht werden mußten. Und wenn er etwas entdeckt hatte, wenn er durch tage- und wochenlange Arbeit endlich Klarheit gewonnen hatte, mußte er das neu Erfaßte ausgestalten. Jetzt segnete er zum ersten Male in seinem Leben den alten Czerny, der mit seinen verhaßten, eintönigen Übungen und mit der erbarmungslosen Überwachung durch das Metronom bei ihm den Grund zum systematischen Lernen gelegt hatte. Jetzt vermochte er eine und dieselbe Notenzeile bis zur Bewußtlosigkeit zu wiederholen. Und er konnte noch mehr: wenn er durch sein neues Forschungssystem drei verschiedene Klangfarben entdeckt hatte, dann übte er in dreierlei verschiedenen Auffassungen stundenlang dieselbe Tonfolge, die er bis vor kurzem noch nur in einer Weise zu üben fähig gewesen.

Eine heiße, wahnwitzige Sehnsucht, vorwärtszukommen, hatte ihm über die ersten schweren Wochen hinweggeholfen. Dann gesellte sich zu dieser Kraft ein neuer Auftrieb: der sichtbare Erfolg. Verwundert sah er, wieviel er lernte. Jeden geschlagenen Tag konnte er feststellen, daß seine Technik sich schließlich verbessert hatte. Er staunte über sich selbst. Jetzt ritt ihn auch schon der Teufel wie Paganini. Am liebsten hätte er vor wilder Freude geschrien. Das Klavier, das bisher nur seinen Fingern gehorcht hatte, begann langsam seinem Geiste sich zu fügen. Bisher war es Ziel gewesen, jetzt war es nur noch Mittel zum Zweck. Und der anfangs bloß dunkel geahnte Weg lag auf einmal klar vor ihm: es mußte erreicht werden, daß der Zuhörer nicht das Klavier, sondern den Künstler hörte . . .

Im Sommer wurde er bettlägerig. Der Arzt konnte wiederum nichts anderes feststellen als einst in London: den Organen des jungen Mannes fehle nichts, im Gegenteil, sie seien auffallend gesund, er treibe aber mit seinen Kräften einen unbeherrschten Raubbau, dem seine Nerven nicht mehr lange standhalten würden, wenn er sich nicht binnen kürzester Frist eine Erholung gönne. Tatsächlich war er schon nahe daran, den Verstand zu verlieren. Vom Klavier wollte er sich unter keinen Umständen trennen, wie ein stürmischer Liebhaber, der erst jetzt beginnt, die geheimnisvolle Seele seiner Geliebten zu erkennen. Er erklärte sich lediglich bereit, irgendwohin aufs Land zu ziehen, wo er Sonnenschein und frische Luft haben würde und wo sich vielleicht auch sein Appetit bessern könnte. Durch die Vermittlung eines seiner Schüler kam er als Gast der Familie d'Hainville nach Carentonne. Anfangs mußte er auch dort noch ein paar Tage lang zu Bett liegen, dann aber kam er bald wieder zu Kräften und saß abermals Tag und Nacht am Klavier. Trotzdem erholte er sich sehr gut, war von der Sonne braungebrannt und hatte sogar ein wenig an Gewicht zugenommen, als er gekräftigt wieder nach Paris zurückkehrte, um dort seine frühere Lebensweise von neuem aufzunehmen.

Zu seinem alltäglichen Leben gehörte auch der Kampf gegen die Bemühungen seiner Mutter, die ihn durchaus verheiraten wollte. Zäh und unbeirrt drängte sie ihn der Ehe zu. Sie arbeitete jetzt nicht mehr im geheimen, sondern brachte diese Angelegenheit offen zur Sprache. Trotz des ungeduldigen Widerspruches ihres Sohnes kam sie immer und immer wieder darauf zurück.

»Auch der Arzt sagt, mein Sohn, daß es gegen die maßlose Verschwendung deiner Kräfte nur eine einzige wirksame Arznei gibt, nämlich, daß du heiratest. Und wenn meine Worte dich noch so sehr aufreizen – ich kann es einfach nicht mit ansehen, wie du dich in deinen jungen Jahren gewaltsam zugrunde richtest, bis du in einer Irrenanstalt endest.«

»Aber wenn ich doch niemanden liebe! Ich hätte nur diese eine Einzige geheiratet, aber das ist ja nun aus. Ich werde jahrelang an keine andere Heirat denken, damit müssen Sie sich abfinden, liebe Mutter.«

»Ich finde mich aber nicht damit ab. Erst recht tue ich das nicht. Wenn du morgen wieder nicht zum Mittagessen nach Hause kommst, spreche ich kein einziges Wort mehr mit dir, das kann ich dir versichern. Frau Delarue kommt mit ihrer Tochter.«

»Gut, wenn Sie mich zwingen, esse ich zu Hause, aber Freude wird keiner daran haben.«

Er blieb wirklich zum Essen daheim. Die drei Frauen rissen sich förmlich um ihn, umsorgten ihn in rührender Weise und suchten nach besten Kräften, ihm gefällig zu sein. Das junge Mädchen war sehr hübsch, sehr liebenswürdig, sehr gut. Das konnte man nicht bestreiten. Sie hatte auch ein kleines Vermögen zu erwarten, und für jeden anderen wäre es eine sehr vernünftige und zweckmäßige Heirat gewesen.

Langsam, langsam, wie zwischen Ziegelsteinen rinnendes Wasser, begann die hartnäckige, zielbewußte Arbeit seiner Mutter in seinen Widerstand eine Bresche zu schlagen. Seine Kraft und Ausdauer konnte er nicht für die

Gegenwehr aufwenden, sie waren zu etwas anderem erforderlich, er brauchte sie für das Klavier. Als einige Wochen vergangen waren, fand er den Gedanken, zu heiraten, gar nicht mehr so unbegreiflich. Er liebte seine Mutter von ganzem Herzen und bemerkte bestürzt, daß die vielen Sorgen um ihn die emsig arbeitende, grübelnde und sich ewig um ihn ängstigende Frau von Tag zu Tag älter machten. Wenn sich Mutter Liszt sehr aufgeregt hatte, bekam sie Gallenkrämpfe. Sie litt herzzerreißend, schluchzte und rang die Hände vor Schmerzen. Ihr Sohn stand erschüttert an ihrem Bett und mußte hilflos ihren Qualen zusehen. In solchen Augenblicken überkamen ihn Gewissensbisse, und um der leidenden Mutter einen Gefallen zu tun, bemühte er sich, liebenswürdig zu Fräulein Delarue zu sein. Er ging mit ihr spazieren und gab ihr ab und zu ein Buch zu lesen. Als der Herbst kam, war er nahe daran, sich in sein Schicksal zu fügen. Als Ehemann würde er ein ruhiges, zurückgezogenes Leben führen, könnte sich vollständig dem Klavier widmen. Der Pomp der aristokratischen Salons würde nur als blasse Erinnerung in seiner schlummernden Seele fortleben und den unaustilgbaren Schmerz um den Verlust der Gräfin Saint-Cricq umrahmen. Mit sich selbst war er schon einig, daß er die kleine Delarue heiraten würde, wenn es sein müßte. Dann wäre wenigstens seine Mutter glücklich, wenn schon *sein* Glück auf ewig verloren war . . . Zu einem endgültigen Entschluß konnte er sich aber noch nicht durchringen. Er wartete und wußte selbst nicht worauf.

Im Oktober brachte die Post ganz unerwartet einen Brief von der Gräfin Laprunarède. Sie teilte ihm in wenigen, nichtssagenden höflichen Zeilen mit, daß sie für acht bis vierzehn Tage nach Paris komme und sich freuen würde, den hervorragenden Künstler wiederzusehen; gleichzeitig übermittelte sie ihm eine Einladung der Herzogin Dauzat für Freitag abend.

Er ging hin. Lange schon war er nicht mehr im Salon der Herzogin gewesen. Er wurde mit großer Freude empfangen, alle seine alten Bekannten waren versammelt. Die Gräfin Laprunarède war seit dem Frühling noch schöner geworden, als hätte sie die wohltuende Frische ihres Alpenschlosses mit in die Großstadt, in die Welt der flackernden Wachskerzen, gebracht. Dem jungen Mann schlug das Herz höher. Eine wilde Begierde ergriff ihn, diese strahlende Frau an sich zu reißen. Da fiel ihm die Persönlichkeit des liebenswürdigen Grafen ein, und schnell erstickte er dieses Verlangen.

»Der Graf ist nicht mit in Paris?« fragte er, nachdem sie sich begrüßt hatten.

»Nein, er läßt Sie aber wärmstens grüßen. Welche Fortschritte haben Sie inzwischen am Klavier gemacht? Erinnern Sie sich noch, worüber wir nach dem Paganini-Konzert gesprochen haben?«

»Natürlich erinnere ich mich. Ein halbes Jahr lang habe ich nichts anderes im Kopf gehabt.«

»Werden Sie mir heute abend etwas vorspielen?«

»Sehr gern.«
Er setzte sich ans Klavier. Ein bißchen benommen und mit angespannten Nerven. Es war die erste Gelegenheit, vor einer großen Gesellschaft zu zeigen, was er in monatelangen erbitterten und verzweifelten Kämpfen erreicht hatte. Kühn begann er ein Violincapriccio Paganinis zu spielen.
»Was ist das?« unterbrach ihn die Herzogin, die neben der Gräfin am Klavier lehnte.
»Eine Violinkomposition von Paganini. Aber ich will sie auf dem Klavier spielen. Ich habe sie bearbeitet. Als ob ich sie aus dem Deutschen ins Französische übersetzt hätte.«
Er begann von neuem. Es war das Capriccio, das die Militärkapelle nachahmte. Man hörte die Blechinstrumente schmettern, die Flöten schreien, die Becken klirren. Er spielte mit unheimlicher Sicherheit, und ihm schoß der seltsame Gedanke durch den Kopf, daß sein Gesichtsausdruck jetzt höchstwahrscheinlich dem Paganinis ähnlich sei und zugleich an den Hexentanz von Berlioz erinnerte und auch an das Wort, mit dem Rossini neuerdings Paganini zu bezeichnen pflegte: la terribiltà.
»Unerhört!« flüsterte zuerst die Herzogin, als er geendet hatte. Ihre Stimme bebte vor Erschütterung.
»Das ist nicht der Litz, den wir bisher gehört haben«, sagte eine andere Dame, »das ist ein ganz neuer Litz. Mir läuft es kalt über den Rücken.«
Alle waren hingerissen. Es entstand eine große Aufregung. Viele schlugen ihre Hände vor Erstaunen über dem Kopf zusammen. Franzi blickte mit glücklich strahlenden Augen um sich. Auch er sah völlig veränderte Gesichter. Auf seiner ganzen bisherigen Laufbahn war ihm solch ein Staunen noch nicht begegnet. Mit einem Male überfiel ihn aber eine lähmende Erschöpfung, wie einen, der sich nach einer endlosen Wanderung am Ziele niederläßt. Ein drängendes fieberndes Gefühl in ihm widersetzte sich jedoch dieser Schlaffheit. Noch mußte er Unendliches leisten, Wochen, Monate und Jahre waren noch auszufüllen. Nur immer weiter hinauf – bis zu den Sternen.
»Fehlt Ihnen etwas?« fragte die Gräfin erschrocken. Ihre Stimme klang wie aus weiter Ferne.
»Nein, nichts. Danke vielmals. Ich werde in der letzten Zeit manchmal für einen Augenblick schwindelig: dizzy, wie man in London sagt. Ich kann jetzt nicht mehr spielen.«
Man fügte sich seinem Wunsche, die Unterhaltung ging auf die Literatur über. Dann sprach man von der polnischen Revolution, von den polnischen Adeligen, die jetzt nacheinander in Paris auftauchten, seit die Russen vor einigen Monaten Warschau erobert hatten. Franzi und die Gräfin suchten einander mit den Augen und saßen bald gemeinsam in einer Ecke.
»Ich bin unsagbar stolz auf Sie, denn ich war es, die Ihnen voraussagte, daß es so kommen werde.«

»Sagen Sie jetzt bitte noch nichts, Gräfin. Ich bleibe hier noch nicht stehen. Ich bin auf einem Wege, der zu unerhörten Dingen führen muß.«

Sie unterhielten sich über Musik und beschworen dann ihre Frühlingserinnerungen herauf. Die Gräfin schlug die Augen nieder und fragte leise, beinahe flüsternd:

»Haben Sie seit der Zeit an mich gedacht?«

»Ich habe nicht an Sie gedacht, weil ich es nicht darf.«

»Wer verbietet es Ihnen? Haben Sie eine Geliebte? Ich kann mir vorstellen, wie vielen Frauen Sie sicher seither den Kopf verdreht haben. Ich habe sehr viel an Sie gedacht, aber es war keine Freude für mich. Sie hielten immer eine andere Frau im Arm, wenn ich an Sie dachte. Vielleicht war es auch jedesmal so? Oder war es nicht so, Herr Blaubart?«

Franzi konnte in seiner Verlegenheit nur mit der Achsel zucken. Seine Eitelkeit und seine Zurückhaltung ließen es nicht zu, dieser Frau zu gestehen, daß er noch unberührt sei. Er schwieg und errötete, als hätte er gelogen.

»Oh, wie reizend! Jetzt werden Sie auch noch rot. Ich kann mir sehr gut vorstellen, wie Sie von den Frauen verwöhnt werden. Aber lassen wir das. Ich will Sie nicht noch eingebildeter machen. Wollen wir uns morgen wieder im Louvre treffen?«

»Sehr gern.«

Er bereute die Zusage sofort wieder, doch nun war es schon zu spät. Am nächsten Vormittag besuchten sie zusammen den Louvre und gingen nachmittags eine Stunde lang im Bois spazieren. Und von da an trafen sie sich jeden Tag. Franzi berauschte sich an der dauernden Nähe dieser begehrenswerten Frau. Es schien ihm, als ob er aus einer unendlichen Höhe hinabstürze, aber dieser Sturz war so wonnig, daß er nur in Verzückung die Augen schließen konnte. Stundenlang unterhielten sie sich. Er berichtete von seiner Kindheit, von seinen inneren Kämpfen, seinen Erinnerungen und seinem jetzigen, seltsamen Kampf mit dem Klavier. Und er erzählte ihr auch von Liline Saint-Cricq. Als die Gräfin ein ehrliches, herzliches Mitleid für ihn bezeugte, füllte sich sein Herz plötzlich mit einer wohligen Wärme und tiefen Dankbarkeit.

Er lebte wie in einem eigentümlichen Halbschlaf, er wollte nicht nachdenken. Wenn er allein war, schloß er die Augen und hielt sein Gesicht vorgeneigt, um es von einer unsichtbaren Sonne bescheinen zu lassen. Seine Nächte verwandelten sich wieder in wilde, tobende Träume. Auch diesen ergab er sich jetzt widerstandslos. Wie konnte er auch anders? Seit einem Jahr hatte er nicht mehr gebeichtet, seit der Julirevolution den Pater Bardin nicht wiedergesehen. Er fühlte, daß er mit geschlossenen Augen seinem Schicksal entgegengehe, das dunkel vor ihm lag, verlockend, geheimnisvoll, furchterregend.

Am zehnten Tage ihres Zusammenseins sagte die Gräfin:

»Ich habe mir den Wagen des Grafen Montesquiou für den ganzen Nachmittag ausgeliehen. Wollen Sie mit mir einen Ausflug machen? Dann holen Sie mich in meiner Wohnung ab.«

Franzi wußte schon, wo die Gräfin wohnte. Er hatte sie ja oft genug nach Hause begleitet. Sie bewohnte die leerstehende Wohnung ihrer Cousine, die in irgendeiner Erbangelegenheit nach Bordeaux gereist war.

»Gern, ich erwarte Sie unten«, sagte Franzi erfreut.

»Sie können auch heraufkommen. Ich möchte Ihnen sowieso mein Bildnis zeigen, das voriges Jahr gemalt worden ist. Ich habe es aber jetzt erst erworben. Hören Sie nun einmal gut zu: wenn Sie im ersten Stock angelangt sind, wenden Sie sich nach links. Gleich linker Hand ist der Eingang zur Wohnung. Die Fenster blicken nach der Straße.«

»Ich komme herauf«, sagte er mit ungestüm pochendem Herzen.

Am anderen Tage beim Mittagessen bemerkte seine Mutter, daß er in einigen Tagen zwanzig Jahre alt werde. Da müßte er sich doch endlich wegen seiner Zukunft entscheiden. Er nickte. Ja, er werde das schon tun . . . Dann kleidete er sich sorgfältig um und ging glattrasiert von zu Hause weg. Er legte den Weg fast wie im Traume zurück, zweimal wäre er beinahe überfahren worden. Als er endlich angelangt war, sah er verwundert, daß die Tür der Wohnung offenstand. Zögernd trat er ein. In einem halbdunklen Vorzimmer tappte er vorwärts, schritt durch eine Tür. Nirgends ein Lakai, nirgends eine Zofe. Er ging durch den Speisesaal und bemerkte rechter Hand eine offene Tür. Er trat ein und befand sich in einem Boudoir. In der elfenbeinfarbenen Spitzenpracht eines blauseidenen Himmelbettes lag die Gräfin. Betroffen blieb er an der Schwelle stehen und verneigte sich.

»Denken Sie, aus der Ausfahrt kann nichts werden. Ich bin sehr erkältet. Nun, wollen Sie mich nicht wenigstens begrüßen?«

Von dem aus dem Bett herausreichenden weißen Arm fiel der mit Spitzen besetzte Ärmel des Negligés bis zu den Schultern zurück. Er küßte ihr die Hand.

»Ich habe meine Zofe zur Familie Montesquiou geschickt mit dem Bescheid, daß ich den Wagen nun leider nicht benutzen könne. Haben Sie die Tür offen gefunden?«

»Ja.«

»Haben Sie sie auch wieder hinter sich geschlossen?«

»Ja.«

»Dann ist es gut. Ich bedaure, daß ich Ihnen den Nachmittag verdorben habe, ich kann aber nichts dafür. Auf alle Fälle müssen Sie mir versprechen, daß Sie von diesem . . . von diesem . . . ungewöhnlichen Empfang niemandem etwas sagen werden. Sie wissen ja, wie gern man in Faubourg Saint-Germain klatscht. Ich habe erst gestern gehört . . .«

Sie brach den Satz ab. Der junge Mann fiel unbeholfen auf seine Knie neben das Bett und preßte die Stirn an den Bettrand. Er hielt noch immer die Hand der Frau in der seinen.

»Was ist mit dir, mein Liebling?« fragte sie mit unbeschreiblich zarter Stimme. Die andere Hand der Gräfin griff unter sein Kinn und drehte das vor Erregung blasse, von dem langen Haar umwallte Gesicht zu sich. Er hielt die Augen fest geschlossen. In seiner grenzenlosen Verlegenheit wäre es ihm unmöglich gewesen, ihr in die Augen zu sehen. So verblieben sie eine Weile. Dann – er wußte selbst nicht wie – schob sich sein Gesicht nach vorn, und seine Augen öffneten sich. Ganz nahe lockte der Mund der Frau. Er neigte sich über diesen Mund und küßte ihn ungeschickt und hastig. Dann errötete er tief und erwartete, daß die ganze Welt einstürzte.
»Sie können nicht küssen, mein Liebling, nennen Sie das einen Kuß?«
»Ich habe . . . ich habe . . .« stammelte er in seiner maßlosen Verschämtheit, »noch nie in meinem Leben eine Frau geküßt.«
»O, du Lieber!«
Überraschung, Anbetung, Triumph, mütterliche Zärtlichkeit und gutmütiger Spott lagen in diesem Ausruf. Ihre beiden Arme umschlangen leidenschaftlich den Nacken des jungen Mannes, und dann gehorchte sie halb ohnmächtig der Kraft der Umarmung.

ZWEITES BUCH

ERSTES KAPITEL

Paris füllte sich mit polnischen Flüchtlingen. Seit die Russen Warschau erobert hatten, hörte man auf den Boulevards immer häufiger die besonders weiche slawische Sprache, die das Ohr aus all ihren Schwestersprachen sofort herauserkennt. In den Salons tauchten polnische Aristokraten auf, man mußte sich neue, schwer auszusprechende Namen einprägen. Auf den Straßen humpelten polnische Invaliden umher. Ihr Schmerz über das verlorene Vaterland ging in der Gleichgültigkeit der Masse unter.

Auch Franzis Teilnahme vermochten sie nicht zu erwecken. Es gab tausend andere Dinge, die ihn interessierten; vor allem aber zwei: der Glaube und das Klavier. Gräfin Adele war abgereist, sie mußte zu ihrem alten Mann in ihr Schloß in den Alpen zurück. Am Tage vor ihrer Abreise fuhren sie noch nach Grenelle, weit über die Häuser der Vorstädte hinaus, und verbargen sich in einem kleinen Gasthaus am Ufer der Seine, um voneinander Abschied zu nehmen.

»Ich kann jetzt für lange Zeit nicht nach Paris kommen. Eine andere Frau würde dich jetzt schwören lassen, daß du sie nicht betrügst. Ich lasse dich nicht schwören, denn du wirst mich sowieso betrügen. Du bist viel zu schön und viel zu berühmt dazu, als daß dich die Frauen in Ruhe lassen sollten. Es ist besser, ich finde mich von vornherein damit ab, dann tut es nicht so weh. Wenn ich wieder nach Paris komme, werde ich nicht danach fragen, was du getrieben hast, und du erzählst mir auch nichts davon. Ist es so richtig? Gut. Jetzt küsse mich.«

Es war ein sehr schwerer Abschied, sie waren unersättlich in ihren Umarmungen. Am anderen Tage reiste die Gräfin ab, und er suchte beim Klavier und bei den Saint-Simonisten Zuflucht vor seiner Einsamkeit und Sehnsucht.

Das Klavier gab seine Geheimnisse viel schwerer preis als die Frau. Aber jetzt war schon *er* der Herr und Gebieter. Und wenn er auch zum zweiten Male in seinem Leben hatte Klavier spielen lernen müssen, noch dazu auf einem bisher unbekannten Instrument, so wußte er nun wohl, daß er auch zum zweiten Male seine Aufgabe gemeistert hatte und daß er nicht nur das Klavier, sondern auch den darin wohnenden geheimnisvollen Dämon bezwungen hatte. Kein einziger Tag der endlos langen Übungsstunden verging ohne eine neue Entdeckung und einen neuen Sieg. Wenn er auf die Wegkreuzung zurückblickte, an der die Teufelskunst Paganinis ihn auf einen neuen Pfad gewiesen, konnte er kaum noch etwas sehen. Einst hatte

er Paganini erreichen wollen, heute beseelte ihn dieser Wetteifer nicht mehr, sondern einzig und allein die unbeschreibliche Erregung und Genugtuung, daß *er* am Klavier in eine Welt von Ausdrucksmöglichkeiten eingedrungen war, wo außer ihm noch niemand sich bewegt haben konnte. Einst hatte jene Clochette-Phantasie, die er von dem Teufelsgeiger gehört hatte, sein ganzes Innere aufgewühlt, heute schrieb er dasselbe einzigartige Glokkenspiel in seiner eigenen neuen musikalischen Sprache für Klavier um. Er war sogar schon darüber hinaus, er verachtete es fast. Er wollte viel viel mehr. Die Zeit hatte seinen Eindruck von dem Zaubergeiger geklärt, und jetzt sah er ganz deutlich, daß in diesem Feuergeist der Gaukler mit dem Genie stritt. Und er wollte das unverfälschte, reine Genie in sich suchen, die Unendlichkeit, die Ewigkeit, das Göttliche. Eine Zeitlang setzte er seine Hoffnungen auf die unschuldigen, frommen, sonderbaren Zusammenkünfte der Saint-Simonisten. Vielleicht würden diese Menschen, die in ihren Weltverbesserungsträumen die Kunst dem Göttlichen gleichstellten, ihn seinem Ziele näherbringen. Möglicherweise würde er auf diesem Wege die so sehnsüchtig gesuchte Harmonie finden.
Eines Tages aber, als Vater Enfantin erklärte, daß auf der Welt erst dann wieder Ordnung herrschen würde, wenn man ihn mit der Regierungsbildung beauftragte, verließ der Klavierkünstler in aller Stille die Zusammenkunft. Bald las man dann auch in der Zeitung, daß die Polizei sich für die neue Sekte interessiere. Und als die Saint-Simonisten ein neues Versammlungslokal, den Taitboul-Saal mieteten, überraschte sie die Polizei und verhaftete alle ihre Führer, Barrault an der Spitze, der gerade eine Predigt hielt. Es wurde ein amtliches Verfahren gegen sie eröffnet wegen Aufforderung zum Klassenkampf und Verbreitung kommunistischer Lehren.
»Jesus Maria!« schlug Mutter Liszt die Hände über dem Kopf zusammen. »Wenn man dich nun mitverhaftet hätte! Ich habe dir immer gesagt, geh nicht unter diese Halbnarren. Aber du hörst ja nie auf mich.«
Das sprach sie aber nur so hin, um überhaupt etwas zu diesem Vorfall zu sagen. Eigentlich war sie in dieser Zeit recht vergnügt und zufrieden. Obwohl sie nicht darüber sprachen, merkte die Mutter doch, daß mit ihrem Sohne eine große Veränderung vorgegangen war. Das nahm sie erleichtert und glücklich zur Kenntnis, und ohne jede Familienszene fand sie sich auch damit ab, daß ihr Franzi eines Tages erklärte, er habe sich die Angelegenheit gründlich überlegt und werde die kleine Delarue unter keinen Umständen heiraten.
Noch einmal machte er sich auf den Weg zu den Saint-Simonisten. Diesmal aber nur aus Neugier. Er fand sie in einem Gartenhause der Rue Ménilmontant. Hierher war Vater Enfantin mit vierzig seiner Getreuen geflüchtet, unter denen sich jetzt auch schon Frauen befanden. Alle wohnten zusammen in diesem Hause. Dienstboten waren abgeschafft. Das Fußbodenschrubben, Bedienen, Kleiderreinigen – alles verteilten sie unter-

einander. Alle trugen einheitliche blaue Gewänder, nur Vater Enfantin hatte seine besondere, sinnige Aufmachung: er glänzte in einer weißen Hose, einer roten Weste und einer blauvioletten, tunikaartigen Jacke. Dazu erklärte er salbungsvoll, daß die weiße Farbe die Liebe, die rote die Arbeit und die blaue den Glauben versinnbildliche. Die rote Weste mußte man hinten zuknöpfen, damit er sie nicht allein anziehen könne und so eine vorbildliche Brüderlichkeit schon beim Ankleiden durch gegenseitiges Helfen zum Ausdruck komme. Tausende von Neugierigen pilgerten mittwochs und sonnabends zu den Saint-Simonisten, um ihrem gemeinsamen Mahl beizuwohnen, zu dem man auch Zuschauer zuließ. Aus einer weltumstürzlerischen Schwärmerei ward eine Zirkuskomödie.

Alles das ließ Franzi vollkommen gleichgültig. Seine Sehnsucht nach Gott und Weltanschauung fand eine neue Quelle: er machte die Bekanntschaft des Pater Lamennais.

Die Person des berühmten Pfarrers war in Paris schon seit langer Zeit heftig umstritten. Besonders seit der Julirevolution hatte es im Faubourg Saint-Germain viel Staub aufgewirbelt, daß Pater Lamennais sich mit einer Denkschrift an den Papst gewendet hatte. Er und noch einige vornehme Geistliche wollten die päpstliche Hierarchie und die uneingeschränkte Macht des Katholizismus in der ganzen Welt wiederherstellen. Sie gründeten auch eine Zeitung, die den Namen »Avenir« trug. Diese Zeitung kam schnell in Mode, und im ganzen Lande bildeten sich überall Vereine zur Förderung der Lamennaisschen Ideale.

Seine Schriftstellerfreunde nahmen Franzi in die Redaktion des »Avenir« mit, da er sie auf alle Fälle sehen wollte. Er kam in ein kleines, enges Zimmerchen. Vor unordentlichen Papierhaufen saß an einem tintenbefleckten Schreibtisch der Schrecken der Regierung, der das Land aufwühlende Abbé. Er mochte ungefähr sechzig Jahre alt sein und machte auf den ersten Blick den Eindruck eines seine Ziele heftig verfolgenden Menschen.

»Ich bin gekommen, Pater, um Ihre Auffassung von der Kunst kennenzulernen.«

Der Abbé sah ihn forschend und mit durchdringenden Augen an.

»Sind Sie ein guter Katholik, mein Sohn?«

»Ich befürchte«, entgegnete traurig lächelnd der junge Mann, »niemand hat das Recht, sich als einen guten Katholiken zu bezeichnen. Ich möchte es allerdings sein. Aber ich bin Künstler. Wie soll ich die zwei miteinander verbinden? Das sollen Sie mich lehren, Pater.«

»Was haben Sie bis jetzt von mir gelesen?«

»Die ›Worte des Gläubigen‹. Davon bin ich ganz hingerissen. Die Notwendigkeit des Glaubens ist eine Forderung, die meine Seele selber stellt. Aber die Kunst ist das . . . das . . .«

Der Abbé fiel ihm ins Wort. Sein scharfer Verstand hatte sich die Antwort offenbar schon zurechtgelegt.

»Der größte Künstler ist Gott selbst. Haben Sie Plato gelesen? Den *müssen* Sie lesen. Der war ein großer Dichter und meines Erachtens auch ein Christ, ohne daß er es gewußt hat. Plato nennt Gott den ewigen Geometriker, den großen Künstler, dessen Kunstwerk die Welt ist. Gott gibt sich selbst in der Welt, wie jeder wahre Künstler sich in seinen Schöpfungen gibt. Die unendlichen Schönheiten dieser Kunstschöpfung könnte aber nur der wirklich begreifen, der fähig wäre, alle Erscheinungen dieser Welt mit allen ihren inneren Zusammenhängen zu übersehen. Dessen ist der irdische Künstler selbstverständlich nicht fähig. Er kann nur immer einen Bruchteil dieser Unendlichkeit und dieser Herrlichkeit sehen, aber auch dieser Bruchteil ist ein Teil Gottes. Verstehen Sie das bis jetzt, mein Sohn?«

»Ich verstehe es, und es ist wunderbar.«

»Aus alledem ergibt sich also, daß die Gesetze der Kunst den Gesetzen der Schöpfung gleichen. Die ganze Welt als Schöpfung Gottes zu erforschen und zu erkennen: das ist die Wissenschaft. Die ganze Welt in ihren Einzelheiten als die Schöpfung Gottes wiederzugeben: das ist die wirkliche Kunst.«

»Ich verstehe. Wir müssen die Kunst also um ihrer selbst willen pflegen, weil sie göttlich ist. Das Ziel der Kunst ist die Kunst.«

»Nicht im geringsten, mein junger Freund. Hier sind Sie in einem großen Irrtum befangen. Glauben Sie denn, daß das Ziel der Baukunst die Baukunst ist? Nein. Wohl will sich der Mensch eine Wohnung, eine Unterkunft schaffen, aber sie soll gleichzeitig schön sein: das ist die Baukunst. Die Harmonie des Schönen mit dem Nützlichen ist schon ein Aufblitzen der millionenfachen Zusammenhänge zwischen den Erscheinungen der Welt. Wenn das Ziel der Kunst die Kunst selbst wäre, so würde das bedeuten, daß wir unter der Kunst etwas Endgültiges und Abgeschlossenes zu verstehen haben, etwas, das sich selbst nur erreichen will, sich aber nie mehr übertreffen kann. Das ist Unsinn. Die Welt vervollkommnet sich mit jedem Tage, sie nähert sich immer mehr der Unendlichkeit, kann sie aber nie erreichen. Ebenso auch ihr göttliches Spiegelbild, die Kunst. Sie wird zwar immer schöner, immer vollkommener, um Gott immer ähnlicher zu werden, zu ›Gott‹ kann sie aber nie werden. Haben Sie verstanden, was ich sagen will?«

»Durchaus. Das erregt mich derartig, daß wir noch viel eingehender darüber reden müssen.«

»Sehr gern. Fragen Sie!«

»Was ist schön?«

Der Abbé lächelte:

»Sie stellen mir als erstes gleich eine sehr, sehr schwere Frage. Das hat noch niemand beantworten können.«

»Ich kann es aber, und zwar auf Grund dessen, was Sie vorhin so glänzend und schlüssig erklärt haben, Pater. Schön ist das, was die zwischen den Welterscheinungen bestehenden göttlichen Zusammenhänge am vollkom-

mensten ausdrückt. Mit anderen Worten: je mehr ein Kunstwerk von der Unendlichkeit der Welt Gottes zeigt, um so schöner ist es.«
Abbé Lamennais hob überrascht den Kopf und sah den jungen Klavierkünstler an:
»Sie sind kein alltäglicher Mensch, mein Sohn. Wir wollen Ihre Feststellung noch einmal . . .«
In diesem Augenblick klopfte ein junger Geistlicher an:
»Graf Montalembert wartet . . .«
Der Abbé erhob sich sofort und reichte dem Künstler die Hand.
»Entschuldigen Sie mich bitte, ich habe noch eine sehr wichtige Unterredung. Ich möchte aber unsere Unterhaltung gern weiterführen, und zwar schon morgen. Haben Sie Zeit, morgen zur selben Stunde wiederzukommen? Ich habe meine Arbeit hier dann beendet, und wir gehen irgendwohin spazieren? Wollen Sie?«
Sie erhoben sich und nahmen Abschied. Franzi musterte mit neugierigem Blick den Mann, dem er seinen Platz überlassen mußte. Mit Verwunderung stellte er fest, daß der im ganzen Lande berühmte Graf Montalembert, der hervorragende Führer des kämpfenden Katholizismus, ebenfalls ein Zwanzigjähriger war wie er.
Tags darauf suchte er den Abbé Lamennais abermals auf. Sie blieben volle drei Stunden zusammen. Von diesem Tage an verband sie eine innige Freundschaft, den sechzigjährigen Geistlichen und den zwanzigjährigen Musiker. An den Saint-Simonismus dachte er mit keinem Atemzug mehr zurück. Er fühlte sich mit Leib und Seele als Gläubiger des »Avenir«. Wie er es schon mit anderen Dingen gemacht hatte, stürzte er sich jetzt kopfüber in die Lamennais-Schwärmerei. Und als er Geheimnisse entdeckte, wie, daß die Töne eine Seele haben, daß zwei Töne gleichzeitig angeschlagen eine Freundschaft, mit einem anderen Anschlag aber Liebe darstellen können, daß eine Oktave die Vereinigung zweier gleichgesinnter Seelen, eine Terz der Bund zweier verschiedener und doch in Liebe geeinter Seelen ist, daß das b-Moll dem Kopfneigen eines trauernden Menschen gleicht, daß der verkürzte Septimenakkord eine Frage ist, auf die es nur eine einzige Antwort gibt wie auf die Frage des Gläubigen nach der bestehenden Weltordnung – da war er grenzenlos glücklich über diese neue katholische Ästhetik, in deren Schönheit er, der ewig nach Vollkommenheit suchende Künstler, lebte.
Eines Tages besuchte er Victor Hugo, den er in der Gesellschaft Sainte-Beuves antraf. Sie waren in einen Streit über Verse verwickelt. In einem anderen Zimmer schrie das kleine Kind, und man vernahm die mütterlich zärtlichen und beruhigenden Worte der schönen Frau Hugo. Sainte-Beuves Gesicht spiegelte die Martern der unglücklichen Liebe wider, auf Hugos Antlitz machte sich die geruhsame Sattheit des jungen Ehegatten und glücklichen Familienvaters breit. Auf dem Tisch lagen in einer Schale einige

Feigen, das einzige, womit die sparsame Familie ihre Gäste bewirtete, aber die rührte niemand an.

»Was wird alles in Ihrem neuen Werk enthalten sein, Victor?« fragte der neuangekommene Gast.

»Ich habe es ›Herbstblätter‹ genannt. Es sind vierzig Gedichte.«

»Würden Sie mir nicht eins davon vorlesen?«

»Gern. Warten Sie mal, welches soll ich Ihnen nun gleich vortragen?« Der Dichter trat zu seinem Schreibtisch und blätterte in seinem Manuskript: »Das ist das richtige. Sie sind Musiker. Dieses Gedicht wird Sie interessieren. Es heißt ›Was man auf den Bergen hört‹. Motto: ›O altitudo‹.«

Er las es vor, leicht durch die Nase sprechend, feierlich skandierend, die einzelnen Vokale melodisch dehnend, in die Schönheit seiner eigenen Schöpfung versunken:

»Zuerst verworrner unermeßlicher Lärm,
Undeutlich wie der Wind in dichten Bäumen,
Voll klarer Töne, süßen Lispelns, sanft
Wie Abendlicht und stark wie Waffenklirren,
Wenn dumpf das Treffen die Schwadronen mischt
Und wütend stößt in der Trompete Mündung.«

Sainte-Beuve lauschte hinüber in das andere Zimmer, um die Stimme der Frau zu vernehmen. Sein Gesicht zuckte vor verhaltener Qual. Franzi hörte sich das Gedicht ruhig an. Vorläufig interessierte es ihn nicht sonderlich, er fand es nur schön. Er wartete auf die Antwort, was man auf den Bergen hören könne. Nach acht Zeilen horchte er auf:

»Es war ein Tönen, tief und unaussprechlich,
Das, flutend, Kreise zog rings um die Welt
Und durch die Himmel, welche seine Wogen
Verjüngten, bis wo es in den Schatten
Mit Zeit, Raum, Zahl, Gestaltung überging!«

Das reizte ihn schon mehr. Nach vorn geneigt, hörte er diesen Versen zu, die ihm wie die Beschreibung einer Symphonie vorkamen. Das Gedicht beschrieb mit schmetterndem Rhythmus die Brandung an den Felsklippen und erzählte von zwei klaren, reinen Stimmen, die sich nach und nach aus diesem Chaos lösten. Die eine Stimme war sieghaft und selig und kam vom Meere her, die andere war traurig und dumpf, die schluchzende Stimme von Millionen unglücklicher Menschen.

»Ein andrer Luftkreis, weit und fessellos,
Umgab die Erde ganz, ein ew'ger Hymnus.

Die Welt, gehüllt in diese Symphonie,
Schwamm, wie die Luft, so in der Harmonie.«

Den jungen Musiker überlief ein leichter Schauer. Mit einem Male blitzten alle die Gedanken durch seinen Kopf, die er mit Lamennais schon in so vielen und tiefgründigen Debatten erörtert hatte.

»Doch unter diese hehren Stimmen schrillte
Die andre Stimme, wie ein ängstlich Roß,
Wie einer Höllenpforte rost'ge Angel,
Wie eh'rner Bogen auf der Eisenlaute.
Und Schreien, Weinen, Schmähen und Verfluchen,
Der Taufe Weig'rung und des letzten Mahles,
Und Fluch und Lästerung und wild' Geschrei
Taucht aus des Menschenlärmes Wirbelwogen,
Wie man des Abends in den Tälern schwarze
Nachtvögel sieht, die scharenweise ziehen.
Was war dies Rauschen, endlos widerhallend?
Der Mensch, ach, und die Erde, welche weinten!«

Der Dichter ließ das Manuskript sinken und sah vor sich nieder, weil es sein Stolz nicht zuließ, die Zuhörer nach ihrer Meinung zu fragen, und sei es auch nur durch einen Augenaufschlag. Sainte-Beuve nickte nur, er kannte das Gedicht schon. Franzi aber bat aufgeregt:
»Geben Sie es mir, Victor! Ich mache eine Symphonie daraus.«
»Gern. Bitte, hier ist es. Ich habe noch eine Abschrift davon. Sie können dies gleich mitnehmen.«
»Das wird großartig. Ich höre das Ganze schon. Jetzt müssen Sie mich aber entschuldigen, ich möchte nun allein sein. Auf Wiedersehen.«
Mit wichtiger Miene eilte er hinaus. Der tiefe Empfindungsgehalt des Gedichtes riß ihn zu einer gewissen theatralischen Pose hin, wie das Schöne und Wahre den Künstler in ihm stets zu übermäßiger Begeisterung entflammte. Das Wehklagen der Menschheit und die ewige Harmonie der unsterblichen Natur, das war schon eine fertige Musik. Und schließlich sollte die Symphonie mit der verzweifelten, wehmütigen Frage: warum wird die Seele des Menschen dann immerfort so von Schmerzen gequält, wenn die Welt doch so schön ist? Schon begann er nach einem geordneten Tonbild für die in seinem Herzen singenden und klingenden Eindrücke zu suchen. Er summte vor sich hin, brach ab, schüttelte den Kopf. Summte von neuem, hörte wieder auf, fühlte aber schon, daß es gelingen würde.
Das Gedicht hatte einen tiefen Eindruck auf ihn gemacht. Er wurde nicht müde, es dem Abbé Lamennais immer wieder zu erklären und auch dem Klavierkünstler Hiller, dem er zwar schon früher mehrmals begegnet war,

dem er aber jetzt näherstand. Hiller stammte aus einem wohlhabenden Frankfurter Hause, und nachdem sie entdeckt hatten, daß sie genau gleichaltrig waren, nur zwei Tage auseinander, nannte Franzi den anderen spaßeshalber »Onkel Hiller«. Er war im großen und ganzen kein hervorragender Klavierspieler, aber ein vorzüglicher Musiker, ein gescheiter, gebildeter und lustiger junger Mann. Sie befreundeten sich immer inniger. Manchmal schloß sich ihnen auch Osborn an, der wortkarge, ständig Pfeife rauchende Musiker aus Irland, und der zu dieser Zeit in Paris auftauchende Berliner Bankierssohn Mendelssohn, der Enkel des Philosophen Mendelssohn.
Die vier jungen Klavierkünstler trafen sich entweder bei einer Orchesterprobe im Konservatorium, in der Italienischen Oper oder bei einem Konzert. Sie besprachen die wichtigsten Ereignisse der musikalischen Welt und deren kleine Skandalgeschichten. Sie begeisterten sich an den zauberhaften Nocturnes von Field und eiferten über die Großspurigkeit und unsinnige Eitelkeit des in Paris seßhaft gewordenen Kalkbrenner. Ab und zu setzten sie sich in irgendein Kaffeehaus, das an ihrem Wege lag, und lachten in der ungezügelten Freude ihrer zwanzig Jahre laut und herzlich über allerlei mögliche und unmögliche Dinge.
Bei solch einer Gelegenheit brachte Hiller die Nachricht mit, daß ein sehr interessanter Pole nach Paris gekommen sei.
»Das werden ja immer mehr Polen«, meinte Franzi.
»Ja, aber das ist kein Niemand, das ist ein Klavierkünstler. Der junge Pleyel hat schon einen Vertrag mit ihm geschlossen, daß er nur auf Pleyelschen Instrumenten spielen darf. Das geht gegen uns und gegen das Erard-Klavier. Pleyel sagt, dieser Pole werde uns alle vier einstecken, wenn er erst aufträte.«
»Vidi iam alios ventos«, warf Mendelssohn hin, der sich in seltenen lateinischen und griechischen Sprüchen gefiel. »Im übrigen weiß ich auch schon mehr über diesen Polen. Er hat in Warschau bei Elsner gelernt . . .«
Franzi fiel ihm ins Wort:
»Ist das nicht dieser Chopin oder wie heißt er, der unlängst in München und Stuttgart Konzerte gegeben hat? Ich habe von ihm gelesen.«
»Ja, der ist es. Stellt euch vor, als er ankam, machte er Kalkbrenner einen Besuch. Dieser alte Wichtigtuer hat ihn angehört und ihm dann versichert, daß nur dann etwas aus ihm würde, wenn er drei Jahre lang bei ihm lernte. Darauf sagte der Pole, daß er nicht die Absicht habe, ein Abklatsch von Kalkbrenner zu werden, sondern er selbst zu bleiben wünsche.«
»Bravo!« rief Osborn, der lediglich mit dieser Meinungsäußerung an der Unterhaltung teilnahm.
»Mit einem Wort, wir gehen alle zu seinem Konzert und verhelfen ihm zu einem großen Erfolg, damit Kalkbrenner der Schlag rührt. Habt ihr im übrigen schon gehört, was man über Kalkbrenner gesprochen hat?«
Alle waren gespannt auf die Neuigkeit.

»Also man hat gesagt: dieser Kalkbrenner ist wie ein in den Dreck gefallenes Bonbon. Es schmeckt gut, aber keiner will es mehr haben.«
Die vier Klavierkünstler lachten aus vollem Halse auf Kalkbrenners Kosten. Dann beschlossen sie, alle das Konzert des Polen zu besuchen, um heftig zu applaudieren.
Und sie gingen auch hin. Am 26. Februar fand das Konzert statt. Im Pleyel-Saal kam eine kaum für den halben Saal ausreichende Zuhörerschaft zusammen, und auch die bestand zum größten Teil noch aus polnischen Flüchtlingen. Da war zunächst Graf Plater und seine Frau, die in der vornehmen Gesellschaft von Paris schon sehr beliebt geworden war. Sie hatte sogar bereits einen Kosenamen im Faubourg, man nannte sie »pani Kasztelanowa«, was die »Frau des Kastellans« bedeutete. Auch die in Paris bereits bekannten Mitglieder der Familie Potocki und Czartoryski waren anwesend, an deren einfachen, abgetragenen Kleidern man sah, daß sie außer ihrer nationalen Trauer nichts hatten von zu Hause mitbringen können. Alles sprach polnisch, man hörte kaum ein französisches Wort. Der junge Pleyel lief aufgeregt hin und her, gab Anweisungen und küßte hin und wieder seiner jungen Frau mit der Zärtlichkeit eines Jungvermählten die Hand. Franzi mußte an den in der Ferne weilenden Berlioz denken, denn die junge Frau Pleyel war niemand anders als Camilla Mock, die Klavierlehrerin und einstige Braut von Berlioz. Kaum hatte der verliebte Berlioz den ersten Schritt aus Paris getan, um mit seinem Stipendium nach Italien zu reisen, da erhörte die schöne Camilla den Klavierfabrikanten, und schon nach ein paar Wochen schrieb sie Berlioz den Abschiedsbrief. Franzi betrachtete die Frau, die in der ersten Reihe saß, mit den begehrlichen Augen des jungen Mannes. Sie hatte einen feinen, lieblichen Kopf. Ihr in der Mitte gescheiteltes Haar war fest geflochten, und auf ihrem weißen Nacken warf ein feiner Flaum seinen zarten Schatten. Besonders ihre Schultern waren sehr schön, schmal und trotzdem voll, und das blendende Weiß ihrer Haut lockte, es in sehnsüchtigem Verlangen weit über den tiefen Rückenausschnitt hinunter zu verfolgen, auch dorthin, wohin das Auge nicht mehr blicken darf. ›Armer Hector!‹ dachte Franzi, dann musterte er die anderen Frauen. Er schloß die Augen und dachte an die Umarmungen der Gräfin Adele und an alle die schnellen und leichten Siege, die er seit dieser Zeit bei anderen Frauen erfochten hatte. Aber wie immer, dämpfte auch jetzt das feine Lächeln des gütigen, alten Grafen Laprunarède sein Selbstbewußtsein. Dieses Lächeln war noch heute ein Vorwurf für ihn und erfüllte ihn mit bitterem Schamgefühl.
Endlich betrat der angeblich so prächtig spielende Pole, dessen Name nach dem Programm Friedrich Chopin lautete, den Saal. Die Polen begrüßten ihn mit starkem Beifall. Sie applaudierten zunächst wohl weniger dem Künstler, als dem, der mit ihnen die Verbannung teilte.
Der polnische Klavierkünstler war ein blonder junger Mann von ungefähr

zwanzig Jahren. Sein dichtes Haar trug er an der Seite gescheitelt. Die Bewegungen seiner schlanken, mittelgroßen Gestalt wirkten sehr vornehm. Auf den ersten Blick sah man ihm die gute Kinderstube an. In seiner Art, wie er zum Klavier trat, lag weder theatralische Eitelkeit noch übertriebene Bescheidenheit. Daß ihn ein heftiges Lampenfieber quälte, verrieten nur einige nervöse Zuckungen in seinem Gesicht und sein stoßweises Atmen. Er holte tief Atem und begann zu spielen. Die vier Freunde hörten neugierig zu. Nach drei Takten sahen sie sich an. Ihr Kopfnicken bedeutete, daß dieser Chopin recht hatte, wenn er sich selbst treu bleiben wollte. Dieser runde, ausgefeilte, individuelle Anschlag gehörte ihm und keinem anderen. Für den Sachverständigen genügen zu einem solchen Urteil drei Takte.

Aber diesen drei Takten folgten noch hundert andere. Franzi hörte dem Künstler gebannt zu. Schon in den ersten fünf Minuten war er sich darüber im klaren, daß er einer außergewöhnlichen, großen Begabung lauschte. Über die Vollkommenheit der Fingerarbeit war kein Wort zu verlieren. An der Ausgeglichenheit des Vortrages erkannte man die bewährte Cramersche Methode. Was aber noch viel, viel mehr bedeutete: der junge Pole war eine ganz eigenartige Persönlichkeit, die einen Platz unter den ersten Klavierspielern der ganzen Welt beanspruchen durfte. Nur die innere Reinheit einer langsamen, unbeirrbaren gefühlsbetonten Entwicklung konnte eine so klare seelische Form erzeugen. Hier tobte sich keine überschäumende Kraft am Klavier aus, sondern eine zu Zärtlichkeit neigende, an Gefühlen überreiche, mimosenhaft empfindliche, nachdenkliche, ernste Natur enthüllte ihr in edlem Kummer und erhabener Trauer verwurzeltes Wesen.

Franzi bemerkte mit einem Male, daß ihn ein aufrührerisches Herzklopfen übermannte. Im ersten Augenblick schreckte er davor zurück, in sein Herz zu sehen, denn er war nicht sicher, ob er sich dessen, was er auf seines Herzens Grund finden würde, freuen könnte. Dann betrachtete er sich aber scharf mit dem Mut eines Menschen, der seiner Überzeugung bis ans Lebensende treu bleibt. Während der blonde Pole so hinreißend Klavier spielte, hielt Liszt mit sich selber eine kurze, aber heftige Zwiesprache.

›Spielt er besser Klavier als ich?‹

›Nein. In manchem erreicht er mich, aber ich kann doch noch mehr. Das ist der ausschlaggebende Unterschied: er läßt das Klavier sprechen; *ich* habe das Instrument bezwungen, ich spreche selbst, wenn ich Klavier spiele.‹

›Könnte er meinen Ruhm in den Schatten stellen?‹

›Kann sein. Es ist das ja zum Teil auch Modesache. Aber mich endgültig aus dem Felde zu schlagen, dürfte ihm kaum gelingen. Immerhin – ein gefährlicher Gegenspieler.‹

›Und jetzt muß ich ehrlich bekennen: wünsche ich seinen Sturz? Ärgert es mich, daß er aufgetaucht ist?‹

›Nein! Nein! Nein! Ich fühle, daß ich ihn gern habe! Ich weiß, daß meine

Seele die eines Mannes ist und daß ich vornehm denke. Oh, ich bin so froh . . .‹

Mit strahlenden, erlösten Gesichtszügen hörte er dem Spiel weiter zu. Er hatte die große Probe bestanden und brauchte sich nicht vor sich selbst zu schämen. Liszt empfand eine erhebende Freude und die glückliche Genugtuung der reinen Seele. Seine Dankbarkeit für Chopin, der ihm zu dieser Charakterprobe Gelegenheit geboten, verdoppelte seine Zuneigung zu dem Künstler, unter dessen Händen die Töne wie farbenprächtige Springbrunnen rauschten und sprudelten. Er sehnte sich nach einer innigen Freundschaft mit diesem jungen Menschen. Als das erste Stück zu Ende war, brach dröhnender Beifall los. Mendelssohns kräftiges Händeklatschen übertönte sogar den begeisterten Applaus der polnischen Patrioten. Er stand auf und applaudierte stehend. Er wollte unter allen Umständen die Aufmerksamkeit Kalkbrenners auf sich lenken, der in der ersten Reihe neben der schönen Frau Pleyel saß und mit säuerlichem Gesicht, als hätte man ihm einen Zahn gezogen, ein paarmal in die Hände geklatscht hatte. Er war blaß vor Zorn. Auch Franzi spendete starken Beifall und beobachtete Kalkbrenner. Welche Qual muß das bedeuten, so klein und so neidisch zu sein! Diesen Menschen machte jeder Erfolg eines anderen krank. Was war es dagegen für eine stolze Freude, großherzig, gerecht und Herr über seine Gefühle zu sein . . .

»Köstlich!« sagte Mendelssohn, der immer noch wie ein Wahnsinniger klatschte, zu seinen Freunden. »Kalkbrenner ist stiller Teilhaber der Pleyelschen Fabrik. Der Erfolg Chopins bedeutet für ihn einen ungeheuren pekuniären Gewinn. Jeder weiß doch, wie er das Geld anbetet. Und doch erstickt er fast vor Wut über seinen eigenen geschäftlichen Erfolg . . .«

Diese letzten Worte übertönten unvorsichtigerweise den schon abflauenden Beifall. Chopin begann von neuem zu spielen. Sein eigenes e-Moll-Klavierkonzert. Die Begeisterung nach beendigtem Spiel war noch größer. Um das Programm zu füllen, spielte Kalkbrenner gegen Ende des Konzertes selbst noch einmal; auch ein Violinspieler namens Baillot trat noch auf, aber das große Erlebnis des Abends war der Pole. Er brachte eine ganze Reihe seiner kleineren Kompositionen zum Vortrag, die Franzi einfach verblüfften. Er fand den Klavierspieler hervorragend, aber auch den Komponisten unerhört reizvoll. Man konnte ihn mit niemandem vergleichen. Aus dem Zauber der diamantperlenden Sätze leuchtete die reine Seele eines Cherubs hervor, der in süßer Trauer durch seine Tränen lächelte. Es war eine wunderbare Trauer, ein unwiderstehlich bannendes Weh, nicht die Qualen des Leides, nur eine Ahnung. Und alles kleidete der Künstler in die reiche Volkstracht seines Vaterlandes, als ob er die strahlenden Gedanken seiner Schwermut, feenhaften Frauen gleich, zu irgendeinem traumhaften, mondscheinnächtigen Maskenball schickte.

Nach dem Konzert konnten die vier Klavierspieler kaum an Chopin herankommen. Die vornehmen polnischen Damen bildeten einen engen Kreis um

ihn, dem sich auch die anderen Polen anschlossen. Pleyel stapfte in freudiger Aufregung herum. Der Ruf seiner Klaviere mußte jetzt unzweifelhaft die ganze Welt erfüllen. Die vier Pianisten warteten, eine kleine Gruppe bildend, geduldig, bis sie an die Reihe kamen. Inzwischen trafen sich zufällig die Blicke Franzis und Camilla Pleyels, wie wenn sich im Gedränge zwei fremde Hände zufällig berührt hätten. Sein Blick sagte: ›Ich bin neugierig auf dich!‹, der der Frau: ›Du bist umsonst schön und berühmt, du interessierst mich nicht, ich gehöre einem anderen.‹
Endlich konnten sie sich vorstellen.
»Mendelssohn.«
»Osborn.«
»Hiller.«
»Liszt.«
Chopin, der bei jedem Namen freudig erschrak, öffnete beim letzten, bei dem Weltberühmten, dem Unbestrittenen, dem jungen Halbgott seines Berufes, seine warmen braunen Augen zu einem so tiefen und innig verbundenen Blick, wie er ihn keinem anderen vergönnt hätte. Chopin und Liszt drückten sich die Hände, und keiner ließ die Hand des anderen wieder los. Forschend, um Zuneigung bittend, voll Bewunderung füreinander, sahen sie sich ins Gesicht.
»Wir wollen gute Freunde sein«, sagte Franzi. »Wollen Sie?«
Chopin antwortete mit feinem Lächeln und einem durch den stark slawischen Tonfall besonders liebenswürdig klingenden Französisch:
»Sie sind mir zuvorgekommen, mein lieber Freund, ich wollte Sie eben um dasselbe bitten.«

ZWEITES KAPITEL

Schon am folgenden Tage kamen sie zusammen. Und von da ab verging kein Tag, an dem sie sich nicht sahen. Der neue Freund war genau so, wie er sich das erstemal am Klavier gezeigt hatte. Alles Rohe, Laute, Aufdringliche haßte er. Er brachte es nicht übers Herz, Shakespeare zu lesen, und sogar bei Mozart, den er anbetete, fand er Einzelheiten, über die er am liebsten hinweggesehen hätte. In Streitigkeiten ließ er sich nicht ein. Bei den heftigen Wortgefechten zwischen Franzi und Hiller verharrte er in hartnäckigem Schweigen. Bei solchen Gelegenheiten konnte man seine Meinung nicht erforschen. Sein Charakterbild zeigte eine sonderbare, anziehende Mischung männlicher und fraulicher Züge. Gegen das Rauchen hegte er einen unüberwindlichen Abscheu gleich den feinen Damen in ihren moschusduftenden Boudoirs. Auf jedem Tisch, auf jedem Sims in seiner Wohnung standen frische Blumen. Seine Sparsamkeit grenzte manchmal an die Pfennigfuchserei einer kleinbürgerlichen Hausfrau; man konnte ihn sogar geizig nennen. Sein Stolz aber und seine Aufrichtigkeit waren ebenso männlich wie seine entschlossene Willenskraft. Sehr bald traten an ihm auch die Eigenschaften zutage, die sich in seiner Kunst nicht offenbarten. Seine Musik ließ auf einen wehmütigen, träumerischen, leicht zu Tränen gerührten Mann schließen, er aber war immer fröhlich, immer gleichmäßig in seinem Benehmen und oft überraschend geistvoll in seinen Äußerungen. Auch über eine beachtliche schauspielerische Begabung verfügte er: er konnte die Menschen in ihrer Stimme, ihrer Haltung und in ihrem Benehmen prächtig nachahmen, insbesondere seine Künstlerfreunde am Klavier, die er damit zu unwiderstehlichem Lachen hinriß.

Franzi gegenüber zeigte er sich am mitteilsamsten. Stundenlang waren die beiden neuen Freunde täglich beisammen und trennten sich jedesmal mit der Versicherung, daß sie noch eine ganze Menge miteinander zu besprechen hätten. Chopin erzählte gern von seiner Kindheit. Mit zärtlicher Liebe sprach er von seinen Eltern, seiner edlen Mutter und seinem als Franzosen geborenen Vater, der einst Maria Leszczynska, der Geliebten Napoleons, Klavierunterricht erteilt hatte. Von seiner daheimgebliebenen Schwester Luise redete er wie ein Verliebter. Er beschrieb seinem Freund das kleine polnische Dorf Zelazowa-Wola, erzählte von seinen Erlebnissen als Wunderkind, erinnerte sich mit kindlicher Freude des Spitzenkragens, den er bei seinem ersten Konzert umlegen durfte, pries die Güte des Fürsten Radziwill, streifte bescheiden seine ersten großen Erfolge, schwärmte von dem vergötterten Warschau und schilderte verzweifelt den fürchterlichen Einzug der Russen. Auch Franzi gab seine Erinnerungen zum besten. Und wenn sie in ihrem Lebenslauf ähnliche Ereignisse und Verhältnisse entdeckten, dann suchte jeder sich selbst im Spiegel der Erinnerungen des anderen. Wenn Franzi von der Komtesse Saint-Cricq sprach, erzählte ihm Chopin von der Fürstin Radziwill, die so früh gestorben war. Auch er hatte bei Czerny Klavier gespielt, auch ihn hatte Paganini in seinen Bann gezogen, auch er hatte in Wien Konzerte gegeben und unauslöschliche Eindrücke von der Musik der tanzenden Bauern in seiner Heimat gewonnen.

Sie träumten beide von ihrer Kindheit. Der eine, dessen Vater als Franzose geboren war, gedachte mit brennendem Schmerz der polnischen Erde; der andere, der nicht ungarisch sprechen konnte, wurde nicht müde, die unvergeßlichen Erinnerungen an die Donau und die Pester Zigeunermusik immer und immer wieder wachzurufen.

In der Vertrautheit ihrer Gefühle fanden sie sich ständig mehr, aber am Klavier kam ihnen die Verschiedenheit ihrer Veranlagung und Auffassung klar zum Bewußtsein. Den zarten Chopin erschreckte das leidenschaftliche Fortissimo Franz Liszts, sein ruheloses Forschen in den Geheimnissen des

Klaviers berührte ihn fremdartig. Er sehnte sich nach den lichten, blauen Sphären, immer höher und höher hinauf. Franzi dagegen war in sich gekehrt, mit sehnsüchtiger Zähigkeit strebte er immer tiefer und tiefer der unter dem Boden des Lebens brodelnden Lava zu. Wenn sie am Klavier beratschlagten und diskutierten, kam immer wieder die wilde, verwegene Musik des fern in Italien weilenden Berlioz zwischen ihnen zur Sprache. Chopin ließ das ungestüme Spiel Franzis über sich ergehen und sagte dann:
»Diese Musik ist reizvoll und genial, aber wie ein Sturm: ungezügelt und wirr.«
Als Fétis, der belgische Musikgelehrte, eine Vortragsreihe ankündigte, gingen sie beide zu den Abenden. Mendelssohn war damals schon nach Hause gereist, aber Hiller und Osborn kamen mit. Fétis, der in der musikalischen Welt als unruhiger, rebellierender und streitsüchtiger Musikkritiker verschrien war, prägte ein neues musikalisches Kennwort: Omnitonie. In weitschweifigen Sätzen erörterte er etwas zunächst noch Unausgegorenes und Düsteres. Lang und breit sezierte er den Begriff des Tones und der Harmonie und kam dann zu der Feststellung, daß in der Musik der Zukunft sich bisher noch unbekannte Verbindungen von Tönen und Harmonien Geltung verschaffen würden und daß in der Harmonielehre auch solche Zusammenklänge, die bis jetzt noch niemand anzuwenden wagte, Bürgerrechte erlangen würden. Als sie von einem solchen Vortrag kamen, schüttelte Chopin den Kopf:
»Unklar. Ich weiß nicht, was er sagen will.«
»Das ist unklar?« rief Franzi. »In mir ist das klar wie die Sonne. Hören Sie mal, was ich von Pater Lamennais gelernt habe. Sie sind doch auch ein guter Katholik, Friedrich, wie ich. Dann müssen Sie es verstehen.«
Und er setzte ihm mit glühender Begeisterung die Lehren Lamennais' von der Kunst und von der Schönheit auseinander. Dann fuhr er eifrig fort:
»Sehen Sie, ich habe in mir das große, heilige Problem schon gelöst. Passen Sie auf. Wenn ein Gefühl sich innerhalb der Grenze des Schönen und Erhabenen bewegt, dann ist die wahrheitsgetreue Wiedergabe dieses Gefühles in der Kunst berechtigt, mag die Ausdrucksform sein, wie sie will. Stimmt das? Oder stimmt das nicht?«
»Das mag schon zutreffen. Aber als Ihr Berlioz diesen Hexentanz in sich erlebte, bewegte sich da sein Gefühl noch innerhalb der Grenze des Schönen und Erhabenen? Nein, lieber Franzi, das kann weder schön noch erhaben gewesen sein. Und deshalb hat auch dieses Gefühl eine so rohe und wilde Ausdrucksform bekommen, die ich ablehnen muß.«
Franzi dachte angestrengt nach. Er setzte dreimal an, um etwas zu erwidern, dann gab er es hoffnungslos auf.
»Das ist fürchterlich! Ich fühle, daß ich recht habe, und kann es nicht in Worte fassen. Es geht mir damit so wie mit einem Gedicht von Victor Hugo,

das ich für Orchester komponieren will. Ich fühle ganz deutlich, was ich sagen will, das Ganze schwebt mir fertig vor, und ich bin trotzdem nicht imstande, es beim Schopfe zu fassen.«

Chopin schwieg. Sie stritten nicht länger. In diesem Punkte konnten sie einander nicht verstehen. Das berührte aber ihre Freundschaft nicht im geringsten. Sie hatten sich sehr gern. Chopin liebte das Feuer, den Schwung und die Leidenschaft seines Freundes, und Liszt liebte das angeborene Herrentum des Polen, die Feinheit seines Empfindens, seine liebenswürdige Boshaftigkeit und seine slawische Glaubenskraft. Mit der beschwingten, farbenprächtigen Welt seiner Mazurken stand er in seltsamem Einklang, daß er seine Briefe, die er nach Hause schrieb, mit Frederyk Szopen unterzeichnete. Ein Buch, das bei ihm herumlag, trug den Titel: »Grammatika niemiecka.« Daraus versuchte er, Deutsch zu lernen. Einer seiner polnischen Bekannten schrieb seinen Namen »Szulc«, man mußte ihn aber »Schulz« aussprechen. Überhaupt trafen sich viele Polen in der Wohnung Friedrichs, und ihre weiche, melodische Sprache gefiel Franzis anspruchsvollen Ohren ausnehmend gut. Er bat sie ab und zu, ihm polnische Verse vorzutragen, und stolz deklamierten sie Gedichte ihres großen Dichters Mickiewicz. Diese Dichtungen hörte er wegen ihres melodischen Klanges zu gern, wenn er sie auch nicht verstand. Als ihn aber die anderen baten, er möge einige Gedichte aus seiner Heimat vortragen, erklärte er bedauernd, daß er nicht Ungarisch könne.

»Wissen Sie«, fragte man ihn, »daß einer unserer Könige ein Ungar war?«

»Das weiß ich nicht«, erwiderte Liszt verwundert. »Wer?«

»Stefan Bathory. Wir dagegen haben dem ungarischen Throne die Jagellonen gegeben. Ist Ihnen das nicht bekannt?«

»Ich habe es nicht gelesen. Aber ich kenne etwas anderes.«

Er setzte sich ans Klavier und spielte ihnen die immer noch aus seiner Kindheit in seinem Herzen unverändert klingenden Zigeunerweisen vor. Dann löste ihn Chopin ab und spielte Mazurken. Franzi lernte den Ausspruch: »Wegier, polak twoj bratanek.«

Wie die beiden Freunde in ihrer musikalischen Auffassung getrennte Wege gingen, so waren sie auch in religiösen Dingen verschiedener Meinung. Franzi hätte seinen Freund gern dem Pater Lamennais zugeführt, Chopin zögerte aber. Sein Katholizismus war ein ganz anderer. Er bewahrte sich seinen aus der Kindheit herrührenden starken Glauben und fühlte sich darin wohl, ohne ihn mit sinnender Klügelei anzutasten, wie er ja auch über die Luft nicht nachdachte, die er einatmete. Franzi aber erforschte, lernte und prüfte seinen Glauben ebenso wie das Klavier. Zur Zeit stimmte er ohne Einschränkung allem bei, was er von Pater Lamennais während der langen, gemeinsamen Spaziergänge gehört hatte. Als der »Avenir«, das Blatt des Abbé, einen Aufruf erließ, die Kirche möge zur idealen Armut des Evangeliums zurückkehren, und die steinreichen hohen Würdenträger der Kirche

als Erwiderung darauf eine in scharfem Tone verfaßte Deklaration veröffentlichten, sagte Chopin:
»Sehen Sie, Franzi, warum soll ich mich durch Ihren Abbé beeinflussen lassen? Als erster hat zum Beispiel der Bischof von Toulouse diese Deklaration unterzeichnet. Mir ist das maßgebend, was ein Bischof sagt. Dieser Lamennais soll mir meinen Glauben lassen und nicht darin herumstöbern.«
Franzi aber lief aufgeregt in die Redaktion des »Avenir«:
»Man wird Ihnen doch nichts in den Weg legen, Pater?«
»Ganz im Gegenteil. Ich beginne erst jetzt zu siegen. Diese unersättlichen Pfeffersäcke verhelfen mir dazu, daß Seine Heiligkeit der Papst von meinen Lehren Kenntnis erhält. Ich will selbst zum Papst Gregor gehen, denn daß ich den Heiligen Vater, der gut und edel ist, überzeugen werde, bezweifle ich nicht. Freuen Sie sich mit mir, mein lieber Sohn, diese Welt, in der Sie musizieren, wird eine schönere und bessere sein.«
Und eines Tages begab sich der Abbé mit seinen beiden engsten Mitarbeitern tatsächlich nach Rom. Vom päpstlichen Hofe hatte er die Mitteilung erhalten, daß der Heilige Vater sie empfangen werde. Franzi gab ihm das Geleit bis an die Postkutsche. Er umarmte den Abbé und küßte ihm die Hand. Jetzt war nicht nur der lang entbehrte Berlioz in Italien, sondern auch noch Pater Lamennais.
Er spürte aber ihre Abwesenheit kaum, weil seine Zeit ganz ausgefüllt war. Hatten die vornehmen Häuser der Aristokratie ihn schon früher gern gesehen, so kam er jetzt, mit Chopin zusammen, erst recht in Mode. Überall lud man sie gemeinsam ein wie die Dioskuren. Sie saßen nebeneinander. Im silbersternigen Salon der Herzogin Belgiojoso und zwischen den Gobelins der Herzogin Durras. Sehr oft waren sie Gäste des Grafen Apponyi in der österreichischen Botschaft, des polnischen Grafen Plater, im Schloß De la Grange und im Schloß De Bourdonnaye. Auch Hiller wurde als ihr Freund gemeinsam mit ihnen eingeladen. Sie saßen abwechselnd am Klavier, und allen wurde gleichstarker Beifall gespendet. Um sie herum flutete heitere Geselligkeit.
Die Romantiker besprachen den literarischen Klatsch, die steifen, alten Herren prahlten von ihren Schlachten, Anekdoten über Liebesaffären machten in der Gesellschaft die Runde, und überall wurde heftig politisiert. In den Vororten erhob die Cholera ihr Haupt, die Republikaner schienen das blutige Spiel der Barrikadenkämpfe wiederaufnehmen zu wollen, in der Gesellschaft gingen vertrauliche Nachrichten von Mund zu Mund, daß die Herzogin von Berry wieder in Frankreich sei, daß die Legitimisten sich heftig rührten und der Sohn der Herzogin, der Graf Chambord, Philipp Ludwig von Orléans vom Throne der Bourbonen bald wieder herabgestoßen werde.
Die beiden Künstler, die der Strom des musikalischen Lebens an die Ufer der Seine getrieben hatte, bewegten sich unbekümmert in dieser von herzoglichen und gräflichen Kronen strahlenden und von prächtigen Kande-

labern erleuchteten Welt. Sie kannten alle verwandtschaftlichen und erotischen Beziehungen zwischen den Herrschaften, sie nahmen an allen kleinen und großen Zerwürfnissen, Skandalen und dem Enstehen neuer Freundschaften teil. Mit halbem Ohr fingen sie Staatsgeheimnisse auf und schwammen auf der Oberfläche der vornehmsten Gesellschaft Frankreichs wie zwei Wasserrosen auf dem Teich eines gräflichen Parkes bei einem Mondscheinfest.

Jeden Schritt Franzis begleitete das Lächeln einer Frau. Das vergangene Jahr hatte ihn zu einem so schönen jungen Mann reifen lassen, daß der Ruf seiner prächtigen Erscheinung mit seinem musikalischen Ruhm wetteiferte. Die Zeitungen schrieben von ihm als »der gepriesenen Mannesschönheit von Paris«. »Das berühmte Elfenbeinprofil Litz'« war die Bezeichnung, der sie sich gewöhnlich bedienten. Der beliebte Zeichner Dévéria, der durch Victor Hugo sein guter Freund geworden war, schuf ein byronhaft schönes Bild von ihm. Liszt selbst konnte sich nicht satt daran sehen.

»Sehen Sie mal an, liebe Mutter«, rief er aus, als er zu Hause das Bild zeigte, »wie schön ich bin!«

Froh und begeistert rief er das aus, als ob er die Erscheinung eines fremden Mannes bewunderte. Diese Schönheit hatte seine geheimsten Gedanken immer schon beschäftigt. Jetzt aber wurde er auf Schritt und Tritt durch allerlei Bemerkungen, Schmeichelein und Anspielungen daran erinnert. Er verglich sich mit anderen Männern und stellte mit dem Frohlocken eines Kindes fest, daß er keinen schöneren Mann kenne, als er es war.

Ary Scheffer, der berühmte Maler, bat ihn, ihm Modell zu sitzen. Er sagte zu, wie ein König einem Fremden die Erlaubnis erteilen würde, sein Reich besichtigen zu dürfen. Im Atelier des Malers nahm er auf dem Podium Platz, als ob das ganze Atelier von Konzertbesuchern überfüllt wäre.

»Schneiden Sie kein so arrogantes Bühnengesicht«, ermahnte ihn mit gerunzelter Stirn der Maler, »ich kann so nicht arbeiten.«

»Sie haben recht.« Franzi zuckte lächelnd zusammen. »Aber man ist nicht ungestraft zehn Jahre lang ein Wunderkind.«

Foyatier, der Bildhauer, schuf gerade eine Spartakusstatue für die Tuilerien. Er besuchte Franzi und bat ihn, zu gestatten, seinen Kopf zu modellieren. Und das »profile d'ivoir« fand Aufnahme unter den Schätzen der Tuilerien. Der Besitzer dieses Profiles war eine der bekanntesten Gestalten von Paris geworden. Wenn er zu Fuß auf der Straße ging, flüsterte man halblaut seinen Namen; wenn er in einen Laden trat, um etwas zu kaufen, sprach man ihn zuvorkommend mit seinem Namen an, und das Lächeln des Erkennens, das nur berühmten Leuten begegnet, wurde ihm immer selbstverständlicher und gleichgültiger. Er war lediglich verwundert, wenn man ihn einmal nicht erkannte.

Abenteuer hatte er mehr, als ihm lieb waren. In seiner Wohnung gaben sich die Lakaien, die ihm Briefe brachten, oft die Klinke in die Hand. Der Eitel-

keit seiner Mutter schmeichelte das zwar sehr, aber sie versäumte deswegen doch nicht, ihn liebevoll zu ermahnen:
»Wenn du heute nachmittag wieder ausgehst, wirst du wieder nicht üben können, mein Sohn. Ich sage dir das nur, weil du selbst mich gebeten hast, dich hin und wieder zu mahnen.«
»Ich weiß, ich weiß, aber was soll ich machen? Ich werde mit den Leuten nicht fertig. Ich kann wirklich nichts dafür.«
Er sprach die Unwahrheit. In keiner Frau sah er etwas anderes als nur das Weib. Er selbst konnte nicht begreifen, welcher Dämon ihn dazu trieb, ohne sein Wissen und Wollen alles Weibliche zu attackieren. Nicht er sah den Frauen tief in die Augen, sondern der Dämon in ihm. Seine Augen strahlten eine kleine achtjährige Bettlerin, der er Geld schenkte, mit demselben Feuer an wie eine achtzigjährige Herzogin, die »den Litz« hinreißend fand. Er senkte seinen heißen und funkelnden Blick gleichzeitig in die Augenpaare von fünf Frauen. Warum tat er das nur? fragte er sich selbst. Kleine Schauspielerinnen, Bürgersfrauen, berühmte Damen der Halbwelt überhäuften ihn gleichermaßen mit ihrer Gunst, so daß er vor neuen Eroberungen eher hätte flüchten müssen. Und auf seine an sich selbst gerichtete Frage wußte er keine andere Antwort, als daß er es nicht in irgendeiner Absicht, sondern aus seinem innersten Wesen heraus tat. Er hatte eben für die Frauen keinen anderen Blick. Auch ein Vogel kann nichts anderes als zwitschern. Der Herrgott hatte ihn nun einmal so geschaffen. Gibt es denn eine Katze, der eine Maus gleichgültig ist, und wenn sie noch so satt wäre? Der Einundzwanzigjährige lebte nur mit den Augen, mit seinen tiefblauen, manchmal ins Grüne schillernden Augen. Er war im Spiel der Augen ein ebenso großer, unumstrittener Meister wie am Klavier. Er fühlte sofort, wenn man ihn ansah, und sein suchender Blick traf mit tödlicher Sicherheit den auf ihn gerichteten Blick. Scheuem Widerstand, erschrockener Zurückhaltung, errötendem Zorn des Ertapptseins war er dabei schon oft begegnet, nie aber stieß er auf Gleichgültigkeit.
Im Hause der Gräfin Plater waren die drei Klavierkünstler am häufigsten zu Gaste. Auch der liebenswürdige Hiller fühlte sich am wohlsten in diesem Hause, wo es am wenigsten steif zuging und die Herzenswärme am deutlichsten zu spüren war. Chopin ging hier ein und aus wie zu Hause: der Graf und seine Gattin, eine geborene Komtesse Brzostowska, waren beide reinblütige Polen. Intimere Beziehungen zu einzelnen in diesem Hause verkehrenden Personen hatte keiner von den Freunden. Hiller machte sich nichts aus den Frauen, sie langweilten ihn nur, und Chopin verband mit der Adoptivtochter des buckligen Musikprofessors Pixis eine melancholische, fast ätherische, jedenfalls nicht ernst zu nehmende Schwärmerei. Die schöne, kleine Francilla wurde immer bis über die Ohren rot, wenn sie Chopin sah, und Pixis, der unsterblich in seine Pflegetochter verliebt war, behandelte den Polen mit dem ganzen unbeherrschten, blinden Haß eines sich

durch sein Gebrechen als ausgestoßen Fühlenden. Chopin und Liszt weihten die Gräfin Plater in all ihre Herzensgeheimnisse ein, und Hiller erging sich ihr gegenüber in Klagen sowohl über seine unpünktliche Wäscherin als über seine ewigen Kopfschmerzen. Die Gräfin war eine liebe, gütige, kluge Frau, die die berühmten Künstler nicht aus Großtuerei zu sich lud, sondern aus wirklicher Zuneigung.
»Was sagen Sie zu meinen Freunden?« fragte Franzi die Gräfin, als er in einer Ecke des Salons neben ihr saß und die anderen beiden am Klavier nach Noten suchten.
»Zwei ganz verschiedene Menschen. Wenn ich frei wäre, würde ich Chopin zu meinem Manne erwählen, und Hiller zum vertrauten, zuverlässigen Freund meines Hauses.«
»Und mich?«
Ihre Blicke senkten sich ineinander, wie wenn ein Tropfen Wasser auf glühendes Eisen aufzischt.
»Sie zu meinem Geliebten.«
Sofort erhob sie sich aber und ging auf das Klavier zu. Auf halbem Wege sah sie sich nochmals um und sagte mit sprühendem Lächeln über die Schulter:
»Selbstverständlich nur, wenn ich frei wäre.«
Eine Woche darauf küßten sie sich. Und als Franzi, berauscht von seinem neuen Siege, in der Nacht nicht einschlafen konnte, sagte er mit eitlem Selbstgefallen vor sich hin: Gräfin Laprunarède geborene Komtesse Chelard, Gräfin Plater geborene Komtesse Brzostowska. Sofort schalt er sich aber wegen dieses Snobismus, den er einst bei seinem Vater so sehr verachtet hatte. Und zugleich tauchte als eine helle Vision im dichten Walde seiner Erinnerungen das immer noch herzergreifende unvergeßliche Bild der Komtesse Liline auf. Wehmütig erkannte er, daß alle die Jahre umsonst vergangen waren, daß er dieses zarte Engelsgesicht sein ganzes Leben lang lieben werde. Und mit Bitterkeit mußte er feststellen, daß die brennende Wunde der ihm damals zuteil gewordenen Demütigung noch immer nicht zugeheilt war. Er erinnerte sich noch deutlich an den hochmütigen Gesichtsausdruck des Grafen Saint-Cricq und preßte im Dunkel der Nacht seine Zähne zusammen. In solchen Augenblicken vermochte er auch mit trotzigem Achselzucken die durch den lieben, alten Grafen Laprunarède hervorgerufenen Gewissensbisse von sich abzuschütteln.
Gräfin Adele, mit der er während der langen Trennungszeit dauernd in Briefwechsel stand, teilte ihm in einem überschwenglichen Briefe mit, daß sie mit ihrem Manne nach Paris käme. Da häuften sich drei Ereignisse in Franzis Leben: die Gräfin Laprunarède kehrte aus den Alpen zurück, Lamennais aus Rom und Berlioz aus Italien. Und alle drei verursachten heftige Störungen in seinen Gefühlen, seinem Glauben und seinem Denken.
Vor allem befand er sich jetzt in der peinlichen Lage, gleichzeitig zwei

Frauen anzugehören, die sich in denselben Gesellschaftskreisen bewegten. Keiner von beiden mochte er weh tun. Und wie ein Geizhals wollte er keins seiner Goldstücke weggeben. So begann für ihn ein mühseliges, quälendes Spiel von Lügen, Erklärungen und Ausreden.
Lamennais war nicht nur unverrichteterdinge heimgekehrt, er hatte sich auch noch eine Verurteilung wegen Pressevergehens zugezogen, die das Ende des »Avenir« bedeutete. Als Franzi den Abbé zum erstenmal wiedersah, erschrak er, wie gealtert und angegriffen der Pater aussah.
»Was ist geschehen?« fragte er ernst und sorgenvoll.
»Das ist geschehen, mein lieber Sohn, daß ich hübsch folgsam mein Haupt beugen muß. Seine Heiligkeit hat uns zwar empfangen, vor der Audienz hat man uns aber streng eingeprägt, daß wir die Angelegenheit des ›Avenir‹ mit keiner Silbe erwähnen dürften. Wir haben es dann auch nicht getan.«
»Wovon haben Sie denn gesprochen?«
Der Abbé antwortete bitter und mit der Achsel zuckend:
»Vom Wetter. Wir sind schließlich abgereist, ohne irgendeine Entscheidung mitnehmen zu dürfen. Wir ahnten aber, daß irgend etwas nicht in Ordnung war. Unseren Heimweg nahmen wir über München, wo man uns zu Ehren ein großes Bankett veranstaltete. Während des Banketts rief man mich aus dem Saal und teilte mir mit, daß die Enzyklika Seiner Heiligkeit soeben eingetroffen sei, die unmittelbar nach unserer Abreise erlassen worden wäre. Ich bekam auch den Text zu lesen. Der Heilige Vater ermahnte uns streng, unsere Nasen nicht in Angelegenheiten zu stecken, die Sache der Hohen Geistlichkeit seien. Sie können sich vorstellen, in welch seelischer Verfassung ich mich wieder an die Tafel setzte und in welcher Stimmung wir dann nach Hause reisten. Hier erwartete mich neben der Enzyklika schon das Begleitschreiben des Bischofs Pacca: Seine Heiligkeit sei nicht nur überrascht, sondern unendlich erbittert darüber, daß wir für Religions- und Pressefreiheit einträten; denn das stehe in schroffstem Widerspruch zu den Grundsätzen der Kirche. Sowohl die Presse- als auch die Religionsfreiheit sei nach Meinung des Heiligen Vaters ein reiner Irrsinn und könne keine katholische Idee sein.«
Der Abbé schwieg und starrte düster und verkrampft vor sich hin. Franzi wagte kaum, etwas zu sagen.
»Und was wird jetzt werden?«
»Ja, mein lieber Sohn, jetzt werde ich Sie lange nicht mehr sehen. Ich ziehe aufs Land. Zuvor werde ich aber noch Seiner Heiligkeit die untertänigste Huldigungsadresse des ›Avenir‹ überreichen lassen. Ich habe mich ja selbst am meisten für das Ansehen des Papstes eingesetzt . . . Und nun hat der ›Avenir‹ sein Ende gefunden. Ich muß alles bisher Aufgebaute wieder zerstören . . . Nein, nein, sagen Sie nichts, mein lieber Sohn, werden Sie nicht heftig. Was der Papst sagt, ist heilig. Sie sind doch auch ein guter Katholik. Und wenn Sie sich bis jetzt als mein Schüler gefühlt haben, so geben Sie

sich mit allem zufrieden. Jetzt gehen Sie. Ich schreibe Ihnen vielleicht noch.«

Franzi verließ den Abbé, innerlich aufgewühlt und wie vor den Kopf geschlagen. Das Ereignis war furchtbar, es traf auch seine an Anbetung grenzende kindliche Schwärmerei, die er für den irdischen Statthalter Christi in sich trug, seit er lebte. Der Papst sagte, der Gedanke der Pressefreiheit sei ein Wahnsinn und keine katholische Auffassung! Wo sollte er nun die Begeisterung hernehmen, mit der er bis jetzt den Kampf Victor Hugos und seiner Anhänger gegen die Zensur begleitet hatte? Was würde nun in ihm alles zusammenstürzen? All das, was er von der neuen Literatur, von der Kunst und von der vollkommenen Schönheit nach so vielem Grübeln in sich aufgebaut hatte? Oder war er kein guter Katholik? Sollte auch diese Gewißheit ihm geraubt werden?

Berlioz gab ihm sofort nach seiner Ankunft Nachricht. Er mietete sich eine ärmliche, kleine Wohnung in einem Eckhause der Rue Neuve-Saint-Marc. Hier suchte ihn Franzi auf und traf ihn, Zwiebeln bratend, an. Die Worte strömten nur so aus Berlioz' Munde. Er war mit Mendelssohn in Rom zusammengetroffen und hatte sich mit einem eigenartigen russischen Musiker, namens Glinka, angefreundet. Berlioz hatte viel gelitten und sich entsetzlich geplagt.

»Armer Hector!« bedauerte ihn Franzi. »Ich habe viel an Sie gedacht, als ich Pleyels sah.«

»Wen? Ach so. Nein! Camilla interessiert mich nicht mehr. Ich habe sie auch nie geliebt. Meine Liebe galt immer nur Harriet. Aber jetzt habe ich auch sie aus meinem Herzen gerissen. Ich habe das schon in Musik umgesetzt. Stellen Sie sich vor, ich habe meine ›Phantastische Symphonie‹ völlig umgearbeitet und mit einem neuen Schluß versehen.«

»Sie haben sie umgearbeitet?«

»Sie brauchen nicht zu erschrecken. Von meinen Grundsätzen gehe ich nicht einen Finger breit ab. Ich habe das Werk nur ausgefeilt, wo das erforderlich war. Die ›Idée fixe‹, die solchen Eindruck auf Sie machte, wollte ich noch etwas nachdrücklicher hervorheben. Das Wichtigste ist aber, daß ich zu dem Hexentanz noch einen Schluß komponiert habe, und der heißt: ›Lelio oder die Rückkehr zum Leben‹. Die alte Fassung mußte unbefriedigend wirken, weil man nicht wußte, was nun aus dem Künstler werden sollte, nachdem er seine Liebe unter den Hexen erblickte. Aber jetzt erfährt man es: er kehrt ins Leben zurück. Die Bestie mag mit ihren Hexen verrecken, der Künstler pfeift auf sie, er ist gesund geworden und fängt das Leben von vorn an. Ist es denn der Mühe wert, wegen so einer Kreatur mit sich selbst vollständig zu verfallen? Ich werde es ihr schon beweisen!«

Berlioz schlug mit der Faust auf den Tisch. Aber dann faßte er sich wieder. »Doch das alles gehört ja gar nicht hierher. Mit einem Wort, der Künstler kehrt zurück ins Leben, und damit ist es gut.«

»Was bedeutet denn ›Lelio‹?«
»George Sand ist eine gute Freundin von mir und arbeitet gerade an einem Roman, der ›Lelia‹ heißt. Sie schrieb mir darüber. Als Partner zu ihrer Hauptfigur habe ich den Namen ›Lelio‹ gewählt. Kennen Sie George nicht?«
»Wir sind uns noch nicht begegnet.«
»Nun, Sie werden sich schon einmal treffen. Schade, daß ich Ihnen die Einzelheiten der Symphonie nicht zeigen kann. Ich habe aber noch kein Klavier hier, und das Manuskript ist zum Kopieren weggegeben. Ich hoffe, Sie kommen zu meinem Konzert? Gut. Warten Sie mal, woran habe ich denn noch gearbeitet . . . Aber, es ist ja doch vergeblich, ich habe ja noch kein Klavier. Die Hauptsache bleibt, daß der Künstler ins Leben zurückgekehrt ist. Verstehen Sie das? Der Teufel soll diese Bestie holen! Stimmt das etwa nicht?«
Berlioz sah aus, als ob er nicht ganz normal aus Rom zurückgekehrt wäre. Allem Anschein nach war er in Harriet Smithson, die englische Schauspielerin, verliebter denn je.
Bei der Uraufführung der Symphonie war auch sie anwesend. Berlioz hatte Bocaget, den Schauspieler, gebeten, den erklärenden Text zu seiner Symphonie vor dem Konzert zu verlesen. Das war ein sonderbares Schriftstück: unter dem Deckmantel des Kommentars verbarg sich ein einziger, wütender, sinnloser Angriff gegen die Kreatur, die den Künstler so aufgewühlt hatte, und gegen einen gewissen Kritiker, der den Künstler irgendwie beleidigt hatte. Harriet Smithson und Fétis verließen mit bleichem Antlitz das Konzert.
Franzi aber war ganz hingerissen. Die Symphonie packte ihn jetzt noch viel mehr als vor zwei Jahren, wo er sie zum ersten Male gehört hatte. Nicht die Änderungen wirkten so stark auf ihn, sondern er konnte das ganze Werk jetzt viel besser verstehen. Die letzten beiden am Klavier verbrachten Jahre zäher, unbeirrter Arbeit hatten ihn auf einen Gipfel geführt, von dem aus er schon viel weiter sehen konnte, und die Lehren des Abbé Lamennais und die Vorträge Fétis' hatten ihm auch dort Klarheit verschafft, wo sein Verstand versagte und er mit dem, was er entdeckte und ahnte, nicht fertig werden konnte. Von der Größe Berlioz' war er erschüttert. Noch am selben Abend bat er sich die Partitur aus.
Zu Hause setzte er sich sofort ans Klavier und spielte. Dann versuchte er, die Sprache des Orchesters durch das Klavier auszudrücken. Das war der erste große Versuch seit jener Zeit, wo er Tage, Wochen und Monate nach seiner Bekanntschaft mit Paganini wie ein vom Wahnsinn Besessener ununterbrochen am Klavier verbracht hatte. Jetzt wäre er vor Freude über den Erfolg am liebsten jeden Augenblick aufgesprungen. Er konnte mit ruhigem Gewissen feststellen, daß er imstande war, das Klavier alles erzählen zu lassen, was er wollte. Er hatte es bezwungen wie keiner auf der ganzen Welt . . .

Während dieser gewaltigen Arbeit sagte er seine Unterrichtsstunden ab und gönnte sich nur hier und da ein paar Stunden der Erholung mit der Gräfin Plater oder der Gräfin Laprunarède. Als er die Phantasie beendet hatte, schrieb er Berlioz, er möge ihn sofort besuchen. Der kam auch unverzüglich. Er hörte sich das Werk von Anfang bis zu Ende an, und seine Augen füllten sich mit Tränen.

»Was sagen Sie zu Fétis?« fragte er endlich.

»Warum? Was soll ich dazu sagen?«

»Haben Sie keine Zeitungen gelesen? Fétis hat meine Symphonie unglaublich heruntergerissen.«

»Fétis? Das ist ausgeschlossen, Hector. Seine sämtlichen Vorlesungen machten doch immer den Eindruck, als ob er sie geradezu zu Ihrer Verherrlichung hielte.«

»Trotzdem. Hören Sie mal zu, ich habe die Kritik mitgebracht: ›Wer komponieren will, muß ein durchgebildeter Musiker sein. Anscheinend hat Monsieur Berlioz sich das nicht überlegt. Er ist auch einer von den Tondichtern, deren Gedanken viel zu früh das Licht der Welt erblicken und die nicht erwarten können, bis sie reif sind.‹ Heruntergerissen! Fétis hat mich heruntergerissen.«

»Warten Sie mal. Hatten Sie ihn denn nicht angegriffen in Ihrem Begleittext?«

»Das ist doch gleichgültig. Und dann hatte er ja auch angefangen. Aber wie dem auch sei, er bezweifelte meine schöpferische Begabung. Seit zwei Tagen schlafe ich nicht mehr.«

Franzi tröstete ihn, aber ohne innere Überzeugung. Und als sie schieden, war Berlioz viel ruhiger als er selbst. Abermals kroch in ihm eine quälende Unrast hoch. Was sollte das wieder? War das nun gute Musik oder nicht? Durfte man etwas Neues sagen, wenn es schön war oder nicht? Über wen sollte er sich hinwegsetzen? Über Fétis und seine fabelhaften Erörterungen von der neuen Musik, oder über Berlioz und seine herrliche neue Musik? Alles befand sich im Widerstreit in ihm. Dazu kam noch, daß ihn das Versteckspielen zwischen den beiden Frauen immer nervöser machte. Da geschah es, daß bei der Herzogin Durras sich der alte Graf Laprunarède mit folgenden Worten an ihn wandte:

»Lieber Litz, die Gräfin hat mich beauftragt, Sie um eine Gefälligkeit zu bitten. Meines Erachtens wiegt meine Bitte weniger als die ihre. Nach ihrer Meinung soll es umgekehrt sein. Also: wir reisen am Montag wieder zurück aufs Land. Kommen Sie mit nach Marlioz und verbringen Sie Weihnachten und Neujahr bei uns. Das ist nicht nur der Wunsch der Gräfin, sondern auch der meine. Tun Sie es also mir zuliebe.«

»Herzlichen Dank!« stotterte Franzi verstört. »Ich werde kommen.«

Die Gräfin Plater verständigte er durch einen Brief, weil er es nicht übers Herz brachte, es ihr persönlich mitzuteilen. Er schrieb mit nachlässiger

Selbstverständlichkeit und einer gemachten Natürlichkeit, daß er in seinem jetzigen aufgewühlten Seelenzustand eine Einladung auf das Land mit großem Dank angenommen hätte. Die Gräfin Plater erwiderte: »Ich weiß und verstehe alles. Ich trage Ihnen nichts nach. Erholen Sie sich gut, und denken Sie zu Silvester an mich.« Die Unterschrift fehlte.

Er ordnete seine Geldangelegenheiten, seine Unterrichtsstunden und was sonst noch zu erledigen war, packte einige Bücher und Notenpapier ein und begab sich am festgesetzten Tag mit dem gräflichen Paar auf die Reise. Nach eintöniger Fahrt, eingehüllt in Fußsäcke und Pelze, kamen sie in Haute-Savoie an. Von dort aus brachte sie ein Schlitten in das versteckt in den Bergen liegende Schloß. Eine alte Tante, die ständig bei der gräflichen Familie wohnte, empfing sie. Rings herum Schnee und wohltuende Ruhe. Altertümliche Möbel, Ahnenbilder, ein freundlicher Kamin und ein nagelneues Erard-Klavier, das vor drei Tagen erst gekommen war. – Franzi setzte sich sofort hin und spielte.

»Was ist das?« fragte Adele.

»Schubert: ›Die Winterreise‹, die Gräfin Apponyi hat mich darauf aufmerksam gemacht.«

Um neun Uhr gingen sie schon zur Ruhe. Franzi las noch über eine Stunde lang. Er wollte ein Werk von Goethe zu Ende lesen. Es war kaum ein Jahr vergangen, daß der große Dichter gestorben war, und man sprach jetzt besonders viel von ihm. Er las den »Faust«, aber er konnte seine Gedanken nicht richtig sammeln. Um zehn Uhr öffnete sich geräuschlos die Tür des Fremdenzimmers. Adele trat ein. Sie hatte einen Pelz über ihr Nachtgewand geworfen.

»Großer Gott! Was tun Sie?« erschrak Franzi. »Der Graf . . .«

»Schläft schon längst. Der ist noch nie wieder aufgewacht, sobald er einmal eingeschlafen war. Wie gefällt es dir bei uns? Schön?«

»Herrlich! Diese unendliche Ruhe . . .«

»Ja, die wird dir gut tun. Denke aber ja nicht, daß ich dich vor Februar wieder weglasse. Und auch dann nur mit schwerem Herzen. Liebst du mich?«

DRITTES KAPITEL

Rings herum schneebedeckte Berge, das augenblendende Glitzern des Alpenschnees, die warme Behaglichkeit des Bergschlosses und das Klavier: das schien das Paradies zu sein, ein Ruheplatz für die in quälende Unrast geratene Seele.

So war es auch – zwei Tage lang. Dann brach das Unglück herein. Als sie

sich am dritten Tage in lustiger und froher Stimmung abends um sechs Uhr zu Tisch setzten, ließ die alte Tante, die sonst kein Wässerchen trübend ihren Tabak schnupfte und mit einem Buch am Kamin saß, eine flüchtige Bemerkung fallen, daß Graf Miramont hier immer gefroren habe.
»Wer ist Miramont?« fragte Franzi.
»Ein guter Bekannter von uns«, antwortete die Gräfin hastig, »er war voriges Jahr im Winter hier zu Besuch.«
»Auch im Sommer«, ergänzte der alte Graf. »Miramont ist ein sehr netter Mensch.«
Dann sprachen sie von etwas anderem. Als Franzi mit der Gräfin allein war, lenkte er das Gespräch nochmals auf diesen Grafen Miramont. Anfangs antwortete sie geduldig: Miramont sei ein vornehmer Mann aus Paris und ein guter Freund des Grafen. Er hätte ihn im vorigen Winter und einmal auch im Sommer hier besucht. Franzi wußte aber auf jede Antwort zwei neue Fragen. Wie alt war dieser Miramont? Es stellte sich heraus, daß er einunddreißig Jahre alt war. Wenn dies zutraf, wie konnte er dann ein so guter Freund des alten Grafen sein? Und wenn er nur ein oberflächlicher Bekannter Adeles war, woher wußte sie so genau, daß er einunddreißig Jahre zählte, nicht mehr und nicht weniger? Adele verlor die Geduld und brach das Gespräch über dieses Thema schroff ab. Franzi fühlte sich durch ihren Tonfall verletzt, die Stimmung wurde gespannt.
In der traulichen Stille des Fremdenzimmers bestürmte er sie noch in dieser Nacht mit neuen Fragen über Miramont. Unverheiratet? Ja, ledig. Verliebt in jemanden? Das könnte doch nur Miramont selbst beantworten. Seit wann kannten sie sich? Ungefähr seit drei bis vier Jahren. War er auch schon früher in Marlioz? Ja. Öfters? Öfters.
»Mein Liebling«, flüsterte die Frau mit der verhaltenen Stimme der verbotenen Schäferstunden, »quäle mich doch nicht mehr mit diesem Unfug. Komme ich zu dir, damit wir uns von diesem Miramont unterhalten? Warum sprechen wir nicht von uns beiden?«
Für den Augenblick ließ Franzi es dabei bewenden. Aber am anderen Morgen konnte er kaum die Gelegenheit erwarten, wo er wieder alle die neuen Fragen vorbringen konnte, die während der Nacht ihm eingekommen waren. Ein Verdacht machte ihn hellhörig. Mit der Aufmerksamkeit eines Untersuchungsrichters nahm er die Antworten Adeles entgegen, und beim kleinsten Widerspruch faßte er zu. Mit jedem Schritt versank die Frau tiefer in den Morast beschwichtigender Lügen. Franzi ging hartnäckig und unbeirrt vor wie ein Strafrichter, der alle Beweise der Schuld schlüssig in den Händen hält und dem es nur noch darauf ankommt, den Angeklagten zu überführen. Am dritten Tage gestand Adele zermürbt, daß sie die Geliebte des Grafen Miramont gewesen sei.
Franzi wunderte sich über sich selbst. Das Eingeständnis erregte ihn über alle Maßen. Zu Beginn ihrer Freundschaft hatten sie sich einige wenige lie-

bestrunkene Tage geschenkt. Aber dieser Rausch war bald verflogen. Seitdem dachte er mit Zuneigung und mit dem gesunden Verlangen eines jungen Mannes an die schöne Frau, verspürte auch eine gewisse Dankbarkeit ihr gegenüber; trotzdem nahmen aber seine musikalischen und religiösen Betrachtungen, seine Freunde und Helfer, Berlioz, Chopin und Lamennais, in seinem Herzen einen viel wichtigeren Platz ein als die begehrenswerte Gräfin. Deshalb wäre es jetzt das natürlichste von der Welt gewesen, überlegen und klug mit den Achseln zu zucken, nachdem er von den früheren Liebschaften der Frau Kenntnis gewonnen. Es schien ja auch kaum denkbar, daß er für die an der Seite eines greisen Gatten lebende kokette Schöne den ersten Fehltritt bedeutet hätte. Er war aber nicht fähig, mit der Achsel zu zucken, sondern fühlte verwundert in seinem Herzen eine stechende, brennende Wunde. Wie einer, der einen Mückenstich durch Reiben reizt, sich infiziert und von dieser lebensgefährlichen Wunde in ein schweres Fieber verfällt, so verbrachte er Stunden in zähneknirschendem, schlaflosen Herumwälzen. Und nur über sich selbst war er grenzenlos erstaunt: er war eifersüchtig auf die Vergangenheit einer Frau, die er nicht liebte! Wie war das möglich?
Ihre Nächte wurden zu sinnlosen Qualen. Ausfragen, weinende Geständnisse, sehnsüchtiges Verlangen nacheinander – Versöhnung . . . Wieder Ausfragen, wieder weinende Geständnisse und wieder Versöhnung . . . Franzi bohrte störrisch in seinem Schmerz herum. War auch noch ein anderer da? Adele leugnete entschieden. Mit einer leichten Lüge gab er sich aber nicht zufrieden. Er verlangte bindende Schwüre, und als sich Adele widersetzte, folterte er sie von neuem mit seinen Fragen. Nach und nach preßte er so noch einen Namen aus seiner Geliebten heraus und noch einen. Mit hämischer Siegesfreude sammelte er die erpreßten Geständnisse: es gab eine Zeit, da Adele mit dem einen noch nicht gebrochen hatte und schon wieder einem anderen angehörte. Dann war es wahrscheinlich auch jetzt so.
»Gestehe doch, daß du mich mit ihm betrogen hast. Er war genau so hier wie ich. Während du mir Briefe schriebst, hast du ihm angehört.«
»Nein, nein . . .«
Er forderte das Geständnis, er bettelte darum, er redete ihr zu, er erpreßte sie. Und endlich gestand sie: ja, Miramont war heute noch ihr Geliebter! In dieser Nacht trug sich Franzi bei der maßlosen Aufgewühltheit, in die er sich selbst hineingesteigert hatte, mit Selbstmordgedanken. Obgleich er wußte, daß er im Grunde seines Herzens in diese Frau nicht verliebt war. Und doch riß er sie wieder in seine Arme, sie, die er unbändig haßte. Seine Qualen konnten nur die Küsse dieser Frau mildern. In den Nächten aber peinigten sie sich mehr, als daß sie ihre Sehnsucht in heißen Umarmungen stillten. Die Tage verbrachten sie schläfrig mit schwerem Kopf, in nervöser Gereiztheit. Die alte Tante schnupfte zufrieden in ihrer Ecke am Kamin, der

alte Graf war ahnungslos vergnügt. Er hörte mit großer Freude dem Klavierspiel zu und ging dann zu seinen Leuten, um für den am nächsten Tage stattfindenden Jagdausflug Anordnungen zu treffen.
Franzi hatte die Herrschaft über seine abgespannten Nerven schon völlig verloren, als Adele ihm eines Tages mit blassem Gesicht erzählte, daß Miramont nächste Woche zu Besuch käme. Er habe sich unerwartet angemeldet, sei bereits unterwegs, und es bestünde daher keine Möglichkeit, ihm mitzuteilen, daß sein Kommen unerwünscht sei. Franzi erwiderte kein Wort, preßte die Lippen zusammen und setzte sich ans Klavier, denn dies war immer der einzige, letzte Ausweg, seine Erregung zu dämpfen. Dann erwartete er die Nacht und teilte seiner Geliebten mit, daß er am nächsten Tage abreise; er werde mit dem Schlitten nach Genf fahren und dort auf den nächsten freien Platz in der Postkutsche warten. Er habe sich dazu entschlossen und sei nicht umzustimmen. Die Gräfin weinte heftig, bat ihn aber nicht, zu bleiben.
»Küßt du mich nicht noch einmal, zum letzten Male?«
Statt jeder Antwort umarmte er sie in wildem Zorn. Er preßte sie an sich, als wollte er sie erdrücken, und küßte sie, um ihr Schmerz zu bereiten. Im Kuß zischte er einen hämischen Fluch zwischen die blassen Lippen der Frau: »Jetzt betrügst du ihn mit mir! Ich weiß, daß du in Wirklichkeit nur ihn liebst. Sei's drum. Aber es soll dir sehr schwerfallen, ihm in die Augen zu sehen . . .«
Am Tage darauf erbat er unter einem nichtigen Vorwand einen Schlitten von dem Grafen und fuhr weg. Und in Paris, wo er mit gekräftigten Nerven und mit freien, gelösten Gedanken hätte ankommen sollen, traf er aufgewühlt und zu Tode erschöpft wieder ein.
Vor allem mußte er sich nun um seine Unterrichtsstunden kümmern, denn dieser Ausflug in die Alpen hatte ihn in Schulden gebracht. Zu alledem kam noch, daß er sich mit seiner Mutter überwarf, die über die furchtbare Zerrüttung seiner Nerven ganz außer sich war und ihm auch wegen der vernachlässigten Unterrichtsstunden heftige Vorwürfe machte. Es gab Tage, an denen Mutter und Sohn kein einziges Wort miteinander sprachen.
Gesellschaften besuchte er nicht. Er übernahm wesentlich mehr Unterrichtsstunden als bisher, und seine ihm noch verbleibende freie Zeit teilte er mit seinen drei Freunden. Aber auch mit denen war nicht alles, wie es sein sollte. Nur Chopin ging ruhig und ausgeglichen, wie es seinem Wesen entsprach, seiner Arbeit nach. Erst vor kurzem hatte er drei seiner Werke veröffentlicht, und jetzt arbeitete er an einer g-Moll-Sonate. Franzi hätte ihm am liebsten alles gestanden, aber seine Kavalierspflicht gebot ihm, zu schweigen, obwohl ein jeder ganz genau wußte, wo er gewesen war. Deshalb erzählte er nur, daß er eine große seelische Erschütterung erlebt habe. Chopin klopfte ihm mit aufrichtigem Mitgefühl auf die Schulter, konnte aber doch eine kleine ironische Bemerkung nicht unterdrücken:

»Niema jak polka!« Er wiederholte diesen Ausruf, den er auch sonst oft im Munde führte.
»Es geht nichts über die Polin!« Franzi verstand diese auf die Gräfin Plater gemünzte Anspielung sofort. Er schwieg und beneidete den schlichten, ruhigen, nur seiner Musik lebenden Polen, den er in einer so sonnigen Ruhe wiedersah.
Um so mehr war aber mit seinen beiden anderen Freunden los. Der Abbé Lamennais empfing ihn vergrämt und niedergeschlagen. Er konnte sich kaum des Wiedersehens mit dem jungen Freunde freuen. Der Papst hatte sich mit dem Selbstmord des »Avenir« und mit der Huldigungsadresse der Lamennais-Anhänger nicht begnügt. Er verlangte eine noch stärkere Demütigung.
Berlioz lebte in den stürmischen Tagen einer unbändigen Sehnsucht nach der englischen Schauspielerin. Er schien fast unzurechnungsfähig. In Franzis Wohnung schluchzte er, über den Tisch gebeugt, und verfluchte die Minute, in der er Harriet Smithson zum ersten Male erblickt hatte. Am nächsten Tage war er schon wieder bei Franzi und berichtete verzweifelt und nach Atem ringend, daß Harriet, dieser vom Himmel auf die Erde herabgekommene Engel, sich den Fuß gebrochen habe, aber derartig verschuldet sei, daß das Geld nicht einmal für den Arzt reiche. Man müsse ein Konzert zu ihren Gunsten zustande bringen, und zwar so schnell als möglich. Alle Freunde an Deck!
Franzi half gern. Henri Herz, ebenfalls ein Klavierkünstler, Chopin und er traten zugunsten der kranken Schauspielerin auf. Es wurde ein großer Erfolg, sie schwammen geradezu im Applaus. Liszt hörte sich den Sturm der Begeisterung gleichmütig und unbeteiligt an. Er fühlte sich innerlich unsagbar leer, wie ausgebrannt. In seinen schlaflosen Nächten fragte er sich immer wieder, was es bloß für einen Zweck habe, weiterzuleben . . .?
Eines Abends mußte er eine Unterrichtsstunde bei einer Familie des Faubourg erteilen. Die vornehme Hausfrau, die Marquise La Valette, stellte einen Gesangchor junger Mädchen zusammen und bat ihn, einen Choral von Weber einzustudieren. Liebenswerte, zwitschernde, zarte Wesen waren diese mit hochadeligen Kronen gezierten Engelchen. Hinter seinem Rücken kicherten sie, vor ihm schlugen sie züchtig die Augen nieder. Unter ihren Wimpern blitzte aber der Übermut ausgelassener junger Tiere und die ungeschickte Schelmerei halbwüchsiger Jungfräulein. Er ließ sich jedoch nicht aus seiner gedrückten Stimmung locken und kleidete sie, seiner Gewohnheit gemäß, in ein literarisches Gewand: man lebte ja in einem von Weltschmerz erfüllten Zeitalter, dem der bezaubernd schöne Lord Byron seinen Stempel aufgeprägt hatte. An dieses Vorbild hatte er sich zu halten. Er gab ihm stillen zu, daß sein Benehmen nicht echt war; aber er wollte auch, daß alles das, was er in eine künstlerische Pose kleidete, aufrichtig war.
Die Noten einer der kleinen Gräfinnen waren verlorengegangen. Mit der

Wohnung vertraut, ging er in den gegenüberliegenden kleinen Salon, um dort die Stimmpartie schnell nochmals abzuschreiben. Als er wieder in das Musikzimmer zurückkehrte, fand er noch eine Dame vor, die in der Zwischenzeit gekommen war.

»Erlauben Sie, meine Liebe, daß ich Ihnen Litz vorstelle. Gestatten Sie, lieber Litz, daß ich Sie mit der Gräfin D'Agoult bekannt mache.«

Die fremde Dame reichte ihm die Hand. Franzi hatte ihren Namen schon gehört, und da er um die Verhältnisse der vornehmen Gesellschaft wohl wußte, war ihm bekannt, daß diese Frau aus dem exklusivsten Kreise des Faubourg stammte, aus jenem Kreise, der, die Gepflogenheiten anderer Herzoginnen und Gräfinnen verachtend, sich der Einladung bürgerlicher Personen steif verschloß. Alsbald loderte in ihm der alte, aus Empfindlichkeit, aus der Angst, erniedrigt zu werden, und aus angeborenem Stolz gemischte Hochmut auf, der der Ausdruck seiner seelischen Haltung war, wenn er solchen hochgestellten Persönlichkeiten begegnete. Er nahm sofort neben der Gräfin Platz, um ja nicht als unterwürfig eingeschätzt zu werden, und suchte nach einigen passenden Worten zur Hervorhebung des gesellschaftlichen Unterschiedes, um nicht von den anderen den Vorwurf seiner niedrigen Geburt, und sei es auch nur durch einen Blick, entgegennehmen zu müssen.

»Ich freue mich außerordentlich, daß ich Gelegenheit habe, Sie kennenzulernen, Gräfin. Einem so einfachen Bürger wie mir wird selten eine solche Auszeichnung zuteil, und ich kann diesen Augenblick deshalb gebührend würdigen. Interessiert Sie die Musik?«

»Oh, sehr. Im Internat, wo ich erzogen worden bin, habe ich den Chor geleitet. Ich habe in der Kapelle die Orgel bedient und auch die Soli gesungen. Heute noch könnte ich das Sanctus, O Salutaris und Veni Creator singen. Ich spiele auch heute noch fleißig Klavier, wenn in der Anwesenheit eines weltberühmten Künstlers überhaupt von meinem Spiel die Rede sein kann. Wie ich sehe, üben Sie einen Choral von Weber.«

»Ja, und zwar mit Begeisterung. Die jungen Damen lieben dieses Stück sehr, und auch ich habe es gern. Ich finde, daß er ein geistreicher Tonsetzer ist. Wen bevorzugen Frau Gräfin?«

»Ihren Vorgänger Mozart. Ich spiele sehr oft aus ›Idomeneo‹ und ›Don Giovanni‹.«

Während sie sich über die Musik unterhielten, betrachtete er die Gräfin D'Agoult aufmerksam. Sie war eine auffallende Schönheit, vor allem durch die in ihrer Erscheinung vereinten Farben. Das Schönste an ihr war ihr Haar. Es war voll, goldblond, duftig schimmernd. Sie trug es in der Mitte gescheitelt, auf beiden Seiten über die Ohren gekämmt und hinten zu einem prächtigen Knoten geflochten. Ihre Augen waren ganz dunkelblau, der schmale, wunderschön gezeichnete Mund dunkelrot. Der tiefe Ausschnitt ihres Kleides zeigte mandelmilchweiße Haut. Ihre Gestalt mit den schmalen

Hüften und dem vollen Busen weckte Erinnerungen an Rubens. Sie war wunderbar schön! Schöner als irgendeine seiner Bekannten. Nur die Gräfin Delphine Potocka, den unschuldigen Schwarm Chopins, konnte man ihr vielleicht gleichstellen.

»Die Musik ist der einzige wahre Trost auf Erden«, sagte sie mit dunkler Stimme. »Ohne Musik könnte man wahrscheinlich gar nicht leben. Sie bringt mich immer nahe zu . . . zu . . .«

»Zu Gott«, fiel ihr der Künstler ins Wort, während er den schnellen und abwägenden Blick der Frau auf seinem Gesicht fühlte. »Jede Kunst führt zu Gott. Nur wer das Schönste wahrhaftig liebt, kann ein Gottgläubiger sein. Ich glaube, ich darf in Ihnen, Gräfin, eine Gefährtin meines sehr tiefen und starken Glaubens erblicken . . .«

»Oh, ja. Ich bin tief religiös. Nach meiner Auffassung . . .«

Die Hausfrau trat dazwischen:

»Es wäre vielleicht gut, wenn . . .«

Franzi sprang sogleich auf und trat zum Klavier. Sie begannen mit der Probe. Sein Ohr haschte immer wieder nach der neuen Stimme hinter seinem Rücken, diesem vollen, sinnlichen, reifen Organ mitten unter den unschuldig schrillen Mädchenstimmen. Wie die schlanke Frau selbst war dieser betörende Klang. Der Chorgesang war verklungen. Beim letzten Takt wandte Liszt sich zur Seite und begegnete mit seinem Blick den Augen der Gräfin. Es war der Blick des Mannes unter der Maske des Künstlers. Kühn, heiß, angriffslustig und zündend. Das Gesicht der Frau überzog sich mit einer zarten Röte, wie sie nur Rosen auf echtem Porzellan eigen ist.

Franzi spielte noch einzelne Teile aus seiner für Klavier bearbeiteten Symphonie von Berlioz. Dann nahm er Abschied. Auf dem Gesicht der Gräfin D'Agoult war das Entzücken über das bewunderungswürdige Klavierspiel deutlich zu lesen.

»Gute Nacht, Monsieur Litz.«

Das war alles. Franzi verließ enttäuscht das Palais. Bei solchen Gelegenheiten pflegte man ihn sonst höflich zu einem Besuch aufzufordern. Diese glanzvolle Gräfin unterließ es.

Er zog die Schultern hoch und ging langsam nach Hause. Aber er spielte umsonst den Gleichgültigen, diese begehrenswerte Frau ging ihm nicht wieder aus dem Sinn. Er ärgerte sich über sich selbst. Mit einer Gräfin hatte er doch eben erst trübe Erfahrungen gemacht. Warum fing er schon wieder an, sich um eine neue Gräfin zu quälen und dazu noch so jämmerlich hoffnungslos? Er nahm sich ernstlich vor, an diese hochmütige Dame, die ihn noch nicht einmal zu einem Besuch aufforderte, wie es sich doch gehört hätte, nicht mehr zu denken. Es gab eben Häuser, deren Schwellen zu überschreiten viel schwerer war, als in das Schloß des Königs Louis-Philippe Eintritt zu finden. Das wußte er ja schon lange. Trotzdem schlief er niedergedrückt und traurig ein.

Anderntags ging er mißgestimmt seinen Unterrichtsstunden nach und kehrte unlustig wieder nach Hause zurück. Dort erwartete ihn ein Brief. Auf dem Umschlag eine neunzackige Krone, im Briefe selbst war zu lesen:
»Mein Herr, mit Ihrem Besuch würden Sie eine Freude bereiten der aufrichtigen Bewunderin Ihrer Kunst, der

Gräfin D'Agoult.«

Franzi rief aufgeregt seine Mutter aus der Küche:
»Mutter, um halb sieben kommt Chopin. Richten Sie ihm bitte aus, daß ich in einer dringenden Angelegenheit weggehen muß. Er soll nur gleich zu Franchomme gehen, ich komme später nach.«
»Zu wem soll er gehen?«
»Ach, mein Gott, zu Franchomme, dem Cellisten, er weiß das schon. Geben Sie mir jetzt bitte meinen neuen Frack . . .«

VIERTES KAPITEL

Der Wagen hielt vor einem Palais des Quai Malaquais, das den Besucher mit feindseligem Hochmut empfing. Der Künstler überreichte mit weißbehandschuhter Hand dem Pförtner seine Visitenkarte. Er gab sich Mühe, unbefangen zu erscheinen, aber es gelang ihm nicht recht. Der Pförtner des Saint-Cricq-Palais kam ihm wieder ins Gedächtnis . . .
Er mußte nicht lange warten. Ein Lakai in Kniehosen geleitete ihn durch pompös ausgestattete Säle, die mit den riesigen Bildern der gepanzerten Ahnen die vornehme Herkunft der Bewohner und mit ihrer luxuriösen Einrichtung die vernichtende Macht des Reichtums verkündeten. Mit pochendem Herzen trat er in einen kleinen Salon. Dort befand sich die Gräfin D'Agoult in Gesellschaft einer anderen Dame und eines Herrn. Die Gräfin erhob sich, kam ihm entgegen und reichte ihm mit untadeliger Liebenswürdigkeit die Hand.
»Es freut mich sehr, daß Sie gekommen sind. Der Graf wird bedauern, daß er nicht zu Hause sein konnte. Erlauben Sie, daß ich Sie bekannt mache.«
Die andere Dame war die Frau des Marquis Gabriac, des ehemaligen französischen Gesandten in Stockholm, der Herr war Baron Meyendorff, ein Russe. Die Marquise begrüßte ihn ebenfalls sehr liebenswürdig, während der Baron ihm mit einer gemessenen Höflichkeit begegnete. Franzi setzte sich. Die Unterhaltung begann stockend und wollte nur sehr schwer in Fluß kommen. Das lag aber nicht an der Hausfrau, die mit den nichtssagenden Worten einer gewandten Gastgeberin unaufhörlich bemüht war, die Stim-

mung zu wandeln. Als der Baron schon zum drittenmal eine Bemerkung Franzis sehr von oben herab beantwortete, wandte er sich plötzlich an den Russen:
»Stehen Herr Baron in verwandtschaftlichen Beziehungen zu jenem Baron Meyendorff, der an der Unterdrückung der Polen teilnahm?«
»Selbstverständlich. Das ist mein jüngerer Bruder. Er wurde Kommandant von Warschau. Auf welchem Wege haben Sie von ihm gehört?«
»Durch meinen besten Freund, durch Chopin.«
Der Baron war betroffen. Er konnte plötzlich nichts erwidern. Die Marquise Gabriac und die Hausfrau sahen sich verstohlen an. Über das Gesicht der Gräfin D'Agoult lief ein verstecktes Lächeln. Aber schon kam sie mit der milderen Frage:
»Aber Sie sind kein Pole, nicht wahr?«
»Nein, Gräfin. Ich bin in Ungarn geboren.«
»Oh«, rief die Marquise, »das muß ein schönes Land sein! Der Graf Apponyi hat schon oft davon geschwärmt. Erzählen Sie uns doch etwas aus Ihrer Heimat.«
»Ich kann Ihrem Wunsche leider nicht nachkommen, Frau Marquise, weil ich Ungarn schon in meinem zehnten Lebensjahre verlassen habe. Ich besitze nur noch eine ganz blasse Erinnerung an meine Kindheit. Aber ich habe schon einmal daran gedacht, diese Erinnerungen aufzuschreiben. Mickiewicz, der große polnische Dichter, den ich neulich kennenlernte, sagte mir in einem Gespräch, das Vaterland liege nicht auf der Landkarte, sondern im Herzen.«
Man sah es dem Baron Meyendorff an, daß er sich unbehaglich fühlte, er sagte aber nichts. Die Hausfrau unterdrückte abermals ein leises Lächeln, lenkte dann aber geistesgegenwärtig ein.
»Wir wollen bloß nicht anfangen, von Politik zu reden! Sie langweilt mich unsagbar. Die Musik hingegen langweilt mich nicht. Erzählen Sie uns doch bitte lieber, was es Neues in der Musikwelt gibt. Ich habe zum Beispiel gehört, daß Spontini in Paris weilt. Das interessiert mich außerordentlich, weil ich einige seiner Kompositionen spiele. Haben Sie ihn noch nicht gesehen?«
»O doch. Wir speisten erst vor kurzem zusammen bei der Familie Erard. Er ist nämlich mit einer Tochter des alten Erard verheiratet. Solange der alte Herr noch lebte, legte er sich bei seinen Familienbesuchen wenigstens einigen Zwang auf, seit aber der alte Erard – für mich übrigens ein zweiter Vater und ein hochherziger Gönner – gestorben ist, bemüht sich Spontini, hier ebenso den Tyrannen herauszukehren wie daheim in Berlin. Und das ist mir nicht besonders angenehm, da auch unsere musikalischen Ansichten in vielem nicht übereinstimmen.«
Gleich wollte der Baron wieder obenauf sein:
»Nun, dieser Spontini ist doch ein hervorragender Musiker.«

»Das stellte ich ja auch gar nicht in Abrede. Aber er gehört der Vergangenheit an. Heute regiert eine andere Musik. Meiner Auffassung nach folgt auch in der Musik, wie im Leben überhaupt, auf eine Zeit der Unterdrükkung ein Zeitalter der Freiheit. Die rohe Gewalt mag vorübergehend den freien Gedanken unterjochen, am wechselvollen Lauf der Welt vermag das aber nichts zu ändern.«

Der Baron rutschte abermals nervös auf seinem Sessel hin und her, konnte aber wiederum nichts entgegnen.

Franzi hatte sich auch schon wieder an die Damen gewandt und fuhr fort: »Ich habe absichtlich Berlioz zum Mittagessen bei Erards mit einladen lassen, weil ich gern bei Spontini ein wenig Interesse für ihn erweckt hätte. Aber mein Bemühen war vollständig vergeblich. Spontini sagte mir unter vier Augen, daß Berlioz ein formloser, ungebildeter, barbarischer Musiker sei, mit dem er sich nicht abgeben wolle. Einige Tage später lobte Berlioz in einem Zeitungsartikel die Musik Spontinis bis in den Himmel. Ich lief sofort zu Erards und zeigte Spontini den Artikel. Er las ihn und sagte lediglich frostig: ›Als Kritiker scheint er hervorragend zu sein, seine Musik aber ist furchtbar schlecht.‹«

Die Damen lächelten. Die Gräfin D'Agoult erkundigte sich nach Berlioz. Franzi sprach lange begeistert von dem Freund, und als er bemerkte, daß der sich offenbar langweilende Baron Meyendorff im Begriff war, sich zu verabschieden, fuhr er mit einer geschickten Wendung fort:

»Berlioz machte mich übrigens sehr neugierig auf einen russischen Komponisten namens Glinka, den er in Rom kennengelernt hat. Der Mann sei eine außerordentliche Begabung. Die unerhörte Urkraft, die mächtige lyrische Tiefgründigkeit, die in dem großen russischen Volke lebt, strahle nur so aus diesem genialen Meister.«

Baron Meyendorff verabschiedete sich jetzt tatsächlich. Sonderbarerweise schlug er zuletzt einen liebenswürdigen Ton auch dem Künstler gegenüber an. Es schien, als ob er noch etwas sagen wollte, aber er schwieg. Sogar zweimal drückte er ihm die Hand, dann verschwand der Russe. Franzi entging es nicht, daß die Blicke der beiden Damen ineinanderblitzten wie die Bestätigung des Einverständnisses zwischen zwei fröhlichen Kameraden. Es war nicht zu leugnen, wie sie seinen gesellschaftlichen Sieg über den Russen bewerteten. Und er gesellte sich als Dritter zum Spiele der spöttischen und vergnügten Blicke. ›Nun, Sie haben den Baron ja geschickt erledigt.‹ – Das sagten sie freilich nicht, so sehr er auch darauf wartete. Die beiden Damen hatten sich zwar über den Russen lustig gemacht; sobald sie *ihn* aber ansahen, benahmen sie sich würdevoll und höflich zurückhaltend. Das war ein schmerzlicher Schlag für seine selbstgefällige Stimmung. Natürlich, sie ließen ihn als Verbündeten gegen ihresgleichen nicht gelten. *Ihnen* war es erlaubt, über ein Mitglied ihrer Kaste zu lächeln, *ihm* nicht! Der unbefangene und vertraulich werden wollende Ausdruck in seinem Gesicht gefror plötz-

lich. Und als er jetzt die Gräfin D'Agoult ansah, erschien ihm diese verwirrende und betörende Frau auf einmal in unerreichbare Ferne gerückt, obwohl er nur die Hand nach ihr auszustrecken brauchte . . .
»Ich möchte gern die Musik Ihres Freundes Berlioz kennenlernen. Mir ist nur sein Name zu Ohren gekommen und der um ihn entbrannte Streit. Aber seine Musik kenne ich noch nicht.«
Franzi sah sich um, suchte das Klavier, fand es auch etwas abseits stehend und setzte sich daran. Er spielte aber noch nicht, sondern fragte zögernd:
»Kennen die Damen das Gedicht ›Die Gefangene‹ von Victor Hugo?«
»Selbstverständlich!« riefen beide gleichzeitig. »Es ist in seinem Band ›Orientales‹ enthalten.«
»Dieses Gedicht hat Berlioz vertont. Wenn Sie sich der Worte nicht gut erinnern, will ich sie Ihnen sagen. Ich habe sie im Kopf.«
Er spielte und hob die Melodie stark hervor, dazu sprach er in verhaltenem Ton den Text:

»Wär ich nicht hier gefangen,
Lieben könnt ich dies Land,
Wo Maisfelder prangen.
Meeresflut küßt den Strand,
Unzählige Sterne lachen,
Doch der finstern Spahi Wachen
Seh ich die Runde machen,
Den Säbel in der Hand.«

Schon auf dem Wege hierher hatte er sich vorgenommen, von diesem Gedicht zu sprechen. Unverstandenen Frauen, die in der Gefangenschaft einer trostlosen Ehe lebten, hatte dieses Lied, seit es in Paris bekanntgeworden war, schon manches Geständnis entlockt. Vom Leben und von der Ehe dieser Frau wußte er noch gar nichts. Er glaubte, durch dieses Lied irgend etwas erfahren zu können. Während des Spieles warf er einen schnellen Blick auf das Gesicht der schönen Frau, das starr und verschlossen wie das einer Marmorbüste war. Er fuhr fort:

»Doch wenn zumal die Wangen
Kosende Kühle streift,
Des Nachts, o welch Verlangen,
Zu träumen mich ergreift.
Ein Sehnen kommt gezogen
Vom blauen Himmelsbogen,
Indes auf Meereswogen
Des Mondes Silber schweift.«

Die beiden Frauen sahen sich verstohlen an, ergriffen und ernst, wie zwei, die alle Geheimnisse, auch das größte, voneinander wissen. Als ihre Gesichter sich aber ihm zuwandten, wurden sie wieder ausdruckslos, unbeweglich und höflich.

»Besitzen Sie die Noten?« fragte die Gräfin D'Agoult mit gleichgültiger, ein bißchen rauher Stimme.

»Ich würde mich freuen, wenn . . . wenn ich sie Ihnen schicken dürfte.«

»Ich würde mich freuen, wenn Sie sie persönlich herbringen wollten. Ein so wunderbares Klavierspiel habe ich noch nie gehört. Ich verstehe etwas davon. Es ist die Vollkommenheit selbst. Ich bin überzeugt, daß man besser nicht mehr Klavier spielen kann.«

»Leider. Ich glaube auch«, sagte er leichthin, »aber ich möchte, daß . . . ich möchte weiterkommen und dadurch . . . und dadurch einen Inhalt erreichen . . . So herrscht eine solche Ruhe auf dieser Höhe, auf die ich mich mühsam hinaufgequält habe . . .«

Alles das sagte er leise vor sich hin in der Hoffnung, die Teilnahme der beiden Damen zu erwecken: ›Wieso hat denn Ihr Leben keinen Inhalt?‹ Aber sie fragten nicht. Die Gräfin D'Agoult antwortete zu seiner größten Überraschung mit einem deutschen Zitat:

»Über allen Gipfeln ist Ruh.«

»Sprechen Sie Deutsch, Gräfin?«

»Selbstverständlich, genau so wie Französisch. Ich bin durch meine Mutter eine halbe Deutsche. Ich kann also auf die Noten rechnen? Ich möchte das Lied singen.«

»Wann gestatten Sie, Gräfin, daß ich es Ihnen bringe?«

»Je früher, desto besser. Es ist ein sehr schönes Lied. Um diese Zeit bin ich meistens zu Hause. Wenn Sie morgen zufällig in dieser Gegend zu tun haben sollten, geben Sie es bitte ab. Ich würde mich aber auch sehr freuen, wenn Sie sich anmeldeten. Bin ich nicht zu unbescheiden, wenn ich die Noten schon morgen haben möchte?«

Das klang wie Abschied. Franzi stand auf und verbeugte sich:

»Die Noten werden morgen da sein.«

Man forderte ihn nicht zum Bleiben auf. Er küßte beiden Damen die Hand. Draußen beeilte er sich, in eine stille Straße einzubiegen, um dort, ohne Aufsehen zu erregen, stehenbleiben zu können. Er brauchte für einen Augenblick Ruhe, weil er in sich nochmals das Gefühl heraufbeschwören wollte, das ihn ergriff, als er die Hand der Gräfin D'Agoult in der seinen hielt. Es war eine schneeweiße, gepflegte, sich wie Samt anfühlende Hand, deren leichter Druck noch immer in seiner Hand prickelte . . .

Am anderen Tage brachte er die Noten. Diesmal fand er keine Besucher bei der Gräfin vor. Sie fingen an, von Literatur zu sprechen, als er ihr die Noten mit dem daruntergeschriebenen Gedicht überreichte. Sie war in der modernen Literatur bewandert. Von jedem Werk und von jedem Schriftsteller hatte sie sich ihre eigene Meinung gebildet. Franzi war gewöhnt, bei literarischen Unterhaltungen in der Gesellschaft das Wort zu führen. Hier mußte er sich aber zusammennehmen, weil es sich sehr bald herausstellte, daß die Gräfin unvergleichlich mehr und viel systematischer gelesen hatte als er. Aber nicht nur in der französischen Literatur wußte sie Bescheid, sie las ebenso gut deutsche und englische Werke. Mit Goethe verband sie sogar eine persönliche Erinnerung.

»Das war damals, als ich als kleines Mädchen in Frankfurt zu Besuch war. Wir hatten da eine Sommerwohnung außerhalb der Stadt, ein nettes, liebes, altes Haus. Im übrigen war es eine berühmte historische Stätte, denn Napoleon hatte in diesem Hause nach der Schlacht bei Leipzig übernachtet. Dieses Anwesen hatte einen großen Park, und die weitverzweigten Äste der uralten Bäume breiteten sich über die schönen Wege. Einmal lief ich gerade in diesem Park mit meinen kleinen Spielkameraden umher, als wir auf der großen Allee einen Greis kommen sahen, begleitet von den erwachsenen Mitgliedern unserer Familie, die mit tiefer Ehrfurcht zu ihm aufschauten. Wir wollten weglaufen, aber ich wurde zurückgerufen. Zögernd drehte ich mich um und ging langsam auf die näher kommende Gruppe zu. Mein Onkel faßte mich bei der Hand und stellte mich vor den alten Herrn hin: ›Das ist meine kleine Nichte Marie de Flavigny.‹ Goethe, denn er war es, nahm meine Hand und sagte etwas zu mir, ich war aber so erschrocken, daß ich es nicht verstand. Dann wandte er sich wieder meinem Onkel zu, ließ aber meine Hand nicht los, und so gingen wir bis zur nächsten Bank. Dort setzte er sich und zog mich neben sich. Ich wagte kaum, ihn anzusehen. Aber ich erinnere mich heute noch an seine großen, flammenden Augen und seine mächtige Stirn, als ob es erst gestern gewesen wäre. Eine gute Weile blieben wir nebeneinander sitzen. Dann erhoben wir uns alle. Da legte er seine Hand auf meinen Kopf, als wenn er mich segnen wolle, und strich mir liebevoll übers Haar. Auf weiteres kann ich mich dann nicht mehr besinnen.«

»Also leben wir beide mit der unvergeßlichen Erinnerung an zwei große Menschen«, sagte Franzi. »Die Gräfin hat Goethe gesegnet, und mich hat Beethoven geküßt.«

»Wirklich? Wie war das? Erzählen Sie es mir bitte.«

Die Gräfin hörte ihm aufmerksam zu, der Name Beethoven hatte sie geradezu erregt. Sie unterhielten sich noch lange, und Franzi war ganz bestürzt, als er auf die Uhr sah. Er dachte, daß er erst eine halbe Stunde hier säße, es waren aber schon anderthalb Stunden vergangen. Er sprang erschrocken auf und entschuldigte sich.

»Wann sehe ich Sie wieder?« fragte die Gräfin.

»Mein Gott, wenn ich es mir erlauben dürfte, möchte ich nach einer Stunde schon wieder zurückkommen. Ich werde wieder hier sein, sobald Frau Gräfin es gestattet.«

»Kommen Sie morgen, um nachzuholen, was wir heute versäumt haben:

ich möchte mit Ihnen dieses Berlioz-Lied üben. Es schickt sich doch, daß Sie ein häufiger Gast bei mir werden, nachdem wir unsere Verwandtschaft entdeckt haben.«

»Unsere Verwandtschaft?« stammelte der junge Mann, und sein Herz klopfte.

Die Gräfin nickte mit dem gnädigen Lächeln einer Königin:

»So ist es. Die geistige Verwandtschaft durch Goethe und Beethoven. Auf Wiedersehen, mein Herr.«

An diesem Abend speiste er mit Chopin. Er schilderte dem Polen seine neue Bekanntschaft und berichtete ihm auch von dem Baron Meyendorff, von dessen die Polen betreffenden Äußerungen und seinen geschickten Entgegnungen. Chopin nickte zustimmend, aber man sah ihm an, daß seine Gedanken ganz woanders waren. Als Franzi seine begeisterte Schilderung der schönen Gräfin beendet hatte, kam auch Chopin auf seine Angelegenheiten zu sprechen:

»Ich habe große Sorgen. Dieser jüdische Räuber, dieser Slézinger, will mich schinden, aber ich lasse es mir nicht gefallen.«

»Können Sie sich nicht einigen?«

»Nein. Dieser Blutegel! Er möchte aus mir alles heraussaugen, was er nur kann. Es gibt keine wildere und gefährlichere Bestie als diesen Verleger, das kann ich Ihnen versichern. Warum lachen Sie denn?«

»Ich lache darüber, Amico«, so nannte er Chopin, »weil jedermann weiß, daß in Paris kein Musiker schlauer verhandeln und geschickter einen Vertrag schließen kann als Sie, und weil ich daran denken muß, daß dieser Slézinger von Ihnen zu sagen pflegt: ›Chopin ist schlimmer als hundert Juden.‹«

»Hat er das gesagt?« rief Chopin erfreut. »Das höre ich gern. Aber sprechen wir von etwas anderem. Was macht denn Ihre alte Wunde? Haben Sie das Mädchen noch immer nicht vergessen?«

Er legte Franzi die Hand auf die Schulter.

»Ich werde es nie vergessen. Mit dieser Wunde kann ich nie glücklich werden. So, wie dieses junge Mädchen, kann ich nie wieder jemanden lieben . . .«

»Sind Sie dessen sicher, Franzi?« fragte Chopin liebevoll und mit einem ganz klein bißchen versteckter Ironie im Ton.

»Selbstverständlich ist das sicher. Warum fragen Sie so zweideutig. Woran denken Sie?«

»Ich denke an die schöne Gräfin D'Agoult. So haben Sie noch nie von einer Frau geschwärmt.«

»Aber wo denken Sie hin! In dieser mittelalterlichen, sklavenseligen Gesellschaft trennt uns doch eine ganze Welt von so einer Frau. In der Weltgeschichte kenne ich nur einen einzigen derartigen Fall: van Dyck hatte eine Hofdame der englischen Königin, die Lady Ruthven, geheiratet, deren Vater ein Baron und deren Großmutter die Tochter eines Earl war. Diese Entgleisung, daß ein einfacher Künstler, ein Hungerleider, ein armer Schlukker, eine der vornehmsten Aristokratinnen heiratete, hat sich nicht wiederholt.«

»Aber wer redet denn hier von Heirat? Und wenn wir schon von der Gunst der Aristokratinnen sprechen, dann können Sie sich doch weiß Gott nicht beklagen, Franzi.«

»Umsonst, Amico, umsonst! Trösten Sie mich nicht. Das ist alles nur Gift, was Sie mir eingeben. Es ist besser, wenn ich solche Gedanken gar nicht in mir aufkommen lasse. Lassen wir dieses Thema fallen. Woran arbeiten Sie jetzt?«

Statt einer Antwort setzte sich Chopin ans Klavier und spielte ihm die Phantasie »Je vends mes scapulaires« vor. Sie gingen im Klavierspiel auf und sprachen nicht mehr von den Frauen.

Tags darauf ging Franzi zu Erards. Die Damen durften den Ruhm für sich in Anspruch nehmen, durch die Kunden ihres Geschäftes über jeden Klatsch in Paris haargenau unterrichtet zu sein. Mit einer betont zur Schau getragenen Gleichgültigkeit erzählte er von seinen Besuchen im Palais D'Agoult. Aber sie wußten nicht viel von der Gräfin. Sie sei seit ungefähr sechs Jahren verheiratet, ihr Mann sei wesentlich älter als sie, sie lebe ziemlich zurückgezogen und gehöre zum rechten Flügel der Legitimisten. Sie habe auch einen Bruder, den Diplomaten de Flavigny. Die D'Agoults seien unermeßlich reich, der Graf D'Agoult stamme aus einer der ältesten und angesehensten Familien, die Flavignys seien ebenfalls ein ganz hervorragendes Geschlecht.

Noch am selben Tage hatte er im Hause der Marquise La Valette Unterricht zu erteilen. Dort wollte er seine Nachforschungen möglichst unauffällig fortsetzen, aber die Marquise fing von selbst von der Familie zu sprechen an.

»Sagen Sie, lieber Litz, wenn Sie meine Frage nicht als zu neugierig auffassen, haben Sie schon von meiner schönen Freundin, Marie D'Agoult, eine Einladung bekommen?«

»Ja, die Gräfin hat mich bereits ausgezeichnet, und ich war auch schon bei ihr.«

»Dann nehmen Sie also zur Kenntnis, daß ich daran ein wenig Anteil hatte. Als Sie sie neulich in meinem Hause kennenlernten, gefiel es mir gar nicht, daß sie Sie nicht einlud, wie es üblich ist. Am nächsten Tage besuchte ich sie und lenkte das Gespräch auf Ihre Person. Das andere wissen Sie ja.«

Franzi küßte der alten Marquise dankbar die Hand. Aber dann verfinsterte sich sein Gesicht sofort.

»Ich danke Ihnen verbindlichst, Frau Marquise, Sie sind sehr gütig. Ich hoffe, es hat Sie nicht allzuviel Mühe gekostet, mich einladen zu lassen. Oder doch? Dann wäre es besser gewesen, gar nicht hinzugehen.«

»Aber was fällt Ihnen ein! Die Gräfin war selbst sehr ärgerlich, daß sie nicht gleich daran gedacht hatte. Sie haben einen großen Eindruck auf sie gemacht. Und das will etwas bedeuten bei Ihrer Laufbahn; denn das Haus der D'Agoults ist eins der ersten Häuser dieses Landes. Der Onkel des Grafen, der Vicomte D'Agoult, war königlicher Stallmeister. Wissen Sie, wer den Ehevertrag meiner Freundin Marie unterzeichnet hat? Karl X. selbst, der Dauphin, die Herzogin von Berry und Ludwig Philipp, der jetzige König. Mit einem Wort also die ganze Dynastie der Orléans und der Bourbonen. Pflegen Sie diese Bekanntschaft gut, denn sie öffnet Ihnen jede Tür. Ich freue mich von ganzem Herzen, wenn ich Sie in Ihrem Vorwärtskommen unterstützen kann.«

Das Bild der blonden Frau verschwand abermals in eine weite, wehmütige Ferne. Der Traum einer Annäherung war auf einmal verflogen. Am gleichen Tage ging er zur Empfangszeit in das Palais D'Agoult. Diesmal traf er auch den Grafen an. Er war ein alternder, aber kerniger, sonnengebräunter Mann von etwas schroffem Wesen, ein Reiteroberst, sonst nichts. Er verweilte nur wenige Minuten unter den Gästen seiner Frau und verabschiedete sich dann soldatisch. Die Anwesenheit des langhaarigen Pianisten nahm er mit dem Wohlwollen eines ritterlichen Gemahls zur Kenntnis, der die unbedeutenden Launen seiner Frau großherzig übersieht. Es hatten sich noch die Herzogin de La Tremouille, die Herzogin Montmorency-Matignon, die Marquise Gabriac und vier oder fünf Herren eingefunden. Die meisten der Anwesenden kannte Franzi schon. Von einer vertrauten Aussprache mit der Hausfrau konnte keine Rede sein, um so mehr aber von Musik; denn es war leicht zu erraten, daß die Gräfin sich mit der Absicht trug, diesen Empfang zu einem kleinen Hauskonzert umzugestalten, wenn der weltberühmte junge Mann schon einmal unter ihrem Dache weilte. Franzi spielte anderthalb Stunden lang ohne Unterbrechung.

»Schade«, sagte die alte Herzogin Montmorency, »daß ich Sie nicht küssen kann, wie vor zehn Jahren. Sie können sich natürlich nicht mehr darauf besinnen. Das eine steht fest, in Paris gibt es niemanden, der von so vielen schönen Frauen geküßt worden ist wie Sie, beneidenswerter junger Mann.«

»Und von Beethoven«, ergänzte stolz die Hausfrau.

Aber diese Bemerkung verfehlte ihre Wirkung, denn die Anwesenden gehörten nicht zu den Stammgästen der Habeneck-Konzerte.

Jetzt verging kein Tag mehr, ohne daß er die Gräfin besuchte. Sie waren entweder zu zweit oder mit der Marquise Gabriac zu dritt. Meist führten sie tiefsinnige Gespräche, immer aber nur über grundsätzliche Dinge, nie über persönliche Fragen. Er war ständig von dem Wunsche beseelt, von sich selbst zu sprechen. Seine Erlebnisse und seine Erinnerungen hörte sich die Gräfin auch gern an. Sobald er sich aber seiner Gefühlswelt nähern wollte, ließ der unbewegliche, abweisende Gesichtsausdruck der Frau den heißen Lavastrom erstarren, der sich aus ihm ergießen wollte. Sie sprachen viel von wahrhafter Gläubigkeit. Und von den Erörterungen über die Reinheit der Seele und des Glaubens, und es hätte nur ein kleiner Schritt genügt, um auf die Liebe zu stoßen. Aber soweit kam es niemals. Und wenn Franzi keinen Schlaf fand, sann er immer wieder darüber nach, wie es möglich sein konnte, daß die langen Stunden, in denen er damals mit der schneeweißen Gräfin Liline von nichts anderem als von Liebe gesprochen hatte, so lilienrein geblieben waren und daß hinter der steifen Maske des Zusammenseins mit der Gräfin D'Agoult, mit der er nie von Liebe sprach, heimlich die Feuerzungen einer wilden Sinnlichkeit loderten . . .

Einmal unterhielten sie sich über die Oper Meyerbeers »Robert der Teufel«. Franzi trug mit seinem betörenden Können die Phantasie vor, die die hauptsächlichsten Arien der Oper enthielt. Die Gräfin, die in ihrer Jugend auch Unterricht bei Hummel gehabt hatte, konnte dieses Stück am Klavier in keiner Weise bewältigen.

»Gab es denn überhaupt schon eine Frau, die das gut spielen konnte«, fragte sie ihren Gast.

»Ja, es gab eine, die es fast so gut spielen konnte; die Gräfin Laprunarède.«

Das Gesicht der blonden Frau erstarrte mit einem Male zu eisiger Kälte. In einem Ton, der schon von vornherein eine vertrauliche Unterhaltung über diesen Namen ausschloß, entgegnete sie leichthin:

»Ach, Adele? Eine sehr gute Freundin von mir.«

Es war offensichtlich, daß auch sie, wie jeder in der guten Gesellschaft, von diesem Liebesroman gehört hatte. Sie schien aber nicht geneigt, es zuzugeben, denn dadurch hätte sie die Hoffnung aufkommen lassen, daß ihre Bekanntschaft mit der Zeit auch persönliche Berührungspunkte annehmen könnte. Doch diese Hoffnung sollte nicht auftauchen. Alle anderen Gesprächsstoffe aber waren ihr willkommen, sie zeigte sich immer sehr liebenswürdig und zuvorkommend und zeichnete ihren Gast bei jeder Gelegenheit aus. In der zweiten Woche ihrer Bekanntschaft wechselten sie schon Briefe miteinander. Das brachte ganz von selbst ein geliehenes Buch oder ein zurückgeschicktes Notenheft mit sich. Die Botengänge ins Palais D'Agoult versah Mutter Liszt selbst, während ihr Sohn seinen Unterrichtsstunden nachging. Franzi hatte sich nach besten Kräften bemüht, seine Mutter zu bestimmen, einen Diener zu nehmen. Umsonst, Mutter Liszt besorgte alles persönlich. Noch weniger durfte von einem Dienstmädchen die Rede sein; denn die Mutter erklärte kriegerisch, daß »die Frau erst noch geboren werden müßte«, die ihren Fuß in ihre Küche setzen dürfte. Sie räumte selbst auf, sie wusch selbst ab, sie erledigte ausnahmslos alle Arbeiten des zweiköpfigen Haushaltes, und jedem gegen diesen Grundsatz gerichteten Versuch ihres Sohnes, eine Änderung herbeizuführen, leistete sie hartnäckigen Widerstand. Sie wies auf die kleine Wohnung hin, führte Sparsamkeitsgründe und andere praktische Erwägungen ins Treffen. Es war aber nicht schwer, den wahren Grund zu erkennen: ihre aus Raiding mitgebrachte Arbeitswut und ihre leidenschaftliche Hausfraulichkeit ließen es einfach nicht zu, von ihrer Arbeit, wie von einem ängstlich behüteten Schatz, einem anderen auch nur etwas abzugeben, und wäre es noch so wenig. Auch die Briefe vertraute sie keinem Boten an, weil sie das Trinkgeld scheute. Im geheimen war sie aber auch neugierig, die Dame kennenzulernen, die neuerdings jede freie Stunde ihres Sohnes in Anspruch nahm. Die von der Gräfin kommenden Nachrichten, die vormittags ein prächtig gekleideter Lakai brachte, nahm sie entgegen, und der wappengeschmückte Brief erwartete auf dem Schreibtisch den mittags von seinen Unterrichtsstunden heimkehrenden Sohn.

»Wenn Sie am Freitagabend nichts anderes vorhaben, mein Herr, würde ich mich freuen, wenn Sie zu mir kämen, um mich mit den versprochenen Schubertliedern bekannt zu machen. Unsere musikalische Verabredung für Sonntagabend bleibt selbstverständlich auch bestehen.«

Franzi gab noch am gleichen Tage Antwort, denn bis zum Abend hatte er keine Gelegenheit, die Gräfin zu sehen, und eine Dame der Gesellschaft mußte doch selbstverständlich schon mindestens einen Tag vorher die genaue Einteilung für den nächsten Tag festlegen. Das Mittagessen erwartete ihn bereits, er schrieb aber zuvor noch den Brief.

»Ich habe glücklicherweise erst gestern unter dem Vorwande, ich sei sehr müde, eine langweilige und antimusikalische Einladung zu Freitagabend abgesagt und Sie, Frau Gräfin, erlauben mir nun zu meinem noch viel größeren Glück, ein bis zwei Stunden in Ihrer Gesellschaft verweilen zu dürfen. Empfangen Sie dafür meinen aufrichtigsten Dank, und seien Sie überzeugt, daß diese Woche zu meinen musikalisch schönsten und frohesten Erinnerungen gehören wird.«

Es war kaum ein Monat vergangen – Franzi hatte so viel von seinen Freunden und Bekannten gesprochen –, daß die Gräfin nach einigem Zögern erlaubte, sie ihr vorzustellen. Der junge Erard riet ihm davon ab, seine Freunde in dieses Haus einzuführen. Es sei viel klüger, eine so vornehme Verbindung für sich allein auszunützen. Andere sollten sich doch ihre gesellschaftlichen Verbindungen aus eigener Kraft schaffen. Franzi lächelte. Er glaubte, diesen guten Rat durchschaut zu haben: Chopin setzte sich für das Pleyel-Klavier ein, und das war nicht im Sinne Erards. Aber das sprach er nicht aus.

»Ich werde sie doch vorstellen. Es sind ja meine Freunde, die ich gern habe, und ich freue mich, wenn ich auch dort mit ihnen beisammen sein kann. Und wenn ich nicht bestrebt sein wollte, diese für so außerordentlich nützlich geltende ›Verbindung‹ auch meinen Freunden zugänglich zu machen, müßte ich mich ja vor mir selber schämen.«

Er nahm Berlioz und auch Chopin mit. Berlioz konnte sich in diesem Hause nie heimisch fühlen. Die steife Vornehmheit war ihm zuwider, und auch sonst hatte er nicht viel anderes im Kopf als die englische Schauspielerin.

Chopin aber wurde bald häufiger Gast. Besonders gefiel ihm die Marquise Gabriac, die ihrerseits den genialen Polen mit auffallendem Interesse auszeichnete. Kaum vier Wochen waren vergangen, und die Gräfin D'Agoult entdeckte, daß sie einen literarischen und musikalischen Salon in Paris hatte. Victor Hugo und Alfred de Vigny lasen ihre Verse vor, Chopin und Liszt spielten Klavier, Damen der Aristokratie und Diplomatie pflegten mit diesen Berühmtheiten Verkehr. Die starren Gesichtszüge der strahlend blonden Hausfrau entspannten sich, sie wurde lebhaft, viel fröhlicher, und in ihren berühmten azurblauen Augen lag ein ganz neuer, frischer Glanz. Sie machte den Eindruck einer Frau, die plötzlich eine bisher nicht geahnte Fähigkeit in sich entdeckt hatte und darüber sehr glücklich war.
Wenn sie sich mit Franzi allein unterhielt, vermied sie es auch jetzt noch, die Unterhaltung auf das Gebiet der Empfindungen abgleiten zu lassen. Sie lenkte die Gespräche aber immer mehr auf Persönliches: sie erkundigte sich nach seiner Tageseinteilung, seiner Arbeit, hauptsächlich aber nach seiner Gesundheit. Mit Mutter Liszt, die seine Briefe in das Palais brachte, ließ sie sich in längere, in außerordentlich liebenswürdigem Ton geführte Unterhaltungen ein. Sie beriet sich mit ihr darüber, was man unternehmen könne, daß der Herr Sohn nicht mehr soviel rauche, denn das müsse man unbedingt ändern. Des weiteren, daß der Monsieur Litz in letzter Zeit sehr viel huste, daß sie aber ein ausgezeichnetes Rezept für einen sehr guten Hustentee habe, den die Frauen in der Bretagne zu kochen pflegten. Und manchmal schickte sie nur deshalb Botschaft durch einen Lakai, damit Monsieur heute abend unter allen Umständen einen Mantel mitbrächte. Die begehrenswerte, sein Blut in Wallung bringende *Frau* entfernte sich immer mehr von Franzi, statt dessen kam ihm eine sich selbst offenbarende *Muse* immer näher. Und je mehr sorgende Anteilnahme die Gräfin, die er deshalb schon eine gute Freundin hätte nennen können, an den Tag legte, um so mehr bedrückte es ihn, daß der ersehnte Augenblick, in dem er einmal leidenschaftlich und kühn die Hand dieser Frau ergreifen würde, von Tag zu Tag in immer weitere Ferne rückte. Dafür kam dann aber der Augenblick, in dem die Frau Franzis Hand faßte.
Sie saßen zu zweit im kleinen Salon, hatten gerade mit dem Klavierspiel aufgehört und schwiegen.
»Ich muß Ihnen jetzt etwas sehr Trauriges sagen«, sprach endlich die Gräfin.
»Was?« Franzi hob erschrocken den Kopf.
»Der Frühling ist da, ich muß Paris verlassen. Wir ziehen in jedem Frühling nach Croissy und bleiben dort so lange, als es die Wetterlage nur gestattet. Das tut den Kindern sehr gut. Und jetzt ist die Zeit gekommen, wo wir reisen müssen. Da wollte ich Ihnen noch sagen, daß es mir sehr schwerfällt, mich von Ihnen zu trennen – als ob Sie mein Sohn wären.«
»Ihr Sohn?«

»Ach, mein Gott, um wieviel bin ich älter als Sie! Wissen Sie, wie alt ich in diesem Sommer werde?«

»Ich weiß, achtundzwanzig. Da ist es etwas schwer, mich als Ihren Sohn zu betrachten.«

»Und doch ist es so. Es kommt nicht auf die Anzahl der Jahre an. Ich betrachte Sie ernstlich als meinen Sohn. Ich bin froh, wenn ich mich um Sie sorgen kann, und stolz darauf, daß Sie so schön und so begabt sind. Außer Ihrer wirklichen Mutter könnte niemand Sie mit so mütterlichen Gefühlen lieben wie ich. Ich darf ruhig mit einer so unverhüllten Aufrichtigkeit sprechen; mein Leben ist ja über jeden Verdacht erhaben. Und Sie sind eine reine Seele, Sie können mich nicht mißverstehen. Nicht wahr, Sie tun es auch nicht?«

»Nein«, antwortete Franzi düster.

»Und dann noch, Sie werden meine mütterlichen Gefühle achten und den ganzen Sommer hindurch auf sich halten, Sie werden das Rauchen und die Arbeit nicht übertreiben?«

»Nein, ich verspreche es.«

Da ergriff die Gräfin Franzis Hand.

»Mein lieber, guter, kleiner Sohn!« sagte sie zärtlich.

»Ihre Güte erschüttert mich, Gräfin«, stammelte er mit bebenden Lippen. Seine Augen verschleierten sich. Aber nicht vor Ergriffenheit, sondern von den hervorbrechenden Tränen einer hoffnungslosen Bitterkeit. Die weiche, weiße Hand brannte wie Feuer in der seinen. Er versuchte, die seine unter irgendeinem Vorwande so schnell als möglich wegzuziehen. Bald darauf verabschiedete er sich und ging nach Hause. Er knirschte mit den Zähnen vor ohnmächtigem Zorn.

Anfang Mai hatte die Gräfin schon kaum noch Zeit, ihre vertrautesten Gäste zu empfangen. Sie war dauernd mit Einpacken beschäftigt, machte Besorgungen in der Stadt, fuhr nach Croissy und kam wieder zurück und hatte kaum eine ruhige Stunde, geschweige denn einen ruhigen Tag. So fanden sie auch nur zu einem flüchtigen Abschied Gelegenheit. Sie vereinbarten aber wenigstens, sich recht oft zu schreiben. Die Gräfin versicherte ihn abermals der aufrichtigen Zuneigung ihres mütterlichen Herzens.

Am Tage darauf kam ihm Paris wie ausgestorben vor. Er schlenderte ziellos in der Stadt herum, ging abends zum Palais D'Agoult und blickte zu den verschlossenen, stummen Fenstern hinauf. Er versuchte zu arbeiten. Er mußte die Klavierbearbeitung der Berlioz-Symphonie für die Druckerei ins reine schreiben und nicht nur das, er mußte sie ganz neu und zum ersten Male überhaupt zu Papier bringen, denn bisher hatte er sie immer nur aus dem Kopf gespielt. Aber die Arbeit wollte ihm nicht von der Hand gehen. Er warf den Gänsekiel hin und lief wieder aus dem Hause, um einen weiten Spaziergang zu machen. Am großen Boulevard traf er Victor Hugo. Sie setzten ihren Weg gemeinsam fort.

»Was ist mit der schönen Gräfin D'Agoult?« fragte der Freund beiläufig.
»Sie ist gestern aufs Land gezogen.«
»Schade, ich wollte sie soeben besuchen. Eine sehr liebenswürdige Frau, und sehr schön!«
Franzi gab sich Mühe, den Teilnahmslosen zu spielen, und bemerkte leichthin:
»Sehr schön, ja, aber nach meinem Geschmack ein bißchen kalt.«
Victor Hugo staunte und lachte seinem Freund ins Gesicht:
»Kalt? Wissen Sie, was diese Frau ist? Über sechs Fuß Lava sechs Fingerbreit Schnee. Wehe dem, der unter den Schnee gelangt!«
Franzi erzitterte am ganzen Körper vor Sehnsucht, seine Zähne schlugen sogar aufeinander. Und es sollte ganz gleichgültig klingen, als er entgegnete:
»Meinen Sie? Möglich!«

FÜNFTES KAPITEL

Die Gräfin war in Croissy, und sie schrieben sich häufig. Es waren aber keine echten, aufrichtigen Briefe, es war Komödie. Er schrieb nicht das, was er wirklich sagen wollte, sondern spielte eine ihm aufgezwungene Rolle, und in den Briefen der Gräfin war auch etwas Gezwungenes und Gekünsteltes.
Endlich machte er sich an die Niederschrift der Berlioz-Phantasie. Die Arbeit ging nur langsam vorwärts. Und wenn ihn das Bild der betörenden Gestalt der Gräfin nicht störte, empfand er eine große Freude an der herrlichen, königlichen Sicherheit und Überlegenheit, mit der er alles Geschehene dieser Welt in der Sprache des Klaviers wiederzugeben vermochte. Paganini beschäftigte seine Gedanken längst nicht mehr. Er war fest überzeugt, daß er das Klavier ebenso beherrschte wie Paganini seine Geige.
Da tauchte Adele in Paris auf. Sie schrieb ihm, er möge sie bei ihrer Freundin, Madame Laborie, besuchen. Die vertrauten, verschnörkelten Schriftzüge ließen mit einem Male die Erinnerung an alle vergangenen Qualen, an die wilden Umarmungen und an die vielen mit peinigenden Verhören verbrachten und jetzt so unglaubhaft scheinenden Nächte aufflammen. Die Luft des Gastzimmers im Schloß zu Marlioz kam ihm in den Sinn, der Geruch des Reisigs, das im Kamin knisterte, und der ein klein wenig muffige Lavendelduft der Bettbezüge. Franzi kannte Madame Laborie nicht, fand sich aber in ihrer Wohnung ein.

Adele war schön und begehrenswert wie immer. Er verlangte nach ihr und haßte sie zugleich. Frau Laborie ließ nach einigen höflichen Redensarten die beiden unter einem durchsichtigen Vorwand allein. Sie waren beide verlegen und musterten sich gegenseitig mit schiefen Blicken. Sie wußten nicht, was sie miteinander anfangen sollten und wie es überhaupt mit ihnen stand. Endlich griff Adele nach der altbewährten Waffe: sie begann zu weinen.

»Franzi, ich bin so unglücklich . . .«

»Warum?« fragte er, sie absichtlich quälend. »Ist mit Herrn Miramont etwas geschehen?«

»Sprechen Sie doch nicht von ihm! Ich habe den Augenblick verflucht, in dem ich ihn kennengelernt habe. Ich leide so schrecklich und sterbe förmlich vor Sehnsucht nach einem einzigen guten Wort . . . Kannst du mir verzeihen, Franzi?«

»Nein«, entgegnete er und schüttelte den Kopf. »Nie!«.

»Gefalle ich dir nicht mehr? Das ist ja das Furchtbare, daß ich mich nach dir sehne, so heiß wie früher, und dich gleichzeitig hasse. Es war nicht recht, jetzt hierherzukommen.«

Sie mußten leise sprechen, denn Frau Laborie hielt sich im Nebenzimmer auf. Sie hatte unter taktvoller Wahrung der Etikette einen Türspalt offen gelassen. Die Gräfin schluchzte herzerweichend und flehte flüsternd um Vergebung. Ebenso leise flüsternd beantwortete er jedes Geständnis mit einer grausamen Anklage und jede Träne mit einer quälenden, hämischen Erinnerung. Eine Stunde währte dieses von Vorwürfen, Tränen und heimlichem Verlangen erfüllte Wiedersehen. Dann gab Franzi nach, er vereinbarte eine Zusammenkunft mit ihr für den nächsten Nachmittag. Bis dahin verzehrte er sich in aufgeregten, verworrenen Grübeleien. Er fühlte, daß er irgendwie mit dieser Frau noch nicht zu Ende war. Die Begierde lebte noch in ihm, wenn sie sich bisher auch in einem Winkel seiner Seele gut verborgen hatte. Aber beim ersten Wort Adeles, beim ersten Ton ihrer lokkenden Stimme kam alles wieder zum Vorschein und zeigte seine fürchterliche Macht. Er wußte schon, daß ihn dieser Nachmittag in die Arme Adeles zurückführen würde. Und er dachte auch daran, daß er mit großem Einsatz spielte. Es war möglich, daß diese Liebesbegegnung ihn endgültig an diese Frau ketten und er dann rettungslos in eine von rasenden Eifersuchtsqualen und seelischen Demütigungen erfüllte Zukunft stürzen würde. Aber es war auch denkbar, daß sein Verlangen noch einmal, nur noch ein einziges Mal, gestillt werden wollte, und daß er dann die qualvolle Abhängigkeit von der Gräfin Laprunarède endgültig überwunden haben würde. Er wußte nur nicht, wo er sich mit ihr treffen sollte. Hunderterlei Möglichkeiten und abenteuerliche Pläne gingen ihm durch den Kopf, aber er verwarf sie alle.

Tags darauf um die Mittagsstunde ging er in die Wohnung Chopins, in das

versteckte Haus der Rue Anachorètes. Er wußte, daß Chopin, der für sein Leben gern Ausflüge machte, für drei Tage aufs Land gegangen war.
»Können Sie mir«, fragte er den Wirt Chopins, »die Schlüssel zur Wohnung des Herrn Chopin aushändigen? Ich übernehme die Verantwortung.«
Der brave Bürger, ein kleines Männlein mit einem Bauch wie eine Spinne, sah ihn unschlüssig an. Aber dann zuckte er mit den Schultern. Er wußte ja, daß dieser Herr der beste Freund von Chopin war. Wortlos reichte er ihm die Schlüssel. Franzi steckte sie hastig in seine Tasche, eilte fort und suchte einen Mietswagen.
Als sie zu zweit eintraten und die Tür zur Wohnung von innen verschlossen, übermannten Franzi plötzlich die häßlichsten Gewissensbisse und Bedenken. Am liebsten wäre er wieder hinausgelaufen und hätte das ganze unbedachte Abenteuer zunichte gemacht. Aber dazu war es zu spät. Adele fiel ihm sofort um den Hals und drückte ihn leidenschaftlich an sich, um endlich den Wiedersehenskuß zu empfangen. Dabei fing sie gleich zu weinen an.
»Weine nicht. Nimm Platz.«
Die Gräfin trocknete ihre Tränen, setzte sich und schaute sich um. Sofort erwachte ihre weibliche Neugier. Sie erhob sich und fragte, wen alles die Bilder an der Wand darstellten. Auf dem Klavier lagen in musterhafter Ordnung die Noten. Sie blätterte darin. Am Schreibtisch wühlte sie zwischen den mit altjüngferlicher Ordnungsliebe geschichteten Papieren und deutete auf Briefe, Bücher und Schriftstücke. Franzi mußte sie sogar zweimal ermahnen. Endlich wurde er nervös.
»Bist du mein oder Chopins Gast? Ich kann dann wohl gehen?«
Das genügte. Sie fielen sich in die Arme. Und ohne die Vergangenheit wieder heraufzubeschwören, ohne die alten Qualen von neuem wachgerufen zu haben und ohne lästige Fragen nach der Zukunft zu stellen, suchten sich ihre Lippen mit stummer Sehnsucht. Und in dem lodernden Feuer ihres Taumels fragte die Frau mit bebenden Lippen:
»Liebst du mich?«
»Nein«, antwortete Franzi zornig, preßte sie aber dabei so heftig an sich, daß sie vor Schmerz aufstöhnte . . .
Ein Wagen brachte sie zurück zur Wohnung der Frau Laborie. Während der Fahrt sprachen sie so gut wie nichts. Als sie angelangt waren, fragte die Frau mit einer Scheu, die schon die niederschmetternde Antwort ahnte:
»Ich muß morgen verreisen. Schreibst du mir? Soll ich dir schreiben?«
»Schreibe nicht.«
Ihre Hände lagen währenddessen ineinander. Dann hielt der Wagen. Beim Aussteigen weinte Adele wieder. Sie grüßte nicht, sie blickte sich auch nicht um und schlüpfte ins Tor. Und Franzi fühlte, daß er sich von dieser Frau nun endgültig gelöst hatte.
Zu Hause erwartete ihn ein Brief: die Gräfin D'Agoult lud ihn nach Croissy

ein. Sie gab ihm den Tag an, nannte ihm die bequemste Reisegelegenheit und beschrieb ihm den zum Schloß führenden Weg. Franzi dachte nur eine Sekunde an seine einstige Geliebte zurück, und auch das nur mit dem Gefühl, daß seit diesem Augenblick Jahre vergangen sein müßten, obwohl er sie vor kaum anderthalb Stunden noch in den Armen gehalten.

Croissy lag nicht weit von Paris, insgesamt sechs Meilen. Am frühen Nachmittag fuhr er ab, und bei eintretender Dämmerung kam er an. Der Wagen bog zu einem mächtigen Schloß ein, einem prunkvollen, hochmütigen Gebäude, das an seinen vier Ecken je einen Turm trug. Es war von einem alten Festungsgraben umgeben, in dem jetzt kein Wasser mehr floß, an dessen Wänden sich vielmehr Efeu hochrankte. Und in dem grasbewachsenen einstigen Flußbett ästen Damhirsche, die beim Poltern des herannahenden Wagens nicht einmal hochblickten.

Der Gast wurde nicht von einem Mitglied der Familie, sondern von einem zeremoniellen, düsteren und trotz seiner Unterwürfigkeit hochnäsigen Kammerdiener empfangen. Dieser winkte einem Lakaien, der das Gepäck nehmen sollte, dann schritt er einen breiten Treppenaufgang voran. Zwischen Ahnenbildern, starrenden Ritterrüstungen und Marmorbüsten kamen sie nach einer schier endlosen Wanderung durch die mit Gobelins behangenen Gänge zum Gastzimmer. Dort machte sich der bepackte Lakai sofort daran, alles zu ordnen, während sich der Kammerdiener verbeugte:

»Die Gräfin erwartet Monsieur.«

Abermals schritt der Kammerdiener hoheitsvoll voran, denselben Weg zurück. Im Erdgeschoß öffnete er eine Tür und ließ Franzi eintreten. Er fand die Gräfin in der Gesellschaft zweier kleiner, engelhaft schöner Mädchen.

»Willkommen, mein Herr! Erlauben Sie, daß ich Sie meinen Töchtern vorstelle. Die ältere, Louise, ist ein sehr artiges, kleines Mädchen, sie wollte nur heute ihre Suppe nicht essen. Und das ist Claire, ebenfalls ein sehr braves Kind, es steckt nur manchmal seinen Finger in den Mund.«

Die kleinen Komtessen machten einen tadellosen Knicks vor dem Gast.

»War die Reise angenehm? Wie fühlen Sie sich? Sind die kleinen Fieberanfälle vorüber. Ja? Gott sei Dank! Jetzt sehen Sie sich vielleicht erst einmal bei uns um. Zuvor wollen wir die Kinder aber der Mademoiselle übergeben.«

Benommen und unschlüssig folgte er der Gräfin, die ihn durch Gänge und Säle führte und in einem fort erklärte. Sie erzählte, daß dieses Haus einst von Colbert erbaut worden und die Schlange, die man hier überall in Stein gemeißelt oder in Eisen gegossen sähe, sein Wappentier gewesen sei. Die Gräfin hatte erst vor kurzem das Gut von der Herzogin de La Tremouille gekauft. »Das ist das Billardzimmer, die Gemälde sind von Oudry. Das ist der große Salon. Den Kronleuchter hat Colbert von Ludwig XVI. geschenkt bekommen. Die Konsolen sind aus orientalischem Alabaster, die Vasen aus Porphyr . . .« Der Fußboden war mit eingelegten Mustern verziert, überall

Statuen, Gemälde, Gold, Kristall, Antiquitäten . . . Eine Pracht ohnegleichen.
»Nein, nein, wir gehen nicht in dieser Richtung, dort liegen meine Privaträume. Wir gehen jetzt hier weiter, damit ich Ihnen die Bibliothek zeigen kann.«
Franzi blickte auf den Gang zurück. Plötzlich fühlte er sein Herz schwer werden. Er war zum ersten Male den Kindern der Gräfin begegnet. Wie ein Blitzstrahl traf es ihn, daß er sie als Mutter sah, die für ihre Kinder lebte. Seit er sie kannte, überlegte er sich jetzt zum ersten Male, daß die Gräfin nicht nur eine von Literatur und Musik plaudernde und religiöse Probleme erörternde, abstrakte schöne Seele war, sondern eine Frau, die wie andere Frauen ihr Privatleben hatte. Wie wenn man unter ihm den Boden einer künstlich erbauten Welt weggezogen hätte, so entglitt die neben ihm herschreitende, herrliche Frau auf einmal in die unerreichbare Ferne eines in sich abgeschlossenen, ihm unzugänglichen Familienlebens. Er hielt sich noch keine zehn Minuten im Schloß zu Croissy auf, und schon hatte er hoffnungslos auf diese bezaubernde, blonde Schönheit verzichtet. Und als Folge dieser Entsagung regte sich in ihm sogleich eine feindselige Kampfeslust.
›Was geht mich das an‹, dachte er bei sich und sah die gleich einem Fremdenführer erzählende Frau gar nicht an, ›wenn du nicht die Meine sein kannst, dann bist du eben ein fremder Mensch für mich. Dann bist du bloß eine vornehme Dame, eine von diesen Hunderten, die auf unseren Köpfen herumtreten, die mit dem anmaßenden, empörenden Hochmut eures Standes und eures Reichtums uns demütigen . . .‹
Später tauchten noch mehr Gäste auf, die bisher spazierengegangen waren, die Marquise Gabriac, Baron Meyendorff und andere. Franzi kannte sie alle. Eine allgemeine, fröhliche Unterhaltung setzte ein. Nur er war in dieser Gesellschaft gereizt und verbissen. Er teilte nach rechts und links kalte, stichelnde Bemerkungen aus, entschlossen, wenn er zurechtgewiesen würde, sofort nach Paris zurückzufahren. Es wies ihn aber niemand zurecht. Er stellte im Gegenteil überrascht fest, daß seine Bissigkeit und seine prahlerische üble Laune wie ein schwerer Druck über der Gesellschaft lasteten. Dann setzte er sich ans Klavier und ließ an ihm seine zähneknirschende Wut aus. Er spielte den Hexentanz aus der »Phantastischen Symphonie« von Berlioz. Der Komponist hätte sein Werk jetzt kaum wiedererkannt. Mit ohrenbetäubendem Gekreische schmückte er jedes Thema aus, bösartige Dissonanzen ließ er in unmöglichem Rhythmus tanzen.
»Schön, nicht wahr?« fragte er nach der Seite gewandt mit hämischem Lächeln.
Die Zuhörer waren verlegen, keiner getraute sich eine Meinung zu äußern. So verging auch das Diner, zu dem sie sich um halb sieben Uhr niedersetzten. Er allein führte das Wort. Er war ironisch, ungläubig und gefiel sich

in überraschenden Behauptungen, an die er selbst am allerwenigsten glaubte.
»Was ist denn mit Ihnen?« fragte die Gräfin. »Ich erkenne Sie nicht wieder.«
»Ich erkenne mich selbst nicht wieder«, sprudelte ihm die Offenherzigkeit aus dem Munde.
Trotzdem spielte er diese sinnlose, selbstquälerische Komödie weiter. Und erst recht, als er nach dem Diner im Salon einen Blick des Barons Meyendorff auffing. Dieser Blick war nicht zu mißdeuten: vertraulich und anbetend zugleich ruhte er auf dem Antlitz der Hausfrau. Nur darüber konnte man im Zweifel sein, ob diese Anbetung schon Erhörung gefunden hatte oder jetzt erst erwartete. Also, so steht es? Nun, sei's drum! Wie ein trotziger Spieler, der sich an einem Mißgeschick damit rächt, daß er das ihm noch verbliebene Geld sinnlos in den Rachen sicheren Verlustes wirft, bemühte er sich, herzlos, ungläubig und als Teufelskerl zu erscheinen. Und als sich alles zur Ruhe begab, verabschiedete er sich mit ungehöriger Oberflächlichkeit von der Gräfin. Im Dunkel seines Zimmers machte er sich dann die bittersten Vorwürfe und verachtete sich selbst.
›Ich habe mich benommen‹, gestand er sich voller Scham, ›wie ein minderwertiger Lakai bei Ausbruch der Revolution.‹
Am Tage darauf legte sich zwar seine voreilige, leichtfertige Unrast, die Bitterkeit aber blieb. Vormittags sahen sie sich den Park und das Eselsgespann der Kinder an. Er hatte für alles noch giftige Bemerkungen. Beim Gabelfrühstück behauptete er, daß die einzige anständige Staatsform die Republik sei. Der zaristische Meyendorff ließ vor Schreck seine Gabel auf den Teller fallen. Aber schon nach zehn Minuten verkündete der unter den Aristokraten sitzende Klavierkünstler mit der mächtigen Haarmähne, daß es nichts Widerlicheres gäbe als die Masse, und daß nur ein Ministerpräsident seinen Posten verdiene, der sofort schießen lasse.
Zuerst begegnete die Gräfin D'Agoult dem sonderbaren Benehmen des Gastes mit der gütigen Nachsicht einer gewandten Hausfrau. Dann befiel sie aber langsam eine gewisse Unruhe, die immer stärker und stärker wurde. Endlich saß sie blaß und schweigsam im Kreise ihrer Gäste da. Wer sie genau beobachtete, konnte sehen, daß sogar ihre Hände zitterten.
Am Morgen des dritten Tages trafen sie sich zufällig im Park. Gezwungen und zögernd begannen sie zu plaudern. Sie waren weit entfernt vom Schloß, in diese Gegend kam keine Menschenseele. In einer dicht bewachsenen Laube stand eine Bank, auf der sie sich niederließen. Die Sonne strahlte hell, und ihre durch die Äste dringenden Strahlen zeichneten kleine, gleichmäßige, glitzernde Lichtkreise auf den Kiesweg.
»Ich muß nun langsam an die Heimfahrt denken«, sagte Franzi unerwartet.
»Warum wollen Sie so schnell nach Paris zurück? Fühlen Sie sich hier nicht wohl?«

»Ich fühle mich hier so wie überall. Einsam.«
»Einsam? Ist denn niemand hier, der Ihnen nahesteht?«
»Niemand.«
Voller Schadenfreude sah er der stolzen Gräfin ins Gesicht, ob es ihm gelungen war, ihr Schmerz zu bereiten. Die Lippen der Gräfin bebten, sie versuchte zu lächeln, begann aber plötzlich zu weinen. Mit klagendem Schluchzen barg sie das Gesicht in den Händen. Sofort traten auch Franzi die Tränen in die Augen. Er wollte nach der Hand der Frau greifen, aber er wagte es nicht. Da glitt er von seinem Sitz auf die Knie.
»Gräfin, verzeihen Sie mir! ich bin wahnsinnig, ich weiß nicht, was ich sage.«
Die Gräfin schluchzte wortlos weiter. Sie wollte ihre Tränen verbergen und wandte sich ab.
»Sagen Sie, daß Sie mir verzeihen, sonst . . . sonst . . . nehme ich mir das Leben.«
Die Frau reichte ihm schweigend und abgewandten Gesichtes ihre von Tränen feuchte Hand und erwiderte den Druck. Da fragte er leise und schüchtern mit versagender Stimme:
»Lieben Sie mich?«
Die Gräfin nickte und schluchzte weiter. Er sprang beseligt auf, umfaßte mit dem rechten Arm ihre Schultern und versuchte mit der linken Hand ihren Kopf zu sich zu wenden. Da kam die Frau zur Besinnung und sah sich entsetzt um.
»Mein Gott, was machen Sie? Wenn mich jemand hier sieht, bin ich verloren.«
Er erhob sich ebenfalls und stellte sich neben sie. Ganz nahe. Er fühlte den Duft ihres gepflegten blonden Haares.
»Hierher kommt niemand. Lieben Sie mich? Sagen Sie mir, daß Sie mich lieben.«
Die wunderbaren blauen Augen sahen ihn an.
»Ich liebe Sie. Aber Sie lieben mich nicht. Sie tun mir weh.«
»Und warum habe ich Ihnen weh getan? Weil ich von diesen entsetzlichen Qualen ganz kopflos geworden bin. Denn es ist unbeschreiblich, was ich Ihretwegen schon seit Wochen leide. Seit Monaten. Von dem Augenblick an, wo ich Sie zuerst sah. Sie haben auf mich sofort einen solchen Eindruck gemacht, daß ich dachte, ich müßte den Verstand verlieren.«
Sie setzten sich beide wieder auf die Bank, und die Gräfin trocknete ihre Tränen.
»Daß ich Ihnen gefallen habe, bedeutet gar nichts. Sie werden mich hoffentlich nicht für zu überheblich halten, wenn ich Ihnen sage, daß ich den Männern meistens gefalle. Das habe ich aber gar nicht nötig. Ich sehne mich nach etwas anderem. Und danach auch vergeblich.«
»Wonach sehnen Sie sich? Und warum vergeblich?«

»Wonach ich mich sehne? Nach jenem großen Glück, das *ich* unter Liebe verstehe. Keine Koketterie, sich verstecken müssende, unwürdige Verhältnisse, vorübergehende Abenteuer, alles das hasse ich. Ich suche das große Gefühl, das einzige, ein ganzes Leben ausfüllende Gefühl. Und das werde ich nie finden. Aber gebe Gott, daß ich es auch nie finde!«
»Warum nie? Ich suche doch auch dasselbe. Ich will auch so lieben. Unter Millionen von Menschen finden sich vielleicht zwei, die das verstehen. Das ist die einzige, erhabene Seligkeit, die der Mensch von Gott geschenkt bekommt. Die wollen Sie nicht finden?«
»Was für ein Kind Sie doch sind! Was soll ich denn damit anfangen, wenn ich sie finde? Ich bin bis auf den Grund meiner Seele eine anständige Frau und religiös. Ich weiß, daß dieses Gespräch eine schwere Sünde für uns ist. Und ich weiß auch, was meine Pflicht ist: Sie seltener zu sehen. Immer seltener. Wenn Sie mir gleichgültig wären, wäre das ja auch leicht. So aber muß ich vor Ihnen flüchten, solange es noch nicht zu spät ist.«
»Und glauben Sie, daß es noch nicht zu spät ist? Bei mir ist es schon längst zu spät. Ich würde jetzt ohne Sie zugrunde gehen.«
»Ich weiß es nicht. Ich muß es versuchen. Diese Minute war herrlich, wunderbar. Von diesem Augenblick werde ich jahrelang zehren. Wir dürfen aber nicht mehr unter vier Augen zusammenkommen. Ich habe Pflichten. Versprechen Sie, daß Sie mir helfen werden! Versprechen Sie es!«
Franzi sah die Frau unverwandt an. Sie kam ihm noch tausendmal schöner vor als je. Er schwieg, nicht weil er um eine Antwort verlegen war, sondern um den Angriff vorzubereiten. Im nächsten Augenblick riß er sie auch schon mit unbändiger Kraft an sich. Mit brennenden Küssen drängte er von den halbgeöffneten Lippen die ersterbenden Seufzer der Abwehr zurück.
»Was tun Sie mit mir? Ich hätte Sie nicht hierher nach Croissy bitten dürfen.«
»Aber jetzt bin ich da! Sehen Sie doch ein, daß es nun schon viel zu spät ist, uns vor dem Übermaß unserer Gefühle zu retten. Es war uns so bestimmt. Es mußte so kommen. Und Sie werden die Meine sein.«
»Nein«, rief die Gräfin erschrocken, »nein! Lieber sterbe ich! Passen Sie auf, es kommt jemand.«
Schritte wurden hörbar. An der Laube kam eine Magd vorbei, die sie untertänigst grüßte.
»Wenn sie zwei Minuten früher gekommen wäre . . . entsetzlich . . . gehen wir.«
»Gut, aber zuvor sagen Sie mir noch, wann wir diese Unterredung fortsetzen können. Ich muß Ihnen noch sehr, sehr viel sagen. Und muß Sie noch sehr, sehr viel fragen. Eins möchte ich gleich wissen: was ist zwischen Ihnen und Meyendorff?«
»Ach, der gute Baron! Haben Sie auch bemerkt, wie er mich ansieht? Er hat um meine Hand angehalten und behauptet, in Rom soviel Einfluß zu

haben, daß er die gültige Scheidung durchsetzen könne, wenn ich es wolle. Armer Junge, er ist wirklich sehr liebenswürdig, wenn er bloß nicht ein so großer Narr wäre! Wissen Sie, wie die Marquise und ich ihn unter uns nennen? ›Thoughtless‹. Solange wir ihn kennen, hat er noch nie einen eigenen Gedanken aufgebracht.«

»Dann müssen Sie mich ›Thoughtful‹ nennen. Wann kann ich Sie heute nachmittag sprechen?«

»Warten Sie. Nach dem Gabelfrühstück legt sich jeder ein wenig schlafen. Seien Sie um zwei Uhr bei der kleinen Brücke, wo die Allee beginnt. Wissen Sie, welche Allee ich meine?«

»Ich weiß. Jetzt schnell noch einen Kuß.«

»Das ist ausgeschlossen. Auf Wiedersehen.«

Die goldblonde Erscheinung huschte davon. Er setzte sich wieder auf die Bank, um sich seines Sieges zu freuen. War es wirklich ein Sieg? Vielleicht sollte er nie über dieses Geständnis hinauskommen, vielleicht war dieser flüchtige Kuß das einzige, was ihm diese Liebe schenkte? Meyendorff hatte also um ihre Hand angehalten. Welches Schicksal erwartete ihn, den Musiker? Er würde berechtigt sein, unter seinen Geheimnissen auch die Erinnerung aufzubewahren, daß eine der vornehmsten Frauen des Landes ihm ein- oder zweimal ihre Lippen überlassen hatte. Er würde in diesem Hause als Gast fernerhin verkehren, zu dem Inventar eines Salons des Faubourg gehören. Man würde ihn einst als den Schützling der Gräfin D'Agoult verbuchen. Und die schönste Frau würde, mit ihren Freundinnen wetteifernd, sich stolz unter ihnen umsehen: den Berühmtesten und den Interessantesten hätte sie unter ihren Möbeln. Denn nicht nur der nach Bekanntschaft mit Aristokraten lechzende Bürger hat seinen Snobismus, sondern auch die neunzackige Krone: die schmückt sich gern mit Künstlern. Nein, nein, nein! Diese Frau mußte die Seine werden, koste es, was es wolle! Liszt erhob sich und ging unter den Bäumen auf und ab. Er dachte darüber nach, ob er in die Frau verliebt sei oder nicht. Aber er vermochte es nicht zu entscheiden.

Pünktlich um zwei Uhr trafen sie sich am vereinbarten Platz. Die Frau nahm ihn mit zu einem Spaziergang weit hinaus in die offenen Felder. Das war eine Enttäuschung. Er hatte gehofft, daß sie ihn zu irgendeinem lauschigen Versteck führen würde, wo sie sich küssen könnten. Aber der lange Spaziergang war auch sehr schön. Ihre vertrauten Geständnisse überstürzten sich. Wann ihre Liebe erwacht sei, fragten sie sich und riefen alle Einzelheiten der ersten Begegnung wieder wach. Franzi vernahm mit Entzücken, daß die Gräfin seiner bereits mit Liebe gedachte, als sie ihm noch die strengste und würdigste Miene der vornehmen Dame zeigte. Dann sprachen sie von ihren Kinderjahren. Die Gräfin war wie ausgewechselt. Sie erzählte lebhaft und geistreich von sehr gut beobachteten Erlebnissen. Franzi konnte sich nicht satt an ihr sehen und hätte ihr bis in alle Ewigkeit zuhören können.

»Waren Sie schon einmal in Mortier? Das ist ein kleines Dorf in der Gegend von Tours. Dort wohnen meine Eltern in einem kleinen Schloß. Wenn ich allein bin, denke ich gern an diese Jahre zurück. Ich hatte dort einen großen Käfig, in dem ich sämtliche Vogelarten der dortigen Gegend sammelte. Da war ein Zeisig, eine Amsel, ein Stieglitz, eine Lerche, ein rotköpfiger Würger, ein Specht – alle in dem einen großen Käfig. Ich weiß heute noch, wie ich mir in jedem Frühjahr die größte Mühe gab, die kleinen Rebhühner, die die Bauern beim Mähen der Felder fanden und auf den Hof brachten, mit Ameiseneiern hochzupäppeln. Es ist mir aber nie gelungen. Dann hatte ich auch zwei Angorahasen, einen weißen und einen schwarzen. Die vermehrten sich unglaublich, und jedes Häschen war verschieden schwarz und weiß gefleckt. Auch eine Ziege gehörte mir, die schon meckerte, wenn sie mich von weitem sah. Und ein kleines Reh hatte ich auch. Es wurde mit den Schafen auf die Weide getrieben. Und das Eselsgespann nicht zu vergessen . . . Dann züchtete ich auch Raupen und konnte es kaum erwarten, bis sich der Schmetterling aus der Larve entpuppte. Und außerdem meine Pflanzen. Du lieber Gott! Ich habe andauernd gesät, gegossen, gepfropft und allerlei Versuche gemacht. Die Ernte, die Weinlese, das Dreschen, das Pflügen, die Schafschur . . . was waren das alles für große Ereignisse! Nie wieder werde ich so froh sein wie damals, nie . . .«
»Warum sagen Sie das? Nehmen Sie sich lieber vor, so glücklich zu werden, wie es noch keine Frau auf der ganzen Welt war.«
»Sie wissen doch selbst, daß das unmöglich ist . . . Aber was mir eben noch einfällt, ist eine von mir selbst erdachte und erbaute Landschaft. Stellen Sie sich vor, ich habe dort in Mortier eine Landschaft aufgebaut. Verstehen Sie das nicht? Dann muß ich es Ihnen erzählen. In einem Zimmer des Schlosses stand ein großer Tisch aus Fichtenholz, der gar nicht benutzt wurde. Ich bat ihn mir von meiner Mutter aus, und sie überließ ihn mir. Zuerst bedeckte ich ihn vollkommen mit lehmiger Erde. Dann nahm ich ein Holzmesser und markierte alles, was ich mir vorgestellt hatte: hier sollte ein Wald sein, dort ein Hügel, eine Wiese und so weiter. Den Wald stellte ich aus kleinen Ästchen zusammen, die ich in die Erde hineinsteckte. Für die Wiese holte ich mir Grasbüschel aus dem Park, die ich ganz kurz schnitt, damit die Wiese nicht höher war als der Wald. Auch eine Landstraße habe ich angelegt aus Kieselsteinen. Ganz herrlich war aber meine Höhle. Die machte ich aus einer großen Muschel, die ein Nachbar, ein gewisser Chevalier de Lonley, von der Insel Martinique mitgebracht hatte. Sogar einen Teich legte ich an: er bestand aus einem Stück Spiegelglas. Meinem Vater gefiel meine Landschaft so gut, daß er mir aus Pappe und Korkstücken ein Schloß baute. Er strich es auch noch bunt an, daß es aussah, wie aus Ziegelsteinen gebaut. Mitten im Wald errichteten wir noch eine Einsiedlerhöhle und am Ufer des Teiches eine Fischerhütte. Das Schloß konnten wir von innen mit einer winzigen Kerze erleuchten. Am Balkon brachten wir ein

Transparent an: ›Es lebe der König!‹ Sehen Sie, das habe ich ganz vergessen, dem armen Karl X. zu erzählen. Er hätte sich sicherlich darüber gefreut.«

»Ich habe ihn auch gekannt. Ich habe noch vor ihm Klavier gespielt.«

»Waren Sie aufgeregt? Ich war schrecklich unruhig, als ich bei Hofe vorgestellt wurde. Das geschah gleich nach meiner Hochzeit im Jahre achtundzwanzig. Vor allem setzten wir uns mit Monsieur Abraham in Verbindung. Wissen Sie, wer das war? Nein? Das war der Anstandslehrer am Hofe, den die Herzogin von Angoulême in die Tuilerien kommen ließ, weil jedermann in den napoleonischen Zeiten die alten bourbonischen Zeremonien vergessen hatte. Sind Sie der Herzogin von Berry begegnet?«

»Selbstverständlich. Ich darf mich sogar vielleicht dessen rühmen, daß sie mich sehr gerne mochte.«

»Dann können Sie sich vielleicht auch noch daran erinnern, wie eifrig sie bestrebt war, ihre neapolitanische Lebhaftigkeit vergessen zu lassen und sich nach Bourbonenart zu benehmen. Auch sie wurde von Abraham unterrichtet. Jede kleinste Bewegung hat er mit ihr einstudiert – monatelang. Ich erhielt drei Unterrichtsstunden. Er brachte mir bei, wie man sich vor dem König zu verbeugen hat und wie man sich mit der langen, vom Hofe vorgeschriebenen Schleppe so bewegt, daß man dem König niemals den Rücken dreht. Ich kann Ihnen sagen, das war nicht leicht. Stundenlang mußte man zu Hause diese unauffällige Fußbewegung üben, mit der man die Falten der Schleppe ordnet, damit sie schön auf dem Teppich aufliegt. Dann kamen die drei tiefen Verbeugungen: die erste beim Eintritt in die Galerie, an deren Ende der König inmitten seines Gefolges stand. Dann folgten zehn Schritte, die man ganz genau abmessen mußte, und nach dem zehnten Schritt kam die zweite Verbeugung; dann mußte man abermals zehn Schritte gehen, aber auch der König kam einem dann schon ein wenig entgegen, und endlich mußte man sich zum dritten Male verbeugen. Nach der Audienz aber kam erst die wirklich schwere Aufgabe: mit der langen, schweren Schleppe mußte man zu einer anderen Türe, die der Eingangstür gegenüberlag, rückwärts wieder hinausgehen. Sie glauben nicht, wie oft ich das zu Hause geübt hatte, damit ich nicht an der Wand statt an der Tür ankäme und nicht stolperte, denn dann wäre ich unweigerlich rücklings hingefallen. Zwischendurch mußte ich mir immer die Ratschläge der beiden Commères anhören.«

»Was für Commères?«

»Man muß zwei Damen um die Einführung bei Hofe bitten. Meine Patronessen waren die Frau Vicomte D'Agoult, die Großtante meines Mannes, die seinerzeit erste Hofdame der Herzogin von Berry war, und die Herzogin Montmorency-Matignon. An mein Kleid kann ich mich heute noch erinnern. Ich hatte es aus silberdurchwirktem, weißem Tüll anfertigen lassen und trug einen ›Manteau de Cour‹ aus schwerem Samt, gleichfalls mit Silberschmuck, dazu. Meine Frisur war so hoch wie ein Turm. Allmächtiger! Was für Frisuren damals Mode waren . . .«

Die Sonne schien die ganze Gegend zu vergolden. Auf den Feldern, weit draußen, sah man die Bauern bei der Arbeit. Franzi und die Gräfin schritten in Gedanken versunken nebeneinander her. Meistens sprach die Gräfin, der junge Mann hörte ihr zu. So sehr ihn aber die sprühende Unterhaltung der Frau fesselte, nahm sie seine Aufmerksamkeit doch nur zum Teil in Anspruch. Verstohlen beobachtete er die aufrechte, schlanke, aber volle Gestalt der Gräfin, ihr blondes Haar und ihren in Paris allenthalben bekannten schönen Kopf. Und nicht nur das, seine Augen waren seinen Schritten weit voran und spähten nach einem Baum oder einer Hecke oder einer Laube oder irgendeinem Platz aus, der Gelegenheit bieten könnte, den wunderschönen Mund zu küssen . . .

Aber der lange Spaziergang endete ohne Kuß. Als sie sich langsam wieder dem Schloß näherten, trennten sie sich voneinander, um kein Aufsehen zu erregen. Der junge Mann blieb allein. Eine ganze Weile irrte er auf einem Parkweg, den kunstvoll gestutzte Sträucher umsäumten, nachdenklich umher, dann ging auch er ins Schloß – geradewegs zum Klavier. Er war so erfüllt – wovon, das wußte er selbst nicht; Sehnsucht, Siegesbewußtsein, Hoffnungslosigkeit, brennende Eitelkeit, all das übermannte ihn so heftig, daß ihm nur das Klavier Erleichterung bringen konnte. Formlos und wirr spielte er alles mögliche durcheinander. Inmitten dröhnender Fugen vermengte er Beethoven und Berlioz, und als er sich schon ein wenig beruhigt hatte, begann er ein sonderbares Verfahren zu üben, das noch aus der irrsinnigen Paganini-Zeit stammte: er hatte entdeckt, daß er mit seinem mageren, spitzen Ellenbogen, wenn er es sehr geschickt anstellte, einzelne Töne anschlagen konnte, vor allem das Cis und das Fis, da vor diesen schwarzen Tasten zwei weiße liegen. Und er spielte nun in Tonarten, in denen er diesen Kunstgriff anwenden konnte. Seine beiden Hände arbeiteten in den unteren Registern, und während er seine Hüfte zur Seite drehte und sich mit verrenktem Körper über die Tasten neigte, benutzte er blitzschnell seinen Ellenbogen.

»Was machen Sie denn da?« fragte die Gräfin, die unbemerkt eingetreten war.

Er hob den Kopf, sah sich um und brach das Spiel ab.

»Ich weiß nicht. Ich finde meinen Platz nicht in dieser Welt. Ich quäle mich und kämpfe mit mir selbst. Helfen Sie mir, Gräfin, helfen Sie mir!«

Die letzten Worte rief er fast schreiend, und auch die Antwort der Gräfin klang etwas theatralisch:

»Als Frau gehöre ich ewig einem anderen. Als Seele gehöre ich ewig Ihnen.«

Aber am selben Abend, als die ganze Gesellschaft bei herrlichem Mondschein spazierenging und der junge Mann an einer geschützten Biegung des Parkweges die Frau mit jäher Leidenschaft an sich riß, überließ sich die Grä-

fin nach kurzen, abwehrenden Worten nicht nur seinen Küssen, sondern erwiderte sie sogar – mit einer so sehnsüchtigen Genußsucht, einer so glühenden Hemmungslosigkeit der Hingabe, daß Franzi freudig betroffen war.
»Wirst du die Meine sein?« flüsterte er mit zitternden Lippen, die an den Lippen der Frau ruhten.
»Nie!« flüsterte der heiße Mund.
Der junge Mann wußte aber schon, was er zu tun hatte: die Gefühle der nach außen hin so kalten, in Wahrheit aber so leidenschaftlichen Frau schüren, sie beunruhigen, bis sie ihren Kopf verlor.
Noch ein paar Tage verbrachten sie in Croissy. Während endloser Unterhaltungen rissen sie einander die Hüllen von der Seele, um näher, immer näher zueinander zu gelangen. Die Gräfin wurde immer liebenswürdiger, immer geistreicher, immer unterhaltender. Und eine Eigenschaft gefiel Franzi besonders: die Frau liebte die Pose. Als ob sie sich ständig auf einer Bühne bewegte, stilisierte sie instinktiv ihre echtesten Gefühle, um sie richtig zur Geltung zu bringen und ihnen einen wirkungsvollen Ausdruck zu verleihen. Auch er liebte die erdachte Bühne, und wenn sie sich alle beide so einem gegenseitigen Komödienspiel überließen, täuschten sie nicht etwa nur Gefühle oder überhaupt irgend etwas vor, sondern waren beide aufrichtig bestrebt, alles das, was sie erdachten und fühlten, in gefällige und wirkungsvolle Auftritte zu kleiden. Diese ganze Art gab ihnen nicht der Verstand ein, sie ergab sich aus dem tiefsten Wunsche ihrer Seele nach Vollkommenheit.
Als Franzi am Abend vor seiner Abreise eine Viertelstunde mit der Gräfin im nächtlichen Park ungestört beisammen sein konnte, grenzten ihre Küsse an Verzweiflung. Sie konnten nicht voneinander lassen. Und der junge Mann stellte mit heißem Drängen die ewige Frage:
»Wirst du die Meine werden? Sag, daß du die Meine wirst!«
»Quäle mich nicht«, bat die Frau, »quäle mich nicht! Du weißt doch, wie schwer das ist. Ich bitte dich innigst, ich flehe dich an, verlange das nicht von mir.«
»Wirst du die Meine werden?« fragte er abermals hartnäckig.
»Nein, nein, es ist unmöglich!« flüsterte die Frau in den Armen des jungen Mannes mit ersterbender Stimme. »Mein Mann, meine Kinder . . . unmöglich . . .«
Aber Franzi fühlte, daß er doch gesiegt hatte. Am anderen Tage reiste er nach Paris zurück und dachte nur darüber nach, wie lange er noch *warten* müsse . . .

SECHSTES KAPITEL

In Paris erwartete ihn ein Kummer. Chopin zürnte ihm. Mit reumütigem Lächeln reichte Franzi ihm die Hand, als er ihn unmittelbar nach seiner Ankunft besuchte. Er hatte gedacht, er wollte seinen Freund wegen des kleinen Streiches um Nachsicht bitten, und dann würde alles wieder in Ordnung sein. Aber Chopin benahm sich so kalt und frostig, daß er ihn nicht wiedererkannte. Statt des lieben Kameraden stand ein steifer, fremder Mensch vor ihm. Franzi war ganz betroffen:
»Amico, warum das? Ich habe einen Fehler begangen, aber deswegen sind wir doch gute Freunde, zum Teufel noch mal.«
»Das ist kein Fehler, das ist mehr als das. Dort an der Wand hängt das Bild meiner Mutter und meiner Schwester. Meine Wohnung, auf die ihr Blick fällt, ist heilig.«
Franzi konnte darauf nichts erwidern. Erst jetzt kam ihm das Geschehnis voll zum Bewußtsein. Wirklich, das Stelldichein in der fremden Wohnung war sehr unbesonnen gewesen! Er kannte doch Chopin und besonders die altjüngferliche Empfindlichkeit, mit der er auf seine Wohnung und seine Sachen achtete. Er wußte ja, daß dieser Mensch mit den Bildnissen seiner Eltern und seiner Schwester, mit seinen Briefen, mit all seinen Angelegenheiten und mit sich selber in einem Elfenbeinturm lebte, auf dessen Unantastbarkeit er außerordentlich bedacht war. Damit hätte er eigentlich rechnen müssen. Chopin stand jetzt frostig vor ihm, sah aus dem Fenster und trommelte mit den Fingern auf der Kante des Klaviers. Dieses Verhalten deutete zur Genüge an, daß ihm die Unterhaltung nicht behagte. Franzi bot seine ganze Überredungskunst auf, um den beleidigten, geliebten Freund wieder zu besänftigen. Aber Chopin hörte ihm nur schweigend zu und blieb hart wie ein Felsen.
»Können Sie mir denn so eine Kinderei nicht verzeihen, Amico?«
»Verzeihen selbstverständlich, aber vergessen nicht.«
Franzi zog ratlos seine Schultern hoch. Dann sagte er Adieu und entfernte sich, ohne dem Freunde die Hand zu reichen; denn er wollte sich einem lauen und als lästig empfundenen Handschlag des Amico nicht aussetzen.
Für das Zerwürfnis mit dem einen Freund bot die Freude des anderen Trost: Berlioz fiel ihm um den Hals und fing in seiner Seligkeit an zu weinen. Harriet Smithson hatte ihn endlich erhört und war gewillt, seine Frau zu werden. Nur den Tag ihrer Hochzeit wollte sie auf den Herbst verschieben, weil ihr gebrochener Fuß noch immer sehr schmerzte. Im Herbst gedachten sie sich aber trauen zu lassen und sich ein ruhiges, bescheidenes Heim einzurichten, in dem sich gut arbeiten ließ.
»Und wie sieht die Angelegenheit finanziell aus?« fragte Franzi.
»Irgendwie wird es schon gehen. Von der Musik kann man zwar nicht le-

ben, wenigstens nicht von einer Musik wie der meinigen. Ich betätige mich aber als Schriftsteller, ich habe vier Zeitungen, die meine Artikel aufnehmen, und wenn sie auch schlecht bezahlen, werde ich doch irgendwie davon mein Auskommen haben. Schlimm ist nur, daß mir keine Zeit zum Komponieren bleibt. Ich möchte aber eine Oper komponieren, denn damit könnte ich vielleicht etwas verdienen. Auch eine neue Symphonie lebt in mir, die mir einfiel, als ich Byron las. Das wäre aber keine Arbeit, sondern ein Vergnügen. Und schon deshalb wage ich nicht einmal, daran zu denken, besonders nicht, wenn ich heirate. Doch das alles schadet nichts, die Hauptsache, mein Alter, ich bin unsagbar glücklich.«

Auch im Kreise seiner anderen Freunde erwartete Franzi nur Freude und herzliches Wiedersehen. Victor Hugo arbeitete rastlos, seine Erfolge als Romantiker schlugen die Anhänger der Klassiker aus dem Felde. Musset verbrachte seine ganze freie Zeit mit einer interessanten Schriftstellerin, einer jungen geschiedenen Frau, die unter dem Pseudonym George Sand lebensvolle, fesselnde Romane schrieb. Franzi hatte von Berlioz ihren Namen schon nennen hören, jetzt erfuhr er aber Näheres. Sie war ein Pariser Original. Manchmal zog sie Hosen an wie die Männer und rauchte dicke Zigarren. Er hatte sie bisher noch nicht kennengelernt, weil sie sich in ganz anderen gesellschaftlichen Kreisen bewegte als er. Musset war vollständig im Banne seines neuen Ideals und erzählte, daß er erst wüßte, was Liebe sei, seit er diese Frau kenne. Sie beabsichtigten, zusammen nach Italien zu reisen. Das würde die wahre Seligkeit bedeuten, denn es gebe keine größere Freude auf der ganzen Welt, als mit dem Menschen zu reisen, den man liebt . . . Franzi sah Hiller wieder und auch Habeneck und alle anderen. Sie empfingen ihn mit herzlichen Umarmungen, Balzac hielt sogar ein besonderes Geschenk für ihn bereit: er widmete ihm sein neuestes Werk, das den Titel »La duchesse de Langeais« trug. Jeder hatte ihn gern, jeder strahlte, wenn er ihm begegnete, nur die Verärgerung mit Chopin stach ihn wie ein Dorn. Und dieser Dorn ließ sich einfach nicht wieder entfernen. Nach wie vor waren sie zwar oft beisammen, sie musizierten viel miteinander, ihr Verkehr war herzlich, aber Franzi wußte, daß in ihrer innigen Freundschaft ein Riß klaffte und daß ihre früheren brüderlichen Beziehungen sich nicht wiederherstellen ließen. Der Gedanke tat ihm sehr weh und ging ihm nicht aus dem Sinn. In solchen Augenblicken dachte er zum Trost an die Gräfin D'Agoult.

Sie schrieben sich oft. Heuchlerische Briefe, die dieselbe gefühlsmäßige Pose zeigten, in der sie sich in Croissy gefallen hatten. Und wenn der in literarischer Form gekleidete moderne Weltschmerz auch nicht ganz erlogen war, so fehlte den Briefen doch die volle Wahrhaftigkeit. Die literarischen Ergüsse des jungen Mannes wollten im Grunde genommen nichts anderes sagen als: »Ich will dich besitzen, ich bin schon sehr ungeduldig«; die schöngeistigen Briefe der Frau gestanden im Grunde genommen auch

nichts anderes als: »Quäle mich nicht, ich werde immer schwächer.«
Franzi bereitete sich auf die große Erfüllung vor wie ein Feldherr, der einen Kriegsplan ausarbeitet. Er begann damit, daß er zu Hause tagelang seiner Mutter vorjammerte, er brauche Ruhe, um arbeiten zu können. Aufs Land könne er aus hunderterlei Gründen nicht reisen, und in seiner Wohnung würde er dauernd gestört. Als er das seiner Mutter täglich wie eine Arznei eingegeben hatte, meinte er plötzlich, er wolle seinen sämtlichen Bekannten eine Reise vortäuschen und zu Erards übersiedeln. Dort würde er fleißig und ruhig an der Berlioz-Phantasie arbeiten, und nur seine Mutter würde von seinem Aufenthalt wissen. So geschah es auch, und dieser Plan bewährte sich sehr gut. Nach ein paar Tagen brachte er dann vor, er könne Erards nicht länger zur Last fallen, man müsse irgendwo ein kleines Zimmer mieten, wo er sich verstecken könnte. Wie er vorausgesehen hatte, mußte er mit der Sparsamkeit seiner Mutter einen schweren Kampf ausfechten. Die wirtschaftlichen Sorgen hatte er ihr bisher vollständig überlassen, und jetzt mußte er diese Sonderausgabe aus ihr förmlich herauspressen. Endlich gab die Mutter nach. Er mietete sich ein kleines Zimmer in der zweiten Etage des Hauses Nummer 21 in derselben Straße, in der Erards wohnten, und nicht weit von dem Hause entfernt, in dem sie das erstemal abgestiegen waren, als sie nach Paris kamen. Die Gräfin kam bald nach Paris herüber, um Einkäufe zu machen, zum Zahnarzt zu gehen und wegen allerlei anderer Sachen. Nur auf einen Tag. Sie verbrachten diesen ganzen Tag zusammen, und Franzi wartete sehnsüchtig auf eine Wendung des Gespräches, die es ihm möglich gemacht hätte, ihr zu sagen, daß er ein heimliches Nest für ihre Liebe gefunden habe. Aber er getraute sich nicht, dieses Thema auch nur zu berühren.
»Mittags gehe ich zu meinem Beichtvater«, sagte die Gräfin. »Sie können mich dorthin begleiten und mich draußen, ohne Aufsehen zu erregen, wieder erwarten.«
Unmittelbar vor der Beichte schien es ihm nicht aussichtsreich, die tiefreligiöse Dame zu verführen, unmittelbar nach der Beichte gleichfalls nicht. So ging der junge Mann mit seiner quälenden Sehnsucht an der Seite einer betörend schönen Frau und konnte sich mit ihr über nichts anderes unterhalten als über Musik, Literatur, seine Arbeit und seine Gesundheit. Als die Dämmerung hereinbrach und die Gräfin nach Croissy zurückkehrte, verabschiedete er sich von ihr mit einem ätherischen Handkuß; dann schlich er in das geheime Zimmer der Rue de Mail und ließ seiner sehnsüchtigen Phantasie freien Lauf. Er stellte sich vor, die Gräfin trete zur Tür herein, er nehme sie sofort in seine Arme . . . ihre Lippen fänden sich . . . und dann versänken sie blind und berauscht in die trunkene Wonne der Erfüllung . . .
Aber wiederum berührten sich nur ihre Briefe statt ihrer durstigen Lippen.

»Endlich ein Brief von Ihnen«, schrieb der junge Mann. »Gott sei Lob und Dank! Ich war verzweifelt! Ach, wundern Sie sich nicht über die Trockenheit, den kalten Ton meiner Briefe; Sie kennen mich, Sie wissen, wieviel Hohn mitunter in meiner Resignation ist und wieviel Bitterkeit in dieser scheinbaren Ruhe (meine zweite Natur, wie Sie sehr treffend sagten). Außerdem schreibe ich so alltäglich; was ich sagen kann, scheint mir so unbedeutend, daß ich mich schäme, weiterzuschreiben, selbst wenn ich Lust hätte, noch zu schwatzen. Entsinnen Sie sich des Verses von Petrarca: ›Chi por dir, com egli arde, è'n picciol foco – wer sagen kann, wie sehr er brennt, ist nur ein kleines Feuer.‹«

Und die Frau erwiderte:

»Sie haben mir einmal gesagt, Sie liebten mich so, daß Sie es nicht einmal nötig hätten, mich zu sehen. Dieser Gedanke frappierte mich; ich empfinde heute, wie wahr er ist . . . Sie sind da, immer da, und ich finde Sie selbst in den wichtigsten Einzelheiten meines Lebens wieder. Wenn meine Zofe mich frisiert, sehe ich meine Stirne an, weil Sie sie lieben. Und wenn ich mich auf einen Baumstamm setze oder auf eine Steinbank und mich mit meinen guten Bauern unterhalte, freue ich mich über ihre naiven Antworten, weil ich mir einrede, daß Sie sie auch hören . . . Und dann das Klavier, an dem ich wieder weinen kann. La Captive, die Abgeblühte Linde, und dann abends vor dem Schlafengehen Ihr Heft, in das ich hineinschreibe, was mir bei meiner Lektüre aufgefallen ist.«

Der junge Mann:

»Ich soll Ihnen auch sagen, was aus mir wird. Nun, mein Gott, Sie wissen ja ungefähr, was ich mein Leben nenne, das weiter nichts ist als die Entwicklung einer Idee: diese Idee ist Gott.«

Die Frau:

»Was ich mir schwer erklären kann, ist der unfaßliche Einbruch (verzeihen Sie mir dies Wort) des religiösen Gefühls in mein ganzes Wesen . . . Mein Leben ist ein Gebet, eine fortwährende Anbetung. Wenn es nicht so lang wäre, würde ich Ihnen jetzt das Gedicht ›Segen Gottes in der Einsamkeit‹ abschreiben. Nie kann vollkommener wiedergegeben werden, was ich empfinde. Indessen habe ich einige schreckliche Tage durchlebt, auf die sich das ›was auch immer geschehe‹ (was Sie vielleicht mißverstanden haben) bezog, mit jenen Angstzuständen, die bisweilen zu Wahnsinn oder Selbstmord führen, aber Gott hat sich meiner erbarmt. Ich wollte Ihnen sagen, daß, welches auch meine gegenwärtigen oder künftigen Leiden sein sollten, Sie nichts bedauern dürfen; denn Sie haben mir mehr Gutes getan, als Sie mir je Schlimmes zufügen können.«

Im Laufe des Sommers stattete ihr Franzi abermals in Croissy einen Besuch ab. Sie sehnten sich so sehr nacheinander, und zwischen dem ersten und dem neuen Besuch war genügend Zeit verstrichen, so daß die erneute Einladung nicht auffallen konnte. Diesmal blieb Franzi nicht so lange. Es fügte sich glücklicherweise so, daß sie in einer Bauernhütte drei volle Stunden zu zweit verbringen konnten. Auf einem Meierhof wollten sie eine Bauersfrau besuchen, deren Kind erkrankt war. Sie fanden aber weder die Frau noch das Kind zu Hause. Also setzten sie sich in die Bauernstube, um zu warten. Und dann entbrannte eine tobende Schlacht ungestümer, zorniger Umarmungen. Ihre rasenden Küsse krallten sich förmlich ineinander. Sie quälten sich maßlos und vergaßen die Zeit vollständig. Das Gesicht der Gräfin glühte mohnblumenrot.

»Das ist furchtbar«, stöhnte sie heiser, »das kann man nicht ertragen!«

»Sehen Sie«, entgegnete hastig der junge Mann, »warum schenken Sie Ihrer Sehnsucht kein Gehör? Was hat es bloß für einen Sinn, mich und auch sich selbst so entsetzlich zu quälen? Versprechen Sie mir, daß Sie Montag, wenn Sie nach Paris fahren, zu mir kommen.«

»Nein, nein«, wehrte die Frau, von seinen Armen umschlungen, zitternd ab.

»Bitte. Sagen Sie ja. Ja?«

»Nein, es darf nicht sein. Verlangen Sie es doch nicht immer wieder, es ist unmöglich.«

»Versprechen Sie es!« drängte Franzi störrisch. »Sagen Sie ja, oder erwidern Sie gar nichts, das bedeutet dann ›ja‹. Nicht wahr Sie kommen zu mir?«

Die Frau schwieg. Und vor Siegesfreude trunken, preßte er sie noch heftiger an sich.

»Mein liebes, einziges, angebetetes Alles . . .«

»Aber nun gehen wir. Wieviel Uhr ist es? Schrecklich! Es wird aufgefallen sein im Schloß. Wir müssen uns beeilen.«

Am anderen Tage reiste Franzi ab. Mit der nächsten Post bekam er einen Brief. Die Gräfin machte ihr stillschweigendes Versprechen zwar nicht rückgängig, stellte aber die Bedingung, daß er sie nicht einmal küssen dürfe. Sie machte ihm heftige Vorwürfe, daß er in ihr nur das zu erbeutende Weib sehe und nicht die Seele, daß er nur begehre, aber nicht liebe. Er antwortete sofort, und zwar deutsch, damit es niemand verstehen könne, wenn der Brief in unberufene Hände gelangen sollte:

»Ihre Vorwürfe sind hart, aber ich habe sie vielleicht verdient. Wie dem auch sei, ich freue mich, daß Sie mich so einschätzen. Sie haben nur die Worte schlecht gewählt. Ich werde den ganzen Tag auf Sie warten, hier, Nummer einundzwanzig in der Straße von Erard, im zweiten Stock, die Tür rechts – ich bin immer allein.«

Er fügte noch ein Verszitat dazu:

> »Ich, dessen Seele gleich dem Kompaß stets
> Hartnäckig sucht den bekannten Pol.«

Am Spätnachmittag glaubte er nicht mehr daran, daß der so nahe schim-

mernde Traum noch Wirklichkeit werden könne. Von morgens an hatte er in unbeschreiblicher Erregung gewartet und war bei jedem Geräusch zusammengezuckt. Alle, die sich der knarrenden Holztreppe näherten, an seiner Tür aber vorübergingen, verfluchte er zähneknirschend. Von dem nervenzerreißenden Warten wurde er tödlich müde. Trotzdem konnte er nicht länger als zwei Minuten auf dem Sofa liegen, sprang wieder auf und ging in dem Zimmer von der Tür zum Fenster und vom Fenster zur Tür ruhelos auf und ab. Um fünf Uhr öffnete sich geräuschlos die Tür. Verschleiert huschte die Gräfin herein. Er nahm sie sofort in seine Arme. Die Frau machte sich frei und schlug den Schleier zurück.
»Ich kann nur ein paar Minuten bleiben. Ich muß gleich wieder gehen. Aber ich bin gekommen, weil ich es Ihnen versprochen habe. Schwören Sie, daß Sie mich nicht einmal küssen.«
Franzi wich zwei Schritte zurück und entgegnete blaß:
»Wie Sie befehlen. Nehmen Sie aber wenigstens Platz.«
Die Frau setzte sich. Sie kreuzte ihre verführerischen Beine, deren sich unter dem Rock abhebende Linie Franzi jetzt mit einem bitteren, trotzigen Zorn erfüllte. Er zog sich einen Stuhl heran und nahm in angemessener Entfernung Platz. Er schwieg. Die Gräfin bemühte sich, unbefangen und natürlich zu erscheinen, aber ihre Hände zitterten.
»Nun? Unterhalten Sie so Ihren Gast?«
Franzi erhob sich. Seine Stimme war rauh, sein Ton unwirsch:
»Ich bin Ihnen sehr dankbar, daß Sie gekommen sind, aber jetzt wäre es besser, wenn Sie nicht . . . wenn . . .«
»Wenn ich fortginge?« ergänzte bestürzt die Frau.
»Ja. Für mich ist eine größere Qual, wenn Sie in dieser Weise hier sind, als wenn Sie nicht hier weilten.«
»Bitte«, entgegnete die Gräfin, sich erhebend, »verzeihen Sie, daß ich Sie gestört habe. Anscheinend verstehen wir uns nicht.«
»Ja, es scheint so. Auf Wiedersehen.«
Die Frau zog die Schultern hoch und schritt langsam auf die Tür zu. Als sie von dort nochmals zurücksah, hatte sich Franzi schon auf das Bett geworfen. Ein wütendes Schluchzen brach aus ihm hervor, die seit früh gemarterten Nerven versagten, der Zorn über die Enttäuschung und der Trotz des Liebenden machten sich gewaltsam Luft.
Sofort war die Gräfin neben ihm. Sie neigte sich über ihn und umfaßte seine Schultern. Sie drückte ihr Gesicht an das tränenüberströmte Antlitz.
»Um Gottes willen, Franzi, was ist das? . . . Seien Sie doch vernünftig . . .«
»Gehen Sie«, stammelte Franzi mit zuckenden Lippen, »gehen Sie, denn Sie lieben mich nicht. Sie wollen mich nur quälen. Sie spielen mit mir . . . vornehme Dame . . . weil Sie eine Gräfin sind, denken Sie. Sie haben das Recht, mit mir zu spielen . . . gehen Sie . . .«
Jetzt fing auch die Frau an zu weinen.

»Franzi, versündigen Sie sich nicht! Wie können Sie mir solch fürchterliche Dinge ins Gesicht sagen, mir, die Sie so liebt . . .«
Der junge Mann stützte sich auf seine Ellenbogen. Aufgewühlt umschlang er mit einem Arm die Schultern der Frau.
»Du liebst mich, und ich liebe dich. Ich sehne mich nach dir, und du sehnst dich nach mir. Alles andere sind leere Worte. Bleibst du jetzt hier oder nicht? Darauf antworte mir.«
Die Frau neigte demütig ihren Kopf.
»Ich bin am Ende«, sagte sie leise.

SIEBENTES KAPITEL

Mit der Gräfin D'Agoult, der berühmten Schönheit, mit einer der vornehmsten Damen der Aristokratie, verband ihn nunmehr ein Liebesverhältnis. Dem mühsam erkämpften Glück der ersten Zusammenkunft folgte eine zweite, dann eine dritte und dann viele weitere. Immer mehr paßten sich ihre Liebkosungen einander an. Die Frau gestand, daß sie noch nie gewußt habe, was Liebe sei; den Rausch der Hingabe erlebe sie erst jetzt in den Armen Franzis.
»Aber Sie sind doch eine verheiratete Frau«, wunderte sich Franzi, »das verstehe ich nicht.«
»Meine Ehe hat mir nur Kinder geschenkt, aber keine Freude.«
Franzi verstand es trotzdem nicht. Er wußte nur wenig von den Frauen. Ihre Zuneigung war ihm immer so schnell in den Schoß gefallen, daß er keine Zeit gehabt hatte, ihre Geheimnisse zu ergründen. Diese strahlend schöne Frau aber erforschte er jetzt mit unstillbarem Eifer. Und genau so erforschte ihn die Frau. Sie lernten eines vom anderen, was es heißt, verliebt zu sein.
Den ersten seligen Glanz des neuen Glückes trübten bald einige Momente. Die Gräfin wurde auf die Vergangenheit Franzis eifersüchtig. Daß die Gräfin Laprunarède ihn bereits mit ihrer Gunst beschenkt hatte, war ihr bekannt, wie es jedermann in der guten Gesellschaft wußte. Von diesem Erlebnis wollte sie nun haargenau alles erfahren. Wie es angefangen und wie lange es gedauert habe, wie es im einzelnen verlaufen sei – alles, alles . . .
Inzwischen traf die Nachricht ein, daß Miramont Adele unerwartet im Stich gelassen habe. Er hatte sich verheiratet. Er heiratete ein Fräulein Boscary, und der Klatsch wollte auch wissen, daß Adele in ihrem Schmerz wie wahnsinnig getobt habe. Franzi wollte zwar Gleichgültigkeit vorspiegeln bei dieser Nachricht, aber die zufriedene Schadenfreude konnte man aus seinem ganzen Benehmen ersehen. Dieser Umstand wiederum weckte bei der Gräfin D'Agoult den Verdacht, daß ihr Geliebter im geheimen doch noch ein

wenig Teilnahme für die einstige Geliebte bewahrt habe. Die Fragen nahmen kein Ende. Aber das Verhör begnügte sich nicht mit dieser einen Frau. Von *jeder* Frau mußte er Rechenschaft ablegen, die bis jetzt in sein Leben getreten war. Bei jeder einzelnen beschwor die Gräfin D'Agoult einen Sturm herauf, sie litt entsetzlich. Franzi bemühte sich, zärtlich und nachsichtig zu sein. Dieser Zustand war ihm ja bekannt. Er erinnerte sich noch ganz gut der unter fürchterlichen Qualen im Schloß zu Marlioz verbrachten Nächte. Im geheimen wunderte er sich aber, wie töricht eine Frau sein kann: die unbedeutenden Abenteuer, die in ihm keinerlei Spuren hinterlassen hatten, empfand die Gräfin wie die Berührung eines glühenden Eisens. Seiner Liebe zur Komtesse Saint-Cricq dagegen, die auch heute noch als zarte, schmerzende Erinnerung in einem geheimen Winkel seiner Seele lebendig war, brachte die Gräfin eine gewisse Achtung entgegen. Wenn Franzi ehrlich mit sich sein wollte, mußte er zugeben, daß er diese Erinnerung viel mehr liebte als die in seinen Armen ruhende Geliebte. Trotzdem schien es, als hätte sich seine quälende, innere Unrast etwas gelegt, seit die Gräfin die Seine geworden war. Mit viel freierem Kopfe ging er seiner Arbeit nach. Sorgfältig beendete er seine über die Symphonie von Berlioz geschriebene Träumerei, und da er unter den der »Neuen Musik« gegenüber immer noch etwas zurückhaltenden Geschäftsleuten keinen geeigneten Verleger fand, ließ er die Komposition auf eigene Kosten drucken. Er brachte sie seinem guten Freunde als Hochzeitsgeschenk dar. Anfang Oktober konnte Berlioz endlich Hochzeit mit Harriet Smithson halten. Franzi war einer der Zeugen. Um dem jungen Paar die Schwierigkeiten der Gründung eines eigenen Heims zu erleichtern, veranstalteten die beiden Freunde ein Konzert. Das nahm einen seltsamen Verlauf. Es sollte um sieben Uhr beginnen, infolge der Kopflosigkeit der Veranstalter konnte es aber erst um acht Uhr anfangen. Die im Zuschauerraum des Théâtre Italien versammelten Besucher wurden schon um halb acht Uhr ungeduldig. Sie trampelten mit den Füßen und klatschten in die Hände, irgend jemand begann zu singen, und auch andere bekamen Lust dazu. Das Publikum sang »Ça ira« und die Marseillaise, patriotische Lieder. Franzi erschien dreimal in der Loge, in die er das Ehepaar D'Agoult eingeladen hatte, und bat wegen der Verzögerung um Nachsicht. Endlich, um acht Uhr, konnten sie beginnen. Auch die junge Frau Berlioz trat auf. Sie trug Stücke aus »Hamlet« in englischer Sprache vor. Ihr gebrochener Fuß war aber noch immer nicht geheilt, so daß sie während des Spieles unbeholfen hin und her taumelte und mit einem Nervenfieber kämpfen mußte. Fast hätte man sie ausgepfiffen. Dann trat Franzi auf die Bühne. Er spielte ein Konzertstück von Weber – nur für eine bestimmte Loge, und als er sich für den Beifall bedankte, sah er nur diese eine Frau an. In ihrem Gesicht konnte er seinen vollen Sieg lesen. Das war aber auch der einzige ungestörte Teil dieses Konzertes. Alles ging schief, und das ungeschickt zusammengestellte Programm zog sich sehr in

die Länge. Um ein halb ein Uhr nachts entfernte sich schon die Hälfte der Zuhörer, und gerade jetzt sollte erst der Vortrag der »Phantastischen Symphonie« erfolgen. Hinter den Kulissen tobte ein verzweifelter Streit. Die Musiker waren nur verpflichtet, bis Mitternacht zu spielen, und hatten das Ganze jetzt satt. Sie ließen sich nicht erweichen, weiterzuspielen. Berlioz war gezwungen, vor den Vorhang zu treten, und sich beim Publikum zu entschuldigen. Er wurde ausgepfiffen. Da trat der arme Kerl vor den Souffleurkasten und schrie:
»Bitte haben Sie Verständnis für mich!«
Die Zuhörer gingen nach Hause. Der Skandal war peinlich, aber von den Einnahmen verblieben immerhin rund siebentausend Franken zugunsten des jungen Künstlerehepaares. Franzi begleitete die beiden nach Hause. Sie wohnten vorläufig in Berlioz' Junggesellenzimmer. Franzi tröstete sie und dachte an die Umarmungen, mit denen sich die Jungvermählten jetzt selber trösten würden.
»The countess was very handsome indeed«, sagte Frau Berlioz beim Abschied. »I congratulate you.«
Die Gräfin sei sehr schön, und sie gratuliere ihm . . . Das Tor schloß sich. Er konnte nichts mehr erwidern und blieb verdutzt stehen. Pfeifen es denn schon die Spatzen von den Dächern? Er war verärgert und schämte sich zugleich ein wenig, als er entdeckte, daß seine Eitelkeit darüber triumphierte, daß die Sache schon ruchbar geworden war. Nachdenklich wies er sich auf dem Heimwege zurecht: wenn dieses Gerede Wurzeln schlug, konnten für die Gräfin große Unannehmlichkeiten entstehen, die ihre gesellschaftliche Stellung womöglich untergruben. Man mußte von nun an unbedingt besser achtgeben. Das nahm er sich fest und ehrlich vor.
Das geheime Zimmer, in dem sie sich immer trafen, nannte Franzi »Rattenloch«. Dieses Wort machte ihm Spaß, und auch in seinen französischen Briefen gebrauchte er dieses deutsche Wort, wenn er von ihrem Liebesnest sprach. Als sie sich wieder einmal im »Rattenloch« trafen, zeigte Franzi seiner Geliebten eine deutsche Zeitschrift. Es war die »Neue Zeitschrift für Musik«, die junge deutsche Musiker, mit Robert Schumann an der Spitze, als Kampforgan gegen die flache Salonmusik herausgaben.
»Wer ist dieser Schumann?« fragte Marie D'Agoult.
»Ein Pianist. Wie ich höre, komponiert er auch, aber ich kenne noch nichts von ihm. Lesen Sie mal, was er über Hector schreibt.«
Dieser Leipziger Schumann besprach die »Phantastische Symphonie« gründlich und verständnisvoll. Er schrieb zum Beispiel, auf die medizinische Vergangenheit Berlioz' anspielend;
»Berlioz kann kaum mit größerem Widerwillen den Kopf eines schönen Mörders seziert haben als ich seinen ersten Satz. Und hab ich noch dazu meinen Lesern mit der Sektion etwas genützt? Aber ich beabsichtige dreierlei damit: erstens denen, welchen die Symphonie gänzlich unbekannt ist,

zu zeigen, wie wenig ihnen in der Musik durch eine zergliedernde Kritik überhaupt klargemacht werden kann, denen, die sie oberflächlich durchgesehen und weil sie nicht gleich wußten, wo aus und ein, sie vielleicht beiseite legten, ein paar Höhepunkte anzudeuten, endlich denen, die sie kennen, ohne sie anerkennen zu wollen, nachzuweisen, wie trotz der scheinbaren Formlosigkeit diesem Körper, in größeren Verhältnissen gemessen, eine richtige symmetrische Ordnung innewohnt, des inneren Zusammenhanges gar nicht zu erwähnen.«

Die Gräfin langweilte sich bei dieser Lektüre:

»Von dir schreibt dieser Schumann nichts?«

»Aber selbstverständlich. Bitte.«

»Der Klavierauszug von Franz Liszt verdiente eine weitläufige Besprechung; wir sparen sie uns, wie einige Ansichten über die symphonistische Behandlung des Pianoforte, für die Zukunft auf. Liszt hat ihn mit so viel Fleiß und Begeisterung gearbeitet, daß er wie ein Originalwerk, ein Resumee seiner tiefen Studien, als praktische Klavierschule im Partiturspiel angesehen werden muß. Diese Kunst des Vortrages, so ganz verschieden von dem Detailspiel des Virtuosen, die vielfältige Art des Anschlages, den sie erfordert, der wirksame Gebrauch des Pedals, das deutliche Verflechten der einzelnen Stimmen, das Zusammenfassen der Massen, kurz, die Kenntnis der Mittel und der vielen Geheimnisse, die das Pianoforte noch verbirgt – kann nur Sache eines Meisters und Genies des Vortrages sein, als welches Liszt vor allem ausgezeichnet wird.«

»Verstehst du das?«

»Selbstverständlich«, erwiderte die Frau.

Aber auf ihrem Gesicht konnte man lesen, daß sie nur wenig verstand. Sie bot ihre Lippen zum Kuß, die »Neue Zeitschrift für Musik« fiel zu Boden.

Die verunglückte »Phantastische Symphonie« wurde nach einigen Wochen aber doch noch einmal aufgeführt. Der Vorführung wohnte ein berühmter Gast bei: Paganini. Der dämonische Violinspieler saß unter den Zuhörern, und es gab abergläubische Menschen, die geschworen hätten, daß es in der Nähe des mit dem Satan Umgang pflegenden Musikers nach Schwefel roch.

Nach dem letzten Satz der Symphonie suchte Paganini den Tondichter auf: »Gestatten Sie, daß ich Ihnen die Hände drücke, junger Freund«, rief er begeistert mit seinem fratzenhaften Lächeln. »Sie sind eine große Begabung. Ich bin von Ihrer Musik einfach bezaubert. Großartig, ungeheuerlich, kraftvoll! Würden Sie nicht eine Symphonie komponieren, in der auch ein Solo für mich enthalten wäre? Ich möchte schon lange so etwas spielen wie Ihre Musik, und es ist mein größter Wunsch, Bratsche zu spielen. Verstehen Sie? Komponieren Sie mir etwas für Bratsche.«

Er drückte dem überglücklichen Komponisten nochmals die Hand, dann ging er fort. Franzi stand nicht weit entfernt von ihnen. Er dachte an sein Klavierspiel und überlegte, daß er alles, was er Neues auf dem Klavier

konnte, worin er allen anderen überlegen war, eigentlich diesem Teufelssohne verdankte. Was mochte dieser Mensch von Gott und der Kirche denken? Ob er einen Glauben hatte? Ob er betete?
Der Katholizismus bildete für Franzi immer noch ein Problem, das seine Seele ebenso tief bewegte wie die Musik. Er kam oft mit Männern der Kirche zusammen und stand mit dem Abbé Lamennais in regem Briefwechsel. Als das Parlament ein Gesetz angenommen hatte, daß in den Elementarschulen Musik als Unterrichtsfach eingeführt werden sollte, verfaßte er einen kleinen Aufsatz, in dem er forderte, daß die kirchliche Musik stärker beachtet und gefördert werden müsse. Er legte seine Arbeit der »Gazette Musicale«, vor, die sie aber ablehnte. Der Schriftleiter bedauerte höflich: »Es tut mir leid, Monsieur Liszt, Ihr Name unter den Mitarbeitern meiner Zeitung würde mich mit der Zensur in Konflikt bringen. Sie haben sich zu offenkundig an die Romantiker angeschlossen, denen man an leitender Stelle nicht allzu freundlich gesinnt ist.«
Liszt zuckte die Schultern. Er war wütend, zugleich aber auch ein wenig stolz. Bei solchen Behauptungen fühlte er sich nur noch mehr zu den Freunden Victor Hugos hingezogen, und sein Widerspruchsgeist erhielt noch neue Nahrung. Zu gleicher Zeit bekam er eine Einladung zu einem Konzert am Hofe, um vor Louis Philipp zu spielen. Der Herrscher zeichnete den Künstler nach dem Konzert mit ein paar Worten aus. Er war sogar sichtlich bestrebt, besonders freundlich zu ihm zu sein.
»Ich bin erstaunt«, sagte der König, »wie sehr Sie sich verändert haben, seit ich Sie nicht sah.«
Franzi hatte gar keine Zeit gehabt zu überlegen, was er antworten könnte, so schnell drängte sich ihm die Erwiderung auf die Lippen:
»Seit dieser Zeit hat sich leider auch alles andere verändert, Sire.«
Bestürzt blickte ihn der Bürgerkönig an. In den Zeiten der Bourbonen hatte er den Künstler noch als Herzog von Orléans empfangen. Die Antwort war gefährlich kühn, man hätte sie getrost frech nennen können. Die hinter dem König stehenden Höflinge waren wie vom Donner gerührt und erblaßten. Eine Sekunde lang schwieg auch Louis Philipp, dann nickte er frostig und ging weiter. Die Kunde von diesem Vorfall verbreitete sich wie ein Lauffeuer in Paris. Die Salons der Legitimisten sprachen von einer Heldentat. Viele aber hätten von dem jungen Künstler mehr Besonnenheit und Bescheidenheit erwartet. Unter diesen befand sich auch die Gräfin:
»Wie kannst du dich so hinreißen lassen? Mir ist Louis Philipp zwar gleichgültig, wir sind Legitimisten, aber solche Dinge machen mich besorgt um dich. Wie leicht kann das deiner Karriere schaden. Wozu das?«
Und der junge Mann, der sich in der Gesellschaft in der Rolle des Teufelskerls gefiel, erwiderte jetzt aufrichtig:
»Ich kann nichts dafür, ich bin verstört, ich bin durcheinander, ich finde meinen Platz nicht in dieser Welt. Mir hat dieser brave Louis Philipp nichts

getan. Aber manchmal zwickt mich der Teufel. Immer wenn ich mit so hohen Herrschaften spreche, nagt in mir das Verlangen, ihnen irgend etwas entgegenzuschmettern, irgend etwas ... irgend etwas ... ich finde das Wort nicht ... ›Grobheiten‹ möchte ich nicht sagen ... nein, aber etwas Stolzes. Im übrigen bin ich auch kein Legitimist. Du bist also eine?«
»Selbstverständlich.«
»Auch jetzt noch, wo Eure Königin ein uneheliches Kind bekommen hat?«
»Erstens behauptet die Herzogin von Berry, sie habe im geheimen mit einem italienischen Magnaten eine morganatische Ehe geschlossen, aus der das Kind stamme. Ein guterzogener Mensch ist verpflichtet, das zu glauben. Zweitens berührt das Benehmen der Herzogin auf dem Lande in keiner Weise die königlichen Rechte ihres erstgeborenen Sohnes. Für mich ist nicht dieser Regenschirm tragende Affe der König, sondern der Graf von Chambord, Heinrich V.«
»Aber du hast doch über diese Frau selbst immer gespottet. Du hast ihre neapolitanischen Gebräuche verachtet und sie unzählige Male vor mir verhöhnt.«
Die Gräfin D'Agoult zog die Augenbrauen hoch.
»Ich darf das. Wir dürfen das.«
Ihr Gesicht war hochmütig und abweisend. Die Hand Franzis, die bis jetzt das goldblonde Haar gestreichelt hatte, glitt von dem schönen Kopf herab. Es entstand eine lange Pause.
»Wir sind noch sehr weit voneinander entfernt, Marie. Du gehörst zu einer Kaste und nicht zu mir.«
»Ich dürfte auch gar nicht zu dir gehören. Es ist eine schwere Sünde, was ich tue. Mein Beichtvater wollte mir das vorige Mal kaum Absolution erteilen. Du hast es leicht, du beichtest nicht.«
»Ich habe es leicht? Nächtelang grüble ich darüber nach, wie weit ich gegen Gott sündige, wenn ich dich liebe. Aber allmählich komme ich jetzt zur Ruhe. Eine Liebe, die rein ist, kann Gott nur wohlgefällig sein. Er schuf die Liebe. Unsere Liebe gefällt ihm sicherlich besser als deine Ehe, die keine Seele hat. Kann ihm etwas Seelenloses gefallen?«
»Du sagst: ›Eine Liebe, die rein ist.‹ Ist unsere Liebe denn rein? Gehörst du mir mit Leib und Seele? Denkst du nicht an andere Frauen? Kannst du schwören, daß du mich nicht betrügst?«
»Selbstverständlich«, erwiderte Franzi unsicher.
»Gut. Schwöre. Bei deiner Mutter.«
»Nicht doch. Das ist geschmacklos. Ich schwöre nicht. Sprechen wir von etwas anderem.«
Aber die Gräfin wollte von nichts anderem hören. Sie forderte den Schwur. Eine große Szene folgte, sie überwarfen sich. Sie gingen auch im Zorn voneinander, und die Gräfin betrachtete diese Angelegenheit als Bruch ihrer Beziehungen. Franzi verfluchte Louis Philipp, dessen Person die Unterhal-

tung zu einer so gefährlichen Klippe geführt hatte. Er wartete einige Tage auf ein Wort der Vergebung, aber es kam nichts. Dann ließ er sich bei der Gräfin melden. Sie empfing ihn auch. Die ersten Worte der Begrüßung waren kaum verklungen, als sie auch schon das alte Thema wieder aufgriff und den Schwur verlangte. Franzi geriet in Verlegenheit. Er gestand, daß er keinen Schwur ablegen könne. Er habe ein flüchtiges Abenteuer gehabt, in dem die betreffende Dame, eine kleine Opernsängerin, die Angreiferin und er der sich nur schwach Verteidigende gewesen sei. Er gab zu, da er nun schon einmal offen sprach, daß die Gräfin Laprunarède ihm noch immer durch jene Madame Laborie Nachrichten zukommen lasse und daß er diese Briefe nicht zurückweise. Auch einige flüchtige Abenteuer lasteten noch auf seiner Seele. Die beichtete er auch gleich mit. Alles das hatte eine fürchterliche Szene zur Folge. Die Gräfin war außer sich. Sie schluchzte herzerweichend. Und endlich brachen sie unwiderruflich miteinander. Obendrein teilte sie ihm auch noch mit, daß sie wieder nach Croissy übersiedele. Es sei zwar Winter, aber ihr Mann liebe auch im Winter die Einsamkeit des Landlebens.

Und wirklich, die Familie D'Agoult zog nach Croissy. Es kam keine Nachricht. Eine Woche lang, zwei Wochen lang. Endlich traf ein Paket ein, es enthielt einzelne Bücher und Noten. Die Gräfin schickte sie zurück. Dazu kam ein Brief: »Gott sei mit Ihnen für ewig, das ist mein fester Entschluß. Wenn ich gesündigt habe, waren wenigstens meine Beweggründe rein. Sie haben aber auch diese besudelt.«

Franzi antwortete sofort:

»Ich weiß, daß ich kein Recht mehr habe, irgend etwas von Ihnen zu verlangen. Mein Dasein, besser gesagt, alles, was ich tue und denke, bis auf diese eine Erinnerung, die Sie wohl nur noch einige Tage oder Stunden von mir behalten werden, ist vollständig gleichgültig und für Sie nicht vorhanden. Wenn Sie aber morgen, oder noch zur Winterszeit, oder irgendeinmal – wann, ist ganz gleich – aus Neugierde oder Erbarmen zu einer kurzen Aussprache bereit wären, würde ich Sie dafür segnen und Gott danken. Sie wissen ja, daß ich immer bleiben werde . . .«

Ob aus Mitleid, Neugierde oder gar aus Liebe – die Gräfin erfüllte die Bitte. Sie kam nach Paris, zu einer Aussprache von ein paar Minuten. Aus den paar Minuten wurden zweieinhalb Stunden, auf den Zwist folgten die Versöhnung, neue Beteuerungen, besinnungslose Zärtlichkeiten. Die wolkenlose Seligkeit der auf die Aussöhnung folgenden Flitterwochen dauerte so lange, bis der Gräfin in einem alten Musikalbum ein vor zwei Jahren geschriebener Liebesbrief in die Hände fiel – von einer Frau, die Franzi angeblich zu nennen vergessen hatte. Abermals Sturm und wiederum leidenschaftliche Aussöhnung. Die Gräfin siedelte aus Croissy wieder nach Paris über, damit sie öfters zusammen sein konnten. Ihre Verbindung wurde nunmehr zu einem offenen Geheimnis in der Pariser Gesellschaft.

Der Sommer trennte sie dann wieder. Seine häufige Anwesenheit im Schloß zu Paris war nicht auffallend, nach Croissy konnte er aber nicht wieder hinausfahren. Trotzdem verschob er seinen Plan, den Abbé Lamennais auf dem Lande zu besuchen, auf den September. Eine offizielle Einladung konnte ja unerwartet jederzeit aus Croissy eintreffen, je nachdem wie die Gastzimmer besetzt waren, und auf diese Einladung wollte er warten. Ab und zu kam die Gräfin unter dem Vorwand wichtiger Einkäufe nach Paris, wo sie dann im »Rattenloch« trunken einander in die Arme sanken. Auch an dem Septembertage, der Franzis Abreise zum Abbé voranging, war die Gräfin bei ihm. Am andern Morgen setzte er sich in die Postkutsche, um in La Chênaie, einem kleinen, bei Dinant gelegenen Dorfe, den Abbé zu besuchen. Im Postamt von Rennes schrieb er der Gräfin schon einen Brief: »Immer ein einziger und alleiniger Gedanke in meinem Herzen: Sterben, Sterben. Immer ein einziges und ständiges Bild in meiner Seele: Sterben, Sterben. Nichts als eine Erinnerung, nichts als eine Hoffnung, als ein Wunsch: Sterben, Sterben, Sterben . . . Oh, wie heiß und glühend ist noch Dein letzter Kuß auf meinen Lippen! Wie himmlisch, wie göttlich Dein Seufzer in meinem Busen . . . Ja, Dir alles, Herzliebste, für Dich alles.«
Beim eintönigen Rütteln und Rasseln der Postkutsche sann er über nichts anderes nach als über seine Geliebte, zu der ihn ursprünglich eher weltmännische Eitelkeit und sinnliches Verlangen als wahres Gefühl getrieben hatte. Sie gehörten einander nun seit einem Jahre, und jetzt erst war er ernstlich in seine Geliebte verliebt. Er fühlte, daß er sich nun nicht mehr von ihr trennen könnte. Nach einer langen, beschwerlichen Fahrt mit häufigem Wechsel der Postkutsche kam er in La Chênaie an. Er hatte ein großes Dorf zu sehen erwartet, aber er hatte sich geirrt. Mitten in herbstlich bunten, prangenden Bäumen, Sträuchern und Ackerschollen standen hier und da verstreut einsame Bauernhäuser, die durch nichts miteinander verbunden waren. Der Wagen hielt vor einem einstöckigen Hause, das man mit einigem Wohlwollen als kleines Schloß hätte bezeichnen können. Das also war das Heim des weltberühmten Abbé! Mit strahlendem Gesicht stand er selbst auf der Schwelle seines Hauses. Er trug einen abgeschabten, grauen Gehrock, dessen schadhafter Saum die Knie streifte. Die Waden waren von Kniestrümpfen umspannt, wie sie die Bauern trugen, an den Füßen steckten unförmige Bauernschuhe, den Kopf schützte ein breitrandiger Strohhut, das Gesicht war mit weißen Bartstoppeln übersät. Diese Borsten kratzten und stachen die feine und rosige Gesichtshaut des Klavierkünstlers, als der alte Pfarrer ihn in liebevoller Ergriffenheit umarmte wie ein Vater seinen Sohn.
Er bekam gleich neben den Räumen des Abbé ein Zimmer angewiesen und wurde auch alsbald mit einem anderen Gast des Abbé bekannt. Das war ein stiller, bescheidener, junger Mann in abgetragenen Kleidern. Dieser Monsieur Boré war von Beruf Orientalist, ein gründlicher Kenner der armeni-

schen Sprache. Zu dritt ließen sie sich zum Mittagessen nieder, das schon auf sie wartete. Man stellte eine riesengroße Schüssel mit Rebhühnern vor sie hin, vor deren Menge man fast hätte erschrecken können.
»Nun lassen Sie hören, mein lieber Sohn, was es Neues in Paris gibt.«
»Allerhand. Berlioz hat einen Sohn bekommen. Er ist so glücklich, daß er die ganze Welt umarmen könnte.«
»Und was machen die anderen?«
»Stellen Sie sich vor, Paganini hat ein Mädchen entführt. Er lernte in London die Tochter eines Mannes namens Watson aus New York kennen. Die Familie Watson besuchte ihre Verwandten in Europa. Nach kaum einer Stunde waren Paganini und das junge Mädchen schon ineinander verliebt. Er hielt um ihre Hand an, bekam aber vom Vater einen Korb. Der Vater reiste dann nach New York zurück und ließ die Tochter bei Verwandten. Da ging das Mädchen mit dem Violinspieler einfach durch. Sie reisten zusammen nach Paris. Sogleich bestieg Watson ein Schiff und kam herüber nach Paris, faßte die schöne Betty an den Ohren und brachte sie wieder nach Hause. Alles Flehen war umsonst. Paganini ist ganz zusammengebrochen, weil er sich ernstlich in das Mädchen verliebt hatte. Ich habe sie selber nicht gesehen, aber alle sagen, daß sie außerordentlich hübsch gewesen sei.«
»Donnerwetter! Wie alt ist denn dieser Paganini?«
»Dreiundfünfzig.«
»Na, so was! Was gibt's sonst noch Neues? Sind Sie einmal alten Anhängern des ›Avenir‹ begegnet?«
Pater Lamennais berührten die Neuigkeiten der musikalischen Welt weniger. Er brannte vielmehr darauf, zu erfahren, welche Wirkung die vor einigen Wochen erlassene überraschende Stellungnahme des Papstes in der Enzyklika »Singularis nos« ausgelöst habe, die sich gegen ihn richtete und seine Werke auf den Index setzte.
»Ich habe kaum mit jemandem gesprochen. Mit Ihnen möchte ich aber um so mehr darüber sprechen.«
»Das werden wir. Wir haben ja Zeit, denn ich lasse Sie nicht gleich wieder weg.«
Nachmittags gingen sie in den nahen Wald spazieren, von dem noch der Abbé einen Teil gepflanzt hatte. Am felsigen Ufer eines idyllisch gelegenen kleinen Sees ließen sie sich in verträumtem Sonnenschein nieder.
»Hier wird einmal mein Grab sein.« Der Abbé wies auf einen Felsen. »Unter diesem Gestein will ich ruhen.«
Sie schwiegen lange. Endlich sagte Franzi:
»Sagen Sie, bitte, Pater, was ist das für ein sonderbarer Instinkt der Seele, der den Menschen zu dem Tode zieht? Warum hat man zum Beispiel, wenn man liebt und wiedergeliebt wird, in seiner Seligkeit den instinktiven Wunsch, zu sterben? Warum?«
»Weil der Tod den Höhepunkt des Lebens bedeutet. Daß wir zu *leben* be-

strebt sind, ist eine optische Täuschung. Unbewußt ist unser Streben nach dem Tode gerichtet. Haben Sie schon ein schwarzes Bahrtuch gesehen, auf das Tränen gefallen sind? Dies ist das wahre Symbol des Lebens.«
Nach einer kleinen Weile sah er seinem jungen Freund in die Augen und fragte:
»Wann haben Sie die Gräfin D'Agoult zuletzt gesehen?«
Das Gesicht Franzis bekam einen starren Ausdruck. Mit farbloser Stimme entgegnete er:
»Im Sommer wurde mir die Ehre zuteil, von dem gräflichen Ehepaar für ein paar Tage nach Croissy eingeladen zu werden. Mit der Gräfin habe ich sehr angenehme Stunden verbracht. Sie ist eine außerordentlich gebildete und tiefreligiöse Dame.«
›Er weiß es auch schon? Überall weiß man es schon?‹ Als er sich am ersten Abend spät von seinem Gastgeber verabschiedete, setzte er sich noch ans Klavier. Vollkommen fertig, entglitt seinen Fingern der Entwurf einer Komposition. Er hielt die Gedanken sofort fest und gab ihr auch sogleich den Titel: »Gedanken der Toten«.
Dann ging er schlafen und drückte seine Wange an das Kopfkissen, als ob es das Antlitz der Gräfin D'Agoult wäre . . .

ACHTES KAPITEL

Empört über die herrschende Kirche kehrte er nach Paris zurück. Die langen, auf ausgedehnten Spaziergängen oder nach dem Abendessen mit dem Abbé verbrachten Stunden hatten seine religiösen Anschauungen gereift. Er hielt sich für sehr katholisch, katholischer sogar als die Kirche selbst. Überrascht stellte er manchmal fest, daß seine Gesinnung vielfach mit den Lehren Luthers und Calvins übereinstimmte, die er doch, solange er zurückdenken konnte, stets als etwas Fremdes empfunden hatte. Vor allem aber war er jetzt ganz erfüllt von den Anschauungen Lamennais'. Er konnte kaum erwarten, seine Geliebte wiederzusehen, um sich mit ihr über all diese Dinge auszusprechen.
Diese Freude wurde ihm dann auch reichlich zuteil. Kaum hatten sie die ersten leidenschaftlichen Küsse des Wiedersehens getauscht, so fing auch schon der Wortstreit an. Franzi erklärte zuerst, daß er republikanisch gesinnt sei. Dann stellte er fest, daß die verantwortliche Führung der Kirche zur Zeit nicht in den rechten Händen liege. Weiter schmähte er die Vorurteile der Gesellschaft, das Kastenwesen und die Abgeschlossenheit der Stände gegeneinander. Die Gräfin wiedersprach heftig. Und mit ihr zu

streiten war nicht ganz leicht, denn sie fand schlagfertige Erwiderungen, oft blitzschnell, geistreich wie sie war. Einmal entgegnete sie ihm:
»Du bist ein neuer Coriolan. Du bekämpfst deine eigene Welt, weil du dich von ihr ausgeschlossen fühlst.«
»Meine Welt?«
»Natürlich. Du hast doch selbst erzählt, daß du nach den Überlieferungen eurer Familie aus einem alten Adelsgeschlecht stammst. Aber wenn du es nicht gesagt hättest, man braucht dich ja nur anzusehen . . . Die Vornehmheit steht dir auf dem Gesicht geschrieben. Du bist eben ein Coriolan, der Krieg führt, weil er sich einbildet, herausgefordert zu sein.«
Franzi mußte plötzlich an das Gesicht des Grafen Saint-Cricq denken. Aber er sagte nichts davon. Er stritt angriffslustig weiter, bis eines Tages ein trauriges Ereignis den Auseinandersetzungen ein jähes Ende bereitete: eine der kleinen Töchter der Gräfin wurde krank. Anfangs glaubte man, es handle sich nur um eine schnell vorübergehende Kinderkrankheit. Leider erwies sich jedoch bald, daß der Zustand des Kindes sehr ernst war. Marie konnte Franzi weder empfangen noch ihm schreiben. Die Ärzte stellten eine Gehirnhautentzündung fest. Franzi erkundigte sich jeden Tag mindestens zweimal persönlich im Palais D'Agoult. Die Antwort war immer die gleiche: der Zustand des Kindes sei unverändert ernst. Und eines Morgens empfing ihn die Schreckensbotschaft, daß das kleine Mädchen gestorben sei.
Er schrieb einen offiziellen Beileidsbrief, denn in der Sprache ihrer Liebe glaubte er der tieferschütterten Mutter nicht schreiben zu dürfen. Er ging auch zum Begräbnis und konnte der in tiefe Trauer gekleideten Frau nur stumm die Hand drücken; die schwarzbehandschuhte Hand erwiderte den Druck nicht. Er blieb zu Hause und wartete. Und noch am gleichen Tage erhielt er einen Brief:
»In diesem furchtbaren Schmerz« – schrieb die Frau – »suche ich eine Hand. Das ist Ihre Hand. Ich bitte dieses Kind, das jetzt schon bei Gott weilt, es möge für mich um Verzeihung für die Sünde flehen, daß ich Sie aus ganzer Seele liebe. Bitte denken Sie an mich, und leiden Sie mit mir.«
Die eingeweihte Zofe erwartete die Antwort.
»Der Frieden und der Segen Gottes sei mit Ihnen! Gestern rief ich die lebenspendende Kraft an, die plötzlich aus den Tiefen meines Seins emporschoß. Heute erinnere ich mich nicht mehr an mich. Ich lebe und verharre ganz und gar in Ihnen, in Ihnen aufgehend, und fast Gott geworden durch Sie! Dank! Sie waren, Sie sind edel und groß und göttlich. Dank! Marie, ich reiche Ihnen die Hand . . . Die Kälte hat mich den ganzen Tag nicht verlassen; alle Augenblicke füllen sich meine Augen mit Tränen; ich wünschte, Sie könnten diese Nacht gut ausruhen – tun Sie es um meinetwillen –, ich beschwöre Sie. Versuchen Sie, diese arme Maschine ein bißchen ins Gleichgewicht zu bringen (es ist das erstemal, daß ich so zu Ihnen spreche!). Oh! Sie machen mich so stolz, so hochmütig . . . aber genug der

Worte . . . Horchen Sie, wie die Seele Ihrer Tochter Sie von ihrem himmlischen Aufenthalt aus segnet und tröstet!!!«
Lange konnten sie sich nicht sehen. Die Sorge um das Kind, die wiederholten Nachtwachen, die anstrengende Pflege und nicht zuletzt der Todesfall selbst hatten Marie so mitgenommen, daß ihre Ärzte sie nach Croissy bringen ließen. Lange Zeit konnten sie keine Briefe wechseln. Auch Weihnachten ging ohne ein gegenseitiges Lebenszeichen vorüber. Wochen waren vergangen, ehe die Gräfin wieder nach Paris zurückkehrte und sie sich allein zwischen vier Wänden wiedersehen durften.
Marie war schöner denn je. Die Trauerkleidung paßte vorzüglich zu ihrem Haar und zu ihrer Gesichtsfarbe. Sie hatte sich auf dem Lande ausgezeichnet erholt; die Schicksalsprüfung vermochte keine Spuren zu hinterlassen. Wortlos sanken sie einander in die Arme, keiner fragte etwas, auf der ganzen Welt gab es nichts als nur ihre brennende Sehnsucht . . .
Stockend und fremd begann endlich das Gespräch. Ihre Worte fanden sich schwerer als ihre Küsse. Sie mußten sich erst wieder aneinandergewöhnen. Als sie aber die erste Befangenheit überwunden hatten, strömten endlose Klagen aus Maries Munde.
»Alles um mich herum ist furchtbar. Mein Heim ist vollständig zerrüttet. Mit Claire fing es an. Als ich nach dem Todesfall dieses Kind täglich um mich sah, begann ich es förmlich zu hassen. Als ob dieses kleine, vierjährige Kind irgend etwas dafür gekonnt hätte, daß sein Schwesterchen sterben mußte und es allein zurückgeblieben war! Wenn Claire spielte, hätte ich sie schlagen mögen, wenn sie sich an mich schmiegte, schob ich sie weg. Ich wußte, daß das von mir sehr häßlich war, aber ich hatte meine Nerven nicht in der Gewalt. Ich bekam einen Weinkrampf nach dem anderen. Meine Mutter und mein Mann beschlossen endlich, das Kind in ein Internat zu geben. Die Kleine fühlt sich dort sehr wohl und will gar nichts davon wissen, daß sie wieder nach Hause kommen soll. Das tut mir nun auch wieder weh. Ich bin wirklich unberechenbar. Auch das Verhältnis zu meinem Mann ist ganz unerträglich geworden. Bis jetzt lebten wir friedlich nebeneinander her, aber nun seit Louises Tod bringen wir uns auf eine unerklärliche Weise dauernd gegeneinander auf. Ich kann ihn nicht ertragen, und er kann mich nicht ertragen! Das alles geht über meine Kräfte! Ich möchte aus meiner Haut fahren. Ich werde entweder wahnsinnig oder begehe noch irgendein nicht wieder gut zu machendes Unrecht.«
Franzi seufzte. Er legte seine Hand auf die Hand der Frau.
»Ich müßte Sie jetzt trösten, stärken und zur Geduld ermahnen. Aber ich kann es nicht, denn mir geht es ebenso wie Ihnen. Ich klage ja schon seit Jahren, daß ich meinen Platz in dieser Welt nicht finde. Jetzt fühle ich es aber deutlich, daß ich ersticken muß, wenn ich noch länger in dieser Umgebung bleibe. Meine Freunde können mir nichts Neues mehr sagen. Ich bin ernüchtert von allem, woran ich früher geglaubt habe. Ich bin unfähig zu

arbeiten und muß zu Hause die Vorwürfe meiner Mutter wegen ihrer Geldsorgen anhören. Ich möchte aus meiner Haut fahren wie Sie . . .«
»Sie? Der Sie frei sind? Oh, wenn ich frei sein könnte . . . Wie oft habe ich darüber schon gegrübelt . . . Ich bin nicht verworfen, aber ich habe schon entsetzliche Dinge gedacht, wie zum Beispiel was werden würde, wenn Gott meinen Mann zu sich riefe. Mir graut vor mir selbst. Zur Buße habe ich eine Woche lang gefastet. Nur mein Beichtvater, de Guéry, vermochte mich zu trösten. Das alles beweist zur Genüge, in welch seelischer Verfassung ich bin. Was soll ich bloß tun? Soll ich mich scheiden lassen und von der Gesellschaft ausgestoßen werden? Als geschiedene Frau würde ich nicht einmal von Leuten empfangen werden, die jetzt überhaupt nicht wagen, ihren Fuß über meine Schwelle zu setzen. Ich komme mir vor wie im Gefängnis, es ist ein furchtbarer Zustand, ich ertrage es nicht . . .«
»Ich ertrage es auch nicht. Jede Minute, die ich ohne Arbeit verbringe, ist eine Sünde gegen Gott, der mir meine Begabung schenkte.«
»Ohne Arbeit? Sie arbeiten sich doch zu Tode mit Ihren Stunden.«
Franzi schnellte empor:
»Stundengeben? Ist *das* denn meine Arbeit?«
»Aber mein lieber Schatz, so habe ich es doch nicht gemeint. Warum können Sie nicht arbeiten?«
»Ich weiß nicht. Die Umgebung, mein ganzes Leben . . . Ich weiß nur, daß ich von hier fort muß. Aber da ist meine Mutter, da sind meine Unterrichtsstunden, meine verschiedenen Verpflichtungen . . . ich sage ja, ich ersticke noch . . .«
Auch ihre nächsten Zusammenkünfte waren von den gleichen Klagen erfüllt. Die Gräfin schien noch verzweifelter und verbitterter als er. Infolge der Trauer blieb sie dem gewohnten Gesellschaftsleben fern. Sie langweilte sich zu Hause, und ihre an Abwechslung gewöhnte Natur empfand die Eintönigkeit des Alltags als Höllenqual. Franzi fand wenigstens einige Beruhigung in seiner Arbeit und im Verkehr mit den Freunden.
So lernte er jetzt die George Sand persönlich kennen, von der er schon soviel gehört hatte. Musset nahm ihn mit zu ihr. Die Schriftstellerin und der Dichter waren nach dem sonnigen Glück einer gemeinsamen Auslandsreise wieder heimgekehrt. Sie hatten ihr Liebesverhältnis gelöst, blieben aber in freundschaftlichem Verkehr miteinander. George Sand hatte dem Verhältnis ein Ende gemacht, und Musset beklagte sich bitter bei Franzi, wie elendiglich er leide, weil er immer noch der Sklave einer Liebe sei, die die Frau schon überdrüssig bekommen habe. Die seltsame, so berühmte Frau wohnte am Quai Malaquais. Die Luft in ihrem mit venezianischen Reiseandenken überladenen Arbeitszimmer war fast undurchsichtig von Zigarrenrauch. George Sand rauchte nämlich Zigarren. Sie empfing ihren Gast ungezwungen, mit bohemehafter Kameradschaftlichkeit. Mit der schmerzlichen Vertrautheit des abgedankten Liebhabers stolperte Musset als

überflüssiger Dritter im Zimmer herum. Während der Unterhaltung beobachtete Franzi die eigenartige Hausfrau sehr scharf. Sie trug auch daheim eine Hose aus dicken, schwarzem Stoff und dazu eine Damenbluse. Ihre Gesichtsfarbe war dunkel, die Nase stark und männlich, im ganzen genommen war sie nicht einmal hübsch; gegen ihre Gestalt konnte man aber nichts einwenden. Mit der Überlegenheit ihrer dreißig Jahre stand sie dem dreiundzwanzigjährigen berühmten, schönen Manne gegenüber:

»Was suchen Sie denn an mir?«

»Ich versuche festzustellen, Baronin, was für ein Typ Sie sind.«

»Ach«, lachte George Sand, »ich bin ein sonderbares Gemisch. Meine Großmutter war die natürliche Tochter des Marschalls Moritz von Sachsen, der ein natürlicher Sohn Augusts des Starken und der Gräfin Aurora von Königsmarck war. Mein Großvater stammte aus einer uralten Familie gallischen Blutes. In meinen Zügen werden Sie sich schwerlich zurechtfinden.«

»Wer kann sich überhaupt in einer Frau auskennen? Darf ich aber etwas fragen? Wie sind Sie zu Ihrem Schriftstellernamen gekommen?«

»Das will ich Ihnen gern verraten. Der Name George ist in meinem Heimatdorfe sehr beliebt. Den Namen Sand habe ich aus Jules Sandeau gekürzt, dem Namen eines jungen Schriftstellers, eines Landsmannes, der mich in die Literatur eingeführt hat, als ich mich von dem Baron Dudevant scheiden ließ. Jetzt habe ich mich auch in meinem Privatleben schon so daran gewöhnt, daß ich überhaupt nicht mehr aufblicke, wenn man mich ›Aurora‹ nennt. Ich heiße auch für alle meine Freunde George. Nicht ohne Grund habe ich jedoch einen männlichen Namen gewählt. Ich möchte durch meine Schriften erkämpfen, daß in der Gesellschaft die Frau als dem Manne ebenbürtig anerkannt wird. Was ich betreibe, ist ein Freiheitskampf, der Kampf der Sklaven gegen die Unterdrückung – gegen euch, lieber Litz.«

»Gegen mich brauchen Sie nicht zu kämpfen. Ich bin nicht verheiratet und habe auch nicht die Absicht zu heiraten. Außerdem begann meine Entwicklung bei den Saint-Simonisten und führte von da zu Lamennais.«

»Das weiß ich alles. Alfred hat mir sehr viel von Ihnen erzählt. Mein Gott, die Saint-Simonisten . . . Wie hat mich ihre Lehre einst erregt! Was ist aus ihnen geworden, wissen Sie das zufällig?«

»Ich habe Verschiedenes gehört. Vater Enfantin entdeckte eines Tages, daß der Sekte eine Mutter fehle, zu ihm gehöre also eine Frau. Aus irgendwelchen geheimnisvollen Zeichen hatte er sich errechnet, daß man diese Frau im Orient suchen müsse. Der Vorstand machte sich also auf die Reise nach Ägypten, um dort die Frau für Vater Enfantin zu suchen. Ob sie sie gefunden haben, weiß ich nicht. Ich erinnere mich auch noch, daß ihre Mitglieder, als die Bewegung immer verworrener wurde, eine Halskette tragen mußten, an der jedes einzelne Glied eine andere Form haben und aus einem anderen Metall angefertigt sein mußte. Denn jedes Glied der Kette hatte seine eigene geheimnisvolle Bedeutung. Ich habe auch auf der Straße einmal so

eine Kette gesehen, aber da verweilte ich schon nicht mehr bei den Leuten. Doch lassen wir dieses Thema. Wie weit sind Sie denn mit Ihrem Sklavenkrieg?«
George Sand machte einen tiefen Zug an ihrer Zigarre. Dann begann sie einen langen Vortrag über die natürlichen Rechte der unterdrückten Frauen. Franzi fiel ihr mehrmals ins Wort, es entspann sich ein reger Gedankenaustausch. Sie stritten zwar lange, waren aber in vielem doch gleicher Meinung. Dann trennten sie sich wie zwei Menschen, die sich noch sehr oft begegnen sollen.
Auf der Straße schritt Musset, der unglückliche Liebhaber, stumm neben seinem Freunde einher. Dann griff er in die Tasche und suchte unter vielen Papieren ein Gedicht heraus. Wortlos reichte er das Blatt Franzi, der es überflog:

»Die du mein Leben warst, beginn ein neues Leben!
Was einst mein Reichtum war, sei andern hingegeben.
Vor der ich einst gekniet, die meine Gottheit war,
Anbetend wirst du knien vor einem neuen Altar.
O holde Blume du! Erglänz im Sonnenschein
Und denk auch einmal des, der fern ist und allein.«

Franzi nickte mitfühlend. Musset versenkte das Gedicht wieder in seine Tasche, und ohne Gruß, ohne Handschlag, trennte er sich von ihm, um seine Tränen zu verbergen. Er ließ Franzi mit seinen Gedanken allein. Diese Erwägungen umschwirrten die Worte George Sands: Knechtschaft . . . Gesellschaft . . . Unterdrückung . . . Auflehnung . . . Solche Worte machten ihn immer unruhig. Er hatte schon lange darüber nachgedacht, wie er einmal irgendwo die schiefe Situation des Künstlers in der Gesellschaft zur Sprache bringen könnte. Diese unreife Absicht nahm jetzt eine klare, feste Form an. Er wartete nicht einmal, bis er zu Hause angelangt war, sondern kehrte in einem Kaffeehaus ein und schrieb in aller Eile den Entwurf einer Abhandlung dieses Inhalts nieder.
Von nun an waren seine Gedanken fast unausgesetzt bei dieser Arbeit. Er bereitete sie sehr sorgfältig vor, machte sich Notizen, blätterte in allerlei Fachschriften und grübelte beständig über die einzelnen Abschnitte nach. Er beabsichtigte, die ganze Studie in sechs Kapitel zu teilen. Das erste Kapitel sollte einen allgemeinen Überblick geben. Damit wurde er schnell fertig. Er deutete hier nur erst an, worüber er ausführlich zu reden gedachte.
»Ich halte es für überflüssig« – schrieb er unter anderem –, »besonders zu betonen, daß ich als zuletzt Arrivierter unter viel besseren Künstlern, wenn sie mich auch ihrer Freundschaft für würdig erachten, diese stolz als meine Meister bezeichne, und bestrebt bin, mich von jeder Großtuerei, von eitler und dogmatischer Prahlerei fernzuhalten. Ich bin mir wohl bewußt, daß meine Worte sowohl der Fähigkeit als auch des Gewichtes der Erfahrung entbehren und daß es nur die Worte der Natur und eines bescheidenen

Schülers der Wahrheit sind. Nicht um andere zu belehren, schreibe ich. Aber ich leide, und deshalb stelle ich Fragen.«

Im zweiten Kapitel stellte er dann diese Fragen, nachdem er durch Aufzählung von Tatsachen, deren Kenntnis seine erstaunliche Belesenheit bewies, die Bedeutung der Musik in der altklassischen Zeit betont hatte.

»Wie ist es möglich, daß die Musik und die Musiker ihr ganzes Ansehen und das Selbstbewußtsein ihres Berufes verloren haben, während sich die Musik als Kunst dank der selbstlosen Aufopferung der Künstler so weit entwickelt hat? Wie ist es möglich, daß die soziale Stellung des Künstlers so unhaltbar wurde, während sie gleichzeitig großartige Meisterwerke schufen, denen sie unter unendlichen Schmerzen Leben gaben? Wie ist es endlich denkbar, daß so viele bedeutende Menschen das Joch jammervoller Erniedrigung trotz größter Anstrengung nicht zu überwinden vermochten? Durch welches Mißgeschick wurden aus den Ersten die Letzten?«

Im dritten Kapitel kam er auf das eigentliche Übel zu sprechen. Auf seine eigene Not, die ihn zu alledem veranlaßt hatte. Er hob hervor, daß in der letzten Zeit die Aristokratie und die Hochfinanz die Musiker einigermaßen gelten ließen, aber wie stände es um die Opernsänger, die die offizielle Kirche immer noch aus ihrer Gemeinschaft ausschließe? Und was für eine Schmach sei das »Treppenhaus für Bediente«, durch das allein große, bedeutende Künstler die Häuser englischer und französischer Aristokraten betreten dürften? Gewiß, ab und zu gäbe es auch lindernden Balsam für diese Wunden: so hätten erst neulich die Zeitungen in großer Aufmachung berichtet, daß der König Louis Philipp und die Königin den Opernkomponisten Donizetti in einer allergnädigsten Audienz empfangen hätten . . .

»Aber noch ist nicht alles verloren! Einige stehen fest auf ihren Füßen und kämpfen, andere kommen zur Besinnung, greifen zu den Waffen, viele sind bestrebt, sich dieser heiligen Schar anzuschließen. Mut! Glauben! Es kommt eine neue Generation. Die ständige Erfahrung hat ihr Selbstbewußtsein und ihre Kraft gestärkt. Platz für diese Kämpfer! Hört ihre Worte, hört die Prophezeiung ihrer Taten!«

Als er mit diesen drei Aufsätzen fertig geworden war, setzte er sich mit seinem Freund D'Ortigue in Verbindung, dem einzigen, den er neben Fétis unter den Musikkritikern schätzte. D'Ortigue war eine Vertrauensperson der »Gazette Musicale«, in der Franzi die ganze Arbeit veröffentlichen wollte. D'Ortigue las die drei Kapitel durch und hörte sich auch den Entwurf der folgenden an. Er nickte.

»In Ordnung, Alter. Alles andere überlasse mir. Es wird zwar ein kleiner Lärm um die Sache entstehen, aber es wird schon gehen.«

Kaum war eine Woche vergangen, ließ er ihn auch schon wissen, daß die »Gazette Musicale« die Arbeit bringen wolle. Man müsse aber noch etwas warten, der erste Abschnitt könne wegen der angehäuften Arbeit nicht vor Ende April erscheinen. Diese Verzögerung war nicht ganz nach Franzis Ge-

schmack. Im Grunde genommen freute er sich aber, daß die Aufsätze überhaupt erscheinen würden. Sofort wollte er nun an die Ausarbeitung der Schlußabschnitte gehen.
Dazu kam es aber nicht, denn die Gräfin überraschte ihn an einem der letzten Wintertage in ihrem geheimen Versteck mit einer Mitteilung, die ihn außerordentlich erregte.
»Franzi«, sagte sie, »Franzi, ich will meinen Mann verlassen. Ja, ja, Sie haben richtig gehört. Ich will mein Heim aufgeben.«
»Und . . . und was wird dann werden?«
»Nichts. Ich habe mein Vermögen. Ich liebe Sie. Weiter gibt es nichts.«
»Und was wird mit Ihrer gesellschaftlichen Stellung? Wie werden Sie es ertragen, wenn man Sie wie eine Aussätzige ausstößt? An Ihre kleine Tochter denken Sie gar nicht?«
Die Gräfin schwieg. Dann fing sie an zu weinen.
»Sie sind an allem schuld«, klagte sie schluchzend. »Warum haben Sie die Liebe in mir erweckt, wenn ich sie vor allen verbergen muß? Warum haben Sie mich mit geistvollen und begabten Menschen zusammengebracht, wenn ich aus ihrer Welt ewig ausgeschlossen sein soll? Sie haben mich mit Ihrer Liebe, mit dem Traum von einem menschenwürdigen Leben vergiftet, und jetzt leide ich unsagbar!«
Er vermochte sie kaum noch zu trösten. Der Trost, den seine Küsse und Umarmungen ihr spendeten, verflog jedesmal sehr schnell. Bei jeder neuen Zusammenkunft klagte die schöne Frau immer leidenschaftlicher, immer stürmischer: sie könne dieses Leben nicht länger ertragen. Bei einem solchen Gespräch brachte sie den Wunsch vor, sie wolle George Sand kennenlernen. Franzi solle sie zu der Schriftstellerin führen. Er sträubte sich erst ein Weilchen, irgend etwas an der Sache gefiel ihm nicht, aber schließlich willigte er ein. Zunächst besprach er die Zusammenkunft mit der Schriftstellerin, die natürlich die Absicht der Gräfin als Beweis für ihre schriftstellerische Bedeutung bewertete und freudig ja sagte. Eines Tages um die Dämmerstunde führte Franzi die Gräfin D'Agoult in einem Wagen zu George Sand. Die beiden Damen fanden schnell zueinander. Nach fünf Minuten sprachen sie schon von der Knechtschaft der Frauen. Sie schieden als aufrichtige Freundinnen. Und von da ab kamen sie auch ohne Franzi zusammen. Es war allerdings unmöglich, die in Hosen einhergehende Frau in das Palais D'Agoult einzuladen, aber die Gräfin schlich sich heimlich und verschleiert zu ihr wie zu einem Stelldichein. Und die Wirkung des Gedankenaustausches der beiden Frauen sollte Franzi alsbald zu spüren bekommen. Maries Ansichten über Ehe, Gesellschaft und Gemeinschaft wurden immer freier. Jetzt behauptete sie auch schon mit ernsthafter Entschlossenheit, daß sie ihren Mann verlassen wolle. Ihrem Beichtvater habe sie diese Absicht bereits mitgeteilt. Der sei begreiflicherweise entsetzt und erschrokken gewesen und rate ihr dauernd ab, aber sie sei fest entschlossen.

Solche und ähnliche Äußerungen der Gräfin hatten ihn bisher nicht allzusehr beunruhigt. Wer immer davon spricht, daß er sich das Leben nehmen wolle, begeht meistens keinen Selbstmord. Dieser Schritt wäre aber in ihren Kreisen einem gesellschaftlichen Selbstmord gleichgekommen. Man konnte die ganze Angelegenheit auch so betrachten, daß die Gräfin, deren Natur an sich schon zu romantischen Posen neigte, in ihrer Phantasie, wie mit harmlosem Spielzeug, mit solchen lebensentscheidenden Schritten spielte, die sie in Wirklichkeit nie unternehmen würde, da sie nur den prikkelnden Reiz im Spiel der Worte erleben wollte. Aber die neue Marie war ganz anders als die alte. Sie hatte ihre bisherigen gesellschaftlichen Anschauungen gänzlich abgestreift wie ein lästig gewordenes Kleid, um neue, reizvollere Gewänder anzulegen. Den Stoff dieses neuen seelischen Gewandes zu erkennen, war nicht schwer: er war aus einzelnen Teilen der Romane George Sands, aus »Indiana« und »Leone Leonie« zusammengewebt. Das Recht der Natur gegen die Abwege der Zivilisation . . . Das Recht des Menschen auf seine Gefühle . . . Die Pflicht der Frau sich selbst gegenüber, ihr eigenes Leben zu leben . . . Dieser neuen Marie konnte man schon zutrauen, daß sie eines schönen Tages ihren Mann, ihr Palais und das ganze Faubourg Saint-Germain auf Nimmerwiedersehen verlassen würde . . .
Franzi verbrachte viele Nächte in aufregendem Grübeln. Jetzt sah er ein, daß sein Schicksal an das Schicksal dieser Frau gebunden war. Wenn Marie ihre Familie verließ, stellte sie sich außerhalb der gesellschaftlichen Gemeinschaft, und er mußte sich dann zu seiner Geliebten bekennen. Wenn er es nicht schon aus Ritterlichkeit täte, so würde ihn die unerbittliche Ordnung der Kasten dazu zwingen: die Salons könnten auch ihn als den wahren Urheber des Skandals nicht mehr empfangen. Es war selbstverständlich, daß im Falle eines entscheidenden Schrittes seitens der Gräfin keiner von ihnen beiden in Paris würde verbleiben können. Und er überlegte, wohin er sich wenden sollte, wenn er Paris verlassen müßte. Zuerst dachte er an London. Aber diese Erwägung verwarf er sofort, denn dort dachte ja die Gesellschaft noch strenger. Und dann schwebte ihm auch vor, daß er irgendwo an einem ganz einsamen, stillen Ort komponieren könnte. Solche Gedanken beschäftigten ihn immer wieder, aber er war längst noch nicht überzeugt, daß das alles Wirklichkeit werden könnte. Er wußte nur, daß er das Schicksal seiner Geliebten teilen mußte. Sie waren schon so fest aneinandergekettet, daß er ohne Marie nicht mehr hätte leben können.
Zu den geheimnisvollen, unerklärlichen, aber unbeirrbaren Kräften, die sie mit verhängnisvoller Sicherheit in das unbekannte Schicksal trieben, gesellte sich jetzt auch noch der Klatsch. Ihr offenkundiges Verhältnis war ständiger Gesprächsstoff der Pariser Gesellschaft. Sie wurden zusammen eingeladen, und jede Hausfrau nahm bei der Tischordnung Rücksicht auf ihre Zusammengehörigkeit. Es verging kein Tag, wo sie beide nicht unmißverständlichen Anspielungen ausgesetzt waren. Maries Mutter sogar, die

auf dem Lande wohnte, ermahnte ihre Tochter, mehr auf sich achtzugeben, denn das Gerede sei schon bis zu ihr gelangt. Ihr Bruder, Attaché bei der französischen Gesandtschaft in London, schrieb aus England, daß man die Freundschaft Maries zu dem berühmten Künstler nur allzuoft, mehr als ihm lieb sei, erwähne. Es schien unmöglich, daß der Graf D'Agoult, der Gatte, von alledem nichts erfahren sollte, und dann hätte er eingreifen müssen, nicht aus Eifersucht, sondern aus Rücksicht auf den Ruf seines Hauses und den seiner Tochter.
So reifte ihr Schicksal heran, ohne daß sie beide irgend etwas dagegen hätten tun können, und Franzi gewöhnte sich langsam an den Gedanken, daß er Paris verlassen würde. Und auch der Tag kam, an dem er seine Mutter in diese Möglichkeit einweihen mußte. Mutter Liszt, der die Sorge für den Sohn das ganze Leben bedeutete, hörte die verworrenen Pläne Franzis mit schmerzlicher Betroffenheit an. Sie erwiderte nichts, aber eine ganze Woche lang lief sie mit verweinten Augen umher. Jedoch auch ihm erging es so, daß sich sein Herz zusammenkrampfte und er sein Gesicht in die Kissen vergraben mußte, daß er in seinem Kummer zu weinen anfing, wie in der Knabenzeit, wenn in der schlaflosen Stille der Nacht aus dem Nebenzimmer das Weinen seiner gleichfalls wachliegenden Mutter herüberklang.
Er wußte nun auch schon, wohin er reisen würde: nach der Schweiz. Die Schönheit und die Freiheit dieses Landes zogen ihn mächtig an. Von seinen zahlreichen Konzertreisen her trug er in seinem Gedächtnis viele entzükkende Bilder von dort. Und manch lieben Bekannten hatte er auch dort, besonders in Genf lebten viele frühere Schüler von ihm, und so konnte er getrost hoffen, daß er Gelegenheit genug finden würde, Unterricht zu erteilen. An den malerischen Ufern des Genfer Sees würde er ruhig und mit Liebe arbeiten und sich mit der Gräfin, für die man sicherlich einen geeigneten Aufenthalt ausfindig machen könnte, oft treffen. Es schien nicht leicht, diesen Plan finanziell zu verwirklichen; aber als er sich mit seiner Mutter darüber beriet, stellte sich heraus, daß Mutter Liszt über reichlich erspartes Geld verfügte. Sie würde solange keine Sorgen haben, bis der Sohn imstande sein würde, ihr vom Auslande regelmäßig jeden Monat Geld zu schicken. Und schließlich und endlich, irgendwie müßte es sich schon machen lassen . . .
Der Seelenzustand, in dem er sich jetzt schon seit Wochen befand, glich einem erregenden und schwindelnden Rausch. In seinen Unterrichtsstunden war er zerstreut und nervös. Seine Augen glänzten unnatürlich, er gab sonderbare Antworten auf die an ihn gerichteten Fragen und hatte oft Fieber. Wenn er mit Marie zusammen war – und jetzt verbrachten sie die meiste Zeit gemeinsam –, sprachen sie in dieser fieberhaften Erregung fast nur noch von ihrer Zukunft. Seine von Schlaflosigkeit gepeinigten Nerven, seine ganze Überreiztheit wirkte sich auch in seinem Gefühlsleben aus. Auf einmal wurde er grundlos eifersüchtig. Er quälte die Geliebte andauernd

damit, daß sie ihn nicht wahrhaft liebe. Wenn er sie drei Tage nicht hatte sehen können, schrieb er Briefe wie diesen:

»Marie! Marie! Ach lassen Sie mich diesen Namen hundertmal, tausendmal wiederholen; jetzt sind es drei Tage, daß er in mir lebt, mich bedrängt und in mir brennt. Ich schreibe Ihnen nicht, nein, ich bin bei Ihnen. Ich sehe Sie, ich höre Sie . . . Die Ewigkeit in Ihren Armen . . . Himmel, Hölle, alles, alles in Ihnen und abermals in Ihnen . . . Ach, lassen Sie mich verrückt, wahnsinnig sein . . . Die kleinliche, vernünftige, enge Wirklichkeit genügt mir nicht mehr, wir müssen unser ganzes Leben, unsere ganze Liebe, unser ganzes Unglück erleben! . . . Ach, nicht wahr, Sie trauen mir Opfermut, Tugend, Mäßigung, Religion zu? Also reden wir nicht mehr davon . . . Ihre Sache ist es, zu fragen, zu erraten, zu retten. Lassen Sie mich verrückt und wahnsinnig sein, da Sie nichts, nichts für mich tun können. Meine Sache war es wohl, Ihnen das jetzt zu sagen. This is to be! to be!!!«

Im April gab er ein Konzert, um keine Geldschwierigkeiten zu haben, wenn man den großen Schritt wagte. Seit langer Zeit war das sein erstes eigenes Konzert. Wenn er in der Zwischenzeit aufgetreten war, hatte er es nur aus Freundschaft für Berlioz getan, an dessen Konzerten er immer nur in sehr bescheidenem Maße beteiligt blieb. Aber jetzt war er der Mittelpunkt, und eigentlich bedeutete dies die erste Gelegenheit, zu zeigen, wieweit er sich inzwischen am Klavier vervollkommnet hatte. In musikverständigen Kreisen sah man deshalb seinem Konzert auch mit hochgespannten Erwartungen entgegen, und die Gesellschaft war nicht minder neugierig auf das »profil d'ivoire«, den berühmten, schönen Künstler und Freund der berühmten und schönen Gräfin.

Die tausenderlei Schicksalsprüfungen durch Liebe, Sorgen, Schlaflosigkeit, unsichere Zukunftsaussichten hatten seinen Nerven zuviel zugemutet, die schon vor dem Konzert, überspannten Saiten gleich, zerspringen wollten. Er sah totenblaß aus, als er auf das Podium trat; vor Erregung war ihm übel geworden; seine Kehle schien wie zusammengeschnürt. Der Beifall, der ihn empfing, war eher höflich und neugierig als begeistert. Nach den ersten Tönen plagten ihn seine Nerven nicht mehr, die Spannung des Spieles riß ihn vollkommen mit sich fort. Er wußte: ›was du jetzt auf dem Klavier zustande bringst, ist unerhört, das hat noch keiner vor dir vermocht, und in den Reihen der Zuschauer ist kaum ein einziger zu finden, der auch nur ahnte, welche Bedeutung in der Geschichte des Klavierspieles dieser Stunde zukommt.‹ Seinem ersten Vortrag folgte ein starker Beifall, ein wuchtiges Dröhnen, echte Begeisterung als Bestätigung eines vollkommenen Erfolges. Und nun gab er sich restlos aus: er behandelte das Klavier mit sieghaftem Hochmut und triumphierender Überlegenheit. Die in ein gefügiges Lamm verwandelte Bestie mit den weißen und schwarzen Zähnen verriet jetzt zum ersten Male, seit die Welt bestand, den Menschen ihre wahren abgründigen Geheimnisse. Er spielte seine unter dem Eindruck von Berlioz'

Symphonie entstandene Phantasie. Während des Spieles hatte er sich in eine kühne, unermeßliche schöpferische Ekstase hineingelebt, bis mit einem Male seine Hände von den Tasten glitten, der Saal vor ihm dunkel wurde und er das Bewußtsein verlor. Er kam erst wieder zu sich, als man im Künstlerzimmer seine Stirn mit kaltem Wasser näßte und erschrockene Gesichter sich über ihn neigten. Er war ohnmächtig geworden. Neugierige drängten sich stoßend und ungeduldig in das Künstlerzimmer. Ein Diener versuchte umsonst, in dem verwirrenden Lärm Ordnung zu schaffen. Mutter Liszt stand in Todesängsten händeringend da.
Franzi kam jedoch schnell wieder zu sich, erhob sich, reckte und streckte sich und glättete seinen Frack. Dann ging er wieder hinaus ans Klavier. Da wurde ihm ein Beifall zuteil wie selten in seinem Leben.
›Man liebt mich‹, sagte er mit der Genugtuung eines verwöhnten Kindes.
Er mäßigte sich nicht, in einigen Sekunden schon hatte er wieder die höchste Stufe der Ekstase erreicht. Und jetzt gelang ihm auch alles. Sein Sieg über das Publikum war vollkommen und des ersten Pianisten der Welt würdig, der heute den größten Meister aller Zeiten vielfach übertroffen hatte: nämlich sein ehemaliges Selbst!
Aber dann kamen die Kritiken. Ein einziger Kritiker nur war da, der ihn verstanden hatte. Alle anderen äußerten sich erschrocken, entsetzt, geradezu beleidigt. »Was ist das für eine neue Art des Klavierspielens?« fragten sie. »Wo sind die klassischen Überlieferungen des Klavierspieles, die der Künstler mit seiner eigenartigen und willkürlichen Technik einfach zur Seite schiebt?« Der eine warf ihm Sensationshascherei, der andere Komödiantentum vor. Wenn man sein beispielloses Können im allgemeinen auch anerkannte, so sprach doch eine gewisse Ratlosigkeit, ein befremdendes Nichtverstehenwollen aus allen Berichten, auch aus denjenigen, die einzelne Teile seines Spieles würdigten. Der einzige, der wußte, daß dieses Konzert ein Markstein in der Geschichte der musikalischen Vortragskunst bedeutete, war D'Ortigue, der verständnisvolle Freund. Er gab rückhaltlos seiner Bewunderung und Verehrung Ausdruck und beglückwünschte den Genius, der das reproduzierende Klavierspiel zu einer selbständigen, schöpferischen Kunst erhoben habe.
Diese eine Besprechung bereitete ihm nicht soviel Freude, wie ihm die Verständnislosigkeit der anderen empfindliche Schmerzen zufügte. Die Lektüre der Zeitungsartikel verstärkte nur seine Sehnsucht, diese Stadt samt ihren Salons, Konzerten, Kritikern, mit ihrem pulsierenden Leben, mit den Erinnerungen seiner Jugend, zu verlassen.
Unter seinen Schülern war ein Junge, den er besonders gern hatte. Nicht nur weil er, verglichen mit den anderen, wirklich hochbegabt war, sondern auch weil ihm die Anhänglichkeit des Kindes ans Herz rührte. Als er ihm nach seinem Konzert Unterricht erteilte, machte er ihn auf einen Fehler aufmerksam:

»Darauf mußt du sehr genau achten, denn ein anderer wird dir das schwerlich abgewöhnen können. Ich aber werde dich vielleicht nicht mehr lange unterrichten.«

Der Junge, ein vierzehnjähriger aufgeweckter Bursche, starrte ihn zu Tode erschrocken an.

»Warum? Wodurch habe ich Sie erzürnt?«

»Du hast mich nicht erzürnt. Ich habe dich sehr gern. Aber es ist möglich, daß ich Paris verlasse.«

»Und könnten Sie mich nicht mitnehmen?« entgegnete der Junge schon halb weinend vor Furcht, daß er eine Absage bekommen könnte.

»Du hast nicht ganz unrecht. Warum könnte ich dich nicht mitnehmen? Daran habe ich noch gar nicht gedacht. Gut, du kommst mit.«

Nun fing der Junge wirklich an zu weinen, aber jetzt vor lauter Seligkeit. Er sprang seinem Meister um den Hals, umarmte und küßte ihn und war vor Freude außer sich wie ein über die Heimkehr seines Herrn erfreuter Hund. Unverständliches, wirres Zeug daherredend tanzte er im Zimmer herum wie ein Verrückter.

»Komm nur wieder zu dir«, lachte Franzi, »marsch ans Klavier, jetzt wird gearbeitet!«

Voller Liebe sah er den Jungen an, dem während des Klavierspieles die Freudentränen noch immer über die Wangen rannen. Wirklich, wie ein anhänglicher, treuer Hund war dieser Knabe, er sah seinen Meister auch immer mit einem so hingebungsvollen Blick an, als wolle er ihm sagen, daß er stets bereit sei, für ihn zu sterben.

Als Franzi wieder mit Marie zusammenkam, sagte er zu ihr:

»Wenn es sich so fügen sollte, daß ich Paris verlasse, nehme ich einen kleinen Schüler von mir mit. Andere haben einen Mops, um mich wird dieses Kind herum sein.«

»Ich habe nichts dagegen«, erwiderte Marie, »mich wird es nicht stören. Nur die Wohnung wird man entsprechend einteilen müssen.«

Franzi erblaßte vor Überraschung. Er fand zunächst keine Worte; dann stotterte er:

»Die Wohnung? Wie haben Sie ... ich verstehe nicht ganz ...«

»Was verstehen Sie nicht? Ich begreife nicht, daß Sie sich wundern. Wir waren doch übereingekommen, daß wir zusammen nach dem Auslande gehen, sobald ich meinen Mann verlasse, nicht wahr? Nun, und wie stellen Sie sich diesen Aufenthalt im Auslande anders vor?«

»Zusammenwohnen? Könnten Sie denn das? Ohne Heirat? ...«

»Selbstverständlich. Wie könnte ich es mir auch anders vorstellen? Zwei freie Menschen lieben sich. Das ist doch ganz einfach, nicht? Wir werden unser eigenes Leben leben, wie wir es schon so oft besprochen haben. Und unser beider Leben.«

»Marie, wissen Sie denn, wie schwerwiegend alles das ist, was Sie jetzt sagen? Wenn Sie entschlossen sind, mit mir zusammenzuleben, gibt es keine Rücksicht mehr. Ich hoffe, das ist Ihnen klar. Für mich wäre es ja eine unbeschreibliche Freude, aber ich trage andererseits auch eine außerordentliche Verantwortung. Sie setzen jetzt Ihr ganzes Leben aufs Spiel. Und wenn ich dieses Opfer annehme, bin ich dafür verantwortlich. In das alles können wir beide aber nur einwilligen, wenn wir unserer selbst ganz sicher sind. *Ich* bin meiner sicher, Sie sind mein Schicksal bis zum Tode. Sind *Sie* sich aber Ihrer selbst sicher? Antworten Sie jetzt nicht. Nein, ich lasse es einfach nicht zu, daß Sie jetzt etwas sagen. Was soll geschehen, wenn in einem Jahre, in zwei Jahren, Ihre Gefühle lauer werden und Sie sich in die Welt zurücksehnen, der Sie jetzt den Rücken kehren? Und dann wird es schon zu spät sein. Nein, nein, antworten Sie nicht. Ich habe mich lange geprüft und kann ruhig zugeben, daß ich Sie früher belogen, betrogen und vor mir selbst herabgesetzt habe; jetzt aber bin ich so weit, daß ich Sie über alles und wahrhaft liebe. Auch Sie sollen so mit sich zu Rate gehen und erst dann antworten. Und unbarmherzig streng muß dieses Insichgehen sein. Versprechen Sie mir das?«

»Ich verspreche es«, entgegnete die Frau ernst.

Dann sprachen sie nicht mehr davon. Franzi schickte am anderen Tage noch einen Brief ins Palais:

»Marie! An dem Tage, an dem Sie mir mit voller Überlegung, aus vollem Herzen, aus voller Brust und voller Seele sagen können: ›Franz, wir wollen alles, was vielleicht Unvollkommenes, Betrübendes und Kleinliches in der Vergangenheit war, auslöschen, vergessen, für immer verzeihen; wir wollen einander alles sein, denn in dieser Stunde verstehe ich Sie und verzeihe Ihnen ebenso, wie ich Sie liebe‹ – an jenem Tage (möge er bald kommen), werden wir weit weg sein von der Welt und allein leben, lieben und sterben!«

Noch am gleichen Tage erhielt er den Satz, den er in seinem Brief mit Anführungszeichen versehen hatte, zurück. Die Frau hatte ihn Wort für Wort abgeschrieben und nur ihren Namen daruntergesetzt: Marie. Damit war ihr Schicksal besiegelt. Die Einzelheiten der »Entführung« besprachen sie miteinander wie zwei lustige Spießgesellen einen aufregenden Streich: Franzi fährt voraus nach der Schweiz. Marie lockt unter dem Vorwande, Bekannte besuchen zu wollen, ihre Mutter nach Basel und teilt ihr dort mit, daß sie nicht mehr gewillt sei, nach Hause zurückzukehren. Dann eilt sie geradewegs in die Arme des Geliebten, um dort für ewig zu bleiben. Der Graf erfährt von ihrer Mutter dann alles Nähere.

Franzi trat vorher noch in einem Konzert zugunsten von Berlioz auf. Dann besuchte er der Reihe nach seine Freunde, um von ihnen Abschied zu nehmen. Er verabschiedete sich in der Weise, wie es vor einer Sommerreise üblich ist. Chopin war der einzige, von dem er schweren Herzens schied. Diesem allein teilte er auch mit, daß er Paris für immer verlasse. Er hätte

ihn gern herzlich umarmt, aber ein Gefühl der Scham hielt ihn davor zurück. So sah er ihm nur ergriffen in die Augen. Dann war es aber Chopin, der ihm um den Hals fiel, ihn umarmte und immer wieder an sich drückte. Ganz mit der alten Innigkeit. In ihrer Umarmung lag eine tiefe Liebe und Verbundenheit. In ihren Augen glänzten Tränen.
»Zwei Feuergeister weinen«, spöttelte Franzi und wollte seine Ergriffenheit mit einem Scherz abtun.
»Obwohl sie heute noch keine Kritiken gelesen haben«, ergänzte Chopin schnell mit derselben Absicht.
So schieden sie voneinander. Das Allerschwerste war aber noch zu überstehen: der Abschied von seiner Mutter. Mutter Liszt hatte bis dahin den Plan ihres Sohnes nicht allzu ernst genommen. Jetzt aber, wo sie sah, daß von einer bloßen Redensart gar kein Gedanke mehr sein konnte, erklärte sie verzweifelt rund heraus, daß sie die Trennung von ihrem Sohne nicht überleben würde. Franzi konnte sich nur mit einer Notlüge behelfen. Er schilderte die ganze Angelegenheit so, als wäre alles noch gar nicht endgültig entschieden. Auch die Sache mit der Gräfin sei noch unbestimmt, man könne bis jetzt nicht wissen, wie sich das alles gestalten würde. Jedenfalls würde er bestrebt sein, alles so einzurichten, daß er bald zu seiner Mutter zurückkehren könnte, damit sie zu zweit in Frieden weiterleben könnten . . . Die Mutter glaubte an den Wortschwall und auch wieder nicht. Einigermaßen beruhigte sie sich aber.
Auf dem Trittbrett der Postkutsche umarmten sie sich schluchzend. Endlich setzte sich der Wagen in Bewegung. Die geliebte Gestalt der schwarzgekleideten, rundlichen Frau verschwand. Franzi trocknete seine Tränen und sah zum Fenster hinaus. Langsam versank Paris hinter ihm. Ein herrlicher Maienmorgen erglänzte über der Gegend. Und dieses Lächeln der Landschaft erwiderte er. Vor seiner Seele tauchte ein unbekanntes, kleines Kindergesichtchen auf, das ihn mit ergriffener, neugieriger Seligkeit erfüllte. Erst vor kurzem hatte ihm Marie mitgeteilt, daß sie in der Schweiz bald zu dritt sein würden. Das Kleine könne man um Neujahr erwarten . . .

NEUNTES KAPITEL

Das Glück des Paares unterschied sich in nichts von dem Jungvermählter. Nach verschiedenen Fahrtunterbrechungen ließen sie sich in Genf nieder, mieteten sich an einer Ecke der Rue Tabazan eine Wohnung und richteten sie ganz nach ihrem Geschmack ein. Geldsorgen quälten sie nicht; die Gräfin hatte aus ihrem eigenen Vermögen ein jährliches Einkommen von zwanzigtausend Franken, und Franzi brachte aus seinen Konzerten und den

Verträgen mit den Musikverlegern so viel auf, daß er sich nicht abhängig zu fühlen brauchte. Als sie am ersten Tage, einem Augustmorgen, im Schlafzimmer der neueingerichteten Wohnung erwachten und sich aus den beiden benachbarten Betten anlachten, hatte Franzi das Gefühl, daß dies sein vollkommenes Glück sei. Sie sprangen zugleich aus dem Bett und eilten zum Fenster. Ein wunderbarer Ausblick auf den strahlenden, herrlichen Gipfel des Montblanc bot sich ihnen.

Neben der neuen Wohnung nahm das Umherstreifen in der Stadt ihre ganze Zeit in Anspruch. Eine gierige Sehnsucht, alles zu sehen, alles kennenzulernen, jagte Franzi, und auch Marie bekam das Spazierengehen sehr gut bei den mit ihrem Zustand verbundenen häufigen Beschwerden. Sie bestiegen die auf die Höhen führenden Straßen, sie suchten das Haus, das die Erinnerungen an Rousseau barg, oder wandelten am Ufer des Sees entlang und belustigten sich mit der Fütterung der gefräßigen Schwäne – sie taten nur das, wozu sie gerade Lust hatten. Die Passanten bewunderten sie verblüfft, denn auch Marie war eine auffallende Erscheinung in dieser kleinen Stadt, wo sonst jedermann die vornehmen, schönen Frauen kannte. Und Franzi erregte erst recht großes Aufsehen mit seinem bis zu den Schultern reichenden blonden Haar. Es gab sogar Gaffer, die vor Erstaunen stehenblieben und sie von oben bis unten musterten. Zumeist wurde jedoch dem Manne, nicht der Frau, die größte Aufmerksamkeit zuteil. Die Erscheinung Franzis war, wenn man sich an seine lange Mähne gewöhnt hatte, viel vorteilhafter als die seiner Geliebten. Er begann jetzt sein vierundzwanzigstes Lebensjahr, sah aber kaum älter als zwanzig aus; die Nöte und Kämpfe der vergangenen Monate hatten Marie begreiflicherweise sehr mitgenommen, und obwohl sie erst dreißig Jahre alt war, konnte man sie ohne weiteres für fünfunddreißig halten.

Nur für Franzi blieb sie unverändert feenhaft schön, schöner als alle anderen, unvergleichlich, einzig! Er umgab sie mit unbeschreiblicher Zärtlichkeit, las ihr jeden Wunsch von den Augen ab, griff jeder ihrer Bewegungen vor und fing jeden Blick auf. In vielem erschien seine Geliebte für ihn ganz neu, seit er mit ihr zusammen wohnte. So sah er erst jetzt, wieviel Sorge, Zeit und Geld die elegante Erscheinung Maries in Anspruch nahm. Wenn sie ausgehen wollten, konnte Marie nicht schneller als in anderthalb Stunden fertig werden. Die Pflege ihres Haares, die abends beim Schlafengehen mit dem Lösen der goldblonden Fülle begann, sich in sorgfältigem Kämmen fortsetzte und im Einflechten für die Nacht endete, war eine regelrechte Zeremonie, die mindestens eine Stunde in Anspruch nahm. Und wie sachverständig und empfindlich sie in bezug auf die Speisen war! Sie war gewöhnt, nicht viel, aber vielerlei zu essen. Sie hatte einen ausgezeichneten Geschmack für die Speisen, aber erst, wenn sie bereits aufgetragen waren; die Zubereitung interessierte sie nicht, weil sie davon nichts verstand. Die Bequemlichkeit liebte sie über alle Maßen. Von Kindheit an war sie an die um

sie herum befindliche vielköpfige Dienerschaft gewöhnt, und wenn sie irgendeinen Gegenstand, der ganz in ihrer Nähe lag, haben wollte, war sie zu bequem, auch nur aufzustehen und drei Schritte zu tun. Unwillkürlich suchte sie ab und zu die ihr vom Palais her gewohnte Tischglocke und bedachte oft erst nach langem, vergeblichem Suchen ihre neue Umgebung. Darüber lachten sie dann beide herzlich.
Langsam rundete sich das Bild ihres neuen Lebens ab. Franzi fragte Marie oft, ob sie glücklich sei und ob sie es sich so vorgestellt habe. Die Frau beantwortete solche Fragen mit seligem Lächeln. Aus Briefen der Freunde und von durchreisenden Bekannten erfuhren sie, daß ihr kühner Entschluß geradezu eine gesellschaftliche Revolution verursacht hatte. Der unglaublichste Klatsch war im Umlauf. So hieß es zum Beispiel; Franzi hätte um Mitternacht den Küster von Notre-Dame geweckt und von ihm die Schlüssel gefordert, um dem in seiner Begleitung befindlichen Manne etwas auf der Orgel vorzuspielen. Der Mann sei niemand anderes als die verkleidete Gräfin D'Agoult gewesen. In dieser Nacht seien sie geflüchtet, zuvor hätten sie aber noch Orgel spielen wollen ... Nach einem anderen Gerücht hatte Franzi seine Geliebte, in dem Innern eines Klaviers verborgen, über die Grenze entführt ... Über solches Gerede konnten sie sich nicht genug belustigen. Es kamen ihnen aber auch Dinge zu Ohren, die sie sehr ernst stimmten. Maries Mutter hatte, von Basel heimkehrend, ausführlich darüber geschrieben, in welcher Weise sie die ganze Angelegenheit dem Grafen mitgeteilt habe. Der Graf hatte erschüttert, aber wortlos zugehört. Dann hatte er nur gesagt:
»Ich werde es zu ertragen versuchen.«
Mehr von dieser Sache zu reden, war er nicht geneigt. Die kleine Claire fühlte sich sehr wohl in einem Internat und weinte ihrer Mutter keine Träne nach. Die Fäden, die Marie mit ihrem früheren Heim verbanden, waren zerrissen ...
»Nur Sie sind mir geblieben, Franzi«, sagte sie, ihn umarmend. »Sie sind mein Leben. Wenn ich mich in Ihnen täuschen müßte, würde ich sterben.«
Franzi lachte und antwortete mit einem Kuß. In diesen Tagen war er fast immer guter Laune. Er fühlte sich wie erlöst, leicht und frei. Das neue Leben schien verheißungsvoll. Schon in den ersten Tagen meldeten sich neue Schüler. Die erste Schülerin war niemand anders als die Frau des Grafen Miramont, desselben Grafen Miramont, um dessentwillen er bei jenem Besuch im Schloß der schönen Adele solche herzzerreißende Qualen erduldet hatte. Auch den Grafen selbst lernte er kennen: die beiden Männer drückten sich mit betonter Liebenswürdigkeit die Hände und betrachteten sich mit neugierigem Lächeln. Die zweite Schülerin war die Gräfin Maria Potocka, eine ihm durch Chopin zugeführte Bekannte, die sich hier in Genf niedergelassen hatte.
Von diesen Stunden erzählte er Marie mit großer Freude.

»Es wird, es wird! Morgen gebe ich der Gräfin Potocka die erste Stunde.«
»Wann kommt sie her?«
»Sie kommt nicht her. Ich gehe zu ihr. Der Gräfin Miramont gebe ich auch die Stunden nicht hier.«
Beide schwiegen. Sie wollten die heikle Frage nicht berühren. Sie wußten, daß es für Marie vorerst nicht ratsam war, mit den Damen der Gesellschaft zusammenzukommen. Es waren Taktlosigkeiten zu befürchten. Klüger schien es, erst Gras über die ganze Angelegenheit wachsen zu lassen, dann würde sich ihr Verhältnis zur Gesellschaft von selbst ergeben.
Franzi machte diese Frage große Sorgen, wenn er auch nicht darüber sprach. Um jeden Preis mußte er Verkehr für Marie suchen. Er hatte in Genf viele Bekannte, in erster Linie aber zwei Schüler, Pierre Wolff und Fräulein Boissier. Mit stürmischer Freude empfingen beide den weltberühmten Mann in ihrer Stadt. Franzi bemühte sich sehr behutsam, der Unterhaltung eine Wendung zu geben, die es irgendwie möglich machte, von Marie zu sprechen, sobald sich ein Anknüpfungspunkt bot. Wolff, der Junggeselle, nahm die Gelegenheit sofort wahr und bat um die Erlaubnis, der Gräfin seine Aufwartung machen zu dürfen. Die Eltern von Valerie Boissier dagegen waren nicht so leicht zu gewinnen. Franzi verzagte nicht, obwohl er sich Tag für Tag aufs neue überzeugen mußte, daß das spießbürgerliche, kleine und sittenstrenge Genf für seine Pläne schlecht gewählt war. Er hoffte aber sehnsüchtig, daß es ihm doch noch gelingen würde, seiner Freundin, die jetzt wie ein gefangener Vogel in einem Käfig lebte, ein abwechslungsreiches Leben bieten zu können. Es sah freilich nicht so aus, als sollten seine Bemühungen Erfolg haben. Ihn selbst lud man zwar eifrig überall ein, wenn er aber durch eine zögernde Zusage ahnen ließ, daß er auf Maries Begleitung Wert legte, nahm man die Einladung vorsichtig wieder zurück. Eine letzte Hoffnung blieb ihm noch: das Ehepaar Belgiojoso. Der Herzog Belgiojoso, ein Verwandter der Pariser Freundin Franzis, lebte mit seiner Frau in Genf als italienischer politischer Flüchtling. Er war ein auffallend schöner Mann, und um seinen herrlichen Tenor konnte ihn jeder Sänger beneiden. Seine Frau befaßte sich jedoch mehr mit Politik als er. Die Herzogin organisierte andauernd italienische Freiheitsbewegungen und schrieb ein Flugblatt nach dem anderen gegen Italiens Zwingherren, die Österreicher. Sie vertrat derart krasse demokratische Ansichten, daß Franzis Anliegen aussichtsreich schien. Aber auch hier konnte er nichts erreichen. Die in ihrer Politik so demokratische Herzogin wurde mit einem Male betont höflich und frostig zugeknöpft, wenn die Rede auf ihren Salon kam.
So fand sich denn in der Wohnung in der Rue Tabazan zwar eine ständige Gesellschaft zusammen, die aber ausschließlich aus Männern bestand. Pierre Wolff war der erste und häufigste Gast. Auch Doktor Coindet kam öfters, ein namhafter Arzt, der Marie vor Jahren einmal bei einem Genfer Aufenthalt behandelt hatte. In ihrem Hause verkehrten ferner der Ge-

schichtsforscher und Sprachgelehrte Simon de Sismondi, ein außerordentlich liebenswürdiger alter Herr, der Orientalist Alphonse Denis, James Fazy, ein sehr einflußreicher Beamter der Schweizerischen Landespolizei, und Edmond Boissier, der Bruder von Valerie. Und der Herzog Belgiojoso – ohne seine Frau. Alles hervorragend gebildete, interessante, geistvolle Männer, aber eben nur Männer. Und Marie, die mit der Gewandtheit der geistig hochstehenden Frau mit dem Geschichtsforscher über Geschichte, mit dem Orientalisten über den Orient, mit dem Schriftsteller über Literatur debattierte und ihren Geist an solchem Gedankenaustausch mit der größten Leidenschaft schärfte, fing allmählich schon an, über die Genfer Frauen boshafte Bemerkungen fallen zu lassen. Sie bemängelte ihre Kleidung und bespöttelte ihre spießbürgerlichen Gewohnheiten. Sie schätzte sich glücklich, daß sie mit »denen« nicht zusammenzukommen brauchte. Aber Franzi wußte nur zu gut, daß die arme, verlassene Marie sich freudig beeilen würde, vor einer jeden von »denen« ihre Tür zu öffnen. So teilte nur der kleine Putzi die Einsamkeit mit ihr. Franzi hatte das Kind aus Paris nachkommen lassen und in seiner Wohnung untergebracht. Putzi trug jetzt auch schon bis zu den Schultern reichendes Haar wie sein Meister und war ein geweckter, unterhaltsamer, hübscher kleiner Bursche. Er brachte Marie mit seinen drolligen Reden und Streichen zwar zum Lachen – aber die verlorene Gesellschaft konnte er ihr nicht ersetzen.
In der Genfer Abgeschlossenheit setzte Franzi die noch in Paris begonnene Reihe seiner Aufsätze »Über die Stellung der Künstler« für die »Gazette Musicale« fort. Die ersten drei Abschnitte brachte die Zeitung bereits, wie gesagt, im Frühjahr. Jetzt schickte er nacheinander die folgenden drei ein. Im vierten Abschnitt rannte er leidenschaftlich gegen jene Schriftsteller an, die seinen bisherigen Veröffentlichungen barsch begegnet waren und ihm Übertreibungen, taktlose Fragenstellerei, rechthaberische Aufwiegelung eingebildeter talentloser Neuerer vorgeworfen. Er drückte kräftig auf die Feder, aus der die Sätze dann auch flossen, wie sie ein geborener Journalist nicht besser hätte formen können. »Kann man von Übertreibung sprechen, wenn es Tatsache ist, daß der wahren Kunst keine Anerkennung gezollt wird? Sehen Sie sich doch zum Beispiel Berlioz an, diesen Feuergeist der Musik, dessen Berufung zweifelsfrei ist! Seine ›Francs Juges‹ betitelte Oper hat er inzwischen beendet und findet kein Theater in Paris, das sie aufzuführen wagt.« Der in Schwung geratene Schriftsteller prangerte nacheinander die Pariser Direktoren an, die »nicht gewillt waren, zu experimentieren«, und wusch gründlich das Weihwasser von ihnen ab. Im fünften Abschnitt, den er als den Kern der gesamten Studie ansah, schälte er Punkt für Punkt die grundsätzlichen Fehler der Pariser Musikwelt heraus. Er begann beim Konservatorium und erzählte, wie er einst als Knabe von Cherubini abgewiesen worden war. Er beleuchtete die Fehler der Unterrichtsmethoden, die vollkommene Ziellosigkeit in der Arbeit dieses Institutes und

geißelte die Mängel des Lehrplanes, daß zum Beispiel die Schüler weder in Musikgeschichte noch in Musikliteratur und Musikästhetik unterrichtet würden. Er zog dann gegen die musikalischen Veranstaltungen zu Felde, die unter einer berechnenden kaufmännischen Leitung der Zuhörerschaft lediglich marktschreierische Wertlosigkeiten vorsetzten. In den seltenen klassischen Darbietungen seien die Meisterwerke der Großen auf ein Drittel ihres wahren Umfanges gekürzt. Die Philharmonischen Gesellschaften von Paris und ganz Frankreich seien unzulänglich und unfähig. Im ganzen Lande könne man nirgends ein vollkommenes Orchester finden. Für die Konzerte gäbe es keinen geeigneten Saal in Paris, nur einen einzigen, und den hielt eine Clique fest in der Hand, damit in den guten Monaten ja kein anderer auch nur zu einem einzigen Abend kommen könne. Der Musikunterricht sei jämmerlich. Unglaublich Unfähige wagten zu unterrichten und unglaublich Unwissende wagten zu kritisieren. Und endlich, im sechsten Abschnitt, stellte er die Forderungen für ein wahres, fruchtbares und lebendiges Musikleben auf.
Der Verleger der »Gazette Musicale« veröffentlichte die sechs Aufsätze wortgetreu, obwohl sie in einem außerordentlich scharfen und herausfordernden Ton geschrieben waren. Franzi war diese Arbeit genau so lieb geworden wie das Komponieren. Er komponierte aber daneben auch. Was er von dem Wechsel seiner Umgebung erwartet hatte, war eingetroffen: die Phantasie, die schöpferische Kraft des Tondichters, regte sich ganz gewaltig. In diesen Tagen behandelte er mit Vorliebe lyrische oder naturalistische Themen. Der Anblick einer malerischen Kapelle, das Erlebnis einer nächtlichen Kahnfahrt, ein Gebirgsgewitter – alles wurde in ihm von selbst zu Musik. Wenn er sich an sein Erard-Klavier mit den Elfenbeintasten setzte, verspürte er die trunkene Seligkeit eines im unendlichen Meere schwimmenden Fisches. Und ob er Artikel schrieb, ob er Musikstücke komponierte, alles brachte er sofort zu Marie, las ihr den Artikel oder spielte ihr das Musikstück vor. Sie hörte aufmerksam zu, machte auch hin und wieder eine überkluge Bemerkung, die Franzi stets mit höflicher Überlegenheit zur Kenntnis nahm, aber über allen musikpolitischen und tondichterischen Ereignissen schwebte ein Schreckgespenst vor Marie: die Langeweile, das jeglicher Zerstreuung beraubte, trüber Eintönigkeit ausgelieferte Dasein einer aus der Gesellschaft ausgestoßenen Frau!
Im Spätherbst veranstaltete die Herzogin Belgiojoso ein Wohltätigkeitskonzert. Hierzu wurde auch Franzi gebeten. Marie – es war drei Monate vor der sehnsüchtig erwarteten Ankunft ihres Kindes – nahm in einer der besten Logen Platz. Sie erschien in einem blendenden Abendkleid und hatte ihren ganzen Schmuck angelegt. Aller Augen wären sicherlich nur auf ihre Person gerichtet gewesen, wenn der Zuschauerraum nicht noch einen sehr interessanten Gast beherbergt hätte: Jérôme Bonaparte, der Exkönig von Westfalen, war gleichfalls anwesend, und weil Monarchen in republikani-

schen Staaten sich stets großer Anziehungskraft erfreuen, schenkten die Genfer dem Exkönig mehr Beachtung als der Heldin des berühmten Liebesskandals. Neben dem ehemaligen König von Westfalen saß seine Tochter, die vornehme und sanfte Mathilde, die gleichfalls die sonst der Gräfin D'Agoult zugefallene Aufmerksamkeit auf sich lenkte. Franzi, der zum ersten Male in Genf spielte, errang einen Riesenerfolg. Viele erhoben sich von ihren Plätzen, um dem Wunderpianisten begeisterten Beifall zu spenden. Das sittenstrenge Genfer Publikum zeigte ihm, dem Manne gegenüber, eine milde Nachsicht, die es seiner Geliebten nicht zuteil werden ließ.
Sobald es ihm möglich war, eilte er zu Marie in die Loge. Hinter dem liebenswürdigen Lächeln der Frau sah er ein Wetterleuchten aufgehen.
»Hat man Sie diesem Bonaparte vorgestellt?«
»Ja. Noch vor dem Konzert ließ er mich bitten. Er wie seine Tochter waren sehr liebenswürdig zu mir.«
»Das hatte ich nicht anders erwartet. Trotzdem freue ich mich, daß die Reihe nicht mehr an mich kommt. Wenn ich mit meinem Manne hier wäre, würde sich dieser unrechtmäßige Machthaber beeilen, meine Bekanntschaft zu machen, und das wäre mir sehr peinlich. Gott sei Dank, daß das nicht in Frage kommt!«
Franzi legte seine Hand auf die Hand der Geliebten. Er verstand nur zu gut, was in dieser schönen Frau vorging, die gewöhnt war, am Hofe empfangen zu werden, die den ihrem Range zukommenden Platz an der Tafel der Bourbonen ganz genau kannte, die die ganze Zeit ihrer Ehe im Hochmut des Legitimismus verbracht hatte und die sich jetzt, angesichts des Glorienscheines, der hier die Loge der »unrechtmäßigen Machthaberfamilie« umstrahlte, wie ein Niemand vorkommen mußte. Wolff und der kleine Putzi teilten die Loge mit ihr . . .
Als sie sich am anderen Morgen erhoben, bemerkte Franzi, daß Maries Kopfkissen naß war. Sie hatte also die ganze Nacht geweint. Er verlor kein Wort darüber, um ihren Schmerz nicht noch größer zu machen, und hoffte im stillen, daß die Zeit die Wunde schon heilen würde. Bei dem Gedanken, wieviel leichter sein Schicksal als das seiner Geliebten war, plagten ihn Gewissensbisse. Er hatte seinen Beruf, der ihn beschäftigte, und dann war er auch ein Mann, dem alles erlaubt war. Marie dagegen war viel allein, und Genf wollte nichts von ihr wissen. Ihre Lage besserte sich nicht, während die seine immer spannender und angenehmer wurde.
In Genf hatte man erst vor kurzem eine Musikschule gegründet. Ein vermögender Musikschwärmer namens Bartholomini hatte sich so lange dafür eingesetzt, bis das Kasino Saint-Pierre endlich der Schule zur Verfügung gestellt wurde. Die Gründungskommission beriet in einer der Eröffnung vorausgehenden Sitzung über das großherzige Angebot des Genfer Einwohners Franz Liszt, die Ausbildung einiger fortgeschrittener Schüler im Klavierfach unentgeltlich zu übernehmen, ja auch ein Lehrbuch des Kla-

vierunterrichts zu schreiben, dieses auf eigene Kosten zu verlegen und der Musikschule zu widmen. Die Kommission nahm dieses Angebot mit freudiger Genugtuung zur Kenntnis. Daraufhin trat Madame Henri, die ihrerseits für den Unterricht der Fortgeschrittenen vorgesehen war, von ihrem Posten sofort zurück. Als angestammte Genferin war sie nicht geneigt, neben dem berühmten Ankömmling die zweite Rolle zu spielen. Der andere Klavierlehrer aber dankte nicht ab, er freute sich im Gegenteil ganz außerordentlich, denn es war niemand anders als Pierre Wolff.

Franzi erhielt zehn Schüler zugeteilt. Darunter waren auch einige talentvolle, die ihm Freude machten. Bei manchen war allerdings jede Mühe umsonst. Zu deren Spiel nickte er wohlwollend und verschwendete keinerlei Bemerkungen an sie. Die Begabten aber nahm er tüchtig vor.

»Wackeln Sie nicht mit den Schultern, Fräulein. Halten Sie Ihren Arm ruhig. Spielen Sie doch nicht wieder mit den Schultern. Ich habe Sie doch nun schon so oft darum ersucht.«

»So spielt man das Arpeggio nicht, Fräulein. Reißen Sie den letzten Ton plötzlich und heftig ab, dann wird er wie ein Harfenton klingen. So müssen Sie es machen. So. Sehen Sie?«

»Das ist nicht gut, Fräulein. Auch wenn ich nicht hinsehe, kann ich erraten, daß Sie diesen Ton mit dem Daumen angeschlagen haben. Das darf ich aber nicht erraten. Jeder Finger muß vollständig gleichmäßig anschlagen. Auch der vierte soll nicht schwächer anschlagen als der dritte. Lassen Sie mich mal ans Klavier.«

So verfuhr er meistens, und wenn er sich dann erst einmal ans Klavier gesetzt hatte, stand er nur schwer wieder auf. Er spielte gern vor den jungen Mädchen, die das Klavier nun sofort umzingelten und von denen diejenige am glücklichsten war, die ihn zufällig hatte streifen können. Während des Spiels erklärte er.

»Beobachten Sie diesen Bach. Es wird Ihnen sicherlich bekannt sein, was die Gotik in der Baukunst bedeutet. Dasselbe ist in der Musik eine Bach-Fuge. So wie die einzelnen Motive sich ineinander verflechten . . . nicht wahr?«

Er sah auf – und das Gesicht, in das er blickte, verriet mit seiner schwärmerischen Röte statt musikalischer Aufmerksamkeit ganz etwas anderes. Diese kleinen und großen Mädchen waren samt und sonders in ihn verliebt. Manchmal erwischte er die eine oder die andere, wie sie ihm gerade einzelne kleine Gegenstände, seinen Bleistift oder einen abgeschnittenen Zigarrenstummel, stahlen und verbargen. Er tat so, als wenn er es gar nicht bemerkt hätte. Zu Hause unterhielt er Marie dann mit solchen kleinen, harmlosen Geschichten.

Die Gräfin wurde mit jedem Tag schwerfälliger und klagte fortwährend über Fußschmerzen. Sie war launenhaft und gereizt. Franzi begegnete ihr mit verständnisvoller Engelsgeduld. Sie hatten das Kleine zwar erst zu Neujahr erwartet, aber das kümmerte sich nicht um die Vorschriften anderer. Es kam früher an. Am 18. Dezember mußte das keuchende Dienstmädchen Franzi von der Straße zurückrufen, als er gerade in die Musikschule gehen wollte. Bald waren die Hebamme und der Arzt zur Stelle. Der Arzt erlaubte dem künftigen Vater lediglich, Maries heiße Hand zart zu küssen; dann schickte er ihn in die nächste Gastwirtschaft. Dort solle er warten und hier nicht im Wege stehen. Franzi blieb auch gehorsam dort, vor Aufregung zitternd, stundenlang. Er schickte Putzi nach Pictet und Sismondi und bat sie, ihm Gesellschaft zu leisten, denn allein glaubte er die Stunden nicht ertragen zu können. Nach Verlauf von zwei Stunden sprach der Arzt selber in der kleinen Gastwirtschaft vor:

»Gehen Sie nach Hause, Monsieur Liszt. Ein kleines Mädchen. Wunderbar schnell und glatt ist die ganze Sache vor sich gegangen. Gott sei Dank! Morgen komme ich wieder.«

Franzi sprang die Treppe hinauf wie eine Gemse. Schon im Vorzimmer vernahm er das Greinen des neugeborenen kleinen Mädchens. Marie lag blaß, aber mit einem glücklichen Lächeln im Bett. Neben ihr war die Amme an der Wiege um das Baby besorgt.

»Blandine!« sprach der Vater das erstemal im Leben seine Tochter an. Schon lange vorher hatten sie beschlossen, daß es Daniel heißen sollte, wenn es ein Junge würde, und Blandine, wenn es ein Mädchen wäre. Den Namen hatte Franzi von einer Konzertreise aus Lyon mitgebracht. In Lyon war Blandine ein häufiger Name, und die Lyoner Bekannten hatten ihm erklärt, daß die heilige Blandina eine christliche Sklavin gewesen sei, die in Lyon den Märtyrertod starb. Der Name gefiel auch Marie, und so blieb es dabei. Die kleine Heidin Blandine achtete gar nicht auf ihren Vater und schrie munter weiter. Der Vater trat zum Bett und kniete nieder. Er küßte der Mutter die Hand. Eine unendliche, überströmende Dankbarkeit schnürte seine Kehle zusammen, daß er nicht sprechen konnte.

»Sie haben noch niemals ein Neugeborenes gesehen«, sagte Marie mit schwacher Stimme. »Sie können deshalb auch nicht wissen, wie schön dieses Kind ist. Meistens sind die Säuglinge rot und häßlich. Sehen Sie sich aber unser Baby an, wie weiß und wie glatt es ist.«

Ach, es hätte aussehen können, wie es wollte, der junge Vater wäre von ihm genau so entzückt gewesen! Um jeden Preis wollte er die Kleine auf seinen Schoß nehmen, aber sowohl die Mutter als auch die Amme protestierten heftig dagegen. So mußte er sich damit begnügen, den Säugling nur stumm zu betrachten. Jede Einzelheit dieses neuen, kleinen Stückchen Lebens war unaussprechlich fesselnd. Es waren aufregende Sehenswürdigkeiten, beim Baden und Einpudern zuzusehen, dabeizustehen, wenn es in Windeln gepackt und wieder in das saubere Bettchen gelegt wurde. Und seiner Ernährung beizuwohnen war ein Erlebnis. Es machte sogar Freude, daß man in der Nacht seinetwegen nicht schlafen konnte. Die erste Tat des nach einer schlaflosen Nacht mit Kopfschmerzen erwachenden Vaters war, daß er die

Wiege seines kleinen Mädchens dicht neben das Klavier zog. Er setzte sich und spielte seine eigenen Stücke nur für die Kleine. Allerdings mit wenig Erfolg, denn sie schrie auch dabei unablässig.
»Wenn Sie wüßten, Franzi, wie lieb Sie als Vater sind!«
Glücklich und verliebt sahen sie einander mit dem frohen Blick der jungen Elternwürde in die Augen. Dann begannen sie das Kindergesicht zu studieren, wem es von ihnen beiden ähnelte. Stundenlang besprachen sie die winzigsten Einzelheiten des süßen Gesichtchens und einigten sich endlich darüber, daß es ihnen beiden ähnlich sehe.
Am dritten Tage mußte man das Neugeborene beim Standesamt anmelden. Diesem Wege Franzis ging eine lange Besprechung voraus. Welchen Namen sollte man als Namen der Mutter angeben? Die Tatsache, daß sie die Frau des Grafen D'Agoult war, mußte doch auf jeden Fall verschwiegen werden. Sie einigten sich auf einen angenommenen Namen. Als Franzi gehen wollte, rief ihn Marie im letzten Augenblick nochmals zurück.
»Und noch eins . .. ich bin vierundzwanzig Jahre alt.«
Der Vater lächelte verzeihend und nickte. Unten erwarteten ihn die Zeugen. Nach einer Stunde kam er mit der standesamtlichen Urkunde zurück: Freitag, den 18. Dezember 1835, vormittags um zehn Uhr, kam in Genf Blandine Rachel zur Welt. Unehelich. Der Vater: Franz Liszt, Musikprofessor, vierundzwanzig Jahre und einen Monat alt, geboren in Raiding in Ungarn. Die Mutter: Cathérine-Adelaide Mérau, Rentière, vierundzwanzig Jahre alt, geboren in Paris. Beide unverheiratet und Genfer Einwohner. Liszt erkennt von selbst und aus eigenem Willen die Vaterschaft des obengenannten Kindes an. Die Zeugen der Erklärung: Pierre-Etienne Wolff, Musikprofessor, fünfundzwanzig Jahre alt, und Jean-James Fazy, Grundbesitzer, sechsunddreißig Jahre alt, beide Genfer Einwohner. Ausgestellt in Genf am 21. Dezember 1835, nachmittags zwei Uhr. Golay, Standesbeamter. F. Liszt, J. J. Fazy. P. E. Wolff.«
»Zeigen Sie her.« Marie griff nach dem Blatt.
Sie warf nur einen flüchtigen Blick auf das Papier und gab es sofort zurück: »Vierundzwanzig. In Ordnung.«

ZEHNTES KAPITEL

Wann und wo er den Namen Thalberg zum ersten Male gehört hatte, konnte er sich auch später nicht mehr erinnern. Vielleicht mochte jemand diesen Namen einmal erwähnt haben, vielleicht hatte er ihn irgendwann und irgendwo einmal gesehen – er wußte es nicht. Das war ja auch ganz gleichgültig, jedenfalls war dieser Name in seiner ganzen mahnenden Kraft plötzlich da: Sigismund Thalberg, Wiener Pianist, außerordentliche Begabung, die alle bisherigen Meister des Klaviers in Schatten stellt ... Im Bewußtsein seiner Titanenkraft lächelte Franzi zuerst: wer könnte schon denselben schweren Weg in die kosmischen Geheimnisse des Klavierspieles zurücklegen wie er? Aber dann häuften sich die Nachrichten. Thalberg tauchte einmal in dieser, einmal in jener Stadt Europas auf, die Zeitungen schrieben ausführlich über seine Person und schlugen einen Ton an wie bei der Erscheinung eines Kometen. Franzi zog aber noch immer die Schultern hoch. Genau so schrieben sie seinerzeit, als Ole Bull, das norwegische Violinwunder, an die Öffentlichkeit trat. Eilends trug man Paganini zu Grabe. Aber bald flaute die Sensation ab. Ole Bull war zwar ein guter Geiger, tatsächlich ein sehr guter, aber Paganini schwebte nach wie vor über ihm in unerreichbaren, metaphysischen Höhen ...

Dann tauchte Thalberg aber in Paris auf. Und der bisherige weltbeherrschende Meister, Franz Liszt, las in Genf die Pariser Zeitungen. Als ob sie jemand mit einem aufreizenden Zaubertrunk getränkt hätte! Man schrieb im berauschten Ton des Entzückens von dem neuen Stern, und unter den Kritikern befand sich kaum einer, der es nicht entweder durch die Blume oder gar ganz eindeutig gesagt hätte, daß der Thron des bisherigen Klavierkönigs wanke. Alle jene namenlosen, unbedeutenden kleinen Leute, die die Feder führten, ließen mit einem Male erleichtert ihren Gefühlen freien Lauf. Eine ganze Reihe von Jahren hatte in Paris ein mit allen Gaben ausgestatteter junger Mann gelebt: Ruhm, Ehrungen, Liebe wurden ihm in Hülle und Fülle zuteil, die Damen der Aristokratie verwöhnten ihn, er schwamm in Glanz und Herrlichkeit. Die im Schatten Lebenden, die Erfolglosen, die Krummbeinigen und die Steckengebliebenen mußten von ganz unten zusehen, wie er auf dem Gipfel des Erfolges verherrlicht wurde. Sie konnten seinen Ruhm aber nicht antasten, denn seine unerhörte Kunst war unbestritten. Jetzt endlich war eine Gelegenheit da, ihn zu demütigen. Der bisher als Halbgott Verehrte hörte betroffen, welch ein Massenchor von Feindseligkeit plötzlich gegen ihn ertönte. Das erfüllte ihn mit wildem Trotz und Zorn. Mit einem Male war die Frage seiner absoluten Alleinherrschaft wichtiger geworden als alles andere. Bis jetzt hatte er die Krone des ersten Klavierspielers der ganzen Welt mit selbstverständlichem Recht getragen, und jetzt tauchte da unerwartet jemand auf, der sie ihm entreißen wollte ...

Da ward er sich einer ganz neuen Regung bewußt: daß er nämlich als Künstler der Feind eines anderen Künstlers sein könne. Dieses Gefühl war ihm bisher unbekannt. Als damals Chopin auftrat, war er über die selbstlose Anerkennung, deren er fähig sein konnte, so stolz gewesen! Jetzt zeigte sich, was diese Selbstlosigkeit wert war. Ja, damals hatte er leicht selbstlos sein können ... Chopin hatte ja seinen Weltruhm auf dem Klavier nicht bedroht. Allem Anschein nach aber tat dies jetzt nun dieser Thalberg! Umsonst. Franzi konnte seine Gefühle nicht länger beschönigen, er mußte zugeben, daß ihn das Auftauchen dieses Thalberg brennend schmerzte, daß er sein erbitterter Feind war. Von früh bis spät beschäftigte ihn dieser Mann. Was mochte dieser Virtuose können? Er versuchte, unauffällig Auskunft zu erhalten. Berlioz oder Chopin offen auszufragen, scheute er sich. In einem Briefe an Graf Apponyi, den Gesandten, stellte er lediglich eine lässig hingeworfene Frage, aus deren Beantwortung er dann auch nicht klug werden konnte. Der Graf berichtete ausführlich über Thalberg: er sei der natürliche Sohn des Fürsten von Dietrichstein und einer Aristokratin, er verfüge über hervorragende Verbindungen und habe tatsächlich in Paris großes Aufsehen erregt. Da Graf Apponyi jedoch kein Sachverständiger war, konnte er auch nicht mitteilen, worin das Geheimnis des neuen Phänomens liege.

Nachdem Franzi diese quälende Ungewißheit lange genug ertragen hatte, schlug er eines Tages mit der Faust auf den Tisch.

»Ich fahre nach Paris! Wenn ich in Lyon fertig bin, fahre ich ganz bestimmt nach Paris!«

Marie hob den Kopf und schwieg. Was sie dachte, stand aber auf ihrem Gesicht geschrieben. Als Heldin einer Skandalgeschichte konnte sie nicht mit dorthin fahren. Auch ihrer Familie wegen kam ein Aufenthalt in Paris nicht in Frage. Hier in Genf hatte sie niemanden, aber auch gar niemanden, nur Franzi. Und dieser einzige Gefährte wollte sie in ihrer einsamen Verbannung allein lassen? Franzi las seiner Geliebten diese Gedanken vom Gesicht ab. Sein fester Entschluß geriet sofort wieder ins Wanken. Marie war schon traurig gewesen, daß er ein Konzert in Lyon geben mußte. Damit hatte sie sich schließlich aber abgefunden. In Lyon stand viel Geld auf dem Spiele, und das Geld konnte man gut gebrauchen. Aber nun auch noch nach Paris, wohin man nicht gehen *mußte* . . .

»Ich dachte nur so«, beschwichtigte Franzi feige, »ich möchte diesem Thalberg gern in die Augen sehen . . . im ganzen wären es nur vier bis fünf Tage geworden . . . aber es ist ja nicht unbedingt erforderlich . . .«

Dieser schnelle Rückzug ließ ihm aber doch keine Ruhe. Am nächsten Tage spielte er vorsichtig darauf an, daß es unter Umständen gut wäre, das Verhältnis Maries zu ihrer Familie zu ordnen und aus diesem Grunde zum Beispiel den Bruder Maries, den jetzt in Paris weilenden Diplomaten, aufzusuchen. Marie ging auf diese Anregung nicht ein. Franzi wartete vergeblich darauf, daß sie seine Absicht erraten und ihm selbst eine Reise nach Paris anempfehlen würde. Zu guter Letzt war er doch gezwungen, den Gedanken an die Pariser Angelegenheiten aufzugeben.

Aus Lyon schrieb er Marie in zahlreichen Briefen, daß er Paris hasse, daß ihn nichts mehr dorthin ziehe und daß es überhaupt nicht mehr in seiner Absicht liege, dorthin zu fahren. Er könne es kaum erwarten, wieder in

Genf zu sein. Aber auch während der sehr günstigen Erfolge der Lyoner Konzerte ließ ihn der Gedanke an Thalberg nicht los. Die Musikverständigen dort sprachen auch andauernd von ihm. Eine oder zwei Kompositionen Thalbergs kamen Franzi in die Hände, er fand sie mittelmäßig. Gleichzeitig las er in den Zeitungen, daß Thalberg Paris verlassen habe.

Und nun fuhr er doch nach Paris. In seinen Briefen an Marie führte er hunderterlei Gründe an und suchte durch seitenlange leidenschaftliche Liebesbeteuerungen die Vergebung der sicherlich beleidigten Gräfin zu erlangen. Nichts konnte ihn zurückhalten. Wenn er den gejagten Gegner schon nicht mehr zu fassen vermochte, wollte er wenigstens seine Spuren finden, den Eindruck feststellen, den er hinterlassen hatte, nachforschen, vergleichen . . . Ursprünglich war vereinbart gewesen, daß seine Mutter für einige Wochen nach Genf kommen sollte, sobald er aus Lyon zurück war. Nun schrieb er der Mutter, sie solle ihn in Paris erwarten. Und an einem Maientage kam er nach einem Jahre des Fernseins wieder dort an. Sein altes Zimmer erwartete ihn fast unverändert und darin die freudestrahlende Mutter. Sein erster Weg führte ihn zu Chopin. Der Amico empfing ihn mit überströmender Herzlichkeit. In seinem Benehmen war nicht das geringste Überbleibsel des einstigen Zerwürfnisses mehr zu spüren. Sie waren wieder Freunde mit Leib und Seele. Nach kurzen Worten der Begrüßung kam Franzi gleich zur Sache.

»Also jetzt lassen Sie mich mal hören, wer und was dieser Thalberg ist!«

»Ein ausgezeichneter Klavierspieler. Ich habe ihn öfters gehört. Ganz erstklassig. Ich habe ihn auch kennengelernt. Er ist ein ziemlich zurückhaltender, salzloser, höflicher Mensch mit sehr guter Kinderstube.«

»Sprechen wir doch nicht von ihm persönlich. Ist er ein besserer Klavierspieler als ich?«

»Aber nein! Davon kann gar keine Rede sein. Er spielt alles genau und gemessen, aber in Ihren Sphären schwebt er nicht. Er spielt eben nur Klavier. Sie sind hundertmal mehr als er, Franzi! Aber was ist denn mit Ihnen? Sind Sie verrückt geworden?«

Die Spannung, unter der er so lange gestanden hatte, löste sich nun in Lachen und Weinen zugleich auf. Es sah wirklich so aus, als hätte er den Verstand verloren. Wenn jemand eine Begabung abzuschätzen und die Wahrheit ehrlich zu sagen vermochte, so war es Chopin. Seine Antwort entschied alle quälenden Fragen.

»Aber die Kritiker haben doch von einem neuen Stil des Vortrages geschrieben. Was macht er also? Was kann er Neues?«

»Er kann alles, was sich erlernen läßt. Sein Vortrag ist ziemlich naiv. Er untermalt mit der einen Hand in dichten Passagen, mit der anderen hebt er die Melodie stark hervor. Warten Sie, ich zeige es Ihnen gleich.«

Chopin setzte sich ans Klavier und führte es vor. Franzi hörte aufmerksam zu. Dann sagte er nachdenklich:

»So etwas ist geeignet, sehr beliebt zu werden.«
»Richtig. Und das ist auch bereits der Fall. Es gibt schon eine begeisterte Thalberg-Partei, der das außerordentlich zusagt und für die wir zu gut sind. Wenn wir uns also mit ihm messen wollen, müssen wir uns sehr dranhalten. Im Herbst ist er vielleicht schon wieder hier, nächstes Frühjahr bestimmt. Ich hoffe, Franzi, Sie lassen sich nicht unterkriegen.«
Liszt versprach es aufatmend bereits jetzt. Er würde diesen Thalberg schon übertrumpfen, er solle nur erst mit ihm zusammentreffen!
Dann unterhielten sie sich noch lange über Franzis neues Leben. Er spielte auch seine neuesten Tondichtungen vor und Chopin die seinen. In gehobener Stimmung trennte Franzi sich von dem Freund. Als er zu Hause war, brachte man ihm einen Brief:

»Mein Herr – meine Schwester schreibt, eine Aussprache zwischen uns sei ihr wie Ihnen gleich erwünscht. Jedes andere Gefühl außer der großen Besorgnis um meine Schwester unterdrückend, gedenke ich morgen abend zwischen acht und neun bei Ihnen vorzusprechen. Sollte Ihnen diese Zeit nicht zusagen, so geben Sie mir Bescheid.

Maurice de Flavigny.«

Sehr schön. Franzi erwartete diese Zusammenkunft in Seelenruhe. Er sah den nervösen, aufgeregten und befangenen Bruder schon in Gedanken vor sich und zugleich sich selbst als würdevollen, in sich gefestigten Mann . . . Als er aber dem sehr steifen und trotzdem höflichen Diplomaten Platz anbot, kam ihm zu Bewußtsein, daß er diesen Herrn in eine höchst peinliche gesellschaftliche Situation gebracht hatte, und daß er mit dessen Schwester in einer skandalösen, wilden Ehe lebte, aus der auch schon ein Kind hervorgegangen war. Seine ganze Festigkeit verflog mit einem Male bei diesen Erwägungen. Maurice de Flavigny aber blieb unerschütterlich kalt und ruhig.
»Die Gräfin möchte gern, wenn sie dessen gewiß sein könnte . . . wenn sie unter Umständen nach Paris kommt . . . seitens ihrer Familie wird nicht . . . wird nicht . . .«
»Bitte, meine Schwester soll jetzt nicht nach Paris kommen. Das liegt weder in ihrem Interesse noch im Interesse der Familie.«
»Ach nein, nicht jetzt . . . aber wenn einmal . . . sie würde gern eine diesbezügliche Zusicherung erhalten, daß man sie nicht hindern würde, die kleine Komtesse Claire zu besuchen.«
»Bitte, in Anbetracht der vornehmen Gesinnung des Grafen D'Agoult kann ich das ohne weiteres versprechen. Ich werde gern vermitteln. Kann ich noch irgend etwas tun?«
Marie wollte noch eine ganze Reihe von Gegenständen aus ihrem alten Heim haben: aufbewahrte Briefe, Lieblingsbücher, kleine Erinnerungen.

Gewissenhaft schrieb Maurice de Flavigny diese Wünsche auf und sicherte deren Erfüllung zu.
»Bitte«, sagte endlich Franzi, »ich möchte gern noch ein paar erklärende Worte vorbringen . . . was meine Verantwortung anbelangt, die ich mein ganzes Leben lang sehr wohl trage . . .«
»Pardon«, fiel ihm der Bruder ins Wort, »ich habe Sie nicht zur Verantwortung zu ziehen, das wäre Sache meines Schwagers. Er wünscht aber gleichfalls nicht, Sie zur Verantwortung zu ziehen. Sprechen wir also nicht davon. Mich interessiert das Wohlbefinden meiner Schwester und ihre finanzielle Lage.«
Franzi beantwortete ausführlich und bereitwillig jede Frage. Dann stand de Flavigny auf, verbeugte sich höflich und verabschiedete sich:
»Ich danke. Adieu, mein Herr.«
»Adieu, mein Herr.«
Diese Unterredung hatte er also überstanden. Aber noch tagelang machte er sich Vorwürfe, daß er so linkisch und verstört gewesen war. Die zahlreichen alten Bekannten halfen ihm wiederum, seine Gedanken abzulenken. All die ausgiebigen Klatschgeschichten vernahm er gierig, um Marie recht viel erzählen zu können. Er erkundigte sich nach alten Liebschaften und stöberte nach neuen herum. Bei Erards begrüßte man ihn mit stürmischer Freude. Er mußte spielen. Sie sprachen über Thalberg. Jeder seiner Tage war von früh bis abends eine einzige, aufregende Neuigkeit.
Er hatte die Absicht, nicht länger als vier bis fünf Tage zu bleiben. Diese Zeit müßte ausreichen, seine Verlagsangelegenheiten zu besprechen, das für seine Zwecke notwendige Orchestermaterial zu sammeln und einige Bekannte aufzusuchen: Berlioz, die Herzogin von Belgiojoso und Musset. Auf der Straße traf er aber Meyerbeer, der sich außerordentlich über das Wiedersehen freute und ihm das Versprechen abnahm, sich unter allen Umständen seine »Hugenotten« anzusehen. Leichtsinnig sagte Franzi zu. Da mußte die Oper die bereits angekündigte Aufführung verschieben, weil die Primadonna erkrankt war. Er schrieb also an Marie, daß er noch ein bis zwei Tage länger in Paris bleiben müsse. Die auf einen neuen Termin angesetzten »Hugenotten« wurden jedoch nochmals verschoben. Wieder schrieb er an Marie. Dann vereinbarte er brieflich mit dem Abbé Lamennais eine Zusammenkunft in Paris. Sie hatten auch bereits den Tag bestimmt, aber statt des Abbé kam ein Brief: infolge eingetretener Hindernisse könne er erst in einer Woche kommen . . . Franzi teilte Marie also mit, daß er gezwungen sei, noch eine Woche länger in Paris zu bleiben.
Ausreden erfand er hunderte, nur die Wahrheit schrieb er nicht. Und die Wahrheit war, daß ihn die Herzogin Belgiojoso zurückhielt. Nicht die Genfer, sondern die Pariser Herzogin. Als er sie in ihrem sternenbestickten, altbekannten Salon zum ersten Male wiederaufsuchte, leuchtete etwas im Gesicht der schönen Frau auf, was nicht mißzuverstehen war. Und nach einer

Unterhaltung von zehn Minuten waren sie auch schon bei diesem »Etwas« angelangt.
»Wissen Sie«, sagte die Herzogin, »daß ich seit Jahren jetzt das erstemal mit Ihnen allein bin?«
»Wieso?«
»Sooft Sie zu mir kamen, war immer jemand da, entweder Adele, Marie oder sonst jemand. Heute sitzen Sie zum ersten Male ohne weibliche Zeugen vor mir. Sehen Sie, dazu mußten Sie für ein Jahr nach Genf übersiedeln. Wann sind Sie von dort weggefahren?«
»Mein Gott, schon vor Wochen. Ich muß mich auch sehr beeilen, wieder zurückzukehren.«
»Was? Sie haben Marie wochenlang entbehren können? Im übrigen habe ich keine Angst um Sie. Auch Sie sind nur ein Mann wie alle anderen. Ich verurteile Sie nicht etwa. Ich habe nur meine eigene Auffassung. Kleine Abenteuer, in die man sich ohne Seele begibt, zählen nicht. Die seelische Treue ist die Hauptsache.«
Franzi sah die Herzogin verwundert an. Er kannte sie schon seit langem. Er hatte sich bereits viel mit ihr unterhalten, so aber hatte er sie noch nie sprechen hören. Was wollte diese Frau?
»Ihrer Meinung nach, Herzogin, soll man also, so verliebt man auch sonst sein mag, schweigend von anderen sich bietenden schönen Lippen Gebrauch machen?«
»Warum nicht? Wenn diese Lippen es wollen . . .«
»Sonderbar. Das habe ich noch nicht versucht. Ich liebe Marie, und seit wir zusammen sind, habe ich sie noch nicht betrogen. Ich kenne den Geschmack dieser Sünde nicht . . .«
Er sah der Herzogin in die Augen, die ihn seltsam anblitzten. Da wiederholte er:
»Ich kenne den Geschmack dieser Sünde nicht . . . ich muß ihn erst kennenlernen . . .«
Vorsichtig griff er nach dem Kopf der Herzogin, die sich nicht einen Augenblick lang sträubte. Der Kuß war heiß und erregend. Sein Gewissen mahnte ihn zwar mit wildem Herzklopfen. Er wußte, daß er niederträchtig handelte. Aber er war vierundzwanzig Jahre alt . . . Plötzlich faßte er die Wangen der Herzogin in seine beiden Hände und wendete den interessanten italienischen Kopf zu sich, damit er ihr in die Augen sehen konnte.
»Daß Sie mich nicht mißverstehen: ich bin nicht verliebt in Sie.«
»Ich auch nicht in Sie«, entgegnete die Herzogin mit einem verführerischen Lachen.
Sie küßten sich. Er konnte nicht widerstehen, er betrog Marie. Er schämte sich furchtbar, aber er blieb doch, bis die Aufführung der »Hugenotten« endgültig abgesetzt war. Dann wartete er noch länger auf den Besuch des Abbé. So jagte eine Verzögerung die andere. Sein Gewissen suchte in lan-

gen, von Zärtlichkeit überströmenden Briefen Erleichterung, und während er die leidenschaftlichen Zeilen an Marie schrieb, fühlte er, daß er sie aufrichtig liebte . . . und versprach der Herzogin für den anderen Tag, bei ihr zu Abend zu essen. Er war zu schwach, sich von diesem sündhaften Versprechen loszureißen. Wieder vergingen Tage und Wochen. Der Abbé Lamennais schrieb abermals, daß er nicht früher als am ersten Juni nach Paris kommen könne. Franzi redete sich ein, daß er unter allen Umständen den Abbé erwarten müsse. Und er blieb auch solange. Die »Hugenotten« hatte er schon längst gehört, ursprünglich wollte er vier Tage in Paris sich aufhalten und blieb drei Wochen lang.

Um so hingebungsvoller und mit um so größerer Zärtlichkeit war er bestrebt, sein Verhalten wiedergutzumachen. Er bat Marie, seine Ankunft vor den Genfer Bekannten zu verheimlichen, damit sie zwei Tage ganz allein miteinander verbringen und das Wiedersehen feiern könnten. So geschah es auch. Franzi kam heimlich an, und nachdem er sich über das prächtige Gedeihen des Töchterchens gebührend gefreut hatte, zog er sich mit Marie zurück. Zwei Tage lang setzte er seinen Fuß nicht aus der Wohnung. Das war die innigste und glühendste Zeit ihrer Liebe. Sie sprachen von der Unendlichkeit, vom Tode und von der vollkommenen Vereinigung. Und daß sie sich jemals wieder für eine so lange Zeit voneinander trennen könnten, hielten beide für unmöglich.

»Nie wieder, nie!« seufzte Marie, der die fürchterliche Langeweile der sechswöchigen Einsamkeit eine entsetzliche Qual bedeutet hatte.

»Nie wieder«, versicherte Franzi, der nunmehr wußte, daß er sündhaft schwach war, wenn sich eine Gelegenheit bot . . .

Die wichtigste Nachricht, die er aus Paris mitbrachte, war eher ein Eindruck als eine Nachricht, aber ein gutbegründeter Eindruck. Aus den Gesprächen mit seinen Bekannten aus den verschiedensten Gesellschaftsschichten glaubte er entnehmen zu können, daß der Skandal der Entführung Maries die Gemüter kaum noch erregte. Seit diesem Ereignis war ein Jahr vergangen, und inzwischen war in der Pariser Gesellschaft viel Neues und Interessantes vorgefallen. Marie konnte sicherlich, ohne einen neuen Skandal heraufzubeschwören, nach Paris zurückkehren, wenn sie nur noch einen oder zwei Monate wartete. Die Salons ihrer früheren Bekannten würde sie zwar nicht aufsuchen können, aber ohne Zweifel mochte es auch solche geben, die sich über die Vorurteile hinwegsetzten und sie besuchten, wenn sich erst die Nachricht verbreitet hätte, daß sie wieder da wäre. So beschloß sie, im Herbst oder spätestens im Anfang des Winters nach Paris zurückzukehren.

Vorerst war jedoch Sommer. Sie vertrauten die kleine Blandine der sorgsamen Pflege einer zuverlässigen Amme an und reisten umher. Marie wählte sich Monnetier als Aufenthaltsort. Von dort aus gab Franzi zwar einige Konzerte, aber diesmal war er eifrigst bemüht, unverzüglich wieder heimzukehren. Als Krönung des Sommers beschlossen sie, im September nach Chamonix zu gehen. Ein Brief George Sands, die mit ihren beiden Kindern einige Wochen in der Schweiz verbringen wollte, kam ihnen zu ihrem Vorhaben gerade recht. Sie vereinten brieflich, den Ausflug nach Chamonix gemeinsam zu unternehmen. Adolphe Pictet, der Schriftsteller, Sprachgelehrte und Major der Schweizer Armee, schloß sich ihnen mit großer Freude an.

George Sand verspätete sich jedoch, so daß sich Franzi und Marie vorläufig mit dem unvermeidlichen Putzi allein auf den Weg machten. Sie ließen Pictet zurück, damit er die Schriftstellerin erwarten solle.

Bei wundervollem Wetter kamen sie in der Welt des glitzernden Schnees an. Die geradezu unwahrscheinliche Schönheit der Gegend wirkte erschütternd auf sie. In einem idyllischen kleinen Hotel, »Union« genannt, bekamen sie Wohnung, und als der korpulente Besitzer das Zimmer Nummer dreizehn für sie bestimmte, lachten sie herzlich über die abergläubische Ziffer. Sie lachten überhaupt über alles. Sie waren ausgelassen, immer guter Laune, die Langeweile Genfs und die Sorgen des Alltags blieben weit, weit hinter ihnen zurück, und in ihrer Gelöstheit hätten sie am liebsten fliegen wollen.

»Wir sind die Familie Piffoel, benehmen wir uns auch danach!« rief Marie.

Den Namen »Piffoel« gebrauchten sie als Spottnamen für alle Spießbürger. Und in ihrem Übermut schrieben sie diesen Namen auch auf die Anmeldezettel. Der Hotelbesitzer machte runde Augen, als er die beiden Anmeldezettel zurückerhielt. Franzis Schein sah folgendermaßen aus:

Beruf: Musiker.
Geburtsort: Parnaß.
Woher gekommen: aus Zweifel.
Reiseziel: die Wahrheit.

Marie übertrieb noch mehr:

Ständiger Wohnsitz: die Natur.
Woher gekommen: von Gott.
Reiseziel: das Himmelreich.
Geburtsort: Europa.
Beruf: Müßiggänger.
Zeit der etwa erhaltenen Auszeichnungen: immer.
Von wem verliehen: von der öffentlichen Meinung.

Die Mehrzahl der Gäste des »Union« bestand aus englischen Familien und amerikanischen Damen, die sich nicht genug über die neuangekommene

sonderbare Familie wundern konnten. Marie begann damit, daß sie am ersten Tage Putzi vormittags als Jungen, nachmittags als Mädchen ankleiden ließ. Die ehrbaren Ausländer schüttelten erstaunt die Köpfe. Sie wußten nicht, woran sie mit dieser Familie waren: kamen nun zwei Kinder mit oder, wenn nur eins, war es ein Junge oder ein Mädchen?
Die größte Verblüffung der Hotelgäste kam aber erst, als die noch sonderbarere Ergänzung der sonderbaren Familie eintraf: ein erwachsenes Wesen, von dem man nicht wissen konnte, ob es der Vater oder die Mutter der beiden mitgebrachten Kinder war. Die Kinder, ein Junge von etwa zehn Jahren und ein etwas kleineres Mädchen, trugen beide bis zu den Schultern reichendes langes Haar. Die Hotelgäste bestaunten befremdet diese rätselhafte und unerforschliche Gesellschaft. Marie hörte zufällig, wie eine der englischen Damen die andere fragte:
»Haben Sie schon die Kunstreitergesellschaft gesehen?«
Eine alte Dame, offensichtlich eine Katholikin, bekreuzigte sich, als George Sand in Hosen, in ihrem Munde eine angerauchte Zigarre, das Gesellschaftszimmer überquerte. Die Ausflügler fanden eine erquickende Freude an der allgemeinen Verblüffung und Empörung, die sie hervorriefen. Épatez le bourgeois! Erschreckt den Spießbürger! Sie genossen diesen revolutionären Satz, und wenn Franzi Lust bekam, in der Nacht um halb zwei Uhr Klavier zu spielen, dann setzte er sich eben ans Klavier und stürmte darauf herum wie das heilige Donnerwetter selber. Die Hotelgäste beschwerten sich natürlich beim Inhaber, der aber behandelte die eigenartigen Gäste außerordentlich vorsichtig, weil sie das Geld mit vollen Händen ausgaben und nach dem Abendessen eine Flasche Champagner nach der anderen bestellten. Maurice und Solange, Georges Kinder, legten sich beizeiten zur Ruhe, Putzi aber war nicht zu bewegen, ins Bett zu gehen. Mit seinen sechzehn Jahren rechnete er sich schon zu den Erwachsenen, bettelte um Sekt und lernte mit großem Eifer Zigarren rauchen. Die Sektgelage fanden statt unter endlosen literarischen und metaphysischen Debatten. Pictet wurde, sobald er ein wenig getrunken hatte, außerordentlich gesprächig und beweislustig, mit einem Worte, ein würdiger Partner für Marie, die sich für alle Widersprüche und nichtbeweisbaren Behauptungen, ganz gleich, worum es ging, begeisterte. Der Gedankenaustausch verlor sich in die Welt des Phantastischen und wurde ebenso nebelig wie der dichte Zigarrenrauch, der sie umgab, je weiter die Stunden vorrückten und je mehr Sektflaschen leer wurden. Verwundert erinnerten sie sich am nächsten Tage an die Unmöglichkeiten, die sie in der vergangenen Nacht so leidenschaftlich behauptet und widerrufen hatten . . .
Die Tage verbrachten sie mit Ausflügen. Sie mieteten sich einen Wagen und nahmen für den ganzen Tag ausreichende Lebensmittel mit. Jubelnd, lachend und mit unbändigem Lärm machten sich die vier Erwachsenen und die drei Kinder auf den Weg. Eine unwahrscheinlich anmutende Gesell-

schaft, in der die Männer bis zu den Schultern reichendes, George Sand aber kurzes Haar trug; es war schwer zu sagen, wer die Frau und wer der Mann war. Eine Gesellschaft, die jede Disziplin sprengte und jeder Moral ins Gesicht schlug.

Eine Woche lang dauerte dieses lustige, mutwillige Treiben, das alle so wohltuend erfrischt hatte und allen einen tiefen Seufzer entlockte, als es zu Ende war. Zurück in die Tretmühle des Alltags . . . Dieser Zwang stimmte sie allesamt traurig, Marie erbitterte er geradezu. Sie fing an zu weinen, als sie sich Genf näherten. Franzi warf ihr einen besorgten, fragenden Blick zu.

»Ich vertrage dieses Genf nicht«, schluchzte sie, »es ist schlimmer als jede ländliche Kleinstadt.«

»Wir werden schon einen Ausweg finden«, besänftigte sie Franzi nach kurzer Überlegung leise.

George Sand und ihre Kinder hielten sich noch eine Weile bei ihnen in Genf auf, dann reisten auch sie ab, und Franzi und Marie blieben allein. Als sie langsam in die alltägliche Ordnung ihres Genfer Lebens zurückgefunden hatten, kam Franzi von selbst auf das alte Thema zurück. Auch er sehnte sich weg von Genf. Finanziell standen sie nicht schlecht da. Die Einnahmen aus den Konzerten und dem Verkauf seiner Kompositionen reichten aus, ein Reiseleben zu führen. Seine Mutter war versorgt, ihr hatte er aus seinen verfügbaren Mitteln eine kleine Rente gesichert.

»Wir gehen auf Reisen, Monzy«, mit diesem Kosenamen verwöhnte er Marie als seine Muse, »wir machen eine große Reise! Zuerst fahren wir über das herrliche Tirol nach Wien. In Wien zeige ich Ihnen die Erinnerungsplätze meiner Kindheit, von dort fahren wir in mein Geburtsdorf, dann nach Budapest und weiter nach dem Orient, wohin ich mich am meisten sehne. Unser guter orientalischer Freund Denis hat mir von der Türkei und dem Heiligen Land so viel erzählt, daß ich unbedingt dorthin reisen muß.«

»Nein, nein«, fiel ihm Marie ins Wort, »ich flehe Sie an, Franzi, lassen Sie uns nach Italien fahren. Als mir George von den italienischen Städten, den Seen und Venedig erzählte, ist mein Herz vor Sehnsucht fast zersprungen. Reisen wir nach Italien! Wenn Sie mich lieben, fahren wir dorthin . . .«

»Dann gibt es schon keine Debatte mehr«, lächelte Franzi, »wir fahren also zunächst nach Italien und dann erst nach dem Orient.«

»Wunderbar! Wunderbar! Wann reisen wir? Gleich morgen!«

»Das dürfte wohl ein bißchen zu früh sein. Ich habe zuvor noch allerlei zu tun. Ich muß mein Versprechen einlösen, in Berlioz' Konzert aufzutreten. Das soll im Dezember stattfinden, jetzt haben wir Oktober. Hat es für diese kurze Zeit irgendwelchen Zweck, nach Italien zu reisen? Erst nach Paris! Und da müssen wir auch noch abwarten, wann Thalberg wieder dort ist.«

Marie konnte sich damit nicht abfinden. Die Aussicht, von Genf wegzu-

kommen, hatte sie zuinnerst erregt. Nur einen Tag lang sann sie nach, dann fragte sie:
»Warum müssen wir Thalberg und Berlioz' Konzert in Genf abwarten? Ausgerechnet hier an diesem langweiligen Ort?«
»Wo sollten wir es denn sonst tun?«
»In Paris.«
Franzi sah sie überrascht an, dachte einen Augenblick lang nach und zuckte dann mit den Schultern.
»Sie haben recht. Gehen wir nach Paris.«
Jauchzend fiel Marie ihrem Geliebten um den Hals. Dann zögerte sie keine Minute lang und begann, die Reise vorzubereiten. Vor allem wollte sie für die kleine Blandine eine geeignete Unterkunft suchen, denn das neun Monate alte Kind konnte man noch nicht mit auf die Reise nehmen. Eine ganze Reihe von Empfehlungen machten sie auf eine Frau Churdet aufmerksam. Marie suchte sie auf und fand ihre Wohnung tadellos sauber, die Frau selber schien vertrauenswürdig. Über die monatlichen Unterhaltskosten für das Baby wurden sie schnell einig. Franzi meinte aber, daß die Verantwortung der Frau Churdet allein doch nicht ausreiche; man müsse noch irgendeine ehrenwerte Persönlichkeit ausfindig machen, die sich aus Gefälligkeit als eine Art freiwilliger Vormund der Kleinen annehmen und zeitweise den Eltern berichten würde.
»Eine der Kirche nahestehende Person wäre das richtige«, meinte Marie.
»Eine heikle Frage. Das Kind ist unehelich geboren. Ich möchte keine bösen Anspielungen hören.«
Pictet schaffte Rat. Er führte ihnen den hochwürdigen kalvinistischen Seelsorger Demelleyer zu, den er flüchtig kannte. Das liebende Paar zeigte sich über den Einfall Pictets zunächst außerordentlich überrascht. Der protestantische Pfarrer war jedoch ein so vertrauenerweckender Mensch, man sah ihm auf den ersten Blick so viel Güte an, so viel selbstlose Hilfsbereitschaft, daß es eine Beleidigung gewesen wäre, wenn man ihn zurückgewiesen hätte. Also vertraute man ihm die Vormundschaft an und besuchte ihn sogar in seiner Wohnung in der Rue Taconnerie. Zur gleichen Zeit fand sich auch Frau Churdet bei ihm ein, damit sie zur Kenntnis nehme, daß im Auftrage der Eltern der hochwürdige Herr Demelleyer über das Kind zu verfügen habe. Als sie von dort weggingen, schlug Franzi die Hände über dem Kopf zusammen:
»Ich, der große Katholik, habe das Schicksal meines Kindes einem protestantischen Pfarrer anvertraut! Wenn ich beichten würde, müßte ich das jetzt beichten. Ich glaube kaum, daß man mir Absolution geben würde.«
Obwohl der Tag der Abreise noch nicht unmittelbar bevorstand, gab Marie das Kind doch schon aus dem Hause. Sie meinte, daß es beim Packen und bei der Unruhe nur im Wege sei. Franzi wunderte sich zwar, daß Marie sich so leicht von dem Kinde trennte, widersprach aber nicht. Während sie Käu-

fer für die einzelnen Stücke der Genfer Einrichtung suchte, beschäftigte er sich damit, seine Genfer Tondichtungen satzfertig zu machen.
Während dieser anderthalb Jahre hatte er unendlich viel gearbeitet. Aus kleineren lyrischen Tondichtungen konnte er drei Bände zusammenstellen. »Impressions et Poésies« war der Titel des ersten Bandes, »Fleurs mélodiques des Alpes« hieß der zweite, und im dritten vereinigte er drei umfangreichere Paraphrasen, die er auf volkstümlichen schweizerischen Motiven aufgebaut hatte. Außerdem waren zwei Rossini-Phantasien, eine Pacini-Phantasie und je eine Phantasie über die »Jüdin«, »Lucia di Lammermoor« und die »Puritaner« fertig, die zum Teil auch schon erschienen waren. Endlich stolzierte noch unter den mit der Hand geschriebenen Noten das Manuskript des »Grande Valse di Bravura« einher.
Als er die zahlreichen Tondichtungen ordnete, der Zahl nach an die dreißig, zauberte ihm jeder Notenkopf die Stimmung der Entstehungszeit vor. Er sah die Tell-Kapelle in den Bergen vor sich. Er erinnerte sich an einen sonnendurchfluteten Vormittag mit einer äsenden Ziegenherde. Die geheimnisvolle Stimmung des Wogenschlages des Vierwaldstätter Sees, an dessen Ufern er mit Marie gestanden hatte, brandete von neuem in ihm. Am lebhaftesten gedachte er aber jener nächtlichen Kahnfahrt, als er mit Marie weit über den Spiegel des Genfer Sees hinausruderte, die Ruder einzog und bewegungslos in die Nacht lauschte. Maries Kopf ruhte in seinem Schoß. Das ferne Geräusch der Stadt drang wie durch einen Schleier zu ihnen. Und dann ertönten mit einem Male die Genfer Glocken, die ganze Luft mit einem wunderbaren, unbeschreiblichen Klingen erfüllend . . . Dann verstummten die Glocken wieder, und nur die Erinnerung an ihren feierlichen, ehernen Klang schwamm noch lange mit ihnen über den See.
›Woran denken Sie, Marie?‹ hatte er gefragt.
›An das Kleine, das bald da sein wird‹, hatte Marie glücklich geflüstert.
›Ach, ich habe auch gerade daran gedacht . . .‹
Bei dieser lieben Erinnerung lächelte Franzi an seinem Schreibtisch. Dann tauchte er die Feder ein und schrieb auf die erste Seite der »Genfer Glocken« die Widmung: »Für Blandine.«

ELFTES KAPITEL

Nun lebten sie schon wochenlang in Paris, denn alle ihre Pläne waren durchkreuzt worden. Marie hatte sich mit George Sand so angefreundet, daß sie ihre Einladung, nach Nohant in ihr Landhaus zu kommen, nicht abschlagen konnte. So beschlossen Franzi und Marie, erst noch George zu besuchen und von Nohant aus gleich nach Italien zu reisen. Doch George drängte vergeblich zur Abreise; Franzi wollte sich aus Paris nicht entfernen. Hinter jedem seiner Worte und all seinem Tun lauerte Thalbergs Schatten. Thalberg beunruhigte ihn mehr denn je. Als er beim Berlioz-Konzert auf das Podium trat, wurde er nicht einmal mit Applaus begrüßt. Das widerfuhr ihm zum ersten Male in seinem Leben. Dasselbe Publikum, das ihn zehn Jahre lang verwöhnt und vergöttert hatte, saß heute mit frostiger, fast feindseliger Erwartung dort unten und rührte keine Hand zum Willkomm. Zwar eroberte er sich die Zuhörer durch sein Spiel von neuem, nach den einzelnen Vorträgen brachen sie in den gewohnten dröhnenden Beifall aus, aber Paris gehörte ihm doch nicht mehr. Paris gehörte Thalberg. Jedes kleine Mädchen spielte Kompositionen von ihm, jede Musikzeitung berichtete laufend über ihn, zahlreiche Kritiker hielten ihm, Liszt, Thalberg als glänzenden Virtuosen vor, und wenn man auch die Vortragskunst der beiden nicht miteinander vergleichen konnte – denn Thalberg war ja nicht anwesend –, so spielte man den Nebenbuhler wenigstens als Tondichter gegen ihn aus. Auf Schritt und Tritt hörte er, daß er schon der Vergangenheit angehöre; als Vortragender wie als Komponist sei Thalberg der Mann der Zukunft.

Franzi war außer sich vor Aufregung und schlief keine Nacht. In seinen Zimmern im »Hôtel de France« lief er stundenlang ruhelos auf und ab. Die Ruhe, die ihm im Sommer Chopins Urteil gegeben hatte, ging ihm angesichts der sich überall breitmachenden Thalberg-Begeisterung wieder verloren. Auf Franzis Klavier lag ein ganzer Stoß Thalbergscher Kompositionen, die er in einem fort studierte. Er verstand das Ganze nicht. War er verrückt oder die ganze Welt? Dieser süßliche, gefällige musikalische Sirup sollte die neue Musik sein? Nicht die wilde, kühne Kraft Berlioz' mit ihrem Eindringen in die Geheimnisse bisher unerforschter Instrumentationskunst?

Franzi konnte es einfach nicht länger aushalten; er setzte sich hin und schrieb einen Aufsatz. Es schien ihm, als müßte er die ganze Welt festhalten, wie man ein durchgehendes Wagenpferd mit einem einzigen Zügelruck vom Abgrunde zurückreißt. Er übte scharfe Kritik an den Werken Thalbergs, nannte sie mittelmäßig, naiv und nichtssagend. »Beim besten Willen sind wir nicht imstande, in den vierundzwanzig Seiten dieser Phantasie etwas von dem zu entdecken, was man in der Kunst mit ›Einfall, Farbe, Persönlichkeit, Schwung und Inspiration‹ zu bezeichnen pflegt. Hilflosigkeit und Eintönigkeit – das ist alles, was wir bei gründlicher Betrachtung als Kennzeichen dieser Werke festzustellen vermögen.« Er war zu sehr gekränkt. Seine persönliche Empfindlichkeit ging mit ihm durch. Auch als er etwas Anerkennendes über Thalberg sagen wollte, glitt seine Feder aus: »Seine beiden anderen Werke, die seine besten Schöpfungen sein mögen, lassen eine unleugbare Meisterschaft des Vortrags ahnen; ja, mehr noch:

sie zeigen, daß der Komponist über Gebühr in den Werken von Hummel, Moscheles, Kalkbrenner, Herz und Chopin bewandert ist.«
Der schlaue Verleger der »Gazette Musicale« veröffentlichte diesen Aufsatz ohne weiteres. Er fügte bloß eine Fußnote hinzu: »Die Meinung der Schriftleitung deckt sich nicht mit der in nachfolgendem Artikel gebotenen Beurteilung.« In der gesamten musikalischen Welt entbrannte ein fürchterlicher Aufruhr. Sogar Franzis beste Freunde konnten diesen groben Angriff nicht gutheißen. Und seine Feinde verkündeten jetzt erst recht frohlockend: »Aha, der große Mann hat Angst! In seinem ohnmächtigen Zorn beschimpft er den siegreichen Nebenbuhler.«
Franzi befand sich in einer unbeschreiblichen Erregung; er verteidigte sein Unrecht aufs heftigste, wurde heiser von den vielen Debatten und über alle Maßen nervös durch die schlaflos verbrachten Nächte. Er war nicht zu bewegen, aus Paris abzureisen. Marie aber hielt die Aufregung nicht mehr aus, und George war nicht geneigt, noch länger zu warten. Ende Januar eröffneten ihm die beiden Frauen, daß sie nach Nohant vorausführen und Franzi nachkommen solle, sobald es ihm möglich wäre. Er zögerte. Es bangte ihm davor, allein in Paris zurückzubleiben, weil er seine Schwäche den Frauen gegenüber kannte und doch die ehrlichsten Absichten hatte, Marie nicht zu betrügen. Die beiden Frauen fragten ihn aber gar nicht mehr nach seiner Meinung, sie reisten einfach ab. Zu gleicher Zeit erhielt er die Nachricht, daß Thalberg nach Paris komme.
Er atmete erleichtert auf wie ein Löwe, der endlich den bisher verborgen gewesenen Jäger erspäht. Sein Kalender war voll von Konzertvormerkungen. Er veranstaltete vier Trio-Abende: in Erwartung des großen Ereignisses wollte er sich dem Publikum soviel als möglich zeigen. Sein Klavierkonzert war auf einen Donnerstagvormittag angesetzt. Thalberg bestimmte sofort sein Konzert für den Abend desselben Tages. Darauf verschob Franzi das seine um eine Woche.
Endlich sah und hörte er den Virtuosen. Er mochte wohl im gleichen Alter mit ihm sein und war von typisch wienerischem Äußeren. Er trat mit leisen, zögernden Schritten auf das Podium und setzte sich sofort ans Klavier. Stürmischer Beifall empfing ihn. Er dankte mit einem bescheidenen Neigen des Kopfes, wobei keine Miene in seinem Gesicht sich änderte. Dann spielte er. Franzi ließ ihn nicht aus den Augen. Sehr schnell war er sich darüber im klaren, worin der eigentliche Stil des berühmten Rivalen bestand. Thalberg arbeitete mit beiden Daumen, die die Melodie bei der Auflösung der Passagen abwechselnd übergreifend weitergaben. Durch die höhere Fallkraft des Daumens verliehen sie der Melodie ein singendes Gepräge, als ob sie von einem Orchester begleitet würde. Das war unbestreitbar eine außerordentlich wirkungsvolle Spielweise. Franzi selbt hätte sie auch anwenden können, wenn ihm unter seinen hundertfachen technischen Einfällen auch dieser gekommen wäre. Trotzdem konnte Thalberg in der Tat ganz ausge-

zeichnet Klavier spielen, das vermochte selbst er nicht zu leugnen. Nach Beendigung des Vortrages brach das Publikum in einen geradezu hysterischen Beifall aus. Thalberg blieb sitzen. Auf seinem Gesicht bewegte sich nicht ein einziger Muskel. Er neigte nur kurz den ein wenig zur Seite gedrehten Kopf. Nur die Ohren, der Nacken und die Stirn, die mohnblumenrot glühten, gaben Zeugnis von der großen Erregung und Anstrengung. Eine Woche später hörte Thalberg *ihn* spielen. In diesem Konzert nahm Liszt seine ganze Kraft zusammen, um so zu spielen wie noch nie. Persönlich kannten sie sich immer noch nicht. Um sie herum aber summte und brummte ganz Paris wie ein Bienenstock. Das große Ereignis der Weltstadt war das Duell der beiden Klavierkünstler. Währenddessen erholte sich Marie in idyllischer Einsamkeit bei George Sand.
Wenn sie aber gewußt hätte, daß Franzi nicht nur mit Thalberg beschäftigt war, wäre sie nicht so ruhig gewesen. Franzi war in Gefahr. Die einstige Braut Berlioz', die ihren Bräutigam in Stich gelassen und den Klavierfabrikanten Pleyel geheiratet hatte, war bei jedem Konzert Thalbergs anwesend – genau wie Franzi. Und als er sich einmal zehn Minuten lang mit der schönen Camilla allein unterhalten hatte, wußte er, daß die Versuchung wieder stärker sein würde als alle seine guten Vorsätze.
Und so kam es auch. Camilla klagte ihm daß sie sich mit ihrem Manne nicht vertrage. Er wäre viel zu sehr Geschäftsmann, viel zu materiell, sie aber lebe in den höheren Sphären der Musik. Selbstverständlich kam zwischen ihnen auch das Problem Thalberg zur Sprache. Und die wunderbare Frau, eine der zehn schönsten Frauen von Paris, bekannte sich vorbehaltlos zu Franzi. Das wirkte zuerst wie ein besänftigter Balsam auf sein brennendes Herz. Dann empfand er Camilla gegenüber eine leidenschaftliche Dankbarkeit. Zu diesem Empfinden gesellten sich die Begeisterung über ihre Schönheit und sein ihm angeborener Trieb, der es ihm unmöglich machte, gleichgültig zu bleiben, wenn er mit einem weiblichen Wesen auch nur einige Worte wechselte. Auf vertraute Gespräche folgten gemeinsame lange Spaziergänge, bei denen bald heimliche Küsse getauscht wurden, und eines Tages taumelte Camilla Pleyel, die unverstandene, von dem Ruhm einer großen Pianistin träumende Frau, trunken mit geschlossenen Augen in Franzis Arme. Unter dem Vorwande, daß sie Unterricht bei ihm nehme, konnten sie leicht und oft zusammenkommen. Das fiel nicht auf, denn Franzi hatte in der zweiten Pariser Zeit mehrere Schüler und Schülerinnen, darunter die Schwestern Mussets, die jugendliche Tochter des unlängst verstorbenen, hervorragenden Gesangmeisters Carcia und andere. Die schüchterne, wie ein Reh scheue, schwärmerische Camilla sah zu ihm auf wie zu einem Halbgott. Er aber, der gejagte und angegriffene Künstler nahm die herrliche Frau mit trotziger Genugtuung in seinen Besitz. Das Gewissen mahnte ihn nicht mehr so laut wie bei der Herzogin Belgiojoso. Er erkannte mit einer gewissen Enttäuschung, daß auch das Gewissen abstumpfen konnte, und damit

verflüchtigte sich auch sein Gefühl für Marie, das doch für das ganze Leben gelten sollte.

Die Herzogin Belgiojoso griff mit der ihr eigenen gesellschaftlichen Geschicklichkeit die Sensation, das Duell Thalberg-Liszt, auf. Mit Franzi kam sie auch jetzt noch häufig zusammen. Bei einer solchen Begegnung sagte sie zu ihm:

»Ich habe eine große Bitte an Sie, Franzi. Meine Armen brauchen sehr viel Geld. Ich will ein Wohltätigkeitskonzert veranstalten. Beteiligen Sie sich daran mir zuliebe.«

»Das konnten Sie doch als selbstverständlich voraussetzen«, erwiderte er und fügte dann bitter hinzu: »Warum wenden Sie sich nicht lieber an Thalberg?«

»Den habe ich auch ersucht«, entgegnete die Herzogin mit listigem Blick, die Wirkung dieser Mitteilung erforschend. »Er hat schon zugesagt. Ich hoffe, es wird Sie nicht stören. *Er* freute sich sehr, als er hörte, daß ich auch Sie bitten wollte.«

Endlich! Franzi richtete sich unwillkürlich auf und streckte die Glieder. Endlich sollte er mit dem Gegner zusammenkommen, in demselben Saal, konnte sich mit ihm messen und den Zuhörern die Möglichkeit geben, sie an Ort und Stelle miteinander zu vergleichen. Auge in Auge würden sie sich gegenübertreten.

Die Herzogin gab den Termin des Konzertes bekannt. Sie verlangte vierzig Franken Eintrittsgeld von jedem ihrer geladenen Gäste. Die Sensation war so groß, daß sie ruhig noch mehr hätte fordern können. Bei dem spannendsten Ereignis war sie jedoch die einzige Augenzeugin: in einem Nebenzimmer machte sie die beiden Künstler miteinander bekannt, während sich draußen die ankommenden Gäste bereits drängten.

Thalberg neigte den Kopf und reichte Franzi mit untadeliger Höflichkeit die Hand. Die am besten auf der ganzen Welt Klavier spielenden Hände lagen ineinander. Dann blickten sich die beiden Rivalen an. Jeder wartete zuvorkommend, daß der andere zuerst sprechen sollte. Und wie es bei solchen Gelegenheiten stets zu geschehen pflegt, fingen beide zugleich zu sprechen an, verstummten sofort wieder und warteten abermals aufeinander. So wechselten sie schließlich nur ein paar nichtssagende Sätze. Zwischen ihnen stand Franzis öffentlicher Angriff, der jedoch mit keinem Wort erwähnt wurde. Zwei guterzogene Männer unterhielten sich. An der Tür wollte einer dem anderen höflich den Vortritt in den Saal lassen, wo jeder den anderen zu Falle zu bringen gedachte.

Für die Zuhörer war dieses Konzert keine gewöhnliche musikalische Unterhaltung, sondern gleichsam ein mit Waffen ausgetragenes Gottesurteil. Die beiden Künstler spielten abwechselnd. Als sie das Konzert beendet hatten, blieb das Duell unentschieden. Keinem wurde wesentlich mehr Beifall auf Kosten des anderen zuteil. Wenn sich jemand die Mühe gemacht hätte, den

Beifall ganz genau gegeneinander abzuwägen, so hätte es scheinen können, als wäre der Applaus für Franzi um ein geringes stärker gewesen. Die schöne Camilla war fast krank vor Aufregung. Nach Schluß des Konzertes ging sie auf die Hausfrau zu und stellte ihr kurzerhand die Frage:
»Was ist Ihre Meinung über das Endergebnis dieses Kampfes, Herzogin?«
»Thalberg ist der erste Klavierspieler der Welt«, entgegnete die Herzogin sofort.
»Und Liszt?« fragte Camilla bestürzt.
Die Herzogin lächelte, ihr Gesicht verklärte sich, sie warf schwärmerisch den Kopf in den Nacken und legte die Hand aufs Herz.
»Liszt ist der Einzige auf der Welt!«
Es waren aber keineswegs alle so begeistert von dem Einzigen. In der »Gazette Musicale« erschien eine Antwort auf den gegen Thalberg gerichteten Angriff. Ihr Verfasser war Fétis, derselbe Fétis, der einst so hinreißende Vorträge über die neuen Harmonien gehalten und den Sieg der »neuen Welt« verkündet hatte. Jetzt tadelte er den Meister streng dafür, daß er der Feind des anderen geworden sei, statt nur sein Gegner zu bleiben. Der lange Aufsatz schloß mit der Behauptung: »Sie sind der Abkömmling einer Schule, welche endet und nichts mehr zu tun hat, aber Sie sind nicht der Mann einer neuen Schule. Thalberg ist dieser Mann! Das ist der ganze Unterschied zwischen Ihnen beiden.«
Franzi war außer sich vor Empörung, vor verletzter Empfindlichkeit und gekränktem Ehrgeiz. Er verfaßte seinerseits einen langen Aufsatz und griff Fétis persönlich an. Der antwortete. Franzi tat das gleiche. Es entbrannte ein heftiger Zeitungskrieg, von dem ganz Paris sprach. Gierig suchte Liszt Heilung für seine Wunden: in Camillas Küssen, in der unerschütterlichen Freundschaft von Chopin und Berlioz und in einem besonders erfreulichen Wiedersehen. Während des Musikkrieges kam Czerny nach Paris. Ein klein wenig gealtert, ein wenig dicker geworden, aber launig wie früher und von unwandelbarer Liebe zu seinem weltberühmten Schüler erfüllt. Als kleinen Knaben hatte er ihn einst in Wien entlassen, und als Vater sah er ihn wieder.
Die Herzogin Belgiojoso nutzte die Situation wiederum gründlich aus. Sie veranstaltete ein neues Wohltätigkeitskonzert. In überschwenglichen Worten verkündeten die Zeitungen das spannende Ereignis: »Auf dem Podium werden sechs Klaviere stehen und an den sechs Klavieren: Liszt, Thalberg, Chopin, Pixis, Czerny und Herz. Jeder Künstler wird eine Phantasie über den Puritaner-Marsch von Bellini vortragen.« Der Saal wurde zum Bersten voll. Jetzt siegte Franzi offensichtlich. Die Presse nannte wohl oder übel seinen Namen an erster Stelle, und der Verleger, der die sechs Phantasien unter dem Titel »Hexameron« herausgab, beauftragte ihn, die Ouvertüre und das Finale zu schreiben.
Nun aber schien es genug! Wohl war er als Sieger aus dem Kampf hervorgegangen, aber mit schweren Wunden, wie dieser Sieg sie kaum wert war.

Die schmerzlichste Wunde hatte er sich selbst zugefügt. Er begann dumpf zu ahnen, nachdem er den Krieg hinter sich hatte, daß seine an Thalberg geübte Kritik ungerecht war. Vom rein musikalischen Standpunkte aus gesehen, schien er allerdings im Recht zu sein; die Tondichtungen waren tatsächlich nicht viel wert, sie klangen leer, geziert und nichtssagend. Er hätte aber als vornehmer und sich überlegen fühlender Gegner stumm bleiben sollen. Zum ersten Male in seinem Leben mußte er erkennen, daß sein unbeherrschter Ehrgeiz sich erdreistet hatte, die hohen Gesetze der Vornehmheit und des Stolzes zu übertreten, die sein angeborener Instinkt ihm selbst gegeben hatte. Nach fast fünfmonatigen, beinahe blutenden Qualen konnte er Paris zwar mit der Genugtuung verlassen, daß er den Gegner besiegt hatte, im Innersten seines Herzens fühlte *er* sich aber geschlagen: Thalberg war während des ganzen Zweikampfes taktvoll, zurückhaltend und kühl geblieben . . .

Ruhe, Ruhe! Das war seine einzige Sehnsucht, als er endlich nach Nohant fuhr. Die Aufschläge seines Rockes waren noch feucht von den Abschiedstränen der schwärmerischen Camilla. So schnell aber, wie der Reisewagen Paris hinter sich ließ, vergaß er diese Tränen.

In Nohant erwarteten ihn ein überwältigend schöner Frühling und die gesegnete Arznei der ländlichen Ruhe. Das Haus George Sands war ein sehr nettes, altes Gebäude, dessen Behaglichkeit durch die altertümlichen Möbel, die vielerlei Tiere, die schwelgenden Mahlzeiten erhöht wurde. Marie fühlte sich dort schon ganz heimisch und hatte sich mit den beiden Kindern angefreundet. Die gute Laune Georges und ihr nie ruhender spöttelnder Geist waren von großem Einfluß auf sie; sie wurde freier und natürlicher und nahm manchmal sogar schon an lustigen Balgereien teil, denen sie bis vor kurzem nur als vornehme Zuschauerin beigewohnt hatte. Eine große Veränderung ihres Wesens verursachte auch der Umstand, daß sie öfter versuchte, sich schriftstellerisch zu betätigen. Franzi hatte sie dazu angeregt. Er meinte, daß jemand, der geistreiche, nette Briefe schreiben könne, auch Begabung zum Schriftsteller haben müsse. Auch George redete ihr zu, und so stürzte sich Marie auf diese neue verlockende Beschäftigung. Und kurz darauf hielt sie sich bereits für eine Schriftstellerin. Zunächst entstanden nur ganz dilettantische Versuche, in deren überhitzten Stimmungsbildern fast mehr Gedankenstriche und Ausrufungszeichen waren als Worte. Das schadete aber nichts. Wenigstens hatte sie jetzt endlich etwas gefunden, womit sie sich beschäftigen konnte, und brauchte nicht mehr als vorwurfsvolles Gespenst wehleidiger Langeweile umherzulaufen.

Die Lebensgewohnheiten der Gäste richteten sich nach denen der Hausfrau. George Sand liebte es, nachts zu arbeiten. Manchmal schrieb sie bis zum Morgengrauen an einer Romanfortsetzung oder an Briefen, ging erst bei Tagesanbruch zu Bett und schlief dann bis spät in den Mittag hinein. Franzi und Marie gewöhnten sich schnell an das lange Aufbleiben. Als es wärmer

wurde, saßen sie nach dem Abendessen auf der Parkterrasse, die beiden Frauen machten sich's in Liegestühlen bequem, Franzi spielte drinnen Klavier, und die zauberhaften Töne der Musik strömten durch die offene Tür in die stille, duftende Nacht. Oft hatten sie auch Besuch, Gäste aus Georges Pariser Welt. Einer von ihnen war Bocaget, der berühmte Schauspieler, der die Schriftstellerin überreden wollte, ein Drama zu schreiben. George war nicht abgeneigt. Sie versprach, darüber nachzudenken. Nach einigen Tagen erzählte sie Franzi, daß sie bereits ein gutes Thema habe, aber der Name der Heldin fehle ihr noch, der sei jedoch bei allen ihren Arbeiten sehr wichtig, weil solche klangvolle und interessante Namen, wie zum Beispiel Indiana oder Lelia, sie während der Gestaltung ihrer Werke inspirierten.
»Ich habe den Namen«, sagte sie dann später, »Cosima!«
»Cosima, Cosima . . .« wiederholte er, »ein schöner Name. Die weibliche Form zu Cosimo. Ausgezeichnet. Was meinen *Sie* dazu, Marie, wenn es ein Mädchen wird . . .?«
Marie nickte und lächelte. Auch sie hatten beide einen neuen Namen nötig. Marie erwartete wiederum ein Kind, und zwar abermals für Ende Dezember. So ganz ehrlich freute sich keiner von ihnen über den neuen Segen, der nur Verzögerung und Unbequemlichkeit für ihr Reiseleben bedeutete. Aber Gott hatte es so bestimmt, und sie waren viel zu religiös, als daß sie sich dagegen aufgelehnt hätten.
Nachdem einige Wochen vergangen waren, fing Marie an, ungeduldig zu werden. Sie sehnte sich nach der italienischen Reise. George aber stellte alles mögliche an, um sie dazubehalten. Auch Franzi legte keine allzu große Eile an den Tag. So war Ende Juni herangekommen, als sie endlich daran dachten, ihre Zelte in Nohant abzubrechen. Marie fuhr jedoch erst nochmals zu ihrer Mutter, die sie lange nicht gesehen hatte, und Franzi blieb allein zurück. Sie verabredeten, sich in Paris wieder zu treffen.
Nun waren sie nur noch zu zweit an diesen duftenden, schwülen Sommerabenden, die Schriftstellerin und der Musiker. Nachts arbeiteten sie in einem Zimmer und rauchten gemeinsam ihre Zigarren. Franzi saß am Klavier oder schrieb an einer Studie über Schumanns Musik, George arbeitete fleißig an ihrem neuen Roman. Die Musik störte sie nicht, sie regte sie sogar bei ihrer Arbeit an. Ab und zu machten sie beide eine Pause und verplauderten eine halbe Stunde. Durch die offene Glastür der Veranda blickten vom Park her das Schweigen und die Einsamkeit der Nacht zu ihnen herein. Sie waren schon sehr vertraute Freunde geworden. George redete ganz offen von Musset und ihrer Trennung von ihm. Franzi sprach ebenso offen über Marie. Und sie plauderten gemeinsam über die Liebe im allgemeinen. Wenn sie es sich auch nicht eingestanden, fühlten sie doch, daß dieses zusammengesperrte Alleinsein in der Stimmung lauer Sommernächte nicht ganz gefahrlos war. Eines Abends ließ George Champagner bringen. Er mundete beiden vorzüglich, die Unterhaltung wurde angeregt und lustig.

Als sie sich wieder an ihre Arbeit setzen wollten, hatte keiner mehr Lust dazu. George ließ noch zwei Flaschen Champagner kommen. Und Franzi wußte, daß hier wieder ein Unheil im Anzuge war. Nicht ein bißchen verliebt war er in diese Frau. Sie gefiel ihm nicht einmal besonders. Aber sie war eine Frau, und vom Park her glänzte besinnlicher, trauter Mondschein, und sie hatten drinnen die Lampe ausgelöscht, damit es stimmungsvoller sein sollte . . .

Ehe er die Schultern Georges umfaßte, um sie an sich zu ziehen, zögerte er noch. Es war sicherlich nicht schön, Marie ausgerechnet mit ihrer besten Freundin zu betrügen. Aber was man nicht weiß, macht einen nicht heiß . . . und Marie würde es nie erfahren. Warum ließ sie ihn auch allein mit dieser Frau hier? Sein Denken war durch den Champagner nicht unbeträchtlich getrübt, er schob die ganze Verantwortung restlos Marie zu und riß die neben ihm sitzende Frau plötzlich an sich. »Sind Sie wahnsinnig geworden?« flüsterte George. »Was tun Sie?« Ihre Worte sträubten sich, nicht aber ihre Arme.

Als Franzi am anderen Tage spät am Mittag erwachte, erinnerte *er* sich langsam an die vergangene Nacht. Beim Ankleiden grübelte er lange, mit welchem Gesicht er George entgegentreten und wie er sich überhaupt ihr gegenüber benehmen solle. Jedoch George meisterte die Situation. Sie trafen sich am Tisch des Speisezimmers. Das Gesicht der Frau war gelassen und ruhig.

»Was haben wir bloß die Nacht angestellt?« fragte sie nachlässig. »Ich entsinne mich gerade nur noch, daß ich nochmals Sekt ins große Zimmer kommen ließ. Von da ab kann ich mich überhaupt an nichts mehr erinnern, so einen Rausch hatte ich!«

»Mir geht es ebenso«, erwiderte Franzi beruhigt, »ich entsinne mich auch nicht. Offenbar wankten wir in unsere Zimmer und legten uns schlafen.«

Am Abend arbeiteten und rauchten sie wieder gemeinsam im großen Parkzimmer. Gegen Mitternacht erhob sich George, um schwarzen Kaffee zu bereiten. Sie kamen dabei ins Plaudern.

»Die Liebe ist das Geheimnisvollste und Unverständlichste auf der Welt«, sagte Franzi. »Ich bin sonst ein anständiger, zuverlässiger und sittsamer Mann. Ich lüge nie und habe noch niemand betrogen. In der Liebe aber bin ich ein vollkommener Nihilist.«

»Das paßt genau so gut auf mich«, nickte George.

»Sie haben es aber viel leichter, Sie können hart und grausam sein, ich vermag das nicht.«

George Sand tat einen tiefen Zug an ihrer Zigarre.

»Das kommt daher, daß ich der Mann bin und Sie die Frau.«

ZWÖLFTES KAPITEL

Maries Traumwelt war in Erfüllung gegangen. Sie reisten in Italien umher. Schon die italienischen Ortsnamen entzückten sie. Ravenna, Sesto Calende, Varese – diese Worte sprach sie genießerisch mit besonderer Freude aus. Alles gefiel ihr, die Volkstracht, die Landstraßen, die Dorfkirchen, sogar die Bäume und Sträucher lobte sie begeistert zum Nachteile der Schweiz und hatte ganz vergessen, daß einige Meilen hinter ihr in der Schweiz dieselben Bäume und dieselben Sträucher gedeihen.

Sie beschlossen, sich für einige Zeit da niederzulassen, wo es am schönsten war. Zunächst packte sie die Schönheit des Comersees so sehr, daß sie dort haltmachten. An der bezaubernden Lage Bellagios konnten sie sich kaum satt sehen. Das auf der in den See hineinragenden Landzunge liegende kleine Dorf, von dem aus sie den gabelförmig sich teilenden See nach drei Richtungen hin betrachten konnten, verlockte sie, zu bleiben. Das war auch vom praktischen Standpunkt aus günstig, denn von hier aus konnte Franzi verhältnismäßig leicht Mailand erreichen, wo er Konzertpläne hatte. Anfänglich wollte er zwar seine Tage ungekannt und in vollkommener Ruhe neben Marie verbringen – Mailand mußte er sich aber ansehen. Und wenn er schon einmal dort war, dann wollte er auch unbedingt den Musikverlag Ricordi aufsuchen. Er sprach kein Wort, setzte sich an ein Klavier und begann zu spielen. Im nächsten Augenblick stand Ricordi selbst neben ihm: »Das ist entweder der Teufel oder Liszt.«

Franzi lächelte, erhob sich und reichte ihm die Hand. Die ganze Firma scharte sich um ihn. Am anderen Tage schrieb bereits eine Mailänder Zeitung: »Glückseliges Italien, das den ersten Klavierkünstler der Welt auf seinem Boden begrüßen darf!« Das Unbekanntsein und die Ruhe waren dahin. Er mußte immer wieder nach Mailand reisen, um so mehr, als er hier zufällig lauter alten Bekannten begegnete. Rossini lebte jetzt ständig in Mailand. Nourrit gab in der »Scala« ein Gastspiel, bei Ricordi traf er Pixis, und wem lief er eines schönen Tages in den Weg? Keinem anderen als dem guten, alten, lieben, so lange nicht mehr gesehenen Hiller. Alles das hatte natürlich immer neue Zusagen weiterer Besuche und Pläne zu neuen Konzerten zur Folge. Mit seinem Erfolg konnte er sehr zufrieden sein, nur mit der Zusammenstellung der Programme hatte er Schwierigkeiten: Beethoven oder Weber anzusetzen war unmöglich. Die Italiener waren mit einer ganz anderen musikalischen Nahrung aufgewachsen.

Am ersten Weihnachtstage wurde sein zweites Kind geboren. Wieder ein Mädchen. Es erblickte in Como das Licht der Welt, und man taufte es Cosima. Marie wurde im Kirchenbuch als Marie de Flavigny eingetragen, nicht ohne daß der Pfarrer wissen wollte, wieso Marie de Flavigny dieselbe Persönlichkeit sein konnte, die im Gästebuch des Hotels »Angelo« als Grä-

fin D'Agoult eingeschrieben war. Nach endlosem Hin und Her vermerkte er aber schließlich doch die kleine Cosima unter den neuen Erdenbürgern. Marie hatte sich schon lange vorgenommen, nach der Geburt von Cosima ihre beiden Kinder selbst zu hegen und zu pflegen. Auf dem Wege nach Italien hatte sie in Genf haltgemacht und Blandine besucht. Das Baby begann schon zu stammeln und war so reizend, daß Marie es am liebsten sofort mitgenommen hätte. Aber die Kleine hatte den Schnupfen, Frau Churdet sollte das Kind behalten, bis es wieder gesund war. Und eben jetzt, als Cosima zur Welt kam, erhielten sie beunruhigende Nachrichten über Blandine, ihr Zustand habe sich verschlechtert. Marie war voller Sorge und schwor, das Kind nie wieder aus den Händen zu geben, wenn es erst einmal wieder bei ihr war.
Als sie von der Geburt des zweiten Kindes genesen war und sich in einem reisefähigen Zustand befand, beschlossen sie, nach Venedig zu ziehen. An Mailand und den Seen hatten sie sich nunmehr satt gesehen. Brescia, Vicenza, Padua und viele andere schöne Städte erschlossen sich ihnen wie ein wunderbares Bilderbuch. Franzis Augen öffneten sich so weit wie seine Seele. Vor dem einen oder dem anderen Bilde jauchzte er geradezu in ungestümer, kindlicher Freude und bemühte sich, Marie in diese Verzauberung des Entzückens mit hineinzuziehen. Aber Marie teilte seinen Enthusiasmus nicht. Sie blieb die kühle, verschlossene Dame. Hundert- und aber hundertmal war es schon vorgekommen, daß er vor Begeisterung nicht aus noch ein wußte, Marie dagegen in einer unerreichbaren fremden Ferne blieb. Er wünschte nichts lebhafter, als daß sie einmal etwas entgegnen möge, sei es auch eine Dummheit, ganz gleichgültig, nur begeistert sollte sie sein, aus sich herausgehen, mit dem Lebensgefährten mitgehen, nicht zurückbleiben. Wo blieb der Schwung der Begeisterung? Der frostige Gleichmut der Frau, ihre Unbewegtheit warfen auch ihn aus den Wolken auf die Erde zurück. So erstickte die Steppe, die kein Echo kennt, den Schrei des Wanderers.
Nach Venedig war dem Meister sein Mailänder Ruf vorausgeeilt. Die Theaterdirektoren, die Notenhändler und die Agenten umschwirrten ihn bereits am zweiten Tage nach seiner Ankunft mit den verschiedensten geschäftlichen Angeboten. Er aber hörte nur mit halbem Ohr hin, er wollte um jeden Preis die Wunder dieser zauberhaften Stadt erleben. Über das Fahren in den Gondeln freute er sich so herzlich, als ob er zehn Jahre alt wäre. Dann der Dogenpalast, die Mosaiken des San Marco, Veronese, Tintoretto, die vielen Wunder, Staunen, Verzückung . . . Und neben ihm Marie. Marie, die in der Gondel fror oder ihre Handschuhe vergessen hatte, derentwegen man umkehren mußte. Oder sie klagte darüber, daß ihr vom Geruch des Wassers übel würde. Hin und wieder blickte er verstohlen zur Seite und wunderte sich grenzenlos über die wildfremde Frau neben ihm. Er musterte ihr viel zu früh welkendes Gesicht, dessen fünfunddreißig Jahre mindestens vierzig

vermuten ließen, das von keinem Schimmer einer schwungvollen, jungen Seele verklärt wurde. Dann schämte er sich aber gleich wieder. In das Schicksal dieser Frau hatte *er* eingegriffen! Wenn er ihr die alte Liebe nicht mehr schenken konnte, so war er ihr zumindest den Schein der vergangenen Glut unter dem Mantel der Geduld, Zärtlichkeit und Aufmerksamkeit schuldig . . .

Eines Tages entdeckte er verblüfft einen Namen auf dem Theaterzettel des Theaters Fenice: Carlotta Ungher. Als die Primadonna auf die Bühne trat, erkannte er sie sofort wieder. Sie war es, die einstige Karoline, das Mädchen aus Stuhlweißenburg, das in seinem ersten Wiener Konzert mitgewirkt hatte, das erste unklare Ideal seiner Jugendliebe. Er rechnete sich schnell aus, wie alt sie jetzt sein konnte. Damals war sie achtzehn, jetzt mußte sie also fünfunddreißig sein. So alt wie Marie. Den Namen Ungher hatte er in Mailand schon einmal nennen hören, aber da ging er an seinem Ohr vorbei. Er hätte sich auch nie vorstellen können, daß die berühmte italienische Koloratursängerin mit der einstigen Karoline identisch wäre. Während Karoline sang, schloß er die Augen und versuchte, sich in sein frühes Knabenalter zurückzuträumen. O Wien, o Stephansturm, o Stunden bei Salieri, o alte Torbogen, o katzenförmige Pflastersteine . . . er träumte und schrak erst bei dem Geräusch auf, als Marie ihren Fächer fallen ließ. Beflissen hob er ihn auf.

Karoline traf er dann auch persönlich bei einem Hauskonzert. Die Sängerin war genau so befangen wie er. Keiner von ihnen fand den richtigen Ton. Sie beschworen die Erinnerungen an die Wiener Begegnung herauf, konnten aber nicht lange miteinander sprechen, weil Franzi zu Marie zurückkehren mußte. Als sie sich trennten, sahen sich beide nochmals um, und beider Blicke sagten, daß sie doch vieles miteinander zu besprechen hätten . . .

Franzi richtete sich für einen längeren Aufenthalt ein. Er mietete auch eine Gondel, und um sich in der italienischen Sprache zu üben, unterhielt er sich ausgiebig mit Cornelio, dem Gondoliere, der in einem seiner Ohrläppchen einen goldenen Knopf und an seinen Fingern viele goldene Ringe mit Kameen trug. Vor allen Dingen mußte Franzi nach Büchern suchen, denn Marie beschwerte sich andauernd, daß sie nichts zu lesen habe und daß alles, was ihr die Buchläden anböten, Schund sei.

Beim Büchersuchen entdeckte er in einem Laden eine Wiener Zeitung. Das Erscheinen Karolines hatte die Erinnerung an Wien so lebhaft hervorgerufen, daß er die Zeitung kaufte. Und das erste, was ihm ins Auge fiel, war der Bericht über eine Überschwemmungskatastrophe in Ungarn. Die Donau war aus den Ufern getreten und hatte furchtbares Unheil angerichtet. Die Zahl der Toten konnte man nicht annähernd bestimmen, und die Anzahl der obdachlos gewordenen Familien betrug viele, viele Tausende. In Ofen und Pest hatte die Überschwemmung eine entsetzliche Verwüstung verursacht. Ganze Straßenzüge mit mehrstöckigen Häusern waren eingestürzt, beide Städte standen unter Wasser, das Elend war unbeschreiblich. Die Wiener Zeitung berichtete auch, daß im ganzen Kaiserreich bereits eine umfassende Wohltätigkeitsaktion eingesetzt habe.

Er ging nicht nach Hause. Er schlenderte im Viereck der Piazza und in den Engen der Merceria umher. Seine Seele lebte schon tagelang in den Erinnerungen seiner Kindheit. Und in diese lieben Erinnerungen schlug jetzt die Nachricht von der ungarischen Katastrophe wie eine Bombe ein. Jetzt kam es ihm auch plötzlich zum Bewußtsein, wie wenig er bisher an das Land seiner Kindheit zurückgedacht hatte. Er besann sich auf alles, was von seinem Heimatland an ihm und in ihm haftengeblieben war . . . die Raidinger Kinderjahre, das Preßburger Konzert, die glänzende Gesellschaft der ungarischen Magnaten, die Pester Reise, das unvergeßliche Bild der beiden Donauufer aus dem Fenster des Gasthofes, die geheimnisvolle, im feinsten Gewebe seiner Nerven für ewig lebende Zigeunermusik, das unerhört aufregende Konzert des Zigeuners Bihari und jenes ungarische Plakat, an dessen Inhalt er sich noch heute erinnerte . . . Er blieb auf der Straße stehen und sah die Vorübergehenden an, die Untertanen Kaiser Ferdinands. Was waren sie? Italiener. Was war ihr Vaterland? Für sie sowohl wie für ihn ein kleines Stückchen des großen Österreich. Aber sie waren Venezianer, und wo sie auch auf der Welt sein mochten, sie schwärmten von und für Venedig. Was mußte das sein, was mit einer so überirdischen Kraft sogar den Fernweilenden an den Boden fesselte? Er fand keine Antwort. Er zerbrach sich auch nicht sehr den Kopf. Er empfand nur ganz mächtig, daß sich seine Seele mit lieben, unvergeßlichen Erinnerungen an die Jugendjahre in der Heimat füllte.

Und während diese Erinnerungen in seinem Denken so erglühten und lebendig wurden, sponnen aus anderen Ecken seiner Seele andere Regungen wie lauernde Spinnen ihre feinen Fäden. Seine uneingestandenen Wünsche führten ihn in Versuchung, dem Käfig des Zusammenlebens mit der Geliebten für kurze Zeit zu entfliehen. Seine durch Karoline aufgewühlten Gedanken sehnten sich nach Wien. Die ihm angeborene Hilfsbereitschaft und eine unendliche Großmut drängten ihn, sofort in irgendeiner Form an der Hilfeleistung für die tausend und aber tausend obdachlosen Ungarn sich zu beteiligen. Die Spinnen spannen hastig, und in ihrem Netz war mit einem Male die Seele gefangen.

Er eilte nach Hause. Marie saß am Fenster und blickte in gelangweilter Untätigkeit auf die Straße.

»Marie, lesen Sie dieses Blatt! Ich muß sofort reisen. Ich will in Wien ein Wohltätigkeitskonzert geben.«

Die Frau überflog den Bericht. Dann blickte sie mißmutig auf.

»Seien Sie vernünftig. Das kann ich nicht ernst nehmen. Deshalb wollen Sie mich hier allein lassen?«

»Ich *muß*, Marie. Ich nehme an, daß Sie es mir nicht erschweren werden, sondern mir diese Reise erleichtern. Allein bleiben Sie keineswegs. Sie haben sich doch inzwischen mit der Gräfin Polcastro angefreundet, und außerdem werde ich den kleinen Grafen Malazonni, den Sie so liebenswürdig fanden, bitten, Ihnen zur Verfügung zu stehen. Er soll mit Ihnen gondeln und Sie ins Theater begleiten . . . Begreifen Sie doch, Marie, daß ich gehen muß. Mein Heimatland ist in Bedrängnis. Es kann von mir erwarten, daß ich helfe!«

»Was sind das für neue Ideen? Haben Sie plötzlich entdeckt, daß Sie Ihre Heimat lieben?«

»Genau so ist es. Ich habe plötzlich bemerkt, daß ich meine Heimat liebe.«

Sie stritten lange, aber Franzi gab nicht nach. Es war das erstemal in ihrem Zusammenleben, daß er Marie eine große Bitte nicht erfüllte. Er reiste ab. Schon in der Postkutsche fühlte er sich frei und glücklich. Auf dem unbequemen Sitz schlief er so fest wie ein Bär im Winter. Beim Wörther See erst erwachte er.

In Wien stieg er im Hotel »Stadt Frankfurt« ab. Sein erster Weg führte ihn zum Grafen Amadé. Der Graf drückte ihn an die Brust wie einen heimkehrenden Sohn. Und als Franzi ihm mitteilte, daß er gekommen sei, um den Opfern der ungarischen Überschwemmungskatastrophe zu helfen, umarmte er ihn nochmals:

»Mit diesen Worten machen Sie mich noch glücklicher als durch das bloße Wiedersehen. Blut verwandelt sich eben nicht in Wasser.«

Sein zweiter Besuch galt Czerny, der dritte dem Musikverlag Haslinger. Die Kunde, daß er in Wien sei, verbreitete sich wie ein Lauffeuer. Die Mitteilung in den Zeitungen, daß der weltberühmte Franz Liszt zugunsten seiner Landsleute ein Konzert gebe, wirkte einfach sensationell. Zeitungsschreiber, Verleger, junge Komponisten und sich nach dem Auslande sehnende junge Künstler gaben von früh bis spät abends einander die Klinke seines Zimmers in die Hand. Man porträtierte seinen Kopf, vervielfältigte das Bild und stellte es in die Schaufenster. An den ersten beiden Tagen wurden fünfzig Stück davon verkauft. Die gerade in Wien weilenden ungarischen Notabilitäten suchten ihn der Reihe nach auf. Unter anderem erschien bei ihm ein Magnat aus Siebenbürgen, Hofkanzler Baron Josika, der ihn überreden wollte, die von der Überschwemmung betroffenen Orte persönlich zu besuchen und auch in Siebenbürgen ein Wohltätigkeitskonzert zu veranstalten. Die praktische Ausnutzung des finanziellen und moralischen Erfolges könne er getrost dem siebenbürgischen Adel überlassen. Liszt versprach, es sich zu überlegen.

Kaum angekommen, wurde er mit Einladungen geradezu überschüttet. Er hielt es für ratsam, auch im Hause des Fürsten Metternich seine Aufwartung zu machen, um sich für die einst erhaltenen Empfehlungsbriefe zu bedanken. Den Regeln der modischen Etikette gemäß empfing man ihn bei der ersten Abgabe seiner Visitenkarte noch nicht; beim zweiten Male er-

folgte jedoch bereits eine Einladung zum Diner. Die Fürstin fragte ihn etwas hochmütig:
»Haben Sie gute Geschäfte gemacht da unten in Italien?«
Und mit der funkelnden Schlagfertigkeit, die sich ihm bei der Unterhaltung mit sehr Vornehmen stets auf die Lippen drängte, erwiderte er:
»Ich bin kein Kaufmann, gnädigste Fürstin, sondern ein Künstler.«
Die Fürstin, die ob ihrer Zungenfertigkeit berühmt war, wußte plötzlich nichts zu antworten. Doch alles ließ darauf schließen, daß der Künstler zum letzten Male Gast an der fürstlichen Tafel war. Im allgemeinen hielten ihn alle, die ihm begegneten, für ein wenig theatralisch und prahlerisch. Sobald sie ihn aber Klavier spielen hörten, wandte sich ihm jedes Herz bezwungen zu. Seine vermeintliche Prahlerei war nur die selbstverständliche Gegenwirkung auf die überschwengliche Verwöhnung des allgemeinen Lieblings und der Ausdruck berechtigter und kraftvoller Selbstschätzung. Hinsichtlich seiner sogenannten Theatralik stellte es sich allmählich heraus, daß er sich nicht im geringsten gekünstelt benahm, sondern daß sie der natürliche Ausdruck eines in ständigem musikalischem Zauber befangenen, heißen, unverbildeten und rebellierenden Temperamentes war.
Besonders lieb gewann ihn der alte Fürst Dietrichstein, der natürliche Vater Thalbergs. Der weißhaarige, feine, alte Herr lud ihn zu sich ein und teilte ihm etwas Überraschendes mit:
»Mein lieber junger Freund, Ihr Kollege Thalberg, von dem Sie vielleicht wissen, daß er mir nahesteht, schrieb mir vom Auslande, ich möge Ihnen sein Klavier zur Verfügung stellen, wenn Sie es bei Ihrem Konzert gebrauchen könnten.«
Das Überlassen des Klavieres nahm er nicht an, aber die vornehme Geste des Rivalen machte auf ihn einen großen Eindruck. Was würde er jetzt empfinden, dachte er beschämt, wenn Thalberg in einer Wiener Zeitung seine Tondichtungen herabwürdigte? Statt dessen ward ihm von seinem Gegner eine höfliche und liebevolle Aufmerksamkeit zuteil. Bis heute, auch wenn er es leugnete, hatte er Thalberg gehaßt; jetzt, wenn er es auch in Abrede stellte, gewann er ihn ungewollt lieb.
Der Erfolg seines Konzertes übertraf alles bisher Dagewesene. Sechzehnmal rief man ihn unter tosendem Beifallssturm auf das Podium, und nachdem er seinen letzten Vortrag beendet hatte, flogen unzählige Blumensträuße zu ihm herauf. Als er das Gebäude verließ, erwartete ihn draußen eine Schar begeisterter Menschen. Sie ließen ihn nicht in der Kutsche Platz nehmen, sondern hoben ihn auf ihre Schultern und trugen ihn ein ganzes Stück des Weges und feierten ihn mit schmetterndem Jubel. Und sie schrien nicht »Hoch Franz Liszt!«, sondern:
»Eljen Liszt Ferenc!«
Es waren Ungarn. Feurige, schwungvolle, sehr begeisterungsfähige Ungarn. Mit bebendem Herzen nahm er die Huldigung entgegen.

Nach dem Konzert lud ihn die Familie Metternich abermals ein. Welch ein Unterschied zwischen dem einstigen und dem jetzigen Empfang! An der Tafel überließ man ihm den Ehrenplatz, die Fürstin behandelte ihn mit vertrauter Liebenswürdigkeit, der Fürst erwies ihm unverkennbare Achtung. Und auf einmal besprachen sie auch die Möglichkeit einer Einladung vom Hofe der Kaiserin Anna Karolina.
»Das hängt nur von Formalitäten ab«, bemerkte der Fürst. »Die Oberhofmeisterei schreibt unter der Bezeichnung ›eilig‹ an das Polizeipräsidium und verlangt Ihre Personalien, die Polizei erstattet ihre Meldung, die Oberhofmeisterei schickt Ihnen die Einladung, fertig!«
Franzi war glücklich und erwartete die Aufforderung. Inzwischen verbrachte er sehr viel Zeit mit einem hochbegabten jungen Mädchen: es war niemand anders als Clara Wieck, die Braut Robert Schumanns. Clara gab um dieselbe Zeit ein Konzert in Wien und blieb Franzi zuliebe noch ein paar Tage. Sie wollte mit ihm über die Werke ihres Verlobten sprechen. Die Künstlerin machte ihn mit den neuen Kompositionen Schumanns bekannt, damit sie in das Konzertprogramm des berühmten Virtuosen aufgenommen werden könnten. Das neunzehnjährige Mädchen mit den auffallend schönen Augen sprach mit einer solchen Begeisterung von ihrem Bräutigam, mit soviel Innigkeit, Sorgfalt und Klugheit bemühte sie sich, dem fern Weilenden nützlich zu sein, und würdigte vor allem mit einem so tiefen, musikalischen Verständnis die außerordentliche Begabung ihres Auserwählten, daß Franzi den Freund im stillen beneidete um den Besitz einer solchen Frau. Er schrieb aber einen sehr herzlichen Brief an Schumann und vergaß auch die für Clara bestimmten Artigkeiten nicht.
Seinem ersten Konzert folgte das zweite, und auch dessen Ertrag bestimmte er für wohltätige Zwecke. Dann aber bestürmten ihn die Konzertunternehmer förmlich. Seinen wohltätigen Absichten hätte er nun vollauf Genüge getan, diesmal solle er zu seinem eigenen Nutzen spielen. Das Geld liege auf der Straße, man müsse sich nur nach ihm bücken. Einen solchen Erfolg habe hier noch niemand gehabt, nicht einmal Paganini. Franzi sagte zu. Er gab ein Konzert nach dem anderen; die Preise der Eintrittskarten konnten nicht hoch genug sein, und trotzdem waren sie im Handumdrehen verkauft. Das Geld strömte ihm nur so zu.
Inmitten seiner himmelstürmenden Erfolge kam Thalberg nach Wien. Der alte Fürst Dietrichstein lud sie gemeinsam zum Mittagessen ein. Und in der angenehmen Stimmung des Mittagsmahles zu dritt lösten sich die bitteren Erinnerungen an den Pariser Zweikampf in nichts auf. Das Wunder geschah: Liszt und Thalberg begannen Freunde zu werden. Daß ihr Verhältnis noch inniger wurde, dazu fehlte es nur an Zeit. Franzi hatte eben zu nichts Zeit. In seinem Kalender drängten sich, bereits in halbe Stunden aufgeteilt, die Notizen über Einladungen und immer neue geldeinbringende geschäftliche Zusammenkünfte. Und von Tag zu Tag umgab ihn die Gunst der

Frauen, stets dringlicher, so daß er nur die Hand auszustrecken brauchte. Und er tat dies. Er wurde trunken von den ihm auf allen Lebensgebieten zuströmenden Erfolgen, er schlürfte sie und freute sich übermütig seiner köstlichen Freiheit. Wenn der Kellner in seinem Zimmer ein dort vergessenes Spitzentaschentuch fand, so war es mit einer neunzackigen Krone bestickt.

Nur die Einladung an den Hof ließ auf sich warten. Eines Tages zog ihn Baron Josika in einer Gesellschaft vertraulich beiseite. Er berichtete, daß er mit einem Herrn vom Hofmarschallamt gesprochen, und jener habe erzählt, daß der nur der Form halber eingeholte polizeiliche Bericht einige Schönheitsfehler aufweise. Es sei darin erwähnt, daß Franz Liszt mit einer Dame der französischen Aristokratie in wilder Ehe lebe. Außerdem sei er eng befreundet mit einer sozialistische Lehren verkündenden Schriftstellerin namens George Sand. Man müsse einen oder zwei Hofkavaliere in Bewegung setzen, denn die Kaiserin sei in Angelegenheiten der Moral sehr empfindlich. Dies dürfte sich jedoch lohnen, denn mit dem Auftreten bei Hofe wäre unter Umständen der Titel eines Kaiserlichen Hofpianisten verbunden und damit wiederum eine ansehnliche Jahresrente.

»Ich habe auch noch einen anderen Plan.« Baron Josika schüttelte den Kopf. »Ich habe darüber auch schon mit dem Grafen Amadé und anderen ungarischen Herren gesprochen. Wir möchten bei Hofe durchsetzen, daß der Kaiser Sie in den Adelsstand erhebt.«

Franzi, dem Republikaner, dem Saint-Simonisten, dem Schüler Lamenais', begann das Herz zu hämmern. Adel! Wenn er einen Brief mit F. von Liszt unterzeichnen könnte . . . Wie vermöchte er da vor Marie hinzutreten, und wie würde sich seine Mutter in Paris freuen . . . Er bezähmte seine stürmische Freude, verbeugte sich und erwiderte mit erzwungener Ruhe: »Diese Auszeichnung würde mich unsagbar glücklich machen, ich vermag aber hierzu meinerseits keinen Schritt zu tun.«

»Das ist auch gar nicht Ihre Sache. *Wir* werden schon sehen, was man tun kann.«

Und die Einladung an den Hof traf eines Tages doch ein. Die Neugierde der Kaiserin war anscheinend doch stärker als ihre moralische Strenge. Der Geliebte der Gräfin D'Agoult und der Freund George Sands durfte vor Ihren Kaiserlich-Königlichen und Apostolischen Majestäten erscheinen! Das mächtige Gebäude der Burg, das er in seiner Kindheit mit einer so ehrfürchtigen Andacht betrachtet hatte, öffnete sich ihm nun. Als die Beamten des Hofes seine Strümpfe beaugenscheinigt und geprüft hatten, ob er in seiner Kleidung nicht gegen die höfischen Vorschriften verstieße, als ihm ein flüsternder Oberkammerdiener den Weg von einem Saal in den anderen erklärte, als er zwischen den lautlos umhergehenden Lakaien und den wie Statuen unbeweglich stehenden Gardisten auf die festgesetzte Minute wartete, da erfüllte die große Macht der Habsburger sein freiheitliebendes Herz

mit einer beklemmenden Achtung. Er versuchte, sich zu sammeln und seine ärgerliche Befangenheit abzutun. Während der Hof einzog, nahm er sich vor, alles genau zu beobachten, um es Marie erzählen zu können, die über alle Einzelheiten dieser höfischen Geschehnisse entzückt sein würde. Aber seine Sinne waren stumpf geworden. Der unter Sporenklirren und Kleiderrauschen einherschreitende Kaiser Ferdinand, die Kaiserin, Erzherzog Ludwig und die in Uniform prunkenden Adjutanten verschwammen vor seinen Augen. Er fand sich erst wieder, als er spielte. Er brachte das Ständchen von Schubert in seiner eigenen Überarbeitung und den in Genf geschaffenen Valse di bravura zu Gehör. Nach dem letzen Akkord erhob sich der ganze Hof und begab sich sporenklirrend und kleiderrauschend wieder hinaus, wie er hereingekommen war; weder eine Vorstellung noch eine gnädige Anrede – nichts. Aber gleichviel, er hatte bei Hofe gespielt.
Der Betrag, den er als Erlös seiner Konzerte nach Pest schicken konnte, belief sich auf fünfundzwanzigtausend Gulden. Diese riesenhafte Summe gab den Sammlungen in Wien einen tüchtigen Auftrieb. Die Stiftungen erhöhten sich zusehends. Seine Volkstümlichkeit grenzte einfach ans Unwahrscheinliche. Er durfte getrost behaupten, daß er in Wien der volkstümlichste Mann war. Thalberg hatte er in dessen Vaterstadt restlos und endgültig besiegt. Der Wiener Humor sagte von ihnen: »Liszt ist das Manderl, Thalberg ist das Weiberl.« Er hätte zu gern George Sand einen Brief geschrieben, um ihr mitzuteilen, daß man ihn hier in Wien wahrlich für einen Mann halte.
Eine große Freude fand er auch an der maßlosen Begeisterung, die ihm von seinen Landsleuten entgegengebracht wurde. Er erhielt sehr viele ungarische Briefe, die er aber nicht lesen konnte. Seine ungarischen Freunde in Wien, vor allem Graf Leo Festetics, mußten ihm die unbefangenen, liebevollen Dokumente der Schwärmerei, ja der Vergötterung, übersetzen. Er wäre gern sofort nach Preßburg und Pest gefahren. Aber im Hintergrunde jedes Erfolges, jeder Freude, jedes Planes stand die in Venedig zurückgelassene, mahnende Gestalt Maries. Vielleicht konnte man sie bewegen, nach Wien zu kommen? So könnte man ihren Vorwürfen die Spitze nehmen und gemeinsam nach Ungarn fahren. Er schrieb ihr, sie solle kommen. Dann überlegte er es sich aber anders und teilte ihr mit, sie solle doch lieber nicht kommen. Am nächsten Tage bestürmte er sie wieder in einem langen Briefe, sie solle doch noch kommen . . . Tagelang antwortete Marie überhaupt nichts, bis endlich aus Venedig eine kurze Nachricht eintraf: Marie war sehr krank.
Schweren Herzens verzichtete er auf die ungarische Reise. Er verließ Wien, als würde er mit einem glühenden Schwert aus dem Paradiese gejagt. Auf der Rückreise schwelgte er mit geschlossenen Augen in den Erinnerungen dieser herrlichen Tage. Er erlebte von neuem den siedenden, dröhnenden Lärm der Erfolge, den berauschenden Geschmack heimlicher Zärtlichkei-

ten. Wenn ihm Maries Krankheit, deren Ursache ihm nicht bekannt war, in den Sinn kam, schüttelte er diesen Gedanken ärgerlich ab. Bis zur letzten Minute wollte er frei sein, bis das Tor des Zusammenlebens, das er jetzt schon als Gefangenschaft empfand, sich abermals hinter ihm geschlossen hatte.

Marie war aber gar nicht krank, nicht das geringste fehlte ihr. Es war nicht schwer zu erraten, daß das fürchterliche Fieber, die in bewußtlosem Zustande verbrachten Nächte, die unerträglichen Schmerzen, von denen Marie mit vorwurfsvollen Klagen berichtet hatte, lediglich weibliche Märchen waren. Soviel schien indessen wahr zu sein, daß sie sich erkältet und ein oder zwei Tage lang das Bett hatte hüten müssen. Sie entlud einen wahren Sturm der bittersten Vorwürfe auf den Heimkehrenden und wühlte sich förmlich in die Übertriebenheiten erdachter Schmerzen ein. Sie überwarfen sich. Zum ersten Male seit ihrem Zusammenleben, aber um so gründlicher. Sie ließen sich beide zu nie wieder gutzumachenden Äußerungen hinreißen. Franzi gestand offen, daß seine alte Liebe nicht mehr vorhanden sei, daß Marie ihm nicht mehr die Einzige bedeute, und daß er sie in Wien betrogen habe.

»Feine kleine Dämchen werden das gewesen sein, mit denen Sie es dort zu tun gehabt haben!«

»Da irren Sie sich aber sehr.« Seine beleidigte Eitelkeit flammte auf. »Die waren genauso vornehm wie Sie.«

Die Gräfin maß ihren Geliebten mit verächtlichem Blick und entgegnete hochmütig:

»Parvenü!«

Dieser Sturm dauerte tagelang an. Sie schleuderten sich beide ihren ganzen bisher verschwiegenen Groll ins Gesicht. Die Anklagen strömten nur so aus ihnen heraus. Alle unterdrückte Empfindlichkeit, alle niedergehaltenen Beleidigungen, alle unausgesprochenen Beschuldigungen der letzten Jahre kamen zum Vorschein. Erschrocken sahen beide ein, in welchem Lug und Trug sie schon seit langem lebten. Nach diesem verzweifelten, haßerfüllten Aufreißen der Schleusen beruhigten sie sich wieder für eine Zeitlang. Eine enttäuschte, müde Ergebenheit folgte den langen erbitterten, leidenschaftlichen Auseinandersetzungen. Der herrlichste Edelstein ihrer Liebe war gesprungen, aber den gespaltenen Stein, der gern auseinandergefallen wäre, umklammerte fest der eiserne Ring ihrer unlösbaren gesellschaftlichen Lage. Sie vermochten zu keinem Entschluß zu gelangen, unschlüssig überließen sie der Zukunft, was mit ihnen geschehen sollte.

Sie irrten umher. Marie hatte genug von Venedig, sie fuhren nach Lugano. Auch dort wurde es ihr bald langweilig, da reisten sie nach Como, dann nach Mailand. Als Marie ernstlich kränkelte, schickte sie der Arzt nach Lucca. Sie lebten miteinander wie zwei eingeschlossene Blinde, die einander gern ausweichen möchten, aber überall auf Gitter stoßen. Franzi gab Konzerte, komponierte und schrieb Artikel. In Mailand verwickelte er sich in eine lästige Angelegenheit. Er verfaßte für die »Gazette Musicale« einen Bericht über das musikalische Niveau der Scala und über die einseitige Richtung des italienischen Musiklebens. Daraufhin griffen ihn die Mailänder Zeitungen heftig an und bezichtigten ihn der Undankbarkeit. Auch anonyme Drohbriefe gelangten an seine Adresse. Er erwiderte in den Zeitungen, seine Bestrebungen seien von rein sachlichen Absichten getragen gewesen, und vor den Bedrohungen fürchte er sich nicht: dann und wann würde er in einem offenen Wagen allein durch die Mailänder Straßen fahren, und jeder, der es wolle, könne ihn angreifen. Er fuhr auch aus, aber niemand griff ihn an. Das Mailänder Publikum jedoch, das die Scala als eine nationale Herzensangelegenheit ansah, wandte sich von ihm ab.

Liszt war unlustig und innerlich zerrissen. Vom Schicksal zusammengesperrt mit dem Wesen, von dem sich sein nach Freiheit und Unabhängigkeit dürstender Sinn trennen wollte, flüchtete er in seinem qualvollen Suchen nach Beruhigung sinnlos zu der, vor der er fliehen wollte. Und genau so erging es Marie. Verzweifelt versuchten sie immer wieder, die alte Glut ihrer Küsse noch einmal zu neuem Feuer anzufachen. Aber nach der alltäglichen Wärme einer jeder Umarmung empfanden sie nur trostlose Einsamkeit und erschreckende Entfremdung.

Nach einem fast einjährigen Briefwechsel bekam Marie endlich die kleine Blandine aus Genf. Die Kleine war längst wieder genesen, und es stellte sich heraus, daß das Hindernis der Reise zu ihrer Mutter nicht etwa die Krankheit, sondern der Pfarrer Demelleyer war. Ihm war das Kind so sehr ans Herz gewachsen, daß er sich nur schwer von ihm trennen konnte. Zum Teil hielt er es also aus egoistischer Liebe zurück, zum Teil aus der Erwägung eines pflichtbewußten und besorgten Pfarrers heraus, daß es für die Erziehung des kleinen Mädchens nicht günstig sein könne, wenn es unter den elterlichen Einfluß dieses planlos herumirrenden und nicht ganz makellos sittsamen Paares geriete. Auf alle erdenkliche Art und Weise schob er die Herausgabe des Kindes immer wieder auf, dachte eine Ausrede nach der anderen aus, zum Schluß mußte er sich aber doch von der Kleinen trennen. Adolphe Pictet mischte sich auf Maries Bitten ein, Frau Churdet machte das Kind reisefertig und brachte es nach Florenz, wo sie es der Mutter übergab. Nun waren die beiden kleinen Töchter bei der Mutter. Fast gleichzeitig ward zur Gewißheit, daß bald ein drittes Kind zur Welt kommen würde. Franzi nahm stumm mit unbeweglicher Miene diese Mitteilung seiner Geliebten entgegen. An sein Gefängnis hatte sein unerbittlicher Kerkermeister, das Schicksal, zum dritten Male das Schloß angelegt.

Der Dämon der rastlosen Wanderschaft brachte sie nach Rom. Franzi hatte das Gefühl, als sollte sein Herz ihm zerspringen. Rom! Seit seiner Kindheit war er gewöhnt, an Rom nicht wie an eine Weltstadt unter anderen Weltstädten zu denken, sondern wie an die heilige Krone der Welt, den erlauchten Stammsitz des von Christus hierher entsandten Statthalters, wo der Wanderer im ewigen Orgelbrausen der Kirchen, inmitten der Vielfalt wundersamer Meisterwerke der Malerei und Bildhauerei lustwandeln und schwelgen kann . . . Er vermochte seine Ungeduld kaum zu bezähmen. Es drängte ihn, sich sofort auf den Weg zu machen, zu laufen, zu sehen, sich zu erfreuen, zu begeistern.

Sie nahmen in einem alten Hause der Via Purificazione Wohnung. Mit zwei Kindern, mit dem kommenden dritten und der Amme konnten sie nicht mehr in einem Hotel oder Gasthaus leben. Sie richteten sich häuslich ein, Geld war ja genug vorhanden. Marie beschäftigte sich in der Wohnung, Franzi eilte schon frühzeitig fort, voll Sehnsucht nach den wunderbaren Sehenswürdigkeiten. Ein glücklicher Zufall führte ihm bereits in den ersten Tagen einen unschätzbaren Mentor der bildenden Küste zu. Er lernte Ingres, den berühmten französischen Maler, kennen, der den Pariser Kunstbetrieb satt hatte und nach Rom gekommen war, um hier Direktor der französischen Akademie zu werden. Er war ein feiner, liebenswürdiger alter Herr nahe den Sechzigern und, wie Franzi bereits zu Beginn der Bekanntschaft festzustellen Gelegenheit hatte, ein ausgezeichneter Violinspieler. Schon in seiner Jugend war er Mitglied des Theaterorchesters seiner Geburtsstadt Montauban gewesen, und wenn er auch die Malerei zu seinem Hauptberuf erwählt hatte, hörte er doch nie auf, Musiker zu sein. Die beiden neuen Bekannten ergänzten sich gegenseitig ganz prächtig. Abends spielten sie auf der Violine und dem Klavier Duos oder versanken in tiefgründige, musikalische Auseinandersetzungen; tagsüber führte Ingres seinen jungen Freund zwischen Bildern und Denkmälern umher und erörterte eingehend und gewissenhaft mit ihm die ästhetischen Probleme der klassischen Kunst.

Franzi lief umher wie ein Traumwandler. Bei seiner eingehenden Beschäftigung mit Musik, Bildern und Statuen überkam ihn plötzlich eine große Erleuchtung, die seine Gedanken über das Wesen der Kunst mit strahlender Helligkeit erfüllte. Er entdeckte, daß jede Kunst ein und dasselbe sagt, nur ihre Sprache ist verschieden. Dieser Gedanke hatte zwar immer in ihm gelebt, schon in seinen Auseinandersetzungen mit den Saint-Simonisten, erst recht in seinen Erörterungen mit dem Abbé Lamennais; aber jetzt nahm er durch Ingres eine endgültige klare Form an. Aus den Bildern von Raffael sprach die Musik Mozarts zu ihm, die Bilder Michelangelos ließen in ihm Beethoven erklingen. Ingres wohnte in der Villa Medici. Hier verbrachten sie unvergeßliche Stunden miteinander. Wenn sie zu musizieren oder zu plaudern begannen, schwebten sie schon nach den ersten Sätzen hoch oben im überirdischen Bau der Inspiration. Die Alltäglichkeit glitt von ihnen ab, verklärt hielten sie sich auf in den Sphären, die das Schönste, das Größte – das Ewige bedeuten.

Er fand noch einen anderen guten Freund, einen jungen Mönch namens Theiner. Dank seiner umfassenden Sprachkenntnisse und seines außeror-

dentlichen geschichtlichen Wissens war er von seinem Orden nach Rom geschickt worden, um sich der Bibliothek des Vatikans zur Verfügung zu stellen. Der Pater Theiner gab dem Gottsucher neue Nahrung, wie Ingres dem Kunstschwärmer die Geheimnisse aller Künste offenbarte. Franzi bekam Zutritt zum Vatikan, er lernte die unermeßlichen Schätze der päpstlichen Residenz kennen; er erforschte das erst vor kurzem errichtete Etruskische Museum, er blätterte in den uralten Büchern und Handschriften der Bibliothek und lauschte gläubig und verzückt, wie ein Kind einem Märchen zuhört, den Vorträgen Theiners über einen Gobelin, einen Marmortorso, über ein Fresko oder eine Kapelle, an die sich uralte Überlieferungen knüpften. Er begegnete Kardinälen, unter deren Soutane rote Strümpfe hervorlugten, er sah Geistliche aus Asien in sonderbarer Kleidung und von dunkler Hautfarbe. In der St.-Peters-Kirche wohnte er einem Festgottesdienst bei, in der Sixtinischen Kapelle versank er in andächtige Betrachtungen ... In seiner Seele strömten zwei Schwärmereien ineinander: die der Religion und die der Kunst. Gemälde, Statuen, Religion und Musik, alles verschmolz zu einem Ganzen und hob seine Seele über alles Irdische empor.
Die Nachricht von seinem Aufenthalt in Rom verbreitete sich rasch, die Einladungen kamen schnell und in großer Anzahl. Abermals kreuzte Pixis seinen Weg. Der bucklige Klavierkünstler begleitete seine Adoptivtochter, jene kleine, zarte, stupsnäsige Francilla, die einst Chopin so gut gefiel, nach Rom. In ihrem ersten Konzert trat Franzi gern auf. Dadurch hatte der übereifrige Pflegevater zwar erreicht, daß der Konzertsaal überfüllt war, daß aber niemand von Francilla, alle dagegen von dem bezaubernden Liszt sprachen.
»Was ist mit Chopin?« fragte Franzi. »Wir haben schon seit langem keine Briefe mehr gewechselt.«
»Ich weiß es auch nicht. Er ist im Augenblick nicht in Paris. Sie wissen doch, nicht wahr, daß George Sand und Chopin jetzt zusammen leben?«
»Ja, das weiß ich. Ist die Liebe denn so groß?«
»Oh, ganz groß. Das letzte, was ich von ihnen gehört habe, war, daß Georges Sohn krank geworden ist und daß sie gemeinsam nach der Insel Mallorca gefahren sind.«
Chopin, George, Paris, die alte Zeit ... als ob alles nicht wahr gewesen wäre, so hörte es sich an.
Dann gab er bei der Fürstin Galizyn ein Konzert, und darauf bat ihn ein anderer russischer Magnat, ebenfalls bei ihm zu konzertieren, der Graf Wielhorsky. Als Franzi die Vortragsfolge zu diesem Konzert festlegen wollte, hatte er mit den einzelnen aufzufordernden Künstlern und mit der Einheitlichkeit der Programmgestaltung so viel Schwierigkeiten, daß er es endlich überdrüssig bekam. Er faßte einen kühnen Entschluß. Er stattete dem Grafen einen Besuch ab und teilte ihm mit, daß er das Konzert von Anfang bis zu Ende ganz allein bestreiten wolle.

»Sie ganz allein? Das war noch nicht da. Ich fürchte, wir werden keine Zuhörerschaft bekommen.«
»Es wird zum Brechen voll, dafür stehe ich ein.«
»Aber was wird das Publikum dazu sagen? Ist das nicht eine etwas kühne Neuerung? Ein einzelner und ein ganz großes Programm . . . Trauen Sie sich das tatsächlich zu?«
»Überlassen Sie das ruhig mir, lieber Graf«, erwiderte Liszt gutgelaunt. »Le concert, c'est moi. Die Neuerung ist kühn, das gebe ich zu. *Jede* Neuerung ist kühn. Aber einer muß schließlich anfangen . . .«
Die sonderbare Art des Konzertes gefiel ungemein. Liszt konnte das ganze Programm nach seinen Wünschen zusammenstellen; zwischen den einzelnen Stücken bestanden keine Stilgegensätze, die Stimmung des Konzertes blieb einheitlich und vertiefte sich bis zum Schluß. Die Zuhörer begriffen nicht, warum sie die Musik diesmal mehr entzückte als je zuvor. Franzi wußte es. Er war überglücklich, daß sein Versuch gelungen war, und beschloß, von nun an in jedem seiner Konzerte ganz allein aufzutreten mit Ausnahme der Veranstaltungen, bei denen er einem anderen zuliebe mitwirkte. Seine Anziehungskraft, sein bezwingendes Wesen, seine nie eintönig wirkenden, reichen Programme erlaubten ihm alles das, woran ein anderer nicht einmal denken durfte. Der erste Vorstoß zur Läuterung der Konzertprogramme war gewagt. Aber schon tauchte ein neues Ereignis auf: seit einiger Zeit beschäftigte er sich damit, Beethovens Symphonien in sein Programm aufzunehmen. Seine Kunst kannte keine Unmöglichkeiten mehr. Selbstbewußt wagte er, jede Klangfarbe des Orchesters der Symphonien auf dem Klavier wiederzugeben. Er begann mit der »Fünften« und der »Sechsten«. Ingres war erschüttert als er ihm die »Fünfte« zum ersten Male vorspielte.
»Ich hätte nie geglaubt, daß das möglich sein könnte! Sie dürfen nicht nur behaupten: ›Le concert, c'est moi‹, sondern auch: ›L'orchestre, c'est moi.‹ Ich bewundere Sie. Noch nie hat mir die Musik so viel gesagt.«
»Mehr, als Sie denken. Die Überarbeitung der ›Fünften‹ will ich Ihnen widmen.«
Statt jeder Antwort umarmte Ingres den jungen Freund. Die Morgenröte überraschte sie noch beim Musizieren. Beide waren zu Tode erschöpft, aber in ihrer unstillbaren Begeisterung konnten sie fast nie ein Ende finden. Doch sie musizierten nicht nur in der Villa Medici; ein neues Instrument begann sie besonders zu fesseln, die Orgel. Franzi hatte zwar auch schon auf dem Harmonium geübt; durch die Vermittlung von Theiner konnte er jetzt aber auch auf einer Orgel in der Kirche spielen. Als die französische Gesandtschaft aus irgendeinem offiziellen Anlaß in der römischen Kirche der Franzosen, in der Chiesa San Luigi, eine Festmesse veranstaltete, trug Liszt während des Gottesdienstes einige Fugen vor, zwar ohne Anklang zu finden, aber in nicht geringer Vollendung.

An all diesen Dingen nahm Marie nicht teil. Erstens stand die Ankunft des neuen Erdenbürgers nahe bevor, und dann war auch das bis vor kurzem noch so eifrig gepflegte Band ihrer geistigen Gemeinschaft bereits gelokkert. Die musikalische Bildung Maries war sehr gering. Franzis Vorwärtsdrängen, seine innerlichen Kämpfe und seine Siege über sich selbst verstand sie nicht und konnte ihnen auch nicht folgen. Um so mehr schrieb sie. Wenn nichts anderes, so wenigstens ein Tagebuch. Eine oder zwei kleinere Sachen von ihr waren auch schon in Pariser Zeitungen erschienen. Einen schriftstellerischen Decknamen hatte sie sich bereits zugelegt, und zwar nach Georges Beispiel einen männlichen: Daniel Stern. Ja, das wollte sie werden, ein hoch oben schimmernder, vornehmer, kalter Stern!
Miteinander allein waren sie selten. Die Wohnung war von Kinderlärm erfüllt. Es gab keine vertrauten Plaudereien mehr, und wenn sie sich doch einmal zu einer Unterhaltung herbeiließen, wurden Vorwürfe und Klagen daraus. Franzi spielte lieber mit den Kindern, wenn er zu Hause war. Die Größere, Blandine, war sein Liebling. Er komponierte ihr auch ein Lied, ein kurzes italienisches Gedicht, das so begann: »Angiolin' del biondo crin . . . goldlockiges Engelchen . . .« Die Kleine bekundete ein überraschendes musikalisches Gehör, eine ihr vorgespielte Melodie konnte sie nach kurzem Zuhören genau und rein mit ihrer kleinen dünnen Stimme nachsingen.
Am 5. Mai kam das dritte Kind zur Welt. Es war ein Junge. Die Mutter bestand darauf, ihn auf den Namen »Daniel« zu taufen. Der Vater hätte zwar auch andere Vorschläge gehabt, aber er widersprach nicht. Nachdenklich betrachtete er den kleinen Knaben in der Wiege, dessen Vorname zwar feststand, nicht aber sein Familienname . . .
Die Mutter genas bald, sie war aber sehr nervös geworden. Aufgeregte Auseinandersetzungen gehörten bei ihnen zur Tagesordnung, obwohl Franzi sich zu außerordentlicher Ruhe und Nachsicht zwang. Manches Mal riß ihm aber doch die Geduld. Wenn er sich dann endlich ungestört mit seinen Gedanken beschäftigen konnte, wuchsen immer größere und höhere Pläne in ihm, die für Jahre ausreichen konnten. Der Entwurf einer Dante-Symphonie schwebte ihm vor; drei Jahre bestimmte er für das Ausreifen dieses Planes. Und dann wollte er eine Faust-Symphonie komponieren. Auch ein Gemälde Orcagnas hatte einen so tiefen Eindruck auf ihn gemacht, daß er nach ihm ein Orchesterwerk schreiben wollte mit dem Titel: »Sieg des Todes«. Dazu plante er ein durch Holbeins Zeichnungen angeregtes Gegenstück, dem er den Titel »Komödie des Todes« geben wollte. Außerdem schwirrten ihm noch eine ganze Reihe anderer, kleinerer musikalischer Einfälle durch den Sinn. Wenn er aber arbeiten wollte, hallte das ganze Haus von Kindergeschrei, Türenknallen und aufgeregtem Hin- und Herlaufen wider. Marie ging die Fähigkeit vollkommen ab, eines Künstlers Muse zu sein. Doch als Muse zu gelten, darauf legte sie den größten Wert!

Eines Tages besuchte sie ein junger Dichter namens Ronchand, der offensichtlich in Marie verliebt war. Er kam zu ungelegener Zeit. Zwischen dem Musiker und der Gräfin tobte ein schweres Gewitter. Als der Gast gemeldet wurde, brachen sie den Streit ab und gaben sich Mühe, ruhig zu scheinen. Marie konnte es sich aber nicht versagen, in der Unterhaltung zu dritt durch einige Anspielungen die Familienszene fortzusetzen. Franzi bebte vor verhaltenem Zorn.

»Die Gräfin hat ganz recht«, erwiderte Ronchand auf eine Bemerkung Maries.

»Den Mann inspiriert immer die Frau zu großen Schöpfungen. Was wäre aus Dante geworden, wenn es keine Beatrice gegeben hätte!«

Marie blickte Franzi frohlockend an. Er entgegnete aber sehr aufgebracht:

»Und was wäre aus allen Beatrices der Welt geworden, wenn es keinen Dante gegeben hätte? Die Beatrices werden erst durch die Dantes, und die richtigen Beatrices sterben überhaupt mit achtzehn Jahren.«

Mit diesen Worten schnellte er empor und stürmte fort. Erst auf der Straße kam er wieder zur Vernunft. Erschrocken wunderte er sich über sich selbst. Daß er solcher rohen Bemerkungen fähig war, hatte er von sich bisher noch nicht gewußt.

DREIZEHNTES KAPITEL

Der Haushalt verschlang ungeheuer viel Geld. Sie teilten sich zwar in die Ausgaben, aber Marie gab wesentlich mehr aus, als ihre finanzielle Lage gestattete. Sie kleidete sich prunkvoll, ein- bis zweimal getragene Kleider verschenkte sie willkürlich; sie hatte fast einen ganzen Speicher voller Schuhe Strümpfe und Hüte und beklagte sich trotzdem andauernd, daß sie nichts anzuziehen habe. Überdies verstand sie so gut wie nichts von der Hauswirtschaft, man bestahl sie allenthalben. Das Geld zerrann ihr nur so zwischen den Fingern.

Bei den immer häufiger werdenden Streitigkeiten kam mancherlei zur Sprache, diese eine Frage berührte Franzi aber nie. Er sprach niemals über Geld mit seiner Geliebten. Wenn noch mehr Geld gebraucht wurde, so sorgte er eben für noch mehr Geld. Das kostete ihn auch keine besondere Mühe, seine Konzerte füllten sich trotz der hohen Preise immer; die Musikverleger bestürmten ihn dauernd wegen volkstümlicher Opernphantasien, und die Leipziger Firma Breitkopf & Härtel, mit der er neuerlich einen Vertrag einging, stand ihm jederzeit mit reichlichen Vorschüssen zur Ver-

fügung. Man brauchte aber noch mehr Geld und immer wieder viel, viel mehr Geld.
Eine Zeitlang befaßte er sich deshalb mit dem Plan, sich um die Führung des Weimarer Musiklebens zu bemühen, denn Hummel war vor kurzem verstorben und seine Stelle frei geworden. Das klassische Städtchen Goethes und Schillers übte eine starke Anziehungskraft auf ihn aus. Marie, die jetzt sah, daß sie sich in der Befriedigung ihrer wahnwitzigen Ansprüche buchstäblich alles erlauben konnte, warf das Geld mit vollen Händen zum Fenster hinaus. Und er selbst, obwohl er ziemlich anspruchslos lebte, hatte kein Talent zur Sparsamkeit. Dieses Leben hätte man in Weimar kaum fortsetzen können. Darüber hinaus quälte ihn aber unerträglich die Sehnsucht nach Freiheit und Alleinsein.
Den Sommer verbrachten sie noch gemeinsam. Sie waren in Lucca; in dem kleinen San Rossore bei Pisa hielten sie sich ebenfalls ein paar Wochen auf, dann fuhren sie weiter. Ihre täglichen Zusammenstöße wurden zu einer entsetzlichen seelischen Marter. Franzi faßte endlich einen Entschluß. Er brach zwar nicht mit Marie, aber er dachte sich eine Lebensform aus, die ihm eine gewisse Freiheit und Unabhängigkeit sichern sollte. Marie war des Herumreisens müde und sehnte sich nach Paris zurück. Sie einigten sich also dahin, daß Marie mit den Kindern nach Paris übersiedeln und die Last der Erziehung und Pflege der Kinder Mutter Liszt überlassen sollte, während sich Franzi auf eine Konzertreise begeben und nur seine freie Zeit in Paris, im Kreise der Seinigen, zubringen wollte. Als sie sich auch über die Einzelheiten dieser Lösung ausgesprochen hatten, wurde Franzi mit einem Male froh, leichten Herzens und liebenswürdig. Maries Bedrücktheit war jedoch schwer zu bannen. Sie fühlte, daß ihre Beziehungen sich mit diesem Schritte endgültig lockerten. In Florenz trennten sie sich. Marie fuhr mit den Kindern nach Genua. Der Abschied versöhnte sie beide, ihre Küsse trugen den Hauch vergangener Liebe.
»Du hast es leicht«, seufzte Marie, »du gehst jetzt fort, wer weiß wie lange, und du wirst in Frauen schwelgen, wie ich dich kenne. Ich freilich soll ein Nonnenleben führen. Das ist die größte Ungerechtigkeit.«
»Ich habe dir doch schon hundertmal erklärt«, erwiderte Franzi leichthin, »die physische Treue ist nicht so wichtig.«
»So? Nicht wichtig? Und was würdest du dazu sagen, wenn ich dich betröge?«
»Wenn du in deinem Herzen weiter mir gehörtest, würde ich gar nichts sagen. Das heißt, es hängt natürlich sehr viel davon ab, mit wem du dich abgibst. Wen du mit deinem Vertrauen beschenkst. Wir können uns jetzt unter Umständen monatelang nicht sehen. Du bist noch jung und schön. Ich bin kein selbstsüchtiger Rohling und sehe ein, daß du eine so lange Zeit nicht ohne Liebe sein kannst. Darunter verstehe ich selbstverständlich eine bedeutungslose, kleine Belustigung, die mit deiner Zugehörigkeit zu mir

nichts gemein hat. Wenn du jemanden findest, mit dem du dir die Zeit vertreiben willst, so schreibe es mir getrost. Ich kann dann schon beurteilen, ob du dich in diese Sache einlassen darfst oder ob es nicht empfehlenswert ist.«

»Du willst mir also, mit einem Wort, schriftlich Erlaubnis erteilen, daß ich dich betrügen darf?«

»So ist es.«

»Ach, Franzi, findest du es nicht ganz furchtbar, daß wir da angelangt sind?«

»Ich würde es nur dann ungeheuerlich finden, wenn du empört wärst. Deine Augen blitzten aber soeben ganz verräterisch auf. Diese Lösung gefällt dir sehr gut. Es hat keinen Zweck, einander Komödie vorzuspielen, wir können nicht einmal mehr aufeinander eifersüchtig sein. Schon gut, ich weiß, daß du es kannst, weil du eine Frau bist. Frauen können auch dann eifersüchtig sein, wenn sie nicht lieben. Ich kann nicht mehr eifersüchtig sein.«

»Weil du mich nicht mehr liebst.«

»Ich fühle mich zu dir gehörig, das ist viel mehr als das.«

Dann fuhr Franzi nach Wien. Diese Stadt wählte er zum Mittelpunkt seiner Reisen. Aber er nahm sich Zeit. Für ein paar Tage machte er in Venedig und dann in Triest halt. Dort trat zur Zeit Carlotta Ungher, nein: Karoline Unger auf.

Die schöne Karoline war die Freundin von Thalbergs Onkel. Fürst Dietrichstein, Thalbergs Vater, hatte nämlich einen jüngeren Bruder, der der schönen Karoline schon seit langem den Hof machte und sogar in Italien den Posten eines Gouverneurs übernahm, nur um in der Nähe der Sängerin sein zu können. Franzi hatte bei seinem Wiener Konzert anläßlich der Überschwemmungskatastrophe den Fürsten kennengelernt, und jetzt begrüßten sie sich daher als alte Bekannte. Sie verbrachten den ganzen Tag miteinander. Sie waren jeden Abend im Theater, da Karoline fast täglich auftrat. Nach der Vorstellung gingen sie zu dritt in die Wohnung der Künstlerin und unterhielten sich bis spät in die Nacht hinein. Tags darauf trafen sie sich dann zum Mittagessen wieder zu dritt. Der alte Fürst freute sich seines Daseins.

Nicht immer waren sie aber zu dritt, sondern mitunter auch zu zweit: Franzi und Karoline. Die Sängerin verliebte sich Hals über Kopf in Franzi und leugnete es auch nicht. Franzi griff neugierig nach der sich ihm zuneigenden Blume, um sie zu pflücken. Jetzt wollte er die Sehnsucht stillen, auf die er als kleiner Knabe in Wien hatte verzichten müssen. Aber die Umarmung gab ihm nicht das überwältigende Glück, das er von ihr erwartete. Die er in seinen Armen hielt, war eine wildfremde Frau. Sie glich nicht einmal dem Traumgebilde, das sich einst in seiner Kinderseele einnistete und das heute noch ganz klar und rein in seiner Erinnerung lebte. Die sich ihm geschenkt hatte, war eine andere Karoline, ein aus einer anderen Welt stammendes Wesen. Diese Karoline konnte das schwärmerische Verlangen nicht stillen, das sie einst in ihm geweckt hatte. Ein bitterer Nachgeschmack verblieb ihm nach diesem flüchtigen Abenteuer. Und eine Liebeserfahrung: ein erwachsener Mensch muß lernen, daß die Ideale der Kindheit für die Seele zugleich mit der Jugend sterben . . .

Hier in Triest bekam er auch eine Zeitung in die Hand, die über die Erfolge des Ausschusses zu einem in Bonn aufzustellenden Beethoven-Denkmal berichtete. Für dieses Denkmal hatte man in ganz Europa eine Sammlung eingeleitet, die Spenden waren jedoch überall beschämend gering. Ganz Frankreich brachte insgesamt vierhundertzwanzig Franken auf! Franzi hatte das Empfinden, als ob ihn diese Nachricht irgendwie persönlich treffen müßte. Das waren also die Früchte der jahrelangen, zähen Kämpfe, die er gemeinsam mit Habeneck in Paris um das Verständnis und die Würdigung von Beethoven geführt hatte? Er schrieb sofort einen Brief nach Bonn an den Denkmalausschuß und teilte mit, daß er den noch fehlenden großen Betrag für die Errichtung des Denkmals in vollem Umfange selbst übernehme. Man möge lediglich seinen Wunsch berücksichtigen, das Marmordenkmal dem berühmten Bildhauer in Florenz, Bartholini, in Auftrag zu geben. Bartholini war ein guter Freund von ihm, mit dem er viel über Kunstprobleme gestritten und bei dem seine Forderung, die Kunst das Leben lang hochzuhalten, aufrichtigen Widerhall gefunden hatte.

Die Antwort des Denkmalausschusses erreichte ihn in Wien. Die Unterzeichneten bedankten sich wärmstens und bemerkten, daß sie nicht eine Marmor-, sondern eine Bronzestatue aufzustellen gedächten. Trotzdem mußte er also jetzt zu seinem Wort stehen. Und er stand auch dazu. Es fiel ihm leicht, ein wahrer Goldstrom floß ihm zu. In zwei Wochen gab er sechs Konzerte, und alle waren überfüllt. Er verdiente soviel Geld, wie er nur wollte. Seine Einnahmen übertrafen die Höchstleistungen Paganinis. Dem materiellen Erfolg ebenbürtig war auch der künstlerische. Er spielte den »Erlkönig« von Schubert in seiner eigenen Bearbeitung. Nach vorn geneigt, sich an die Lehne des Stuhles anklammernd, verfolgten die Zuhörer den dramatischen Verlauf, als ob sie einer spannenden Erzählung lauschten. Dann trug er auch Beethovens »Fünfte« vor. Er gab sich restlos der Musik hin, er spielte in nicht zu beschreibender künstlerischer Ekstase, bis er nach sechs Konzerten vor Erschöpfung krank wurde.

Vom Krankenlager aus schrieb er dem Grafen Leo Festetics nach Ungarn: »Ein wenig älter werde ich ankommen und, wenn ich diesen Ausdruck benutzen darf, als reiferer Künstler gegenüber dem vorigen Jahr, wo wir uns kennengelernt haben; denn seit dieser Zeit habe ich in Italien sehr viel gearbeitet. Ach, welche Freude und welches Glück, wieder in meinem Vaterlande verweilen zu dürfen und diese edlen und starken Sympathien entgegennehmen zu können, deren ich mich während meines Wanderlebens im

Auslande nicht unwürdig gezeigt habe . . . Meine Gefühle zu meiner Heimat und meinem ritterlichen und herrlichen Vaterland sind im Innersten meines Herzens immer lebendig geblieben. Und wenn ich in meinem bisherigen Leben meinem Vaterlande auch nur wenig habe beweisen können, wie sehr ich es liebe und achte, so haben sich diese Gefühle trotzdem nie verändert.«

Er war auch noch krank, als die schöne Camilla Pleyel in Wien ankam und im selben Hotel Wohnung nahm. Fünf Minuten nach ihrer Ankunft saß sie bereits an Franzis Bett. Sie kehrte aus Rußland zurück, wo sie mit ihren Klavierkonzerten fünfzigtausend Rubel verdient hatte. Sie war schön und strahlend.

»Seien Sie vorsichtig, ich habe Fieber. Sie stecken sich womöglich an«, warnte Franzi, als sich der schöne blonde Kopf zu ihm neigte.

»Ach, was kümmert mich dein Fieber!« flüsterte lächelnd die schöne Madame Pleyel.

Nach einigen Tagen durfte Franzi das Bett wieder verlassen, und nun konnte er Camillas Bitte nicht mehr ablehnen. Nach dem unbeschreiblichen Erfolg der Liszt-Konzerte hatte sie Bedenken, ihr viel geringeres Können in die Waagschale zu werfen. Wenn Franzi sie dagegen Arm in Arm auf das Podium begleiten würde, dürfte sicherlich niemand auf den Gedanken kommen, als wolle sie sich mit dem Klaviertitanen messen. Die Geste des Großmeisters würde sie vielmehr den Zuhörern empfehlen. Das hatte sie sich ausgedacht. Franzi willigte ein. Er hatte gar nichts dagegen, mit einer so auffallenden Schönheit Arm in Arm vor das Publikum zu treten. So geschah es dann auch, und die kluge Frau behielt recht. Ein stürmischer Beifall empfing sie, und die Stimmung des Saales wurde augenblicklich glänzend. Camilla Pleyel erzielte einen außerordentlichen Erfolg. Zwei Tage lang durften sie sich des unerwarteten Wiedersehens erfreuen, mit dem sie der Zufall auf ihrem Wanderleben beschenkte; dann mußten sie weiter, eines in diese, das andere in jene Richtung. Franzi reiste nicht allein. Graf Leo Festitics war nach Wien gekommen, ihn abzuholen.

»Ich glaube kaum«, sagte der Graf erfreut, »daß ein Künstler bei uns jemals mit so großer Begeisterung erwartet worden wäre.«

»Das höre ich gern, aber vielleicht habe ich es gar nicht verdient?«

»Aber selbstverständlich. Es genügte vollkommen, Ihren Brief an mich in den Zeitungen zu veröffentlichen. Bis zum vorigen Jahr dachte unser Publikum an Sie wie an einen verlorenen Sohn. Dann kam Ihr Wohltätigkeitskonzert anläßlich der Überschwemmungskatastrophe. Ihr Eintreten für die Sache hat bei uns natürlich eine unbeschreibliche Freude hervorgerufen. Wenn Sie mir den Vergleich nicht verübeln, möchte ich sagen: es war die Heimkehr des verlorenen Sohnes.«

»Ich habe meine Heimat nie vergessen.«

»Das haben wir zu Hause aber nicht gewußt. Wissen Sie, lieber Meister,

für uns ist es vor allen anderen Nationen wichtig, daß wir Europa große Männer vorweisen können; denn für uns ist es unsagbar schwer, im großen Österreich nicht verlorenzugehen. Unser guter Vater, der Kaiser, behandelt das ungarische Volk wie ein zweitrangiges, nicht ganz wohlgeratenes Kind. Das heißt natürlich nicht er selbst, der Arme, Sie haben ja auch in Wien gehört, daß die Leitung der Dinge nicht in seiner Hand liegt. Wir sind also gezwungen, immer wieder von neuem zu beweisen, daß wir mindestens ebensoviel wert sind wie die Tschechen, die Kroaten oder die Dalmatiner Seiner Majestät. Sie, Meister, sind weltberühmt geworden und somit ein großes Beweismittel für die Nation. Ein hundertfacher Schmerz wäre es gewesen, wenn Sie Ihre Heimat vergessen hätten, und eine tausendfache Freude ist es, daß dem nicht so ist. Wissen Sie, was man in Pest von Ihnen erzählt? In Italien, in Mailand oder Venedig haben ungarische Reisende Sie aufgesucht, weil sie sich in Schwierigkeiten befanden. Allen haben Sie ritterlich zur Seite gestanden.«
»Mein Gott, nicht der Rede wert . . . ich gebe jedem gern, der darum bittet. Und wenn mir jemand sagt, er kommt aus meiner Heimat, so gebe ich ihm doppelt soviel als einem anderen. Komisch, daß man darüber überhaupt spricht. Aber wissen Sie eigentlich, lieber Graf, daß ich Lampenfieber habe?«
»Nein, was Sie nicht sagen. Warum denn?«
»Das will ich Ihnen gleich erklären. Ich habe eine sonderbare Natur. Wenn ich irgendwo Aufgeblasenheit oder Hochmut befürchte, kann ich mich nicht beherrschen und bin von vornherein verletzend grob. Ich habe deswegen schon viele Unannehmlichkeiten gehabt. Wenn ich aber fühle, daß man mich gern hat, dann kenne ich nichts anderes, als mich voll und ganz zu geben. Und jetzt habe ich Angst, daß ich nicht genügend Zuneigung finde.«
Der Graf lachte und beruhigte ihn. Die Postkutsche kam an einem Dezembermorgen um fünf Uhr in Preßburg an. Franzi schlief ein wenig, dann besichtigte er in Begleitung des Grafen die Stadt. Er erkannte sie kaum wieder. Sie war eine belebte Großstadt geworden mit prächtigen Schlitten und schneidigen Vierspännern, mit einem regen Straßenverkehr und auffallend vielen wohlhabenden Einwohnern.
»Das macht der Reichstag«, erklärte Festitics. »Während der Sitzungen übersiedeln die Mitglieder des Ober- und Unterhauses samt ihren Familien nach Preßburg. Zu dieser Zeit ist das Leben hier abwechslungsreicher als in Pest. Eine Abendgesellschaft jagt dann die andere. Besonders wenn auch der Palatin hier ist wie gerade jetzt. Ach, da fällt mir übrigens ein, daß Sie bereits einen so großen Erfolg erzielt haben wie niemand bisher: der Palatin hatte schon vor längerer Zeit für morgen vormittag eine wichtige politische Besprechung anberaumt, also zufällig zu gleicher Zeit, wo Ihr Konzert stattfinden soll. Gestern haben sich nun so viele Magnaten, die alle zu Ihrem Konzert kommen wollen, von dieser Besprechung beurlauben lassen,

daß der Palatin die Sitzung verschoben hat. Was bewundern Sie denn, Meister?«
»Ich staune, um wieviel kleiner die Häuser geworden sind, seit ich das letzte Mal hier war. Ist das nicht ein eigenartiges Gefühl? Jedes Gebäude kommt mir viel niedriger vor . . .«
»Kein Wunder. Sie sind seit dieser Zeit doch auch etwas größer geworden.«
Der Tag verging mit Vorbereitungen zum Konzert und dem Anknüpfen neuer Bekanntschaften. Am Abend mußte er sogar zwei Einladungen Folge leisten. Zuerst war er zum Diner bei dem Grafen Ludwig Batthyany, dem Führer der Opposition des Reichstages, eingeladen; dann ging die ganze Gesellschaft zum großen Gala-Abend des Gouverneurs von Fiume, Paul Kiss von Nemesker.
Am Diner des Grafen Batthyany nahmen nur Männer teil, dafür jedoch um so bedeutendere Persönlichkeiten. Der Hausherr selbst machte sofort einen außerordentlich günstigen Eindruck auf ihn. Er war ein Mann in den Dreißigerjahren und trug nach der damaligen Mode einen runden Bart. Mit seinen schönen und gleichmäßigen Gesichtszügen, mit seiner angeborenen Vornehmheit, Eleganz und Verbindlichkeit erweckte er den Eindruck eines gütigen Herrschers. Ein Herr sagte auch während der Unterhaltung:
»Mein Freund Ludwig hat einen sardanapalischen Zug . . .«
Der diese Bemerkung aussprach, war ein älterer Herr nahe an Fünfzig. Seine Erscheinung konnte man furchterregend und anziehend zugleich nennen. Man fühlte sofort, daß er ein bedeutender Mann war. Zwischen den breiten, ungeheure Kraft verratenden Schultern saß ein bärtiger Kopf. Dem Gesicht verliehen die auffallend dichten, zusammengewachsenen Augenbrauen einen besonders achtunggebietenden und kraftvollen Ausdruck. Er begleitete seine Worte mit heftigen, aufgeregten Gesten, und was er sagte, war überraschend und geistreich. Franzi erkundigte sich, wer das sei. Das sei Graf Stefan Széchenyi, der Brückenbauer, erwiderte sein Tischnachbar. Diese Auskunft besagte ihm zwar wenig, aber später erklärte man ihm, daß dieser Mann das schaffende Gehirn des Landes sei, ein unermüdlicher Arbeiter und Anreger, der dem gesamten Stadtbild von Pest ein neues Gesicht gegeben habe. Bis jetzt hatte er eine Pferderennbahn, die Akademie der Wissenschaften und das Nationale Kasino gebaut und daneben die Seidenraupenzucht eingeführt und noch vieles, vieles andere. Zur Zeit baute er nach den Plänen eines englischen Ingenieurs eine auf Ketten hängende Brücke, die als erste Brücke Ofen mit Pest verbinden sollte; den Vertrag habe man erst in diesem Jahre abgeschlossen.
Nachdem die Tafel aufgehoben war, trafen der Komponist und der Brükkenbauer zusammen. Széchenyi war ausnehmend liebenswürdig zu ihm.
»Außerordentlich peinlich berührt mich der Mangel«, sagte Franzi unter anderem, »daß ich nicht ungarisch sprechen kann. Im persönlichen Verkehr

bereitet mir das zwar keinerlei Schwierigkeiten, ich erhalte jedoch unzählige ungarische Briefe, die ich nicht lesen kann.«

»Das werden Sie schon noch lernen, nicht wahr? Auch ich bin deutsch erzogen worden, die ungarische Sprache erlernte ich erst später. Allerdings denke ich heute noch deutsch. Aber die Sprache muß man beherrschen! Das Leben eines Volkes bestimmt seine Sprache. Gibt es zum Beispiel ein Schweizer Volk, oder gibt es ein österreichisches Volk? Nein. Aber ein deutsches, ein französisches, ein spanisches Volk gibt es. Es ist ein großes Glück in unserer Geschichte, daß das Bauerntum unsere Sprache erhalten hat. Die lebenspendende Kraft unseres Volkes haben also jene bewahrt, die von der Nation unterdrückt und in Sklaverei gehalten wurden.«

Franzi blickte den Aristokraten verwundert an. Was für ein Feudalherr war das, der in so prächtiger Umgebung von den unterdrückten Bauern sprach und zugleich als Stütze der bestehenden politischen Ordnung galt? Im Laufe des Abendessens hatte er nämlich erfahren, daß Batthyány und Széchenyi eigentlich politische Gegner, wenn auch gute Freunde waren.

Schon in dieser Gesellschaft konnte er die Namen der vielen neuen Bekannten kaum behalten, und beim Empfang des Gouverneurs von Fiume ließ ihn sein Erinnerungsvermögen vollends im Stich. Zahllose Gäste waren hier anwesend. Märchenhafte Toiletten der Damen, österreichische Uniformen, Roben des hohen Klerus, ungarische Galauniformen, Fracks. Die ungarische Sprache vernahm er aber nur selten. Die um ihn herflutende Gesellschaft sprach entweder deutsch oder lateinisch. Insbesondere die lateinische Sprache erregte seine Aufmerksamkeit. Sie wirkte eigentümlich historisch. Ihr Klang erinnerte an vergangene Jahrhunderte, an die altehrwürdigen Überlieferungen großer Zeiten, wie das Latein, das er im Vatikan gehört hatte.

Auch der Palatin Josef, dem man ihn vorgestellt hatte, sprach lateinisch. Der Sohn Ludwigs, der Bruder Kaiser Franz', der Onkel Kaiser Ferdinands, der prächtige alte General erfreute sich offensichtlich einer außerordentlichen Beliebtheit im ungarischen Kreise. Ihnen zuliebe sprach er lateinisch; denn wie Franzi von seinen Landsleuten verwundert feststellte, redeten sie untereinander sehr gut deutsch.

Mit ihm unterhielt sich der erlauchte Herr jedoch französisch und später italienisch. Der Palatin war in Florenz geboren und freute sich, in dem vielgereisten Künstler jemand gefunden zu haben, der ihm von seiner Geburtsstadt erzählte. Dann erkundigte er sich nach den weiteren Plänen Franzis.

»Ich fahre von hier aus nach Pest, Hoheit, wo ich seit meiner Kindheit nicht mehr war.«

»Ach, Sie werden unser schönes Pest gar nicht wiedererkennen! Es entwikkelt sich ganz großartig! Ich wünsche viel Erfolg!«

»Unser schönes Pest!« Wie wunderbar das klang, wie innig und vertraut! Er beneidete den Palatin fast, daß er so von Pest sprechen konnte. Aber dann besann er sich, daß diese Stadt ja auch ihm gehörte, ein Stück seiner Heimat war. Sonderbare Gefühle bestürmten ihn, als müßte er sich an vieles wieder gewöhnen, was er sich abgewöhnt hatte. Er war darauf gefaßt gewesen, im Kreise seiner Landsleute manchen Vorwurf zu hören. Aber keine Spur davon. Wo er nur hinsah, flammende Begeisterung. Jeder war sichtlich stolz auf ihn. Und als eine Seele, die für Liebe und Abneigung besonders empfänglich war, trat er zuversichtlich in den beseligenden Zauberkreis dieser Wärme wie eine Schnecke, deren ausgestreckte Hörner keinen drohenden Widerstand finden.

In Wien hatte er geglaubt, daß der Erfolg seiner Konzerte nicht mehr zu steigern sei. Aber in Preßburg war der Jubel noch größer. Das Publikum spendete stehend Beifall. Alle hatten sich von ihren Plätzen erhoben. Er stand auf dem Podium und verbeugte sich unzählige Male. Mit der gewohnten Bewegung, die an ein Fohlen erinnerte, riß er jedesmal seinen Kopf nach hinten, damit ihm sein langes Haar nicht ins Gesicht falle. Er war der verkörperte Sieg selbst, wie er dort oben auf dem Podium stand, das Genie, das die Heimat mit tobender Huldigung belohnte, weil er in seiner Kunst der Erste und Einzige in der Welt geworden war!

Am darauffolgenden Vormittag spielte er zugunsten der Preßburger Armen im Theater. Die Konzertleitung hatte eine gemischte Spielfolge zusammengestellt, ihn hatte man nur um den Vortrag eines einzigen Stückes gebeten. Aus diesem einen Vortragsstück aber wurden zwei, weil man dem stürmisch fordernden Beifall nicht widerstehen konnte. Er ging zurück auf die Bühne und schlug die ersten Takte des Rákóczi-Marsches an. Noch in Wien hatte er die Überarbeitung dieses Marsches fertiggestellt und für Pest aufgehoben. Schon beim Klang der ersten Töne unterbrach ihn tosender Beifall. Minutenlang dröhnte das Theater von »Eljen«-Rufen. Er war gezwungen, das Spiel zu unterbrechen und von neuem zu beginnen. Das, was diesem zündenden, mitreißenden und unwiderstehlich aufwühlenden Vortrag folgte, war schon kein Beifall mehr, sondern ein leidenschaftliches Rasen. Endlich verließ er die Bühne, um dem Grafen Batthyány in seiner Loge einen Besuch abzustatten. Bei seinem Eintreten applaudierten ihm die in der Loge sitzenden Damen zu, die Gräfin forderte ihn auf, neben ihr Platz zu nehmen; das Publikum horchte auf und stimmte in den Beifall der Loge ein. Auf der Bühne mußte die Fortsetzung des Konzertes unterbrochen werden, und das ganze Theater schrie dröhnend einmal übers andere: »Eljen Liszt Ferenc!«

Der Palatin empfing ihn in besonderer Audienz. Sie unterhielten sich sehr lange, und ein Satz klang Liszt noch in den Ohren, als die Galakutsche mit ihm nach Pest fuhr:

»Ich freue mich, daß ich Ihnen als Palatin Ungarns den Stolz und die Liebe Ihres Vaterlandes aussprechen darf.«

Nach Pest beförderte ihn keine Postkutsche mehr, sondern ein prächtiger herrschaftlicher Wagen. Die verzierte große Barke auf Rädern, in der man auch schlafen konnte, hatte dem alten Grafen Kasimir Esterhazy, dem Gutsherrn von Darda, gehört, der zu den Mitgliedern der Preßburger Opposition gehörte. Noch drei herrschaftliche Wagen schlossen sich dem seinen an, eine regelrechte Magnatenkarawane fuhr nach Pest: Baron Wenckheim, die beiden Grafen Zichy, Leo Festetics und andere. Nachmittags um vier Uhr fuhren sie ab, und am anderen Tage um vier Uhr kamen sie in Pest an. Man ließ ihn nicht in einem Hotel absteigen, sondern die Familie Festetics hieß ihn als Gast willkommen.

Es war der Christabend, der 24. Dezember. Im Hause Festetics' empfing die Ankommenden die zauberhafte Stimmung des Weihnachtsfestes. Die Kinder, zwei kleine Mädchen und ein kleiner Junge, stürzten sich jubelnd und jauchzend auf die aus Preßburg mitgebrachten Geschenkpakete. Der Gast erfrischte sich ein wenig, kleidete sich um und setzte sich im Kreise der Familie an den Kamin, in dem die Holzscheite knackten. Zum Tee kam Besuch: Ritter von Schober, Graf Franz Brunswick und andere. Im Nebenzimmer rumorte es geheimvoll; ›es werden Weihnachtsvorbereitungen sein‹, dachte Franzi. Auf einmal aber ging die Tür auf, und in der Öffnung standen die Mitglieder eines Gesangvereines, der ihn begrüßte. Die Teegesellschaft erhob sich und stand den Singenden gegenüber, Franzi in ihrer Mitte. Deutsche Begrüßungsworte klangen ihm entgegen:

»Dich faßte, noch ein zarter Knabe,
Schon des Geschickes kalte Hand,
Und sprach, dich reißend in die Ferne:
›Geh hin, du hast kein Vaterland.‹

Dann führten die verklärten Schwingen
Der Kunst dich in ihr Zauberreich:
›Hier ist die Heimat großer Geister,
Auch deine ist's, der ihnen gleich.‹

Und schmeichelnd lockte dich das Leben
Dann in sein glänzendes Revier,
Es schmückte dich mit seinen Gaben
Und bat: ›Nun weile, herrsche hier.‹

Dann wurdest du vom Ruhm getragen,
Auf seine Gipfel hingestellt:
›Hörst du‹, sprach er, ›die Völker jubeln?
Liszt, deine Heimat ist die Welt!‹

Doch was das Schicksal auch gesprochen,
Die Kunst, der Ruhm, Genuß und Glück;

Du dachtest doch mit treuer Seele
Ans Land, das dich gebar, zurück.

Und kommst zu uns, wo arm das Leben,
Die Kunst noch in der Wiege ist:
Doch unser Herz ist reich und bieder,
Es ruft dir zu: ›Sei uns gegrüßt!‹

Sei uns gegrüßt im Lorbeerschmucke,
Den du verdient so ritterlich –
Du großer Künstler, Edler, Treuer,
Franz Liszt, dein Land ist stolz auf dich!«

Die nette, kleine Komposition verklang. Der Dirigent wandte sich zu dem Gefeierten um, der fühlte, daß es jetzt schicklich wäre, ein paar Worte des Dankes zu sagen. Das war nichts Ungewohntes für ihn; denn auf den zahlreichen Banketten nach seinen Konzerten von Marseille bis Padua hatte er oft »ein paar unverbindliche Worte« erwidern müssen. Jetzt aber würgte eine heiße Ergriffenheit seine Kehle. Er murmelte einige Sätze, was für ein Glück es sei, wieder einmal in der Heimat zu sein. Seine Worte wurden mit »Eljen«-Rufen entgegengenommen. Dann stellte man ihm Herrn Grill vor, einen Dirigenten des Pester Nationaltheaters, der die Musik zu dem Begrüßungschor geschrieben hatte, während der Text von Ritter von Schober stammte, der aus Liebhaberei schriftstellerte. Kaum hatte Franzi jedoch mit ihnen ein paar Dankesworte gewechselt, als schon neue Musik erklang. Sofort standen auch die Kammerdiener mit Pelzen bereit, und die Gesellschaft trat in der Dezemberkälte auf den offenen Balkon: im Park flackernder Fakkelschein und schmetternde ungarische Lieder. Die Musiker brachten ein regelrechtes Programm zum Vortrag, das in dieser frostigen Kälte keine reine Freude war. Dann begab sich die ganze Gesellschaft wieder an den Kamin. Nach einigen Minuten öffnete man abermals die Tür zu dem benachbarten Zimmer, das sich jetzt in einen Konzertsaal verwandelt hatte. Sieben Herren nahmen mit ihren Instrumenten Platz. Unter ihnen, am Cello, Graf Brunswick. Betthovens Septett erklang. Sie spielten es vorzüglich. Als es beendet war, öffneten sich abermals die Türen eines angrenzenden Raumes. Strahlendes Kerzenlicht, funkelndes Kristall, schweres, gleißendes Silber, unsichtbare Zigeunermusik.

Franzi war außer sich vor Freude. Er mußte sich zusammennehmen, um in diesem Rausch des Glücks nicht in Tränen auszubrechen. Zigeunermusik ließ abermals die so unendlich lange reglos gebliebenen, geheimen Saiten seines Herzens erklingen. Aller Augen hingen an ihm, alle zeigten ganz offen, daß sie ihn liebhatten, alles war nur für ihn da; in diesem Überschwang der Freude wäre er am liebsten aufgesprungen und hätte jeden umarmt. Sein volles Sektglas leerte er in einem Zuge. Die Rubatosätze der feurigen,

leidenschaftlichen Musik mit ihren elektrisierenden, erregenden Harmonien versetzten ihn in einen Rausch ohnegleichen.
Dieser Rausch kam nicht vom Sekt, er kam von Pest, den Landsleuten, dem Ungartum . . . Wie ein Märchentraum aus Tausendundeiner Nacht schien ihm jede Stunde der in dieser verzauberten Stadt verbrachten Tage. Als ihn die Gesellschaft der Magnaten ins Nationaltheater zur Erstaufführung von »Fidelio« mitnahm, betraten sie erst während der Ouvertüre die Loge. Die Zuhörer erkannten den langhaarigen jungen Mann sofort wieder; ein gewaltiger Beifallssturm setzte ein und dröhnende »Eljen«-Rufe brachen aus, so daß Franz Erkel, der Dirigent, gezwungen war, abzuklopfen. Erst nach mehreren Minuten konnte man mit dem Vorspiel abermals beginnen.
Liszts Konzert war ein ganz unbeschreiblicher Erfolg beschieden. Das Publikum gestaltete den Abend zu einem wahren Volksfest, und die Presse huldigte rückhaltlos dem Genie. Der »Honmüvesz« schrieb: »Sein Spiel kann keine Feder beschreiben, ihn muß man hören. Er ist der Riese unter den derzeitigen Pianisten.« Jede Kleinigkeit wurde mit jauchzender Freude zur Kenntnis genommen, daß er zum Beispiel die Eintrittskarten zu seinen Konzerten in ungarischer Sprache drucken und um die Blumensträuße für die vornehmen Damen Bänder in den Nationalfarben winden ließ, daß er selbstlos ein Wohltätigkeitskonzert nach dem anderen übernahm, daß er sich einen ungarischen Galaanzug anfertigen und seine offiziellen Briefe erst ins Ungarische übersetzen ließ, um sie dann selbst abzuschreiben. Nach kaum drei Tagen hatte sich seine Beliebtheit zur allgemeinen Anbetung gesteigert. Den täglichen Briefeinlauf konnte er überhaupt nicht mehr lesen, weil die Briefe korbweise ankamen. Die Zeitungen brachten Erzählungen und Begebenheiten aus seinem Leben. Anekdoten gingen von Mund zu Mund weiter von Schwärmern, die ihr letztes Bettzeug verkauften, nur um ihn anhören zu können. Die Stadtverwaltung von Pest hielt eine außerordentliche Festsitzung ab und ernannte ihn zum Ehrenbürger; der Regierungsbezirk Pest verfaßte einen Aufruf an den Palatin Josef, in dem er gebeten wurde, als Obergespan des Komitats bei dem Herrscher die Erhebung Liszts in den Adelsstand zu befürworten. Das Nationalkasino veranstaltete ihm zu Ehren ein Bankett und einen Ball. Die Franziskaner luden ihn zum Mittagessen ins Kloster ein, um den weltberühmt gewordenen Sohn Adam Liszts zu feiern. Befangen sah er sich in demselben weißen, mit Steinfliesen ausgelegten Gang um, den er einst an der Hand seines Vaters entlanggeschritten war. Der Abt, einst der Novizengefährte seines Vaters, umarmte ihn unter Tränen, und auch ihm war das Weinen näher als das Lachen. Er mußte überhaupt während dieser feenhaften Tage ständig mit den Tränen kämpfen; nur abends, wenn er allein war und betete, konnte er sich dem beseligenden Weinen hingeben. Am ersten Morgen des Jahres 1840 schlug er die Augen mit der Frage auf, was noch schöner sein könnte als alles das,

und was noch kommen könnte. Vielleicht wäre es das Schönste, jetzt plötzlich zu sterben . . .
Am 4. Januar gab er im Nationaltheater ein Konzert zugunsten des Fonds für die Aufrechterhaltung des Theaters. Er bereitete sich für diesen Tag sorgfältig vor, denn man hatte ihm verraten, daß allerhand Überraschungen für ihn bevorstünden. Langsam und bedächtig zog er seinen nagelneuen ungarischen Gala-Anzug an: einen kirschrotfarbigen Zriny-Dolman, eine enganliegende blaue Hose und Sporenstiefel. Er konnte sich kaum vom Standspiegel trennen, so gut gefiel ihm dieser prächtige, blonde junge Mann, der ihm aus dem Spiegel entgegenlachte. Nur einen Säbel konnte er sich nicht umgürten, denn man hatte ihm erklärt, daß in Ungarn außer den Soldaten nur die Adligen einen Säbel tragen dürften und einzelne Personen, die die Nation damit ausgezeichnet hätte. Er sollte seinen Säbel jetzt erhalten: ein prunkvolles, mit Edelsteinen geschmücktes Stück, das einst dem Grafen Bathory gehört hatte.
Zum Konzert wurde das Theater so voll, daß man sogar auf der Bühne vier Reihen Stühle aufstellen mußte. Als er auf dem Podium erschien, applaudierte man ihm eine geschlagene Viertelstunde lang. Niemand war bisher in diesem Theater oder in irgendeinem anderen Saale der Stadt durch derartigen Applaus ausgezeichnet worden. Als der Beifall abebbte, blieb er in der Mitte der Bühne stehen, wie man ihm das geraten hatte. Im Auftrage des ungarischen Publikums traten sechs Herren in ungarischem Gala-Anzug mit klirrendem Säbel vor ihn hin: Graf Leo Festetics, Baron Paul Banffy, Baron Anton Augusz, Graf Domokos Teleki, Paul von Nyari, der Direktor des Nationaltheaters, und Rudolf von Eckstein, der Stuhlrichter des Pester Komitats. Der Stuhlrichter hielt in seinen Händen auf einem purpurnen Samtkissen den mit Edelsteinen ausgelegten Ehrensäbel.
Leo Festetics trat vor und hielt eine kurze ungarische Ansprache, von der der Gefeierte kein Wort verstand, deren Sinn ihm aber bekannt war. Er benutzte die Zeit dazu, seine vorbereitete Rede schnell nochmals zu durchdenken. Plötzlich trat der Stuhlrichter unter orkanartigen »Eljen«-Rufen auf ihn zu und gürtete ihm den Säbel um. Er legte seine Hand sofort auf den Griff, als ob er schon immer einen Säbel getragen hätte. Nur zitterte seine Hand ein wenig. Und auch die Stimme des vom Lampenfieber todblassen Künstlers bebte, als er nun seine Rede begann. Die Befangenheit dauerte jedoch nur zwei Sätze lang, dann flossen die französischen Worte leicht von seinen Lippen:
»Meine lieben Landsleute – denn hier ist es mir nicht möglich, nur ein Publikum zu sehen –! Den Säbel, den mir soeben die Vertreter eines wegen seines Heldenmutes und seiner Ritterlichkeit allgemein bewunderten Volkes überreicht haben, werde ich mein ganzes Leben lang bewahren als ein meinem Herzen kostbares und teures Gut.
Ihnen aber in diesem Augenblicke, da ich aufs tiefste ergriffen bin, in Wor-

ten auszudrücken, *wie* gerührt und wie dankbar ich Ihnen für diesen Beweis Ihrer wohltuenden Achtung und warmen Zuneigung bin – wahrlich, das vermag ich nicht. Verzeihen Sie mir also, wenn ich darüber schweige, und glauben Sie mir, daß ich alles tun werde, was in meinen Kräften steht, Ihnen hoffentlich bald meine tiefe Dankbarkeit durch Werke und Taten zu beweisen, wie es einem Manne ziemt, der sich rühmen darf, aus Ihrer Mitte hervorgegangen zu sein. Nur einige Worte heute noch zu sagen, möge mir erlaubt sein . . .«

Diejenigen Zuhörer, die der französischen Sprache mächtig waren, riefen: »Weiter, weiter!« Diesen Ruf übernahm das ganze Publikum. Er war überrascht, faßte sich aber sofort und fuhr fort:

»Diesen Säbel, der einst kraftvoll zur Verteidigung des Vaterlandes geschwungen worden ist, wurde zu dieser Stunde in schwache, friedliche Hände gelegt. Ist das nicht ein Sinnbild? Heißt das nicht soviel, meine Herren, als daß Ungarn, nachdem es auf so vielen Schlachtfeldern sich mit Ruhm bedeckt hat, nun die Künste und Wissenschaften, diese Freunde des Friedens, aufruft zu neuen Ruhmestaten? Heißt das nicht, meine Herren, daß heute auch die *Geistes*arbeiter eine edle Aufgabe zu lösen, eine hohe Stellung in Ihrer Mitte einzunehmen haben? Dem Ungarland, meine Herren, darf keine Art des Ruhmes fremd bleiben – es ist dazu ausersehen, an der Spitze der Völker zu schreiten, kraft seines Heldentums *und* seines friedlichen Genius.

Auch uns Künstlern ist der Säbel ein Vorbild, ein leuchtendes Symbol. Edelsteine, Rubine und Diamanten zieren seine Scheide, aber sie sind doch nur Beiwerk, nur glänzende Nebensächlichkeiten.

Die Klinge ist im Innern. Möge so stets in unseren Werken, auch wenn unsere Gedanken sich in tausend seltsame Formen kleiden, wie der Stahl in dieser Scheide, Menschenliebe und Hingebung an das Vaterland wohnen, an das Vaterland, das unser Leben selber ist.

Ja, meine Herren, lassen Sie uns mit allen rechtlichen und friedlichen Mitteln das Werk fortsetzen, an dem wir alle mithelfen müssen, ein jeder nach Kraft und Vermögen!

Und sollte man es je ungerechter- oder gewaltsamerweise wagen, uns am Vollbringen unserer Arbeit zu hindern, nun, meine Herren, wenn es sein muß, so mögen unsere Säbel aus der Scheide fliegen, sie sind noch nicht verrostet! Ihre Streiche werden furchtbar sein wie ehemals, und unser Blut ströme dahin – bis zum letzten Tropfen für unser Recht, für den König und das Vaterland!«

Schwacher Beifall, die Mehrzahl der Zuhörer hatte der französischen Rede nicht folgen können. »Ungarisch!« rief man ihm zu. Da trat von den sechs Herren in ungarischer Galatracht Baron Augusz vor. Er hielt ein Blatt Papier in der Hand, auf dem der französische Text der Rede verzeichnet war. Mit erstaunlicher Gewandtheit übertrug er die Rede aus dem Stegreif ins

Ungarische. Die zündenden Worte verfehlten dann auch ihre Wirkung nicht. Fast hätte man das ganze Theater auseinandergerissen.
Als das Konzert zu Ende war, sah sich der aus dem Gebäude heraustretende Künstler einer dichtgedrängten Menschenmenge gegenüber, aus der hie und da Fackelträger hervorleuchteten. Eine Kapelle spielte einen Marsch. »Eljen«-Rufe ertönten. Liszt bestieg seinen Wagen. Gleichzeitig spannten ihm aber auch schon einige junge Leute die Pferde aus.
»Nein«, sagte Franzi abwehrend, »ich will vor meinen Landsleuten nichts voraushaben. Ich gehe zu Fuß wie sie alle.«
Und er stieg wieder aus. Die ungarischen Magnaten folgten seinem Beispiel. In der grimmigen Januarkälte setzte sich der Fackelzug in Bewegung. Die Szellstraße, wo Festetics wohnte und Franzi zu Gaste war, lag recht weit vom Nationaltheater entfernt. Unentwegt marschierte der Fackelzug die lange Wegstrecke. Die Menschenmenge wurde immer größer, an der Ecke der Gyapjustraße strömte das Publikum gerade aus dem Deutschen Theater und schloß sich ebenfalls an. Der Zug wurde so lang, daß eine Musikkapelle am Anfang und eine am Ende des Zuges zu gleicher Zeit spielen konnte, ohne einander zu stören. Dabei war die Luft ununterbrochen von »Eljen«-Rufen erfüllt. Zweimal stockte der Zug sogar, weil man ihn reden hören wollte. Er hielt also eine Rede in französischer Sprache, obwohl das gar keinen Sinn hatte; denn einmal konnten ihn nur die unmittelbar neben ihm Stehenden hören, und auch die verstanden ihn nicht ganz; zum anderen drängten die hinter ihnen Kommenden den Redner weiter. Es war ein sinnloser, berauschter, unwahrscheinlicher Marsch durch die verschneiten Straßen mit unentwegten »Eljen«-Rufen inmitten schmetternder Musik! Flackernder Fackelschein beleuchtete von Begeisterung verzerrte Gesichter. Er selbst schritt in der Menschenmenge, mit dem Ehrensäbel an der Seite, einher wie ein Traumwandler. Auf der breiten Marmortreppe des Schlosses Festetics hatten sich zu beiden Seiten Fackelträger aufgestellt, als sie dort endlich ankamen. Die Gruppe der Magnaten in ungarischer Galatracht, zwischen ihnen der Gefeierte, schritt sporenklirrend die Treppe empor. Aber noch immer wollte die Begeisterung kein Ende nehmen, die Ovationen schwollen zu einem Orkan an; er mußte abermals einige Worte sprechen.
Auf Bitten der Gräfin Keglevich gab er auch zum Besten der Ofner Blindenanstalt ein Konzert. Die Gräfin war hocherfreut, sie hatte eine Zusage gar nicht ernstlich erwartet. Zwischen Pest und Ofen gab es nämlich noch keine Brücke. Die Schiffsbrücke wurde im Winter stets abgebrochen und die eistreibende Donau mit einem Boot zu überqueren, war ein keineswegs gefahrloses Unternehmen. Aber Franzi nahm es auf sich. Als sich sein Vorhaben herumsprach, schloß sich ihm eine ganze Anzahl Aristokraten an, sogar einige unternehmungslustige Damen. Die Überquerung der Donau war eine eigenartige und umständliche Angelegenheit. Auf dem Eise lagen

Kähne bereit, man nahm Platz und mummte sich vollständig in Pelze und Fußsäcke ein, so daß nur die Nasenspitzen hervorlugten. Dann setzten sich die Schlepper auf der holprigen Eisfläche in Bewegung und zogen die Kähne ruckweise nach der Mitte des Stromes zu. Die Mitte der Donau war nicht zugefroren. Als sie den Rand des Eises erreicht hatten, mußte man die Kähne vom Eis ins Wasser schieben. Das war wieder eine langwierige und heikle Arbeit, die Frauen kreischten meistens dabei. Mit einem Male riß dann der Strom die Kähne glatt und schnell mit sich, die bis dahin wie Schlitten auf dem Eise dahingeholpert waren. Die bisher untätig gewesenen Ruderer mußten sich kräftig in die Riemen legen. In stark schräger Richtung überquerten sie den offenen Teil der Donau und gelangten so bis an die Ofener Eisfläche. Dort begann dann das Schleppen von neuem, die Stricke spannten sich, und die Kähne knirschten auf dem Eis. Endlich hatten die Insassen das Ufer erreicht und konnten aussteigen, die Bootsleute riefen die bereitstehenden geschlossenen Kutschen heran.
Über diese Umständlichkeit war er maßlos verwundert. Er erinnerte sich der vielen und bequemen Brücken über die Seine. Wie war so etwas bloß möglich? Konnte denn nicht schon seit tausend Jahren eine Brücke über die Donau geschlagen sein?
»Ach«, erwiderte Baron Augusz halb ernst, halb lachend, »das ist nur ein tausendster Teil dessen, was wir seit tausend Jahren versäumt haben. Aber nun wird es anders. Hier wird jetzt ungeheure Arbeit geleistet, das Land ist erwacht! Dieser Széchenyi ist ein ganz fabelhafter Mensch. Einzig und allein ihm ist es zu danken, daß nunmehr eine Brücke über die Donau geschlagen wird, und zwar ein wahres Weltwunder, eine Brücke, wie es sie auf der ganzen Welt noch nicht gibt. Wissen Sie, welche Bedeutung so eine Brücke haben kann? Mangels einer solchen sei in der Zeit der Tatareneinfälle fast das ganze Volk zugrunde gegangen. Die Tataren trieben damals die besiegten Ungarn von Sajò her bis unmittelbar an das Pester Ufer. Wenn nun dort eine Brücke vorhanden gewesen wäre, hätten sich die Ungarn über die Donau flüchten und die Brücke hinter sich anbrennen können. So aber sind sie elend zugrunde gegangen.«
Franzi hörte gespannt zu, verstand aber nicht sehr viel davon. Er konnte sich nur ganz dunkel erinnern, daß sich einst irgendwo ein Tatarenkrieg abgespielt hatte. Ob das jedoch im zwölften oder fünfzehnten Jahrhundert gewesen war, das wußte er nicht – er, der Vielbelesene mit dem wunderbaren Gedächtnis, der selbst die unbedeutendsten Einzelheiten der französischen Geschichte gut kannte . . . Bei solchen Gesprächen schämte er sich und nahm sich energisch vor, die Geographie und Geschichte seiner Heimat gründlich zu studieren. Von früh bis abends fühlte er sich schuldbeladen und undankbar, dabei wurde die Rechnung mit jeder Stunde eines jeden Tages größer; denn die Zeichen der Begeisterung und Verherrlichung seiner Person wuchsen ins Unfaßbare. Sogar öffentlich bekränzt wurde er! Aus

den Reihen der Zuhörer trat meistens eine ungarische Dame hervor und legte einen Lorbeerkranz auf das Haupt des Künstlers. Geschmückt mit diesem Kranz saß er dann unter den anderen.
Er gab noch ein Konzert zugunsten einer zu gründenden Musikakademie in Pest, ein zweites zur Unterstützung des in Not geratenen Violinkünstlers Taborszky; dann veranstaltete er noch ein Abschiedskonzert und überquerte abermals die eistreibende Donau, um von der Ofener Seite aus nach Preßburg zu gelangen. Auf vierundzwanzig Stunden machte er in Györ halt, gab dort ein Konzert, und dann begleitete ihn Graf Esterhazy nach Preßburg. Hier war er bei dem Grafen zu Gaste und verschob seine Abreise von einem Tag auf den anderen. Der tägliche reizvolle gesellschaftliche Verkehr, die Liebenswürdigkeit, die ostentative Freundschaft von Stefan Széchenyi, Ludwig Batthyány, Stephan Bezerédj und vielen anderen hatte ihn so hingerissen und ergriffen, daß er sich am liebsten hier, inmitten des begeisterten Taumels des in der Galatracht prunkenden ungarischen Reichstages, für ewig niedergelassen hätte, wenn er dazu in der Lage gewesen wäre. Doch er mußte weiter, die Vernachlässigung seiner bereits abgeschlossenen Verträge hätte zuviel Geld gekostet.
Abermals schlug er sein Hauptquartier in Wien auf und gab auch dort ein Konzert. Dann fuhr er für einen Tag nach Brünn und kam auch gern einer Einladung der Ödenburger nach. Mit Rührung sah er sich in der kleinen Stadt seines ersten Konzerts um. Seine Seele war übervoll von Erinnerungen aus seiner Kindheit. Mitten aus der Ödenburger Begeisterung heraus fuhr er in seinen Geburtsort Raiding. Das kleine Dorf erwartete seinen weltberühmten Sprößling in vollem Festschmuck. Liebenswürdige, eifrige ungarische Herren hatten diesen Besuch vorbereitet, um ihn so feierlich wie nur möglich zu gestalten. Graf Leo Festetics und Baron Anton Augusz begleiteten ihn auf dieser Reise. Schon auf halbem Wege setzte der Empfang an. Eine Schar Raidinger Burschen ritten ihm entgegen, nahmen den Wagen in ihre Mitte und begleiteten ihn so als berittene Leibwache ins Dorf. Am Rande des Ortes erwartete ihn eine Abordnung. Und wer stand in ihrer Mitte, vor Aufregung ungeduldig von einem Fuß auf den anderen tretend? Wahrhaftig und allerhöchstpersönlich Herr Kaplan Rohrer, der einstige Onkel Rohrer, inzwischen Plebanus geworden, wohlbeleibt und mit ergrautem Haar, aber unverkennbar der alte. Neben ihm Unbekannte, der jetzige Richter und die Mitglieder des Gemeinderates. Franzi stieg in seiner nagelneuen ungarischen Galatracht, mit dem Ehrensäbel umgürtet, aus der Kutsche, zögerte nicht einen Augenblick und fiel dem guten alten Onkel Rohrer um den Hals. Sie küßten sich auf beide Wangen. Dann schob ihn Hochwürden mit ernstem Gesicht von sich, um eine Ansprache an ihn richten zu können. Zum Glück war sie kurz. Auch Franzi antwortete kurz. Hinter der Abordnung drängten sich hundert und aber hundert, Männer und Frauen, junge und alte, das ganze Dorf. Nach den Ansprachen begaben sich

alle in die Kirche und wohnten einer Messe bei. Der größte Teil der Menge mußte außerhalb des Gotteshauses bleiben, das während der zwanzig Jahre auffallend baufällig geworden war. Nach der Andacht gingen sie ins Gemeindehaus. Franzi streute das Geld mit vollen Händen aus. Er schenkte einen großen Betrag für die Armen und ließ für alle Dorfbewohner ein Fest rüsten. Er bewirtete ganz Raiding. Die braven Dörfler kamen nacheinander zu ihm hin, nannten ihre ihm längst entfallenen Namen, erinnerten ihn an alte Begebenheiten, streichelten staunend sein Gewand und betasteten neugierig die Edelsteine des Säbels. Er stand gerührt unter den zum Spiel der Blechmusikanten Tanzenden und dachte mit unbeschreiblicher Wehmut an den weiten, weiten Weg, den er zurückgelegt hatte, seit der Leiterwagen damals mit ihm von hier in die Welt fuhr . . . Sie suchten auch sein Geburtshaus auf.

»Man müßte es kaufen«, sagte Augusz, »damit es der Nation gehört.«

»Ausgezeichneter Gedanke«, pflichtete Festetics bei, »man brauchte bloß mit den Esterhazys einmal zu sprechen.«

Franzi hörte nicht. Er beachtete auch sein Geburtshaus nicht weiter. In sich versunken, schloß er die Augen und beschwor das Zimmer herauf, an dessen Wand Beethovens Bild gehangen hatte. In seiner Kindheit hatte er einmal gesagt, daß er »so einer« werden möchte, wenn er groß sei. Jetzt war er erwachsen, war nicht mehr weit vom dreißigsten Lebensjahre entfernt – und doch noch so weit von Beethoven! Ob er ihn je erreichen würde?

Als er nach Wien zurückkehrte, erwartete ihn dort unter anderem die Nachricht, daß die Zensur die Veröffentlichung seiner Rákóczi-Marsch-Bearbeitung verboten hatte. Von ungarischer Geschichte wußte er wenig. Von den derzeitigen politischen Strömungen verstand er noch weniger. Den Sinn dieses Verbotes begriff er jedoch. Die Dynastien schätzen im allgemeinen die übermäßige Freiheit ihrer Untertanen nicht allzusehr. Die Regierungen der gemischt bevölkerten Länder lieben die Betonung des nationalen Bewußtseins ihrer einzelnen Völker erst recht nicht. Sein Rákóczi-Marsch, wenn ihm auch kein Text zugrunde lag, bedeutete eben Freiheit und Ungartum . . . Die Zensur löste in ihm, wie jeder gewaltsame Druck, einen heftigen Gegendruck aus. Das in seinem Herzen gerade wiedererwachte Nationalbewußtsein loderte dadurch noch höher auf. Und steigerte sich noch mehr durch ein weiteres Erlebnis. Anläßlich seines letzten Konzertes in Pest hatte sich ein gutgelaunter Mann auf einem der einzusammelnden Wunschzettel einen Spaß erlaubt, als der Künstler programmgemäß am Klavier nach den vom Publikum gewählten Themen improvisieren mußte. Franzi lächelte über den Scherz und hielt das Zettelchen über die Flamme eines Kerzenleuchters. Da erschien aus irgendeiner unbekannten Quelle in tschechischen, ja sogar auch in deutschen Blättern die Notiz, »daß Liszt in seinem fanatischen Ungartum alle Zettel, auf die die Zuhörer ein deutsches oder slawisches Motiv geschrieben hatten, ostentativ verbrannt

habe«. Von einem wilden tschechischen Chauvinisten, dessen Name unleserlich geschrieben war, bekam er sogar einen Brief: der Tscheche zog ihn in strengem Tone wegen der dem tschechischen Volke zugefügten Beleidigung zur Verantwortung und drohte mit einer Duellforderung. Dieses kleine Presseabenteuer aber rief nun auch seinen Trotz wach. Er fühlte sich jetzt erst recht als draufgängerischer Ungar, wilder als irgendein fanatischer Madjar der Preßburger Opposition.
Unter seinen unzähligen Briefschaften tauchte oft auch Maries Handschrift auf. Sie berichtete ihm von dem Leben in Paris. Über die Kinder schrieb sie nicht allzuviel, weil sie ja von der Großmutter gepflegt und erzogen wurden und die Mutter sich nur wenig um sie kümmerte. Um so mehr schrieb Marie aber von den alten Bekannten. Vor allem über George Sand. Ihre Freundschaft war erkaltet. Die Äußerungen, die die eine über die andere machte, hatten einen häßlichen, unangenehmen Klatsch zur Folge. Sie trennten sich zwar nicht vollständig, aber in Maries Briefen stand zwischen den Zeilen zu lesen, daß das früher oder später doch erfolgen würde. Sie kam jetzt schon nur noch selten mit George zusammen. Ihr Umgang war ein anderer geworden. Zur Zeit machte ihr Sainte-Beuve den Hof im Wettkampf mit einem englischen Diplomaten namens Bulwer, und eines schönen Tages bat Marie in einem oberflächlich hingeworfenen Nebensatz ihren Geliebten um Erlaubnis, ihm untreu werden zu dürfen.
»Sie bitten mich um die Erlaubnis zu einer Untreue!« erwiderte er ihr. »Liebe Marie, Sie sagen mir aber keinen Namen, ich vermute, daß es Bulwer ist. Doch kommt es darauf nicht an. Sie kennen meine Art, derartige Ereignisse zu betrachten. Sie wissen, daß mir Tatsachen, Gesten und Handlungen nichts bedeuten, Gefühle, Gedanken, Schattierungen, besonders Schattierungen, alles. Ich will und liebe es, daß Sie immer Ihre ganze Freiheit haben; denn ich bin überzeugt, daß Sie diese stets vornehm, behutsam gebrauchen werden, bis zu dem Tage, wo Sie mir sagen werden: dieser oder jener Mann hat kraftvoller gefühlt, inniger verstanden als Sie, was ich bin und sein kann; bis zu diesem Tage wird von Untreue nicht die Rede sein und nichts, durchaus nichts wird sich zwischen uns ändern. Dieser Tag aber, erlauben Sie mir, das zu sagen, wird nicht kommen und kann nicht kommen, ich bin davon zumindest und zutiefst überzeugt. Wenn es Ihnen ein Bedürfnis oder ein Vergnügen oder einfach eine Zerstreuung ist, mir von Bulwer zu erzählen, so tun Sie es; es wird mir eine schmeichelhafte Freude sein, wenn nicht, werde ich nie mehr ein Wort darüber verlieren.«
Marie schrieb: »Was Sie mir über die Erlaubnis zur Untreue sagen, zeigt viel Herz und erfüllt mich mit Achtung für Sie, obgleich diese Art zu fühlen mir immer unbegreiflich bleiben wird . . . Sie haben richtig geraten, daß es sich um Bulwer handelt. Ich glaube, daß weder Sie noch ich über ihn zu klagen haben werden. Er ist ein Mann und kein Kind.«
Die Antwort Franzis: »Wenn Bulwer der Mann ist, solche Dinge zu verste-

hen . . . werde ich nur Ihr Bruder sein. Dieser Gedanke widerstrebt mir nicht . . . aber Sie müßten seiner sehr sicher sein, sonst wäre es eine widersinnige Albernheit.«

Die Frage der Untreue spielte in ihren Briefe eine vollkommen nebensächliche Rolle. Viel ausführlicher schrieben sie sich über ihre täglichen Erlebnisse, über Bekannte und Klatsch. Franzi wußte nunmehr, daß Marie ein Liebesverhältnis mit Bulwer eingegangen war. Der Gedanke, daß ein anderer Mann die schöne Frau in seinen Armen hielt, erregte ihn gar nicht. Mehr als sechs Jahre waren seit dem ersten Kuß im Park des Schlosses von Croissy vergangen. Er erinnerte sich flüchtig dieser Szene und verweilte einen Augenblick in seinen Gedanken bei diesem unwiederbringlichen Erlebnis. Er zuckte die Achseln und dachte schon nicht mehr an das Ganze. Ihn nahm die Namensliste außerordentlich in Anspruch, die er jetzt zusammenstellte; denn er gab zu Ehren seiner Wiener Freunde ein großes Diner. Die Einladungen versah er eigenhändig mit der Anschrift: Graf Stefan Széchenyi, Fürst Hermann von Pückler-Muskau, Fürst Friedrich von Schwarzenberg, Graf Rudolf Apponyi jr., Graf Georg Apponyi, Graf Franz Hartig, Baron Karl Reisach, Graf Nikolaus Esterhazy, Graf Paul Esterhazy . . . Bei diesen Namen hielt er inne, schloß die Augen und legte den Kopf in den Nacken. Ihm fiel ein, wie sein Vater einst vor der durch Raiding fahrenden Esterhazyschen Kutsche barhäuptig gedienert hatte . . .

VIERZEHNTES KAPITEL

Angenehme Dinge ereignen sich oft gleichzeitig. Unangenehme auch. Nach dem Rausche all der Feste, Triumphe und Huldigungen war es mit einem Male, als hätte man das Ganze durchgeschnitten. Als ob ein geheimer Zusammenhang der Geschehnisse ihm zeigen wollte, wie gut er es zu Hause habe und wieviel Widerwärtigkeiten ihm begegnen müßten, sobald er seinen Fuß aus seiner Heimat setzte.

In Dresden, wohin er von Wien reiste, ging noch alles gut. Schumann kam aus Leipzig herüber, um ihn kennenzulernen. Sie fanden großen Gefallen aneinander und unterhielten sich stundenlang über die neuen Wege in der Musik, wenn man es als Unterhaltung bezeichnen darf, daß Franzi mit lebhaften Gesten und sprudelndem Redeschwall seinen Standpunkt schwungvoll darlegte und der schweigsame Schumann wortlos und nachdenklich neben ihm saß. Der revolutionäre Musiker machte einen nachhaltigen Eindruck auf ihn. Aus dem flackernden Blick seines klaren Gesichtes, seinen rührenden linkischen Bewegungen sprach eine geheimnisvolle Zerstreut-

heit, eine seltsame, träumerische Versunkenheit in eine andere Welt, wie man das an ganz besonders feinsinnigen und empfindsamen Menschen oft beobachten kann.
Das Dresdner Konzert verlief ebenfalls noch glänzend. Das Publikum war ganz hingerissen, und die Kritik feierte ihn mit begeisterten Worten. Schumann selbst schrieb: »So rief ihm denn die ganze Versammlung bei seinem Eintritt begeistert zu, worauf er anfing zu spielen. Nun entfachte der Dämon seine Kräfte; als ob er das Publikum prüfen wollte, spielte er erst gleichsam mit ihm, gab ihm dann Tiefsinnigeres zu hören, bis er es mit seiner Kunst, gleichsam jeden einzelnen, umsponnen hatte und nun das Ganze hob und schob, wie er eben wollte. Diese Kraft, ein Publikum für sich zu gewinnen, es zu heben, zu tragen und fallen zu lassen, mag wohl bei keinem Künstler, Paganini ausgenommen, in so hohem Grade anzutreffen sein. In Sekundenfrist wechselt Zartes, Kühnes, Duftiges, Tolles: das Instrument glüht und sprüht unter seinem Meister. Es ist nicht mehr Klavierspiel dieser oder jener Art, sondern Aussprache eines kühnen Charakters überhaupt, dem zu herrschen, zu siegen das Geschick einmal statt gefährlichen Werkzeuges das friedliche der Kunst zugeteilt.«
In Leipzig war alles plötzlich zu Ende. Franzi hatte jetzt einen Impresario, einen sehr streitsüchtigen, aber auch außerordentlich geschickten und erfinderischen Mann, namens Belloni, der dauernd unterwegs war. Und nun machte dieser Belloni trotz seiner sonstigen Geschicklichkeit bei der Vorbereitung des Leipziger Konzertes ein paar arge Fehlgriffe. So unterlief ihm in den Pressebekanntmachungen die unglückliche Redewendung, daß es für Leipzig eine große Ehre sei, Liszt in seinen Mauern begrüßen zu dürfen. Daneben setzte er die Eintrittspreise auf das Doppelte der sonst in Leipzig üblichen Preise fest. Schon das erzürnte die verwöhnten und selbstbewußten Leipziger. Zu alledem gesellte sich noch ein nicht zu unterschätzender Feind, der Vater von Clara Wieck, ein alter Musikprofessor, der Schumann haßte und mit ihm alles verurteilte, was dieser lobte. Der erboste Musikprofessor übermittelte deshalb von vornherein der Presse allerlei feindselige und aufreizende Mitteilungen. Und endlich ging Belloni in seiner Geldgier so weit, der Presse die Freikarten zu versagen.
Franzi fiel direkt durch. Frostige Gleichgültigkeit empfing ihn, kaum eine Hand rührte sich zum Beifall. Er hatte das Gefühl, als ob alles um ihn ins Wanken geraten wäre. Anderntags blätterte er die Zeitungen durch und wurde blaß über die unglaublichen Berichte. Sein Mißerfolg machte ihn krank. Er legte sich zu Bett und verschob sein zweites Konzert. Schumann kam, um ihn zu trösten – umsonst. Die alten, guten Freunde Hiller und Mendelssohn ließen ihn auch jetzt nicht im Stich und verweilten stundenlang an seinem Bett – vergeblich, sie vermochten seine Lebensgeister nicht anzuregen. Franzi schämte sich, daß ihn der Mißerfolg so in die Knie gezwungen hatte, und behauptete, sich erkältet zu haben. Einige Tage blieb

er noch im Bett, unterdessen versuchten die Freunde alles mögliche, um die Stimmung der auf die Tradition ihres Gewandhauses pochenden Leipziger zu beeinflussen. Einigermaßen gelang das auch. Beim zweiten und dritten Konzert spendete man bereits starken Beifall. Das war aber längst nicht genug Balsam auf die Wunde des jungen Löwen. Die giftige Spitze des Pfeiles blieb gleichsam im Fleisch stecken. Lange Zeit vermochte er die schmerzliche Verwunderung darüber, daß selbst er durchfallen könne, nicht zu überwinden.

Auch in Paris erwarteten ihn nichts als Unannehmichkeiten. Seine geheime Hoffnung, der Liebe zwischen Marie und Bulwer seinen Segen erteilen zu können, zerrann schon am ersten Tage. Das Wiedersehen mit Liszt brachte Marie fast um den Verstand. Neben dem braven Durchschnittsmenschen stand der weltberühmte, bezwingende Mann, und sie zögerte nicht einen Augenblick mit ihrer Entscheidung. Ungestüm warf sie sich in die Arme ihres einstigen Geliebten. Franzi umschlang die ihm innerlich vollständig gleichgültig gewordene Frau, die inzwischen schon einem anderen gehört hatte, der *er* aber keine Vorhaltungen machen durfte . . .

Die französischen Zeitungen waren voll von gehässigen Anspielungen. Man zeichnete Karikaturen von ihm mit dem Ehrensäbel. Man verfaßte Spottgedichte und verhöhnte den Säbel. Anfänglich wollte er persönlich in jeder Redaktion vorsprechen, um zu erklären, daß die Franzosen die symbolische Bedeutung dieses Säbels mißverstanden hätten. Davon mußte er jedoch Abstand nehmen, denn dann hätte er von früh bis abends nichts anderes tun können, als Erklärungen abgeben. In den Zeitungen erschien sogar eine Mitteilung, wonach er und einige andere berühmte Musiker bei der französischen Regierung um die Verleihung des Kreuzes der Ehrenlegion nachgesucht hätten. Aufgebracht gab er bekannt, daß er sich zwar über die Auszeichnung sehr freuen würde, aber viel zu stolz sei, darum zu bitten. Zur selben Zeit erhielt er aus Ungarn die Nachricht, daß seine Nobilitierung abgelehnt war. Kaiser Ferdinand, besser gesagt die Umgebung des Kaisers, versagte die Zustimmung, da man den Adel nur für militärische oder für Verdienste im öffentlichen Leben zu verleihen pflege. Die Musik sei jedoch kein Verdienst im öffentlichen Leben . . .

Liszt fühlte sich wie zusammengebrochen, war lustlos, mürrisch und außerstande, zu arbeiten. Er sehnte sich geradezu nach dem Tode. Dann wurde es Gott sei Dank wieder anders, und neue Freuden lachten ihm.

Seine Konzerte in Paris verliefen einfach glänzend. Frauen wurden vor Aufregung ohnmächtig. Handschuhe, die er auf dem Klavier ablegte, wurden von heraufstürzenden Schwärmern weggenommen und in tausend Stücke gerissen, damit jeder ein Fetzchen als Erinnerung behalten konnte. Seine Würdigung von Paganini erregte in literarischen Kreisen großes Aufsehen. Er nahm darin Stellung zu den Pflichten der Virtuosität und den Geboten des Geschmackes, die von der Technik nicht überschritten werden dürften. Der letzte Satz des Artikels wurde zu einem geflügelten Wort: »Génie oblige – Begabung verpflichtet.« Keiner ahnte, daß dieser Ausspruch von dem Stolz diktiert war, der sich vor der eitlen Enttäuschung über den versagten Adelsbrief in das kraftvolle Selbstbewußtsein seiner Begabung geflüchtet und das Gebot »Noblesse oblige« auf seine Verhältnisse abgewandelt hatte . . .

Die drei Kinder wohnten bei Großmutter Liszt, die ihre Enkel richtig anbetete. Tausend kleine Geschichten konnte sie dem Vater von ihnen erzählen, wenn er sie besuchte, um mit den Kleinen zu spielen. Alle drei entwickelten sich sehr gut, sie waren gesund, lieb und immer fröhlich. Ihre ganze Welt war die Großmutter; ihre Mutter bekamen sie wochenlang, ihren Vater monatelang nicht zu Gesicht.

»Die armen kleinen Waisen!« entfuhr es einmal Mutter Liszt, als ihr Sohn zu Besuch war.

»Tatsächlich, Waisen«, erwiderte er ruhig und gar nicht beleidigt, »eine Mutter habe ich ihnen wirklich nicht gegeben! Aber dafür besitzen sie die liebste und beste Großmutter! Denken Sie doch, daß es Ihre Kinder sind. Statt meiner, der ich aus dem Nest geflogen bin.«

»Wie lange bleibst du jetzt hier?«

»Ich muß schon wieder weg. Erst nach London, von dort nach Brüssel, dann nach Baden-Baden, Wiesbaden, Ems und Frankfurt.«

»Was für ein Leben! Du überarbeitest dich! Das hältst du nicht mehr lange aus!«

»Was soll ich machen? Ich brauche Geld. Marie gibt unheimlich viel aus.«

Die Mutter preßte die Lippen hart aufeinander. Und er wußte, welche Worte diese zusammengepreßten Lippen verschwiegen: ›Hast du eine Gräfin nötig gehabt?‹ Aber keines sagte einen Ton. Franz schämte sich. Nicht, weil er sein Leben an Maries Leben geknüpft hatte – das hatte wohl so sein müssen, und wenn er diese sieben Jahre von vorn beginnen müßte, er würde wohl genau wieder so handeln. Aber er schämte sich vor der sauberen Schlichtheit und der reinen Kraft seiner Mutter. Er lebte jetzt mit Marie in einem teuren Hotel, in dem sie sich eine ganze Zimmerflucht hatten einrichten lassen. Sinnlos vergeudeten sie das Geld; besonders für Kleider, Parfüm und hundert andere unnütze Kleinigkeiten verschwendete Marie Unsummen. Und diese alte Frau erzog die Enkel der Frankfurter Millionärin in einer engen kleinen Wohnung. Sie feilschte wegen zwei Sous eine halbe Stunde lang beim Fleischer und lief ihre alten Füße wund, um die Omnibuskarte zu sparen. Sie brauchte mit den drei Kleinen in einem Monat soviel, wie die reiche Marie an einem einzigen Tage ausgab. Deswegen schämte sich Franz so maßlos vor seiner Mutter. Aber davon sprach er nicht. Er küßte sie und die Kinder, dann ging er wieder fort, um abermals monatelang nicht zurückzukommen . . . Um immer wieder in einer rüttelnden Postkutsche und in schlaflosen Nächten in kahlen Hotelzimmern an seine seßhaften Freunde zu denken, an den neben George Sand dahinsiechenden, immer ätherischer und durchgeistigter werdenden Chopin ... an den im trauten Heim mit unerschütterlichem Glauben und leidenschaftlicher Hingabe komponierenden Berlioz ... an Victor Hugo, der sich in eine wunderschöne, kleine Schauspielerin unsterblich verliebt und um ihretwillen blindlings sein Heim aufgegeben hatte ... an Sainte-Beuve, der infolgedessen endlich die seit Jahren qualvoll ersehnte Gunst der Frau Hugo gewonnen hatte ... an Musset, der in grenzenlosem, unstillbarem Schmerz um George zum Trinker geworden war.

Sein kreuz und quer durch Europa führendes Zigeunerleben brachte ihm ab und zu neue Freunde. In Brüssel lernte er einen interessanten, auffallend hübschen jungen Mann, den Fürsten Lichnowsky, kennen. Dieser junge Aristokrat, ein Verwandter des durch Beethovens Widmungen unsterblich gewordenen Lichnowsky, bot in seinem Wesen ein seltsames Gemisch von bezwingender Liebenswürdigkeit, unglaublichem Leichtinn, ständiger innerer Unruhe, rückhaltloser Zärtlichkeit und Wildheit. Den berühmten Künstler überschüttete er sogleich mit stürmischen Geständnissen seiner schwärmerischen Zuneigung. Innerhalb weniger Tage gewannen sie einander so lieb, daß sie, wie Kastor und Pollux, ewig zusammenbleiben wollten. Als Franzi aus Brüssel nach Paris zurückkehren wollte, nötigte er den Fürsten, um jeden Preis mit ihm zu kommen. Der hatte aber keinen einzigen Franken in der Tasche. Er besaß zwar ausgedehnten Grundbesitz und ein schönes Schloß, durch seine Lebensweise geriet er jedoch ständig in Geldverlegenheiten. Franzi nötigte ihm ein Darlehen auf, er hatte ja genug Geld; das konnten sie getrost zu zweit verbrauchen. Von da ab wurde Fürst Felix zu seinem getreuen Schatten.

In Paris erhöhte Franzi das Darlehen auf zehntausend Franken. Lichnowsky schwamm in Seligkeit, vergeudete das Geld und glänzte. Er eroberte alle auf den ersten Blick. Seine männliche Schönheit wurde in Paris schnell bekannt, neben Franzis sprichwörtlicher Blondheit war er der »beau brun«. Er spendete bei den Konzerten den stärksten Beifall, er verkündete in jeder Gesellschaft aufs eifrigste Franzis Ruhm; er schickte Marie Blumen, gewann die drei Kinder mit Leckereien und mit überschwenglichem Lob für ihren Sohn sogar auch Mutter Liszt. Dann mußte Franzi nach London reisen und der Fürst nach Spanien, weil die zehntausend Franken ausgegeben waren. Er hoffte, sich dort als Freund der karlistischen Partei Geld verschaffen zu können.

In London erwartete Franzi der Salon der Lady Blessington und der des Grafen D'Orsay. Lady Blessington war Londons George Sand, allerdings mit dem Unterschied, daß ihre Begabung wesentlich geringer, ihr Salon dafür aber um so größer war. Die englische Aristokratie hatte sich zwar langsam von diesem Salon zurückgezogen; da aber dort viele interessante Gestalten aus der Künstlerwelt anzutreffen waren, fanden sich auch einige

Earls, Viscounts, Lords und Baronets, ja sogar einige Ladies, die, wie von einer verbotenen Frucht naschend, diese Empfänge mitmachten, nicht ganz so interessant wie die ständigen Besucher, aber von besserem Ruf. Franzi wurde der Löwe beider Salons, man nannte ihn auch: »The pianolion.«
Aber auch in den Häusern des Hochadels, die mit Künstlern sonst keinen Verkehr pflegten, empfing man ihn, und nachdem er eine Einladung an den Hof bekommen und vor der in jugendlicher Schönheit erstrahlenden Königin Viktoria gespielt hatte, ja von ihr sogar durch eine längere Audienz ausgezeichnet worden war, öffneten sich ihm die Tore auch der konservativsten Häuser. Zum Wochenende lud man ihn auf ländliche Schlösser ein, sieghaft genoß er das Leben auf dem Gipfel des Erfolges. Von der Zeit an sehnte er sich immer wieder nach London zurück.

In Ems spielte er vor der dort zur Erholung weilenden Zarin, die ihn mit einem Brillantring beschenkte und nach Rußland einlud. In Hamburg gab er sechs Konzerte mit überwältigendem Erfolg. Überall Triumphe, eine begeisterte Presse und Frauen, Frauen und abermals Frauen! Er sehnte sich aber immer wieder nach London zurück. Und nach Lichnowsky, den er gern wieder bei sich haben wollte. Der Fürst konnte ihn aber nicht begleiten, dafür begleitete ihn Marie auf seiner zweiten Reise nach London. Vergeblich hatte er versucht, ihr abzuraten. Franzi wußte genau, aus manchen Gründen sogar nur allzu genau, daß das kein gutes Ende nehmen würde. Er wagte auch einige Bemerkungen darüber, daß die Steifheit Londons und die Unerbittlichkeit der dortigen gesellschaftlichen Anschauungen für eine Frau in so heikler Lage verhängnisvoll werden könnten. Zuerst widersprach ihm Marie, dann machte sie ihm eine Szene, endlich bekam sie einen Weinkrampf – Franzi gab nach. Sie reisten zusammen nach Englands Metropole. Marie verfolgte ihre eigenen Pläne. Sie baute auf Lady Blessington. Von Bulwer hatte sie ein Empfehlungsschreiben für sie und war sehr stolz, nicht auf den Nimbus ihres weltberühmten Geliebten angewiesen zu sein. Ihrer Sache war sie ganz sicher. Sie stiegen in verschiedenen Hotels ab, denn schließlich war sie ja noch immer die Gräfin D'Agoult. Der Pariser Klatsch schien von hier aus in so weiter Ferne zu liegen . . .

Aber schon am dritten Tage fand Franzi Marie weinend in der Vorhalle des Hotels. Lady Blessington hatte auf ihren Empfehlungsbrief überhaupt nicht geantwortet. Da Marie der Meinung war, daß hier nur ein Mißverständnis vorliegen könnte, ließ sie sich bei der Lady melden. Die Dame ließ jedoch einfach sagen, daß sie außerordentlich bedaure, die Gräfin nicht empfangen zu können, da sie sich nicht wohlfühle.

»Das hat mir diese verrufene Frau angetan, dieses große Nichts, diese talentlose Person . . .«

Franzi antwortete nicht, holte einen Brief aus seiner Tasche und legte ihn vor Marie hin. Es war eine Einladung. Lady Blessington bat Mister Franzis Liszt, anderntags sechs Uhr bei ihr zu dinieren.

»Gehen Sie hin?« rief Marie entsetzt.
»Ich werde nicht hingehen, ich werde absagen. Ich mache Sie aber darauf aufmerksam, daß ich dieses Gebaren hier nicht aufrechterhalten kann. Ein Künstler vermag in London das Haus der Lady Blessington nicht zu entbehren. Das ist eine geschäftliche Erwägung. Als ich letztens hier war, hat *sie* mir die Erfolge meiner Konzerte in der Gesellschaft vorbereitet.«
»Franzi, wenn Sie ohne mich hingehen, weiß ich nicht, was ich tue.«
»Ich bedaure Sie aus ganzem Herzen, Marie, diese kleine Lektion verdienen Sie aber. Sie hätten mich um Rat fragen müssen und durften nicht so leichtfertig nach Ihrem Kopf handeln. Wenn Sie einmal mit nach London gekommen sind, hätte ich schon einen Weg gefunden, die größten Schwierigkeiten aus der Welt zu schaffen. Jetzt müssen Sie aber wissen, woran Sie sind.«
»So? Das werden wir ja sehen. Reden wir nicht mehr davon, ich habe noch andere Trümpfe. Ich werde es schon Ihnen und der Lady Blessington zeigen. Diese Bestie!«
»Seien Sie nicht ungerecht, und denken Sie ein wenig nach. Lady Grosvenor oder Lady Mountbatton können es sich leisten, Sie einzuladen. Ihre gesellschaftliche Position ist unantastbar. Lady Blessington aber muß hundertmal mehr aufpassen. Was sind im übrigen Ihre sogenannten Trümpfe?«
»Überlassen Sie das nur ruhig mir. Wohin gehen wir jetzt?«
»Ich begleite Sie ins Britische Museum, wo Sie den ganzen Vormittag verbringen können. Ich habe einiges Geschäftliche zu erledigen. Punkt ein Uhr erwarte ich Sie am Eingang des Museums, dann gehen wir frühstücken.«
»Soll ich den ganzen Vormittag allein im Museum verbringen?«
»Das tut mir leid, liebe Marie, ich habe es Ihnen aber gleich gesagt, daß ich nicht nach London komme, um mich zu zerstreuen.«
Marie schluckte ihre Verstimmung nieder. Sie verbrachte den ganzen Vormittag allein im Museum. Von den Einladungen sprach sie nicht wieder. Nach zwei Tagen erfuhr Franzi, worin der Trumpf Maries bestanden hatte. Es war beim Grafen D'Orsay. Der Graf empfing ihn mit auffallender, ja sogar verdächtiger Liebenswürdigkeit. Dann schickte er sich an, ihm das Unangenehme zu eröffnen.
»Hören Sie mal, old chap, ich muß eine sehr heikle Sache mit Ihnen besprechen. Ich habe einen Brief erhalten, in dem mir mein Bekannter Bulwer die Gräfin D'Agoult unter ihrem schriftstellerischen Decknamen Daniel Stern empfiehlt. Ich stehe zu Ihnen in einem so aufrichtigen Freundschaftsverhältnis, daß ich wohl keine Umschweife zu machen brauche. Wenn ich Sie daran erinnern darf, war ich es, der Ihnen bei Ihrem letzten Londoner Aufenthalt dazu verholfen hat, vor Ihrer Majestät der Königin Viktoria spielen zu dürfen. Versuchen Sie deshalb bitte, der Gräfin, die meine Frau und ich schätzen, von einem Auftauchen in der Londoner Gesellschaft abzuraten. Diese Stadt mit ihren Scheinsitten muß man nehmen, wie sie ist. Der Gräfin könnte schmerzliche Unbill widerfahren, und ich möchte sie, wenn auch als

unbekannter Verehrer, und auch als Ihr wahrer Freund, vor bitteren Enttäuschungen bewahren.«
Das war deutlich genug. Franzi durfte nicht länger zögern. Graf D'Orsay durfte keinesfalls sein Feind werden; denn wenn er sein erstes Konzert bei Hofe zustande bringen konnte, so vermochte er es auch, das zweite zu vereiteln. Mit Lady Blessington mußte man ebenfalls vorsichtig verfahren, weil sie großen Einfluß auf die gesamte Musikkritik besaß. Er versuchte also, sich in Güte mit Marie auseinanderzusetzen. Er fing sehr feinfühlig an, denn an den Umständen, die Marie in London unmöglich machten, fühlte er sich selbst schuldig. Liszt versuchte ihr klarzulegen, daß sie sowohl sich selbst als auch seiner Karriere schade, wenn sie noch immer Unmögliches mit Gewalt durchzusetzen versuche. Aber Marie ließ nicht locker. Sie hatte angeblich noch weitere Trümpfe. Durch Diplomaten, die ihren Bruder Maurice und dessen Frau, die Herzogin Montesquieu-Fézensac, noch aus seiner Londoner Dienstzeit kannten, versuchte sie sich Geltung zu verschaffen. Sie fand auch eine oder zwei Familien, die selbst irgendeinen Schönheitsfehler aufwiesen und glaubten, sich etwas freier verhalten zu dürfen. Das war nun aber noch viel schlimmer, als wenn ihr nichts gelungen wäre. Franzi und Marie begannen getrennte Wege zu gehen. Immerfort mußte er Anspielungen über die unmögliche Gesellschaft der Gräfin D'Agoult hören. Die bloße Anwesenheit Maries hatte ihm im übrigen schon sichtlich geschadet. Die Türen der besten und einflußreichsten Häuser verschlossen sich vor dem Manne, der seine Geliebte offiziell nach London gebracht hatte. Die Einladung an den Hof ließ immer länger auf sich warten, bis endlich zur Gewißheit wurde, daß sie diesmal überhaupt nicht erfolgen werde.
Da besprach er sich abermals mit Marie, um zu retten, was noch zu retten war. Nach großen Schwierigkeiten einigte er sich endlich mit ihr, nach Richmond überzusiedeln. Das sei ein wunderbarer Ort, ruhig und vornehm, für ihre mitgenommenen Nerven sehr wohltuend. Er würde seine Zeit zwischen Richmond und London teilen.
Diese Lösung kam aber schon zu spät. In den einflußreichsten Häusern mied man ihn, seine Konzerte wurden von den führenden Persönlichkeiten kaum noch besucht und galten nicht mehr als unversäumbare Ereignisse. Belloni, bisher nur an ausverkaufte Häuser gewöhnt, raufte sich die Haare. Franzi wurde nervös und beinahe wieder krank; geringer Erfolg brachte ihn stets über Gebühr aus der Fassung.
Einmal begleitete er Marie von Richmond aus zu einem Rennen in Ascot. Sie begegneten unzähligen Bekannten, die ihm alle zuwinkten, aber, sobald sie Marie erblickten, nicht zu ihm hinkamen. Dieses Vorkommnis sprach zur Genüge für sich. Verbittert bestiegen sie ihren Wagen und zankten sich während der ganzen Fahrt bis Richmond heftig und mit funkelnden Augen. Sie schieden im Unfrieden. Sie trennten sich. Franzi blieb nicht in Rich-

mond, er fuhr sofort nach London zurück. Von dort schrieb er Marie am anderen Tage: »Gestern haben Sie den ganzen Weg von Ascot bis Richmond kein Wort ausgesprochen, das nicht eine Verletzung, eine Beleidigung gewesen wäre. Aber wozu auf so traurige Dinge zurückkommen, wozu so im einzelnen alle Wunden unseres Herzens aufzählen . . . Leben Sie wohl. Ich fühle mich außerordentlich müde. Ich möchte dennoch länger mit Ihnen reden, aber die Erinnerung an Ihre Worte hemmt mich und läßt mich erstarren. Gute Nacht, schlafen Sie gut. Eine Menge Gedanken bewegen und bedrücken mich. Werde ich mit Ihnen sprechen können? Ich weiß es nicht, aber vielleicht wird dieses eine Mal noch mein Wort Sie überzeugen? Leben Sie wohl, ich verzweifle nicht.«

Marie verließ England. Franzi folgte bald nach. Er sah vom Schiff nicht nochmals auf dieses Land zurück, das ihm diesmal soviel Bitterkeit gebracht hatte. Er mußte in Hamburg, in Kopenhagen, in Kiel, in Cuxhaven Konzerte geben. Mit Christian VII., dem König von Dänemark, wurde er bekannt. Das Geld strömte ihm nunmehr in unvorstellbaren Mengen zu.

In Paris traf er Marie wieder. Seit London hatten sie nicht einmal Briefe gewechselt. Das Wiedersehen trieb sie von neuem einander in die Arme. Marie fand nirgends mehr Halt, sie verlor sich, ihr war nur dieser eine Mann geblieben. Franzi vermochte sich von der Verantwortung für ihr zerstörtes Leben nicht zu befreien. Ohne Liebe, lustlos, traurig und niedergeschlagen, unschlüssig und ratlos blieben sie unter matten, erzwungenen Küssen einer zerrütteten Ehe abermals beisammen. Der Sommer kam, und die Kinder hatten Erholung nötig. Irgend jemand gab ihnen den Rat, das auf der kleinen Insel Nonnenwerth im Rhein leerstehende malerische Klostergebäude zu mieten.

Sie richteten sich auf der kleinen, entzückenden Insel ein. Sie war herrlich gelegen, und der Sommer gesegnet und heiter. Die drei Kinder tollten laut und vergnügt unter den dichtbelaubten Bäumen herum. Und die Eltern trugen das furchtbare, fressende Gift der Gleichgültigkeit und Langweile in ihrem Herzen. Marie saß untätig herum, sah stumpf vor sich hin; sie ging ihrem vierzigsten Lebensjahr entgegen, eine trostlose Verzweiflung beherrschte sie. Franzi aber brauchte sich nur ans Klavier zu setzen, dann leuchteten seine Augen auf, jede Sekunde des Weltalls gehörte ihm . . .«

FÜNFZEHNTES KAPITEL

Die Arbeit entschädigte ihn für alles, obgleich er in der Hast und Unruhe seines Zigeunerlebens die Pläne, die eine große innerliche Sammlung voraussetzten, nicht verwirklichen konnte: die Dante- und die Faust-Symphonie. Nur für kleinere Arbeiten blieben ihm Nerven und Zeit. Seine Schöpfungen der letzten Jahre aber umfaßten Bände. Er bearbeitete Lieder von Schubert und Mendelssohn. Wenn ihm ein Gedicht gefiel, vertonte er es; ab und zu setzte er lyrische Stimmungen in Töne um, und auf das Drängen der Verleger schuf er nacheinander seine Opernphantasien. Wo überall auf der weiten Welt ein Klavier erklang, da spielte man seine Phantasie über »Robert der Teufel«, »Der Jäger Abschied« und »Norma«. Die berühmten Opern fanden durch seine Klavierphantasien den Weg zum größeren Publikum. Auf der einen Seite standen Donizetti, Weber, Rossini, Mozart und alle die anderen Größen, auf der anderen Seite stand die klavierspielende Menschheit, die Bürgerstöchter der norwegischen Kleinstadt, die Frau des Chikagoer Finanzkönigs, die Kinder des australischen Farmers, die englische Frau Oberst in Indien, Hunderttausende, Millionen sich nach Musik sehnender Gemüter. Und Franz Liszt war der geniale Mittler. Er übertrug die orchestralen Gedanken der Opern in seine eigene Klaviersprache für die ganze Welt. Einst hatte er diese Arbeit über alle Maßen geliebt; denn diese Art der Verdolmetschung war ja doch eigentlich seine Erfindung; jetzt verachtete er sie immer mehr und schüttelte diese Arbeiten überlegen gleichsam aus dem Ärmel; er war viele Verträge eingegangen und mußte liefern.

Von seinem umfangreichen Notenmanuskript trennte er sich nie, er nahm es auch mit auf Reisen. Keiner konnte sich darin zurechtfinden außer ihm. Mit der Zeit hatte er es sich zu eigen gemacht, eine Arbeit, von der er etwas hielt, wegzulegen und ruhen zu lassen, um sie erst nach Monaten, ja sogar nach Jahren erneut vorzunehmen und mit scharfen Blicken zu feilen und zu verbessern, sie aber noch immer nicht aus der Hand zu geben. So bewahrte er eine Komposition auf, die er schon mit fünfzehn Jahren zu Papier gebracht hatte. Sein Vater hatte sie zwar damals unter den Etüden mitdrukken lassen, aber er holte sie inzwischen immer wieder vor, weil er das Gefühl nicht los ward, daß dieses Werk viel mehr enthielt, als für eine Etüde nötig war. Chopin hatte ihn nämlich mit der Mazeppa-Legende bekannt gemacht, mit der Gestalt des schönen, jungen Liebhabers, den der betrogene Gatte nackt auf den Rücken eines wilden Pferdes binden ließ. Sofort fiel ihm das stürmische, erregende Pulsieren seiner Etüde ein, das genau solche Stimmungen ausdrückte. Daraus hatte er vor vier Jahren den »Mazeppa« geschaffen – vorerst jedoch wieder beiseite gelegt. Jetzt suchte er ihn wieder hervor und schrieb das Ganze um. Der polnischen Erzählung nach sollten die Kosaken Mazeppa noch lebendig vom Pferde losgebunden und den erretteten Jüngling zu ihrem Führer erwählt haben. Deshalb ließ er die Komposition in einen brausenden, kraftvollen Kosakenmarsch ausklingen. Nun fand er die Arbeit zwar vollkommen, legte sie jedoch abermals beiseite, um sie gelegentlich, in ruhigeren Zeiten, für Orchester zu instrumentieren.

Von seinen Kompositionen waren ihm zwei ungarische Stücke besonders

lieb, die er daher auch bevorzugte, wenn er für sich allein spielte. Das eine war der »Heldenmarsch«, ein feuriger Marsch, den er aus ungarischen Motiven seiner Kindheitserinnerungen aufgebaut hatte, und das andere eine Rhapsodie, die klang, als ob er ein Zigeuner am Klavier wäre. Sie war ein aus ungarischen Motiven geflochtener Strauß. Als ob er jetzt nicht Paganini, sondern Bihari auf dem Klavier besiegen wollte. In Pest hatte er diese Rhapsodie oft vorgetragen, die Zuhörer verlangten sie immer und immer wieder. Das war eine Komposition, die er dort nie nur einmal zu Gehör bringen konnte, sondern mindestens zweimal spielen mußte, so stürmisch forderte der Beifall des Publikums die Wiederholung. In der sommerlichen Stille der kleinen Insel Nonnenwerth spielte er sie oft für sich. Diese Musik war im Verein mit den unvergeßlichen Pester Erinnerungen sein Zaubertrank gegen die lähmende Eintönigkeit des Zusammenlebens mit Marie und gegen ihre häufigen Streitigkeiten.
Aber auch sonst brachte diese Sommerfrische keine richtige Erholung für ihn. Vergebens hatte er seine Konzerttermine so zu legen versucht, daß ihm einige freie Wochen verblieben, es sollte nicht sein. Da drohte zum Beispiel der Kölner Domchor einzustürzen, und für die notwendigen Ausbesserungsarbeiten war noch nicht einmal genügend Geld vorhanden. Als er diese Nachricht las, meldete er sich sofort und kündigte ein Konzert zugunsten des Kölner Dombaues an. Er fuhr dorthin, hinterließ einen großen Betrag für die Ausbesserungen am Dome und kehrte wieder auf die Insel zurück. Kurze Zeit darauf besuchte ihn eine Abordnung aus Aachen, um ihn ebenfalls für ein Konzert zu gewinnen. Diese Abordnung zählte mehrere hundert Menschen, die einen ganzen Dampfer füllten. Sie kamen abends mit Musik und Fackeln auf der Insel an. Marie stellte sich stolz neben ihren Geliebten, an den man eine Rede richtete. Auch die drei Kinder waren zugegen; die Aachener sollten ruhig das innige Glück bewundern, das sie diesem Halbgott schenkte. Und weil Bonn und Koblenz in der Nähe lagen, lud man ihn auch dorthin ein. Endlich sah er sich noch gezwungen, nach Frankfurt zu fahren, weil der dortige Musikverein »Liederkranz« eine Mozart-Stiftung ins Leben rufen wollte und ihn um Hilfe bat. Derartige Bitten konnte er nie ablehnen. Er gab sogar den Frankfurtern noch ein zweites Konzert und schenkte den Erlös, an die tausend Gulden, in voller Höhe dem »Liederkranz«.
Den Herbst verbrachten sie gleichfalls auf Nonnenwerth. Lichnowsky kam zu Besuch. Sie unterhielten sich viel über Musik, über die Menschheit, über Liebe und Kunst, saßen oft am Klavier, auf dem sich die zahlreichen Sendungen Chopins häuften. Seine letzten beiden Nocturnes kamen gerade am letzten Tage vor Franzis neuer Konzertreise an. Der Fürst und Belloni, der rührige Sekretär, begleiteten ihn.
»Wie lange sehe ich Sie nicht?« fragte Marie.
»Ich weiß es noch nicht. Vielleicht bin ich im Frühjahr wieder in Paris.«

Wiederum fiel die Familie in drei Teile auseinander. Marie fuhr nach Paris zurück, um ihr eigenes Leben zu leben, die drei Kinder kamen zur Großmutter, und Franzi wanderte wieder auf der großen Landstraße der Welt. Zuerst gab er in Kassel ein Konzert, dann besuchte er, einer alten Sehnsucht nachgehend, Weimar. Er hatte soviel von dieser kleinen Stadt gehört und Belloni ganz besonders ans Herz gelegt, darauf zu achten, daß Weimar in der Konzertrundreise nicht fehlen dürfe.
An einem lauen Novemberabend traf er in der Stadt Goethes und Schillers ein. Vorerst sah er in der Dunkelheit von der Stadt gar nichts, die Straßen waren kaum beleuchtet. Sie nahmen im »Russischen Hof« Wohnung. Der Fürst war sehr müde und legte sich zur Ruhe, Franzi aber wünschte sofort alles zu sehen, was er noch sehen konnte. Vor allem wollte er im Speisesaal des Hotels zu Abend essen. Noch in der Tür erspähte er Schumann, Clara Wieck und einen fremden Herrn. Die Anwesenheit Schumanns überraschte ihn nicht, denn in ihrem Briefwechsel war bereits davon die Rede gewesen, sich in Weimar zu treffen. Der fremde Herr war ein Mitglied des Weimarer Hoftheaters, der Schauspieler Genast. An den benachbarten Tischen saßen typische Kleinstadtfiguren, Bürger von stattlichem Wuchse, die mit großen Zügen ihre Bierkrüge leerten und den an den Schnurrbärten hängengebliebenen Schaum schwungvoll nach beiden Seiten abwischten. Sie maßen den sonderbar aussehenden Ankömmling mit erstaunten Blicken. Der kleine Speisesaal war angefüllt mit dichtem Tabaksqualm.
»Sie werden schon sehnsüchtig hier erwartet, lieber Meister«, sagte der Schauspieler. »Ihre Konzerte werden bestimmt bis zum letzten Platz gefüllt sein.«
»Ist das hiesige Publikum musikverständig? Ich habe die Erfahrung gemacht, daß die einzelnen Städte untereinander ebenso verschieden sind wie die Menschen.«
»Weiß Gott! Hier ist alles sehr zurückgegangen, seit Hummel gestorben ist. Wir könnten schon jemanden gebrauchen, der die ganze Sache in die Hand nimmt.«
»Ich habe schon einmal daran gedacht, mich hier niederzulassen. Leider kann ich es mir aber noch nicht erlauben. Das ist eigentlich sehr schade. Goethe war ein sehr gescheiter Mann, der wußte, wie ein Künstler leben muß. Sich in einem so stillen, lieben, kleinen Ort niederzulassen, nur der Arbeit leben, sich innerlich vertiefen und schaffen. Das wäre auch für mich das Richtige. So aber irre ich in der Welt umher und komme nicht zur Ruhe. Was für ein Mensch ist der Großherzog?«
»Wir haben ihn sehr lieb. Ein sehr feiner, guter Mensch. Genau wie die Großherzogin, unsere Maria Pawlowna.«
»Maria Pawlowna? Russin?«
»Natürlich. Wußten sie das nicht? Die Schwester des derzeitigen russischen Zaren, die Tochter des Zaren Paul. Keine alltägliche Frau. Eine begeisterte

Musikschwärmerin. Sie hat selbst schon verschiedenes komponiert. Na, Sie werden sie schon kennenlernen. In ganz Weimar erwartet *sie* den Meister wahrscheinlich am ungeduldigsten. Dem Gerede nach zu urteilen, das vom Hofe durchgesickert ist, soll sie große Pläne mit dem Meister vorhaben.«
»Mit mir?«
»Jawohl. Sie möchte Sie gern hierbehalten.«
»Das wird wohl schwer möglich sein. Aus geldlichen Gründen. Ich muß für eine große Familie sorgen und gebe selbst auch reichlich Geld aus. Diese Summen kann man in einer kleinen Stadt nicht verdienen. Und dann liegt in ganz Europa noch sehr viel Geld auf der Straße. Ich habe noch nicht einmal ganz Deutschland bereist und ganz zu schweigen von Rußland . . .«
Franzi fing zufällig einen Blick der schönen Clara auf. Die tiefschwarzen Augen hingen mit einem sonderbar gemischten Ausdruck an seinem Gesicht. Sie bewunderte in ihm den Weltberühmten, den Unerreichbaren, den Großen – mit gebührender Achtung, aber auch mit hartem Neid. Sie hätte diese Weltberühmtheit, diese überwältigenden Erfolge und das viele Geld viel lieber ihrem angebeteten Robert gewünscht. In diesem Blick lag aber auch ein dem zauberhaften Mann, dem kraftvollen Löwen geltendes Leuchten, unterdrückte Anerkennung und zugleich Angst der treuen Braut, etwas wie Haß gegen den, der ihre reine Liebe womöglich anzutasten wagte. Franzi unterhielt sich weiter, achtete aber kaum mehr darauf, was er sagte. Er beschloß, auf der Hut zu sein. Das fehlte gerade noch, daß er das Glück dieses leidenschaftlich verliebten, guten, braven und begabten Schumann gefährdete . . . Sie saßen noch lange zusammen. Der »Russische Hof« machte an diesem Abend ein gutes Geschäft. Seine Stammgäste blieben weit über die gewohnte Zeit hinaus, sie konnten den langhaarigen Mann nicht genug bewundern.
Der Großherzog Karl Friedrich war ein liebenswürdiger, schlichter Soldat. Wer ihm auf der Straße begegnete, konnte ihn für einen gutgelaunten General bürgerlicher Herkunft halten. Während der Audienz sah man ihm das Bestreben an, den berühmten Gast einerseits gebührend auszuzeichnen und andererseits eine der kulturellen Überlieferungen des Weimarer Großherzogtums würdige Unterhaltung zu führen. Das gigantische Erbe Goethes und Schillers bedrückte den gutherzigen Regenten offensichtlich. Es war jedoch seine Pflicht, als Herrscher kulturfördernd zu wirken. Man sah ihm die Erleichterung an, mit der er, nachdem genügend Zeit verflossen war, den großen Künstler entließ. Seine Gemahlin, die russische Großfürstin, war ganz anders. Sie empfing den Künstler unmittelbar nach der Audienz beim Großherzog. Nach zwei Minuten waren sie bereits in ein Musikgespräch vertieft. Die Großherzogin stand nicht oberflächlich zur Musik nach der Art der vornehmen Salondamen, sondern hatte durchaus ihre eigenen Ansichten. Sie besaß einen vorsichtigen, aber gesunden Geschmack und

eine umfassende musikalische Bildung. Sie deutete ihrem Gast an, daß sie großer Opfer fähig wäre, wenn er aus Weimar eine berühmte Musikstadt machen würde. Geradeheraus sagte sie allerdings nicht, worauf sie hinzielte, und der Künstler wiederum wollte es nicht verstehen.
Um so deutlicher sprach es dann das dritte Mitglied der Herrscherfamilie aus, mit dem man Franzi schon am ersten Tage bekannt machte. Es war der hübsche junge Erbgroßherzog Karl Alexander. Auf den ersten Blick ließ er erkennen, daß er über die Menschenkenntnis seiner Vorfahren verfügte und den kulturellen Ehrgeiz, der diese Dynastie berühmt gemacht hatte, in viel stärkerem Maße besaß als seine Eltern. Er sprach ganz offen. Zunächst französisch:
»Es wird Sie vielleicht von dem Thronerben eines deutschen Großherzogtums sonderbar berühren, aber ich spreche lieber französisch. Ich bin von französischen Lehrern erzogen worden, und von Ihnen weiß ich, daß Sie aus Paris kommen.«
»Ich kann Eure Hoheit durchaus verstehen. Ich bin in Ungarn geboren und kann nicht ungarisch sprechen. Soviel ich weiß, hat sich Friedrich der Große stets gefreut, wenn er mit Voltaire französisch sprechen konnte.«
»Der Vergleich ist sehr schmeichelhaft. Sie haben allerdings seinen Ruhm bereits erreicht, ich muß dagegen noch ein Weilchen warten, bevor ich mich mit Friedrich dem Großen vergleichen könnte. Auf jeden Fall liebe ich dieses kleine Weimar ebensosehr, wie er sein Preußen geliebt hat. Und ich wünschte nichts sehnlicher, als daß wir mit friedlicheren Mitteln dafür arbeiten dürften. Wissen Sie, ich bin ein sehr gefährlicher Mensch. Ich sitze wie eine Spinne in der Ecke, und sobald ich jemanden erspäht habe, der Weimar nützlich sein könnte, beeile ich mich, ihn einzufangen. Im Augenblick zum Beispiel Sie. Könnten wir uns nicht darüber unterhalten, daß Sie sich hier niederlassen? Ich weiß, ich weiß, Sie haben Konzertverpflichtungen, Sie gehören der ganzen Welt. Wir könnten es aber schließlich so einrichten, daß Sie über einen gewissen Teil des Jahres frei verfügen dürften. Hätten Sie dazu keine Lust? Ich kann Ihnen schon im voraus versichern, daß ich zu unserem gegenseitigen Übereinkommen die Zustimmung meines Vaters auf alle Fälle erhalten würde, denn die endgültige Entschließung steht selbstverständlich ihm zu. Nun, was meinen Sie zu diesem Gedanken?«
»Hoheit, ich will ganz aufrichtig sein: meine Freiheit kann ich vorderhand noch nicht entbehren. Ich bin aber überzeugt davon, daß ich in ständiger und inniger Verbindung mit Weimar bleiben werde.«
»Hand darauf.«
Der Erbgroßherzog hielt ihm die Hand hin, Franzi schlug lächelnd ein. Was er geantwortet hatte, war seine ehrliche Meinung. Hier gefiel es ihm ausnehmend. Er gab drei Konzerte und fand begeisterten Anklang sowohl beim Publikum als auch bei den Mitgliedern des Herrscherhauses. Da er ständig

entweder zum Frühstück, zum Tee oder zum Mittagessen an den Hof geladen war, lernte er die Herrschaften immer näher kennen. Die Bewohner des großherzoglichen Schlosses führten ein inniges, fast bürgerliches Familienleben. Der Vater war ein wenig tyrannisch veranlagt, aber gemütvoll und mit natürlichem Gerechtigkeitsgefühl ausgestattet. Sein Sohn aber verriet eine vielseitige Begabung und bereitete sich ernsthaft auf seine große Berufung vor. Eine bedeutende Persönlichkeit war vor allem die Mutter, Maria Pawlowna. Nachdem ihre beiden Töchter aus dem Nest geflogen waren – die eine war mit dem Kronprinzen von Preußen, die andere mit dessen jüngerem Bruder verheiratet –, blieb ihr reichlich Zeit, ihre Tage mit Wohltätigkeitsveranstaltungen und Musik zu verbringen. Dank ihrem russischen Privatvermögen war sie eine steinreiche Frau, legte aber großen Wert darauf, die Äußerlichkeiten ihres Lebens dem Serenissimus-Stil des kleinen Hofes bescheiden anzupassen. Ihr musikalisches Verständnis, das Franzi schon beim ersten Male überrascht hatte, stellte sich während der späteren langen Unterredungen und beim gemeinsamen Musizieren als ganz außergewöhnlich heraus. Die Großherzogin war imstande, eine Partitur wie ein Dirigent von Beruf abzulesen. Sie war seinerzeit am Zarenhofe von dem berühmten Italiener Sarti im Kontrapunkt unterrichtet worden, und als sie sich nach Weimar verheiratete, setzte sie ihre Studien unter der Leitung Hummels fort. Auch in der Welt der Herrscherhäuser findet man alle Typen des bürgerlichen Familienlebens: Maria Pawlowna war jenes vornehme, steinreiche Mädchen, das in eine Familie hineingeheiratet hat, die an Rang und Besitz unter ihr stand. Sie konnte eine folgsame und anpassungsfähige Frau sein, bestimmte jedoch trotz ihrer Bescheidenheit das Niveau und den Ton; sie brachte den geheimnisvollen Aufstieg in die Familie. Und auch sie ließ sich von Franzi die Versicherung geben, daß er mit Weimar in ständiger Verbindung bleiben würde. Den Ertrag eines seiner Konzerte bot er der Großherzogin zugunsten ihrer Wohltätigkeitsvereine an. Er gewann die liebenswürdige Dame so lieb, daß er sich bemühte, ihr eine Freude zu bereiten. Die Weimarer Dynastie blieb ihm jedoch nichts schuldig. Der Großherzog zeichnete ihn mit dem Weißen Falkenorden aus, und die Großherzogin überraschte ihn mit einem besonders prächtigen Brillantring.

Auf das Zureden eines in musikalischen Veranstaltungen sehr rührigen jungen Mannes aus Jena, namens Gille, gab er auch in dieser Nachbarstadt ein Konzert. Dann besuchte er Dresden, Halle, Altenburg und fuhr hierauf auch nach Leipzig; denn sein Selbstgefühl hatte die peinliche Erinnerung an diese Stadt immer noch nicht verwunden. In der Gesellschaft von Mendelssohn, Schumann und Clara Wieck verbrachte er dort seine Zeit. Dann reiste er in dem Bewußtsein ab, nunmehr auch Leipzig für sich gewonnen zu haben. Seinem Konzert war ein entschiedener, unbestreitbarer Erfolg beschieden gewesen.

Am dritten Weihnachtstage kam er in Berlin an. Hier verbrachte er zwei Monate. Zwei Monate, die sogar die Pester Erlebnisse weit hinter sich ließen. Der phänomenale Erfolg setzte schon beim ersten Konzert ein, das in der Musikakademie stattfand. Belloni hatte diesen Saal für zehn Abende in Aussicht genommen. Unter den Zuhörern befanden sich der König mit vier oder fünf Mitgliedern der Herrscherfamilie, sehr viele Aristokraten, Mendelssohn, Spontini . . . Kein einziger Platz blieb frei. Schon nach dem ersten Vortrag hielt der Beifall ungewöhnlich lange an. Die Erregung im Saal stieg immer höher und höher. Der König applaudierte auffallend lebhaft; daraufhin brach der ganze Saal in einen noch ungeheuerlicheren Beifallssturm aus. Als das Konzert beendet war, strömte das Publikum auf ihn zu wie aus einer geöffneten Schleuse. Man wollte ihn aus der Nähe betrachten, seine Stimme vernehmen, sein Kleid betasten. Mit Mühe und Not erreichte er seinen Wagen, der im Gedränge der Massen kaum vorfahren konnte, um ihn ins »Hotel de Russie« zu bringen. Die Kritik feierte ihn am anderen Tage mit den höchsten Worten des Lobes. Das wärmste Urteil gab Rellstab ab, der führende Kritiker Berlins.
All das hielt sich jedoch noch innerhalb der natürlichen Grenzen eines zwar unerhörten Erfolges; als aber das zweite, dritte, sechste, das zehnte Konzert mit immer neuem Programm stattgefunden hatte, wurde die Schwärmerei zur Massenpsychose. In den Geschäften wurden Handschuhe zum Kauf angeboten, die mit seinem Bild bedruckt waren. Jeder legte sich solche Handschuhe zu. Auf Tellern, Gläsern und Schachteln prangte sein Bild, in den Restaurants benannte man Speisen, in Modegeschäften Krawatten und in Drogerien ein neues Parfüm nach ihm. Die Zeitungen beschäftigten sich tagtäglich mit seiner Persönlichkeit. Wenn er selbst kein Konzert gab, dagegen versprochen hatte, dem Konzert eines anderen Künstlers beizuwohnen, klebte man auf die Wandanschläge bunte Zettel: »Herr Liszt wird anwesend sein.« Diese Zettel füllten dann auch die Konzerte anderer. Im »Hotel de Russie« mußte man auf dem Gang vor seinen Zimmern eine lange Reihe Stühle aufstellen; denn von früh bis abends sprach ununterbrochen eine unabsehbare Menge verschiedenartiger und verschiedenrangiger Menschen in den unmöglichsten Angelegenheiten bei ihm vor. Zumeist verhandelte Belloni mit ihnen. Vor allen Dingen waren es Unterstützungssuchende, unter die er dann den für derartige Zwecke bestimmten, ziemlich bedeutenden Betrag täglich verteilte. Von jungen Tondichtern nahm er Kompositionen entgegen, von angeblichen Verwandten genaue Berichte über den Grad ihrer Verwandtschaft, von Erfindern die Beschreibung ihrer Erfindungen. Die größten Unannehmlichkeiten gab es jedoch mit den Wunderkindern. Es verging kein Tag, an dem im »Hotel de Russie« nicht ein oder zwei erschrockene und flennende Kinder vorgeführt wurden. Die Wunderkinder hörte sich Franzi persönlich an. Er fand unter ihnen nicht ein einziges, das wirkliche Begabung hätte spüren lassen. Die Eltern

entfernten sich trotzdem hingerissen und begeistert; denn er gab sein Urteil mit bestrickender Liebenswürdigkeit und Herzlichkeit ab. Außer den Wunderkindern empfing er andere Personen nur in den seltensten Fällen. Er konnte schon ohnehin kaum richtig ausruhen. Im Hotel war eine besondere Kellnergarde nur damit beschäftigt, gewaltsam vordringende Schwärmer und Bittsteller abzufangen, noch ehe sie zu ihm gelangen konnten. Auf der Straße gab es Menschenansammlungen, wenn er Lust hatte, spazierenzugehen. Fremde Menschen winkten ihm zu. Besonders aber durchbrach die Begeisterung der Frauen alle Schranken der Vernunft. Korbweise kamen Briefe mit Geständnissen und Bitten um ein Stelldichein an. Die ersten Häuser der Stadt wetteiferten miteinander, ihn als Gast bei sich zu sehen. Allen voran das königliche Haus, hauptsächlich aber das Kronprinzenpaar. Die Kronprinzessin schickte ihm bereits am zweiten Tage eine Einladung, und als er im Schloß erschien, empfing man ihn wie einen alten Bekannten der Familie.

»Meine Mutter hat sehr viel von Ihnen geschrieben«, sagte Prinzessin Augusta. »Ihrer Meinung nach hat noch niemand so Klavier gespielt wie Sie, seit die Welt besteht. Erzählen Sie von Weimar. Wie geht es meinen Eltern und meinem Bruder?«

Er erzählte bereitwilligst und war stolz darauf, auch von anderen die Prinzessin interessierenden Ereignissen berichten zu können. Stundenlang gab er Anekdoten vom französischen, englischen, holländischen und österreichischen Hof zum besten. Aber auch zum König wurde er oft eingeladen, der anläßlich des Aufenthaltes des berühmten Künstlers im historischen Weißen Saal des Schlosses zwanglose Zusammenkünfte veranstaltete, zu denen er die Berühmtheiten der literarischen und musikalischen Welt einlud, Dichter, Schauspieler und Sängerinnen. Humboldt und Varnhagen fehlten gleichfalls nicht. Gleich beim ersten Male entdeckte Franzi unter den Gästen eine alte Bekannte: Karoline Unger in der reifen Pracht ihrer vierzig Jahre. Sie gab gerade ein Gastspiel in Berlin. Franzi wollte eben pflichtgemäß in den alten Ton ihres Liebesgeplauders von einst übergehen, als Karoline ihm einen Herrn vorstellte:

»Mein Mann.«

Karoline hatte sich in der Zwischenzeit verheiratet. Ihr Gatte war ein Franzose namens Sabatier, mit dem sie in friedlichem, trautem Glück lebte. In der Nähe von Florenz besaßen sie eine Villa, in der sie in aller Ruhe die Monate verbrachten, in denen Karoline keine Gastspielverpflichtungen hatte. Franzi schüttelte herzlich die Hand des glücklichen Ehemannes. Ihn freute nicht nur die egoistische Erleichterung, daß er das alte Verhältnis nicht zu erneuern brauchte, sondern er bewahrte dieser Frau, deren Bild sich einst seiner Kinderseele unauslöschlich eingeprägt hatte, eine aufrichtige Freundschaft. Da zog in dem bunten Reigen der Gäste schon wieder eine Dame seine Aufmerksamkeit auf sich. Sie schien in den Dreißigerjahren zu

sein, war wundervoll gewachsen und so schön, daß er Meyerbeer erregt am Arm packte.
»Wer ist das dort?«
»Die in der Mitte dieser Gruppe? Charlotte von Hagn. Wir nennen sie in Berlin nur ›die schöne Hagn‹. Eine Schauspielerin und noch dazu eine sehr begabte. Ihr Vater war ein vornehmer Grundbesitzer, geriet aber in Konkurs und hinterließ eine ganze Schar von Töchtern. Diese Charlotte unterstützt jetzt ihre Schwestern. Früher spielte sie in München und in Wien. Sie ist dadurch bekannt, daß sie immer die vornehmsten Verehrer um sich versammelt. In München sogar den König. Im übrigen ist nicht uninteressant, daß sie eine ihrer Schwestern in diesem Hause als Kammerjungfer der Kronprinzessin unterbringen konnte. Vielleicht ist ihr diese Schwester sogar beim Pelzablegen behilflich, wenn sie hier erscheint. Warum sind Sie denn so aufgeregt?«
»Stellen Sie mich vor, stellen Sie mich vor!«
Meyerbeer entsprach Liszts Wunsche sogleich. Sie fanden sofort Gefallen aneinander. Die geheimen Funken, die, sobald ein Mann und eine Frau einander bewundernd in die Augen blicken, sofort von einem auf den anderen überspringen, wenn sie sich sonst auch noch so fremd sind, ließen ihre Augen erglänzen und ihren Blick lächeln. Den ganzen Abend versuchte Franzi in der Nähe der Schauspielerin zu bleiben. Er sagte sich für den anderen Tag zu einem Besuch im Theater an und kam auch hin. Charlotte spielte den Puck im »Sommernachtstraum«. Die Sehnsucht des Verehrers flammte noch wilder auf, als er sie in dem verführerischen Kostüm zu Gesicht bekam. Er fing an, ihr stürmisch den Hof zu machen. Charlotte sträubte sich mit dem glücklichen und stolzen Lachen der vielbegehrten Frau. Sie sahen sich auch am darauffolgenden Tag. Und am nächsten ebenfalls. Franzi wurde ungeduldig.
»Ich verstehe das nicht, Charlotte. Hoffentlich sind Sie nicht der Alltagstyp, der mir so verhaßt ist? Anfänglich sah es so aus, als ob ich Ihnen gefallen hätte. Und jetzt? Mit jedem Tag entfernen Sie sich weiter von mir. Wollen Sie mich nicht?«
»Doch«, erwiderte die Frau hastig, »natürlich! Ja doch!«
»Also dann?«
Eine leichte Röte stieg in ihre Wangen. Sie schämte sich, zu antworten.
»Franzi, bleiben wir doch noch so. Die Sehnsucht ist immer unvergleichlich schöner als die Erfüllung . . . Die Schönheit dieser Tage wird niemals wiederkehren . . .«
Franzi sah der Schauspielerin überrascht ins Gesicht. Er gab ihr recht und wurde nachdenklich. Dreißig Jahre war er nun schon alt, und alle die Frauen, die ihm in seinem bisherigen Leben in die Arme gesunken waren, reihten sich in seiner Erinnerung zu einer langen Kette. Umsonst forschte er aber in der Vergangenheit seiner Erlebnisse nach einer einzigen Minute,

die ihm das Gefühl der Unendlichkeit und Ewigkeit der Liebe gegeben hätte. Er fand höchstens Augenblicke, in denen er wähnte, wahrhaft und ernstlich verliebt zu sein. Liszt begann langsam zu begreifen, daß er nur verliebt sein, sich hingezogen fühlen und Freundschaften eingehen, nicht aber wirklich lieben konnte. Aber kann man denn überhaupt einwandfrei erklären, was Liebe ist? Es schien ihm, als bezeichne die Armut der menschlichen Sprache hunderterlei ganz verschiedener Dinge mit diesem einzigen Wort. Jede Sprache weiß, daß sie der Liebe die wichtigsten Schattierungen noch schuldig geblieben ist. Die deutsche Sprache bringt neben dem Wort »Liebe« Umschreibungen, wie »ich bin dir gut«, ähnlich auch die italienische Sprache: »Io ti voglio bene«; die französische Sprache versucht Unterschiede zwischen »amour« und »tendresse« zu machen; der Engländer dagegen läßt es einfach bei dem Wort »love« bewenden. Welch grenzenlose, unabsehbare Fülle der verschiedenartigsten Gefühlserlebnisse tut sich hier auf! Wie verschieden die Ausgangsempfindungen, das Gefüge, die Form! Die Dichter haben längst noch nicht genug gearbeitet, für die allerwichtigsten Nuancen haben sie noch keine neuen Ausdrücke geformt, obwohl das die erste und vornehmste Aufgabe der Kunst ist. Auch die seine! Durch Musik noch nie ausgesprochene, noch nie genannte Dinge zu erzählen. In dieser Aufgabe, für diese Mission lebte er, zu etwas anderem taugte er nicht. Auch nicht für die Liebe. Man müßte die Frauen davor bewahren, sich in wirkliche Künstler zu verlieben. Der Künstler gehört einzig und allein der Kunst, und mag er sich noch so sehr bemühen, er kann nicht aus seiner Haut. Er gehört ewig und immer nur dem geheimnisvollen Dämon, den wir Schaffen nennen. Für jeden Menschen von verschiedenstem Rang und unterschiedlichster Veranlagung kann die geliebte Frau das Erste sein, für den Künstler kommt sie immer nur an zweiter Stelle.

Charlotte von Hagn genoß die süßen und verheißungsvollen Tage der keimenden Liebe, solange es nur irgend möglich war. Dann bedachte sie aber, daß dieser umschwärmte Halbgott im Glanze des lodernden Begehrens von hundert und aber hundert schönen Frauen lebte und daß er Berlin auch bald wieder verlassen würde . . . Der Tag, an dem auch sie sich widerspruchslos in die Schar der vom Künstler eroberten Frauen einreihte, war bald gekommen. Die vornehmen Verehrer der schönen Hagn zogen sich unschlüssig zurück. Mit diesem Manne konnten sie nicht wetteifern. Die Liebenden aber freuten sich unersättlich des Lebens. Ihre Ruhmsucht, ihre Jugend, ihr Verlangen nach Kameradschaft fand in dieser unerwarteten Liebe volle Befriedigung. Der Künstler entzückte sich daran, daß Berlins begehrteste, im Rampenlicht am verführerischsten prangende Schönheit die Seine war, und die Künstlerin ergötzte sich daran, daß der zur Zeit berühmteste und hervorragendste Mann Berlins gerade sie erwählt hatte.

»Man liebt in der Liebe sich selbst«, gestand er ihr im vertrauten Gespräch heimlichen Beisammenseins.

»So ist es«, lachte Charlotte, »liebe dich nur immer mehr.«
Die Künstlerin befaßte sich auch mit Schriftstellerei. Aus Zeitvertreib machte sie Gedichte, nur für sich allein, die in der Schublade ihres Toilettentisches versanken. Manches las sie Franzi vor, der eines sehr reizend fand und es sich dann in die Tasche steckte. Es war nur ein kleiner vierzeiliger Vers:

»Dichter, was Liebe sei, mir nicht verhehle!
›Liebe ist das Atemholen der Seele.‹
Dichter, was ein Kuß ist, du mir verkünde!
›Je kürzer er ist, um so größer die Sünde.‹«

Liszt vertonte es. Er komponierte auch hier und darbte sich die Zeit dazu vom Schlaf ab. Sogar zu größeren Sachen bekam er Lust. Der König, der ihn auf jede erdenkliche Art und Weise auszeichnen wollte, schenkte ihm eine Flötenkomposition Friedrichs des Großen, und zwar in der eigenhändigen Handschrift des Fridericus Rex, des weiteren eine eigenhändig niedergeschriebene Komposition des auf dem Schlachtfeld gefallenen Prinzen Louis Ferdinand. Franzi schuf aus den Motiven der letzteren eine Phantasie und widmete sie der Kronprinzessin. Diese Nachricht verbreitete sich selbstverständlich bald und erweckte viel Neid. Auch dort, wo es Franzi am wenigsten erwartet hätte. Immer öfter kam ihm zu Ohren, daß Mendelssohn seine himmelstürmenden Berliner Erfolge mit galligen Bemerkungen begleitete. Er fürchtete offensichtlich, Liszt könnte ihm beim König den Rang ablaufen. Franzi wußte nicht, ob er den ihm hinterbrachten Äußerungen Glauben schenken sollte oder nicht. Mendelssohn hatte ihm doch bis jetzt ehrliche Freundschaft entgegengebracht; in Leipzig stellte er sich sogar auf seine Seite, als er einen treuen Freund am nötigsten gehabt hatte. Ein wenig begann er aber doch schon mißtrauisch zu werden. An einem sonnigen Februarvormittag begegnete er Mendelssohn auf der Straße. Er sah, wie sich dessen Gesicht verzerrte und die Lippen zu beben begannen.
»Guten Morgen«, grüßte Mendelssohn, blieb stehen und wartete nicht einmal die Erwiderung seines Grußes ab. »Ich höre, daß Sie sich mit lebendigen Fürsten nicht mehr begnügen, sondern nicht einmal die Toten mehr ruhen lassen, so vornehm sind Sie!«
Franzi sah ihm ruhig ins Gesicht, erwiderte nichts und ging weiter. Mendelssohn blieb allein auf der Straße mit seiner quälenden, zornigen Eifersucht. Sie kamen nicht mehr zusammen. Nunmehr beschimpfte Mendelssohn ihn zügellos und schmähte ihn überall. Er antwortete damit, daß er bei einem Festbankett eine Rede über die Entwicklung des musikalischen Lebens in Berlin hielt, und sein Glas auf das Wohl Mendelssohns, des hervorragenden Führers der Musikakademie, leerte. Damit wollte er feststellen, daß er den Posten Mendelssohns nicht begehrte. Als jedoch später, nach

Schluß des Banketts, Mendelssohn ihn verlegen zu begrüßen suchte, wandte er sich ab.
Er bekam aber nicht nur einen Feind, sondern auch einen Freund, und zwar einen Ungarn. An der Berliner Universität studierte ein junger ungarischer Aristokrat, Graf Alexander Teleki. Der Graf gab seine Karte im »Hotel de Russie« ab; sie verabredeten sich, unterhielten sich glänzend und wurden Freunde, Teleki war ein maßlos hitziger, abenteuerlicher, sonderbarer junger Mann, in dessen Geist die revolutionären Freiheitsideen radikalster Richtung sich mit dem feurigsten ungarischen Nationalgefühl verbanden. Franzi freute sich, einen ungarischen Augenzeugen seiner unglaublichen Erfolge zu haben. Der leichtentflammte Graf schwur ihm mit überschwenglicher Liebenswürdigkeit eine durch Himmel und Hölle gehende ewige Freundschaft.
Das schien bloß jugendliche Schwärmerei zu sein – eines Tages aber erzählte man ihm, Graf Teleki habe gestern seinetwegen ein Duell gehabt. Franzi konnte kaum erwarten, den Freund zu sehen.
»Was muß ich hören, mein lieber Graf? Sie haben sich duelliert? Warum haben Sie mir das gestern nicht erzählt?«
»Darüber pflegt man nicht zu sprechen.«
»Aber so sagen Sie mir doch um Himmels willen, was eigentlich los war.«
»Eine Bagatelle. Eines Tages ging ich mit ein paar Freunden spazieren. Vor uns lief ein Herr her, der mich offenbar schon öfters mit Ihnen zusammen gesehen hat. Er kaufte einem kleinen Jungen, der mit Ihren Bildern handelte, einen ganzen Stoß ab, sah mich herausfordernd an und warf sämtliche Bilder in den Schmutz. Ich trat auf ihn zu und zog ihn zur Rechenschaft. Wir tauschten unsere Karten aus; ich bat daraufhin einen meiner Freunde, den Grafen Rulichowski, mir zu sekundieren. Das war alles.«
»Wieso war das alles? Was geschah nachher? Sie sind doch nicht etwa verletzt worden?«
»Ach, nicht die Spur. Mit dem Säbel können wir Ungarn schon ganz gut umgehen. Ich versetzte ihm einen Hieb auf den Kopf, aber keinen gefährlichen. Ich wollte ihm nicht besonders weh tun. Genug davon.«
Franzi sprach nicht mehr darüber. Aber diesen sonderbaren Ungarn schloß er für immer in sein Herz. Und noch eine andere interessante Bekanntschaft machte er: in einer Gesellschaft traf er Bettina von Arnim, die von Goethe her berühmte, sogar berüchtigte Bettina. Goethes korrespondierendes »Enfant terrible« war jetzt schon nahe den Sechzigerjahren; sie bewahrte aber noch immer die Spuren einstiger Schönheit. Auch ihrem unbeherrschten Temperament war sie treu geblieben. Sie duzte Franzi ohne Umschweife, drückte ihm wortreich ihr Bedauern aus, nicht mindestens zwanzig Jahre jünger zu sein, und sprach, einem unaufhaltbaren Wasserfall gleich, mit ihm über Kunst, Genie und Seele. Sie redete sehr verständig über die höchsten geistigen Werte, sprach aber unaufhörlich und ließ niemanden zu

Worte kommen. Sie vergötterte Franzi geradezu. Diese Verherrlichung wurde allerdings durch den Umstand ein wenig verdächtig, daß sie ihm immer wieder die Gesellschaft ihrer beiden noch unverheirateten Töchter aufdrängte. Sie pries begeistert deren gute Eigenschaften und variierte öfters die Bemerkung, daß es für berühmte Männer in einem gewissen Alter durchaus empfehlenswert sei, eine Familie zu gründen. Franzi lachte nur. Es fiel ihm nicht einmal im Traume ein, zu heiraten. Er empfand sogar die Briefe an Marie als drückende Pflicht. Und auch deren Briefe wurden immer seltener und farbloser. Ihre Zusammengehörigkeit hing jetzt nur noch an einem sehr dünnen Faden. Sie verbrachte ihr Leben sorglos und lustig mit anderen, während Mutter Liszt die Kinder betreute. Wenn kein Brief seiner Geliebten kam, dachte er überhaupt nicht mehr an sie. Sein unglaublicher Erfolg, der zu einer wahren Epidemie anzuwachsen begann, nahm seine Gedanken völlig in Anspruch. Seine ersten zehn Konzerte mußte er um zehn weitere verlängern. Er spielte nicht mehr in der Musikakademie, sondern zu wesentlich höheren Eintrittspreisen in dem bedeutend größeren Opernhaus. Der König reiste zwischendurch nach London, kam aber bald wieder zurück und besuchte sofort das nächste Konzert. Dort applaudierte er lebhaft. Der Beifall des Publikums war bereits abgeflaut, der König aber applaudierte noch immer, gewissermaßen als Begrüßung nach seiner Rückkehr. Daraufhin brach die Menge selbstverständlich von neuem in einen Sturm der Begeisterung aus. Das Tosen der beifallspendenden Hände wollte nicht abebben. Franzi setzte sich zurück ans Klavier und, die Begrüßung erwidernd, begann er, seinen Kopf dem König zugewandt, mit himmelstürmender Wucht Josef Haydns Kaiser-Hymne zu spielen. Das ganze Opernhaus erhob sich, das Konzert hörte auf, ein Konzert zu sein, und ging in eine spontane Huldigung über. Genau so war es aber auch außerhalb des Konzertsaales. Wenn der Meister in einem Restaurant erschien, wurde er sofort mit Beifallsklatschen begrüßt. Einmal kniete eine Frau vor ihm nieder und bat um den Vorzug, seine Finger küssen zu dürfen. Ein anderes Mal, als er bei der alten Mutter Meyerbeers zum Tee geladen war, stahl eine Dame den Rest seiner Teetasse und goß ihn in eine mitgebrachte Kristallflasche. Belloni zählte die in den Berliner Tagen angekommenen Briefe: es waren mehr als dreitausend. Die Berliner Kunstakademie ernannte ihn zum Ehrenmitglied und gab ihm zu Ehren ein großes Fest. In seinen Wohnräumen häuften sich die Urkunden über Ehrenmitgliedschaften in den verschiedensten Vereinen. Endlich verlieh ihm der König die Friedensklasse des »Pour le mérite«, die er im Jahre 1842 gestiftet hatte; Nr. 51: Franz Liszt in Paris (Tonkünstler), Nr. 52: Gioacchino Rossini in Bologna (Komponist). Er war der erste Nichtsoldat, der damit ausgezeichnet wurde.
Als er weiterreisen mußte, bedauerte er aufrichtig dem Grafen Teleki gegenüber, sich von ihm trennen zu müssen; seine Verträge riefen ihn nach Rußland. Teleki rieb vor Ärger seine Ohren. Ausgerechnet jetzt verfügte

er nicht über das Geld, ihn begleiten zu können. Franzi stellte sofort einen Wechsel über viertausend Taler aus. Teleki aber war ein empfindlicherer Freund als der Fürst Lichnowsky; von einem freundschaftlichen Darlehen wollte er nichts wissen. Am anderen Tage berichtete er jedoch freudestrahlend, daß es ihm gelungen sei, Geld aufzutreiben.
»Ich fühle mich verletzt«, sagte Franzi, »von einem anderen nehmen Sie es an, von mir nicht? Woher haben Sie das Geld bekommen?«
»Von denen, deren Beruf das ist. Wozu sind die Juden da? Die wollen doch auch leben.«
Sie freuten sich sehr, zusammenbleiben zu können. Sodann prüften sie ihre Pässe; sie waren in Ordnung. Franzis Paß wies einen interessanten Vermerk auf. Die ungarische Statthalterei in Buda hatte in die Rubrik der Personalien eintragen lassen: »Celebritate sua sat notus – durch seinen Ruhm zur Genüge bekannt.«
Dann verbrachte er noch einen letzten Abend mit Charlotte und besuchte alle anderen, von denen er sich verabschieden mußte. Auch beim Kronprinzen sprach er vor, und die Prinzessin Augusta begleitete ihn bis zur Treppe. Dort fiel Franzi der Hut aus der Hand und er rollte die Treppe hinunter.
»Der Hut, der Hut!« rief die Prinzessin.
»Lassen wir den Hut, Hoheit«, entgegnete er gutgelaunt. »Ich habe, bezaubert von der Güte Eurer Hoheit, sowieso schon meinen Kopf verloren, was brauche ich da noch einen Hut!«
Die Kronprinzessin winkte ihm noch lange nach. Im Hotel wurden in größter Eile seine Koffer gepackt. Das Personal konnte die Erinnerungszeichen an die einundzwanzig Konzerte der vergangenen acht Wochen kaum unterbringen. Unmittelbar vor der Abfahrt stellten sich hundert kleine Kinder in der Halle des Hotels auf. Sie dankten mit einem Chorgesang dem großen Künstler, der ein Konzert zugunsten ihres Waisenhauses gegeben hatte. Franzi hörte sich den Gesang an, küßte einige von den Kleinen, dann verließ er das Hotel.
Draußen erwartete ihn eine Galakutsche, die ihm die Berliner Universität gesandt hatte und die ihn bis zur nächsten Poststation bringen sollte. Sechs mit Silberzeug gezäumte Schimmel waren vorgespannt. Auf den Straßen Tausende, jubelnd und begeistert. Franzi nahm zwischen den Dekanen der Universität Platz, die Amtstracht angelegt hatten. Seiner Kutsche folgten noch dreißig andere Wagen, alle vierspännig. In der zweiten Kutsche saß Graf Teleki, ebenfalls mit einigen Herren der Universität, in den anderen Notabilitäten von Berlin. Die Wagenreihe wurde flankiert von berittenen Chargierten der Korporationen, fünfzig an der Zahl. Überall, auf der ganzen schon vorher festgelegten Strecke, jubelnde und Tücher schwenkende Massen. An einer Biegung begegnete die Wagenreihe der Equipage des Königs. Friedrich Wilhelm IV. hatte für diese Stunde eine Ausfahrt angesetzt, weil

er neugierig auf das Wunder dieses Abschiedes war und es unter allen Umständen miterleben wollte.
»Sie reisen auch wie ein König«, sagte ein Herr der Universität.
»Nicht wie *ein* König«, verbesserte ein anderer, »sondern *wie der* König!«
Die Kutsche sauste dahin, und Franzi genoß diesen unerhörten Triumph, der noch keinem Künstler in keinem Lande, seit die Welt bestand, zuteil geworden war. In der Weltgeschichte gab es also etwas, dessen Rekord er hielt, er, der Sohn des Raidinger Rechnungsführers!

SECHZEHNTES KAPITEL

Noch in Berlin stellte sich heraus, daß Graf Teleki den Fürsten Lichnowsky auch kannte und sie somit einen gemeinsamen guten Bekannten mehr hatten. Teleki hatte trotz seiner Jugend zusammen mit Lichnowsky an den Kämpfen des Don Carlos um die spanische Krone teilgenommen. Die gemeinsame Reise gestaltete Franzis Freundschaft mit Teleki noch inniger. Ihre Gespräche auf der endlosen Fahrt in der rüttelnden Postkutsche berührten alle Gebietes des Lebens, der Welt und der Seele, und das gab dieser Reise ihr ganz besonderes Gepräge. Am meisten unterhielten sie sich aber doch über die Zigeuner und über die ungarische Volksmusik. Franzi interessierte sich für nichts lebhafter als für diese beiden Dinge. Teleki hatte ein sehr lustiges und ausgelassenes Leben hinter sich. Auf seinem Erbgut weilten ständig Kessel flickende und Ziegel brennende Zigeuner, die, wenn es erforderlich war, zur Unterhaltung der Herren Musik spielten. Franzi ließ den Grafen in der Postkutsche stundenlang singen, er wollte jedes Lied kennenlernen. Und der Graf konnte noch so müde sein vom Singen, Franzi hatte immer nur eine Antwort: weiter, weiter!
Auf der Reise machten sie in all den Städten halt, in denen der ihnen vorausgefahrene Belloni die Konzerte bereits vorbereitet hatte. In Königsberg wählte die Universität Franzi nach seinem Konzert zum Ehrendoktor. Der ungarische Staatsangehörige Franz Liszt wurde Ehrenbürger der deutschen Universität! Teleki war auf diese Urkunde fast stolzer als der Meister selbst. Es folgten Konzerte in Mitau, Riga und Dorpat. Überall starker Erfolg. Und endlich, an einem frühen Märztage, kamen sie in St. Petersburg an. Noch ehe sie dort angelangt waren, hatten sie schon gelernt, daß die Hauptstadt Rußlands im Volksmunde einfach »Piter« hieß.
Piter lag noch im Schnee. Der bunte Wirrwarr der Paläste mit ihren europäischen Fassaden und die altrussischen Kirchen mit ihren zwiebelförmigen Kuppeln, das Schellengeklingel der Troiken, der ungewohnte Gesichtstyp

der Bevölkerung, die vollständig unbekannte Sprache, die Popen mit ihrer röhrenförmigen Kopfbedeckung, die fremden Uniformen, die Aushängeschilder mit ihren zyrillischen Buchstaben, alles das erfüllte ihn mit dem Gefühl, daß er noch niemals in einer so fremden Welt gewesen war. Wenn er an der Preistafel einer Delikatessenhandlung das komische Wort »CAXAP« las, stellte sich heraus, daß diese zyrillischen Buchstaben »Ssachar« ausgesprochen wurden und »Zucker« bedeuteten. Alles war anders als in Europa, alles überraschend farbig und reizvoll.

Seine erste Aufgabe bestand darin, sich bei dem Zaren zu einer Audienz zu melden. Diese wurde ihm sofort gewährt. Nikolaus, der eiserne Zar, empfing ihn mit auffallender Zuvorkommenheit. Er ging ihm entgegen, reichte ihm die Hand und sagte:

»Ich freue mich außerordentlich, Sie auf russischem Boden begrüßen zu können. Die Zarin hat mir von Ihnen wahre Wunderdinge erzählt, und Ähnliches schreibt auch meine Schwester, die Großherzogin von Weimar, und meine Nichte, die Kronprinzessin von Preußen.«

Franzi verneigte sich.

»Ihre Majestät und Ihre Kaiserlichen Hoheiten sind mir gegenüber sehr gütig.«

»Nein, nein, alle drei sind in musikalischen Angelegenheiten große Sachverständige. Ich bin eher Soldat. Nun, erzählen Sie mir von Weimar und Berlin. Wie geht es meinen Verwandten?«

Die Audienz zog sich ziemlich in die Länge. Als er von dem tyrannischen Vater aller Russen entlassen wurde, empfingen ihn die Kämmerer und die dekorierte Schar der Adjutanten in großer Aufregung. Man beglückwünschte ihn: die Audienzen der Künstler pflegten sonst nie so lange zu dauern. Eine ähnliche Auszeichnung wurde ihm von der Zarin Alexandra zuteil. Auch sie befragte ihn über die Verwandten, denn sie war die Schwester des Königs von Preußen. Diese Dynastien waren zwei- und dreifach untereinander verschwägert. Franzi wußte ganz genau über ihre verwickelten Verwandtschaftsverhältnisse Bescheid; er kam oft mit den hohen Herrschaften zusammen und war auf diese Weise ein ausgezeichneter Unterhaltungspartner für sie, die sich gegenseitig nur wenig sahen und deshalb die Nachrichten über Mitglieder ihrer auseinandergerissenen Familie doppelt so hoch würdigten. Auch diese Audienz zog sich beträchtlich in die Länge.

»Sie sind ein gemachter Mann in Piter, mein lieber Freund«, sagte ihm einer der Höflinge, der Graf Wielhorsky.

Es war derselbe Graf Wielhorsky, in dessen Hause er in Rom die kühne Neuerung der selbständigen Konzerte eingeführt hatte. In dem Fürsten Galizyn durfte er ebenfalls einen alten Bekannten aus Rom begrüßen. Die Einladungen überstürzten sich. Graf Benckendorff, der Polizeichef, Graf Woronzow-Daschkow, Fürst Jussupow und die Fürstin Belopolski wetteiferten miteinander, ihn bei sich zu sehen. Sowohl sein öffentliches Auftreten als

auch seine Konzerte am Hofe waren von hinreißendem Erfolg gekrönt. Er schwamm geradezu in einem Meer von Geld und Verehrung. Das Geld streute er uneigennützig wie immer mit beiden Händen aus. Als die Nachricht von dem großen Hamburger Brande durch die Zeitungen lief, sandte er sofort fünfzigtausend Franken zur Unterstützung der Obdachlosen. Beim nächsten Hofkonzert redete ihn der Zar daraufhin an:
»Ich habe von Ihrem ritterlichen Geschenk gehört, lieber Liszt. Wenn Sie ein so opferbereiter Mann sind, so haben Sie dazu auch hier Gelegenheit. Wir wollen zugunsten der Invaliden der Schlacht von Borodino ein Konzert veranstalten. Ich würde mich freuen, wenn Sie in diesem Konzert mit auftreten würden.«
Er überlegte einen Augenblick, dann schüttelte er den Kopf.
»Ich bedaure von ganzem Herzen, Majestät. Bisher verdanke ich meinen Ruf und meine Erziehung zum weitaus größten Teile den Franzosen. Und es ist mir ganz unmöglich, mich mit jenen zu identifizieren, die sie besiegt haben.«
Der Zar fuhr zusammen, erwiderte jedoch nichts und wandte sich ab. Nach dem Konzert zog ihn der Fürst Galizyn beiseite.
»Es ist ein kleines Unglück geschehen, lieber Freund, der Zar grollt. Er bemerkte, zwei Sachen an Ihnen gefielen ihm nicht: Ihr Haar und Ihre Politik.«
»Das tut mir leid«, entgegnete Liszt lächelnd, »mein Haar ist mir in Paris gewachsen, und ich bin nur geneigt, es in Paris abschneiden zu lassen. Und Politik treibe ich auch nicht, weil ich keine Armee dazu habe.«
Ein großes Unglück entstand nicht aus dem Vorfall, der Hof lud ihn trotzdem wieder ein. Franzi fühlte sich sehr wohl. Er war oft mit dem vorzüglichen Klavierspieler Henselt zusammen, der die offizielle Persönlichkeit des russischen Musiklebens war, und mit jenem Lenz, der ihn einst in Paris besucht und ihm die »Aufforderung zum Tanz« von Weber vorgespielt hatte. Mit allen diesen freundete sich auch Graf Teleki an. Als das Ende der schönen Petersburger Tage herankam, dachte Franzi schweren Herzens seufzend daran, daß er von den so süßen, so lyrischen, so stimmungs- und geheimnisvollen Küssen der russischen Frauen Abschied nehmen und in den unzufriedenen, lustlosen und mit Vorwürfen erfüllten Alltag Maries zurückkehren mußte.
Länger als ein halbes Jahr hatte er die Gräfin nicht gesehen. Er fand eine ganz andere Frau vor. Die alte Madame de Flavigny war gestorben, und Marie erhielt ein großes mütterliches Erbe. Sie richtete sich ein Haus ein und suchte sich einen Kreis von Menschen. Ihr Salon wurde nach und nach in Paris anerkannt. Ihre alte Welt, die Aristokratie, blieb ihren Empfängen zwar fern, die Größen der literarischen und der Künstlerwelt folgten aber gern ihrer Einladung. Marie nahm ihre schriftstellerische Tätigkeit immer ernster, hier und da erschienen bereits einige Artikel von Daniel Stern. Es

war kein Geheimnis, daß sich in Franzis monatelanger Abwesenheit zahlreiche Männer gefunden hatten, die sie trösteten. Franzi war aber in dieser Hinsicht gar nicht neugierig. Im Gegenteil; seine Gedanken gingen schon lange dahin: wenn nur endlich jemand für immer die Last dieser Liebe von meinem Herzen nähme . . . Aber das geschah nicht. Diese Frau konnte mit einem jeden eine oberflächliche Liebelei beginnen; sobald aber der hervorragendste und berühmteste unter den Männern wiederauftauchte, waren sofort alle anderen Luft für sie. Der große Liszt gehörte eben ihr, und diesen großen Mann gab sie nicht her. Störrisch betrachtete sie ihn als ihr ewiges Eigentum.

Franzi wohnte jetzt nicht mehr mit Marie zusammen. Das hatte ja auch ihren Bestrebungen, die Anerkennung der Gesellschaft wiederzugewinnen, geschadet. Sie vereinbarten aber, wieder mit den Kindern nach Nonnenwerth zu fahren. In Paris dagegen sollte Marie für sich bleiben, während er zu seiner Mutter und den Kindern in die Rue Blanche zog.

Blandine war jetzt schon sieben, Cosima fünf und der kleine Daniel drei Jahre alt. Sie beteten ihre Großmutter richtig an. Und Mutter Liszt pflegte und betreute die Enkel mit jener unermüdlichen Hingabe, deren eben nur eine Mutter fähig ist. Sie erzog sie aber auch nach ihrer schlichten ländlichen Art. Ihr fehlte jede Anpassungsfähigkeit. Während ihr Sohn sich in den vornehmsten Kreisen eingelebt hatte, blieb sie auch jetzt noch in ihren Ansprüchen und ihrer Lebenshaltung die Tochter des Kremser Kurzwarenhändlers. Die beiden kleinen Töchter aßen sehr unmanierlich, Franzi schwieg dazu, um seine gute Mutter nicht zu verletzen, fühlte aber, daß dies nicht ganz in Ordnung ging, daß er etwas unternehmen mußte. Er zerbrach sich auch den Kopf darüber, fand aber vorläufig keine Lösung. Das Fortbestehen seiner lockeren Verbindung mit Marie ließ ihn nicht klarsehen. So nahm er sich vor, erst dann etwas zu beschließen, wenn das Verhältnis geklärt sein würde.

Einer Regelung würden keine finanziellen Hindernisse im Wege stehen. Er hatte sehr viel Geld und wußte, daß er auch immer soviel haben würde, wie er nur wollte. Marie fiel ihm ja nun auch nicht mehr zur Last. Außerdem bestand noch die Aussicht, eine sehr vorteilhafte Stellung zu erhalten. Bei seinem letzten Londoner Besuch hatte man ihn gefragt, ob er nicht Lust habe, die Leitung einer in London zu gründenden deutschen Oper zu übernehmen. Wenn in Paris eine italienische Oper gut bestehen konnte, so dürfte in London sicherlich auch eine deutsche gut existieren können. Dieser Plan gefiel ihm. Es schien ihm eine schöne Aufgabe, ein modernes, fortschrittliches Theater zu gründen und mit diesem für den weiteren Ausbau der neuesten Bühnenmusik zu kämpfen. Dieser alte Plan lebte jetzt wieder auf. Die Londoner Finanzgruppe war zustande gekommen. Ein Bevollmächtigter war bereits auf dem Kontinent gewesen und hatte deutsche Choristen engagiert. Diese kamen auch in Paris mit ihren abgeschlossenen

Verträgen in der Tasche zusammen. Aber gerade als sie nach London abreisen wollten, traf die Nachricht ein, daß sich die Verhandlungen in der letzten Minute zerschlagen hätten; aus der Theatergründung würde nun nichts mehr werden. Die unglücklichen Choristen kamen scharenweise in die Rue Blanche. Sie flehten den um Hilfe an, der ihr Direktor geworden wäre. Franzi entfaltete eine rege Tätigkeit in der Gesellschaft, um zu ihrer Unterstützung ein Wohltätigkeitskonzert zustande zu bringen. Eine deutsche Sache stand auf dem Spiele, Deutsche waren die Leidtragenden, also stellte er ein vorwiegend deutsches Programm zusammen und bereitete sich auf das Konzert vor, für das ihm der mit dem französischen Adel verwandte steinreiche amerikanische Oberst Thorn den Musiksaal seines Schlosses zur Verfügung gestellt hatte.

Da begann eine Zeitung einen heftigen Angriff. Wie konnte Liszt es wagen, in der französischen Hauptstadt zum Nachteil der französischen Musik die deutsche Musik so auffallend in den Vordergrund zu stellen? Was waren das für Lieder, die er in diesem Konzert durch den Chor vortragen lassen wollte? Wer war dieser Herwegh, dessen Gedichte er vertont hatte? Diesen scharfen Artikel wiederholten auch die anderen Zeitungen. Die Konzertfolge nannte tatsächlich zwei von Liszt vertonte Herweghsche Gedichte: »Rheinweinlied« und »Reiterlied«. Eine Zeitung verschaffte sich den Text der beiden Lieder und veröffentlichte mit triumphierendem Zorn eine Zeile des Rheinweinliedes: »Der Rhein soll deutsch verbleiben!« Ist denn das möglich? fragten die Zeitungen. Kann in Paris jemand straflos franzosenfeindliche politische Agitation betreiben? Die Schutzherrinnen dieses Wohltätigkeitskonzertes, die Baronin Rothschild und die Gräfin D'Orsay, wollten erschrocken von ihren Ehrenämtern zurücktreten. Aber Franzi blieb zäh und hartnäckig. Er antwortete nicht durch die Zeitungen, obwohl er sich darauf hätte beziehen können, wie anständig er sich dem Zaren gegenüber benommen, als es sich tatsächlich um das französische Nationalempfinden gehandelt hatte, das er als Gast Frankreichs so großzügig wahrte. Das behielt er aber für sich. An der Konzertfolge änderte er nichts. Jedermann hatte vor einem peinlichen Skandal Angst, er nicht. Mochte es kommen, wie es kommen sollte. Und er behielt recht: die musikalische Schönheit der einzelnen Stücke riß alle Zuhörer mit. Die gekommen waren, um zu pfeifen und zu demonstrieren, spendeten den lautesten Beifall. Vom Reinverdienst erhielt jeder Chorist dreihundert Franken. Überschwenglicher Dank der Bedürftigen wurde ihm zuteil.

Kaum hatte er sich jedoch des Beisammenseins mit seinen alten Freunden Chopin, Berlioz und Hiller freuen können, da ging er schon wieder auf Reisen. Lüttich, ein großer Erfolg. Brüssel, ein bedeutender Erfolg; eine lange Audienz beim belgischen König Leopold, Leopoldsorden, Beifallsstürme, Liebesbriefe, andauernd neue Gesichter, Laufereien, Müdigkeit und Geld in Hülle und Fülle.

Den Sommer verbrachte er mit Marie und den Kindern, wie bisher, in Nonnenwerth. Die Freude an dem neuen Vergnügen, mit den Kleinen zu spielen und zu spaßen, verging ihm bald. Der des Familienlebens entwöhnte Vater und die das großstädtische Leben vermissende Mutter langweilten sich unendlich. Sie wußten nicht, worüber sie reden sollten, denn sie hatten keine gemeinsamen Interessen mehr. Franzi machte sich nichts aus den schriftstellerischen Versuchen der Frau, und sie nahm an der Musik des Mannes nicht teil, die sie nie richtig verstanden hatte. Ganz selten, nur aus Höflichkeit, wechselten sie manchmal einige Worte miteinander. Das Gespräch schleppte sich dann quälend langsam hin. Sie gaben es auch bald wieder auf. Wenn manchmal die Langeweile, das Aufeinanderangewiesensein und der Wunsch, den Schein zu wahren, sie einander in die Arme trieb, schämten sie sich am nächsten Morgen, sich in die Augen zu sehen. Die herrliche kleine Insel im Rhein bedeutete für sie beide eine fürchterliche, marternde Leere.
Eines Abends, als Marie am Klavier vorbeiging, blieb sie mit gezwungener Anteilnahme stehen:
»Was komponieren Sie?«
»Ich vertone ein kleines deutsches Gedicht.«
Marie beugte sich über den Notenständer und las den Text.
»Ein schwaches Gedicht«, urteilte sie verachtungsvoll.
Franzi entgegnete nichts. In der einen Hand hielt er den Bleistift, die andere Hand lag auf den Tasten, schweigend arbeitete er weiter . . .

SIEBZEHNTES KAPITEL

Baron Spiegel, Hofmarschall des Großherzogs von Sachsen-Weimar, faßte das Erörterte nochmals zusammen:
»Wenn wir uns also richtig verstanden haben, Meister, so kann ich Seiner Hoheit von unserer Besprechung folgendes melden: Sie sind damit einverstanden, mindestens drei Monate im Jahr in Weimar zu verbringen, während der Rest des Jahres zu Ihrer alleinigen Verfügung bleibt. Sie können nach Belieben reisen und Konzerte geben. Sie übernehmen hier die Veranstaltung von Orchesterkonzerten, die Sie selbst zu leiten wünschen, Sie stellen aber die Bedingung, daß der Weimarer Musikdirektor, Herr Chelard, in seinem Wirkungskreise in keiner Weise beeinträchtigt wird. In Ordnung? Jetzt noch zwei Fragen. Welchen Titel wünschen Sie für Ihr Tätigkeitsfeld?«
»Ich danke, Exzellenz, keinen. Ich begnüge mich mit meinem Namen.«

»Das ist eine seltene Antwort bei uns. Und von welchen materiellen Ansprüchen kann ich Seiner Hoheit berichten?«

»Das überlasse ich ganz Seiner Hoheit. Ich stimme schon im voraus dem zu, was Seine Hoheit gutheißen.«

»Das ist eine noch seltenere Antwort. Ich werde mir erlauben, Sie in zwei bis drei Tagen nochmals um eine Unterredung zu bitten.«

Franzi kam gerade nach Weimar, als die Stadt im Festschmuck prangte: Karl Alexander, der junge Erbgroßherzog, brachte seine Frau in die Residenz, Prinzessin Sophie, die Tochter des Königs der Niederlande, die zwar nicht besonders hübsch, aber sehr liebenswürdig und sehr, sehr reich war. Der Sohn war dem Beispiel seines Vaters gefolgt, der den auf die Tochter entfallenden Teil vom Vermögen des Zaren nach Weimar gebracht hatte; er füllte diesen Reichtum durch einen beträchtlichen Teil der Mitgift seitens der niederländischen Dynastie nicht unwesentlich auf. Der Vater lebte in einem ungetrübten Familienglück, der Sohn erhoffte dasselbe. Die Hochzeit wurde im Lande der Braut gefeiert, von dort kamen die jungen Leute schon als Ehepaar zurück. Jubel in Weimar, alle Häuser zeigten Fahnenschmuck, der kleinste Amtsdiener und auch der Bürstenbindergehilfe rieben sich glücklich die Hände und frohlockten: »Vorzüglich haben wir uns verheiratet!« Der Hochzeitsvater vergaß aber auch inmitten der Festlichkeiten und Umzüge jenes Staatsgeschäftes nicht, daß ihm seine Frau auf die Seele gebunden hatte: Liszt sei hier! Man müsse ihn unter allen Umständen hier halten, das sei im Interesse des kulturellen Weltranges von Weimar unbedingt erforderlich. Dieses Jahrhundert habe keinen weltberühmten Schriftsteller hervorgebracht, der es wert wäre, an den Hof gezogen zu werden; es habe jedoch einen weltberühmten Musiker geboren, demzufolge müsse man sich also auf die Musik umstellen.

Nach drei Tagen wurde Franzi eine Ehrenurkunde ausgehändigt.

»Wir, Karl Friedrich, von Gottesgnaden Großherzog zu Sachsen etc., etc., haben die gnädigste Entschließung gefaßt, den dermalen hier anwesenden Klaviervirtuosen Dr. Franz Liszt zu Unserem Kapellmeister im außerordentlichen Dienste zu ernennen, dergestalt jedoch, daß hierdurch die Verhältnisse des Kapellmeisters Chelard unberührt bleiben und der Kapellmeister Liszt nur bei seiner Anwesenheit hier die Kapelle zu seinen Leistungen aufzufordern und zu benutzen hat. Wir setzen Unser Hofmarschallamt hiervon zu seiner Nachachtung in Kenntnis und sind demselben in Gnaden gewogen.

Weimar, 2. November 1842.

Karl Friedrich

v. Fritsch v. Gersdorff.«

So wurde also Dr. Franz Liszt Hof-Kapellmeister in Weimar. Er bekam ein

Orchester zur Verfügung und durfte damit während dreier Monate des Jahres unternehmen, was er wollte. Liszt hatte große Pläne. Ganz genau wußte er freilich vorderhand noch nicht, was er eigentlich wollte. Er betrachtete es jedoch als feststehend, daß er unter allen Umständen seine noch ungeformten Pläne verwirklichen würde. Er dachte sich es ungefähr so: hier von Weimar aus sollte eine vollständig neue musikalische Strömung ausgehen, die er aber noch nicht genau beschreiben konnte. Zunächst fühlte er alles nur in seinen kribbelnden Fingerspitzen und in seiner kampfesmutigen Seele. Dieses Gefühl setzte sich aus verschiedenen und voneinander ganz getrennten Bestandteilen zusammen. Aus jener Begeisterung zum Beispiel, in die er seinerzeit bei den Vorträgen von Fétis geriet, als der unermüdliche Musikgelehrte erklärte, das Gehör des Menschen müsse sich weiterentwikkeln: die Zeit müsse kommen, in der die bisher noch abgelehnten Harmonien als schön und kunstvoll anerkannt würden. Dann beseelte ihn auch die kühne Musik von Berlioz, von ihr aus rüstig weiterzubauen. Und schließlich forderte der nimmermüde, ewig schöpferische Trieb Erfüllung, die bis jetzt noch niemals verspürten Stimmungen auf die einzig mögliche, also bis jetzt auch noch nie dagewesene Art wiederzugeben. Dabei stellte sich nun heraus, in welch hohem Maße der Kreis seiner Schriftstellerfreunde in Paris auf ihn gewirkt, wie sehr auch sein Geist sich unter dem Einfluß Victor Hugos den Bestrebungen angepaßt hatte, die starren und hemmenden Regeln aus dem Wege zu räumen und in sich die Gebote seines Berufes auf der Grundlage dessen, was er zu sagen hatte, neu festzulegen. Das Stärkste und Tiefste in seiner Seele war jedoch dieses wilde Freiheitsgefühl, dieser leidenschaftliche und trotzige Widerspruchsgeist, der sofort aufflammte, sobald er irgendeine willkürliche Macht zu fühlen glaubte, sei es in dem Unheil hochmütiger großer Herren, sei es in einer ungerechten öffentlichen Meinung oder in der Form tyrannisch anmutender Überlieferungen. Wie die Lunge Luft braucht, so brauchte er Freiheit. Diese suchte er auch in der neuen Musik, und danach sehnte er sich. Er ahnte vorerst noch gar nicht, wie er diesen Kampf mit den Waffen des Weimarer Orchesters durchführen könnte. Kühne, interessante Kompositionen schwebten ihm vor, die einmal aus seiner Feder fließen würden, sobald sein Zigeunerleben aufgehört hätte, oder aber Kompositionen, die er aus den Schubladen unbekannter junger Tondichter hervorholte . . .

So ein junger Komponist sollte bald seinen Weg kreuzen. Anschließend an Weimar ging er abermals auf Reisen. Jena, Koburg, Gotha, Frankfurt, Köln, Aachen, Amsterdam, Leyden und noch viele andere Städte besuchte er, bis er endlich wieder nach Berlin kam. Seine Erfolge blieben auch diesmal nicht aus, wohl aber die hysterischen Nebenerscheinungen des vorigen Jahres. Die Raserei trat nicht wieder ein und bestätigte damit, daß derartige Triumphe von Massenpsychosen und in ihrem Umfange vom Zufall abhängen. Eines Tages neckte ihn die berühmte Sängerin Frau Schröder-Devrient, die

er in der Gesellschaft traf und die wegen ihrer spitzen Zunge und ihrer Spottlust bekannt war:
»Na, Sie haben Ihre Prüfung sehr schön bestanden, das muß man schon sagen.«
»Ich? Wieso? Warum?«
»Heute abend unterhielt ich mich mit dem Autor des ›Rienzi‹, den wir jetzt gerade proben. Sie reden doch immer so große Töne, wie gern Sie jungen Begabungen helfen. Nun, teurer Meister, dieser Tondichter Richard Wagner erzählte mir, daß er bei Ihnen in Paris war, Sie ihn aber so wenig beachtet haben, daß es wirklich eine Schande ist.«
»Richard Wagner? Ein Mann dieses Namens war nie bei mir. Ich habe auch noch nie von ihm gehört. Hier muß ein Irrtum vorliegen.«
»Es liegt aber kein Irrtum vor. Wagner erzählte mir ganz ausführlich, daß er bei Ihnen eine größere Gesellschaft vorfand, als er Sie vormittags besuchte. Sie berichteten lang und breit von Ihrer Reise nach Ungarn und haben ihn überhaupt nicht beachtet. Dieser Wagner ist jedoch eine außerordentliche Begabung.«
Franzi schüttelte wortlos den Kopf. In dieser Darstellung kannte er sich nicht wieder. Zu Menschen, die sich an ihn wandten, war er stets liebenswürdig und zuvorkommend, das gab es gar nicht anders. Der Gedanke, daß er jemanden ohne seinen Willen verletzt haben sollte, war ihm unerträglich. Er mochte sein Gedächtnis aber noch so anstrengen, auf einen Mann namens Richard Wagner konnte er sich überhaupt nicht besinnen.
Einige Tage darauf mußte er eine Probe mit Frau Schröder-Devrient gemeinsam besuchen. Er holte sie in ihrer Wohnung ab. Als er durch den Salon schritt, konnte er dem offenen Klavier nicht widerstehen. Er intonierte die berühmte Baß-Passage aus der Rache-Arie der Donna Anna. Auf diese humorvolle Anmeldung, daß er da sei, rief ihm die Hausfrau aus einem anderen Zimmer zu:
»Kommen Sie nur näher, Sie kommen gerade zur rechten Zeit.«
Franzi trat ein. Er fand einen fast gleichaltrigen, blauäugigen Mann von kleiner Statur in der Gesellschaft der Künstlerin vor. Frau Schröder-Devrient sagte mit schelmischer Freude:
»Ich stelle Ihnen einen alten Bekannten, Richard Wagner, den Komponisten des ›Rienzi‹, vor.«
Franzi betrachtete den Fremden. Ganz langsam begann es in seinem Gedächtnis zu dämmern, daß er dieses markante Kinn irgendwo schon einmal gesehen hatte. Er trat auf ihn zu und reichte ihm beide Hände.
»Ist es wahr, daß ich Sie beleidigt habe? Wenn das zutrifft, so seien Sie versichert, daß es nicht mit Absicht geschah. Ich bitte von ganzem Herzen um Verzeihung.«
Wagner sah die Sängerin mit vorwurfsvollem Blick an. Nur sie konnte geplaudert haben. Dann wandte er sich verstört an Franzi:

»Bitte . . . von einer Beleidigung kann gar keine Rede sein . . . Mir hatte es bloß weh getan, daß . . . ich weiß gar nicht . . .«
»Waren Sie tatsächlich bei mir in Paris?«
»Ja, vor zwei Jahren. Ich hätte gern eine nähere Bekanntschaft geschlossen, es waren aber so viele Gäste bei Ihnen, und ich bin so ungeschickt . . . Sie haben mich selbstverständlich gar nicht beleidigt, Sie haben mir sogar eine Karte zu Ihrem Konzert geschenkt . . . Ich war aber sehr niedergeschlagen, weil . . . weil Sie sich nicht mit mir beschäftigt haben . . . Ich hätte mich mit Ihnen gern über Musik unterhalten, ich fing auch an davon, Sie wandten sich aber zu den anderen . . . und . . .«
Wagner stotterte gequält. Franzi umarmte ihn und klopfte ihm auf die Schulter.
»Deshalb bitte ich nochmals um Verzeihung. Nicht wahr, Sie tragen es mir nicht mehr nach, und es herrscht wieder Friede zwischen uns? Wir werden uns noch viel über Musik unterhalten. Ich will dem ›Rienzi‹ unbedingt beiwohnen, ich habe schon sehr viel Schönes darüber gehört. Leider muß ich mich jetzt aber recht beeilen, da wir schon zu spät zur Probe kommen.«
»Rienzi« hörte er sich aber nicht an. Er verschob es von einem Mal zum anderen. Was er von der neuen Oper vernommen hatte, machte keinen besonderen Eindruck auf ihn. Er schob den Besuch immer wieder auf, dann vergaß er es. Er hatte sehr viel mit seinen eigenen Konzerten zu tun, mit den Einladungen zum Hof, mit allen möglichen Dingen, und wenn er sich ein wenig freie Zeit stehlen konnte, so komponierte er hinter sorgfältig versperrten Türen. Unter solchen unruhigen Verhältnissen konnte er seine großen Symphoniepläne vorläufig noch nicht verwirklichen; für kleinere Kompositionen hatte er aber sehr viele Einfälle. Er schrieb viele Lieder und ergötzte sich von neuem an ungarischen Melodien. Von den Rhapsodien waren bei dem Wiener Verlag Haslinger schon zwei Hefte erschienen, jetzt beschäftigte er sich bereits mit dem Entwurf von zwei weiteren. Er hatte auch einen nach ungarischen Motiven komponierten Marsch geschrieben, dem er den Titel »Ungarische Eroica« gab. Diese »Eroica« spielte er jetzt dem König in Berlin vor. Seiner Majestät gefiel die Komposition so gut, daß er schon am Tage darauf anordnete, diesen ungarischen Marsch in das Programm der preußischen Militärkapellen einzureihen.
Als er diesmal aus Berlin wegfuhr, begleitete ihn keine Wagenreihe und keine Reiterschar. Deswegen reiste er aber nicht minder vornehm. Sein eigener geräumiger Reisewagen war fertig geworden. Seit er die prächtige Kutsche des Grafen Kasimir Esterhazy gesehen hatte, konnte er den Wunsch nach einem solchen Gefährt nicht mehr unterdrücken. Es war ganz prächtig geworden. Tagsüber konnte man es als kleinen Salon benutzen, in dem er seinen Reisegefährten Tee anbot, als ob er zu Hause wäre. Während der Nacht richtete man ein bequemes Bett darin her. Das Reisen in diesem Wagen bedeutete ihm eine wahre Lust. Nach und nach war ihm nämlich

die mit Stroh aufgeschüttete Postkutsche voller Flöhe, in der man sich nicht anständig ausstrecken konnte und angezogen mit zerschundenen Gliedern schlafen mußte, wenn das der schlechten Federung halber überhaupt möglich war, unbequem und zu einer Qual geworden. Der prächtige Wagen beförderte den Beherrscher des Klaviers zunächst nach Warschau. Er hatte noch nicht ausgepackt, als er sich schon an den Schreibtisch setzte und an Chopin schrieb, den lieben guten Freund, der jetzt als Geliebter George Sands seine Tage in Paris verbrachte, das kärgliche Einkommen vom Verkauf seiner Kompositionen durch Stundengeben zu erhöhen suchte und sich während des Sommers immer in Nohant aufhielt. Franzis Besuch in Warschau wurde von der ersten bis zur letzten Minute ein leidenschaftliches Bekenntnis seiner freundschaftlichen Zuneigung zu Chopin. Ab und zu sann er über das seltsame Spiel des Schicksals nach. Chopin sehnte sich immer nach Warschau, war aber als Revolutionär gebrandmarkt und konnte deshalb nicht in seine Heimat zurück, und er konnte, wann und solange er wollte, in Pest leben und irrte trotzdem heimatlos in der Welt umher. Diese Liebe, mit der er des Ungarlandes gedachte, war die frohe und stolze Schwester der wehmütigen und unter einer grausamen Tyrannei leidenden Heimatliebe Chopins. In die Vortragsfolge seiner Warschauer Konzerte nahm er kaum etwas anderes als Chopinsche Musik auf. Und das polnische Publikum, das mit schmerzlichem Stolz an seine in Paris lebenden beiden großen Landsleute, an Chopin und Mickiewicz, dachte, hörte aus den Vorträgen des Klavierkünstlers die geheimnisvollen Botschaften der Flüchtlinge heraus. Die duftigen Passagen der Mazurken und Polonäsen, der in reichen Arabesken pulsende, starke nationale Herzschlag, die aus Paris in die Heimat herübertönende musikalische Trauer wirkten in dem von russischen Soldaten mit aufgepflanztem Seitengewehr bewachten, schweigenden Warschau wie ein kraftvoller politischer Aufruf, wie eine mit erhobenem Haupte gesungene Freiheitshymne. Die Beifallsstürme, die dem Künstler entgegendonnerten, galten deshalb zugleich dem polnischen Nationalgedanken. Auch das war ein außerordentlicher Erfolg, aber in Art und Farbe wieder ganz anders als Franzis sämtliche anderen denkwürdigen, überwältigenden Erfolge. Der einstige Ruhm in Paris war der Sieg des fassungslosen Staunens über das Wunderkind; er trug den nicht ganz künstlerischen Charakter einer Schaustellung, einer Kuriosität. Den Erfolg in Pest schuf die Begeisterung der nationalen Zugehörigkeit, der Berliner Erfolg war eine besondere Raserei der Mode und Massenpsychose, und dieser Triumph in Warschau sprach den Dank einer Nation an die wundertätigen Hände, die wohltuend ihre Wunden streichelten.

Wenngleich Franzi nicht politisierte, so machte er doch aus seiner besonderen Liebe zu Polen kein Geheimnis, obwohl man ihn schon vor Spionen warnte, die um ihn herum seien. Wenn man von Warschau nach St. Petersburg gehen wolle, täte man besser daran, auf seine Äußerungen zu achten . . . Er zuckte nur mit den Schultern und lächelte. Das »Nun erst recht« erwachte wieder in ihm. Er betonte in den Konzerten seinen Chopin-Kult noch auffallender, ja er ging in seiner Kühnheit sogar so weit, anläßlich eines dichtbesuchten Hauskonzertes die Melodie des »Jeszcze Polska nie zginela!« (Noch ist Polen nicht verloren!) zu wählen, als er über frei gewählte Themen improvisierte. Die Zuhörer lauschten atemlos. Totenstille. Er spielte ungezähmt, mit unbekümmerter Lust und Laune wie ein mit seiner Lieblingspuppe spielendes kleines Mädchen, er schmückte die Melodie aus, drehte und wendete sie hin und her und ließ sie selbstgefällig aufglänzen. Den Zuhörern traten die Tränen in die Augen, ringsherum blitzten die weißen Taschentücher immer häufiger auf. Ein unbeschreiblicher Beifall folgte. Tags darauf erzählte man ihm flüsternd, daß der Warschauer Polizeipräsident Abramowitsch von dem Vorfall Kenntnis erhalten habe und ihn zweifellos nach Petersburg weitermelden werde. Franzi zuckte abermals nur mit den Schultern.

Die ihm diese Nachricht zugetragen hatte, war eine Frau, strahlend schön und zwanzig Jahre alt. Sie war die Tochter einer in russische Dienste getretenen deutschen gräflichen Familie. Ihr in Warschau wohnender Vater hieß Graf Nesselrode. Komtesse Marie wurde, als sie sechzehn Jahre zählte, mit einem steinreichen griechischen Diplomaten namens Calergis verheiratet; sie gebar ihm eine kleine Tochter und verließ darauf ihren Mann wieder.

Seit drei Jahren irrte sie ruhelos in der Welt umher, war bald in Paris, bald in Baden-Baden; bald tauchte sie in Warschau bei ihrem Vater auf, dann wieder in St. Petersburg, wo ihr Onkel väterlicherseits Minister war. Zur Zeit hielt sie sich in Warschau auf und war sehnsüchtig bemüht, jede freie Viertelstunde des großen Künstlers für sich in Anspruch zu nehmen. Sie spielte selbst ausgezeichnet Klavier und hätte sogar in einem Konzert auftreten können. In dieser sonderbaren Warschauer Welt führte sie ein doppelseitiges politisches Leben. Durch ihren Onkel stand sie dem Zarenhofe sehr nahe, wo man sie auch gern sah. Ihre Mutter aber war eine Polin, und das Blut der Mutter beherrschte immer ihre Empfindungen. Sie war eine prächtige Erscheinung, hochgewachsen, mit vollen Schultern, goldblondem Haar und blauen Augen. Ihr Herz war zwanzig Jahre alt und einsam. Der Familienrat hatte sie einst ihrem Manne zugeführt, sie aber war in ihrem ganzen Leben noch nie verliebt gewesen. Jetzt, nachdem sie den bezaubernden Künstler kennengelernt hatte, war sie schon im ersten Augenblick verloren, und der große, langhaarige Klavierdämon griff hingerissen nach der Wonne, die ihm das Leben bot.

»Ich habe große Angst um Sie«, sagte die Frau am letzten Abend ihres Beisammenseins. »Sie sind in Ihren Taten und Äußerungen ein wenig unbedacht. In Petersburg wird man sicherlich über Ihre Polenfreundschaft sprechen, und ich sehe schon voraus, daß Sie sich nicht in acht nehmen werden. Ich weiß ganz bestimmt, daß Abramowitsch genaue Berichte über Sie gemacht hat. Daher versuchte ich die Angelegenheit mit zehn Briefen auszugleichen. Aber mein Einfluß am Hofe wird wahrscheinlich vergeblich sein, Sie werden alles selbst verderben. Versprechen Sie mir, daß Sie auf der Hut sein wollen!«

Franzi antwortete mit den letzten heißen Abschiedsküssen. Er gab noch ein Konzert in Krakau, dann fuhr er nach Petersburg. Hier war auch nicht das geringste davon zu merken, daß er etwas auf dem Kerbholz haben sollte. Die Vorbereitungen zum ersten Konzert am Hofe blieben ungestört. Der Tag des Konzertes rückte näher, und noch immer war nichts eingetreten, was auf irgendwelche Unstimmigkeiten schließen lassen konnte. Zum Konzert erschien der Zar persönlich. Franzi spielte.

Während des Vortrages raubte ihm eine halblaut geführte Unterhaltung die bezaubernde Ruhe, die er sonst gewöhnt war. Der Zar unterhielt sich mit seinem hinter ihm sitzenden Adjutanten. Franzi spielte weiter, der Zar sprach immer noch. Das ging eine ganze Weile so, Franzi hoffte in jeder Sekunde, daß die Unterhaltung abgebrochen würde. Das trat aber nicht ein. Der Flügeladjutant erwiderte irgend etwas, der Zar fing abermals an zu reden. Franzi wurde blaß. Inmitten eines Taktes hörte er plötzlich auf zu spielen. Er legte beide Hände auf die Knie und wartete. Es währte Sekunden, ehe der Kaiser bemerkte, daß keine Musik mehr erklang. Er drehte sich um und war überrascht. Er wartete. Der Künstler fing aber noch immer nicht wieder zu spielen an.

»Was ist denn los?« erkundigte sich endlich der Zar.

»Solange Majestät sprechen«, erwiderte Franzi kühn, »hat jeder zu schweigen.«

Eine quälende Spannung lag in der Luft. Der Hofstaat rührte sich nicht in seiner entsetzten Starrheit. Der Zar sah den Künstler an und wollte etwas erwidern, er schwieg jedoch. Franzi spielte weiter. Als das Stück zu Ende war, erhob sich der Kaiser, winkte seinem Adjutanten und entfernte sich in dessen Begleitung. Sonst verließ niemand das Konzert. Franzi setzte die Vortragsfolge fort.

Am andern Tage erfuhr er dann, daß er die Gunst des Zaren verloren hatte. Nicht nur dieser Kühnheit wegen, weil er es gewagt hatte, den mächtigen Herrscher zurechtzuweisen, sondern auch, weil man dem Kaiser jetzt über Liszts Aufenthalt in Warschau eingehend Bericht erstattet hatte. Größeres Unheil entstand aber nicht daraus. Der Zar besuchte allerdings keines seiner Konzerte mehr, außerdem war es nicht zu bezweifeln, daß man ihn beobachten und seine Briefe kontrollieren ließ, denen man deutlich ansah, daß sie gewaltsam geöffnet worden waren. Die Zarin blieb ihm jedoch auch weiterhin wohlgesinnt. Am Hofe bildeten sich in der Liszt-Frage zwei Parteien, das heißt, die schon seit Jahren bestehende imperialistische, polenfeindliche Partei wandte sich kühl von dem Künstler ab, während ihm die eine friedliche Lösung anstrebende Partei um so begeisterteren Beifall spendete. Ver-

einzelt fanden sich vornehme Höflinge, die ihn den Verlust der Allerhöchsten Gunst fühlen lassen wollten. Ein mit unzähligen Orden geschmückter General blieb einmal vor ihm stehen und erkundigte sich herablassend:
»Haben Sie schon an einer Schlacht teilgenommen?«
»Noch nie. Haben Sie schon einmal ein Klavierkonzert gegeben?«
Der General konnte auf diese schlagfertige Erwiderung nichts entgegnen. Der Künstler gab auch anderen, die ihn herausforderten, die gebührende Antwort, und so ließen sie ihn bald in Ruhe. Seine angesetzten öffentlichen Konzerte waren vorüber. Das Zusammensein mit Adolf Henselt bereitete ihm nur reine Freude. Sein Bankguthaben schwoll richtig zusehends an. Vor seiner Abreise fand er noch Mittel und Wege, zu zeigen, daß seine Polenfreundschaft noch lange keinen Russenhaß bedeutete. Bei seinem fünften Konzert, als das freie Phantasieren begann, spielte er unerwartet Themen aus Glinkas Oper »Das Leben für den Zaren« in einer glänzenden Improvisation. Er legte sich mächtig ins Zeug und brachte eine Phantasie zustande, die diesem Konzert den größten Erfolg seiner russischen Reise sicherte.
Ungestört konnte er nach Moskau reisen, wo er sich mit Michael Glinka anfreundete. Diese Stadt machte einen noch viel tieferen Eindruck auf ihn als Petersburg. Moskau kam ihm viel echter, viel russischer vor. Auch das Leben war hier ganz anders, die Gebräuche ursprünglicher und unverbildet, die Volkstrachten farbenprächtiger. In Petersburg verkörperte der Deutsche Henselt die russische Musikkultur, hier herrschte dagegen der liebenswürdige, gemütvolle, bärtige Glinka selbst.
»Warte nur, mein Täubchen«, meinte der russische Komponist und machte ihn neugierig, »wenn du völkisches, insbesondere aber Zigeunerleben sehen willst, werde ich dir zu Ehren in meinem Hause ein Fest veranstalten.«
Glinka hielt sein Wort. Der Hausherr überraschte den eintretenden Gast gleich damit, daß er ihm Rock und Weste abnahm und ihm ein farbiges Tuch in die Hand drückte, das er sich nach der Art der russischen Zigeuner um den Hals binden mußte. Der geräumige Salon der großen Wohnung war vollkommen mit Tannengrün ausgeschmückt, zwischen den Ästen lugte hier und da zerfetzte Leinwand hervor, so daß die Wände überhaupt nicht sichtbar waren. Das ganze Bild ahmte das Gelage einer Zigeunerkarawane tadellos nach. In der Mitte des Saales hatte man drei dicke Wagenleisten zusammengestellt und oben fest zusammengebunden, das war das Gestell für einen großen Kupferkessel, der an einer Kette hing. Rings herum lagen bunte Teppiche, Sessel gab es nicht; man mußte auf den Teppichen sitzen. Der Hausherr hatte ungefähr vierzig Gäste geladen, Schriftsteller, Musiker, Maler und vornehme Mäzene. Im benachbarten Zimmer sang ein unsichtbarer Chor russische Volksweisen. Auch Zigeuner kamen zum Vorschein. Franzi fragte sie durch einen Dolmetscher aus und beschäftigte sich mit ihnen. Das Abendessen wurde den Gästen in irdenen Schüsseln gereicht, und

nach der Mahlzeit machte sich der Dichter Kukolnik mit großer Sachkenntnis daran, einen Krambambuli zu brauen. Er füllte den Kessel mit Sekt, französischem Rotwein und Rum, dann gab er Rosinen und allerlei andere Gewürze dazu und brannte das Gemisch an. Die Lampen wurden ausgelöscht. Ein züngelnder, blauer Flammenschleier schwebte über dem Kessel, die gespensterhafte Flamme malte sonderbare Schatten und Lichter auf die Gesichter, draußen erklangen Volksweisen . . .

»Findest du nicht«, fragte Franzi den Gastgeber, »daß die ungarische Volksmusik der euren sehr ähnelt?«

»Ich kenne sie viel zu wenig, aber das wenige, was ich kennengelernt habe, war sich tatsächlich sehr ähnlich. Das ist auch gar kein Wunder, die Ungarn stammen ja auch aus Asien. Asien ist unsere Mutter, wir sind Brüder.«

»Denkst du nicht auch, daß an dieser Ähnlichkeit die Zigeuner beider Länder ihr Teil haben?«

»Darüber habe ich noch nicht nachgedacht. Aber trink jetzt.«

Franzi trank gern und viel. Bereits während seines Aufenthaltes in Rußland im vorigen Jahr hatte er sich an den starken russischen Alkohol gewöhnt. Die scharfen Gewürze der russischen Küche und die oft unerträgliche Kälte machten ihm den Wodka, insbesondere aber den Kognak, unentbehrlich. Das Trinken selber mochte er gar nicht besonders. Aber er liebte das Feuer, das der Alkohol in seine Adern strömte, den beschwingten Rausch, der das Leben, das Schicksal und die Sorgen so leicht und so liebenswürdig einfach erscheinen ließ. Auch jetzt trank er reichlich. Die behagliche Plauderstimmung, die auf das Verrinnen der Zeit nicht achtete, tat ihm wohl. Er fühlte sich hier ganz heimisch. Das Gespräch kam auch auf die russische Literatur. Glinka erzählte lange und spannend von dem romantischen Schicksal Puschkins, der ein guter Freund von ihm gewesen und vor einigen Jahren im Duell gefallen war.

»Wo lebt Gogol?« fragte Franzi.

»Auch hier in Moskau. Ich hätte ihn gern um deinetwillen eingeladen, aber er nimmt keine Einladungen mehr an. Er hat sich vollständig der Religion gewidmet. Gogol kommt mit niemandem mehr zusammen, sitzt meist vor heiligen Ikonen und betet bußfertig und reumütig von morgens früh bis spät in die Nacht hinein.«

»Was ist das für eine Sünde, die ihn bedrückt?«

Glinka sah Franzi verwundert an.

»Wir sind doch allesamt arme Sünder vor Christus, gemein und Schweine. In ganz wenigen von uns steckt die wirkliche Kraft zur Reue und der Wille, rein zu leben. Mein liebenswerter Freund Nikolai Wasiljewitsch ist zu dieser Kraft gelangt. Wir aber wälzen uns weiter im Morast unserer abscheulichen Sünden. Trinke, mein Täubchen.«

Und Liszt trank. Die Rede Glinkas kam ihm sonderbar vor. Was er sprach, hatte er unbedingt mit aufrichtiger Gläubigkeit und trotzdem fröhlichen

Mutes gesagt. Bei der blauen Flamme des Krambambuli sann Franzi, auf dem Teppich liegend, nach. Diese waren griechisch-katholisch, er römisch-katholisch. Ihr Glaube unterschied sich in allem, aber der Kern auch ihres Gottsuchens war die Sehnsucht nach dem Reinen und der Reue. Er dachte jetzt oft an die mystische, weihrauchduftende Zeit seiner Kindheit, als er noch Mönch werden wollte. Das Zigeunerleben von Land zu Land, von Stadt zu Stadt, von Straße zu Straße begann ihn zu ermüden; der Zauber der unerhörten Erfolge zog ihn kaum noch in Bann, und in seiner Übersättigung und Müdigkeit kehrte er oft zu diesen Kindheitserinnerungen und jugendlichen Sehnsüchten zurück. Liszt wußte jetzt aber genau, daß er nie mehr Mönch werden konnte. Sein einst so vollkommener, unerschütterlicher Glaube war von der Klügelei des reifen Geistes angenagt. Und außerdem hätte er nie mehr auf die Wonnen verzichten können, mit denen ihn die Gunst der Frauen überschüttete. Auf die Liebe mochte er schon verzichten, nicht aber auf die Liebkosung. Jetzt aufspringen, hinauseilen aus dem ganzen bisherigen Leben, sich mit einer umfassenden Beichte vor den gütigen Vater werfen – wie schön müßte das sein . . . Dann müßte man aber auch beichten, daß man die Frau seines Mitmenschen zur Sünde begehrte, die herrliche Frau Solnzew. Auf sie verzichten . . .? Nein!

Solnzew war Staatsrat in Moskau, Mitglied der vornehmen Gesellschaft. Ihm gehörte diese herrliche Frau. Ein schlankes Wesen mit weitgeöffneten Augen, kastanienbraunem Haar, das die Natur so wunderbar schuf, zart wie ein Hauch, und trotzdem voll und dicht. Der Schatten slawischer Empfindsamkeit verschleierte geheimnisvoll ihre Blicke, und die hingebungsvolle Schwärmerei stand ihr ebensogut wie die kleinliche Lüge. Franzi ergriff ein sehnsüchtiges Verlangen nach dieser Frau, der Staatsrat hütete sie aber mit wilder Eifersucht. Es war ganz und gar unmöglich, sich allein mit ihr zu treffen. Bis zur letzten Minute hoffte er, daß sie doch noch so geschickt sein würde, irgendeinen Vorwand zu erfinden. Aber die Stunde der Abreise nahte, und er konnte sich von dieser Frau nicht einmal verabschieden. Seine an Mißerfolge nicht gewöhnte männliche Eitelkeit war in hellstem Aufruhr, als er mit den beiden Bärenjungen seinen prächtigen Wagen bestieg. Ein Herr in Moskau hatte ihm diese possierlichen kleinen Tiere zum Geschenk gemacht, und Franzi beschloß, sie seinen Kindern mit nach Hause zu nehmen.

Als er nach Petersburg kam und vor dem Chausseehaus hielt, fuhr zur selben Zeit ein anderer Postwagen vor. Und wer stieg aus? Frau Solnzew.

»Sind Sie es denn wirklich? Das ist ja wunderbar! Mein Herz zerspringt mir fast in der Brust, so freue ich mich! Wie kommen Sie hierher?«

»Ich muß nach dem Ausland reisen«, erwiderte die Dame bis über die Ohren errötend. »Ich bekam ein Telegramm. Ich fahre in einer Familienangelegenheit nach Hamburg.«

»Und wann reisen Sie weiter?«

»In drei Tagen, bis dahin habe ich sehr viel zu erledigen.«
»Großartig. Dann fahren wir zusammen. Steigen Sie in meinen Wagen ein, ich fahre Sie in die Stadt. Nein? So sehen Sie sich doch wenigstens meine schöne Reisekutsche an.«
Frau Solnzew bewunderte die ungewöhnliche Sehenswürdigkeit. Der Wunsch, in diesem herrlichen Gefährt reisen zu können, stand ihr auf dem Gesicht geschrieben. Sie hatte aber Angst, daß eine Nachricht darüber nach Moskau gelangen und ein Gerede entstehen könnte. Auf alle Fälle vereinbarten sie eine Zusammenkunft in der Stadt.
Franzi hatte sich ursprünglich vorgenommen, noch zehn Tage in der russischen Hauptstadt zu bleiben. Diesen Plan gab er jetzt sofort auf. Er wollte unter allen Umständen mit dieser Frau zusammen weiterreisen. Bezüglich der Pässe bestand jedoch die Verordnung, daß jeder Ausländer, der das Land wieder verlassen wollte, acht Tage vor seiner Abfahrt verpflichtet war, seinen Paß abstempeln zu lassen. Das war ein Unglück. Anderntags ließ Franzi bei einer Abendgesellschaft der Jussupows niedergeschlagen den Kopf hängen.
»Was ist denn los mit Ihnen, Meister?« fragte ihn eine junge Dame.
Franzi erzählte, was ihm fehlte. Er müsse unbedingt reisen, aber er habe Schwierigkeiten mit seinem Paß.
»Ach, wenn es weiter nichts ist! Schicken Sie mir Ihren Paß morgen auf schnellstem Wege, Papa wird ihn mir zuliebe außer der Reihe sofort erledigen. Ich sehe, Sie wissen gar nicht, wer mein Vater ist. Es ist nicht schön von Ihnen, daß Sie sich daran nicht mehr erinnern. Ich bin die Tochter des Polizeiministers Graf Benckendorff.«
»Wollen Sie das wirklich für mich tun? Ich danke Ihnen vielmal. Der Paß wird morgen früh bei Ihnen sein, Komtesse.«
Dem tiefen zärtlichen Blick des Mädchens sah man es an, daß sie dem großen Künstler zuliebe tausend Pässe erledigen würde. Am anderen Tage um die Mittagsstunde war der abgestempelte Paß tatsächlich in Franzis Händen. Zum vereinbarten Tage fuhr er ab. Allein. An der nächsten Poststation aber stieg Frau Solnzew, die von Petersburg gleichfalls allein abgereist war, in seinen Wagen.
Nun fuhren sie zu zweit in der prächtigen Kutsche weiter. Eine Station vor der Grenze bestieg die Frau abermals eine Postkutsche, jenseits der Grenze trafen sie sich wieder. Solange, bis ihre Wege sich trennten. Franzi wollte auf das Gut des Fürsten Felix Lichnowsky in dem preußisch-schlesischen Dorf Krizanowitz. Dort erwarteten ihn außer dem Hausherrn Graf Alexander Teleki und Graf Bethlen. Diesen Besuch wollte er nicht versäumen. Also trennte er sich von der schönenFrau, mit der er eine so entzückende Hochzeitsreise durch Rußland machen durfte.
Anschließend an den Besuch im fürstlichen Schloß gab er noch ein Konzert in einer deutschen Stadt, dann fuhr er nach Paris. Er hatte Marie verspro-

chen, den Sommer mit ihr zu verleben. Über die Bärenjungen waren die Kinder ganz aus dem Häuschen. Sie tobten vor Freude. Marie zeigte jedoch keine besondere Freude. Sie fand es nur selbstverständlich, daß sie jetzt wieder beisammen sein sollten. Sie küßte den heimkehrenden Franzi, wie es gleichgültige Ehefrauen zu tun pflegten. Dann fuhren sie mit den Kindern nach der idyllischen Insel am Rhein.
So verlief nun sein Leben. Von einem Sommer bis zum anderen, von Nonnenwerth bis Nonnenwerth ein ewiges Wandern, Konzerte, tausend und aber tausend neue Gesichter und inmitten der unzähligen neuen Bekannten die größte Einsamkeit. Und an der Seite dieser ihm völlig fremd gewordenen Frau der noch quälendere Schmerz des vollkommenen Alleinseins . . .
Auf der Insel vergingen die Tage, ohne daß sie außer den notwendigsten Fragen und Antworten miteinander gesprochen hätten. Wenn er auch Marie gern etwas erzählen wollte, so hätte er doch der Verständlichkeit wegen so weit ausholen müssen, daß er lieber schwieg. Er fühlte, daß es der Gräfin ihm gegenüber ebenso erging. Nachts, wenn er manchmal nicht schlafen konnte, stierte er staunend in die Finsternis und grübelte . . . Was mochte denn das eigentlich für eine verwünschte, unsichtbare Kraft sein, die sie aneinanderfesselte?
Jetzt waren es gerade zehn Jahre, daß sie sich zum ersten Male angehört hatten. Dieser Jahrestag fiel aber keinem von beiden ein.

ACHTZEHNTES KAPITEL

Dann gab es abermals Konzerte, Hotelzimmer, neue Gesichter. In München schloß er sich dem Maler Kaulbach an, der ihn auch porträtierte. In Weimar, wohin er die Nachricht gesandt hatte, daß er die getroffene Vereinbarung wegen der Kürze der Zeit in diesem Jahr noch nicht einhalten könne, verweilte er nur ein paar Tage. Er spielte das h-Moll-Klavierkonzert von Hummel. Auch die Witwe Hummels war anwesend, die ihm sagte:
»Das konnte mein Alter wahrlich selbst nicht so gut spielen!«
Es folgten Jena, Rudolstadt, Erfurt, Gotha. Dann Dresden. Hier stieg er im »Hotel de Saxe« ab. Das Hoftheater kündigte zwei Ereignisse an: das Auftreten einer andalusischen Tänzerin namens Lola Montez und eine Aufführung des »Rienzi« von Richard Wagner. Franzi beschloß, sich beides anzusehen. Besonders wegen »Rienzi« mahnte ihn das Gewissen, weil er sich diese Oper seinerzeit in Berlin trotz seines Versprechens nicht angehört hatte. Von Lola Montez war ihm schon manches zu Ohren gekommen. Die Zeitungen schrieben begeistert von der interessanten spanischen Tänzerin,

die wie ein feuriger Komet die Städte Europas besuchte. Wo sie auch nur für einen einzigen Tag verweilte, war schon irgendein Skandal um sie entstanden; man trug unzählige Duelle ihretwegen aus, viele begingen Selbstmord. Man sagte, sie sei ein teuflisch begehrenswertes Wesen und tanze großartig.

Franzi wohnte also ihrem Tanzabend bei. Lola Montez tanzte spanische Tänze, in große buntgeblümte Tücher gekleidet, mit den Kastagnetten in der Hand. In ihrem Wesen lag etwas von der weichen und zähen Biegsamkeit schöner wilder Tiere. Bei bestimmten Katzenarten und wilden Menschenstämmen kann man diese züngelnde, schlanke Vollkommenheit in den Bewegungen beobachten. Das Dresdner Publikum spendete stürmischen Beifall. Der langhaarige Klavierkünstler ging auf die Bühne, um die berühmte Tänzerin kennenzulernen. Man führte ihn in ihre Garderobe.

»Du bist also dieser Liszt?« fragte mit blitzenden Augen die schöne wilde Katze. »Man hat mir schon erzählt, daß du auch in Dresden bist.«

Währenddessen begann sie mit nachlässiger Gleichgültigkeit das farbige Tuch, das ihren Körper eng umspannte, zu lösen. Es stellte sich heraus, daß ihre ganze Bekleidung aus diesem langen Seidenschal bestand, den sie mehrmals eng um ihren Körper zu wickeln pflegte.

»Jetzt dreh dich mal für eine Minute weg. Im übrigen ist es mir gleichgültig, du kannst auch zusehen.«

Die Zofe war behilflich. Franzi bewunderte entzückt die sich vor ihm enthüllende wundervolle Gestalt. Die Tänzerin redete weiter in einem mangelhaften Französisch, dem man deutlich anmerkte, daß sie über das Englische zu ihm gekommen war.

»Wie ich höre, wird jede Frau, die du nur ansiehst, deine Geliebte. Aber mich siehst du umsonst an. Und von mir aus kannst du ruhig auch eine so interessante Löwenmähne haben; ich brauche dich nicht.«

»Ich brauche dich auch nicht, mein Liebling. Ich wollte mich mit dir nur ein wenig unterhalten.«

Lola Montez hielt in ihren Bewegungen inne. Im Spiegel sah sie das Gesicht des hinter ihr sitzenden Besuchers. Sie wunderte sich. Dann lächelte sie aber verächtlich:

»Gut, gut, das kenne ich schon. Ihr glaubt, es ist interessanter, wenn ihr so anfangt. Ihr seid alle gleich. Bist du tatsächlich ein so schöner Mann, wie man behauptet? Laß dich einmal ansehen. Na, ich kann nicht sagen . . . obwohl ich die sogenannten schönen Männer verabscheue. Dieser Moriani ekelt mich auch schon an.«

»Wer ist dieser Moriani?«

»Ein italienischer Tenor. Er ist hier. Er will mit mir zu Abend essen, ich habe es ihm versprochen. Der Mann langweilt mich aber furchtbar. Du langweilst mich auch, und wenn du noch so weltberühmt bist. Mich langweilt jeder Mensch.«

Die schöne Lola hantierte an ihrem Toilettentisch, drehte und wendete sich hin und her und bewegte sich vor ihm mit der sieghaften Schamlosigkeit jener Frauen, die des unwiderstehlichen Reizes ihrer Gestalt bewußt sind. Das nützte sie aber gar nichts. Der verwöhnte Mann, der Beherrscher der Musikwelt ertrug es nicht, daß man über ihn in dem gleichen Tone redete wie über einen unbekannten italienischen Tenor. Er stand auf und schickte sich an, zu gehen.
»Also ich gehe wieder«, sagte er leichthin, »es freut mich, daß ich dich kennengelernt habe, schöne Lola.«
Schon schloß er die Tür der Garderobe hinter sich. Er zuckte verächtlich die Achseln. Aber als er sich im »Hotel de Saxe« allein zum Abendessen setzte, fiel ihm ein, daß diese Tänzerin doch höllisch schön sei. Schade, daß sie so unverschämt war, obwohl in ihrer Unverschämtheit auch etwas Reizvolles lag. Es gibt eben Frauen, zu denen alles paßt, die auch dann noch graziös sind, wenn sie sich verstellen.
Im Speisesaal saßen nur Fremde. Er war froh, daß er ein wenig allein sein konnte. Wo er nur in der großen Welt herumkam, überfielen und begleiteten ihn ganze Scharen langweiliger, unbedeutender Menschen; sie hingen an seinem Hals, ließen ihn nicht einmal zu Atem kommen, nur um sich dann jahrzehntelang ihrer Freundschaft mit dem großen Liszt rühmen zu können. Jetzt aber herrschte zufällig Windstille. Er fing in Ruhe an zu essen. Am dritten Tisch bemerkte er einen aufgeregten Mann mit glattrasiertem Gesicht, der andauernd auf seine Uhr sah. Das war höchstwahrscheinlich dieser Moriani, oder wie er hieß, der Tenor der Tänzerin . . .
Er hatte sich nicht geirrt. Nach einer kleinen Weile betrat Lola Montez den Speisesaal. Sie sah sich um und ging dann geradewegs auf den Tisch des Tenors zu. Sie vertieften sich sofort in ein Gespräch. Lola bestellte sich etwas, es wurde ihr gebracht; sie begann zu essen, aber plötzlich, man sah es ganz deutlich, ärgerte sie sich über etwas, was der Tenor ihr sagte. Und schon war der schönste Streit im Gange. Plötzlich nahm die Tänzerin wortlos ihren Teller und kam auf Franzis Tisch zu. Mit der unbefangensten Miene der Welt stellte sie ihren Teller hin, setzte sich nieder und aß weiter. »Ich setze mich lieber zu dir«, sagte sie während des Essens, »mit diesem Idioten will ich nicht an einem Tisch sitzen.«
Blaß vor Wut zahlte der Tenor und ging weg. Nach zehn Minuten hatte er sich die Sache jedoch überlegt, kam zurück, setzte sich abermals hin und ließ sich Bier kommen. Franzi und die Tänzerin waren schon mitten in der Unterhaltung. Sie fanden ein gutes Thema: die öde Leere eines Wanderlebens. Beide waren in der Welt herumgekommen, beide fühlten sich einsam, beiden waren große Erfolge beschieden, beide waren dessen aber schon längst überdrüssig.
»Bist du auch schon müde«, erkundigte sich Franzi, »in so jungen Jahren? Du kannst doch nicht älter sein als dreiundzwanzig Jahre?«

»Genau so alt. Aber ich habe schon sehr viel durchgemacht. Mit siebzehn Jahren war ich schon verheiratet, ich war Mrs. James. Mein Mann nahm mich mit nach Indien. Er ward mir aber bald zuwider, und ich ging ihm durch. Seit dieser Zeit wandere ich in der großen Welt umher. Ich habe niemanden.«
»Was ist mit deinen Eltern?«
»Ich bin ein uneheliches Kind. Meine Mutter war eine Kreolin, mein Vater ein schottischer Offizier. Wo sie jetzt sind und was sie machen, weiß ich nicht. Mein wirklicher Name ist Rosana Gilbert, denn mein Vater hat mich adoptiert. Ich bin in einem ausgezeichneten Internat erzogen worden, ich war eine sogenannte vornehme Dame. Ich eigne mich aber nicht dazu. Das Negerblut der Urahnen meiner Mutter läßt mir keine Ruhe. Ich bin wie ein wildes Tier. Warum irrst du denn herum?«
»Ich irre nicht herum. Ich verdiene Geld für meine Kinder. Ich habe drei Kinder, zwei Mädchen und einen Knaben.«
Lola schrie leise auf, ihre Augen verschleierten sich.
»Kinder . . . mein Gott . . . ich sterbe fast vor Sehnsucht, ein Kind zu haben! Es dürfte aber niemand anderm gehören, nicht einmal dem Vater; der braucht es gar nicht zu wissen, es soll nur mir gehören. Ich würde mit ihm irgendeinen Baum erklettern und mich in der Krone verstecken, wie ein Affe . . . Wie sind deine Kinder, erzähle mir von ihnen, viel, sehr viel . . .«
Sie unterhielten sich lange. Der Saal leerte sich langsam. Bald blieben sie ganz allein, bis auf den Tenor, der störrisch auf seinem Stuhl saß und mit den Fingern nervös auf dem Tisch trommelte. Endlich zahlte auch Franzi. Sie verließen den Saal und schritten auf die Treppe zu, sie wohnten im gleichen Stockwerk. Kaum waren sie beim Portier angelangt, um sich die Schlüssel aushändigen zu lassen, stand auch schon der Tenor an ihrer Seite. Außer sich und heiser vor Wut wandte er sich an die Tänzerin:
»Lola, ich will dir etwas sagen . . .«
»Ach, geh zum Teufel . . .«
Franzi trat hinzu. Sehr liebenswürdig und sehr höflich stellte er sich dem Tenor vor.
»Kann ich Ihnen in irgend etwas behilflich sein? Wünschen Sie etwas von dieser Dame?«
»Nichts«, erwiderte der Tenor mit blutunterlaufenen Augen und rannte hinaus in die Nacht.
Sie stiegen beide die Treppe hoch. Als sie vor Lolas Zimmer angelangt waren, beachtete die Tänzerin gar nicht, daß Franzi stehengeblieben war, um sich von ihr zu verabschieden. Sie schloß die Tür auf, trat ins Zimmer und ließ sie hinter sich offen. Franzi folgte ihr freudig überrascht. Von da ab verbrachten sie die ganze Zeit gemeinsam. Lola ließ ihm nicht eine einzige freie Minute mehr. Wenn er geschäftliche Besprechungen hatte, wollte sie auch dabeisein. Sie brachte ihm viel Unruhe, war aber so liebreizend und

so ausgelassen lustig, daß man ihr nichts übelnehmen konnte. Sie nannte jeden »du« und redete mit einer offenherzigen Ungezogenheit drauflos, so daß die Anwesenden manchmal nicht wußten, sollten sie überrascht und befremdet sein oder lachen. Wohin sie auch gingen, überall tauchte die aufgeregte, eifersüchtige Person Morianis im Hintergrund auf. Er brachte es fertig, bei Franzi einen Besuch zu machen, und blieb sogar zum Essen bei ihm, nur um in der Nähe der Frau sein zu können. Franzi ertrug seine Anwesenheit geduldig, Lola aber beschimpfte und schmähte ihn. Der Tenor hörte schmerzerfüllt zu, blieb aber trotzdem.

»Rienzi« sahen sich der Klavierkünstler und die Tänzerin, die beiden internationalen Berühmtheiten, gemeinsam an. Franzi nahm seufzend Platz. Die unbekannten Komponisten Europas überhäuften ihn förmlich mit ihren Werken, und er wußte schon, daß unter Hunderttausenden kaum einer war, von dem es sich der Mühe lohnte, sich mit ihm zu befassen. Er kannte auch die Stücke der hiesigen Komponisten. Hätte er alle in schauderhafter Langweile darüber verbrachten Stunden zusammenzählen wollen, so würde sich ergeben haben, daß diese Stunden einen ganz beträchtlichen Teil seines Lebens ausmachten. Es war ihm aber angeboren, keinen zu verletzen, der geringer war als er, und deshalb pflegte er mit heldenhafter Geduld derartige Kompositionen zu lesen und anzuhören. Auch diesmal nahm er seufzend in der Loge Platz mit dem Wunsch, daß es bald zu Ende sein möge. Aber gegen diesen Wagner wollte er ja wirklich ganz besonders höflich sein.

Das Orchester hatte jedoch noch keine zwanzig Takte gespielt, da horchte er überrascht auf. Dann zog er seinen Stuhl der Logenbrüstung näher. Bald neigte er sich vor. Das Orchester des unbeholfenen, kleinen Mannes führte eine kraftvolle eigene Sprache. In der Harmonie tauchten immer wieder Klangverbindungen auf, die noch keinem vorher eingefallen waren. Auch die Partitur war vom ersten bis zum letzten Notenkopf sein ureigenes Werk. Die Instrumentation deutete auf einen fertigen und großartigen Musiker hin. Frau Schröder-Devrient hatte recht gehabt: dieser Mann war sehr begabt! Während der ersten Pause überließ Franzi die Tänzerin bereitwillig dem auf dem Logengang lauernden Tenor; er selbst eilte auf die Bühne, um Wagner zu suchen. In der Garderobe des berühmten Sängers Tichatschek fand er ihn.

»Ich bin glücklich, Ihnen sagen zu können, daß ich über alle Maßen entzückt bin! Sie besitzen eine außerordentliche Begabung, mein lieber Herr Wagner.«

»Hat Ihnen das Werk gefallen?« fragte der Komponist.

»Und ob es mir gefallen hat! Ich bin einfach begeistert! Ein echtes Talent zu treffen, ist stets ein Fest, und Sie machen somit diesen Tag für mich zu einem Feiertag. Ich werde bestrebt sein, Ihnen, wo immer ich nur kann, behilflich zu sein. Ich habe allerlei Pläne, zu deren Ausführung ich begabte

Komponisten brauche. Jetzt zum Beispiel will ich eine musikalische Stadt gründen. Kann ich auch auf Sie rechnen? Wer hat das Textbuch geschrieben?«

»Ich habe es selbst geschrieben, ich konnte von niemanden einen mir zusagenden Text bekommen.«

»So sind Sie besser dran. Das Ganze ist pulsierend, interessant und farbig. Wirklich großartig, daß Sie auch das beherrschen! Ich beglückwünsche Sie noch einmal.«

Sie schüttelten sich herzlich die Hände. Franzi gratulierte auch Tichatschek, dann ging er zurück in seine Loge. Er kam gerade noch zur rechten Zeit, denn eine Minute später hätte Lola dem Tenor eine Ohrfeige verabreicht. Mit mordgierigen Augen blitzten sie einander an. Um sie herum waren schon mehrere Menschen stehengeblieben, um sich den Streit anzuhören. Franzi nahm die Tänzerin am Arm und führte sie in seine Loge. Der zweite Akt begann, er gefiel ihm noch besser. Wenn die Ohren sich erst an die Sprache des neuen Meisters gewöhnt hatten, mußte man es immer schöner und kühner finden. Nicht minder gewaltig war der dramatische Aufbau des gesamten Werkes. Der Komponist hatte offensichtlich der auf zahlreichen Überlieferungen aufgebauten altmodischen Struktur der Oper den Krieg erklärt. An Stelle der pflichtgemäßen Arien, die der Kleister der Rezitative zusammenhielt, brachte die neue Musik gut durchkomponierte Chöre. Liszt beschloß, auf diesen Mann tatsächlich recht zu achten. Er fand ihn für würdig, neben seine Pläne mit Berlioz gestellt zu werden. In der Pause nach dem zweiten Akt nahm Lola Anlauf zu einer Bitte:

»Hör einmal zu. Ich habe kürzlich meine Zofe wegen irgend etwas vorausgeschickt und bin vom Theater in der Nacht allein zu Fuß nach Hause gegangen. Auf dem Wege hielten mich zwei betrunkene Männer an. Sie nötigten mich, mit ihnen zu gehen. Dem einen versetzte ich eine Ohrfeige, da fielen sie beide über mich her, um mich zu verprügeln. Die gute Glücksgöttin schickte mir einen späten Spaziergänger. Der befreite mich. Die beiden Betrunkenen rannten fort. Dieser Retter war Eduard Bülow. Ein Schriftsteller. Er wohnt hier in Dresden.«

»Nun, und?«

»Ich weiß ja, daß du Wunderkinder nicht leiden kannst. Dieser Schriftsteller hat nun einen vierzehnjährigen Sohn. Der spielt himmlisch. Mir zuliebe mußt du ihn anhören. Und zwar noch heute abend zu Hause. Seine Mutter wird das Kind ins Hotel herüberbringen.«

»Meinetwegen. Ein Wunderkind mehr oder weniger, das ist gleichgültig. Vielleicht, wenn das auch ganz selten vorkommt, findet man doch einmal ein wahres Wunder unter ihnen.«

Im Hotel erschien tatsächlich eine sehr streng blickende Dame mit sehr bestimmtem Auftreten, die sich als Frau von Bülow vorstellte. Der Knabe, Hans mit Namen, war ein schmächtiges, frühreifes Kind. Auf seiner wei-

ßen, auffallend gewölbten Stirn schimmerten blaue Adern durch. Oben in Franzis Wohnräumen setzte man ihn sofort ans Klavier.
»Darf ich die Musik der Tante Lola spielen?«
»Selbstverständlich«, meinte die Tänzerin und gab gleich eine kurze Erklärung dazu. »Hans hat eine kleine Phantasie über die spanische Musik eines meiner Tänze komponiert. Also hör mal zu. Fang an!«
Das Kind spielte. Franzi hörte aufmerksam zu. Dann ging er auf den Jungen zu und umarmte und küßte ihn. Und zu Lola, nicht zu der Mutter gewandt, sagte er:
»Ich habe dir einmal von zwei Wunderkindern erzählt, die ich getroffen habe, das ist das dritte. Im übrigen weiß ich noch gar nicht einmal, ob er nicht viel mehr bedeutet als die beiden anderen.«
Der Junge wurde über und über rot vor Freude. Und es wäre ein schöner, ungetrübter Abend geworden, wenn sich nicht Moriani, der eifersüchtige Tenor, eingefunden hätte. Er grüßte und nahm irgendwo Platz. Niemand achtete auf ihn. Man beschäftigte sich mit dem Jungen, von dem sich noch herausstellte, daß er, abgesehen von seinen Klavierkenntnissen, noch über ein bewunderungswürdiges Gedächtnis verfügte. Auf das Geheiß seines Vaters hatte er zum Beispiel den ganzen ersten Teil des »Faust« auswendig gelernt. Moriani konnte sich aber nicht beherrschen. Flüsternd neigte er sich zu der Tänzerin. Lola wies ihn ab. Da befiel den eifersüchtigen Mann eine unbändige Wut. Er packte Lola am Arm. Sie schrie vor Schmerz auf. Jeder blickte hin. Franzi stand auf, sah den Tenor an und wies mit dem Zeigefinger nach der Tür.
»Eins, zwei!« sagte er ruhig.
Der Tenor holte tief Atem und ballte seine Hand zur Faust. Franzi sah ihm ruhig in die Augen. Er wußte, daß dieser Mann ihn nicht schlagen würde. Seine unerhörte Autorität machte das einfach unmöglich. Und wirklich: der Tenor ließ den Kopf sinken und schlich wie ein geprügelter Hund aus dem Zimmer. Lola schickte sich an, ihm wutentbrannt zu folgen. Offensichtlich wollte sie ihm noch ein paar Worte nachrufen. Jetzt aber packte Franzi sie am Arm, stärker noch als der Tenor, und sagte energisch:
»Du darfst dem armen Teufel nichts antun. Du bleibst hier!«
Lola fügte sich ganz kleinlaut und blieb. Die Stimmung des Abends war aber getrübt. Mit gezwungener Liebenswürdigkeit verabschiedeten sich Mutter und Sohn. Am anderen Tage schickte Franzi jedoch selbst nach dem Jungen. Am dritten Tage wieder. Er konnte nicht genug von ihm hören. Als er aus Dresden wegreiste, sagte er zu dem Kinde:
»Jetzt will ich dir einmal etwas ganz Großes sagen, mein Kind. Du bist der einzige, der mir am Klavier folgen kann, wenn du erwachsen bist.«
Der Junge erwiderte nichts, er wurde nur blaß von dem Lob eines so berühmten Mannes. Mit dem warmen Blick seiner kurzsichtigen treuen Augen lächelte er den weltbekannten Künstler glückselig an. Franzi gab dieses

Lächeln liebevoll zurück. Es war der Gesichtsausdruck eines Menschen, der bei Männern sowohl als auch bei Frauen und Kindern einen für das ganze Leben bleibenden Eindruck hinterläßt.
Auch Lola hatte er gründlich den Kopf verdreht. Die Tänzerin warf das ganze Programm ihrer Gastspiele über den Haufen und sagte nacheinander die bereits abgeschlossenen Verträge ab. Sie wollte um jeden Preis mit Franzi zusammenbleiben. In Bautzen und Bernburg ging noch alles gut. Dann begann sie ihm aber sehr lästig zu werden. In Stettin machte die schöne Tänzerin einen derartigen Eifersuchtsskandal, daß das ganze Hotel richtig dröhnte. Hinterher kniete sie vor ihm nieder und bat weinend um Vergebung. Sie fuhren gemeinsam auf drei Tage nach Berlin. Hier gab es einen Skandal auf der Straße »Unter den Linden«. Franzi war dieser Auftritt außerordentlich zuwider, er flüchtete sich in ein Geschäft. Jetzt sah er, daß dieses Vergnügen kein Vergnügen mehr war. Er kaufte einen Brillantring, der ein kleines Vermögen wert war, und floh mit Bellonis Hilfe vor der Tänzerin. Dem Ring legte er ein paar Abschiedszeilen bei, dann fuhr er nach Braunschweig. Dort hatte er einen Riesenerfolg. Sein Konzert war auf abends sieben Uhr im Medizinischen Gartensaal festgesetzt. Das Publikum stand aber schon um zwei Uhr nachmittags am Eingang, um einen guten Platz zu bekommen. Viele hatten sich Handarbeiten, Bücher und Brot mitgebracht, um sich die Wartezeit zu verkürzen. Die Honoratioren der Stadt statteten ihm nacheinander anschließend an das Konzert Besuche ab. Nach dem großen Erfolg des Abends ging er glücklich in sein Hotel. Lolas Anwesenheit wäre hier besonders peinlich gewesen. Und als er in sein Zimmer trat, stand sie vor ihm.
»Du wirst nicht wieder vor mir ausreißen!« schrie ihn die kreolische Schönheit an und warf ihm den Ring vor die Füße. »Ich brauche deinen Ring nicht, sondern dich selbst.«
Sie fuhren zusammen nach Magdeburg. Hier entschloß sich Franzi, endgültig reinen Tisch zu machen. Vor allem gab er Lola eine falsche Richtung an, in der er von hier aus weiterreisen würde. Während sie schlief, stahl er sich in einem geeigneten Augenblick aus dem Hotelzimmer, drehte den Schlüssel von außen um und sagte unten zum Portier:
»Die Künstlerin ist oben geblieben. Ich habe die Tür von außen zugesperrt. Jetzt schläft sie. Wenn sie aufwacht, wird sie zweifellos einen fürchterlichen Lärm schlagen. Sie werden die Tür jedoch erst morgen früh um sieben Uhr öffnen. Haben Sie verstanden? Hier sind zwanzig Taler.«
Und Liszt fuhr nach Hannover. Da atmete er beglückt auf. Schon peitschte aber ein neues Ereignis seine schwer erkämpfte Ruhe abermals auf. Er erhielt von Marie einen Brief in einem noch nie gebrauchten leidenschaftlichen Ton, in dem sie ihn wegen der Lola Montez zur Rede stellte. Einen ganzen Monat war er mit der Tänzerin herumgereist, die Zeitungen wagten auch schon Anspielungen, ihm war aber nicht einmal der Gedanke gekom-

men, das Abenteuer zu verheimlichen. Zwischen ihm und Marie konnte man schon seit Jahren nicht mehr von Treue sprechen. Man sah dem Brief der Frau auch viel zu deutlich den Zweck an, sich entweder den vollständig frei gewordenen Künstler wieder zurückzuerobern, oder aber einen Grund zur endgültigen Trennung zu haben. Jedenfalls war der Ton des Briefes so grob und roh, wie es in ihrem Briefwechsel bislang noch nie vorgekommen war.
Liszt erwiderte verletzt und zornig. Er wähnte seine Freiheit in Gefahr, und das erregte ihn. Trotzdem antwortete er so, daß Marie die Verbindung mit ihm aufrechterhalten konnte, wenn sie wollte. Die Antwort war allerdings eine nicht mißzuverstehende Trennung.
Über die Wiedererlangung seiner lang ersehnten Freiheit hätte er nun eigentlich aufatmen und aufjauchzen müssen. Trotzdem fühlte er eine sonderbare, unruhige Verstörtheit in sich. Er entdeckte jetzt in seinem Herzen unsichtbare Fäden, die der Trennungsbrief blutig riß, und diese Fäden schmerzten nunmehr. Franzi verstand sich selbst nicht. Wenn er sich prüfte, ob er diese Frau noch liebte, so mußte er ehrlich zugeben, daß dies nicht mehr der Fall war. Was tat dann aber noch weh? Er quälte sich, grübelte über den Trennungsschmerz und konnte doch keine Antwort finden. Da fuhr er nach Paris und schrieb Marie sofort einen Brief mit der Bitte um eine Aussprache. Die völlige Trennung ging leichter vonstatten, als er es sich gedacht hatte. Marie zeigte sich kalt und hochmütig. Wahrscheinlich hatte sie von seiten Franzis reuige Verzweiflung erwartet, als das aber nicht eintrat, zog sie die Augenbrauen in die Höhe und sah von der einstigen hohen Warte des Faubourg Saint-Germain als Gräfin D'Agoult auf den Künstler bürgerlicher Herkunft herab. Das hatte Franzi nur noch gefehlt! Sein verletzter Stolz konnte solche Scherze nicht vertragen. Er wurde abweisend und hart. Über die Zukunft der Kinder verhandelten sie wie zwei Feinde. Trotzdem einigten sie sich: die beiden Mädchen kommen in das Bernardsche Internat, wo man nur vornehme und reiche Töchter aufnimmt, der kleine Daniel bleibt vorerst bei der Großmutter, dann kommt auch er in ein Internat. Die gesamten Kosten der Erziehung der drei Kinder nimmt Franzi für immer auf sich und wird sogar auf zwei getrennte Bankkonten einen ansehnlichen Betrag deponieren, damit die Zukunft der Töchter gesichert sei, wenn ihnen beiden etwas zustoßen sollte, obwohl die Mädchen früher oder später ja doch heiraten werden . . .
Ein einziges gutes Wort hatte er nach so vielen Jahren erwartet, das diesen Augenblick erträglicher gemacht hätte. Marie aber gab ihm nicht einmal die Hand. Sie trennten sich im Unfrieden. Im Vorzimmer begegnete er einer schlanken jungen Dame. Er begrüßte sie mit einem Kopfnicken. Erst draußen auf der Straße besann er sich darauf, wer es war: die Komtesse D'Agoult, Maries älteste Tochter, die bald im heiratsfähigen Alter war.
Daß sie unversöhnt auseinandergegangen waren, konnte er schon am ande-

ren Tage verspüren. Aus zwei Quellen hörte er, daß Marie gegen sein nächstes Konzert intrigierte. Sie besuchte mehrere Leute, um sie von diesem Konzert fernzuhalten. Sie versuchte, die noch nicht ganz überzeugten Musikkritiker der Thalberg-Partei aufzuhetzen. Ihre Bemühungen waren aber vergeblich. Das Konzert brachte Liszt einen großen Erfolg. Auch in der Presse war keine feindliche Einstellung wahrnehmbar.
Da erhielt er einen Brief von Heine. »Ich erwarte Sie morgen zwischen zwei und drei in meiner Wohnung, mein Lieber. Ich habe meinen ersten Artikel über Sie geschrieben, den ich noch vor Ihrem zweiten Konzert verschicken möchte. Vielleicht ist jedoch etwas darin enthalten, was Ihnen nicht gefällt. Deshalb ist es besser, wenn wir vorher über die Angelegenheit sprechen. Ihr H. Heine.«
Nicht ohne Argwohn kam er der Einladung nach. Heines Ruf war in den letzten Jahren ein sehr schlechter geworden. Er belästigte berühmte Persönlichkeiten mit aufdringlichen Geldbitten, und wenn sie sich nicht freigiebig zeigten, ließ er sie seinen Groll in widerwärtigen Zeitungsartikeln fühlen; mit einem Worte, er trieb eine Art Revolverjournalistik.
Eugenie öffnete Franzi die Tür, jene kleine Kaufmannstochter, die sich von Heine heiraten ließ. Der Dichter lag im Bett; er trug einen grünen Augenschirm. Er empfing den Besucher außerordentlich liebenswürdig und ging gleich zur Sache über, indem er ihm das Manuskript des Artikels überreichte. Franzi las es durch. Tatsächlich waren einzelne Stellen darin enthalten, die den französisch-deutschen Gegensatz ein wenig scharf betonten. Das billigte er durchaus nicht.
»Im übrigen«, sagte Heine, während Franzi las, »daß ich es nicht vergesse: ich bin in einer sehr mißlichen Lage. Sie würden mich außerordentlich verpflichten, wenn Sie das da unterschreiben würden.«
Er überreichte ihm einen bereits ausgeschriebenen Wechsel über dreitausend Franken. Franzi wiegte den Kopf hin und her.
»Ich bedaure außerordentlich, das kann ich aber nicht unterschreiben. Sie wissen sehr gut, daß ich wahllos jedem zur Verfügung stehe, der sich an mich wendet. Meinen Kritikern aber kann ich kein Geld geben, da ich mich dessen schämen würde. Da könnte man ja auf den Gedanken kommen, daß ich die Anerkennung meiner Kunst durch Geld erkauft habe. Unmöglich!«
Heine schwieg eine Weile, dann entgegnete er gereizt:
»So? Es ist gut. Verzeihen Sie, daß ich Sie gestört habe.«
Das klang wie eine Aufforderung, den Besuch zu beenden. Und als Franzi sich erhob, um sich zu entfernen, bat ihn Heine tatsächlich nicht, zu bleiben. Franzi verspürte einen bitteren, ekelhaften Geschmack im Munde. Diese schmutzige Angelegenheit erregte ihn aufs äußerste.
Trauer, Unglück und Lustlosigkeit überall, wohin er nur sah. Er besuchte Chopin und erkannte ihn kaum wieder. Der arme Friedrich war zu Haut und Knochen abgemagert. Rote Flecken auf seinen eingefallenen Wangen,

anhaltender typischer Husten und die fiebrige Wärme seiner Hände verrieten unbarmherzig die schwere Lungenkrankheit. Dann besuchte er Berlioz: der hatte sich gerade von seiner Frau scheiden lassen, weil er sich in eine Spanierin, Maria Recio mit Namen, verliebt hatte. Berlioz war gereizt und aufgewühlt. Franzi begegnete dem Pater Lamennais, den er seit langer Zeit nicht mehr gesehen hatte; der war sehr alt geworden, kränkelte in einem fort und hatte tausenderlei Beschwerden.

Nur die erfrischend gute Laune des Grafen Alexander Teleki milderte Liszts Qualen einigermaßen. Der ungarische Graf war nach Paris gekommen überraschte ihn mit einem sonderbaren Geschenk: er brachte ihm einen Zigeunerjungen mit. Der Knabe mochte etwa zwölf Jahre alt sein. In seinem braunen, indischen Gesicht funkelten diamantene schwarze Augen, seine Haare sahen aus wie eine schwarze Pferdemähne. Er trug einen zerschlissenen Husaren-Dolman, seine Hose war zerrissen und voller Flecke.

»Wer ist denn das?« fragte Franzi überrascht.

»Sie haben sich mehr als einmal gewünscht, ein begabtes Zigeunerkind auf der Violine ausbilden zu lassen. Bitte, diesen Jungen mache ich Ihnen zum Geschenk. Sie können über ihn ebenso verfügen wie über einen kleinen Hund. Er heißt Jozsi.«

Franzi bedankte sich für das Geschenk und war richtig verlegen. Er konnte nichts damit anfangen. Deshalb ließ er dem Kind vorerst einmal anständige Kleider besorgen und brachte es bei seiner Mutter in der Küche unter. Dann prüfte er sein Violinspiel, der Zigeunerjunge konnte wirklich ganz geschickt spielen. Alsbald aber wurde er der Fluch des ganzen Hauses. Er naschte, er stahl, er steckte seine Nase überall hinein und verdarb alles. Sprechen konnte niemand mit ihm, weil er nur ungarisch und zigeunerisch sprach. Endlich mußte man ihn aus dem Hause schaffen. Franzi brachte ihn anderswo mit voller Verpflegung unter. Dann nahm er den Jungen mit zu Massart, dem Violinlehrer am Konservatorium, und ließ ihm Privatunterricht erteilen. Die Verpflegung, die Unterrichtskosten und den französischen Sprachlehrer bezahlte er gleich im voraus für ein ganzes Jahr.

Die Wirkung seines Besuches bei Heine erlebte Liszt noch vor seiner Abreise aus Paris. Der Artikel, den ihm der Schriftsteller seinerzeit vorgelegt hatte, erschien in ganz anderer Form. Arglistig und gemein nahm Heine Rache dafür, daß Franzi nicht geneigt war, seine Anerkennung zu erkaufen. Er behauptete nun gerade umgekehrt, daß Liszt die Erfolge zu erkaufen pflegte; er selbst bezahle die Lorbeerkränze, die Blumensträuße und die Huldigungsgedichte. Damit man den Journalisten aber nicht der Erpressung verdächtigte, lobte er den allgemein bekannten Opferwillen und die in Geldangelegenheiten so freigebige Hand des großen Künstlers . . .

Seinen Kindern widmete Franzi ein Morgengebet für drei Kinderstimmen mit Klavierbegleitung, das Gedicht Lamartines: »O Vater, den mein Vater ehret.« Er schrieb für zwei Sopran- und eine Altstimme. Dann ging er wieder auf Reisen mit verbrauchten Nerven und zerrissenem Herzen. Liszt grübelte immerfort nach, ob er richtig gehandelt hatte, oder was er sonst hätte tun müssen. Seine Gedanken kehrten stets wieder zu ein und derselben Erwägung zurück, ob er seinerzeit das Recht gehabt, Marie aus ihrem Heim herauszureißen. Darauf konnte er sich aber keine Antwort geben. Marie hatte sich an der Seite des Grafen D'Agoult unglücklich gefühlt, jetzt aber »lebte sie ihr eigenes Leben«, hatte sich eine neue Stellung in der Gesellschaft geschaffen, war vermögend und frei. Ihre heutige Position würde sie kaum mit der vor zehn Jahren tauschen. Und schließlich und endlich hatte sie ihren Namen mit einer Weltgröße verbunden, diesen Namen, der sonst im Nichts vergangen wäre, so aber ein Stern bleiben würde wie der Mond, der im Weltall von der Sonne seinen Glanz verliehen bekommt. Wenn dem ehrgeizigen Herzen von Marie irgend etwas überhaupt wichtig war, so mußte es dies sein. Nicht immer vermochte er sich jedoch mit diesen Erwägungen zu beruhigen. Man konnte das Ganze ja auch noch mit anderen Augen ansehen. Er verliebte sich in eine Frau, schwor ihr das Blaue vom Himmel herunter und, nachdem sie ihm außerehelich drei Kinder geboren, betrog er sie auf Schritt und Tritt. Alle jene schlechten Eigenschaften Maries, ihr maßloser Egoismus, ihr ernüchternder Gleichmut ihren Kindern und der Arbeit ihres Lebensgefährten gegenüber und ihre starre Abneigung gegen jedweden Fortschritt konnten seine Sünden als Mann nicht mildern. Er hätte vor zehn Jahren prüfen müssen, mit wem er sein Leben verknüpfte. Aber, du lieber Gott, er war damals zweiundzwanzig Jahre alt, wie hätte er mit untrüglichem Blick in die Seele einer reifen Frau hineinschauen können?

Die Frauen, die Frauen . . . Unzählige Male beschwor er die letzten Worte seines sterbenden Vaters herauf, der sich der Frauen wegen um ihn sorgte. Damals wunderte er sich über diese Bemerkung und verstand sie nicht. Heute staunte er über den Scharfblick und die weise Menschenkenntnis seines längst schon zu Asche gewordenen Vaters. Aber was sollte er tun? Er war eben mit der Sehnsucht nach Zärtlichkeit und Küssen geboren, und es wurde sein Schicksal, daß sich ihm beides unverlangt anbot. Er konnte doch nicht aus seinem eigenem Ich heraus . . .

Und in diesem Gram, in diesem lichtlosen und unschlüssigen Umherirren seiner Instinkte und Gefühle tauchte im strahlenden Glanze der Reinheit das Gesicht der Gräfin Saint-Cricq auf. Diese Erinnerung wühlte ihn jetzt bis auf den Grund seiner Seele auf. Anschließend an die Konzerte in Frankreich mußte er nunmehr nach Spanien reisen und kam so auch nach Pau. Der Grundbesitz des Grafen D'Artigaux grenzte an Pau. Das hatte er nicht gewußt. Während des Konzertes leuchtete ihm jedoch aus der ersten Reihe der Zuhörer ein Gesicht entgegen, und ihm war, als hätte ihn der Blitz getroffen. Es war das Gesicht Lilines. Während der vergangenen sechzehn Jahre hatte es sich kaum verändert. Er mußte eine unmenschliche Kraft

aufbringen, um seine Ergriffenheit zu bekämpfen und Klavier spielen zu können. Als er ihr nach dem Konzert im Gedränge der Hinausgehenden gegenüberstand, bebten seine Lippen, und er konnte kaum ein Wort hervorbringen. Er hielt nur die feine, weiße Hand in der seinen und blickte unentwegt in das angebetete schöne Antlitz.
»Ich kann es nicht fassen . . . Mir ist, als ob ich träume . . .«
»Mir auch, Franzi . . . Mir ist es auch so . . .«
Sie schwiegen, öffneten immer wieder die Lippen, aber ihre wie das Meer strömenden Gefühle fanden keine Worte.
»Wie geht es Ihnen?« Nur das konnten sie beide sagen und antworteten gar nicht, sahen einander nur unentwegt in die Augen.
Endlich fingen sie an zu sprechen. Liline war allein zu dem Konzert gekommen, ihr Mann nahm an einem längeren Jagdausflug teil; sie hatte sich einem benachbarten Gutsbesitzerehepaar angeschlossen. Sie vereinbarten miteinander, daß Franzi am anderen Tage Schloß D'Artigaux besuchen würde.
Liszt schlief kaum, er schlummerte nur unruhig und kehrte aus dem Wirrwarr der Traumbilder immer wieder in den Zustand des Wachseins zurück. Er stand viel früher auf, als er vorgehabt hatte, und schlenderte unschlüssig durch die Straßen mit ihren vielen Erinnerungen an die Herrscher Navarras, bis die vereinbarte Zeit der Abfahrt herankam. Auf einem holprigen Gebirgspfad fuhr ihn der Wagen an den Hängen der Pyrenäen entlang. Dann tauchte das Schloß auf und am Portal die rührende Frauengestalt. Als sie sich gegenübersaßen, tasteten sie sich abermals nur schweigend und vor Rührung zart und unendlich liebevoll mit den Augen ab. Und auf einmal fingen sie beide an zu weinen. Sie schluchzten aus tiefstem Herzen und hielten sich bei den Händen. Sie umarmten sich nicht. Die strenge Zurückhaltung von jeder körperlichen Berührung war heute genau noch so wach in ihnen wie vor Jahren!
Als sie ihre Tränen getrocknet hatten, kam endlich ihr Redebedürfnis zur Geltung. Hastig fielen sie sich gegenseitig ins Wort, sie konnten kaum Ordnung in ihren Fragen und Antworten schaffen. Zuerst erzählte Liline ihren Lebenslauf. Der war sehr traurig. Noch im ersten Jahr ihrer Ehe gebar sie ein kleines Mädchen, das vom ersten Tage an dauernd krank war. Irgendeine fürchterliche Krankheit hatte die Gelenke der Knie und Hüften befallen, und die Ärzte hielten das Kind für unheilbar. Liline hatte es schon in verschiedene Bäder mitgenommen, man versuchte alles nur irgendwie mögliche – alles umsonst, der Zustand des kleinen gelähmten Mädchens wollte sich nicht bessern. Im übrigen führte sie ein ruhiges, erlebnisarmes Eheleben, ihr Gatte sei ein guter Mensch. Zurückgezogen verbrächten sie ihre Jahre in diesem Schloß, und hätten sie sich schon einmal von hier entfernt, so sei es nur der kranken Tochter wegen geschehen . . .
Liline führte den Gast auch zu dem kranken Kinde. Es war ein blasses Mäd-

chen mit feinem Gesicht, und es bestaunte mit weitaufgerissenen Augen den weltberühmten Mann, von dem ihm seine Mutter offenbar schon viel erzählt hatte. Franzi munterte es mit einigen heiteren Worten auf, sie lachten alle drei. Nachdem er die kleine Kranke aber auf die Stirn geküßt und sie sich aus dem dumpfen, von Arzneigeruch erfüllten Zimmer entfernt hatten, standen ihrer beider Augen wieder voll brennender Tränen . . .
Dann kam Franzi an die Reihe. Er erzählte *seine* Lebensgeschichte, seinen schmerzlichen und schlecht endenden Roman mit Marie. Er beschönigte nichts, er klagte sich eher selbst an. Die Erzählung war lang, und die Stunden vergingen. Als Franzi die Beichte beendet hatte, nach einer so langen Zeit die erste, folgte eine tiefe Stille.
»Haben sie manchmal an mich gedacht?« fragte er leise.
»Ich denke unaufhörlich an Sie, Franzi. Seit sechzehn Jahren ist nicht ein einziger Tag vergangen, an dem ich nicht für Sie gebetet hätte. Ich habe auch an dem Tage für Sie gebetet, als mein Kind zur Welt kam. Die Liebe, die ich für Sie gefühlt, lebt heute noch. Sie hat sich aber in unbekannte Höhen erhoben, es ist nichts Irdisches mehr darin enthalten. Sie gleicht jetzt der Religion und hat mir geholfen, so unendlich viel Leid überstehen zu können. Wenn ich es nicht mehr ertragen zu können meine und glaube, mich auflehnen zu müssen, dann denke ich an Sie, und dann kann ich mich dem Willen Gottes fügen. Und Sie? Haben Sie sich manchmal meiner erinnert?«
»Ich werde ganz aufrichtig antworten. Als ich mein Leben mit dem Leben der Gräfin D'Agoult vereinte, nahm ich mir vor, mit ihr eins zu werden und ihr treu zu sein. Damals mühte ich mich, nicht an Sie zu denken, und wenn ich trotzdem an Sie denken mußte, versuchte ich diese Gedanken sofort wieder zu unterdrücken. Dann gab es später eine Zeit, als ich zwischen oberflächlichen Abenteuern und zwischen Küssen, bei denen das Herz nicht dabei war, wiederum nicht an Sie denken wollte, weil ich das Empfinden hatte, damit Ihr reines Andenken zu verletzen. In der letzten Zeit aber beschwor ich die Erinnerung an Sie um so öfter herauf. Ihr Andenken, Liline, bedeutet für mich einen unsagbaren Schatz! Es ist der einzige reine Punkt in meinem Leben. Es gibt nichts mehr in meinem Herzen, wogegen ich nicht schon gesündigt hätte. Zu meiner Mutter war ich oft herzlos und ungerecht. Mit meinen Kindern war ich ungeduldig und hart, wenn sie mich allzusehr plagten. Ich sündigte sogar gegen meine Kunst; denn ich habe zum Beispiel einmal das Gedicht einer Berliner Schauspielerin nicht der Verse wegen, sondern der Frau wegen vertont. Sie sind die einzige, an der ich nie gesündigt habe. Ihr Andenken ist in meinem Herzen schneeweiß, himmlisch klar und makellos wie ein Gebet geblieben. Und so wird es auch bleiben, solange ich lebe . . .«
Sie waren allein, es störte sie niemand. Keinem von ihnen kam aber der Gedanke, daß sie sich nach den Gesetzen der irdischen Liebe angehören könn-

ten. Über beiden schwebte die heilige Reinheit des Märtyrertums. Sie saßen sich minutenlang schweigend und versunken gegenüber, diese Stille war aber die lilienreine Stille des Glücks. Später setzte sich Franzi auch ans Klavier. Er spielte das Morgengebet, das er für seine Kinder komponiert hatte . . .

Früh am Vormittag war er gekommen, und lange nach Sonnenuntergang weilte er noch immer da. Liline beschloß, ihn ein Stück zu Fuß zu begleiten. Der Wagen fuhr leer die Straße entlang, sie gingen langsam hinterher. Die erquickende und unermeßliche Ruhe der Gebirgslandschaft senkte sich auf die herannahende Dämmerung, in der sie dahinschwebten. Von Pau her erklang der Glockengesang des Angelus, der leise Abendwind spielte mit ihm einmal abschwächend, einmal anschwellend. Sie blieben stehen und bekreuzigten sich. An Stelle eines Gebetes sprach Liline aber andere Worte: »Versprechen wir einander, Franzi, daß wir, sooft wir in unserem Leben das abendliche Glockengeläut hören, aneinander denken werden.«

Wortlos reichte ihr Franzi die Hand. Mit diesem Händedruck verabschiedeten sie sich auch.

»Ob wir uns je wiedersehen werden?« fragte Franzi.

»Das ist nicht wichtig«, erwiderte Liline ernst, »ich werde sowieso bis zu meinem letzten Atemhauch bei Ihnen bleiben. Und Sie, suchen Sie sich eine gute, liebenswürdige, zärtliche Frau, heiraten Sie sie, und arbeiten Sie in einem stillen Heim, und werden Sie glücklich!«

»Glücklich? Ich wäre nur glücklich geworden, wenn ich an Ihrer Seite hätte leben können. Sie sind das einzige menschliche Wesen, mit dem ich mich hätte eins fühlen können. Ohne Sie bin ich immer und ewig zur gefährtenlosen Einsamkeit verdammt.«

»Ich weiß es, Franzi. Gott hat es aber so befohlen, beugen wir uns. Jetzt gehen Sie, und sehen Sie sich nicht um.«

Franzi küßte ihr die Hand. Seine Augen standen voll Tränen. Liline schluchzte. Der Wagen, dessen Kutscher nicht auf sie geachtet hatte, war inzwischen weit vorausgefahren. Franzi konnte in seinem Schmerz nicht nach ihm rufen und begann deshalb zu laufen. Er sah nicht zurück. Auch dann nicht, als er bei dem Wagen angelangt war. Er stellte sich nur die in der Abenddämmerung kaum erkennbare Gestalt vor, das Glück selbst, das ihm das Schicksal gezeigt hatte, um ihm durch dessen Verweigerung eine noch größere Wunde zu schlagen . . .

In dem kleinen ländlichen Hotel gab es kein Klavier. Trotzdem komponierte er bis spät in die Nacht hinein beim schimmernden Glanz der Kerzen. Er befaßte sich zu dieser Zeit viel mit den Gedichten Herweghs und hatte schon mehrere von ihnen vertont. Jetzt, als er seiner Gewohnheit gemäß vor dem Einschlafen in dem Gedichtband blätterte, vermochte er sich nicht zu sammeln und wollte das Buch gerade beiseite legen, als sein Auge an einer Strophe hängenblieb. Er überflog sie, dann las er sie noch einmal. Darauf schlüpfte er in seinen Schlafrock und setzte sich an den Tisch. Leise summend malte er die Notenköpfe auf das Papier:

»Ich möchte hingehn wie das Abendrot
Und wie der Tag in seinen letzten Gluten:
O leichter, sanfter, ungestillter Tod –
Sich in den Schoß des Ewigen verbluten!«

Nur der Struktur nach hielt er die Melodie und die Harmonie fest, dann legte er sich zur Ruhe. Er blies die Kerze aus und begann im Dunkeln in Gedanken Klavier zu spielen. Die rechte Hand trug die Melodie halblaut, mit gedämpfter Stimme, die linke verstreute die einzelnen Teile der Harmonie mit zartem, süßem Stakkato. Er wähnte wunderschön zu spielen und schlief mit dem traurigen Lächeln dieses wehmütigen Liedes und mit der gesättigten Freude über die gelungene Komposition und ihren vollendeten Vortrag ein.

NEUNZEHNTES KAPITEL

Der elegante Zeremonienmeister des Madrider Hofmarschallamtes erklärte Liszt schon seit zwanzig Minuten die bei einem Hofkonzert zu befolgenden sehr strengen Regeln der Etikette und machte den berühmten Künstler mehrfach darauf aufmerksam, daß die Gepflogenheiten des spanischen Hofes sich wesentlich von denen des Wiener Hofes unterschieden, da die angeblich spanische Etikette des Wiener Hofes in vielen Einzelheiten bedauerlicherweise von der ursprünglichen Überlieferung abweiche. Franzi benutzte eine längere Atempause des Höflings und richtete eine Frage an ihn:
»Verzeihen Sie, daß ich Sie unterbreche. Wann werde ich Ihrer Majestät, der Königin, vorgestellt?«
Der Höfling zuckte zusammen.
»Vorstellen? Pardon! Wie stellt sich der Meister das vor? Ihrer Majestät können nur hoffähig gewordene Personen vorgestellt werden. Eine Vorstellung von Künstlern kennt die spanische Etikette nicht.«
»So. Und wie stellen Sie sich das vor, Señor, daß ich in einem Hause Klavier spielen soll, wo ich nicht einmal die Gastgeber kenne? Das wäre meinerseits die größte Unverfrorenheit. Das kann sich vielleicht eine Zigeunerkapelle erlauben, *ich nicht.*«
»Aber bitte, geruhen Sie doch zu verstehen, es ist gegen die Vorschrift. Der

Etikette hat sich auch die Königin zu fügen. Selbst wenn sie Sie vorstellen lassen möchte, dürfte sie es nicht.«
»Sehr schade. Und ich hätte wirklich sehr gern vor Ihrer Majestät gespielt. So muß das Konzert leider unterbleiben.«
Der Höfling sah Franzi verwundert an, als ob er einen Geisteskranken vor sich hätte. Er fand es unglaublich, daß jemand nicht begreifen sollte, was das spanische Hofzeremoniell bedeutete. Aus der Tür sah er nochmals auf den langhaarigen Sonderling zurück, als dieser sich nach Erledigung seiner Angelegenheit entfernte. Franzi erhielt noch am selben Tage eine Einladung von der Gräfin Montijo, der ersten Hofdame der Königin Isabella. Die Gräfin empfing ihn außerordentlich liebenswürdig und sprach ihn englisch an, weil sie aus Schottland gebürtig war. Sie wollte mit ihm die Angelegenheit des Hofkonzertes regeln. Während der Unterhaltung kam auch die achtzehnjährige Tochter der Hausfrau zum Tee, Eugenia Montijo. Die Komtesse war so schön, daß Franzi fast die Sprache verlor. Aber nur für einen Augenblick. Dann verteidigte er störrisch seinen Standpunkt weiter. Er konnte die Worte sehr geschickt setzen und war um gefällige Ausdrucksformen nicht verlegen.
»Ich kann es einfach nicht tun, denn nach meiner Auffassung wäre das für Ihre Majestät eine große Beleidigung. Das könnte ja scheinen, als ob ich Ihrer Majestät, der Königin, zutrauen würde, daß sie zwischen einem Schwertschlucker und einem Klavierkünstler keinen Unterschied zu machen wüßte.«
»Selbstverständlich kann sie einen solchen machen. Aber die Etikette ist nun einmal so streng.«
»Dann muß eben diese Vorschrift geändert werden.«
Die Gräfin Montijo lachte herzlich über diesen Scherz. Der Meister aber lachte nicht mit. Offensichtlich glaubte er ernstlich daran, daß man seinetwegen die spanische Etikette ändern müsse. Die Hofdame begann deshalb zunächst von etwas anderem zu sprechen. Die Welterfahrenheit des Gastes, sein jedem Höfling überlegenes weltmännisches Benehmen und sein lebendiger Geist riefen ihre restlose Bewunderung wach. Dann kam sie wiederum auf die heikle Frage des Empfanges zurück. Umsonst. Der hartnäckige Künstler blieb dabei, daß er in einem Hause, wo er nicht vorgestellt sei, nicht spielen könne. Die Gräfin Montijo konnte ihrem Auftrage, ihn umzustimmen, nicht nachkommen. Und der stolze Klavierkünstler trug den Sieg davon. Das Unglaubliche und Unvorstellbare geschah: ein Musiker obsiegte über die spanische Etikette. Im Hofmarschallamt waren drei Männer bemüht, in nächtlicher Arbeit in den Annalen der vergangenen Jahrhunderte einen gleichartigen Vorgang festzustellen. Sie fanden aber keinen. Die Träger der spanischen Krone hatten sich bis jetzt noch nicht erkühnt, einen Künstler hoffähig zu machen. Und nun geschah es: das Hofmarschallamt Ihrer Katholischen Majestät, der Königin Isabella, ließ zähneknirschend,

aber höflich Dr. Francisco Liszt wissen, daß Ihre Majestät ihn dann und dann in diesem und diesem Saal des »Palacio Real« empfangen würde. Der Dr. Francisco Liszt ging auch hin und führte gewandt die vorgeschriebene höfische Ehrfurchtserweisung vor der Königin aus. Als er sich aufrichtete, stand er einem vierzehnjährigen Mädchen gegenüber. Gegen diesen Backfisch hatten also Fürst Lichnowsky und Graf Teleki an der Seit des Don Carlos gekämpft! . . . Aber auch die Mutter Ihrer Katholischen Majestät, die Regentin Maria Christina, war anwesend, ferner die Gräfin Montijo, ein General mit düsterer Miene, der Beichtvater des Hofes und noch viele andere. Der Besuch währte vier Minuten, aber er hatte stattgefunden. Die vierzehnjährige Herrscherin setzte sich sogar so weit über die Etikette ihres Hofes hinweg, daß sie dem Künstler beim Abschied die Hand zum Kusse reichte. Man hörte förmlich, wie das Gebäude des »Palacio Real« in allen seinen Fugen erzitterte, als die Hand des Berufsmusikers die spanische Bourbonenhand berührte! Nunmehr stand dem Konzert am Hofe kein Hindernis mehr im Wege. Die Hofgesellschaft war von dem bewunderungswürdigen Spiel des Künstlers so bezaubert, daß ihn die Königin Isabella mit dem Ritterorden Karls III. auszeichnete und ihm außerdem noch eine Brillantnadel zum Geschenk machte. Die Erfolge der öffentlichen Konzerte standen dem des Hofkonzertes in nichts nach. Leidenschaftlich und begeistert pries ganz Madrid das Klavierwunder. In einem der vielen an ihn gerichteten Gedichte las er:

»El genio non ha patria, é d'ogni suolo.
In Spania il gran Liszt é un Spagnuolo.«

Das heißt: Das Genie hat kein Vaterland, ihm gehört die ganze Welt. In Spanien ist der große Liszt ein Spanier. Er freute sich dieser höflichen Geste. Liszt fand überhaupt, daß die spanische Nation in vielem der ungarischen ähnich war. Ritterlichkeit, Stolz, Herrentum, Gastfreundschaft, ja sogar die stark gewürzte Küche fand er hier wie dort. An Madrid reihten sich die anderen Städte: Córdoba mit dem Wunder des schwarz-weißen Säulenhaines und den maurischen Minaretten, Sevilla mit der Farbenpracht der glänzenden Trachten und den interessanten Zigeunern, Valencia mit den unübersehbaren Orangenwäldern, Cadiz mit den von Byron gepriesenen auffallend schönen Frauen, Gibraltar mit seinem herrlichen Hafen . . . Hier bestieg er ein Schiff und erlebte einen fürchterlichen Sturm bis Lissabon. Der portugiesische Hof zeichnete ihn ebenfalls auf jede nur erdenkliche Art und Weise aus. Auch hier saß eine Frau auf dem Thron, die den schönen Namen »Maria II. da Gloria« trug. Der Künstler verließ Lissabon als Ritter des Christus-Ordens, in seiner Tasche eine von Diamanten funkelnde goldene Tabaksdose, mit der ihn die Königin beschenkt hatte.

Aber weiter ging es, nur immer weiter. Märchenhafte Palmenhaine am

Meeresstrand, großer Erfolg: Alicante. Viele Kirchen, ungewöhnlich lebhafter Verkehr auf den Straßen, großer Erfolg: Malaga. Großstädtische Matrosenspelunken, großer Erfolg: Barcelona. Spanische Paßrevision: Marseille, Lyon und eine ganze Reihe französischer Städte.
Doch auf all diesen Reisen, im Wirrwarr der Musik und des Beifalls, klangen ihm immer wieder Lilines Worte in den Ohren: »Suchen Sie sich eine würdige Lebensgefährtin, gründen Sie sich ein Heim und arbeiten Sie.« Diese Worte hatten Widerhall in seinem Herzen gefunden und faßten in ihm immer tiefer und tiefer Wurzel. Er fing an, darüber nachzudenken, daß es gar kein so schlechter Gedanke wäre, sich zu verheiraten. Man müßte nur die Lebensgefährtin klug auswählen, durch das ehrliche Verlangen nach Frieden und Arbeit den für das ganze Leben geltenden Bund festigen und nach katholischer Auffassung die Heiligkeit der Ehe wahren. Aber gab es denn so eine Frau? Sicherlich. Es lebten genug vornehme, schöne, gescheite und gute Frauen auf der ganzen Welt, es galt nur, unter ihnen die Richtige zu finden. Eine große Liebe war gar nicht notwendig, die große Liebe verbrennt einem nur den Mund. Ganz abgesehen davon, daß er einer solchen auch nicht mehr fähig war. Alles, was als rein, ideal und erhaben in der Liebe galt, hatte er für ewig Liline geschenkt. Und was das Leben daraus machte, alle damit verbundene Trübsal und Not, das spürte er heute noch in sich – seit der Trennung von Marie.
Da fiel ihm Valentine, die Nichte Lamartines, mit ihrem vollen Namen Komtesse Valentine Cessiat, ein. Er kannte sie schon lange, wenn auch nur oberflächlich. Das schöne, ernste, stille Mädchen hatte auf ihn stets einen sehr sympathischen Eindruck gemacht. Er stellte sich ihre hohe Gestalt vor, ihre ein wenig harten, aber gleichmäßigen Züge, ihr tadelloses Klavierspiel und die unauffällige und trotzdem allumfassende Besorgnis, mit der die Nichte das alltägliche Leben des berühmten Dichters umgab. Das wäre sicher keine schlechte Lebensgefährtin. Einige zwischen zwei Konzertreisen fallende freie Tage benutzend, reiste er nach Monceau, wo Lamartine ein schönes Schloß bewohnte. Der alternde Dichter empfing den Gast aufs freundschaftlichste. Der große, breitschultrige Mann mit dem ausdrucksvollen Kopf und den weißen Schläfen saß auch heute noch, wie er es gewohnt war, in seinem großen Wohnzimmer im Erdgeschoß, umgeben von seinen Hunden. Soviel Möbelstücke und Teppiche – soviel Hunde, der Gast fand kaum eine Sitzgelegenheit für sich. Die schweigsame, ergraute Gattin des Dichters hielt sich den ganzen Tag in ihrem Zimmer auf, hier war Valentine um den Oheim schweigsam besorgt. Der Dichter kam bald auf das sie beide am meisten interessierende Thema zu sprechen: auf die Gegensätze zwischen der Kirche und dem von ihm selbst aufgebauten Katholizismus. Seit seiner ersten religiösen Schrift hatte es Lamartine dahin gebracht: die Kirche setzte ihn auf den Index. Die dem Klerus nahestehende Partei verbreitete Flugblätter mit heftigen Protesten gegen ihn, sie stöberten die

alten Geschichten von der Spielleidenschaft seiner Jugend auf, sie warfen ihm vor, das bekannte Liebesverhältnis seiner Jugendjahre wäre durch materielle Interessen bedingt gewesen. Er aber verkündete unentwegt seinen eigenen Katholizismus weiter, griff das Zölibat an und verherrlichte die strengste Familienmoral, die die wertvollste Grundlage der menschlichen Gemeinschaft bilde.

Genau das hätte der Gast für sein Leben gern verwirklicht, diese strenge Familienmoral. Je länger er Valentine anblickte, um so mehr gefiel sie ihm. Sprechen konnte er kaum mit ihr, denn Lamartine nahm entweder ihn oder das Mädchen in Anspruch. An der Tafel im Speisesaal konnten sie sich nur zu viert unterhalten, besser gesagt, bloß zu dritt; denn Frau Lamartine saß mit starrem Gesicht wortlos unter ihnen, als ob sie das Gelübde ewigen Schweigens abgelegt hätte, und entfernte sich sofort nach dem Essen gleich einem ein dunkles Geheimnis verbergenden Schatten. Während der Tischgespräche zeigte sich die Komtesse als geistig sehr hochstehendes, literarisch interessiertes und musikalisch gebildetes Mädchen. Jede Minute des Zusammenseins mit ihr bestärkte Liszt in der Überzeugung, daß sie die Frau sei, die er suche. Sie zu heiraten wäre eine ebenso vernünftige wie nützliche Tat gewesen. Er hatte mit der Komtesse noch nicht ein einziges Mal vertraulich sprechen können, da überlegte er sich schon, wo er für die Monate, in denen er nicht an Weimar gebunden war, sein ständiges Heim begründen könnte. Und wenn er es auch nicht durch Worte sagen konnte, so bemühten sich doch seine Augen, Valentine seine Neigung zu verraten. Das junge Mädchen errötete tief unter dem lodernden Blick seiner blauen Augen.

Endlich, am Vormittag des dritten Tages, konnte er mit Valentine eine Aussprache unter vier Augen herbeiführen. Der Dichter war auf seinem morgendlichen Ausritt mit seiner Hundemeute unterwegs, und sie beide trafen sich im Garten. Es war Ende Mai, die Sonne schien golden, die Blumen blühten.

»Was meinen Sie, Komtesse«, fragte er nach einigen nichtssagenden Sätzen, »bin ich Ihnen ebenso angenehm wie Sie mir?«

Valentine errötete. Ihre Hand, die gerade nach den Blättern eines Rosenstrauches griff, zitterte.

»Woher soll ich das wissen?«

»Es wäre nämlich sehr wichtig, zu wissen, ob Sie mich leiden mögen oder nicht, weil ich Sie heiraten möchte.«

Das Mädchen schien eher erschrocken als alles andere. Sie war zu bedauern in ihrer grenzenlosen Verlegenheit. Franzi bemühte sich, sie durch den leichten Ton seiner Worte zu beruhigen. Er erzählte, wie schwer er unter den Beschwerden der Virtuosenlaufbahn leide, wie sehr er sich nach einem Heim sehne, nach seiner lieben vertrauten Arbeit. Wenn er so mit ansehe, wie vortrefflich Valentine mit Feder und Tinte des Dichters umginge, wie sie, unausgesprochenen Wünschen des Oheims gehorchend, die Fenster

öffne und wieder schließe, was für ein würdiger Gefährte sie dem schaffenden Künstler sei, dann könne er sich des Gefühles nicht erwehren, daß der liebe Gott sie füreinander geschaffen habe. Von materiellen Dingen brauche man nicht zu sprechen, er könne seiner Frau ein überreiches, bequemes Leben sichern.
»Ich habe nur einen einzigen Fehler«, ergänzte er endlich, »ich liebe den Kognak. Sie werden mir das aber schon abgewöhnen. Jetzt nun sagen Sie schnell ja, denn ich möchte mich so bald wie möglich trauen lassen.«
»Ich kann im Augenblick nicht antworten«, erwiderte die Komtesse ruhig und mit gesenktem Blick, »denn hier ist nicht nur von uns beiden die Rede.«
»Sondern von wem noch?«
»Von ihm. Von meinem Onkel Alfons. Er betrachtet mich als seine Tochter. Er behauptet, daß ich den zwei Frauen sehr ähnlich sähe, die er in seinem Leben am meisten geliebt hat: seiner Mutter und seiner verstorbenen Tochter. Er pflegt auch zu sagen, daß ich zur selben Zeit geboren sei wie seine Lieblingsarbeit, die ›Méditations‹. Wenn ich ihn verließe, würde ich sein Gemüt schwer erschüttern. Er kann mich bei seiner Arbeit nicht mehr entbehren. Es ist nicht so leicht, dieses Ja zu sagen. Ich muß erst nachdenken.«
»Gut. Überlegen Sie es sich den ganzen Tag. Morgen früh treffen wir uns genau hier wieder.«
Valentine nickte ernst und eilte weg. Franzi schaute der schlanken Gestalt nach. Zu gleicher Zeit erblickte er das Gesicht Lamartines, der sie vom Fenster aus beobachtet hatte. Sein Kopf verschwand sofort wieder, aber der Ausdruck dieses Gesichtes blieb deutlich vor Liszts Augen. Eine heimliche, verschmitzte Siegesfreude stand auf diesem Antlitz geschrieben. Innerhalb einer Sekunde erkannte Franzi das Drama dieser Familie: Lamartine, der fast Sechzigjährige, hatte sich in seine zwanzigjährige Nichte verliebt! Er selbst wußte es vielleicht gar nicht und verherrlichte möglicherweise gerade deswegen aus der spontanen Regung seines Gewissens heraus die strenge Familienmoral. Seine unter den Gebresten des Alters leidende stille Frau aber wußte es. Und jetzt tauchte er auf, der Fremde, der dieses Mädchen vielleicht von hier fortnehmen würde, damit die Frau ihren Platz an der Seite ihres Mannes zurückerhalte, von dem sie verstoßen war ...
Den ganzen Tag beobachtete er die kleine Familie und sann über sie nach. Zahlreiche Kleinigkeiten bestätigten seine Ahnung. Frau Lamartine kam ihm mit auffallender Liebenswürdigkeit entgegen, aus ihren Augen sprühte förmlich eine erregte Erwartung. Auch die zärtlichen Blicke des Dichters entgingen Liszt nicht; sie verrieten den leidenschaftlich verliebten Mann. Franzi empfand mit einem Male ein tiefes Mitleid mit ihm. Was sollte aus diesem empfindsamen, leicht verbitterten Mann werden, wenn er ihm den Abendstern, den letzten Glanz seines Lebens, raubte? Aber auch der männ-

liche Wettstreit erwachte in ihm, das Faustrecht des Starken. Nicht *ihn* zu wählen, wenn er an dem Wettbewerb teilnahm? Unmöglich!
Aber es war wohl möglich. Am anderen Tage trafen sie sich, wie verabredet, am Rosenstrauch.
»Haben Sie sich entschlossen?« fragte Franzi.
»Ich habe mich entschlossen. Seien Sie mir nicht böse und vergessen Sie mich.«
»Wie? Sie wollen *nicht* meine Frau werden?«
»Ich kann es nicht. Wenn ich es wagte, würde das den Tod dieses gütigen, lieben, feinen Menschen bedeuten. Das ist mein voller Ernst. Er würde zugrunde gehen. Er ist so gut zu mir, ich kann ihn nicht töten. Ich bin mir vollkommen darüber im klaren, was ich in diesem Augenblick aus meinem Leben mache. Dieser Grundbesitz, auf dem wir leben, geht langsam, aber sicher dem Ruin entgegen. Wir werden zugrunde gehen. Und ich wähle trotzdem nicht Sie, sondern das Altjungferntum und die Armut. Versuchen Sie mich zu verstehen, und vergessen Sie mich.«
»Ich habe Sie verstanden, Komtesse, und werde Sie nicht vergessen.«
Noch an diesem Tage reiste er ab. Lamartine und seine Nichte verabschiedeten ihn liebevoll, Frau Lamartine dagegen mit in schweigsamer Starre verborgenem Haß. Und sie blieben zurück, um das dreifache Kreuz ihres vergifteten Lebens weiter zu tragen. Er aber zog weiter auf der Landstraße der großen Welt. In den ersten Tagen quälte ihn noch das Gefühl der verletzten Eitelkeit. Ihm, Franz Liszt, hatte eine mittellose Komtesse um eines alten Mannes willen einen Korb gegeben! Aber dann, als ihm die verliebten Blicke der Frauen im Konzertsaal wieder entgegenstrahlten, empfand er erneut die alte männliche Genugtuung, er lächelte. Und alsbald kam die Zeit, wo er erschrocken daran dachte, was geschehen wäre, wenn Valentine ja gesagt hätte. Dann hätte er sie heiraten müssen – ohne Liebe. Er atmete erleichtert auf und bezeichnete diese Heiratsabsicht als sinnlose Laune. Während der folgenden Konzerte und Reisen vergaß er endlich die ganze Angelegenheit.
Er vergaß aber nur diese eine Frau; die Sehnsucht, nicht mehr allein zu sein und sich seßhaft zu machen, blieb . . .
In Bonn wurde das Beethoven-Denkmal enthüllt, bei dessen Errichtung seine Stiftung von ausschlaggebender Bedeutung gewesen war. Ein Fünftel der Sammlung hatte *er* der Erinnerung des großen Mannes gewidmet, dessen Weihekuß damals auf dem Konzertpodium in Wien er nie vergessen konnte.
Ernst Hähnel aus Dresden schuf dieses Denkmal, dessen Enthüllung ein Ereignis für ganz Europa war. Jedes Land entsandte die größten Männer seiner Musikwelt. Spontini, Auber, Halévy, Thomas, Mendelssohn, Schumann, Glinka, Nicolai gingen auf den Straßen der kleinen Stadt am Rheinufer auf und ab, und außer ihnen hundert und aber hundert andere Musiker. Auch

Richard Wagner war da, der sich über das Wiedersehen mit Franzi außerordentlich freute. An den Feierlichkeiten nahmen auch das preußische Königspaar, die Königin Viktoria von England mit dem Prinzgemahl, das preußische Kronprinzenpaar und noch eine ganze Reihe im Purpur geborener hoher Persönlichkeiten teil.
Die musikalische Heerschau der Bonner Zeitungen ließ ganz deutlich erkennen, wer der Weltbeherrscher der Musik war. Die Alleinherrschaft des berühmten Pianisten konnte niemand in Abrede stellen. Das letzte Wort bei den Veranstaltungen sprach er, das Hauptinteresse des Publikums galt ihm, auf der Straße riefen ihm die sich zu Gruppen zusammendrängenden Menschen Hochrufe zu. Bei dem großen Festkonzert dirigierte er die c-Moll-Symphonie und die Ouvertüre; er spielte Klavier, ihm jubelte man zu, zwischen den Großen war er der Größte, sein Ruhm kam gleich nach dem des großen Toten.
Das große Ereignis für ihn war die Aufführung seiner Festkantate, die er für die Feier in Bonn komponiert hatte. Es war eine großzügige, kühne Arbeit, sehr schwer vorzutragen und so eigenartig, daß ihr Erfolg zu bezweifeln war. Von Stadt zu Stadt reisend, hatte er daran gearbeitet; einen Teil schrieb er in Lyon, einen anderen Teil in Avignon, manches war in Kolmar und anderes in Mühlhausen entstanden. Er hatte seine ganze Liebe zu Beethoven in diesem Werk offenbart. Es war ein leuchtender Beweis für seine heilige Überzeugung, daß ein wirklicher Künstler nur das sagen dürfe, was kein anderer vor ihm jemals gesagt hatte.
Nur wenige Proben wurden ihm zugestanden, die Musiker und Sänger übten dieses eigenartige Werk, das sie nicht verstanden und an das sie nicht glaubten, ohne jede Begeisterung ein. Sie mußten irgendwie gegen den Komponisten aufgewiegelt worden sein. Dazu kam noch, daß Franzi seine Proben auf eine sehr eigentümliche Art abhielt. Seine Anordnungen wurden einfach als Marotte betrachtet. Er klopfte das Ganze zum Beispiel ab und rief den Bläsern zu:
»Legen Sie mehr Blau hinein, meine Herren! So ist es viel zu rot!«
Die Bläser schielten sich verstohlen an. Die Blicke bedeuteten: dieser Mensch ist verrückt. Dann spielten sie weiter, wie *sie* wollten. Alle Anzeichen deuteten darauf hin, daß die Komposition infolge der unzulänglichen Vortragsweise durchfallen werde. Auf der Hauptprobe war jedermann davon überzeugt, und man prophezeite es nicht mehr flüsternd, sondern verkündete es rücksichtslos mit lauter Stimme. Abends fand ein großes Festbankett im Restaurant »Stern« statt. Eine Ansprache jagte die andere. Vor ihm stand die Kognakflasche. Er konnte sich nicht beherrschen und trank viel. Seine durch die qualvolle Probe erregten Nerven verlangten nach der Entspannung des Rausches. Liszt fühlte, wie die verschleiernde Kraft des Alkohols seinen Kopf umnebelte; er verbrannte sich die Finger an seiner Zigarre und gab seinen Nachbarn merkwürdige Antworten. Da riefen meh-

rere: »Liszt soll sprechen!« Er erhob sich. Als ihm der Gedanke kam, daß es leichtsinnig sei, so berauscht reden zu wollen, war es schon zu spät, und er konnte sich nicht wieder setzen. Liszt nahm seine ganze Kraft zusammen, um seinen verwirrten Gedanken und seiner schwergewordenen Zunge Zügel anlegen zu können. Er redete hastig und verhaspelte sich sogar dreimal in seinen überstürzten Sätzen. Endlich konnte er die Rede halten, die statt eines Leitgedankens nur Phrasen enthielt.
»Ich hebe mein Glas zu Ehren der Nationen, die hierher gepilgert sind, zu Ehren der Engländer, Holländer, Spanier, Russen, Italiener, Wiener – aller!«
Ein schwacher Beifall folgte der wirren Rede. Da sprang Chelard, der in Weimar angestellte französische Kapellmeister, auf, derselbe, dem er bei den Weimarer Vereinbarungen die Unantastbarkeit seines Arbeitsfeldes von sich aus zugesichert hatte. Er warf sich in Positur und rief französisch:
»Sie vergessen die Franzosen, mein Herr!«
Ein unheimliches Durcheinander folgte. Die Anwesenden fingen alle auf einmal an zu schreien.
»So ist es! Sie haben recht!«
»Setzen Sie sich! Hoch Liszt!«
Ein anderer Franzose schnellte puterrot empor und kreischte zornig auf französisch:
»Die Königin Viktoria ist hier begrüßt worden, den König von Frankreich hat man aber nicht begrüßt!«
»Aber bitte«, erhob sich jetzt ein Engländer und sagte englisch: »Warum reklamieren Sie nicht auch noch den Kaiser von China und den Tatarenkhan? Die waren auch nicht da. Sie haben aber ebensoviel Anspruch auf eine Huldigung wie Ihr König mit dem Regenschirm!«
Diese Worte gaben das Signal zum allgemeinen Aufruhr. Die Musiker Europas brachen in tobenden Lärm aus, daß der geschmückte Saal dröhnte. Franzi erhob sich. Er fühlte, daß er blaß war. Er wollte sprechen, um alles richtigzustellen. Er setzte an, um zu erklären, daß man ihm keine Franzosenfeindlichkeit unterstellen könne. Aber seine Worte gingen in dem Tumult unter. Da begann er auch zu schreien:
»Ungarn habe ich ja auch nicht erwähnt, obwohl ich dort geboren bin!«
Aber man schrie ihn einfach nieder. Er lallte noch ein paar Worte mit alkoholschwerer Zunge, dann sank er vernichtet in seinen Sessel zurück. Das Festbankett löste sich auf, viele erhoben sich ostentativ und verließen den Saal. Liszt stierte schweigend in das brodelnde Gewühl, er wußte nicht mehr genau, was mit ihm geschah. Jemand legte ihm die Hand auf die Schulter, ein anderer faßte ihn am Arm und man geleitete ihn nach Hause.
Mit dumpfem Kopf und pochenden Schläfen erwachte er am anderen Morgen. Er konnte seine Gedanken nur langsam ordnen. Als er sich jedoch zusammengereimt hatte, was gestern geschehen war, schämte er sich außer-

ordentlich. Am liebsten hätte er sich selbst eine Ohrfeige gegeben. Wie konnte er bloß so tief sinken, er, der Berühmte, der Stolze? Er sann über eine schwere Buße nach, sich selbst damit zu strafen. Dann überlegte er, daß das Ganze so nicht weitergehen könne. Er mußte in seinem Leben Ordnung schaffen. Er mußte heiraten und ein anständiges, ruhiges und arbeitsames Leben führen. Schon seit sechs oder sieben Jahren beschäftigte ihn der Gedanke der großen Symphonien, und noch hatte er nicht eine einzige geschaffen. Über seine Schmach konnte Liszt jedoch nicht lange nachdenken, er mußte sich beeilen, denn das Schlußkonzert war auf neun Uhr festgesetzt. Die Festkantate dirigierte er selbst. Mit schmerzendem Kopf, ergrimmt über sich selbst, sah er dem sicheren Durchfallen seiner Komposition entgegen. Da der König und sein Gefolge noch nicht erschienen war, wartete er noch mit dem Anfang. Nach stundenlangem Zögern begann er endlich, ohne daß der König eingetroffen wäre. Er bemerkte sofort, daß die Musiker und Choristen gegen ihn eingestellt waren. Die Einsätze kamen nachlässig, das ganze Orchester trottete schleppend hinter ihm her wie ein störrischer Esel, den man an einem Strick vorwärts zu zerren versucht. Er dirigierte mit einer wahren Todesverachtung. In seinem Rücken fühlte er richtig die eisige Langweile der Zuhörer. Es war furchtbar. Dünner Beifall, schlimmer, als wenn Todesstille geherrscht hätte.
Da ging eine Bewegung durch die Reihen, das königliche Paar erschien mit seiner Begleitung. Die Majestäten nahmen ihre Plätze ein. Jetzt faßte er einen kühnen Entschluß. Er klopfte mit seinem Dirigentenstab auf das Notenpult und sagte zum Orchester: »Da capo!« Zögernd blätterten die Musiker ihre Noten zurück, wagten aber nicht, sich zu widersetzen. Die Zuhörer reckten die Hälse. Was sollte das? Die ganze lange Komposition wollte er wiederholen lassen? Mitten in dieses Murren sauste der Dirigentenstab nieder. Der Chor begann. Liszts Augen sprühten Funken, seine Nasenflügel bebten. Er dirigierte so, wie ein vollkommener Reiter ein wildes Pferd einreitet. Eine solche Willenskraft und ein solch mitreißender Schwung strömte von ihm aus, daß sich die bisher nachlässigen und ungehorsamen Sänger und Musiker seiner Führung willig unterordneten. Jetzt erklang die Seele in den Instrumenten. Die Einsätze erfolgten haargenau. In diesem Vortrag lag Feuer und Flamme, der dirigierende Künstler zitterte von Kopf bis Fuß, und eine große Freude durchflutete ihn. Die Freude des Sieges, der Kraft und der überlegenen Macht. Als er geendet hatte, fiel er vor Erschöpfung fast um. Der dröhnende Beifall aber hielt ihn auf den Beinen. Dasselbe Publikum, das ihn vorhin kaum beachtete, feierte jetzt dasselbe Stück mit überschwenglicher Begeisterung. Dasselbe Orchester, das vorhin noch gegen ihn gearbeitet hatte, spielte ihm einen Tusch, von der Macht des Genies bezwungen. Es war ein unglaublicher Erfolg. Der Sieg eines Königs, der sich ganz allein mit unbewaffneter Hand unter die meuternden Truppen wagt, Befehle erteilt – und die bewaffnete Menge neigt sich tief vor ihm.

»Das gestrige Mißgeschick ist wieder in Ordnung gebracht«, lachte Berlioz. Franzi zuckte lächelnd seine Schultern.
»Ich darf eben alles.«
Er war auch auf sich nicht länger böse, es fiel ihm gar nicht mehr ein, zu heiraten. Aus lauter Übermut trank er an diesem Abend bis zum Morgengrauen Sekt. Dann folgte ein Konzert am Hofe. Darauf Reisen. Abenteuer. Sekt. Er schlief sich nie aus, er kam und ging in der Welt zwischen Musik, Champagner und Küssen wie ein Nachtwandler. Als er in der kleinen Stadt Cleve angelangt war, verspürte er heftige Schmerzen. Unmittelbar unter seinem Brustkorb lag der Herd dieses brennenden, krampfartigen Ziehens, das er jetzt in seinem Leben zum erstenmal empfand. Er knirschte mit den Zähnen und ballte die Faust so fest zusammen, daß seine Nägel blutige Spuren in der Handfläche hinterließen. Der nach längerem Zögern endlich doch herbeigerufene Arzt stellte Gallenkrämpfe fest, die in dem unregelmäßigen Leben, den in Bonn gehabten Aufregungen, dem Genuß zu stark gewürzter Speisen und zu reichlichen Alkohols ihren Ursprung haben mußten. Der Arzt verordnete heiße Umschläge, Ruhe und strenge Diät. Der Kranke wälzte sich hin und her und biß in die Kopfkissen vor Schmerzen. Er verfluchte sein Schicksal, daß er auf dem Gipfel seines Ruhmes in einem armseligen Hotelzimmer wie ein ausgestoßener Hund leiden mußte. Liszt erkannte endlich, daß auch ihm nicht alles erlaubt war und daß er nunmehr unter allen Umständen ein Heim brauchte.
Auf die Nachricht hin, daß er krank sei, kam die schöne Frau Calergis aus Baden-Baden zu ihm, die dort eine Villa besaß und den Sommer stets da verbrachte. Sie pflegte den Kranken, bis er wieder aufstehen konnte; dann nahm sie ihn mit nach Baden-Baden. Dort verloren sich seine Gallenschmerzen vollständig. Seine Gemütsverfassung besserte sich aber nicht. Er fand an nichts mehr Gefallen, starrte vor sich hin und hatte nicht einmal mehr zum Klavierspielen Lust. Die schöne Frau war besorgt und fing an, ihn auszufragen.
»Sie schleppen ein großes Geheimnis mit sich herum, Franzi, beichten Sie es mir doch.«
»Das ist kein Geheimnis, meine Liebe. Ich bin unsagbar müde. Seit acht Jahren bin ich nun ununterbrochen unterwegs, und bei jedem Stück, das ich vortrage, mache ich die schwerste seelische Spannung durch. Ich wundere mich, daß ich nicht schon seit langem im Irrenhause bin. Seit acht Jahren . . . Die bloße Vorstellung ist schon fürchterlich.«
Voll Mitgefühl streichelte Frau Calergis seine Hand. Aber er achtete nicht darauf. Franzi dachte daran, daß er sich noch zu einer Rundreise nach Ungarn verpflichtet hatte, daß er noch nach Rumänien, nach Österreich, nach der Türkei und nach Rußland fahren mußte . . . Anderthalb Jahre noch, bis er das alles hinter sich hatte . . . Am liebsten hätte er geweint, so leid tat er sich selbst.

ZWANZIGSTES KAPITEL

Eines Tages fiel ihm ein Gedicht von Freiligrath in die Hände. »O lieb, solang du lieben kannst . . .«:

»Und hüte deine Zunge wohl –
Bald ist ein böses Wort gesagt!
O Gott, es war nicht bös gemeint –
Der andre aber geht und klagt.«

Es gefiel ihm, und er vertonte es. Er schrieb es in As-Dur, der leidenschaftlichsten Tonart. Er wurde ein Vortragsstück, vor dessen frischer Volkstümlichkeit man förmlich Angst bekommen konnte. Das hatte er gar nicht beabsichtigt. Wenn er eingeladen war und zum Klavierspielen Lust bekam, bat ihn die ganze Gesellschaft flehentlich, dieses Lied zu spielen.
Jetzt traf er in Wien mit Berlioz zusammen. Hector bereiste ebenfalls die Welt, gab Konzerte und verdiente gut. Ihre Freundschaft blieb immer bestehen, trotzdem sie sich oft sehr lange nicht sahen. Sie standen in Briefwechsel und pflegten sich ihre Arbeiten gegenseitig zuzuschicken. Virtuosen können sich ebenso schwer treffen wie einzelne Herrscher, mögen sie auch noch so eng miteinander befreundet sein. Um so mehr freuten sie sich jetzt über diese Begegnung. Ihre ganze freie Zeit verbrachten sie zusammen. Franzi verpflichtete sich zu neuen Konzerten in Wien, Hector fuhr von hier nach Pest.
»Ich könnte ein gutes, wirkungsvolles, ungarisches Volksstück gebrauchen«, sagte er vor seiner Abreise, »das ich nach meiner Art umarbeiten könnte.«
»Ich kann Ihnen ein solches verschaffen«, nickte Franzi, »etwas Aufwieglerischeres kenne ich nicht.«
Er gab ihm die ungarische Liedersammlung, in der auch der Rákóczi-Marsch enthalten war. Berlioz zeigte sich ganz begeistert von diesem Werk. Den Tag vor seiner Abreise verbrachte er damit, diesen Marsch für Orchester zu bearbeiten. Dann fuhr er nach Pest. Sie vereinbarten eine Zusammenkunft in Prag. Franzi blieb noch in Wien. Er gab Konzerte, arbeitete und ging in Gesellschaft. Belloni konnte in seinen Wohnräumen im »Hotel zur Stadt London« keine Ordnung halten, so viele Menschen besuchten den Weltberühmten. Unter den zahlreichen Besuchern befanden sich wenigstens zwei, deren Bekanntschaft für ihn Bedeutung hatte. Der eine war ein Wunderkind, der Sohn eins Kaufmanns aus Kittsee namens Joachim, ein fünfzehnjähriger Bursche, der ausgezeichnet Violine spielte. Der Junge war schon viel in der Welt herumgekommen und hatte bereits vor der Königin

von England und dem russischen Zaren gespielt. Franzi fühlte sich von seinem Spiel ganz hingerissen und trat auch gemeinsam mit ihm auf. Der Erfolg, den sie in Wien hatten, war ungeheuer. Der zweite interessante Mensch war ein ungarischer Pianist namens Ehrlich. Er spielte in einer gewissen Zigeunerart und stellte aus ungarischen Motiven Phantasien zusammen, in der Art von Franzis »Ungarischen Rhapsodien«, deren Zahl bereits zehn betrug. Einzelne Stücke Ehrlichs gefielen Liszt gut, nicht so sehr durch ihre Ausarbeitung als durch ihre Motive.

»Ich wage Ihnen meine Bitte eigentlich gar nicht vorzutragen«, stotterte Ehrlich, »denn es ist sowieso unmöglich. Es wäre sinnlos von mir, Sie zu bitten, daß Sie jetzt, wo Sie nach Pest fahren, etwas von meinen Kompositionen in Ihre Vortragsfolge aufnehmen.«

»Warum wäre das sinnlos?«

»Sie komponieren doch tausendmal bessere Rhapsodien als ich. Warum sollten Sie meinen Rhapsodien zum Ruhm verhelfen? Warum sollten Sie Ihre Einnahmen aus dem Notenverlag dadurch mindern, daß Sie *meine* Sachen spielen? Ich sehe das natürlich ein. Bitte, betrachten Sie die Angelegenheit so, als ob ich Ihnen nichts gesagt hätte.«

»Da kennen Sie mich aber schlecht, mein Freund. Ich gedenke, Ihre Stücke zu spielen.«

Ehrlich entfernte sich verwundert und voll Dankbarkeit. Franzi setzte sich wieder an seine Arbeit. Er lebte sich in die Stimmung der Kaiserstadt hinein und bearbeitete Schubert-Melodien unter dem Titel »Soirées de Vienne«. Als er seine Konzerte beendet hatte, fuhr er nach Prag zu Berlioz. Dort hatte man dessen große Orchesterkomposition »Romeo und Julia« aufgeführt.

»Nun, und wie war es mit dem Rákóczi-Marsch?« erkundigte sich Franzi, als sie sich beim Wiedersehen umarmten.

»Fabelhaft gelungen! Von Ihren Landsleuten bin ich im übrigen entzückt. Welche Liebenswürdigkeit und welch vornehme Haltung, was für ein Schwung, und diese Begeisterung! Meine Rákóczi-Bearbeitung hat einen Teil, das Schluß-Fortissimo, das bis jetzt noch niemand gehört hat. Als ich nämlich mit dem Orchester da angelangt war, geriet das Publikum schon ganz außer sich und brach bei jeder nur möglichen Gelegenheit in solch einen Beifallssturm aus, daß das Orchester in dem Riesenlärm vollkommen unterging. Jedesmal mußte ich das Ganze von Anfang bis zum Ende noch einmal wiederholen. So ein Übermaß von Begeisterung habe ich noch nie erlebt. Graf Kasimir Batthyány hat das Vorführungsrecht für zweitausend Gulden von mir erworben.«

»Das wundert mich nicht im geringsten. Ich habe auch immer einen so großen Erfolg mit diesem Marsch gehabt. Aber was ist denn los? Warum machen Sie so ein überraschtes Gesicht?«

»Ich habe nicht gewußt, daß Sie sich mit diesem Marsch auch schon beschäftigt haben. Wenn das so ist, werde ich selbstverständlich die Veröf-

fentlichung meiner Noten zurücknehmen. Der Vortritt gebührt Ihnen. Haben Sie Ihre Bearbeitung schon verlegen lassen?«
»Noch nicht, und ich werde es auch vor Ihnen nicht tun. Nehmen Sie doch diese kleine Zuvorkommenheit als Geschenk von mir an. Sagen wir: als Erwiderung auf die Liebenswürdigkeit, mit der Sie über meine Landsleute gesprochen haben.«
»Nein, Franzi, das geht nicht. Diese Noten werden Ihnen viel Geld einbringen. Das kann ich nicht annehmen.«
»Natürlich können Sie es annehmen, wenn ich es Ihnen anbiete! Nehmen Sie es entgegen, als ob ich Ihnen eine Blume schenkte, die Sie ins Knopfloch stecken. Später gebe ich auch meinen Marsch heraus.«
Und so geschah es. Berlioz zeigte sich erkenntlich und widmete Franzi sein großes Werk »Damnation de Faust«, das er zusammen mit dem Rákóczi-Marsch verlegen ließ. Die beiden guten Freunde kamen sich in Prag noch näher. Sie debattierten unausgesetzt und zechten dabei ganz gehörig. Auch ein nächtliches Straßenerlebnis hatten sie gemeinsam: als sie in der Nacht um ein Uhr nach Hause gingen, geriet Franzi mit einem tschechischen Herrn in Streit. Er war in Sektstimmung und wollte sich gleich an Ort und Stelle duellieren. Schreiend verlangte er nach Pistolen. Zum Glück waren Berlioz und Belloni bei ihm, die ihn fortzerrten und im Wagen nach Hause brachten. Am anderen Tage blätterten sie aufgeregt in den Zeitungen, ob die tschechische Presse den Skandal aufgegriffen habe. Die Sache kam aber nicht ans Tageslicht.
»Warum trinken Sie soviel? Das ist doch nicht in Ordnung. Das müßten Sie sich unbedingt abgewöhnen.«
»Ich habe es mir erst in Rußland angewöhnt. Dort war es unmöglich, ohne Alkohol auszukommen. Man hat auch so gute Laune hinterher . . .«
»Aber daraus wird noch einmal ein Skandal entstehen wie damals in Bonn. Ist das Ihrer würdig?«
Franzi schwieg. Er war genau derselben Meinung wie sein Freund. Aber was nützte das alles, wenn er sich selbst nicht in der Gewalt hatte! Nach dem ersten Glas gab es bei ihm kein Zurück mehr, und er war verloren. Das Trinken machte ihm ja gar keinen Spaß, nur der Rausch. Seine eigene Kraft reichte nicht aus, um sich zu beherrschen. Wenn er mit sich zu Rate ging, fürchtete er sich schon vor den kommenden Ereignissen in Pest, ob er da nicht in eine unwürdige Situation geraten würde . . . Doch er schüttelte diese unangenehmen Gedanken alsbald von sich ab. Es kam ja doch alles, wie es kommen mußte. Vorerst weilte er noch in Wien und erlebte eine bisher nie gekannte Freude: er kam mit seinen Verwandten zusammen. Sein Onkel besuchte ihn, der aber jünger war als er selbst. Großvater Liszt war mehrfach verheiratet gewesen, und seine Ehen waren durchweg mit Kindern gesegnet. Im vorigen Sommer war er gestorben, und die Nachricht von seinem Tode, die dem reisenden Künstler wochenlang von Stadt zu Stadt

folgte, ehe sie ihn erreichte, hatte ihn kaum berührt. Er hatte den Großvater im Leben ja kaum gesehen. Sie wechselten nie Briefe miteinander und er konnte sich in keiner Weise an ihn erinnern. Der Großvater hatte nicht weniger als siebenundzwanzig Kinder. Franzi besaß also sechsundzwanzig Onkel und Tanten, und wenn auch inzwischen schon viele von ihnen gestorben waren, so lebte immer noch eine ganze Anzahl. Er kannte aber keinen einzigen von ihnen. Einmal wollte sein Vater seine verwandtschaftlichen Beziehungen zu einem Uhrmachermeister wiederaufleben lassen. Der empfing sie aber so kalt, daß ihnen die Lust, mit den anderen in Verbindung zu treten, verging. Doch nun meldete sich Eduard, der jüngste, von selbst. Er war ein Mann von tadellosem Äußerem und gutem Benehmen, und in der Unterhaltung erwies er sich auch als sehr gescheiter Mensch. Er hatte die juristische Laufbahn gewählt, und alles deutete darauf hin, daß er eine schöne Karriere machen würde.
Das Auftauchen dieses lieben Verwandten bedeutete für Franzi, was die Quelle für den Durstenden ist. Die verwandtschaftlichen Gefühle sind mit der Liebe eng verwandt: in den Verwandten lieben wir unser eigenes Blut. Dieser Eduard Liszt war ein sehr begabter Mensch von gewinnendem Wesen und untadeligem Auftreten. Franzi schloß ihn sofort in sein Herz und räumte ihm unter seinen Freunden den ersten Platz ein. Er liebte in ihm besonders das Familienmitglied, das stolz auf ihn war, und zu diesem Stolz war jetzt reichlich Gelegenheit gegeben. Die Konzerte in Wien hatten unbeschreiblichen Erfolg, und nach einem Konzert am Hofe, bei dem auch das kaiserliche Paar huldvollst Beifall gespendet hatte, überreichte ihm der Flügeladjutant Seiner Majestät eine Nadel mit dem in Brillanten ausgelegten Monogramm Kaiser Ferdinands. In diesem Konzert dirigierte Benedikt Randhartinger, der alte Freund, mit dem er zusammen bei Salieri gelernt und der ihm einst den Handstand beigebracht hatte. Jetzt war er schon ein sehr ernster Herr und zweiter Dirigent des Hoforchesters.
Endlich kam der langerwartete Tag der Budapester Reise heran, auf den er ebenso sehnsüchtig gewartet hatte wie ein Kind auf Weihnachten, obwohl jetzt nicht Dezember, sondern blühender Frühling war. Bei Waitzen erwartete ihn eine stolze Abordnung der Nation: zwei Dampfer waren ihm entgegengefahren, bis zum letzten Platz besetzt mit Magnaten, hohen Beamten und deren Frauen. Von Waitzen bis Pest hätte man ihn fast entzweigerissen, jeder wollte ihn aus der Nähe betrachten, jeder wünschte wenigstens zwei Worte mit ihm zu wechseln, jeder wollte zumindest seine Kleider berühren wie ein wundertätiges Standbild.
Als der Dampfer in Pest angelegt hatte, bestieg eine Abordnung in ungarischer Galatracht unter lautem Sporengeklirr das Schiff. An der Spitze der Herren ein alter Bekannter, Graf Stephan Széchenyi. Er blieb vor ihm stehen und begrüßte ihn in französischer Sprache im Namen der ungarischen Nation, die mit Begeisterung und Liebe bereit sei, ihn an die Brust zu drük-

ken. Als die Ansprache beendet war und der Redner die Hände des in ungarischer Gala gekleideten Künstlers in den seinen hielt, brachen die Gäste der beiden Dampfer in schmetternde »Eljen«-Rufe aus. Die vielen am Ufer Wartenden erwiderten diese »Eljen«-Rufe. Die Studenten der juristischen Fakultät zückten die Säbel und schrien ebenfalls aus Leibeskräften.
Die bereitstehende Galakutsche war gleichfalls von lauter Bekannten umringt: Festetics, Fay, Augusz, Esterhazy, Zichy und viele andere. In der Galakutsche nahm Graf Széchenyi neben ihm Platz.
»Ich lasse Ihnen nicht einmal soviel Zeit«, sagte der Graf, »sich Ihr Zimmer im Hotel ›Zur Königin von England‹ anzusehen. Sie müssen zuvor meine Brücke bewundern.«
Sie fuhren den Donaukai entlang. Schon von weitem konnte man die beiden mächtigen Pfeiler sehen, die wie zwei Türme aus der Donau emporragten. Ein dichtes Holzgerüst umgab die Pfeiler, und dort, wo sie ins Wasser ragten, schwamm ringsherum eine ganze Schar kleiner Flöße, Kähne und Dampfer, mit Arbeitern und Maschinen beladen. Am Pester Ufer beförderten Hunderte von Arbeitern die Erde in Schubkarren, und dasselbe Gewimmel herrschte drüben in Ofen am Fuße des Festungsberges. Franzi wandte sich begeistert an Széchenyi:
»Ich beglückwünsche Sie! Das ist großartig! Diese Brücke ist eine ganz große Tat.«
»Mehr als das«, verbesserte der Graf, »diese Brücke ist Geschichte.«
»Mein Gott«, rief Franzi aufgeregt, »auch ich . . . auch ich will so etwas schaffen.«
»Was wollen Sie zustande bringen?«
»Ich will eine Musikakademie in Pest errichten. Ich werde es durchsetzen. Sie werden sehen, Graf, daß die Akademie zustande kommt!«
Die Kutsche bog vom Ufer ab und fuhr zum Hotel »Zur Königin von England«. Vor dem Eingang stand eine »Eljen« rufende Menge. In den schon vorgerichteten Wohnräumen sah man sehr viel Blumen und eine ganze Reihe von Geschenken. Bücher mit Widmungen, hauptsächlich aber Noten, fast alle mit der Hand geschrieben, prunkvoll vergoldet oder in den Nationalfarben gebunden. Eine Unzahl von Erinnerungsgegenständen, darunter einfache hölzerne Feldflaschen und Streitbeile mit Tulpen bemalt. Draußen erklangen ununterbrochen »Eljen«-Rufe. Ein vornehmer Gast kam nach dem anderen. Dann folgte ein Fackelzug mit Orchester. Franz Erkel dirigierte persönlich seine »Hunyadi-Ouvertüre«.
»Wir haben auch schon eine Nationaloper«, flüsterte ihm Leo Festetics stolz ins Ohr, als sie mit entblößtem Haupte am Fenster standen. »Vor zwei Jahren wurde sie uraufgeführt, wir können uns aber bis heute noch nicht satt daran hören.«
»Ja, ich weiß, die Angelegenheit interessiert mich sehr. Ich will unter allen Umständen die ganze Oper anhören.«

»Haben Sie keine Lust, auch eine zu komponieren, Meister? Das wäre doch eine ganz große Sache. Die ganze Welt würde hierherschauen bei der Uraufführung.«
»Ja freilich, ich habe auch schon daran gedacht. Man müßte ein gutes Textbuch haben.«
Ansprachen, nicht endenwollende »Eljen«-Rufe, Galabankett. Abermals Ansprachen. Beisammensein bis zum Morgengrauen. Rauschende fröhliche Zigeunermusik. Am anderen Tage hunderterlei Arten der Verehrung. Eine lange Ausfahrt mit Stephan Széchenyi, eingehende Besichtigung des Baues der Kettenbrücke und der neuen Schiffswerft. Mittagessen bei Széchenyi. Die wunderschöne Gräfin Crescencia. Ein Konzert mit den ungarischen Rhapsodien in der Redoute. Tobender Beifall. Galabankett. Ein Ausflug zur »Schönen Hirtin«, große Gesellschaft der Aristokraten, die Hausfrau ist Gräfin Georg Károlyi. Abendessen bei der Baronin Wenckheim. Fackelzug. Konzert. Rákóczi-Marsch, Himmel und Erde erschütternder Beifall. Konzert des Künstlers Rozsavölgyi, entzückende ungarische Melodien. Abendessen im »Pesti Kör«, die Festrede hält Graf Ladislaus Teleki. Ein Schauspieler namens Gabriel Egressy deklamiert die Ode des großen ungarischen dichters Michael Vörösmarty, die dieser schon vor Jahren geschrieben hat. Die Dichter Liszuyay und Garay erscheinen gleichfalls mit Festgedichten. Die Zeitungen überbieten einander in Lobpreisungen. Ein großes Fest findet statt, der Meister wird mit einem Lorbeerkranz aus gehämmertem Golde geschmückt. Abermals Fackelzug mit Musik, abermals Konzert. Liszt muß eine Ansprache ans Volk halten. Er stellt sich auf den Balkon und ruft die ungarischen Worte, die er sich hat aufschreiben lassen und die er sorgfältig einstudiert hat:
»Es leben die Pester Bürger!«
Stürmischer, beglückter Jubel. Die Zeitungen veröffentlichen seinen in ungarischer Sprache an Baron Josef Eötvös gerichteten Brief, den er nach dem Konzept des Barons Augusz eigenhändig abgeschrieben hat, und in dem er dem Kultusminister für die Zwecke einer in Budapest zu gründenden ungarischen Musik-Akademie einen weiteren großen Betrag zu der schon vor sechs Jahren gestifteten Summe anbietet. Im Nationaltheater ist »Hunyady« auf dem Spielplan nicht vorgesehen. Ihm zuliebe führt man an einem Mittwochvormittag das ganze Stück auf. Erkel, der Komponist, nimmt erfreut den Glückwunsch entgegen, die Musik sei außerordentlich interessant und talentvoll, es sei eine ohne Überlieferung aus dem Nichts geschaffene, stark ungarische Opernmusik, überraschend neu und erregend. Und wieder ein Festmahl, die Hauptstadt wählt ihn zum Ehrenbürger, abermals Fackelzug mit Musik, Rausch, himmelstürmende Begeisterung, eine traumhaft ineinanderfließende Bilderreihe der nationalen Verbundenheit, die den Tag zur Nacht und die Nacht zum Tage macht . . .
Und in all den Glanz und Trubel hinein fällt plötzlich ein Buch, wie aus den

Wolken. Ein Bekannter bringt es aus Paris mit, es ist vor kurzem erschienen. Der Titel: »Nélida«. Der Autor: Daniel Stern. Ein umfangreicher Band. Marie hat einen Roman geschrieben!
Er las ihn in einem Atemzug. Abends beim Schlafengehen schlug er das Buch auf, um einige Seiten daraus zu lesen. Er konnte es aber nicht wieder aus der Hand legen; denn schon auf den ersten Seiten erkannte er, daß das Werk die Geschichte einer großen Liebe behandelte, deren Heldin eine Aristokratin und deren Held ein Künstler war. Marie hatte also einen Schlüsselroman verfaßt. Stark unter dem Einfluß George Sands. Er las schnell, verschlang gierig die Zeilen. Es wurde heller Morgen, als er endlich fertig war.
Die Heldin, mit ihrem Mädchennamen Nélida de la Thieullaye, verehelichte Mme. Timoléon de Kervaëns, der Held Guerman Régnier, ein Maler bürgerlicher Herkunft. Sie lernten sich kennen, verliebten sich ineinander und gehörten sich an. Der Maler ist bis Seite einhundertsechsundvierzig das hinreißende Ebenbild eines Feuergeistes, auf Seite einhundertsiebenundvierzig wird aus ihm mit einem Male ein schmutziger Geselle, ein minderwertiges Individuum, das auf niederträchtigste Art die erhabene und edle Nélida betrügt. Er erhält auch seine ihm gebührende Strafe, weil er die bewunderungswürdig großartige und vollkommene Dame so häßlich und pöbelhaft behandelt, obwohl diese auf jeder zweiten Seite des Buches immer neue große Opfer für ihn gebracht: er stirbt an Gewissensbissen.
Marie sandte ihm eine Botschaft aus der Vergangenheit. Eine wehleidige, jammervolle Botschaft. Daß sie ein schlechtes Buch geschrieben hatte, ein unzulängliches, das Minderwertigste vom Minderwertigen, das wäre noch nicht so schlimm gewesen. Keiner hat ja die Pflicht, ein guter Schriftsteller zu sein. Aber entsetzlich abstoßend wirkte die hohle, gewaltsame, egoistische Eitelkeit, mit der die Autorin sich als eine auf die Erde herniedergestiegene Fee schilderte, als wunderschöne Frau, unglaublich gescheit, märtyrerhaft heilig, majestätisch vornehm und schneeweiß. Nicht die in dem Schmöker erzählte Geschichte regte ihn auf, sondern diese Marie, die ihm auf jeder Seite des Buches aus der Vergangenheit wieder gegenübertrat. So etwas hatte er also geliebt, diese auf das Niveau der Kolportageromane gesunkene Phantasie, diese maßlose Überheblichkeit, diese beschränkte Lebensanschauung und Gefühlsarmut? Diese sich selbst vergötternde Puppe gebar ihm seine Kinder?
Seit ihrer Trennung hatte ihm sein Gewissen keine Ruhe gelassen. Schließlich war er ja doch der Mann, er war dafür verantwortlich, daß das Lebensschiff dieser Frau in eine ganz andere Richtung getrieben hatte . . . Dieses Buch aber zerstreute in einer einzigen Nacht alle seine Gewissensbisse so spurlos, wie der Hauch auf einer Fensterscheibe verschwindet. Seine Liebe war längst gestorben, die Erinnerung seiner Liebe hatte aber noch im geheimen in ihm fortgelebt. Und ab und zu – er leugnete es umsonst – war sie

zurückgekommen, um ihn von neuem zu versuchen. Dieses Buch aber tötete jetzt auch die Erinnerung an die alte Liebe. Grinsend zeigte es ihm die Kehrseite seiner Erlebnisse und bewies dem verblüfften Leser, daß das, was er für Liebe gehalten, nie wirkliche Liebe war. Marie hatte ihm zehn Jahre ihres Lebens geschenkt. Nélida vergiftete nachträglich jede Sekunde dieser zehn Jahre . . .
Das Buch glitt von der Decke herab und fiel neben dem Bett auf den Fußboden. Er hob es nicht auf. Er strich seine blonde Mähne nach hinten, stand auf und sah zum Fenster hinaus. Drunten begann das Pester Leben zu erwachen. Vereinzelte Fußgänger klapperten den gepflasterten Bürgersteig entlang, schwäbische Frauen schleppten Körbe, ein Mietwagen bog im langsamen Trott um die Ecke, auf dem Bock saß mit schläfrig pendelndem Kopf der Kutscher. Mit sieghaftem Glanz beschien die Sonne die eine Seite der Häuserreihen. Es war Frühling, ein wunderschöner, frischer Pester Frühling! Franzi schlüpfte in den Morgenrock und öffnete das Fenster. Nachdem er die ganze Nacht gelesen hatte, tat die frische Luft seinen müden und brennenden Augen wohl. Er war erschöpft, in der Seele gequält und trotzdem erleichtert. Er summte vor sich hin. Er wußte selbst nicht warum, sein eigenes Lied verirrte sich in dieses Summen. ›O lieb', solang du lieben kannst . . .‹ O ja, er konnte noch lieben. Aber wen? Wo im geheimnisvollen Schoß der Zukunft ist dieses weibliche Wesen, das sich mit ihm zusammen in Weimar niederläßt und sein Gefährte bei der Arbeit wird, bis er von dort aus die große Aufgabe seines Lebens erfüllt hat – die neue Musik Europas? Vielleicht findet er nie eine Frau . . . Vielleicht doch, und wenn er eine Gefährtin gefunden hat, wird es entweder Glück oder Unglück bedeuten . . . Jetzt ist er fünfunddreißig Jahre alt. Wie lange wird er überhaupt noch leben? Es wäre gut, wenn er noch recht lange leben könnte; denn er hat noch sehr, sehr viele Pläne, von denen es ihm bisher noch nicht gelang, auch nur einen einzigen zu verwirklichen.
Er wandte sich vom Fenster ab und setzte sich ans Klavier. Ganz leise schlug er einen As-Dur-Akkord an, um die Morgenstille des Hotels nicht zu stören, und begann das Lied zu spielen, kaum hörbar mit jenem hauchartigen Pianissimo, das außer ihm niemand auf der ganzen Welt hervorbringen konnte. Er spielte für die geheimnisvolle Frau seines künftigen Lebens, die er noch nicht kannte, die morgen oder in einem Jahr kommen würde . . . Vielleicht kam sie auch nie.

DRITTES BUCH

ERSTES KAPITEL

Abgespannt und doch leicht beschwingt verließ Liszt das Gasthaus »Zum Zeisig«. Hier hatte er Jozsi, den Zigeunerjungen, verabschiedet, der nicht lernen wollte und nur Krawatten und Parfüms im Kopfe hatte. Deshalb war es auch vollkommen zwecklos gewesen, ihn weiterhin bei Massart in Paris zu belassen. Er schickte den Jungen also an einen stilleren Ort, nach Löwenberg, in jene kleine deutsche Stadt, wo am Hofe des Fürsten von Hohenzollern der Violinkünstler Stern wirkte. Diesem vertraute er den Zigeunerjungen an. Aber auch von dort bekam er sehr schlechte Nachrichten. Keine Macht der Welt konnte Jozsi zum systematischen Üben zwingen.

Da führte Franzi einmal der Weg in ein Wiener Gasthaus. Als er mit seiner Gesellschaft Platz genommen hatte, stürzte mit einem Male ein Musiker aus der Zigeunerkapelle auf ihn zu, kniete vor ihm nieder und flehte ihn an, er möge Jozsi seiner Familie zurückgeben. Dieser Zigeuner war der Bruder Jozsis. Franzi hatte ihn noch nie zuvor gesehen, aber der Zigeuner erkannte seinen weltberühmten Landsmann sofort. Diese Szene erregte großes Aufsehen im Gasthaus. Franzi versprach dem bittenden Bruder gleich an Ort und Stelle, daß er Jozsi nach Wien kommen lassen würde, wo er selbst entscheiden solle. Er ließ ihn tatsächlich kommen. Als Jozsi da war und erfuhr, daß er zu den Seinigen zurückkehren könne, wurde er beinahe verrückt vor Freude. Franzi verzichtete auf sein romantisches musikalisches Experiment und veranstaltete einen Abschiedsabend für Jozsi. Es wurde viel gespielt und getrunken. Jozsi selbst war so betrunken, daß er sich von seinem Gönner nicht einmal verabschieden konnte. Der Mäzen trank nicht viel, gerade nur soviel, um fröhlicher Laune zu sein. Bevor er sich zur Ruhe legte, blätterte er noch in seinen Noten. Da war die spanische Serenade von Leo Festetics, die er für das Klavier umgearbeitet und aus einem schlichten Werk zu einer prächtigen Liszt-Nummer erhoben hatte. Dann besah er sich die Notenseiten der Petrarca-Sonette. In dieser Zeit trug er ständig Petrarcas Gedichte in der Tasche, er hatte sich ganz in die Liebe des Dichters zu der fernen Laura eingelebt und vertonte die klingenden Verse mit großer Hingabe und Begeisterung. Dann stöberte er in einem großen Stoß von Aufzeichnungen herum. Er trug sich mit dem Plan, eine Oper zu schreiben; ein Textbuch mit dem Titel »Sardanapal« hatte seinen Beifall gefunden, und er gedachte, es im italienischen Stil zu komponieren. Eine ganze Reihe musikalischer Skizzen hatte er schon entworfen.

Doch am Klavier, wo diese Aufzeichnungen in Gruppen geordnet lagen, er-

blickte er eine fremde Arbeit. Zerstreut, mit nicht allzu großem Interesse, schlug er das Heft auf, denn derartiges strömte ihm in Massen zu.
Er sah aber sofort, daß es das neue Werk Richard Wagners, des Dresdner Kapellmeisters war, dessen »Rienzi« er seinerzeit in der Gesellschaft der Lola Montez gesehen hatte. »Tannhäuser« war der Titel der neuen Oper, Wagner sandte ihm die Partitur.
Oberflächlich, im Stehen, blätterte er darin herum. Mit der unglaublichen Fertigkeit im Partiturlesen, die jeden musikalischen Sachverständigen überraschte, überflog er das Werk. Sein Blick erfaßte das ganze Orchester und die ganze Bühne. Wie ein anderer Mensch die Zeitung liest, so las er die Partitur und hörte sozusagen mit den Augen die Stimmen sämtlicher Instrumente und sämtlicher Sänger zugleich. Sonst pflegte er dergleichen schnell durchzublättern, heute aber blieb er immer wieder stehen. Er zog sich einen Stuhl heran und blätterte interessiert weiter. Endlich bezähmte er seine Ungeduld und fing an, wie es erforderlich ist, vom ersten Takt der Ouvertüre bis genau zum Ende zu lesen. Der leichte Sektnebel war mit einemmal aus seinem Kopf verschwunden. Er trank schwarzen Kaffee, den man ihm für die Nacht immer zubereitete, rauchte stark und verschlang den »Tannhäuser« förmlich. Als er die Partitur aus der Hand legte, erhob er sich, machte ein paar Schritte im Zimmer, dann fing er noch einmal von vorn an zu lesen, obwohl es draußen schon dämmerte.
Auch die Handlung packte ihn. Der Komponist hatte Geschichtliches aus der Minnesängerwelt sehr geschickt mit der alten Sage verknüpft. Das Werk behandelte den ewigen Gegensatz zwischen irdischer und himmlischer Liebe. Die reine Elisabeth stirbt darüber, daß Tannhäuser, ihr Ritter und Sänger, die dämonischen Wonnen des Venusberges der erhabenen Liebe vorzieht. Und als er, ohne die ersehnte Seelenruhe gefunden zu haben, von seiner Pilgerfahrt zurückkehrt, wird er an der Bahre Elisabeths ihrer großen Liebe bewußt, und durch seine Reue erlöst, folgt er ihr in den Tod. Diese Handlung ging Franzi sehr nahe, dessen Leben ein wahrer Venusberg war und der sehnsüchtig und hoffnungslos auf seine Elisabeth wartete . . .
Diese Musik rüttelte ihn innerlich auf und riß ihn mit fort, insbesondere die Ouvertüre. Zweimal las er sie durch. Als er ihren Sinn erfaßt hatte, entdeckte er in ihr immer neue Schönheiten. An dem religiösen Motiv, das dem breit angelegten Werk die Grundlage gab, konnte er sich nicht satt hören. Was für eine ausdrucksvolle Kraft lag in diesen sechzehn E-Dur-Takten, die aus den Klarinetten, Trompeten und den tiefen Stimmen der Fagotte ertönten! Welch gelungenes Spiel der Kadenzen mit den Dominanten! Dann der andere Teil dieses religiösen Motives. Welch sehnsüchtiges Hasten der durstigen Seele in den aufwärts strebenden Linien der Celli, welch mächtig emporreißender Schwung der Sehnsucht, als im neunten Takte auch die Geigen die Melodie übernehmen! Dann erfassen die Blasinstrumente das ganze

Thema; ihr mächtiges Schmettern in den Höhenlagen begleiten die nach unten schreitenden Sechzehn-Triolen der diatonischen Ornamente wie Flammenzungen das wogende Lager. Bis der ganze Satz schrittweise langsamer und leiser werdend zum einfachen Septimen-Akkord gelangt und dann wiederum der andere Grundton des ganzen Operngedankens, das Venusmotiv der Wonne, die wollüstige, buhlende Verführung der Sirenen ertönt: auf den schwingenden Hintergrund zeichnete der Komponist überraschende, zuckende Blitze. Eine sonderbare, launische Melodie, beunruhigend und fordernd, die die Bratschen, dann die Oboen und Klarinetten verkünden. Die sinnliche Atmosphäre der Venusgrotte wogt mächtig, summt und saust, das Vorbeihuschen der Nymphengestalten zieht wonniglich schmerzende Arabesken im Orchester nach sich, und mitten in diese Sintflut der betörenden Orgie hinein schreit der auf dem Fis-Ton aufgebaute schrille Hilferuf der versuchten Seele. Dem Verzweifelten bringt der Coda-Satz der Ouvertüre Hilfe. Abermals erklingen die erhabenen Sätze der himmlischen Liebe, jetzt schon pulsend, sieghaft, befehlend, im leidenschaftlichen Einhersprengen der Sechzehntel förmlich einen sieghaften Einzug haltend, um den Irrenden endlich durch ihr übermenschliches Schmettern in elementarer Kraft mitzureißen, zugleich aber die formvollendete, exakte Parallele zu dem strengen, künstlerischen Gleichgewicht der Anfangstakte bildend.

Franzi las beim Kerzenschein bis zur Morgendämmerung. Diese Ouvertüre war ein Meisterwerk! Er hatte das Empfinden, daß man durch Musik nicht ausdrucksvoller mehr sprechen könne. Wer Herz und Ohren hat, kann das nicht anders verstehen: den reinen, zur Liebe geschaffenen Menschen führt die teuflisch-süße Sinnlichkeit in Versuchung, er fällt. Die Sehnsucht nach seelischer Vollendung und reiner Hingabe ist aber doch stärker? Der sündige Körper verwest zwar, die Seele aber siegt und ist unsterblich. Alles das erzählte das Orchester dieses fabelhaften Tondichters so klar, verständlich und eindringlich, daß die Ouvertüre im Grunde genommen schon die ganze Oper vorwegnahm. Richard Wagner, dieser kleine Dresdner Dirigent mit den erschrocken blickenden blauen Augen und dem stark hervortretenden Kinn, dieser Richard Wagner war ein ganz großer Künstler! Alles, was er sagte, klang edel und vornehm. Seine Grundgedanken, die die Gefühle kennzeichnenden Motive, entsprachen letzten Endes der »festen Idee« bei Berlioz. Gewiß hatte der französische Komponist hier auf ihn eingewirkt, und trotzdem gehörte das alles ihm ganz allein. Denn so hatte das noch niemand ausgedrückt, wie es ihm hier gelungen war.

Als Franzi am hellichten Morgen von Müdigkeit übermannt wurde, legte er sich nieder, verfiel aber nur in einen leichten Halbschlaf, und als er aufstand, war sein erster Gedanke die »Tannhäuser«-Ouvertüre. Er setzte sich ans Klavier und spielte aus dem Gedächtnis den Pilgerchor, das quirlende, funkelnde, wollüstig duftende Gewimmel des Venusberges, dann legte er die Partitur vor sich und spielte mit seinem auf der ganzen Welt einzig dastehenden Können die Oper von Anfang bis zu Ende durch. Er hatte sich nicht geirrt: man konnte Wagner nicht nur in der stimmungsvollen, verführerischen Stunde der Morgendämmerung, sondern auch im nüchternen und kahlen Tageslicht für einen großen Künstler halten! Er war größer als jeder andere, der bis jetzt auf der Welt Opern komponiert hatte, viel größer noch als Berlioz!

Die »Tannhäuser«-Musik eroberte sein Herz, die Gedankenwelt »Tannhäusers« sein Gehirn. Diese Komposition war ihm zu einem Zeitpunkt in die Hände gekommen, als er für eine derartige Kunst das stärkste Empfinden und das größte Verständnis hatte. Die Liebe zur Gräfin Liline war in seinem Herzen zu einem Heiligtum geworden, das er anbetete, wie man eines geliebten Toten gedenkt. Auch Marie lebte in seinem Gedächtnis, aber als störende und quälende Macht; die Küsse und Liebkosungen waren verschwunden und an ihrer Stelle nur ernüchternde Gewissensbisse geblieben. Und Leere. Dazu die Sehnsucht, daß jemand diese Leere ausfüllen möge, eine Elisabeth der vollkommenen Liebe, die niemals lügen könnte und die man auch nicht zu belügen brauchte. Die ihm das seltene und wertvolle Gefühl geben könnte, daß er nicht allein sei. Denn gerade jetzt fühlte er sich sehr verlassen. Seiner Mutter hatte er sich längst entwöhnt, und wenn auch seine kindliche Liebe im Grunde seines Herzens noch lebte, so war das doch eher kindliche Anhänglichkeit als Gefühl der Gemeinschaft. Seine Kinder kannte er kaum. Er schrieb ihnen öfters und bekam auch oft von ihnen Briefe; aber der abenteuerliche Verlauf seines Lebens hatte es mit sich gebracht, daß er zu Putzi in viel engerer Berührung stand als zu den eigenen Kindern. Er war allein, unrettbar und grausam allein, obwohl ihm der Herrgott seine Mutter erhalten, Kinder und viele Freunde geschenkt hatte und die Landstraße seines Lebens auf beiden Seiten von zärtlichen Frauenlächeln gesäumt war. Mit seiner Familie verhielt es sich ähnlich wie mit seinem Vaterland. So oft er nach Pest kam, begann sein Herz in einem glückseligen Freudenfieber zu schlagen. Er vergötterte das heimische Bild der beiden Donau-Ufer; die Leute auf den Pester Straßen hätte er am liebsten wie seine eigenen Geschwister umarmt. Und ebenso lebte in ihm das heiße Verlangen nach einer innigeren, berauschenderen Umarmung an der Brust einer ganzen Nation. Er sehnte sich danach, wie ein Kind nach der Brust seiner Mutter verlangt. Genau so aber, wie er seine Kinder nicht kannte, so kannte er auch sein Heimatland nicht; über die kleinsten Einzelheiten des nationalen Lebens der Franzosen hätte er einen Vortrag halten können, von der Sehnsucht, von dem Stolz und von den Schmerzen Ungarns wußte er so manches Mal das Wichtigste nicht, und was man ihm dann erklärte, das verstand er nur unvollkommen infolge seiner geringen geschichtlichen Kenntnisse.

So fügte es sich in seinem sonderbaren Leben, daß er all das, was die Herzen anderer Menschen mit dem Gefühl vollkommener Einheit und Geborgenheit erfüllt, nur mit der Hoffnungslosigkeit des Vertriebenen tief und inbrünstig lieben konnte. Wenn er einmal von seiner Zügellosigkeit in der Liebe absah, konnte er sich mit Recht für einen treuen, braven Menschen halten. Trotzdem war er kein richtiger Vater seiner Kinder, kein echter Sohn seiner Mutter, kein wahres Kind seiner Heimat. Wenn er daran dachte, mit welch ehrlicher und selbstloser Hingabe er das ihm von Gott anvertraute Gebot der Kunst verkündete, wähnte er, ein Priester zu sein. Wenn ihm der Gedanke kam, in welchem Wirrwarr und in welch erschrekkender Verwüstung die erhabensten Gefühle seiner Seele brachlagen, dann kam er sich wie ein Zigeuner vor. ›Wer bin ich?‹ fragte er sich oft selbst. Darauf konnte er sich aber keine Antwort geben. Er wunderte sich nur, wie unverständlich all das war, wie er gewissermaßen Himmel und Hölle gleichzeitig in sich trug. In Wien, wohin er aus Pest zurückkehrte, widerfuhr ihm eine große Freude: seine begeisterten Verehrer machten ihm Beethovens Klavier zum Geschenk. Mit andächtiger Liebe glitten seine Finger über die Tasten, dann seufzte er tief auf. Auch dieses Klavier mahnte ihn daran, daß er kein wirkliches Heim hatte, dessen schönster Schatz dieses fürstliche Geschenk sein könnte. Er konnte es nur nach Paris in die Wohnung seiner Mutter senden, wie jemand, der seine Möbel irgendwo unterbringt; denn er stand wieder vor einer monatelangen Reise. Durch die Kleinstädte Österreichs kam er abermals nach Ödenburg. Hier wählte man ihn zum Stuhlrichter. Er verstand nicht ganz, was das bedeutete. Dann fuhr er nach Köszeg. Hier wurde er Ehrenbürger der Stadt. Liszt besuchte abermals Raiding und schenkte seinem Geburtsort Geld in Hülle und Fülle. Dann ging es in die kroatischen Städte und nach Debrezin.

Unter den verlausten, zersplissenen, Kessel flickenden, aber glücklichen und zufriedenen Zigeunern dieser Stadt entdeckte er Jozsi. Den einst so eleganten Pariser Jungen erkannte er kaum wieder.

»Willst du nicht doch lieber lernen«, fragte er ihn auf französisch, »und hinausfahren in die große Welt?«

»Nein, nein«, rief Jozsi erschrocken und wich zu den Seinen zurück, als ob er bei ihnen Schutz suchen wollte.

Franzi lächelte nachdenklich. ›Der ist nicht allein‹, dachte er bei sich und überließ den romantischen Helden seines gescheiterten musikpädagogischen Versuches seinem Schicksal, um ihn nie wiederzusehen. Er weilte in Fünfkirchen, wo er sich mit dem Bischof Scitovszky anfreundete. Dieser war ein sehr gebildeter Mann von vornehmem Geschmack, der die kirchliche Musik ausnehmend liebte. Er brachte auch den Gedanken auf, ob Franzi nicht für seine Landsleute eine Messe komponieren könnte. Die ungarisch-katholische Kirche habe doch ein doppeltes Recht darauf, von Franz Liszt eine Messe zu erhalten. Erstens, weil es eine ungarische, und zweitens, weil es eine katholische Kirche sei. Dieser Gedanke entsprach durchaus

Liszts ganzem Fühlen und Denken. Das immer stärker werdende Empfinden seiner Verwaistheit hoffte in dieser Arbeit einen lindernden Balsam zu finden, die Möglichkeit, in einer großen, geliebten Gemeinschaft über alle sprachlichen und sonstigen Schranken hinweg aufzugehen.
In Szegszárd war er Gast des Barons Augusz. Er gönnte sich einige schöne Tage der Erholung, um sich in diesem trauten Familienkreis ein wenig auszuruhen. In einer der gemütlichen Plauderstunden konnte er endlich seinen als sachlich und gescheit bekannten Freund nach etwas fragen, was ihn schon lange beschäftigte: Wer war dieser Ludwig Kossuth, was wollte er, und was war eigentlich zwischen Kossuth und Széchenyi los? In der letzten Zeit hörte man den Namen Kossuth in aller Munde. Er konnte aber seine Bedeutung nicht ganz begreifen, andererseits widerstrebte es ihm, seine Unerfahrenheit durch Fragen zu verraten. Baron Augusz aber war sein vertrauter Freund, vor dem brauchte er sich nicht zu schämen.
Der Baron erzählte ihm auch bereitwilligst den Lebenslauf Kossuths. Er stammte aus einer landadeligen Familie und geriet nach seiner auf dem Land verlebten Jugend, die nicht ganz makellos war, in die Landespolitik. Durch seine unwiderstehliche rednerische Begabung lenkte er bald die allgemeine Aufmerksamkeit auf sich. Ein schöner Mann, der geborene Volksredner, ein wenig demagogenhaft, aber mit unbeirrbarem und unübertrefflichem Gefühl für die Wirkung seiner Worte. Er war durch und durch Politiker. Frei von allen Erwägungen wirtschaftlicher Art bekämpfte er die zentralisierenden Bestrebungen der Dynastie. Ohne Genehmigung der österreichischen Zensur veröffentlichte er Zeitungsberichte über den Preßburger Reichstag und wurde daraufhin zu Gefängnishaft verurteilt, was seine Volkstümlichkeit natürlich bloß steigerte. Sein Wirken drohte verhängnisvoll zu werden. Wenn er einmal genügend Einfluß erlangt haben würde, müßte es zu einem Konflikt zwischen der mächtigen Dynastie und der in kultureller und wirtschaftlicher Beziehung noch völlig unselbständigen Nation kommen. Die Politik Széchenyis dagegen beruhte auf der Grundlage des nüchternen Einmaleins. Er wollte das Ungartum zuerst stark, reich und gebildet machen, damit die Dynastie von selbst gezwungen werde, das Schwergewicht ihrer Regierung auf Ungarn zu legen.
»Schöne Reden zu halten, ist natürlich viel leichter«, sagte Augusz, »als die Kettenbrücke zu erbauen.«
Er liebte es außerordentlich, fortwährend über die Kettenbrücke zu sprechen. Er verherrlichte Széchenyi und hatte den Bau der Brücke durch einen großen Betrag wesentlich gefördert. Ein Bürgerkrieg war nicht nach seinem Geschmack.
»Sehen Sie nicht so düster in die Zukunft, mein lieber Baron.«
»Ich kann mich nur auf Széchenyi berufen. Er hat mir mehr als einmal prophezeit, Kossuth werde das Land in Feuer und Blut stürzen, wenn es nicht beizeiten gelingen sollte, seine weitere politische Tätigkeit zu verhindern.«

Franzi wußte nicht recht, ob er an diese schicksalhaften Prophezeiungen glauben sollte, obwohl er Széchenyi sehr schätzte und für einen Feuergeist hielt. Der Bericht des Barons Augusz machte jedenfalls einen tiefen Eindruck auf ihn, und er dachte befremdet an Kossuth, den er nicht kannte. Über Arad, Temesvar, Lugos kam er nach Klausenburg, wo er die meiste Zeit mit seinem alten Freund, dem Grafen Teleki, verbrachte. Sein Aufenthalt in Hermannstadt war ganz der Geselligkeit gewidmet. Im Kreise der lustigen jungen Magnaten erschien ihm die ganze Welt in rosigem Licht. An einem Abend veranstaltete die Gräfin Domokos Teleki, an einem anderen die Baronin Albert Banffy ihm zu Ehren ein Fest. Die berühmtesten Magnaten Siebenbürgens waren anwesend. Da war Graf Andreas Bethlen, der Sohn jenes Bethlen, der einst in Preßburg mit als erster seine Hilfe für die Ausbildung des Wunderkindes angeboten hatte. Fernerhin die Wesselenyis, Mikes, Keményis, Zeyks, Thorotzkays, alles schwerreiche Herren und Grundbesitzer. Die Überlieferungen ihres gebirgigen Landes sind farbiger, reizvoller und viel ursprünglicher als die der Magnaten des übrigen Ungarns. Die Abendgesellschaften wurden frühzeitig beendet, dann aber ging es erst richtig los. Die Jugend ließ irgendwoher Zigeuner kommen, und bald gab sich alles zügelloser Wildheit hin. Franzi verlangte nach dem Rausch. Seine Tage flossen wie im Wirbel dahin, die tobenden Erfolge seiner Konzerte und das heiße Durcheinander der ständigen Feiern hoben ihn über das wirkliche Leben hinaus. In seinem Kopf schwirrten sonderbare ungarische Lieder; denn Alexander Teleki hatte ihm von weither zwanzig der besten Zigeuner herbeibringen lassen. Und mitten unter den Klängen des Cembalo tauchten auch hier die politischen Fragen auf. Graf Alexander Teleki sah die Dinge anders als Baron Anton Augusz.
»Es ist höchste Zeit, daß wir das ganze Land lüften. Mit dem viehischen Schicksal unserer Leibeigenen stehen wir zur Schande Europas einzig da. Ja sogar als Schande der Dynastie, der es selbstverständlich sehr bequem ist, über Millionen von Sklaven zu regieren. Diese Zeit ist aber vorbei. Von Westen her verkündet man seit Jahrzehnten die Freiheit, und wir haben den Ruf gehört. Unsere ganze Gesetzgebung müssen wir über den Haufen werfen, die Unterdrückten wollen leben. Und sie werden es auch!«
»Was soll aber werden«, wandte Franzi ein, »wenn das nicht so glatt geht? Ich habe von vielen Seiten gehört, daß Nation und Dynastie sehr leicht in Konflikt geraten können, und das würde eine Katastrophe geben.«
»Worauf Sie sich verlassen können!« rief Teleki heftig und schlug auf den Tisch. »Es wird eine Katastrophe geben! Aber nicht für uns. Hören Sie nicht auf Augusz und Festetics, die sind ganz überzeugte Pecsovics.«
»Pecsovics? Was bedeutet das?«
»Das ist der Gutsverwalter der Familie Festetics in Tolna, Stefan Pecsovics, der im ganzen Lande berüchtigte Rädelsführer der altkonservativen Partei. Das ganze Gut in Tolna hat er schon von den Wählern auffressen lassen.

Nach ihm nennt man die Rückständigen Pecsovics. Aber ich verstehe nicht, Franzi, daß Sie noch schwanken können. Sie haben doch immer gesagt, daß Ihr Herz der Freiheit gehört. In Temesvar erzählte mir Graf Guido Karacsonyi, daß . . .«
»Selbstverständlich, natürlich. Das sage ich auch heute noch. Ich bin nur dessen nicht ganz sicher, daß die Erlangung der Freiheit . . . ach, politisieren wir lieber nicht, ich werde aus alldem sowieso nicht klug. Kann der Zigeuner noch ein neues Lied?«
Die Getränke flossen in Strömen, das Cembalo, unter dessen Saiten man silberne Tabletts geschoben hatte, damit es noch lauter klänge, klirrte, der Fußboden dröhnte – der eine Baron Keményi tanzte einen siebenbürgischen Nationaltanz, dick stand der Tabaksqualm in der Luft. Franzi kümmerte sich um nichts, legte den Arm um die Schultern Alexander Telekis und trank.
In Hermannstadt erging es ihm, wie es ihm schon einmal in Leipzig ergangen war: er fiel durch. Hier sogar noch viel offenkundiger, denn man pfiff während des Konzertes. Das war aber keine künstleriche Demonstration, sondern eine politische. Die Sachsen fanden das Programm zu ungarisch. Franzi lächelte über den Mißerfolg, er war sogar ein wenig stolz darauf.
»Ich verstehe nicht«, sagte er zu Teleki, der ihn auch hierher begleitet hatte, »sind die Sachsen denn so ungarnfeindlich?«
»Man wiegelt sie von Wien aus auf. Bezahlte Agenten hetzen auch die Walachen gegen uns. Daraus können Sie ersehen, wie die Dinge hier tatsächlich liegen. Schreiben Sie das ruhig an Augusz.«
»Sonderbar«, meinte Franzi nachdenklich, »mir fällt das Konzert in Rohitsch ein. Ich habe in Bad Rohitsch gespielt, die Zuhörer waren fast ausnahmslos Kroaten. Als ich eine Rhapsodie nach der anderen spielte, spendeten die Kroaten nicht nur keinen Beifall, sondern ich konnte sie auch zischen hören.«
»Auch die hetzt man von Wien aus gegen die ungarische Krone auf, das ist ja allgemein bekannt. Und was haben Sie gemacht?«
»Ich wurde zornig und spielte ihnen den Rákóczi-Marsch. Ich dachte mir, jetzt könnt ihr zischen. Sie taten es aber nicht. Sie applaudierten wie die Verrückten.«
»Bravo, Franzi. Sie sind ein Ungar. Wenn Sie nur auch noch Siebenbürger wären. Alle ordentlichen Leute bei uns stammen aus Siebenbürgen.«
Sie lachten. Das Siebenbürgertum war ein alter Gesprächsstoff Telekis. Franzi verging das Lachen aber, wenn er daran dachte, daß der von Széchenyi als so gefährlich bezeichnete Kossuth ein Protestant war, der sich gegen den römisch-katholischen apostolischen König auflehnte. Zwar war auch seine alte Festigkeit schon erschüttert, mit der er seinen Glauben als den alleinseligmachenden angesehen und von vornherein jeden Protestanten von seinem Herzen ferngehalten hatte. Viele an Erfahrungen reiche

Jahre waren seitdem vergangen. Er besaß protestantische Freunde, denen er aus ganzem Herzen zugetan war, und kannte katholische Pfarrer, die ihn befremdeten. Dessenungeachtet aber hielt er sich immer noch für einen guten, gläubigen Katholiken.
Nach Kronstadt kam eine neue Gegend, ein bisher noch nicht gesehenes Land, Jassy, Bukarest und andere Städte Rumäniens. Dann gab es abermals eine Landesgrenze: die wohlbekannte Uniform der russischen Grenzsoldaten. Die Ukraine. Unabsehbare Flächen unter Schnee, weiße Unendlichkeit, endlose Schneefelder und nicht endenwollende Fahrten, strohbedachte kleine Häuser, sehr weit voneinander entfernt. Endlich ragten aus den näherkommenden Häusergruppen die zwiebelförmigen Türme der russischen Kirchen empor. Eine große Stadt: Kiew. Und auch hier, wie überall, das ewige Hotelzimmer, das Belloni schon im voraus bestellt hatte, darin das unentbehrliche, stets ungestimmte Klavier, auf dem Tisch eine entkorkte Kognakflasche und schwarzer Kaffee. Acht bis zehn Wartende: der ortsansässige Komponist, das Wunderkind mit den Eltern, die darbende Witwe des Musiklehrers, die zum Mittagessen einladende ungestüme Dame der Gesellschaft, eine um Andenken bettelnde Musikschwärmerin . . . Überall dieselben Gesichter: in Brünn, Besançon, Rustschuk, Padua. Derselbe würdevolle, etwas lampenfiebrige Schriftleiter der Lokalzeitung, mit dem man auf Bellonis Flehen hin sehr liebenswürdig sein mußte. Dieselbe dreiköpfige Abordnung im Gehrock, die den wegen seines guten Herzens auf der ganzen Welt bekannten Künstler um ein Wohltätigkeitskonzert bittet, diesmal zugunsten der durch die Feuersbrunst in Odessa Verunglückten. Und die gleiche Liste, die schon die Unterschriften mit den gespendeten Beträgen zu diesem Wohltätigkeitskonzert aufweist. Fünf Rubel, sechs Rubel, zwei Rubel, fünf Rubel.
»Wer ist das?« erkundigte sich Franzi, auf einen Namen deutend, neben dem in der Liste überraschenderweise hundert Rubel vermerkt waren.
»Die Fürstin Sayn-Wittgenstein. Ich habe mich schon nach ihr erkundigt, man weiß aber nur wenig von ihr, weil sie nicht von hier ist. Mir ist erzählt worden, daß die ukrainischen Grundbesitzer nach alter Sitte um diese Zeit nach Kiew kommen. In der ersten Hälfte des Februar pflegen sie ihre notwendigen wirtschaftlichen Besorgungen in der Stadt zu erledigen. Diese Dame war auch nur ein paar Tage hier, sie lebt getrennt von ihrem Mann und verwaltet ihr Gut allein.«
»So. Dann wäre es geraten, für dieses Geschenk persönlich zu danken. Erkundigen Sie sich einmal, wo sie wohnt, und sagen Sie ihr, daß ich gern bereit sei, ihr zum Dank etwas vorzuspielen.«
Belloni meldete noch am selben Tage, daß er die Fürstin aufgefunden und mit ihr gesprochen habe. Die Dame sei für dieses seltene Angebot sehr dankbar; zu ihrem größten Leidwesen könne sie es aber nicht annehmen, da sie kein Klavier besitze.

»Gut, dann will ich mich wenigstens persönlich bei ihr bedanken. Was für eine Frau ist sie? Alt, jung, hübsch, häßlich?«
»Eine junge Frau, man kann sie aber nicht hübsch nennen.«
»Um so besser, dann wird sie mein Erscheinen nicht mißverstehen.«
Am Tage darauf besuchte er die wohltätige Fürstin. In der Vorhalle des Hotels geleitete man ihn zu einer Dame. Mit einem einzigen Blick prägte er sich ihr Bild in seine Erinnerung ein: eine kleine, schlanke, schwarze Frau, tatsächlich nicht hübsch, aber auch nicht häßlich, einfach, unscheinbar. In ihren nicht besonders reizvollen Zügen lag viel Asiatisches: es war kein tatarischer, eher ein arabischer Typus. Sobald sie jedoch den Kopf hob, war mit einem Male des Unscheinbare verschwunden: aus ihren großen schwarzen Augen, die den Eindruck machten, als seien sie versehentlich in dieses fahle, stark gelbliche Antlitz geraten, leuchtete Verstand, Lebhaftigkeit und Wärme. Und der Bewegung, mit der sie dem Künstler ihre Hand zum Kuß reichte und einen Sitz anbot, sah man die Schule vornehmen gesellschaftlichen Lebens an. Auch ihr Französisch war untadelig.
»Sie haben nichts zu danken. Ich habe sehr gern gegeben. Bei solchen Gelegenheiten nicht zurückzustehen, ist Pflicht. Ihnen gebührt ebensoviel Dank wie mir. Sie geben Ihre Arbeit, ich mein Geld. Ihr Opfer ist zweifellos viel wertvoller.«
»Durchlaucht überschätzen meinen Beitrag, wenn Sie ihn als Opfer bezeichnen. Ich helfe mit Freuden, wo ich nur helfen kann.«
Angeregt unterhielten sie sich in wohlgeformten Sätzen, die die französische Sprache für solche Unterhaltungen zu Dutzenden bereit hat. Franzi begann schon langsam zu überlegen, daß er, nun er der Pflicht der Höflichkeit genügt hatte, sich wieder erheben und verabschieden könnte. Aber in Beantwortung irgendeiner Frage erwähnte er seine Reisen; die Fürstin wollte Ausführliches hören, er gab ihr eingehend Bescheid, und mit einem Male befanden sie sich mitten im lebhaftesten Gespräch. Auch die Fürstin Wittgenstein war in ihrem Leben schon viel gereist, obwohl sie offensichtlich noch nicht ganz dreißig Jahre alt war. Es genügte, den Namen einer europäischen Stadt, die sie beide kannten, zu nennen, dann kamen die anderen von selbst hinterher. Nach Lust und Laune waren sie auf der Landkarte Europas kreuz und quer umhergeirrt, und wenn sie entdeckten, daß sie beide eine bestimmte Trattoria in Venedig kannten, daß sie beide im Wiener Hause Metternichs verkehrt, daß sie beide über den stotternden Direktor des Hotels »London« in Wien gelacht hatten, wurde der Ton ihrer Unterhaltung immer wärmer und unverbindlicher. Sie bemerkten auch, daß sie viele gemeinsame Bekannte hatten. Es stellte sich heraus, daß die Fürstin polnischer Abstammung war und die Warschauer Gesellschaft gut kannte. Es ergab sich ferner, daß sie auch Berlioz kannte. Und über ihn allein unterhielten sie sich nun noch eine ganze Viertelstunde. Der für einige Minuten gedachte Höflichkeitsbesuch zog sich beträchtlich in die Länge.

»Großer Gott«, erschrak die Fürstin plötzlich, auf die Wanduhr blickend, »wissen Sie, wieviel Uhr es ist? Ein Viertel nach zwei. Ich habe gedacht, es wäre erst ein Uhr.«

Sie erhoben sich gemeinsam. Die Fürstin reichte ihm die Hand. Beide zögerten. Man mußte doch irgend etwas sagen, damit diese angenehme Bekanntschaft mit diesem Abschied nicht schon zu Ende sei. Aber Franzi schwieg. Bei solchen Gelegenheiten sagte er nie etwas. Er hätte sich eher die Zunge abgebissen, als daß er sich einer hochgestellten Persönlichkeit, sei es einem Mann oder einer Frau, jemals aufdrängte. Dem Gesicht der Fürstin sah man an, daß sie die Angelegenheit vom gesellschaftlichen Standpunkt aus erwog; offenbar war sie mit Künstlern noch nie zusammengekommen. Schließlich sagte keiner von ihnen etwas, und sie verabschiedeten sich. Franzi wandte sich nochmals um und sah die schlanke Gestalt die Treppe hochschreiten.

Er ging nach Hause und begann zu üben. Seiner Gewohnheit gemäß legte er ein Buch auf den Notenständer. Während der langen Jahre hatte er gelernt, so mechanisch zu üben, daß er auf seine Finger nicht mehr zu achten brauchte; die arbeiteten in der Tretmühle der chromatischen Terzette gutgedrillten Sklaven gleich, während er sich in den italienischen Text der »Divina Commedia« vertiefte.

Es klopfte. Es war Belloni, nur er konnte mit diesem vereinbarten Zeichen klopfen: ein Daktylus und ein Spondeus. Franzi ließ ihn eintreten. Belloni erstattete ausführlich Bericht über die alltäglichen Dinge. Franzi hörte zu und übte weiter.

»Haben Sie mit dieser Fürstin gesprochen, Meister?«

»Ja, ich habe mit ihr gesprochen. Ich bin sogar über anderthalb Stunden bei ihr gewesen.«

»Und wie fanden Sie die Dame?«

»Außerordentlich klug. Ich habe mich schon lange nicht mehr mit einer geistig so hochstehenden Frau unterhalten.«

Die arbeitenden Finger schwiegen mit einem Male. Franzi starrte vor sich hin und lächelte.

»Woran denken Sie, Meister?«

»An nichts.«

Er übte weiter. Für eine Sekunde ging es ihm durch den Kopf, daß die Fürstin Sayn-Wittgenstein im Gespräch angedeutet hatte, sie spräche gut Lateinisch. Das war bei Frauen eine ziemliche Seltenheit. Einst hatte ihn eine andere Frau zu Beginn ihrer Bekanntschaft mit diesen lateinischen Kenntnissen überrascht. Es war Marie . . .

ZWEITES KAPITEL

Oft gedachte Liszt der etwas exotisch anmutenden, interessanten Fürstin, die so ganz anders war als die Damen der Gesellschaft, die aber nichts von sich hören ließ. Im Konzert sah und begrüßte er sie, nachher traf er sie aber nicht mehr. Offenbar war die Dame aus Kiew auf ihr Gut zurückgereist. In diesem Leben würden sie sich also wohl kaum noch einmal sehen. Franzi machte einen Schlußstrich unter diese Bekanntschaft, obwohl er sich gern wieder mit ihr unterhalten hätte. Mit einer so klugen Frau zu plaudern war keine alltägliche Sache. Er fand sich sehr schnell damit ab, daß er sie nicht wiedersehen würde. Sein ganzer Lebensweg war geradezu übersät mit solchen verheißungsvoll beginnenden, aber nie sich voll auswirkenden Bekanntschaften.

Nach etwa zehn Tagen erhielt er einen Brief von ihr. Die Fürstin forderte ihn auf, sie zu besuchen. Unterschrieben war der Brief »La Princesse Carolyne Sayn-Wittgenstein«. Sie hieß also auch Karoline. Wie sonderbar! Karoline Unger war die erste Frau, die sein erwachendes Herz entflammt hatte. Caroline Saint-Cricq war die wahre große Leidenschaft seines Lebens gewesen. Und jetzt kreuzte abermals eine Karoline seinen Weg, die ihren Namen nach polnischer Art mit »y« schrieb. Als wollte das Schicksal damit ankünden, daß diese Frau auch einmal viel für ihn bedeuten sollte, aber eigenartiger, anders als die anderen . . .

Er besuchte sie. Die Fürstin empfing ihn auch diesmal unten in der Halle des Hotels, lud ihn aber zum Gabelfrühstück ein. Sie aßen zu zweit im engen Speisesaal. Um sie herum saßen schwerfällige, gemütvolle Menschen von ländlichem Aussehen, ukrainische Grundbesitzer, jeder eine russische Romanfigur für sich.

»Ich war gestern in der Kirche«, sagte die Fürstin, »wo ein ›Paternoster‹ meine Aufmerksamkeit besonders erregte. Ich bin nämlich in der Kirchenmusik ziemlich gut bewandert – diese Komposition war mir aber bislang noch unbekannt. Nach der Messe ließ ich mir den Küster kommen und befragte ihn durch den Organisten, wer dieses ›Paternoster‹ . . .«

»Und es stellte sich heraus«, fuhr Franzi lächelnd fort, »daß es von mir war. Dieser Belloni ist ein außerordentlich geschickter Mann, er versteht seinen Beruf. Das pflegt er in jeder Stadt so zu handhaben. Hat Ihnen mein ›Vaterunser‹ gefallen?«

»Sehr gut hat es mir gefallen. Ich sage damit aber viel zu wenig. Wissen Sie, ich war mir zuerst über Sie nicht ganz im klaren. Ich wußte nicht, wie ich Sie einschätzen sollte. Sollte ich Sie für einen Virtuosen ansehen, für so einen Paganini-Menschen, der seine bewunderungswürdige Technik der ganzen Welt zeigt und auf diese Weise sehr viel Geld verdient, oder sollte ich Sie für einen Dichter halten, für einen Musiker, der meiner sehr strengen Auffassung nach ein wirklicher Künstler ist? Ich weiß nicht, ob Sie verstehen, was ich damit sagen will ...«

»Vollkommen, Durchlaucht. Sie sprechen mir aus der Seele. Fahren Sie bitte fort.«

»Ich habe Ihr Konzert aufmerksam verfolgt. Als Sie Beethoven spielten, empfand ich Sie als Dichter. Als Sie Opernphantasien vortrugen, kamen Sie mir wie ein Virtuose vor. Mein Urteil stand aber noch nicht endgültig fest, ich konnte mich ja auch täuschen. Als ich dann in der Kirche war, stand mein Urteil endgültig fest. Sie sind ein Dichter. Der Virtuose hätte mich nicht weiter interessiert, der Dichter aber fesselt mich sehr. Deshalb würde ich es sehr begrüßen, wenn unsere Bekanntschaft nicht oberflächlich bliebe.«

»Sie sind zu gütig, Durchlaucht. Befassen Sie sich auch mit der Dichtkunst?«

»O ja. Ich trage mich mit einem großen Plan. Ich möchte zu Goethes ›Faust‹ einen mehrbändigen Kommentar schreiben. Kennen Sie den ›Faust‹?«

»Ich kenne ihn, soweit jemand überhaupt von diesem Werk behaupten kann, es zu kennen. Ich habe es von Anfang bis Ende dreimal durchgelesen. Im Augenblick ist der Inhalt mir nicht gegenwärtig. Bis jetzt war ich mit Petrarca beschäftigt. Seine Sonette haben mir viel Anregung gegeben. Mit dieser Arbeit bin ich vor kurzem fertig geworden und habe mich kopfüber in eine neue gestürzt: die ›Divina Commedia‹ beschäftigt mich jetzt. Seit zehn Jahren habe ich es mir schon zugeschworen, eine Dante-Symphonie zu schreiben. Ich freue mich aber, daß ich das bis heute habe aufschieben müssen. Diese Arbeit darf nur ein reifer Mann in Angriff nehmen, und es hat sehr viel zu bedeuten, wenn an Stelle eines Sechsundzwanzigjährigen ein Sechsunddreißigjähriger sie ausführt. Jetzt bin ich von Dante ganz begeistert. Ich habe große Pläne vor.«

»Können Sie mir Näheres darüber sagen?«

»Ihnen ja, Durchlaucht. Ich kenne in Weimar einen sehr begabten Maler, er heißt Genelli ... aber nein, ich muß noch weiter zurückgreifen. In Italien überkam mich einst blitzartig die Erkenntnis, daß alle Kunst dasselbe ausdrücken muß. Mein Zukunftstraum ist, daß wir das, was wir zu sagen haben, nicht nur in *einer* Kunstform der Menschheit mitteilen können, sondern nach Möglichkeit durch mehrere Künste zugleich. Das Theater kommt dem schon nahe: in einer Opernaufführung zum Beispiel verkündet die Musik den künstlerischen Gedanken, die dramatische Dichtung spricht durch die Schauspielkunst zu uns, die Malerei, ja auch die Baukunst schaffen das Bühnenbild. Ich selbst habe große Lust zum Theater ...«

»Verzeihen Sie, wenn ich Sie unterbreche, schreiben Sie keine Opern?«

»In Gedanken beschäftigt mich schon der Plan zu zwei Opern – die eine, ›Sardanapal‹ betitelt, hatte ich sogar schon angefangen. Inzwischen habe ich aber die Arbeiten des Komponisten Richard Wagner kennengelernt. Die stehen ganz einzig da. Wenn es mir gelingt, in Weimar Fuß zu fassen und dort die Leitung des Theaters in die Hände zu bekommen, will ich diesen Wagner unter allen Umständen dem Publikum nahebringen. Meine eigene Arbeit möchte ich zurückstellen, denn dieser Wagner kann bessere Opern schreiben als ich. Um aber zum Thema zurückzukehren: ich halte das Theater nicht für die einzige Möglichkeit, verschiedene Kunstarten zu vereinen. Ich habe mit jenem Maler Genelli unter anderem sehr viel darüber gesprochen, daß ich die Dante-Symphonie komponieren und er sie malen solle. Stellen Sie sich vor, daß Sie im Theater sitzen und Dante zugleich hören und sehen.«

»Wieso sehen?«

»Die Bilder Genellis müßte man projizieren, die Technik solch farbiger Projektionen ist keineswegs unlösbar. Man könnte auch lebende Bilder stellen oder etwas Ähnliches. Zunächst halten wir aber noch daran fest, daß die Folge der Lichtbilder den Geist Dantes mit den Mitteln der Malerei und mein Orchester ihn durch die Musik wiedergeben müsse. Leider ist dazu sehr viel Geld erforderlich.«

Die Fürstin schwieg erregt. Und dann stieß sie hervor:

»Schreiben Sie eine ›Faust‹-Symphonie, und dieser Genelli soll die Bilder dazu malen. An den Vorbereitungen zu diesem Werk will ich teilnehmen, denn den ›Faust‹ kennt außer mir keiner so gut. Geld spielt keine Rolle, ich bin sehr reich. Wieviel Geld braucht man dazu? Zehntausend Rubel? Zwanzigtausend Rubel? Fünfzigtausend Rubel? Oder sagen Sie gar nichts, der Betrag spielt keine Rolle. Wovon hängt es ab, daß Sie in Weimar das Theater übernehmen?«

»Eigentlich nur von mir, das heißt, jetzt nicht einmal mehr von mir, denn ich habe sowohl der Großherzogin von Weimar als auch dem Erbgroßherzog in die Hand versprochen, daß ich mich einmal bei ihnen niederlasse, wenn es soweit ist. Und mein Wort muß ich halten. Das ist aber eine sehr schwierige Frage . . . Ich kann mich nicht entschließen. Bis jetzt habe ich stets Ausflüchte gemacht, meine vertraglich festgelegten Konzertreisen und so weiter. Dieses Jahr nun werde ich meine Verträge nicht erneuern, so daß ich schon vor mir selbst keine Ausreden mehr habe . . . Und trotzdem ist mir eigentümlich zumute . . .«

»Warum? Was hindert Sie denn?«

»Das Alleinsein. Es erscheint mir einfach unmöglich, daß ich so ganz allein ein Heim gründen soll.«

»Sind Sie auch so einsam?«

»Sie auch?«

Sie sahen einander in die Augen. Franzi hätte am liebsten sofort sein nach einer Gefährtin verlangendes Herz offenbart und zugleich die Geheimnisse der einsamen Seele der Fürstin voller Teilnahme mit angehört. Dazu kam

es aber nicht. Es entstand eine Stille zwischen ihnen, die keiner von ihnen unterbrach. Dann kam der Kellner und brachte die Speisen. In alltäglichem Ton begann die Unterhaltung von neuem. Die Fürstin sprach von ihren »Faust«-Studien. Sie hatte das Werk Goethes im Original gelesen und konnte von beiden Teilen sehr viele Stellen auswendig. Als sie von den Mysterien des zweiten Teiles sprach, meinte Franzi:
»Gerade diese liebe ich am meisten. Bei solchen Stellen habe ich das Gefühl, daß sich alle Gäste einer großen, lärmenden Gesellschaft entfernt haben und daß ich mit dem einzigen Menschen allein geblieben bin, der mich unter allen interessiert . . . endlich allein.«
Er sagte das lächelnd und leichthin, meinte es aber ernst. Die großen schwarzen Augen der Fürstin hefteten sich mit einem tiefen Blick auf ihn. Freudige Überraschung und ein inneres Verstehen lagen in diesem Blick. Sie sprachen noch lange über Goethe, über Musik, über Weimar und die Kunst. Endlich mußte Abschied genommen werden. Als sie sich die Hand reichten, sagte die Fürstin:
»Ich möchte, daß meine kleine Tochter Sie kennenlernt. Sie begeht jetzt ihren zehnten Geburtstag. Ich will ihr zu Ehren auf meinem Gut Woronice ein kleines Fest veranstalten. Hätten Sie nicht Lust, auf ein oder zwei Tage zu uns zu kommen? Die Gastzimmer sind gut heizbar, das Klavier werde ich stimmen lassen. Hoffentlich geben Sie mir keinen Korb.«
»Im Gegenteil, ich bin sehr froh, daß ich kommen darf.«
Sie vereinbarten sofort den Tag und die Möglichkeit der Abreise, mit einem Wort alles, und als sie sich endlich zum zweiten Male verabschiedeten, fanden sich ihre Blicke noch einmal. Die Fürstin sah von der Treppe noch einmal zurück, Franzi vom Hotelausgang. Sie lächelten beide.
Die Erinnerung an dieses Lächeln trug Franzi mit sich herum, solange er sich in der Hauptstadt der Ukraine aufhielt. Das gelbliche Fledermausgesicht ging ihm nicht aus dem Sinn. Verwundert prüfte er seine Gefühle: war es möglich, daß ihn diese Frau tiefer interessierte? Er vermochte nicht klar zu sehen. Liszt spielte jetzt mit seiner Sehnsucht. Er stellte sich die zarte Gestalt der Frau vor und malte sich den Augenblick aus, in dem er sie umarmen und küssen würde. Ob er sich danach sehnte? Nicht übermäßig. Dann kam ihm wieder der Gedanke, was er empfinden würde, wenn er infolge irgendeiner plötzlichen Nachricht auf die Einladung nach Woronice verzichten müßte? Nein, nein – da sträubten sich seine Gefühle heftig. Er wollte unter allen Umständen dorthin.
Und er reiste zur Fürstin. Für vier Tage konnte er sich freimachen, und zwar in der Osterwoche. Der Schlitten fuhr durch endlose Schneefelder, die Wölfe heulten vor grimmiger Kälte. Der Kutscher ließ mehr als einmal die Zügel der drei Pferde fallen und griff nach dem Gewehr. Durch ein fürchterliches Schneetreiben bahnten sie sich mühsam den Weg. Die Gegend bot keinerlei Anhaltspunkte, und der Reisende staunte, wie sich der russische

Kutscher in dieser öden Schneewüste zurechtfinden konnte. In Pelze und Fußsäcke gewickelt, ließ er sich nun von seinem Schicksal lenken. Er dachte an seine Jugend und an sein bisheriges Leben. Er war einst aus Raiding weggefahren, und seit dieser Zeit befand er sich immerfort unterwegs. Wo er einmal landen würde, das wußte nur der liebe Gott . . .

Endlich tauchte am Horizont ein dunkles Gehölz auf. Der Kutscher wandte sich um:

»Woronice.«

Nach einer Weile erreichten sie auch das aus armseligen Hütten bestehende Dorf. Dann fuhren sie neben dem zugefrorenen Gutsteich zu dem im polnischen Stil, ohne obere Stockwerke, gebauten Schloß. Mit steifen, eingeschlafenen Gliedern wankte Franzi schwerfällig in die Vorhalle. Dort erwartete ihn schon die Fürstin und neben ihr die kleine Tochter mit der englischen Erzieherin.

»Willkommen! Wie ich sehe, haben die Wölfe Sie Gott sei Dank nicht aufgefressen. Kommen Sie, ich will Sie meiner kleinen Tochter und Miß Anderson vorstellen. May I introduce you Mister Liszt. Jetzt aber schnell an den Kamin und rasch eine Tasse Tee. Sie haben später noch genügend Zeit, in Ihr Zimmer zu gehen. In einem solchen Falle ist der Tee das erste.«

Und schon saßen sie zu zweit in dem hellgrünen, saalartigen Zimmer, das von vier Seiten mit niedrigen Ottomanen umsäumt war. Vor dem Kamin lag das Fell eines mächtigen Eisbären schwarz gepunktet von den an den langen Abenden herumfliegenden Funken. Den Samowar brachte ein Bauernbursche in ländlicher Tracht. Die Hausfrau ließ sich auf dem Eisbärenfell nieder und brannte sich eine Zigarre an.

»Wundern Sie sich, daß ich Zigarren rauche? Ich habe es mir bei meinem Vater angewöhnt. Er war ein Nachtschwärmer, und ich mußte bis zum Morgengrauen mit ihm wach bleiben. Vor Müdigkeit fielen mir fast die Augen zu, da gewöhnte ich mir das starke Rauchen an, um mich munter zu erhalten. Aber das dürfte Sie kaum stören, denn jetzt fällt mir ein, daß Sie ja George Sand bestimmt kennen.«

Franzi nickte. Er war nachdenklich. Es kam ihm vor, als hätte das Schicksal von allen den Frauen, die bisher sein Leben gekreuzt hatten, eine kleine Eigenart in diese Frau verpflanzt; denn er wußte jetzt schon, daß ihn diese Frau viel beschäftigen würde . . . Als die Fürstin so ungezwungen auf dem Bärenfell lag, wurde sie zu dem, als was sie bisher ihm nicht erschienen war: zu einer Frau, einer begehrenswerten Frau. In ihrem unregelmäßigen Gesicht strahlten die diamantschwarzen Augen mit einem Male fraulich und reizvoll. Die Augen des Mannes liefen die zarte, mädchenhafte Gestalt in dem mit bäuerlichen Stickereien geschmückten Hauskleid entlang. Er bemerkte jetzt ihre unwahrscheinlich schmalen Fesseln und ihren kleinen Fuß . . .

»Diese Frau wird mir gehören«, sagte er zu sich. Nicht als geplante Absicht, sondern als Feststellung dessen, was schicksalsmäßig geschehen muß. Er trank seinen Tee und setzte sich ans Klavier.

»Was spielen Sie?«

»Berlioz' ›Faust‹, den er mir gewidmet hat. Er hätte ihn auch Ihnen widmen müssen.«

»Spielen Sie das nicht, sondern etwas Eigenes. Irgend etwas Religiöses. Sie müssen nämlich wissen, daß dieses Haus ein sehr frommes Haus ist. Wir haben eine eigene Kapelle, einst hielten wir auch einen Kapuzinermönch hier, der uns jeden Tag eine Messe lesen mußte. Jetzt lasse ich den Pfarrer von weither kommen, er wohnt eine Tagesreise entfernt. Ach Gott, ich rede hier so viel, und Sie waren noch nicht einmal in Ihrem Zimmer. Kommen Sie, ich zeige Ihnen das Haus. Zum Musizieren haben wir später noch Zeit.«

Franzi hatte schon viele ländliche Schlösser gesehen, er war bereits in spanischen Villen, mit Zimmern ohne Decke, in alten englischen Schlössern gewesen – er kannte die deutschen, ungarischen, französischen, italienischen und rumänischen Schlösser, und jetzt lernte er diesen polnischen Landsitz kennen. Die Fürstin stammte aus einer polnischen Familie, sie war die einzige Tochter eines polnischen Nabobs namens Iwanowski; ihren alten Vater hatte vor einigen Jahren in der Kirche während der Messe der Schlag getroffen. Dieses Schloß hatte ihm gehört, in seiner Bibliothek standen noch unverändert die Büsten, die er einst von den Großen der Philosophie zusammengekauft hatte. Die Wände des Speisesaales schmückten viele, viele ausgestopfte Papageien, die der alte Iwanowski von seiner Auslandsreise mitgebracht hatte. Im ganzen Schloß sah man nur zwei modern eingerichtete Räume. Der eine davon war das schneeweiße Zimmer der kleinen Tochter, der zweite das Schlafzimmer der Fürstin Carolyne. An grautapezierter Wand erhob sich ein mächtiges Kruzifix, davor ein flammendroter Betschemel. In den anderen Räumlichkeiten sah er Ahnenbilder, alte polnische Bauerngewebe, eigenartige Möbel und Waffen.

»Es gefällt mir außerordentlich«, sagte Franzi, »wie echt polnisch hier alles ist. Ich muß von hier aus unbedingt an Chopin schreiben.«

»Ja, wir sind eine sonderbare Familie. Mein Mann ist der Sohn eines stark konservativen zaristischen Generals, mein ältester Vetter hingegen, Dionysius Iwanowski, lebt in Irkutsk mit seiner Frau und mit seinen drei erwachsenen Töchtern als sibirischer Verbannter.«

Franzi schwieg. Es war das erste Mal, daß die Fürstin ihren Mann erwähnte. In Kiew hatte er schon dieses und jenes von ihm gehört. er erfuhr, daß das fürstliche Paar lange Zeit hindurch in dieser Stadt das Leben einer großstädtischen Familie geführt hatte. Ihr Eheleben verlief aber sehr stürmisch, da der junge Fürst, ein auffallend schöner Mann, Nächte hindurch zechte, Karten spielte und den Damen den Hof machte. Seit sie getrennt lebten, ließ er die Zügel noch mehr schießen.

»Bitte, das ist Ihr Heim. Sie haben einen Diener vollkommen zu Ihrer Verfügung. Wenn er etwas verkehrt macht, muß man ihn schlagen. Das ist die einzige Möglichkeit, mit ihm zurechtzukommen.«
»Schlagen? Einen Menschen?«
»Das sind keine Menschen, mein lieber Freund. Wenn Sie sich länger hier aufhielten, würden Sie es auch erkennen. Das sind Sklaven, allesamt mein Privateigentum, wie mein Taschentuch. Wenn es mir gefällt, kann ich sie töten. Man würde es gar nicht bemerken. Ich habe dreißigtausend von ihnen. Auf Wiedersehen.«
Der Gast blieb allein und pfiff vor sich hin. Über die russischen Verhältnisse wußte er schon einigermaßen Bescheid und konnte ermessen, daß ein Gut mit dreißigtausend Bauernseelen ein unermeßliches Vermögen darstellte. Alles, was dreißigtausend Arbeiter schaffen konnten, die Früchte ihrer Mühen, gehörte dieser zarten Frau, die hier inmitten der endlosen Schneefelder zurückgezogen lebte, in ihrem Alleinsein ohne Gatten von der Kunst schwärmte und zu Goethes »Faust« einen Kommentar schreiben wollte.
Das Abendbrot nahmen sie zu viert ein. Bei Tisch wurde englisch gesprochen. Die kleine Prinzessin Maria war ein liebes, zartes und sehr gescheites Mädchen, das an der Unterhaltung mit einer ihm angeborenen Zurückhaltung nur teilnahm, wenn es gefragt wurde. Ihr Gesicht wies ausnehmend schöne Züge auf, sie glich ihrer Mutter in keiner Weise; ja es schien fast unglaubhaft, daß dieses Mädchen dieser Mutter gehörte. Franzi fiel ferner auf, daß auch die Fürstin Carolyne ihrer Mutter nicht ähnlich sah, deren lebensgroßes Bild im Salon hing. Diese Frau Iwanowski mußte in ihrer Jugend eine strahlende Schönheit gewesen sein, und die Fürstin erzählte gern und ausführlich von ihr, welche Erfolge sie im Salon der Metternichs in Wien gehabt und wie herrlich sie gesungen habe, was ja auch kein Wunder war, da Rossini selbst ihre Stimme ausgebildet hatte.
Auf Schritt und Tritt tauchten die Namen von gemeinsamen Bekannten in ihrer Unterhaltung auf. Jeder einzelne Name brachte sie einander näher, das war der sicherste Weg zur Vertrautheit. Nach dem Abendessen zog sich die kleine Tochter mit der Miß zurück, und sie blieben wieder zu zweit. Franzi setzte sich ans Klavier und spielte religiöse Kompositionen.
»Ich sehe den rechten Weg für Sie deutlich vor mir«, sagte die Fürstin in der tiefen Stille der Nacht, als das Klavier schwieg. »Ihr heiligster Beruf ist die kirchliche Musik. Ich wäre glücklich, wenn ich Sie davon überzeugen könnte. Es ist möglich, daß mein tiefer Katholizismus der Vater des Gedankens ist, ich glaube aber unerschütterlich an das, was ich sage.«
»So sehr sind Sie Katholikin?«
»Mit Leib und Seele. Die Tragödie meines Lebens war, daß ich durch den unbeugsamen Willen meines Vaters die Frau eines Protestanten wurde. Wie hätte das auch eine gute Ehe sein können, ohne die seelische Gemeinschaft der Religion? Es ist meine heilige Überzeugung, daß ich gegen das

Sakrament der Ehe gesündigt habe, als ich die Frau des Fürsten Sayn-Wittgenstein wurde, und daß der liebe Gott mich dafür mit Recht strafte. Jetzt muß ich mein eigenes einsames und auch das vaterlose Schicksal meiner Tochter tragen.«
»Der Fürst kümmert sich gar nicht um das Kind?«
»Mein Gott, er liebt es nach seiner Art. Das Kind hat aber keinen Vater, das ist wahr. Und ich bin auch unsagbar allein. Die Religion ist mein einziger Trost. Sie bedeutet für mich alles. Wissen Sie, ich glaube, daß man zu allem im Leben Begabung braucht, auch zur Religiosität. Ich besitze darin, glaube ich, eine echte Begabung. Ich kann mir nicht vorstellen, daß jemand anders mehr im Gebet aufgehen könnte als ich. Wenn ich mich auf meinen Gebetschemel vor dem Heiland hinknie, dann werde ich plötzlich körperlos. Ich kann die Schwärmerei, ja sogar die besinnungslose Hingabe der Heiligen und Märtyrer begreifen.«
Franzi befand sich mit einem Male neben der Fürstin, die auf dem Bärenfell lag und Zigarre rauchte. Er ergriff die Hand der Frau und kniete neben ihr nieder.
»Das geben Sie mir wieder, Fürstin, das, das! Auch ich habe einst so geglaubt und diesen Glauben dann verloren. Ich bitte Sie flehentlich, lehren Sie mich, von neuem zu glauben, und ich werde bis zu meinem Lebensende Ihren Namen segnen.«
Seine Augen wurden feucht. Die Fürstin entzog ihm ihre Hand nicht. Sie setzte sich auf dem Bärenfell aufrecht hin und sah dem Künstler tief in die Augen.
»Ich übernehme diese Aufgabe. Sie müssen aber ganz und gar ehrlich zu mir sein.«
»Gern.«
»Setzen Sie sich schön auf den Schemel da und erzählen Sie mir Ihr Leben von Anfang an bis jetzt.«
Franzi entsprach ihrem Wunsche, blickte aber suchend umher. Die Fürstin verstand diesen Blick. Sie schob einen Tisch heran, auf dem Likör- und Kognakflaschen standen. Franzi wählte sich die Kognakflasche, die noch zur Hälfte gefüllt war, und begann zu erzählen. Die Fürstin hörte schweigend zu, sie unterbrach ihn nicht ein einziges Mal. Die nichts verhehlende, ungeschminkte, selbstquälerische Beichte dauerte fast bis zum Morgengrauen. Die Fürstin hatte in der Zeit eine ganze Anzahl Zigarren geraucht, und die Kognakflasche Franzis war bis auf den letzten Tropfen geleert.
»Morgen werde *ich* Ihnen *mein* Leben erzählen. Jetzt gehen wir schlafen. Sie ruhen, solange Sie wollen. Eine Hausordnung gibt's nicht. Gute Nacht.«
Franzi nahm seine ganze Kraft zusammen, um sein Gleichgewicht zu bewahren. Die halbe Flasche Kognak war ihm doch zu Kopf gestiegen. Vor dem Einschlafen wollte er noch ein wenig über die Fürstin nachdenken, seine Gedanken flossen jedoch berauscht ineinander. Als er am Tage darauf

um die Mittagsstunde erwachte, ließ er sich Tee kommen und goß ungewöhnlich viel Rum hinein. Das überzog seine Gedanken mit einem leichten Schleier, war aber kein Rausch. Der Tag verging mit der Geburtstagsfeier der kleinen Prinzessin. Eine Bauernabordnung brachte Milchbrot, die Bauernburschen sagten ein Begrüßungsgedicht her, im Vorzimmer ertönte die Serenade eines Orchesters.
»Sie haben auch ein Orchester hier?« staunte Franzi.
»Mein Mann liebt die Musik sehr«, entgegnete die Fürstin gleichgültig. »Er hat unter den Bauern diese paar Leute ausgewählt. Wenn in der Kapelle bei uns eine Messe gelesen wird, spielen sie auch zum Gottesdienst.«
Nachmittags hielten sie eine Andacht ab, die von der kleinen Tochter geleitet wurde. Sie knieten alle miteinander nieder, das junge Mädchen las vortrefflich aus dem Brevier, sie sprach die Gebete vor und benahm sich ganz reizend. Franzi empfand eine zärtliche Zuneigung zu ihr. Aber auch ein schmerzliches Gefühl schnitt in sein Herz: die Sehnsucht nach seinen so lange entbehrten drei Kindern! Er hatte erst unlängst einen Brief von ihnen erhalten. Daniel schrieb seine ungelenken Zeilen schon selbst, er war bereits acht Jahre alt . . .
Abends nahmen sie wieder zu zweit am Kamin des grünen Zimmers Platz. Jetzt kam die Reihe des Erzählens an die Fürstin Carolyne. Ihre Geschichte war viel kürzer. Sie schilderte ihre Kindheit, die in ihrem Geburtsort Monastersk verlebten ersten Jahre, die Stimmung der unendlichen Steppen, den leidenschaftlichen Zwist ihrer Eltern und deren Scheidung. Dann hielt sie sich abwechselnd bei ihrer Mutter und bei ihrem Vater auf. Ihre Mutter war dauernd auf Reisen und nahm sie stets mit, wenn sie gerade bei ihr war. Der Vater hingegen erzog sie zu einem Jungen. Er ließ sie reiten, Männerkleidung tragen, hieß sie Wein trinken und gewöhnte sie ans Rauchen. So erreichte sie ihr siebzehntes Lebensjahr. Auf den eisernen Befehl ihres Vaters wurde sie dann die Frau des Fürsten, dessen Werbung sie schon dreimal zurückgewiesen hatte. Sie lebten in Kiew. Stürmische Auseinandersetzungen waren bei ihnen an der Tagesordnung. Endlich zwang sie den Fürsten, den Heeresdienst zu quittieren und die Verwaltung von Woronice in die Hand zu nehmen. Hier umgab sie im Winter ewiger Schnee, im Herbst und Frühling unabsehbarer Schlamm und Morast, und im Sommer quälte sie die unerträgliche Hitze. Wegen der schlechten Straßen erhielten sie selten Besuch, ja sogar die Post kam spärlich. Die Nachrichten von Familie zu Familie vermittelte ein Reiter. Der Fürst, an Abwechslung und Vergnügen gewöhnt, ertrug dieses Leben nicht – sie trennten sich.
»Kommen Sie noch manchmal zusammen?«
»O ja . . . ab und zu möchte er das Kind sehen. Zumeist verbringen wir den Sommer zusammen. Der Fürst von Leiningen hat die Schwester meines Mannes geheiratet. Für die Sommersaison pflegen wir mit ihnen gemeinsam nach Odessa zu fahren.«

»Nach Odessa? Das ist ja wundervoll. Im Sommer konzertiere ich dort. Dann sehen wir uns. Erzählen Sie doch mehr von sich selbst, Durchlaucht, und wenn es nur Kleinigkeiten sind. Mich interessiert das alles unsagbar.«
»Gern. Aber nur unter einer Bedingung: daß Sie keinen Kognak mehr trinken. Für heute war's genug.«
»Sie können gar nicht ermessen, Fürstin, wie glücklich Sie mich mit dieser Bedingung machen. Das ist es ja gerade, wonach ich mich sehne. Daß sich jemand um mich sorgt und kümmert. Es ist schmerzlich, daß wir nicht immer beisammen sein können.«
»Ja, sehr . . . Sie sind zwar ohnehin ein bedeutender Mann. Ich könnte aber aus Ihnen einen noch bedeutenderen machen.«
»Wie wollten Sie denn das anfangen?«
»Ich würde an Ihrer Kunst teilnehmen. Ich würde versuchen, Ihre Gedanken zu beflügeln, aber nur soweit, als das einem schöpferischen Menschen nicht unbequem ist. Ich könnte für Sie immer Hilfe sein, niemals Hindernis. Zur Arbeit möchte ich Sie immer von neuem anregen und begeistern. Wenn Sie verzagen, würde ich Ihnen den Glauben wiedergeben. Aber vor allem will ich Sie zum Katholizismus zurückführen. Zum unbedingten Glauben. Ich würde nicht eher ruhen, als bis ich Sie überzeugt hätte, daß weder der Abbé Lamennais noch Lamartine noch jene Menschen im Rechte sind, die glauben, aus ihrem eigenen unzulänglichen Verstande eine Religion begründen zu können, sondern daß einzig und allein unsere Heilige Kirche im Rechte bleibt, die die Offenbarung selbst ist. Ich könnte Sie wieder zu einem wahren Katholiken machen, wie Sie es in Ihrer Jugend waren. Und ich wäre überglücklich, wenn ich dem Ruhme Christi hier auf Erden einen musizierenden Seraph gewonnen hätte.«
»Das würde wunderbar sein«, flüsterte Franzi.
»Ja, das wäre herrlich«, gab die Fürstin leise zurück.
Sie sahen einander in die Augen und senkten errötend den Blick . . . Dann sprachen sie wieder über Musik. Franzi offenbarte ihr alle seine Pläne. Er erzählte von den Entwürfen zu Symphonien, von der dem Bischof zu Fünfkirchen versprochenen Messe, dem »Totentanz« und der »Bergsymphonie«, die er nach den Hugoschen Versen vertonen wollte. Dann sprachen sie über Weimar. Die Fürstin war unbedingt dafür, daß er die Einladung des Großherzogs annehmen solle. Mit großer Begeisterung setzte er sich für die Dante-Bilder ein und, auf ihre Faustpläne verzichtend, erklärte sie sich bereit, dem Weimarer Theater bis zu zwanzigtausend Rubel zur Verfügung zu stellen, falls man diesen Plan verwirklichen wolle . . . Bis Sonnenaufgang verweilten sie im Gespräch. Und am dritten Tage auch wieder. Es war Karfreitag. Franzi hatte in der erschütternden Stimmung dieses heiligen Festes fast den ganzen Tag auf seinem Zimmer verbracht. Er ging in sich und betete viel. Andächtig und inbrünstig bat er den Herrgott, er möge seine Seele erleuchten, damit er sich über seine Gefühle ganz klar werden

und über sich selbst entscheiden könne. Es wurde Abend, ehe er endlich zu einem Entschluß gelangte. Als er mit der Fürstin allein war, sagte er: »Ich muß morgen reisen, Durchlaucht. Aber nur mein Körper geht von hier, meine Seele bleibt bei Ihnen. Ich liebe Sie. Ich habe mir genau überlegt, was ich sage, und ich möchte, daß Sie mir darauf eine Antwort geben.«
Die Fürstin sah ihm offen und gerade in die Augen und entgegnete ruhig: »Diese Antwort kann ich Ihnen geben. Mein Körper bleibt hier, mein Herz aber wird morgen mit Ihnen gehen. Ich habe mir gleichfalls sehr wohl überlebt, was ich sage: auch ich liebe Sie. Ich liebe zum ersten Male in meinem Leben. Und ich kann auf das Kruzifix schwören, daß es auch das letzte Mal ist. Mag in unserem Leben kommen, was will, Sie bleiben das einzige wahre Gefühl meines Lebens! Ich weiß, daß ich einst mit dem Namen meines Kindes und auch mit dem Ihrigen auf meinen Lippen sterben werde.«
Sie sahen einander mit durchgeistigtem Gesicht an, wortlos, glückselig. Der Zauber schwärmerischer Aufrichtigkeit hatte das unscheinbare Gesicht der Frau zu strahlender Schönheit verklärt. Sie war wie eine in ein Gebet versunkene Heilige. Carolyne reichte ihm ihre Hand. Franzi küßte diese zarte, feine Hand. Dann wollte er die Frau langsam an sich ziehen. Da nahm sie ihre Hand zurück.
»Nein, nein, küssen Sie mich nicht. In diesem Hause nicht. Offiziell ist es das Heim meines Mannes. Später . . . später vielleicht . . . Wenn Gott es so will . . . Ich werde jeden Tag zu ihm beten, daß ich die Ihre werden darf . . . Nicht wahr, Sie sind mir nicht böse und verstehen mich?«
»Ich verstehe und bewundere Sie, Carolyne. Auch ich werde jeden Tag beten . . .«
»Und Sie kommen hierher zurück, sobald Sie können?«
»Ich komme zurück, sobald es möglich ist. Zunächst sehen wir uns aber im Sommer in Odessa wieder. Und dann werden wir einander schreiben.«
»Ja. Jetzt kommen Sie mit.«
Sie nahm ihn bei der Hand und führte ihn ins Schlafzimmer, geradewegs vor den Betschemel. Dort ließen sich beide auf die Knie vor dem Kruzifix nieder. Ihre Stirnen auf die Lehnen des Betschemels gestützt, verharrten sie im Gebet. Sie knieten lange Zeit so nebeneinander. Dann erhob sich die Fürstin, und auch Franzi richtete sich auf. Die Fürstin machte das Zeichen des Kreuzes auf seiner Stirn.
»Jetzt gehen Sie, und vergessen Sie nicht, daß von diesem Augenblick an jeder Ihrer Schritte mir gehört. Gott mit Ihnen!«
Franzi entfernte sich. Sein Blick fiel auf das Bett, und er sah ein gesticktes, hellblau seidenes Nachthemd dort liegen. Ein leichter Schauer überlief ihn. Er unterdrückte aber sofort die Begierden der irdischen Liebe. Liszt fühlte, daß er das, was er flehentlich ersehnte, endlich gefunden hatte: die Einzige, die wahre Hälfte seiner Seele, die große und heilige Liebe!

DRITTES KAPITEL

Czernowitz, Galatz, das Schwarze Meer, Konstantinopel.

Inmitten aller Schönheiten der türkischen Hauptstadt dachte er andauernd nur an die Fürstin. Sein Ruhm überstrahlte auch hier alle bisher dagewesenen Konzerterfolge. Der Sultan empfing ihn in Audienz und sprach lange mit ihm. Hierbei zeigte sich nicht nur seine große Gewandtheit im Gebrauch der französischen Sprache, sondern auch seine Geschicklichkeit in der Erledigung europäischer Angelegenheiten. Franzi erzählte dem erlauchtesten Herrscher, daß ihn in Istanbul statt einer Siegessäule ein Haftbefehl erwartet hatte, weil er mit jemand anderm verwechselt worden war. Der erlauchte Padischah lachte minutenlang über diese Begebenheit. Dann schenkte er ihm eine mit Email eingelegte Golddose voller Goldstücke und einen Orden. Als man ihn aus dem Palais geleitete, bemerkte ein Würdenträger der Hohen Pforte anerkennend, vor dem Sultan hätten schon sehr viele Klavier gespielt; so schnell aber wie er sei noch keiner imstande gewesen, seine Finger zu bewegen . . .

Ununterbrochen ging die Reise weiter, und so kam endlich langsam der Sommer heran. Es wurde Juli, und man konnte nach Odessa fahren. Die Stadt und die Badeorte ihrer Umgebung waren in diesem Sommer besuchter denn je. In der Nähe fanden die großen Manöver statt, deshalb strömten die vornehmen Familien der zaristischen Welt alle hierher. Der Generalstab war im benachbarten Jelisawetgrad einquartiert, und der General von Osten-Sacken lud den Klavierkünstler zu sich ein.

Belloni hatte in kühner Voraussicht auf den zu erwartenden Erfolg den Saal für zehn Abende belegt. Kühn und zugleich voll Abschiedsschmerz: sein Meister hatte ihm bereits mitgeteilt, daß seine Virtuosenlaufbahn nunmehr beendet sei und er keinen Impresario mehr brauche.

»Und was wird aus mir?« fragte Belloni mit gebrochener Stimme.

»Sie werden von dem bescheidenen Betrag leben müssen, den Sie aus dem Vertrag mit mir verdient haben, des weiteren von der noch viel größeren Summe, die Sie irrtümlicherweise zu Ihren Gunsten gebucht haben.«

Belloni fuhr auf und wollte selbstbewußt widersprechen. Dann überlegte er es sich aber und schwieg. Franzi belustigte sich köstlich über ihn. In den langen Jahren ihrer Verbindung hatte er unzählige Warnungen erhalten, daß Belloni ihn nachweisbar schwer schädige. Liszt kümmerte sich nicht darum. Er ließ den strebsamen Belloni verdienen. Geld besaß für ihn keine Bedeutung. Was er in seine Hände bekam, damit war er zufrieden. Schnell hintereinander schickte er an seine Mutter zehntausend, ein andermal fünfzehntausend Franken; er gab überall Unsummen für wohltätige Zwecke aus und verbrauchte auch für sich viel Geld. Dieser gute Belloni sollte auch leben. Der arme Kerl war, obwohl verheiratet, doch nie zu Hause und reiste andauernd der Liszt-Konzerte wegen in der Welt herum. Mochte er nun mit seinem geschickt zusammengescharrten Vermögen an der Seite seiner guten Frau in Brüssel ruhig leben!

Ein ganzer Stoß Briefe erwartete ihn in Odessa. Die Firma Haslinger in Wien war seine ständige europäische Anschrift. Alle seine Briefe gingen dort ein, und Haslinger sandte sie unter genauer Beachtung des Konzertkalenders und der Reisemöglichkeiten in die entsprechenden Städte. Unter den Briefen waren zwei, die ihn zum Nachdenken mahnten. Der eine kam von Frau Calergis, der andere von Frau Solnzew. Ohne Zögern antwortete er beiden sofort herzlich und höflich, jedoch mit einer gewissen Zurückhaltung. War es denn mit der großen, vollkommenen Liebe, die er von der Fürstin erhoffte und bei ihr zu finden sich sehnte, zu vereinbaren, daß er mit den schönen Frauen seiner Vergangenheit auch weiterhin in Briefwechsel blieb? . . . Wer kann sich der Weisheit rühmen, seine Gefühle zu kennen? Die größten Geheimnisse bietet uns nicht die Außenwelt, die tragen wir in uns. Man rupft die Blütenblätter einer Blume aus und fragt: – Sie liebt mich, sie liebt mich nicht . . . Obwohl die Frage tausendmal wichtiger ist: – Liebe ich sie oder liebe ich sie nicht . . . Und bei wem soll jener eine ihn voll befriedigende Antwort suchen, der im Begriff ist, auf einem neuerwachten Gefühl seine ganze Zukunft aufzubauen? Daß er die Gräfin D'Agoult ernstlich liebte, durfte er seinerzeit mit Recht glauben. Und was war aus dem himmelhoch lodernden Feuer geworden? Schutt und graue Asche, die die bitteren, auch in der Vergangenheit noch fallenden Tränen zu einer häßlichen Masse formten.

Als er die Fürstin in Odessa wieder sah, durchflutete ihn das Gefühl einer glücklichen Erleichterung. Das Wiedersehen bereitete ihm eine so große Freude, daß er es wagte, seinen Gefühlen zu trauen. Minutenlang hielten sie einander bei der Hand und minutenlang sahen sie sich in die Augen.

»Habe ich Sie lieb, Carolyne?«

»Das fragen Sie mich?«

»Ja, das frage ich Sie. Sie sind so klug, daß ich Sie manchmal für einen Gelehrten halte. Ich kenne mich dagegen noch nicht einmal selbst zur Genüge. Hören Sie mich einmal an: ich schildere Ihnen meine Probleme, meine Vorliebe für schöne Frauen, meine von meiner Wunderkindlaufbahn herrührende Eitelkeit. Dann urteilen Sie selbst.«

Er beichtete ihr vor allem die Angelegenheiten mit den Briefen. Die Fürstin war der Meinung, daß unter Menschen vornehmer Gesinnung sich aus entsagender Liebe die schönsten Freundschaften bilden könnten. Wenn die betreffenden Frauen menschlich wertvoll seien, so müsse er die Bekanntschaft aufrechterhalten. Selbstverständlich ließ sie keinen Zweifel darüber aufkommen, daß von Liebe keine Rede mehr sein dürfe.

»Und Sie sind nicht eifersüchtig?«

»Nein. Sobald man um jemand Angst haben muß, kann man ihn nicht mehr lieben. Bei mir ist es mit der Liebe nicht anders wie mit dem Glauben. Wenn ich keinen hemmungslosen Glauben hätte, könnte ich nicht religiös sein. Sind *Sie* eifersüchtig?«

»Ich muß Ihnen gestehen, daß ich auf Sie sehr eifersüchtig bin. Sie erwähnten, daß Sie sich hier in Odessa mit Ihrem Gatten treffen. Dieser Gedanke hat mir viele unruhige und schlaflose Stunden verursacht. Ist Ihr Mann hier?«

»Er war da, ist aber schon wieder fort. Zur Unruhe haben Sie keinen Grund. Mein Mann ist schon seit langem nicht mehr mein Mann. Sprechen wir jetzt von anderen Dingen. Haben Sie an einer Komposition gearbeitet? Was sind Ihre Zukunftspläne? Wie ist es mit Weimar?«

Franzi berichtete genau von allen Möglichkeiten seiner Zukunft. Er hatte zwischen drei Städten wählen können. In Wien war der Posten Otto Nicolais frei geworden. Sechs Monate Arbeit im Jahr, viertausend Gulden Gehalt, Hoftitel, schöner Wirkungskreis. In Paris konnte er das Amt des armen, an Geisteskrankheit elend zugrunde gegangenen Donizetti übernehmen: Hoftitel, anständiges Gehalt, genügend freie Zeit. Und Weimar. Weimar könnte man auch *neben* Paris und *neben* Wien beibehalten. Für Paris sprach die Anwesenheit der Kinder, dagegen die Persönlichkeit der Gräfin D'Agoult. Für Wien sprach die Nähe Ungarns, dagegen das zu große Arbeitsfeld des musikalischen Lebens, das einheitlich nur schwer in einer Hand zu fassen war, und außerdem noch viele tausend Kleinigkeiten, die das Vorhaben entweder nach rechts oder nach links beeinflussen würden.

Stundenlang beratschlagten sie über die verschiedenen Möglichkeiten. Die Fürstin war unter allen Umständen für Weimar. Sie meinte, wenn das Erbe Goethes und Schillers frei sei, dürfe man nicht zögern, es anzutreten. Sie werde zweimal im Jahre nach Weimar zu Besuch kommen. Franzi zeigte sich nicht abgeneigt, die Wiener und Pariser Pläne aufzugeben und nebenbei ein anderes ständiges Arbeitsgebiet nicht zu übernehmen.

»Was wird aber aus uns beiden?«

»Wir lieben uns«, erwiderte die Fürstin. »Ist das nicht genug?«

»Nein, so ist es nicht genug. Ich habe Sie ja noch nicht einmal geküßt.«

»Weil es nicht erlaubt ist. Ich bin eine verheiratete Frau und halte es meiner für unwürdig, hinter dem Rücken meines Gatten zu handeln.«

»Das ist ein sehr vornehmer Standpunkt. Wird das immer so sein?«

»Quälen Sie mich nicht, darauf kann ich Ihnen nicht antworten. Ich leide sowieso schon sehr. Machen Sie nicht alles noch schlimmer.«

Je mehr sich die mädchenhafte, zarte Gestalt der Umarmung entziehen wollte, um so heftiger ward das Begehren des Mannes.

Dem Großherzog von Weimar hatte er bereits mitgeteilt, daß er seine Vir-

tuosenlaufbahn beendet und sich endgültig entschlossen habe, Weimar seine ganze Arbeitskraft zu widmen. Er wolle durch Opernaufführungen und Konzerte Weimar zur berühmtesten Musikstadt Europas machen. In seinen Briefen nahm er zu den kleinsten Einzelheiten Stellung, griff in die Angelegenheiten des Weimarer Intendanten ein, setzte sich für vorteilhaftere Tantiemen für Schriftsteller und Komponisten am Weimarer Theater ein, legte dem Großherzog nahe, die älteren Primadonnen zu entlassen und den Chor aufzufrischen – mit einem Wort, Liszt begann sich für seine große Aufgabe vorzubereiten. Sein Gewissen ließ ihm aber inzwischen keine Ruhe. Er vermutete stark, daß er alle diese Pläne sofort im Stich lassen würde, wenn er sich von der Fürstin trennen müßte. Franzi war schon so weit, daß er ohne die Fürstin, die er noch nicht einmal umarmt hatte, nicht mehr leben konnte. Seit diese Frau auf ihr Gut zurückgekehrt war, fühlte er sich nirgends mehr wohl.
An einem Oktobertage des Jahres 1847, kurz vor seinem sechsunddreißigsten Geburtstage, gab er in Jelisawetgrad sein letztes Konzert als weltbereisender Klavierkünstler. Das russische Publikum, fast ausschließlich Offiziere, ahnte nicht, was dieses Konzert für den Meister war. Und was ihm der H-Dur-Akkord bedeutete, den er immer und immer wieder mit einer donnernden Kraft anschlug, als ob er nicht aufhören könnte, nach einem langen Abschnitt seines Lebens endlich einen Strich zu ziehen. Mit diesem Akkord verabschiedete er sich von den ununterbrochenen Reisen, von dem heimatlosen Zigeunerleben, von all den heute kennengelernten und morgen wieder vergessenen Gesichtern. Was er noch nie getan hatte: nach dem letzten Vortragsstück schloß er mit lautem Knall den Deckel des Klaviers. Der erste Klavierspieler der Welt, dieser unvergleichliche Zauberer, trat in einer russischen Kleinstadt vom Podium ab! Der letzte Applaus dröhnte noch in seinen Ohren, als er am gleichen Abend sofort nach Odessa abreiste.
»Das Schicksal trieb ein sonderbares Spiel mit mir«, schrieb er am anderen Tage der Fürstin. »Es wählte mich dazu aus, der Letzte zu sein, der die unmenschlichen Beschwernisse des Virtuosenlebens durchmachen mußte. Jetzt hat man die Eisenbahn. Schon das kleine Weimar besitzt seine Eisenbahn. Die nach mir kommen, werden nicht mehr ermessen können, was die Postkutsche oder der eigene Reisewagen für den reisenden Künstler bedeutete. Und ich ziehe mich gerade jetzt zurück, wo meine Laufbahn bequemer zu werden sich anschickt. Ich bedaure es aber nicht. ›Multo maiora canamus.‹ Die Faust-Symphonie, die Gedichte Victor Hugos, die Lamartineschen Ideale, den Totentanz. Alles, alles. Vorerst aber muß ich mich gründlich ausruhen . . .«
Den Brief brachte er nicht zur Post, sondern bewahrte ihn in seiner Tasche auf. Er nahm ihn mit nach Schloß Woronice, wo er sich eine längere Ruhepause gönnen wollte. Die Fürstin hatte ihre Einladung in Odessa damit begründet, daß er doch nach den unmenschlichen Anstrengungen der Virtuo-

senjahre einer ausreichenden Erholung bedürfe und Kraft für die künftig große Arbeit sammeln müsse. Liszt aber ging nicht der Ausspannung wegen nach Woronice, sondern um der Frau willen.
Mitte Oktober kam er mit der Absicht an, zwei Wochen lang zu bleiben. Am 22. Oktober, an seinem Geburtstage, veranstaltete die Fürstin ihm zu Ehren ein großes Fest. Sie ließ aus ganz Podolien die besten Zigeuner kommen, die den ganzen Geburtstag über ununterbrochen musizierten. Mit dem Eifer des Jägers lauschte Franzi den unbekannten Motiven der ukrainischen Volkslieder und zeichnete sie für sich auf. Von diesem Tage an saß er tagelang am Klavier und spielte diese Melodien. Endlich faßte er sie in einer Phantasie zusammen, schrieb das Ganze nochmals sauber ab, und eines Tages bekam die Fürstin das neue Werk ihres Gastes als Morgengabe zum Tee. Es trug den Titel »Les glanes de Woronice«, damit das kleine ukrainische Dorf ebenfalls seinen Platz in der Musikgeschichte erhalte.
Die Zeit verging, und Franzi beeilte sich, hin und wieder zu betonen, daß er nun wirklich abreisen müsse. Aber nur der Form halber. Schon nach der ersten Aufforderung, noch länger zu verweilen, blieb er. So verging der November, und es kam Weihnachten heran. Den ganzen Tag und bis spät in die Nacht hinein waren sie ständig zusammen und entdeckten immer und immer wieder neue Züge aneinander. Ihre Liebe wurde mit jedem Tage tiefer und inniger. Daß sie sich aber endlich angehören sollten, dagegen kämpfte die in ihren Grundsätzen unbeirrbare, charakterstarke Fürstin noch heftig an. Sie saß neben dem Klavier, während ihr Gast durch die Musik die nunmehr schon seit zehn bis fünfzehn Jahren in ihm lebenden Gedanken auszudrücken versuchte, wie sie Victor Hugos Gedichte in ihm erweckt hatten . . . »Was man auf den Bergen hört . . .« Oder sie lasen Dante zusammen, damit Franzi die erhabenen Schönheiten dieser Dichtung in sich aufnehme. Sie waren in ihren Gedanken eins und sprachen von ihrer Liebe wie von einem ewigen Bestandteil ihres Lebens. Ihre schwärmerischen Worte aber wurden von keiner einzigen Umarmung begleitet.
»Ich verstehe Sie nicht, Carolyne, aus was für einem Stoff hat Sie der liebe Gott eigentlich geschaffen? Wir sind allein miteinander, wir lieben uns von ganzem Herzen, um uns herum tagereisenweit endloser Schnee und unendliche Stille, als ob wir zwei ganz allein auf einer kleinen Insel des Ozeans lebten. Und Sie wollen nicht die Meine werden. Ihre Grundsätze kann ich verstehen. Die Frau aber, die verstehe ich nicht.«
»Ich habe Sie doch schon unzählige Male gebeten, mich damit nicht zu quälen. Es ist genug, wenn ich mich selbst martere.«
Dasselbe Zwiegespräch hatte sich schon so oft wiederholt, daß Franzi des dauernden Mißerfolges und des Liebeswerbens müde wurde. Die Zeit verging, er war noch immer nicht abgereist. Weihnachten stand vor der Tür. Draußen tobte der Schneesturm, die Bauern brachten jeden Tag ein oder

auch zwei frisch abgehäutete Wolfsfelle. Franzi und Carolyne verließen tagelang das Haus nicht, dessen überheizte und dumpfe Luft ihren zurückgedrängten Gefühlen ganz ähnlich war. So kam das Jahr achtzehnhundertachtundvierzig heran.

In einer Januarnacht, als er sich nach einem Gedankenaustausch über Dante in sein Zimmer zurückzog, setzte er sich noch hin, um Briefe zu schreiben. Manchmal vergingen zehn Tage, ehe sie eine Verbindung mit der Außenwelt bekamen. Bei solchen Gelegenheiten übergab er dann dem sich in die Schneefelder hinauswagenden Reiter ein ganzes Paket Briefe. Der Bote brachte ihm dann wiederum eine ganze Menge Briefschaften aus Berditschew, der nächsten Poststation, mit. Jetzt schrieb er gerade an Karl Hugo, einen Pester Theaterschriftsteller, der gern nach Paris wollte und ihn um geldliche Unterstützung und Empfehlungen gebeten hatte. Liszt stellte einen Wechsel über hundert Gulden aus und gab in dem Begleitbrief die Anschrift seiner Mutter, 20, Rue Louis le Grand, und die Bellonis, der diesen Winter in Paris verbrachte, 5, Rue St. Georges, an.

Er war in seinem Brief gerade an dieser Stelle angelangt, als ihn in der tiefen Stille, in der man sogar das Knistern der Kerze hören konnte, ein Geräusch von der Tür her aufhorchen ließ. Er erhob sich und sah nach. Draußen stand die Fürstin Carolyne und lächelte verstört. Sie war trotz der nächtlichen Stunde noch vollständig angekleidet.

»Ich wollte eben bei Ihnen anklopfen. Wie sonderbar, daß Sie die Tür gerade in dem Augenblick geöffnet haben.«

»Was ist? Ist etwas geschehen?«

»Es ist nichts geschehen. Ich muß mit Ihnen sprechen. Ich habe mich entschlossen.«

Sie traten zusammen ins Zimmer. Die Fürstin setzte sich und hieß auch ihn Platz zu nehmen, als ob sie in ihrem eigenen Zimmer wäre.

»Hören Sie mich bitte an, Franzi. Ich habe alles genau überlegt. Die letzte Minute, bis zu der ich gekämpft habe mit mir, ist nun da. Ich kann nicht mehr.«

Franzi war schon im Begriff, sich von seinem Stuhle zu erheben wie ein Löwe, der auf dem Sprung ist. In dem Blick der Frau lag aber etwas, das ihn zurückhielt. Die Fürstin fuhr fort:

»Ich werde mich von meinem Mann scheiden lassen und Ihre Frau werden. Ich will als Frau Liszt in Weimar leben und an Ihrer Arbeit teilnehmen. Warum machen Sie so ein erschrockenes Gesicht? Ich dachte, Sie würden sich freuen.«

Da erhob sich Franzi doch von seinem Stuhl, um das Zimmer zweimal zu durchqueren. Die Frau sah ihn tieferschüttert an.

»Warum sagen Sie nichts? Lieben Sie mich denn nicht? War das Ganze nur ein Spiel? Und weichen Sie jetzt, wo es Ernst wird, zurück?«

»Das ist nicht so einfach«, entgegnete er, vor der Frau stehenbleibend, »ich kann so lange vor Freude nicht jauchzen, als Sie meine Bedingungen nicht erfüllt haben.«

»Bitte. Was sind diese Bedingungen?«

»Meine Bedingungen sind materieller Art . . .«

Die Frau schrie leise auf vor Angst. In ihrem Gesicht stand Entsetzen. Er nahm ihr Gesicht zwischen seine Hände und sprach weiter:

»Hören Sie mich bis zu Ende an. Ihre finanzielle Lage kenne ich sehr gut. Meine Bedingung ist, daß Sie ein Opfer für mich bringen. Wenn Sie meine Frau werden, dann bringen Sie nur so viel Vermögen mit, als Sie in die Ehe mitgebracht haben. Ich weiß, wieviel das ist. Es reicht aus, daß Sie neben mir, der noch für eine Mutter und drei Kinder zu sorgen hat, nicht in Armut zu leben brauchen.«

»Gut, Franzi – aber das andere . . . was soll mit diesem Riesengut . . . Ich begreife nicht.«

»Lassen Sie das alles auf den Namen Ihrer Tochter schreiben. Ich will durch Ihre Liebe nicht steinreich werden. Nein, nein, darüber kann man nicht verhandeln, das können Sie nur entweder mit Ja oder Nein beantworten. Diese Lösung der Angelegenheit habe ich schon lange mit mir herumgetragen. Ich habe bisher davon nur nicht sprechen können. Sie sind so unendlich reich, daß ich über eine Heirat nicht mit Ihnen reden konnte. Wenn Sie aber gewillt sind, mein Leben zu teilen, so möge Sie der Herrgott mit allen beiden Händen dafür segnen, daß Sie einen Menschen so glücklich machen! Nun, ja oder nein?«

»Ohne Überlegung: ja!«

»Recht so. Dessen war ich sicher. Jetzt müssen wir wohl darüber sprechen, wie Sie sich die Abwicklung der ganzen Angelegenheit gedacht haben. Vor allem, können Sie sich scheiden lassen?«

»Die Zustimmung meines Mannes betrachte ich als sicher. Ihm ist schon seit langem die Gewißheit des Nichtbestehens dieser Ehe nur eine Qual. Davon abgesehen ist er ein Protestant, für ihn bedeutet die Ehe also kein Sakrament. Die Hauptsache ist nun die kirchliche Scheidung. Kann man in Rom die Annulierung meiner Ehe durchsetzen oder nicht? Ich habe das Kirchenrecht gründlich durchstudiert. Es gibt einen Paragraphen, nach dem eine Ehe ungültig ist, wenn man ein minderjähriges Mädchen dazu gezwungen hat. Das werde ich nachweisen. Sobald die kirchliche Scheidung ausgesprochen ist, werden wir uns sofort trauen lassen. Bis dahin . . . habe ich mir die Sache so gedacht, daß ich unter dem Vorwand einer Reise nach Karlsbad aus diesem Lande flüchte; denn wenn ich hierbleibe, kommt die ganze Familie und Verwandtschaft Wittgenstein, mobilisiert den Hof des Zaren und unternimmt alles mögliche, um mich zu quälen und umzustimmen. Das will ich nicht erleben. Ich fliehe. Das Kind nehme ich selbstverständlich mit; denn der Vater vermag sowieso mit ihm nichts anzufangen, und ich könnte mich von ihm auch nicht trennen.«

»Ich auch schon nicht mehr. In meinem Herzen lebt es bereits wie meine anderen Kinder. Jetzt sind wir also im Grunde genommen heimlich Braut und Bräutigam!«
Mit strahlenden Augen neigte er sich der Frau zu. Sie aber merkte die Absicht des Kusses und entzog sich ihm.
»Nein, nein, bleiben Sie nur auf dem Stuhl sitzen. Ich will einfach nicht, daß Sie mich in diesem Haus küssen. Wenn wir so lange gewartet haben, können wir jetzt auch noch warten. Nicht mehr lange. Mich hält hier nichts mehr. Auch die Möglichkeit habe ich schon aus dem Wege geräumt, daß etwa die Familie Wittgenstein durch den Hof mein Vermögen beschlagnahmen läßt. Für den größten Teil des Gutes habe ich bereits einen Käufer. Der bezahlt mit Bargeld. Das Geld werde ich mitnehmen und bei einer sicheren Bank deponieren. Wenn Sie es wollen, dann eben auf Marias Namen. Das alles habe ich schon erledigt. Es fehlen nur noch einige geringfügige Formalitäten, dann kann ich gehen.«
Die Dienerschaft im Hause begann schon ihr Tagewerk. Sie konnten aber die Unterhaltung noch immer nicht abbrechen. Beide gingen ins grüne Zimmer, ließen sich Tee kommen und fuhren in der Besprechung ihres Planes fort. Inzwischen war auch die kleine Prinzessin mit Miß Anderson erschienen und fand verwundert die Mutter in ihrem gestrigen Kleide vor. Franzi und Carolyne erörterten unentwegt ihre Zukunft. Vormittags um zehn Uhr wankten sie zu Tode erschöpft, blaß und mit tiefliegenden Augen in ihre Zimmer, um ein Weilchen zu schlafen.
Am 24. Januar reiste Franzi ab. Drei Monate lang hatte er mit dieser Frau unter einem Dache gewohnt, die ihn liebte, die er wiederliebte und die er doch nicht ein einziges Mal geküßt hatte.
Er fuhr geradewegs nach Ratibor, nachdem er den dort weilenden Fürsten Felix Lichnowsky benachrichtigt hatte, daß er eine lebenswichtige Angelegenheit mit ihm besprechen müsse. In Ratibor erzählte er dem Fürsten von seinem Heiratsplan und bat um seine Hilfe. Der Fürst wollte mit Freuden bei dieser romantischen Geschichte mitwirken. Sie vereinbarten, daß Franzi nach Weimar weiterfahren und dort alles Nötige vorbereiten solle; währenddessen würde Fürst Felix der Fürstin Carolyne bis zur russischen Grenze entgegenreisen und sie dann in sein Schloß nach Krizanowitz mitnehmen. Dort sollten sich die Liebenden wiedertreffen, um dann gemeinsam nach Weimar zu reisen. Die Fürstin selbst würde einige Wochen in Weimar verbringen und dann in irgendeiner nahe liegenden Stadt Aufenthalt nehmen, bis die kirchliche Scheidung ausgesprochen wäre.
Franzi begab sich nach Weimar. Er stieg im »Erbprinzen« ab und meldete sich sofort zu einer Audienz beim Großherzog. Diese Audienz währte nicht lange. Seine Königliche Hoheit gab seiner Freude darüber Ausdruck, daß der Meister sich nunmehr entschlossen habe; dann sandte er seinen Adjutanten zu Maria Pawlowna, um Liszt anzumelden. Diese Audienz dauerte

schon bedeutend länger. Vor allem mußte er über die Neuigkeiten in der russischen Gesellschaft berichten, von den Manövern in Jelisawetgrad und von der Badegesellschaft in Odessa. Franzi vermied es zunächst vorsichtig, den Namen der Fürstin Sayn-Wittgenstein zu nennen. Dann kamen sie auf die Weimarer Neuigkeiten zu sprechen: dem Erbprinzen ginge es gut, der Großherzog habe dem Wunsche des Meisters Rechnung getragen und Herrn von Ziegesar zum Intendanten ernannt. Herr Chelard laufe mit saurer Miene herum, das Theater sei schlecht besucht und so weiter, und so weiter. Dann kamen Franzis Pläne an die Reihe. Einige Wochen lang wollte er jetzt hierbleiben, die Leitung der Opernaufführungen übernehmen, ein oder zwei Konzerte am Hofe veranstalten. Er stellte sich zugleich der Großherzogin und der Erbgroßherzogin zu Gesangsstunden und Harmonielehre zur Verfügung. Dann müsse er noch eine Auslandsreise unternehmen, das würde aber bestimmt die allerletzte sein . . .

»Nochmals reisen? Wohin wollen Sie denn nun schon wieder um des Himmels willen?«

»Ich muß Kaiserliche Hoheit überraschen: ich fahre an die schlesische Grenze, um meine Braut abzuholen, die Kaiserliche Hoheit gut kennt.«

Maria Pawlowna nickte ohne Überraschung.

»Der Klatsch beruht also auf Wahrheit. Von der Carolyne Wittgenstein ist doch die Rede, nicht wahr?«

»Ja, von ihr. Kaiserliche Hoheit wissen es schon?«

»Mein lieber Freund, mir bringt die Post viele Briefe aus Rußland. Sie haben drei Monate lang bei der Fürstin gewohnt. Sie sind hoffentlich nicht der Meinung, daß man darüber nicht gesprochen hat? Ich beglückwünsche Sie meinerseits auf alle Fälle und wünsche Ihnen, daß Sie glücklich werden. Gott gebe Ihnen auch die Kraft zu Ihren Kämpfen! Denn damit müssen Sie rechnen, daß diese Scheidung nicht einfach sein wird.«

»Wir haben damit gerechnet, Kaiserliche Hoheit. Unsere größte Hoffnung sind Eure Kaiserliche Hoheit. Die Fürstin bat mich, Eurer Kaiserlichen Hoheit ihre tiefe Verehrung auszusprechen; sobald sie nach Weimar komme, werde sie sich sofort zur Audienz melden und sich dem Schutze Eurer Kaiserlichen Hoheit unterstellen.«

»Die Fürstin kommt hierher nach Weimar?« erkundigte sich die Großherzogin und machte ein nachdenkliches Gesicht.

»Wir haben es so geplant. Sie möchte in der Nähe Eurer Kaiserlichen Hoheit sein. Vielleicht werden Eure Kaiserliche Hoheit verstehen, daß wir uns, wenn das Schicksal uns mit der Zuneigung der Schwester des Zaren beschenkt, dann erlauben, im Kampf für unser Glück diese Zuneigung in Anspruch zu nehmen.«

»Nun ja, die Zuneigung ist auch da. Ich erinnere mich noch gut an die Fürstin Carolyne. Ich fand sie sehr klug und interessant, als man sie mir am Hofe in Petersburg vorstellte. Ich helfe ihr natürlich gern. Aber würde das

ganze nicht einen Verstoß gegen die gesellschaftlichen Formen bedeuten?«
»Kaiserliche Hoheit, Weimar ist eine Stadt, in der es jedermann natürlich findet, wenn sich jemand ein paar Wochen hier aufhält. Dann aber kommt die Fürstin nicht meinetwegen hierher, sondern Eurer Kaiserlichen Hoheit wegen.«
Doch von dem klugen Gesicht der Großherzogin wollte der Schatten nicht weichen. Franzi versuchte, in einem anderen Tone zu bitten.
»Kaiserliche Hoheit haben mich immer gern gesehen und waren stets gütig zu mir . . .«
Die Schwester des Zaren errötete leicht. Diese leichte Röte bewies, daß auch sie dem zauberhaftesten Manne Europas gegenüber nicht ganz gleichgültig geblieben war. Ihre Züge hellten sich auf. Sie nickte.
»Vertrauen Sie mir. Und jetzt entlasse ich Sie in Gnaden.«
Franzi verbeugte sich tief. Und die Großherzogin glich ihr leichtes Erröten damit aus, daß sie ihm diesmal ihre Hand nicht zum Kuß reichte. Er aber eilte nach Hause in den »Erbprinzen«, um der Fürstin diese Unterredung sofort zu berichten. Dann lief er eilig ins Theater, wo er mit dem Intendanten Ziegesar sich verabredet hatte. Dieser erwartete ihn bereits im Direktionsbüro, und sobald Franzi eintrat, sagte er zu dem Diener:
»Ich lasse die Herren bitten.«
Drei Männer traten ein. Chelard, Eberwein und Genast. Chelard war der bisherige Leiter des Weimarer Musiklebens, ein eitler, talentloser Mann, derselbe, der bei dem Bonner Bankett den Aufruhr gegen Liszt in Szene gesetzt hatte. Eberwein war der musikalische Direktor des Theaters, ein ausgezeichneter Musiker, ein guter, aufrechter und humorvoller Mensch, ohne persönlichen Ehrgeiz. Genast war der Regisseur, der erste Weimarer Bekannte Franzis, jetzt sein guter Freund. Der Intendant hieß die in ihren Kreis eintretende neue Arbeitskraft feierlich willkommen, wünschte viel Erfolg zur Ausführung aller seiner Pläne und bat die anwesenden Herren, seine Arbeit nach bestem Wissen und Können zu unterstützen.
»Ich befürchte«, fiel Chelard sofort mit saurer Miene ein, »daß die stark modernen Pläne des Monsieur Liszt hier Hindernissen begegnen werden.«
»Diese Hindernisse werde ich zu überwinden wissen, Monsieur Chelard.«
Eine sekundenlange, peinliche Pause entstand. Der Intendant hüstelte, um zu dieser heiklen Frage keine Stellung nehmen zu müssen. Er brauchte aber auch gar nicht zu antworten; denn Franzi riß alsbald das Gespräch an sich.
»Das erste, was ich zustande bringen will, ist eine würdige ›Fidelio‹-Aufführung. Mit der Neueinstudierung werden wir aber bis zum Sechzehnten, dem Geburtstag der Großherzogin, nicht zum Ziele gelangen. Für diese Festvorstellung benötigen wir ein leichteres Werk. Ich bitte, darüber unterrichtet zu werden, welche Opern bereits erworben sind und der Aufführung harren.«
Auf Liszts Worte hätte eigentlich Chelard antworten müssen, der aber

schweigend mit den Fingern auf dem Schreibtisch trommelte und zum Fenster hinaussah. Genast erwiderte statt seiner und zählte eine ganze Reihe von Opern auf, deren Mehrzahl Franzi unbekannt war. Er ließ sich die Partituren ins Hotel hinüberschicken, damit er sie noch am gleichen Tage durchstudieren könne. Dann bat er um eine vollständige Liste der Mitglieder des Theaters mit genauen Einzelheiten über ihre Vertragsbedingungen. Liszt verlangte ferner Auskunft über den Bestand an Instrumenten im Orchester, ein genaues Verzeichnis über das in der Theaterbibliothek vorhandene Notenmaterial und die Kassenberichte der letzten drei Jahre. Nur er sprach, die anderen machten sich Notizen. Auf den folgenden Tag setzte er eine Probe des »Fidelio« an und bat auch um die Partitur dieses Werkes, damit er die üblichen barbarischen Striche wieder ändern könne. Endlich erhob er sich.

»Ich hoffe«, ließ sich endlich Chelard vernehmen, »daß Sie als Dirigent des Orchesters ebenso erfolgreich abschneiden wie hier.«

»Das erwarte ich auch«, entgegnete Franzi sofort; »denn der Musiker, der auf den Wink nicht unverzüglich einsetzt, kann gleich seine Sachen packen und gehen.«

Den ganzen Tag arbeitete er ununterbrochen, auch das Essen ließ er sich auf sein Zimmer bringen. Er spielte in größter Eile sechs Opern hintereinander durch und entschloß sich für das gefällige Werk »Martha« des Dirigenten Flotow. Dann vertiefte er sich in »Fidelio«. Er arbeitete bis zum Morgengrauen, schlief drei Stunden und eilte ins Theater zur Probe. Dort machte er sich mit all den Leuten bekannt, die er noch nicht gesehen hatte, und wechselte mit jedem Mitglied des Ensembles einige höfliche Worte wie ein König, der eine Audienz gewährt. Nun kam die Reihe an die Mitglieder des Orchesters. Endlich trat er zum Dirigentenpult, bekreuzigte sich und ergriff den Dirigentenstab. Er klopfte auf. Das Orchester begann mit der »Leonoren«-Ouvertüre. Nach fünf Takten klopfte er ab.

»Nein, meine Herren, so geht das nicht! Ich bitte jeden einzelnen, sich vorzustellen, daß er sich in einer Kirche befindet und zu spielen hat wie ein Apostel. So ist das unmöglich. Das klingt alles wie ein Leierkasten. Von heute ab ist damit Schluß. Von jetzt an ist hier jeder Tag ein Feiertag. Also vorwärts!«

Die Ouvertüre begann von neuem. Beim zehnten Takt runzelte Franzi die Stirn und witterte suchend umher, als ob er zwischen den einzelnen Tönen einen schlechten Geruch wahrgenommen hätte. Seine unbeirrbaren Ohren hatten irgend etwas aufgefangen. Sein Blick fiel auf eine Oboe. Es war ein kleiner, schwarzer Mann mit niedriger Stirn und hinterhältigem Blick, der sie blies. Franzi war sich sofort im klaren. Er klopfte ab und deutete auf den Musiker.

»Nicht doch, mein Freund, diese Mühe ist vergeblich. Sie spielen absichtlich falsch, um mich auf die Probe zu stellen. Sind Sie verrückt, mein Sohn? Die

Ohren eines Franz Liszt wollen *Sie* täuschen? Zunächst begnüge ich mich damit, daß ich Sie auslache und Sie auch der Heiterkeit der anderen Herren überlasse.«

Das Orchester lachte tatsächlich gutgelaunt über diesen kleinen Zwischenfall. Der Oboist schwieg verstört mit schiefem Blick.

»Lassen wir diese Scherze, meine Herren, hier muß sich jeder darein finden, daß der Dirigentenstab in meiner Hand ist. Und jetzt los, meine Herren, zum Teufel noch mal! Es soll klingen wie ein Gebet! Wir spielen Beethoven, meine Herren, Beethoven, der gleich nach dem Herrgott kommt!«

Nun verlief die Probe wie am Schnürchen. Und genau so war es mit den Sängern. Jeder Musiker und jeder Sänger bestaunte kopfschüttelnd diesen mit geradezu dämonischem Feuer dirigierenden, langhaarigen Mann, der ihnen Vorschriften machte, die ihnen wie ein Rätsel vorkamen.

»Nicht ›singen‹, meine Gnädige, sondern singen Sie!«

»Dieses Piano ist nicht duftig genug. Mehr, bitte! Verstehen die Herren nicht, was Duft ist?«

»Dieser Einsatz ist nicht gut! Er darf nicht einschmeichelnd sein, sondern muß einfließen. Das ist ein großer Unterschied! Weiter, bitte!«

Nach der Probe geschah ein Wunder: die Mitglieder des Orchesters sowohl als auch die Sänger blieben noch da. Sie mußten sich über diesen neuen phantastischen Menschen aussprechen, den sie zwar schon des öfteren am Klavier gehört, nicht aber am Dirigentenpult gesehen hatten. Sein sonderbares, beunruhigendes Verhalten hatte sie richtig aufgewühlt, in Erregung gebracht und entweder zu heftigem Widerstand oder zu begeistertem Gehorsam gezwungen. Während der hetzenden Proben aber wurde das Widerstreben immer geringer, die Begeisterung stets größer.

Außerhalb des Theaters ging es in diesen Tagen meist sehr laut zu. Franzi traf ab und zu auf demonstrierende Menschenmassen. Das ärgerte ihn stets; denn er mußte meistens stehenbleiben, bis die Demonstranten vorbei waren. Er aber hatte Eile. Warum sie demonstrierten, interessierte ihn nicht allzusehr. Er kannte die inneren Angelegenheiten des kleinen Weimarer Staates noch nicht genügend, um sich über solche Dinge ein Urteil bilden zu können. Liszt wußte nur so viel, daß ein Advokat namens Wydenbruck an der Spitze der Demonstranten stand und auch erreichte, daß ihn der Großherzog an der Arbeit des Grafen Hatzfeld teilnehmen ließ. Insbesondere am 15. März waren die Ansammlungen auf den Straßen sehr groß. Der Hauptplatz wurde von einer dichten Menschenmenge besetzt, und vom Balkon des Stadthauses hielt Wydenbruck eine Ansprache an das Volk. Franzi konnte sich kaum einen Weg bahnen, um in seinem Stammlokal zu Mittag zu essen.

»Was, zum Teufel, ist denn da draußen los?« erkundigte er sich beim Kellner.

»Wissen Sie denn nicht, daß wir jetzt eine Revolution haben?«

Franzi lächelte. Es schien ihm außerordentlich komisch, daß man das »Revolution« nannte, wenn jemand von einem Balkon herab eine Rede hielt, die von den friedlichen Bürgern ruhig angehört wurde. Er dachte zurück an die Juli-Revolution in Paris, die einst in seiner Jugend eine so große Rolle gespielt hatte. Ja, *das* war eine Revolution! Hier aber wurde bloß demonstriert, man jubelte der Freiheit und zugleich auch dem Großherzog zu. Liszt achtete gar nicht weiter auf das Ganze. Diese Vorgänge verursachten auch im großherzoglichen Schloß keine besondere Aufregung. Die Damen unterhielten sich lächelnd über Herrn Wydenbruck und setzten ihre musikalischen Studien fort. Nur der Großherzog war jetzt mehr beschäftigt als sonst. Er verhandelte von früh bis abends mit den verschiedensten Stadtvätern. Genau so der Erbgroßherzog, der manchmal tagelang keine Zeit fand, Franzi zu empfangen, worüber sich dieser aber nur freute, denn er brauchte jede Viertelstunde für den »Fidelio«.
»Martha« wurde erst in zweiter Linie geprobt; die Einstudierung dieses Werkes war bis zu dem festgesetzten Termin beendet. Am Abend der Festvorstellung dirigierte Franzi im Frack. Die schöne, melodiöse Musik gefiel den Zuhörern ausnehmend, und in der Hofloge spendeten die hohen Herrschaften auffallend starken Beifall. Der neue Dirigent erlebte einen Erfolg wie früher bei seinem Auftreten als Klaviervirtuose. In der Pause stattete er dem Großherzog einen Höflichkeitsbesuch ab.
»Es war vorzüglich!« lobte die Großherzogin begeistert.
»Sparen Sie bitte Ihre Anerkennung, Kaiserliche Hoheit«, wehrte Liszt ab, »das war noch nichts. Das war nicht die Musik, die ich in Weimar einführen will. Im Herbst fange ich erst richtig an. Dann wird schon vieles anders sein . . . Dann . . .«
Er hielt inne und beendete den Satz nicht. Der Großherzog unterhielt sich mit dem Erbgroßherzog, niemand hörte der Großherzogin und dem Künstler zu.
»Sind Sie sehr verliebt?« fragte die Großherzogin.
»Wie ein Schüler«, gestand er verschämt und stolz zugleich.
Als er spät in der Nacht nach Hause kam, konnte er vor Müdigkeit nur einen ganz kurzen Brief an die Fürstin schreiben. Auf dem Briefbogen stand bloß: »BBBBB.« Den Sinn dieser fünf Buchstaben verstanden allein sie beide. In ihrer Geheimsprache bedeuteten diese Zeichen ein französisch-polnisches Sprichwort: »Bon Boje bénira bons bessons – der liebe Gott möge die beiden guten Geschwister segnen.« Sie, sie beide . . . Ja, er wird sie segnen . . . Die Scheidung muß gelingen, sie werden einander ewig angehören! Das Leben wird in der Herrlichkeit befriedigender und schöpferischer Arbeit so lange währen, bis der erhabene, heilige Augenblick des Todes gekommen ist. Gott gebe, daß er recht spät eintrifft!

VIERTES KAPITEL

Ehe Liszt in Krizanowitz die flüchtende Fürstin abholte, drängte es ihn, noch schnell einmal nach Paris zu fahren, um vor dem großen Ereignis seines Lebens mit seiner Mutter und seinen Kindern zu sprechen. Er war gerade mit der Zusammenstellung seines Reiseplanes beschäftigt, als die Zeitungen die Nachricht von der Revolution in Paris brachten. In Kürze erfuhr er auch durch einen Brief Einzelheiten von dem Aufruhr. Die Mitteilung seines Schriftstellerfreundes Jules Janin war sehr interessant, wahrhaftig, vier Seiten Geschichte. Dieser beschrieb ihm die Schießereien auf der Straße, die große Verwirrung, die allgemeine Unsicherheit, die schicksalsschweren Stunden Louis Philipps. Doch er hatte seinen Brief noch nicht abgesandt, als der Bürgerkönig abdankte und sein Enkel, der Graf von Paris, zum König ausgerufen wurde. Janin versah also sein Schreiben schnell noch mit einem Nachsatz. Er war aber gezwungen, noch einen zweiten anzufügen; denn das Königtum des Grafen von Paris ward ebenfalls gestürzt, Frankreich wurde Republik. In ein und demselben Briefe drei Staatsformen, Schießereien und Barrikaden . . .

Mit derselben Post bekam er auch noch ein ganz andersgeartetes Schreiben: ein vielversprechender Komponist namens Smetana schrieb ihm aus Prag. Er widmete ihm eine seiner Kompositionen, die Franzi einst sehr günstig beurteilt hatte. Im Begleitbrief schrieb der Tscheche:

> »Bitte seien Sie so liebenswürdig, mein Werk drucken zu lassen. Ihr Name wird den Weg dieses Werkes zum Publikum sichern . . . Ich wage noch eine Bitte vorzubringen. Meine augenblickliche Lage ist furchtbar. Gott mag jeden jungen Künstler vor derartigem bewahren. Ich vermöchte aber meine Existenz sofort zu sichern – was mich zum glücklichsten Menschen der Welt machen würde, da ich so meinen einzigen Wunsch verwirklichen könnte –, ich wäre in der Lage, für meine alten, armen Eltern bis zu ihrem Lebensende zu sorgen. Dazu müßte ich eine Musikschule gründen . . . Wenn ich so viel Geld hätte, daß ich eine Wohnung mieten und mindestens zwei Instrumente kaufen könnte, dann wäre ich mit meinen Eltern versorgt. Obwohl ich schaffender und reproduzierender Künstler bin, besitze ich kein Instrument . . . ein Freund gestattet mir, bei ihm zu üben . . .«

Mit einem Worte, der junge Tscheche wollte ein Darlehen von vierhundert Gulden haben.

Franzi beantwortete beide Briefe sofort. An Smetana schickte er die vierhundert Gulden, und Janin antwortete er, daß er nunmehr auf seine Pariser Reise verzichte. Statt nach Paris fuhr er nach Dresden. Er wollte unter allen Umständen mit Wagner sprechen und teilte ihm mit, daß er ihn im »Hotel de Saxe« erwarten solle – in demselben Hotel, in dem er einst mit Lola

Montez gewohnt, wo er das Wunderkind Bülow angehört und den eifersüchtigen Tenor hinausgeworfen hatte.
Pünktlich zur vereinbarten Zeit klopfte Richard Wagner, unter dem Arm ein großes Bündel Noten, an die Tür des Zimmers 17. Er war zurückhaltend und erwartungsvoll. Franzi ging ihm mit strahlendem Gesicht entgegen und umarmte ihn.
»Kommen Sie, kommen Sie, damit ich mich Ihrer freue! Man kann mit großen Begabungen wahrhaftig nur selten sprechen. Nehmen Sie bitte Platz!«
Wagner ging langsam aus seiner Zurückhaltung heraus. Er bedankte sich für die Anerkennung, die sein berühmter Wohltäter seinem »Tannhäuser« bezeugte. Franzi setzte sich sofort ans Klavier, stellte die Kognakflasche mit hin und spielte die Ouvertüre, seinen Blick in Wagners Blick senkend. Die Augen des Dresdner Meisters füllten sich langsam mit Tränen.
»Vor Ihnen muß man sich beugen. Was Sie am Klavier können, ist ungeheuerlich und wunderbar zugleich. Während Sie spielten, empfand ich fast ein wenig Eifersucht; denn es kam mir vor, als ob *Sie* meine Ouvertüre komponiert hätten, eben in diesem Augenblick, aber hundertmal besser als ich.«
»Davon kann doch gar keine Rede sein. Ihre Ouvertüre ist ein Meisterwerk, das muß ich hundert- und tausendmal wiederholen. Sie werden schon sehen, was ich daraus in Weimar mache! Sie müssen nämlich wissen, daß ich die Leitung des Weimarer Theaters übernommen und daß ich dort große Pläne habe. Und da sollen Sie zu allererst berücksichtigt werden.«
Wagner wurde ganz verlegen in seinem großen Glück. Er konnte kaum fassen, was er gehört hatte. Wie eine Offenbarung überstrahlte mit einem Male die Weltautorität des großen Liszt seine kühnsten Hoffnungen! Sie besprachen nun ganz ausführlich die Zukunft in Weimar. Franzi war sich der Schwierigkeiten durchaus bewußt. Er wußte ganz genau, daß selbst die über eine gründliche, musikalische Durchbildung verfügenden Kritiker Wagners Musik leidenschaftlich bekämpfen würden; um wieviel schwerer mußte es also sein, das musikalisch vernachlässigte Publikum dieser Kleinstadt zu gewinnen. Er sah aber den Schwierigkeiten ruhig entgegen. Das Vorhaben mußte unter allen Umständen gelingen!
»Ich kann mich noch immer nicht fassen«, frohlockte Wagner. »Sie sind also tatsächlich ein Freund meiner Musik?«
»Ich glaube begeistert an sie, ich identifiziere mich damit, ich unterschreibe jeden Takt. Ich halte Sie ganz einfach für ein Genie, mein lieber Freund. Sie werden in meiner Hand die Fahne sein, der ich folge. Woran arbeiten Sie jetzt?«
Wagner holte sein Notenbündel hervor. Auf der Titelseite stand »Lohengrin« geschrieben.
»Ein eigenartiges Wort. Was ist das?«

»Es ist der Name eines Gralsritters. Haben Sie schon von der Gralssage gehört, Herr Hofrat?«
»Jawohl. Aber nennen Sie mich bitte nicht ›Hofrat‹. Also die Gralssage. Ich erinnere mich ganz dunkel, davon gelesen zu haben. König Artus und irgendein runder Tisch, nicht wahr?«
»Ganz recht. Aus diesem Sagenstoff habe ich eine Episode ausgewählt. Wichtiger ist aber die Tendenz dieses Werkes. Es ist schon fast fertig. Der Grundgedanke meiner Oper ist nämlich der, daß den Mann nur eine Liebe glücklich machen kann, die ihm die Frau ganz ohne Vorbehalt in unerschütterlichem, reinem, blindem Glauben gibt.«
»Mit einem Wort«, unterbrach ihn Franzi und lächelte besinnlich, »die Liebe einer Frau soll so sein wie der Glaube.«
»Genau so. In meinem Musikdrama steigt der Gralsritter vom Berge Montsalvat herab und vermählt sich mit einer Prinzessin, aber unter der Bedingung, daß sie ihn niemals nach Name und Herkunft fragt. Die Frau ist aber nur eine Frau. Das Werk endet mit dem geheimnisvollen Verschwinden des Ritters.«
»Muß es denn so enden?« fragte Franzi, neuen Kognak eingießend.
»Aber selbstverständlich. Gibt es denn eine Frau, die mit vollkommenem Glauben und blinder Hingabe lieben kann?«
»Ich kenne eine. Ob es noch eine zweite gibt, weiß ich nicht.«
Wagner blickte seinen Gönner an. Er sah ihn lange an, dann seufzte er tief.
»Wenn Sie wüßten, wie ich Sie beneide! Aber daß ich wieder zur Sache komme . . . nein, ich mache es lieber am Klavier.«
Er begann zu spielen und erklärte dabei die Instrumentation. Dann sang er sämtliche Rollen. Er hatte sich so tief in das Werk hineingelebt, daß er seinen Vortrag wirklich schauspielerisch zu gestalten vermochte. Als Elsa war er hingebungsvoll und züchtig, bei den Worten der Ortrud machte er ein dunkles, schicksalhaftes Gesicht. Er spielte Klavier und erklärte gleichzeitig die Einzelheiten der Instrumentation. Auf seine Stirn traten Schweißtropfen. Eigentlich hätte er außerordentlich komisch wirken müssen, Franzi konnte aber nicht über ihn lachen. Die Macht des Genies zog ihn unwiderstehlich in seinen Bann, und er wollte sich ja auch gar nicht gegen die elementare Wirkung des Werkes wehren. Eine einzige Bemerkung erlaubte er sich:
»Ihr König spricht immer von ungarischen ›Horden‹, und das mit einer unermeßlichen Verachtung. Ich möchte Sie darauf aufmerksam machen, daß auch ich dort geboren bin. Sehe ich denn aus wie von einer wilden Horde gekommen? Sagen Sie es einmal ernsthaft.«
Er zwinkerte listig mit den Augen.
Wagner wurde plötzlich blaß, wie einer, der seinem Vorgesetzten aus Versehen eine Ohrfeige verabreicht hat. Franzi tröstete ihn aber sogleich wieder und lachte herzlich. Dann wurde das Gespräch abermals ernst. Wagner

begann ihm sein Leid zu klagen. Er erzählte von den traurigen Jahren seiner mühseligen Laufbahn. Seinen Vater, der Polizeibeamter in Leipzig war, hatte er nie gekannt. Sein Stiefvater, der ihn erzog, war ein Schauspieler namens Geyer; nach dessen Tode kam er zu Verwandten. Er hatte früh geheiratet, seine Frau war eine gutmütige Person, die sich aber dauernd über ihre Armut beklagte. Und das nicht einmal zu unrecht. Ohne Sorgen war er noch nie morgens aufgewacht. Zu seiner Armut kam dann noch ein anderer großer Schmerz: vor einigen Tagen erst hatte er seine Mutter zu Grabe getragen.
»Von Opern zu leben ist schwerer«, seufzte er, und etwas wie Neid klang aus seiner Stimme heraus, »als von Konzertreisen. Besonders wenn man eine Musik schafft, die in Wahrheit nur zwei Menschen auf der ganzen Welt verstehen...«
»Nur keine Sorgen, es wird noch alles gut. Glauben Sie an sich, das ist die Hauptsache.«
Bei diesen Worten wurde Wagner plötzlich ein ganz anderer. Seine Augen funkelten, seine Lippen bebten, er wuchs über sich selbst hinaus.
»Ich? Ich glaube an mich mehr als an Gott selbst.«
Diese Redensart gefiel Franzi nicht. Mit dem Namen Gottes ließ er nicht scherzen. Er schwieg jedoch, um die freundschaftliche Stimmung nicht zu trüben, sah auf die Uhr und sprang entsetzt auf.
»Unglaublich! Schumanns erwarten mich, ich komme bereits zwei Stunden zu spät. Ich hatte gar keine Ahnung, daß es schon so spät ist. Kommen Sie auch mit?«
Mit Windeseile liefen sie nach der Wohnung der Familie Schumann. Franzi war über diese Verspätung sehr verärgert. Außerdem merkte er, daß er wieder zuviel Kognak getrunken hatte. Seine Zunge war etwas schwer, desgleichen seine Füße. Er wußte, daß wiederum ein Unheil im Anzuge war, er konnte es aber jetzt nicht mehr ändern.
Clara empfing sie auffallend kühl. Schumann war still wie immer, aber hinter seiner Schweigsamkeit verbarg sich der Zorn des Beleidigten.
Die Entschuldigung wegen der Verspätung, Claras Vorwürfe, Franzis bittende Erwiderung, Claras harte und sarkastische Entgegnung, alles das hatte eine gute Viertelstunde in Anspruch genommen. Die Stimmung konnte nur durch die Musik gerettet werden. Sie begannen zu musizieren. Franzi wollte gern das Trio Schumanns hören. Die Musik erklang, und er hätte viel dafür gegeben, wenn er jetzt hätte spurlos verschwinden können. Das ging aber nicht. Dazu kam noch, daß die Musik, die er hörte, ihm ganz und gar nicht gefiel. Sie war schwerfällig und matt. Obwohl er Grund genug hatte, höflich zu den Gastgebern zu sein, war er nicht imstande, zu lügen.
»Nun, wie gefällt es Ihnen?« erkundigte sich Clara.
»Meinem Gefühl nach ein wenig schwerfällig.«
Clara schrak zurück, ihre Augen verdunkelten sich. Schumann erwiderte

nichts, er wurde weiß bis in die Lippen, und seine Hand begann zu zittern. Da setzte sich Franzi ans Klavier, um zu retten, was noch zu retten war. War er denn nicht der Orpheus der Welt, der mit seinen Zaubertönen sogar das brodelnde Meer beruhigen konnte? Aber dem Orpheus zitterten jetzt die Finger. Dreimal nacheinander griff er daneben, was ihm, solange er sich erinnern konnte, noch nie widerfahren war. Die Zuhörer zischten laut auf. Er beendigte das Stück und stand vom Klavier auf. Er fühlte, daß alles umsonst war; nur ein einziger Funke, und der aufgespeicherte Sprengstoff explodierte. Das wollte er vermeiden. Er war eben im Begriff, sich zu verabschieden, als Wagner mit Clara ein Gespräch anknüpfte. Er erwähnte Mendelssohn, der voriges Jahr gestorben war. Sie sprachen mit Anerkennung von dem Verewigten.

»Es ist schade um ihn. Er besaß eine musikalische Sprache wie kein anderer!«

»Mit Ausnahme von Meyerbeer«, warf Franzi dazwischen.

Das war der Funke. Schumann, der Meyerbeer nicht ausstehen konnte, fuhr auf.

»*Was* sagen Sie da? Sie wollen doch wohl Meyerbeer nicht mit Mendelssohn vergleichen?«

»Selbstverständlich nicht«, rief Franzi und konnte sich schon selbst nicht mehr beherrschen. »Man kann sie auch gar nicht miteinander vergleichen. Meyerbeer war in dem Meister, worin Mendelssohn doch nur Anfänger war.«

»Hören Sie«, zischte Schumann mit bebender Stimme, »wenn Sie nichts weiter als solch einen Unsinn zu sagen wissen, dann schweigen Sie lieber.«

»Werden Sie nicht grob, mein Lieber, ich verstehe doch wohl genau soviel von Musik wie Sie.«

Er sagte das leichthin, eher heiter, um der Angelegenheit die Spitze zu nehmen, und wandte sich an Clara, um sich zu verabschieden. Mit einem Male stand Schumann vor ihm und packte ihn an der Brust.

»Hören Sie«, schrie er, »wer sind Sie denn, daß Sie es wagen, *so* von einem Mendelssohn zu sprechen?«

Franzi blickte erschüttert auf das vor Wut verzerrte Gesicht, aus dem ihm ein heißer und keuchender Atem entgegenschlug. Er war darauf vorbereitet, daß er den wütenden Mann festhalten mußte. Wagner sprang erschrokken dazwischen. Clara schrie auf. Schumann holte tief Atem, ließ den Rock Franzis los, drehte sich um, verließ das Zimmer und schlug die Tür heftig hinter sich zu. Clara blickte Franzi ins Gesicht. In diesem Gesicht sah er alles. Diese Frau haßte ihn tödlich. Sie hetzte im geheimen ihren beeinflußbaren und leicht reizbaren Mann mit seinen gemarterten Nerven gegen ihn auf. Diese Frau konnte ihm, dem Manne mit der unerhörten Anziehungskraft, nicht verzeihen, daß er ihre geheimsten Gedanken durchschaut hatte. Sie blickten sich eine ganze Weile unverwandt an.

»Sagen Sie Ihrem Mann, daß er der einzige auf dieser Welt ist, von dem ich mir das gefallen lasse. Kommen Sie, Wagner.«
Sie gingen. Auf der Straße versuchte Wagner eine Unterhaltung in Fluß zu bringen Franzi aber antwortete nicht. Er schämte sich unbeschreiblich vor sich selbst wegen des Kognaks. Als er sich endlich in sein Zimmer zurückgezogen hatte, dachte er mit großer Sehnsucht an die Frau, die ihn einst zügeln würde. Aber wann mochte das sein? Und sollte es überhaupt gelingen?
Am nächsten Tage fuhr er weiter. Die Eisenbahn konnte er nicht benutzen, er mußte die Postkutsche in Anspruch nehmen. Wagner begleitete ihn. Von dem gestrigen Vorfall sprachen sie kein Wort. Wagner war voll von politischen Problemen. Bis zur Abfahrt der Postkutsche erklärte er lang und breit, daß der Sturz Louis Philipps keine Ausnahmeerscheinung sei. Ganz Europa gäre. Die Bewegung habe in Sizilien angefangen, das heißt, dort sei sie zum ersten Male zum Ausbruch gekommen. Nach Paris sei Berlin an der Reihe und dann Wien. Es wäre möglich, daß binnen kurzem ganz Europa in Flammen aufginge. Franzi hörte all dem teilnahmslos zu. Solche Geschehnisse kümmerten ihn nicht im geringsten; er dachte an nichts anderes als an Weimar und seine Heiratspläne, was so eng miteinander zusammenhing. In politisierenden Gesellschaften verkehrte er nicht, er las auch keine Zeitungen. Als die Postkutsche mit ihm davonrollte, fiel ihm plötzlich ein, was Graf Alexander Teleki ihm von der Prophezeiung Széchenyis: »Blut, Feuer und Verwesung in den Spuren Kossuths« erzählt hatte. Was sollte mit Ungarn werden, was mit Österreich, was aus der ganzen Welt?
Als er im Schloß des Fürsten Lichnowsky ankam, empfing ihn der gute Freund mit trauriger Miene. Er hatte schlechte Nachrichten zu verkünden. In ganz Europa tobte die Revolution. Berlin, Wien, Mailand und Pest seien verrückt geworden. Man sage, daß die Regierung des Zaren Rußland vor Europa hermetisch abschließen wolle. Für Auslandsreisen bekäme niemand eine Genehmigung. In diesem Falle würde aber wohl die Fürstin Sayn-Wittgenstein zu Hause bleiben müssen und der ganze Plan, den sie sich so schön ausgedacht, nicht ausführbar sein. Von der Fürstin keine Nachricht, wann sie reise, deshalb könne man ihr auch nicht entgegenfahren . . .
Franzi sank erschöpft in einen Lehnstuhl im großen Saal. Er wurde weiß wie die Wand. Fürst Felix bemühte sich, ihn zu trösten, aber umsonst. Der Gast zog sich in sein Zimmer zurück und schloß sich ein. Stundenlang ging er ruhelos auf und ab, dann warf er sich auf das Sofa, aber seine quälenden Gedanken brachten ihn sofort wieder auf die Beine. Am zweiten Tage hatte er sich einigermaßen wieder in der Gewalt. Er bekam gute Nachrichten aus Ungarn, die ihn ein wenig ablenkten. Die allgemeine Unruhe machte sich auch dort bemerkbar. In Preßburg tagte der Reichstag, die Führung hatte zwar Kossuth an sich gerissen, alles verlief jedoch unblutig. Die Universi-

tätsjugend in Pest, unter ihnen einige Schriftsteller, auch Petöfi, von dem Graf Teleki öfters erzählt hatte, veröffentlichten ohne Erlaubnis und ohne Genehmigung der Zensur politische Aufrufe und Freiheitsgedichte. Die Regierungsgewalt war zunächst nachgiebig, die Dynastie half sich jedoch durch einen prächtigen Einfall: in der Thronfolge übersprang sie eine Linie, und der außerordentlich volkstümliche achtzehnjährige Franz Joseph bestieg den Thron. Es bildete sich eine verfassungsmäßige ungarische Regierung. Ministerpräsident wurde Graf Ludwig Batthyány, sein alter Bekannter aus Preßburg, bei dem er so schöne Stunden verbracht hatte. Das Außenministerium wurde dem Fürsten Esterhazy anvertraut, dem jetzigen Herrn von Raiding. Im übrigen kamen in ganz Europa seine Bekannten in führende Stellungen. Außenminister der französischen Regierung wurde Lamartine, der fast sein Onkel geworden wäre. Eine Hauptgestalt der Revolution in Mailand war die Herzogin Belgiojoso, und sein jetziger Hausherr wurde Mitglied des Frankfurter Parlaments. In Anbetracht dessen wartete Lichnowsky in großer Ungeduld auf eine Nachricht von der Fürstin, um dem Freunde den Liebesdienst zu erweisen und dann nach Frankfurt eilen zu können.

Die Nachrichten aus Ungarn erfüllten Franzi mit Freude. Sein alter Freund, Baron Schober, der Diplomat, sandte ihm ein deutsches Gedicht, das die Tapferkeit der Ungarn pries. Anscheinend hatte sich in Ungarn das nationale Selbstbewußtsein mit urwüchsiger Kraft erhoben. Um seine Gedanken abzulenken und um von ferne auch an dieser Freiheitsbewegung teilzunehmen, entschloß er sich, dieses Gedicht zu vertonen und nahm sich dabei vor, eine Kantate daraus zu machen für Gesangsstimmen, Chor und Orchester:

»Aus Osten, aus der Sonne Tor,
Wälzt sich ein dunkler Strom hervor,
Stolz blickende Scharen,
In der Hand den sausenden Busogan,
Die Erde zittert, wo sie nahn:
Die Hunnen sind's, die Magyaren.«

Es war ein einfaches, kleines Gedicht, gefiel ihm aber sehr gut. Mächtig und pulsierend sollte es werden, mit dem Motiv des Rákóczi-Marsches. Er nannte es »Hungaria-Kantate« und arbeitete mit viel Liebe daran. Aus seinen herzzerreißenden Zweifeln flüchtete er zu diesem Werk. Die Nachrichten über die Revolution kamen immer häufiger, die russische Grenzsperre schien unwiderruflich bevorzustehen. Und von der Fürstin keine Nachricht! Nach dem Abendessen unterhielten sich die beiden Freunde stundenlang, quälten sich ständig mit den gleichen Zweifeln und zwangen sich stets zu den nämlichen Hoffnungen.

»Heute nacht fiel mir ein«, sagte Franzi eines Abends, »was mir Graf Teleki erzählt hat.«
»Das kann nur etwas sehr Originelles gewesen sein. Als wir zusammen in Spanien an der Seite von Don Carlos kämpften, belustigte sich das ganze Lager an seinen Geschichten. Was hat er Ihnen erzählt?«
»Er meinte, daß Petöfi, ein hervorragender ungarischer Dichter, seine Herzallerliebste erst nach langen Schwierigkeiten von dem allzu gestrengen Vater erhielt. Eine Mitgift bekam er nicht und hatte nicht einmal eine anständige Wohnung. Er, Graf Teleki, stellte ihnen daraufhin sein ländliches Schloß für die Flitterwochen zur Verfügung. Der Dichter nahm es an, stellte aber die Bedingung, daß der Graf für diese Zeit das Schloß verlassen müsse. Ungefähr dasselbe geschieht jetzt mit uns, mein lieber Fürst. Wenn die Fürstin Carolyne ankommt, verlassen Sie uns sofort.«
»Das wird geschehen, ja, aber die englische Miß und die kleine Tochter kommen doch mit. Sie sind also nicht allein. Wissen Sie was, gehen Sie beide auf mein Schloß nach Grätz, das Kind und die Miß können hierbleiben. Grätz ist ein sehr schönes Fleckchen Erde, der liebe Gott hat es richtig für Verliebte geschaffen.«
»Das ist aber wirklich nett von Ihnen, ich danke Ihnen vielmals. Vorausgesetzt selbstverständlich, daß Carolyne geneigt ist, mit mir allein zu bleiben. Wenn Sie wüßten, wie sehr ich mich nach ihr sehne! Ich bin so verliebt, daß ich mir beinahe schon selbst lächerlich vorkomme.«
»Nicht nur Sie, mein lieber Franzi. Auch ich. Ich lache über den Scharfrichter, der Sie zur Hinrichtung führt. Wenn man Sie nur erst einmal hinführen würde, nicht wahr?«
Auch am zweiten und dritten Tag kam keine Nachricht. Nach zwei Wochen aufreibenden Wartens aber erschien plötzlich, statt jeder Nachricht, die Fürstin selbst – frisch, gesund, nur durch die überstandenen Aufregungen noch etwas magerer geworden. Sie brachte auch die kleine Prinzessin Maria mit und Miß Anderson, wie es geplant war. Sie konnten nicht müde werden, zu erzählen, welche Aufregungen sie erlebt hatten. Sie hatten die Grenze gerade zu dem Zeitpunkt erreicht, als der Zar die Ausreise untersagte. Sie waren die letzten, die noch hinüber durften. Die Grenzaufseher wiesen die nach ihnen kommenden Reisenden vor ihren Augen zurück. Als die beiden Liebenden endlich allein waren, breitete Franzi seine Arme aus.
»Jetzt auch noch nicht?«
»Doch, jetzt schon!«
Sie küßten sich andachtsvoll. Franzi hatte noch nie soviel Seligkeit in einem Kuß gefunden. Die unerforschbaren Triebe seines Herzens weckten in ihm für einen Augenblick das Gefühl, daß diese Carolyne, die er jetzt in seinen Armen hielt, mit Karoline Unger und Caroline Saint-Cricq identisch sei. Dieses Traumbild verschwand aber sofort wieder. Es war die Fürstin Sayn-

Wittgenstein, die er geküßt hatte, und niemand anders, und wenn ihm der liebe Gott helfen wollte, würde sie eines Tages Frau Liszt . . .
»Kommen Sie, ich zeige Ihnen etwas.«
Sie ging zum Schrank ihres Zimmers, nahm einen Koffer heraus und öffnete ihn. Er war bis obenhin voll mit dicken Bündeln von Tausendrubelscheinen.
»Was ist das?« fragte Franzi.
»Ihrem Wunsche gemäß, Marias Geld. Eine Million Rubel in Bargeld. Tausend Stück Tausendrubelscheine. Für soviel habe ich einen Teil meines Gutes verkauft.«
Franzi schob den kleinen Koffer beiseite und wollte die Frau abermals in seine Arme nehmen. Sie sträubte sich.
»Nein, nein. Maria könnte kommen oder die Miß oder der Kammerdiener.«
»Gut, ich will Sie nicht nötigen. Aber ich habe einen Plan. Fürst Felix will uns für einige Tage sein Schloß in Grätz zur Verfügung stellen. Kommen Sie mit mir dorthin, ohne Ihre Tochter und die Miß. Ich habe mit dem Fürsten vereinbart, daß niemand weiter da sein wird als ein Kammerdiener für mich und eine Zofe für Sie, die zugleich auch kochen kann. Erfüllen Sie meinen Wunsch? Oder haben Sie kein Verlangen, dorthin zu gehen?«
Die Fürstin wurde ernst.
»Sehen Sie mir in die Augen, Franzi! Ich liebe Sie unendlich. Ich glaube, ich sehne mich viel mehr nach Ihnen als Sie sich nach mir.«
»Aber?«
»Es gibt kein Aber. Ich komme mit. Wenn es sein muß, gleich morgen. Jetzt verlassen Sie mich, denn ich will mich umkleiden.«

FÜNFTES KAPITEL

Aus Pest schrieb man Liszt, daß sich nunmehr eine Gelegenheit biete, nach Ungarn zu übersiedeln und eine bedeutende Rolle im politischen Leben zu spielen. Dem weltberühmten Künstler stünde der Weg zu den höchsten Ämtern offen. Sonderbarerweise hatte Belloni, den Pest nichts anging, in Paris davon gehört. Er hörte es von Ungarn, die sich in Paris aufhielten und die ganz entschieden wissen wollten, daß Franz Liszt nach Ungarn übersiedeln und dort politisch tätig sein wolle. Belloni fragte also in einem langen Briefe an, was daran wahr sei. Darüber unterhielten sich die beiden Liebenden in der Einsamkeit des Grätzer Schlosses. Sie faßten einander bei der Hand und sahen sich ab und zu mit zärtlichen Blicken an, die vollständige Hingabe verrieten.

»Es fällt mir nicht im Traume ein, mich in die Politik einzumischen. Dieser Esel Belloni schreibt mir, daß er sich über diese Nachricht nicht wundere, da er die Ruhmsucht eines jeden großen Mannes für berechtigt halte. Ich war gezwungen, in einem achtseitigen Brief meinen Standpunkt klarzulegen, damit er über mich in Paris keine Dummheiten in Umlauf bringt, die meine Mutter beunruhigen könnten.«

»Was hast du ihm geschrieben?«

»Ich habe ihm entgegengehalten, daß es vielerlei Ruhmsucht gebe. Den Durchschnittsmenschen treibe diese Eigenschaft nach hohen Stellungen, Auszeichnungen und einer umfangreichen Biographie im Lexikon. Ich stünde jedoch über diesen Dingen, wie ein erwachsener Mensch über Kinderspielen steht. Den materiell denkenden Menschen treibe die Ruhmsucht nach handgreiflichen Erfolgen, Geld, Mitteln, das Leben genießen zu können. Dafür hätte ich, wie ihm ja bekannt sei, auch kein Verständnis. Für den aufrechten Menschen bedeute aber Streben nach Ruhm soviel wie der Wunsch, seine Ideen zu formen und zu verwirklichen. Das könne man gewiß auch in der Politik, wenn man nämlich politische Ideen habe. Ich aber hätte nur künstlerische Gedanken. Die Politik ginge mich nichts an. Ich müßte mich ja verachten, wenn ich nur aus Ruhmsucht eine solche Aufgabe übernähme. Carolyne, der liebe Gott hat meine Pflichten bestimmt, ich würde gegen ihn sündigen, wenn ich diese nicht erfüllte. Wissen Sie, was mir einfiel, als ich Belloni antwortete? Ein Ausspruch des Evangelisten Johannes. Meine Pflicht ist, dieses Zitat zu meinem Wahlspruch zu machen: ›Und das Wort ward Fleisch und wohnte unter uns.‹ Das Wort ist schon hier in meiner Seele und in meiner Begabung. Es muß aber Fleisch werden, Gestalt annehmen. Ich gehe also meiner Arbeit nach: ich musiziere . . .«

»Du bist eine reine und große Seele. Ich liebe dich. Was für eine Rolle hättest du aber in der Politik spielen können?«

»Ich weiß es nicht, vielleicht im Kultusministerium oder in der Diplomatie. Der Fürst Esterhazy ist ja Außenminister. Aber davon kann gar keine Rede sein. Vor allem schon deswegen nicht, weil ich mit der ungarischen Politik gar keine Fühlung habe. Dort kämpfen zwei große politische Gedanken miteinander: die feurige, vorwärtsstürmende Idee des Fortschritts und der Erneuerung und auf der anderen Seite die vorsichtige und konservative Idee des gemächlichen Vorwärtskommens. Wenn ich jetzt zwanzig Jahre alt wäre, würde ich zweifellos zur revolutionären Richtung stehen. Ich bin aber nicht mehr in diesem Alter. Und wenn jemand Gelegenheit gehabt hat, die Masse kennenzulernen, so bin *ich* es. Ich habe fünfundzwanzig Jahre lang für die Masse gearbeitet. Ich bin da angelangt, daß ich mit den Römern sagen kann: ›Odi profanum vulgus.‹ In Ungarn hält jetzt Kossuth alles in seiner Hand, der ein ganz vorzüglicher Volksredner ist und seine Karte auf die breite Masse setzt. Sein Gegner, Graf Széchenyi, stützt sich dagegen auf die gemäßigten Elemente. Wessen Weg der bessere ist, kann ich nicht ent-

scheiden; denn so klug bin ich nicht, und die Verhältnisse in Ungarn sind mir unbekannt. Gefühlsmäßig stehe ich Kossuth ein wenig fremd gegenüber. Széchenyi dagegen kenne ich sehr gut, und den habe ich auch sehr gern. Vielleicht würde ich auch von Kossuth ganz anders denken, wenn ich ihn kennen würde. Ich weiß nicht. Die Hauptsache ist, daß ich einen Beruf und meine Arbeit habe. In Weimar, mit Ihnen zusammen, Carolyne.«
»Liebst du mich?«
»Ich vergöttere Sie.«
»Sag mal, bemerkst du denn gar nicht, daß ich dich immer mit ›Du‹ anrede, und du zu mir dagegen ›Sie‹ sagst?«
»O ja, ich habe es schon bemerkt. Mir liegt das Duzen aber einfach nicht. Vielleicht werde ich mich langsam daran gewöhnen.«
Er sprach nicht ganz die Wahrheit; denn er wußte, daß er sich daran gewöhnen würde. Von dem »Du«-sagen hielt ihn sein Stolz noch zurück. Dieser überempfindliche Stolz, der sich instinktiv dagegen wehrt, es so eilig zu haben, eine Fürstin zu duzen. Und in diesem Stolz war er heute noch befangen, als er mit seinem ganzen Herzen diese Frau in reinem Glück liebte.
Sie verbrachten nur wenige Tage in Grätz, unbeschreiblich einsame, ruhige, schöne Tage der Liebe. Dann mußten sie an die Weiterreise denken, weil sie für Weimar einen bestimmten Ankunftstermin zu wahren hatten und sich unterwegs noch an verschiedenen Orten aufhalten wollten. Prinzessin Maria und Miß Anderson schlossen sich ihnen an. Zu viert fuhren sie zunächst nach Wien. Sie fanden die österreichische Hauptstadt in vollem Aufruhr. An den Straßen türmten sich Barrikaden, jeder Mann trug eine Waffe, eine weit über hunderttausend zählende revolutionäre Volksmenge schien wie aus der Erde gestampft, das Herrscherhaus weilte nicht in Wien. Franzi und Carolyne gingen neugierig auf dem aufgerissenen Pflaster der Straßen spazieren. Liszt trug eine rot-weiß-grüne Kokarde im Knopfloch, was in Wien augenblicklich sehr viel bedeutete: die Wiener Revolution wartete nämlich sehnsüchtig auf den Ausbruch des ungarischen Aufruhrs. Die Soldaten der Nationalgarde erkannten Franzi des öfteren und ließen ihn hochleben. Er schwenkte seinen Hut und schenkte ihnen Geld und Zigarren. Auch ein Ständchen wurde ihm gebracht, und er mußte auf dem Balkon des Hotels »London« eine Ansprache an das Volk halten. Die Fürstin Carolyne saß beglückt im Zimmer und war trotzdem unglücklich, weil sie sich noch nicht auf den Balkon neben ihren berühmten Geliebten stellen durfte.
Von Wien aus fuhren sie nach Raiding. Die Fürstin wollte das Haus sehen, in dem Franzi geboren war, und in der kleinen Kirche beten, in der er zum ersten Male gebetet hatte. Abermals veranstaltete man ein großes Volksfest in Raiding; Franzi bewirtete alle und gab wiederum viel Geld für die Armen. Sie kamen auch nach Eisenstadt, um das Esterhazy-Schloß zu besichtigen; dann fuhren sie endlich nach Weimar.
An einem Junitage trafen sie dort ein. Sie stiegen jedes für sich in einem

anderen Hotel ab. Die Fürstin meldete sich sogleich bei Maria Pawlowna zur Audienz. Die Großherzogin empfing sie auch noch am gleichen Tage. Die Audienz währte anderthalb Stunden.

»Schnell, schnell«, drängte Franzi, als Carolyne endlich aus dem Schloß zurückkehrte, »erzählen Sie alles ganz ausführlich.«

Die Fürstin berichtete. Ihr war ein sehr verheißungsvoller Empfang zuteil geworden. Die Großherzogin hatte alles Erdenkliche versprochen. Sie hatte sich nach den kleinsten Einzelheiten erkundigt und ihr den Rat gegeben, sich an den Zaren selbst zu wenden. Carolyne solle ihm einen aufrichtigen und ergebenen Brief schreiben und bestrebt sein, das Vertrauen des Zaren zu gewinnen, da nach ihren Informationen der Kaiser die Fürstin Carolyne als Polin für eine Feindin halte. Er erinnere sich auch nur ungern an Franzi. Der Monarch habe jenes Hofkonzert noch nicht vergessen, bei dem ein Musiker es gewagt hatte, ihn durch die Blume zurechtzuweisen. Dazu komme noch, daß der jüngere Bruder des Fürsten Wittgenstein, der Carolyne von jeher haßte, jetzt ein sehr beliebter und einflußreicher Mann am Zarenhofe sei und zweifellos alles in Bewegung setzen werde, um der Familie Wittgenstein das große Vermögen der Iwanowskis, zumindest aber den noch nicht veräußerten Teil, zuzusprechen. Zu guter Letzt dürfe man auch nicht außer acht lassen, daß der Kaiser als wahrer Vater seiner russischen Untertanen ein überzeugter Sohn der griechisch-katholischen Kirche sei und sogar die Protestanten lieber habe als die Römisch-Katholischen. Mit einem Wort, es werde sehr schwer sein, für die Sache das Wohlwollen des Zaren zu gewinnen. Maria Pawlowna wolle aber alles versuchen, um ihren Bruder günstig zu stimmen.

»Sie hat mich für morgen mit einigen Herrschaften vom Hofe zum Tee gebeten, um meine gesellschaftliche Stellung zu festigen. Sie war im allgemeinen sehr liebenswürdig zu mir. Von Ihnen sprach sie mit besonderer Begeisterung. Gibt es denn überhaupt einen Menschen auf der Welt, der Sie *nicht* vergöttert?«

»Aber selbstverständlich. Der Zar.«

»Warum sagen Sie das so schlechtgelaunt? Ich habe Ihnen doch gute Nachrichten gebracht.«

»Die vielen Schwierigkeiten, die Sie aufgezählt haben, stimmen mich sehr traurig. Wenn aber alle Stränge reißen, bleibt uns ja immer noch Amerika.«

Diese Möglichkeit hatten sie schon in den Grätzer Tagen ernstlich erwogen. Wenn Gesetz und Brauch ihre Vereinigung unmöglich machen sollten und sie, ohne von der Gesellschaft ausgestoßen zu werden, nicht beieinander bleiben könnten, wollten sie in der Neuen Welt ihr Glück versuchen. Musiker, die schon dort lebten, waren meist mit sehr viel Vermögen zurückgekommen, und für ernste musikalische Arbeit bot sich dort ein großes, unerschlossenes Gebiet. Noch in Wien hatte er bei einem Hamburger Reisebüro ein Konto eröffnen lassen. Auf dieses zahlte er den Preis für vier Über-

fahrtskosten ein. Wann immer sie also wollten, konnten sie diese vier Karten nach New York benutzen.
Soweit waren sie aber vorerst noch nicht. Zunächst mußte man eine würdige Unterkunft für die Fürstin ausfindig machen, und zwar gleich eine solche, wohin auch Franzi übersiedeln konnte, sobald die kirchliche Scheidung ausgesprochen war. Bis dahin sollte Carolyne ihre bisherige Wohnung behalten, wenn sie auch der Form halber vorübergehend nach Dresden, München oder sonstwohin reiste.
Die weltberühmte Heimstätte von Goethe und Schiller war eine kleine Stadt, die Wohnungssuche dauerte nicht allzulange. Irgend jemand empfahl ihnen die »Altenburg«, deren erste Etage gerade frei war. Sie besichtigten sie sofort, und die Fürstin mietete sie auch nach kurzem Verhandeln. Es war ein schönes zweistöckiges Haus jenseits der Ilm, wo die Landstraße nach Jena über einen hohen Hügel führt. Vom großherzoglichen Schloß brauchte man, sich rechts haltend, nur wenige Minuten zu gehen, die kleine Brücke zu überqueren und den Abhang hochzuklettern: dort stand das alte Gebäude hinter dichten Sträuchern. Aus den Fenstern des ersten Stockes konnte man den idyllischen Lauf der Ilm verfolgen und sah die klassische Residenz vor sich liegen. Noch am selben Tage begann die Fürstin mit dem Beschaffen der Einrichtung.
Einen langen Brief an den Zaren hatte sie abgeschickt, betreffs der Scheidung war also zunächst nichts weiter zu tun. Fleißige Tage folgten, die frohe Arbeit der Gründung eines eigenen Heimes. Franzi ließ freudigen Herzens seine vielen Einrichtungsgegenstände aus Paris kommen, die er mangels eines ständigen Heimes bis jetzt dort hatte aufbewahren müssen. Die Wohnung wurde für ein Ehepaar mit Tochter und Erzieherin eingerichtet.
Aber auch Franzi stürzte sich in seine Arbeit. Das Theater hatte jetzt Ferien, die dazu benützt wurden, den Zuschauerraum umzubauen. Die Änderung war notwendig geworden, weil die liberale Regierung angeordnet hatte, die getrennten Plätze für Adel und Bürgertum zu beseitigen. Von nun an konnte jeder Weimarer Bürger sich auf den Platz setzen, für den er eine Karte gelöst hatte. Während in anderen Ländern die Throne ins Wanken gerieten und Blut floß, war dies die wichtigste Errungenschaft des Jahres 1848 im Großherzogtum Weimar. Die Weimarer waren aber damit restlos zufrieden und feierten ihren Großherzog mehr denn je. Das Theater blieb also jetzt stumm, aber man mußte sich für die neue Spielzeit vorbereiten. Und der Mann, auf den Franzi die größte Hoffnung setzte, meldete sich eben jetzt ganz von selbst mit folgendem Brief:

»Vortrefflichster Freund!

Sie sagten mir kürzlich, daß Sie für einige Zeit Ihr Piano zugeschlossen hätten: ich nehme nun an, daß Sie fürs nächste Bankier geworden sind.

Mir geht es schlecht, und wie ein Blitz kommt mir der Gedanke, daß Sie mir helfen könnten. Die Herausgabe meiner drei Opern ist von mir selbst unternommen worden: das Kapital dazu habe ich mir einzeln zusammengeborgt: jetzt ist mir alles gekündigt, ich kann keine Woche mehr bestehen; denn jeder Versuch, das mir eigentümliche Geschäft, selbst für die baren Ausgaben bloß, zu verkaufen, ist in der gegenwärtigen schwierigen Zeit ohne Erfolg geblieben. Aus mehreren hinzutretenden Motiven wird mir die Sache sehr gefährlich: und ich frage mich heimlich, was aus mir werden soll. Die Summe, um die es sich handelt, ist fünftausend Taler: nach Abzug des bereits daraus Gewonnenen und mit Verzicht auf Honorar ist dies das in den Verlag meiner Opern verwendete Geld. Können Sie das Geld schaffen? Haben Sie es, oder hat es jemand, der es Ihnen zuliebe hergäbe? Wäre es nicht sehr interessant, wenn Sie der Verlagseigentümer meiner Opern würden? Freund Meser müßte das Geschäft auf Ihre Rechnung so redlich fortführen wie auf die meinige: Ein Advokat könnte die Sache in Ordnung bringen. Und wissen Sie, was daraus erfolgte? Ich würde wieder ein Mensch werden, ein Mensch, dem die Existenz möglich geworden ist – ein Künstler, der nie in seinem Leben wieder nach einem Groschen Geld fragen und nur froh und freudig arbeiten würde. Lieber Liszt, mit diesem Gelde kaufen Sie mich von der Sklaverei los! Dünke ich als Leibeigener Ihnen soviel wert?
Sagen Sie das bald Ihrem sehr ergebenen

Richard Wagner.«

Dresden, 23. Juni 1848

Dieser Brief brachte Franzi in große Verlegenheit. Gerade jetzt besaß er kein Geld. Er hatte soeben die hohen Internatsgebühren für seine Kinder abgeschickt, die Gründung seines neuen Heims verschlang sehr viel Geld; auch hatte er gerade in der letzten Zeit sehr viel an Bittsteller ausgeliehen. Es war ihm also einfach unmöglich, einen so großen Betrag zu beschaffen. Andererseits wollte er diesem Manne unter allen Umständen behilflich sein. Er grübelte und grübelte, was da zu machen wäre – inzwischen traf ein neuer Brief von Wagner ein, und dann erschien er sogar persönlich. Er kam nach Weimar, um sich von seinem Gönner in irgendeiner Art und Weise helfen zu lassen. So saßen sie beisammen und berieten. Und kamen zu keinem Ergebnis, wenigstens nicht, soweit es sich um eine sofortige Hilfe handelte. Wagner klagte bitter:
»Ich weiß, daß mein ›Tannhäuser‹ ein Meisterwerk ist. Ich habe die Aufführung in Dresden förmlich mit Gewalt durchgesetzt, sie fiel durch. Ich erzwang eine Wiederholung, auch sie fiel durch. Es gibt keinen Theaterdirektor, der wegen dieses Stückes auch nur einen Finger rührt. Von Ihnen kann ich es am wenigsten verlangen, daß Sie es in Weimar aufführen. Ihre Tätigkeit beginnt ja erst jetzt. Ich weiß, daß Sie mich an dieser Arbeit teil-

nehmen lassen werden, aber erst später. Sie müssen zunächst selbst einmal hier Fuß fassen. Wenn ich wüßte, daß mein Werk hier bestimmt aufgeführt wird, dann könnte ich ja warten; denn dann würden meine Gläubiger sicherlich sich auch gedulden.«

»So? – Dann können Sie beruhigt wieder nach Hause fahren. Ich werde den ›Tannhäuser‹ hier aufführen.«

Wagners Augen leuchteten auf.

»Das wollen Sie wagen? Soviel Mut haben Sie?«

»Dazu braucht man keinen Mut, sondern Glauben. Und ich glaube an Sie. Reisen Sie ruhig nach Hause. Das heißt, nicht sofort, denn ich möchte Sie der Fürstin Sayn-Wittgenstein vorstellen, die eine hervorragende Sachverständige ist, und der ich den ›Tannhäuser‹ schon vorgespielt habe.«

Er nahm ihn mit zur Fürstin. Carolyne empfing den Komponisten, der bei den Plänen ihres Geliebten eine so hervorragende Rolle spielte, mit besonderer Liebenswürdigkeit. Sie bemühte sich, über allgemein künstlerische Fragen zu sprechen, Wagner aber lenkte das Gespräch immer wieder auf »Tannhäuser«. Vor einer Stunde noch konnte er nicht im entferntesten hoffen, daß sein Werk in Weimar aufgeführt würde, und jetzt stellte er bereits eine Frage nach der anderen. Ob alle Rollen gut zu besetzen wären? Ob Geld genug vorhanden sei, um die Venusgrotte reich und prächtig auszustatten? Ob man den Intendanten Ziegesar auch bestimmen könne, einen besonderen Vertrag abzuschließen? Denn wenn sein Werk nicht mit den besten Kräften in glänzender Ausstattung herauskäme und er daran nicht gut verdiene, lohne es nicht, die Sache zu erzwingen. Er fand in seiner Verzweiflung über seine schwierige Lage, über die Verkennung seiner Musik und seinen eigenen innerlichen Zwiespalt so überzeugende und ergreifende Worte, daß Franzi, nur um ihn zu trösten, ihm das Blaue vom Himmel herunter versprach. Als sich Wagner endlich mit dankbaren Worten verabschiedete, erkundigte sich die Fürstin:

»Sagen Sie mal, Franzi, meinen Sie nicht, daß Ihr Freund sehr gewandt ist?«

»Wieso?«

»Während Sie ihm förmlich das Leben retteten, holte er zwanzig Versprechungen aus Ihnen heraus, ohne daß Sie das bemerkt hätten.«

»Selbstverständlich habe ich es wahrgenommen. Aber er hat doch recht. Das muß man so machen. Dieser Mensch achtet sein eigenes Werk und seine Begabung. Und das ist die einzig mögliche Einstellung zur Kunst. ›Tannhäuser‹ *ist* ein Meisterwerk. Weder er noch ich noch das Theater in Weimar ist wichtig, einzig und allein ›Tannhäuser‹ ist von Wert, der möglicherweise häßlich durchfallen kann. Darum *darf* ich mich aber nicht kümmern.«

Von da ab widmete er seine ganze Kraft den Vorbereitungen zum »Tannhäuser«. Den Hof unterrichtete er über seine Absichten vorerst noch nicht; denn es war zu befürchten, daß die mannigfachen künstlerischen Berater des Großherzogs die ganze Sache vor der Zeit verderben könnten. Er ver-

faßte jedoch eine längere Abhandlung über dieses Stück in französischer Sprache. Mit seiner ganzen musikalischen Autorität setzte er sich in dieser alle Einzelheiten erörternden Schrift für das Werk des unbekannten Mannes ein; er fügte Notenbeispiele bei und schickte das umfangreiche Schriftstück an das »Journal des Débats« in Paris.
Jetzt fand er endlich auch Zeit zum Komponieren. Obwohl seine Wohnung im »Erbprinzen« ihm für seine Arbeit nicht allzuviel Bequemlichkeit bot – seine Bücher und Noten lagen durcheinander und übereinander – zum Teil auf Tischen und Stühlen und sogar auf dem Erdboden –, er hatte doch Zeit. Nach langen, langen Jahren lernte er zum ersten Male das Gefühl der Stetigkeit kennen und mußte sich immer wieder wundern, wie lang so ein Tag werden kann, an dem man kein Konzert zu geben hat und nicht stundenlang zu üben braucht, und was man alles außer dem Schlafen in vierundzwanzig Stunden erledigen kann . . . Er nahm sich die »Berg-Symphonie« vor, die er schon seit geraumer Zeit beenden wollte – seit immerhin fünfzehn Jahren. In großen Zügen hatte er sie allerdings schon in Woronice entworfen, jetzt brachte er sie nunmehr völlig zum Abschluß. Er war zufrieden. Liszt wollte durch die Sprache der Musik die tiefe Tragik zum Ausdruck bringen, wie unbegreiflich die Natur und wie alt das Menschenleid ist, aus dem die Krone der Schöpfung, die menschliche Seele, der Harmonie der Natur entfremdet, jammernd unter dem Joch des Daseinskampfes aufschluchzt. Auf den Hintergrund der geheimnisvoll mit Sordino summenden Instrumente malte er in einer duftigen Stimmführung der Oboe das sieghafte Lob über die Schönheit der Schöpfung; dann ließ er mit grausamer Schärfe die Holzinstrumente in den das Himmelreich und das Meer preisenden gewaltigen Psalm hineinfahren, um den Wehruf der Menschheit wiederzugeben. Liszt ging sogar noch einen Schritt weiter als Victor Hugo, der sein Gedicht in einem tragischen Fragezeichen ausklingen ließ, er fügte noch einen Ausgleich dazu: Andante religioso. Er antwortete damit dem Skeptiker Victor Hugo und zugleich sich selbst.
Denn in dieser Zeit hatte Franzi es sehr nötig, im Schoße des Glaubens oder bei einer Idee eine Zuflucht vor dem Schmerz zu finden, der aus seiner Seele brach. Aus Ungarn kamen schlechte Nachrichten. Die Kroaten hatten sich gegen die ungarische Regierung erhoben; der kroatische Banus Jellacic stellte sich an ihre Spitze und entfesselte einen regelrechten Krieg. Die ungarische Regierung wandte sich um Schutz bittend an die ungarische Krone – vergeblich. Es wurde offensichtlich, daß die Dynastie ihre Kroaten selbst aufwiegelte gegen ihr eigenes, durch Kossuth unbequem gewordenes Land. Sehr viel Blut war schon geflossen, und Franzi las erschüttert die Zeitungsnachrichten. Demzufolge stieß Jellacic siegreich gegen Wien vor und gedachte in Kürze das auf den Barrikaden revoltierende Wien für die Habsburger zu erobern. Dann würde sich die ganze Kraft Österreichs gegen Ungarn wenden.

»Wie klug waren Sie, Franzi«, seufzte die Fürstin erleichtert auf, »daß Sie sich nicht in die ungarische Politik eingemischt haben!«

Franzi nickte ernst.

»Ich war klug, ja, und jetzt bin ich außer mir. Széchenyi wird recht behalten. Der Allmächtige sei dem schönen und lieben Ungarn gnädig!«

Das war Mitte Oktober. Drei Tage darauf, am 19. Oktober, kam Franzi atemlos in die Altenburg gelaufen. Er hielt der Fürstin eine Zeitung hin. Seine Hand zitterte, und die Fürstin schrie auf, als sie gelesen hatte. Es stand darin, daß die Frankfurter Demonstranten den Fürsten Lichnowsky, den jungen Parlamentsabgeordneten, erkannt hatten, als er in der Gesellschaft seines Freundes, des Generals Auerswald, ausritt. Der Fürst gehörte auch zu denen, die in der Frankfurter Versammlung für den unpopulären Malmöer Waffenstillstand gestimmt hatten. Die aufrührerische Masse nahm eine drohende Haltung an, und er mußte flüchten. Der Fürst verbarg sich in einem Keller, man fand ihn jedoch, zerrte ihn hervor und tötete ihn unter grausamsten Qualen.

Franzi trauerte dem schönen, lebenslustigen Manne schmerzlich nach. Seinen siebenunddreißigsten Geburtstag verbrachte er inmitten seiner Lieben in der Altenburg in düsterer Stimmung. Kaum hatte die Zeit seinen Schmerz über den grausamen Tod Lichnowskys etwas gelindert, da kam aus Wien die Nachricht, daß der Wiener Mob einen guten Bekannten von ihm, den Kriegsminister Graf Latour, überfallen und an einem Laternenpfahl aufgehängt hatte. Zu gleicher Zeit traf auch die Nachricht ein, daß die Demonstranten den Grafen Lamberg, den der junge Kaiser Franz Joseph in einer Sondermission nach Pest gesandt hatte, auf der Kettenbrücke gefangengenommen und ermordet hatten. Nunmehr war Ungarn endgültig der sicheren Rache des österreichischen Heeres ausgeliefert.

»Széchenyi hat recht gehabt, Carolyne. Ungarn ist erledigt, und ausgerechnet auf der Kettenbrücke hat man diesen Menschen getötet, auf Széchenyis Kettenbrücke!«

»Mein Liebling, wie werden Sie das ertragen?« Die Fürstin nahm Franzi in ihre Arme. »Ich kann Ihnen nachfühlen, was Sie empfinden.«

»Ich habe Chopin kennengelernt, als dessen Heimat verloren war. Er kam nach Paris, um zu arbeiten. Ich habe Weimar und werde in Weimar arbeiten.«

SECHSTES KAPITEL

Der Geburtstag der Großherzogin am 16. Februar war jedes Jahr das traditionelle Fest des Weimarer Theaters. Bei dieser Gelegenheit fand stets eine besonders glanzvolle Aufführung statt. Franzi beschloß, die an sich kühne

Tat der Erstaufführung des »Tannhäuser« mit einer noch kühneren zu übertrumpfen: er wollte das Werk an diesem Tage zum ersten Male aufführen!
Er ging nach einem gutdurchdachten Plane vor. In den Unterrichtsstunden sprach er mit der Großherzogin von der »Tannhäuser«-Ouvertüre. Er erklärte seiner Allerhöchsten Schülerin, was an diesem Werke so schön und künstlerisch kühn sei. Die alte Dame hatte, neben dem Klavier sitzend, seinen Ausführungen aufmerksam gelauscht. Zuerst fand sie das Ganze wild und barbarisch. Langsam aber gewöhnte sie sich daran. Da ging Franzi einen Schritt weiter, ließ die Stimmen des Orchesters verteilen, übte mit ihm und setzte die Aufführung auf einen Novemberabend fest. Das Programm dieses Abends zeigte eine bunte Folge von Orchesterwerken. Es wurde der vierte Akt der »Hugenotten« in voller Ausstattung aufgeführt, und zum Schluß bot der Bühnentechniker eine große Überraschung: nach Zeichnungen, die er von der Großherzogin erhalten hatte, zauberte er den Springbrunnen des Zarenschlosses in Peterhof mit echten Wasserstrahlen auf die Bühne. Das Publikum war entzückt – weniger vom »Tannhäuser« als vom Springbrunnen. Aber Franzi machte sich nichts daraus. Seine Absicht ging dahin, der Großherzogin das Werk Wagners durch das Orchester näherzubringen. Und das war ihm gelungen.
»Wie hat es gefallen«, erkundigte er sich, in die Hofloge tretend.
»Sehr gut«, erwiderte die Großherzogin, »eine sonderbare, wilde Musik, aber in der Tat sehr bedeutend, anregend und genial.«
»Ich bin glücklich, daß Sie so denken. Ich möchte mir erlauben, Ihnen diesbezüglich morgen einen Vorschlag zu unterbreiten.«
Am folgenden Tag brachte er seine Bitte während der Unterrichtsstunde vor. Nunmehr besprach er mit der Großherzogin fast das ganze Werk. Dann fragte er:
»Was würden Kaiserliche Hoheit dazu sagen, wenn zu Ehren des Geburtstages Eurer Kaiserlichen Hoheit dieses Werk aufgeführt würde?«
»Liegt Ihnen soviel an dieser Musik?«
»Kaiserliche Hoheit, für diese Musik trete ich rückhaltlos mit meiner ganzen Person ein. Ich bitte, die ganze Angelegenheit so zu betrachten, als ob es ein Werk von mir wäre.«
»Wenn Sie mir das Messer an die Kehle setzen, kann ich freilich nichts anderes als ja sagen.«
»Ich kann also dem Intendanten mitteilen, daß der Hof die Festaufführung des ›Tannhäuser‹ genehmigt?«
»Das können Sie. Der Intendant soll es morgen meinem Manne offiziell melden, und der wird seine Zustimmung erteilen.«
Franzi eilte zu Ziegesar. Das war ein geistig hochstehender Mann mit einem erlesenen Geschmack, der dank seiner gesunden Einstellung mehr von Musik verstand als viele andere mit ihrer mühsam erlernten Wissenschaft. Die

»Tannhäuser«-Ouvertüre hatte ihm außerordentlich gefallen. Und als ihm Franzi den kühnen Plan kundgab, half er gern mit, um ihn zu verwirklichen. Innerhalb von drei Tagen wußte schon jedermann am Theater, daß als Festaufführung im Februar die durchgefallene Oper des Dresdner Dirigenten in Aussicht genommen war, die bis jetzt jedes Theater kühl abgelehnt hatte. Diese Nachricht versetzte sowohl die Sänger als auch die Musiker in maßlose Verwunderung. Hatte dieser Liszt denn den Verstand verloren?

Am Abend speiste er im »Erbprinzen«. Er war sehr schlechter Laune, denn die Zeitungen enthielten verhängnisvolle, blutige Nachrichten aus Ungarn. Die Armee Franz Josephs war unter der Führung des Fürsten von Windisch-Grätz in einer Schlacht nach der anderen siegreich gewesen. Kossuth hatte die Habsburger für abgesetzt erklärt und damit den Weg zum Frieden zerstört. Schober, der sich als österreichisch-ungarischer Gesandtschaftsrat in Weimar aufhielt, sah sich genötigt, diese Nachrichten zu bestätigen. Franzi war zerstreut und nervös. Die Gesellschaft an seinem Tisch machte ihn noch unmutiger; denn alle sprachen nur vom »Tannhäuser« und machten kein Hehl daraus, daß sie die Wahl zumindest für sehr übereilt hielten. Insbesondere ein großherzoglicher Kammerherr, namens von Mangold, der wegen seiner Großspurigkeit berühmt war, redete in allerhöchsten Tönen.

»Ich verstehe Sie einfach nicht, Meister. Haben Sie denn kein anderes Stück finden können?«

»Doch, ich hatte eins. Berlioz' Oper ›Benvenuto Cellini‹. Wenn ich die neue musikalische Bewegung in Weimar zu Ansehen bringen will, stünde das erste Wort gewiß Berlioz zu. Er ist Wagner vorausgegangen. Aber der Komponist des ›Benvenuto Cellini‹ ist Franzose, und die Oper spielt in Italien. Ich halte es daher nicht für angebracht, gerade dieses Werk an einem deutschen Nationalfeiertag aufzuführen. Wagner ist Deutscher, und auch der Inhalt seines Werkes ist wahrhaft deutsch. Glauben Sie nicht, meine Herren, daß mir die Sache leichtgefallen ist. Ich schätze zum Beispiel auch Meyerbeer sehr hoch. Für die Festvorstellung käme er ebensogut in Betracht. Ich habe jdoch Wagner gewählt, zumal ich weiß, daß er Meyerbeer als Meister der Instrumentation bald weit hinter sich lassen wird. Ich habe mir wirklich alles das gründlich überlegt. Fügen Sie sich nur, meine Herren.«

»Ich füge mich aber nicht«, entgegnete von Mangold beleidigt, »und wenn Sie meine Meinung schon herausfordern: ich halte diese Wahl für eine Eselei.«

Franzi sah den erregten Mann lange an. So etwas hatte noch nie jemand zu ihm gesagt.

»Sie halten es für eine Eselei? Ich hingegen weiß, daß mein Weg zwischen vielen Eseln hindurchführt. Trotzdem gehe ich ihn. Der ›Tannhäuser‹ wird aufgeführt. Haben Sie verstanden?«

Der Kammerherr wurde blaß, erwiderte nichts, erhob sich und ging hinaus. Nach einigen Tagn erhielt Franzi eine Vorladung vom Weimarer Gericht. Der Kammerherr hatte ihn angezeigt: Franz Liszt habe das Weimarer Publikum »Esel« geschimpft. Laut Paragraph soundso viel des Großherzoglich Weimarischen Strafgesetzbuches sei jedoch eine Beleidigung der gesamten Bürgerschaft zu ahnden.
»Angeklagter, haben Sie diese Äußerung getan?«
»Jawohl. Die Vernehmung der Zeugen ist überflüssig. Ich habe meine Worte nur nicht so gemeint, wie sie mir der Kläger auslegt.«
»Bedaure. Das Urteil lautet: zwanzig Taler Strafe. Erkennen Sie diesen Rechtsspruch an, oder wollen Sie Berufung beim Oberlandesgericht in Jena einlegen?«
»Ich lege Berufung ein.«
Die Gerichtsverhandlung dauerte fünf Minuten, die Berufung zog sich wochenland hin. Franzi wäre am liebsten aus der Haut gefahren vor Zorn, als er mitten in der anstrengendsten Zeit der Proben für »Tannhäuser« einen vollen Tag infolge der Jenaer Gerichtsverhandlung verlor, obwohl die ganze Sache nur eine Formalität war. Der Richter in Jena erhielt nämlich von der Großherzogin Maria Pawlowna eine vertrauliche Mitteilung, wonach der Hof zwar nicht beabsichtige, das Urteil des Gerichtes zu beeinflussen, trotzdem aber die Verurteilung von Franz Liszt nicht für wünschenswert halte. Der Richter in Jena sprach den Angeklagten frei.
Franzi nahm die Gelegenheit wahr, mit seinem Freund Gille, dem Jenaer Komponisten, der viel für die moderne Richtung in der Musik übrig hatte, noch schnell zu Mittag zu speisen; dann fuhr er in aller Eile nach Weimar zurück. Er hatte den Kopf voller Sorgen. Die Musiker lachten über die neue Musik ganz einfach. Offen getrauten sie sich zwar nicht mit ihrer Meinung heraus; sobald Franzi ihnen aber den Rücken kehrte, höhnten und spotteten sie. Sie probten nur ganz oberflächlich, und der Dirigent mußte eine übermenschliche Kraft aufwenden, um etwas aus ihrem Spiel herauszuholen. Die Sänger studierten ihre Rollen auch nur mit halbem Herzen; Liszt war auf einen großen Mißerfolg vorbereitet. Die Dekorationen waren auch nicht gerade zum besten ausgefallen, und sogar der gutmütige Intendant ward ungemütlich, als für noch eine neue Dekoration und neue Kostüme Geld verlangt wurde. Der Hauptdarsteller, Herr Götze, gab seine Rolle sechs Tage vor der Aufführung zurück, meldete sich krank und legte sich ins Bett. Er bangte für den guten Ruf seines Namens im Falle eines Mißerfolges. Franzi schickte den Regisseur Genast sofort nach Dresden, um den ersten »Tannhäuser«, den ausgezeichneten Tichatschek, zu bitten, in Weimar die Rolle als Gast zu übernehmen. Der wäre auch gern gekommen, aber der Intendant in Dresden, Lüttichau, der Wagner keineswegs zugetan war, verweigerte dem Künstler den Urlaub. Franzi wandte sich an den Hof und bat um Unterstützung. Er kam gerade sehr ungelegen, denn die Erbgroß-

herzogin lag im Wochenbett. Alles ging schief, alles Unheil brach mit einemmal über ihn herein; er wurde von dem vielen Schreien ganz heiser und zog sich auch noch eine Erkältung zu. Vom Fieber geplagt, besuchte er die Proben und konnte nachts vor Hustenanfällen kaum schlafen.

Und am Festabend wurde »Tannhäuser« doch aufgeführt! Vor dem Dirigentenpult stand im Frack der langhaarige Mann, der mit so stählerner Hartnäckigkeit und Zähigkeit die ganze schon als verloren geltende Sache vorwärtsgetrieben hatte. In der Hofloge saß die großherzogliche Familie, gespannt, was wohl aus dieser bedenklichen Sache werden würde, in die sie ihr eigensinniger Liebling hineingeführt hatte. In einer anderen Loge hatte die Fürstin Sayn-Wittgenstein Platz genommen, mit vor Erregung blassem Gesicht. Dem Komponisten selbst war es nicht vergönnt, anwesend zu sein; er konnte als Operndirigent sein Dresdner Theater nicht im Stich lassen. Vor einem krassen Mißerfolg konnte ihn an diesem Abend nur ein Wunder retten. Und das Wunder geschah. Das Stück fiel nicht durch! Die Ouvertüre, die das Publikum schon zum zweiten Male hörte, wurde begeistert aufgenommen. Tichatschek, einer der besten Tenöre der deutschen Bühne, ein echter, großer Künstler, hatte doch noch Urlaub bekommen und sang einfach herrlich. Selbst die Musiker wußten nicht, wie ihnen geschah; irgendwoher strömte ihnen ein erregendes Feuer zu, das sie unwiderstehlich mitriß. Das gleiche widerfuhr den Sängern und sogar den Zuhörern. Als ob eine überirdische Gewalt sie alle verzaubert hätte. Auf den ersten Akt folgte lebhafter Beifall, nach dem zweiten Akt steigerte er sich gewaltig, und als Milde, der Bariton, mit seiner schönen Stimme als Wolfram das Lied vom Abendstern sang, brachen die Zuhörer bei offener Szene in einen wahren Beifallssturm aus. Das Publikum verließ das Theater mit dem sicheren Bewußtsein, daß diese Aufführung ein besonders großer Erfolg gewesen war.

Drei Tage danach fand die Wiederholung statt, obwohl es anfangs unmöglich schien, das Stück nach der Erstaufführung noch einmal auf den Spielplan zu setzen. Auch die zweite Aufführung war gut besucht. Man hätte es sogar noch ein drittes Mal spielen können. Der Tenor mußte jedoch wieder nach Dresden zurückreisen. Daß er dort dem Komponisten den großen Erfolg begeistert geschildert hatte, konnte man aus einem Briefe Wagners ersehen. Franzi selbst war auch glücklich. Um das Eisen zu schmieden, solange es heiß war, besuchte er den Erbgroßherzog und berichtete ihm über den »Lohengrin«. Liszt erzählte ihm den ganzen Inhalt und machte ihn am Klavier mit den Schönheiten der Musik bekannt. Der Erbgroßherzog, dem auch der »Tannhäuser« sehr gut gefallen hatte, war ganz entzückt. In seiner Begeisterung schrieb er Wagner einen Brief, in dem er mit anerkennenden Worten nicht geizte. Er bezeichnete den »Lohengrin« offen als »die größte Schöpfung unserer Zeit«. An den Abenden, die Franzi mit der Fürstin verbrachte, erklärte er ihr mit leuchtenden Augen, daß dies alles nur der Anfang sei. Er würde auch weiterhin so mit Siebenmeilenstiefeln vorwärtsgehen; Weimar müsse der Mittelpunkt der musikalischen Welt werden. Was einst Goethe und Schiller durch ihre Dichtungen aus dieser Stadt gemacht hatten, das würde er durch die Musik schaffen!

Sobald sie aber von etwas anderem als von der Musik redeten, hatten sie allen Grund, mit sorgenvoller Miene in die Zukunft zu blicken. Eines Tages stürzte Schober bleichen Gesichtes zu ihnen herein. Er brachte eine furchtbare Nachricht. Kaiser Franz Joseph war es gelungen, die Hilfe des Zaren gegen die sich tapfer wehrenden Ungarn zu gewinnen. Eine riesengroße russische Armee wälzte sich nach Ungarn. Das Schicksal des Landes war damit besiegelt. So zu dritt bildeten sie eine sonderbare Gesellschaft: zwei, die in Ungarn geboren waren und die beide nicht ungarisch sprechen konnten, wobei aber der eine am Weimarer Hof die Macht vertrat, die jetzt ein Land niederzwang – und als dritte die polnische Fürstin, die den sich als Schicksal aufspielenden Zaren aus ganzem Herzen verfluchte und zitternd auf Nachrichten über den legendären Polen, den auf Seite der Ungarn kämpfenden General Bem, wartete.

Nicht nur wegen ihrer polnischen Abstammung mochte sie dem Zaren bitter grollen, sondern auch aus einem anderen Grunde: es war nunmehr klargeworden, daß alle gutgemeinte Unterstützung seitens der Großherzogin ihre Ehescheidung weder beschleunigen noch erleichtern konnte. Der Zar hatte seiner Schwester geantwortet. Diese Antwort schien wenig Hoffnung zu geben, da die Großherzogin sie der Fürstin nicht einmal zeigen wollte, sondern nur so obenhin bemerkte:

»Seine Majestät will sich die Sache überlegen.«

Er hatte sich die Sache auch überlegt, und zwar nahm er die Partei der Wittgensteinschen Verwandtschaft. Über die kirchliche Trennung war die Entscheidung bereits eingetroffen: Hotoniewski, der katholische Erzbischof von Petersburg, hatte den Scheidungsantrag nicht nur einfach abgelehnt, sondern es außerdem für nötig erachtet, in einer näheren Begründung seinen Standpunkt über das Verhalten der Fürstin zum Ausdruck zu bringen. Damit gaben sich jedoch die Wittgensteins noch nicht zufrieden. Eines Tages ließ die Großherzogin Franzi zu sich bitten.

»Lesen *Sie* diesen Brief, mein lieber Freund, ich will die Fürstin damit nicht aufregen.«

Franzi sah auf die Unterschrift: der Brief war von der Fürstin Sayn-Wittgenstein, der Schwiegermutter Carolynes, an Maria Pawlowna gerichtet. Sie rügte in aufgebrachtem Tone die skandalöse Liebesaffäre ihrer Schwiegertochter und gab zwischen den Zeilen ihrer Verwunderung darüber Ausdruck, daß die Schwester des Zaren sie in ihrem Hause empfange. Sie bat, energisch einzugreifen und die Fürstin Carolyne nach Hause zu schicken.

»Was werden Sie darauf erwidern, Kaiserliche Hoheit?« erkundigte sich Franzi.

»Ich habe die Antwort bereits geschrieben, ich wollte aber gern, daß Sie sie lesen, ehe ich sie absende.«
Sie reichte ihm den mit der Weimarer Krone geschmückten Briefbogen, auf dem nur wenige Zeilen standen. Die Großherzogin teilte kühl und höflich mit, daß sie zu der in Rede stehenden Angelegenheit keine Stellung nehmen könne, da sie keinen Anlaß habe, gegen ihre Freundin, die Fürstin Carolyne, vorzugehen.
»Sind Sie mit mir zufrieden?«
Franzi küßte ihr stumm und ergriffen die Hand. Er setzte zu einer längeren Dankrede an; die Großherzogin unterbrach ihn aber.
»Sie haben nichts zu danken. Was ich tue, tue ich aus egoistischem Staatsinteresse. Ich will Ihre Arbeitsfreude und Ihre Nervenkraft erhalten sehen, da Sie für Weimar arbeiten sollen. Ich möchte Ihnen behilflich sein, damit Sie heiraten und hier mit Ihrer Familie heimisch werden können.«
Aber die Wärme, die aus ihren Augen strahlte, strafte diese gemessenen Worte Lügen.
»Ich danke Ihnen für Ihre Güte, Kaiserliche Hoheit; sie rührt mich in diesem Augenblick um so mehr, als Ihr erlauchter Bruder meine Heimat unterjocht.«
Aus den Augen Maria Pawlownas strahlte herzliches Mitgefühl.
»Es steht mir überhaupt nicht zu, mit Ihnen über Politik zu reden. Auf Wiedersehen.«
Franzi entfernte sich gehorsam; von der Tür aus sah er aber noch einmal zurück und fing den ihm folgenden Blick der Großherzogin auf. Aus diesem Blick sprach tiefe menschliche Anteilnahme. In der Altenburg erzählte er dann alles Carolyne. Sie begann zu schluchzen. Tagelang war sie nicht zu beruhigen. Sie weinte nicht vor Kummer, sondern in ohnmächtigem Zorn. Diese unheimliche Macht, die Macht des Zaren, schwebte wie ein erdrückender Schatten über ihrem Leben, ihrer Heimat und ihrer Zukunft.
Nur die Arbeit vermochte Liszt in diesen düsteren und schweren Tagen Trost zu spenden und die Musik Wagners, die die qualvollen Gedanken an die politische Lage zurückdrängte. Im Mai waren die Dinge dann so weit gediehen, daß die politischen Ereignisse auch für Wagner zum Unheil wurden.
Es war am 13. Mai, einem unfreundlichen, regnerischen und düsteren Tag. Franzi hatte keine Probe, er arbeitete in seinem Zimmer im »Erbprinzen«. Er saß über einer Phantasie über die Arien aus dem »Propheten« von Meyerbeer. Liszt hatte nämlich aus Paris erfahren, daß Meyerbeer es seinem alten Freunde übel vermerkte, daß er zu einer Festaufführung statt des »Propheten« die Oper eines unbekannten Dirigenten habe aufführen lassen. Franzi wollte nun den zürnenden Alten mit dieser Prophet-Phantasie versöhnen. Plötzlich ging die Tür auf. Mit aufgewühltem Gesicht, ganz erregt stürzte Wagner herein. Statt jeder Begrüßung stieß er hervor:

»Schließen Sie die Tür, und lassen Sie niemanden herein. Kein Mensch darf erfahren, daß ich hier bin. Ich werde verfolgt.«
»Sind Sie von Sinnen? Welcher Teufel verfolgt Sie denn?«
»In Dresden hat man gegen mich einen Haftbefehl wegen meines politischen Verhaltens erlassen. Ich bitte Sie, retten Sie mich!«
»Aber setzen Sie sich doch erst, stellen Sie Ihre Reisetasche weg und erzählen Sie. Hierher kommt niemand.«
Zur Beruhigung Wagners drehte Liszt den Schlüssel um. Zunächst trank Wagner zwei Glas Wasser, und dann fing er an zu berichten. Sein vollständig zerfahrener Vortrag begann mit einer Baßklarinette. Für sein »Lohengrin«-Orchester benötigte er eine Baßklarinette, das Dresdner Orchester hatte aber ein solches Instrument nicht zur Verfügung. Daraufhin forderte er das Instrument von dem Intendanten, seinem alten Feind. Dieser Klarinette wegen waren sie in einen heftigen Streit geraten. Wagner lehnte sich gegen die Unterdrückung auf; er veröffentlichte in der Presse Artikel, in denen er seine Vorgesetzten angriff und verspottete; er hielt außerdem eine aufwieglerische Rede. Das Ende vom Liede war, daß man ihn jetzt verhaften wollte. Im letzten Augenblick war es ihm noch gelungen, sich einen falschen Paß zu verschaffen, der auf den Namen eines Schriftstellers Wiedermann lautete. Wohin hätte er sonst flüchten sollen, wenn nicht zu Liszt?
»Was soll ich jetzt mit Ihnen anfangen, Sie Unglücksmensch?« fragte Franzi bedenklich.
»Das fragen *Sie mich? Das* frage *ich Sie.*«
»Mir bleibt der Verstand stehen. Ich habe in solchen revolutionären Angelegenheiten gar keine Erfahrung. Vielleicht hat die Fürstin einen guten Einfall? Sie ist Polin und in Rußland aufgewachsen. Ihre Vettern leben in der Verbannung in Sibirien. Wir gehen in die Altenburg und besprechen die ganze Angelegenheit mit ihr.«
»Nein, nein! Wenn mich jemand erkennt . . . ich gehe . . .«
Der Revolutionär der Klarinettenaffäre war stark mitgenommen. Er blickte verstört, zornig, ängstlich und unschlüssig um sich. Franzi sprach auf ihn ein und tröstete ihn, bis es dunkel wurde. Dann gab er ihm von seinen Sachen einen Hut und einen Mantel. Wagner stülpte den Kragen des Mantels hoch und zog den Hut tief ins Gesicht. In der Dämmerung bei langsam rieselndem Regen schlichen sie sich an den Häusern entlang bis zur Brücke, liefen hinüber und gelangten zur Altenburg.
Die Fürstin war über den unerwarteten Besuch sehr verwundert. Als man ihr erzählte, warum Wagner hier sei, wurde sie mit einem Male lebhaft – wie eine Schauspielerin, der man eine große Rolle anvertraut hatte. Sie fühlte sich in ihrem Element.
»Hat man den Haftbefehl in Dresden schon veröffentlicht?«
»Noch nicht, das geht seinen bürokratischen Weg. Es vergehen noch einige Tage, bis er in die einzelnen Städte verschickt wird.«

»Warum regen Sie sich dann auf? Für ein paar Tage können Sie also ruhig bei uns bleiben. Auf alle Fälle wohnen Sie hier in der Altenburg. Wir lassen das Fremdenzimmer herrichten und Ihre Reisetasche aus dem ›Erbprinzen‹ holen.«

»Ich danke Ihnen für Ihre Güte, Fürstin. Was geschieht aber dann? Und was wird, wenn zum Beispiel dieser unselige Haftbefehl schon morgen hier ist?«

»Ich habe eine Idee. Franzi geht sofort zur Großherzogin und trägt ihr die ganze Angelegenheit offen vor. Aber sofort, denn die Großherzogin will verreisen.«

Wagner sprang erschrocken auf.

»Aber Fürstin! Sie wird mich sofort verhaften lassen! Diese Herrscherfamilien sind sich alle gleich. Ich bitte Sie um des Himmels willen, verraten Sie mich nicht!«

Die beiden versuchten umsonst, den aufgeregten Menschen zu überzeugen; es war nichts mit ihm anzufangen. Franzi verzichtete schließlich zum Schein auf die Ausführung dieses Gedankens. Gut, er ging also nicht zur Großherzogin, die Reisetasche aber wollte er selbst aus dem »Erbprinzen« abholen. Er sah die Fürstin an, kniff schelmisch ein Auge zu und ging. Geradewegs in das großherzogliche Schloß. Dort eilte er nach dem ersten Stock, hielt eine Zofe an und ließ sich zu dem diensthabenden Kämmerer führen. Er bat um eine sofortige Audienz. Der Kämmerer schüttelte bedauernd den Kopf: er habe Befehl, niemanden vorzulassen; die Großherzogin sei beim Packen, sie reise morgen auf einige Tage zur Erholung auf die Wartburg. Franzi blieb aber dabei, eine wichtige Angelegenheit melden zu müssen.

»Was ist denn los?« erkundigte sich die Großherzogin, die zwischen zwei packenden Zofen stand. »Brennt das Haus?«

»Beinahe, Kaiserliche Hoheit. Ich flehe Sie um eine Audienz von zehn Minuten an.«

Die Großherzogin winkte, die Zofen entfernten sich, die Reisekoffer und die Wäschestöße blieben auf dem Teppich liegen.

»Würden sich Kaiserliche Hoheit damit abfinden können, wenn wir des höchsten Wertes unserer Weimarer Pläne verlustig gingen?«

»Natürlich nicht, reden Sie deutlich.«

»Seine Majestät, der König von Sachsen, hat gegen Wagner einen Haftbefehl erlassen, weil Wagner für sein Orchester keine Baßklarinette erhielt und sich deswegen zu revolutionären Reden hinreißen ließ.«

Die Großherzogin verzog den Mund zu einem Lächeln.

»Eine fertige Serenissimuskomödie.«

Sie besann sich aber schnell.

»Hören Sie einmal, Liszt, Sie machen mich ja dadurch zur Mitwisserin. Meine Pflicht wäre es jetzt, die ganze Angelegenheit sofort der Regierung

meines Mannes zu melden. In der heutigen Zeit pflegt man mit Revolutionären nicht zu spaßen.«
»Sicher. Auch Wagner ist davon überzeugt, daß Kaiserliche Hoheit dies tun werden.«
»Er ist davon überzeugt? Der Esel! Was soll ich also tun? Schnell, ich habe Eile.«
»Ich bitte Eure Kaiserliche Hoheit, unter der Hand anzuordnen, daß ich sofort verständigt werde, wenn dieser Haftbefehl gegen Wagner nach Weimar kommt. Die Behörden brauchen nicht zu erfahren warum. So kann Wagner ruhig in der Altenburg bleiben, bis wir beraten haben, wohin er sich von hier aus wenden kann. Den romantischen Flüchtling beherbergt nämlich augenblicklich die Fürstin Carolyne.«
»Gut, so soll es sein. Sagen Sie dem Kämmerer, daß ich den Marschall noch heute abend zu sprechen wünsche. Und jetzt gehen Sie; denn ich habe es nicht gern, wenn fremde Männer zwischen meinen Unterröcken herumlaufen.«
Franzi verbeugte sich dankbar. Maria Pawlowna rief ihn aber an der Tür nochmals zurück.
»Warten Sie einmal, Liszt, ich habe eine sonderbare Idee . . . Ich weiß eigentlich nicht, ob ich sie Ihnen verraten soll . . . Ich bin auf diesen Wagner nämlich sehr neugierig . . . Wenn Sie es fertigbringen könnten, daß Wagner die Wartburg besichtigt, während ich mich dort aufhalte . . .«
»Ich werde es so einrichten, Kaiserliche Hoheit.«
»Gut. Wenn Sie mich meinem Mann und meinem Sohn verraten, schlage ich Sie tot. Auf Wiedersehen!«
Franzi verbeugte sich noch einmal tief, obwohl er die Großherzogin am liebsten umarmt und geküßt hätte. Er lief in den »Erbprinzen«, um die Reisetasche zu holen, und dann zurück in die Altenburg. Zu Hause traf er die Fürstin und den steckbrieflich verfolgten Komponisten an, die mitten in einem heftigen Streit begriffen waren. Er begütigte die beiden und erzählte, daß er doch bei der Großherzogin gewesen sei, die Wagner wegen seiner Zumutung, daß sie ihn verraten könne, allergnädigst einen Esel genannt habe, und dann berichtete er, was sie vereinbart hatten. Den sonderbaren Plan der Großherzogin mit der Wartburg verschwieg er aber vorläufig noch. Wagner beruhigte sich.
»Worüber haben Sie denn so heftig gestritten?«
»Lieber Franzi«, sprach die Fürstin nicht ganz ohne Schärfe, »Ihr Freund ist gar kein so unschuldiger Klarinettenrevolutionär. Er vertritt Ansichten, die mich ein wenig erschrecken.«
»Hören Sie mich an, Liszt«, fiel ihr Wagner eifrig ins Wort, »wir sprachen vom Plan meiner Christustragödie und von der Kunst überhaupt. Ich behaupte, daß die Griechen dem wahren Begriff der Kunst am nächsten gekommen sind. Die fast zwei Jahrtausende Christentum vermochten diesen

Gipfel der Kunst nicht mehr zu erreichen. Die Fürstin leugnet das heftig, mich aber kann sie nicht überzeugen. Nein, widersprechen Sie nicht, reden Sie mir jetzt nicht dazwischen, ich will alles verständlich erklären. In der antiken griechischen Tragödie waren alle Kunstgattungen vereint. Seit dem Christentum aber zerfiel die griechische Tragödie in ihre einzelnen Bestandteile: Drama, Musik, Architektur und was weiß ich sonst noch alles. Demzufolge ist es die Aufgabe jedes wahren Künstlers, die Revolution zu verkünden, das ganze heutige Theater einzureißen, um das alte griechische Kunstideal, das Gesamtkunstwerk, auf diesen Trümmern wiederaufzubauen. Deswegen schuf ich das Musikdrama, das keine Oper ist; diesen Ausdruck für meine Werke verbitte ich mir. Mit einem Wort, die heutige Kunst *kann* nur eine *revolutionäre* sein . . .«

»Gut«, entgegnete die Fürstin leidenschaftlich, »das Musikdrama allein ist aber noch lange kein Grund dafür, daß Sie den Katholizismus als kunstfremd bezeichnen. Was ist denn dann die bildende Kunst des Mittelalters? Gab die Kirche sie nicht der ganzen Welt?«

»Nein! Ich bedaure außerordentlich, Fürstin, nein! Die bildende Kunst des Mittelalters hat die historischen Gestalten der Glaubensüberlieferung mit sinnlicher Schönheit erfüllt, hat sie mit der ganzen Freude der Kunst an sich selbst dargestellt. Dadurch also verleugnete sie das Christentum. Die Kirche weiß das ja nur zu gut, aber in der Zeit der Renaissance nahm sie trotzdem das Eigentumsrecht für sich in Anspruch. Sie war eben scheinheilig. Die griechische Kunst dagegen ist *nicht* scheinheilig. Lieber einen halben Tag ein Sterblicher unter den alten Griechen als auf ewig unsterblich im Christentum. Warum lachen Sie, Liszt?«

»Ich freue mich, mein Lieber, daß Sie ein so großer Phantast sind. Noch vor einer Stunde war es Ihre größte Sorge, gerettet zu werden, und jetzt, wo Sie sich nur ein wenig sicher fühlen, wollen Sie schon die Kirche, ja sogar die ganze Welt einreißen . . . Ich habe gar nicht gewußt, daß Sie Atheist sind.«

»Ich? Nicht im geringsten. Im Gegenteil, ich bin ein sehr gottgläubiger Mensch. Aber auf *meine* Art, nicht im Sinne des Dogmas.«

»Dann werden Sie in diesem Hause noch reichlich Gelegenheit haben, zu debattieren; denn unsere verehrte Herrin hält fest am Dogma. So fest, daß sie auch mich langsam wieder zu den lange verleugneten Lehren der Kirche bekehrt.«

Wagner holte tief Atem, um ausführlich zu erwidern. Auch die Fürstin konnte kaum erwarten, die gelehrte Auseinandersetzung von neuem aufzunehmen. Keiner von ihnen vermochte aber im Augenblick etwas zu sagen; denn das Stubenmächen meldete, daß das Abendessen aufgetragen sei. Die kleine, liebliche Prinzessin Maria trat in Begleitung von Miß Anderson ein, und die Fürstin ermahnte beide sofort: Herr Wagner hält sich im geheimen hier auf, von seinem Aufenthalt darf niemand etwas erfahren.

Nach dem Abendessen blieben sie wieder zu dritt. Und die Debatte begann von neuem. Wagner war ein ebenso leidenschaftlicher und starrsinniger Streiter, wie die Fürstin geschickt und mit Feuer disputieren konnte. Stundenlang ging das Wortgefecht hinüber und herüber, ohne daß einer den anderen überzeugt hätte. Beide verteidigten ihren Standpunkt nur noch hartnäckiger. Wie es bei solchen Gelegenheiten zu gehen pflegt, verrannte sich jeder nur noch mehr in seine Auffassung, ohne den anderen überzeugen zu können. Franzi hörte zu und unterbrach die beiden nur selten. Er hatte seine helle Freude an den beiden Streitlustigen. Liszt war von Carolynes scharfem Verstand, ihrer blitzschnellen Auffassungsgabe, ihrer tiefen Bildung und der felsenfesten Unerschütterlichkeit ihres Glaubens einfach entzückt. Und andererseits war er von Wagner hingerissen: immer stärker sah er in ihm das Genie, den fanatischen Gläubigen der Kunst, den vom Schicksal bestimmten Entdecker bisher unbeschrittener Wege.
Es wurde immer später, und Franzi mußte sich verabschieden. Wagner blieb in der Altenburg. Aus dem Dunkel der Nacht sah Liszt von der Ilmbrücke nochmals zurück auf die hell erleuchteten Fenster. Und während er die Brücke überschritt, begann er darüber nachzudenken, durch welch sonderbare Fügung der Herrgott ihm gerade diese Frau und gerade diesen Mann auf seinem Lebensweg hatte begegnen lassen. Wagner blieb eine Woche lang in der Altenburg. Am zweiten Tag hatte er seine Furcht schon völlig überwunden, und am dritten Tage waren Franzi und die Fürstin bereits gezwungen, ihn zur Vorsicht zu mahnen. Als er erfuhr, daß im Theater eine Probe für die Wiederholung des »Tannhäuser« angesetzt sei, quälte er Franzi so lange, bis dieser ihn in einem geschlossenen Wagen ins Theater brachte und in den dunklen Zuschauerraum schmuggelte, damit er der Probe beiwohnen könne. Die hier geleistete Arbeit entzückte Wagner wiederum so sehr, daß er unter allen Umständen mit Genast und dem Bariton Milde sprechen wollte. Franzi mußte also diese in die Sache einweihen. In einem abgelegenen Zimmer des »Russischen Hofes« veranstalteten sie ein geheimes Abendessen. Wagner lachte und scherzte und war in ausgelassenster Laune. Franzi ließ Sekt bringen, alle tranken Brüderschaft miteinander, und als die Stimmung schon sehr gehoben war, brachte Wagner seinen geheimsten Plan vor, die größte Symphonie seines Lebens . . . Wenn er einst berühmt geworden wäre und seine Werke das ganze Land erobert hätten, dann würde er ein Theater bauen, in dem man nichts anderes aufführen würde als seine Musikdramen. Es sollte ein Theater nach griechischer Art werden und trotzdem das modernste, das man sich überhaupt vorstellen könnte; nur Auserwählte dürften den Aufführungen beiwohnen, die aber sollten kein Eintrittsgeld zahlen.
»Darauf trinken wir!« schrie Milde, der Bariton.
Sie tranken alle vier. Drei von ihnen aber lächelten über den kindlichen Traum dieses Schwärmers.

Nach Ablauf einer Woche traf die vertrauliche Mitteilung im »Erbprinzen« ein, daß der Haftbefehl eingegangen sei. Bis dahin hatte Wagner seinen Entschluß schon gefaßt. Seine Taschen waren gefüllt mit Empfehlungsbriefen, die ihm Franzi an die wichtigsten Persönlichkeiten in Paris mitgegeben hatte. Es schien für Wagner am besten zu sein, nach Paris zu flüchten. Er hatte auch einiges Geld bei sich. Franzi mußte, um dies für den Freund zu ermöglichen, die Güte der Fürstin in Anspruch nehmen; denn er selbst stand augenblicklich finanziell ziemlich schwach da. Sie gingen gemeinsam auf die Reise, weil sich Liszt erboten hatte, den Flüchtling bis nach Eisenach zu begleiten. Wagner nahm diese Begleitung mit Freuden an. Unterwegs begann Franzi von der Wartburg zu erzählen.
»Warst du schon einmal auf der Wartburg, Richard, wo sich dein Sängerkrieg abgespielt hat?«
»Nein, noch nie.«
»Sie liegt ganz dicht bei Eisenach. Hättest du keine Lust, sie zu besichtigen? Ich habe nämlich schon lange die Absicht, sie mir anzusehen; denn ich war auch noch nicht dort. Gehen wir doch gemeinsam hin. Du verlierst kaum Zeit, und deine Sicherheit ist dort nicht gefährdet.«
Wagner willigte ein. Von Eisenach aus fuhren sie mit einem Mietwagen auf die Wartburg. Vom Berggipfel blickte die wunderbare Burg mit romantischem Stolz ins Tal herab, und Wagner betrachtete sie so, als ob das ganze Gebäude ihm gehörte. Plötzlich kam ihm die ganze Angelegenheit recht verdächtig vor. Franzi besprach leise etwas mit dem Posten.
»Was ist los?« erkundigte sich Wagner unruhig; denn er sah in dieser Zeit nur ungern einen Soldaten mit aufgepflanztem Seitengewehr.
»Nichts, komm nur getrost mit.«
Irgendwoher kam ein Offizier zum Vorschein, der sie über Treppen und Gänge führte. Wagner fühlte sich unbehaglich und sah Franzi bestürzt an. In einem offenbar bewohnten Zimmer machten sie halt, der Offizier verschwand.
»Jetzt nimm dich recht zusammen«, sagte Franzi. »Ich werde dich der Großherzogin von Weimar vorstellen, der du deine Freiheit verdankst und die sich gerade hier aufhält. Sei nicht übermütig und gib acht auf dich.«
Wagner konnte sich kaum fassen, da ging auch schon die Tür auf. Sie traten ein. In einem Saal mit altertümlichen Möbeln stand die Großherzogin.
»Kaiserliche Hoheit gestatten, daß ich den hervorragenden Komponisten unseres Theaters, Richard Wagner, vorstelle. Mit gnädigster Erlaubnis werde ich mich für die Dauer der Audienz ein wenig in der Burg umsehen.«
Schon war er fort und ließ den verwunderten Komponisten in der größten Verlegenheit zurück. Der diensthabende Offizier, selbstverständlich ein alter Bekannter von Franzi, war sogleich bereit, ihm die Schätze und Altertümlichkeiten der Burg zu zeigen. Die Säle des vernachlässigten und überall abbröckelnden Gebäudes erfüllten ihn mit der tieftraurigen Stimmung der

Vergänglichkeit. Den Sängerwettstreit Tannhäusers vermochte er hier in keiner Weise sich vorzustellen. Es störte ihn, daß dieser Raum im Theater ganz anders dargestellt wurde, als er hier aussah.
»Wir müssen zurück«, sagte der Offizier, auf seine Uhr blickend.
Sie gingen also zurück bis zur Tür des Saales, in dem sich die Großherzogin mit dem steckbrieflich verfolgten Revolutionär unterhielt. Sie warteten. Es verging noch eine gute Viertelstunde, ehe sich die Tür öffnete. Begeistert, mit freudig gerötetem Gesicht trat Wagner heraus.
»Welch eine Frau!« rief er begeistert. »Welche Güte, welcher Geist! Ich danke dir tausendmal für diese Freude, Franzi!«
Noch auf dem ganzen Wege nach Eisenach schwärmte Wagner von der Großherzogin. In Eisenach trennten sie sich. Franzi wünschte ihm von ganzem Herzen viel Glück zur Flucht und für Paris; dann fuhr er zurück nach Weimar.
Zu Hause erwartete ihn ein Brief seiner Mutter: Blandine und Cosima würden zunächst zum ersten Male an der Heiligen Kommunion teilnehmen, und es wäre deshalb sehr gut, wenn ihr Vater zu dieser Feier ein paar liebevolle Worte an sie richtete. Franzi schrieb seinen Kindern sofort einen langen Brief. Liebevoll und zärtlich. Er ermahnte sie, für ihre Mutter und Großmutter zu beten. Beim Schreiben füllten sich seine Augen mit Tränen. Er verfaßte den Brief in der Altenburg, während die Fürstin am anderen Ende des Tisches seine Noten ordnete. Schnell ließ er etwas herunterfallen, um unter dem Tisch seine Tränen abwischen zu können. Die Fürstin konnte aber nur zu gut in diesem Gesicht lesen, in dem ihr jeder Ausdruck vertraut war.
»Wenn Sie den Brief beendet haben, Franzi, möchte ich mit Ihnen über Ihre Kinder sprechen. Diese Absicht habe ich schon seit langem.«
»Bitte. Den Brief kann ich ja auch später beenden.«
»Könnte man die Kinder nicht hierherbringen? Wir würden doch mit ihnen und meiner Maria gut auskommen. Und ich könnte sie sehr liebhaben.«
»Sie sind eine große Seele, Carolyne, und ich kann Ihnen für Ihre Feinfühligkeit gar nicht dankbar genug sein. Das ist aber leider unmöglich. Die Mutter meiner Kinder, die sich sonst kaum um sie kümmert, besteht darauf, daß sie in ihrer Nähe bleiben. Dies ist der Preis des Friedens zwischen uns. Sobald ich diese Frage anschneiden würde, ginge ein fürchterlicher Kampf los. Die Gräfin D'Agoult ist keine gute Mutter, und mich haßt sie viel mehr, als sie ihre Kinder liebt. Glauben Sie mir, mich bewegt diese Frage schon seit vielen Jahren. Schon damals, als ich noch reisender Virtuose war, tat es mir weh, daß die Kinder nicht bei mir sein konnten. Aber es ging ja nicht anders. Wenn dieser Schmerz in mir erwacht, so schläfere ich ihn irgendwie ein. Später brennt er aber um so mehr. Es ist furchtbar, daß ich sie mir nicht einmal im Geiste vorstellen kann. Verstehen Sie das? Ich muß sogar darüber nachdenken, wie alt sie sein mögen. Blandine wird

jetzt wohl vierzehn Jahre, Cosima zwölf und Daniel zehn. Als ich sie das letzte Mal sah, waren sie viel kleiner. Wie sie heute aussehen, weiß ich nicht. Der Gedanke ist so bitter, daß Sie so etwas Gott sei Dank gar nicht verstehen können. Ich vermag aber daran nichts zu ändern. Ich sorge bloß in allererdenklichster Weise für sie, ich kenne aber keines von ihnen.«

»Das darf nicht so bleiben. Ich will die ganze Angelegenheit in meine Hand nehmen. Ich weiß auch schon wie. Die Mädchen sind im Bernardschen Internat, der Junge im Lyzeum. Und Sie behaupten, daß man daran nichts ändern kann? Versuchen Sie es doch! Ordnen Sie an, daß Sie kraft Ihrer väterlichen Autorität Ihre Töchter in ein anderes Internat zu geben wünschen. Sagen wir in das Internat von Madame Patersi, die einst meine Erzieherin war und eine ganz hervorragende Pädagogin ist. Die Gräfin D'Agoult wird dagegen nichts einwenden können. Und wenn die Sache erst einmal im Rollen ist, wird es auch leicht sein, den nächsten Schritt zu tun. Sind Sie damit einverstanden?«

»Carolyne, Sie sind die Sonne meines Lebens, ich möchte Ihnen zu Füßen liegen!«

»Das ist unbequem, lieber an meinem Herzen . . .«

Sie küßten sich. Ihre Liebe kannte keine Grenzen; sie waren unsagbar glücklich. Die Fürstin setzte sich sofort hin und fragte bei ihrer ehemaligen Erzieherin an, ob sie die jungen Mädchen zu sich nehmen wolle. Franzi ließ Manja kommen. Manja war der Kosename der kleinen Prinzessin Maria. Er nahm sie auf seinen Schoß und wollte wissen, was sie wohl zu drei großen Geschwistern sagen würde, zu zwei Mädchen in ihrem Alter und zu einem Jungen. Die kleine Maria antwortete liebenswürdig und klug. Sie freute sich sehr auf die Geschwister und bat sich lediglich aus, daß Fainéant – so nannte das kleine Mädchen Franzi – diese Geschwister nicht mehr liebhaben solle als sie.

Aus Paris traf dann bald die Nachricht ein, daß Wagner glücklich angelangt sei. Er war auch schon bei Mutter Liszt gewesen und fand sie entzückend.

»Gott sei Dank, daß diese Angelegenheit wenigstens erledigt ist!« sagte Franzi, während er den langen Brief las.

Dann begab er sich an seine Arbeit. Er arbeitete an einem großen Werk, an einer Symphonie über »Tasso« für die bevorstehende Feier von Goethes hundertstem Geburtstag.

SIEBENTES KAPITEL

Als die Frage auftauchte, was das Theater zum hundertsten Geburtstag Goethes, am 28. August 1849, spielen sollte, schlug Liszt den »Tasso« vor. Es war zwar schon zehn Jahre her, daß er eine Tasso-Biographie gelesen hatte; sie lebte aber noch immer in ihm, so sehr hatte sie ihn gepackt. Neben allen sonstigen Plänen trug er sich auch mit dem Gedanken, eine Tasso-Symphonie zu schreiben. Mit einem plötzlichen Entschluß bot er nun dem Intendanten Ziegesar an, für die »Tasso«-Aufführung im Hoftheater ein Orchesterstück zu komponieren, das als Ouvertüre Verwendung finden könnte. Der Intendant erklärte sein Einverständnis, und Franzi begann zu komponieren. Es standen ihm kaum ein paar Wochen für diese Arbeit zur Verfügung.

Oft kam ihm in den Sinn, daß das Leben Tassos in vielem dem seinen glich. Hauptsächlich darin, daß der Dichter des »Befreiten Jerusalem« in seiner Bedeutung erst erkannt wurde, als er schon gestorben war. Auch er war davon überzeugt, daß das, was er für den wahren Inhalt seines Lebens hielt, seine tondichterische Tätigkeit, erst nach seinem Tode Anerkennung finden würde. Er hatte darüber schon oft mit Carolyne gesprochen.

»Wie können Sie denn bloß behaupten, daß man Sie gar nicht anerkennt?«

»Weil man mich nicht versteht. Was ich jetzt schreibe, ist nichts für die heutigen Ohren. Man müßte hundert Jahre lang die ganze Welt erziehen, damit die Menschen die Stufe des musikalischen Auffassungsvermögens erreichen, auf der wir uns verstehen könnten, ich und das Publikum. Auch die Zeit wird kommen, aber dann werde ich schon tot sein. Wissen Sie, wie es Tasso erging? Er starb wie Virgil in seinem zweiundfünfzigsten Lebensjahr. Sein ganzes Leben lang hatte man ihn verkannt, nur einige wenige vornehme, verständige Seelen hielten zu ihm. Zum Beispiel der Kardinal Aldobrandini. Dieser Kirchenfürst wollte wenigstens dem Toten das erweisen, was Rom dem Lebenden zu geben versäumt hatte. Er ließ den Leichnam des Dichters in eine kostbare Toga hüllen, legte einen Lorbeerkranz um seine Schläfen und sorgte selbst für das Begräbnis. Von dem Kloster aus, in dem Tasso gestorben war, geleitete eine große Menschenmenge den offenen Sarg mit Fackeln bis auf den Petersplatz; der ganze Hofstaat des Papstes nahm an dem Trauerzug teil, Kardinäle, Gelehrte, Künstler. Die Maler wetteiferten untereinander, wer den berühmten Toten am schönsten malen könnte. Ganz Rom, der Mittelpunkt der christlichen Welt, feierte den Dichter, um den sich in seinem Leben keine Menschenseele gekümmert hatte. Das möchte ich nun gerne vertonen. Ist der Gedanke nicht ergreifend schön?«

»Das ist sehr schön, aber davon rede ich ja gar nicht. Warum wollen Sie die Anerkennung für sich bis nach Ihrem Tode hinausschieben? Nehmen Sie doch nur Wagner an. Auch er bringt vollkommen Neues in seiner Musik, und Sie schwören darauf, daß Sie aus ihm noch zu seinen Lebzeiten eine Weltgröße machen werden. Warum sollte das also nicht auch bei Ihnen möglich sein?«

»Weil ich keinen begeisterten Freund habe. Aber lassen wir das, Carolyne, ich arbeite nicht für die Menschen, sondern für Gott. Die Menschen werden es schon einmal erfahren. Ich habe Zeit zu warten. Wissen Sie, diese meine Einstellung hängt im Grunde mit meinem Katholizismus zusammen. Seit ich mich erinnern kann, ist mir eingeprägt worden, daß der Mensch erst nach seinem Tode die Krone der Seligkeit erhält. Wagner, den Sie einen heidnischen Griechen zu nennen belieben, soll die seine noch in diesem Leben bekommen! Und er *wird* sie bekommen! Ich aber bin anders geartet. Mir gibt nicht der Erfolg die Befriedigung, davon habe ich in meiner Wunderkindzeit genug erlebt. Meine Befriedigung liegt in der Arbeit selbst. Ich bin während des Komponierens so vollkommen glücklich, daß ich sogar gern für das Recht, ungestört arbeiten zu dürfen, noch etwas zahlen würde.«

Und er empfand wahrhaftig einen so überwältigenden, fast sinnlichen Rausch, während er am »Tasso« arbeitete, daß er immer und überall zu spät kam. Er konnte sich einfach nicht von seiner Arbeit losreißen. Wie ein Kind auf der Schaukel feilschte er mit sich selbst: nur ein wenig noch, wirklich, unwiderruflich nur noch ein kleines Stück.

Eine langgezogene, melancholisch gedehnte Melodie aus vergangenen Tagen sang in ihm, aus jener Zeit, da er mit Marie D'Agoult in Venedig weilte. Dort sang der Gondoliere oft die Anfangszeilen des »Gerusalemme liberata«:

»Canto l'armi pietoso e'l Capitano,
Che'l gran sepolcro libero di Christo.«

»Den Feldherrn sing' ich und die frommen Waffen,
So des Erlösers hohes Grab befreit.«

Es war eine summende, gurrende Melodie, die mit der Gondel zusammen auf dem Wasser schwamm, eine mit gehaltener Stimme hoch beginnende Weise, die biegsam, langsam die Stufen einer Oktave herabsteigt. Nie hatte er diesen Gesang vergessen können. Und jetzt, nach elf Jahren, baute er die ganze symphonische Dichtung auf dieser Melodie auf. »Lamento e Trionfoso di Tasso«, so betitelte er sein Werk. Er zerlegte es in drei Teile: Leiden, Liebe und Verherrlichung nach dem Tode. Das Gedicht Byrons »The Lament of Tasso« schwebte ihm vor, als er den ersten Teil schuf. Er erzählte durch die Musik, was der Dichter empfand, als er in Venedig in Gefangenschaft litt. Die Melodie des Gondoliere ertönte in wehmütigen e-Moll-Klagen. Triolen grausamen Leidens umzitterten sie. Die Baßklarinette verkündete die Tragödie des Dichters im »Adagio mesto« und steigerte sich bis zu den wildesten und tobendsten Ausbrüchen. Dann führte er den Dichter mit Menuettklängen an den Hof von Ferrara, in die von wohlriechenden Spezereien durchtränkte Luft. Liebliche Harfenakkorde begleiteten die Tanzme-

lodie. Im dritten Satz erzählte Liszt dann alles, was er von Tasso und mehr noch von sich selbst erwähnen wollte, weswegen er die ganze Komposition begonnen hatte. Das Allegro der Liebe Leonores ließ er mit einem riesenhaften Schwung in den Tod des Dichters hineintönen. Nach dem Presto der venezianischen Melodie setzte eine plötzliche Stille ein. Die erschütternde Stille des Todes. Aber dann ließ er aus ganzer Kraft die aus dem Grundthema geschaffene mächtige Hymne erklingen. In diesen himmelerschütternden, sieghaften Triumphgesang mischte sich jedoch in düsterer Trauer das dumpfe Dröhnen der Bässe, die den Tod verkündeten. Darauf aber folgte die Verherrlichung des toten Künstlers durch die gewaltigen Schlußakkorde des Werkes.
Während er arbeitete, hatte er einen lieben Gast. Das Wunderkind Bülow, dem einst Lola Montez Fürsprecherin war, kam nach Weimar, um ein paar Wochen bei ihm sein zu können. Jetzt war er kein Wunderkind mehr, nur noch ein Wunder. Der Junge stand im achtzehnten Lebensjahre, hatte sich dem unbeugsamen Willen seiner Mutter fügen müssen und war als Studierender der Rechte in Berlin immatrikuliert; aber sein ganzer Traum, seine Sehnsucht, seine Leidenschaft blieb die Musik. Als er bei Franzi zu Besuch weilte, setzte er sich sofort ans Klavier und spielte. Liszt war sprachlos. Es schien ihm, als hörte er sich selbst als Achtzehnjährigen. Jedoch mit einem Unterschied: in ihm lebte der geheimnisvolle Dämon Paganinis, in diesem Jungen aber wohnte nur die reine, kristallhelle, vernünftige Klarheit des Geistes, die imstande war, die Sterne zu überflügeln. Er umarmte und küßte ihn.
»Wie ich sehe, gibt's nur einen Menschen, der besser spielt als du, Hans. Das bin ich!«
Die ungewöhnlich hohe, gewölbte Stirn des Jungen rötete sich bei diesem Lob. Er konnte vor Ergriffenheit nicht antworten.
»Du möchtest Pianist werden? Wenn es deine Mutter doch nur erlauben würde!«
»Ich weiß nicht. Ich will Musiker werden. Ich möchte so etwas schaffen wie Wagner.«
Seine Augen leuchteten, als er diesen Namen aussprach. Franzi sah ihn überrascht an: nach ihm war dieser Junge der erste Wagnerschwärmer, dem er begegnete. Es stellte sich heraus, daß er den Dresdner »Tannhäuser« kannte, den Aufsatz Franzis im »Journal des Débats« gelesen hatte und auch mit den kühnen ästhetischen Schriften Wagners vertraut war. »Kunst und Revolution«, deren bis zu den klassischen Griechen zurückführende Gedankengänge Wagner einst in eine so heftige Debatte mit der Fürstin Carolyne verwickelt hatten, war die Bibel dieses jungen Mannes.
»Ich bin kein alleinstehender Schwärmer mehr«, sagte Franzi lächelnd, »die Wagner-Verehrer können nunmehr eine Partei bilden. Zwei Mitglieder sind schon vorhanden: Franz Liszt und Hans Bülow.«

Hans hielt sich drei Wochen in Weimar auf und verbrachte seine Tage entweder im Theater, im »Erbprinzen« oder in der Altenburg. Still und bescheiden saß er da und machte nicht viel Aufhebens von sich, doch nur so lange, als man nicht von Wagner redete. Dann wurde er mit einem Male lebhaft und gesprächig. Und wenn ihm jemand widersprach, strömte mit hemmungsloser Leidenschaftlichkeit das Bekenntnis zur neuen Musik von seinen Lippen. Franzi spielte ihm seine »Tannhäuser«-Bearbeitung vor, Hans spielte sie sofort nach. Als der Junge Abschied nahm, gebärdete er sich wie einer, der in die Verbannung gehen muß. Flehentlich bat er Franzi, auf seine Mutter einzuwirken, daß sie ihm erlaube, die musikalische Laufbahn einzuschlagen. Nur das könne ihn aus seinem fürchterlichen seelischen Zustand retten; seine Eltern hatten sich scheiden lassen, der Vater gedachte demnächst wieder zu heiraten. All die häuslichen Bitternisse nagten an seinen Nerven, und nun obendrein noch zu ertragen, daß er sich nicht der Musik widmen dürfe – das ging über seine Kräfte! Franzi versprach zu tun, was er irgend könne.

»Vergiß nicht, daß du immer auf mich zählen kannst. Wir sind die neuen Mitglieder einer Partei gegen die ganze Welt: Liszt und Bülow!«

Der begeisterte Jüngling war wieder abgereist. Franzi hatte soeben seine Arbeit beendet. Er vertonte sogar noch das Festgedicht Schobers: »Weimars Toten.« Der Arbeitsrausch des »Tasso« fehlte ihm nun sehr. Er hätte jetzt Freunde, gute Nachrichten, Zerstreuung nötig gehabt, und gerade nun kamen die fürchterlichsten Nachrichten aus Ungarn. Die Russen hatten, wie es ja vorauszusehen gewesen, die unausgebildete und zahlenmäßig verschwindend kleine ungarische Armee völlig zermalmt. Was half da die größte Tapferkeit, was nützten die legendären Heldentaten einzelner, besonders, wenn noch die Führer uneinig waren! Kossuth und Görgey, der Oberbefehlshaber der Armee, vermochten sich nicht zu einigen, und das Ende des ungarischen Kampfes konnte nur sein, daß die Reste der ungarischen Armee vor Vilagos die Waffen streckten. In der Nähe eines Dorfes in Siebenbürgen war angeblich auch Petöfi, der große Dichter, gefallen, der mit der Liebe eines Sohnes den polnischen General Bem in die Schlachten begleitet hatte. Zar Nikolaus hatte den Thron Franz Josephs gerettet, und Ungarn war als selbständiger Staat von der Erdoberfläche verschwunden.

Die Nachrichten überstürzten sich. Österreich war kein großherziger Sieger, und für den Widerstand, zu dem es die Ungarn selbst erst ermuntert hatte, für den Kroaten Jellacic, wollte es jetzt fürchterliche Rache nehmen. Zunächst wurden die Generale der ungarischen Armee gefangengenommen – bis auf Kossuth, der noch rechtzeitig nach dem Auslande geflüchtet war.

In diesem Seelenzustande machte Franzi die Goethe-Feier mit, die übrigens, soweit sie unter freiem Himmel stattfand, ein Opfer des Wetters wurde:

der Regen vereitelte das ganze Feuerwerk. Die Festvorstellung im Theater verlief aber glänzend. Die »Tasso«-Symphonie wurde beifällig aufgenommen. Ein sekundenlanger Applaus, das war der Widerhall einer wochenlangen, ungeheuren Arbeit, die Antwort auf ein erschütterndes, tiefes Selbstbekenntnis des Künstlers. Was hätte es aber auch mehr sein können? Bei einmaligem Hören kann sogar der musikalisch gebildete Zuhörer nur einen ganz oberflächlichen Eindruck von einer Symphonie gewinnen. Die wirklichen Schönheiten eines Werkes treten erst hervor, wenn man es zum fünften oder gar zehnten Male hört. Der Schrei in der Steppe, der ohne Echo verhallt, bedeutete kein fremdes Erlebnis für ihn.
Im übrigen war dieses Fest ja auch dem Gedächtnis Goethes geweiht, und man sprach nur von ihm, dem Olympier. Die Alten, die ihn noch gekannt hatten, standen für wenige Tage im Vordergrund der Feier; so der alte Karl Vogel, der einstige Hausarzt Goethes. Er hatte eine Cousine Goethes aus Frankfurt geheiratet. Jetzt gab der hagere alte Herr vor einem großen Auditorium seine Erinnerung zum besten. Auch Soret, der einstige Erzieher des Großherzogs, der jetzt in der Schweiz lebte, kam nach Weimar und konnte ebenfalls sehr viel von Goethe berichten, da er als eifriger Münzensammler mit dem Dichter, der selbst eine solche Sammlung besaß, viel über alte Münzen gesprochen hatte. Sogar die alte Gräfin Marschall mit ihren Goethe-Erinnerungen wurde wieder zeitgemäß. Trotz ihrer neunzig Jahre kam sie in ihrer gelblackierten Kutsche, die von der ganzen Kleinstadt als Melone verspottet wurde, ins Theater gefahren. Und jedermann wußte noch eine »noch unbekannte Geschichte von Goethe«; jedermann bestand darauf, des Dichters »bester Freund« gewesen zu sein; jedermann glaubte, selbst in die Literaturgeschichte zu gehören.
Goethes Geburtstag wurde nicht nur in Weimar gefeiert, sondern in ganz Deutschland, das von der Frankfurter Nationalversammlung soeben zum Kaiserreich proklamiert war. In Berlin wurden Stimmen laut, man solle zur ewigen Erinnerung an Goethe ein Institut schaffen, das die Führung des geistigen Lebens in Deutschland zu übernehmen habe.
Der Erbgroßherzog von Weimar ließ Franzi zu sich bitten:
»Sie haben ja immer so gute Einfälle, lieber Liszt. Ich sprach gestern mit meinem Vater über diese neue Bewegung in Berlin. Es wäre doch schade, den Berlinern die Führung in dieser Hinsicht zu überlassen, wenn es um Goethe geht. Was die Berliner wollen, müssen wir verwirklichen! Haben Sie nicht eine gute Idee?«
»Wohl habe ich eine«, entgegnete Franzi lächelnd, »ich wollte in dieser Angelegenheit sogar gerade um eine Audienz bitten.«
»Ausgezeichnet. Sie bleiben immer der alte. Erzählen Sie.«
»Ich will mich kurz fassen: wir veranstalten hier in Weimar etwas Ähnliches, wie einst die klassischen Griechen mit ihren ›Olympiaden‹. Wir lassen nur das Sportliche weg; denn mit Schwimmkämpfen und Wettläufen

wollen wir uns nicht lächerlich machen. Sonst aber werden alle Künste hier im Schatten Goethes wetteifern. Das schönste Bild, die schönste Statue sollen auf unserer Kunstausstellung preisgekrönt werden und sogleich hier im Goethe-Museum verbleiben. In unserem Theater müßte dem besten Drama und der besten Oper, im Konzert der besten Symphonie der Preis zuerkannt werden. Das schönste Gedicht müßte seinen Lorbeer hier erhalten. Was sind fünfzig Jahre in der Geschichte Weimars? Nichts. Und stellen Sie sich vor, Hoheit, wie reich in fünfzig Jahren unser Museum wäre; es besäße die größten Meisterwerke eines halben Jahrhunderts. Unser Theater würde zweifellos zum bedeutendsten Kunsttempel der ganzen Welt.«
»Halten Sie ein – ich bin von Ihrem Gedanken ganz hingerissen! Wollen Sie nicht so liebenswürdig sein, diesen Plan auch vor meinem Vater zu vertreten, denn den Dienstweg müssen wir trotz alledem einhalten.«
»Herzlich gern. Ich gedenke auch eine längere Abhandlung über diese Frage zu schreiben, nur fühle ich mich im Augenblick sehr erschöpft. Aber ich mache mich an die Arbeit, wenn ich auf Helgoland bin. Ich will nämlich dorthin reisen, um mich zu erholen. Darf ich diese Audienz zu einer Bitte benutzen?«
»Selbstverständlich. Verlangen Sie bloß kein Geld für einen Ihrer Schützlinge; denn das haben wir nicht.«
»Darum möchte ich aber gerade bitten. Wagner ist in großer Bedrängnis, und ich kann ihm augenblicklich nichts schicken. Er weilt in Zürich und bittet in einem verzweifelten Briefe um Geld. Ich erlaube mir, Eure Hoheit darauf aufmerksam zu machen, daß dieser Mann für uns sehr wichtig ist. Obendrein ist er ein Genie.«
»Genie, Genie – schon gut! Er schluckt aber das Geld wie der Sand das Wasser. Na, ich werde einmal mit meinem Vater sprechen, wenn er sehr guter Laune ist. Ich muß aber die Bedingung stellen, daß Wagner von der Herkunft des Geldes nichts erfährt. Das könnte einen schönen Skandal geben, wenn ein Zeitungsschreiber erführe, das Sachsen-Weimarische Herrscherhaus unterstütze verfolgte Revolutionäre mit Geld! Auf Wiedersehen also, ich warte auf Ihr Memorandum.«
Der Erbgroßherzog preßte wirklich hundert Taler aus seinem Vater heraus. Der Betrag ging sofort ab an: Herrn Richard Wagner, Zürich, Am Zeltweg in den hinteren Escherhäusern Nr. 182.
Franzi aber begab sich indessen mit der Fürstin, der kleinen Manja und Miß Anderson auf die Reise nach Helgoland. Unter den Badegästen begegneten sie vielen Bekannten. Am nächsten stand Franzi ein Schriftsteller namens Dingelstedt, Dramaturg am Frankfurter Theater. Er kannte ihn schon seit langer Zeit und hatte ihn auch schon unterstützt. Gern hätte er ihn an das Weimarer Theater gebracht, leider war aber dort kein Amt mehr frei. Dingelstedt gab jedoch die Hoffnung nicht auf. Er pflegte die Freundschaft mit Franzi sorgsam, überhäufte ihn mit kleinen Aufmerksamkeiten, die übri-

gens ebensosehr der Fürstin und fast noch mehr der kleinen Maria galten; denn er wußte sehr wohl, daß man die Herzen der Erwachsenen durch die Kinder am ehesten gewinnt. Er war ein außerordentlich liebenswürdiger Mensch, von tadellosem Benehmen und auch ein sehr tüchtiger Fachmann. So verbrachten sie täglich viele vergnügte Stunden miteinander.
Dingelstedt war von dem Plan der Weimarer Olympiade begeistert und ergänzte ihn von sich aus durch zahlreiche glückliche Einfälle. So wurde Franzi nur noch mehr in seiner Absicht bestärkt, diese erstklassige Kraft, sobald es irgend möglich wäre, nach Weimar zu berufen.
»Ich hoffe, daß wir einen großen Teil dieser Pläne schon zusammen werden ausführen können.«
Dingelstedt sah ihn mit dankbaren, treuen Augen an.
»Wenn das möglich wäre, würde ich Ihnen zeigen, was Dank ist.«
Franzi reichte ihm die Hand, Dingelstedt drückte sie. Sie schlossen einen Bund, und von da ab besprachen sie ihren großen Plan mit noch stärkerer Begeisterung. Liszt arbeitete auch schon an dem Memorandum. Nunmehr konnte er eine schon lange bestehende Absicht endlich ausführen: er mußte sich einen Sekretär halten. Ursprünglich sollte dieser, ein junger Schweizer Musiker namens Raff, der sich zu dem Posten gemeldet hatte, gleich jetzt im Herbst seine mit sechshundert Taler bezahlte Stellung antreten. Aber immer wieder verzögerte sich die Sache, denn die Fürstin war schwer erkrankt. Es handelte sich um ein Gallenleiden, das durch den Aufenthalt in Helgoland nicht besser werden konnte. Sie hatte derartige Schmerzen, daß sie sich endlich entschließen mußte, ein Heilbad aufzusuchen. So fuhren sie denn von Helgoland aus nicht nach Weimar zurück, sondern nach Bad Eilsen, dessen Wasser die Ärzte sehr lobten. Es war Herbst geworden, und auf den schattigen Wegen des kleinen Badeortes wanderten kaum ein oder zwei Gäste. Zumeist regnete es, und das schlechte Wetter drängte sie in ihr kleines, muffiges Zimmer. Ab und zu fuhr er in das benachbarte Bückeburg, um Zeitungen zu kaufen; denn er war sehr neugierig auf Nachrichten aus Ungarn.
Hier, auf dem Rückweg von Bückeburg nach Eilsen, las er von der Hinrichtung der Führer des ungarischen Freiheitskampfes. Die Zeitung zitterte in seiner Hand, als er auf der Liste der Hingerichteten auch den Namen seines guten Freundes, seines lieben Preßburger Gastgebers, des Grafen Ludwig Batthyány entdeckte. Auch der Bericht über die in Arad erhängten dreizehn Generale erschütterte ihn tief; aber das furchtbare und blutige Ende Batthyánis wühlte ihn mit dem ganzen Schmerz über den persönlichen Verlust auf. Er rief sich das vornehme Gesicht des Grafen ins Gedächtnis zurück, als er in der Zeitung las, wie dieser Mann sich im Gefängnis mit einem eingeschmuggelten Dolch das Leben nehmen wollte, und wie sich die Ärzte des Generals Haynau bemühten, ihn unter allen Umständen am Leben zu erhalten, damit er ja nicht verblute und hingerichtet werden könnte. Ein

Beben lief durch seine Glieder, als er das las, und am liebsten hätte er im Wagen laut aufgeschrien.

»Um Gottes willen, was haben Sie?« fragte Carolyne erschrocken den Eintretenden.

Liszt brachte kein Wort heraus und reichte ihr schweigend die Zeitung hin. Die Fürstin las und rief beglückt:

»Gott sei Dank, daß Sie nichts unternommen haben, als die Revolution in Pest begann!«

Sie war eine Frau, ihr erster Gedanke galt dem, den sie liebte. Ihn aber hatte diese letzte Nachricht zutiefst erschüttert. Tagelang sprach er kein Wort; er saß teilnahmslos da oder schritt ruhelos, schweigsam im Zimmer auf und ab und lächelte nur, wenn die kleine Maria ihn anredete. Tage vergingen, bis er sein seelisches Gleichgewicht so weit wiederfand, daß die schmerzvolle Erschütterung in ihm Musik zu werden begann. Langsam formten sich in seiner Seele trauerumflorte, mit düsterer Feierlichkeit einherschreitende Akkorde. Die Denkschrift über die Goethe-Stiftung legte er zur Seite, jetzt mußte er komponieren. Andauernd kam ihm die Erinnerung an Chopin in den Sinn, an seinen Bruder in der Kunst, den geliebten Kameraden seiner jugendlich-schwärmerischen Jahre. Mit inniger Rührung gedachte er seiner, während er dessen Trauermarsch spielte. Und als er eines Tages abermals nach Bückeburg fuhr, um eine Zeitung zu kaufen, da entdeckte er unter den Auslandsnachrichten eine Mitteilung aus Paris, daß Chopin gestorben sei . . .

Das waren der grausamen Nachrichten zu viele! Ein heftiges Schluchzen überfiel ihn, seine Nerven bäumten sich gegen soviel Schicksalsschläge auf. Weinend stieg er aus der Kutsche vor dem Gasthaus und bebte noch am ganzen Körper, als er bei der Fürstin eintrat. Carolyne ruhte auf dem Sofa; im selben Zimmer lag, von hohem Fieber gepeinigt, die kleine Maria, die seit zwei Tagen an einer typhusartigen Krankheit litt. Franzi konnte nur stammelnd sagen, daß Chopin gestorben sei; dann ließ er sich neben dem Sofa nieder und verbarg sein Gesicht im Schoß der Geliebten. Noch nie in seinem Leben hatt er so geweint. Und später, als er sich einigermaßen beruhigt hatte und des Sprechens wieder fähig war, sagte er mit tränenerstickter, tonloser Stimme:

»Es gibt nicht nur eine das ganze Leben ausfüllende *Liebe*. Es gibt auch eine das ganze Leben erfüllende *Freundschaft*. Nie mehr im Leben kann mir ein Mann so sehr Bruder, Kamerad und Gefährte sein. In der menschlichen Seele lodern heilige Flammen, die nur einmal brennen können. Wenn sie verlöschen, lassen sie sich nicht wieder zu neuem Leben entfachen.«

»Und Wagner?« fragte die Fürstin mit sonderbarer Stimme.

Franzi sah sie an. Er meinte, Eifersucht aus dem Ton ihrer Frage zu hören, eine gewisse Gespanntheit, etwas wie tiefe, geheime und doch spürbare Kampfbereitschaft.

»Nein«, entgegnete Liszt, langsam den Kopf hin und her wiegend. »Wagner kenne ich ja gar nicht, ich kenne nur seine Kunst. Er selbst ist mir noch fremd, ich bewundere aber sein Genie und bin dessen Sklave. Friedrich war ganz anders. Ihn hätte ich auch dann vergöttert, wenn er *kein* Genie gewesen wäre.«
Der Trauermarsch, der sich in seiner Seele bereits zu formen begann, erhielt jetzt einen noch tieferen Inhalt. Auf dem Klavier des Eilsener Zimmers entstand ein neues Tonwerk. Er nannte es »Funérailles«, es wurde ein unbeschreiblicher Balsam für sein Herz. Während er arbeitete, beobachtete er in sich das Wirken des sonderbaren Dämons, für den die Sprache die Bezeichnung »Künstler« hat und der wie ein übermächtiger Tyrann alle menschlichen Gefühle für sich beansprucht. Wen dieser rätselhafte Geist packt, der kann weder die gleiche Freude noch den gleichen Schmerz empfinden wie die Alltagsmenschen. Dieser Dämon nährt sich von unseren Gefühlen; er saugt das Blut aus der Seele und formt daraus sein eigenes Ich. Der Mensch, in dem dieser göttliche Funke wohnt, kann nicht einmal seine heiligsten Gefühle für sich behalten; der Dämon bemächtigt sich ihrer und formt sie zum Kunstwerk.
Noch im Dezember waren sie Gäste in Eilsen. Die langwierige Krankheit der kleinen Prinzessin machte ihnen die Heimreise unmöglich. Es war genau so, als wären sie jetzt in Woronice, wo sie der Schnee von der Außenwelt abschnitt und sie in der unendlichen weißen Stille einer des anderen Herz klopfen hörten. Stundenlang konnten sie sich unterhalten, sie hatten einander immer etwas zu sagen. Franzi schrieb seinem Sekretär Raff, daß er am 1. Dezember seine Stellung bei ihm antreten solle. Der junge Mann traf auch ein. Er stellte sich höflich vor und ging sofort an seine Arbeit: Raff schrieb Briefe nach Diktat, er übernahm die Instrumentierung der Kompositionen nach Anweisungen des Meisters, auch die eigentliche Abschreibearbeit und ähnliches mehr. Schon am ersten Tage zeigte sich der neue Sekretär sehr eifrig, aber in seinem Benehmen war etwas, was Franzi auffiel.
»Sagen Sie, Raff«, fragte Liszt, »ich habe den Eindruck, daß Sie etwas sagen möchten und nur nicht wissen, wie Sie es anfangen sollen?«
Der junge Mann wurde rot.
»Na, sehen Sie. Also heraus damit, eins, zwei . . .«
Raff ließ sich noch eine kleine Weile nötigen, dann griff er in seine Tasche und reichte Franzi ein Zeitungsblatt, nachdem er erst seiner Entrüstung über die gegen den Meister gerichteten Angriffe Luft gemacht hatte. Es handelte sich um ein Gedicht von Heine, in dem der Dichter die tapferen Ungarn pries, um dann fortzufahren:

»Auch Liszt taucht wieder auf, der Franz,
Er lebt, er liegt nicht blutgerötet
Auf einem Schlachtfeld Ungarlands;

Kein Russe, noch Kroat' hat ihn getötet.
Es fiel der Freiheit letzte Schanz,
Und Ungarn blutet sich zu Tode –
Doch unversehrt blieb Ritter Franz,
Sein Säbel auch – er liegt in der Kommode.
Er lebt, der Franz, und wird als Greis
Vom Ungarkriege Wunderdinge
Erzählen in der Enkel Kreis –
›So lag ich, und so führt' ich meine Klinge!‹«

Auch Franzi wurde rot. Aber vor Zorn. Empört zeigte er das Gedicht der Fürstin. Carolyne, die von dem Zerwürfnis Franzis mit dem Dichter wußte, geriet in Aufregung.
»Es muß in den Zeitungen bekanntgegeben werden, wie er Sie seinerzeit erpressen wollte. Unbedingt muß das in die Zeitungen kommen. Warum zögern Sie? Verdient denn so ein Flegel etwas anderes?«
Liszt schüttelte nur den Kopf.
»Der Mann ist schwerkrank, er ist ja ein lebendiger Toter. Ein unglücklicher Wurm, den man kriechen lassen muß.«
»Da haben wir es«, rief Carolyne heftig, »mit Ihnen kann jeder machen, was er will! Aber es geschieht Ihnen auch ganz recht! Diese Lektion schadet gar nichts. Mit Ihnen kann man ja über solche Dinge gar nicht vernünftig reden.«
»Aber Carolyne, was fällt Ihnen ein, ich werde wirklich gleich böse.«
»Nein, nein, nur das nicht!« bat die Fürstin sofort.
Sie schlang besänftigend ihre Arme um den Hals des Geliebten. Sie küßten sich. Aber aus den Augen der Frau blitzte noch immer die Kampfeslust.

ACHTES KAPITEL

Der russische Gesandte in Weimar, Baron Maltitz, war ein großer, stattlicher, dicker Herr, ein wahrer Koloß. Jeden Mittag konnte man ihn im Garten des Großherzogs vor der Gärtnerei langsam spazierengehen sehen, an der Seite seiner kleinen gebeugten Frau. Neben ihnen trippelte ein kleiner schwarzer Hund hin und her. Wenn Franzi ihnen begegnete, grüßten sie einander mit steifer Höflichkeit. Liszt sah in dem Gesandten den Zaren und der Gesandte in ihm den Entführer der Fürstin. Es war kaum anzunehmen, daß der Baron in der Altenburg Besuch machen würde. Und dennoch geschah es. Franzi traf ihn unten im Torbogen.

»Was ist geschehen?« Mit dieser Frage stürzte er aufgeregt in das Zimmer der Fürstin. »Warum war der russische Gesandte hier?«
»Er überbrachte mir eine Nachricht vom Zaren. Stellen Sie sich vor, der Zar läßt mir ausrichten, ich solle unverzüglich nach Rußland zurückkehren; sonst müßte ich die Konsequenzen tragen. Ich fragte Baron Maltitz, welcher Art diese Konsequenzen sein könnten, und er zögerte keine Sekunde lang, mir mitzuteilen, daß mich der Zar verbannen würde, wenn ich nicht sofort zurückkehrte. Das sei aber noch das kleinere Übel; denn ich setzte mich außerdem der Beschlagnahme meines Vermögens aus. Was soll ich nun tun?«
Sie quälten sich mit Fragen und Überlegungen, sie berieten hin und her und konnten zu keinem Entschluß kommen. Beide sprachen bei der Großherzogin vor, die aber auch keinen Rat wußte. Sie war selbst Russin und wußte sehr gut, daß die Fürstin Carolyne sich der Verbannung nach Sibirien aussetzte, wenn sie die russische Grenze überschritt. Blieb sie dagegen unerlaubt weiter in Weimar, dann verbannte sie der Zar gleichfalls, das heißt, sie durfte nie mehr am Weimarer Hof erscheinen, und die Schwester des Zaren durfte sie nicht empfangen. Endlich einigten sie sich dahin, daß die Großherzogin Maltitz zu sich bitten und mit ihm unter vier Augen die Angelegenheit besprechen würde.
Schon nach zwei Tagen berichtete sie Franzi das Schlimme: die Familie wolle unter allen Umständen die kleine Prinzessin Maria von der Mutter trennen. Und diese Forderung schien leider auch nicht ganz unberechtigt zu sein. Sie wollten das Mädchen nicht von einer Mutter erziehen lassen, die ihren Mann böswillig verlassen und ein allbekanntes Liebesverhältnis mit einem Musiker bürgerlicher Herkunft eingegangen war. Franzi erschrak furchtbar, als er diese Nachricht hörte.
Kaiserliche Hoheit, ich bitte Sie um's Himmels willen, helfen Sie uns jetzt! Die Fürstin Carolyne überlebt es nicht, wenn man ihr die Tochter nimmt. Und da es um meinetwillen geschieht, vermag auch ich diese traurige Wendung nicht zu ertragen.«
»Aber, mein lieber Freund, was soll ich tun? Mir sind die Hände gebunden. Mein Bruder zürnt mir sowieso schon. Und ich muß schließlich auch einsehen, daß er sich als kluger Herrscher seines Landes ein so großes Vermögen nicht ohne weiteres entgehen lassen kann. Die Situation sieht leider ganz hoffnungslos aus. Übermorgen habe ich ja wieder Unterricht bei Ihnen, vielleicht fällt mir bis dahin etwas ein.«
Und sie fand auch Rat. Als Franzi eintrat, hielt sie ihm ein Schriftstück entgegen, einen Vertragsentwurf, den sie zusammen mit Baron Maltitz verfaßt hatte. Franzi las ihn interessiert:

»Die aus der Ehe mit dem Fürsten Wittgenstein hervorgegangene Tochter wird der Familie ihres Vaters zurückgegeben. Wenn indessen Ihre Kaiserliche Hoheit, die Frau Großherzogin von Sachsen-Weimar, geruhen sollten, dieses Kind unter ihren Schutz zu nehmen und, wenn sie es für gut erachten möchte, daß die Mutter seine Erziehung leitet, so würde man glücklich sein, die junge Person unter so erhabenem Schutz bis zu ihrer Volljährigkeit zu lassen, nach deren Eintritt sie nach Petersburg geschickt und unter die hohe Gönnerschaft der Kaiserin gestellt werden soll. Wenn die Fürstin W. sich wieder verheiratet, muß die Unabhängigkeit des Vermögens der Tochter aus erster Ehe durch Vertrag sichergestellt werden; dem Fürsten Nikolaus wird als Entschädigung ein Siebentel dieses Vermögens zufallen.«

»Ich verstehe«, sagte Franzi glücklich, »das kleine Mädchen kann ungestört bis zu seiner Großjährigkeit hierbleiben, und bis dahin ist es ja noch lange Zeit. Die Fürstin Carolyne zahlt sozusagen als Kaufpreis für ihr eigenes Kind ein Siebentel ihres Vermögens. Ausgezeichnet! Ich weiß gar nicht, wie ich Eurer Kaiserlichen Hoheit für diese vorzügliche Lösung danken soll!«

»Ein anderer würde Ihnen nur erwidern, Sie hätten nicht zu danken. Ich aber sage Ihnen: Sie können mir auf eine ganz bestimmte Weise danken: setzen Sie bei meinem Manne den Gedanken der Olympiade durch. Ich und der Erbprinz sind entzückt davon, mein Mann aber befürchtet, daß es sehr viel Geld kosten werde. Sie kennen ihn ja und wissen, wie umsichtig er ist. Über die Olympiade werden wir also noch viel zu reden haben. Aber, um bei Ihrer Sache zu bleiben, ich mache Sie darauf aufmerksam, daß diese Vereinbarung nur das Schicksal des Kindes berührt. Der Befehl des Zaren zur Rückkehr der Fürstin Carolyne nach Rußland ist eine Sache für sich. Und gerade in dieser Angelegenheit kann ich Ihnen leider nicht behilflich sein.«

»Wir haben in der Zwischenzeit keinen rettenden Gedanken gehabt, Kaiserliche Hoheit. Allem Anschein nach müssen wir damit rechnen, daß man die Fürstin verbannt. Voriges Jahr war es noch unsere Absicht, in diesem Falle nach Amerika auszuwandern. Jetzt wollen wir das nicht mehr. Ich könnte Weimar nicht wieder verlassen und auch meine Arbeit hier nicht mehr, da sie sich so schön angelassen hat. Ist es Eurer Kaiserlichen Hoheit bekannt, daß wir mehrere Briefe von Theaterbesuchern erhielten, die um eine Wiederholung des ›Tannhäuser‹ nachsuchten? Ist das nicht schon ein herrlicher Sieg? Nein, komme was da kommen mag, ich kämpfe diese Sache durch – mit der gütigen Unterstützung Eurer Kaiserlichen Hoheit und des Erbgroßherzogs. Jetzt beschäftigt mich schon wieder dieser ›Lohengrin‹ außerordentlich, aber ich zögere noch damit.«

»Warum?«

»›Lohengrin‹ ist zu kühn. Wollen sich Kaiserliche Hoheit bitte vorstellen, daß der Tenor in einem Kahn auf die Bühne kommt und daß dieser Kahn von einem Schwan gezogen wird. Zum Schluß verwandelt sich dieser Schwan in einen Prinzen. Das kann leicht komisch wirken, und wenn die

Leute lachen, gibt es einen Skandal, für den ich die Verantwortung nicht übernehmen kann. Fast wäre es mir lieber, Wagner böte mir ein anderes Werk an.«

»Ich weiß nicht. Die Musik hat mich ungemein gepackt. Ich überlasse die Entscheidung Ihnen; denn ich habe mich inzwischen daran gewöhnt, Ihnen auch in den schwerwiegendsten Fragen freie Hand zu lassen, da Sie des Vertrauens wert sind.«

Franzi machte sich in der Tat große Sorgen um den »Lohengrin«. Einmal schien er fest überzeugt, daß der »Lohengrin« unaufführbar sei; in der nächsten Minute schalt er sich schon wegen seiner Kleingläubigkeit: man muß an eine Sache glauben, dann gelingt sie auch. Damit Wagners Name nicht wieder in Vergessenheit geriet, setzte er für den Geburtstag der Großherzogin Glucks »Iphigenie« an, die der Dresdner Dirigent für eine Aufführung am dortigen Theater neu bearbeitet hatte. So hielt er sein Wagner-Programm ein und gewann doch Zeit für die Entscheidung über »Lohengrin«. Aber auch andere Komponisten ließ er nicht außer acht. So hatte Schumann kürzlich eine Oper »Genoveva« vollendet. Franzi hatte davon gehört und gelesen und wollte das Werk nun auch selbst kennenlernen.

»Wollen Sie etwa diesen Menschen aufführen«, fragte Carolyne, »der sich Ihnen gegenüber so hinreißen ließ?«

»Nein«, entgegnete er, »ich will nicht *ihn* aufführen, sondern seine Musik. Und sein Schaffen ist gut. Ich habe Schumann auch schon geschrieben. Und nun will ich Ihnen einmal etwas sagen, meine liebe Carolyne. Bei mir sind Kunst und Glaube eins. Sobald eine künstlerische Frage in mir auftaucht, finde ich sofort eine Analogie im Bereiche des Glaubens. Und das ist mir stets ein untrügliches Zeichen, daß ich auf dem rechten Wege bin. Zur Kommunion darf man doch auch nur mit einer reinen Seele gehen? Und so kann ich nicht eher an die Musik herantreten, als bis ich den Egoismus aus meinem Herzen gerissen habe. Die Musik ist nicht dazu da, daß ich mich ihrer bediene, um persönliche Kränkungen zu rächen. Ich habe Schumann ja auch schon längst vergeben. Jeder Mensch hat seine Eigenarten und seine Mucken. Es gibt keinen Menschen ohne Fehler. Die Schrift sagt: ›Richtet nicht, auf daß ihr nicht gerichtet werdet.‹«

Die Fürstin sah ihn an. Nach einer Weile sagte sie:

»In Ihnen steckt etwas Priesterhaftes. Wenn Sie kein Musiker wären, müßten Sie Geistlicher werden. Was Sie mir von Ihrer Jugend erzählten, wird mir jetzt immer verständlicher. Sie hätten auch als Priester eine glänzende Laufbahn gemacht. Zum Schluß hätte man Sie gar noch zum Papst wählen können.«

»Wie gut wäre das, dann würde ich sofort die Scheidung Ihrer Ehe aussprechen. Aber dann könnte ich Sie ja doch nicht heiraten! Bleiben wir also ruhig dabei, ich werde kein Geistlicher, sondern ein friedliches Familienoberhaupt. Ach, dabei fällt mir ein, daß meine Mutter geschrieben hat, sie

möchte mich gern sehen. Was meinen Sie, sollen wir sie nicht zu uns nach Weimar einladen? Auch wegen der Kinder möchte ich mit ihr sprechen. Ihre Absicht müssen wir unter allen Umständen verwirklichen.«
Sofort war Carolyne ganz die wohlwollende, gnädige Fürstin. Franzi empfand sogar die betonte Freundlichkeit in ihrer Stimme als etwas übertrieben.
»Aber selbstverständlich, ich würde sie gern hier sehen. Es wird mir eine große Freude sein, sie persönlich kennenzulernen. Wenn Sie ihr schreiben, laden Sie sie bitte in meinem Namen ein.«
Nun folgte ein Brief dem anderen, und eines schönen Tages kam Mutter Liszt in Weimar an. Sehr sorgfältig angezogen, das weiße Haar feierlich glattgekämmt.
Einen ganzen Monat lang blieb sie bei ihnen. Sie wußte viel von den alten Bekannten in Paris zu erzählen. Franzi fragte sie hauptsächlich nach Chopin. Und die alte Dame berichtete ausführlich über den Tod des Freundes. Der Arme war schon seit Jahren nur noch ein Schatten. Drei Jahre lang war er bereits so schwach, daß ihn sein Diener jeden Abend ins Bett legen mußte. Er wohnte in einer armseligen Wohnung am Place Vendôme. All seinen Besitz hatte er nacheinander verkaufen müssen; er verheimlichte aber stolz seine Armut. Die Gräfin Delphine Potocka besuchte ihn jeden Tag, und seine Schwester Louise Chopin, die er so sehr liebte, kam aus Polen zu ihm. Wochenlang lag er reglos da, schon längst war er so schwach, daß er sich im Bett nicht einmal mehr allein aufrichten konnte. Nachdem er die Sterbesakramente empfangen hatte, verschied er um drei Uhr in der Nacht. George Sand war nicht bei ihm, dafür aber ihre Tochter. Man erzählte sich in Paris, daß der Sterbende zu ihr gesagt habe: »Deine Mutter hat mir einmal versprochen, daß ich in ihren Armen sterben werde; jetzt ist sie aber nicht da.«
»Selbstverständlich war sie nicht da«, nickte Franzi. »George muß man kennen. Auch in ihr steckt die Grausamkeit des Künstlers. Ihr ganzes Leben war sie nur darauf bedacht, die Männer zu sammeln und aufzuspießen wie Schmetterlinge. Sie spießte sie auf eine Stecknadel, beobachtete ihr ohnmächtiges Zappeln und beschrieb es dann genau. Sobald das Buch fertig war, sah sie sich nach einem anderen Manne um, um ihn gleichfalls aufzuspießen.«
»Niederträchtig!« sagte die Fürstin.
»Nicht doch. Weder niederträchtig noch nett. Das geht eben über die Grenzen des durchschnittlichen Beurteilungsvermögens hinaus. Sie war eine Künstlerin. Das Talent ist eine Menschenart für sich, es lebt nach ganz anderen Gesetzen.«
Dann erzählte Mutter Liszt von Musset. Sie hatte ihn betrunken auf der Straße torkeln sehen. Der Arme war noch immer in George Sand verliebt und hatte sich völlig dem Trunk ergeben. Von der Gräfin D'Agoult berichtete sie, daß sie sie nie zu Gesicht bekäme, weil sie einen großen Salon führe,

in dem viele Berühmtheiten ein und aus gingen. Ihre Kinder im Bernardschen Internat besuche sie kaum jemals. Als das Gespräch auf diese Schule kam, brach die alte Dame in einen förmlichen Redeschwall aus. Sie ließ kein gutes Haar an dem Bernardschen Institut. Die Verpflegung sei miserabel; einmal hätten die Mädchen sogar geklagt, daß in den Erbsen Würmer gewesen seien und das Fleisch nicht frisch gewesen sei. Die Aufsicht wäre mangelhaft, um die Zöglinge kümmerte sich niemand, lernen täten sie auch nichts; die Mädchen beherrschten nicht einmal die Rechtschreibung. Und dann seien da ein paar größere Mädchen, die den kleineren unschickliche Witze beibrächten, daß sie, die Großmutter, habe erröten müssen, als Blandine und Cosima an einem Sonntag bei ihr zu Mittag gegessen hätten.
»Entsetzlich, entsetzlich!« rief Franzi. »Warum haben Sie mir denn das nicht geschrieben, Mutter?«
»Du wolltest es ja so, mein Sohn, daß nicht *ich* sie erziehen soll.«
Es lag auf der Hand, daß Mutter Liszt hauptsächlich deswegen nach Weimar gekommen war. Sie wollte die Kinder zurückhaben. Und wenn nur die Hälfte von alledem stimmte, was sie vom Internat erzählt hatte, so waren die Töchter bei ihr tatsächlich besser aufgehoben. Jetzt stellte sich erst heraus, wie richtig Carolyne die ganze Situation beurteilt hatte. Man brauchte vor der Gräfin D'Agoult keine Angst zu haben, man mußte die Sache nur erst einmal in die Hand nehmen und zeigen, daß das Recht, über die Erziehung der Kinder zu entscheiden, dem Vater zustehe. Als Mutter Liszt aus Weimar wegfuhr, nahm sie einen Brief mit. Dieses Schreiben ermächtigte sie, die beiden Mädchen sofort aus dem Bernardschen Institut abzuholen. Um seine Mutter nicht zu betrüben, hatte ihr Franzi nicht mitgeteilt, daß er die Töchter nur vorübergehend bei ihr lassen wollte, bis er mit Frau Patersi, der einstigen Erzieherin der Fürstin, einig war.
Neben diesen Familiensorgen plagten ihn noch hundert andere. Seiner alten Gewohnheit gemäß lagen die Entwürfe zu zehnerlei verschiedenen Kompositionen auf seinem Schreibtisch. Die Instrumentation zur »Bergsymphonie« und zu »Mazeppa«, ein Valse Impromptu, eine Mazurka, verschiedene Phantasien und die noch immer im Werden begriffene Oper »Sardanapal«. Er arbeitete abwechselnd an diesen Werken. Wenn er über einem müde wurde, ruhte er sich bei dem anderen aus. Auch viele Briefe hatte er zu erledigen; denn es war sein Grundsatz, daß jeder Brief beantwortet werden müsse. Es verging kein Tag, an dem nicht ein Bittbrief bei ihm eingegangen wäre. Alle, mit denen er im Leben je zu tun gehabt hatte, empfahlen ihm früher oder später irgend jemanden. Der eine einen vierzehnjährigen Jungen namens Wieniawski, der wunderbar Violine spielen sollte, der andere einen Diener, der eine Stellung bei Hofe anstrebte. Aus dem Strom dieser Briefe leuchtete ab und zu eine heiße Erinnerung an vergangene Tage auf: Charlotte von Hagn empfahl ihm eine junge Sängerin, Camilla Pleyel bat ihn um Noten, die Herzogin Belgiojoso gab plötzlich

wieder ein Lebenszeichen von sich. Er antwortete allen in dem gleichen liebenswürdigen, höflich-kühlen Ton, der nicht mißzuverstehen war. Eine so starke körperliche und seelische Gemeinschaft verband ihn mit der Fürstin, daß er sie nicht einmal in Gedanken betrog, und darüber wunderte er selbst sich am meisten. Nie hätte er von sich geglaubt, daß er dessen fähig wäre. Neben den Briefen lagen auch unvollendete Blätter literarischer Arbeiten in dem Durcheinander des Schreibtisches, den Raff nie aufräumen durfte. Sobald jemand versuchte, auf seinem Schreibtisch Ordnung zu schaffen, konnte er nichts mehr finden. Es herrscht eben doch eine gewisse Ordnung in der scheinbaren Unordnung. Wie in seinem Beruf, so hielt er auch in seiner Umgebung auf Genauigkeit und klare, bestimmte Erledigung aller Angelegenheiten, die er auch stets völlig überblickte. Er hatte seine verschiedenen Arbeiten in Gruppen eingeteilt, und unter diesen bildeten die Aufzeichnungen über Chopin ein besonderes, umfangreiches Bündel. Er wollte ein Buch über den verstorbenen Freund schreiben. Sein tiefes Pietätsgefühl drängte ihn, ihrer Freundschaft ein Denkmal zu setzen. Liszt richtete unzählige Briefe an alle Menschen, von denen er Einzelheiten über Chopin erfahren zu können glaubte – angefangen bei Louise Chopin bis zu dem Pfarrer, der ihm die letzten Sakramente gereicht hatte. Er ordnete die Briefe und Aufzeichnungen nach bestimmten Gesichtspunkten, verwahrte sie in besonderen Umschlägen, und so schritt die Arbeit langsam vorwärts. Seine schönsten und innigsten Arbeitsstunden waren jene, in denen er die Lebensgeschichte seines verewigten Freundes niederschrieb und dessen Charakterbild zeichnete.
Zwischen all diesen Arbeiten aber ließ ihm ein Gedanke keine Ruhe: wie sollte er Wagner in Weimar weiter fördern? Konnte er es wagen, den »Lohengrin« aufzuführen oder nicht? Er wollte dem stets von materieller Not bedrängten Menschen in jeder erdenklichen Weise helfen, fürchtete aber, ihm durch die Aufführung seines Werkes mehr zu schaden als zu nützen. Schon hatte ihm Wagner geschrieben, er müsse die Partitur des »Lohengrin« verpfänden, da er sonst seine Frau nicht ernähren könne. Zwischen Paris und Zürich pendelnd, verbannt, entwurzelt, konnte er nicht vorwärtskommen, und helfen ließ er sich auch nicht von jedem und nur so, wie es ihm paßte. Franzi hatte ihm schon von sich aus fünfhundert Taler geschickt und ihm außerdem, allerdings unter Verschweigung seines Namens, die Instrumentation einer Oper des Herzogs Ernst von Koburg-Gotha, der auch komponierte, vermittelt. Und derselbe Wagner, der verzweifelt um Geld bat, der sich bitter über das fürchterliche Elend und die aufreibendsten seelischen Kämpfe beklagte, wies diese, viel Geld versprechende Arbeit als seiner unwürdig zurück!
»Na, wissen Sie, Franzi«, ärgerte sich die Fürstin, »das finde ich ein wenig dreist. Arbeiten ist doch keine Schande. Ich will Ihren Wagner durch Vergleiche keineswegs beleidigen, wenn aber jemand zu mir kommt und eine

Unterstützung haben will und die Holzhackerarbeit, die ich ihm anbiete, ausschlägt, so ist es nur zu verständlich, daß ich ihn wegschicke.«
»Seien Sie nicht ungerecht, Carolyne. Dieser Mensch hält andächtig seine Begabung in Ehren. Das ist bei einem Künstler ein sehr, sehr gutes Zeichen. Ich meinerseits freue mich, daß er sie achtet und so und nicht anders gehandelt hat.«
Franzis Unschlüssigkeit beendet ein Brief. Wagner schrieb ihm von seiner Reise nach Paris:

»Lieber, soeben las ich etwas in der Partitur meines Lohengrin – ich lese sonst nie in meinen Arbeiten. Eine ungeheure Sehnsucht ist in mir entflammt, dies Werk aufgeführt zu wissen. Ich lege Dir hiermit meine Bitte an das Herz. Führe meinen Lohengrin auf! Du bist der einzige, an den ich diese Bitte richten würde: niemand als Dir vertraue ich die Creation dieser Oper an: aber Dir übergebe ich sie mit vollster, freudigster Ruhe. Führe sie auf, wo Du willst: gleichviel, wenn es selbst nur in Weimar ist: ich bin gewiß, Du wirst alle möglichen und nötigen Mittel dazu herbeischaffen, und man wird Dir nichts abschlagen. Führe den Lohengrin auf und laß sein Inslebentreten *Dein* Werk sein.«

Der Brief teilte außerdem noch mit, daß für die Aufführung vor allem sechsunddreißig Taler erforderlich seien. Soviel hatte seinerzeit das Abschreiben der Partitur gekostet. Wagner konnte es jedoch nicht bezahlen, sondern ließ diese Summe durch den Intendanten in Dresden begleichen, der die Partitur jetzt wiederum als Pfand zurückbehielt, andererseits aber auch nicht geneigt war, die Oper aufzuführen.
Dieser Brief rührte Franzi sehr. Gut. Die Aufführung sollte stattfinden, gleichviel, was dann weiter geschähe. Und Wagners nächster Brief enthielt eine ganze Reihe neuer Anliegen. Vor allen Dingen betonte er, daß man nichts streichen dürfe, daß das Werk genau so aufgeführt werden müsse, wie er es geschrieben habe, und wenn es noch so lange sei. Nur im dritten Akt solle man aus der Gralslegende sechsundfünfzig Takte streichen. Wenn wider Erwarten der Gedanke weiterer Kürzungen auftauchen sollte, gebe er zu erwägen, ob es dann nicht besser wäre, die Aufführung – wegen unzureichender Mittel – gänzlich zu unterlassen. »Sage, lieber Liszt, wie ließe es sich denn möglich machen, daß ich – inkognito – der ersten Aufführung in Weimar beiwohnen könnte? Das ist eine verzweifelte Frage . . .« Ja – das war wirklich eine verzweifelte Frage! Franzi lachte und fand es ganz in der Ordnung, daß Wagner dann noch zehnerlei weitere Wünsche vorbrachte. Er war ein Genie und hatte ein Recht darauf, sich unter allen Umständen durchzusetzen.
Nun Liszt sich einmal entschlossen hatte, war er mit Leib und Seele bei der Arbeit. Vor allem besprach er mit dem Intendanten, der Aufführung einen

besonders festlichen Charakter zu verleihen: das Werk sollte zum Goethe-Tag uraufgeführt werden, und aus diesem Grunde mußte man das ganze Jahresprogramm umstoßen. Die Sommerferien wurden in diesem Jahre früher angesetzt. Für die beiden Aufführungen des »Lohengrin« unterbrach man die Ferien, um sie dann wieder fortzusetzen. Die Zwischenzeit sollte dazu benutzt werden, den für die Goethe-Olympiade gewählten Ausschuß zusammenzurufen, damit auch diese Angelegenheit ein wenig vorwärtskomme. Vor der Uraufführung wollten sie noch ein Herder-Fest veranstalten, da das Herder-Denkmal seiner Vollendung entgegenging. Zur Erinnerung an diesen Dichter kam sein »Entfesselter Prometheus« auf den Spielplan. Zu diesem Stück wollte Franzi eine musikalische Einleitung schreiben; dann folgte die Hauptprobe und darauf die Uraufführung des »Lohengrin« – den Prolog sollte Dingelstedt verfassen, die Presse wurde mit Mitteilungen überschüttet, das Orchester bekam zwei Violinspieler mehr, der berühmte Cellist Coßmann wurde vertraglich verpflichtet, eine Baßklarinette angeschafft – damit Weimar das habe, was Dresden nicht besaß. Für Ausstattung und Kostüme zum »Lohengrin« wurden zweitausend Taler aus dem Jahreskostenanschlag bereitgestellt, eine Summe, die man in Weimar für ein einziges Stück noch nie aufgewendet hatte ... Hals über Kopf stürzte sich Franzi in die Arbeit. Die Proben begannen. Liszt hatte geradezu Übermenschliches auf sich genommen: dieses Werk, mit der gänzlich ungewohnten, schwierigen Musik, vorzubereiten und gleichzeitig für das Herder-Fest zu komponieren. Zunächst dachte er sich die letztere Arbeit leicht. Er wollte ein kurzes Orchesterwerk über den Prometheusgedanken schreiben, über diesen feuerbringenden, Licht und Wärme spendenden Geist, die Idee, die von erbarmungslosem Ungeist an den Felsen gekettet ward, deren Fesseln aber wieder abfielen. Um seine Komposition dem Werk des Dichters anzupassen, begann er in einem Herder-Band zu blättern. Der hochgelehrte Forscher, den er bisher nur oberflächlich kannte, begann ihn zu interessieren. Er fand den durchgeistigten Idealismus dieser zum Nachdenken anregenden philosophischen Dichtung, die man auch als dichterische Philosophie hätte bezeichnen können, außerordentlich anziehend. Und neben dem Prometheusgedanken bemerkte er noch etwas bei Herder, was ihn fesselte: die Gestalt dieses griechischen Sagenhelden, der voreilig handelt, ohne zu überlegen. Er verstand Herder vollkommen. Das ursprünglich kurze Werk wuchs sich mit einem Male zu einer großangelegten, monumentalen Symphonie aus, durchwoben von einer ganzen Anzahl von Chören.

Tag und Nacht arbeitete er zu dieser Zeit, er kam kaum zum Schlafen, vergaß es sogar sehr oft. In einem einzigen Schwung, mit einer bis zum äußersten aufgepeitschten Seele schrieb er das Ganze, von Morgendämmerung zu Morgendämmerung. An seinem Schreibtisch erschien jeden Tag der fleißige Raff, übernahm die fertigen Teile der Komposition, ließ sich genaue

Anweisungen für die Instrumentation Takt für Takt geben und ging dann an seine Arbeit. Auch er schlief kaum. Die ganze Niederschrift des Prometheus nahm nur vierzehn Tage in Anspruch. Das Herz des Tondichters lachte, als er seine Augen über die fertigen Seiten der Partitur gleiten ließ. Das war ein Werk ganz nach seiner Art – diese in der äetherischen Welt der höchsten Menschheitsideale wandelnden musikalischen Gedanken, Schaffensdrang, Tätigkeitstrieb, Glaube, Erhabenheit. Er teilte die Ouvertüre in drei Sätze ein. Die beiden Hauptteile entsprachen dem Grundgedanken, waren das Leiden des Prometheues und seine Errettung. Diese beiden Sätze verband er jedoch durch eine Fuge, besser gesagt, durch eine Doppelfuge, deren zwei Themen er mit der Beschwingtheit des an Bach geschulten Meisters und mit einem geradezu teuflisch anmutenden Können ineinanderflocht. Dieser Fuge kam in seiner Vorstellung der Epimetheusgedanke zu. Warum sollte eine Fuge außer ihren rein musikalischen Qualitäten nicht auch einen gedanklichen Inhalt haben? Sein Entzücken über diesen auch an sich vollkommen neuen Gedanken steigerte sich fast bis zur Raserei. Als er das Werk beendet und auch die Chöre schon komponiert hatte, führte er das Ganze auf dem Klavier seinem ersten Publikum vor, Carolyne. Er hatte dabei so viel zu erklären, daß er schließlich mit seiner tiefen, weichen Stimme wie ein Baritonist zu singen begann:

»Was Himmlisches auf Erden blüht,
Was Menschen hoch zu Göttern hebt,
Ihr Holdestes, ihr Seligstes ist Menschlichkeit.«

Die Fürstin hörte ihm mit hingebungsvoller Andacht zu. Ihr fehlte allerdings die Sachkenntnis, um den Zauber der Fuge voll zu würdigen; um so mehr erfaßte sie aber den gedanklichen Inhalt des Werkes.

»Franzi, das ist herrlich! Und wenn Sie mich lieben, erfüllen Sie mir eine Bitte.«

»Welche?«

»Ändern Sie die Spielfolge. Die ›Prometheus‹-Symphonie soll am Goethe-Tag aufgeführt werden – für ›Lohengrin‹ ist ein anderer Tag auch gut.«

»Nein, mein Herz, das geht nicht. Den Geburtstag Herders kann man nicht auf den Goethe-Tag verlegen. Im übrigen gehört dieser Tag Wagner. Für ihn ist das alles vielleicht auch wichtiger als für mich. Er soll in seinem Leben noch vorwärtskommen. Meine Arbeit ist nicht an die Zeit gebunden. Ich kann warten. Wie lange? Hundert Jahre, wenn es darauf ankommt. Es ist vollständig gleichgültig, ob ich noch lebe oder nicht, wenn man meine Sachen weit und breit spielt. In diesem Augenblick bin ich weder ein Lebender noch ein Toter, da ich vor Erschöpfung fast zusammenbreche. Ich kann aber nicht ruhen, denn im Theater wartet ›Lohengrin‹ schon.«

»Sie sind ein fürchterlicher Mensch! Es ist, als arbeiten Sie gegen Ihr eigenes Ich. Wenn Sie den Menschen eine neue Musik offenbaren wollen, warum wählen Sie da eine fremde Musik, warum nehmen Sie für diesen Zweck nicht Ihre eigene?«
»Das ist Ansichtssache. Mir ist der Erfolg zwar nicht gleichgültig, dazu kenne ich mich zu gut. Es drängt aber nicht, wir brauchen nichts dafür zu tun. Wissen Sie, wie der Spruch Herders lautet, den der verstorbene Großherzog auf seinen Grabstein meißeln ließ? ›Licht, Liebe, Leben.‹ Das brauche ich auch – und nicht den Erfolg. Küssen Sie mich, ich muß jetzt schnell ins Theater.«
Dort war seine Anwesenheit mehr als notwendig, man erwartete ihn schon sehnsüchtig. Jetzt lachten die Musiker nicht mehr vor sich hin, wie beim »Tannhäuser«, da sie den ersten Erfolg Wagners nicht bestreiten konnten, aber sie verstanden seine Musik trotzdem nicht. Der italienische Belcanto saß jedem von ihnen im kleinen Finger, jede geschlossene Melodie hätten sie auswendig begleiten können; eine Lortzing-Probe war ein Kinderspiel für das so erfahrene Orchester. Aber hier sah jeder Takt ganz anders aus, als sie es sich vorstellen konnten, noch sonderbarer und noch unverständlicher als im »Tannhäuser«. Auch die sonst übliche Verteilung der Plätze mußte abgeändert werden, und das allein machte sie schon nervös. Zu den zwei Oboen kam noch das Englischhorn; drei Klarinetten, drei Fagotte und drei Posaunen reihten sich nebeneinander, das ganze Orchester war aufgeregt und aufgestöbert, und kein anderer hätte es zusammenzuhalten vermocht außer dem einen, der die ganze Partitur schon auswendig kannte, bei den Proben aber die einzelnen Sätze wiederholen ließ, weil er die Schönheit der Klangfarben nicht genug bewundern konnte. Genau so groß war die Verwirrung unter den Sängern. Sie fühlten instinktiv, daß sie allesamt ihrer Selbständigkeit beraubt waren, daß sie keine Sterne der Gesangskunst mehr waren, sondern tyrannisch beherrschte Organe eines mächtigen, einheitlichen Künstlerwillens, den sie nur ahnten, aber ebensowenig verstehen konnten wie Ameisen, die auf einem Denkmal hin und her laufen, ohne den Sinn dieser übereinandergehäuften Steine zu begreifen.
Jeder von ihnen hatte eine beispiellose schwere Arbeit zu leisten. Die schöne Rosa Agthe, die die Elsa singen sollte, verfiel über die unfaßbaren Schwierigkeiten ihrer Rolle in Weinkrämpfe. Fräulein Fastlingen, die die Ortrud sang, hatte sogar schon zweimal abgesagt. Genast, der Regisseur, lief wie ein Geisteskranker auf der nach frischer Farbe riechenden, von Menschen wimmelnden Bühne herum, stierte vor sich hin, hielt sich den Kopf und meinte, er würde am liebsten gleich sterben. Beck, der Darsteller des Lohengrin, der früher Bäcker war, tröstete sich mit unzähligen Krügen Bier und hatte einen dementsprechend schweren Kopf. Als er sein Kostüm bekam, geriet er in Verzweiflung, da er überzeugt war, daß man ihn auslachen würde. Die Bühnenarbeiter konnten mit dem von dem Schwan gezogenen

Kahn nicht fertig werden; deshalb mußte man für sie um Mitternacht eine Sonderprobe ansetzen, da sonst die Zeit nicht ausreichte. Jedermann war unschlüssig, unsicher, bedrückt und verzweifelt. Nur ein Mensch stand felsenfest zwischen ihnen allen und arbeitete unentwegt und unbeirrt: der langhaarige Schwärmer, dem die unerhörte Kraftanstrengung tiefe Furchen unter die Augen gezogen hatte. Während der letzten Tage mußte neben dem »Lohengrin« auch noch der »Prometheus« geprobt werden. Übermenschliche Nerven erforderte das. Die überanstrengten Musiker hatten die maßlos schwierige Fuge zehnmal nacheinander falsch gespielt, und Liszt klopfte hartnäckig ab, um sie zum elften Male von neuem beginnen zu lassen. Auf dem Heimweg von einer solchen Probe erfuhr er, daß Balzac gestorben war.
»Furchtbar! Ich habe nicht einmal Zeit, mir darüber klarzuwerden, wie sehr ich ihn geliebt habe und wie nahe mir sein Tod geht.«
Schon begann er die Pressenotizen über Wagner zu überprüfen. Eine ganze Reihe von Artikeln hatte er für die verschiedensten Zeitungen selbst verfaßt; Raff betätigte sich auch dabei, und sogar die Fürstin zog Franzi mit heran. Sie sollte drei Artikel lesen und daraus einen vierten machen.
Bis zur Herder-Feier, am 24. August, lief er wie ein Nachtwandler umher. Zu dieser Feier strömten von nah und fern die bedeutendsten Persönlichkeiten nach Weimar. Aus Paris kam Jules Janin, aus Brüssel Fétis, aus London der berühmteste englische Kritiker, Chorley, Bettina von Arnim erschien mit ihren beiden Töchtern, Meyerbeer, Gérard de Nerval, der für die deutsche Romantik schwärmende Schriftsteller, und auch der junge Bülow brachte seine ekstatische Wagnerschwärmerei mit. Weimar wimmelte bloß so von Berühmtheiten. Nur Wagner war nicht da. Franzi schrieb ihm, daß er unter keinen Umständen kommen dürfe; denn dann würde er entweder den Großherzog oder sich selbst in die peinlichste Lage bringen.
Aus tiefster Brust atmete Franzi auf, als er die aus ganz Europa versammelten Berühmtheiten begrüßt hatte. Der Großherzog bat ihn zu sich, um die Liste der berühmten Gäste durchzusehen und zu besprechen, welcher Rang und welche Bedeutung jedem von ihnen zukäme, wo jeder im Theater sitzen und wie er vom Großherzog angeredet werden solle. An dieser Besprechung nahmen auch die Großherzogin und der Intendant teil. Keiner von ihnen geizte mit Anerkennung.
»Ich danke Ihnen jetzt schon für alles, Liszt«, sagte die Großherzogin; »denn mag der Erfolg der nächsten Tage sein, wie er will, das eine steht jedenfalls bereits jetzt fest, daß Weimar die wahre Musikstadt Europas zu werden beginnt.«
»Sagen wir die tonangebende Stadt«, erwiderte er lächelnd.
Es war ein müdes Lächeln. Aber Liszt kannte kein Ruhen und Rasten. Jeden berühmten Gast begrüßte er einzeln, liebenswürdig war er bestrebt, die Gunst des bitterlich grollenden Meyerbeer zu gewinnen; heiter erinnerte

er Fétis an den einstigen Kampf um Thalberg – bei Janin erkundigte er sich nach dem Befinden vieler gemeinsamer Freunde, und die Töchter Bettinas bezauberte er mit umfangreichen Blumensträußen. Inzwischen probte er immer weiter, und noch in den letzten Minuten schrieb er Berichte für die wichtigsten Zeitungen der Weltstädte.
Die Herder-Feier verlief glänzend. Vor der Stadtkirche wurde das Denkmal enthüllt, das Publikum durfte die Wohnung Herders betreten, wo es neben vielen anderen Sachen seine von der Großherzogin Anna Amalia gestickte Hausmütze, seine Bibel und seine Schreibfeder bewundern konnte. Am Abend wurde der »Prometheus« aufgeführt. Die Ouvertüre dirigierte der Tondichter selbst. Er wurde langanhaltend gefeiert und verbeugte sich dreimal: einmal nach der Hofloge, einmal vor der blaß, mit Herzklopfen dasitzenden Fürstin Carolyne und das dritte Mal vor dem Publikum. Die Aufführung übertraf alle Erwartungen. Die Darsteller des klassischen Fragments erweckten in ihren weißen Gewändern den Eindruck, als ob sie selbst ein Teil der Musik wären; die Stimmung der altertümlichen Verse griff ans Herz, die Zuhörer waren ganz hingerissen. Die Musik wurde begeistert gepriesen. Meyerbeer nannte den Fugensatz ein Meisterwerk, Chorley war der Meinung, daß der Chorgesang der Winzer und der erntenden Bauern gleich echten Perlen unabhängig von der Zeit in der Musikgeschichte bestehen bleiben würde. Franzi interessierte sein eigenes Werk nur so lange, als er daran gearbeitet hatte. Jetzt erfüllte ihn lediglich eine einzige Sorge: was wird mit »Lohengrin«? Auf »Prometheus« folgte ein freier Tag, und für ihn wäre es sehr wünschenswert gewesen, sich vor dem großen Ereignis einmal ordentlich auszuschlafen. Er tat es nicht. Schon früh am Morgen war er auf den Beinen, arbeitete den ganzen Tag, traf Anordnungen, organisierte und bestimmte. Endlich war der Tag der feierlichen Hauptprobe herangekommen, die auf abends halb acht Uhr angesetzt war. In den Garderoben und auf der fertiggestellten Bühne herrschte unbeschreibliche Aufregung.
»Nehmt euch zusammen«, ermahnte Franzi die Mitwirkenden, »morgen ist ein freier Tag, morgen kann sich jeder ausruhen, und übermorgen werden wir bei der Uraufführung einen Riesenerfolg haben.«
Es war genau halb acht Uhr, und er wollte gerade vor das Orchester treten. Da erhob sich vor dem Eingang Lärm. Genast, der Regisseur, kam keuchend angerannt. Er zitterte am ganzen Körper vor Aufregung.
»Es brennt! Hundert Schritte von hier brennt das Zuchthaus. Was sollen wir jetzt tun?«
»Wir verschieben die Hauptprobe auf morgen. Tritt vor die Rampe und teile es dem Publikum mit. Sieh dich aber vor, daß keine Panik entsteht.«
Beinahe entstand aber doch eine solche. In den Zuschauerraum hatte man glücklicherweise erst wenige Menschen eingelassen; diese drängten sich zwar aufgeregt dem Ausgang zu, es wurde aber keiner verletzt. Um so grö-

ßer war die Panik auf der Bühne. die kostümierten und geschminkten Schauspieler rannten schreiend auf die Straße, so wie sie waren. Desgleichen die Musiker. Es gab sogar Schauspieler, die geschminkt und kostümiert bis nach Hause rannten. Franzi lief durch einen Notausgang in den Zuschauerraum. Er fand dort die Fürstin ruhig wartend, während sich die flüchtenden Gruppen am Ausgang drängten.
»Ich habe mich nicht gefürchtet«, lächelte Carolyne, »ich habe gewußt, daß Sie kommen.«
Franzi faßte sie liebevoll und glücklich am Arm. Sie gingen langsam auf die Straße, da war der Ausgang schon frei. Draußen stand tatsächlich das Dach eines benachbarten Hauses in Flammen, die Feuerwehr löschte aber schon eifrig. Sie blieben beide stehen und sahen sich das Feuer an.
»Es gibt einen Aberglauben beim Theater«, sagte Franzi, »eine gestörte Hauptprobe bedeutet einen großen Aufführungserfolg.«
»Ich brauche keinen Erfolg mehr«, entgegnete Carolyne, ›Prometheus‹ war wunderbar. Ich bin unsagbar stolz auf Sie, Franzi.«
Tags darauf verlief die Hauptprobe ungestört. Während der Pause horchte Franzi die Gäste, Janin, Meyerbeer, Chorley, insbesondere aber Fétis aus. Eine klare Antwort wurde ihm aber von keinem zuteil. Sie antworteten ihm mit ausweichender Höflichkeit. Als ob sie sich insgesamt untereinander verabredet hätten, gebrauchten sie alle dasselbe Wort: »Interessant.« Das weiß aber jeder Mensch am Theater, daß dieser Ausdruck bei der Hauptprobe nicht viel Gutes bedeutet. Nur der junge Bülow war ganz aus dem Häuschen und machte den Eindruck, als ob er sich vor Begeisterung in die eigene Faust beißen wollte.
»Göttlich, Meister, das ist göttlich, das verstehen nur wir beide!«
»Das ist ja gerade der Fehler, mein Sohn, daß *nur* wir beide es verstehen. Hoffen wir aber, daß morgen das Volk auf sein Herz hört und es einen Erfolg gibt!«
Am anderen Tage eilte er frühzeitig an die Kasse und fragte den Kassierer Sernau, wie das Geschäft gehe. Der antwortete mit saurer Miene, es würden nicht viel Karten gekauft. Das Stück habe einen schlechten Titel, wie könnte die Menschen auch so ein unverständlicher Name interessieren? Franzi eilte zur Großherzogin. Eine Viertelstunde darauf erschien an der Kasse ein Adjutant und nahm auf Anweisung der Großherzogin zweihundert Karten. Zwanzig Soldaten brachten noch im Laufe des Vormittags diese Karten an die von dem Intendanten angegebenen Adressen.
So wurde abends das Theater voll. Unter viel Not und Mühe verlief die Uraufführung. Die vier Knappen warfen ihre Partie vollständig um, man mußte das ganze Orchester abklopfen. Auch manches andere klappte nicht, im großen und ganzen war aber Franzi mit den Schauspielern und mit dem Orchester zufrieden. Nur mit den Zuhörern war er es nicht. Der Erfolg blieb offensichtlich hinter dem Erfolg von »Tannhäuser« zurück. Man spendete

Beifall, man freute sich über den Kahn, man bestaunte den Schwan, auf dem ganzen Abend lastete aber eine lähmende und gleichgültige Stimmung. Franzi und die Fürstin trafen sich erst am nächsten Tage, da nach der Vorstellung ein großes Festmahl unter Beteiligung der ausländischen Gäste stattfand. Franzi ließ Sekt kommen. Seine schon seit Wochen gequälten Nerven verlangten nach etwas Alkohol, der ihm auch sogleich in den Kopf stieg. Wie er nach Hause gekommen war, wußte er nicht. Wie sich später herausstellte, hatte ihn der junge Bülow bis auf sein Zimmer begleitet.

»Nun, was hört man?« erkundigte sich anderntags die Fürstin beim Mittagessen.

»Es ist gleichgültig, was man hört. Das wichtigste ist, daß unsere musikalische Richtung in der Person des Schriftleiters der ›Neuen Zeitschrift für Musik‹ einen begeisterten Förderer gefunden hat. Er heißt Brendel und ist ein fabelhafter Mensch. Er wird sich großartig äußern. Im allgemeinen mag es allerdings keine gute Presse geben. Das ist aber eher günstig. Tatsache ist, daß von heute ab die ganze gebildete musikalische Welt auf Weimar hören wird. Ich werde im übrigen noch heute an Wagner schreiben. Der Arme teilte mir mit, daß er den gestrigen Tag am Rigi verbringen wolle, in Gedanken aber nur hier sei.«

»Ich bin bloß neugierig, ob er es Ihnen danken wird. Aber lassen wir das. Ich habe auch eine große Neuigkeit. Heute vormittag war der Baron Maltitz da und zeigte sich ziemlich nachgiebig. Er seinerseits ist nicht für die Verbannung, er wird dem Zaren schreiben.«

Franzi umarmte frohlockend die geliebte Frau. Alle ihre Hoffnungen wurden mit einem Male wieder wach. Von diesem denkwürdigen Tage an waren sie fest davon überzeugt, daß sie aus Rußland gute Nachrichten bekommen würden. Carolyne begann sich ernstlich darauf vorzubereiten, daß sie in wenigen Monaten heiraten könnten. Sie schrieb an Frau Patersi und ließ sie nach Weimar kommen, damit auch Franzi sie kennenlerne und ihr seine Kinder mit gutem Gewissen anvertrauen könne. Frau Patersi kam auch und war längere Zeit Gast in der Altenburg, da sie inzwischen krank wurde. Franzi hatte also Zeit genug, ihre kluge, gebildete, vornehme und anständige Art kennenzulernen. Er schrieb nun seiner Mutter, daß sie die beiden Töchter Frau Patersi anvertrauen solle.

»Mir tut meine arme Mutter leid«, sagte er, als er der Fürstin den Brief zu lesen ab, »das dürfte ihr sehr weh tun. Sie wird diese Nachricht gerade an meinem Geburtstage erhalten.«

Die Fürstin setzte sich sofort hin und fügte zu Franzis Brief hinzu:

> »Zum nächsten Geburtstag Franzis, am nächsten 22. Oktober, werde ich hoffentlich auch dem Namen nach als Ihre Tochter zu Ihnen gehören, wie mein Herz sich schon seit langem zu Ihnen hingezogen fühlt. Ich kann es gar nicht beschreiben, mit welchem Dank zu Gott für das große Glück, das mir durch Ihren Sohn zuteil wird, ich die Wiederkehr dieses

Tages begrüße. Es gibt keinen Tag, der unser Glück nicht noch mehr festigte, die Fäden unserer Zuneigung nicht noch enger zöge. Verbringen Sie, liebe Mama, diesen Tag in der Gewißheit, daß Gott Ihre Kinder gesegnet hat. Ich freue mich, daß Ihr Sohn Gelegenheit hatte, Frau Patersi gründlich kennenzulernen und ihr die jungen Mädchen zuversichtlich anvertraut. Mich erfüllt eine tiefe Freude darüber, und ich hoffe, daß auch Sie sich freuen, die Kinder in den Händen einer so klugen und liebevollen Frau zu wissen. Erlauben Sie mir, daß ich bis dahin, wo ich Sie persönlich küssen darf, dies heute in Gedanken tue und für Ihre Sie ehrfurchtsvoll liebenden Kinder Ihren mütterlichen Segen erbitte.

Ihre Tochter Carolyne.«

NEUNTES KAPITEL

Es ist eine alte Weisheit, daß ein Unglück selten allein kommt. Die Fürstin mußte wieder zur Kur nach Eilsen. Also fuhren sie alle, einschließlich der Miß, hin. Franzi meldete dem Intendanten Ziegesar, daß er zu komponieren beabsichtige und von jetzt ab nur die Wagnerwerke und die zu seinen großen Plänen gehörenden Opern dirigieren wolle; die übrigen kleineren Opernvorstellungen sollten andere leiten. Nachdem er sich auf diese Weise einen langen Urlaub verschafft hatte, gedachte er für lange Zeit in dem stillen und versteckt gelegenen Eilsen zu bleiben. Er blieb auch da. Aber nicht in einer so idyllischen Ruhe, wie er es sich vorgestellt hatte. Zuerst erkrankte die kleine Prinzessin Maria wieder an Typhus. Carolyne pflegte das junge Mädchen selbst. Manchmal kam sie tagelang nicht aus den Kleidern und schlief auf einem Stuhl neben dem Krankenbett. Wochenlang dauerte es, ehe das junge Mädchen langsam wieder zu Kräften kam. Dann wurde Carolyne vom Fieber gepackt, und an dem Tage, wo ihre Tochter zum ersten Male aufstand, mußte sie sich ins Bett legen. Zu gleicher Zeit erhielt sie aus Rußland die Nachricht, daß ihre Mutter gestorben sei. Der Arzt stellte fest, daß Carolyne ebenfalls den Typhus hatte. Jetzt wachten das junge Mädchen und die englische Miß am Krankenbett. Die Krankheit währte neun Wochen lang, und als Carolyne endlich genas, wollte sie der Arzt unter keinen Umständen aus Eilsen fortlassen. Mutter und Tochter waren aber auch in einer so schlechten Verfassung, daß sie eine längere Erholung nötig hatten.

So verging der Winter und auch der Frühling. Franzi war andauernd zwischen Eilsen und Weimar unterwegs. Die Pflicht rief ihn nach der Residenz, die Angst trieb ihn immer und immer wieder zurück nach Eilsen. Seine Ab-

sicht, die Oper des jungen Raff, den »König Alfred«, deren Aufführung er bei dem Intendanten durchgesetzt hatte, selbst zu dirigieren, konnte er nicht verwirklichen, weil man die Uraufführung wegen Erkrankung des Fräulein Agthe auf einen Tag festgesetzt hatte, an dem er wegen neuer schlechter Nachrichten nach Eilsen zurückkehren mußte. Die Oper dirigierte der junge Komponist selbst. Sogar Berlioz' »Harold« vermochte er nur zwischen seinen Hin- und Herreisen vorzubereiten. Zu einer Verschiebung dieser Aufführung konnte er sich aber durchaus nicht verstehen, weil er neben Wagner endlich auch Berlioz im Spielplan sehen wollte. Die Berlioz-Symphonie wurde nunmehr aufgeführt. Man begegnete ihr mit zurückhaltender Höflichkeit; offensichtlich befand sich kein Mensch unter den Zuhörern, der sie verstanden hätte. Franzi verlor aber deshalb den Mut nicht und beschloß sogar, nunmehr auch Berlioz' Oper »Benvenuto Cellini« in Weimar aufzuführen, die vor langen Jahren in Paris gespielt, abgelehnt und ausgepfiffen worden war.
Es wurde Sommer, als Liszt dachte, nunmehr endlich alle Tücken des Schicksals überwunden zu haben. Mutter Liszt kam wieder zu Besuch, erzählte viel von den Kindern und mußte zugeben, daß sie bei Frau Patersi ganz vorzüglich aufgehoben seien. Blandine und Cosima wären nicht wiederzuerkennen, so fein und so artig benähmen sie sich, und so gut lernten sie. Auch Daniel käme es zugute, daß er seine Freizeit regelmäßig mit den Schwestern verbrächte und dadurch gleichfalls der vornehmen Erziehung durch Frau Patersi teilhaftig würde. Die alte Frau hörte noch eine lange Schilderung ihrer zukünftigen Schwiegertochter über die Schwierigkeiten der Scheidung und der Vermögensprobleme an, dann fuhr sie wieder ab. Am anderen Tage kam ein Telegramm aus Erfurt, daß sie im Krankenhaus liege, sie habe sich unterwegs den Fuß gebrochen. Carolyne fuhr sofort hin und blieb bei der alten Dame, bis sie transportfähig war. Dann brachte sie sie zurück nach Weimar, damit sie dort vollständig genese. Mutter Liszt wurde so ständiger Gast der Altenburg. Sie kauften ihr einen Rollstuhl, darin saß sie und las tagelang.
Trotz der häufigen Unterbrechungen und des mancherlei Unglücks arbeitete Franzi fleißig. Er brachte die Mazeppa-Suite in ihrer neuen Form zum Abschluß, komponierte viele kleine Sachen und wandte sich unter dem gewaltigen Eindruck der aus Pest kommenden trostlosen Nachrichten wieder ungarischen Motiven zu. Er wollte all die Phantasien, die er auf den Bruchstücken ungarischer Volksweisen aufgebaut hatte, zu etwas Einheitlichem formen. Liszt faßte sie in planmäßiger Reihenfolge zusammen und nannte sie »Ungarische Rhapsodien«. Zwei Notenhefte voll hatte er schon aufgezeichnet. In der Altenburg war die eigentümlich schwermütige, kummerbeladene und sogar noch in den ausgelassenen Csardastakten wehmütige ungarische Musik bald täglich zu hören. Die Weimarer, die die Jenaer Landstraße entlanggingen, blieben oft unter den Fenstern stehen, um dem

sprühenden Gefälle der heraustönenden zauberhaften Stimmen zu lauschen.
Während er an den »Ungarischen Rhapsodien« arbeitete, widerfuhr ihm die Freude, daß Hans von Bülow, dieser liebe und begabte junge Mann, ihm zuliebe nach Weimar übersiedelte. Hans war von der Weimarer Uraufführung des »Lohengrin« so begeistert, daß er seinen Eltern glatt den Gehorsam verweigerte. Sie wollten aus ihm unter allen Umständen entweder einen vornehmen Staatsbeamten oder einen Diplomaten machen. Insbesondere der Vater sehnte sich danach, daß der Junge, wenn er schon vermögenslos war, wenigstens durch seine gesellschaftliche Stellung den Namen seiner vornehmen Familie zu Ehren bringen sollte. Der Vater Bülow hatte sich nach seiner Scheidung aus der gräflichen Linie seiner Familie eine Frau erwählt und erst vor kurzem eine Komtesse Bülow geheiratet. Die Musik Wagners aber hatte Hans seelisch vollständig aus dem Gleichgewicht gebracht. Er fuhr zu Wagner nach Zürich, um Unterstützung und moralischen Halt gegen seine Eltern bei ihm zu finden. Wagner verschaffte ihm auch eine Stellung als Korrepetitor am Züricher Theater und empfahl ihn in der St.-Gallener Gesellschaft. Vater und Mutter mußten also gezwungenermaßen auf die diplomatische Laufbahn ihres Sohnes verzichten. Hans widmete sich nunmehr vollständig der Musik. Das unkünstlerische Treiben der St.-Gallener Gesellschaft hatte er bald satt und beschloß, ins Mekka der neuen Musik zum Propheten dieser Musik überzusiedeln.
Franzi empfing ihn mit Liebe. Er fühlte sich zu diesem ernst veranlagten Jungen mit den tadellosen Manieren hingezogen, den er neben sich als zweitgrößtes Klaviertalent der Welt einschätzte. Hans wurde alsbald täglicher Gast in der Altenburg, freundete sich mit Mutter Liszt an und konnte auch binnen kurzem die Sympathie der sich nur sehr schwer an jemand anschließenden Carolyne gewinnen. Er galt fast als Sohn des Hauses, man verheimlichte auch vertrauliche Dinge vor ihm nicht. Sekretär war und blieb zwar Raff, die Geheimnisse des Hauses kannte aber Hans, als ob er ein Familienmitglied wäre.
Die Erwartungen des jungen Mannes erfüllten sich nicht. Er war mit der Hoffnung nach Weimar gekommen, hier auf Schritt und Tritt Wagner-Wunder im Theater zu erleben. Statt dessen fand er ein Kunstinstitut vor, das, seit Franzi sich von der obersten Leitung zurückgezogen hatte, unter dem Niveau anderer, noch viel kleinerer Städte geblieben war. Die Leitung der Opern hatte Chelard, der sich erst jetzt, da er praktisch tätig sein mußte, als ganz unfähiger Mensch erwies. Das Orchester, dessen Leistungsfähigkeit sich während zweier Jahre außerordentlich gesteigert hatte, fiel unter seiner Hand mit einem Male wie in nichts zusammen. Das Weimarer Publikum, das inzwischen auch schon das Gute schätzen gelernt hatte, wandte sich jetzt von den flachen, schablonenhaften Aufführungen ab. Mancher Abend kam unmittelbar einem Skandal gleich. Außerdem wollte es das Un-

glück, daß der tüchtige und bewährte Intendant Ziegesar schwerkrank wurde und eines Augenleidens wegen seinen Wirkungskreis einem Herrn vom Hofe, namens Beaulieu-Marconnay, übertragen hatte, der außer seinem guten Willen als Laie keine entsprechenden Fähigkeiten für diese Tätigkeit mitbrachte. Franzi sah niedergeschlagen zu, wie seine jahrelange Arbeit in wenigen Wochen zunichte ward. Jetzt wäre er sogar bereit gewesen, unter Verzicht auf seine tondichterische Tätigkeit die Leitung des Theaters wieder in die Hand zu nehmen, aber dazu war es schon zu spät. Ohne Ziegesar hätte er sowieso nichts unternehmen können. Dieser Mann hatte auf Franzis Drängen die neue im Entstehen begriffene »Siegfried«-Oper Wagners vertraglich für Weimar gesichert – das war alles, was er als Erbschaft hinterließ und was sein Nachfolger nicht verderben konnte. Das Theater aber verfiel rettungslos immer mehr und mehr. Was Liszt noch mehr zu Herzen ging, war der Umstand, daß auch der schöne Plan der Goethe-Olympiade zu Wasser wurde. Der Großherzog versprach immer wieder nur die Einberufung des Komitees. Er hatte aber zu große Angst vor den Geldausgaben, die zur Verwirklichung dieses Planes erforderlich gewesen wären. Die Einberufung der Ausschüsse ließ deshalb immer länger auf sich warten, und endlich wurden es auch die Großherzogin und der Erbgroßherzog müde, den Herrscher auf Franzis Bitten hin stets von neuem mit dieser Frage zu behelligen. Es war nun nicht mehr zu bezweifeln, daß aus dem großen Gedanken nichts werden würde. Nur einen einzigen Künstler nach Weimar zu bringen, war Liszt gelungen: Joachim, den aus Ungarn stammenden Violinvirtuosen. Für Dingelstedt jedoch eine Stellung in der dramaturgischen Leitung des Theaters frei zu machen, gelang ihm nicht. Liszt faßte sich in Geduld und wartete zunächst. Ihm war es auch zuwider, die Großherzogin und den Erbgroßherzog tagtäglich zu bestürmen. Und die Rolle des schreienden Totenvogels hatte er auch gründlich satt. Mit seinem unstillbaren Gestaltungs- und Schaffensdrang warf er sich deshalb auf die Konzertmusik. Weimar hatte keinen geeigneten Konzertsaal, die Konzerte konnten nur im Theater abgehalten werden. Also vermochte er zunächst nichts anderes zustande zu bringen als Kammermusik, und zwar entweder in der Altenburg oder in der Wohnung verschiedener Weimarer Notabilitäten und ab und zu am Hofe. Joachim spielte wunderbar Geige, Coßmann war Meister auf dem Cello, Bülow spielte ausgezeichnet Klavier. Franzi fand aber auch noch andere Musiker, die seinen Ansprüchen genügten, und so löste ein Hauskonzert das andere ab. Das Theater behielt er nur nebenbei im Auge, stand im eifrigen Briefwechsel mit Wagner und Berlioz, um seine großen Pläne trotz allem aufrechtzuerhalten; Liszt schrieb Studien über Wagners Musik und verhalf Hans zu einer Orchesterouvertüre für die Julius-Cäsar-Aufführung im Theater. Die Ouvertüre wurde aufgeführt, Franzi dirigierte selbst, und das Orchester schwelgte mit einem Male wieder im Glanz echter Musik. Alle seine Hoffnungen brauchte er also doch nicht aufzugeben. Es schien ihm deshalb das vernünftigste, geduldig zu warten. Ziegesar würde vielleicht doch wieder gesund, und dann mußte auch alles besser werden. Bis dahin hatte er wenigstens für seine tondichterische Arbeit Zeit und konnte seine Abende in der Gesellschaft seiner jungen Freunde statt im »Kunstinstitut«, wie er das Theater immer nannte, verbringen. Unter seinen Freunden tauchte jetzt auch ein junger Ungar namens Szerdahelyi auf, der zur Zeit, wie so viele andere junge Ungarn, vor dem Kerker oder vor dem österreichischen Militärdienst geflohen war. Er führte sich mit der Bitte bei Franzi ein, die Romane eines anderen ungarischen Flüchtlings, des Barons Josika, ins Französische zu übersetzen, da der Schriftsteller unter sehr schweren Verhältnissen in Brüssel lebe.

»Ich kann leider nicht Ungarisch«, entgegnete Franzi, »aber ich werde bemüht sein, jemanden zu finden, der dem Baron behilflich sein könnte.«

Er trat auch in unmittelbare Verbindung mit Baron Josika, schrieb an diesen und jenen nach Paris, konnte aber keinen Übersetzer finden. Szerdahelyi und noch einige Weimarer Schwärmer fanden sich zu einer ständigen Gesellschaft zusammen, musizierten, debattierten und besprachen die Angelegenheiten des Theaters. Und warteten alle zusammen auf die zwei großen Ereignisse: auf Wagners »Siegfried« und Berlioz' »Cellini«.

Die Taktik des Abwartens begann aber gefährlich zu werden. Während Wochen und Monate vergingen, wurde es Franzi immer deutlicher, daß bald niemand mehr vorhanden sein würde, dem er die in Aussicht genommenen Stücke vorführen könnte, wenn er nicht augenblicklich eingriffe. Das Publikum hatte sich bereits vollkommen vom Theater abgewandt, und der neue Intendant, der sich nur um die Kassenberichte kümmerte, war unter verzweifelten Anstrengungen schon dazu übergegangen, Artisten und Zauberer auftreten zu lassen, um nur einen halbwegs günstigen Kassenumsatz zu erzielen. Franzi wartete jedoch noch immer. Es war schon Herbst, und er plante die Aufführung der Berlioz-Oper für April. Seine ganze Hoffnung gipfelte darin, daß Ziegesar seinen Intendantenposten wieder einnähme.

So erreichte er seinen vierzigsten Geburtstag. Der Hof überhäufte ihn mit jeder nur erdenklichen Aufmerksamkeit. Das großherzogliche und das erbgroßherzogliche Paar schickten ihm wertvolle Geschenke, sogar die Tochter des Großherzogs, die preußische Kronprinzessin in Berlin, hatte ihn nicht vergessen. Jedes Mitglied des Herrscherhauses empfing ihn in besonderer Audienz; sie drückten ihm die Hand und versicherten ihn ihres vollsten Vertrauens und aufrichtigsten Dankes. »Womit könnte ich Ihnen denn eine besondere Freude bereiten?« erkundigte sich die Großherzogin. »Das, womit ich lediglich meine Aufmerksamkeit zum Ausdruck bringen wollte, halte ich für zu wenig. Sie sollen sehen, wie groß mein Dank für das ist, was Sie bis jetzt für Weimar getan haben. Verlangen Sie aber auch etwas, was zu erfüllen in meiner Macht steht.«

Franzi verstand: die Fürsprache beim Zaren sollte er nicht erwirken, das wäre umsonst.

»Ich hätte etwas«, entgegnete er, »womit Kaiserliche Hoheit mir eine große Freude bereiten könnten: schaffen Sie Ordnung im Theater. Es ist das Instrument aller meiner großen Pläne. Auf einem falschen Instrument kann ich nicht spielen.«

»Schon wieder das Theater«, sagte die Großherzogin stirnrunzelnd. »Wieviel Geld hat das schon gekostet und wieviel Scherereien haben wir damit! Also gut. Essen Sie morgen abend bei uns. Beim schwarzen Kaffe werden wir das Ganze gründlich besprechen.«

Die Großherzogin hörte sich die Erklärungen Franzis aufmerksam an. Die schweren Bedenken Liszts ließ sie zwar gelten, ging aber sofort in die Höhe, als von Geld die Rede war. Aus der ganzen Besprechung wurde zum Schluß ein langer Streit: war das Theater ein geschäftliches Unternehmen oder eine Passion des Herrscherhauses? Endlich verabschiedete sich Franzi unter dem Versprechen der hohen Frau, daß sie alles überlegen und tun werde, was sie könne. Von einem Intendantenwechsel könne allerdings keine Rede sein; denn Baron Beaulieu sei ein wichtiger Mann am Hofe und habe zu diesem Auftrage, der ja sowieso nur vorübergehend sei, große Neigung.

Es geschah nichts. Im Theater jagte eine schlechte Aufführung die andere. Orchester und Sänger waren derartig vernachlässigt, daß die Frage auftauchte, ob es denn überhaupt noch möglich wäre, in diesem Theater ein so schweres Stück mit moderner Musik wie Berlioz' »Benvenuto« aufzuführen. Franzi suchte den Erbgroßherzog auf. Auch dieser nickte und pflichtete ihm in manchem bei. Er unternahm aber gleichfalls nichts. Franzi blieb also nichts anderes übrig, als der Großherzogin nach dreiwöchigem Warten die ganze Sache nochmals vorzutragen. Sie erwiderte sehr gereizt: sie sähe ein, daß man irgend etwas unternehmen müsse, das Theater würde tatsächlich skandalös geleitet; sie würde sich überlegen, wo sie helfen könne. Und es geschah abermals nichts. Der April, den Franzi für »Benvenuto« in Aussicht genommen hatte, rückte gefährlich näher und näher. Er setzte sich also hin und schrieb der Großherzogin ein Memorandum. In amtlichem Tone, steif, ganz von ihrem sonstigen üblichen Unterhaltungston abweichend:

> »Die Komplimente, die Eure Kaiserliche Hoheit mir nach der ›Lohengrin‹-Vorstellung zu machen geruhten, zwingen mich, um nicht mit Dienern verwechselt zu werden, denen es genügt, ihr Gehalt einzustekken und irgendwelche Wohltaten annehmen, ohne den Versuch zu machen, sie zu verdienen, ehrerbietigst einige Bemerkungen zur Kenntnis Eurer Kaiserlichen Hoheit zu bringen.«

Den vorgeschriebenen zermoniellen Ton in seiner Korrespondenz mit dem

Hofe einhaltend, brachte er in wohlgeformten Sätzen seine schwerwiegenden Einwände gegen die Amtsführung des Intendanten vor. Es sei selbstverständlich, daß das Theater neben seinen künstlerischen Aufgaben auch den geschäftlichen Erfolg im Auge behalten müsse. Mit einem schlechten Theater könne man jedoch keine guten Geschäfte machen, zu einem guten Theater sei hinwiederum einiges Geld erforderlich, damit es solches abwerfen solle:

»Um nun auf das zurückzukommen, was mir die Veranlassung gegeben hat, Eurer Kaiserlichen Hoheit diese Zeilen zu unterbreiten, so nehme ich mir die Freiheit, zu bemerken, daß die Aufführung wichtiger Werke auf der Weimarischen Bühne weit davon entfernt ist, den Anforderungen zu entsprechen, die solche Werke stellen. Mehr als die Hälfte ist schon geschehen, aber mehr als ein Drittel bleibt noch zu tun, nicht nur für das Orchester, in dem mehr als ein Invalide und mehr als ein Kind die Zeit und Geduld des ganzen Personals in Anspruch nehmen und nur stören, sondern auch für den Chor und die Bühnenausstattung.
Um z. B. die ›Lohengrin‹-Aufführung annehmbar zu machen, hat gefehlt: ein Dutzend Chorsänger, Männer sowohl wie Frauen, ohne die die prächtigen Chöre dieses Werkes ihre Wirkung verfehlen, wie jedes Musikerohr leicht feststellen kann; – zahlreiche Statisten, um die Lächerlichkeit zu vermeiden, daß im zweiten Akt ein Marsch gespielt wird, ohne daß ein feierlicher Zug über die Bühne schreitet; – ein Ersatz für die vier Bäuerinnen, die ein unwürdiges Gefolge für die Majestät der Hauptperson bilden; – Dekorationen, die nicht mit der Zeit so schadhaft geworden sind wie die des dritten Aktes, die offenbar noch aus den Tagen Hérolds und Boieldieus stammen; – Bühnentrachten, die nicht viel teurer zu sein brauchten, wenn sie auch aus andern Stoffen gemacht wären, als man sie gewöhnlich auf den Sofas der Hotels garnis findet; – etwas weniger patriarchalische Möbel als der Sitz der Elsa im dritten Akt, der aus vier kahlen Brettern gemacht ist; ein Kahn und ein Schwan, die etwas mehr geeignet wären, sich den glänzenden Vorstellungen anzupassen, die die Musik in den Gemütern erweckt; – und endlich die notwendige Ergänzung des Orchesters, die ich im einzelnen Herrn Baron von Beaulieu angegeben habe. Eine ganze Reihe von Mitgliedern des Theaters ist überaltert, in den Dürftigkeiten des Provinzbetriebes versauert, ohne eine Ahnung davon, was anderwärts getan und geleistet wird, zufrieden, wenn sie ihres Abendbrotes sicher ist, während es an jungen Leuten fehlt, die sich einen Namen machen wollen, Vergleiche anstellen können und sich von jener Glut beseelt fühlen, ohne die es fast besser ist, überhaupt nichts anzufangen.«

Aus seiner Feder flossen die Beschwerden ungehemmt. Zum Schluß teilte

er dann offen mit, daß er die Arbeit, die er auf sich genommen habe, nicht fortsetzen könne, wenn alles das nicht geändert würde.
Das Memorandum jagte der Großherzogin einen tiefen Schrecken ein. Sie beraumte sofort eine Zusammenkunft an und bat den Erbgroßherzog, Franzi, den Intendanten und den Regisseur Genast zu sich. Sie stritten und verhandelten stundenlang. Franzi redete sich die Seele aus dem Leibe und kehrte, zu Tode erschöpft, in die Altenburg zurück.
»Nun, konnten Sie irgend etwas erreichen?« erkundigte sich die Fürstin.
»Ja, Versprechungen. Sowohl die Großherzogin als auch der Erbgroßherzog haben mich bis in den Himmel gelobt und alles mögliche versprochen. Ich bin überzeugt, daß sie es ehrlich meinten. Aber ich bin ebenso überzeugt davon, daß wiederum nichts geschehen wird.«
»Und wenn wiederum nichts erfolgt?«
»Dann mache ich nicht mehr mit und wir gehen weg von hier.«
»Weg von hier? Wohin? Nach Amerika?«
»Nein, nicht nach Amerika. Aber irgendwohin in Europa, wo man mich mit meinen Wagner-Aufführungen aufnimmt. *Diesen* Kampf *muß* ich durchkämpfen!«

ZEHNTES KAPITEL

Es wurden tatsächlich einige alte Schauspieler durch andere ersetzt. An Stelle des Tenors Beck, den man zu nichts gebrauchen konnte, verpflichtete man den ganz erstklassigen Knopp. Baron Beaulieu griff tief in die Tasche, als die Dekorationen und Kostüme zu »Benvenuto Cellini« zu beschaffen waren. Die Berlioz-Oper wurde aufgeführt. Als sich jedoch der Vorhang schloß, herrschte eisige Ruhe. Das Publikum der Kleinstadt hatte dem Ganzen verwundert und verständnislos zugehört. Wenn auf der Bühne eine Schauspielertruppe portugiesisch gesprochen hätte, würde man es auch nicht mehr und nicht weniger verstanden haben.
»Mir fällt ein Spruch von Pascal ein«, sagte Hans von Bülow nach der Uraufführung. »Nach ihm hat alles Grenzen, nur zwei Dinge nicht: die menschliche Dummheit und die menschliche Verwegenheit.«
Hans war in musikalischen Angelegenheiten sehr anspruchsvoll und ungeduldig. Als zum Beispiel kurz zuvor Henriette Sontag, die berühmte Koloratursängerin, in Weimar gastierte und mit ihren bewunderungswürdigen Trillern das Publikum begeisterte, griff er sie in der Lokalzeitung heftig an. So eine Kehlkopfturnerei sei Zirkus und keine Kunst . . .
»Slowly, my boy, slowly«, besänftigte ihn Franzi, der gern seine Rede mit

Worten und Sätzen aus fremden Sprachen spickte, »die Menschheit ist erziehungsbedürftig. Es ist unsere Sache, das zu erreichen. Dieser ›Benvenuto‹, von Wagner ganz zu schweigen, der über jede Vergleichsmöglichkeit erhaben ist, ist eins der schönsten Meisterwerke der letzten zwanzig Jahre. Selbstverständlich hat es nicht einen einzigen Applaus bekommen. Aber die Großherzogin ist davon entzückt. Ich habe ihr auch schon das Versprechen abgenommen, daß wir im Herbst Berlioz selbst zum Dirigenten berufen. Ich werde Wagner und Berlioz dem Publikum so lange in die Ohren blasen, trompeten und trommeln, bis es sich damit abgefunden hat, daß das gute Musik ist. Wir müssen uns im übrigen auch beeilen, wenn wir diesen Ruhm für Weimar erfechten wollen; denn in London beginnt man bereits zu begreifen, was mein Freund Hektor bedeutet.«
Berlioz kam nicht zur Weimarer Uraufführung, er konzertierte gerade in London. Die von dort eintreffenden Nachrichten lösten bei Franzi nachdenkliches, verzeihendes Lächeln aus, das seiner Vergangenheit galt. In Berlioz' Londoner Konzerten trat auch Camilla auf, dieselbe Camilla, die einst Berlioz in seiner trotzigen, verschmähten Liebe zu Harriet Smithson heiraten wollte, die aber die Frau des Klavierfabrikanten Pleyel wurde und dann mit einem schwärmerischen Seufzer Franzi in die Arme sank ... Wo waren diese Zeiten hin? Wo blieb die himmelstürmende Liebe Hektors zu Harriet, wo waren die schwülen Liebschaften der Pariser Jahre? Ein reifes, scharf gezeichnetes Gesicht blickte ihm aus dem Spiegel entgegen. Hier und da auf seinen Wangen bildete sich eine Warze, und um seine Mundwinkel grub die Entschlossenheit des gegen die ganze Welt geführten musikalischen Kampfes tiefe Furchen. Sein Haar aber war heute noch genau so dicht wie einst, und der blitzende, funkelnde Blick seines Auges hatte noch nichts von seinem jugendlichen Feuer verloren. Die Küsse und Umarmungen, die ihn mit der Fürstin Carolyne verbanden, unterschieden sich von den Liebesstürmen seiner Jugend wie alter edler Wein sich von schäumendem Most unterscheidet.
»In der Liebe sind Sie fast ein leibhaftiger Teufel«, sagte Carolyne manchmal, wenn ihr in Franzis Armen der Überschwang der irdischen Liebe zuteil wurde. »Liebe oder Teufel, ich weiß nicht. Ich denke manchmal, daß der Herrgott Sie nicht zum Musizieren, sondern zum Lieben auf die Welt geschickt hat.«
»Der Gedanke ist mir auch schon gekommen«, erwiderte er mit der bescheidenen Eitelkeit des sieghaften Mannes. »Ich weiß von mir, daß ich ein Genie in der Liebe bin. Außer mir wissen nur Sie das.«
»Und eine andere wird es auch nie erfahren, nicht wahr? Schwöre! Schwöre bei allem, was dir heilig ist, nicht wahr, du bleibst ewig mein? Schwöre mir, daß du niemanden anderen brauchst als mich! Daß dir niemand anders in den Sinn kommen wird als ich.«
»Das kann ich nicht beschwören, weil es nicht wahr wäre. Ich bin nicht Herr

meiner Wünsche. Ich kann nicht dafür, wenn ich ab und zu eine Frau für begehrenswert halte, aber ich bin stärker als die Versuchung. Seit Grätz kenne ich keine andere Frau als Sie, Carolyne!«
»Schwöre! Schwöre bei mir und schwöre bei deiner Begabung!«
»Nein, mein Herz, es genügt doch, wenn ich dir das sage. Ich hasse das Schwören. Erst neulich habe ich beim Finanzamt beschwören müssen, daß ich im Ausland keine Grundstücke besitze und auch keinen unverzollten Wein erhalten habe. Ich hatte dabei das Gefühl, als ob mir die Zähne gezogen würden. Und jetzt wollen *Sie* mich auch noch schwören lassen? Wenn Sie lieben, dann glauben Sie.«
»Gut, ich glaube. Ich gräme mich aber soviel über unser Schicksal. Was wird aus uns werden? Meine Scheidung zieht sich nun schon über vier Jahre hin, und ich sehe schwarz für die Zukunft. Ich fühle nur eine fürchterliche, quälende Unsicherheit. Was hat der ›bon Boje‹ über uns bestimmt, Franzi?«
»Was auch immer, fügen wir uns von vornherein und hoffen wir! Lieben Sie mich?«
»Ich bete dich an.«
Die schlanke, mädchenhafte Gestalt schmiegte sich an ihn, ihre Lippen suchten einander mit nicht minderer Sehnsucht. Und ebenso suchten sich ihre Seelen. Sie hatten nicht die geringsten Geheimnisse voreinander, sie besprachen jede Kleinigkeit, hingebungsvoll nahm Carolyne an der Arbeit ihres Geliebten teil, soweit sie daran teilnehmen konnte; sie lieferte ihm Stoff über Polen für sein Chopin-Buch, sie las die Korrekturen, sie schickte die Auszüge an Escudier, den Verleger in Paris; sie half bei den Wagner-Studien, sie kannte die Intrigen des »Kunstinstitutes« bis ins kleinste, sie korrespondierte wöchentlich mit Frau Patersi über das Wohlergehen der Kinder Franzis. Mit rührender Hingabe und Zärtlichkeit pflegte sie Mutter Liszt, bis diese endlich am Stock gehen und schließlich nach Paris heimreisen konnte. Beide gehörten einander vollkommen, und ihr Glück wies nur diese einzige, aber um so heftiger blutende Wunde auf, daß sie sich nicht trauen lassen konnten, sondern gezwungen waren, ihre wunderschöne Harmonie als ein Liebesverhältnis von heikler Zweideutigkeit zu betrachten.
Die Verhandlungen mit der Familie Wittgenstein setzten nicht eine einzige Minute aus. Drüben in Rußland war sich die fürstliche Familie in dieser Sache selbst nicht ganz einig. Alle einer Nebenlinie angehörenden Wittgensteins, die von dem großen Vermögen nichts erwarten konnten, wandten sich auch nicht gegen Carolyne. Es ergab sich schließlich eigentümlicherweise, daß der verlassene Gatte nach der bürgerlichen Scheidung sich ohne weiteres hätte noch einmal verheiraten dürfen, weil er Protestant war; nach den Gesetzen der Katholischen Kirche lebte dagegen Carolyne trotzdem nach wie vor in einer untrennbaren Ehe. Die Wittgensteins der Nebenlinie lehnten sich gegen den Gatten auf, insbesondere ein Vetter namens Eugen,

der fortwährend herzliche und aufmunternde Briefe an Carolyne richtete und auch Franzi seiner Freundschaft versicherte. Der Familienstreit blieb also hartnäckig im Gange, die Petersburger Partei verließ sich auf die Gunst des Zaren, die Weimarer Partei baute ihre ganzen Hoffnungen auf die Güte der Großherzogin auf. Wie es bei den Kämpfen zwischen Ehegenossen zu sein pflegt, so war es auch in ihrem Falle: in den Familienstreit wurde auch das Kind einbezogen, die kleine Prinzessin Maria, die kaum noch als Kind betrachtet werden konnte. Sie war jetzt fünfzehn Jahre alt, ihr Gesicht trug bereits die Züge künftiger Schönheit; die Linien ihrer mächenhaften Kleidung verrieten das heranreifende Weib. Wie die meisten Kinder heftig streitender Eltern war auch sie ein ruhiges, tiefsinniges und verschlossenes junges Mädchen geworden, das seine Gefühle in sich verbarg, um niemanden zu verletzen, und schon in frühester Jugend den Schmerz kennenlernen mußte, daß diejenigen, die sie am meisten liebte auf der Welt, in blindem gegenseitigem Haß ihr Herz zertraten.
Dem fünfzehnjährigen Kind hatte man nie anmerken können, daß es sich nach dem in der Ferne weilenden Vater sehnte. Als aber an einem Herbsttage die aufregende Nachricht in die Altenburg kam, daß der Fürst Sayn-Wittgenstein persönlich nach Weimar komme und mit seiner geschiedenen Frau verhandeln wolle, fing das junge Mädchen vor freudiger Erregung zu weinen an. In seiner kindlichen Vorstellung war ihr fernlebender Vater zu einer unerreichbaren Idealgestalt geworden, und sowohl Franzi als auch Carolyne sahen erschüttert ein, daß dieses Kind, dessen Gedanken und Gefühle sie ganz für sich beanspruchten, schon seit Jahren als geheimnisvolle kleine Fremde zwischen ihnen lebte.
Der Fürst stieg in einem Hotel ab und bat Carolyne um eine Unterredung in den Amtsräumen der russischen Gesandtschaft. Er ließ vorsorglich auch wissen, daß er mit Franz Liszt, der für ihn nicht existiere, nicht zusammenzutreffen wünsche. Franzi mußte sehr schwere Stunden durchmachen. Ganz aufgewühlt ging er im »Erbprinzen« auf und ab und wußte, daß jetzt die zaristische Gewalt die Frau peinigte, die er so liebte. Seine Ritterlichkeit lehnte sich dagegen auf, daß er die zu ihm gehörende Frau ohne Schutz lassen sollte; die Umstände geboten ihm aber, sich in seinem Zimmer aufzuhalten und hier die Nachricht entgegenzunehmen, wann er wieder in die Altenburg kommen könne, um den Stand der Dinge zu erfahren. Mit aufgewühlter Seele und voller Sorge nahm er die schluchzende Carolyne, die von dem peinigenden Zorn der Ohnmacht gequält am ganzen Körper zitterte, in seine Arme. Der Fürst verstand keinen Spaß und hatte sofort den schmerzlichsten Punkt der ganzen Angelegenheit berührt. Davon ausgehend, daß Carolyne in einem öffentlichen, skandalösen Liebesverhältnis mit einem Musiker lebe, entzog er ihr das Recht, das junge Mädchen zu erziehen. Die Vormundschaft der Großherzogin konnte er zwar nicht antasten; denn die Großherzogin war ja die Schwester des Zaren, aber seine

Forderung ging geschickterweise dahin, daß er den unmittelbaren Einfluß des Großherzogs zu steigern und den schädlichen und unsittlichen Einfluß der Mutter herabzumindern wünschte. Wenn die kleine Prinzessin also nicht am Hofe leben konnte, dann sollte sie zumindest getrennt wohnen, und zwar unter einer Aufsicht, die der Hof billige.

Carolyne schluchzte und rang die Hände, umarmte immer und immer wieder das Kind, und als das junge Mädchen gar kein Zeichen der Aufregung verriet, mußte sie auch noch die brennenden Qualen der mütterlichen Eifersucht durchmachen. Franzi lief außer sich zur Großherzogin, diesmal konnte auch sie nur die Achsel zucken.

»Ich muß mich also dieser Schande fügen, daß man das junge Mädchen vor ganz Weimar von der Mutter ausquartiert?«

»Mein lieber Freund, bleibt Ihnen denn eine andere Wahl? Wollen Sie das Kind lieber dem Vater überlassen, damit er es nach Rußland bringt? Das würde nicht einmal ich gern sehen. Den Vater kenne ich, er ist ein leichtsinniger, nichtsnutziger Mensch, der aus dieser Situation durch das Kind nur Geld erpressen will. Nein, nein, dann mag das junge Mädchen lieber dableiben, ich werde es schon irgendwo unterbringen. Richten Sie der Fürstin Carolyne aus, daß ich ihr rate, die Vereinbarung zu unterzeichnen. Dann hat sie Ruhe vor der Familie und kann die kirchliche Scheidung besser betreiben. Das wäre auch mein Interesse, denn einerseits möchte ich Sie aus Weimar nicht fortlassen, andererseits ist diese Situation, in der Sie beide leben, das wollen wir uns mal ruhig eingestehen, ein wenig heikel. Nun, Sie werden doch als erwachsener Mann nicht weinen?«

»Kaiserliche Hoheit«, entgegnete Franzi mit gepreßter Stimme und in bitterem Tone, »mich quält mein Gewissen unsagbar! Die Fürstin könnte heute noch friedlich und sorglos in der Ukraine leben, wenn mich das Schicksal nicht ihr in den Weg gestellt hätte. Jetzt verliert sie meinetwegen ihr ganzes Vermögen, wegen mir lebt sie in einer unwürdigen Situation, und meinetwegen trennt man sie von ihrem Kinde. Ich bin schon zum zweiten Male in meinem Leben in eine solche Lage geraten. Jene andere Frau war jedoch eine kleine Seele, eine gleichgültige Mutter und ein egoistischer Mensch. Die Fürstin Carolyne dagegen ist eine große Seele, die sehr tief zu leiden vermag. Und jetzt leidet sie meinetwegen. Für einen Mann gibt es nichts Entsetzlicheres, als wenn er vor sich selbst erröten muß. Ich bitte inbrünstig, Kaiserliche Hoheit, beruhigen Sie mich, was soll ich in dieser furchtbaren Lage tun?«

»Halten Sie durch, mein Lieber. Sie tragen nur die Hälfte der Verantwortung, die andere Hälfte trägt die Fürstin Carolyne. Wenn Sie sich lieben, so sind Sie auch imstande, einander für die vorübergehenden Leiden zu entschädigen.«

Sie zögerte noch ein wenig, dann fügte sie hinzu:

»Sie sind ein Mann, der es wert ist, daß eine Frau um ihn leidet.«

»Das bin ich«, entgegnete er, »ich ziehe es aber vor, zu geben, ohne daß ich dafür etwas erhalte.«
Der Vertrag wurde so abgeschlossen, wie es die Großherzogin empfohlen hatte. Der Fürst Sayn-Wittgenstein bestand jedoch darauf, daß bei der Unterzeichnung des Vertrages seine Tochter anwesend sein sollte. Carolyne stellte daraufhin ihrerseits die Bedingung, daß dann auch Franzi als ihr Zeuge zugegen sein müßte. Fürst Nikolaus Sayn-Wittgenstein erschien in Begleitung des Oberhofmeisters Baron Vitzthum, mit Franzi zusammen erschienen die Fürstin und ihre Tochter. Die beiden Männer standen sich gegenüber und stellten sich einander mit eisiger Förmlichkeit vor. Dann verlas Maltitz den Vertrag. Es war ein langer Text, denn er zählte der Reihe nach alle die Güter auf, auf die die Fürstin Carolyne nunmehr verzichtete: Staniszczince, Bjelaszki, Buchny, Ivanki, Tenczki, Czetwukowce und noch eine weitere Reihe von Dörfern. Als der Name von Woronice erklang, blickten sich Carolyne und Franzi an. Und sie sahen sich in die Augen, als der Vertrag besagte, daß der eine Teil des Vermögens dem Fürsten Nikolaus und der andere Teil der Tochter zustehe, sobald die kirchliche Scheidung ausgesprochen wäre. Die Ansprüche der Fürstin wurden mit zweimal hunderttausend Silberrubeln abgegolten. Die Prinzessin Maria konnte in Weimar verbleiben, durfte aber nicht bei ihrer Mutter wohnen, sondern in einer Wohnung des Weimarer Hofes, die die Großherzogin bestimmen würde. Diese Übersiedlung wartete der Fürst noch ab. Maria Pawlowna wies dem jungen Mädchen eine Wohnung in der Bastille an. Dieser mit Efeu bewachsene, alleinstehende Gebäudekomplex, der einer alten Ruine glich, befand sich in unmittelbarer Nähe des großherzoglichen Schlosses. Nach den Ermittlungen der Professoren der höheren Schulen Weimars sollte Friedrich der Friedfertige ihn vor vierhundert Jahren erbaut haben, andere gelehrte Herren aber begehrten heftig auf, wenn davon die Rede war; denn die Torfront der Bastille mit ihren Delphinmotiven deutete offensichtlich nur auf ein Alter von dreihundert Jahren hin. Carolyne ließ also in größter Eile ihre Tochter unter der Aufsicht von Miß Anderson hierher übersiedeln. Die Einwohner der kleinen Stadt, die über die Familien- und Vermögensstreitigkeiten der stadtbekannten Persönlichkeiten wohlunterrichtet waren, standen in Gruppen um die Bastille herum, als der Möbelwagen mit den weißen Möbeln der kleinen Prinzessin dort erschien. Tagelang sprach ganz Weimar von nichts anderem als von diesem Skandal: die russische Fürstin war gezwungen, ihre Tochter herzugeben, weil sie ein unmoralisches Leben führe . . . Fürst Nikolaus Sayn-Wittgenstein überzeugte sich noch von der tatsächlichen Übersiedlung seiner Tochter in die neue Wohnung und fuhr dann ab mit dem Gefühl, seine Angelegenheit aufs beste erledigt zu haben. Dieser Skandal hätte Carolyne gesellschaftlich unmöglich gemacht. Aber die Großherzogin gab noch am Tage der Abreise des Fürsten Wittgenstein ein Diner und lud ostentativ sowohl Carolyne als auch Franzi ein. Begierige

Damen des Hofes, die schon lange auf die Gelegenheit warteten, Carolyne den Gruß auf der Straße verweigern zu können, fügten sich enttäuscht dem Beschluß des Hofes: die Fürstin blieb hoffähig. Diese Neuigkeit verlor schon nach drei Tagen ihren Reiz, und nach und nach gewöhnten sich die Weimarer auch daran, daß die kleine Prinzessin allabendlich in Gesellschaft ihrer englischen Miß in die Bastille zum Schlafen ging, sich aber im übrigen von früh bis abends bei ihrer Mutter in der Altenburg aufhielt.
Die Hoffnungen der beiden Liebenden belebten sich aufs neue. Mit der Geldgier des Fürsten Nikolaus Wittgenstein konnten sie ruhig rechnen, und nach dem abgeschlossenen Vertrag war es so gut wie sicher, daß er selbst die kirchliche Trennung betreiben würde, da er ja erst nach der Verkündigung dieser Scheidung in den Besitz der vereinbarten Gelder gelangen konnte. Das erneute Gesuch betreffs Aussprechung der kirchlichen Scheidung ging an die kirchlichen Behörden nach Petersburg ab, und sie zählten bereits die Tage bis dahin, wo sie zusammen vor den Altar treten könnten, wonach Carolyne anstatt »Durchlaucht« einfach »Frau Liszt« sein würde. Mit frischem Mut stürzte sich Franzi in seine Arbeit. Allerdings ging nicht alles so, wie er es sich gewünscht hätte. So hatte zum Beispiel der Intendant die dramaturgische Leitung des Theaters neubesetzt, aber nicht Dingelstedt, dessen Ernennung Franzi schon seit Jahren anstrebte, sondern Heinrich Marr, den berühmten Charakterdarsteller, berufen. Dagegen konnte man allerdings nichts einwenden. Marr war ein hervorragender Künstler und ein gebildeter Mensch von bedeutender Intelligenz. Von seiner Tätigkeit konnte man erhoffen, wenn das Publikum sich zu seinen Dramen und Lustspielen zurückgewöhnt hatte, daß dies auch den Opernaufführungen in dem wieder volkstümlich gewordenen Theater zugute kommen würde. Das lag ihm aber jetzt besonders am Herzen; denn Wagner hatte ihm etwas mitgeteilt, was ihn erregte, mitriß, vollständig im Banne hielt und seinen Vorsatz, die europäische Musikwelt durch Wagner neuzugestalten, mit hundertfacher Begeisterung und Überzeugung stärkte.
Wagner hatte sich entschlossen, den Tod Siegfrieds nach der Nibelungensage in einem Musikdrama zu behandeln. Dieser Plan gefiel sowohl Franzi als auch Ziegesar. Sie vereinbarten, Wagner vierteljährlich Geld zu schicken und ihm somit sorgenfreie Muße für seine Arbeit zu sichern. Die Gelder gingen regelmäßig nach Zürich ab, und die Briefe kamen in gleichen Zeitabständen von Zürich in Weimar an. Wagner hatte vorerst mit der Bearbeitung seines Dramas noch nicht begonnen, da er mit der Erklärung seiner eigenen revolutionären Musikästhetik beschäftigt war. Er schrieb ein Buch, »Oper und Drama« betitelt, ließ verschiedene Artikel in der Leipziger Zeitung von Brendel erscheinen, verfaßte Aufrufe, debattierte und stritt sich herum. In der Zeitung Brendels veröffentlichte er auch einen heftigen Artikel, der starke Vorwürfe über das Verhältnis der Jugend zur Musik enthielt, dessen Spitze gegen Meyerbeer und gegen die von ihm vertretene alte

Opernauffassung gerichtet war, den man aber zugleich auch als antisemitisches Programm auffassen konnte. Diesen Artikel deckte er zwar nicht mit seinem Namen; daß er ihn aber geschrieben hatte, blieb kein Geheimnis. Der Aufsatz löste einen starken Widerhall aus: die deutsche Presse fiel über Wagner her, nannte seine Musik höhnisch »Zukunftsmusik«, man verspottete ihn, beschimpfte ihn und würdigte ihn herab. Endlich begann er aber doch das Textbuch zu »Siegfried« zu bearbeiten, benachrichtigte jedoch kurz darauf Franzi, daß er sich das Thema überlegt habe; statt Siegfrieds Tod werde er zuerst ein Musikdrama »Der junge Siegfried« schreiben. Einige Wochen darauf deutete er an, daß das Textbuch bereits fertig sei. Er habe das Ganze zusammengestellt und würde es bald schicken. Aber er tat es nicht. Und daß er die Vertonung begonnen habe, davon war in den vielen Briefen keine Rede. Der festgesetzte Termin war längst überschritten, Franzi wollte aber aus Zuvorkommenheit den Tondichter nicht drängen, den die Verantwortung über die erhaltenen Beträge sicherlich unangenehm bedrückte.

Da traf ein langer Brief von Wagner ein. Das war schon gar kein Brief mehr, sondern ein dicker Band: gedruckt hätte er ein ganzes Heft umfaßt. In diesem Brief teilte Wagner mit, daß er mit dem Werk jetzt nicht dienen könne, erst in drei Jahren. Dann aber würden sie ein Drama erhalten, an dessen Aufführungen sie gar nicht genug bekommen könnten. Das ganze wäre auf vier Tage berechnet. Einen Teil, den Text des »Jungen Siegfried«, lege er bei.

An »Siegfrieds Tod« arbeitend, sei er darauf gekommen, daß er diesem Werk die Jugendgeschichte des Helden voransetzen müsse. Als er mit dem Text dazu fertig gewesen wäre, sei ihm aufgefallen, daß man das viele Unverständliche darin in einem Vorspiel erklären müsse. Nachdem er dieses Vorspiel umrissen hätte, habe sich herausgestellt, daß dieses Stück selbst einen ganzen Abend füllen würde. Er machte also auch davon einen ausführlichen Entwurf. Und schon hätte der Plan einer Trilogie fertig auf seinem Schreibtisch gelegen, drei große Opern, die ineinandergriffen, ein einheitliches Ganzes bildeten. Diese Trilogie mache aber wiederum einen musikalischen Prolog erforderlich, und daraus sei abermals ein abendfüllendes Drama entstanden. So hätte sich dann in ihm der gewaltige Plan geformt, nacheinander den »Hort der Nibelungen«, »Die Walküre«, »Jung Siegfried« und »Siegfrieds Tod« zu schreiben.

> »An eine Trennung der Bestandteile dieses großen Ganzen darf ich nicht denken, ohne meine Absicht eben im voraus wieder zu zerstören. Der ganze Dramenkomplex muß in schneller Folge zugleich zur Darstellung gebracht werden, und für deren äußerliche Ermöglichung kann ich daher nur folgende Begünstigung der Umstände im Auge haben: – Die Aufführung meiner Nibelungendramen muß an einem großen Feste statt-

finden, welches vielleicht eigens zum Zweck eben dieser Vorführung zu veranstalten ist. Sie muß dann in drei aufeinanderfolgenden Tagen vor sich gehen, an deren Vorabend das einleitende Vorspiel gegeben wird. Habe ich unter solchen Umständen eine solche Aufführung zustande gebracht, so mag bei einer anderen Gelegenheit zunächst erst wieder das Ganze wiederholt, dann aber auch nach Belieben mögen die einzelnen Dramen, die an sich ganz selbständige Stücke bilden sollen, gegeben werden: jedenfalls muß aber eben der Eindruck der von mir beabsichtigten vollständigen Wiedergabe der Werke vorangegangen sein. Wo und unter welchen Umständen zunächst eine solche Aufführung zu ermöglichen sei, hat mich für jetzt gar nicht zu kümmern; denn vor allem habe ich mein Werk auszufüllen, diese Arbeit wird mich, sobald ich auf meine Gesundheit einigen Bedacht nehme, mindestens drei Jahre beschäftigen. Ein glücklicher Zufall in der mir so sehr befreundeten Familie Ritter hat es nun gefügt, daß ich ruhig und von materiellen Sorgen ungestört diese Zeit, wie überhaupt mein Leben über, meinem künstlerischen Schaffen obliegen kann. Habe ich aber dereinst mein großes Werk vollendet, so wird sich – hoffe ich – wohl auch schon des weiteren finden lassen, wie es meinem Wunsche gemäß zur Darstellung gelangt. Steht Weimar bis dahin noch, und solltest Du in Deinen Bemühungen, dort etwas Tüchtiges herauszustellen, glücklicher gewesen sein, als es leider jetzt den Anschein (ja mehr als den Anschein!) hat, so wollen wir dann sehen, was in der Sache zu tun ist.
Möge Dir nun mein Plan noch so kühn, ungewöhnlich, ja vielleicht phantastisch vorkommen, so sei dennoch überzeugt, daß er nicht aus einer äußerlich kalkulierenden Grille entstanden ist, sondern daß er sich mir als die notwendige Konsequenz des Wesens und des Inhaltes des Stoffes aufgedrungen hat, der mich nun einmal erfüllt und zu seiner vollständigen Ausführung treibt. Ihn so zu vollenden, wie es eben mir als Dichter und Musiker sich erlaubt, ist für jetzt das einzige, was ich vor mir sehe: alles Weitere darf mich zunächst noch gar nicht kümmern. Bei Deiner ganzen Gesinnungsweise zweifle ich auch gar keinen Augenblick, daß Du mir durchaus recht gibst und mich gewiß nur noch zu meinem Vorhaben ermutigst, wenn Dir auch dadurch ein – mir so schmeichelhafter! – Wunsch, der Wunsch, recht bald wieder ein neues Werk von mir aufzuführen, augenblicklich unerfüllt gelassen werden muß.«

Der Brief beschäftigte sich dann noch mit der Weimarer Lage Franzis. »Was erhoffst Du Dir noch von Weimar?« Er tadelte die Borniertheit, Gemeinheit und die Schlechtigkeit, die sofort auftauche, sobald Franzi nicht hinsähe. Wagner schrieb ganz offen, daß Franzis Weimarer Arbeit verlorene Mühe sei; es wäre sinnlos, in der Enge einer Schmierenbühne seine Nerven, seine Begeisterung und seine Begabung zu opfern.

Den langen, langen Brief lasen sie zusammen, Franzi und die Fürstin. Sie blätterten gemeinsam die Seiten um und kamen bis zum Schluß. Die Fürstin nahm zuerst das Wort:
»Ich finde es trotzdem ein wenig sonderbar, daß er die ganze Angelegenheit nun einfach als erledigt betrachtet. Schließlich und endlich ist er ja mit diesem Werk an Weimar gebunden. Und warum will er Ihnen nun auch noch die Laune nehmen, statt Ihnen für alles Bisherige dankbar zu sein? Ich kann auch beim besten Willen nicht verschweigen, daß . . .«
Da mußte sie aber doch abbrechen. Sie entdeckte in Franzis Gesicht einen Ausdruck, der sie verstummen ließ. Liszt hörte gar nicht auf sie. Er sah mit verklärtem, strahlendem Gesicht vor sich hin, als hätte er eine wunderbare Vision.
»Carolyne, Carolyne, das ist etwas Großartiges, was dieser Mann schreibt! Wissen Sie denn, was daraus wird, wenn er diesen gigantischen Plan vollendet? Das größte musikalische Ereignis dieses Jahrhunderts! Eine unerhört große Sache steckt in diesem Vorhaben! Ich habe ja immer gesagt, daß dieser Mann ein Feuergeist ist. Noch nie war es mir aber so klar wie jetzt! Jeder, der heute auf der Welt musiziert, kann sich nur barhäuptig vor ihm neigen, wenn er vollbringt, was er plant. So etwas, so etwas Unerhörtes, so etwas Monumentales ist noch nie geschrieben worden, seit es Musik auf dieser Welt gibt! Carolyne, das wird eine unglaublich gewaltige Sache, wenn es glückt! Darüber muß man jauchzen und vor Freude in die Hände klatschen, darüber werde ich vor Erregung nicht schlafen können, ich weiß gar nicht mehr, was ich sagen soll . . . Unglaublich, unglaublich . . .«
Er ging mit großen Schritten im Zimmer auf und ab und wiegte vor Entzükken seinen Kopf hin und her; man hätte meinen können, er habe den Verstand verloren. Im nächsten Augenblick schrie er:
»Hans, Hans! Wo strolcht denn dieser Junge herum? Wir lesen sofort das ganze Manuskript.«
Bülow kam eilig zum Vorschein, er hatte an einem Bilderrahmen im Vorzimmer herumgesägt. Franzi zog ihn stürmisch ins Zimmer und las ihm den Brief von Anfang bis Ende vor. Es fehlte nicht viel, und der Junge hätte vor Rührung und Seligkeit geweint. Sie liefen aufgeregt im Zimmer herum und freuten sich in kurzem, abgerissenem Gelächter und in begeisterten, verstörten Halbsätzen wie zwei Mitglieder einer Sekte, denen gerade eine göttliche Offenbarung zuteil wurde. Und ihre zügellose, schwärmerische Freude riß auch Carolyne in ihren Bann. Franzi setzte sich an den Tisch, legte das Manuskript vor sich hin und sagte:
»Hans, gib draußen Bescheid, daß niemand hereinkommt, nur die Prinzessin Maria. Schließ die Türen zu!«
Bülow eilte mit linkischer Hast hinaus wie ein zottiger Wachhund, kam nach kurzer Zeit mit der Prinzessin zurück und schloß die beiden Türen ab. Sie saßen nun alle rund um den Tisch, und Franzi begann laut zu lesen. Er

ratterte das Personenverzeichnis hastig herunter, um schnell zu den Versen zu gelangen. Dann las er die Worte Mimes, der auf dem Amboß hämmerte.

»Das beste Schwert,
Das je ich geschweißt,
In der Riesen Fäusten
Hielte es fest:
Doch dem ich's geschmiedet,
Der schmähliche Knabe . . .«

Die Handschrift Wagners war sehr gut zu lesen, die Zuhörer lauschten aufmerksam den flüssigen Versen. Siegfried trat auf und hetzte den gefangenen Bären auf den Zwerg, der erschrocken auf der Bühne hin und her lief. Dann ließ er den Bären laufen und begann den Zwerg, offenbar seinen Pflegevater, über seine Abstammung auszufragen. Franzi las immer zögernder, seine Augen eilten dem Text voraus; plötzlich hielt er ein:
»Meine liebe Manja, ich bitte Sie, lassen Sie uns allein. Wie ich sehe, ist diese Lektüre nichts für Sie.«
Die kleine Prinzessin erhob sich langsam und bedauerte:
»Wie schade, die Geschichte ist so spannend, ich hätte gern noch weiter zugehört . . .«
Sie verließ lächelnd das Zimmer. Hans sperrte die Tür hinter ihr wieder zu und setzte sich mit brennender Neugier zurück auf seinen Platz. Franzi fuhr fort:

»Das zullende Kind
Zogest du auf,
Wärmtest mit Kleidern
Den kleinen Wurm:
Wie kam dir aber
Der kindische Wurm?
Du machtest wohl gar
Ohne Mutter mich?«

Die Fürstin nickte, nicht zu den Versen Wagners, sondern der Vorsicht Franzis zustimmend:
»So etwas ist tatsächlich nichts für Manjas Ohren.«
Die Verse flossen weiter. Siegfried preßte aus dem Zwerg heraus, daß er einst im Walde eine gebärende Frau gefunden habe, deren Kind Siegfried war. Die Mutter, Sieglinde, starb nach der Geburt. Vor ihrem Tode gab sie ihm zwei Stücke eines Schwertes; dieses Schwert war beim letzten Kampf des Vaters zerbrochen. Siegfried wollte unter allen Umständen diese zwei

Stücke wieder zusammenschweißen und damit in die weite Welt ziehen. Vorerst aber lief er in den Wald. Dann kam jener geheimnisvolle Wanderer, der niemand anders war als Wotan selbst. Sie gaben sich je drei rätselhafte Fragen auf – wie im Märchen. Aus den Antworten des Wanderers erfuhr man, daß die Nibelungen unter der Erde wohnen und daß der wunderbare Zauberring einst ihrem Herrscher Alberich gehört hatte.
»Gut aufpassen«, unterbrach sich Franzi selbst. »Diesen Teil wird also das ›Rheingold‹ behandeln.«
Dann fuhr er fort: Dieses Land der Riesen war im Walde.
Fasolt und Fafner waren die beiden furchtbaren Riesen, die dem Alberich das Rheingold und den die Weltherrschaft bedeutenden Ring geraubt hatten. Fafner hatte seinen Bruder Fasolt getötet, und jetzt behütete er in einer finsteren Höhle als feuerspeiender Drache den Hort der Nibelungen. Schließlich wohnten oben auf den in die Wolken ragenden Gipfeln Walhalls die Götter – ihr Herrscher war Wotan, der in seiner Hand den wunderbaren Speer hielt. All das erzählte der Wanderer, also Wotan selbst. Dann beantwortete der Zwerg drei Fragen. Er nannte das Geschlecht der Wälsungen, dem die Zwillinge Siegmund und Sieglinde angehörten, aus deren Leibe Siegfried hervorgegangen war. Er war dazu berufen, den Drachen Fafner zu töten und den Hort zu gewinnen. Der Held konnte das Ungeheuer aber nur mit dem Wunderschwert Notung töten. Dieses Schwert hatte Siegmund gehört, bis Wotan es ihm im Kampfe zerbrochen hatte. Zusammenschweißen konnte es aber nur einer, der Angst und Furcht nie gekannt. Der Wanderer verschwand, und Siegfried kam zurück. Es ärgerte ihn, daß Mime das Schwert nicht zusammenschweißen konnte, und so wollte er es selbst versuchen. Und siehe da: er schweißt das Schwert zusammen, daß von einem einzigen Hieb der Amboß in Stücke geht. Mime aber bereitet inzwischen schändlicherweise einen Schlaftrunk, um den Jungen, wenn er den Schatz erobert hat, einzuschläfern und den Schatz zu rauben.
»Bitte, einen Kognak«, bat Franzi, »da ist der Schluß des ersten Aktes.«
»Bringen Sie nicht die ganze Flasche, Hans«, sagte die Fürstin, »bringen Sie nur ein Gläschen.«
Franzi goß schnell den Kognak hinunter und fuhr dann mit dem Vorlesen fort. Im zweiten Akt führt der Zwerg den Siegfried nach der Drachenhöhle. Das furchtbare Ungetüm kommt selbst auf die Bühne, macht sein Maul auf und zu, bläst Schwefeldämpfe aus den Nasenlöchern und wirft seinen Schweif hin und her.
»Wie kann man denn das vorführen?« erkundigte sich die Fürstin.
»*Seine* Sache ist es, zu schreiben, unsere Sache, das aufzuführen.«
Siegfried tötet in heldenhaftem Kampfe den Drachen. Er badet sich in dem Blut des Ungeheuers, wird dadurch der Sprache der Vögel kundig, und ein Vogel zwitschert ihm zu, er soll nicht auf den Zwerg hören, der ihn nur ins Verderben stürzen wolle. Und in der Tat, Mime bietet ihm auch den

Zaubertrunk als Erfrischung an; Siegfried zögert nicht lange und tötet auch Mime, der ihn nur erzogen hat, um sich in den Besitz des Hortes zu bringen. Der Held geht in die Höhle, rührt jedoch den Hort nicht an, sondern holt sich nur den Zauberring und die unsichtbarmachende Tarnkappe. Damit begibt er sich auf den Weg, um die von Feuer umzingelte Brünhild zu befreien, auf die ihn ebenfalls das Waldvögelein aufmerksam gemacht hat.
»Bitte, noch einen Kognak.«
»Ja, aber mehr gibt es heute nicht.«
Im dritten Aufzug stellt sich Wotan selbst dem Jungen in den Weg mit seinem Wunderspeer. Siegfried vermag aber auch den Schaft dieses Speers mit seinem Schwert Notung zu spalten. Er geht, wohin er gehen muß, um die schöne Brünhilde zu erlösen. Ein Flammenmeer wogt ihm entgegen. Siegfried aber schreitet tapfer hindurch, die Flammen lassen ihn unversehrt, sie teilen sich.
»Aufgepaßt«, sagte Franzi, »das ist dieselbe Szene, mit der im dritten Akt die ›Walküre‹ endet.«
Hinter den Flammen findet Siegfried Brünhilde, in heißer Liebe vereinigen sie sich.

»Prangend strahlt
Mir Brünhildes Stern!
Sie ist mir ewig,
Sie ist mir immer
Erb' und Eigen,
Ein und all:
Leuchtende Liebe,
Lachender Tod!«

Ganz erschöpft hatte Franzi die Vorlesung beendet. Nach den letzten Zeilen sah er Carolyne in die Augen, wie es Verliebte zu tun pflegen, wenn sie einen für sie passenden Spruch hören. Dann begann er aber von dem Werk selbst zu sprechen. Die klangvollen Verse, die kräftige Urwüchsigkeit der altertümelnden Sprache, die farbenprächtige Gestaltung des märchenhaften Stoffes hatte sie bezaubert. Was so wirkte, war zuerst nur das andächtige, gewaltige Mysterium des germanischen Urglaubens; man konnte aber ahnen, daß darin noch tiefere Symbole verborgen lagen, die erst zum Vorschein kommen würden, wenn sich vor ihnen das ganze vierteilige Werk offenbarte.
»Dieser Wagner ist Wotan selbst«, sagte Franzi, »ich bin unsagbar neugierig, wie er diese Verse mit seinem bewunderungswürdigen Orchester vertonen wird. Dieses unerhört gewaltige Werk wird Weimar aufführen, wenn ich noch so lange lebe! Und zwar genauso, wie er es will, beginnend mit einem großen musikalischen Feiertage, an vier Abenden hintereinander.

Das sich über vier Abende erstreckende mächtigste Werk der Opernliteratur der ganzen Welt wird auf unserer Bühne uraufgeführt! Morgen gehe ich zur Großherzogin.«
»Geben Sie ihr das Manuskript?«
»Nein, aber ich werde sie bitten, einen Abend mit fünfzehn bis zwanzig Gästen, die ich bestimmen werde, zu veranstalten. Diesen werde ich das Ganze vorlesen. Und noch morgen will ich an Wagner schreiben. Ich werde ihm mitteilen, wie glücklich und maßlos entzückt ich bin!«
Am anderen Tage sprach er auch tatsächlich bei der Großherzogin vor, die so neugierig wurde, daß sie den Vorlesungstermin sofort veranstaltete. Jetzt las Franzi schon beschwingt und farbenprächtig. Ziegesar, Joachim, Coßmann, Müller, Genast, Marr und andere Männer gleichen Schlages waren anwesend, außer den Mitgliedern der großherzoglichen Familie. Alle waren entzückt.
»Also was wird nun?« erkundigte sich beim Abschied die Großherzogin. »Warten wir jetzt drei Jahre lang?«
»Aber warum, Kaiserliche Hoheit? Wagner hat noch ein älteres Drama: ›Der fliegende Holländer‹. Ich kenne es allerdings nur oberflächlich, aber es ist von Wagner, das genügt. Das werden wir noch in diesem Winter aufführen. Inzwischen veranstalten wir eine Berlioz-Woche. Ich erhielt von ihm einen Brief, er freut sich sehr und kommt. Sein Werk wird also im November aufgeführt. Wir werden wieder ein sehr gutes Publikum haben, wie bei ›Lohengrin‹. Gute Nacht, Kaiserliche Hoheit.«
»Ich danke Ihnen herzlichst für diesen Kunstgenuß, lieber Liszt, gute Nacht.«
Franzi und Hans gingen leichten Schrittes durch den dunklen Park des Schlosses heimwärts. Sie deklamierten begeistert, was sie im Gedächtnis behalten hatten:

»Fühltest du nie
Im finstren Wald
Bei Dämmerschein
Am dunklen Ort,
Wenn fern es säuselt,
Summst und saust,
Wildes Brummen
Näher braust,
Wirres Flackern
Um dich flimmert,
Schwellend Schwirren
Zu Leib dir schwebt . . .«

Große Teile konnten sie bereits auswendig, sie hatten sie ja auch schon mindestens alle beide sechsmal gelesen. Der brave Weimarer Bürger, der, eine Laterne schwenkend, auf dem Heimweg war, starrte verwundert auf die beiden deklamierenden Gestalten. Er erkannte den närrischen Musiker und seinen Famulus. Weise zuckte er die Schultern über die Narretei dieses Volkes und setzte mit verhallenden Schritten seinen Weg nach der kleinen Ilmbrücke fort.

ELFTES KAPITEL

Es ist ein geheimnisvoller Vorgang, wie sich etwas Neues verbreitet, wie es sich in die unsichtbaren Adern des Lebens hineinfrißt: in einer kleinen Stadt entschließt sich ein dort ansässig gewordener Komponist, die bisherigen Anschauungen der Menschheit von der Musik und hauptsächlich von der Oper völlig umzustoßen. Gegen den Geschmack, die Überzeugung und den Rat aller erzwingt er die Aufführung der durchgefallenen Stücke eines unbekannten Komponisten. Die Opern werden von unzulänglichen Kräften bei mangelhafter Ausstattung aufgeführt; sie bleiben höchstens fünf- oder sechsmal auf dem Spielplan, die Einwohner der Kleinstadt kümmern sich kaum um die ganze Angelegenheit. Wenn der am Hofe so gern gesehene langhaarige Mensch solche Mucken hat, so muß man ihn eben gewähren lassen; er schadet ja niemandem . . .

Und mit einem Male beginnt um das kleine Weimarer Theater herum etwas zu gären und zu quirlen. Aus anderen Städten kommen Menschen hergereist, um diese beunruhigende sonderbare Musik zu hören. Hier und da taucht in der Presse ein Artikel mit vorsichtiger Meinungsäußerung auf. Man beginnt von der neuen Musik zu reden, einige machen sie hoheitsvoll herunter, andere wiederum verspotten sie gutgelaunt mit väterlicher Nachsicht. Vorerst sprechen nur Sachverständige davon. In ganz Frankreich und in ganz Rußland sind kaum mehr als je zehn Menschen, die davon wissen, daß der in Weimar ansässig gewordene Franz Liszt irgendeine musikalische Absonderlichkeit durchsetzen will. Die heimische Presse greift den kleinstädtischen Apostel dauernd an. Auf die Angriffe folgt die Verteidigung, auf die heftigen Gegenstöße noch heftigere Angriffe. Der geruhsame Leser fängt an, sich zu ärgern: was ist denn nur los, was hat es für eine Bewandtnis mit diesem Wagner? Wer ist das überhaupt? Es gibt Leute, die in München oder Stuttgart in die Notenhandlungen gehen, um aus Neugierde etwas von ihm zu kaufen. Es ist aber nichts von ihm vorrätig. Man muß es erst aus Leipzig kommen lassen. Und überall wo es in Deutschland solche jungen Musiker gibt, die Schwärmer sind und neue Dinge in ihren Köpfen wälzen, gewöhnt man sich daran, daß man sich mit seinen Gedanken nach Weimar wenden muß; denn dort arbeitet dieser kühne, Neues schaffen wollende Mensch, mit dem Hunderttausende nichts anzufangen wissen, den nur einzelne verstehen. Einige berühmte Kunstrichter mischen sich schon in den Pressekampf ein, die ganze Lage muß doch ernst genommen werden; denn es finden sich bereits Häuser in den Straßen von Dresden oder Nürnberg, hinter deren Fenstern unbekannte junge Damen das Lied vom holden Abendstern spielen.

Wenn ein Felsblock in einen See fällt, so schlägt er mächtige Wellen, die immer breiter werden, sich immer flacher nach dem Ufer hin ringeln, bis

sie sich vollkommen zerschlagen. Hier geschah aber ein Wunder: als man in dem kleinen Weimar das durchgefallene Werk eines unbekannten Tondichters aufführte, da fiel nur ein Staubkörnchen in das Meer des musikalischen Lebens der Welt; aber das kaum sichtbare Erbeben des Wassers zog immer weitere Ringe, und die sich ausbreitenden Wellen gingen sonderbarerweise immer höher . . .
Von überallher kamen junge Männer nach Weimar, klopften am Zimmer des »Erbprinzen« an und stellten sich vor. Aus Hannover traf ein junger Mann namens Klindworth ein, der kaum älter als zwanzig Jahre war. Aus München kam einer namens Bruckner, sogar erst siebzehn Jahre alt. Ein gereifter Mann war dagegen Peter Cornelius aus Mainz, den die musikalische Revolution in Weimar so erregt hatte, daß er dorthin übersiedelte und gleichsam an der Quelle leben, arbeiten und an diesem eigenartigen Kampf teilnehmen wollte.
Franzi bemerkte plötzlich, daß er ständig von einer ganzen Schar junger Männer umringt war. Alles erstklassige, vielversprechende Talente, am begabtesten unter ihnen aber der liebe, gute Hans. Andächtig lauschten sie jedem Wort des Meisters, und er unterrichtete sie mit väterlicher Liebe, wie ein in der Schlacht erprobter Führer seine jungen Knappen. Er hörte sich vor allem die Pianisten an und wies ihrem Können neue Wege. Mit den angehenden Komponisten studierte er ihre Versuche Takt für Takt durch. Er lehrte sie aber nicht nur Musik, sondern zeigte ihnen auch die Erhabenheit und Unantastbarkeit dieser Kunst, die volle begeisterte Hingabe von ihren Jüngern verlange. Diese Schüler wurden schon im neuen Geiste der Musik erzogen, die alten Lehrbücher der Harmonielehre und der Instrumentation konnten sie nicht mehr gebrauchen; sie redeten ihre eigene musikalische Sprache und waren mit ihrem väterlichen Meister zusammen begeisterte Schwärmer. Diese kleine Gruppe sprach von früh bis abends von nichts anderem als von der Tetralogie Wagners, aus der sie noch keinen einzigen Ton kannten, auf die sie aber warteten wie auf die Erfüllung einer Weissagung aus dem Alten Testament.
»Wißt ihr, Kinder«, fragte Franzi, »wie die Kathedrale von Sevilla erbaut wurde? Ein Pfarrer des Domkapitels beauftragte einen Baumeister mit dem Bau der Kathedrale mit folgenden Worten: ›Bauen Sie uns eine Kathedrale, vor der jedermann ausruft: »Der Domkapitular von Sevilla ist verrückt geworden, daß er so etwas bauen ließ.« Der Baumeister nickte und baute das Wunderwerk. Eine solche Kathedrale unserer Musik wird das Nibelungendrama werden.«
Als Berlioz nach Weimar kam, umringten ihn die Jünger Liszts. Sie wußten alles von ihm, sie konnten ihm auswendig die Instrumentation jedes einzelnen Satzes aus dem »Cellini« erklären; durch die Vorträge ihres Meisters hatten sie den aufsehenerregenden Einfall der »Idée fixe« verstanden. Und wenn für sie der Erlöser des neuen Musiklebens Wagner war, so sahen sie

in Berlioz ihren Johannes den Täufer, den visionären Vorboten, den ersten Verkünder des nahenden musikalischen Erdbebens.
Die Weimarer bestaunten den kräftigen, untersetzten Mann mit dem Adlergesicht. Sie wußten, daß auch er ein Revolutionär war; aber sie hatten einen jungen Titanen erwartet, und sie waren nun verwundert, daß dieser Himmelsstürmer ein vollkommen ergrauter alternder Mann war. Ins Theater gingen sie aber doch, und die Anwesenheit des Tondichters brachte dem »Benvenuto Cellini« ein volles Haus, was bisher noch nicht der Fall gewesen war. Jetzt spendeten sie auch schon Beifall, und seinen anderen Werken war erst recht ein großer Erfolg beschieden. Unter der persönlichen Leitung des Komponisten trug das Orchester zwei Sätze aus der »Damnation de Faust« vor. Auch der Rákóczi-Marsch verfehlte nunmehr seine Wirkung nicht; die Weimarer waren ganz aus dem Häuschen. Franzi rieb sich freudig erregt die Hände. Er war nicht nur glücklich über den Erfolg seines guten Freundes, sondern auch über das glänzende Ergebnis der Sache selbst. Da er Berlioz von vornherein beharrlich und planmäßig als eine Größe seiner musikalischen Richtung bezeichnet hatte, waren die Zuhörer gezwungen, verlegen festzustellen, daß der Meister, den sie bisher nur beschimpft und ausgelacht, doch sehr gefällige und effektvolle Sachen zu bieten vermochte; an dieser »Zukunftsmusik« war anscheinend doch etwas daran. Ein Bankett löste das andere ab, eine Audienz am Hofe die andere. Wenn Maria Pawlowna Gelegenheit fand, sich mit dem Pariser Gast über Musik zu unterhalten, so nahm das Stunden in Anspruch. Bei der letzten Audienz überreichte der Großherzog Berlioz den Falkenorden. Am Abschiedsabend fand im Rathaus eine große Feier statt; im großen Saal stand die neugeschaffene Büste des Gastes, mit Lorbeer umkränzt, der Sprecher des Orchesters überreichte dem Gefeierten einen silbernen Dirigentenstab.
In den späten Frühmorgenstunden, als sie endlich ihr Hotel aufsuchten und zu zweit blieben, bekamen sie Lust, sich noch ein Weilchen unter vier Augen zu unterhalten. Ihre persönlichen Angelegenheiten hatten sie einander schon in der vergangenen Woche anvertraut. Hektor trug in seiner Tasche die Pariser Adresse der Kinder Liszts, um sie aufzusuchen. Franzi war bereits von der prächtigen Entwicklung des Sohnes Berlioz', von dessen Absicht, Marineoffizier zu werden, und von der unerträglichen Tyrannei der zweiten Frau Hektors unterrichtet. Es blieb nichts weiter übrig zu besprechen als das einzige Thema, das sie beide bisher vermieden hatten. Jetzt, beim Kerzenlicht der Abschiedsnacht, in der Unordnung des Hotelzimmers, sprachen sie endlich den Namen Wagner aus.
»Was soll das eigentlich?« fragte Hektor lächelnd. »Was habt ihr mit diesem Wagner? Ich höre ihn hier viel öfter nennen als bei uns in Paris den Prinzen Bonaparte, den Thronprätendenten.«
Er sagte das zwar nur so leichthin, aber eine gewisse Tönung seiner Stimme verriet, daß es ihm sonderbar vorkam, in der ihm zu Ehren veranstalteten

Festwoche immer und immer wieder den Namen Wagners zu hören.

»Wagner ist jetzt ein großer Trumpf«, erwiderte Franzi. »Der Mann wird von hier aus, von Weimar, groß werden.«

»Hältst du ihn denn für so begabt?«

»Ich halte ihn für einen Feuergeist.«

»So. Und wie äußert sich das?«

»Darin, daß er etwas sagt, was vor ihm niemand ausgesprochen hat, und alles, was er meint, verkündet er mit einer beispiellosen Fertigkeit und Begabung.«

»Was bis jetzt noch niemand gesagt hat? Und ich?«

»Das ist etwas anderes. Du weißt sehr gut, Hektor, daß ich dich für einen sehr bedeutenden Tondichter halte. Obendrein ist meine Jugend mit dir so verwachsen, und ich habe dich so gern, daß ich der letzte bin, der deine Arbeit herabmindern würde. Dieser Wagner aber ist etwas ganz anderes. Wie Stephenson die Eisenbahn erfunden hat, so erfand Wagner das Musikdrama.«

»Eine interessante Sache, das will ich nicht leugnen. Aber das Feld des Theaters ist doch schließlich nur ein kleines Gebiet, neben ihm hat die Musik noch ein riesengroßes Bereich. Und das, was *ich* Neues zu bringen versucht habe, wirkt sich in *jeder* Musik aus, auch in der seinen. Ich höre zum Beispiel, daß die Leitmotive bei ihm eine so große Rolle spielen. Ist das aber seine Idee? Habe nicht ich in meiner Symphonie die Idée fixe zuerst durchgeführt?«

»Selbstverständlich hast du das getan! Darüber läßt sich nicht streiten. Das hat er auch gar nicht in Abrede gestellt.«

Sie schwiegen. Was jetzt hätte kommen müssen, wäre die heftige Frage Berlioz' gewesen: »Wer ist also der Größere, ich oder der Neue?« Sein Schamgefühl aber ließ Berlioz die Frage nicht aussprechen. Franzi war erleichtert, daß er wieder von etwas anderem reden konnte. Mit einer Lüge zu antworten, entsprach nicht seinem Charakter. Er hätte sagen müssen, daß dieser Neue die größte musikalische Begabung des Jahrhunderts sei. Sie wechselten noch einige wenige belanglose Sätze; dann begaben sie sich zur Ruhe. Franzi lag noch lange schlaflos und starrte in die Dunkelheit. Er prüfte sich selbst. Wen liebte er mehr: diesen liebenswürdigen, heftigen und ein bißchen launenhaften Berlioz oder den anderen, streng logisch denkenden und maßlos egoistischen Mann? Ja, Berlioz war er aus ganzem Herzen zugetan, den anderen aber verehrte er, wie der Kämpfer seine Lieblingswaffe. Wem sollte er jedoch den Vorrang geben? Unbedingt und ohne Einschränkung Wagner. Dieser Mann war das Werk, die Idee, das Ziel und die Erfüllung selbst. Die Kunst ähnelt auch darin dem Glauben, daß der Gläubige ohne Zögern sein Leben dafür verleugnet. Auch ich selbst? War Wagner auch mehr als er . . .?

Liszt hatte von jeher tapfer in sich selbst hineinzusehen gewagt. Er fühlte sich glücklich bei dem Gedanken, daß er seine Fehler kannte und sich der Grenzen seiner Begabung bewußt war. Jetzt, als er in der frühen Morgenstunde eine Prüfung seiner eigenen Fähigkeiten vornahm, sprach er sich selbst das Urteil: Wagner ist als Bühnenmusiker größer als ich. Daß er aber als Symphoniker auch bedeutender wäre, kann ich nicht zugeben. Franzi überdachte seine bisherigen Werke und bewertete sie. Er kam zu dem Ergebnis, daß viele davon seiner Zeit um Jahre vorauseilten. In der Tasso-Symphonie zum Beispiel waren Einzelheiten enthalten, die nur eine spätere Generation verstehen würde. In der Sammlung seiner »Années de Pèlerinage« hatte er auf dem Klavier einige Sätze zu sagen gewagt, für die die Klavierkultur der Welt noch lange nicht reif war. »Sposalizio« war reine Zukunftsmusik; in hundert Jahren noch würde man das moderne Musik nennen. Wagners Musik gehört der Gegenwart an. Er wird zweifellos die ganze Welt erobern, ein noch nie geahnter Theaterruhm wartet seiner, wenn ihn Gott am Leben erhält. *Sein* Reich ist aber nicht von dieser Welt. Wenn er Wagner also mit seiner ganzen Kraft fördert, handelt er richtig; denn er fördert ja nicht nur das gottbegnadete Genie, sondern durch ihn zugleich den deutschen Mythos.

Mit dem Gedanken an Wagner schlief er endlich ein.

Berlioz fuhr am Tage darauf nach Paris zurück. Gleichzeitig erhielt Franzi das Manuskript des Vorspiels zu dem großen in Arbeit befindlichen Wagner-Werk. Er las es ebenso leidenschaftlich wie vorher den »Siegfried«. Zuvor mußte er aber noch den Begleitbrief durchsehen, den Wagner an die Großherzogin gerichtet hatte, und den er, wie er auf einem besonderen Zettel bemerkte, als Vorwort zur Buchausgabe der Tetralogie zu verwenden gedachte, und zwar mit dem Titel »Franz Liszts symphonische Dichtungen«.

Dieser zur Veröffentlichung bestimmte Brief war sehr aufschlußreich. Wagner sprach in seinem gewohnten, weitschweifigen, sehr schwer verständlichen Stile eher von Programmusik im allgemeinen und vom Verhältnis der Form zur Ausdrucksweise im besonderen als von Liszts Symphonien. Trotz allem aber wurde Franzi gebührend gewürdigt.

»Vor allem«, sagte Wagner unter anderem, »überraschte mich die große und sprechende Bestimmtheit, mit welcher der Gegenstand sich mir kundgab: natürlich war dies nicht mehr der Vorwurf, wie er vom Dichter durch Worte bezeichnet wird, sondern der ganz andere, jeder Beschreibung unerreichbare, von dem man sich bei seiner unnahbar duftigen Eigenschaft kaum vorstellen kann, wie er wiederum ebenso einzig klar, bestimmt, dicht und unverkennbar unserem Gefühle sich darstellen kann. Die geniale Sicherheit der musikalischen Konzeption spricht sich bei Liszt sogleich im Beginn des Tonstückes mit einer Prägnanz aus, daß ich oft nach den ersten sechzehn Takten erstaunt ausrufen müßte: ›Genug, ich habe alles!‹ Diese

Eigenschaft dünkte mich ein so hervorragender Zug der Lisztschen Werke zu sein, daß ich, trotz aller Abneigung, die sich der Anerkennung Liszts auf diesem Felde von gewisser Seite entgegenstellt, doch nicht das mindeste für ein sehr schnelles, inniges Bekanntwerden von seiten des eigentlichen Publikums fürchte . . . Wißt ihr einen Musiker, der musikalischer sei als Liszt? Der alles Vermögen der Musik reicher und tiefer in sich verschließe als er? Der feiner und zarter fühle, der mehr weiß und mehr könne, der von Natur begabter und durch Bildung sich energischer entwickelt habe als er? Könnt ihr mir keinen zweiten nennen, oh, so vertraut euch doch getrost diesem Einzigen, und seid sicher, daß ihr durch dieses Vertrauen da am meisten bereichert werdet, wo ihr, mißtrauisch, jetzt Beeinträchtigung fürchtet!«

Auch die Fürstin, der im übrigen die gesamten Studien gewidmet waren, konnte zu ihrer persönlichen Freude folgendes lesen:

»Vielleicht ist es aber unmöglich, daß ich gerade Ihnen das mitteile, weil Sie mit demselben Instinkt, der Liszt in seiner Entwicklung leitete, gewiß auch errieten, welche Bewandtnis es hiermit hätte, während wir Männer, die wir selbst, wenn eigentlich gar nichts mit uns zu tun ist, immer mit uns zu tun haben, in solchen Fällen oft beschämt vor den Frauen stehen.«

Wagner würdigte mit größter Bewunderung Franzis unübertreffliches Spiel, seine göttlichen Interpretationen, seine Selbstlosigkeit, seinen begeisterten Einsatz für ihn, Richard Wagner, selbst. Die Symphonie der warmen Anerkennung wurde aber durch eine Dissonanz gestört. Von den Liszt-Symphonien kam Wagner auf Berlioz und griff ihn hart an:

»Bei den besten, ja wirklich idealen Erscheinungen dieser Art war es mir immer begegnet, während der Anhörung den musikalischen Faden so gänzlich zu verlieren, daß ich mit keinerlei Anstrengung ihn festzuhalten oder wiederanzuknüpfen vermochte. Dies begegnete mir noch vor kurzem mit der in ihren Hauptmotiven so wundervoll ergreifenden Liebesszene in unseres Freundes Berlioz ›Romeo und Julia‹-Symphonie: die größte Hingerissenheit, in die mich die Entwicklung des Hauptmotivs gebracht hatte, verflüchtigte und ernüchterte sich im Gefolge des ganzen Satzes bis zum unleugbaren Mißbehagen; ich erriet sogleich, daß ich, während der musikalische Faden verlorengegangen war (d.h. der konsequent übersichtliche Wechsel bestimmter Motive), mich nun an szenische Motive zu halten hatte, die mir nicht gegenwärtig und auch nicht im Programm aufgezeichnet standen. Diese Motive waren unstreitig in der berühmten Shakespearischen Balkonszene vorhanden; darin, daß sie getreu der Disposition des Dramatikers festgehalten wurden, lag aber der große Fehler des Komponisten. Dieser hätte, sobald er die Szene als Motiv zu einer symphonischen Dichtung benutzen wollte, fühlen müssen, daß der Dramatiker, um ungefähr dieselbe Idee auszudrücken, zu ganz anderen Mitteln greifen muß als der Musiker.«

Nachdem sie mit Freuden von dem ihnen persönlich gespendeten Lob Kenntnis genommen, lasen sie gemeinsam die ganze Besprechung noch einmal aufmerksam durch. Die Fürstin schüttelte den Kopf:

»Es wäre nicht erforderlich gewesen, Berlioz anzugreifen. Er ist eine wichtige Säule in Ihrer Weimarer Tätigkeit, die auch ihm nützlich ist. Ich finde das nicht besonders geschmackvoll.«

Franzi zuckte die Achseln. Es fiel ihm ein, daß einst auch er die Komposition seines Rivalen Thalberg in der Presse bekämpft hatte. Er konnte gegen Wagner also nicht strenger sein als gegen sich selbst. Zudem war er der Ansicht, daß einem solchen Genie alles erlaubt sei. Selbstsucht, Formlosigkeit, Geiz, Rücksichtslosigkeit in der Auswahl der Mittel, das gehört alles zur persönlichen Eigenart. Die Hauptsache ist, daß das, was ein solcher Mensch schafft, wirklich groß ist. Als Franzi sich in die Verse des »Rheingold« vertiefte, fühlte er jenen leichten Schauer sein Rückgrat hinunterlaufen, den nur außergewöhnliche Eindrücke hervorrufen. Das Vorspiel begann mit einem so kühnen Szenenbild, wie es ein Operndichter bisher noch nie vorgeschrieben hatte: Das Flußbett des Rheins als riesengroßes Aquarium mit grünlich schimmernden Wassermassen, in denen, spielenden Robben gleich, die drei Rheintöchter herumschwammen: Woglinde, Wellgunde, Floßhilde. Schon ihre Namen bestimmten den Ton des ganzen Werkes, kennzeichneten den Geist des urwüchsigen, alten Germanentums, der seit dem »Siegfried« immer mehr Gewalt über den Dichter gewann. Die Sprache war bezaubernd: »Woge, du Welle! Walle zur Wiege!« sang Woglinde, und der Leser nahm mit seinen Sinnen das Wogen in sich auf, das der *Dichter* Wagner im voraus schon in dem allmächtigen Orchester des *Komponisten* Wagner erklingen ließ. Auf dem Grunde des ehrwürdigen Flusses erglänzte der Hort, und der Zwerg Alberich, der nach ihm verlangte und ihn rauben wollte, jagte mit spielerischer Lust hinter den Rheintöchtern her. Auf einmal wurden die Wellen zu visionär wogenden Wolken, und die Tiefe des Rheines verwandelte sich in die Götterburg Walhall. Da leuchtete sie, erbaut für Wotan und seine Götter und Göttinnen von den beiden Riesen Fasolt und Fafner, die sich als Lohn die betörend schöne Göttin Freia ausbedungen hatten. Die eifersüchtigen, miteinander streitenden und zugleich märchenhaft naiven Götter beschworen plötzlich denselben Wagner herauf, der an dem gleichen Tische der Altenburg mit der Fürstin eine so leidenschaftliche Debatte über die klassische griechische Welt ausgefochten hatte: die Göttergestalten von Walhall schienen die Götter des Olymps in Verkleidung zu sein; selbst der gewandte Hermes war da in der Gestalt des klugen Loge.

Dieses für die Musik geschaffene dramatische Gedicht konnte man einfach nicht wieder aus der Hand legen. Auf den ersten Blick mutete es an wie eine

farbenprächtige, schlichte Volkserzählung; aber das bühnenerfahrene Auge erkannte sofort den hinreißend dramatischen Aufbau der Handlung, die den Zuschauer in immer wachsender Spannung hielt. Wie der diebische Zwerg, ganz im Geiste des Volksmärchens, sich mit Hilfe der Tarnkappe erst in eine Riesenschlange, dann in eine Kröte verwandelte und den aus dem Rheingold gehämmerten Zauberring an seinen Finger steckte, wie ihm Wotan alle diese Schätze gewaltsam wieder raubte, wie er dann zögerte, den Riesen diese Schätze als Lösegeld für Freia zu geben, wie die plötzlich auftauchende, rätselhafte Erda Wotan auf das verhängnisvolle Walten des Zauberringes aufmerksam machte, wie er dieses Kleinod dann doch als Lösegeld für Freia hingab, wie die beiden Riesen sich um den Schatz stritten und Fafner den Fasolt tötete, alles das war ungeheuer spannend, aufregend und bühnenwirksam. Franzi legte das Textbuch mit dem Gefühl aus der Hand, daß er viel mehr erhalten, als er erwartet hatte.
»Wissen Sie, Carolyne«, sagte Franzi, »was unser Freund mit diesem Werk vollbringt? Er macht seinem Vaterland ein nationales Geschenk, wie seinerzeit Homer den Griechen. Ich habe genau überlegt, was ich sage. Ich sehe aber schon ganz klar seine Bedeutung. Es wird eine Zeit kommen, in der er als Wotan gilt in der Walhalla der deutschen Geistesheroen. Seine Größe ist unbegrenzt. Die Kraft dessen, was er begann, ist so gewaltig, daß man davor fast Angst bekommen könnte. Ich will Ihnen etwas sagen, Carolyne: wenn ich in meinem ganzen Leben nichts anderes getan hätte, als daß ich diesen Mann vor dem Untergang bewahre, so würde ich dafür allein den Dank der Menschheit reichlich verdient haben.«
»Das ist alles sehr schön und erhaben«, entgegnete die Fürstin nach längerem Schweigen, »ich habe es aber gar nicht gern, wenn Sie so sprechen, Franzi. Als ob Ihre eigene Kunst gar nicht vorhanden wäre. Sind Sie denn nur dazu da, um anderen den Weg zu ebnen?«
»Liebe Carolyne, ich habe Ihnen schon so oft gesagt, und ich kann es Ihnen auch jetzt nur wiederholen: ich ebne nicht den Weg eines Menschen namens Richard Wagner, obgleich ich ihm persönlich auch gern förderlich bin, wie einem jeden auf dieser Welt, ich ebne den Weg der Kunst. Meine von Gott mir auferlegte Pflicht ist es, all dem zu dienen, was groß und schön ist. Ob ich es schuf oder ein anderer, ist vollständig gleichgültig.«
»Aber um des Himmels willen, dem, was Sie selbst schaffen, dienen Sie ja eben gar nicht, nur dem Schaffen eines anderen.«
Franzi zuckte mit den Achseln und schwieg lange.
»Warum antworten Sie nicht? Ich werde Sie mit dieser Frage doch nie in Ruhe lassen.«
»Vergebliche Mühe«, entgegnete er, »ich werde für mich und für meine eigene Sache niemals einen einzigen Schritt tun . . .«
»Aber warum nicht, warum nicht, warum bloß nicht?«

»Ich verbiete Ihnen, so kleinlich und engherzig zu sein, ich habe nur das Große und Schöne im Auge.«
Carolyne sah mit ihren großen schwarzen Augen Franzi an, voll Verwunderung und Schmerz. Aus ihren Augen rollten langsam zwei Tränen herab. Franzi sprang auf, umarmte die Frau, tröstete sie und bat sie um Verzeihung. Es kostete ihn keine allzu große Mühe, Carolyne wieder zu versöhnen, um sie mit der heißen Innigkeit eines liebenden Mannes küssen zu können. Carolyne kam aber am Abend noch einmal auf diese Sache zu sprechen.
»Ich werde diesen Wagner immer hassen, weil Sie seinetwegen mit mir in einem solchen Ton gesprochen haben.«
»Zürnen Sie mir denn immer noch? Womit soll ich Sie beruhigen, mein Liebling? Verlangen Sie von mir, was Sie wollen.«
»Eigentlich möchte ich Sie darum bitten, nie mehr Alkohol zu trinken. Ich habe jedoch Angst, daß ich Sie damit vor eine viel zu schwere Aufgabe stelle. Aber wissen Sie, worum ich Sie bitten will? Vollenden Sie nächstes Jahr die Faust-Symphonie. So, wie Sie einst in Woronice davon gesprochen haben. Versprechen Sie es? Hand darauf!«
Sie reichten sich die Hände und ließen sich nicht wieder los. Sie fielen sich um den Hals.

ZWÖLFTES KAPITEL

Das Weimarer Theater war unter der Leitung des neuen Intendanten derartig heruntergekommen, daß man wirklich verzweifeln konnte. Das Orchester kannte keine Disziplin, war nicht vollzählig und minderwertig. Nicht ein einziger guter Geiger befand sich darin. Joachim hatte erst kürzlich einen Ruf nach Hannover angenommen, weil er es hier nicht mehr aushielt. Genast, der Regisseur, legte sein Amt nieder, weil er sich mit Marr, dem dramaturgischen Leiter, nicht verstehen konnte. Die Dekorationen kamen immer mehr in Verfall und rissen sogar entzwei, aber man erneuerte sie nicht; zu jedem Stück, gleichviel welchen Stiles, benutzte man dieselben Kostüme; von einer Erneuerung des Fundus konnte gar keine Rede sein.
Franzi wartete die Aufführung des »Fliegenden Holländers« ab, die ohne jede tiefere Wirkung verlief. Bisher hatte man dieses Werk nur in Berlin und Kassel gespielt, aber schon vor langer Zeit, vor nunmehr zehn Jahren. Es erinnerte sich niemand mehr daran. Hier schien es ein ähnliches Schicksal zu erwarten. Franzi setzte es jedoch durch, gleich nach der Uraufführung

einen Wagner-Zyklus zu veranstalten und die drei Werke an drei aufeinanderfolgenden Abenden aufführen zu lassen. Er wollte dadurch der Tetralogie den Weg bereiten. Der Wagner-Zyklus wurde zwar durchgeführt, die Aufführungen verliefen aber kläglich. Nunmehr verlor auch Liszt die Geduld. Er beschloß, ein Machtwort zu sprechen und diese musikalischen Aufführungen, die unter aller Würde waren, mit seinem Namen nicht mehr zu decken. Er schrieb dem Erbprinzen einen Brief und führte eine so deutliche Sprache, als es der höfische Ton nur gestattete.

> »Mögen Eure Königliche Hoheit geruhen, es natürlich zu finden, daß ich fortan absehe von der dauernden Verantwortung an einem Zustand, der zu tief unter den Erwartungen zurückgeblieben ist, die in die geleistete Mühe gesetzt wurden, das Weimarer Theater wieder zu heben, und daß ich es freiwillig vorziehe, zur Disposition gestellt zu werden . . . Ich glaube, der Güte, mit der Ihre Kaiserliche und Königliche Hoheit mich beehren, besser zu entsprechen, wenn ich meine Zeit und meine wie immer gearteten Fähigkeiten nützlicher anwende, als mich während der Jahre meiner Reife mit Schwierigkeiten herumzuschlagen, die ihrer Natur wie ihrer Zahl nach unüberwindlich sind . . . Wenn das Theater Ihr Wohlwollen auch ferner für sich in Anspruch nehmen darf, so möchte ich mir gestatten, zu bemerken, daß ich zu der Untätigkeit, die ich mir auferlegen muß, gezwungen bin, weil es durchaus versäumt worden ist, meinen Vorschlägen Folge zu leisten . . . Ich habe nur das unbedingt Notwendige gefordert, das man also nicht entbehren kann. Die gründliche Auffrischung der Chöre und die Verstärkung des Orchesters in dem bescheidenen Maße, wie ich sie seit mehreren Jahren geltend gemacht habe, ist unerläßlich . . .«

Der Erbprinz antwortete noch am gleichen Tage. Er lobte die unbedingte Aufrichtigkeit Franzis und versprach, den Dingen auf den Grund zu gehen. Franzi ging nicht mehr ins Theater. Jetzt hatte er beinahe schon Angst davor, daß man seine Bedingungen erfüllen könnte und er wieder die in ein Witzblatt gehörenden Zänkereien dieses Kleinstadttheaters über sich ergehen lassen müßte. Daß es ihm vergönnt sein würde, den Nibelungenring Wagners von hier aus in die Welt gehen zu lassen, darauf hatte er im stillen schon verzichtet. Die Bühnenbilder dieser vier Opern müßten ganz prächtig sein, den gesanglichen Aufgaben der Musik Wagners waren immer nur ganz hervorragende Künstler gewachsen, und die Musik des »Ringes« versprach noch schwerer zu werden als alles Bisherige. Mochte die Zukunft auch noch andere Aufführungsmöglichkeiten bieten, es sprach doch gegen die Sache der neuen Musik, den »Ring« mit einem so minderwertigen Ensemble aufzuführen. Liszt sah ein, daß es zweckmäßiger war, den Ruhm der Uraufführung anderen Städten zu überlassen, die dann die Früchte seiner unmenschlich schweren Weimarer Arbeit ernten würden. Zu alledem kam noch, daß dem Hof nicht einmal besonders daran gelegen war, ihn für die Tätigkeit am Theater zurückzugewinnen. Der endgültige Entschluß lag in der Hand des Großherzogs, und als dieser sah, daß nach Ablauf mehrerer Wochen Opernaufführungen im Theater auch ohne Liszt stattfinden konnten, ließ er den Dingen freien Lauf, weil er durch allerlei Umstände selbst schon ein müder, unentschlossener Mensch geworden war.

Franzi ging nun an die Konzipierung der Faust-Symphonie heran. Wie er es bei jeder Arbeit gewohnt war, so hatte er auch hier schon seit Jahren aufgezeichnet, was ihm dazu eingefallen war. In dem Bündel, das die Aufschrift »Faust« trug, gab es Zettel, die schon achtzehn Jahre alt waren. Diese Niederschriften sah er nun durch. Er war sich von Anfang an darüber im klaren, daß er als Tondichter Goethe nicht allenthalben werde folgen können. Goethe hatte ihn nicht so sehr in seinen Bann gerissen wie andere. Am Horizont des menschlichen Geistes sah er ihn nicht als Sonne, sondern als Mond, in dessen herrlichem Glanz man auch frieren konnte. In dem Alter, als sein Geist noch am aufnahmefähigsten war, wirkten die Himmel und Erde erschütternde unbändige Kraft Dantes und der um Hilfe schreiende, flammende Weltschmerz Byrons stärker auf ihn. Die unerschütterliche Weisheit, die sichere Überlegenheit des alles überragenden, über allem stehenden Genies, mit der Goethe die Welt betrachtete, erfüllte ihn mit großer Achtung, fand aber den Weg zu seinem Herzen nicht. Und wenn *er* den Faust-Gedanken, die ewige Sehnsucht des die Geheimnisse der Gottheit und der Liebe erforschen wollenden Mannes darzustellen beabsichtigte, dann sollte das nicht Goethes Faust, sondern sein eigener werden. Die für Goethe schwärmende Carolyne war ganz verblüfft, als ihr Franzi bei Beginn seiner Komposition davon unverhohlen Mitteilung machte.

»Das haben sie mir aber in Woronice gar nicht gesagt. Dort unterhielten wir uns immer von Goethes Faust. Und jetzt ist auf einmal der Dichter nirgends mehr? Warum nennen Sie diese Symphonie dann überhaupt ›Faust‹?«

»Weil das ein Begriff ist. Dieser Name bedeutet etwas Allumfassendes, er ist nicht nur Goethe eigen, sondern gehört der Menschheit. Ich drücke mich vielleicht am verständlichsten aus, wenn ich sage, daß der Name Faust überhaupt eine Weltanschauung bedeutet. Ich werde der Menschheit nunmehr *meine* Weltanschauung darlegen, die von *Goethes* Anschauung ziemlich abweicht. *Er* war eine geschlossene Seele, das größte Ich, das die anderen Teile der Welt mit seinem über den Jahrhunderten stehenden Geiste von sich ausschloß. *Ich* dagegen bin eine offene Seele, ich bin der Schlußchor der neunten Symphonie, wenn man so sagen will. Wissen Sie, wie mich Wagner nennt? ›Der Mensch ohne Geheimnis‹.«

Der »Mensch ohne Geheimnis« begann also an seiner Tondichtung zu arbeiten. Drei Motive, die er der Musik zugrunde legen wollte, schwebten ihm vor: der grübelnde, mit sich ringende, strebende, sich nach der Unendlichkeit sehnende Mensch, das Urschlechte, die selbstsüchtige Sinnlichkeit, der Eigennutz, das Düstere, die Verlogenheit, das Materialistische und die bezaubernde Verherrlichung der Liebe, die Verklärung in der Hingabe – mit einem Worte: Faust, Mephisto und Gretchen. Jede größere Arbeit legte er jetzt zur Seite, nur kleinere Kompositionen behielt er auf seinem Schreibtisch, um sich nach seiner Gewohnheit durch leichtere Werke bei der Niederschrift einer größeren Arbeit zwischendurch zu erfrischen. Und bei dieser Symphonie empfand er zum ersten Male den Mangel, daß Carolyne kein gelehrter Musiker war. Was er jetzt komponierte, war von der Natur der durch die literarische Sprache begrifflich zu bestimmenden Symphonien so weit entfernt, jeder seiner Gedanken war so ausschließlich musikalisch, daß er nach Beendigung seines Tagespensums selbst nicht hätte in Worte kleiden können, was er an diesem Tage geschaffen hatte. Nur am Klavier vermochte er etwas von seiner Arbeit zu zeigen, und die täglich vorgespielten Teile gefielen der Fürstin nicht immer. In seiner größten Erregung hätte er am liebsten gleich verraten, daß er mit seinem kühn angewendeten übermäßigen Dreiklang, mit seiner Oktavenverdoppelung etwas gefunden hatte, was bis jetzt noch niemandem eingefallen war. Als er in einem der die Gefühlswelt Fausts darstellenden fünf Motive diesen Dreiklang ertönen ließ, packte ihn seine eigene kühne und herrliche Erfindung so heftig, daß er von seiner Arbeit emporschnellte und in dem engen Zimmer des »Erbprinzen« auf und ab rannte. Sein Gesicht leuchtete und zuckte, immer wieder lachte er auf vor Freude über seinen Einfall. Vergeblich versuchte er aber am Abend, der, die er liebte, zu erklären, was ihn in solche Begeisterung versetzte. Carolyne hörte liebenswürdig und aufmerksam das sonderbare Motiv an, sie lobte es beglückt, konnte aber natürlich nicht ahnen, daß das, was sie anhörte, ein außerordentlicher Schritt in der Musikgeschichte war. Und Franzi fühlte jetzt zum ersten Male, daß die Welt seiner Seele ein Gebiet hatte, dessen Schwelle Carolyne nie überschreiten könnte. Bis jetzt hatte er noch nie daran gedacht, daß die Fürstin Carolyne seine künstlerische Sehnsucht, die aus der Paarung seiner Wünsche mit der Gestaltungskraft entstandenen Schöpfungen, sein ureigenstes künstlerisches Ich, nicht verstehen könnte. Die geistvolle und sehr musikalische Frau hatte ihm bislang als Lebensgefährtin vollauf genügt. Jetzt aber, als er mit dem mächtigsten Elan seines bisherigen Lebens sein größtes Werk schuf, ließ ihn seine Sehnsucht das Unmögliche begehren: daß Carolyne als Zuhörerin auf derselben Höhe stehen sollte wie er selbst als Musiker. Für ihre Liebe war der Augenblick gekommen, wo ihm bewußt wurde, daß die Frau nicht mehr neben ihm stand, wo er das Gefühl hatte, er wäre ganz allein ... Sein ritterliches Gerechtigkeitsgefühl wies ihn sofort zurecht; er ließ es vor sich selbst nicht zu, der Fürstin gegenüber anmaßend und ungerecht zu sein. Daß er aber bei der schönsten und erhabensten Arbeit seines Lebens allein war, dieses Gefühl konnte er in sich doch nicht unterdrücken.

Eines Tages brachte man ihm eine Visitenkarte: Agnes Denis-Street, née de Klindworth. Er wußte sofort, wer das war. Sein jugendlicher Schüler, Karl Klindworth, hatte ihm schon erzählt, daß ein Mitglied seiner Familie, die junge Agnes, die, mit ihren beiden kleinen Kindern auf sich selbst angewiesen, einen Beruf zu ergreifen gezwungen war, gleichfalls nach Weimar kommen würde, um ihre Ausbildung im Klavierspiel zu vollenden, um dann als Liszt-Schülerin durch Stundengeben sich eine Existenz zu schaffen. Franzi wußte auch bereits Bescheid über die Familie. Der alte Klindworth hatte einst als Diplomat in Metternichs Diensten gestanden; nach Metternichs Sturz hatte aber auch er seine Stellung verloren. Er versuchte alles mögliche, sogar die Leitung eines Theaters . . . Endlich ließ er sich in Brüssel nieder und übernahm geheimnisvolle diplomatische Aufträge, mit anderen Worten: er betrieb Spionage für das französische Außenministerium! Diese Tätigkeit sicherte ihm jedoch auch nur ein sehr kärgliches Einkommen, und seine Tochter, die sich unglücklich verheiratet hatte, konnte auf eine väterliche Unterstützung nicht rechnen. Franzi riß sich von seiner intensiven Arbeit los und eilte in die Halle des »Erbprinzen«. Dort erwartete ihn eine auffallend elegante, schon auf den ersten Blick Pariser Geschmack verratende junge Dame, neben ihr zwei Knaben, die aussahen, als ob sie aus einer vornehmen englischen Zeitschrift herausgeschnitten wären. Franzi empfing sie, wie gewohnt, sehr zuvorkommend und mit jener herablassenden Höflichkeit, mit der er jede Dame zu begrüßen pflegte.
»Ich weiß schon alles, Madame. Ich glaube sogar, daß ich im Hause Metternichs auch Ihrem Herrn Vater begegnet bin, ich erinnere mich noch seines Namens. Sie möchten also von mir unterrichtet werden?«
»Wenn es möglich wäre, ja, sehr gerne. Ich befürchte aber, daß meine Mittel . . .«
»Meine liebe gnädige Frau, verletzen Sie mich nicht gleich am Anfang unserer Freundschaft. Ich bin kein Klavierlehrer. Wie stellen Sie sich das vor, daß Sie meinen Unterricht mit Geld bezahlen? Das hätten Sie schon von Karl erfahren können. Warum hat er Sie übrigens nicht hierherbegleitet? Ach ja, richtig – er liegt ja zu Bett. Kurz und gut: ich werde mich freuen, Ihnen bei Ihren Klavierstudien mit praktischem Rat dienen zu können. Vor allem muß ich hören, *wie* Sie Klavier spielen. Geht es bereits heute abend? Gut! Dann habe ich also die Ehre, Sie im Namen der Fürstin Sayn-Wittgenstein zum Abendessen in der Altenburg einzuladen; auch sie wird sich der lieben Bekanntschaft sehr freuen. Wir essen um sieben Uhr. Haben Sie jemand hier, dem Sie Ihre beiden kleinen Söhne anvertrauen können? Ja? Also dann um sieben Uhr.«
Die Dame verabschiedete sich, und die beiden Knaben reichten dem sonderbaren langhaarigen Onkel artig die Hand, der, die Treppe emporschreitend, um sich wieder an seine Arbeit zu begeben, das feine und interessante Gesicht der jungen Frau sich nochmals im Geiste vorstellte. Verborgene

Trauer, lebhafte Intelligenz und eine weltstädtische Gepflegtheit standen in diesem Gesicht geschrieben. Eine seltene Erscheinung in Weimar. Sie weckte plötzlich Erinnerungen an Paris in ihm, an die Oper, die Soireen, die vornehmen Familien . . . Jetzt hatte er aber keine Zeit zu phantasieren. Tausendmal mehr als alles andere auf der Welt beschäftigte ihn soeben das zwischen die Melodie und die erste Violine eingeschobene Fagottsolo, in dem er die qualvolle Seligkeit der Sehnsucht auf das Notenpapier gebannt hatte.

Am Abend erschien Frau Denis-Street pünktlich in der Altenburg. Sie hatte ein Abendkleid angelegt, das, ohne prunkvoll zu sein, durch den weichfließenden Stoff sehr vornehm wirkte. Der Fürstin gelang es nie, sich so zu kleiden. Entweder vernachlässigte sie sich oder sie trug so bunte Sachen, daß sich das Auge nur schwer daran gewöhnen konnte. Der Blick Franzis verglich die beiden Frauen und sandte einen liebevollen, treuen Blick zu der nicht eleganten Carolyne. Sie konnte sich anziehen, wie sie wollte; diese schlanke, zarte Figur, die sich in ihren eigenartigen Kleidern verbarg, war für ihn die verkörperte Liebe selbst. Und er schenkte ihr einen warmen Blick, eigens für die Güte und Zärtlichkeit, mit der sie die vor einer schweren Zukunft stehende Frau aufnahm.

Bei Tisch kam das Gespräch bald auf die Diplomatie, und die Verliebten sahen sich oft bedeutungsvoll an: die junge Frau legte bewunderungswürdige Kenntnisse an den Tag; jeder Diplomat Europas war ihr bekannt, und trotz ihrer auffallenden Bescheidenheit berichtete sie fesselnd und spannend über einzelne Ereignisse aus der außenpolitischen Welt, in der sie ihre ganze Jugend verbracht hatte. Als ob sie auch jetzt an einer prunkvollen diplomatischen Soiree teilnehme, handhabte sie das Besteck – ihre Unterhaltung verriet die glatte Sicherheit der hoffähigen Dame. Sie sprach zu Manja wie zu einer Erwachsenen und behandelte die Miß außerordentlich zuvorkommend. Nach dem Abendessen setzte sie sich ans Klavier. Sie schien zuerst etwas befangen. Sie spielte aber eine Beethoven-Sonate sehr geläufig und war zweifellos berechtigt, dem jetzt von ihr erwählten Beruf nachzugehen. Franzi lobte sie, hieß sie dann noch ein paar andere Stücke spielen, machte sie sogleich auf einige besonders wichtige Einzelheiten aufmerksam, besprach mit ihr die Stunden, in der sie mit den anderen Jüngern zu ihm in die Altenburg kommen sollte – und damit war die Laufbahn der jungen Dame entschieden. Während Franzi vom Wesen des Anschlages sprach, setzte er sich selbst ans Klavier.

»Würden Sie nicht vorspielen«, bat Carolyne, die sich eine Zigarre angesteckt hatte, »woran Sie heute gearbeitet haben?«

Sie erläuterte dem Gast kurz, daß der Meister an einer Faust-Symphonie arbeite. Dann begann Franzi zu spielen. So wie er es gewöhnt war, lässig, mit der im Mund hängenden Zigarre, die er ab und zu zwischen zwei Fingern nahm, und dann spielte er weiter, jeden Klavierverständigen mit dieser

Zauberkunst verwirrend. Die junge Frau achtete aber plötzlich nicht mehr auf das unerhörte Können der meisterhaften Finger.
»Entschuldigen«, unterbrach sie sichtlich überrascht, »darf ich diesen Satz noch einmal hören?«
Franzi sah sie an und wiederholte den Satz.
»Sonderbar«, flüsterte Agnes Klindworth, »das ist etwas ganz Neues. Das ist so erregend, daß ich gar nicht weiß, wohin damit. Die Dissonanz sagt mir alles. Als ob man mir von einem Menschen erzählte, der etwas Tragisches in sich birgt . . .«
»Fühlen Sie das heraus?« fragte Franzi in glücklicher Überraschung. »Mit dieser Dissonanz wollte ich gerade das zum Ausdruck bringen. Ich bemerke aber erst jetzt, daß es mir auch wirklich gelungen ist. Ich hätte es jedoch bisher noch gar nicht in Worte fassen können. Ist es denn wirklich so neu?«
»So neu, daß ich darüber erst nachdenken muß, um ganz sicher zu werden. Im ersten Augenblick wirkt es erschreckend. Fünf solche Akkorde hintereinander, das hat bis heute noch keiner niederzuschreiben gewagt. Wenn ich überhaupt eine Bemerkung machen darf . . . ich bitte aber wirklich um Verzeihung wegen meiner Unbescheidenheit . . .«
»Aber, ich bitte! Es ist ja bewunderungswürdig, was für ein feines Gefühl Sie haben. Doch hören Sie mal weiter, was sagen Sie *dazu*?«
Er spielte in mächtigen und dröhnenden Baßpassagen, immer wieder zerrissen abwärtsgehend, und rief damit eine atemberaubende Spannung hervor, als ob jedesmal ein Blitzschlag den nahen Donner verkünden wollte.
»Posaune und Klarinette, nicht wahr?« fragte der Gast. »Ich höre ganz deutlich die Klangfarben.«
Beglückt überließ sich Franzi dem Spiel, das Gesicht dieser Frau unentwegt im Auge behaltend. Ab und zu riefen sie sich einzelne Fachausdrücke zu, durch die sie sich ganze erklärende Sätze ersparten, wie wenn sie sich einer Geheimsprache bedienten. Carolyne stand schweigend da, auf das Klavier gestützt. Franzi spielte ausschließlich für den Gast, in dem er mit einem Male die ideale Zuhörerschaft gefunden hatte. Erst nach geraumer Zeit dachte er an Carolyne. Schnell sandte er auch ihr einen vertrauten Blick zu mit einer frangenden Kopfbewegung.
»Sehr schön!« lobte die Fürstin sofort gedankenlos; man fühlte aber deutlich, daß sie von dem geheimen Zwiegespräch der beiden nichts begriff.
Das Klavierspiel wurde dann unterbrochen, Franzi hatte das bisher von ihm Geschaffene zur Genüge erläutert. Nun kamen auch die beiden Frauen ins Gespräch, ab und zu nahmen auch die kleine Prinzessin und die Erzieherin an der Unterhaltung teil. Er aber sah schweigend diese Frau an, die so plötzlich in sein Leben getreten war, die ihm jedoch wie eine alte vertraute Bekannte erschien. Beim Abschied umarmte die Fürstin den Gast und küßte ihn.

»Ich bin Ihnen sehr zugetan, meine Liebe«, sagte sie plötzlich in ihrer stürmischen Art, »weil Sie die Arbeit Liszts so gut verstehen.«
Sie entfernten sich zu viert: Manja und die Miß begaben sich wie jeden Abend in die Bastille. Vom Tor der Bastille aus begleitete Franzi Agnes Klindworth noch zum »Russischen Hof«. Sie sprachen von Musik, das heißt, Franzi redete, die Dame sagte mit artiger Bescheidenheit nur dann etwas, wenn sie eine Frage beantworten mußte. Sie war untadelig zurückhaltend und ehrerbietig. Als sie sich aber vor dem Eingang des Hotels getrennt hatten und Franzi nochmals zurücksah, begegnete sein Auge einem ihm nachgesandten Blick.
Agnes Klindworth ließ sich in Weimar nieder. Sie mietete sich eine ständige Wohnung und war bald eine alltägliche Erscheinung in den Straßen der kleinen Stadt, wo sie ihre beiden Knaben spazierenführte. Die einheimischen Frauen musterten mißgünstig ihre Pariser Eleganz, niemand konnte aber etwas Nachteiliges über sie sagen, da sie ein sehr sittenstrenges Privatleben führte. Nachdem sie die Schüler Liszts kennengelernt hatte, war sie zu allen sehr liebenswürdig und höflich, ließ sich aber nie begleiten; in Gesellschaft zeigte sie sich sehr schweigsam, auf ihrem feinen Gesicht war nicht die geringste Regung zu erkennen. Die Fürstin gewann sie sehr lieb und lud sie bei jeder Gelegenheit ein. Agnes kam pünktlich und entfernte sich früh. Zum Längerbleiben wagte man sie nicht aufzufordern, weil man ja von ihr wußte, daß sie schon in aller Frühe wieder aufstehen mußte, ihre beiden Söhne versorgte, mit schonungslosem Fleiß arbeitete und mindestens sechs Stunden am Tage übte.
Franzi war tief versunken in seine Faust-Arbeit, lebte nur für sie und von ihr und sah die Außenwelt nur durch diese Arbeit. Seit Agnes neben ihm lebte, vertiefte er sich instinktiv noch mehr in sein Werk. Er fühlte, daß er gegen etwas ankämpfen mußte. Die junge Frau fesselte ihn über Gebühr. Teils weil sie Carolyne glich, teils weil sie wiederum ganz anders war. Sie war ebenso gebildet, klug und geistig hochstehend wie die Fürstin, ihr Temperament aber schien vollkommen anders geartet: neben der slawischen Mitteilsamkeit der Fürstin, neben ihrer zu unbeherrschten Gefühlsausbrüchen neigenden Natur hatten Agnes' ernste Verschlossenheit und ihre wehmütige Schweigsamkeit einen besonderen Reiz. Sobald Franzi sich über sein wachsendes Interesse klar geworden war, ging er mit sich zu Rate und nahm sich fest vor, dieses Gefühl zu unterdrücken. Drei Nachmittage in der Woche verwandte er darauf, seine Schüler in der Altenburg zu empfangen, sie Klavier spielen zu lassen, sie zu lehren und zu unterweisen. Während dieser Nachmittage vermied er alle persönlichen Äußerungen; er konnte aber auch unausgesprochen betonen, daß er mit Leib und Seele zur Fürstin gehörte. Ab und zu sah er bei einer solchen Gelegenheit Agnes forschend an, ihr Gesicht blieb jedoch stets regungslos wie das einer Statue.
Die Faust-Arbeit ging schnell vorwärts, und so war er in der Komposition

bald beim Gretchen-Satz angelangt. In der Musik dieser Partie sah Franzi wie in einem verzauberten Spiegel immer klarer die Umrisse eines Gesichtes. Es war Agnes' Antlitz. Als er bei der Prüfung seiner schon seit langem gesammelten Notizen überlegte, mit welchen musikalischen Zügen er die lieblichste aller Frauengestalten ausstatten solle, wußte er schon, daß er einen Verrat begehen würde. Diese ideale, so ganz weibliche, blumenkelchzarte Gestalt, die er mit den unzähligen Farben seines Orchesters malen wollte, glich nicht Carolyne. Ihre innigen Liebesgeheimnisse vermochte er in diese Musik nicht hineinzutragen, der Roman ihrer Zusammengehörigkeit lag außerhalb dieses Themas. Liszt war bestrebt, in seiner grausam vollständigen Beichte, auf die sein Werk letzten Endes hinauslief, seiner Liebe wenigstens insoweit treu zu bleiben, daß er bei der musikalischen Formung der zurückhaltenden, unwiderstehlich liebreizenden, die Blicke schamhaft senkenden jungfräulichen Gestalt Gretchens an die kleine Prinzessin Manja dachte. Diesem jungen Mädchen war er aus ganzem Herzen zugetan. Er betrachtete es fast als sein eigenes Kind, und über die Gefahr, sich etwa in dieses junge Mädchen zu verlieben, konnte er nur väterlich lächeln. An Manja dachte er also bei dem Liebreiz der As-Dur-Partie, ihr bezauberndes Wesen ließ er in dem C-Grundton der Faust-Stücke auftauchen. Wie aber der Satz unter seiner Feder sich immer mehr formte und vervollkommnete, merkte er verstört, daß aus den Klangfarben des Orchesters trotz allem das Gesicht Agnes' hervorleuchtete. Als er das zum ersten Male entdeckte und ehrlich vor sich selber zugeben mußte, daß ihn unbewußt schon seit Wochen nur die feine Gestalt dieser Frau beschäftigte, erfaßte ihn eine tiefe Trauer. Eine Trauer, ähnlich der, die er beim Tode von lieben Bekannten fühlte.

Seine Liebe war zwar keineswegs gestorben, ohne Carolyne hätte er nicht leben können. Seine Hoffnung aber war tot, die Hoffnung, mit seiner ganzen Seele ewig nur dieser einen Liebe angehören zu können. Bisher schien er davon überzeugt, daß er in seiner reifen Männlichkeit die Fähigkeit für eine vollkommene Liebe in sich gefunden habe; nur Carolyne war dazu erforderlich gewesen! Und wenn er sich früher als einen Nihilisten in der Liebe bezeichnet hatte, der trotz seiner Güte, Anständigkeit und Ritterlichkeit unfähig war, nur einer einzigen Frau zu gehören, so hatte er seit dem ersten Kuß Carolynes gefühlt, daß diese Frau seine Erlösung bedeutete. Nun war mit einem Male sein schöner Glaube zusammengebrochen. Er mußte erkennen, daß er niemals bis jetzt in seinem Leben jemanden vollkommen hatte lieben können und daß er auch niemals vollkommen lieben werde. Er fühlte sich nicht von Carolyne ernüchtert, sondern von seiner eigenen Liebe. Und von da ab führte nur noch ein Schritt zu dem Entschluß, daß es nicht viel Zweck habe, mit bürgerlicher Moral sich selbst vor Abenteuern zu bewahren, die nach der üblichen männlichen Auffassung mit Liebe nichts zu tun haben, wenn ihm schon die wunderbare, das ganze Le-

ben erfüllende, mit der Heiligkeit der Religion verwandte Fähigkeit der großen Liebe nicht eigen war.
Und wie ein mit klopfendem Herzen zögernder Gelegenheitsdieb in einem Warenhaus, streichelte er schon mit seinen Blicken die schlanke Gestalt Agnes' während der Unterrichtsnachmittage. Es war ihm schon eine Freude, ihre Hand in der seinen zu halten und nicht gleich wieder loszulassen. Er arbeitete an der Symphonie und wartete, was mit ihm geschehen würde. Wenn statt Agnes irgendeine gelangweilte Dame dagewesen wäre, die der Zauber eines berühmten Mannes zu allem fähig macht – und in seinem Leben waren solche Frauen keine Seltenheit –, so wäre Franzi zu Fall gekommen, wie die koketten, vor der Versuchung nicht einmal flüchtenden Mädchen. Bei Agnes aber kam zu untadeligem Benehmen der guterzogenen Dame noch jene wachsame Vorsicht, die alleinstehenden Frauen durch ihre Lage geboten ist.
Inzwischen wurde es in der Altenburg sehr lebendig. Es tauchten immer mehr Schwärmer auf, ein Gast löste den anderen ab. An einem Frühsommernachmittag fand sich bei ihm eine dreiköpfige Gesellschaft zusammen. Joachim war der eine, der ungarische Geigenvirtuose Reményi der zweite, und ein vornehmer Junge von mädchenhafter Schönheit der dritte. Es stellte sich bald heraus, daß er Johannes Brahms hieß, zwanzig Jahre alt war und mit herzlichen Empfehlungen Schumanns als Pianist in der großen Welt herumreiste. Reményi und Brahms gaben gemeinsam Konzerte, es ging ihnen aber nicht allzu gut, manchmal reichte es nicht einmal für die Eisenbahn, und sie mußten von einer Stadt zur anderen den Weg zu Fuß zurücklegen. Der Vater des jungen Brahms spielte die Baßgeige im Orchester des Hamburger Theaters, wo jetzt Joachim als erster Konzertmeister wirkte. So fanden sich die drei Musiker zusammen und machten sich auf den Weg, um Liszt zu besuchen. Franzi ließ sie wochenlang nicht fort. Platz war ja in der Altenburg genügend vorhanden, die Zimmer, die immer noch vergeblich auf seinen Einzug warteten, standen leer. Die Fürstin nahm die jungen Leute gern auf. Die Altenburg hallte plötzlich von ungarischer Musik wider. Reményi, der eigenartige, phantastische Zigeuner, spielte stundenlang unter Franzis Begleitung, und wenn sie in einen Csardas übergingen, konnte Reményi nur tanzend Violine spielen. Er reckte und streckte sich, er ging im Rhythmus mit seinem ganzen Körper mit, er trippelte abwechselnd zu Carolyne und der kleinen Manja und spielte ihnen in die Ohren; kurz, auch ein Tauber hätte daran seine Freude gehabt! Franzi trug seine ungarischen Rhapsodien vor, die mit der Zeit immer zahlreicher geworden waren; denn zwischen seinen anderen Arbeiten setzte er sich immer wieder, um sich zu erfrischen, ans Klavier, versuchte das eine oder andere Motiv, bis dann plötzlich aus der ganzen Fülle seiner Virtuosität heraus die Melodie wie ein mächtiger Springbrunnen die Reihen der Tasten entlang sprudelte. Sehr viel wurde auch von der neuen Musik gesprochen. Der

junge Brahms, der goldblonde Jüngling, um dessen rosige, weiße Porzellanhaut ihn jedes junge Mädchen hätte beneiden können, zog die Stirn in Falten, wenn er Wagnersche Motive vernahm. Er gestand, daß er diese Musik nicht verstehe. Da fielen sie alle wie ein aufgestöberter Bienenschwarm über ihn her, zerrten ihn unter schreienden Erklärungen nach drei verschiedenen Richtungen, versuchten ihn zu überreden, drängten ihn – er aber schüttelte nur den Kopf.
»Ich habe den Geschmack eben noch nicht erfaßt, aber ich werde ihn sicherlich noch finden. Sein beispielloses Können lasse ich ja heute schon gelten.«
»Laßt ihn in Ruhe«, beschwichtigte Franzi, »er ist ein guter Musiker, dieser Junge, und hat ein gutes Herz. Er ist bestimmt unser Mann. Sprechen wir von etwas anderem. Was gibt's Neues in Ungarn?«
Reményi begann zu erzählen. Auch er hatte an der Achtundvierziger-Revolution teilgenommen. Er hatte im Lager Görgeys Geige gespielt und berichtete von den Aufregungen des Hauptquartiers, von der Heldenhaftigkeit des aussichtslosen Kampfes und dem unbeschreiblichen Elend. Was seit dieser Zeit geschehen war, wußte er auch nicht. Als politischer Flüchtling trieb er sich in der großen Welt herum wie abertausend andere Ungarn auch. Da ergriff Agnes das Wort. Sie wußte, wie es jetzt in Ungarn aussah. Sie kannte Bach, den österreichischen Politiker, der bestrebt war, für den jungen Franz Joseph mit starker Hand ein friedliches und einiges Reich zu schmieden. Es vergingen keine fünf Minuten, und schon tobte der heftigste politische Streit. Reményi und Joachim, die beiden Ungarn, schlugen mit den Fäusten auf den Tisch, gerieten ganz außer sich und beschimpften zornig die Tyrannei; Agnes hingegen, die ihren ruhigen Ton nicht einen Augenblick gewechselt hatte, bemühte sich, zu beweisen, daß die Ungarn jetzt ihr Land wirtschaftlich hochbringen könnten, wenn sie nicht dauernd rebellieren würden. Der Streit wurde so heftig, daß Carolyne Franzi aufforderte, zu entscheiden, wer recht habe, damit der Lärm endlich ein Ende nehme.
»Wenn ich wüßte, wer recht hat«, entschied Franzi, »hätte ich es längst gesagt. Ich glaube, *ich* habe recht, der ich zwar in Ungarn geboren wurde, aber weder nach rechts noch nach links sehe, sondern fleißig arbeite. Alles andere überlasse ich dem lieben Gott; denn alles andere ist nicht meine, sondern seine Aufgabe. Daniel lernt fleißig Ungarisch, nicht so wie sein Vater. Seiner Heimat kann er auch nicht treuer sein als ich. Jetzt ist's aber genug von der Politik; Agnes, setzen Sie sich ans Klavier.«
Agnes tat dies, und wenn ihr Meister sie lobte, dann dankte sie ihm mit einer gewissen Huldigung, aber immer sehr gemessen. Monate vergingen, und sie standen sich nicht vertrauter gegenüber als am ersten Tage ihrer Bekanntschaft. An einem musikalischen Nachmittag geschah dann etwas Sonderbares. Der kleine Bruckner, der immer zu Späßen aufgelegt war, stellte die spielerische Frage, welcher Tonart die einzelnen Anwesenden

entsprächen. Den immer düster gestimmten Brahms bezeichneten sie mit b-Moll, für die lebhafte, fleißige und bestimmte Natur Raffs erschien ihnen D-Dur am bezeichnendsten und so weiter. Sie nahmen alle vor und ließen keinen aus. In ihrer begeisterten Achtung behaupteten sie von Franzi, daß er die chromatische Skala selbst wäre in allen Tonarten der Welt.
»Und Agnes?« fragte Hans.
Agnes sah keinen der Jungen, sondern nur den Meister an, als ob sie nur von ihm eine Antwort erwartete, und Franzi erwiderte:
»As-Dur.«
Die Jugend nahm den Entscheid des Meisters mit Ehrerbietung zur Kenntnis; sie versuchten nicht, seine Antwort zu analysieren, und begannen von etwas anderem zu sprechen. Agnes aber ließ absichtlich etwas auf die Erde fallen, um sich bücken zu müssen und ihr Erröten zu verbergen. Sie war die einzige, die das As-Dur verstanden hatte. In der werdenden Symphonie war das die Tonart Gretchens. Dieses Erröten bemerkten die Schüler nicht. Als sich der Meister und die Schülerin später ansahen, gestand ihr Blick rückhaltlos alles ein ... Reményi, Brahms und Joachim fuhren wieder ab, und die Fürstin entschloß sich, zur Kur gegen ihr Gallenleiden nicht nach dem mit verhängnisvollen Erinnerungen verknüpften Eilsen zu gehen, sondern nach Karlsbad. Anschließend wollte sie mit ihrer Tochter einige Besuche machen und sich dann für einige Wochen auch in München aufhalten; denn man durfte ja nicht außer acht lassen, daß Manja langsam ins heiratsfähige Alter kam. Als geeignetester Umgang für sie erschien der Mutter die bayrische Aristokratie. Franzi entschloß sich ebenfalls, für diese Zeit Weimar zu verlassen. Die neben ihm lebende Fürstin hätte er fast schon betrügen können; daß er aber die Abwesende wie ein kleinbürgerlicher Strohwitwer hintergehen sollte, verbot ihm seine Ritterlichkeit. Da ihn Wagner seit langem in jedem seiner Briefe flehentlich für ein paar Tage eingeladen hatte, teilte er seine Zeit so ein, daß er zunächst die Symphonie beendete, dann zu Wagner nach Zürich reiste, anschließend die Fürstin in Karlsbad besuchte und endlich auf eine Einladung des Großherzogs von Baden an dem Musikfest in Karlsruhe teilnahm. Bis dahin würde die ganze Klindworth-Angelegenheit sich klären und die treue und liebevolle Carolyne nie erfahren, was einige Wochen lang ihrem Geliebten so viel Unruhe bereitet hatte.
An einem heißen Julitag kam er in Zürich an. Als der Mietwagen ihn nach einer endlos scheinenden holperigen Fahrt zu den Escherhäusern, weit in den äußeren Gürtel der Stadt, gebracht hatte, suchte er die Hausnummer des Zeltweges. Nach langem Hin und Her fand er endlich die Wohnung. Auf sein Läuten ertönte innen ein helles Hundebellen; dann öffnete ein Mädchen die Tür, schon kam aber auch Minna, die Frau Wagners, herbei. Als sie den seltenen Gast erkannte, schrie sie laut auf und bat ihn dann, einzutreten. Schon kam auch Wagner selbst, munter und aufgeräumt, prächtig

aussehend, in einem neuen modischen Anzug. Er kam nicht, er rannte, er benahm sich wie ein Irrsinniger. Wagner sprang Franzi um den Hals, umarmte ihn, drückte und küßte ihn und war ganz außer sich vor Freude. Er ließ die Hand des Gastes nicht los, überschüttete ihn mit einem Schwall langer Sätze, fiel ihm wieder um den Hals und küßte ihn abermals. Inzwischen kam auch ein kleiner, dick gewordener, träger Hund zum Vorschein. Wagner setzte sich neben ihn auf den Teppich und redete mit ihm.
»Peps, alter Hund, was denkst du denn, wer da ist, guter Hund, alter Pepsili, was sagst du denn zu Franzi? Nicht wahr, du freust dich auch?«
Dann sprang er abermals auf und umarmte den Gast wieder. Nur langsam kam Franzi zu Atem. Er blickte sich um und sah sich von Wohlstand umgeben: schwere Teppiche, kostbare Gardinen, gute Möbel und teuere Sachen. Das überraschte ihn etwas nach der langen Reihe klagender und um Geld flehender Briefe.
»Siehst du«, rief der Hausherr, »das alles hast du aus mir gemacht! Sieh dich um, die Wohnung ist schön, nicht wahr? Das habe ich alles dir zu danken. Und sieh dir meinen Anzug an. Ich sehe endlich menschlich aus. Das ist alles dein Werk. Kann man denn überhaupt noch Worte finden für meine Dankbarkeit?«
Er umarmte und küßte ihn abermals. Franzi lächelte liebevoll über die ausgelassene Freude seines Freundes. Endlich kamen sie in ein regelrechtes Gespräch. Franzis erste Frage war, wieviel von dem »Ring« fertig sei. Es stellte sich heraus, daß der Text aller vier Opern schon abgeschlossen war. Wagner brachte schnell das Manuskript, und schon kümmerten sie sich um nichts anderes mehr.
»Natalie soll die Tür schließen«, rief Wagner hinaus, »ich bin für niemanden zu Hause.« Er schlug das Manuskript auf und begann zu lesen. Mit wenigen erklärenden Worten wies er zuvor auf das »Rheingold« hin, das Franzi bereits kannte. Dann begann er die »Walküre« zu lesen.
Wagner trug prächtig vor. Mit breiter, erhobener Stimme, die sich senkte, sobald es der Text erforderte, zwar in der Art der alten klassischen Schauspieler, aber mit so viel Feuer, mit einem so lodernden Glauben an sein eigenes Werk, daß sein Fanatismus den Zuhörer ungewollt mit sich riß. Obendrein war das, was er las, auch noch wunderbar schön. Er erzählte die Geschichte Siegmunds und Sieglindes, der beiden Zwillingsgeschwister, die sich in Liebe finden. Sieglinde ist das Weib Hundings, ihre Hütte ist um den Stamm jenes großen Baumes gebaut, in den einst Wotan den Notung, das Zauberschwert, bis zum Schaft hineingestoßen hat. Der Sieg über die finstere Gewalt ist dem beschieden, der es aus dem Stamm herausziehen kann. Siegmund gelingt es, und er flüchtet mit Hundings Weib, seiner Schwester. Hunding sucht nun den Sprößling Wotans zu töten, und der Gebieter Walhalls, dem die Göttin Wala neun Töchter geboren hatte, die neun Walküren, befiehlt einer dieser Töchter, der Walküre Brünhilde, sich

im Zweikampf zwischen Siegmund und Hunding auf die Seite Siegmunds zu stellen. Da tritt aber sein Weib Fricka dazwischen, die als Göttermutter sich für die Heiligkeit der Ehe einsetzen muß. Sie hat genug unter der Untreue des germanischen Jupiters gelitten und hat also allen Grund, dem blutschänderischen, ehebrecherischen Geschwisterpaar Feind zu sein. Sie zwingt ihren Gemahl, den der Brünhilde erteilten Befehl zu ändern; Siegmund muß im Zweikampf sterben. Brünhilde findet im Gebirge den auf den Gegner wartenden Siegmund und teilt ihm mit, daß er sterben müsse. Der tapfere Siegmund will darauf auch seine Geliebte, die ein Kind unter dem Herzen trägt, töten. Da wird Brünhilde von Mitleid erfaßt. Sie mißachtet den Befehl ihres Vaters und hilft dem Wälsungen. Wotan aber hält, was er seiner Gattin versprochen hat: als er sieht, daß Brünhilde seinem Befehle zuwider dem Siegmund beisteht, tritt er dazwischen. Seine Macht ist unbeschränkt. Er hält seinen göttlichen Speer zwischen die Kämpfenden, und an dessen Schaft bricht das Wunderschwert, der Notung, entzwei. Siegmund fällt. Die Walküre kann Sieglinde noch rechtzeitig retten, sie selbst erhält aber von dem strengen göttlichen Vater eine harte Strafe für ihren Ungehorsam: er umgibt sie mit einem Flammenmeer; dort muß sie in Schlaf versunken harren, bis der Held kommt, der keine Furcht kennt und durch das Flammenmeer dringt, sie zu erlösen. Aber nicht nur Brünhilde muß erlöst werden, auch Walhall, die herrliche Burg der Götter, ist von Unheil bedroht, da der Wunderring und die Tarnkappe immer noch im Besitze der Riesen sind. Das Land der Götter vermag nur ein junger Held zu retten, der aus ureigenster Kraft ohne Wotans Hilfe dem Drachen Fafner den Hort raubt.

Auch die Sprache dieses Werkes war herrlich; Wagners Vortrag erhöhte die Wirkung noch. Die Liebesszene des ersten Aufzuges, wo durch die aufgehende Tür der warme Hauch des Frühlings hereinstürmt, gefiel Franzi so gut, daß er mitten im ersten Akt Beifall klatschte.

»Winterstürme wichen
dem Wonnemond,
in mildem Lichte
leuchtet der Lenz;
auf lauen Lüften
lind und lieblich,
Wunder webend
er sich wiegt . . .«

Ohne Vorbehalt lobte er die Dichtung und nötigte den Komponisten, weiterzulesen. Das nächste Werk der Tetralogie, den jungen Siegfried, kannte er schon. Es blieb nur noch das vierte Stück: Siegfrieds Tod.

»Die Titel werden nicht so lauten«, sagte Wagner, »ich habe sie geändert.

Der Titel des dritten Werkes ist einfach ›Siegfried‹ und der des vierten ›Götterdämmerung‹. Wie gefällt es dir?«
»Götterdämmerung, Götterdämmerung«, wiederholte Franzi das ungewohnte Wort wie ein Weinprüfer, der den Trunk abgeschmeckt, »ein sonderbarer Titel, aber sehr schön. Götterdämmerung . . . Ja, je öfter ich es sage, um so schöner klingt es. Aber lies weiter, denn ich bin außerordentlich neugierig.«
Wagner las das Drama in einem Zuge vor. Seine Stimme wurde nicht müde, aber auch Franzis Aufmerksamkeit ließ nicht nach. Der vierte Teil des großen Werkes führte in das Reich der Nibelungen, Gunther, Gutrune und Hagen. Hagen, der Sohn des schlimmen Zwerges Alberich, hat einen Plan ersonnen, wie man sich den Zauberring verschaffen könnte. Durch heiße Liebe soll Gunther an Brünhilde und Gutrune an Siegfried gefesselt werden. Mit teuflischer Geschicklichkeit führt er sein Vorhaben aus. Gutrune reicht Siegfried einen Zaubertrunk, der ihn Brünhilde vergessen und zu Gutrune in Liebe entflammen läßt. Nun verhilft er selbst Gunther zum Besitz Brünhildes, er raubt ihr den Wunderring mit Hilfe der Tarnkappe, die es ihm ermöglicht, in der Gestalt Gunthers vor der Walküre zu erscheinen. Zwei Hochzeiten folgen: Gunther und Brünhilde, Siegfried und Gutrune. Am Tage nach der Hochzeit wird Siegfried aber unter dem Vorwand einer Jagd in den Wald gelockt, und Hagen, der inzwischen erfahren hat, daß der unverwundbare Siegfried an einer bestimmten Stelle seines Rückens doch verwundbar ist, tötet ihn. Den Zauberring kann man ihm nunmehr entwenden, über diesen verfluchten Schatz geraten aber Gunther und Hagen in Streit, wie einst Fasolt und Fafner. Hagen sticht Gunther nieder, aber der Ring gelangt trotzdem nicht in seinen Besitz. Brünhilde streift ihn von dem Finger ihres toten Geliebten und wirft ihn in den Rhein. Die Wassernixen aber reißen den Hagen mit sich in die Tiefe. Siegfried wird auf einem mächtigen Scheiterhaufen aufgebahrt, und die Walküre reitet auf ihrem Roß in das prasselnde Feuer, um mit Siegfried gemeinsam den Flammentod zu sterben und in Walhall einzuziehen. Die Geschichte des Wunderringes, der Götter, Zwerge, Riesen und Helden durch seinen verfluchten Besitz unglücklich gemacht hat, ist zu Ende. Die Götter verlieren mit dem Ring ihre Allmacht, auch ihre Burg Walhall geht in Flammen auf. Der Ring aber ruht auf dem geheimnisvollen Grund des Rheines.
»Du bist der größte Geist des Jahrhunderts«, sagte Franzi nach der Vorlesung, »obwohl es noch gar nicht vertont ist, was du gedichtet hast! Ich weiß aber, daß auch das ganz großartig wird! Dieser Plan stellt dich vor ungeheure Aufgaben, du hast aber die Kraft in dir, sie zu lösen.«
»Ja«, entgegnete Wagner, von der langen Vorlesung vollständig erschöpft, »das Ganze ist herrlich. Ich weiß, daß ich ein Genie bin. Du weißt es auch, aber die ganze Welt muß es erfahren.«
»Wir werden uns Mühe geben«, lächelte Franzi, »aber ich muß dich etwas

fragen. In deiner Tetralogie spielt der Zaubertrunk eine ganz besondere Rolle. Im letzten Teil führt er die entsprechende Wendung im Drama herbei. Was bedeutet bei dir dieser Zaubertrank? Was willst du damit sagen? Der Zaubertrank ist doch eigentlich kein Mittel dramatischer Wirkung, warum bedienst du dich seiner immer wieder, obwohl du ein so bedeutender Dramatiker bist?«

»Ich weiß nicht«, sprach Wagner vor sich hin, »der Gedanke des Zaubertrankes hat mich schon seit meiner Jugend immer beschäftigt. Schon in meiner Kindheit ist es mir fortwährend durch den Kopf gegangen, was für eine aufregende Sache es sein müsse, irgend etwas Schicksalhaftes zu schlucken. Ich habe lange darüber nachgedacht, wie wunderbar etwa ein Liebestrank sein könnte, wenn es so etwas überhaupt gäbe. Als ich von den Fluten des Lethe las, reizte mich auch das außerordentlich, und es schien mir eine wunderbare Vorstellung. Das Leben schafft doch schrecklich viel böse Verhältnisse, wenn zum Beispiel ein Mann einer Frau überdrüssig wird und eine andere begehrt. Wie einfach ist es dagegen in der Kunst: Siegfried trinkt einen einzigen Schluck und vergißt Brünhilde vollkommen. Keine Gewissensqualen, kein Mitleid, keine Schwierigkeiten: er streckt einfach seine Hand nach Gutrune aus. So müßte das auch im Leben sein! Bist du nicht gleichfalls dieser Meinung?«

Er lachte dazu, aber es klang hart und gequält. Franzi sah ihm aufmerksam ins Gesicht.

»Du bist innerlich sehr aufgewühlt, Richard.«

»Das will ich meinen. Du hast es leicht, geheimnisloser Mann. Wie ich aber mit mir selbst kämpfe und mich quäle, das ist unbeschreiblich. Sag einmal, was soll ich bloß mit Minna machen? Weder mein Körper noch meine Seele verlangt nach ihr, und wieviel Jahre leben wir trotzdem miteinander! Irgend etwas bindet mich an sie, was ich selbst nicht erklären kann . . . Wenn das nicht wäre, würde ich sie ohne Zögern verlassen, denn die Ruhe für meine Arbeit geht mir vor; im Interesse meiner Werke habe ich das Recht zu jeder Grausamkeit. Ich habe es schon auf alle beide Arten versucht: ich kann weder mit ihr noch ohne sie leben. Obendrein ist nun noch eine andere Frau da, die Gattin eines Seidenfabrikanten Wesendonk. Sie ist musikverständig, und zwar so musikverständig, wie ich es brauche – sie schwärmt für meine Musik. Minna, die Schauspielerin war und jahrelang in der Musik gelebt hat, versteht nicht das geringste von allem, was ich schaffe . . . Aber langweilt dich das nicht?«

»Es langweilt mich nicht«, sagte Franzi mit beherrschter Ruhe, »im Gegenteil, es interessiert mich sehr, erzähle nur weiter.«

»Jetzt ist es nun so, daß Mathilde, Frau Wesendonk heißt nämlich Mathilde, mich außerordentlich fesselt. Ich könnte ohne sie gar nicht sein. Ich habe schon daran gedacht, sie einfach schonungslos ihrem Manne zu rauben. Ich tue es trotzdem nicht . . .«

»Du hast den Mann gern, wie? Ein häufiger Fall.«
»Nein, das würde mich nicht stören. Wenn jemand leiden muß, dann mag nur er leiden und nicht ich. Die Seidenfabrikation wird auch ohne ihn bestehen, die neue Musik ohne mich aber nicht. Die Ruhe meiner Nerven liegt im Interesse der Gesamtheit. Nein, das ist nicht das Schlimmste. Aber die Angelegenheit wäre schon materiell nicht durchführbar; denn Mathilde hat kein nennenswertes Privatvermögen, nur ihr Mann ist reich. Dann würde aber auch diese unglückliche Minna meine Seele allzusehr bewegen. Was für ein Leben ist das, Franzi! Wenn du wüßtest, was das für eine Hölle ist! Aber Minna, diese unglückselige Frau, die meinetwegen schon soviel gelitten hat, hält neben mir aus. Als ich mich vor einigen Jahren in eine Frau Laussot verliebte und sie heiraten wollte, ist Minna fast irrsinnig geworden. Trotzdem hat sie durchgehalten. Genau so ist es jetzt mit der Frau Wesendonk. Minna und ich quälen uns hier entsetzlich und sprechen tagelang kein Wort miteinander. Hölle, Hölle! Und ich hätte meine Nerven gerade jetzt so nötig, wo ich vor der Vertonung des ›Ringes‹ stehe. Mit meinen Nerven ist übrigens fortwährend etwas los. Ich glaube, das begann schon in meiner Kindheit . . . Ach, wieviel könnte ich dir erzählen von dieser fürchterlichen Jugend . . . von meinem Stiefvater, dem ich dankbar sein müßte, weil er mich erzogen hat, den ich aber im geheimen tödlich haßte und an den ich auch heute noch nicht ohne Erbitterung denken kann. Darum ist ja auch der Antisemitismus so stark in mir.«
»Wieso, war Geyer Jude?«
»Manche behaupten es. Bis zu meinem zwölften Lebensjahre trug ich seinen Namen. Ich besuchte die Schule als Richard Geyer. Einer meiner Lehrer hat dann auf Grund meines Taufscheins erst meinen richtigen Namen festgestellt. Es ist unbegreiflich, was ich als Kind, verschlossen wie ich war, durchgemacht habe, ohne daß jemand irgend etwas davon geahnt hat. Ich glaube, ich kranke heute noch daran.«
»Was fehlt dir bloß? Du siehst doch sehr gesund aus.«
»Ich? Haha! Von einer Wasserheilanstalt wandere ich in die andere. Wenn du mich fragst, was mir fehlt, kann ich dir nicht antworten. Ich bin nervös, das ist alles. Ich bin aber so nervös, daß sich auf meiner Haut Ausschlag bildet, wenn ich mich aufgeregt habe, der dann wochenlang nicht wieder vergeht. Es ist gar nicht gut, daß wir soviel davon sprechen; reden wir von etwas anderem. Wie steht es mit deiner Arbeit?«
Franzi setzte sich ans Klavier. Er begann den »Faust« zu erklären. Sie vertieften sich so darin, daß sie gar nicht merkten, wie schon der späte Sommerabend dämmerte, obwohl sie ihre Unterhaltung unmittelbar nach dem Mittagessen begonnen hatten. Nach der Hausordnung war es Minna nicht erlaubt, sich bemerkbar zu machen, solange ihr Mann ihr nicht Bescheid sagte. Jetzt rief er endlich nach ihr, und die Frau machte in aller Eile den Tisch zurecht. Beim Abendessen sprach man wieder über Musik, Minna

sagte kaum fünf Sätze: sie antwortete nur, wenn sich Franzi höflich an sie wandte, um sie an der Unterhaltung teilnehmen zu lassen. Sonst saß sie stumm neben den beiden, die ehemalige Wanderschauspielerin mit ihrer wechselvollen Vergangenheit; ihr Gesicht zeigte noch einige Spuren einstiger Schönheit, die durch die grausame Not der vergangenen Jahre gerade dann zu verfallen begann, als ihr Mann in kühnem Fluge zum Gipfel des Ruhmes emporstrebte. In diesem Heim lauerte etwas Erdrückendes in den Ecken, etwas Unerträgliches, Quälendes. Sobald sie den letzten Bissen geschluckt hatte, verschwand die Frau ohne Gruß und zeigte sich nicht mehr. Die beiden aber sprachen noch bis tief in die Nacht hinein vom »Ring« und vom »Faust«.
Franzi blieb acht Tage in Zürich. Er lernte nacheinander die Freunde Wagners kennen und stellte überrascht fest, daß der im Exil lebende Dresdner Revolutionär mit den radikalen Elementen überhaupt nicht zusammenkam, von denen Zürich und die ganze Schweiz nur so wimmelte. Außer Schriftstellern und Musikern, über die er mit schonungsloser Tyrannei herrschte, pflegte er nur mit den Gutsituierten eine engere Freundschaft. Als Franzi das zur Sprache brachte, bemerkte Wagner lässig:
»Ich hasse Armut.«
Herwegh, der Dichter, lebte ständig in Wagners Umgebung, für Franzi ein erfreuliches Wiedersehen. Herwegh war einer seiner literarischen Freunde, er hatte mehrere Gedichte von ihm vertont, unter anderem das Gedicht von der Sehnsucht nach dem Tode, das nach dem Wiedersehen mit Liline Saint-Cricq in Pau entstand. Wie weit lag dieses Wiedersehen schon zurück! Wie lange bestand schon dieses Gelübde, daß sie bei jedem abendlichen Glockengeläute aneinander denken wollten! Nur eine schneeweiße und schmerzliche Erinnerung war davon zurückgeblieben. Jetzt trat sie aber wieder aus dem düsteren Winkel seines Herzens hervor, wohin er die Erscheinung Lilines verbannt hatte. Die Fürstin war ihm ja auch nicht die vollkommene, liebespendende, wundersame Gefährtin geworden. Und der Geist mit dem Alabastergesicht tauchte wieder aus der Vergangenheit hervor: ›Sieh mich an, ich hätte es sein können . . .‹ Franzi hielt sich noch in Zürich auf, als er ein Telegramm aus Weimar erhielt: Der Großherzog war gestorben. Später las er die Einzelheiten über den unerwarteten Tod des Herrschers in der Presse. Der alte Herr war an der Rose erkrankt, und dieses Leiden raffte ihn dann sehr schnell dahin. Mit tiefem Bedauern trauerte Franzi; der Großherzog war stets gütig und liebenswürdig zu ihm gewesen. Er richtete sowohl an Maria Pawlowna als auch an den neuen Großherzog einen langen Beileidsbrief. Stärker aber als das menschliche Bedauern war in ihm die Erwartung, was dieser Thronwechsel für die beiden Dinge bedeuten würde, die für ihn die wichtigsten waren: wie mochte sich der Streit um die Scheidung der Fürstin Carolyne weiterentwickeln, und was würde Karl Alexander, der neue Großherzog, für die »Zukunftsmusik« tun?

Sein Besuch bei Wagner schloß mit einem Ausflug an den Vierwaldstätter See, an dem auch Herwegh teilnahm. Sie sahen sich die Rütliwiese an und tranken, wie es die alten Schweizer zu tun pflegten, auch aus der Rütliquelle auf eine bis in den Tod währende Freundschaft. Dann nahmen sie Abschied voneinander. Wagner umarmte und küßte seinen Freund.
»Du kehrst in dein Himmelreich zurück und ich in meine Hölle.«
Franzi entgegnete nichts. Und Wagner ahnte nicht, daß sein Freund kein geheimnisloser Mensch mehr war; denn Franzi hatte ihm verschwiegen, daß in der Lage von ihnen beiden kein Unterschied bestand. Beider Leben war weder Himmel noch Hölle. Beides war ein irdisches Leben. Wie das eines jeden auf der Welt: Sehnsucht nach dem Unerreichbaren im ewigen Kampf mit der Wirklichkeit des Alltags – die Faust-Symphonie selbst, wie sie der Tondichter aus seiner eigenen Seele heraus zu Papier gebracht hatte . . .

DREIZEHNTES KAPITEL

Der Thronwechsel war auch mit einem musikalischen Ereignis verbunden: der Hofkapellmeister von Weimar mußte für die Feierlichkeiten der Thronbesteigung einen Festmarsch komponieren. Bevor Liszt also zur Fürstin nach Karlsbad fahren konnte, mußte er doch noch einmal nach Weimar, um mit dem neuen Herrscher an Ort und Stelle über den Festmarsch zu sprechen. Er befand sich also in unmittelbarer Nähe der Gefahr: die vornehme und schweigsame Schönheit Agnes' ging ihm nicht aus dem Sinn. Am Tage seiner Ankunft sah er sie noch nicht. Er mußte der verwitweten Maria Pawlowna und dem neuen Großherzog Besuche abstatten. Beide waren schon über die ersten schweren Tage hinaus. Dem jungen Großherzog blieb nicht viel Zeit, sich mit seiner Trauer zu befassen; er ging mit großem Eifer an die Regierungsgeschäfte heran.
»Auf Sie rechne ich unter allen Umständen«, sagte er zu Franzi, »meine kulturellen Pläne kann ich mir ohne Sie gar nicht vorstellen. Wenn ich die wichtigsten politischen Fragen geklärt und Zeit gefunden habe, mich den künstlerischen Angelegenheiten zu widmen, will ich schon einen Weg finden, wie ich Sie zur Tätigkeit am Theater zurückführe. Seien Sie also darauf gefaßt, daß ich Sie mit dieser Aufforderung hartnäckig verfolgen werde.«
»Das liegt nicht an mir, Königliche Hoheit. In einem *guten* Theater werde ich gern arbeiten. Und Weimar könnte jetzt seinen Namen mit einer großen Tat in die Musikgeschichte der Welt einzeichnen. Ich habe Eurer Königlichen Hoheit ja schon viel von der genialen Tetralogie Wagners erzählt. Die müßte von hier aus in die Welt gehen. Wagner ist noch nirgends verpflich-

tet. Er denkt vorerst an das Straßburger Theater; denn das würde ihm auch die französische Bühne sichern. Wenn ich aber das nötige Geld bekäme, könnte ich diesen Weltruhm für Weimar sichern.«
»Geld, natürlich«, entgegnete mit sorgenvoller Miene der neue Herrscher. »Mit wem ich auch spreche – das erste Wort ist immer Geld. Ich aber kann nur seufzen. Wo soll ich denn bloß soviel Geld hernehmen? Also warten wir erst ab. Was menschenmöglich ist, das werden wir tun.«
Der junge Großherzog war voller Schaffenskraft. Allerlei Pläne lagen auf seinem Schreibtisch, die er schon als Erbprinz ausgearbeitet hatte, um zu zeigen, was er leisten könnte, wenn er an die Macht käme. Seinen Vater erwähnte er kaum; mit dem Tatendrang der Menschen, die sich Großes vorgenommen haben, sah er nur in die Zukunft. Maria Pawlowna dagegen erschütterte den Beileidsbesucher tief, weil sie in diesen Tagen so sehr gealtert war. Sie konnte nur in die Vergangenheit sehen, ihre Zeit war vorüber. Nach dem Tode ihres Mannes war sie eine zur Seite geschobene alte Frau, den linken Sitz des Thrones nahm nun ihre Schwiegertochter ein.
»Besuchen Sie mich ab und zu, lieber Freund, wenn Sie Lust haben, mit einer zurückgezogen lebenden alten Frau über Musik zu sprechen. Darunter verstehe ich nicht die Weimarer musikalischen Angelegenheiten, denn daran will ich nicht mehr teilnehmen. Wenn mein Sohn als Herrscher von mir Rat einholen will, werde ich ihm gern sagen, was ich denke. Ich habe ihn aber so erzogen, daß er stets nur nach seinem eigenen Gutdünken handeln soll. Ich werde Ihnen nun nicht mehr besonders nützlich sein können. Wenn Sie mit der Fürstin Carolyne sprechen, sagen Sie ihr, daß meine Zuneigung zu ihr unverändert ist. Wie sich aber ihre Stellung am Hofe gestalten wird, das werde künftig nicht mehr ich bestimmen, sondern meine Schwiegertochter.«
Mit Sorgen um die Zukunft beladen, kehrte Franzi in den »Erbprinzen« heim. Er fühlte sich unsagbar einsam und dachte immer nur an Agnes. Er schloß sich ein und vergrub sich in seine Noten. Er hätte gern gearbeitet, aber die Arbeit ging ihm nicht mehr recht von der Hand, und doch hätte er gerade genug zu erledigen gehabt. Endlich warf er die Feder hin und ging an diesem schönen, warmen Sommerabend im Park spazieren. Er suchte einsame Pfade, weil er allein sein wollte. Er wanderte gemächlich in die Gegend jenes kleinen Gartenhauses, in dessen Einsamkeit Goethe sich zurückgezogen hatte, um zu arbeiten. In unmittelbarer Nähe dieses Hauses legte er sich ins Gras. Sinnend betrachtete er die hunderttausend funkelnden Sterne am klaren Himmel. Als wollte er sie um Rat bitten: sollte er seine Hand nun doch nach der Liebe der schönen Agnes ausstrecken oder sollte er mit großer Selbstbeherrschung der Fürstin treu bleiben? Die Dunkelheit war voller Versuchungen. Die von süßer Sinnlichkeit erfüllte Stimmung des warmen Abends und der Duft des Grases nisteten sich nicht nur in seine Kleider, sondern auch in seine Gedanken ein. Lange lag er so einsam da,

und der Betrachtung des Diamantenstromes der Sterne müde, schloß er die Augen. Im selben Augenblick stand vor seinen Sinnen das feine, tieftraurige, schweigsame Gesicht von Agnes. Warum sollte er sich die Wonne dieser Lippen versagen? Es war unritterlich, sich hinter dem Rücken der Fürstin in Abenteuer einzulassen. Aber er wollte lieber unritterlich sein als grausam; Carolyne brauchte von der ganzen Sache nichts zu erfahren. In einem Klatschnest wie Weimar war es zwar sehr schwer, unbeobachtet zu bleiben, aber er vertraute auf sein Glück. Und mit heißer Sehnsucht arbeitete seine Phantasie an der Zeichnung eines Bildes: wie er während eines Ausfluges in die Umgebung von Weimar den Kopf Gretchens an sich reißt, um ihren Mund zu suchen. Diese Vorstellung erweckte in ihm ein Gefühl lähmender Beklommenheit, sein Herz schlug wie das eines Diebes auf Schleichwegen. Jetzt wollte er aber seinem Verlangen nicht mehr gebieten. Langsam schlenderte er im Dunkeln nach Hause.

Am anderen Tage wußte er es so einzurichten, daß er mit der jungen Frau in der Altenburg zu zweit blieb. Ohne zu zögern, faßte er ihre Hand.

»Agnes, Sie lieben mich.«

»Ja«, erwiderte sie ruhig und ohne jede Überraschung. »Auch ich bin Ihnen nicht gleichgültig. Das wissen wir ja schon seit langem.«

»So ist es. Und was steht uns im Wege?«

»Daß Sie einer anderen Frau gehören.«

»Das will ich aber jetzt vergessen. Und vergessen auch Sie es.«

»Das geht nicht. Und wenn Sie mich wirklich lieben, so sprechen Sie nicht mehr davon. Ist denn unsere Freundschaft nicht schöner und nicht viel mehr als ein Abenteuer? Warum wollen Sie sie nicht schön und rein erhalten?«

Franzi ließ nicht locker. Er bestürmte sie weiter mit dem sinnlichen Ton seiner tiefen Stimme, dessen Wirkung auf die Frauen er nur zu gut kannte. Agnes, das liebe Gretchen seiner Sehnsucht, hörte ihm regungslos, blaß, mit geschlossenen Augen zu, und er raunte ihr in die Ohren, Worte ohne Sinn und Zusammenhang, nur in dem Tone, wie er dem in der Liebe sehr bewanderten Manne eigen ist. Wenn Agnes Gretchen war, so sprach aus ihm nicht Faust, sondern der teuflische Zauber des Mephisto.

»In diesem Hause will ich Sie nicht küssen. Heute abend werde ich es aber so einzurichten wissen, daß die Knaben fortgehen und ich Sie nach Hause begleiten kann. Alles andere überlassen Sie mir. Und jetzt gehen Sie bitte.«

Die Frau ging, mehr tot als lebendig. Franzi wußte, daß ihm der Sieg sicher war. Ein zorniges, trotziges Siegesgefühl übermannte ihn, und er wies sein drückendes Gewissen roh und böse zurecht. Allerlei Pläne erwägend, ging er von der Altenburg nach dem »Erbprinzen« und verfluchte die Kleinstadt, in der man, ohne Aufsehen zu erregen, nicht einen einzigen Schritt tun konnte. Die Schwierigkeiten stachelten sein Verlangen aber nur noch mehr an.

Im »Erbprinzen« nahm er die im Laufe des Tages eingegangene Post in Empfang und sah sich zerstreut die Umschläge an. Bei dem einen blieb ihm fast das Herz stehen: an den Buchstaben erkannte er die Schrift Lilines! Erst oben in seinem Zimmer öffnete er den Brief. Die Gräfin D'Artigaux schrieb ihm ohne jeden besonderen Anlaß. Tief ergriffen, in wonnigem Schmerz, las er den Brief:

»Wenn mir die göttliche Barmherzigkeit wenigstens erlaubte, Ihre Hand zu drücken, dann könnte sich mein Herz vielleicht für einige Tage öffnen. Ich liebe Sie noch immer mit der ganzen Kraft meiner Seele und wünsche Ihnen all das Glück, das ich nicht mehr kennenlernen kann. Ich sehne mich nach Nachrichten von Ihnen, wage aber nicht, Sie zu bitten, daß Sie mir schreiben sollen. Doch gleichviel, ich sehe bis zu meinem Tode allein in Ihnen den einzigen leuchtenden Stern meines Lebens und bete jeden Tag für Sie: beschenke ihn, lieber Gott, oh, beschenke ihn reich, weil er sich Deinem Willen fügt.«

Franzis Kehle zog sich zusammen, seine Augen wurden heiß, als er den Brief hinlegte. Welch ein Wunder gab dieser Frau, der einzigen, ihm für ewig verlorenen, die Feder in die Hand, um seine Gedanken in den Tempel der reinen Hingabe zu führen, gerade am heutigen Tage, wo er niederträchtig und leichtsinnig etwas in seiner Seele niederreißen wollte? Eine Zeitlang lief er planlos in seinem Zimmer umher, las den Brief noch einmal; dann entschloß er sich plötzlich und schrieb Agnes einen Brief:

»Mein Liebling«, schrieb er mit hastigen, nervösen Buchstaben, »ich habe eingesehen, daß Sie recht haben. Unsere Freundschaft ist den Verzicht wert. Ich werde Sie heute nicht sehen, und es wird im allgemeinen gut sein, wenn ich Sie vorläufig nicht sehe, bis ich mich beruhigt habe. Üben Sie fleißig, bis ich im Herbst wiederkomme, und denken Sie auch bis dahin in Liebe meiner.«

Den Brief sandte er ihr sofort in die Wohnung.

Seine Jünger wunderten sich zwar immer wieder, daß Agnes ihnen fernblieb; es fiel aber insofern nicht sehr auf, als Franzi die Musiknachmittage in der Altenburg vorübergehend absagte und sich dabei auf seine Unmenge von Arbeit berief. Nach einem Aufenthalt von nur wenigen Tagen in Weimar reiste er mit der Glückseligkeit eines reinen Gewissens zur Fürstin nach Karlsbad. Und wie es meistens ist, glaubte er für seine eigene Treue der Geliebten dankbar sein zu müssen, und diese Dankbarkeit gab seiner Liebe neuen Aufschwung. Erst hier in Karlsbad begriff er, was die Überwindung der Versuchung für seine Seele bedeutete; ein Gefühl der Reinheit, Treue und Güte erfüllte ihn so ganz, daß in ihm der unwiderstehliche Wunsch reifte, seine Kinder wiederzusehen. Die Fürstin Carolyne ging mit großer Freude auf den Plan einer Pariser Reise ein; denn sie hatte schon lange gewünscht, die Kinder kennenzulernen. Sie beschlossen also, nach dem Musikfest in Karlsruhe gemeinsam nach Paris zu fahren und auch die kleine

Manja mitzunehmen, damit sie sich mit ihren künftigen Geschwistern etwas anfreunde.
Das Musikfest in Karlsruhe schien anfänglich nur eine kleine lokale Veranstaltung werden zu wollen, die dem Großherzog Friedrich von Baden viel mehr am Herzen lag als den musikalischen Teilnehmern. Da aber der Großherzog Franzi mit der Leitung dieses Festes betraute, wurde es zu einem Kampfe zwischen den Anhängern der neuen Musik und ihren Gegnern. Die Gestaltung des Programms war Franzi überlassen, und nach langer und sorgfältiger Überlegung wählte er die Tondichter für das zweitägige Fest so aus, daß von den Klassikern Beethoven, Bach und Mozart zu Worte kamen, während die neue Richtung von ihm selbst, Wagner, Berlioz, Schumann und Joachim vertreten wurde; zwischen diesen beiden Gruppen standen noch die Namen Meyerbeer und Mendelssohn. Er selbst brachte zwei Kompositionen. Die eine war ein Männerchor mit Orchesterbegleitung: »An die Künstler«, nach dem Gedicht Schillers, das in den Worten gipfelt: »Der Menschheit Würde ist in eure Hand gegeben, bewahret sie!« Er komponierte den Chor in aller Eile und überließ Raff die Instrumentation. Dann schrieb er in Erinnerung an Beethovens »Ruinen von Athen« ein Klavierkonzert mit Orchester, hauptsächlich, um das großartige, überragende Können Bülows in voller Pracht vor Augen führen zu können.
Schon bei den Vorarbeiten war es kein Geheimnis mehr, daß bei diesem Fest die Leidenschaften aufeinanderprallen würden, da an dieser Veranstaltung, die der Regent als musikalischen Kongreß der süddeutschen Städte plante, eine ganze Reihe Chöre und Orchester kleinerer Orte teilnehmen mußten. Aus diesen Städten liefen nacheinander Nachrichten ein, daß die lokalen Blätter überall heftig gegen die Teilnahme schürten. Auf die Angriffe antwortete hier und da eine Stimme der Liszt-Partei; der Lärm, den die Gegenpartei erhob, wurde daraufhin noch größer. Hier und da erschienen schmähende Artikel oder sarkastische Humoresken, und eines Tages brachte Hans, der mit Franzi zusammen nach Karlsruhe gekommen war, ein Flugblatt mit, das mit seinem zornigen Haß und den skandallüsternen persönlichen Angriffen den bisherigen Ton des Pressekrieges weit übertraf. Verblüfft las Franzi diesen anonymen Artikel, der in seiner Vergangenheit herumschnüffelte und mit deutlichen Anspielungen weder die Gräfin D'Agoult noch die Fürstin Wittgenstein verschonte. Wer ließ sich so weit hinreißen? Er fand den ganzen Angriff eher unverständlich als tragisch.
»Ich kann mir schon denken, wo der Wind herweht«, sagte Hans, »das Ganze da hat Hiller gemacht.«
»Wer? Hiller? Laß dich nicht auslachen, mein Sohn. Hiller, mein Jugendfreund? Weißt du denn überhaupt, in welch vertrauter Eintracht wir miteinander gelebt haben, ich, Chopin und er? Wir waren keine Freunde, sondern Geschwister. Von jedem anderen könnte ich das glauben, von meinem lieben, guten Bruder Hiller aber nicht. Gott, wieviel Spaß haben wir zum

Beispiel daran gehabt, daß er der Jüngere von uns beiden war. Er ist nämlich zwei Tage später geboren als ich. Er hat den Spaß immer verstanden, er war ein guter Kerl. Nein, mein Sohn, das ist ganz unmöglich! Hiller macht so etwas nicht!«

»Meister, ich behaupte trotzdem, daß Hiller das geschrieben hat. Seit er in Köln Konservatoriumsdirektor geworden ist, ist ihm die Macht zu Kopfe gestiegen. Dieses Musikfest hätte er gern geleitet, deswegen ist er zornig.«

»Ich bitte dich, Hans, widersprich mir nicht! Ich kenne den guten Ferdinand besser. Diese Verleumdung ist zu häßlich. Laß das sein, sonst werde ich dir noch böse.«

Hans schwieg zwar, man sah es seinem Gesicht aber an, daß er nicht überzeugt war. Und in Franzis Herz schlich sich ungewollt ein leises Mißtrauen ein. Unzählige Einzelheiten dieses Flugblattes konnten nur von jemandem stammen, der sein einstiges Leben sehr gut kannte. Sollte Hans vielleicht doch recht haben? Wenn er sich aber das lustige, ehrliche Gesicht des alten Kameraden vergegenwärtigte, zürnte er sich wegen dieser Verdächtigung.

Nach drei Tagen legte ihm Hans wortlos etwas vor. Er hatte sich den Briefumschlag verschafft, in dem eine ungenannte Hand diese Schmähschriften an eine Karlsruher Buchhandlung verschickte. Der Briefumschlag wies den Poststempel Köln auf. Und nach drei weiteren Tagen brachte Hans einen Herrn aus Köln mit. Dieser fuhr über Karlsruhe und erzählte, daß er mit Hiller über dieses Fest gesprochen habe. Der Musikdirektor habe die ganze Angelegenheit laut beschimpft und sich sowohl über Liszt als auch über Wagner sehr feindselig geäußert. Diese Feststellung verdarb Franzi jede Freude an den Karlsruher Konzerten. Umsonst war der Ouvertüre des »Tannhäuser« ein so überwältigender Erfolg beschieden, umsonst die Genugtuung, daß man gezwungen war, sie am zweiten Konzerttage zu wiederholen; vergebens feierten lange nicht mehr gehörte Beifallsstürme das unübertreffliche Spiel seines Lieblings Hans, vergebens der Dank des Regenten und vorbehaltlose Anerkennung der neuen Musik, umsonst der unbestreitbare Erfolg einzelner Teile des »Lohengrin« – Franz ging tagelang mit diesem Dorn im Herzen herum und litt. Daß Hiller sich gegen seine musikalischen Bestrebungen wandte, hätte er sich nicht weiter zu Herzen genommen; daß aber sein bester Jugendfreund in einer so niederträchtigen Weise gegen ihn persönlich vorging, das bereitete ihm eine bittere und schmerzliche Enttäuschung. Die Fürstin und Manja kamen auch nach Karlsruhe, nachdem sie sich eine Zeitlang in München aufgehalten hatten, und Carolyne konnte ihren Geliebten gar nicht genug trösten. Er nickte nur zu ihren zärtlichen Worten; Hillers Verrat tat ihm aber so weh, daß er am liebsten bitterlich geweint hätte.

Und gerade jetzt stand er im Begriff, nach Paris zu fahren, wo er seine Jugendjahre mit Hiller verbracht hatte! Die erregende Vorfreude des Wiedersehens mit der alten Stadt war schon von vornherein durch diese schmerzli-

che Enttäuschung vergiftet. Er mußte immer an den unvergeßlichen Chopin denken. Was würde der arme gute Friedrich zu dieser unglaublichen Überraschung sagen, wenn er noch lebte? Er würde höchstwahrscheinlich dasselbe tun, was er jetzt tat: schweigend um einen trauern, der zwar noch am Leben, für die Liebe und Freundschaft aber gestorben war.
Den Verlust des einstigen Freundes half das Wiedersehen mit dem neuen Freund mildern. Franzi richtete seine Reise so ein, daß er sich wieder mit Wagner treffen konnte. In ihren ausführlichen Briefen vereinbarten sie Basel als Treffpunkt; denn das lag der Badener Grenze am nächsten, die der noch immer verfolgte Revolutionär nicht überschreiten durfte. Wagner wartete bereits in Basel und ahnte nicht einmal, welche Überraschung ihm bevorstand. Franzi hatte noch in Karlsruhe seine Weimarer Schüler überredet, mit ihm zusammen Wagner zu besuchen. Wer kein Geld hatte, eine Karte für die Postkutsche zu lösen, dem schoß er die Reisekosten vor. Die Wagnerianer-Gesellschaft, wie sie sich nannten, besetzte einen ganzen Postwagen; unter Franzis Führung nahmen Hans, der kleine Bruckner, Richard Pohl, Cornelius und Joachim an diesem Ausflug teil; die Fürstin und ihre Tochter folgten ihm erst am Tage darauf mit ihrem eigenen Wagen. Abends trafen sie in Basel ein. Sie ließen die Postkutsche vor dem Hotel »Zu den drei Königen« vorfahren, wo Wagner Franzi erwartete. Vorsichtig lugte Hans durch die Tür: es konnte losgehen, Wagner saß schon in der Vorhalle. Franzi winkte, als ob er ein Konzert leitete, und auf seinen Wink begannen sie alle sechs das den König ankündigende Posaunenmotiv aus »Lohengrin« zu intonieren. Das Personal des Hotels lief zusammen, Wagner sperrte Augen, Mund, Nase und Ohren auf.
»Franzi!« schrie er laut.
Die Wiedersehensfreude nahm kein Ende. Nach Franzi kam Hans an die Reihe, trotz seiner Jugend der älteste Wagnerianer und trotz seiner ernsten Zurückhaltung einer der leidenschaftlichsten Anhänger. Ihn küßte Wagner ebenso herzlich wie Franzi. Die anderen begrüßte er mit königlicher Herablassung. Als er erfuhr, daß Pohl unter dem Decknamen »Hoplit« jene begeisterten und geistreichen Artikel über die Musik Wagners in den deutschen Zeitungen schrieb, lobte er ihn wie der allerhöchste Kriegsherr seine Generale. Dann gingen sie gemeinsam in den Speisesaal.
»Heute trinken wir, Kinder!« rief Franzi fröhlich. »Wir müssen die Gelegenheit wahrnehmen, denn morgen ist schon die Fürstin da.«
»Hier gibt es einen ganz vorzüglichen Schnaps«, antwortete Wagner, »man nennt ihn Kirschwasser, ich kann ihn nur empfehlen.«
Schon stand die Flasche vor ihnen. Franzi kostete, es schmeckte ihm ausgezeichnet. Und schon nach einer Stunde erschien ihm die ganze Welt in rosigem Lichte. In seiner guten Laune trank er mit den Jungen Brüderschaft und befahl auch Hans, daß er ihn von nun an du und Franzi nennen sollte. Der Junge umging jedoch mit großer Gewandtheit alle derartigen Rede-

wendungen. Davon abgesehen, unterhielten sie sich glänzend, und am anderen Tage wußte keiner mehr, wie er ins Bett gekommen war. Wagner redete am anderen Morgen aber auch nur Franzi und Hans mit »du« an. Nun kamen auch die Fürstin Carolyne und das junge Mädchen, vielmehr die junge Dame, an. Carolyne hatte Franzi noch in Karlsruhe anvertraut, daß sie nicht vergeblich in München gewesen waren. Schon am ersten Tage kamen sie in der Gesellschaft mit dem jungen Fürsten Konstantin von Hohenlohe-Schillingsfürst zusammen, und wenn die Anzeichen nicht trügen, so hatten sich die jungen Leute sehr gut gefallen. Es wäre fast für einen Traum zu schön, wenn die ganze Angelegenheit gelänge; denn der junge Fürst war liebenswürdig, von gutem Aussehen und steinreich. Der kleinen Prinzessin sah man die Spuren dieser Begegnungen an: eine selbstbewußte Fraulichkeit zeigte sich in ihren Gesichtszügen; sie wurde viel öfter rot als früher und erblühte mit einem Male wie junge Mädchen, die einen glücklichen Frühling der Gefühle erleben, von einem Tag auf den anderen schön werden.

Mit der Ankunft der vornehmen Damen fand die zügellose Ausgelassenheit der Freunde ein Ende. Carolyne übernahm mit der selbstverständlichen Gewohnheit einer großen Dame die Führung in der Unterhaltung. Auch sie wollte die ihr noch nicht bekannten Teile der Tetralogie kennenlernen. Wagner ließ sich nicht lange bitten, versammelte die ganze Gesellschaft im Zimmer der Fürstin und las einzelne Teile aus dem Manuskript vor, das er immer bei sich trug. Ursprünglich war es so geplant gewesen, daß von hier aus nur Franzi und die Damen weiterreisen sollten; sie fühlten sich aber alle miteinander in der trauten Stimmung ihres ungetrübten Einvernehmens und musikalischen Glaubens so wohl, daß sie mit Rücksicht auf den Geldmangel der Jungen die Reisekosten für sie bis Straßburg auslegten. Dahin nahm sie bereits die Eisenbahn mit. Auf der Reise mußte Wagner immer weiter vorlesen. Sie waren nicht mehr weit von Straßburg entfernt, als ihn Franzi fragte:

»Hör mal, Richard, wie wäre es, wenn du mit uns nach Paris kämest? Dort könntest du wenigstens einige erbauliche Tage vor Beginn deiner großen Arbeit verbringen und würdest auch meine Kinder kennenlernen.«

»Ich komme mit«, erwiderte Wagner nach kurzer Überlegung.

Auf dem Bahnhof in Straßburg mußten sie lange auf den Anschluß warten. Als das Glockenzeichen zum Einsteigen ertönte, verabschiedeten sie sich alle herzlich voneinander, und die beiden Damen, Franzi und Wagner stiegen die steile Treppe des Eisenbahnwagens hinauf. Die kleine Gruppe der fünf jungen Männer entschwand alsbald ihren Augen. Sie machten es sich auf ihren Plätzen bequem.

In Straßburg hatte Franzi noch ziemlich ruhig den Zug bestiegen. Während aber die Stunden verrannen und der Zug sich Paris immer mehr näherte, wurde er immer unruhiger. Seit reichlich acht Jahren hatte er seine Kinder

nicht mehr gesehen. Er lehnte sich auf seinem Sitz zurück, und da es ihm unangenehm gewesen wäre, wenn man ihn jetzt angeredet hätte, stellte er sich schlafend. Er dachte über das Alter seiner Kinder nach, denn er wußte das nie genau und mußte immer erst überlegen. Daniel war vierzehn, Cosima sechzehn und Blandine achtzehn Jahre alt.
Blandine war achtzehn Jahre alt! Älter als die Prinzessin Manja, die die Mutter jetzt verheiraten wollte. Verstohlen öffnete er die Augen ein wenig und sah Manja an, die in einem englischen Roman las, während ihre Mutter mit Wagner über Regierungsformen debattierte. Dann schloß er die Augen wieder. Wie ein Schüler, der nichts gelernt hat und vor der Prüfung in eisigem Schreck in seinem Buche blättert, versuchte auch er, sich vorzustellen, wie er seine Kinder wiedersehen würde. Ihre Gesichtszüge entglitten seinem Gedächtnis aber immer mehr. Und seine Aufregung steigerte sich von Minute zu Minute. Es wurde ihm zuwider, Schlaf vorzutäuschen; er zündete sich eine Zigarre an, holte ein Buch hervor, versuchte zu lesen, schlug es aber wieder zu; seine Nerven gehorchten ihm nicht mehr. Vor Konzerten, vor dem Dirigieren hatte er nie unter Lampenfieber zu leiden gehabt. Jetzt empfand er ein sonderbar beklemmendes Gefühl.
Als der Zug in Paris einlief und er von den um ihn herum beschäftigten Trägern hin und her gestoßen wurde, vermochten seine suchenden Augen nirgends eine Familie zu entdecken. Plötzlich rief ihn aber Frau Patersi beim Namen. Er lief zu ihr hin und suchte mit unruhigen, neugierigen Augen in dem fürchterlichen Tumult seine Kinder. Eine junge Dame stand hinter der Erzieherin.
»Blandine!« redete er sie mit einem verstörten Lächeln an.
In stark pariserischem Tonfall verbesserte die junge Dame höflich:
»Ich bin Cosima. Blandine steht hier neben mir.«
Ein junger Bursche aber sprang ihm um den Hals und umarmte ihn stürmisch:
»Papa, Papa!«
Heiß und derb erwiderte er die Umarmung. Seine Augen füllten sich sofort mit Tränen.
»Daniel, mein treuer, kleiner Sohn . . .« raunte er mit verschämter Glückseligkeit . . .

VIERZEHNTES KAPITEL

Er mußte seine Kinder erst kennenlernen, denn er wußte nichts von ihnen. Bis jetzt hatten lediglich die Sorgen der Vaterschaft auf ihm gelastet, ihre Freuden waren ihm nur wenig zuteil geworden. Nun konnte er auch diese

genießen. Er mußte seine Zeit zwischen Carolyne und seiner Familie teilen, die Fürstin aber redete ihm selbst zu, sich nicht um sie zu kümmern, sondern zu seinen Kindern zu gehen.
Die Mädchen wohnten in der Rue Casimir Périer, Daniel hatte einen eigenen Erzieher, bei dem er wohnte und von wo aus er das Lyzeum Bonaparte besuchte. Mutter Liszt hatte auch ihr eigenes Heim, und so versammelte Franzi die Seinigen bald hier, bald dort. Und mit größtem Eifer ging er an die wichtigste Eroberung seines Lebens heran: er wollte seine Kinder gewinnen, die ihm, dem Stockfremden, verstört gegenüberstanden. Das heißt: nur die Mädchen. Daniel fand sofort zum Vater. Vom ersten Augenblick an hatten sie sich als alte vertraute Bekannte angesehen und angelächelt. Die beiden Töchter beantworteten dagegen nur schüchtern und zurückhaltend seine Fragen.
Langsam konnte er sich aber schon über ihre Veranlagung und ihr Naturell ein Bild machen. Die beiden Mädchen waren ganz verschieden geartet. Blandine war sanftmütig, bescheiden, errötete schnell, ihre Gedanken arbeiteten bedächtig; hinter ihren Worten verbarg sich eine feine, angeborene Zärtlichkeit. Cosima schien älter als ihre Schwester, obwohl sie die jüngere war. Von ihr ging eine harte Entschlossenheit aus, ihr Gedankengang war schlagfertig, eine fast männliche Kraft und Härte blieb ihr hervorstechendster Wesenszug. Der Vater machte seinen Töchtern förmlich den Hof, wie ein Freier, der die Zuneigung seiner Dame gewinnen will: er überhäufte sie mit Geschenken, er machte ihnen Komplimente, lobte ihr Haar, ihren Teint, die Anmut ihres Ganges – im wahrsten Sinne des Wortes liebäugelte er mit ihnen. Wenn er je den Wunsch gehegt hatte, Zuneigung zu finden, so sehnte er sich jetzt über alle Maßen nach der Liebe und Zuneigung dieser beiden Mädchen. Mit Blandine hatte er keine schwere Mühe. Sie schmiegte sich schon am zweiten Tage liebevoll an ihn an und lachte über seine kleinen Scherze. Über Cosima war aber der Sieg nicht so leicht. Sie blieb untadelig achtungsvoll, zog aber einen kühlen Zauberkreis um sich und ließ ihren Vater nicht in diesen Kreis eindringen. Um so mehr war er bestrebt, das Herz der zurückhaltenden Tochter zu gewinnen. Äußerlich glich ihm Cosima am meisten: ihrer markanten, vom Vater geerbten Nase wegen konnte man sie nicht einmal hübsch nennen. Blandine ähnelte in ihren Gesichtszügen eher ihrer Mutter; wenn sie auch nicht so blendend schön war, wie Marie einst gewesen, so war sie doch mehr als schön: ihr Gesicht wurde von einer zarten Anmut verklärt, einer Anmut, deren sich das mit einer blonden Haarkrone gekrönte schneeweiße Gesicht der Gräfin D'Agoult niemals hatte rühmen können.
Am meisten glich Daniel seinem Vater. Nicht nur sein Gesicht, sondern auch seine Haltung, sein Gang, die Bewegung seiner Hände, alles war dem Vater sehr ähnlich. Während die beiden jungen Mädchen knapp die Fragen des Vaters beantworteten und sich am liebsten zurückzogen, war der Junge

voller Lebendigkeit, voller Mitteilungsbedürfnis, voll sinnender Erregung. Er wartete die Fragen seines Vaters nicht ab, er fragte selbst, zehn Fragen auf einmal über zehn verschiedene Sachen in einem Tempo, daß der Vater kaum zu antworten vermochte. Von den Kindern war zweifellos der Junge am begabtesten. Cosima schien vielleicht schlagfertiger zu sein, die Intelligenz des Jungen überstrahlte aber die seiner Schwester; er war innerlich von einer schwärmenden Begeisterung beseelt; sein Vater zeigte sich ehrlich entzückt von ihm.

»Was willst du einmal werden?« fragte er seinen Sohn.

»Ich will Maler werden und wundervolle, große Bilder malen. Die ganze Welt will ich auf die Leinwand bringen, die Menschen, die Dinge und die Natur, und nichts soll übrigbleiben, was ich nicht gemalt hätte. Bis jetzt habe ich im Lyzeum drei Preise für meine Zeichnungen bekommen. Warten Sie mal, Papa, ich will Ihnen meine Arbeiten gleich zeigen.«

Das Kind schleppte eine große Mappe herbei und breitete mit der Erregung eines seine Werke ausstellenden Künstlers seine Schöpfungen gleichsam vor dem kritisch maßgebenden Publikum aus. Er schien in der Tat sehr begabt. Daniel war schon bestrebt, nach der Natur zu malen, und seine einzelnen Striche verrieten eine so überraschende Beobachtungsgabe und eine so gereifte Auffassung, die nicht nur einem dreizehnjährigen Kinde, sondern sogar einem jungen Manne hätten zur Ehre gereichen können.

»Bravo«, lobte der Vater, »du hast ganz entschieden Talent.«

»Sie erlauben doch«, fragte das Kind aufgeregt, »daß ich Maler werden darf?«

»Selbstverständlich. Zuvor mußt du dir aber irgendein Diplom beschaffen. Die Welt ist sehr eigenartig, mein lieber Sohn, und den, der *nur* Künstler ist, reiht man meist schwer als gleichwertig unter die Menschen ein. Du kannst zum Beispiel Diplomat werden oder etwas Ähnliches, ich werde dich aber nie zwingen, daß du einen Beruf ergreifst oder eine Arbeit verrichtest, zu der du keine Lust hast. Wenn du dir ein Diplom verschafft hast, kannst du meinetwegen malen, soviel du nur willst.«

»Aber Papa, Sie haben sich doch auch kein Diplom erworben und sind trotzdem weltberühmt geworden. Warum darf ich das nicht auch?«

»Du sollst dich, im Gegenteil, durch mein Beispiel belehren lassen. In meiner Jugend habe ich unter der Einfältigkeit der Menschen sehr viel gelitten, eben weil ich nur ein Künstler war. Wenn du erst größer bist, wirst du das verstehen. Vorerst lerne nur fleißig. Denke immer daran, daß du mir eine unbeschreibliche Freude bereitest, wenn du gut lernst. Wieviel Schüler in deiner Klasse sind denn besser als du?«

»Besser als ich? Aber Papa, ich habe Ihnen doch geschrieben, daß ich nicht nur in der Klasse, sondern im ganzen Lyzeum der Erste bin. Erinnern Sie sich denn gar nicht, daß ich Ihnen das geschrieben habe?«

»Natürlich erinnere ich mich«, log der Vater, »ich kann aber doch nicht wissen, daß das auch so geblieben ist. Wundere dich nur nicht, daß ich dich deswegen nicht besonders lobe. Ich halte es für selbstverständlich, daß ein Liszt dort, wo er ist, stets nur der Erste sein kann. Das erwarte ich auch von dir.«

»Ja«, erwiderte der Junge schlicht und ganz überzeugt, »auch ich denke so.«

Franzi legte seinem Sohne die Hand auf den Kopf und sah ihm in die Augen. Aus den leuchtenden, klaren Augen des Knaben strahlte ihm die Gefühlstiefe und der Ehrgeiz seiner eigenen Kindheit entgegen. Er war tief bewegt und hatte das Gefühl, daß weder Liebe noch irgendeine andere Seelenregung sich an Tiefe und Vollkommenheit mit dem vergleichen ließe, was ihn mit diesem entzückenden, klugen und netten Jungen verband. Er wußte, daß er in ihm sich selbst liebte, aber ihn noch viel, viel mehr als sich selbst. Der Gedanke der künstlerischen Unsterblichkeit kam ihm in den Sinn, die ihm jetzt nebensächlich erschien. *Das* ist die wirkliche Unsterblichkeit, die urälteste und natürlichste Unvergänglichkeit des Menschen, dieser Junge, der seinen Namen trägt, sein Blut und seine Seele besitzt! Wenn er dereinst nicht mehr sein wird, wird er trotzdem in diesem Knaben und später in dessen Kindern weiterleben.

Auch Klavier spielen ließ er seine drei Kinder. Alle drei spielten ausgezeichnet, und er fand, daß unter ihnen Cosima der beste Musiker war. Dann befragte er sie eingehend über ihre Spiele, ihre Kameraden, über ihre Neigungen und Zuneigungen und empfand den seltsamen Zauber, in diesen drei Teilen seiner Seele, die sich voneinander so eigenartig unterschieden, nach sich selbst zu forschen. Und endlich mußte auch die heikle Frage gestellt worden:

»Wie geht's eurer Mutter?«

Da wurde Cosima am lebendigsten. Offensichtlich war sie von den drei Kindern ihrer Mutter am meisten zugetan. Aus ihrer Antwort ging hervor, daß es Marie gut ging; sie hatte sich bei den Champs Elysées ein wunderbares kleines Schloß gekauft, man nannte es »Rosenhaus«. Die Kinder erzählten entzückt von diesem Haus, wohin sie nur selten kamen, weil ihr Stundenplan nur den Sonntag frei ließ, die Mutter am Sonntag jedoch ihren Empfangstag hatte, an dem die Kinder ihren politischen und literarischen Gästen nur zur Last gefallen wären.

»Papa«, sprudelte Daniel hervor, »wissen Sie denn schon, daß ich Onkel geworden bin?«

»Wieso?«

»Ja, so ist es, Blandine und Cosima sind Tanten geworden. Claire hat ein kleines Baby bekommen.«

»Claire? Welche Claire?«

Einander überschreiend begannen die drei Kinder zu erklären, von wem die Rede war, und Franzi besann sich langsam. Die Halbschwester seiner Kinder, die älteste Tochter der Gräfin D'Agoult, hatte er ganz vergessen. Die war ja selbst schon eine verheiratete Frau, die Frau des Marquis Charnacé, und Mutter. Marie war also Großmutter geworden. Gott im Himmel, wie die Zeit verging . . .

»Das muß doch ein entzückendes Baby sein. Seht ihr es öfters?«

»Ich habe es nur einmal gesehen«, sagte Daniel, »ich mag es nicht besonders. Es riecht nach Milch, und ich kann Milch nicht leiden. Die Hochzeit Claires war aber sehr schön. Schade, daß Sie sich zu dieser Zeit nicht in Paris aufhielten. Wir waren alle in der Kirche, und ich habe einen neuen Anzug bekommen. In der Kirche wurde wunderschön auf der Orgel gespielt, ein herrlicher Marsch, den Mendelssohn komponiert hat. Papa, warum sind Sie nicht zum Komponisten geboren?«

»Was?« Franzi sah seinen Sohn verwundert an. »Ich nicht zum Komponisten geboren? Wo hast du denn *das* her?«

»Die Mama sagt es.«

Franzi blickte seine Töchter an und bemerkte, wie sie mit Händen und Füßen dem Jungen Zeichen gaben, er möge schweigen. Cosima versuchte schnell die Situation zu retten.

»Rede keine Dummheiten, Daniel, die Mama hat sich nicht so ausgedrückt. Sie meinte, der Papa wäre ein großartiger Komponist, aber ein noch viel größerer Klavierkünstler.«

Franzi wußte genug. Er verspürte einen bitteren Geschmack im Munde. Über den Köpfen seiner Kinder sah er Maries kleinlichen Haß schweben. Er wollte aber die Mißstimmung nicht aufkommen lassen:

»Eure Mutter kennt die Sachen nicht, die ich in den letzten Jahren geschrieben habe. Ich bin überzeugt, daß sie ihr sehr gut gefallen würden. Eure Mutter ist auf jedem Gebiet sehr kunstverständig.«

»Ach, Mama ist eine vollkommene Frau«, rief Cosima enthusiastisch, und das musikalische Gehör des Vaters vernahm aus dieser Begeisterung eine Herausforderung; er entdeckte den Unterton der Streitlust.

»Sehr richtig«, erwiderte er deshalb sofort, »so müßt ihr eure Mutter lieben.«

Während der ganzen acht Tage, die er in Paris verbrachte, sprach er so beharrlich mit seinen Kindern von ihrer Mutter. Und er mußte sehen, daß sein Verhalten seine feinfühligen und empfindsamen Kinder überraschte. Es war nicht schwer zu erraten, was hinter alledem verborgen lag: es bestand kein Zweifel, daß Marie ihn in den Augen der Kinder herabminderte. Lange besprach er diese betrübende Tatsache mit Mutter Liszt, die empört auf Marie schimpfte.

»Ist denn das eine Mutter?« erregte sich die alte Dame. »Ich habe immer gesagt, daß diese Person in Wahrheit ihre Kinder gar nicht liebhat. Wenn sie sie wirklich liebhätte, würde sie ihnen die Gefühle für ihren Vater nicht zerstören.«

»Lassen Sie nur, Mutter, ich kann das schon verwinden. Die Kinder wachsen ja nun auch langsam heran, werden sich mit der Zeit ihre eigenen Gedanken machen, und dann wird jede Wühlarbeit sowieso vergeblich sein. Man kann ja auch nicht behaupten, daß sie ihre Kinder gar nicht liebhätte. Sie liebt sie, soweit sie eben überhaupt zu lieben vermag. Daß sie besser hassen kann, ist nicht ihre Schuld. Sie ist so geboren. Ich kann auch nichts dafür, daß ich blond bin.«
»Das ist alles ganz gut und schön. Es ist aber nicht gleichgültig, was für eine Seele eine Frau hat, die ein Mann zur Mutter seiner Kinder macht.«
»Aber Mutter, folgen Sie doch nicht dem Beispiel Maries! Den Kindern geht nichts ab. Ich habe sie nunmehr kennengelernt, und ich möchte Ihnen bloß sagen, daß ein jeder Vater auf drei solche Kinder nur stolz sein kann. Blandine ist die Güte und Zärtlichkeit selbst, Cosima ist sehr klug und tüchtig, und von Daniel bin ich einfach bezaubert. Und ich sehe, daß auch er von mir hingerissen ist. Eine größere Freude kann ich mir vom Herrgott gar nicht erbitten. Der Seele meiner Töchter bin ich auch ein wenig nähergekommen. Von nun an werde ich sie öfter sehen. Sie sollen es noch erleben, wie sehr sie ihren Vater liebhaben werden. Wissen Sie übrigens, wen ich für sie eingeladen habe? Wagner. Ich möchte, daß sie ihn kennenlernen. Das wird ihnen in ihrem ganzen späteren Leben eine große und stolze Erinnerung bleiben. Außerdem habe ich Carolyne und ihre Tochter eingeladen. Ich würde es begrüßen, wenn Manja sich mit den zwei Mädchen anfreundete. Und dann ist es ja auch wichtig, daß sich die jungen Mädchen langsam an Carolyne gewöhnen. Wenn wir verheiratet sind, will ich die Kinder oft und lange bei mir haben.«
»Wie weit ist es denn mit der kirchlichen Scheidung?«
»Sie verzögert sich. Wir hoffen aber, daß wir sie fürs nächste Jahr erreichen. Es wird höchste Zeit, denn sowohl Carolyne als auch ich werden langsam dieser unseligen Aufregungen müde.«
Das große Familienmahl veranstaltete Franzi im Palais Royal. Hier traf Carolyne zum ersten Male mit den Kindern zusammen. Schon auf den ersten Blick konnte man sehen, daß sie von der Fürstin sehr viel gehört haben mußten. Daniel ließ sich nicht weiter stören und unterhielt sich artig und klug mit der fremden Dame, allem Anschein nach gefiel ihm sowohl die Fürstin als auch die junge Prinzessin. Die beiden Mädchen zeigten aber lediglich eine kalte Höflichkeit. Sie betrachteten die Fürstin als den größten Feind ihrer Mutter. Blandine vermochte noch eher ein wenig warm zu werden und bekannte endlich auch Manja gegenüber eine liebenswürdige Freundschaft, aber Cosima blieb standhaft. Sie war zwar ihrem Vater gegenüber höflich, verschloß sich jedoch beharrlich vor jedem Näherkommen. Der Ton wurde auch am zweiten Abend, den Franzi im Hause der Frau Patersi veranstaltete, nicht herzlicher. Es waren die gleichen Personen eingeladen, und Wagner las den letzten Akt seiner Tetralogie vor, weil der Va-

ter es sich unter allen Umständen in den Kopf gesetzt hatte, daß seine Kinder von dem größten Werk der Musikgeschichte der Welt wenigstens eine Ahnung haben sollten.
Die Vorlesung fand diesmal aber keinen Anklang. Niemand vermochte aufmerksam den Versen zu folgen, eine heikle, gespannte Stimmung lag in der Luft, die durch das unerwartete Eintreffen Berlioz', der wußte, daß man Franzi abends bei seinen Töchtern vorfinden würde, eher noch unerträglicher wurde. Wagner machte Berlioz' Erscheinen nervös. Unlustig las er weiter, um den Vortrag so schnell wie möglich zu beenden. Mit betontem Wohlwollen lobte Berlioz den Text. Franzi machte den Dolmetscher zwischen den beiden. Am nächsten Tage lud Berlioz sowohl Wagner als auch Franzi zu sich zum Mittagessen ein. Er ahnte nicht, daß der deutsche Kollege kein großer Bewunderer von ihm war. Die schwierige Verständigung in deutscher und französischer Sprache, verschiedene kleine störende Einzelheiten und die unverstandene Vorlesung gestalteten die Stimmung so qualvoll, daß das gespannte Verhältnis zwischen Carolyne und Franzis Töchtern nur noch schlechter wurde, statt sich zu bessern.
Das Bekanntwerden mit den Kindern und die ungewohnten Verpflichtungen der Vaterschaft nahmen Franzi derartig in Anspruch, daß ihm für die alte Stadt seiner Jugend kaum Zeit übrigblieb. Paris war voller Sehenswürdigkeiten: interessante Theater, luxuriöse Restaurants, die man erst nach seiner Zeit eröffnet hatte – das gesellschaftliche Leben wurde bestimmt durch die jüngsten Ereignisse: die Wiederherstellung des Kaiserreichs durch Napoleon III. Überall begegnete man dem mit dem N-Buchstaben geschmückten Adler. Das Schicksal der alten Bekannten Franzis hatte sich sehr wechselvoll gestaltet. Er ging trotzdem nirgends hin, nur zu einem Abendessen bei Erards nahm er Wagner mit und dinierte einmal mit ihm bei Berlioz in der Gesellschaft von Jules Janin. Hier hörte er allerlei von den alten Bekannten, und das genügte ihm. Lamartine war vollständig verarmt, Victor Hugo in Ungnade gefallen, George Sand war auf ihr Landgut übergesiedelt, Lamennais kränkelte fortwährend und war sehr alt geworden, Urhan war gestorben, Heine, der sich ihm gegenüber einst so schändlich benommen hatte, lag an Rückenmarkschwindsucht danieder. Überall Krankheit, überall nur Schlimmes. In diese Welt sehnte sich Franzi nicht mehr zurück. Um aber doch wenigstens einen Eindruck von dem Leben des neuen Paris zu bekommen, nahm er sich eine Loge in der Oper, als Meyerbeers »Prophet« auf dem Spielplan stand. Nach langwierigen Überredungskünsten erreichte er, daß auch Wagner einen Frack anzog, und so gingen sie zu viert mit Carolyne und ihrer Tochter in die Oper. Der Zuschauerraum bot nichts Neues, unter dem Publikum dieses eindruckslosen Theaterabends entdeckte er sozusagen kein einziges bekanntes Gesicht. Während der ersten Pause nahm er Wagner mit und führte ihn im ganzen Theater herum. Im Foyer, im Vestibül, im Erfrischungsraum – alles öde.

»Ernüchternd«, schüttelte er den Kopf, »ich hatte geglaubt, daß wir wimmelndes, pulsierendes Leben vorfinden würden. Zu meiner Zeit war das ganz anders. Wenn ich daran denke, daß ich hier einst mit der Gräfin Laprunarède, mit der Herzogin Rauzan, mit der Herzogin Belgiojoso und Chopin auf und ab ging . . . nein, nein, ich habe jemanden vergessen. An diesem Abend war auch Hiller bei uns.«
»Hiller soll verrecken!« entgegnete Wagner zornig. »Wir aber gehen jetzt in unsere Loge zurück, weil ich mich hier langweile.«
Die zwei befrackten Männer schritten langsam ihrer Loge zu. Einer oder der andere erkannte Franzi. Sie blieben verwundert stehen, er aber ging gleichgültig weiter. Von seinen zweiundvierzig Jahren hatte er sechsundzwanzig so verbracht, daß er in ganz Europa bekannt war und man ihm überall nachschaute. Er bemerkte es aber gar nicht. Auch jetzt noch ging ihm Hiller im Kopf herum. Das Foyer dieses Theaters hatte die Erinnerung noch lebendiger und den Schmerz des Verrates nur noch brennender gemacht. Ganz Paris bereitete ihm Kummer. Er freute sich, daß er bald wieder abreisen konnte.In den letzten Tagen milderten jedoch zwei unerwartete Begegnungen seine schmerzlichen Erinnerungen an Hiller. Zunächst traf er mit der schönen Frau Calergis, seiner Warschauer Liebe, zusammen, die ihn später während seines Gallenleidens liebevoll gepflegt hatte und mit der er ab und zu auch jetzt noch im Briefwechsel stand. Liszt ging gerade mit Wagner in der Rue Royale spazieren, als sie ihnen entgegenkam. Die blonde Schönheit mit ihrer Walkürengestalt war begehrenswerter denn je. Mit stürmischer Freude begrüßten sie sich. Franzi wollte sie mit Wagner bekannt machen, aber es stellte sich heraus, daß das nicht mehr nötig war. Frau Calergis war bei der durchgefallenen Aufführung des »Tannhäuser« in Dresden zugegen gewesen, hatte sich den Tondichter damals vorstellen lassen und war seit dieser Zeit eine überzeugte Wagnerianerin. Sofort kamen sie und Wagner in tiefgründige Gespräche. Franzi hätte sie unbemerkt verlassen können, wenn er es gewollt hätte.
›Sie soll dir gehören‹, dachte er lustig bei sich. ›Nimm sie mit. Was sollte ich denn mit ihr anfangen?‹
Die zweite unerwartete Begegnung griff noch viel weiter in seine Vergangenheit zurück. Die Gräfin D'Artigaux, geborene Caroline Saint-Cricq, gab ihre Visitenkarte bei ihm ab. Darauf stand die Stunde des Wiedersehens vermerkt. Es war nicht weiter überraschend, daß sie in Paris auftauchte; denn Franzi hatte ihren in Weimar erhaltenen Brief beantwortet und ihr ungefähr den Zeitpunkt seiner Reise nach Pairs mitgeteilt. Liszt aber konnte zu dieser geplanten Zusammenkunft nicht hingehen. Er hatte mit seinen Kindern bereits eine Ausfahrt in das Bois vereinbart, und es wäre sicherlich eine große Enttäuschung für sie gewesen, wenn diese hätte unterbleiben müssen.
»Gehen Sie statt meiner zu diesem Rendezvous«, bat er die Fürstin. »Sie

wissen ja alles, und ich würde mich sehr freuen, wenn Sie sich recht angenehm und lange miteinander unterhalten würden. Entschuldigen Sie mich bei ihr, und bitten Sie um eine neue Zusammenkunft für mich.«
Carolyne entsprach neugierig und mit Freuden Franzis Bitte. Sie ging zusammen mit ihrer Tochter hin.
»Welchen Eindruck haben Sie von ihr?« erkundigte sich Franzi, als er spät am Abend die Fürstin traf.
»Wie soll ich Ihnen das sagen: sie muß einst sehr schön gewesen sein. Jetzt steht viel Leid auf ihrem Gesicht geschrieben. Ihre Gesichtszüge sind hart und trostlos. Auch ihre Kleidung ist ein wenig sonderbar, sie kleidet sich sehr ländlich. Ihr Geist aber ist überwältigend. Sie erzählte, wie herrlich diese Liebe einst zwischen Ihnen beiden war. Sie hat es genau so dargestellt wie Sie. Mich bat sie, Sie glücklich zu machen. Mich und auch Manja hat sie gesegnet. Sie läßt Sie aus ganzem Herzen grüßen. Sie ist schon wieder abgereist, weil sie sich wegen ihrer Tochter sehr beeilen mußte.«
»Dann werde ich sie also nicht so bald wiedersehen. Ich freue mich aber, daß Sie beide sich wenigstens kennengelernt haben – die beiden Frauen, die für mich ein und dasselbe bedeuten. Was war sonst Neues?«
»Wagner war hier und hat Sie gesucht. Ich habe mich eine ganze Weile lang mit ihm unterhalten. Von Ihren Kindern. Von Daniel sprach er in den höchsten Tönen der Begeisterung. Es gefällt ihm ausnehmend gut, daß Daniel auch ein ungarisches Gedicht aufsagen kann. Seiner Meinung nach ist der Junge vor allem eine große Sprachbegabung.«
»Und von den Töchtern?«
»Da hat er sich ziemlich unhöflich geäußert. Er sagte, daß es ihm gar nicht eingefallen wäre, Blandine und Cosima näher zu betrachten, ihn habe nur der Junge interessiert.«
Vor seiner Abreise brachte Franzi zum letzten Male seine Kinder nochmals mit Carolyne und ihrer Tochter zusammen. Die Stimmung war nicht mehr so gequält wie im Anfang, wurde aber auch jetzt noch nicht vertrauter. Als sie sich an der Ecke der Rue Casimir Périer in einen Wagen setzten, um nach Hause zu fahren, da sie im selben Hotel wohnten, ergriff Franzi die Hand der kleinen Prinzessin.
»Kleine Manja, ich danke Ihnen herzlichst für alles, was Sie während dieser Tage in Paris für mich getan haben. Ich habe Sie auch heute abend beobachtet, wie tapfer Sie bestrebt waren, das Herz meiner Töchter zu gewinnen. Sie wissen ja alles und können sich deshalb auch vorstellen, wie dankbar ich bin. Sie werden schon sehen, daß Sie noch sehr gute Freunde werden, wenn Sie erst einmal alle beisammen sind.«
»Ach«, fiel ihm Manja plötzlich ins Wort, unterdrückte aber schnell, was sie sagen wollte, und erwiderte nur: »Die Mädchen sind wirklich sehr lieb.«
Franzi erriet jedoch ganz genau, was Manja hatte sagen wollen: ›Ach, wo

werde ich dann schon sein!‹ Sie konnte kaum erwarten, aus seiner und ihrer Mutter Umgebung wegzukommen.
Der Wagen ratterte am lauten Oktoberabend durch das glanzerfüllte Paris dahin. Sie schwiegen. Und Franzi sann darüber nach, von welchem Fluch er wohl verfolgt sein mochte: wohin ihn sein Weg auch nur führte – überall entstand nur Verwirrung, Schmerz und Unglück in den Familien! Und als er auf die Pariser Straßen hinaussah, blitzte in ihm für eine Sekunde die große Sehnsucht seiner Jugend in Paris auf: wie glückbringend, wie schön wäre es, Mönch zu sein, nur den Herrgott durch die Musik loben zu können und auf dieser großen unbarmherzigen Welt von keinem etwas empfangen, von keinem etwas nehmen zu müssen . . .

FÜNFZEHNTES KAPITEL

Am Geburtstage des verstorbenen Großherzogs brachte ein Hoflakai ein kleines Päckchen in den »Erbprinzen« und dazu ein Schreiben in französischer Sprache.

»Den Morgen des Tages, der eine so teure und bewegte Erinnerung in mir wachruft, nehme ich zum Anlaß, diese Zeilen an Sie zu richten, mein lieber Freund, und Ihnen diesen am Halse zu tragenden Orden beizufügen, den ich für Sie bestimmt habe. Ich habe diesen Tag gewählt, weil ich die Gefühle, die ich Ihnen gegenüber hege, mit dem Andenken meines Vaters verbinden will; denn ich weiß, wie sehr insbesondere er Sie hochschätzte, und ich tue jetzt auch nur das, was der verewigte Großherzog an meiner Stelle getan hätte, wenn er noch lebte. Sie wissen seit langem, welche Gefühle ich Ihnen entgegenbringe. Möge also dieser Brief für alle Zeiten der beredte Ausdruck der Aufrichtigkeit und Beständigkeit der Gefühle sein, die Ihnen immer entgegenbringen wird

Ihr Ihnen sehr geneigter
Karl Alexander.«

Aus dem Päckchen kam das Ritterkreuz des Falkenordens zum Vorschein, die höchste Auszeichnung, die das Weimarer Großherzogtum zu vergeben hatte. Franzi wußte, was er für diese Ehrung zu opfern hatte: seine Nerven im Theater. Er mußte die Leitung der Oper mit unverändert schwachen Darstellern und unvollkommenem Orchester wieder übernehmen, denn Geld war ja nicht vorhanden, nur guter Wille und Wertschätzung. Die Versprechungen des Intendanten nahm er mit einem tiefen Seufzer zur Kenntnis, da er ja wußte, wieviel sie wert waren, und er übernahm die Theaterlei-

tung von neuem. In einem geheimen Winkel seiner Seele lebte immer noch die Hoffnung, daß vielleicht doch noch einmal ein Wunder geschehen und er den Hof überreden könnte, Wagners Tetralogie mit gebührender Pracht und mitreißendem Prunk in Weimar zur Aufführung zu bringen. Wagner hatte ihm schon mitgeteilt, daß er fleißig gearbeitet habe, seit sie von Paris zurückgekehrt seien; die Musik zum »Rheingold« wäre schon fertig, und er arbeite bereits mit aller Kraft an der Vertonung der »Walküre«. Für den Geburtstag der Großherzogin-Witwe bestimmte Franzi den »Orpheus« von Gluck. Während der Proben tauchte immer wieder die alte Erinnerung in ihm auf, wie die Gräfin Liline aus dem Louvre mit der Entdeckung nach Hause kam, daß die Orpheus-Gestalt auf einer alten klassischen Vase ihm, Franzi, ähnlich sehe. In seinem Liebesglück hatte er sich seinerzeit über diesen Vergleich sehr gefreut. Jetzt bewegte es ihn tief, daß er nicht nur sich als Orpheus sehen mußte, sondern auch in der Eurydike Lilines Andenken lebendig wurde. Während der Proben setzte er sich hin und schrieb sich den niemals erloschenen, jetzt wieder stärker gewordenen Schmerz um die verlorene Liline von der Seele herunter. Die Fürstin Carolyne hatte er unendlich lieb, er fühlte sich zu ihr sehr hingezogen, aber ihre in den höchsten Sphären begonnene Liebe war durch das qualvolle Hin und Her der Scheidungsverhandlungen, die verwickelten Familienbeziehungen zu einem alltäglichen, an die irdische Wirklichkeit geketteten Roman herabgemindert worden; die alte Erinnerung hingegen schwebte unverändert in der Unendlichkeit der erhabenen Empfindungen.
Mit dieser Tondichtung wurde er bald fertig und brachte sie als Ouvertüre am Festabend der Gluck-Aufführung. Dem Programm gab er einige erklärende Worte bei: »Orpheus beweint Eurydike, das Symbol des im Übel und im Schmerz untergegangenen Ideals. Es ist ihm vergönnt, sie den Dämonen des Erebus zu entreißen und heraufzubeschwören aus den Finsternissen der Unterwelt, aber nicht, sie für das Leben zu erhalten.« Auch die Fürstin Carolyne las die wenigen Zeilen im Theater. Sie, die von der Jugendliebe ihres Geliebten zwar alles wußte, mußte doch jetzt erkennen, daß sie aus seiner Seele, die sie vollständig als die ihre wähnte, diese eine Erinnerung doch nicht auslöschen könne. Sie hatte wohl an die Stelle der einstigen Liebe treten können; mit der Zauberkraft jenes reinen und wehmütigen Andenkens konnte ihr Liebesbund aber nicht auf die gleiche Stufe gestellt werden. So geisterte diese Frau, die zwar noch lebte, sich aber noch bei Lebzeiten in ein mystisches Phantom verwandelt hatte, immer wieder durch ihre Liebe.
Andere Liebende kommen erst in der Ehe zu der Einsicht, daß der zauberhafte Glanz ihrer Gefühle langsam verblaßt; sie waren schon vor der Eheschließung da angelangt. Ihre Zusammengehörigkeit schien über jeden Zweifel erhaben, aber die sich schon sehr lange hinschleppende Lösung der Scheidungsfrage bestärkte nicht mehr ihre gegenseitige Liebe, sondern der gesellschaftliche Zwang. Den Töchtern Franzis wäre es sehr nützlich gewe-

sen, wenn ihr Vater, statt in einem anrüchigen Liebesverhältnis zu leben, eine rechtmäßige Ehe geführt hätte, und für das Schicksal der kleinen Manja war es erst recht nicht gleichgültig, ob lediglich das ostentative Wohlwollen des Hofes die gesellschaftliche Anerkennung ihrer Mutter sicherte. Carolyne wollte jetzt aus fraulichem Stolz und mütterlichem Pflichtbewußtsein unter allen Umständen heiraten, Franzi aus dem Gefühl der Ritterlichkeit. Im übrigen waren sie es schon müde geworden, sich nach der legitimen Ehe zu sehnen. Ihr nun schon sechs Jahre währendes Liebesverhältnis hatte die einst so stürmische Sehnsucht gestillt. Und die Scheidung, einer sich reckenden Riesenschlange gleich, zog sich von einer Woche zur anderen, von einem Monat zum nächsten hin. Der Familie Sayn-Wittgenstein fiel es nicht einmal im Traume ein, die getroffene Vereinbarung einzuhalten, nach der sie im Hinblick auf die Vermögenszugeständnisse seitens Carolynes die Scheidung der Fürstin zu beschleunigen hätten. Allem Anschein nach waren sie im Gegenteil bemüht, mit allen Mitteln dem kirchlichen Streit neue Nahrung zu geben. Jede Kleinigkeit kam ihnen gelegen, und als die kleine Manja dessen überdrüssig wurde, in der Bastille zu schlafen, und auch für die Nacht wieder bei ihrer Mutter verblieb, traf vom Vater alsbald eine energische Verwahrung ein. Offensichtlich hatte er einen Bevollmächtigten, der ihn über alles unterrichtete. Sofort griff auch der Hof des Zaren ein, und die Fürstin bekam abermals eine Aufforderung, unverzüglich in ihr Vaterland zurückzukehren, um über die streitigen Fragen persönlich zu verhandeln. Es lag aber klar auf der Hand, warum man sie nach Hause rief. Wenn sie einmal die russische Grenze überschritten hätte, würde sie nie wieder einen Paß bekommen, und die Familie hätte ein für allemal verhindert, daß Carolyne eine Ehe unter ihrem Range eingehe. Die Fürstin blieb also in Weimar und versuchte durch die Vorlegung ärztlicher Atteste Zeit zu gewinnen. Am Hofe konnte ihr jeder nur einen einzigen guten Rat geben: sie möge ihre Tochter schnellstens verheiraten, denn in ihrem ungeheuren Vermögen läge ja nur der wahre Grund aller Schwierigkeiten. Die Familie wollte die kleine Prinzessin in Rußlnd verheiraten, damit ihr das Riesenvermögen erhalten bliebe. Selbst Maria Pawlowna empfahl mehrere Auserwählte, vor allem einen jungen Herrn Talleyrand. Allen Verheiratungsversuchen widerstrebte aber die Tochter selbst. Sie hatte ihr Ideal in der Person des Fürsten Konstantin Hohenlohe gefunden, auf den sie wartete. Ihre Mutter war also gezwungen, weiter zu korrespondieren, weiter zu leiden und zu kämpfen.

Franzi litt und kämpfte mit ihr. Jetzt aber schon mehr aus Gründen ritterlicher Pflicht und nicht mehr mit der Ungeduld des Verliebten. Zur Ohnmacht verdammt, mußte er abwarten, bis durch irgendeine glückliche Wendung die Waage sich zu ihren Gunsten senkte. Die vielen Qualen spornten ihn zur Arbeit an, in der er seine einzige Freude fand. Nach dem »Orpheus« holte er die Aufzeichnungen hervor, die er einst unter dem Ein-

druck der Verse des französischen Dichters Aubray: »Die vier Elemente« zu Papier brachte. Damals hatte er bald die Lust zur Vertonung dieses unbedeutenden Gedichtes verloren. Später beseelte ihn dann ein Gedanke Lamartines, den er in den »Méditations poétiques« gelesen hatte: »Was anders ist unser Leben als eine Reihenfolge von Präludien zu jenem unbekannten Gesange, dessen erste und feierliche Note der Tod anstimmt?« Zu diesem Gedanken paßten die alten Aufzeichnungen sehr gut. Er schrieb den Titel: »Les Préludes« und begann zu arbeiten. Nach den mächtigen und schweren Gedanken der Faust-Symphonie, die er nach dem bewährten Grundsatz des Horaz zur Seite gelegt hatte, wollte er jetzt, leichtbeschwingt, bunt und farbig über das menschliche Leben hinwegschweben. Flimmernde lyrische Lieblichkeiten fielen ihm ein, und als er den Hauptgedanken des ganzen Werkes fand, summte er ihn mit frohlockender Miene, über das Notenpapier geneigt. Jeden Takt schrieb er in dem Bewußtsein, daß diese Dichtung sehr anziehend und volkstümlich werden müsse, obwohl er keinerlei Zugeständnisse an den Publikumsgeschmack zuließ; ihre melodiöse Art, ihre Vielfalt und sonnenbeschienene Buntheit würden sie aber so werden lassen, wie sie ihm vorschwebte. In genialer Beschwingtheit beendete er diese Arbeit, und kurz nach dem »Orpheus« führte er die neue Komposition bereits bei einem Hofkonzert auf. Der Erfolg entsprach seinen Erwartungen, alles war von dem Werk entzückt. Nach den schmetternden, sieghaften C-Dur-Schlußtönen schlug ihm ein schon seit langem nicht mehr erlebter, unbändiger Beifallssturm entgegen.
»Jetzt sind Sie glücklich, nicht wahr?« fragte erfreut die Fürstin. »Ich bin so froh, wie ich es Ihnen gar nicht sagen kann.«
»Ich freue mich, aber nicht weil die Zuhörer Beifall gespendet haben. Diesen Beifall verachte ich ebensosehr, als wenn mir jemand ein Bein stellte. Die haben ja keine Ahnung davon, was meine Musik ist, oder was die Musik Wagners bedeutet. Ich werde ihnen die Nibelungen-Oper von Heinrich Dorn vorführen und mir ins Fäustchen lachen. Was wissen denn die, was ich mache und was ich will . . .«
Das Weimarer Theater führte tatsächlich eine Nibelungen-Oper auf, während Wagner in die Vertonung der Tetralogie vertieft war. Diese Oper stammte von einem einflußreichen Berliner Tondichter namens Dorn, der zufällig seinen Text ebenso wie Wagner aus der germanischen Mythologie entnommen hatte. Auch seine Hauptgestalten waren Hagen, Siegfried und Kriemhilde, seine Musik erhob sich aber in keiner Weise über das Niveau der sogenannten Dirigentenmusik. Franzi führte diese Oper aus zweierlei Gründen auf. Erstens hielt er es für richtig, noch vor Erscheinen der Tetralogie im Publikum das Interesse für die Nibelungenwelt zu erwecken, zweitens hatte er dem verpflichteten Dorn das Versprechen abgenommen, daß dieser in Berlin wiederum den »Tannhäuser« aufführen werde. Inzwischen ging ein Brief nach dem anderen zwischen Wagner und Franzi hin und her.

Wagner arbeitete unentwegt an seinem großen Werk, und während er das Neue, das Große, das Gigantische schuf, zeigten seine bisherigen Werke unaufhaltsam, langsam, aber sicher ihre umwälzende Kraft. So war der »Lohengrin« in Leipzig aufgeführt worden. Das Interesse ward einmal da, einmal dort wach, der Pressekrieg der musikalischen Zeitschriften wurde nicht einen Augenblick lang unterbrochen. In Weimar aber wuchs ständig die Zahl der Jünger, die aus allen Ländern Europas hierherkamen, um in der Umgebung des ersten Klavierspielers der Welt die Generalstabsarbeit dieser mächtigen Revolution aus nächster Nähe mitzuerleben, die der freiwillige Führer mit zäher Hartnäckigkeit, mit Ausdauer und Überzeugung im Namen des Thronprätendenten der neuen Opernbühne leitete.
Unter diesen Jüngern tauchte um diese Zeit Anton Rubinstein auf, den Franzi vor vielen Jahren in Paris zu unterrichten begonnen hatte. Der damalige russische Wunderknabe besuchte ihn jetzt als vierundzwanzigjähriger, hochgewachsener junger Mann. Nach einer langen Reise fand er sich im »Erbprinzen« ein. Franzi wußte gar nicht, wer dieser breitschultrige, glattrasierte Mann war.
»Ich bin Anton Gregorjewitsch Rubinstein, ich habe dem Meister bereits geschrieben, daß ich komme.«
»*Sie* sind's? Ich hätte Sie *nie* erkannt! Nehmen Sie Platz und erzählen Sie. Wie geht es Ihnen, was haben Sie seit dieser Zeit getan, wo ich Sie nicht gesehen habe?«
Der junge Russe erzählte, daß er sich viel gequält habe, daß er viel herumgekommen sei, ehe er nach Rußland zurückgekehrt wäre und dort eine dauernde Anstellung erhalten habe. Er sei jetzt Leiter der Hofkonzerte der Großfürstin Helene. Heute noch betrachte er das Klavier als seinen Hauptberuf, aber nebenbei habe er auch komponiert. Drei seiner Opern, denen russische Stoffe zugrunde lägen, seien in Petersburg mit Glanz und Gloria durchgefallen, er habe aber jetzt eine vierte geschrieben, den »Sibirischen Jäger«, den er nun in Weimar aufführen lassen möchte; nebenher wolle er aber bei dem großen Meister sein Klavierspiel noch vervollkommnen.
»Also hören wir dann mal, wie weit Sie gekommen sind, seit Sie in Paris die letzte Unterrichtsstunde von mir erhalten haben.«
Rubinstein ließ sich nicht lange bitten und setzte sich ans Klavier. Er spielte Chopin. Beim Zuhören schnippte Franzi mit den Fingern. Das war schon etwas. Eine beispiellose Fertigkeit, lyrischer Farbenreichtum, ein feiner und samtartiger Anschlag!
»Es ist kein Spaß, junger Mann, was ich sage: das können nur drei auf der ganzen Welt. Ich, Hans von Bülow und Sie. Haben Sie Bülow schon gehört? Ein äußerst liebenswürdiger Junge und ein großes Talent. Sie müssen sich mit ihm befreunden. Er hat lange hier an meiner Seite gelebt, jetzt ist er Klavierlehrer in Berlin am Sternschen Konservatorium. Vielleicht haben Sie auch schon etwas von ihm gehört?«

»Ich habe schon von ihm gehört und bin sehr neugierig auf ihn. Noch viel gespannter bin ich aber darauf, was Sie zu meiner Oper sagen. Darf ich sie hierlassen?«
»Ja. Und jetzt beginnen wir sofort mit der ersten Unterrichtsstunde. Gehen Sie nur weg vom Klavier, mein Sohn, ich werde Ihnen einmal dasselbe vorspielen, was Sie vorgetragen haben, aber so, wie man es *wirklich* spielen muß.«
Liszt setzte sich und begann. Er nahm sich vor, diesen jungen Russen zum Weinen zu bringen. Ob er noch die alte Kraft besaß, mit den Zuhörern machen zu können, was er wollte? Er legte sein ganzes Können, seine tiefsten Empfindungen in die Klangwelt dieses Vortragsstückes und warf zwischendurch immer wieder einen Blick auf den einzigen Zuhörer seines Konzertes. Der Russe lauschte und war ganz Ohr; mit einem Male fingen seine Mundwinkel an zu beben, sein Gesicht zuckte, und schon glitzerten seine Augen feucht. Er weinte.
»Haben Sie es jetzt verstanden?« fragte ihn der Meister.
»Das ist zum Verzweifeln«, entgegnete der Russe, an seinem Taschentuch herumzerrend, »das kann man ja niemals im Leben erreichen! Warum quäle ich mich denn überhaupt? Und aus welchem Grunde geben Sie keine Konzerte mehr? Ist es nicht eine Sünde, *das* der Welt vorzuenthalten?«
»Keine Sünde, mein Sohn. Ich habe jetzt eine wichtigere Aufgabe, ich komponiere. Und ich muß aus Wagner einen Menschen machen, das heißt, ein Mensch ist er schon, ich muß aber der Welt erklären, *was* für einer er ist. Wie lange wollen Sie in Weimar bleiben?«
»Ich weiß es nicht, ein bis zwei Monate. Das hängt von meiner Oper ab.«
»Also hier werden Sie schon erfahren, wer dieser Wagner ist.«
»Ich möchte aber eher erfahren, wer dieser Liszt ist.«
»Sehr liebenswürdig, der anderen Frage können Sie aber hier nicht ausweichen. Hier müssen Sie Farbe bekennen, mein Sohn. Wer nicht mit uns ist, ist gegen uns.«
Rubinstein blieb da. Noch am gleichen Tage meldete er sich auch bei der Fürstin, die ihn ebenfalls sehr liebenswürdig empfing.
Franzi war zufrieden und guter Laune; ihn erwartete eine große Freude: Daniel sollte nach Weimar kommen. Sein neuentdeckter Vaterstolz hatte ihm so viel Freude bereitet, daß er seine Kinder jetzt am liebsten immer um sich gesehen hätte. Die Mädchen nach Weimar kommen zu lassen – davon konnte zwar keine Rede sein; schon der Fürstin wegen war das nicht angängig. Daniel aber wollte er nicht entbehren.
Der Erzieher begleitete den Jungen. Mit jauchzender Freude umarmte er seinen Vater. Der Knabe war in bester Stimmung, hatte viel zu erzählen und noch mehr zu fragen. Er wurde in der Altenburg untergebracht, was aber gar nicht seinem Geschmack entsprach; er wollte unbedingt auch dort wohnen, wo sein Vater wohnte, damit er ihn beim Erwachen sehen und sich

des Abends mit dem Bewußtsein schlafen legen könne, daß er neben seinem Vater schlafe. Es blieb nichts anderes übrig, man mußte ihn in dem »Erbprinzen« wohnen lassen. Der stolze Vater nahm ihn überall mit hin. Er stellte ihn Maria Pawlowna und dem großherzoglichen Paar vor. Liszt brachte ihn auch mit den Kindern des Großherzogs zusammen, nahm ihn mit ins Theater zu einer Orchesterprobe, zeigte ihm die einstigen Wohnstätten Goethes, Schillers, Herders und ließ ihn nicht von seiner Seite. Der Junge war so froh, so lieb, verriet in seinem Denken so viel Vornehmheit und Zärtlichkeit und war so frühreif in seinen Anschauungen, daß Franzis Herz vor Rührung überquoll. Nicht ganz ohne Eifersucht betrachtete die Fürstin dieses schwärmerische, vertraute Verhältnis zwischen Vater und Sohn. Sie schwieg zwar, weil ihr Taktgefühl sie zurückhielt; als aber einmal in einem vertrauten Beisammensein ihr Kopf mit geschlossenen Augen an der Brust des Geliebten ruhte, fragte sie nach langem Schweigen:
»Franzi, ich fühle, daß Sie mir langsam aus den Händen gleiten. Sie gehören mir nicht mehr so restlos an wie früher.«
»Aber reden Sie doch keinen Unsinn! Ich werde mein ganzes Leben lang bei Ihnen bleiben, das steht felsenfest.«
»Natürlich, aber *warum* bleiben Sie bei mir? Weil Sie ein anständiger Mensch sind und vom Scheitel bis zur Sohle ein Kavalier! Oder aber: weil Sie mich lieben? Mir wäre es fast lieber, Sie wären ein nichtsnutziger Mensch, der mich aber so liebhat wie seinerzeit im Grätzer Schloß. Antworten Sie jetzt nicht. Ich will nicht, daß Sie aus Zärtlichkeit lügen. Und heute ist auch noch dazu der Dreizehnte. Wie töricht bin ich doch, daß ich von solchen wichtigen Dingen an diesem Tage spreche.«
»Sind Sie wieder abergläubisch? Wie oft habe ich Sie schon gebeten . . .«
»Sollen wir uns wieder deswegen streiten? Ich bin eine Polin, obendrein noch eine Frau; wie soll ich da nicht abergläubisch sein?«
»Ja, ja, jeder Mensch ist es; bei Ihnen beginnt aber die Sache schon auszuarten. Sie regen sich nur unnötig auf und bringen sich ganz durcheinander. Wenn vormittags Ihre Augen verweint sind, dann weiß ich bereits, daß Sie von dem Petersburger Metropoliten geträumt haben. Nicht wahr, und jetzt bekreuzigen Sie sich schon vor Schreck, daß ich diesen alten, bösen Pfaffen erwähne? Wenn Sie jede Einladung für abends ausschlagen, dann weiß ich bestimmt, daß Ihnen eine schwarze Katze über den Weg gelaufen ist. Einmal fällt das Salz um, einmal ist es Freitag, einmal haben nachts die Möbel geknarrt . . . Meinen Sie denn im Ernst, daß der liebe Gott das billigt?«
Die Fürstin schwieg. Sie hörte aber nicht auf, abergläubisch zu sein. Ihr war das Schicksal jener zuteil geworden, deren Lebenslauf Gewalten ausgeliefert scheint, über die sie keine Macht haben. Ein derartig hilfloser Mensch tappt im dunklen, er sucht die Lösung der geheimnisvollen Zusammenhänge, und wenn er auch noch von Natur aus bigott und dem Mystischen zugeneigt ist, so vermengt er seinen Aberglauben mit seinem religiösen

Glauben. So war es auch mit der Fürstin. Die Angst vor ihrem Schicksal hatte sie so abergläubisch gemacht, und was früher etwa nur eine frauliche und halb scherzhafte Angst vor der Zahl Dreizehn gewesen, war jetzt zu einem blinden Glauben an das Verhängnisvolle der tausendfachen kleinlichen und lächerlichen Zufälle des Alltags ausgeartet. Ihre mütterliche Autorität der Tochter gegenüber geriet ins Wanken, und es gehörte schon ein gewisses Quantum Langmut dazu, um es ständig neben ihr auszuhalten. Franzi aber harrte in Geduld aus. Er hätte sich selbst verachtet, wenn sich seine Anhänglichkeit deshalb auch nur um Haaresbreite gemindert hätte. Und dann hatte er auch genug zu tun. Als er sich von Daniel trennen und ihn nach Paris zur weiteren Erziehung zurückreisen lassen mußte, begann er wie ein seelisch ganz neuer Mensch mit viel Lust und Liebe wiederum seine Arbeit. Er komponierte, schrieb Besprechungen, machte Reisen, um zu dirigieren, korrespondierte mit Wagner, beschäftigte sich mit seinen Schülern und arbeitete den ganzen Tag. Und das war keine leichte Aufgabe, denn die leidenschaftlichen Wellen des Kreises um die »neue Musik« drangen schon bis nach Weimar vor. Allmählich begann er zu bemerken, daß das Weimarer Publikum nicht mehr einheitlich hinter ihm stand, daß er bei dem überwiegend größeren Teil sehr unbeliebt geworden war. Wenn er im Theater dirigierte, vernahm sein gutes Gehör die schüchternen Proteste eines oder zweier Zuhörer: er hatte Bekannte, die ihm seit geraumer Zeit aus dem Wege gegangen waren; der neue Weimarer Hofprediger benahm sich herausfordernd kühl gegen ihn, überall war irgend etwas los. Wenn das plötzlich eingetreten wäre, hätte das sicherlich seine schon seit frühester Kindheit sensible Natur sehr schmerzlich berührt. Es kam aber langsam, unbemerkbar, Schritt für Schritt, so daß er sich gewissermaßen daran gewöhnen konnte. Das eine stand jedenfalls fest, daß er zu dieser Zeit nicht zu den beliebtesten Menschen von Weimar zählte.

Liszt zuckte mit den Achseln, soweit es seine Person betraf. Sobald aber die von ihm vertretene Sache betroffen wurde, ließ er es nicht dabei bewenden. Hoffmann von Fallersleben, der bekannte Dichter, der seit einiger Zeit in Weimar lebte und sich mit Franzi sehr angefreundet hatte, wurde ein begeisterter Anhänger der neuen musikalischen Richtung und lehnte die Aufforderung ab, Mitglied des »Schlüsselvereins« zu werden. Dieser »Schlüsselverein« war eine Tischgesellschaft, die unter dem Vorwande wissenschaftlicher Vorlesungen lustige Bierabende veranstaltete mit allen jenen Mitgliedern, die von ihren Frauen zu dieser Gelegenheit den Hausschlüssel erhielten. Der Direktor der Weimarer Kunstammlungen, Schöll, war Präsident und Pfarrer Dittenberger das tonangebende Mitglied. Die anderen waren kleinstädtische Honoratioren, wie der Herr Gymnasialdirektor, der Herr Oberbibliothekar und der Herr Hofrat. Dieser Schlüsselverein nun verschwor sich gegen die der Weimarer großen Tradition angeblich unwürdige neue Musik und verurteilte sie durch einen Ratsbeschluß. Die zurückweisende Antwort Hoffmanns hatte die Herren in Zorn versetzt und sie verkündeten laut und offen, daß sie von der Tyrannei Liszts nunmehr genug hätten; statt des Wagnerischen Unfuges wollten sie endlich wieder die alte schöne und für jeden genießbare deutsche Musik hören. Darauf schlug Hoffmann, der durch und durch Deutscher war, vor, daß auch die Gegenpartei einen Verein bilden müßte. Dieser Gedanke gefiel Franzi. Mit seiner Person wollte er allerdings nicht den Anstoß zu dieser Gründung geben; deshalb wurde Pohl damit beauftragt, der »Hoplit« genannte geschickte Verfasser der Wagner-Artikel. Nach längeren Vorbesprechungen wurde am Silvesterabend in der Altenburg die feierliche Gründersitzung abgehalten. Die Mitglieder setzten sich aus den ersten Theatermusikern und aus Franzis Schülern zusammen. Ihren Verein nannten sie den »Neu-Weimarer-Verein«, auf den Antrag Hoffmanns, wenn auch nach langem Streit. Sie kamen überein, sich jeden Montagabend zu treffen und als Stammsitz ein Zimmer im Gebäude des Rathauses zu beantragen. Präsident: Dr. Franz Liszt, Vizepräsident: Hoffmann von Fallersleben. Die Mitglieder beschlossen, ein mit der Hand geschriebenes Witzblatt herauszugeben, das den Titel »Laterne« tragen sollte. Der Vizepräsident verlas sofort ein Gedicht, in dem er die Bestimmungen und Ziele des neuen Vereines zum Ausdruck bringen wollte. Dieses Gedicht bestand aus drei Strophen mit dem folgenden Refrain:

»Trinkt aus! Schenkt ein!
So soll es sein
Für jeden allein,
Für all' im Verein!
Anders nimmer
Trotz Philistergeschrei!
Heut und immer!
Es bleibt dabei!«

Dieses Gedicht vertonte Franzi als heiteren vierstimmigen Männerchor. Am ersten Montag im Januar des Jahres 1855 konnten die Mitglieder des »Neu-Weimarer-Vereins« ihr eigenes Lied schon lustig schmettern. Diese Vereinsgründung entfachte eine riesige Erregung in der Kleinstadt. Daß Liszt und Hoffmann mit Musikern des Theaters und jungen Klavierschülern einen Gegenverein zu dem alten würdigen Schlüsselverein der angesehenen Bürger zu gründen wagten, das bezeichnete Schöll, der Präsident des Schlüsselvereins, als eine empörende Nichtachtung. Wie man sich erzählte, hatte Pfarrer Dittenberger in seinem aufwallenden Zorn die Absicht, die ganze Angelegenheit in seiner nächsten Predigt zur Sprache zu bringen. Später sah er aber doch von diesem Vorhaben ab. Die ganze Angelegenheit bildete für Weimar eine richtige Sensation. Mit großem Eifer versammel-

ten sich die Mitglieder des »Neu-Weimarer-Vereins« und berieten die Statuten. Sie taten das so gründlich und so heftig, daß sie jedesmal in Streit gerieten. Franzi konnte kaum Ordnung unter ihnen halten. Die Fürstin ließ schadenfrohe Bemerkungen fallen; ihr gefiel dieses regelmäßige montägliche Ausbleiben überhaupt nicht, denn sicher war damit eine große Kognaktrinkerei verbunden. Über die Schwierigkeiten des neuen Vereins erstatteten ihr die Liszt-Schüler genau Bericht.
»Sie werden schon noch zurechtkommen«, beschwichtigte Franzi, »das ist immer so, wenn man einen Verein gründet. Sie werden die Sache schon richtig anfangen, ich überlasse ihnen das getrost, weil ich jetzt andere wichtige Angelegenheiten zu erledigen habe. Lesen Sie einmal diesen Brief. Er ist von Baron Augusz, meinem ungarischen Freunde, von dem ich Ihnen schon so oft erzählt habe. Er hat mir mit diesem Briefe eine unsagbare Freude gemacht.«
Die Fürstin las. Der Baron Augusz erinnerte Franzi daran, daß er vor ungefähr neun Jahren dem Bischof Scitovszky in Fünfkirchen eine Messe versprochen hatte. Aus dem einstigen Bischof von Fünfkirchen sei inzwischen Ungarns Fürstprimas geworden, der in seiner Residenz Gran die herrliche neue Basilika im nächsten Sommer einweihen wolle. Zu diesem Zweck brauche man die Messe.
»Übernehmen Sie es?« fragte die Fürstin mit stürmischer Freude.
»Und ob ich es übernehme! Ich beginne sogar noch heute. Und ich werde in Gran selbst dirigieren. Ach Ungarn, liebes Ungarn . . . Wissen Sie, was mir eingefallen ist? Ich möchte Daniel zu dieser Einweihung mitnehmen.«
Die Fürstin wollte schnell etwas erwidern, vermied es aber nach kurzer Überlegung. In einer so ungeklärten gesellschaftlichen Lage konnte eine Frau einen Fürstprimas schwerlich besuchen. Franzi hatte den nicht vollendeten Satz verraten.
»Kopf hoch, mein Liebling! Vielleicht sind auch wir bis dahin in Ordnung. Wie schön wäre es, uns dort trauen zu lassen, nicht wahr?«

SECHZEHNTES KAPITEL

»Ihr, die sich den Glauben durch die Liebe bewahrt hat, deren Hoffnung auch im Strome des Leidens wuchs, die ihr Glück darin fand, daß sie sich opfern sollte, ihr, die immer der Gefährte meines Lebens, der Sternenhimmel meiner Gedanken und das lebendige Gebet meines Herzens und des Himmelreiches bleibt, Jeanne Elisabeth Carolyne am 18. Februar 1855
Liszt.«

Diese Widmung schrieb er am Geburtstage der Fürstin in die neueste Ausgabe seiner musikalischen Werke. Er konnte dieser Frau nicht genug Liebe und Hingabe spenden, die für ihn ihre gesellschaftliche Stellung, ihr Vermögen und ihr Vaterland geopfert hatte. Wie das Feuer ihrer Liebe immer kleiner wurde, so wuchs das freundschaftliche Gefühl der Zusammengehörigkeit und ihr Verantwortungsgefühl füreinander. Während seine besten Bekannten förmlich ein Hagel von Schicksalsschlägen traf, fühlte er sich in der völligen freundschaftlichen Hingabe an diese Frau wie einer, der vor dem Sturm unter ein Dach geflüchtet ist. Über Wagners Leben kamen aufregende Nachrichten, er wanderte ohne seine Frau von einem Ort zum anderen, um seiner anspruchsvollen Natur die geeignete Umgebung für seine große Arbeit zu suchen; sein mit aufgewühlten Problemen erfülltes Herz mußte er aber überall mit hinschleppen. Lamennais, der große Christ, der sich gegen das alte Papsttum empörende Asket, war zu jenem Gott zurückgekehrt, den er in seiner rastlosen, quälenden und weltaufsässigen Unruhe gesucht und in La Chenais gefunden, wo er schon sein Grab bestimmt hatte. Victor Hugo lebte im Exil; er hatte sich gegen die neue Macht aufgelehnt. Das fürchterlichste Schicksal war jedoch dem unglücklichen Schumann zuteil geworden. Er hatte eine Zeitlang in Düsseldorf gelebt, und von dort kamen erschreckende Nachrichten über ihn. Er benahm sich immer sonderbarer, hatte Visionen, ließ sein Klavier auf eine blumige Wiese schaffen und phantasierte dort unverständliches Zeug; es wurde immer offensichtlicher, daß er in geistige Umnachtung verfiel. Eines Tages brachten ihn zwei Rheinschiffer zu der verzweifelten Clara nach Hause. Er war von der Brücke in den Rhein gesprungen, weil er sich das Leben nehmen wollte, aber man rettete ihn noch einmal. Jetzt mußte man handeln und konnte es nicht länger aufschieben: man schaffte ihn nach Endenich in die Irrenanstalt. Dort litt er als lebendiger Toter. Brahms und Joachim, die ihn besuchten, erzählten fürchterliche Einzelheiten von seiner Krankheit, und was das Allerentsetzlichste war: Schumann war schon seit Monaten in der Irrenanstalt, als Clara ihr achtes Kind bekam!

»Ich bitte den armen Unglücklichen im stillen um Vergebung«, sagte Franzi in dem häuslichen Frieden des Abendessens in der Altenburg. »Ich war einst sehr zornig auf ihn. Erst jetzt weiß ich, daß er nicht mehr Herr dessen war, was er tat. Dieses achte Kind ist fürchterlich. Bei solchen Geschehnissen kommt es mir erst richtig zum Bewußtsein, daß man dem lieben Gott jeden Tag auf den Knien danken müßte, wenn die Kinder gesund sind. Die arme kleine Tochter Lilines geht mir auch nie aus dem Sinn. Für Frau Schumann muß es doch furchtbar sein, dieses Kind anzusehen . . . aber gut, daß es mir einfällt, ich werde ›Genoveva‹ aufführen lassen.«

»Was ist ›Genoveva‹?«

»Schumanns Oper. Sie ist noch nirgends gespielt worden. Das ist ein schweres Versäumnis der deutschen Bühnen. Wenn eine Nation einen

Schumann hat, dann muß sie seine Oper aufführen. Ich hole diese Unterlassungssünde jetzt nach.«
»Genoveva« kam auf den Spielplan des Theaters. Schumann und er hatten über dieses Stück oft gestritten. Franzi hielt den Text für schwach. Den ersten Akt fand er gut, das Ende des Stückes aber schlecht. Er wollte Schumann damals unter allen Umständen überreden, das Textbuch umzuarbeiten. Da trat aber Clara dazwischen, und das Werk blieb, wie es war. Jetzt mußte man es also mit diesem schwachen Text aufführen. Franzi lud auch Clara zur Uraufführung ein, sie kam aber nicht.
»Ist es denn überhaupt der Mühe wert, ihr zu helfen?« meinte die Fürstin.
»Lassen Sie nur. Das ist die Sache des armen, lebendig toten Schumanns und nicht dieser Frau. Was sie tut, ist ganz gleichgültig. Sie ist nicht gekommen, weil sie mich haßt. Und dieses Gefühl muß man auch verstehen. Sie haßt jeden Tondichter, der lebt, gesund ist und arbeiten kann, während ihr Robert im Irrenhaus ist. Ihr Empfinden ist ganz natürlich.«
»Franzi, das ist bei Ihnen schon keine Güte mehr. Man kann einfach nicht bis zur Grenze des Schwachsinns gut sein. Ist es Ihnen denn *ganz* gleichgültig, ob man Ihnen auf dem Kopf herumtrommelt?«
In solchen Fällen lächelte er nur und küßte Carolyne; das war seine ganze Debatte. Angesichts dieses Lächelns und mit diesem Kuß konnte die Fürstin nicht weiter streiten. Sie murrte heimlich und schalt die übertriebene Langmut Franzis und die Schlechtigkeit der ihn ausnutzenden Menschen. Sie sprach mit seinen Schülern darüber und erleichterte dadurch ihren Zorn, daß sie sie gegen die Ausbeuter aufhetzte.
In Liszts Schülerkreis war manches anders geworden. Agnes Street-Klindworth hatte ihre Studien beendet. Sie war der Meinung, daß ihr Können nunmehr für die Laufbahn einer Klavierlehrerin ausreichte. Eines Tages erzählte sie Franzi, daß sie Weimar verlassen wolle. Liszt war überrascht, entgegnete aber nichts auf diese Mitteilung. Seit der nicht eingehaltenen Verabredung über die abendliche Zusammenkunft sprachen sie nie mehr über persönliche Dinge miteinander. Es kam zwar öfters vor, daß sie zufällig zu zweit blieben, von ihren Gefühlen schwiegen sie aber alle beide. Sie redeten nur von Musik und von unpersönlichen Dingen. Das außerordentliche musikalische Gefühl Agnes' entzückte ihn jedesmal von neuem, und nicht nur einmal unterdrückte er in sich den Seufzer: ach, wenn doch Carolyne über dieses musikalische Können verfügte . . . Dann aber glitt sein Blick an der vornehmen, eleganten, begehrenswerten Gestalt Agnes' entlang, und er mußte mit brennend wehmütigem Gewissen einsehen, daß ihn bei dieser Frau nicht nur die Musik fesselte. Jetzt, wo Agnes für immer scheiden wollte, entstanden in ihm sonderbare Gefühle. Er war einerseits froh, daß der versuchende, beunruhigende Reiz Gretchens aus seinem Lebensweg entschwinde, andererseits bewegte es ihn aber auch stark, daß gerade diese Frau ohne die Erinnerung an einen Kuß von ihm gehen werde – wie ein

zünftiger Jäger sich niemals vergibt, die Gelegenheit, einen prächtigen Hirsch zu schießen, versäumt zu haben.
Am Tage vor Agnes' Abreise schlenderte er mit wirren Gedanken die Straße entlang. Er wußte selbst nicht, wie es geschah, aber mit einem Male stand er vor der Wohnung der Frau in dem kleinen abgelegenen Gäßchen. Er war noch nie bei ihr gewesen, die ihren Ruf sorgsam hütende Agnes hatte nie Besucher empfangen. Vor dem Tor zögerte er noch einen Augenblick, dann konnte er sich aber nicht mehr beherrschen. Er trat ein. Und wenige Sekunden später stand er ihr gegenüber. Er war in einer unbeschreiblichen Verlegenheit. Agnes nicht.
»Ich habe gewußt, daß Sie kommen werden«, sagte sie ruhig.
»Sie haben es gewußt? Woher?«
»Es war so bestimmt. Ich habe es gefühlt. Nehmen Sie Platz. Sie haben mich glücklich gemacht dadurch, daß Sie gekommen sind. Vielleicht werde ich Sie nie im Leben wiedersehen. Es tut gut, daß ich mich mit ein paar Worten von Ihnen verabschieden kann. Für den Unterricht habe ich mich in der Altenburg schon bedankt, jetzt will ich mich nur noch für die Wärme bedanken, die Sie in meine einsame Seele gebracht haben. Von dieser inneren Wärme habe ich gelebt, solange ich da war. Ich danke Ihnen.«
»Für das gleiche will auch ich Ihnen danken, Agnes, für die feine und besondere Freude, daß ich mich beinahe in sie verliebt hätte. Jetzt kann ich es Ihnen ja sagen: es hat nicht viel gefehlt! Es ist nur nicht geschehen, weil ich es nicht gewollt habe. Meines Erachtens ist die Liebe etwas Lenkbares. In wen man sich nicht verlieben will, in den verliebt man sich auch nicht. Man empfindet es schnell, mit wem ein Unglück geschehen kann. Alles übrige sind technische Einzelheiten: man muß die Gelegenheit meiden, durch Aussprechen seiner Gefühle, durch den Austausch von Vertraulichkeiten, durch freundschaftlichen Verkehr das Erlebnis reif werden zu lassen. So habe ich auch gehandelt. Ich habe aber immer gewußt und weiß es auch jetzt, daß Sie mir etwas hätten sein können, daß . . . aber lassen wir es. Das andere wissen Sie selbst. Weiter wollte ich Ihnen nichts sagen, und jetzt gehe ich. Ihre kleinen Söhne sind nicht zu Hause?«
»Ich habe sie mit dem Mädchen spazieren geschickt.«
Sie standen nebeneinander. Franzi reichte ihr die Hand zum Abschied. Dann aber, die Hand Agnes' ergreifend, ließ er sie nicht los und zog sie an sich. Ohne Widerstand sank ihm die Frau an die Brust. Ihre Lippen fanden sich. Nach einem langen Kuß ließ Franzi die schlanke Gestalt noch immer nicht aus der Umarmung und glitt mit seiner Hand langsam und heiß an ihrem Körper englang. Agnes befreite sich errötend und mit zerzaustem Haar.
»Jetzt gehen Sie. Diese Freundschaft muß rein bleiben. Ein kleines Abenteuer bedeutet nicht viel, und ich liebe es nicht, Blümlein Rührmichnichtan

zu spielen; in Ihrer Erinnerung will ich aber ganz so bleiben, wie ich bisher war.«

»Warum?«

»Weil ich möchte, daß Sie mir viel und häufig schreiben. Jede belanglose Kleinigkeit ist mir wichtig, wenn sie von Ihnen kommt. Nicht wahr, Sie werden es tun? Ich werde Ihnen auch schreiben. Dem einzigen, der mich in dieser Welt etwas angeht. Wenn Sie jetzt nicht auf mich hörten, sondern auf Ihre Gefühle, dann könnten Sie mir nicht schreiben. Sie würden jemanden betrügen, nicht nur mit einem vergänglichen Abenteuer, das man vergessen kann, sondern auch in diesen Briefen. So aber können Sie schreiben. Habe ich recht?«

Franzi stand unbeweglich und sann nach, dann nickte er zustimmend mit dem Kopf. Er drehte sich um, sagte nichts mehr und ging. Auf der Straße wollte er sich vor allem loben, daß er sich anständig benommen hatte. Dann aber sah er der Wahrheit ins Auge. Er wußte nur zu gut, daß er Agnes oft schreiben würde. Und ihm war auch gewiß, daß er diese Briefe vor Carolyne verheimlichen würde. Das aber bedeutete eine viel schwerer wiegende Treulosigkeit, als wenn er jetzt im Rausche einer Stunde gehandelt hätte. Es war eben alles umsonst, er war nicht dazu geboren, seine *ganze* Seele jemandem zu schenken. Der einstigen Einzigen ja! Das hätte er gekonnt. Jetzt vermochte er nichts anderes zu tun, als so zärtlich zur Fürstin Carolyne zu sein, wie er dessen nur fähig war. Wenn er später an ihrer Seite aushalten sollte, dann mußte er es jetzt erst recht tun, wo er eingesehen hatte, wie schwer er in der Schuld der Frau stand, die ihm alles gab, von ihm aber nichts empfing. Agnes reiste am anderen Tage ab. Er brachte sie nicht einmal zur Bahn, obwohl es selbstverständlich gewesen wäre, daß er sie nach zweijährigem Unterricht und guter Freundschaft begleitet hätte. Er schob aber Kopfweh vor, er wollte die lebendige Erinnerung an dieses feine Wesen so in sich bewahren, wie er sie in seinen Armen gehalten und ihre Gesichter sich berührt hatten. Und am Abend dieses Tages legte er sich mit dem Gedanken zur Ruhe, daß zwischen ihm und Carolyne nunmehr eine Saite gesprungen war. Nur eine einzige Saite von den vielen; das Instrument ihrer Liebe war aber nicht mehr ganz, und es gab kein Wunder, das seine alte Vollkommenheit wiederherstellen würde.

Der Platz der abgegangenen Schülerin blieb nicht lange leer. Aus Rußland traf ein Knabe in Weimar ein. Er war nicht älter als dreizehn Jahre und kam allein mit der Eisenbahn angereist, konnte aber Deutsch und fand den Weg in die Stadt. Und auch zu dem weltberühmten Manne gelangte er, dem er von russischen Aristokraten Empfehlungsbriefe brachte. Er hieß Karl Tausig und war ein ständig verschnupfter Junge von unscheinbarem Äußeren. Als er sich jedoch ans Klavier setzte, verwandelte er sich in einen Dämon, der alle teuflischen Kunstgriffe der Technik beherrschte und mit der unbegrenzten Fähigkeit lyrischer Hingabe gesegnet und verflucht war. Franzi hörte sich etwa zehn Stücke von ihm an, dann brachte er ihn in der Altenburg unter.

Da war immer noch Platz genug trotz der großen Veränderung, die im Hause vor sich gegangen war. Es hatte damit angefangen, daß Franzi eines Abends in der Altenburg beim Essen über Kopfschmerzen klagte und Fieber hatte. Die Fürstin legte ihm die Hand auf die Stirn.

»Sie sind krank, Franzi, Sie müssen sich sofort niederlegen.«

»Ich habe aber noch keine Lust, fortzugehen. Außerdem regnet es draußen scheußlich. Ich will abwarten, bis es aufgehört hat.«

»Das hört aber nicht so bald auf, und ich lasse Sie so nicht weg. Sie werden hier schlafen, wir wollen oben ein Zimmer einrichten. Die notwendigen Sachen lasse ich vom ›Erbprinzen‹ herüberholen.«

Carolyne wartete gar keine Antwort ab und ging hinaus. Sie schickte ein Dienstmädchen in den »Erbprinzen«, das Nachtgewand, Zahnbürste und die anderen Dinge zu holen. Als die Sachen da waren, braute sie dem Kranken eine heiße Limonade, brachte ihn zu Bett und gab ihm noch einen bitteren Tee, dessen Blätter sie einmal von irgendeiner polnischen Wahrsagerin bekommen hatte. Franzi lag ungefähr zwei Tage, am dritten Tage war sein Fieber vorüber. Er verließ aber das Haus noch nicht. Am vierten Tage mußte er zum Tee beim Großherzog erscheinen; von dort kam er sofort wieder nach der Altenburg und blieb abermals da. Seine Wäsche brachte man nach und nach Stück für Stück aus dem »Erbprinzen«, ebenso kamen nacheinander seine Schriftstücke, Aufzeichnungen und Bücher in die Altenburg herüber. Am zehnten Tage brachte er dann die Sache zur Sprache:

»Im Grunde genommen müßte ich zurück in den ›Erbprinzen‹. Mir fehlt ja nichts mehr.«

»Sehnen Sie sich denn so dorthin?«

»Meine ganze Sehnsucht bindet mich hierher, mein Engel, aber ich weiß nicht, daß . . . Ihr Ruf . . .«

»Was ist mein Ruf noch wert? Ich gehöre zu Ihnen, und wem es nicht gefällt, der wird es schon sagen. An der Angelegenheit in Petersburg wird das nichts ändern, ob wir zusammen wohnen oder nicht. Solange der Metropolit noch lebt, wird die Scheidung nur sehr schwer vorangehen, das sehe ich jetzt schon. Hier gibt's nur eine Frage, und die ist, ob die großherzogliche Familie ein Auge zudrückt, wenn Sie hier wohnen, oder nicht. Das zu erledigen wäre Ihre Angelegenheit, und zwar nicht mit dem Großherzog, sondern mit Maria Pawlowna; die kann darüber mit ihrem Sohne sprechen, wenn sie will. Sie sollen in jedem Falle hier schlafen, auch weiterhin.«

»Ich bleibe gern hier, aber wie kann ich als Mann mit Maria Pawlowna über diese Sache sprechen? Warten wir lieber, bis sie oder der Großherzog etwas verlauten läßt. Machen sie irgendeine Bemerkung, haben wir immer noch Zeit, darüber nachzudenken, was geschehen soll. Mein Zimmer im ›Erb-

prinzen‹ behalte ich auf alle Fälle bei. Es mag leerstehen, aber auf meinen Namen.«
Dabei blieb es auch. Franzi übersiedelte vollkommen in die Altenburg, und sie lebten jetzt miteinander wie ein richtiges Ehepaar. Am Hofe machte niemand offen eine Bemerkung, obwohl jeder von der Übersiedlung wußte und die Angelegenheit in Gedanken mit lebhaften Randglossen versah. Die großherzogliche Familie blieb einfach bei ihrer Auffassung, daß Franzi im »Erbprinzen« wohne. Dorthin schickten sie ihm seine Einladungen, dorthin ließen sie ihm Bescheid sagen, wenn sie ihn dringend zu sprechen wünschten. Der Hausdiener des »Erbprinzen« brachte dann die Briefe und Nachrichten unverzüglich in die Altenburg. Auch Carolyne ließ man nichts entgelten, man empfing sie genau so am Hofe wie früher.
Franzi arbeitete mit gesteigerter Arbeitslust, seit er ein Heim hatte. Er konnte endlich unter seinen Noten und Büchern Ordnung schaffen, war nicht mehr gezwungen, wegen eines einzelnen Bandes, den er gerade benötigte, ganze Buchtürme abzuräumen, und brauchte nicht mehr einer einzigen musikalischen Notiz wegen hundert andere durchzusehen, bis er die richtige gefunden hatte. Feder und Tinte fand er stets in Ordnung, das saubere Notenpapier erwartete ihn immer schon, wie die Frau ihren Mann. Auf seinem Tische erfreuten Blumen seinen Blick, und wenn er während der Arbeit Kaffee trinken wollte, mußte er nicht mehr stundenlan auf den Zimmerkellner warten. Zufrieden legte er sich nieder und erfrischt stand er wieder auf. Die Arbeit ging wie am Schnürchen. Er arbeitete jetzt an der Graner Messe. Aus den Werken von Palestrina und Orlando di Lasso unterrichtete er sich über die liturgischen Normen, denen er seinen schaffenden Geist anpassen mußte. Er vertiefte sich in das Wunder des Messe-Opfer-Gedankens und erlebte nochmals die Begeisterung seiner Jugend für alles Kirchliche. Das war eine nicht ganz neue Arbeit für ihn. Hier in Weimar hatte er bereits eine kleinere Messe für Männerchor geschrieben, die anläßlich eines Gottesdienstes in der französischen Gesandtschaft aufgeführt wurde. Dieses Werk war aber mit dem heutigen nicht zu vergleichen. Jetzt wollte er mit der ganzen Kraft seiner Begabung in Tönen wiedergeben, was ihn schon in seiner frühesten Kindheit bei den Worten: Gott, Glauben, Christus, Demut, vor dem mystischen Wunder der Verwandlung des Brotes und des Weines in dem mit heiligen Schauern erfüllten Augenblick der Hochhaltung der Monstranz bewegt hatte. Die Fürstin verfolgte das Werden seiner Komposition in seliger, jubelnder Erregung. Ihr starker, leidenschaftlicher Katholizismus hatte sich mit Franzis geringer Achtung für die äußeren Formen der Religion nie aussöhnen können. Jetzt betrachtete sie ihren Geliebten wie ein Missionar den Herrscher eines wilden Volkes.
Seit Franzi zu ihr übergesiedelt war, erwachte durch die neue Form des Zusammenlebens in ihr wieder der alte Wunsch, die persönlichen Angelegenheiten ihres Geliebten klug und beharrlich zu ordnen. Aus Paris kam näm-

lich die Nachricht, daß Frau Patersi, die Erzieherin der Mädchen, schwer erkrankt war. Carolyne nahm sofort die Gelegenheit wahr, die Töchter Liszts jetzt von dort wegbringen zu lassen. Aus dem Bernardschen Institut hatte man sie seinerzeit herausholen können, ohne daß es zu einer ernsten Auseinandersetzung mit der Gräfin D'Agoult gekommen wäre. Nun konnte man einen Schritt weitergehen. Die Mädchen sollten nach Deutschland kommen, in die Nähe ihres Vaters. Der Gräfin D'Agoult würde man zu verstehen geben, daß der Vater die Kosten in Paris zu bezahlen nicht mehr in der Lage sei und daß die Erziehung der Töchter in Deutschland viel weniger kosten werde. Die Gräfin D'Agoult hätte darauf nur erwidern können, daß sie einen Teil der Kosten übernehmen wolle; sie war ja eine steinreiche Frau. Davor brauchte man gar keine Angst zu haben, diese Antwort würde sie bestimmt nicht geben. Sie vermochte niemals auf den gewohnten Luxus zu verzichten, die reiche Bequemlichkeit ihres Lebens war ihr wichtiger als die Nähe ihrer Kinder, die sie sowieso kaum sah, obwohl sie mit ihnen in einer Stadt wohnte. Die beiden Mädchen konnte man also mit Leichtigkeit aus Paris wegholen, und es war bloß zu erwägen, wo man sie in Deutschland möglichst nahe von Weimar unterbringen sollte. Von der Altenburg selbst konnte keine Rede sein, solange ihr Vater dort in einer freien Ehe lebte. Man dachte an die verschiedenen Internate, überlegte alle Möglichkeiten, bis der Fürstin ein guter Gedanke kam: die Töchter in Berlin bei der Mutter Hans von Bülows unterzubringen. Frau von Bülow mit ihren vornehmen Umgangsformen und ihrer gemessenen Art würde zweifellos eine sehr gute erzieherische Wirkung auf die beiden ausüben, und das Geld konnte ihr ebenfalls sehr gut zustatten kommen, da Hans vorerst noch sehr bescheiden verdiente.

Carolynes Plan kam Punkt für Punkt und Wort für Wort zur Verwirklichung. Marie brach in Tränen aus über die Grausamkeit, die sie der Nähe ihrer Kinder beraubte, als Franzis Pariser Anwalt ihr den Wunsch des Vaters mitteilte; die Lösung aber, daß sie aus *ihrem* Vermögen zu den Zahlungen des vermögenslosen Vaters beitragen könnte, fiel ihr nicht ein. Die Mädchen konnten ohne jede Schwierigkeit abreisen. Nur Mutter Liszt nahm sich die Angelegenheit sehr zu Herzen, und einzig der Umstand, daß Daniel, den sie von ihren Enkeln am zärtlichsten liebte, in Paris belassen werden sollte, bis er das Gymnasium absolviert haben würde, tröstete sie ein wenig. Frau von Bülow übernahm es tatsächlich mit Freuden, mütterlich für die Mädchen zu sorgen. Sie fuhr selbst nach Paris, um sie abzuholen, und an einem schönen Sommertage kamen Blandine und Cosima in Weimar an. Auch Daniel kam mit, um seine Ferien in der Nähe des Vaters zu verbringen. Franzi konnte der Fürstin nicht dankbar genug sein, die ihm sozusagen seine Kinder wiedergegeben hatte und jetzt auch in Weimar und nach Ablauf der Ferienwochen in Berlin unermüdlich um sie bemüht war. Sie fuhr nach Berlin, um Frau von Bülow in den ersten Wochen des Zusam-

menseins zur Seite zu stehen, und nahm auch Manja mit, um eine Annäherung hartnäckig zu fördern. Blandine konnte sie schon langsam für sich gewinnen, nur gegen die verschlossene Natur Cosimas kam sie nicht auf. Aber auch Franzi stand ihr nicht näher. In Cosimas Verhalten lag eine seltsame Scheu ähnlich der eines umzingelten wilden Tieres. Wenn man sich plötzlich an sie wandte, fuhr sie erschrocken zusammen und war sichtlich am zufriedensten, wenn man sie in Ruhe ließ. Ihrem Vater gegenüber zeigte sie sich stets artig und respektvoll, aber wenn sie sich in Paris auch scheinbar nähergekommen waren, sie empfand doch immer noch etwas wie Angst vor ihm. Franzi scheute keine Mühe, die Befangenheit seines Kindes möglichst in Zutrauen zu wandeln. Cosimas ständige scheue Zurückhaltung erweckte in ihm eine tiefe, menschliche Anteilnahme. Er beschuldigte sich selbst, daß die Seele seiner Tochter verwaist war. Und Cosima beschäftigte ihn jetzt mehr als Blandine, die sich schon vollständig eingelebt hatte, während er Cosima verwaist sah und sie ihm immer noch fremd war. Beruhigt und glücklich überließ er seine Töchter der Obhut von Frau von Bülow und rechnete hoffnungsfroh darauf, daß sein öfteres Zusammensein mit den Kindern mit der Zeit Früchte tragen werde: jegliche Spannung zwischen ihm und Cosima mußte mit der Zeit genau so restlos verschwinden, wie nichts das vertraute Verhältnis von Blandine und Daniel zu ihrem Vater mehr zu stören vermochte. Hans, der fünfundzwanzigjährige junge Musiklehrer, umgab die Töchter des Meisters mit geschäftiger Höflichkeit, an der immer wärmer werdenden familiären Vertrautheit wollte auch er unter allen Umständen teilhaben. Aus dem kleinen Hans war ein würdiger, ernster, um alles in der Welt älter aussehen wollender Mann geworden. Mit großer Sorgfalt pflegt er seinen Schnurrbart und sein sprießendes Spitzbärtchen. Er gab am Hofe Stunden, da ihn Franzi dem Erbprinzen empfohlen hatte und sich vor seiner Empfehlung nach wie vor die goldenen Türen öffneten. Die Tochter des Erbprinzen, Herzogin Louise, lernte bei Hans von Bülow Klavier spielen, und der junge Lehrer berichtete zu Hause Liszts Töchtern mit gebührendem Stolz über die glanzvollen Einzelheiten des höfischen Lebens.
Aber man mußte Hans wirklich mit jedem Tag ernster nehmen. Noch in diesem Herbst bereitete er seinem Meister eine große Überraschung. Er lud ihn ein, in Berlin ein Konzert zu geben. Franzi blieb richtig der Atem weg, als er in dieser Angelegenheit den ersten Brief bekam. Der Direktor des Konservatoriums, an dem Hans tätig war, befaßte sich auch mit Konzertveranstaltungen. Für diesen Herbst plante er eine Serie von Konzerten, und Hans hatte es durchgesetzt, daß in dieser Folge auch der Künder der »neuen Musik«, Franz Liszt, als Tondichter einen Platz bekommen sollte. Diese Einladung machte Franzi sehr glücklich. Berlin war ihm damals sehr wichtig. Nicht seinetwegen, sondern Wagners wegen. Schon seit langem hatte er alles mögliche unternommen, um eine »Tannhäuser«-Aufführung in

Berlin zustande zu bringen. Diese Oper war bis jetzt nur auf einer kleinen Provinzbühne mit Erfolg gespielt worden; eine Berliner Aufführung hätte die ganze Angelegenheit mächtig vorwärtsgebracht. Selbstverständlich hing sehr viel davon ab, *wie* die Oper gespielt wurde. Eine verständnislose Einstudierung würde mehr schaden als nützen. Deswegen hatte Wagner, der Franzis hartnäckige, energische Schritte mit Briefen unterstützte, sich ausbedungen, daß der »Tannhäuser« in Berlin nur aufgeführt werden sollte, wenn für die Einstudierung und Leitung Liszt gewonnen würde. Der Berliner Intendant, Graf Hülsen, hatte sich aber bisher nicht getraut, diese Bedingung zu erfüllen, weil er fürchtete, damit den Zorn aller Berliner Dirigenten gegen sich heraufzubeschwören. Franzi aber ließ die Sache nicht dabei bewenden und gab sich mit der ersten Antwort nicht zufrieden. Er setzte weiterhin seine Schachfiguren und hoffte zuversichtlich, daß doch er es sein würde, der den Berlinern die Musik des »Tannhäusers« nahebringen durfte. Deswegen also war das, was Hans jetzt für ihn erreicht hatte, so wichtig. Franzi zeigte sich bestrebt, seine Beziehungen zu den Berliner musikalischen Größen zu festigen, und es war für ihn keineswegs gleichgültig, daß er seine eigenen Kompositionen vor dem Berliner Publikum aufführen sollte. Nicht um seines eigenen Erfolges willen, sondern im Interesse der Sache, mit der nummehr seine Musik untrennbar verwachsen war.
Während nun wegen seiner in das Berliner Programm aufzunehmenden Tonwerke ein Brief den anderen jagte, bemühte er sich mit unvermindertem Eifer um die Berliner »Tannhäuser«-Aufführung. Eine große moralische Stütze bot ihm dabei der Umstand, daß Wagner die Aufführung davon abhängig gemacht hatte, daß man Liszt die Leitung übertrug. So war er imstande, das Gewicht seiner persönlichen Autorität in die Waagschale bei den Verhandlungen zu werfen; er konnte alles von seinem persönlichen Auftreten abhängig machen, und, während er im Interesse Wagners sich kaum an die Mitglieder des Herrscherhauses hätte wenden dürfen, da dieser noch immer ein verfolgter Emigrant war, konnte Franzi dies mit *seinen* Anliegen getrost wagen. Er ersuchte also einfach den Großherzog von Weimar, er möge dem König von Preußen schreiben, daß dieser durch ein Machtwort den Grafen Hülsen veranlasse, Liszt als Dirigenten heranzuziehen. Der Großherzog erfüllte diese Bitte auch und schrieb sofort an den König. Franzi rieb sich freudig die Hände, wie geschickt er das im Interesse Wagners wieder einmal gemacht hatte. Jetzt war es wenigstens sicher, daß die Musik des »Tannhäuser« in richtiger Wiedergabe vor die Ohren der Berliner gelangen würde. Er freute sich ungemein über diese Angelegenheit, als er aus Berlin eine überraschende Nachricht erhielt: der Intendant hatte versucht, sich unmittelbar mit Wagner in Verbindung zu setzen; das war ihm auch gelungen, und der Meister hatte seine Forderung, daß Liszt dirigieren solle, zurückgenommen.
Zwischen Franzi und der Fürstin entfachte das Vorkommnis einen langen

Streit. Die Fürstin war der Meinung, daß Wagner seine Bedingungen zwar großspurig stellte, wenn es sich aber dann so füge, daß er irgendwo zu Geld gelangen könne, wäre er sofort bereit, seinen Wohltäter im Stiche zu lassen. Franzi hingegen war der Meinung, daß Wagner diese Bedingung wohl aufrechterhalten habe, solange er nur konnte, und erst, als er die Unmöglichkeit, sie durchzusetzen, eingesehen habe, es vorzogen hätte, den »Tannhäuser« eher ohne seinen Freund als überhaupt nicht aufgeführt zu sehen. Er verteidigte Wagner bis zum äußersten, hatte noch obendrein das Gefühl, daß dieser nun seinetwegen in eine sehr heikle Lage geraten sei, und beeilte sich deshalb, ihm schriftlich Absolution zu erteilen.

»Über die ›Tannhäuser‹-Angelegenheit in Berlin wollen wir uns keine grauen Haare wachsen lassen. Ich sah es im voraus so kommen, obschon ich für meinen Teil nicht dazu beitragen konnte, noch vermochte. Ich gewähre gern Deinen Berliner Freunden die Befriedigung, welche sie in diesem Ausgang der Sache finden, und hoffe, daß sich noch manche andere Gelegenheiten treffen werden, wo ich Dir nicht überflüssig oder unbequem sein kann.«

Mochte er in Berlin den »Tannhäuser« nicht einstudieren und dirigieren dürfen – die Hauptsache war doch, daß man ihn überhaupt aufführte! Das hatte endlich auch Graf Hülsen beschlossen, das Berliner Opernhaus setzte die Aufführung des Werkes, das schon soviel Lärm und Streit verursacht hatte, auf den kommenden Januar fest. Jetzt war es allerdings erst Ende November, und Franzi mußte sich vorerst mit seinem eigenen Konzert befassen.

Als er in Berlin angekommen war, um den Orchesterproben beizuwohnen, entstieg er dem Zug mit sonderbaren Gefühlen. Ihm fielen jene Berliner Tage ein, als ihm diese Stadt in seiner Virtuosenzeit einen in der Geschichte noch nicht dagewesenen Triumph bereitete, als ihm die ostentative Freundschaft des Hofes zuteil wurde und er täglich Gast des Königs und des Kronprinzenpaares sein durfte . . . als ihn die heiße und duftige Liebe der schönen Charlotte von Hagn umgab . . . als Graf Teleki sich seinetwegen duelliert hatte und auf dem Gang seines Hotels aufgeregte Frauen warteten . . . Und als ihn zum Abschied eine märchenhafte Kutsche in der Begleitung einer uniformierten Reiterschar die jubelnden Straßen entlang fuhr . . . Das war nun schon fünfzehn Jahre her, und seitdem hatte sich vieles, vieles ganz gründlich geändert. Die schöne Charlotte hatte geheiratet, sich wieder scheiden lassen und lebte jetzt irgendwo gelähmt ihre freudlosen Tage; die erfolglose, blutige ungarische Revolution hatte den Grafen Teleki zum flüchtigen Emigranten gemacht; er selbst war nicht mehr der Orpheus, dessen Finger dem Klavier Zaubertöne entlockten, sein künstlerisches Streben blieb jetzt darauf gerichtet, einen viel schwereren Felsen zu bewegen als damals. Der Titan des Klaviers hatte den Nibelungenhort des Erfolges dem Zwerg hingeworfen, und mit dem Schwert, dem Notung der neuen

Musik, in der Hand, stürzte er sich in den Kampf, damit statt des funkelnden Ringes dieses Schwert die Welt beherrsche.
Am Bahnhof empfing ihn eine Schar junger Männer: Hans und die Anhänger der »neuen Musik«. Nach treudeutscher Art hatten sie sich schon organisiert und zusammengefunden; es gab bereits einen Empfangs-, einen Organisations- und einen Vergnügungsausschuß. Sie hatten nun für jeden Tag einen fertigen Plan ausgearbeitet mit Proben, Festmahlen, Besuchen und Banketten. Für zwei Wochen im voraus war schon festgesetzt, was Franzi nachmittags um halb fünf Uhr zu tun hatte.
»Was bedeuten diese eingekreisten Stunden?« fragte Liszt.
»Das sind Cosimas Stunden«, erwiderte Hans. Dann plötzlich rot werdend, verbesserte er sich: »Die Stunden von Blandine und Cosima. Jeden Tag haben wir eine kurze Zeit frei gelassen, daß du auch mit deinen Töchtern zusammen sein kannst, soweit es möglich ist.«
Dieses Erröten war Franzis Aufmerksamkeit nicht entgangen. Und als er im Heim seiner Töchter bei Mutter Bülow am Familientisch Platz nahm, bemerkte er, daß auch Cosima sich auffallend verändert hatte. Bis jetzt war sie unfraulich, unausgeglichen und eckig gewesen. Jetzt hatte sie sich mit einem Male in eine junge Dame verwandelt, sie schien fraulicher und erwachsener als die um zwei Jahre ältere Blandine. Im Vater blitzte die Erkenntnis auf: Cosima und Hans interessierten sich füreinander! Das erfüllte ihn mit einer so großen Freude, daß er eine Zeitlang kein Wort über die Lippen bringen konnte. Diesen Jungen liebte er fast so sehr wie Daniel. Wenn das Schicksal ihn gefragt hätte, in wen Cosima sich verlieben solle – er selbst hätte Hans gewählt. Vorerst wußte er aber noch nicht, wie tief die Gefühle zwischen den beiden waren. Vielleicht ahnten sie es selbst noch nicht. Dann aber mußte man sehr vorsichtig mit ihnen umgehen. Es gibt keinen scheueren Vogel als die keimende Liebe, man muß sich ihm auf den Zehenspitzen nähern.
Hans bestand schon am ersten Abend darauf, daß die Mädchen ihrem Vater etwas vorspielten. Er ließ zuerst Blandine spielen; sein Bestreben war aber offensichtlich, Cosima als die noch Begabtere herauszustellen. Und sie spielte tatsächlich blendend Klavier. Irgend etwas Tiefgründiges konnte man in ihrem Spiel wahrnehmen. Sie war schon so weit vorgeschritten, daß sie in einem öffentlichen Konzert ruhig hätte auftreten können.
»Ich bin von euch entzückt, ihr Mädchen«, sagte der Vater, »aber auch von Hans' Begabung.«
Sowohl Cosima als auch Hans erröteten tief. Blandine freute sich nur der väterlichen Anerkennung. Hier war kein Zweifel. Franzi hütete sich, verräterisch neugierige Blicke auf die beiden zu werfen. Aber seine seufzende Sehnsucht, deren Wünsche er nicht in Worte kleidete, glich einem Gebet in der Kirche: wenn doch diese beiden jungen Seelen einander angehören würden . . .!

Am anderen Morgen begannen sie mit den Proben und arbeiteten hart bis zum Tage des Konzertes. Franzis Zeit war ständig bis auf die Viertelstunden eingeteilt. Auf jeden Tag kamen sechs verschiedene Besuche oder eine Audienz am Hofe; jeden Abend mußte er ins Theater oder zu einem Konzert gehen; jeden Vormittag arbeitete er mit dem Orchester; jeden Mittag und jeden Abend nahm er an einem Bankett teil. Das bedeutete täglich zwei Reden, da er auf die Toaste antworten mußte.
»Die Kunst steht über dem Künstler«, sagte er gleich in seiner ersten Rede. »Einst ging ich aus dieser Stadt als der Herrscher über die Kunst, jetzt kehre ich als ihr demütiger Sklave hierher zurück.«
Zum Konzert füllte sich der Saal bis auf den letzten Platz. In der ersten Reihe saß Frau von Bülow zwischen Blandine und Cosima. Glänzendes Publikum, der Hof, die Aristokratie, Schmuck, dekolletierte Toiletten, eine dumpfe, allgemeine Erregung. Franzi trat in seinem schnittigen Frack, das Adlergesicht von der Löwenmähne umgeben, vor. Höflicher Applaus empfing ihn, ein von Erwartung getragener Beifall, ein Fragezeichen sozusagen. Er klopfte und schwang seinen Dirigentenstab. Das Orchester setzte mit der farbigen und schwelgerischen Musik der »Préludes« ein. Sie lösten großes Gefallen aus, was angesichts der melodischen Art und der bezaubernden Lieblichkeit des Liebesthemas auch zu erwarten war. Schöner, warmer Beifall.
»Bis hierher war es großartig«, rief Hans aufgeregt im Künstlerzimmer. »Es soll nur so weitergehen!«
Jetzt folgte das »Ave-Maria« mit gemischtem Chor und Orgel. Das war schon ein etwas schwierigeres Werk. Dazu brauchte man einen sicheren und guten Chor; denn die stellenweise kühne und ungewohnte Harmonik hätte die an die bisherige Kompositionsweise gewöhnten Choristen leicht irreführen können. Als Franzi zu dem Teil kam, wo er beim »Fructus ventris tui« die Melodie durch den Tenor über den Sopran geführt hatte, vergaß er zu dirigieren. Er stand selbst als Zuhörer auf dem Podium und nicht als Dirigent. Nachdem der Tenor seine Takte glücklich überstanden hatte, dachte er, seinen Taktstock schwingend, resigniert, fast belustigt darüber nach, was das alles wohl für einen Zweck hatte, wie viele Leute in diesem Saale sein mochten, ob auch nur zwei unter ihnen wären, die sofort begriffen, was der Tondichter mit diesem Teil seines Werkes sagen wollte?
Auch dieses Werk ging zu Ende, es war von keinem Beifallssturm begleitet, aber es wurde doch lebhaft applaudiert. Nun trat Hans vor und setzte sich ans Klavier. Er sah seinem Meister mit einem liebevollen, zutraulichen Blick in die Augen, als ob er sagen wollte: »Fürchte dich nicht, ich bin da, wir beide verstehen uns!« Das Es-Dur-Klavierkonzert war an der Reihe. Als Franzi den Dirigentenstab hob, durchzuckte sein Komponistenherz mit blitzartiger Geschwindigkeit der fromme Wunsch: »Mein lieber Gott, ich kümmere mich ja nicht um den Beifall der Masse, das weißt du am besten.

Dieses mein Werk aber, dieses liebe Kind habe ich sehr gern; mach, daß es großen Beifall findet.« Der Dirigentenstab setzte an, in den nun erklingenden Tönen lag etwas ganz besonders Erregendes, etwas Unwiderstehliches. Dieses Werk war bis jetzt nur einmal aufgeführt worden, in der familiären Stimmung des Weimarer Hofes bei einem Hofkonzert. Der damals als Gast anwesende Berlioz dirigierte, Franzi selbst saß am Klavier.
Heute dirigierte er und erfüllte seine Aufgabe recht treulos. Seine Aufmerksamkeit galt nicht dem Orchester, sondern zwei Lebewesen, die für seine Seele unvergleichlich viel bedeuteten: Hans und Cosima. Vor seinen Augen Hans und das Klavier, hinter ihm in der ersten Reihe Cosima, um sie herum, alles umfassend, das Tönen der Komposition.
Hans spielte genial, fast so, als hätte er, Franzi, es selbst gespielt, der am Klavier mehr als vollkommen war. Als das Hauptmotiv mit männlicher Kraft erklang, summte Franzi leise und glücklich den stark pulsenden, hart geschmiedeten Rhythmus mit: »Tararampamratatam«. Und er begann zu lächeln, weil ihm einfiel, daß Hans zu diesen zwei Takten immer zu sagen pflegte: »Dies versteht ihr alle nicht!« Wahrhaftig, was hätten die besten Ohren beim ersten Hören davon begriffen, daß der Tondichter zwei chromatisch verkürzte Septimenakkorde ineinandergeflochten hatte, die einander auf halben Stufen folgten? Was konnten sie auch von dem umfassenden Gedanken des ganzen Werkes wissen, wenn er zwischen dem »Quasi adagio« und dem lyrischen Teil als vermittelnden Kontrast den pikanten Satz des Scherzos eingelegt hatte? Wie hätten sie auch aus der sorgfältigen Verteilung der Gedanken diesen ureigenen Liszt-Stil herausfühlen können, in dem der Tondichter ganz einzigartig und keinem anderen vergleichbar das, was er zu sagen hatte, abrundete und zusammenfaßte? Hans hatte dort am Klavier keine kleinere Arbeit vollbracht, als sämtliche Erfolge ausmachten, die der erste Klavierspieler der Welt durch unendlich viel Grübeln, qualvolle Kämpfe, unbeschreibliche Selbstkasteiung und Selbstantreibung, auf Höhen, die noch niemand betreten und noch niemand gesehen, gesammelt hatte. Was kann in so einem Fall jemand antworten, der das noch nie Vernommene zum ersten Male hört? Wenn auch Wohlwollen und Zutrauen in dem Zuhörer wohnen, so vermag er nur mit einem zögernden Beifall zu antworten: das alles mag ja interessant sein, aber ich verstehe es noch nicht ganz.
Dieser zögernde Applaus setzte dann auch ein. Und das, was an Wärme mitklang, das galt bestimmt auch nur den Äußerlichkeiten, dem staunenswerten Können Hans' und seinem sympathischen Äußeren, der interessanten Persönlichkeit des berühmten Tondichters und dem unwiderstehlichen Zauber seiner Erscheinung. Dort auf dem Podium neigten beide ihre Köpfe und sahen in die erste Reihe hinunter, in der Frau von Bülow mit den Mädchen saß. Die Mutter spendete ihrem Sohne Beifall, der Vater dankte seinen Töchtern für ihren Applaus. Einem die Zuschauer und das Podium verbin-

denden Feuermeer gleich, flammte zwischendurch die junge Liebe von Hans und Cosima auf.
Auf das Klavierkonzert folgte die Tasso-Symphonie, die Stimmung schien Anteilnahme zu sein. Endlich kam die Erstaufführung, das neueste Werk, der dreizehnte Psalm Davids, an die Reihe, dessen Musik während der erhabenen Arbeit an der Graner Messe als erfrischende Atempause in den glücklichen und alles vergessen lassenden Minuten der Erhebung zu Gott entstand.
»Herr, wie lange willst du meiner so gar vergessen? Wie lange verbirgst du dein Antlitz vor mir?
Wie lange soll ich sorgen in meiner Seele und mich ängstigen in meinem Herzen täglich? Wie lange soll sich mein Feind über mich erheben?
Schaue doch und erhöre mich, Herr, mein Gott! Erleuchte meine Augen, daß ich nicht im Tode entschlafe.
Daß nicht mein Feind rühme, er sei meiner mächtig geworden, und meine Widersacher sich nicht freuen, daß ich niederliege.
Ich aber hoffe darauf, daß du so gnädig bist; mein Herz freut sich, daß du so gern hilfst. Ich will dem Herrn singen, daß er so wohl an mir tut.«
Des aus der Tiefe rufenden Menschen klagendes Tenorsolo erklang. Das Summen des Orchesters und des Chores gab zu der qualvollen Verlassenheit des in der Finsternis schluchzenden Verwaistseins und zu der erstrahlenden, auf den Himmel bauenden Hoffnung den Hintergrund.
Durch die fünf Psalmverse schmetterte, ächzte, schluchzte die musikalische Klage und jauchzte die musikalische Hoffnung, um dann mit der in Trommelwirbeln pulsenden mächtigen Freude der letzten A-Dur-Töne das Berliner Konzert zu beenden: »Ich will singen, daß *du* so wohl an mir getan!«
Man spendete dem Tondichter herzlichen Beifall, dreimal mußte er aus dem Künstlerzimmer aufs Podium zurückkehren; das Publikum, das an das Fortgehen gar nicht dachte, wollte ihn immer wieder und abermals von neuem sehen. Anders konnte man das Konzert gar nicht auffassen, denn als einen wirklich großen Erfolg. Die Augen der beiden Mädchen standen voll Tränen vor stolzer Freude, als sie mit Frau von Bülow zu Franzi und zu Hans ins Künstlerzimmer eilten. Und dem Vater genügte, zu sehen, wie einfältig und verstört sich Hans und Cosima die Hände reichten, um sein Glück über seine Kinder und über seine Musik vollkommen zu machen. Dem Konzert folgte auch ein Festbankett, bei dem ein jeder über den großen Erfolg der »neuen Musik« sprach. Jeder hielt es für zweifelsfrei, daß Franz Liszt, der Tondichter, in der Beurteilung des großen Publikums Franz Liszt, den Klavierkünstler, einzuholen begann. Und es schien selbstverständlich, daß am anderen Tage auch die Presse nichts anderes tun konnte, als von einem nicht in Abrede zu stellenden Erfolge zu berichten. Nur Humboldt, der liebe, weise alte Gelehrte, sagte dem Gefeierten:
»Erwarten Sie nicht viel von der Musikkritik für morgen! Die Berliner Mu-

sikkritik findet eine krankhafte Freude daran, alles zu vernichten, was sie vor sich sieht.«

Franzi nickte höflich auf die Bemerkung des alten Herrn, meinte aber, daß er wohl ungerecht wäre und Gespenster sähe. Von denen, die zu dieser Zeit in Berlin Musikkritiken schrieben, hatte Franzi zwar keine große Meinung; wo aber der Erfolg so offensichtlich war, dort konnte auch die Sachkenntnis nichts anderes feststellen, als eben den Erfolg.

Am anderen Tage weckte ihn Hans aus dem Schlaf. Er stand vor seinem Bett und hielt einen großen Stoß Zeitungen in seiner Hand. Er hatte unverkennbar schon geweint. Sein Mund zuckte, und aus den Augen des guten, treuen Jungen rannen die Tränen. Franzi hatte auf dem Bankett viel getrunken und kam erst allmählich zu klaren Gedanken. Als er aber den innerlich aufgewühlten jungen Mann sah, begann er zu verstehen, daß mit der Presse irgend etwas nicht in Ordnung war.

»Was schreiben sie?« erkundigte er sich, sich im Bett aufstützend.

»Diese Gauner, diese Esel, diese nichtsnutzigen Kreaturen!« schimpfte Hans zähneknirschend.

Franzi überflog nacheinander die Kritiken. Die Presse lehnte seine Musik einstimmig ab: »Liszt ist anscheinend unfähig, sich von der Unmöglichkeit seiner Musik zu überzeugen.« Der eine verkündete mit Bedauern, der andere mit schultertätschelnder Teilnahme, der dritte mit schäumendem Zorn, daß der große Klavierkünstler als Tondichter auf vollständig falschem Pfade wandle, daß das, was er schaffe, unbrauchbar und uninteressant und ein Attentat gegen die ewigen Regeln der Musik sei. Die zornigen Ergüsse konnte man noch mit einem Lächeln der Verachtung abtun, die Artikel aber, die mit offensichtlicher Achtung und gespreiztem Wohlwollen bedauernd das Todesurteil über seine Musik fällten, die taten sehr weh. Dieser stolze Mensch, der immer so leichthin zu behaupten pflegte, daß er für die Zukunft und nicht für das Heute arbeite und daß ihm die Verherrlichung und die Ränke der Unverständigen durchaus gleichgültig seien, bemerkte jetzt mit aufgeregtem Herzklopfen, sprachlos und verwundert, in seinem Innersten einen empfindlichen Schmerz. Er konnte es nicht leugnen, durch diese Kritiken litt er grausam und brennend.

Bis zum Nachmittag hatte er sich aber schon wieder beruhigt. Er fand selbst wieder zu sich und konnte lächelnd von der schweren Presseniederlage sprechen:

»Erst jetzt sehe ich, was für ein minderwertiger Beruf es ist, ein Virtuose zu sein! Ich habe immer noch aus meiner Virtuosenzeit die Empfindlichkeit gegenüber der Presse, die kleinlich, äußerlich und meiner gar nicht würdig ist. Ich muß noch viel an mir arbeiten, bis ich ein Künstler nach meinem Geschmack werde.«

»Verliere nur nicht deine Arbeitsfreude!« entgegnete Hans ängstlich und faßte nach der Hand seines väterlichen Freundes.

»Du brauchst keine Angst zu haben, ich werde sie nicht verlieren. Solche Tage lehren mich, daß es schöner ist, weit abseits der Masse zu schreiten, daß es aber auch zugleich sehr traurig ist. Das Ganze ähnelt ein wenig dem Schicksal der Märtyrer. Um so besser. Von Beethoven schrieb eine Prager Zeitung nach der A-Dur-Symphonie, daß er für das Irrenhaus reif geworden sei. Ich setze meine Arbeit fort, weil ich daran glaube, eine Pflicht erfüllen zu müssen. Hab keine Angst, mein Sohn Hans, wir sehen weder nach rechts noch nach links, wir gehen weiter.«
»Wir gehen weiter«, wiederholte Hans in seiner ruhigen und ernsten Art, »du, auch Wagner und hinter euch auch ich. Ich habe gestern den ganzen Abend in diesem Saale das Gefühl gehabt, daß wir nur zu dritt anwesend waren: wir zwei und Wagner.«
Der kluge Blick Cosimas heftete sich strahlend auf die beiden Menschen, ihren Vater und ihren heimlich Auserwählten.
Franzi fuhr dann nach Weimar zurück und verbrachte das Weihnachtsfest mit der Fürstin, Manja und seinen Schülern. Während der Feiertage erhielt er einen Brief des Grafen Hülsen, ob Franzi ihm nicht den Gefallen tun würde, nach Berlin zu kommen und an einigen Proben zu »Tannhäuser« teilzunehmen, da sie in vielen Einzelfragen sich überhaupt nicht zurechtfänden.
»Großartig, großartig!« frohlockte Carolyne. »Sie sind also *doch* auf Sie angewiesen! Jetzt mögen sie ruhig dort sitzen und die Suppe auslöffeln, die sie sich eingebrockt haben! Und Wagner wird auch einsehen, wenn sein Stück durchfällt, was er ohne Ihre Mithilfe wert ist. *Ich* aber bin glücklich.«
»Freuen Sie sich nicht, meine liebe Carolyne, denn ich fahre morgen nach Berlin.«
»Was? Ist das Ihr Ernst? Haben Sie, Franzi, denn um's Himmels willen nicht ein *bißchen* Selbstbewußtsein?«
»Sie beurteilen die ganze Situation falsch. Hier ist nicht von meiner Person die Rede, sondern von der Sache. Verstehen Sie das nicht? Von der Sache! Ich reise morgen.«
Und er fuhr nach Berlin. Er wohnte den Proben bei, erklärte unermüdlich, schrie sich heiser und blieb auch zur Aufführung dort. Wagners Cousine, Johanna, sang die Rolle der Elisabeth; mit ihr hatte er besonders geprobt, sich mit ihr ereifert, sie getröstet und begleitet. Und am Tage nach der Aufführung ging er auf die Post, um zu telegraphieren: »Gestern Tannhäuser. Vortreffliche Vorstellung. Wundervolle Inszenierung. Entschiedener Beifall. Glück zu! F. Liszt.« Aus Weimar berichtete er außerdem in einem langen Briefe auch über die Einzelheiten und teilte darüber hinaus noch mit, daß er nach Wien fahre, da er dort dirigieren müsse und die Antwort Wagners deshalb dorthin erbäte.
Als er in Wien, das er seit langem nicht mehr gesehen, ankam, erwartete ihn auch schon die Antwort: »Einen Brief von mir, lieber Franz, wirst Du

in Wien (durch Glöggl) erhalten haben. Ich nehme meine darin ausgesprochene Anfrage noch einmal auf und frage Dich: kannst Du mir die fraglichen tausend Franken besser noch *schenken*? Und wäre es Dir möglich, mir für die nächstfolgenden zwei Jahre jedesmal wieder einen jährlichen Zuschuß von der gleichen Höhe zu legieren? . . . Dein Brief hat mir einmal wieder sehr wohlgetan! Ja, lieber Franz, ich vertraue Dir und weiß, daß es mit uns eine höhere Bewandtnis hat –: könnte ich mit Dir zusammen leben – so wollte ich noch manches Schöne schaffen! – Leb wohl und habe innigen Dank für Deine herrliche Freundschaft. Dein R. W.«
Als Franzi den Anfang des Briefes nochmals überflog, lächelte er wie ein an einer verbotenen Stelle badendes Kind. Er freute sich, daß Carolyne jetzt nicht bei ihm war, und nahm sich vor, ihr diesen Brief niemals vorzulesen.

SIEBZEHNTES KAPITEL

In Wien sollte die hundertste Wiederkehr von Mozarts Geburtstag gefeiert werden, und den Veranstaltern kam der Gedanke, das Erinnerungskonzert an das Wunderkind des achtzehnten Jahrhunderts von dem Wunderkind des neunzehnten Jahrhunderts dirigieren zu lassen. Liszt übernahm beglückt diese Aufgabe und dirigierte zwei große Konzerte, die nur Mozart-Werke in der Spielfolge hatten.
Da sah er zum ersten Male den Herrscher seines Heimatlandes: in der Hofloge war der Kaiser erschienen, der siebenundzwanzigjährige Kaiser mit einer großen Anzahl blitzender Orden auf seinem schneeweißen Generalsrock, mit dem Goldenen Vlies am Hals, neben ihm die bezaubernd schöne Kaiserin Elisabeth. Als Franzi auf das Podium trat, verneigte er sich zuerst nach der Hofloge. Der junge Kaiser hatte ihn nicht beachtet, er sagte gerade etwas nach hinten zu seinen Begleitern; die strahlende Kaiserin aber neigte kaum merklich ihren Kopf mit der dichten Haarkrone und hob das Fernglas sofort an die Augen. Sie waren beide schön, strahlend und jung; in der Erscheinung des Herrscherpaares lag etwas märchenhaft Anziehendes. Und als Franzi sich umgedreht hatte, um mit dem Taktstock zum Zeichen des Beginnens auf den Notenständer zu klopfen, mußte er an den Grafen Ludwig Batthyáni, seinen einstigen Gastgeber in Preßburg, denken. Und an alle die anderen, an die dreizehn Generale, an die Erschossenen und durch den Strang Erwürgten . . . Er konnte mit seinen Gefühlen nicht zurechtkommen: Da überließ er sich ganz den Schönheiten der g-moll-Symphonie. Wien, sein altes, liebes Wien, ergriff auch jetzt mit begeisterter Liebe Partei für ihn, wie einst vor dreißig Jahren für den kleinen Jungen. Nach dem letz-

ten Stück war der Beifall so riesengroß, daß er minutenlang auf dem Podium im Sturm des dröhnenden Applauses ausharren mußte. Auf dem geschmückten Podium stand die Büste Mozarts, daran angelehnt der festliche Lorbeerkranz. Plötzlich erhob sich in der ersten Reihe der Wiener Bürgermeister, schritt auf die Büste zu, ergriff den Lorbeerkranz und reichte ihn Franzi. Der Applaus steigerte sich zu unbeschreiblichem Toben. Der Meister warf einen Blick in die Hofloge, ob das kaiserliche Paar wohl den Erfolg seines ungarischen Untertanen sähe; die Loge war aber schon leer.
Franzi wohnte bei Eduard, seinem um viele Jahre jüngeren Onkel, in der inneren Stadt, in einem »Schottenhof« genannten großen Hause. Eduard war sein einziger Verwandter, mit dem er überhaupt zusammenkam und oft Briefe wechselte; sie hatten einander sehr liebgewonnen. Da ihr umgekehrter Altersunterschied ihr verwandtschaftliches Verhältnis geradezu komisch erscheinen ließ, beschlossen sie gutgelaunt, sich gegenseitig als Vettern zu betrachten. Der Vetter in Wien war Jurist und erfreute sich bereits des Rufes, der beste Redner unter den Wiener Strafverteidigern zu sein. Er war schon außer der Reihe befördert worden und erwartete jetzt gerade seine Ernennung zum Staatsanwalt. Eduard hatte auch eine Familie gegründet und die Tochter eines Offiziers geheiratet; einen Sohn besaß er schon, dem Franzi Pate war und den man auch Franz Liszt genannt hatte.
»Wo ist denn dieser große Junge? Ich will ihn mal sehen!«
»Um diese Zeit schläft er schon«, erwiderte Henriette, die junge Mutter. »Wenn du aber auf den Zehenspitzen gehst, darfst du ihn dir ansehen.« In dem kleinen Bettchen mit dem Spitzenvorhang betrachtete sich Franzi den schlafenden Franz Liszt. Der Patenjunge war ein gesunder, pausbäckiger kleiner Kerl und nach Meinung der Eltern mit keinem anderen Kinde zu vergleichen. Die meisten Sätze Eduards und Henriettes fingen damit an: »Nicht deswegen, weil er mein Sohn ist . . .«
Sonst war Eduard ein außerordentlich gescheiter Kopf, sehr belesen, interessierte sich für alles, war für Debatten von hohem Niveau zugänglich, und sein Klavierkönnen überstieg weit den Durchschnitt. Das Es-Dur-Konzert seines Verwandten konnte er zum Beispiel ganz gut spielen. Wenn Eduard ihn über Mutter Liszt befragte, wie sich denn Tante Anna in Paris fühle, ergriff ihn mit einem Male eine familiäre Vertrautheit; er fühlte sich durch Eduard geborgen in der Luft bürgerlicher Sauberkeit, er, dessen Kinder einer außerehelichen Liebe entsprungen waren.
»Wer ist das?« erkundigte er sich nach einem Miniaturporträt in ovalem Rahmen.
»Das ist mein Onkel, Baron Richler«, erwiderte Henriette, »ein Deutschmeister-Oberst, ein sehr lieber Mensch.«
Ohne ihn gesehen zu haben, war Franzi diesem Deutschmeister-Obersten sofort zugetan. Dann sprachen sie vom Großvater Adam, von der außerordentlichen Klugheit Daniels, seinen Zeugnissen mit lauter Einsern, von den

Mädchen und von Cosimas junger Liebe. Henriette war voll neugieriger Fragen: wie alt war Bülow? Wieviel Gehalt bezog er vom Konservatorium und, was die Hauptsache blieb: liebte er seine Mutter? »Denn aus einem jungen Manne, der seine Mutter nicht liebt, wird nie ein guter Gatte!« Da fingen beide Männer an, die gute Henriette lustig zu hänseln, daß sie doch alles nur auf sich bezöge, weil sie selber einen Sohn habe. Henriette tat beleidigt, sie versöhnten sie wieder; in der behaglichen Stimmung von Milchkaffee und Kuchen vergingen die Stunden, und Franzi stellte mehrmals verwundert fest, daß er in seinem vorgeschrittenen Alter zum ersten Male fühlte, was es heißt, kein Heim zu haben. In diesem Augenblick ging ihm der Gedanke durch den Kopf, daß die Schuld entweder an ihm selbst oder an Carolyne liegen müsse; denn auch die Altenburg gab ihm nicht das Gefühl eines Heimes. Die liebevolle Ruhe der Schottenhofer Anwaltswohnung wurde noch während Franzis Anwesenheit in Wien durch ein großes Ereignis erschüttert: Liszt erhielt vom Hofmarschallamt die Mitteilung, daß Ihre Majestät, die Kaiserin Elisabeth, ein Hofkonzert zu veranstalten wünsche und der Hof es gern sehen würde, wenn Franz Liszt bei diesem Konzert den Klavierpart übernähme. Diese Nachricht des Hofmarschallamtes überbrachte ein außerordentlich würdiger und steifer Hofkavalier, der eigens deswegen in den Schottenhof kam. Franzi überlegte nur eine Sekunde lang, dann schüttelte er den Kopf:
»Die Aufforderung ehrt mich sehr, sie kam aber an die falsche Adresse. Ich bin kein Klavierkünstler mehr. Ich habe eine andere Laufbahn eingeschlagen. Ich bin jetzt nur noch Komponist. Wenn das Hofmarschallamt in diesem Konzert eins meiner Werke aufführen will, so würde ich das als eine große Auszeichnung erachten!«
»Wie soll ich das verstehen, daß Sie nicht aufzutreten wünschen?«
»In der Tat, ich spiele nicht mehr öffentlich Klavier.«
»Aber mein Herr, Sie haben vielleicht geruht, es falsch zu verstehen. Es ist davon die Rede, daß Sie vor dem kaiserlichen Paar spielen sollen.«
»Wenn *nur* die kaiserlichen Majestäten anwesend sein werden, spiele ich selbstverständlich gern; das wird dann vielleicht einer der schönsten Abende meines Lebens.«
Der Hofkavalier erwiderte nichts, nur daß er Seiner Exzellenz entsprechend Meldung erstatten wolle, aber nicht glaube, daß Seine Exzellenz diese Antwort mit den bestehenden Sitten in Einklang finden würde. Dann nickte er mit dem Kopf, schlug die Hacken zusammen und ging. Eduard war nicht zu Hause, erst mittags erfuhr er von der Angelegenheit. Erschrocken schlug er die Hände zusammen.
»Was hast du gemacht, Franzi? Du hast deine Sache beim Wiener Hof für immer verdorben.«
»Das glaube ich nicht. Es ist bestimmt ein Sachverständiger da, der versteht, daß ich *über* allen diesen Dingen stehe.«

»Das hat mit dem Verstand gar nichts zu tun, den Wiener Hof muß man kennen. Du hast einen großen Fehler gemacht. Lauf schnell in die Burg und mache alles wieder gut.«

In der folgenden Auseinandersetzung überwarfen sie sich. Eduard war umsonst der debattierende Kopf des Landesgerichtes, in dieser Debatte zog er den kürzeren. Er sah zwar ein, daß Franzi, von der hohen Warte der Kunst aus gesehen, recht hatte, seine Meinung aber, daß der Wiener Hof dem Künstler diese Angelegenheit dauernd nachtragen würde, hielt er aufrecht. Franzi zuckte mit den Achseln.

»Früher, in meiner unbekümmerten Virtuosenzeit, hätte ich vielleicht geantwortet: ›Ich pfeife auf das ganze Hofmarschallamt.‹ Heute sage ich das nicht mehr. Es fällt mir nicht im Traume ein, so geschmacklos zu sein, mich dem Herrscher gegenüber unter allen Umständen ungebührlich benehmen zu wollen. Die Kunst ist aber meine Religion. Und wenn man mich auffordern würde, irgend etwas gegen meine Religion zu unternehmen, könnte ich es auch nicht tun.«

Dabei blieb es, und Franzi trat am Hofe nicht auf. Er küßte die pausbäckigen Wangen des kleinen Franz Liszt, umarmte das Ehepaar Eduard und fuhr zurück nach Weimar. Ob er nun in irgendeinem Hofkonzert auftrat oder nicht – was bedeutete das neben dem viel größeren Problem, das er jetzt ruhig und umsichtig zu lösen hatte! Die Graner Messe, zu der ihn der Fürstprimas Scitovszky durch Baron Augusz aufgefordert hatte, war schon seit langem fertig. Seit er komponierte, hatte ihn noch niemals die Aufführung eines Werkes mit soviel Erwartung und glücklicher Aufregung erfüllt wie diesmal. Für ihn war diese Arbeit das schönste und innigste Gebet seines Lebens. Daß die dem Range nach erste Kathedrale des ungarischen Katholizismus mit *seinem* Gebet eingeweiht werden sollte, das sah er als den schönsten Lohn für seinen tiefen und treuen Glauben an. In seiner Religiosität war von jeher eine gewisse kindliche Schwärmerei gewesen, und aus diesem kindlich schlichten Glauben kam ihm die Empfindung, als müßte er durch die Aufführung seiner Messe vor dem lieben Gott selbst Erfolg haben . . . Und diesen Erfolg begann irgendeine unverständliche, nicht zu erklärende Gefahr zu bedrohen.

Der erste Mißton kam in seine freudige, fast andächtige Stimmung, als der Fürstprimas gewisse Bedenken in einem Brief äußerte. Er schrieb, die Liturgie der Einweihung der Basilika werde mindestens vier Stunden in Anspruch nehmen; die Zuhörer würden sehr müde sein, was unter Umständen der künstlerischen Wirkung der Messeaufführung schädlich sein könnte. Es wäre vielleicht besser, dieses Werk nicht bei der Einweihung, sondern an irgendeinem anderen Feiertage, zum Beispiel zu Ostern, aufzuführen. Die Liszt-Messe würde dann auch viel besser zur Geltung kommen; denn bei der Einweihung der Basilika sei die Einweihung selbst das Hauptereignis, die Messe werde zwangsläufig zu einer zweitrangigen Angelegenheit,

wenn man sie in eine so großartige Liturgie einfügte. Zwischen den in liebenswürdigem und vorsichtigem Tone geschriebenen Zeilen des Fürstprimas war es nicht schwer, das wahre Bedenken des hohen Priesters herauszulesen: er fürchtete, daß die Messe die schöne und großartige Zeremonie stören könnte. Franzi antwortete sofort und beruhigte den hohen Geistlichen: die Messe würde die Liturgie nicht stören, und er könne auf die Aufführung bei der Einweihung verzichten.
Damit schien die ganze Angelegenheit erledigt. Nach langen Monaten war jetzt endlich aus Pest die Nachricht gekommen, daß die Einweihung der Basilika auf den letzten Tag des August festgesetzt worden sei, Franzi möge die Partitur nach Gran schicken. Man würde seine Messe bei der Einweihung aufführen; in einer bei dem Fürstprimas abgehaltenen Beratung sei beschlossen worden, den dazu erforderlichen Chor vom Nationaltheater zu nehmen, aber nur achtzig Mann, da die Empore der Basilika für mehr Personen nicht Platz habe. Diese Nachricht tat Liszt schon weh. Er hatte das Ganze für einen großen Chor in Aussicht genommen. Die Partitur schickte er jedoch trotzdem ab. Als Antwort erhielt er einen Brief von seinem alten, guten Freund, dem Grafen Leo Festetics. Der Brief war verblüffend, insbesondere für den guten Freund überraschend. Festetics teilte ihm als Mitglied des von dem Fürstprimas eingesetzten Komitees in kühlem Tone mit, daß sich eine würdige Vorführung der Messe als unmöglich herausgestellt habe, da sie einen viel zu großen Apparat erfordere, wofür aber kein Geld vorhanden sei, ganz abgesehen davon, daß in der Basilika so viele Menschen gar nicht Platz hätten, wie es der Komponist vorschreibe. Mit einem Wort: es wäre zweckmäßig, wenn Franzi aus eigenem Entschluß darauf verzichtete, die Basilika mit seiner Messe einweihen zu lassen.
Was sollte das bedeuten? War das Festetics, der alte Freund, bei dem er gewohnt, der ihm den Ehrensäbel überreicht, in dem er den treuesten und innigst verbundenen Landsmann geehrt hatte? Was spielte sich denn hier bloß um diese Messe ab? Liszt überlegte lange, was er antworten sollte. Wenn von etwas anderem die Rede gewesen wäre, hätte er das Ganze mit einer einzigen Bewegung abgetan, wenn nicht aus Stolz, so aus Eitelkeit. In diesem Falle aber war sein Wunsch stärker als sein Stolz. Nachdem er lange mit sich zu Rate gegangen war, schrieb er einen bescheidenen Brief an Festetics, voller Zugeständnisse; er erklärte sich einverstanden, auf den gemischten Chor zu verzichten und das Ganze nur für Männerchor umzuschreiben. Die Rückantwort des Grafen war nunmehr unverhüllt: er schrieb rundweg, daß er die Messe für das Fest der Einweihung als nicht geeignet ansehe. Die Messe dürfe nicht länger dauern als vierzig Minuten, das Werk aber beanspruche mindestens mehr als eine Stunde. Auch würde für die Einstudierung nicht genügend Zeit vorhanden sein, und für so viele Proben, die erforderlich seien, könne man die Chöre nicht bezahlen. Mit einem Wort: man konnte die Messe nicht gebrauchen. Diese besonders

kühle Ablehnung Festetics' wurde noch von einer geradezu verletzenden Äußerung übertrumpft: er legte Franzi sehr nahe, sich in der Chorangelegenheit unter Berufung auf ihn an Raday, den Direktor des Nationaltheaters, zu wenden.
Um Franzi drehte sich die ganze Welt. Der Graf Leo Festetics wurde offen zu seinem Feinde! Warum bloß? Die ganze Angelegenheit war ihm unbegreiflich. Tief niedergedrückt zerbrach er sich den Kopf über diese Rätsel, er wurde wortkarg, nervös und reizbar. Seit langen Jahren hatte ihn nichts so hart betroffen. In dieser trüben, verzweifelten und wehmütigen Zeit, die den schönsten Traum seiner Komponistenlaufbahn beweinte, kam aber ein anderer Brief, der ihm als Vater den schönsten Wunsch erfüllte. Hans hielt um die Hand Cosimas an.
»Es ist mehr als Liebe, was ich für Cosima empfinde; der Gedanke, mich Dir, den ich als hauptsächlichen Stifter und Beweger meines gegenwärtigen und zukünftigen Daseins betrachte, noch mehr zu nähern, faßt alles Glück zusammen, das ich hienieden erwarte. Cosima überragt für mich nicht nur als Trägerin Deines Namens alle Frauen, sondern auch, weil sie Dir so gleicht, weil sie durch so viele Eigenschaften ein treuer Spiegel Deiner Persönlichkeit ist. Und da sie mir erlaubt, sie zu lieben, brauche ich meine Anbetung nicht als eine Verirrung zu betrachten, noch auch meine Bewerbung als eine Phantasie, deren Aussprechen Dich etwa veranlassen müßte, zur Tagesordnung überzugehen . . . Ich kann mit gutem Gewissen versichern, daß ich nach der ersten günstigen Aufnahme meiner Gefühle nichts unternahm, um sie an mich zu fesseln; ich habe durchaus nichts getan, mich in ihren Augen zu heben; die Achtung, die ich ihr als Deiner Tochter schuldete, ließ sie mich als vollkommen frei betrachten, mir, falls sie sich enttäuscht fand, ihr Wort zurückzugeben. Sechs Monate sind nun verflossen, und es scheint, daß Cosima mir ihre Neigung erhalten hat. Ich fühle mich also berechtigter als vorher – wenn Du mir überhaupt Berechtigung zuerkennst –, Dich um Deine Einwilligung zu bitten. Cosima als meine Braut zu betrachten. Ich schwöre, daß ich, so sehr ich mich durch meine Liebe gebunden fühle, niemals zaudern würde, mich ihrem Glücke zu opfern, indem ich sie freigebe, im Falle sie bemerken sollte, sich in mir getäuscht zu haben.«
Franzi traten die Tränen in die Augen. Er war über dem Hin und Her um die Messe viel zu nervös geworden, jede Kleinigkeit brachte ihn aus dem Gleichgewicht. Diese große Freude wirkte um so mehr auf ihn und löste eine tiefe Dankbarkeit in ihm aus. Er antwortete dem jungen Paare sofort, daß er sie mit ergriffener Liebe segne und stellte nur die eine Bedingung, daß sie noch ein Jahr lang warten sollten. Sie seien noch jung genug dazu, die Beständigkeit ihrer Gefühle während dieses Jahres erproben zu können. Jetzt vermochte er den Schmerz, den ihm die unverständliche Zurücksetzung Festetics' verursacht hatte, schon viel leichter zu ertragen. Und mit

seinem väterlichen Glück kehrte auch langsam die Arbeitsfreude zurück. Vielleicht war doch noch nicht alles verloren. Er gab auch dann noch nicht alle Hoffnung endgültig auf, als ihm der Fürstprimas offiziell mitteilte, daß er zu seinem größten Bedauern gezwungen sei, von der Aufführung der Messe abzusehen. Franzi schrieb an Baron Augusz, in dessen Freundschaft er sich bisher noch nie getäuscht hatte; er wandte sich ferner an Franz Erkel. Er schrieb einem jeden, von dem er nur vermutete, daß er Einfluß am Hofe des Fürstprimas haben könnte. Die Antworten liefen nacheinander ein, und er erfuhr Tag für Tag in Weimar aus den verschiedensten Briefen die Einzelheiten des Kampfes, den Festetics noch immer gegen seine Messe führte. In Pest und in Gran hatten sich zwei Parteien gebildet. Die eine Partei forderte unter allen Umständen und um jeden Preis die Liszt-Messe, die andere Partei war dagegen. Nunmehr spiegelte sich der ganze Streit auch schon in der Presse wider; die Pester Zeitungen brachten jetzt auf Schritt und Tritt Nachrichten über diesen Kampf. Es stellte sich heraus, daß der Pester Gesangverein, zu dessen größten Wohltätern Franzi gehörte, durch ein Memorandum die Aufführung der Liszt-Messe von dem Fürstprimas erbeten hatte. Festetics hingegen suchte der Reihe nach alle Choristen des Nationaltheaters auf und bestimmte sie, in der Liszt-Messe nicht mitzuwirken.
Die vielen aufsehenerregenden Mitteilungen der Presse stellten fast schon Franzis Künstlerruhm aufs Spiel. Wenn er in diesem Kampf unterläge, so wäre das eine untragbare Schande. Das ganze Hin und Her begann verhängnisvoll zu werden. Die Presse des Auslandes nahm die Angelegenheit ebenfalls auf. Die Wiener »Blätter für Musik« schrieben, nicht ganz ohne Schadenfreude, in einem ihrer Artikel unter anderem: »Denselben Liszt, die Weltgröße, um den die Gesangvereine ganz Deutschlands wetteifern, hat sein eigenes Heimatland verraten.« Franzi beantwortete den Absagebrief des Fürstprimas. Er gestand aufrichtig, daß die Nichtaufführung der Messe sehr schmerzlich auf seine künstlerischen Ambitionen wirken würde; es habe ihn nicht nur überrascht, sondern tief betrübt, daß seine Dienste auf einmal nicht mehr gebraucht würden; keiner der gegen seine Messe vorgebrachten Gründe sei stichhaltig; er bäte den Fürstprimas also, er möge eine endgültige Entscheidung nochmals überprüfen. Der Brief ging ab, Baron Augusz bemühte sich unausgesetzt und trat restlos für den Freund ein. Festetics verkündete dagegen laut, daß das Ansehen des Fürstprimas nicht gestatte, einen einmal gefaßten Entschluß zu widerrufen. Die ganze Welt schien aufgebracht und durcheinander, die Presse war voll von dem Streit um die Messe. An einem heißen Sommertage traf dann die endgültige Entscheidung Scitovszkys in Weimar ein: Zur Einweihung der Graner Basilika wird Liszts Messe aufgeführt!
Franzi war glücklich. Er mußte sich sehr beeilen, denn bis zum Graner Fest war es nur noch ein Monat. In großer Hast erledigte er seine schwebenden Angelegenheiten in Weimar, dann fuhr er ab. Drei Wochen vor der Einwei-

hung kam er in Gran an. Er ging nicht nach Pest; er stieg hier aus dem Dampfer aus, weil er von drängender Ungeduld beseelt war, die Basilika anzusehen und den Fürstprimas zu sprechen. Am Dampferanlegeplatz stellte sich ein Geistlicher, der ihn im Namen des Fürstprimas empfing, als Titularbischof Michael Fekete vor. Franzi konnte aber kaum auf den liebenswürdigen Geistlichen achten; mit hingebungsvoller Aufmerksamkeit hing sein Blick an der sich auf dem Felsengipfel erhebenden Basilika. Er konnte seine Augen von der neuen Kathedrale einfach nicht abwenden. Das sollte also der Schauplatz seiner aus tiefstem Herzen kommenden Messe sein . . .

Kaum hatte er sich im Fremdenzimmer beim Bischof Fekete die Hände gewaschen, als er sich auch schon auf den Weg zum Fürstprimas machte. Der Kirchenfürst empfing ihn herzlich und streckte ihm lächelnd beide Hände entgegen:

»Also doch! Post tot discrimina rerum!«

»Vidi iam alios ventos«, erwiderte Franzi schlagfertig gleichfalls mit einem lateinischen Zitat.

»Diese Antwort war richtig«, nickte der Fürstprimas. »Man muß immer durchhalten, das ist die Hauptsache! Wie gewandt Sie doch in der lateinischen Sprache sind! Das habe ich besonders auch aus der Messe feststellen können; denn ein wenig verstehe ich auch von Musik, und in der Partitur habe ich bereits geblättert.«

»Ich bin Eurer Eminenz unbeschreiblich dankbar, daß Sie mich vor der großen Schande, die mich durch die Nichtaufführung meiner Messe getroffen hätte, bewahrt haben. Eure Eminenz werden sehen, der liebe Gott segnet Ihre Wohltat durch einen goßen Erfolg. Ich kann schon kaum erwarten, mit der Arbeit zu beginnen. Dürfte ich in die Basilika gehen, die ich von außen bereits bewundert habe?«

»Sie ist wirklich sehr schön! Wir gehen sofort und ich will Sie selbst führen.«

Sie machten sich unverzüglich auf den Weg. Auf der Empore des neuen Gebäudes voller Mörtelgeruch versperrten noch Gerüste und große Gefäße mit Kalk den Weg; auf Leitern arbeiteten Malergehilfen, schrill dazu pfeifend, und man hörte auch gar nicht in das Gotteshaus gehörende Flüche des Poliers. Als aber der Kirchenfürst und sein Begleiter herannahten, entstand eine achtungsvolle Stille; die Arbeiter bestaunten den langhaarigen Fremden mit offenem Munde. Scitovszky erklärte mit begeistertem Wortschwall den Hauptaltar, die Wandmalereien, die mannigfachen Schönheiten der Fresken. Franzi aber konnte seine Ungeduld kaum noch bezähmen; er wollte unter allen Umständen den Platz des Chores sehen und die Orgel ausprobieren. Endlich gelangten sie auf die Empore. Sie war tatsächlich etwas eng. Als er sich aber an die Orgel gesetzt hatte und seine Finger die Töne einer Bach-Fuge hervorzauberten, ließ das mächtige Brausen der Or-

gel seine Seele glücklich erzittern. Er sah im Geiste schon die Klänge seiner Messe von der Orgel aus diesem kleinen Städtchen Gran bis zu den Füßen Gottes aufsteigen.
Die Besichtigung dauerte nicht lange. Er wäre am liebsten geradewegs nach Pest geeilt, um nicht eine einzige Minute von den Proben zu verlieren. Man ließ ihn aber an diesem Tage noch nicht weg. Er mußte beim Primas zu Abend essen, und an diesem ganzen Abend war von nichts anderem die Rede als von der verwickelten Veranstaltung des Festes. Er erfuhr, daß beim feierlichen Hochamt auch der Kaiser zugegen sein würde, mehrere Erzherzöge, ausländische Gäste, eine in Gran noch nie gesehene erlauchte Gesellschaft. Während der Unterhaltung hätte er gern erfahren, was für eine unverständliche Wühlarbeit hier die Aufführung seiner Messe hatte hintertreiben wollen; er bekam aber keine direkte Antwort. Der Fürstprimas freute sich offensichtlich, daß er diesen heiklen, unseligen Kampf hinter sich hatte, und wollte auch keinen Klatsch heraufbeschwören. Der Sekretär des Kirchenfürsten, Bischof Fekete, wurde aber gesprächiger, als sie sich zurückzogen, um sich zur Ruhe zu begeben. Er erzählte ihm, wie leidenschaftlich Leo Festetics gegen die Messe gearbeitet und daß er sogar dem Fürstprimas unter anderem geschrieben habe: »Er könne es nicht als gleichgültig erachten, daß der Fürstprimas von Ungarn in der Geschichte als Mäzen dieses musikalischen Unsinns von Zukunftsmusik figurieren werde, und er sage es ganz offen, Seiner Eminenz sei es nicht gestattet, seinen ruhmreichen Namen dazu herzugeben, daß dieser musikalische Galimathias gegenüber der Musica sacra Protektion bei Seiner Eminenz finde.«
»Das ist mir unverständlich«, sagte Franzi kopfschüttelnd, »dieser Festetics war einst mein bester Freund. Haben Eure Bischöfliche Gnaden denn keine Ahnung, was ihn gegen mich so aufgebracht hat?«
»Nicht daß ich wüßte . . . das heißt . . .«
»Das heißt?«
»Denken Sie mal nach, lieber Meister. War denn zwischen Ihnen nicht einmal eine Frau im Spiele? Graf Leo ist ein großer Verehrer des schönen Geschlechts . . .«
In Franzis Gedanken wurde es mit einem Male blitzartig hell. Innerhalb einer einzigen Sekunde ward ihm alles klar. Die Erinnerung an eine diamantäugige, schwarzhaarige Frau erwachte in ihm. Schon damals, vor zehn Jahren, hatte er den Verdacht gehabt, daß Leo Festetics irgend etwas ahnte. Es konnte nicht anders sein, als daß Graf Leo nach seiner Abreise etwas erfahren hatte. Wenn dem aber so war, dann konnte man ihm auch nicht übermäßig zürnen; der in seiner verliebten Eitelkeit verletzte Mensch ist nicht zurechnungsfähig. Er nahm sich deshalb auch sofort vor, Leo Festetics, falls er ihm begegnen sollte, für die monatelangen Ränke zur Verantwortung zu ziehen.
»Sie haben morgen Zeit, lange zu ruhen, Meister. Ich rechne damit, daß

Sie um die Mittagsstunden in Pest ankommen. Ihre Verehrer wollen Sie mit einer großen Feierlichkeit in der Halle des Hotels ›Zur Königin von England‹ empfangen.«
»Nein, nein, mir ist gar nicht danach zumute. Das möchte ich unter allen Umständen vermeiden. Fährt denn nicht irgendein Dampfer schon am frühen Morgen nach Pest, mit dem ich unbemerkt die Stadt erreichen kann?«
»Es fährt schon einer, dann ist es aber auch nicht mehr der Mühe wert, zu Bett zu gehen. Der sogenannte Marktweiberdampfer, mit dem die Hökerinnen fahren, legt hier kurz nach Mitternacht an und ist morgen um fünf Uhr in Pest.«
Franzi fuhr mit dem »Marktweiberdampfer« und betrat an einem strahlenden Augustmorgen das Pester Ufer. Wie ein feenhafter Traum breitete sich das Panorama vor ihm aus: über den glitzernden Wellen der Donau die fein gezeichneten Linien der mächtigen Bogen der Kettenbrücke, drüben die Berge und am Pester Ufer die langen Reihen neuer Häuser. Am Ofener Brückenkopf der Kettenbrücke erspähte er die Spuren eines neuen Baues. Man erklärte ihm, daß durch den Festungsberg ein Tunnel getrieben werde. Nächstes Frühjahr wäre man, wenn man vom Ofener Ufer auf die Generalswiese gelangen wolle, nicht mehr gezwungen, den ganzen Berg zu umgehen. Franzi ging zu Fuß in sein Hotel, sah sich nur schnell seine Zimmer an, und schon machte er sich auf, die erwachende Stadt zu besichtigen. Die schnelle Entwicklung seit den vergangenen Jahren überraschte ihn. In der Hatvanistraße ein großes Mietshaus neben dem anderen und die Straße überall gepflastert. In der Umgebung des Nationaltheaters war die Veränderung am auffallendsten. Hinter dem Theater lagen einst leere Felder, hier und da ein kleines Haus mit Strohdach, und nicht weit vom Theater entfernt hatte man seinerzeit noch wilde Enten schießen können. Jetzt war alles bebaut, und eine sehr dichte Reihe von Häusern zog sich auch weiter draußen hin. Die Stadtgrenze war bereits längst über das Theater hinausgewachsen.
Als er in das Hotel zurückgekehrt war, um zu frühstücken, fragte er den Wirt, der aufgeregt um ihn herumdienerte, wieviel Einwohner Pest habe.
»Etwa zweimalhunderttausend.«
»Zweimalhunderttausend? Großartig! Eine regelrechte Weltstadt. In meiner Kindheit hätte ich mir das gar nicht vorstellen können!«
Versonnen rührte er seinen Kaffee und war in seine Erinnerungen versunken. Dann fragte er den Hotelbesitzer über das Jahr achtundvierzig aus. Dieser antwortete aber sehr ausweichend und kurz. Da drang er nicht weiter in ihn. Er begriff, daß in einem unterjochten Lande jeder seine Zunge hütete. Das hatte Liszt auch schon am Tage vorher erlebt. Sobald jemand die Zeit der Freiheitskämpfe erwähnte, wurden die Geistlichen an der Tafel des Fürstprimas plötzlich ganz steif und schweigsam. Franzi hatte von den ganzen Ereignissen nur eine sehr verschwommene Vorstellung. Er erinnerte

sich noch immer an Széchenyi, der alles das schon lange vorher prophezeit hatte und jetzt in Döbling in einer Irrenanstalt lebte. Einige sagten, er sei geisteskrank, andere wieder behaupteten, sein Feuergeist wäre klarer denn je, und er schriebe nacheinander seine politischen Studien. Sei dem aber, wie es sei. Sechsundvierzig war er noch nicht geisteskrank gewesen und hatte von der einem Selbstmord gleichkommenden Revolution nichts wissen wollen. Sein Volk aber, diese gutgläubige, nur aus heißen Herzen bestehende Nation, lief Hals über Kopf vor die Kanonen und bewies seinen legendären Heldenmut von neuem. Warum? Für nichts! Der Ankömmling aus Weimar bemerkte außer der blühenden Entwicklung keine sonstige Veränderung. Die Wagen trotteten friedlich die Straßen entlang, der Kellner bewegte sich munter und froh zwischen den frühstückenden Gästen, das Gemisch der deutschen und ungarischen Sprache war auch heute nicht anders als vor zehn Jahren. Über das Dach dieses Hauses waren damals Granaten geflogen. Er hatte dabei ebenso gefehlt wie Széchenyi. Heine hatte ihn ja auch in einem Gedicht verhöhnt. Und wo war jetzt schon dieser unglückselige Heine: er war im Frühjahr an seinem Rückenmarksleiden gestorben . . .

Sein erster Besuch am Vormittag galt dem Grafen Raday im Nationaltheater. Er wollte mit ihm die Proben des Chores besprechen. Der Graf stand ihm in jeder Hinsicht zuvorkommend zur Verfügung; von den der Messe voraufgegangenen Intrigen fiel kein Wort. Inzwischen war auch Baron Augusz angekommen, die Freunde umarmten sich herzlich. Als sie von Raday weggingen, umarmte Franzi den Baron auf offener Straße nochmals und küßte ihn.

»Das ist mein erstes Dankeswort für alles, was du für meine Messe getan hast! Den letzten Dank werde ich auf meinem Sterbebett aussprechen.«

»Ich bitte dich, dieser verrückte Festetics . . .«

Franzi hob die Hand, um seine Rede zu unterbrechen.

»Lassen wir das, sprechen wir nicht von ihm. Ich möchte das Ganze vergessen und will von dieser Angelegenheit nur deine Freundschaft in Erinnerung behalten.«

Arm in Arm gingen sie in den Komlo-Garten zum Mittagessen. Franzi konnte es kaum noch erwarten, etwas recht Gepfeffertes, mit viel Paprika Zubereitetes, so richtig nach Herzenslust bestellen zu können. Und von da ab trennte sich Franzi nicht mehr vom Baron Augusz, sie erledigten alles gemeinsam. Vor allem suchten sie den Schneider auf, Adam Kostyal, bei dem Franzi sich eine ungarische Galauniform bestellte, weil die alte von Motten zerfressen war. Nachmittags traf er sich schon mit Franz Erkel, Mosonyi, Abranyi und dem Klavierfabrikanten Beregszaszy. Voll Anteilnahme hörte er von ihnen, daß das musikalische Leben seit zehn Jahren einen großen Aufschwung genommen habe, daß die Opernvorstellungen sehr gut seien, das Publikum der Konzerte immer zahlreicher und ver-

ständnisvoller werde, die neue Notenhandlung von Rozsavölgyi sehr gut gehe und daß es sich auch lohne, Klaviere zu bauen.
»Ich werde nicht ruhen«, sagte Franzi, »bis wir die Musikakademie zustande gebracht haben. Und wenn sie zunächst mit drei Zimmern anfangen sollte, das schadet nichts. Pest wird eine Musikakademie haben! Ich habe das Ganze ja bereits durch eine Stiftung begonnen, irgendwo *muß* das Geld dazu noch vorhanden sein.«
»Wenn es die Österreicher nicht beschlagnahmt haben«, fiel ihm düster der löwenköpfige Erkel ins Wort.
Alle schwiegen. Franzi, der in Politik vollständig fremd war, stellte keine Fragen und schwieg auch. Abends nahm man ihn zum Abendessen mit ins Lloyd-Restaurant. Dort spielte die Zigeunerkapelle Ferko Patikarus. Der Zigeuner wußte sofort, wer dieser Fremde unter den anderen Herren war, stand alsbald neben Franzi und begann, mit dem lustigen, bewegten Mienenspiel des Zigeunerprimas ihm ein Lied nach dem anderen in die Ohren zu spielen. Franzi hob überrascht den Kopf.
»Das ist doch meine Erste Rhapsodie . . .«
»Natürlich«, meinte Erkel, »der spielt alle, die erschienen sind. Aber nicht nur er, sondern auch alle anderen Zigeuner spielen sie. Und nicht nur die Zigeuner – das ganze Land spielt sie. Alle heiratsfähigen Töchter wollen den jungen Männern mit einer Liszt-Rhapsodie gefallen.«
Der ganze Abend blieb mit Zigeunermusik ausgefüllt. Und wie das Publikum an den anderen Tischen der Musik lauschte, fühlte und verstand Franzi plötzlich daraus die gesamte ungarische Politik. Hier geschah dasselbe wie damals in Warschau mit der Musik von Chopin. Einer unterdrückten Nation kann man wohl den Mund verbieten, nicht aber das Herz. Im Lloyd-Garten unter den sommerlichen Lauben sättigte sich die Luft mit einem hartnäckigen, sturen Ungartum. Und dieser Stimmung wohnte eine so überwältigende Kraft inne, daß jede Tyrannei eine vergebliche, kindische Anstrengung schien. Mit einem Male wußte und begriff Franzi alles: dieses Land und dieses Volk werden nie aufhören, sich ihr eigenes Blut und ihre eigene Art zu bewahren! Was man auch mit ihm anstellte, Ungartum war immer und würde auch immer sein! Er griff in seine Tasche, nahm einen Hundertschein heraus und reichte ihn dem Zigeuner. Der trat jedoch zurück und erwiderte etwas auf ungarisch.
»Was sagt er?«
»Er meint«, übersetzte Augusz, »daß er reichlich belohnt sei, wenn er dir etwas vorspielen durfte.«
Vor dem Schlafengehen zeichnete sich Franzi noch einzelne Motive auf. Er war auch der Meinung, daß es nunmehr an der Zeit wäre, sein Buch über die Zigeuner zu schreiben, für das er auf seinen Reisen soviel Interessantes zusammengetragen hatte.
Am anderen Tage konnte man der Stadt schon ansehen, daß sie ihren welt-

berühmten Sprößling beherbergte. In den Auslagen tauchte hier und da sein Bild auf, mit Lorbeer bekränzt, aber ohne das rot-weiß-grüne Nationalband. Auf der Straße erkannte man ihn allenthalben und begrüßte ihn mit »Eljen«-Rufen. Am dritten Tage bekam er schon eine Unmenge von Briefen, der größte Teil ungarisch geschrieben. Die Einladungen häuften sich, seine Bekannten von vor zehn Jahren meldeten sich einer nach dem anderen. Auch Leo Festetics begegnete er. Er reichte ihm höflich und liebenswürdig die Hand. Und Festetics gab ihm die seine mit einem fragenden Blick. Er wollte offensichtlich erkunden, wieviel Franzi wisse. Da sich aber Liszt nicht weiter erkennen ließ, schlug Festetics kühn den Ton der alten Freundschaft an. Wer ihnen zuhörte, hätte meinen können, daß sie sehr gute, alte Bekannte geblieben waren. Unter vier Augen aber waren sie nie. Das vermied Leo Festetics beharrlich.

Die Proben begannen. Noch nie hatte Franzi die Aufführung einer seiner Tondichtungen mit soviel Sorgfalt einstudiert. Auch die unwichtigeren Takte ließ er etliche Male wiederholen; minutenlang erklärt er die feinsten Klangfarben, und wenn nicht alles so gelang, wie er es wollte, ließ er sich sogar zum Schreien hinreißen. Schon während der dritten Probe erzählte man ihm, welcher Scherz von ihm in Pest in Umlauf wäre: »Liszt hat betend seine Messe geschrieben, aber er studiert sie fluchend ein.«

»Wenn ich nicht wüßte, daß ich in Pest bin«, entgegnete er lachend, »würde ich es daran erkennen. Hier entsteht in fünf Minuten aus allem ein Scherz. Und nicht einmal immer ein schlechter.«

Die Proben fanden im Nationaltheater statt. Im Zuschauerraum saßen ständig neugierige Mitglieder des Theaters, und Franzi lernte sie der Reihe nach kennen, wenn er in den Pausen eine Zigarette rauchte. Unter den Mitgliedern des Theaters war auch eine Dame, die auffallend gut französisch sprach und sowohl durch ihr Benehmen als auch durch ihre Erscheinung seine Aufmerksamkeit erweckte. Es war die Schauspielerin Lilla Bulyovszky Szilagyi. Sie war zwar nicht viel älter als zwanzig Jahre, aber mit um so stärkerem Ehrgeiz beseelt, der infolge der Vorherrschaft der älteren Primadonnen unerfüllt blieb. Sie war eine kluge Frau, sehr belesen und originell, aber ein bißchen überklug und ein wenig zu romantisch. Während der Pausen der ermüdenden Proben unterhielt sich der Schöpfer der Messe mit dieser kleinen Schauspielerin. Von den Klängen des »Sanctus« kam er heraus zu ihr in die gluterfüllte Augusthitze; unter den Klängen des »Kredo« verließ er sie wieder. Die romantische Lilla dachte sich zweifellos nachts jene sinnigen Sätze aus, die sie anderntags mit halbgeschlossenen Lidern schwärmerisch in ihre Unterhaltung einflocht. Der erschöpfte Tondichter hörte ihr jedoch nur halb zu. Seine Gleichgültigkeit bewirkte, daß die kleine Lilla immer koketter wurde. Endlich ließ sie sich zu einem offenen Geständnis hinreißen. Franzi sah sie an und lächelte gutmütig.

»Ich könnte ja Ihr Vater sein, mein Engel, vergessen Sie das nicht!«

»Warum? Wie alt sind Sie?«
»Ich werde demnächst fünfundvierzig Jahre alt.«
»Ach, das ist doch kein Alter, und ich kann die jungen Männer nicht ausstehen. Ich weiß nie, worüber ich mich mit ihnen unterhalten soll. Bei Ihnen weiß ich das.«
Franzi betrachtete sich die Frau zum ersten Male genauer. ›Sieh mal an‹, dachte er, ›diese kleine Frau ist ja außerordentlich hübsch. Und in ihrem großen Eifer, wie sie ihre französische Belesenheit und musikalische Bildung hervorkehren will, wie sie ihre Pläne als Schriftstellerin schildert, ist wirklich etwas Rührendes.‹ Er blickte sie an. So, wie nur er jemand ansehen konnte, mit einem tiefen, brennenden Blick. Lilla schloß wie halb ohnmächtig die Augen. Franzi sah mit einem gewissen Mitleid auf die Frau herab, diesen Rausch kannte er. Unzählige Augenpaare hatte er schon unter der Macht seines Blickes sich so selig schließen sehen.
»Erwähnten Sie nicht, daß Sie nach Paris reisen wollten? Dann besuchen Sie mich doch bitte, ich werde Ihnen einige Empfehlungsschreiben mitgeben.«
Lilla antwortete nicht, man sah ihr aber an, daß sie heftiger atmete. Er ging wieder zur Probe, und eine Minute später klopfte er bereits energisch mit seinem Dirigentenstab ab; er konnte nicht begreifen, warum die Sänger den Schlußton des »Kredo« so kurz abgerissen sangen. Liszt wußte zwar aus den Erklärungen seiner ungarischen Freunde, daß es ein auf o endendes ungarisches Wort nicht gab und daß dieses o am Ende eines Wortes den ungarischen Ohren fremd klang. Wenn es ihnen also fremd war, mußten sie es eben lernen. Er ließ sie zwanzigmal wiederholen und vergaß Lilla vollkommen. Sie fiel ihm erst wieder ein, als er nach Hause ging. Dieses Abenteuer hielt er für aussichtslos. Es war ganz unmöglich, daß ihn in der »Königin von England« eine Dame besuchen sollte. Am selben Abend hörte er aber von dem Zimmerkellner, daß Lilla für einen Tag hierher übergesiedelt sei, weil sie ihre Wohnung tapezieren ließ . . .
Die ungarische Schauspielerin war ihm ein Abenteuer, ohne daß er auch nur die Hand hätte nach ihr auszustrecken brauchen. Als Franzi, von den unersättlichen Küssen müde, in der Stille der Nacht wieder allein war, blieb nur ein leichter Moschusgeruch von der weggehuschten Frau zurück, und Franzi prüfte überrascht sein Gewissen. Daß er Carolyne betrogen hatte, bereitete ihm nicht allzuviel Sorgen. Die Fürstin war viel mehr seine Lebensgefährtin als seine Geliebte. In seiner Seele tauchte aber das feine, schweigsame Gesicht von Agnes auf, und den vorwurfsvollen Blick dieses Antlitzes konnte er nur mit einem Gefühl der Scham ertragen. Agnes schrieb ihm sehr traurige Briefe in dieser Zeit. Sie war lungenkrank geworden und hustete oft Blut. Arme, arme Agnes, dahinsiechendes kleines Gretchen . . . Es war nicht schön, sie zu betrügen. Nicht die Fürstin, sondern Agnes, die ihm nie gehört hatte . . . Das große Festmahl, dem er auch dies-

mal nicht fernbleiben konnte, hielt man im großen Peterschen Klaviersaal ab. Dem fabelhaften Menü ging ein Konzert voraus; ein Sängerquartett trug ein Begrüßungslied vor. Als das Lied verklungen war, brachte man ihm den Komponisten und den Textdichter. Den Komponisten brauchte man ihm nicht vorzustellen, es war der bescheidene ruhige Doppler, mit dem er schon viele Briefe gewechselt hatte. Den Textschreiber aber, den man ihm als Johann Vajda vorstellte, kannte er noch nicht.
»Ich danke Ihnen vielmals«, sagte er zu dem verstörten und düster blickenden jungen Mann. »Das Gedicht ist wirklich sehr schön. Ich werde es nicht nur in meiner Schublade, sondern auch in meinem Herzen aufbewahren. Unsere Dichter sind alle so begabt, nur mir wollen sie keinen anständigen Operntext schreiben.«
»Wie meinen?« stotterte Johann Vajda.
»Wie ich es sage: ich möchte einen ungarischen Operntext haben. Irgendein schönes, begeisterndes Heldenthema aus der ungarischen Geschichte. Denken Sie doch einmal darüber nach. Ich würde einen schönen ungarischen Text sehr gern vertonen.«
Johann Vajda murmelte irgend etwas Unverständliches und verschwand wieder im Strudel des Abends. Dann wurde aufgetragen, und es kam der unendliche Schwall der Begrüßungsreden. Alles waren Reden mit gewissen Anspielungen auf das ungarische Leid, an denen die österreichische Zensur nichts aussetzen konnte, begleitet von einer wilden, wehmütigen, trotzig fröhlichen Zigeunermusik, gegen die der ganze österreichische Staat noch weniger unternehmen konnte. An der Festtafel nahm auch ein verdienstvoller Tondichter namens Michael Brand teil. Auch er hatte eine Messe geschrieben, die Leo Festetics gegen Franzis Messe hatte ausspielen wollen. Weil das nicht gelungen war, mußte die Aufführung von Brands Messe unterbleiben. Franzi tat dieser Musiker aufrichtig leid, den er ungewollt von einer so wichtigen Etappe des Ruhmes zurückgedrängt hatte. Er zerbrach sich andauernd den Kopf, wie er diesen Brand trösten könnte. Endlich beschloß er, die Sache vor den hohen geistlichen Würdenträgern, bei denen er jetzt besonderen Einfluß gewonnen hatte, zur Sprache zu bringen, und er erreichte wirklich, daß Brands Messe in der Innerstädter Kirche aufgeführt werden sollte, dirigiert von Franz Liszt. Damit hatte er wiederum die mühevolle Arbeit schwerer Proben auf sich genommen, aber er dachte gar nicht weiter darüber nach: Brand weinte fast vor Freude.
Die Hauptprobe der Liszt-Messe fand fünf Tage vor der Graner Festlichkeit im Nationalmuseum statt. Es war viel darüber gesprochen worden, wofür die Einnahmen aus dieser Aufführung verwendet werden sollten. Der Direktor des Nationalmuseums, Kubinyi, trug sich mit dem gewaltigen Plane, auf dem um das Museum herum gelegenen kahlen Gelände eine Parkanlage zu schaffen, und wollte dieses Geld unter allen Umständen dafür verwenden. Franzi vertrat jedoch die Meinung, daß die Einnahme aus dieser

Hauptprobe nur kirchlichen Zwecken dienen könne, und bestimmte deshalb den Betrag für die Basilika, die in der Leopoldstadt erbaut werden sollte. Trotz der hohen Eintrittspreise war der Andrang zur Hauptprobe so gewaltig, daß viele im Saale keinen Platz mehr bekommen konnten. Sie verlief ganz nach Wunsch. Franzi war zufrieden. Der Fürstprimas war auch anwesend, trat nach der Hauptprobe auf ihn zu und umarmte ihn:

»Ich beglückwünsche Sie von ganzem Herzen. Jetzt kann ich es Ihnen ja gestehen, daß ich bis zum heutigen Nachmittag große Bedenken gehabt habe. Man hatte mir den Kopf so heiß gemacht. Die Messe ist aber, Gott sei gelobt, herrlich! Kommen Sie hierher, Baron Augusz, Ihnen muß ich auch noch besonders danken, daß Sie sich für dieses Werk bei mir so eingesetzt haben.«

Franzi strahlte vor Freude. In dem großen Gedränge fühlte er, wie sich eine Hand auf seinen Arm legte. Er drehte sich um, Lilla Bulyovszky stand neben ihm.

»Wann sehe ich Sie?« raunte sie mit tiefem Blick.

»Ich bin wirklich in Verlegenheit«, antwortete Franzi, »Sie wissen vielleicht, daß ich nach Ofen ins Karacsonyi-Palais übergesiedelt bin? Graf Guido ist ein alter Freund von mir. Vielleicht, wenn bei ihm eine Soiree stattfindet . . .«

Die Menschenmenge trennte sie wieder. Auch andere kamen, ihre Glückwünsche auszusprechen – sie schwärmten, waren ganz hingerissen. Sogar Leo Festetics kam zu ihm, als der Fürstprimas schon weggegangen war. Auch er beglückwünschte ihn und ließ längere musikalische Ausführungen vom Stapel. Das Durcheinander riß aber auch ihn mit fort. Der Erfolg schien vollkommen. Am anderen Tage bestätigte dies die Presse. Augusz übersetzte ihm die Kritiken, wenn man überhaupt diese überschwenglichen Gedichte in Prosa als Kritiken bezeichnen konnte. »Die Macht des Augenblikkes beherrscht mich, fragt nicht, woher ich komme, wo ich war. Seht mir ins Gesicht, und es ist unmöglich, daß Ihr darauf die edelsten Spuren des Erlebnisses nicht erblicken solltet. Seht in meine Augen, und es ist unmöglich, daß Ihr darin dieses geheiligte Feuer nicht sehen solltet, wie es glüht. Ja, ich komme vom erhabensten Siegesfest der Musik und bin glücklich, daß ich diesen Sieg durch den Beifall meiner Wenigkeit *mit* den anderen vielen Tausenden gleichfalls verherrlichen kann . . .«

»Du, Anton, es heißt doch, daß keiner in seinem eigenen Vaterlande Prophet sein könne. Ich glaube, sowohl ich als auch mein Vaterland sind eine Ausnahme. Ich könnte hier erst ein richtiger Prophet *werden.* Wer weiß, vielleicht wird doch noch einmal etwas aus mir.«

»Ich habe keinen größeren Wunsch«, erwiderte Augusz, »als daß du wenigstens nicht selbst gegen eine Rückkehr hierher arbeitest. Erst heute habe ich eine ganz sonderbare Sache gehört, daß man dir am Wiener Hof zürnt, weil du irgendeine Einladung ausgeschlagen hast.«

Franzi war überrascht. Sollte man ihm das wirklich nachtragen? Er erzählte die Geschichte der Wiener Absage.
»So hört sich das natürlich schon ganz anders an.« Augusz atmete erleichtert auf. »Ich werde die ganze Angelegenheit gelegentlich in Wien klären, wenn ich hinfahre. Es ist nämlich wichtig, daß ich das tue, denn es wird höchste Zeit, daß wir unseren alten Plan verwirklichen.«
»Welchen Plan?«
»Du wirst geadelt. Alles ist auf dem besten Wege. Überlasse das Ganze nur mir.«
Der Schöpfer der Messe errötete. Er konnte es vor sich selbst nicht leugnen, daß ihm das Adelsdiplom große Freude bereiten würde. Wenn er daran dachte, malte er sich immer aus, daß er sich mit seinem wappengeschmückten Briefpapier vor den Grafen Saint-Cricq stellen und ihm sagen würde, daß . . . er nichts sagen könne. Der Graf Saint-Cricq war schon lange gestorben. Die Wunde aber, die er ihm einst geschlagen, brannte ab und zu auch heute noch, und für diesen Schmerz war der Adelsbrief ein Balsam.
Zwei Tage vor der Einweihung der Basilika bestieg er mit den Mitwirkenden den kleinen Dampfer »Marianne«. Unter ihnen befand sich auch der erste Posaunenbläser des Weimarer Theaters, den er telegraphisch auf seine Kosten hatte kommen lassen, weil er mit den hiesigen Posaunisten nicht zufrieden war. Abends kamen sie in einem kopflosen Durcheinander in Gran an. Die vorher bestimmten Quartiere waren untereinander verwechselt worden, niemand wußte, wo er schlafen würde. Franzi verließ die Streitenden und ratlos Herumlaufenden, ging zurück auf den Dampfer und machte sich aus Stühlen und Mänteln eine Ruhestätte zurecht. Am frühen Morgen begab er sich in die Basilika, um zu proben. Er probte den ganzen Tag in der Kirche. In den Pausen klang dumpfes Dröhnen zu ihnen herein. Es wurden die hundertundein Kanonenschüsse abgefeuert, die die Ankunft des den Wiener Hof bringenden Dampfers ankündigten. Großer Pomp. Aufmärsche. Von all dem sah er nichts. Die Nacht verbrachte er wieder auf dem Dampfer. An dem großen Tage kleidete er sich in irgendeiner Kabine um. Er zog seinen Frack an und legte alle seine Orden an. Dann ging er mit den Mitwirkenden gemeinsam in die Basilika. Unzählige Schaulustige säumten den Weg. Ab und zu »Eljen«-Rufe.
Um zehn Uhr war alles auf den Plätzen. Die Zeremonie begann. Es verging eine halbe Stunde, eine Stunde, zwei Stunden, die Messe kam noch immer nicht an die Reihe. Der erste Teil der Festlichkeit war vorüber, nun konnte die Messe folgen. Franzi sah den schon seit dreieinhalb Stunden dastehenden Mitwirkenden ins Gesicht und bekreuzigte sich. Eine fürchterliche Hitze quälte alle, sogar die Mauern der geradezu lebensgefährlich überfüllten Kirche schienen schwer zu atmen. Er winkte. Die Messe erklang. Die Orgel ertönte, und unten erfüllte der Glanz eines prächtigen Aufzuges den

Vorplatz des Altars. Weiße Spitzenhemden, golden schimmernde Meßgewänder, rote und Silber-Farben kamen und gingen.
»Dominus vobiscum!« erklang die alte, weiche Stimme des Fürstprimas.
»Et cum spiritu tuo!« antwortete hier oben der Chor.
Stille, Scharren, abermals die tönende Orgel, starker Weihrauchduft, erdrückende Hitze. Franzi sehnte sich plötzlich grenzenlos danach, von hier zu verschwinden und auf den kühlen Marmorfliesen einer kleinen Kapelle ganz allein in tiefer, hingebender Andacht zu verweilen. Er wischte sich aber die von Schweiß triefende Stirn und paßte auf.
»Kyrie eileison!« ertönte der griechische Satz der alten Christen in der lateinischen Messe.
»Christe eleison!«
Franzi war ganz gespannte Aufmerksamkeit. Und schon hob er den Dirigentenstab. Jetzt. Der mächtige volle D-Dur-Akkord brauste hernieder. »In nomine Patris et Filii et Spiritus Sancti!« – dreimal nacheinander. Dann der ewige Schrei der Menschheit, das um Gnade flehende Aufschluchzen der Musik: »Kyrie eleison!« Wenn niemand sonst in der Kirche, so empfand *er* eine verzauberte Entzückung über das, was jetzt kam. Über das geheimnisvolle Motiv der Dreifaltigkeit, das er so unendlich lange Nächte hindurch verfolgt hatte wie eine himmlische Taube, bis er es zum Gefangenen seiner Stimmen machte. Dann flocht er dieses Motiv in die ganze Messe ein, um das geheimnisvolle Drama der heiligen Kommunion in eine einzige musikalische Einheit zusammenzufassen, wie der zu Musik gewordene Katholizismus selbst. Abermals Pause und die Variationen der Orgel; Hitze und Weihrauchduft. In der hohen Würde des Pontifikats schritt der Fürstprimas von links nach rechts und dann wieder von rechts nach links, die gewissenhaft und genau einstudierten Bewegungen der Geistlichkeit bildeten entzückende kleine Gruppen. Unter einem Baldachin sah man den jungen Kaiser und Elisabeth, eine der prächtigsten Frauengestalten Europas, sitzen, ihr schönes Haupt mit der mächtigen Haarkrone demütig neigend. Jetzt aufpassen! »Gloria in excelsis Deo!« Das H-Dur-Tremolo der Violinen soll das lobsingende Weltall erzittern machen. Die begeisterten Gloriarufe der Oboen lösen sich, und der Chor der Engel übernimmt das glückselig innige Gebet der Instrumente. Die Musik greift von der Messe auf die biblische Erzählung zurück. Das verkündeten die Engel in Bethlehem den Hirten, und die Messe verkündete hier die Worte der Engelsbotschaft; auch ihr, die ihr hier unten betet, sollt es wissen: »Et in terra pax hominibus bonae voluntatis.« Dann folgt das Kredo, dieses in jedem seiner Klänge ausgefeilte majestätische Gedicht, das Glaubensbekenntnis, bei dem der große Gläubige die Kraft des Glaubens und die unerschütterliche Überzeugung seiner eigenen Seele auf die Instrumente übertragen hatte. Welche Freude war es, die Worte des Kredo selbst zu dirigieren und sich mit dem ganzen Körper und der ganzen Seele in die naturwahre und eben deshalb mystischste Ton-

art, C-Dur, zu vertiefen bis zum Jüngsten Tag, an dem Gott kommen wird, zu richten die Lebendigen und die Toten. »Vivos et mortuos.« Die Fanfaren ertönten mit unbändiger Kraft, der Weimarer Musiker führte sie; erschrekkende Tubaschreie mengen sich dazwischen, und beim Worte mortuos öffnen sich förmlich die Gräber unter dem erschauernden Sturm der Violinen.
»Dominus vobiscum!«
»Et cum spiritu tuo!«
Unten wird die Festmesse zelebriert, hier oben kann man sich der Messe nicht hingeben, sondern man muß die feierliche Zeremonie unten beachten. Als der Augenblick kommt, ertönt das »Sanctus«. »Heilig, heilig, heilig ist der Herr Zebaoth!« Das Gesicht des Dirigenten strahlt voll Stolz. Niemand in dieser Kirche ahnt, daß dieser Satz, das »Sanctus«, als ewiger Wert der Kirchenmusikgeschichte bestehen bleiben wird. Unten im Kirchenschiff könnte das nur einer begreifen, der das Wesen der Kirchenmusik so tief erfaßt hat wie Franz Liszt. So einer ist aber nicht vorhanden. In die von den Neunvierteltakten erregten Herzen setzt das G-Dur-Hosianna ein, die Führung der Hauptmelodie an sich reißend, wie die einzelnen Vorbeter einer in religiösen Taumel verfallenen Menge am Palmsonntag. Und der Herrgott da oben *muß* es hören, wie wunderschön ihn dieser eitle Weibernarr grüßt, dieser ruhelose Wanderer mit seiner bewegten Vergangenheit, dessen Seele trotz allem aufrichtig und innig rein ist. Zum Schluß endlich das »Agnus Dei«. Das große Flehen zu dem Lamm Gottes, das durch seine qualvoll blutigen Leiden die Menschen von den Sünden der Welt erlöste, um ihnen den Frieden zu geben. Dieses Flehen ist der Glaube selbst. Die ganze Messe ist wie ein Gebäude von Meisterhand, bei dem jeder Stein unentbehrlich ist, bei dem auch die am weitesten auseinanderstehenden zueinander gehören, und doch jeder seine eigene, besondere Aufgabe hat. Mit der ganzen, Berge versetzenden Kraft des unerschütterlichen Glaubens rufen die Stimmen aller Instrumente endlich das Bekenntnis: »Kredo!«
»Ich glaube!«
Die Messe war beendet. Unten stellte sich ein hellstimmiger junger Tenor vor den Altar und sang es, für den Bauern und den Kaiser gleich lang hingezogen:
»Ite, missa est.«
»Geht, wir entlassen euch jetzt.« Franzi lehnte sich ganz erschöpft an die Orgel. Nach dreieinhalbstündigem Warten hatte er, sehr mitgenommen durch die drückende Hitze, die Messe begonnen. Mit der ganzen Kraft seiner Seele wußte er sich in die übermenschliche Größe seiner Musik hineinzuleben. Er erlebte das sich im Staube wälzende Flehen des »Kyrie« um die göttliche Gnade, das beseelte Jauchzen des »Gloria«, die erschütternde Kraft des »Kredo«, des »Sanctus«, die Demut und Hingabe des »Benedictus« und endlich das erschauernde Erlebnis des »Agnus Dei«, das Niedersinken vor der Gestalt des Gekreuzigten, aus dessen Wundmalen an Händen und Fü-

ßen, den Dornenwunden der Stirn, dem Lanzenstich in der Seite, das Blut für ihn, den Menschen Franz Liszt, geflossen war, den Menschen, dessen irdische Sünden nur deswegen vergeben werden konnten, weil Gottes Sohn selbst für ihn unter fürchterlichen Qualen gestorben war. Alles das hatte seine völlig durchgeistigte, in ekstatischen Fieberträumen langer Monate entstandene musikalische Schöpfung erzählt, und das alles durchlebte er jetzt noch einmal in seiner Musik. Wie einer, der von einer schweren Krankheit genesen war, taumelte er zurück in die Wirklichkeit; er vermochte kaum die Hand zu erheben, um den Tenor Jekelfalussy, Frau Kaiser, die den Sopran sang, den Weimarer Posaunenbläser und alle anderen zu beglückwünschen. Und er verabschiedete sich von ihnen mit den Worten: »Auf Wiedersehen!« Für die Mitwirkenden fand die Mittagstafel auf dem Dampfer statt, er war zum Festessen des Fürstprimas eingeladen. Das empfand er vor seinen treuen Mitarbeitern als sehr unangenehm.
Unten am Ausgang der Basilika drückte ihm ein junger Pfarrer einen Zettel in die Hand. Auf diesem war sein genauer Platz an der Tafel des Festmahls aufgezeichnet.
»Es sind zwei Tafeln gedeckt«, erklärte der Pfarrer, »an der ersten nehmen Seine Eminenz, der Hof und die Nobilitäten Platz. Für Euer Hochwohlgeboren ist am zweiten Tisch ein Platz freigehalten. Haben Sie vielleicht den Grafen Raday gesehen?«
Bis über die Ohren rot, drehte Franzi den Zettel in seiner Hand. Ihn hatte man an den zweiten Tisch gesetzt? Er war für den ersten Tisch nicht gut genug? Er, der die Messe komponiert hatte? Er, der für sein Heimatland in seinem Berufe den ersten Platz unter der Sonne errungen hatte? Liszt konnte keinen klaren Gedanken fassen, er war vor Empörung ganz benommen und hörte den Schlag seines Herzens in seinen Ohren hämmern. Unschlüssig und unbeweglich blieb er stehen. Da bemerkte er drei Herren in seiner Nähe: den Grafen Raday, den Grafen Karacsonyi und den Grafen Festetics. Auch die erblickten ihn erst jetzt, nachdem das Gedränge etwas nachgelassen hatte.
»Gehen Sie zum Festessen, Franzi?« fragte ihn Festetics.
»Ich weiß es noch nicht, ich bekam einen Platz am Katzentisch angewiesen.«
»Das ist nicht übel«, stieß Raday mit einem bitteren Lachen hervor, »auch uns drei hat man dorthin verwiesen. Anscheinend sind wir diesen elenden Wienern nicht gut genug. Die Ungarn schiebt man immer zurück. Aber Tschechen, Kroaten, Slowaken marschieren vornan. Also geht nur zum Mittagessen. Ich bin für mich allein ein größerer Herr, als die dort alle zusammen.«
»Ich meinerseits werde auf dem Dampfer speisen«, sagte Franzi, »mit meinen Mitarbeitern. Dorthin gehöre ich. Ich bin den Veranstaltern dankbar, daß sie mich daran erinnert haben. Auf Wiedersehen.«

»Langsam, langsam«, hielt ihn da Graf Guido Karacsonyi zurück, »auch wir speisen auf dem Dampfer.«

Alle vier gingen den Hügel hinunter zum Dampfer. Dort empfing sie eine begeisterte Menge. Man machte ihnen geschäftig vier Plätze frei. Franzi stürzte sofort ein volles Glas Wein hinunter, er war schon fast verdurstet. Der Wein stieg ihm gleich in den Kopf.

Ein Herr namens Vrabély stellte sich ihm vor; neben ihm saß seine Tochter, ein schüchternes Mädchen mit munteren Augen, aus denen Anbetung und Schwärmerei für den berühmten Mann strahlte. Ihr Vater erklärte Franzi stolz, daß seine Tochter ein großes Klaviertalent sei und daß sie schon von frühester Kindheit an eine große Vorliebe für Liszt-Werke gezeigt habe.

»Ach, würden Sie mir bitte noch einmal den Namen Ihrer Tochter sagen?«

»Serafine . . .«

»Serafine Vrabély«, ergänzte der Vater für seine lampenfiebrige Tochter.

Franzi hob sein Glas und rief fröhlich unter Anwendung seiner ganzen ungarischen Sprachkenntnisse:

»Eljen, Vrabély Szerafin!«

Er stieß sein Glas an das des Mädchens – mit zitternder Hand erhob sie es – und leerte es bis auf den letzten Tropfen. Von da an verschwamm der ganze Tag in einem bunten Nebelschleier. Sie zechten auf dem Dampfer bis sechs Uhr morgens. Dann gingen sie alle zum Volksfest am Donauufer, wo ein Ochse am Spieß gebraten wurde. Dort rollten soeben acht Fässer Wein an, den die Kellerei des Fürstprimas für das Volk gestiftet hatte. Die Zigeuner spielten, Franzi geriet in eine trotzige, ausgelassene Laune. Das eine Faß wurde gerade angezapft, er ging hin und hielt seinen Hut unter den Hahn. Er trank den Wein aus dem Hut. »Eljen«-Rufe, wo er nur stand und ging. Etwas weiter entfernt tanzten die Bauern schon Csardas. Er stellte sich in ihre Mitte und versuchte auch mitzutanzen. Es ging. Eine junge Maid in einem bunten Rock trat vor ihn hin und bot sich lachend zum Tanz an. Er ergriff sie bei den Hüften. Glücklich schrie er aus Leibeskräften:

»Ihajla, tyuhajla!«

Diesen Jauchzer hatte er in seiner Kindheit von den tanzenden Marktbesuchern immer gehört. Er war selbst am meisten verwundert, wie gut er das noch sagen konnte. Allgemeines Gelächter, »Eljen«-Rufe, erregender Rhythmus, Rausch, Taumel. Und der Wirbelwind des Trotzes übermannte ihn, er überließ seinen Körper den Takten der Musik; der Dichterträumer der Messe versank in die uralten heidnischen Vergnügungen, in eine verbissen wilde Laune. Das ganze Weltall um ihn herum versank, und es blieb nichts anderes übrig für ihn als die Zigeuner. Wenn ihm der Atem ausging, ließ er sich auf irgendeiner Bank nieder, trank weiter, stand wieder auf, tanzte und tanzte mit dem Glas in der Hand. Dunkel und verschwommen merkte er, daß es tiefe Nacht war und daß er wohl irgendwo beglückt herumschlenderte, auf irgendeinem Wege, daß er singend dirigierte und hinter ihm jauchzend, weinend, gurgelnd die Zigeunermusik erklang.

Am anderen Tage weckte man ihn mit der Mahnung, sich mit dem Ankleiden zu beeilen. Mit kaltem Wasser erfrischte er einigermaßen seine erschlafften Lebensgeister. Er rief sich den ganzen gestrigen Tag nochmals ins Gedächtnis zurück. Das große Erlebnis der Messe, der Ärger über die Tischordnung und nachmittags dieses großartige, tobende, verrückte Vergnügen. Sein Kopf tat ihm rasend weh, trotzdem hatte er das Gefühl einer großen Seligkeit.

Er mußte beim Fürstprimas zu Mittag speisen. Die Gesellschaft war ganz auserlesen; außer einem oder zwei hohen Geistlichen von der Hofhaltung des Fürstprimas waren der Erzbischof von Agram, der griechisch-katholische Erzbischof von Großwardein, der Bischof von Brünn, der Erzbischof von Udine, der Bischof von Siebenbürgen, Baron Augusz und Graf Stephan Karolyi anwesend. Den Schöpfer der Messe empfingen laute und herzliche Glückwünsche. Jeder sprach von den großen Eindrücken des gestrigen Tages, von den der Veranstaltung vorausgegangenen Widerwärtigkeiten, von den wunderbaren Einzelheiten der Messe, von der Schönheit der Basilika, hauptsächlich aber von den hohen Wiener Gästen.

»Wie hat Seiner Majestät die Messe gefallen?« fragte Franzi den Fürstprimas. »Hat er sich Eurer Eminenz gegenüber geäußert?«

»Doch, ja«, erwiderte der Kirchenfürst, »er hat sich geäußert. Er sagte, daß . . . also mit einem Worte, daß . . .«

»Daß es ihm nicht gefallen habe.«

»Ehrlich gesprochen, ja. Seine Majestät haben jedoch eigens hinzugefügt, daß seine Meinung nicht maßgebend sei, da ihn die Musik nicht besonders interessiere. Seiner Majestät hat insbesondere der Teil des Kredo vom Jüngsten Gericht nicht gefallen. Mir hingegen, soweit ich überhaupt in Abwesenheit Seiner Majestät widersprechen darf, gefiel dieser Teil sehr gut.«

»Hat das Werk denn dem Kaiser *überhaupt* nicht gefallen?«

»Nehmen Sie sich das doch nicht so zu Herzen, lieber Meister! Ich wollte Ihnen eigentlich eine Überraschung vorbehalten. Wenn die Sache aber *so* steht, dann will ich es Ihnen lieber schon jetzt sagen. Da ich Gelegenheit hatte, mit Seiner Majestät schon während der Messe zu sprechen, schlug ich vor, daß es schön wäre, das Werk auf Staatskosten drucken zu lassen. Dazu hat Seine Majestät gnädigst genickt.«

Franzi fand in seiner Freude gar nicht gleich Zeit, sich zu bedanken; denn schon ergriff der Bischof von Siebenbürgen das Wort, Bischof Haynald, der dadurch berühmt war, daß er sich 1849 geweigert hatte, die Absetzung der Habsburger anzuerkennen und daher seiner Stellung verlustig ging.

»Auch das beweist am besten, was für ein weiser Herrscher Seine Majestät ist. Von der Musik versteht er allergnädigst gar nichts. Für die Belohnung der Verdienste hat er aber das notwendige Gefühl.«

Dieser Bischof Haynald gefiel Franzi außerordentlich. Er war ein gemütlicher Kirchenfürst mit rosigem Gesicht, hinter seiner goldumränderten Brille funkelten zwei blaue kindliche Augen; er interessierte sich insbesondere für Altertumsforschung, aber auch für bildende Künste und Botanik. Ein jeder hörte ihm gern zu, und er führte auch meistens das Wort. Mit Franzi freundete er sich sofort an. Der Fürstprimas, der die Wiener Taktlosigkeiten der gestrigen Tischordnung durchaus nicht billigte, erhob sich nach dem Bratengericht und hielt eine sehr schöne Rede auf das Ideal eines gläubigen Künstlers. Auch der Erzbischof von Udine, der ein leidenschaftlicher Musikliebhaber war, begrüßte den großen Tondichter in italienischer Sprache. Er sprach ihn als »La gloria dell' Ungheria« an.
»Wie ich höre«, fiel Haynald mit schelmischem Lächeln ein, »hat Ungarns erhabene Gloria den Wein gestern aus dem Hute getrunken und nach Herzenslust Csardas getanzt.«
»So war es«, gestand Franzi fröhlich, »wenn ich bloß alle zwölf Jahre einmal hierherkomme, muß ich mich für weitere zehn Jahre mit den Zigeunern austoben. Diese Zigeunermusik ist etwas Wunderbares. Ich will ein großes Buch schreiben über diese Rasse, von der niemand weiß, woher sie stammt, die . . .«
»Verzeihung, wir wissen ganz genau, woher sie stammen. Die Zigeuner sind indischer Herkunft. Der Stamm der Paria ist langsam nach Europa eingewandert.«
Diese Feststellung überraschte Franzi über alle Maßen. Er hatte noch nie gehört, daß der Ursprung der Zigeuner bekannt wäre. Sofort begann er den Bischof auszufragen, er wollte alles wissen, was der Bischof wußte. Das Mittagessen war aber inzwischen beendet, und so verschoben sie die Besprechung, wenn sie auf dem Abenddampfer wieder zusammentreffen würden, und verabredeten, gemeinsam nach Pest zurückzukehren.
Bis dahin erlebte Franzi noch eine sehr interessante Begegnung. Auf einem Gange des Schlosses wartete jemand auf ihn: ein junger Pfarrer, blond, schlank, mit einem Asketengesicht.
»Womit kann ich Ihnen behilflich sein?« erkundigte sich Franzi höflich.
»Ich wollte mich nur deswegen vorstellen«, antwortete der junge Geistliche verstört, »weil ich der Vetter des Meisters bin. Mein Name ist Alois Hennig. Ich bin der Sohn einer Schwester des Onkels Adam. Zur Zeit bin ich hier in Gran Chorkaplan. Ich habe lange sehr gezögert, ich dachte mir nämlich, daß der Meister es vielleicht für aufdringlich halten würde . . .«
»Du bist der Sohn der Frau Hennig? Komm näher, mein Lieber, damit ich dich umarmen kann; das freut mich aber! Ich weiß schon einiges von dir, ich erinnere mich, daß mein armer Vater dich ab und zu erwähnte. Aber so etwas? Das ist ja eine liebe Überraschung! Willst du nicht einen Kognak mit mir trinken?«

»Ich danke, Meister, aber ...«
»Was heißt ›Meister‹? Du wirst doch wohl deinen Vetter Franz nicht mit ›Meister‹ anreden! Du trinkst also nicht. Ich will aber trinken, weil ich einen ordentlichen Kater habe. Jetzt komme ich zu dir, lasse Kognak kommen, und dann erzählst du mir, wie du lebst, was deine Ziele sind und wie ich dir helfen kann.«
Der junge Pfarrer hatte es aber gar nicht nötig, unterstützt zu werden. Er fühlte sich in Gran geborgen, seine Vorgesetzten waren ihm zugetan, seine ganze freie Zeit widmete er der Musik und war stolz darauf, daß seine Mutter eine geborene Liszt war. Franzi begann mit ihm über kirchliche Musik zu sprechen, und der junge Pfarrer machte ihm eine große Freude mit seinen guten Kenntnissen von der Gregorianischen Musik und von den Werken Palestrinas. Sie setzten sich sofort an das Harmonium, das neben dem Gebetschemel des Chorkaplans Alois Hennig stand, und beide vertieften sich derartig in die Zergliederung der Messe – Franzi außerdem auch noch in die Kognakflasche –, daß sie die Zeit vollständig vergaßen. Endlich mußte er sich sehr beeilen. Sie umarmten und küßten sich hastig, Franzi rief ihm noch zu, daß er ihn in Weimar gern als Gast auf unbestimmte Zeit sehen und ihn unterrichten wolle, dann lief er zum Dampfer. Er fühlte sich sehr wohl, an diesem Tage hatte er nur Freude erlebt. Vom Dampfer auf die Basilika zurücksehend, dachte er, daß diese schöne Kirche eher ihm gehörte als allen anderen. Der Dampfer legte an, und er vertiefte sich mit dem Bischof Haynald in ein Gespräch über die Zigeuner.
In Pest verbrachte er noch einige Tage im Karacsonyi-Palast, einen Abend bei Nikolaus Barabas, dem berühmten Maler, machte noch einen Ausflug nach Fot, um sich dort die Fresken des Karolyi-Schlosses anzusehen, und verhandelte mit Heckenast wegen der Herausgabe seines noch zu schreibenden Buches über die Zigeuner. Seine Weimarer Messe wurde auch in Pest aufgeführt, der Fürstprimas hatte die Herminenkapelle erst jetzt eingeweiht. Am letzten Tage ging er zu den Franziskanern. Zum dritten Male besuchte er jetzt diesen freundlichen Orden und, seinen Kindheitserinnerungen nachsinnend, schritt er über die Steinfliesen der weißgetünchten Gänge. Von denen, die ihn vor fünfunddreißig Jahren in diesem Hause noch als kleinen blonden Jungen gesehen hatten, war keiner mehr am Leben, aber auch die jetzigen Insassen gerieten vor Freude ganz außer sich und verwöhnten ihn, als wenn er heute noch ein kleiner Knabe wäre.
»Was für ein Glück muß es sein, hierher gehören zu können!« sagte er zum Pater Kronperger. »Der Wunsch meiner Jugend, ein Diener Gottes zu werden, ist heute noch nicht ganz in mir gestorben. Und hier, wo einst mein Vater als Novize war, regt sich erst recht mein Herz wieder.«
»Sehnen Sie sich so sehr hierher?«
»Ja. Meinen Beruf kann ich aber nicht missen. Ich verfolge große Ziele und muß weiterarbeiten.«

»Das wäre kein Hindernis. Wir haben auch drittgradige Konfratres, die Laien bleiben.«

»Ach, wenn das ginge . . .«

»Aber selbstverständlich geht das. Das wäre sogar eine große Ehre für unseren Orden. Wir werden das mit dem Präfekten besprechen. Sollen wir die Benachrichtigung nach Weimar schicken?«

Franzi gab seine Weimarer Adresse an: die Altenburg. Die Feder zitterte ein wenig in seiner Hand, als er schrieb. Er lebte ja dort mit einer Frau außerehelich zusammen! Es war doch wohl ein wenig unschicklich, die Mitteilung, daß er ehrenhalber Mönch geworden war, in dieses Haus zu senden. Liszt gab aber doch diese Adresse an. Er sehnte sich sehr nach der Erfüllung dieser großen Freude, daß sein einstiger heißer Wunsch, wenn auch so viel später und unvollkommen, nun doch in Erfüllung gehen sollte. Die Mönche schrieben in klassischem Latein in ihr Jahrbuch: »Liszt a conventu confrater assumi desideravit« – »Liszt äußerte den Wunsch, vom Konvent als Konfrater aufgenommen zu werden.«

Der zukünftige Konfrater trat nunmehr seine Heimreise an. In Wien verweilte er nochmals wegen Johann Strauß, der seinen »Mazeppa« in seine Spielfolge aufgenommen hatte. Dann folgte Prag, wo man bereits mit den Vorbereitungen für die Graner Messe beschäftigt war. Die tschechische Kirche gab sich redliche Mühe, ihren Gläubigen diesen musikalischen Genuß zu ermöglichen. Hier erreichte ihn ein langer schwärmerischer Brief von Lilla Szilagyi. Die schöne Schauspielerin bedrängte ihn mit ihrem romantischen Wortschwall: Ob der berühmte Mann keine Liebe verspüre, sei es auch noch so wenig, aber richtige Liebe? Denn ihr Traum sei, daß ihre unendliche große Liebe durch eine ebenso große Liebe erwidert würde.

Er antwortete ihr sofort: »Ihr Traum ist der Traum eines Kindes. Ich bin schon viel zu alt, um mich in eine so junge Dame verlieben zu können. Ich kann mich aber auch nicht erinnern, jemals in meiner Jugend der Sklave einer solchen Liebe gewesen zu sein. Wie soll ich Ihnen erklären, was *ich* unter dem Wort ›Liebe‹ verstehe? Wenn Sie sich als Romanschriftstellerin für einen solchen Vorgang interessieren, so lesen Sie das dritte Kapitel der ›Nachfolge Christi‹ über die himmlische Liebe. Darin werden Sie die ständige Nahrung meiner Gedanken, das himmlische Manna finden, von dem sich meine Seele während ihrer irdischen Wanderung nährt. Sollten Sie einmal nach Weimar kommen und Ihre schriftstellerische Neugierde wäre bis dahin noch nicht befriedigt, so will ich Ihnen dieses Kapitel in lebendiger Rede erörtern.«

Dann sah er vor sich hin. Was hatte es für einen Zweck, diese junge Frau aufzuwühlen? Er zuckte die Achseln, wie einer, der untätig darauf verzichtet, gegen Stärkere, als er selbst es war, anzukämpfen.

ACHTZEHNTES KAPITEL

Es war schon lange ausgemacht, daß man sich in Zürich treffen wollte, sobald Liszt seine Angelegenheiten in Gran, Pest, Wien und Prag erledigt haben würde. Die Fürstin war reiselustig, und Franzi wollte Wagner sehen. Er hatte sich schon lange auf die vertrauten Abende gefreut, die sie am Klavier verbringen würden. Wagner hatte von seinen vier Dramen zwei schon fertig. Und *was* für eine Musik dieser wunderbare Mensch geschrieben haben mochte, das erfüllte Franzi mit einer geradezu wolfshungrigen Neugierde.
Die Züricher Tage verliefen aber ganz anders, als er sich das ausgemalt hatte. Aus den vertrauten Abenden wurde nichts. Die Fürstin bestand darauf, im »Baur au Lac« Wohnung zu nehmen; sie stellte eine lange Liste von allen in Zürich wohnenden berühmten Gelehrten zusammen und lud diese scharenweise ein. Die kamen selbstverständlich, warum hätten sie auch nicht kommen sollen? Die Einladung der interessanten russischen Fürstin nahmen sie alle gern an. Alsbald überflutete sie ein regelrechter Strom von Besuchen, Einladungen, Absagen, Benachrichtigungen von früh bis spät. Beglückt bewegte sich die Fürstin in diesem höllischen Durcheinander und gab die nötigen Anweisungen. Mit dem Geologen unterhielt sie sich über die Erdkruste, mit dem Geschichtsforscher über die ersten Christen, mit dem Internisten über die Blutzirkulation; sie nahm die Widmung verschiedener Bücher an und war in der Rolle einer wissenschaftlichen Muse überglücklich. Franzi und Wagner aber mußten sich wie zwei Verliebte regelrecht miteinander verschwören, nur um sich eine oder zwei ungestörte Stunden zu sichern. In solchen Stunden erörterten sie die Einzelheiten des »Rheingold« und der »Walküre«. Wagner saß am Klavier, vor ihm die offene Partitur; er sang jede Rolle selbst und begleitete sie mit seiner lebhaften Darstellungskunst, während Franzi aus der Partitur das ganze Orchester dazu herauslas. Die wahllos herausgegriffenen Teile nahmen dem großen Werk zwar die einheitliche Übersicht, aber die überwältigende Größe des Ganzen konnte man auch aus dem kurzen Klaviervortrag herausfühlen. Franzi sah, daß er sich nicht geirrt hatte. Dieser ständig lamentierende, tyrannische Mensch mit seiner Launenhaftigkeit hatte das größte Meisterwerk des Jahrhunderts geschaffen! Einheitlich und zusammenhängend lernte er nur den ersten Akt der »Walküre« kennen. Wagner und die Fürstin hatten vereinbart, zu Franzis Geburtstag im »Baur au Lac« ein großes Fest zu veranstalten. Sie hatten sehr, sehr viele Gäste eingeladen. Nach dem Abendessen nahmen die Gäste im großen Saal des Hotels Platz, das Ganze bot fast ein Bild eines Konzertes. Wagner setzte sich ans Klavier, neben ihm stand eine Züricher Sängerin. Sie sang die Rolle der Sieglinde, Wagner war Siegmund und Hunding in einer Person. Im Saal verbreitete sich die ver-

führerische Stimmung der bezaubernden Frühlingsnacht. Franzi wäre am liebsten jeden Augenblick aufgesprungen, er hätte am liebsten geschrien, gejauchzt, gelacht oder sonst etwas angestellt, er tobte fast auf seinem Platz. Das, ja, das nannte er Musik! Er konnte in seiner Begeisterung das vier Abende in Anspruch nehmende, gigantische Gebäude des großen Musikdramas betrachten, von wo aus er nur wollte, ob er darin eine symbolische Darstellung verruchten Eigennutzens sah oder nur auf die farbenprächtige Vielfalt des Orchesters, den Reichtum der Harmonien achtete – er fühlte allenthalben, daß er die herrlichste Entfaltung einer majestätischen und reinen Kunst in jeder Minute des Zuhörens erlebte. Unter den Zuhörern saß auch Minna, die unglückliche Frau, die verbittert an der Last des Lebens an der Seite des so berühmt gewordenen Mannes trug. Auch Wesendonks waren da. In den Augen der Frau Mathilde stand der verräterische Glanz ohnmächtigen Glückes. Franzi sann darüber nach, ob es überhaupt eine Frau gäbe, die die wahre Lebensgefährtin dieses unendlich großen Geistes sein könnte? Er glaubte, daß sich keine finden ließe. Höchstens eine, die, in ihrer grenzenlosen Schwärmerei ihr eigenes Ich demütig verleugnend, sich, einem Schatten gleich, neben den unerhörten Glanz dieses Mannes stellen würde. Dann dachte er an sich und die Fürstin. Eine verzichtende Trauer erfaßte ihn. Die Fürstin hatte sich in den Widerwärtigkeiten des Familienstreites und der Scheidungsschwierigkeiten vollständig aufgerieben. Jetzt war es manchmal schon recht schwer, an ihrer Seite zu leben. Ihr Aberglaube steigerte sich zur schweren Krankheit, ihre Religiosität zum erschreckenden Wahn. Wenn sie einen schlechten Tag gehabt hatte, wähnte sie nachts Gespenster zu sehen. In solchen Fällen weckte sie frühmorgens ihre Tochter, und die zarte Maria mußte an ihrem Bett sitzen und ihr laut vorlesen.

»Noch lauter! Wenn du nicht laut genug liest, kommen die Geister. Noch lauter!«

Das Mädchen gehorchte. Sie las, bis die Morgendämmerung durchs Fenster leuchtete. Das laute Schreien weckte das ganze Haus, der kleine Tausig lief schelmisch grinsend in seinem Nachthemd die Gänge entlang, um die Geisterstunde der Fürstin mitzuerleben. Franzi wurde auch wach und eilte zu der erregten Frau, um sie zu beruhigen. Sie aber jammerte ununterbrochen weiter und ängstigte sich, bis es heller Tag wurde.

Auch in St. Gallen erlebten sie einmal solch eine Nacht. Sie hatten mit Wagners von Zürich aus einen kleinen Ausflug dahin gemacht. Alle fünf stiegen im »Gasthaus zum Krebs« ab. In der Nacht um zwei Uhr alarmierte das laute Schreien der Fürstin das ganze Gasthaus. Auf Wunsch ihrer Mutter begann Maria mit lauter Stimme vorzulesen. Franzi war auch wach geworden, drehte sich aber auf die andere Seite; er wußte schon, worum es sich handelte. In dem der Fürstin benachbarten Zimmer aber hörten Wagners ganz verzweifelt diesen Lärm an. Minna klopfte erschrocken bei der

Fürstin an. Die kleine Prinzessin Manja winkte ihr, sie sollten bloß ruhig weiterschlafen, es wäre nichts Schlimmes passiert. Wagner aber tobte wegen dieser nächtlichen Ruhestörung. Er stürzte an die Klingel und läutete so lange, bis er den Besitzer des Hauses endlich wach bekam. Morgens um halb drei Uhr ließ er sich ein anderes Zimmer geben. Aber auch dort noch wähnte er das laute Vorlesen der kleinen Prinzessin zu hören.
»Wie kannst du das bloß aushalten?« erkundigte sich Wagner, von Kopfschmerzen gequält, unausgeschlafen, am anderen Tage.
»Man gewöhnt sich an alles. Und dann hat diese Frau auch ihr ganzes Leben für mich geopfert. Sie hat ein Recht, von mir ein wenig Geduld zu erwarten.«
»Geduld, das ist in Ordnung. Aber Liebe!«
Franzi erwiderte nichts. Über diese Frage konnte er mit niemand sprechen. Er hatte gelernt, seine Liebesangelegenheiten in sich zu verschließen, und so stark wie einst sein kindliches Mitteilungsbedürfnis war, aus dem heraus er als Junge seine Vertrauten an allen seinen Gefühlen teilnehmen ließ, so preßte er jetzt die Zähne zusammen, wenn öffentlich oder vertraulich von Frauen, zu denen er Beziehungen gehabt hatte, die Rede war. Die Natur Wagners war ganz anders. Es bedeutete ihm ein seelisches Bedürfnis, jemanden zu haben, dem er die intimsten Einzelheiten seines Liebeslebens und seiner Ehe anvertrauen konnte. Diesen jemand hatte er in Franzi gefunden, der nun, gewollt oder ungewollt, alles um Minna und Mathilde erfuhr. Er empfand auch eine aufrichtige Anteilnahme für den im Kerker einer niederdrückenden Ehe leidenden Menschen, der mit den Tränen seiner schmerzlichen Liebe zu Mathilde Wesendonk am liebsten die ganze Welt überschwemmt hätte.
Im kleinen St. Gallen veranstalteten sie ein Konzert, eher für sich selbst, als für das Publikum. Dann trennten sie sich. Wagners fuhren zurück nach Zürich, er mit der Fürstin und Manja nach München. Carolyne war bestrebt, die Verbindung ihrer Tochter zur bayrischen Aristokratie aufrechtzuerhalten. Im Benehmen dieses Mädchens lag etwas Geheimnisvolles. Manja war eine folgsame, aufopfernde Tochter und begegnete ihrer Mutter stets mit größter Achtung. Auch Franzi gegenüber bezeigte sie eine behutsame Zärtlichkeit und zurückhaltende Innigkeit; sie lebte aber trotzdem neben ihnen wie die allerfremdeste Fremde. Und Franzi war genötigt, die einsame Seele dieses Mädchens zu verstehen. Er sah sich gezwungen, einzusehen, daß dieses Kind sie beide verurteilte und sich sehnte, sie verlassen zu können. Die Verantwortung für die geheimen Schmerzen der kleinen Prinzessin lastete schwer auf seinem Gewissen, und wenn er das Schicksal der Fürstin mit seinem Schicksal zusammen auch nicht mehr tragisch nahm, unter der Verantwortung vor diesem Kinde litt er ernstlich. Der kleinen Prinzessin zuliebe hätte er so gern gesehen, wenn ihrer beider Angelegenheit sich endlich klären würde. Dafür war aber nicht die geringste

Hoffnung vorhanden. Man mußte beinahe befürchten, daß die offenkundige Zuneigung Manjas zu dem jungen Fürsten Hohenlohe dadurch gefährdet würde. Alles das betrübte ihn sehr, und er war recht niedergeschlagen.

Viel Interessantes bot ihm München. Sie kamen oft mit dem Maler Kaulbach zusammen, der Franzi auch porträtierte und dessen Gemälde »Hunnenschlacht« ihn so sehr packte, daß er versuchte, seine Eindrücke davon in Tönen wiederzugeben. Seine leicht entflammte Phantasie beschäftigte sich mit der Ausarbeitung eines riesengroßen Planes: er wollte eine musikalische Weltgeschichte schreiben. Die gute Laune seiner plänereichen Begeisterung verdüsterte sich aber sofort, wenn er die stille, zarte Gestalt der Prinzessin Manja ansah.

Als sie nach Weimar zurückgekehrt waren und er nach einer langen Pause die musikalische Leitung des Theaters wieder übernahm, begann er seine Tätigkeit mit unermüdlichem Eifer und größter Begeisterung. Das drohende Urteil brach jedoch über sie herein: die Fürstin wurde aus Rußland verbannt! Auf dem Zarenthron saß nicht mehr Nikolaus, sondern Alexander II. Und die entschlossen vorgehende Familie hatte allem Anschein nach unter dem neuen Zaren den Kampf mit allen Mitteln verschärft. In Weimar traf die Nachricht ein, daß der Zar die Fürstin Sayn-Wittgenstein wegen fortgesetzter Gehorsamsverweigerung als verbannt betrachte. Am selben Tage bat der Großherzog Franzi zu sich.

»Lieber Liszt, die Angelegenheit, die ich mit Ihnen zu besprechen habe, ist über alle Maßen heikel. Sie wissen aber, wie sehr ich Ihnen zugetan bin; außerdem sind Sie ein kluger Mann und können jeder Situation in die Augen sehen. Es handelt sich um Ihre Durchlaucht die Fürstin Carolyne.«

»Ich habe es geahnt, Königliche Hoheit. Wir haben die niederschmetternde Nachricht schon erhalten. Wie ich sehe, hat die bedachtsame Familie auch den Hof nicht vergessen.«

»Ja, ich habe auch eine amtliche Mitteilung erhalten, das schafft natürlich eine gänzlich neue Situation. Bitte melden Sie der Fürstin meine unveränderte Hochachtung und mein unbegrenztes Bedauern, daß ich nicht mehr in der Lage bin, sie zu empfangen. Meine Frau und meine Mutter teilen diese Anteilnahme aufrichtig. Ich möchte aber betonen, daß das nur eine Formalität ist, die ich dem russischen Hof unbedingt schuldig bin. Und jetzt sagen Sie mir, was ich für Sie tun kann, dessen Arbeit in Weimar mir so sehr am Herzen liegt.«

»Ich befürchte, Königliche Hoheit, nichts. Für eine Sekunde fiel mir ein, daß man dieses Nichtempfangen vielleicht geheimhalten könnte, aber das ist ja unmöglich. Die Fürstin und ich, wir werden uns bemühen, uns mit der neuen Lage abzufinden.«

»Ich wünsche Ihnen hierzu Kraft und Geduld. Sie sind selbstverständlich immer ein gern gesehener, lieber Gast des Hofes. Ihre Einladungen werden

Sie auch künftighin in den ›Erbprinzen‹ erhalten. Daß Sie in der Altenburg wohnen, ist mir bis heute noch unbekannt. Aber, alter Freund, nur Kopf hoch! Alles kann sich noch zum Guten wenden.«

Der Großherzog legte einen Arm um Franzis Schulter und geleitete ihn so bis zur Tür. Franzi war ganz niedergeschlagen. Seinetwegen hatte man eine Frau diffamiert, die für ihn alles hingab! Niedergebrochen, mit Tränen in den Augen, kehrte er heim. Er hätte diese Audienz gern verschwiegen, aber das war nicht möglich. Die Fürstin begann heftig zu schluchzen und umarmte ihn krampfhaft wie eine Ertrinkende, die sich an den rettenden Balken klammert.

»Ich habe es gewußt, ich habe es gewußt, ich habe von einem Sarge geträumt! Und gestern lagen dreizehn Eier im Korb, weil man draußen in der Küche auf so etwas nicht achtgibt. Jetzt ist es da. Franzi, Franzi, was wird aus uns werden, helfen Sie mir, helfen Sie mir!«

Er besänftigte die schluchzende Frau, so gut er konnte. Die Zerrüttung ihrer Nerven, die sich in ihrem unglückseligen Aberglauben kundgab, ging ihm sehr nahe. An diesem Tage mußte Maria schon um Mitternacht ihrer Mutter laut vorlesen. Um vier Uhr morgens war sie so erschöpft, daß sie den kleinen Tausig weckte, der seinerseits die ganze Angelegenheit als einen lustigen Streich ansah und bis morgens um sechs Uhr aus vollem Halse schrie. Erschüttert fragte sich Franzi, ob es nicht besser wäre, mit sich selbst ein Ende zu machen. Wie sollte er arbeiten und die seelische Verantwortung für alles tragen? Wie konnte er der entsetzlichen Schicksalsprüfung standhalten, die das weitere Zusammenleben mit dieser Frau ihm auferlegte? Aber da fielen ihm seine Kinder ein. Und die heilige Sache der »neuen Musik«. Und sein Glaube. Er kniete in seinem Zimmer nieder und versank in ein heißes Gebet.

Ein Unglück kommt selten allein. Einer seiner Lieblingszöglinge, Bronsart, verließ Weimar. Diese Trennung ging ihm sehr nahe. Er widmete ihm ein Klavierkonzert, bei dessen Schaffung er noch einen Schritt weiter gegangen war als beim Es-Dur-Konzert. Er verband das Orchester mit dem Klavier zu einer noch stärkeren Einheit und wählte die A-Dur-Tonart dazu. Mochte er an der Schöpfung dieses Konzertes noch so großen Gefallen gefunden haben, mochte es Bronsart noch so blendend spielen und genau das wiedergeben, was er sich vorgestellt hatte – in seiner jammervollen Stimmung konnte er sich nicht einmal mehr seiner Arbeit freuen.

Dann seine Angst um Daniel. Der Junge hatte die Mittelschule absolviert und sämtliche ersten Preise seiner Klassen eingeheimst. Sie beschlossen, daß der Junge die diplomatische Karriere wählen und sich nebenbei in der Malerei ausbilden lassen solle. Jura würde er auf alle Fälle studieren, und zwar an der Universität Wien, weil der Junge dann bei Eduard Liszt wohnen konnte. Als Franzi in Wien war, verbrachte Daniel einige Tage mit seinem Vater, den die fesselnde Liebenswürdigkeit und Klugheit des Sohnes über

die vielen Widerwärtigkeiten der letzten Zeit einigermaßen tröstete. Da geschah eines Tages etwas, was Franzis Blut erstarren machte. Daniel bekam bei Tisch einen Hustenanfall und riß sein Taschentuch hervor. Als er es vom Mund nahm, sah Franzi zufällig hin.
»Was ist das? Zeig mir mal das Taschentuch.«
Auf dem Taschentuch war ein blasser, rosafarbener Fleck sichtbar. Franzi wurde blaß.
»Ist das schon öfters vorgekommen?«
»Ja, ziemlich oft. Ich war schon mehrmals beim Arzt; man hat meine Lunge untersucht, aber nichts gefunden.«
»Hast du öfters Fieber?«
»Nur selten und sehr wenig. Ein bis zwei Zehntel über Normal. Haben Sie keine Angst, mir fehlt nichts.«
Franzi konnte an diesem Tage nicht schlafen. Andauernd mußte er an seinen Bruder denken, den er nie gekannt hatte und den eine Lungenkrankheit in zartestem Alter ins Grab gebracht hatte. Dann tauchte auch die tragische Vision Chopins vor ihm auf . . . Daß diesem angebeteten Sohne etwas widerfahren könnte, daran wagte er überhaupt nicht zu denken! Daniel wollte auch noch nach Berlin fahren, um seine Schwestern zu besuchen. Deshalb schrieb Franzi einen langen Brief an Frau von Bülow, daß sie Daniel von den besten Professoren untersuchen lassen solle. Ein Schreiben gleichen Inhaltes richtete er auch an Eduard nach Wien. Als er sich von seinem Jungen verabschiedete, zitterte seine Hand aufgeregt, während er sie immer und immer wieder auf Daniels Kopf legte. Sowohl aus Wien als auch aus Berlin traf in kurzer Frist die Antwort ein: die Professoren hätten keine ernste Krankheit feststellen können. Sie fanden hingegen den Organismus des Knaben als nicht widerstandsfähig genug.
Dann kam das Konzert in Leipzig. Er gab es zu einem wohltätigen Zweck: zugunsten des Unterstützungsfonds der Musiker. Darum hatte man ihn ersucht, und er konnte bei solchen Gelegenheiten nie nein sagen. Der ganze zweite Teil des Programms enthielt seine eigenen Werke. Die »Préludes« gefielen ganz gut. Der »Mazeppa« aber fiel durch. Nicht nur, daß er keinen Beifall erhielt, die schrillen Schläge der Becken lachte man sogar laut aus, während des Weiterspielens zischte man, und mehrere Pfiffe wurden auch hörbar. Das altmodische und halsstarrige Leipzig hatte die Werke der neuen Richtung scharf abgelehnt. Wenn das der einzige Skandal gewesen wäre, so konnte man das noch verschmerzen. Am anderen Tage aber ergriff die Presse das Wort. Die Musikkritiker hatten sich offensichtlich dahin untereinander verständigt, die nach neuen Formen suchenden Komponisten nunmehr ein für allemal abzutun. Mit einer noch nie dagewesenen Leidenschaftlichkeit und Grobheit griffen sie die Musik Liszts an.
». . .der berüchtigte Nichtkomponist, dessen Tonschmierereien direkt eine Herausforderung zum Zischen und Pfeifen bedeuten . . .« Der frühere Ton

der Achtung, den bis jetzt sogar seine Feinde gewahrt hatten, war nirgends mehr vorhanden. Man riß ihn herunter, man schmähte ihn, man würdigte ihn herab. Diesen Ton hätte er allenfalls verdient, wenn er einen Mord begangen hätte. Die Kritiken der Leipziger Presse wurden von sämtlichen deutschen Zeitungen übernommen; alle brachten lange Berichte über den Skandal im Gewandhaus. Das gab wiederum Gelegenheit zu neuen theoretischen Erwägungen. Innerhalb von zwei Wochen protestierte die Presse des ganzen Landes mit schäumendem Zorn gegen das unmusikalische Attentat dieses frechen Stümpers. Aus zahlreichen Städten liefen entschuldigende Briefe ein: man habe eines seiner Werke aufführen wollen, im Hinblick auf die allgemeine Stimmung halte man das aber für unmöglich.
Der Pressefeldzug blieb auch nicht innerhalb der deutschen Grenzen. In Wien war die Aufführung der »Préludes« festgesetzt. Franzi erwartete viel davon. In Wien liebte man ihn sehr, erst neulich hatte man ihm den Lorbeerkranz Mozarts auf das Haupt gelegt. Und der führende Mann der Musikkritik war jetzt der junge Hanslick, der sich schon früher für die sogenannte Programm-Musik eingesetzt hatte, wie einzelne die »neue Musik« bezeichneten. Vor zwei Jahren hatte Hanslick ihm noch einen begeisterten Brief geschrieben; deshalb erwartete Franzi jetzt von ihm und von der Wiener Presse eine Genugtuung für die ihm allgemein angetane Schmach. Die »Préludes« wurden aufgeführt. Die Wiener Zeitungen trafen in Weimar ein. Mit Ausnahme einer einzigen Zeitung griffen ihn alle anderen heftig an. Sie forderten ungeduldig, daß dieser wichtigtuerische Mensch endlich aufhören solle, zu komponieren, da er gar keine Begabung dazu habe. Am schärfsten äußerte sich Hanslick. Mit grausamem Hohn analysierte er die symphonische Dichtung und, auf das Triangel anspielend, nannte er das Ganze Kling-Klang-Musik. Außer den Zeitungen kam auch ein Brief von Eduard an, der gestand, daß sich die bisherigen Anhänger Franzis zurückgezogen hätten; die allgemeine Stimmung sei bereits vor dem Konzert so zwiespältig gewesen, daß die meisten seiner Freunde sich ferngehalten hätten, um nicht auch noch mit in diesen Angriff hineingezogen zu werden. Der Bankier Simon Löwy zum Beispiel, der bisher immer den begeisterten Liszt-Schwärmer gespielt habe, hätte ihn auf die auffallendste Weise im Stich gelassen; er habe nicht seinen gewohnten Platz eingenommen, sondern sich in den hinteren Reihen versteckt, als er die allgemeine Mißstimmung wahrgenommen hätte.
Franzi wurde infolge dieser Vorkommnisse von einer Hautkrankheit nervösen Ursprungs befallen, deren Natur die Ärzte nicht zu erkennen vermochten. An seinem ganzen Körper empfand er ein brennendes, schmerzendes Jucken, an den Füßen entstanden große Geschwüre unbekannter Herkunft. Er, der auf Sauberkeit und Gesundheit sein ganzes Leben lang eitel bedacht war, wälzte sich, von widerlichem Schorf bedeckt, in seinem Bett, sich vor sich selbst ekelnd. Zu gleicher Zeit erkrankte auch die Fürstin;

bei ihr stellten sich Gichtschmerzen ein. Sie hatte aber auch mit den Nerven zuviel zu schaffen gehabt. Seit sie der Weimarer Hof nicht mehr empfing, war es dreimal vorgekommen, daß ihre besten Bekannten sich vor ihr verleugnen ließen, als sie ihnen einen Besuch machen wollte. Da beschloß sie zusammen mit Franzi, alle gesellschaftlichen Beziehungen zu den Weimarer Familien abzubrechen. Die Fürstin wurde jedoch krank darüber. Jetzt lag sie in ihrem Zimmer und Franzi in dem seinen. Keiner konnte sich rühren. Sie verständigten sich nur durch Briefe. Diese konnten aber nichts weiter als traurige, tröstende Worte für die vielen Bitterkeiten bringen.

Im Frühjahr war Franzi zwar noch krank, konnte aber bereits wieder aufstehen. Eines Abends mußte er beim Niederrheinischen Musikfest dirigieren. Zweimal hatte er schon abgesagt, zum dritten Male kamen aber die Aachener mit einer Deputation zu ihm. Da fuhr er hin. Er hatte schon von vornherein Angst, was nun wieder geschehen würde, der krankhafte Aberglaube der Fürstin steckte auch ihn schon langsam an. Liszt wußte, daß eine verschwindend kleine Minderheit Hiller für dieses Fest als Dirigenten hatte gewinnen wollen; deshalb zögerte er, sofort zuzusagen. Und tatsächlich: als Hans, der gleichfalls gebeten war, das Klavierkonzert zu spielen begann, gellte im Zuschauerraum ein scharfer Pfiff. Franzi sah sich um und glaubte zu träumen. Hiller pfiff auf einem Hausschlüssel. Dieser Pfiff war ein verabredetes Zeichen, eine nicht endenwollende Katzenmusik von Pfiffen und Zischen folgte. Abermals Hiller! Der liebe, gute Hiller der Pariser Jahre. Der einstige Freund gab sich jedoch mit dem Pfeifen noch nicht zufrieden. In der »Kölnischen Zeitung« schrieb er über dieses Musikfest einen Artikel, und zwar offen unter seinem Namen, nicht wie einst in den Flugblättern anonym, und überschüttete Franzi mit den widerwärtigsten Beschimpfungen.

Franzi versuchte, in seinen Kindern Trost zu finden: Hans und Cosima standen kurz vor der Hochzeit. Am 18. August ließen sie sich trauen. Franzi dachte, daß er an diesem Tage für alle seine Leiden entschädigt werden sollte. Statt Daniel aber kam nur ein Brief: der Junge hatte hohes Fieber. Zu gleicher Zeit traf auch ein Schreiben von der Gräfin D'Agoult ein, die in ihrem Zorn, daß diese Ehe ohne sie zustande gekommen war, verlangte, daß Blandine sofort zu ihr übersiedeln solle; um die Ehe Blandines wollte sie sich kümmern. Der leidgeprüfte Vater konnte nicht mehr kämpfen, und der Mutter durfte er die Tochter auch nicht vorenthalten. Kurz nach der Hochzeit Cosimas fuhr Blandine in die Schweiz, wo sie ihre Mutter erwartete.

Für September mußte er in Weimar ein Musikfest vorbereiten. Aus diesem Grunde hatten er und die Fürstin einer Einladung Folge zu leisten. Auch der Pfarrer Dittenberger, dem Carolyne persönlich noch nicht begegnet war, befand sich in der Gesellschaft. Man wollte ihn der Fürstin vorstellen. Der Pfarrer, die Seele der Schlüsselgesellschaft«, der den längst wieder ein-

geschlafenen »Neu-Weimarer Verein« nicht hatte vergessen können, antwortete:
»Es ist mir nicht möglich, mit einer Dame zu verkehren, gegen die ich amtlich vorzugehen gezwungen wäre, wenn sie zu meiner Gemeinde gehörte.«
Franzi hörte die Antwort. Er wurde vor Zorn weiß wie die Wand. Schon war er im Begriff, auf den Geistlichen loszugehen, um ihn zu züchtigen. Da sah er aber des Pfarrers Rock und beherrschte sich. Er mußte diese Bemerkung über sich ergehen lassen.
Zum Musikfest lud er auch Joachim ein, den geliebten Freund, auf den er noch rechnen konnte, den gottbegnadeten ungarischen Geiger. Joachim hatte monatelang in der Altenburg bei ihm gewohnt, sie waren gemeinsam in Zürich bei Wagner gewesen, und außerdem verband sie auch noch eine persönliche Zuneigung.
»Ich habe wenigstens noch vereinzelt Freunde in dieser häßlichen Welt«, sagte Franzi.
Von Joachim kam aber ein ablehnender Bescheid, und ein Teil des Briefes lautete: »Ich bin Deiner Musik gänzlich unzugänglich; sie widerspricht allem, was mein Fassungsvermögen aus dem Geist unserer Großen seit früher Jugend als Nahrung zog. Wäre es denkbar, daß mir geraubt würde, daß ich je dem entsagen müßte, was ich aus ihren Schöpfungen lieben und verehren lernte, was *ich* als Musiker empfinde, Deine Klänge würden mir nichts von der ungeheuren vernichtenden Öde ausfüllen.«
»Ich wundere mich über nichts mehr, ich bin bloß neugierig, was noch kommen kann!« sagte Liszt.
Der hundertste Geburtstag des Herzogs Karl August fiel auf den 3. September. Da sollte ein großes Fest stattfinden; denn an diesem Tage wurde das gemeinsame Denkmal von Goethe und Schiller vor dem Theater enthüllt. Eduard kam auch aus Wien. Franzi geleitete die Fürstin bis ins erste Stockwerk eines am Platze liegenden Hauses; für einige auserwählte Damen der Gesellschaft hatte man hier Fenster freigehalten. An der Tür küßte Franzi der Fürstin die Hand und schritt auf die Tribüne zu. Er war aber dort noch gar nicht angelangt, als er bemerkte, daß die herandrängende Menge sich nach ihm umwandte. Er drehte sich um. Carolyne eilte ihm weinend nach. Hinter ihr kam ganz erschrocken Frau von Schorn, die einzige vornehme Weimarer Dame, die ihr die Freundschaft bewahrt hatte.
»Was ist geschehen?«
»Als ich ans Fenster ging«, klagte Carolyne, »standen schon mehrere Damen da, und sobald sie mich sahen, blickten sie sich gegenseitig an, grüßten mich nicht und gingen an ein anderes Fenster. Ich bin eine Aussätzige in Weimar. Man will schon nicht einmal an einem Fenster mit mir zusammenstehen ...«
Sie schluchzte heftig. Franzi küßte ihr die Hand.
»Gehen Sie jetzt nach Hause. Frau von Schorn wird so gut sein und Sie be-

gleiten. Ich werde meine Angelegenheiten schnell erledigen und dann zu Ihnen kommen.«
Die beiden Damen entfernten sich, Franzi eilte auf die Tribüne. Als die Hülle des bronzenen Denkmals der beiden Dichter fiel, sprang Franzi von der Tribüne herunter und lief nach Hause. Die Fürstin saß in einem Lehnstuhl und schluchzte noch immer.
»Franzi, wir werden nie einander gehören! Der kleine Tausig hat die Ikone fallen lassen, die ich immer in meinem Zimmer aufbewahrt habe. Die Ikone ist heruntergefallen, jetzt ist alles aus.«
Sie weinte. Franzi stand schweigend vor ihr. Und er war sich darüber klar, daß er diese einst so geistreiche Frau, jetzt ein unglückliches Nervenbündel, heiraten mußte, wenn nur ein Hauch Ritterlichkeit in ihm lebte, daß er die Pflicht hatte, sein ganzes Leben mit ihr zu verbringen.

NEUNZEHNTES KAPITEL

Das große Werk Dantes lag auf dem Klavier. Die Bleistiftstriche und die umgebogenen Ecken wiesen auf einzelne ausgewählte Strophen hin. In der schweren Zeit des Leidens hatte er das Gefühl gehabt, schreien zu müssen. Der Schmerz braucht den Aufschrei, um ertragen werden zu können. Unzählige alte Aufzeichnungen lagen herum, kaum lesbare Bemerkungen zu einzelnen Motiven, instrumentale Gedanken für einzelne Teile des Werkes, kühne Harmonien einzelner Übergänge zwischen zwei Tonarten – ein anderer hätte sich da nicht zurechtgefunden. Aber sein seltenes musikalisches Gedächtnis kannte den Zweck jeder Notiz, obwohl er das alles schon in Woronice geschrieben hatte.

»Durch mich geht's ein zur Stätte des Entsetzens,
Durch mich geht's ein zur ewigen Qual,
Durch mich geht's ein, wo die Verdammten hausen.«

Vor dem Tor der Hölle gellt der schmerzliche Schrei mit dreimaligem Anlauf; inmitten von erschauernden Trommelwirbeln und dumpfen Paukenschlägen gelangt die Musik zu dem fürchterlichen Ausruf:

»Ihr, die ihr eingeht, laßt hier jedes Hoffen!«

In die allgemeinen Wehelaute der Blasinstrumente schleudern die Trompeten und Posaunen die entsetzliche Wahrheit des gefällten Urteils heraus,

und im Wirbelsturme des Tremolo der Streicher klingt immer und immer wieder von neuem die völlige Trostlosigkeit auf. Das grausige Spiel der Hölle beginnt. Im Orchester erhebt sich, chromatisch abwärts laufend, ein winselnder, stöhnender Orkan. Das Röcheln zähneknirschenden Zornes, das Dröhnen von Faustschlägen, der Wirbelwind heiserer Schreie steigert sich zur Raserei, bis der Meister endlich über den fünf Linien vermerkt: Allegro frenetico. Nun wechseln meisterhaft ineinander verflochten die zwei Höllenmotive ab, während im Hintergrund fortwährend das verhängnisvolle »Lasciate ogni speranza« dröhnt. Aus der gähnenden Finsternis tauchen Paolo und Francesca auf, die Klarinetten und Flöten verkünden schluchzend ihre Leiden, um sie herum der heulende Wind der Harfen und Violinen. Alsbald erdrückt aber das furchtbare Getümmel der Hölle, in das plötzlich die Gott lästernde, wilde Freude Satans hineinkreischt, ihre rührenden Klagen. Triumphierend im Bewußtsein der unüberwindlichen Kraft des Urschlechten stößt Fausts Mephisto dieses Gewieher aus, und unbarmherzig ertönt zum Schluß noch einmal das markerschütternde Posaunenschmettern der entsetzlichen Trostlosigkeit.
Es folgte der zweite Satz, das Purgatorium. Das d-moll wird abgelöst durch Sextakkorde in D-Dur. Der Meister gab auch eine Anleitung, wie man es lesen solle: »Ein wunderbar leises, das Gemüt beruhigendes Säuseln läßt uns das in ewiger Klarheit wogende Meer erträumen. Man denkt dabei an ein Schiff, das über seinen Spiegel gleitet, ohne seine Wellen zu brechen. Die Sterne erbleichen vor dem nahenden Glanz der Sonne. In wolkenlosem Blau wölbt sich der Himmel über der weihevollen Stille, in der wir den Flügelschlag des Engels zu vernehmen glauben, der über das Meer der Unendlichkeit dahinschwebt.« Die Oboen, das Englischhorn und die Flöten hauchen leise Andacht. Dann ertönt wehmütiges Schluchzen, aus dem Orchester tauchen die demütigen Gestalten des zehnten Purgatorio-Gesanges auf. Die Qualen der inneren Zerknirschung laufen in einer Fuge zusammen und zerfließen in tränenschwerer Läuterung.
Sollte der dritte Teil das Paradies sein? Nein. Dante hatte vielleicht die Seligkeit des Paradieses in sich gefunden. Der innerlich gebrochene, verratene, jeder Hoffnung beraubte, von Schicksalsschlägen und Krankheiten heimgesuchte Weimarer Tondichter konnte kein Paradies schildern. Er drang mit seiner Musik nicht in die hohen Sphären ein, er blieb auf der Erde und betete zu dem Unerreichbaren. Der dritte Teil sollte also »Magnificat« heißen. Er getraute sich nicht, das Glück in Tönen wiederzugeben, denn das hätte ihm viel zu weh getan; nur im inbrünstigen Gebet fand er Erleichterung.
Wie sollte es aber enden, das neu begonnene Leben, die sichere Tatkraft des durch das Gebet geläuterten Menschen? In einem gedämpften, mächtigen Fortissimo? Oder sollte die vollkommene Hingabe an das Gebet in ätherischen Höhen leise ausklingen? Liszt zögerte. Die Fürstin setzte sich für den

ersten Schluß ein, Wagner riet zum zweiten. Franzi konnte sich nicht schlüssig werden. Er schrieb also beide Schlußsätze. Mochte jedes Orchester den ihm mehr zusagenden wählen. Auf die erste Seite des gesamten Werkes schrieb er die Widmung an Wagner: »Wie Virgil den Dante, hast Du mich durch die geheimnisvollen Regionen der lebensgetränkten Tonwelten geleitet. Aus innigstem Herzen ruft Dir zu: ›Tu sei il mio maestro, e'l mio autore!‹ Und weihe Dir dies Werk in unwandelbarer getreuer Liebe. – Weimar – Ostern – 59.«
Seit der Graner Messe hatte er an diesem Werk gearbeitet. In diese Tondichtung wob er die höllischen Schmerzen all seiner Enttäuschungen hinein, in diesem Werk gestand er sich selbst seine menschliche Unzulänglichkeit ein, in diese Schöpfung flüchtete er erleichtert mit der kindlichen Reinheit des Gebetes. Ihn durchdrang das Gefühl, ein ganz anderer Mensch geworden zu sein, seit er die letzten Notenköpfe schrieb. Liszt hatte Dantes Welt des Leidens, der Buße und der Erhebung durchschritten. Diese Gebiete der Seele, die nur wenigen bewußt werden, sah er nun für sich erschlossen. Das Konfratertum der Pester Franziskaner ging ihm nicht wieder aus dem Sinn. Er wußte sehr gut, daß dieses drittgradige Mönchtum nicht mehr bedeutete als die Ehrenmitgliedschaft in irgendeinem Verein. Und doch betrachtete er heimlich diesen Gedanken als symbolische Zuflucht vor den Schicksalsschlägen der Welt.
Jetzt trug er auch seine Leiden schon geduldiger. Und er erlebte auch manche Freude. Cosima und Hans waren sehr glücklich; von Blandine kam gute Nachricht. Sie hatte im geheimen schon lange für einen jungen Mann geschwärmt. Er hieß Emil Ollivier und war ein begabter, ehrgeiziger junger Rechtsanwalt von angenehmem Äußeren, kurz und gut ein ganzer Kerl. Marie hatte Blandine geschickt den Weg geebnet, der junge Mann fing Feuer, und Franzi erhielt eines Tages einen Brief, in dem man ihn um seine Zustimmung zu dieser Ehe bat. Die Gräfin D'Agoult und Blandine hielten sich in Florenz auf, dorthin kam auch der junge Bräutigam, dort wollten sie sich trauen lassen. Als gewissenhafter Vater erkundigte sich Liszt bei Pariser Freunden über den jungen Mann. Die Auskünfte schilderten Ollivier als unbescholtenen, tüchtigen, hochbegabten, zu großen Hoffnungen berechtigenden Menschen. Franzi willigte also freudig ein, um so mehr, als er dadurch auch Marie die Genugtuung verschaffen konnte, daß sie es war, die diese Tochter verheiratet hatte. Die Hochzeit fand in Florenz statt. Er fuhr nicht hin. Franzi war noch immer nicht völlig genesen, und außerdem schien es ihm nicht sehr verlockend, mit Marie zusammenzutreffen.
Seine beiden Töchter hatten nacheinander innerhalb weniger Monate geheiratet und waren glücklich, nur *seine* Sache wollte nicht in Ordnung kommen. Der verstockte Kirchenfürst in Petersburg, Hotoniewski, hatte schon zum zweiten Male das Bittgesuch um kirchliche Scheidung zurückgewiesen, besser gesagt, er lehnte es ab, ein Verfahren einzuleiten, das die

Ehe der Fürstin als ungültig erklären sollte. Man hatte daraufhin vorläufig nichts anderes tun können, als mit Hilfe neuer Anwälte und Kirchenjuristen eine vierte Eingabe zu machen, freilich ohne jede Hoffnung auf Erfolg. Der neue Zar sollte in diesem Herbste nach Weimar kommen. Der Großherzog, der viel von seinen eigenen außenpolitischen Fähigkeiten hielt, hatte Franzi schon lange seinen Plan anvertraut, zwischen dem Zaren Alexander und Franz Joseph eine Versöhnung herbeizuführen. Österreich hatte im Krimkriege mit erstaunlicher Undankbarkeit Rußland im Stich gelassen, obgleich es durch die blutige Unterdrückung des ungarischen Freiheitskampfes den Thron der Habsburger gerettet hatte. Zwischen den beiden Herrscherhäusern war infolgedessen das Verhältnis recht gespannt. Der junge Großherzog hatte jedoch so lange korrespondiert, sich so eifrig bemüht und so lange gedrängelt, bis er das Unmögliche doch möglich gemacht hatte: die beiden mächtigen Herrscher kamen nach Weimar. Vor dem Kaisertreffen suchte Franzi den Großherzog auf und bat ihn, mit dem Zaren über die Ehescheidung zu sprechen; jenen koste es ja nur ein Machtwort, und der Metropolit Hotoniewski würde die ganze Sache sofort erledigen.
»Königliche Hoheit, die Geschichte fängt an, lächerlich zu werden. Der Fürst Sayn-Wittgenstein ist Protestant und ist durch die gerichtliche Scheidung wieder ein freier Mensch geworden. Er hat sich sogar wieder verheiratet.«
»Ich weiß, er hat die Erzieherin der Fürstin Schuwalow geheiratet.«
»Sehr richtig. Nach den Gesetzen der römischen Kirche ist aber die Fürstin immer noch seine Frau, da sie Katholikin ist. Ich frage Eure Königliche Hoheit, kann man das mit nüchternem Verstande für menschenmöglich halten?«
»Lieber Liszt, mich brauchen Sie nicht zu überzeugen, ich bin Protestant. Ich will Seiner Majestät dem Zaren die ganze Sache vortragen, das verspreche ich Ihnen. Aber sehen Sie, wir sind ja jetzt unter uns: ist Ihnen denn diese Ehe so wichtig? Daß sie für die Fürstin von Bedeutung ist, das verstehe ich noch. Aber warum legen Sie soviel Wert darauf?«
»Weil ich ein Mann von Ehre bin.«
Der Großherzog wollte etwas erwidern, sah ihn dann aber nur lange an und nickte stumm. Er entließ den geliebten Meister in Gnaden. Das Kaisertreffen fand statt, die Weimarer bekamen aber wenig davon zu sehen. Die drei jungen Herrscher verhandelten hinter verschlossenen Türen miteinander. Keine große Parade, kein Festzug. Franzi sah keinen der Herren. Nach der Abreise der hohen Gäste ließ der Großherzog Franzi wissen, daß er mit dem Zaren gesprochen habe; dieser habe sich die Angelegenheit auch notiert und seine Unterstützung zugesichert.
»Geben Sie sich aber keinen großen Hoffnungen hin«, fügte er hinzu, »ich kenne den Standpunkt der russischen Herrschaften. Der Metropolit ist völlig auf Seite der Familie Wittgenstein; solange er lebt, ist kaum an eine ver-

nünftige Lösung zu denken. Damit Sie aber auch etwas Angenehmes hören, will ich Ihnen noch erzählen, daß ich Sie auch dem Kaiser Franz Joseph gegenüber erwähnt und betont habe, was für eine wertvolle und nützliche Arbeit Sie hier leisten. Seine Majestät erinnert sich Ihrer gut, er hat ein unglaubliches Gedächtnis. Er sagte, die ungarischen Aristokraten hätten einen regelrechten Feldzug um Ihre höchste Auszeichnung unternommen. Ich hatte den Eindruck, daß Seine Majestät die Absichten der ungarischen Aristokratie billigt, daß aber das Hofmarschallamt noch Vorbehalte macht. Alles in allem jedoch steht diese Wiener Angelegenheit gut. Auf einen Erfolg in Petersburg rechnen Sie allerdings lieber nicht. Da wird weiter nichts erfolgen.«

Franzi überdachte diese Nachricht eingehend, berichtete jedoch zu Hause genau das Gegenteil; denn jede schlimme Kunde stürzte die Fürstin in unberechenbare Verzweiflung. Diese neue Hiobsbotschaft hätte sie wiederum nur sehr tief bedrückt. Man durfte nur Hoffnungen in ihr erwecken, Hoffnungen und noch einmal Hoffnungen. Er spielte also den Bräutigam weiter und umgab sie mit unendlicher Geduld und Zärtlichkeit. Der Teil seines Herzens, in dem er seine Liebe bewahrte, war aber jetzt fast leer geworden. Da erschien eines Tages Agnes in Weimar. Sie wollte einige Tage in der Nähe ihres Meisters verbringen. Sie sah gut aus, ihre Lunge war einigermaßen in Ordnung. Aus den zahlreichen Briefen Franzis, die ihr überallhin folgten, war sie über die Bewohner der Altenburg genauestens unterrichtet. Und jetzt hielten sie auch keine seelischen Hemmnisse mehr zurück. Die kameradschaftliche Treue Franzis zur Fürstin war stärker und selbstloser denn je. Seine Liebestreue aber bestand nicht mehr. Die Briefe an Agnes und ihre Antworten hatten die Sehnsucht, das Gretchen seiner Symphonie in die Arme zu schließen, aufs äußerste gesteigert. Sie gehörten einander an, nicht in der Selbstvergessenheit einer schwachen Minute, sondern in vollem Bewußtsein ihrer Lage und ihrer Gefühle. Nach wenigen Tagen vertrauten Glückes reiste Agnes wieder ab. Der Briefwechsel ging aber weiter im Ton der alten Innigkeit. Franzi hatte das Gefühl, ein Ehemann zu sein, der seiner Lebensgefährtin alles gab, was ihr als solcher zukam, und seiner eigenen Sehnsucht alles, was diesem Verlangen entsprach.

Dieses ängstlich gehütete Glück seines reifen Mannesalters schenkte ihm aber nur noch herbstlich klaren Sonnenschein, keinen jauchzenden Frühling mehr. Seine einstige übermütige Laune war verschwunden, der Schmerz über das Nichtverstandensein und die Angriffe, die ihm als Komponisten galten, betrübten und belasteten sein Gemüt. Er wurde nachdenklich, ernst und menschenscheu. Die wenigen, mit denen er außer seinen Schülern in Weimar noch zusammenkam, hätte er an den Fingern abzählen können. Unter diesen war auch Dingelstedt, den er nach langen kampferfüllten Jahren endlich für die Leitung des Weimarer Theaters gewonnen hatte; der Großherzog ernannte ihn zum Intendanten. Dingelstedt räumte

in den ersten Wochen mit eisernem Willen gründlich auf, vertrat aber gleich anfangs in vielen Fragen ganz andere Ansichten als Franzi und gab auch nicht nach. Das mißfiel Liszt jedoch keineswegs. Er sah seinen Schützling lieber als zielbewußten Mann, der Rückgrat zeigte, denn als einen, der aus lauter Dankbarkeit die eigene Überzeugung verleugnete.
Und das Theater interessierte ihn jetzt kaum noch. Ab und zu versuchte er beim Großherzog die Aufführung der Tetralogie durchzusetzen. Dazu war jedoch so viel Geld erforderlich, daß er auf die Verwirklichung seines kühnen Traumes nach und nach endgültig verzichten mußte. Aber auch Wagner dachte nicht mehr daran. Er hatte die Vertonung inzwischen beendet, das Riesenwerk war fertig; eine Aufführung zog er jetzt gar nicht mehr in Erwägung. Er war felsenfest davon überzeugt, daß doch noch einmal ein Wunder geschehen würde, und er legte den Ring des Nibelungen beiseite, bis dieses Wunder kommen würde. Er war auch schon wieder mit einem neuen Werke beschäftigt, das die Geschichte von Tristan und Isolde behandeln sollte.
Das Theater interessierte Franzi nur insoweit, als er die Werke von Berlioz aufführen und den Jüngern der neuen Musik, sofern er unter ihnen ein wirkliches Talent entdeckte, den Weg zum Publikum bahnen konnte. Da war der junge Cornelius, der an einer vielversprechenden Oper arbeitete. Sonst lebte Franzi ganz zurückgezogen, wie ein verwundetes Tier in seiner Höhle, und unter seiner täglichen Post suchte er vor allem nach den Briefen von seinen Kindern. Insbesondere bangte er um Daniel, der sich im allgemeinen ganz wohl fühlte und nur hin und wieder Fieber hatte. Die Ärzte vermochten an seiner Lunge nichts festzustellen.
Die Dante-Symphonie, an der Franzi immer wieder arbeitete und die er noch durch einen neuen Satz ergänzt hatte, ließ er in Dresden aufführen – eigentlich nur noch um der Ehre willen, nicht, um noch einmal in den Kampf um die neue Richtung einzugreifen. Den Urteilen des Publikums und der Kritik sah er eher ärgerlich und mißgestimmt als mit Spannung entgegen. Er sehnte sich lediglich danach, sein Werk, das ihm so ans Herz gewachsen war, von einem großen Orchester zu hören. Die Symphonie sagte dem Dresdner Publikum im allgemeinen nicht zu. Es kam zu keinem Skandal, aber das Fiasko war unmißverständlich. Bülows und auch die Fürstin waren anwesend. Nach dem Konzert überwarfen sie sich alle miteinander.
»Ich habe doch gesagt«, rief Hans empört, »man darf die Dante-Symphonie keinem Mißerfolg aussetzen. Ich habe wochenlang gefleht, sie nicht in Dresden aufführen zu lassen. Aber die Fürstin . . .«
»Jawohl«, fiel ihm Carolyne heftig ins Wort, »ich habe geträumt, daß Engel diese Partitur in Händen hielten. Ich kann nichts dafür, wenn Franzi nicht zu bewegen ist, diesem Tausig das Haus zu verbieten.«
»Was hat denn das mit Tausig zu tun?«

»Tausig ist unter einem schlechten Stern geboren. Er bringt Unglück über unser Haus. Daher kommt all unser Mißgeschick.«

Die Männer sahen einander an. Cosima gab ihrem Mann einen Wink, er solle schweigen. Wenn die Fürstin ihre Launen hatte, konnte man mit ihr nicht über ernste Dinge reden. Bei ihr mußte man ruhige Stunden abwarten, dann war ihr Urteil rasch, scharfsinnig und sicher. Niemand konnte mit ihr auskommen außer Franzi, der sich ihr mit einer schier unerschöpflichen Geduld anpaßte. Auch jetzt machte er der Debatte ein Ende. Er winkte ab:

»Hört auf . . . ›Mein Reich ist nicht von dieser Welt‹ . . .«

Die Presse hatte nur auf eine Gelegenheit gewartet, um einhaken zu können. Es war, als ob Franzi mit entblößter Brust in ein ihm entgegengehaltenes blankes Schwert hineingerannt wäre. Neben den wildesten Angriffen machte sich ein neuer Ton in den Kritiken gegen ihn bemerkbar: man behandelte ihn als komische Figur, über deren musikalische Unsinnigkeiten man nur gutmütig lächeln könne. Das war zuviel für seinen friedfertigen Charakter. Schicksalsschläge ertrug er, Erniedrigung nicht. Diese Burschen, die nicht einmal anständig schreiben konnten, wischten jetzt ihre talentlose Feder an ihm ab. Wenn er derartiges las, schloß er sich ein; blaß wie der Tod, mit geballter Faust, die Zähne knirschend aufeinandergepreßt, schritt er in seinem Zimmer auf und ab, bis sich seine Erregung einigermaßen gelegt hatte. Und er stand oft vor dem Spiegel. Seit einiger Zeit begann sein Haar schnell zu ergrauen. Es wurde nicht dünner, es blieb dicht, aber blonde Haarsträhnen waren kaum noch zu finden. Auf seinem einst so glatten Gesicht wurden die Warzen immer deutlicher, die Mundwinkel entlang zogen sich zwei tiefe Falten, aus den schärfer gewordenen Gesichtszügen sprach eine harte Gequältheit.

Aber Franzi ließ sich nicht unterkriegen. Er schüttelte sich wie ein Löwe, damit die Kletten, die man nach ihm geworfen hatte, von seiner Mähne abfielen. Er holte tief Atem und schlug mit der Faust auf den Tisch. Nein und nochmals nein! Diesen Kampf *durfte* er nicht aufgeben. Immer deutlicher, immer sicherer erkannte er den großen Zweck seines Lebens: er hatte eine Mission zu erfüllen! Wenn auch nicht für Jahrtausende, so für Jahrhunderte. Die Welt brauchte eine neue Musik, und dazu hatte der Herrgott ihn trotz aller Qualen und Leiden auserwählt.

Schon begann er eine neue Arbeit. Unter seinen Aufzeichnungen fand er einige Erinnerungszeilen an die Wartburg. Die Geschichte der Heiligen Elisabeth, in deren Körbchen die Gaben für die Armen sich in Rosen verwandelten, als ihr Gatte sie bei ihrer verbotenen Mildtätigkeit überraschte, bot eine würdige Aufgabe für seine Kunst. Und die gütige und liebe Heilige war obendrein noch eine Ungarin! Er suchte sich Literatur über die thüringische Schloßherrin zusammen, ließ sich das Buch Montalemberts über sie kommen, besuchte die Wartburg wieder, sah sich die alten Fresken an, meldete

sich bei der Großherzogin zur Audienz und schlug vor, die vernachlässigte Burg wiederherzustellen und sie im Rahmen eines großen Festes der Öffentlichkeit zugänglich zu machen. Die Fürstin Carolyne war über den Plan so entzückt, daß sie vor lauter Freude in einen Weinkrampf verfiel, wie so häufig in dieser Zeit, wenn ihr etwas Unerwartetes widerfuhr. In ihrer überschwenglichen Begeisterung wollte sie es übernehmen, einen Textdichter zu suchen, der die Dichtung im Anschluß an die Wartburger Fresken verfassen sollte. Sie ließ sich auch in einen Briefwechsel mit dem Dichter Otto Roquette ein, von dem Franzi noch nie gehört hatte. Roquette kam nach Weimar, stellte sich Liszt vor und entwickelte ihm seinen Plan. Der gefiel aber Franzi ganz und gar nicht. Doch er wollte Carolyne nicht aufregen. Schließlich half er sich so, daß er jede Zeile von Roquette nochmals selbst überarbeitete. Der Dichter erklärte sich mit allem einverstanden, ihm war es nur darum zu tun, daß sein Name neben dem eines Liszts stehen sollte. Franzi begann dann gleich die Komposition. Nun erst recht! Und wenn jede Zeitung Europas jeden Tag in die Welt schrie, daß er zum Komponieren keine Begabung habe – er mußte die Arbeit vollbringen, die ihm Gott gewiesen hatte!
Liszt bot dem ganzen Weltall die Stirn, und die Welt schrak tatsächlich vor diesem Trotz zurück, der die Kraft Fafners mit der durchgeistigten Reinheit eines Gralsritters vereinigte. Oder mit der eines Mönches. Denn von den Franziskanern aus Budapest traf die amtliche Mitteilung ein, daß man ihn als Konfrater in den Orden aufgenommen habe. Diese Zeremonie wollte er unter keinen Umständen versäumen. Er beschloß, nach Pest zu fahren, und zwar über Prag und Wien. Ein mutiger Dirigent in Prag, namens Wildner, wollte durchaus seine Dante-Symphonie dort aufführen, trotz des Urteils der ganzen Welt. In Wien hingegen sollte seine Graner Messe aufgeführt werden.
Auf die Reise hatte er auch Tausig, das Wunderkind, mitgenommen. Sie kamen in Prag an, die Probe verlief ausgezeichnet, Wildner erwies sich als Musiker ganz nach seinem Geschmack. Nach der Probe besuchten sie ein Kaffeehaus, um noch einige Einzelheiten zu besprechen. Plötzlich trat ein kahlköpfiger, dickbäuchiger Mann an ihren Tisch.
»Beck!« rief Franzi überrascht. »Sind Sie es denn wirklich? Was zum Teufel suchen Sie hier?«
Es war der leibhaftige Beck selbst, der ehemalige Tenor aus Weimar, der erste Lohengrin. Er war seinerzeit schon sehr beleibt gewesen, jetzt aber hätte ihn kaum ein Stier, geschweige denn ein Schwan ziehen können. Tausig lachte laut über ihn; er war ein sehr ungezogener Junge.
»Ich bin hier Kaffeehausbesitzer, bitte schön. Dieses Kaffeehaus gehört mir. Und ich bin deshalb an Ihren Tisch gekommen, um mich bei dem Herrn Doktor für dieses Kaffeehaus zu bedanken. Wenn der Herr Doktor mich seinerzeit nicht aus Weimar weggejagt hätte, so wäre ich heute noch ein

schlechtbezahlter Tenor. Statt dessen lebe ich jetzt wie ein Fisch im Wasser und habe mir auch schon ein Mietshaus gekauft. Denn Sie haben mich weggejagt, das können Sie gar nicht leugnen.«
»Das ist wohl ein etwas zu starkes Wort, mein lieber Beck. Ich habe mich nur dagegen gewehrt, Ihnen eine führende Rolle zu geben; denn Ihre Stimme war zwar sehr schön, aber Ihre Erscheinung wurde den von Ihnen darzustellenden Helden ebensowenig gerecht wie Ihr, wir wollen es nur offen gestehen, fürchterliches Spiel. In kleineren Rollen könnten Sie meinetwegen sogar heute noch in Weimar auftreten.«
»Gott behüte! Das Theater ist nichts für mich. Es war meine größte Torheit, als ich den Bäckergesellen an den Nagel hing und Schauspieler wurde. Aber diesen ›Lohengrin‹ werde ich nie in meinem Leben vergessen. Ich habe damals auf die Musik geschimpft wie ein Rohrspatz. Heute weiß ich, daß es ein wunderbares Werk ist.«
Franzi sprang auf und umarmte den drei Zentner schweren Lohengrin. Sie küßten sich sogar. Der brave Mann, der statt des Silberhelmes jetzt eine gestickte Mütze trug, ging, seine Tränen trocknend, wieder an seine Arbeit, Franzi schlug Wildner erfreut auf die Schulter:
»Das ist ein gutes Zeichen, mein Lieber, Sie werden sehen, wir haben Erfolg! Ich fange auch schon an, abergläubisch zu werden, eine große Schande, aber den ersten Lohengrin wiederzusehen, das *kann* nur ein sehr gutes Zeichen sein.«
Liszts Vermutung erwies sich als richtig. Die Dante-Symphonie wurde sonderbarerweise in Prag sehr gut aufgenommen. Sie gefiel so, daß die entzückten Zuhörer bei der Partie Paolos und Francescas mitten in die Musik hinein Beifall spendeten. Tausig trug das A-Dur-Klavierkonzert mit verblüffendem Können und mitreißender Kraft vor. Die Zuhörer klatschten wie die Wahnsinnigen. Die Presse schrieb ganz begeistert. Nach einigen Tagen folgte ein weiteres Konzert. Die Tasso-Symphonie und das Es-Dur-Klavierkonzert. Ein noch größerer Erfolg. Die Tasso-Symphonie mußte wiederholt werden.
»Richte der Fürstin aus«, sagte Franzi zu Tausig, als er ihn zur Bahn brachte, »daß du ein nichtsnutziger, unartiger Bengel bist, aber einen Riesenerfolg gehabt hast und . . .«
Frech und übermütig fiel ihm der Knabe ins Wort:
». . .und daß ich dem Meister Glück gebracht habe, wenn die Fürstin deswegen auch noch so zornig ist.«
Franzi drehte ihm schnell noch ein Hörnchen am Kopf und drängte ihn lachend in den Eisenbahnwagen hinein. Dann fuhr er selbst nach Wien. Eduard und Daniel erwarteten ihn auf dem Bahnhof. In seiner überschäumenden Freude umarmte er sie beide minutenlang. Daniel schob er ein wenig von sich, um ihn besser mustern zu können, dann umarmte er ihn wieder. Der Junge sah nicht schlecht aus, aber sein Vater fand ihn viel zu ätherisch,

viel zu zart und müde. Im Mietwagen war seine erste Frage, was der Arzt gesagt habe. Dieser hätte an der einen Lungenspitze irgend etwas festgestellt, die Sache wäre aber nicht so schlimm; die wachsenden Organe würden das noch ausgleichen. Vater und Sohn hielten sich bei den Händen und ließen sich nicht los.
»Ist Augusz schon angekommen?« erkundigte sich Franzi bei Eduard.
»Er kommt erst morgen. Aber hör mal, es ist einfach erstaunlich, wieviel Unstimmigkeiten der Aufführung deiner Messe vorangegangen sind. Erinnerst du dich noch, als ich dich bat, du solltest es nicht mit dem Hofe verderben? Also hör zu, was geschehen ist. Wir hatten vier Solisten ausgewählt, und die freuten sich auch, mitwirken zu können. Vor einer Woche kamen sie ganz verzweifelt zu mir gelaufen, der Intendant, Graf Lanckoronski, versage ihnen die Erlaubnis. Also dafür gab es noch kein Beispiel, daß man den Mitgliedern einer Oper nicht erlaubt hätte, in einer Festmesse zu singen! Ich laufe in die Intendanz, was denn das für ein Mißverständnis wäre. Der Graf selbst war nicht da, ich mußte mit seinem Stellvertreter sprechen. Dieser teilte mir dann mit, daß es keineswegs ein Mißverständnis sei. Du hättest seinerzeit abgelehnt, in einem Hofkonzert mitzuwirken, jetzt gäbe man dir eben kein Hofpersonal. Ich habe alles mögliche versucht, umsonst. Wir haben Solisten von Pest kommen lassen. Soviel ich weiß, sind die ganz ausgezeichnet. Das war alles, die Messe wird also aufgeführt.«
Daniel lachte seinen Vater an:
»Die Ungarn singen auch lateinisch. Und der Herrgott liebt die lateinische Sprache.«
»Du dummer Junge, du«, sagte Franzi, den Jungen an sich drückend, »wie weit sind wir mit der ungarischen Sprache?«
»Ach, danke, es geht ganz gut. Ich verstehe alles und kann auch schon einigermaßen sprechen. Ich werde mich mit den ungarischen Solisten unterhalten, damit Sie es auch hören, Papa; einverstanden?«
Sie kamen im »Schottenhof« an. Henriette erwartete sie mit frischem Kaffee und Kuchen. Der kleine Franz Liszt tapste ungeschickt bei der Begrüßung herum und wollte durchaus die langen Haare seines Paten fassen. Sie lachten viel über ihn. Und kaum hatten sie Kaffee getrunken, da kam auch schon das Abendessen. Jeder aß mit großem Appetit und reichlich, nur Daniel stocherte in den Speisen herum.
»Dieser Junge bringt mich noch ins Grab«, klagte Henriette, »er will nicht essen. Ich kann ihm kochen, was ich will, er ißt nicht. Ich weiß gar nicht, wovon er eigentlich lebt. Er lernt und lernt nur.«
»Laßt mir morgen den Arzt kommen«, bat Franzi ernst werdend, »ich möchte ihn sprechen.«
Dann kam die endlose Reihe der Familienangelegenheiten zur Sprache. Cosimas und Blandines Ehe, der in Gran aufgetauchte Alois Hennig, die Pariser Briefe der Großmutter Liszt. Der Zauber des Heims hielt Franzi aber-

mals ganz im Banne. Und diesmal war ja auch sein Sohn bei ihm. Er wünschte, daß dieser Abend gar nicht wieder aufhören möge, wie sie so alle beim milden Licht der Lampe zusammensaßen und von ihren Lieben sprachen. Nirgends, auf der ganzen Welt nicht, hatte er sich jemals so wohl gefühlt wie hier neben Daniel.

Am anderen Tage ließen sie den Arzt kommen, der äußerte sich sehr unbestimmt. Seine schwankende Weisheit ließ nichts Sicheres verlauten. Er betonte nur immer wieder, daß keine unmittelbare Gefahr bestehe und es außerordentlich wichtig sei, daß der Junge sich gut ernähre. Solche Jungen von siebzehn Jahren ständen mitten in der Entwicklung, man müsse sich nicht gleich ängstigen, wenn das Wachstum ihnen ein wenig zu schaffen mache. Franzi dankte für die Auskunft und war einigermaßen beruhigt. Daniel galt jetzt seine Hauptsorge. Nun konnten alle anderen offiziellen Dinge kommen.

Die Aufführung der Messe verlief sehr gut, außer Baron Augusz waren noch zahlreiche andere Bekannte nach Wien gekommen, um ihr beizuwohnen. Augusz kam aber nicht nur deshalb dorthin. Er nahm Franzi beiseite und berichtete ihm über alle Einzelheiten des Zwischenfalles im Hofmarschallamt. Dann setzten sie sich in einen Fiaker und fuhren nach der Burg. Da stieg Augusz aus:

»Bleib du unten und erwarte mich im Wagen. In einer Stunde bin ich spätestens wieder da.«

Er war schon nach einer halben Stunde zurück. Sein Gesicht strahlte. Augusz stieg in den Wagen und rief dem Kutscher »Schottenhof« zu. Der Fiaker zog ratternd an, der Baron reichte Franzi beide Hände:

»Meinen herzlichen Glückwunsch, Herr Ritter.«

»Wie bitte?«

»Wir haben alles erreicht, alles! Im Hofmarschallamt habe ich das ganze Mißverständnis in fünf Minuten geklärt. Die Wichtigtuerei eines großsprecherischen Menschen hat die ganze Sache eingerührt. Als ich dargelegt hatte, wie sich alles wirklich abgespielt habe, meinten sie, das wäre ja etwas ganz anderes, und du hättest recht. Das ist Numero eins. Daraufhin löste sich die andere Frag von selbst. Ich habe dich zur Audienz angemeldet, weil du dich bei Seiner Majestät bedanken möchtest, da sie geruhten, den Druck deiner Graner Messe auf Staatskosten zu veranlassen. Morgen mittag um ein Uhr und zwanzig Minuten wirst du vor dem Kaiser erscheinen. Die Kleidungsvorschriften bekommst du noch heute durch einen Hofkurier mitgeteilt. Das ist Numero zwei. Drittens: während der Audienz wird dir Seine Majestät mitteilen, daß er dir das Ritterkreuz des Eisernen Kronenordens verleiht. Weißt du, was das bedeutet?«

»Nein.«

»In der Sprache des Kaisers ist das die Aufforderung zum Tanz. Den Eisernen Kronenorden darf nur ein Adeliger tragen, wer also kein Adeliger ist und ihn doch erhält, ist berechtigt, den Antrag auf Erhebung in den Adelsstand zu stellen. Bitte, das habe ich also erledigt, Herr von Liszt. Und nun nochmals herzlichsten Glückwunsch!«

Franzi fand keine Worte. Er starrte seinen Freund schweigend an und drückte ihm die dargebotene Hand.

»Ist das wahr?« stotterte er endlich.

»Na, hör mal, mit solchen Dingen werde ich doch nicht scherzen. Aber ich will dir noch etwas sagen. Soviel *ich* gehört habe, ist deine Familie von altem Adel. Du selbst hast mir gegenüber einmal erwähnt, daß ihr nach alter Überlieferung mit der Familie eines gewissen Barons Listius verwandt seid. Deshalb nimm dir die Mühe und sieh dich in der Verwandtschaft um, was für Belege du hierzu beschaffen kannst. Denn wenn du etwas findest, stellst du nicht mehr den Antrag, in den Adelsstand erhoben zu werden, sondern ersuchst nur um die Bestätigung deines alten Adels. Das ist viel vornehmer. Nun, was sagst du dazu?«

Franzi schüttelte den Kopf.

»Nein. Das ist nicht vornehm. Meines Erachtens ist es vornehmer, in den Adelsstand erhoben zu werden, als den Adel des Vaters zu erben. Wenn es von mir abhängt, so wähle ich lieber den Weg, daß ich, Franz Liszt, in den Adelsstand erhoben werden soll. Aber sag du mir, wie kann ich dir das je danken? Deine Freundschaft bedrückt mich förmlich. Ein Leben reicht gar nicht aus, um dir zurückzuzahlen, was ich dir für die Messe und jetzt für diese große Freude schulde . . .«

»Nicht der Rede wert. Entweder gibt's eine Freundschaft, oder es gibt keine. Ich will nicht, daß du darüber noch sprichst.«

Am dritten Tage, pünktlich um ein Uhr, fuhr Franzi im vorgeschriebenen Frack in die Burg. Den Schloßgardisten zeigte er seine Einladung vor. Man wies ihm den Weg. Unendliche Treppen, Gänge, Teppiche, Gardisten. Jeder Raum verkündete die Macht der Habsburger. Wohl war er schon einmal in diesem Schloß gewesen. Da hatte er aber noch nicht empfunden, was er jetzt empfand: die Wirkung der Persönlichkeit des jungen Kaisers. Dieser achtundzwanzigjährige junge Mann, der schon zehn Jahre auf dem Thron saß, ließ auch in den entlegensten Ecken seines Schlosses seine Macht fühlen. Die Generale des ungarischen Freiheitskampfes hatte er unbarmherzig hinrichten lassen. Die Wiener hingegen beteten ihn an. In Gran durften vornehme Magnaten nicht an seinem Tisch sitzen, *ihn*, Franz Liszt, hingegen wollte er jetzt auszeichnen! Was für ein Mensch war er – gut oder herzlos?

Franzi trat in ein stilles, von gespannter Erregung erfülltes Vorzimmer. Schwere Teppiche, prächtige Wände. Gardisten. Flüsternde Höflinge. Ein Offizier mit der Dienstschärpe ging auf ihn zu und erklärte ihm, wie er sich beim Eintreten zu benehmen habe. Ein Beamter der Kabinettskanzlei musterte ihn gewissenhaft von Kopf bis Fuß, ob seine Kleidung der Vorschrift

entsprach. Seine Orden, die er sämtlich angelegt hatte, prüfte man einzeln. Auch einige andere auf die Audienz Wartende standen unruhig herum. Drei kamen vor ihm dran. Dann nur zwei. Endlich nur noch ein alter Offizier. Auch er kam wieder heraus. Jetzt schnell.
Im sonnendurchfluteten Arbeitszimmer stand der Kaiser. Ein blonder Mann, schlank, blauäugig, mit durchdringendem Blick.
»Eurer Majestät danke ich alleruntertänigst, daß Eure Majestät geruht haben, meine Graner Messe auf Staatskosten drucken zu lassen.«
»Ja«, erwiderte Franz Joseph unverzüglich, »die musikalische Begleitung der Heiligen Messe hat unsere Zuneigung gefunden. Wirken Sie ständig in Weimar?«
»Jawohl, Majestät.«
»Wo haben Sie sich in den Jahren achtundvierzig und neunundvierzig aufgehalten?«
»Ich war auch damals schon in Weimar, Majestät.«
»Der Großherzog von Weimar erwähnte mir gegenüber bereits, wie allgemein wertvoll Ihre Tätigkeit dort ist. Außerdem haben Sie ja auch als Klavierkünstler sehr schöne Erfolge gehabt. Als Zeichen meiner Anerkennung verleihe ich Ihnen das Ritterkreuz meines Eisernen Kronenordens.«
»Ich danke Eurer Majestät alleruntertänigst für die Gnade. Ich werde mit meiner ganzen Kraft bemüht sein, mich auch in Zukunft durch mein weiteres Wirken des Wohlwollens Eurer Majestät würdig zu zeigen und meinem Vaterland Ehre zu machen.«
Es schien, als ob bei dem Wort »Vaterland« in den Blick der blauen Augen ein kalter forschender Ausdruck gekommen wäre. Der Kaiser sagte aber nichts mehr. Er unterhielt sich nicht, er interessierte sich nicht. Er sprach wie ein Aktenstück. Er war seine eigene Statue. Er schlug die Hacken zusammen. Franzi schritt höflich rückwärts, bis zur Tür, wie man es ihn gelehrt hatte. Draußen torkelte blaß, vor Aufregung schluckend, der nächste zur Tür herein.
Franzi mußte sich noch in der Kabinettskanzlei melden, wo er gegen eine Quittung den Orden und die beigelegte umfängliche Anweisung erhielt. Als das erledigt war, nahm er sich einen Fiaker. Um ein Viertel vor zwei Uhr mußte er dem Baron Bach seinen Besuch machen. Spät am Abend des vorigen Tages hatte Augusz das ganze Haus Eduards damit in Aufruhr gebracht, daß er mitteilte, auch diese Audienz zustande gebracht zu haben. Das waren nun keine so hoheitsvollen kalten zwei Minuten und überhaupt keine zwei Minuten, sondern eine halbe Stunde. Baron Bach empfing ihn außer der Reihe, da er früher gekommen war. Die Wartenden murrten hinter ihm her. Ein eleganter, feiner Mann war der Baron, und im ersten Augenblick sah er nicht anders aus als irgendein beliebiger hoher Staatsbeamter. Mit einer herablassenden Geste forderte er ihn auf, Platz zu nehmen und schob ihm die Zigarren hin.

»Ich bin gekommen, Exzellenz, meinem innigsten Dank Ausdruck zu verleihen, da Eure Exzellenz die Angelegenheit meiner Messe so freundlich unterstützt haben.«

»Mir steht kein Dank zu, lieber Hofrat« – der Sekretär des Barons hatte seinen Chef anscheinend über seinen Hohenzollern-Hechingenschen-Hofrats-Titel informiert –, »Seine Majestät wollte alles das aus eigenem Entschluß heraus. Ich freue mich dieser Gelegenheit jedoch, da ich Sie kennenlernen kann. Ich bin selbst Musiker, wenn in Ihrer Anwesenheit sich überhaupt jemand als Musiker bezeichnen darf, und danke Ihnen für viele herrliche Stunden. Von der Messe bin ich entzückt. Ich war dabei. Dieses ›Kredo‹ . . . diese überwältigende Kraft des Glaubens . . . also ich kann Ihnen nur meinen herzlichsten Glückwunsch aussprechen. Wohin reisen Sie von Wien?«

»Nach Pest.«

»Ach, nach Pest. Sie sind ein in Ungarn geborener Österreicher, nicht wahr?«

»Nein, Exzellenz, ich bin ein in Ungarn geborener Ungar. Meine Mutter war aber aus Krems.«

Über das Gesicht des Barons lief ein süßsaures Lächeln.

»Mein politisches Ideal, das Sie möglicherweise noch nicht kennen, ist die einheitliche Monarchie. Unter dem Zepter Seiner Majestät sind wir allesamt Untertanen *eines* Reiches. Sie sind ein kluger und weltgewandter Mann. Ist es denn für Ihre Nation nicht besser, ihre Sprache, ihre Presse, ihre Kulturfreiheit, ihr alltägliches Leben zu behalten und unter der Herrschaft eines weisen Kaisers zur Blüte gelangen zu lassen?«

»Exzellenz, ich befasse mich nicht mit Politik. Ich lebe weit von meiner Heimat entfernt; mir ist nicht bekannt, was in Pest vor sich geht. Von der deutschen und der französischen Politik weiß ich heute noch mehr, mit diesen Ländern verknüpfen mich lauter persönliche Bindungen.«

»Auch über die heutige französische Politik wissen Sie Bescheid? Wen kennen Sie zum Beispiel?«

»Den Kaiser selbst. Ich habe ihn schon vor Jahren in London kennengelernt, als er noch ein einfacher Bonaparte war. Auch hatte ich den Vorzug, in Madrid der Kaiserin zu begegnen. Damals war sie noch unverheiratet, die Tochter der Hofdame Gräfin Montijo. Wie überwältigend schön ich sie zu jener Zeit fand, daran erinnere ich mich heute noch.«

»Sie ist schön. Aber auch unsere Kaiserin ist bezaubernd, finden Sie nicht?«

»Ich hatte noch keine Gelegenheit, Ihrer Majestät der Kaiserin Elisabeth vorgestellt zu werden. Ich habe aber von einer Dame, die in diplomatischen Kreisen sehr gut bekannt ist, gehört, daß Ihre Majestät nicht nur außerordentlich schön, sondern auch sehr liebenswürdig ist.«

»Wer ist diese Dame?«

»Eure Exzellenz werden sie kaum kennen. Agnes Klindworth.«

»Ich kenne sie *nicht*? Und ob ich die schöne Agnes kenne! Ihr Vater hat unter Metternich gedient und lebt jetzt in Brüssel, nicht wahr? Selbstverständlich kenne ich sie. Leider nur flüchtig. Wo sind *Sie* ihr begegnet, Herr Hofrat?«

»Sie war meine Schülerin. Wir treffen einander jetzt noch ab und zu. Sie ist eine ausgezeichnete Klavierspielerin. Meine Rhapsodien spielt sie ganz gut.«

»Ach, die Rhapsodien! Sehr schön.«

Sie begannen von Musik zu sprechen. Sehr lange. Die Audienz dauerte bis ein Viertel drei Uhr. Als ihn der Baron Bach endlich zur Tür geleitete, sagte er:

»Sagen Sie in Pest den Ungarn, die mich hassen, daß sie auf einem falschen Wege sind. *Ich* habe recht und nicht sie. Sie können auch nur in einer starken Monarchie stark sein. Die Monarchie aber kann nur dann stark sein, wenn sie einig ist.«

»Es ist eine schwere Wahl, Exzellenz, ob man stark oder ein *Ungar* sein soll.«

»Sie haben schon gewählt, Herr Hofrat. Sie sind beides. Wenn Sie wieder nach Wien kommen, versäumen Sie nicht, mich zu besuchen. Ich möchte diese wirklich nette Stunde gern wiederholen.«

Das sollte der Menschenfresser sein, den man in Pest am liebsten erwürgt hätte? Franzi staunte. Er fand, daß der Baron ein außerordentlich liebenswürdiger Mensch war. Wenn man ihn mit jedem einzelnen Ungarn besonders zusammenbringen könnte ... vielleicht würde das zu einem Erfolg führen ... Über die Politik vermochte er sich aber nach wie vor keine Meinung zu bilden. Er fühlte nur ganz undeutlich, daß im geheimen in Pest irgendein tiefer, echter Schmerz wühlte. Und diesem unbegreiflichen Leid glaubte er doch mehr als dem liebenswürdigen Baron Bach.

Nach den Anweisungen Augusz' setzte er sein Gesuch um Erhebung in den Adelsstand auf, dann – nachdem sich die stürmische Freude der Familie Eduards gelegt hatte – fuhr er nach Pest und stieg im Karacsonyi-Palais ab. Er wollte diesmal nichts anderes, als sich bei den Franziskanern melden. Das Angebot, seine Messe im Nationalmuseum zu dirigieren, konnte er aber doch nicht ablehnen. Er freute sich im Gegenteil, daß er seinem Lieblingsplan, dem Fonds zur Errichtung der Musikakademie, wieder Geld zukommen lassen konnte. Die Einnahme betrug achthundert Gulden. Als Liszt mit den Veranstaltern abrechnete, griff er in die Tasche und legte noch zweihundert Gulden auf den Tisch.

»Achthundert und zweihundert sind tausend. Das gehört der Musikakademie.«

»Was sollen diese zweihundert, Meister?«

»Das ist der Preis für meine Eintrittskarte. Ich habe vergessen, eine Eintrittskarte zu lösen.«

Am anderen Tage um die Mittagsstunde erschien er bei den Franziskanern. Der Guardian las eine stille Messe, die hörte er in tiefer Andacht an. Dann trat der Prior des Ordens vor und richtete eine lateinische Ansprache an ihn. Er nahm ihn feierlich als Mitglied in den Orden auf. Das war die ganze Zeremonie. Dann folgte ein Mittagessen im Refektorium. Hier machte man ihn mit einem Domherrn bekannt, der aus Erlau einzig und allein seinetwegen hierhergereist war. Dieser Domherr hieß Danielik. Er hatte über »die Heilige Elisabeth« ein umfassendes Werk geschrieben, und da er in den Zeitungen las, daß sich der große Meister mit der »Legende der heiligen Elisabeth« befassen wollte, bot er ihm die Ergebnisse seiner Forschungen an. Während des ganzen Mittagessens redete man auch von nichts anderem, die unzähligen Begrüßungsansprachen ausgenommen, als von der genannten Heiligen.
Abends fand im Komlo-Garten ein Souper mit Zigeunermusik statt. Erkel, Mosonyi, Doppler und viele andere fanden sich ein. Franzi ließ sich bis tief in die Nacht hinein vorspielen und erzählte Erkel strahlend, daß er zehn neue Rhapsodien habe.
»Woran arbeiten Sie jetzt?« fragte er Erkel. »Warum lassen Sie Ihre schöne Oper ›Ladislaus Hunyadi‹ nicht ins Deutsche übersetzen? Ich würde sie in Weimar aufführen.«
Erkel schüttelte nur den Kopf. Er hatte viele Kinder, die Übersetzung würde viel Geld verschlingen. Franzi wunderte sich über ihn. Andere quälten ihn zu Tode mit Aufführungsanliegen, und dieser hier winkte zu der Aufforderung nur traurig ab. Liszt nahm sich die Mühe, ihm lang und breit zu erklären, wie wichtig das vom ungarischen Standpunkt aus und auch im Interesse seines eigenen Vorwärtskommens wäre. Erkel nickte und versprach endlich, den Text übersetzen zu lassen.
Er tat dies aber nicht. Franzi drängte ihn auch noch von Weimar aus, bis er es überdrüssig bekam. Und er sann oft und lange über seinen sonderbaren Landsmann nach, der vom Vorwärtskommen, von der Verwertung seiner Begabung keine Ahnung hatte, sich nur von den Zigeunern vorspielen ließ, den Baron Bach haßte und in der Empörung seines trauernden Ungartums die Gläser an die Wand warf. Er würde sicherlich auch sein ganzes Leben hinwerfen, wenn man es ihm in Form eines Glases in die Hand gäbe.

ZWANZIGSTES KAPITEL

Sein früherer Schüler Cornelius, der sich wie ein Einsiedler in eine Waldhütte zurückgezogen hatte, um zu arbeiten, traf in Weimar ein und brachte seine Oper »Der Barbier von Bagdad« mit. Franzi sah sie sofort durch und fand sie ganz hervorragend. Seit Berlioz' »Cellini« und Wagners Werken hatte ihn noch keine andere Oper so interessiert wie diese. Seine Freude war um so größer, weil das die erste Oper war, die aus dem Kreise seiner Weimarer Schüler stammte. Er setzte sich auch sogleich mit der Intendanz in Verbindung und ließ wissen, daß er dieses Stück noch im Herbst aufführen lassen wolle. Dingelstedt aber gab ihm eine überraschende Antwort:

»Ich möchte für nächstes Jahr das Verhältnis zwischen Oper und Schauspiel im Theater anders gestalten. Ich habe so viele ernste und wichtige Pläne, daß mein Programm dazu nicht ausreicht. Ich benötige weitere Abende. Berücksichtige das bitte auch, wenn du deine Entschließungen triffst.«

»Ich berücksichtige gar nichts. Ich denke gar nicht daran. Das Gleichgewicht zwischen Oper und Schauspiel im Theater beruht auf einer Überlieferung, die wir nicht umstoßen können.«

»Wir können sie wohl umstoßen, und du als der große Reformator müßtest das in erster Linie einsehen. Ich will hier eine neue Welt schaffen. Ich wiederhole, ich habe sehr große Pläne, die das vollste Vertrauen des Großherzogs besitzen.«

»Auch meine Pläne.«

»Das glaube ich nicht, mein lieber Franzi. Solange hier der Einfluß Maria Pawlownas ausschlaggebend war, kamen die Opernaufführungen in erster Linie zu ihrem Recht. Ihr Sohn ist aber kein Musiker, das weißt *du* ja am besten. Ihm ist die Musik eine zweitrangige Angelegenheit; an Literatur und Malerei hat er mehr Freude. Wie ich höre, befaßt er sich mit dem Plane einer Schule für bildende Künste, die er hier in Weimar errichten will. Hat er dir davon nichts gesagt?«

»Nein.«

»Mit mir hat er davon gesprochen. Kurz und gut, ich als Intendant bitte dich also, mir von den Musikabenden wöchentlich einen zu überlassen. Mir wäre es lieber, wenn wir das unter uns abmachen könnten; ich will den Großherzog in diese Angelegenheit nicht gleich hineinziehen.«

»Da wird dir aber nichts anderes übrigbleiben, denn das kannst du im Verein mit mir nicht bestimmen und durchführen. Es sind schon sowieso zu wenig Opernabende.«

»Na, wenn nicht, dann eben nicht. In dem Falle werde ich versuchen müssen, mir anderweit zu helfen. Wie geht's der Fürstin?«

Dingelstedt ging unvermittelt in einen liebenswürdigen Ton über. Franzi sah ihn verwundert an. Diesen Mann hatte er nach jahrelanger zäher Arbeit hierhergebracht, weil er ihn als gebildeten, strebsamen und tatkräftigen Mann kannte, der sich jahrelang, wie ein treuer Hund, als sein begeisterter Anhänger gebärdet hatte. Und siehe da, Dingelstedt war in seinem Amt kaum warm geworden – von begeisterter Hingabe keine Spur mehr. Er wurde ein ganz anderer Mensch, fremd und zurückhaltend. Dabei behielt

er in der Unterhaltung den freundschaftlich-liebenswürdigen Ton bei, damit man ihm keine feindliche Stellungnahme vorwerfen könne.
Bei der nächsten Audienz fragte der Großherzog Franzi tatsächlich, ob man dem Schauspiel nicht einige Opernabende überlassen könne. Liszt antwortete mit einem entschiedenen Nein, und der Großherzog ließ es dann dabei bewenden. Auch ihr Verhältnis zueinander war nicht mehr das alte. An der menschlichen Anteilnahme in ihren Beziehungen war zwar nichts auszusetzen, aber man konnte unmöglich daran zweifeln, daß die erbitterte Presseschlacht, die hundert und aber hundert Kritiker seit dem verhängnisvollen Leipziger Mazeppa-Konzert gegen Franzi geführt hatten, das Vertrauen des Großherzogs in Liszts künstlerische Fähigkeiten doch ein wenig erschüttert hatte. Schließlich kann einer in seinem Vertrauen ja auch nicht festbleiben, wenn er, selbst nicht musikalisch genug, in der Beurteilung einer ganz neuen Richtung auf die Meinung der Sachverständigen angewiesen ist und jahrelang bei jeder einzelnen Gelegenheit in deren Kritiken nur liest, daß die Tondichtungen Franz Liszts verworren und lächerlich seien. Wenn Franzi den Namen Wagner aussprach, wurde der Großherzog schon mißmutig und schwieg. Er erwähnte ihn jetzt gar nicht mehr. Die Tetralogie hätte man ja auch nur dann aufführen können, wenn er an Stelle des Weimarer »Kunstinstituts« ein prachtvolles, geräumiges Theater hätte erbauen lassen. Das war das wenigste, was Wagner für erforderlich hielt. Auch dieser Traum verschwand in der Versenkung, zu der Goethe-Olympiade und den anderen schönen Illusionen.
Die Oper von Cornelius ließ er aber nicht außer acht. Er glaubte daran, sie war ihm ans Herz gewachsen, er betrachtete sie als sein erstes musikalisches Enkelkind, als den Erstgeborenen seines musikalischen Erstgeborenen Cornelius. Bei der Einteilung des Spielplanes geriet er zwar oftmals mit Dingelstedt aneinander, trotz allem konnte er aber an einem Dezembertage die Aufführung zustande bringen.
Schon vor der Vorstellung lag etwas in der Luft, irgend etwas Unaussprechliches, unbestimmt Erregendes, ganz etwas anderes als die erwartungsvolle Spannung wie sonst vor Uraufführungen. Als das großherzogliche Paar in der Hofloge erschienen war, begann die Vorstellung. Franzi dirigierte selbst, der Komponist blieb aufgeregt hinter den Kulissen. Die Ouvertüre und der erste Akt verliefen glatt. Im selben Augenblick jedoch, als der Vorhang zusammenschlug und der Applaus einsetzte, ertönte ein im ganzen Theater vernehmbares Zischen. Verwundert drehte sich Franzi nach dem Parkett um, und die Sänger, die vor den Vorhang getreten waren, vergaßen sich zu verbeugen. Der Großherzog neigte sich aus seiner Loge und begann auffällig zu applaudieren. Das Zischen ward daraufhin noch stärker, und schon wurde auch gepfiffen. Die Beifall Spendenden wollten sich nicht zufriedengeben. Der Komponist stand verwundert und erstarrt vor dem Vorhang. Jetzt fing Franzi erst recht an, Beifall zu klatschen, und sämtliche

Musiker mit ihm. Das Zischen und Pfeifen begann darauf noch stärker zu werden. Es bestand kein Zweifel, diese Demonstration war von langer Hand vorbereitet. Und nicht einmal gegen Cornelius, sondern gegen die Richtung, die Franzi in seinem Opernspielplan vertrat. Er stand am Dirigentenpult, das er noch nicht verlassen hatte, wandte sich zu den Zuschauern um und blickte unverwandt in den Sturm der Demonstration. Der Skandal war gut organisiert: die Zischer, der Zahl nach wenig, hatte man geschickt über den ganzen Zuschauerraum verteilt. Franzis Auge suchte Dingelstedt. Er sah ihn nirgends. Der Intendant war nicht einmal ins Theater gekommen, um ein Alibi zu haben.

Denn daß *er* diese Sache eingerührt hatte, wurde bald offenbar. Der Theaterklatsch wußte es bereits am anderen Tage, daß bezahlte Individuen das Zischen übernommen hatten. Die ganze Angelegenheit war so peinlich und widerlich, daß sogar die Presse, die doch gewiß nicht auf der Seite Franzis stand, diese Art Kulissenintrigen ablehnte; mehrere Zeitungen bezichtigten Dingelstedt offen als Urheber dieses Skandals. Der aber, als er dann Franzi auf der Straße begegnete, redete ihn an:

»Bitte, Franzi, einzelne Zeitungen schreiben, daß zwischen uns Differenzen bestehen. Ich will dich offen fragen, sind dir solche bekannt?«

Liszt blickte diesem Menschen ins Gesicht, den er hierhergebracht und dem er einen Wirkungskreis und eine Existenz verschafft hatte. Er war über eine so maßlose Unverfrorenheit gar nicht mehr empört. Seine Augen hingen an dem vertrauenerweckenden, scheinheiligen Gesicht, und er lächelte bitter. Franzi gab ihm keine Antwort und setzte seinen Weg fort. Dingelstedt blieb mit der verklungenen Frage zurück, wie einst Mendelssohn auf einer Straße Berlins. Liszt aber ging ins großherzogliche Schloß. Dort übergab er dem wachhabenden Offizier persönlich einen Brief, in dem er mitteilte, daß er sich mit der musikalischen Leitung des Theaters nicht mehr zu befassen wünsche. Der Großherzog antwortete ihm noch am selben Tage und bat ihn, keine Schwierigkeiten zu machen, fragte sogar nach den Bedingungen für ein Weiterverbleiben. Franzi setzte sich hin und schrieb einen langen Brief. Er rechnete mit der ganzen Weimarer Situation ab und schüttete sein Herz ganz offen aus. Der Form halber nannte er zwar einzelne künstlerische Bedingungen, fügte aber sofort hinzu, daß er seine künftige Tätigkeit auch dann für aussichtslos erachte, wenn sie erfüllt würden.

»Die feindlichen Elemente«, beendete er seinen langen Brief, »können mich grausam verwunden, nicht aber erniedrigen. Und je mehr sie mich bedrohen, um so mehr schulde ich es mir und einer anderen, die mir teurer ist als das Leben und jede Genugtuung dieser Welt, daß man einst, wenn ich nicht mehr bin, sagen kann, ich hätte ein besseres Los verdient. Ich liebe die Einsamkeit, aber eine vollkommene, und Eure Königliche Hoheit wollen in jeder Beziehung geneigtest darüber entscheiden, indem Sie mich meines Dienstes entheben. Ich bitte nur, überzeugt zu sein, daß ich die Dankbarkeit unveränderlich bewahre, aus der ich mir stets eine Ehre machen werde, um der Freundschaft willen, die Sie, Gnädigster Herr, während langer Jahre mir zu bezeugen geruhten.«

Den Brief sandte er ins Schloß. Der Großherzog ersah daraus, daß man hier nichts wiedergutmachen konnte. Der Adjutant berichtete Franzi noch am selben Tage, daß der Großherzog, nachdem er den Brief gelesen, gesagt hätte:

»Einen schönen Dienst hat mir dieser Dingelstedt hier erwiesen! Das kann man wohl sagen!«

Franzi entgegnete bitter:

»Dingelstedt benimmt sich genau so, wie man erwartet, daß er sich benehmen soll.«

Die ganze Angelegenheit ging ihm sehr nahe. Den Großherzog hatte er noch als Erbprinzen kennengelernt. Er sah ihn zum Manne heranreifen, heiraten, arbeiten, sich begeistern, er war ein häufiger Gast des hohen Hauses, unzählige Erinnerungen an vertraute Stunden dieser zehn Jahre lebten unvergeßlich in ihm. Daß Dingelstedt ihn auf eine so niederträchtige Art und Weise verriet und hinausdrängte, das schmerzte ihn viel weniger, als daß er erleben mußte, wie ihm das einst so unerschütterliche Zutrauen des Großherzogs langsam entglitt. Als ob ein fürchterlicher Dämon der Unterwelt die letzten Jahre seines Lebens begleitete . . . Der böse Geist lauerte hinter seinem Rücken und raubte ihm nach und nach alles, was ihm das Liebste und Teuerste war: seinen Glauben an die alten Freunde, seine Zuversicht in die Güte und Anständigkeit der Menschen. Aber Wagner lebte ihm noch als Trost, der arme, aufgewühlte, leidende Wagner, der sich aus seiner zerrütteten Ehe verzweifelt nach Venedig geflüchtet hatte und dort das Meisterwerk seiner glühenden Liebe zu Mathilde Wesendonk, den »Tristan« schrieb. Den ersten Akt hatte er dem Freunde auch schon übersandt. Franzi versenkte sich erregt in die Schönheiten dieses von lodernder Leidenschaft erfüllten Werkes und war tief erschüttert. In seinem eigenen leidvollen Seelenzustand schrieb er dem umherirrenden Gehetzten einen außerordentlich warmherzigen Brief. Er teilte ihm mit, daß er mit dem Theater in Weimar gebrochen, daß er auch den »Rienzi« zurückgezogen habe, den er jetzt habe aufführen wollen, und deshalb auch kein Geld schikken könne. Er wäre aber über die Schönheiten des »Tristan« ganz entzückt gewesen und schätze sich glücklich, daß er dieses Werk habe kennenlernen dürfen. Dann berichtete er ausführlich über die Dante-Symphonie mit dem Zutrauen und der Liebe eines sich nach dem Freunde sehnenden Herzens. Er bekam eine sehr unerfreuliche Antwort von Wagner:

> »Du antwortest mir viel zu pathetisch! Laß mich Dir meinen letzten Brief ganz humoristisch, realistisch kommentieren. – Was Dingelstedt! Was Großherzog! Was ›Rienzi‹! – Alles dummes Zeug. – Ich brauch Geld . . .«

Franzi stierte erschrocken auf die Zeilen dieses Briefes.

»Es ist, um verrückt zu werden! – Ich sehe, Du *kennst* die Not gar nicht – Glücklicher!«

In diesem Tone war der ganze Brief gehalten.

»Mein Franz, wenn Du den zweiten Akt von ›Tristan‹ sehen wirst, so wirst Du zugeben, daß ich viel Geld brauche. Wenn Du den zweiten kennen wirst, so wirst Du mir auch verzeihen, wenn ich heute nichts anderes schreibe als – Geld! Geld! – Gleichviel wie und woher. Der ›Tristan‹ zahlt alles wieder! – Wenn ich ganz verrückt werde, telegraphiere ich Dir noch mit meinem letzten Napoleon! – Schick Dante und Messe! Aber zunächst – Geld! Honorar – für Gott weiß was! Sag Dingelstedt, er wäre ein Esel, so lang er wäre. Und dem Großherzog, seine Dose sei versetzt – wahr! Er soll sie mir einlösen. – Aber Du sollst mir nie ernsthaft und pathetisch schreiben! Gott! Ich habe doch schon letzthin gesagt, daß Ihr langweilig seid. Hat denn das gar nicht gefruchtet?«

Franzis Augen wurden beim Lesen dieses Briefes feucht. Das Schicksal will also auch diese Freundschaft vergiften? Er schritt lange auf und ab, dann saß er eine ganze Zeit am Tisch in sich versunken. Darauf schrieb er den schweren Brief wie einer, dem die Überschwemmung alles geraubt hat und der nun seinen letzten Schatz ganz freiwillig in die schmutzigen Fluten wirft.

»Um nicht mehr der Gefahr ausgesetzt zu sein, Dir durch ›pathetisch ernste‹ Redensarten lästig zu fallen, schicke ich den ersten Akt des ›Tristan‹ an Härtel zurück und werde mir ausbitten, die übrigen erst nach ihrem Verlagserscheinen kennenzulernen. –
Da die Dante-Symphonie und Messe nicht als Bankaktien gelten können, wird es überflüssig, sie nach Venedig zu senden. Als nicht weniger überflüssig erachte ich auch, fernerhin telegraphische Notdepeschen und verletzende Briefe von dort zu erhalten.

In *ernster getreuester* Ergebenheit verbleibt Dir

Fr. Liszt.«

Auf diesen Brief kam ein langes und ausführliches Entschuldigungsschreiben aus Venedig.
»Ich bin sicher«, schrieb Wagner, »dich nicht verloren zu haben!«
Liszt antwortete herzlich und sah zugleich auch ein, daß er in seinem gegenwärtigen Nervenzustand diesen Menschen vielleicht etwas zu streng beurteilt hatte, den man nur mit seinem eigenen Maße messen dürfe. Sie söhnten sich auch aus. Der Vorfall hinterließ aber trotzdem einen Schatten in Franzis Seele. In Wahrheit hatte er in Weimar niemand anders mehr als

Carolyne, seine Gedanken an seine in drei verschiedenen Richtungen verstreuten Kinder und die Arbeit.

Da er mit dem Theater keinerlei Berührungspunkte mehr hatte, beschloß er, in seiner reichlichen Freizeit nunmehr sein Buch über die Zigeuner zu schreiben. Nicht nur, weil er selbst schon seit langem große Lust dazu hatte, sondern vor allem auch, um Carolyne zu beschäftigen. Die mit ihren Nerven vollständig heruntergekommene Frau mußte unter allen Umständen etwas zu tun haben. Denn, ihren Selbstqualen überlassen, peitschte sie sich derart in hysterische Erregung, daß man schon fast eine Geistesverwirrung befürchten mußte. Der Fürst von Hohenlohe hatte sich inzwischen endlich geäußert und offiziell um die Hand Manjas angehalten. Man hätte meinen können, daß diese Freude der leidenden Frau einen neuen Aufschwung geben würde. Aber das Gegenteil war der Fall: Carolyne verfiel in Verzweiflung darüber, daß sie ihre Tochter jetzt verlieren sollte, und schluchzte untröstlich. Sie hatte wieder schlimme Visionen, und der kleine Tausig, den sie nicht ausstehen konnte, mußte ihretwegen das Haus verlassen.

Franzi begann also mit der Sichtung des Materials für seine Schrift und ließ sie an der Arbeit teilnehmen. Schon nach den ersten Tagen stellte sich heraus, daß er sehr weise und sehr fürsorglich gehandelt hatte. Die Fürstin, die bis dahin nicht wußte, wohin sie eigentlich gehörte, gab sich mit leidenschaftlichem Eifer der Diskussion über das werdende Buch hin, sobald sie das Gefühl hatte, daß auch ihr Leben einen Zweck bekam. Franzi plante, das ganze Werk in zwanzig bis zweiundzwanzig Kapitel einzuteilen. Auf den Ergebnissen der völkerkundlichen Forschung fußend, wollte er darstellen, welche Bedeutung die alte naive Epik für die Kunst einer Rasse besitzt, und dann den unverkennbaren Einfluß der Mythologie der Zigeuner auf ihre Musik nachweisen. Er behauptete ferner, daß überall, wo auf dieser Welt Zigeuner spielen, sie ihre uralte Musik in die Musik der betreffenden Nation hineintragen, sei es durch die Tonfärbung, die Art des Vortrages oder sonst irgendwie. Nun setzte sich aber Carolyne mit großem Eifer dafür ein, wenn das Buch sich schon mit einem in der Welt zerstreuten Volke beschäftigte, daß dann zur Abrundung des Bildes auch das zweite zerstreute Volk, die Juden, mit behandelt werden sollten. Franzi hatte dazu nicht viel Lust, ihm war es um die Zigeuner zu tun und nicht um die Juden. Als er aber sah, wie Carolynes Nerven sich von Tag zu Tag mehr beruhigten, war er so glücklich über die wohltuende Arbeitsfreudigkeit seiner Freundin, daß er ihr nicht widersprach. Stundenlang saßen sie täglich über Franzis Aufzeichnungen, bis das Ganze langsam Gestalt gewann. Schließlich standen die Überschriften der vierundzwanzig Kapitel fest; jedes Kapitel war wieder in einzelne Abschnitte gegliedert, deren das ganze Buch einhundertvierzig zählte. Die Bearbeitung einiger von diesen Teilen überließ Franzi der Freundin vollständig: so die Schilderung der Gewohnheiten und Bräuche der polnischen und russischen Zigeuner. Carolyne war mit einem Male wie ausgewechselt. Sie sah und hörte nichts, sie wollte sich nur noch mit dem Buche beschäftigen, ja sogar das Schlafen betrachtete sie als verlorene Zeit. Und, was seit langer, langer Zeit nicht mehr vorgekommen war: sie konnte jetzt auch hin und wieder einmal fröhlich lachen. Franzi war tief ergriffen über den Erfolg seines glücklichen Einfalls. Wie es eine entsetzliche Qual für sein Gewissen bedeutet hatte, sehen zu müssen, wie diese Frau neben ihm zugrunde ging, so sah er jetzt mit gerührter Freude, daß sie sich zu beruhigen begann und zu neuem Leben zu erwachen schien.

Da traf die große Neuigkeit aus Petersburg ein: der Metropolit Hotoniewski war gestorben. Der hartnäckige und mächtige Gegner der kirchlichen Scheidung lebte nicht mehr. Zur selben Zeit verschied in aller Stille in Weimar auch Maria Pawlowna, die so lange Jahre hindurch die Feindseligkeit des Petersburger Kirchengewaltigen voller Güte auszugleichen bemüht gewesen war. Und weil auf der ganzen Welt sich nichts so schnell bewegt wie das Geld – bevor sich Carolyne überhaupt entschlossen hatte, wie sie in der veränderten Situation handeln sollte, erschien in der Altenburg der gute Ratgeber höchstpersönlich. Eines Tages gab ein Mann namens Okraszewski seine Visitenkarte ab, ein alter Pächter von einem der Güter der Fürstin. Sie empfing ihn unverzüglich. Dieser Okraszewski war ein kleiner, schwarzhaariger Mann mit schlauem Gesicht, der so gut zu reden verstand, daß einem fast schwindelig wurde. Er berichtete eingehend über den Stand der kirchlichen Scheidung, zeigte eine auffallend genaue Kenntnis der kleinsten Einzelheiten dieser Angelegenheit und machte der Fürstin den Vorschlag, die Erledigung dieser Sache ihm zu überlassen. Bis zum endgültigen Erfolge verlangte er nur die Ersetzung seiner wirklichen Spesen. Wenn aber die Scheidung ausgesprochen sei, bedingte er sich hunderttausend Rubel als Belohnung aus. Nach anderthalbstündigem Feilschen und Handeln einigten sie sich auf siebzigtausend Rubel unter der Bedingung, daß das Geld nur dann fällig würde, wenn die Ungültigkeit der Ehe tatsächlich ausgesprochen sei.

Okraszewski erhielt einen Vorschuß auf seine Spesen und reiste zurück. Der frühere trübsinnige Gemütszustand der Fürstin wandelte sich ins Gegenteil. Mit einem Male konnte sie sich über die Heirat ihrer Tochter freuen. Der junge Hohenlohe, der in österreichische Dienste getreten war, wurde Adjutant bei Franz Joseph und bekleidete bereits den Rang eines Majors, sein jüngerer Bruder spielte in der bayrischen Politik eine wichtige Rolle, und der dritte Hohenlohe, der sich dem geistlichen Berufe zugewandt hatte, war bereits erster Geheimkämmerer des Papstes und Bischof von Odessa. Die drei Brüder besaßen zusammen ein großes Vermögen, und einen liebenswürdigeren und hübscheren Freier als den Fürsten Konstantin hätte man sich gar nicht erträumen können. Alles das erkannte plötzlich auch Carolyne, und jetzt stimmte sie die Trennung von ihrer Tochter nicht mehr traurig; denn sie sah ja nunmehr den Traum in Erfüllung gehen, um

den sie schon seit zwölf Jahren litt: jetzt konnte man damit rechnen, daß sie innerhalb von wenigen Monaten Franzis Frau werden konnte!
Von jetzt an mußte Liszt die Arbeit an seinem Buche meist allein fortsetzen, die Fürstin bereitete die Aussteuer ihrer Tochter vor. Und es kam der Tag, da die Prinzessin Manja von der Altenburg Abschied nahm. Die Hochzeit wurde in München gefeiert. Franzi nahm an dieser Zeremonie nicht teil, sein Erscheinen bei dieser aristokratischen Hochzeit wäre unzweckmäßig gewesen, da sie ohnedies schon ihren Schönheitsfehler besaß; denn über das Privatleben der Mutter der Braut hatte man starke Nachsicht üben müssen. Als die schöne Braut abreiste, küßte Franzi sie auf die Stirn und segnete sie. Er war dem Herrgott dankbar, daß diese Ehe zustande kam. Er hätte sich sonst anklagen müssen, diesem entzückenden, zärtlichen Wesen das Leben zugrunde gerichtet zu haben. Er blieb allein in der Altenburg zurück. Sein Buch über die Zigeuner war längst beendet, er hatte es auch bereits seinem französischen Verleger übersandt, und das umfangreiche Werk war sogar schon erschienen. Er empfand aber keine Freude darüber. Wegen Daniel lasteten schwere Sorgen auf ihm. Von dem Jungen kamen keine guten Nachrichten. Jeder Brief Eduards berichtete nur darüber, daß Daniel wie ein junger Heiliger lebe. Trotzdem er schon achtzehn Jahre alt sei, meide er die Gesellschaft, lebe nur für seine Bücher, bete sehr viel und sei so rein wie ein auf die Erde herabgekommener Engel. Aber sein Gesundheitszustand verschlechterte sich immer mehr. Er hatte jetzt ständig Fieber, sein Appetit war schlecht, er nahm zusehends ab, und die Ärzte konnten keinen ernstlichen Rat erteilen. Den sorgenden Vater beschäftigte jetzt nur das, nichts anderes. Die Kritik beurteilte sein Buch übrigens sehr ungünstig. Das erste eingehende Urteil stammte von seinem alten Pariser Freund Scudo und erschien in der »Revue des Deux Mondes«. Er riß das Werk mächtig herunter, nannte es einen fürchterlichen Wirrwarr, ein Sammelsurium nicht nachweisbarer, unbestimmter Behauptungen. Franzi zuckte mit den Achseln – dieses Buch war im Augenblick nicht seine Hauptsorge. Er erschrak erst dann, als er von Pest die Nachricht erhielt, daß die dortigen Zeitungen sich die französische Ausgabe des Buches verschafft hätten und mit der größten Empörung darüber berichteten. Eine Zeitung meinte, daß man nicht ernst nehmen könne, was diese gutmütige, aber kindliche Schauspielerseele schrieb. Graf Stephan Fay, sein alter guter Bekannter, griff ihn offen an: er bezeichnete das Buch als verletzend und unbedacht. Ein Artikel der »Vasarnani Ujsag« wurde ihm in deutscher Übersetzung zugeschickt. Hier schrieb ein Kritiker, der Autor des Buches sei alles andere, nur kein Ungar.«
»Wenn Vörösmarty ihn in seiner herrlichen Ode aufgefordert hat, ›er möge uns ein Lied singen‹, so hat er uns ein Lied gesungen, von dem die ungarischen Ohren nur so dröhnen. Und mit dem Ehrensäbel hat er die ungarische Ehre wahrhaft vor dem Ausland verteidigt: das hergelaufene Zigeunervolk

hält er für begabter als die Ungarn . . .« Ein Komponist namens Simonffy stellte den größten Tageszeitungen der Welt eine Veröffentlichung zur Verfügung, in der er gegen die Behauptungen des Buches Einspruch erhob. Jedem Schmerz gegenüber unempfindlich, nahm Franzi diese Angriffe mit Gleichmut zur Kenntnis. Daß das Buch nicht gut war, wußte er. Er hatte dem Dilettantismus der Fürstin viel zu viel nachgegeben, und über die Naivität einzelner Abschnitte mußte man sich wirklich schämen. Aber gerade diese Teile hatten ja bei Carolyne wieder die Daseinsfreude erweckt! Er fand es also ganz in Ordnung, daß sein Buch keinen Anklang erweckte. Daß er aber durch die darin enthaltenen Behauptungen gegen das Ungartum gesündigt haben sollte, vermochte er nicht einzusehen. Daß es keine ungarische Musik gebe und daß das ungarische Volk seine Musik von einer fremden Rasse erhalten habe, hatte er ja gar nicht behauptet. Wenn er dieser Überzeugung gewesen wäre, so hätte er seine Rhapsodien nicht »Ungarische Rhapsodien«, sondern »Zigeunerrhapsodien« genannt. Jedoch sein Buch war nun einmal eindeutig abgelehnt, und er fühlte sich viel zu müde, um seinen persönlichen Standpunkt in allen Einzelheiten zu erläutern; Franzi ließ es bei einigen Privatbriefen bewenden. Und er bemühte sich, die schlechten Kritiken vor Carolyne zu verheimlichen.
Noch ganz empört über die ungarischen Presseartikel, erhielt er die Mitteilung, daß ihn Franz Joseph in den Adelsstand erhoben habe. Er bekam ein prächtiges Diplom mit einem langen Text in altertümlicher Sprache, von Franz Joseph eigenhändig unterzeichnet. Als er es in Händen hielt, sah er lange sinnend vor sich hin. Er erinnerte sich, wie während der Donauüberschwemmung in Pest dieser Gedanke zum ersten Male auftauchte. Wie aufgeregt war er doch damals in der Eitelkeit seiner zweiundzwanzig Jahre, in dem unerhörten Rausch seiner künstlerischen Erfolge! Mit welch glücklichem Stolz schrieb er damals an Marie nach Venedig, sie möge irgendein schönes Wappen ausfindig machen. Jetzt war das schöne Wappen da: im rechten Ober- und linken Unterfeld prangte ein silbernes Einhorn. In der Mitte, auf rotem Feld zwischen drei silbernen waagerechten Streifen, glänzte ein Stern. Zwei Ritterhelme krönten diese Zeichnungen, über dem einen Visier erhob sich ein Einhorn, über dem anderen ein Adler.
»Franz von Liszt, Franz von Liszt«, murmelte er leise, fast unverständlich vor sich hin. Dann, ganz versunken: »Daniel von Liszt . . .«
Dabei fiel sein Blick auf einen Satz des Adelsbriefes: ». . .und auf seine ehelichen Nachkommen.«
Er schloß den in einen prächtigen Umschlag gebundenen Adelsbrief und legte ihn beiseite. Was nützte das Ganze, wenn Daniel sich nicht darüber freuen kann? Und wie soll er selbst diese Würde tragen, wenn er sie seinem Sohn nicht vererben kann? Soll er ihn dadurch brandmarken, daß man sie auf zwei verschiedene Arten anredet: ihn selbst mit dem Adelsprädikat und seinen außerehelich geborenen Sohn mit einem ihm nichtzustehenden

bürgerlichen Namen? Wie kann er den Adel annehmen, wenn der Kaiser gleichzeitig seinen Sohn dieser Auszeichnung für unwürdig erachtet? Wie er sich verhalten sollte, das wußte er noch nicht. Darüber aber war er sich völlig im klaren, daß der Name seines Sohnes unter keinen Umständen entehrt werden dürfe.

Der Junge hielt sich jetzt in Berlin bei Cosima auf. »Daniel geht es nicht gut, Daniel hat ständig Fieber«, lauteten die Nachrichten von dort. Eines Tages fuhr er zu ihm hin.

Gebrochen, um Jahre gealtert, kam er am Krankenbette an. Es war nachts um ein Viertel zwölf. Daniel lag hoch gebettet, auf seiner Decke viele Bücher und Noten. Neben dem Bett kniete mit verweinten Augen Cosima. Ein durchgeistigtes, verklärtes Lächeln huschte über das Gesicht des Jungen, als sein Vater bei ihm eintrat. Franzi setzte sich auf den Bettrand und umarmte ihn zärtlich. Er erschrack über den abgezehrten Körper, den er in seinen Armen hielt. Mit bebender Stimme fragte er:

»Wie geht es dir, mein kleiner Alter?«

»Danke, Papa, ich habe sehr viel Blut verloren.«

»Womit beschäftigst du dich denn hier im Bett?«

»Ach, das wird Sie sehr interessieren. Wissen Sie, ich habe mich immer schon sehr viel mit Philosophie befaßt. Ich hatte diese Wissenschaft von jeher lieber als Jura. Mit Onkel Eduard habe ich deshalb auch schon oft gestritten. Er konnte mich aber nicht überzeugen. Ein einziges philosophisches Buch enthält mehr als die gesamte juristische Literatur. Insbesondere Pascal habe ich sehr liebgewonnen. Haben Sie die ›Lettres Provençales‹ gelesen? Und die ›Pensées‹?«

»Ich habe alle beide gelesen.«

»Wie schön sind sie doch, nicht wahr? Am besten gefällt mir der Abschnitt, wo er erklärt, wie erhaben die Demut und die Reinheit sind. Den einen Band habe ich auch jetzt hier auf meiner Decke liegen. Aber sehen Sie auch, was gleich daneben liegt: Ihre Graner Messe. Denken Sie, ich habe entdeckt, daß Pascal und Ihre Messe ein und dasselbe aussprechen. Ich studiere abwechselnd die Musik und das Buch Pascals und entdecke immerfort die gemeinsamen Gedanken. Papa, dafür bin ich Ihnen unendlich dankbar! Erst jetzt begreife ich, was für ein wahrhaft großer Mensch Sie sind . . .«

Das Gesicht des Jungen, das schon hauchartig durchsichtig war, erglühte geheimnisvoll. Er sah seinen angebeteten Vater an, wie die Heiligen auf den alten Bildern gen Himmel blicken. Franzi empfand ein tiefes Glück und einen furchtbaren Schmerz zugleich. Es genügte, seinen Sohn nur anzusehen, um zu erkennen, daß er nicht mehr zu retten war. Schon dieses Gespräch ging über seine Kräfte, er schloß die Augen und schien ermattet einzuschlummern. Eine lange Weile sprach er nichts, dann öffnete er die Augen wieder.

»Ich werde Ihnen jetzt ein ungarisches Gedicht vortragen, Papa.«

Er murmelte irgend etwas, was weder sein Vater noch seine Schwester verstehen konnte, dann schwieg er von neuem. Man hätte glauben können, er schliefe. Aber er schlief nicht. Wiederum nach einer langen Zeit bewegte sich seine Hand auf der Decke, sie suchte die Hand des Vaters. Der Vater schob ihm die seine hin. Cosima weinte still. Wieder eine lange Pause. Dann öffnete Daniel die Augen, lächelte Vater und Schwester an und schloß sie abermals.

Im Zimmer herrschte tiefe Stille. Unaufhörlich liefen an Franzis Wangen die Tränen herab. Er raunte Cosima leise zu:

»Warum habt ihr mich nicht kommen lassen? Es geht ja zu Ende mit ihm.«

»Wir haben es nicht gewußt«, flüsterte Cosima mit vor Schluchzen zuckendem Munde. »Heute nachmittag wurde ihm auf einmal übel. Noch gestern sagte der Arzt, daß keine unmittelbare Gefahr bestehe. *Sie* haben es aber anscheinend gefühlt, da Sie heute kamen, Papa.«

Sie schwiegen. Tiefe der Unendlichkeit lag über ihnen. Und nach einer abermals langen Pause sagte Daniel:

»Ich werde sterben.«

Er sagte das ganz sanft, leise und mit einer unheimlichen Ruhe. Franzis freie Hand ballte sich vor Schmerz krampfhaft zusammen. Nach einer kleinen Weile flüsterte der Junge kaum hörbar:

»Ich gehe voran, ich bereite Ihren Platz vor . . .« Dann bewegten sich seine Lippen tonlos, offenbar betete er für sich. Bald hörten auch die Lippen auf, sich zu bewegen. Sie blieben fest geschlossen aufeinander liegen. In dieser Stille hatte die ewige Vergänglichkeit der Zeit keine Gestalt mehr: es konnten fünf Minuten sein, es konnte aber auch eine halbe Stunde sein, als Franzi still und heiser sagte:

»Sein Atem ist nicht mehr zu hören.«

Cosima fuhr vorsichtig unter das Hemd ihres Bruders und legte ihre Hand auf sein Herz. Dann schüttelte sie den Kopf.

»Es schlägt nicht mehr.«

Und dann zog sie vorsichtig ihre Hand zurück, als ob sie befürchtete, den Toten zu erwecken. Sie schrien nicht auf vor Schmerz, sie schluchzten auch nicht laut. Sie sahen nur starr den für ewig entschlafenen Jungen an, der ihnen beiden so ähnlich war. Und sie saßen noch lange an seiner Seite, als ob sie noch immer seinen Schlaf hüten müßten.

Franzi blieb bis zum Begräbnis da, an dem auch die Fürstin teilnahm. Dann fuhren sie gemeinsam nach Hause, nach Weimar. Zwei Tage lang kam kein Wort über seine Lippen. Ab und zu setzte er sich ans Klavier und, als ob er sich in seiner Tatenlosigkeit auf okkulten Wegen befände, sprach er durch das Instrument zu seinem Sohn. Er weinte viel und betete oft. Nach zwei Tagen schrieb er ein Gesuch an Se. Majestät, den Kaiser. Sich für die höchste Gunst des Kaisers alleruntertänigst bedankend, bat er ihn, den ihm verliehenen Adel auf seinen Onkel väterlicherseits, den Staatsanwalt Dok-

tor Eduard Liszt und dessen gesetzliche Erben zu übertragen. Carolyne blickte über seine Schulter in das Schriftstück und schrie auf:
»Was tun Sie, Franzi? Sie verzichten auf das, was Sie mit der Arbeit Ihres Lebens verdient haben?«
»Ja, meine Teure. Ich lege es auf Daniels Grab nieder.«

EINUNDZWANZIGSTES KAPITEL

Brahms, Joachim und noch einige andere Musiker veröffentlichten eine Erklärung: sie hätten mit der musikalischen Richtung, die Liszt in seinen Arbeiten vertrete, nichts zu tun. Er las es und zuckte die Achseln. Joachims Verrat bedeutete ihm im Verhältnis zu seinem Schmerz nichts. Was aber die neue Musik anbelangte, so war ihm die Aufführung des »Tannhäuser« in Paris viel wichtiger. Er konnte ihr nicht beiwohnen, erwartete aber um so sehnsüchtiger Nachrichten darüber. Diese trafen ein: »Tannhäuser« war schwer und schmählich vor dem Pariser Publikum durchgefallen!
»Sehen Sie«, rief die Fürstin aufgeregt, »wie lange sage ich Ihnen schon, daß Sie diesen Menschen nicht so begünstigen und sich mit ihm nicht identifizieren sollen! Das schadet Ihnen nur.«
»Es lohnt nicht, darüber zu streiten, Carolyne. Dieser Mensch ist ein Genie, und er *wird* siegen! Und wenn ich auf der ganzen Welt der einzige bin, der das klar erkannt hat, dann bleibe ich eben allein. Es wird aber eine Zeit kommen, wo hinter mir Millionen Menschen stehen werden.«
Die Fürstin leugnete jetzt nicht mehr, daß sie Wagners Feindin war. Es hatte schon lange Debatten darüber gegeben – umsonst. Und Franzi gewöhnte sich neuerdings an, solchen Erklärungen einfach aus dem Wege zu gehen. Zwar war das nicht gerade leicht; denn Carolyne zeigte jetzt wieder ganz ihren gehetzten Tatendrang und die ständige Unruhe ihres Geistes wie früher. Sie erhielt fortlaufend gute Nachrichten aus Petersburg. Endlich traf auch das Telegramm ein, daß die Kirchenbehörde in Petersburg die Nichtigkeit der Ehe anerkannt habe. Jetzt fehlte nur noch die Zustimmung des Papstes. Nach ein paar Tagen traf Okraszewski selbst ein mit dem Petersburger Urteil in der Tasche. Das war eine große Freude, zugleich aber auch eine große Sorge. Denn Okraszewski forderte siebzigtausend Rubel. Das begründete er damit, daß das Urteil nunmehr vorliege und die päpstliche Zustimmung nicht seine Sache sei. Die Fürstin hingegen hatte die Vereinbarung so ausgelegt, daß sie nur nach der endgültigen Entscheidung zu zahlen verpflichtet sei. Sie vermochten sich nicht zu einigen und beschlossen endlich, zusammen nach Rom zu reisen. Dort würden sie sicherlich die Zu-

stimmung des Papstes leicht erhalten; denn der jüngere Bruder von Manjas Gatten, der Bischof Hohenlohe, war der nächste Vertraute des Papstes. Andererseits hatte auch der Großherzog von Weimar versprochen, dem Staatssekretär Kardinal Antonelli zu schreiben. Der Erfolg stand außer Zweifel.

An einem Maitage reiste die Fürstin mit Okraszewski ab. Am Abend vorher unterhielten sich Carolyne und Franzi bis zum Morgengrauen. Sie malten sich ihre Zukunft aus. Die Fürstin bestand darauf, daß sie sich in Rom, in der Ewigen Stadt ihres Glaubens, trauen lassen wollten. Sobald Franzi das Telegramm erhalten würde, sollte er sofort nach Rom kommen. Und sie könnten dann, nach so vielen Jahren bitterer Herzensqualen, vor den Altar treten.

Franzi blieb allein in der Altenburg zurück. Er arbeitete. Er schrieb unter dem Titel »Les morts« eine Symphonie, die den Tod seines Sohnes beweinte. Er vertonte Psalmen und sah sein Oratorium über die »Heilige Elisabeth« nochmals durch. Die Fürstin mußte in Rom überrascht feststellen, daß es nichts Schwierigeres gab, als vor das Antlitz des Papstes Pius zu gelangen, mochte man auch noch so viele Fürsprecher haben. Im Mai war sie weggereist, und es wurde September, ehe sie eine Audienz erhielt. Die allerhöchste Zustimmung zu erreichen, gestaltete sich auch nicht als eine so ganz einfache Angelegenheit. Der Papst versprach, die Sache untersuchen zu lassen, und entschloß sich nicht sofort. Die zweite Audienz hatte die Fürstin fast mit Gewalt erzwungen. Verzweifelt schluchzend warf sie sich dem Heiligen Vater zu Füßen und flehte so lange, bis der Papst nachgab. Die Sache kam noch am gleichen Tage vor die Konferenz der Kardinäle. Die Kirchenfürsten ihrerseits entschlossen sich dann schnell, und zwar zugunsten der Fürstin. Jetzt waren nur noch die Formalitäten zu erfüllen. Weimar gehörte zum Kirchenbezirk des Bischofs von Fulda. Franzi mußte also von ihm, dem er ein Gesuch unterbreitete, die Heiratserlaubnis erhalten. Hierfür bestand jedoch die Voraussetzung, daß der Bischof von Fulda seinerseits eine diesbezügliche vom Wiener Nuntius, dem Kardinal Lucca, erhielt. Dazu war wiederum erforderlich, daß der Heilige Stuhl den Wiener Nuntius entsprechend anwies. Diese Weisung ging nunmehr aus Rom ab. Von Tag zu Tag wartete Franzi auf den Brief des Bischofs zu Fulda. Und er bereitete sich nunmehr endgültig auf den bedeutsamsten Schritt seines Lebens vor. Liszt ging mit sich zu Rate: er hatte die ehrlichste Absicht, der Fürstin seinen Namen und sein Leben zu geben, wenn auch die Zeit der glühenden Küsse schon längst vorüber war. Er schuldete Carolyne sein Leben wie eine Ehrenschuld, und die wollte er restlos tilgen, so daß er sein Testament aufsetzte, bevor er heiratete. Sein Vermögen, insgesamt zweihundertzwanzigtausend Franken, hinterließ er zu gleichen Teilen seinen Töchtern. Es hatte ihnen im Grunde genommen ja schon gehört; er ließ es von jeher in Paris verwalten und hatte es ihnen lediglich noch nicht ausgehändigt. Franzi sprach in seinem Testament aber nicht nur von seinem Vermögen, sondern auch von seinen Gefühlen. Er dankte für die Güte und Liebe seiner Mutter, er legte ein Bekenntnis für Wagner ab, und in tiefbewegten Worten nannte er die Fürstin die Gefährtin seines Lebens, die Schwester seiner Seele und seine Braut. Das schrieb er. Dann erwartete er den Tag.

Statt der erwarteten Hochzeit folgten aber neue Prüfungen. Die Wittgensteinsche Verwandtschaft gab sich noch nicht geschlagen. Nun kämpften sie nicht mehr aus materiellen Interessen – die Hochzeit Hohenlohe hatte diese Frage bereinigt –, sondern aus Haß. Und daß sie auch jetzt noch eine ungeheure Macht besaßen, das bewiesen sie erneut in Wien. Der Nuntius hatte den Bischof zu Fulda einfach nicht angewiesen, die Heiratserlaubnis zu erteilen; er weigerte sich, den Beschluß der Kardinalskonferenz auszuführen, und schickte die gesamten Akten zu erneuter Prüfung zurück nach Rom. Die Fürstin mußte die ganze Angelegenheit dem Papst nochmals darlegen. Sie wandte sich an alle einflußreichen Persönlichkeiten, war ungestüm, lauerte dem Papst bei einem Spaziergang auf und erreichte endlich lediglich, daß der Heilige Vater, sobald man die Wittgenstein-Angelegenheit nur erwähnte, schon unwillig wurde. Die ganze Sache geriet abermals ins Stocken. Carolyne ertrug seelische Qualen in Rom, Franzi in Weimar. Er wartete, wartete und wartete. Dann reiste er umher. Er dirigierte einmal da, einmal dort, besuchte seinen alten Freund und Gönner, den musikliebenden und Wagner zugetanen Fürsten Hohenzollern-Hechingen in Löwenberg. Einmal fuhr er nach Wien zu Eduard, dem nunmehr der Adel verliehen war. Die Stadt ernannte ihn zum Ehrenbürger. Dann folgte die große Familienfreude in Berlin: Cosima gebar eine Tochter. Hans war überglücklich. Die Tochter wurde auf den Namen Daniela Senta getauft, einesteils zum Andenken an Daniel, andernteils weil Hans darauf bestand, daß das Kind auch einen Namen aus einer Wagner-Oper bekommen sollte. Franzi nahm lächelnd die ihm bisher unbekannte Würde des Großvatertums zur Kenntnis, die er noch leidlich jung erlangte, er war noch keine fünfzig Jahre alt. Dann fuhr er auch nach Paris. Er wollte Blandines Mann, Ollivier, kennenlernen, außerdem gedachte er, seine alte Londoner Bekanntschaft mit dem Kaiser Napoleon zu erneuern. Und er wollte auch Wagner sehen, der zu dieser Zeit seines bewegten Lebens sich dort niedergelassen hatte, das Kreuz der Ehe mit Minna wieder auf sich nehmend. Der kleine Tausig, den Carolyne aus der Altenburg verbannt hatte, wohnte jetzt bei ihm.

Ursprünglich wollte er im Hotel Danube absteigen, weil ihm der Name dieses Hotels gefiel. Es war jedoch besetzt, auch alle anderen guten Hotels in Paris waren von Fremden überflutet; man riet ihm endlich zu einem Haus in der Rue Castellane, wo er ein möbliertes Zimmer erhielt. Blandines Wohnung war zu klein, als daß er dort hätte bleiben können. Ollivier war ein sehr angenehmer Mensch, kräftig, kerngesund, in seinem Gesicht fiel besonders der Mund mit den breiten, dicken Lippen auf. Seine Bewegungen

strahlten die ungebrochene Kraft aggressiver Männlichkeit aus. Blandine war an seiner Seite sichtlich glücklich. Er verbrachte den ersten Abend mit ihnen, nachdem sie auch Mutter Liszt dorthin eingeladen hatten. Die alte Dame war in der letzten Zeit sehr kränklich, ihr gebrochener Fuß wollte durchaus nicht wieder vollständig heilen; sie lebte ganz zurückgezogen, hatte nur eine vertraute alte Freundin in Paris und sich im übrigen dort so eingelebt, daß sie zumeist nur noch französisch sprach. Als Franzi sie fragte, ob sie auf ihre alten Tage nicht zu ihren Schwestern nach Österreich übersiedeln wolle, widersprach sie heftig. Von der Familie interessierte sie nichts anderes als das Andenken an Daniel und die bevorstehende Heirat Franzis. Von Daniels Tod, über den man ihr schon ausführlich geschrieben hatte, wollte sie immer wieder hören. Dann kam sie auf die Fürstin zu sprechen.
»Es ist mir nur ein Trost«, sagte Mutter Liszt, »daß du nunmehr keine materiellen Sorgen haben wirst und nach Herzenslust arbeiten kannst.«
»Ich glaube«, lachte Franzi, »daß Sie sich da falschen Hoffnungen hingeben, Mutter. Die Fürstin war, als ich sie kennenlernte, eine sehr reiche Frau, jetzt hat sie gerade nur noch zu leben.«
»Das verstehe ich nicht. Was hat sie denn mit ihrem vielen Gelde gemacht?«
»Sie hat alles ihrer Tochter vermacht, mußte aber auch viel für die Scheidung von ihrem Manne opfern. Solange die kleine Prinzessin bei uns war, bekam Carolyne den Ertrag ihres Vermögens in die Hände; jetzt aber hat Manja geheiratet, und Carolyne blieben nur die kümmerlichen Reste ihres früheren sehr großen Vermögens. Bescheiden kann sie davon zwar leben, muß aber sehr rechnen. Deswegen quälen mich ja schlaflose Nächte. Neulich habe ich ein Testament gemacht. Da kam mir erst zum Bewußtsein, daß ich dieser Frau, wenn mich der liebe Gott zufällig abriefe, gerade soviel lassen würde wie einem geplünderten Obstbaum. Das ist so traurig, daß ich mich vor mir selbst schämen muß.«
Ollivier hob hochmütig den Kopf.
»Warum müssen Sie sich schämen, Papa? Vermachen Sie ihr ganz einfach Ihr Bankguthaben in Paris, das ist ein sehr schönes kleines Vermögen.«
»Nein, mein Sohn, die Hälfte dieses Guthabens habe ich euch, die andere Hälfte Cosima und ihrem Gatten zugedacht.«
»Ich danke Ihnen, auch im Namen von Blandine, aber unsertwegen brauchen Sie sich keine Sorgen zu machen. Ich bin selbst ein wohlhabender Mann, und dann erhält Blandine ja einmal ein viel größeres mütterliches Erbteil als dieses Bankguthaben. Ändern Sie also ruhig Ihr Testament ab, und wenn es Ihnen unbequem ist, dann übernehme ich es gern, brieflich auch mit Cosima die ganze Angelegenheit wegen ihres Erbteils zu erledigen. Mein Schwager Bülow ist, soviel ich weiß, vermögenslos, aber es geht ihnen ja soweit ganz gut, und ein entsprechender Teil des D'Agoultschen Vermögens wartet ja auch auf sie. Sie, Papa, können getrost ein neues Testament machen und für die Fürstin sorgen.«

Franzi geriet in peinliche Verlegenheit und wurde rot.
»Du denkst doch wohl nicht, Emile, daß ich diese Angelegenheit nur deswegen berührt habe, weil . . .«
Ollivier klopfte seinem Schwiegervater vergnügt auf die Schulter.
»Ich denke gar nichts, Papa. Ich habe Sie sehr gern, und obendrein bin ich davon überzeugt, daß Sie die Fürstin noch um viele Jahre überleben werden. Sie riskieren also nichts. Die Sache mit Cosima will ich schon erledigen. Blandine wird ihr schreiben, aber ich werde es diktieren.«
Sie debattierten noch eine Weile, Franzi ließ sich aber leicht überzeugen. Seinen väterlichen Pflichten hatte er reichlich genügt, seine Töchter konnte er jetzt getrost seinen Schwiegersöhnen anvertrauen. Der Gedanke, daß er im Falle seines Todes der um ihr Vermögen gekommenen Carolyne eine kleine Sicherheit hinterlassen konnte, erfüllte ihn mit großer Freude und milderte die Verantwortung für das Schicksal seiner Geliebten, die bis jetzt quälend auf ihm gelastet hatte.
Am anderen Tage ging er in die Stadt, er mußte unzählige Besuche machen. Vor allem sprach er in der österreichischen Botschaft vor, wo er einst so oft mit dem Grafen Apponyi zusammengekommen war. Jetzt fungierte der junge Metternich als Hausherr der Botschaft, dessen Frau Pauline, die Tochter des durch seine Reitkunst berühmten Grafen Alexander Sándor, mit der Kaiserin Eugenie eng befreundet war. Durch Metternich wollte Franzi erreichen, daß er bei Napoleon III. eine Audienz erhielt. Der Botschafter hatte ihm das auch zugesagt. Dann kamen die anderen Besuche an die Reihe. Er suchte zunächst Rossini auf. Der greise Italiener wohnte in der Chaussee d'Antin, komponierte kleine Lieder und war ein Genießer und Feinschmecker geblieben. Die erlesenste Küche von Paris führte er, auf *seinem* Tisch wurden zuerst sensationell neue Speisen aufgetragen. In der Musik fühlte er sich aber zu der neuen Richtung nicht hingezogen. Als er einmal einen für Wagner schwärmenden Herrn zu Gaste hatte, setzte er ihm Fisch ohne Tunke vor mit den Worten: wer die Musik ohne Melodie liebe, verdiene ein so zubereitetes Essen. Franzi mied deshalb jede Debatte über Kunst. Er wollte ja auch viel weniger den einstigen großer Musiker wiedersehen, als eine unvergeßliche Erinnerung seiner Jugend wieder heraufbeschwören. Der alte Herr empfing ihn sehr liebenswürdig. Er umarmte ihn, dann fuhr er mit seinen fünf Fingern ganz unerwartet in die große Mähne Franzis.
»Ist das alles Ihr Haar? Warum lassen Sie es nicht abschneiden?«
»Eben weil das alles mir gehört, mache ich damit, was ich will.«
»Freilich, Sie haben recht, schauen Sie her. Meine Haare gehören leider nicht mehr mir.«
Und er nahm seine Perücke ab, sein Kopf war so kahl wie eine Billardkugel. Dann setzte er die Perücke wieder auf und sagte traurig:
»Ich werde bald keinen einzigen Zahn mehr haben, der mir gehört. Was

trinken Sie? Kognak? Sie können bei mir dreiundzwanzigerlei Kognaks bekommen. Wir wählen einen aus: ›La fine de la maison‹. Eine ganz besondere Marke meines Hauses. Ach, wenn ich so jung sein könnte wie Sie . . .«
Franzi lächelte leise. Und ihm ging ununterbrochen im Kopfe herum, wieviel Lebensjahre er schon zählte. Paris war nicht wiederzuerkennen. Diese Stadt, in der er vor fünfundzwanzig Jahren seinen fünfundzwanzigsten Geburtstag erlebt hatte, war eine ganz andere Stadt geworden. Mit einem Male mußte er besonders lebhaft an Marie denken. Seit sie sich getrennt hatten, ging er ihr aus dem Wege. Seit sechzehn Jahren hatte er nicht mehr mit ihr gesprochen. In dieser Zeit aber waren viele Wunden geheilt, und »Nélida« wäre jetzt sicherlich auch bei keinem Antiquar mehr zu bekommen. Es schien ihm sinnlos, die Gräfin auch jetzt noch zu meiden. Blandine hatte ihm einmal etwas erzählt, was ihn Marie gegenüber freundlich gestimmt hatte: als Blandine mit ihrer Mutter nach Italien gereist war, war die Gräfin beim Anblick einzelner Stätten in Tränen ausgebrochen. Die Erinnerung an die dort mit Franzi verlebte Zeit hatte sie überwältigt.
Er suchte Marie also auf. Liszt fand sie in einem vornehm eingerichteten Heim. Marie hatte auch jetzt nicht aufgehört, die Gräfin D'Agoult zu sein. Nur die Jugend – sie war vorüber. Marie zählte jetzt sechsundfünfzig Jahre und trug das schwarze Seidenkleid mit der Würde einer alten Dame, und das Ergrauen ihrer Haare betonte sie noch durch Puder. Nur die Wangen waren so rosig geblieben wie einst. Und die Sicherheit ihres weltgewandten Auftretens hatte sie nicht verlassen. »Das ist sehr lieb von Ihnen, daß Sie mich besuchen. Auch ich habe diese Begegnung schon seit langem herbeigewünscht. Im Grunde genommen hat es ja auch keinen Sinn, daß ein berühmter Musiker und eine nicht ganz unbekannte Schriftstellerin nur deswegen nicht zusammentreffen, weil sie sich dereinst nicht haben verstehen können.« Franzi sah der nicht ganz unbekannten Schriftstellerin ins Gesicht. Das war Daniel Stern, der Verfasser »Nélidas«, mit seinem gekünstelten Benehmen und seiner Eitelkeit.
»Nicht so, Marie, nicht so. Bleiben wir doch Menschen. Ich habe von Blandine gehört, daß Sie in Italien hier und da geweint haben. Zu jener Marie bin ich gekommen, nicht zu dieser.«
Die Gräfin zog die Augenbrauen hoch und dachte über eine geistreiche, höhnische Antwort nach. Statt dessen aber füllten sich ihre Augen mit Tränen. Sie entgegnete nichts.
»Sehen Sie«, beschwichtigte Franzi, »das ist etwas anderes. Das ist die alte Marie, die ich jetzt in Frieden und Liebe segne. Wie ein Geistlicher. Sie müssen nämlich wissen, daß ich seit einiger Zeit ehrenhalber Franziskaner geworden bin.«
Er erhob sich, küßte sie auf die Stirn und legte seine Hand einen Augenblick auf die weiße Haarkrone. Marie weinte noch mehr, Franzi setzte sich zurück auf seinen Stuhl. Dann kamen sie langsam ins Gespräch. Über Musik, über

Wagner, über Franzis Bestrebungen, über seine bevorstehende Heirat. Sie sprachen auch von ihren Töchtern.
»Das verzeihe ich Ihnen aber nicht, Franzi, daß Sie Cosima nicht Künstlerin werden ließen. Sie hätte Pianistin werden müssen.«
»Und unglücklich. Jetzt ist sie glücklich. Wir verstehen uns heute noch nicht, Marie. Das schadet aber nichts mehr. Jetzt muß ich gehen. In den nächsten Tagen komme ich noch einmal wieder, falls ich Sie nicht störe.«
Sie verabschiedeten sich höflich wie zwei wohlerzogene Menschen. Im Treppenhaus begegnete Franzi einem ihm bekannt vorkommenden Herrn mittleren Alters. Er konnte sich aber durchaus nicht besinnen, wer das sein könnte. Erst viel später schlug er sich mit der Hand gegen die Stirn: aber natürlich, das war ja Ronchard, der junge Dichter von damals, der in Marie so verliebt war. Er sollte später auch, wie aus Paris berichtet wurde, den Lohn für seine standhafte Anbetung erhalten haben.
Franzi besuchte auch Berlioz. Er fand ihn gealtert, nervös, kränklich, voller Sorgen. Seine zweite Frau und deren Mutter hielten ihn unbarmherzig unter dem Pantoffel. Seinen Sohn konnte er kaum ein- bis zweimal im Jahre sehen; der junge Berlioz war Schiffskapitän der Handelsmarine geworden und lebte dauernd fern von Paris in der weiten Welt. Der Vater aber war zusammengebrochen, mit sich selbst in Zwietracht fristete er sein Leben, hatte kaum noch Einkommen, und über seinem tondichterischen Schaffen stand, einem Fluche gleich, die überwältigende Musik Wagners. Das, was er angeregt hatte, hatte Wagner vollbracht. Jedes zweite Wort von ihm war: Wagner, er verurteilte ihn, er haßte ihn und schmähte ihn. Als Franzi abermals auf die Straße hinaustrat, fühlte er zugleich Erleichterung und Mitleid. In der erdrückenden Atmosphäre dieses Hauses ließ er ein großes Talent zurück, das schon bei Lebzeiten gestorben war.
Der Rivale Wagner hauste in einer möblierten Wohnung der Rue d'Aumale. Auch diese konnte man nicht als gemütliches Heim bezeichnen. Minna schaltete und waltete darin wie ein stummes Gespenst. Aber keine Hoffnungslosigkeit fand Franzi hier, sondern zähneknirschenden Tatendrang und den überzeugten Glauben des Berufenen. Die beiden guten Freunde umarmten sich liebevoll, ihr peinlicher Briefwechsel war längst vergessen. Auch der kleine Tausig war da, der hastig mit übersprudelnder Freude dem Meister um den Hals fiel. Sie aßen zusammen zu Abend und sprachen vom »Tristan«. Wagner spielte daraus vor; das Liebesduett des zweiten Aktes erklang, und gleich Lavaströmen ergossen sich die Töne höchster Leidenschaft durch das Zimmer. Und Franzi sah, daß Minnas Augen verweint waren. Sie wußte wohl, wen Tristan und Isolde darstellen sollten.
Später kam das Gespräch auf die Musik Franzis. Wagner nickte mit dem Kopfe zu Tausig:
»Dieser Bursche spielte mir gestern die Phantasie vor, die du aus den Buch-

staben B–A–C–H komponiert hast. Ich kann dir nur sagen, er hat sehr gut gespielt. Und ich lobe sehr selten. Tausig erzählte mir aber, daß er dieses Stück von dir nie gehört habe.«

»Ich pflege sonst nicht vorzutragen. Jetzt will ich's dir aber vorspielen.«

Er setzte sich ans Klavier. Als ob man einem Löwen eine Katze als Spielzeug gegeben hätte. Tausig stand neben dem Instrument. Er lauschte gespannt. Plötzlich wurde er bleich und begann zu zittern. Er ward so erregt, daß er sich am Klavier krampfhaft festhalten mußte. Franzi spielte immer weiter, in seinem Spiel lag eine gewisse Grausamkeit, wie er so erbarmungslos mit seinem unheimlichen Können das ganze Streben, alle Hoffnungen des armen Jungen zunichte machte. Wagner schrie überrascht auf:

»Aber das ist ja . . .«

Er wollte sagen, daß das ja eine ganz andere Komposition sei, hundertmal voller und inhaltsreicher als im Spiele Tausigs. Er konnte aber seinen Satz nicht beenden, der Junge sank plötzlich neben dem Klavier zusammen. Er war ohnmächtig geworden. Franzi hörte mitten im Spiel auf. Man brachte Wasser, der Junge kam wieder zu sich. Sie halfen ihm mit Mühe und Not auf die Beine und setzten ihn in einen Lehnstuhl. Nun stierte er Franzi an wie einer, der ein Gespenst sieht.

»Daß man so Klavier spielen können soll . . . das ist ja fürchterlich . . . warum spielte ich da überhaupt noch, wenn man . . .«

»Rede keine Dummheiten«, fiel ihm Franzi ins Wort, »ich zähle nicht. Die besten Pianisten der Welt seid heute ihr vier: Bülow, du, Rubinstein und Bronsart. Spiel du nur ruhig weiter Klavier, es lohnt sich. Du mußt aber auch auf deine Gesundheit bedacht sein, denn du bist viel zu nervös.«

»Ich werde nicht so leicht ohnmächtig«, sagte Wagner, »aber auch mich überlief es kalt. Was du kannst, das kann außer dir nur Gott. Und der Satan. Ich glaube, in uns beiden ist von diesem wie von jenem reichlich vorhanden . . . Wie ich höre, bist du auch zu Gounods eingeladen. Könnten wir nicht zusammen hingehen?«

»Nimm es mir nicht übel, das geht nicht. Ich habe so viel zu tun, daß ich mich mit Blandine nur noch im Wagen zu treffen pflege. Wenn ich von einem zum anderen fahre, unterhalten wir uns im Wagen, sonst bekäme ich sie überhaupt nicht mehr zu sehen.«

Bei Gounods stellte man ihm einen jungen Dichter namens Baudelaire vor, dessen Gedichtband »Les fleurs du mal« in Paris großes Aufsehen erregt hatte. Dieser Dichter liebte die Musik außerordentlich und gehörte zu den wenigen, treu gebliebenen Anhängern des in Paris durchgefallenen »Tannhäuser«. Er hatte sogar einen langen Artikel über die Wagnerbegeisterung geschrieben. Auch jetzt, in dieser großen Gesellschaft, suchte er häufig die Nähe von Franzi und Wagner. Ihnen berichtete er klagend von den bitteren Kämpfen seiner schmerzlichen Armut. Er war ein sonderbarer Mensch mit funkelnden Augen und leidenschaftlichem Temperament. Seine Sprache

überraschte durch ihre kühnen Wendungen; alles was er sagte, war voll Farbe, und sogar seine Bitterkeit war in eine überwältigende Pracht gekleidet, wie das Herbstlaub der Bäume. Franzi zog ihn beiseite und fragte ihn, in welcher Weise er ihm behilflich sein könne. Geld konnte er ihm nicht gut anbieten, denn das hätte Baudelaire sicher verletzt. Sie sprachen aber von verschiedenen einflußreichen Menschen und Kunstgönnern. In dieser Nacht schlief Franzi anderthalb Stunden weniger. Er schrieb an alle, derer er sich nur erinnerte, Empfehlungsbriefe für Baudelaire. Inwieweit aber der Dichter mit diesen Briefen Erfolg gehabt hatte, erfuhr er nicht mehr.
Mit einem anderen jungen Talent war er bei Halévy bekannt geworden. Hier setzte er sich ans Klavier, da die Rede auf klaviertechnische Fragen kam. Liszt zeigte sehr schwere und verwickelte Passagen, um seine Behauptung von dem Fingersatz durch Beispiele zu erläutern. Dann erhob er sich aber sofort wieder, er hatte keine Lust, ein Hauskonzert zu geben. Da sprach Halévy einen untersetzten, stillen jungen Mann an:
»Hast du das gehört, Georges?«
Der junge Mann setzte sich sofort ans Klavier und begann zu spielen.
»Ja, das war sehr interessant, diese letzte Passage. Und ziemlich schwer.«
Franzi hörte ihm verwundert zu. Der junge Mann spielte von seinen Passagen die letzte, die schwerste.
»Wer sind Sie, mein Sohn?«
Der junge Musiker, kaum älter als zwanzig bis zweiundzwanzig Jahre, schwieg verstört. Er konnte seinen Namen kaum stammeln. Halévy erwiderte statt seiner:
»Das ist Georges Bizet, der das Konservatorium im Klavierfach mit Auszeichnung absolviert hat. Er erhielt den Prix de Rome und ist gerade aus Italien zurückgekommen. Er will aber kein Virtuose werden, sondern Komponist.«
Franzi legte Bizet die Hand auf die Schulter:
»Vorwärts, junger Mann! Ich will Ihren Namen auf dem Titelblatt schöner und großer Kompositionen lesen.«
Endlich kam zu den vielen Besuchen noch die Audienz beim Kaiser.
Metternich hatte sein Versprechen gehalten und für Franzi nicht nur eine Audienz erlangt, sondern sogar eine Einladung zum Souper bei Hofe. Sowohl der Kaiser als auch die Kaiserin begrüßten ihn als alten Bekannten. In der Pracht der Tuilerien wehte jetzt eine ganz andere Luft als einst. Franzi verglich die Bourbonen-Erinnerungen seiner Kindheit mit dem jetzigen Hofe. Und diesen Vergleich entschied er zugunsten des zweiten Kaiserreiches. Er war dem Kaiser noch aus den Zeiten, da er als Bonaparte verbannt war, sehr zugetan, und seit sie sich im Londoner Salon des Grafen D'Orsay begegnet waren, hatte er die französische Politik immer aufmerksam verfolgt.
Der Herrscher saß ziemlich bedrückt an der unerhört prächtig gedeckten

Tafel, im warmen Lichterglanz der Kerzen. Während des dem Souper folgenden Cercles winkte er Franzi zu sich.
»Ich höre soeben von der Kaiserin, daß man Ihretwegen die spanische Etikette geändert hat.«
»So war es, Majestät. Seit dieser Zeit mache ich aber nur noch in der Musik Revolution.«
»Auch davon habe ich gehört. Daß Sie ganz Deutschland aufgerüttelt haben. Diese Wagner-Affäre gefällt mir übrigens sehr gut. Sie wissen wohl, daß man seine Oper auf meinen strikten Befehl wieder aufführen wird?«
»Es ist mir bekannt, Majestät, und ich weiß nicht, ob ich dafür dem Kaiser oder der künstlerischen Seele huldigen soll.«
»Keinem der beiden, sondern der Kaiserin. Sie und die Fürstin Metternich haben diesen Befehl von mir erzwungen. Sagen Sie mal, wie ist denn die politische Stimmung in Deutschland?«
»Sehr franzosenfeindlich, Majestät, was übrigens durchaus zu verstehen ist.«
Die trüben Augen des Kaisers begannen lustig zu glänzen. Das war ein sehr seltener Fall bei ihm, denn seine frostige Art war in Paris sprichwörtlich geworden. Alten Bekannten gegenüber ließ er sich jedoch manchmal gehen.
»Verständlich? Franzosenfeindlich ist nie verständlich«, entgegnete er humorvoll.
Dann aber verdüsterte sich der Blick des Kaisers gleich wieder.
»Ein schwerer Beruf ist das, mein lieber Liszt. Ich habe manchmal das Gefühl, als ob ich hundert Jahre alt wäre.«
Franzis Schlagfertigkeit fand blitzschnell die Antwort:
»Kein Wunder, Majestät, Sie sind das Jahrhundert selbst.«
Napoleon III. blickte den Musiker wohlwollend an. Die Antwort gefiel ihm. Er schritt weiter, um auch andere Anwesende mit einer Anrede auszuzeichnen. Diesen erzählte er sofort die geistreiche Antwort des berühmten Künstlers. Nach zehn Minuten nahten sich ihm von rechts und links schon Gratulanten. Metternich kam eigens auf ihn zu, um ihm die Hand zu drükken.
»Andere bewundern Sie«, sagte er, »ich finde es nur natürlich, daß Sie sich auch hier sicher fühlen. Sie haben lange Zeit genug in Hofluft verbracht, nicht wahr?«
»Von meinen fünfzig Jahren vierzig, Exzellenz. Aber jetzt war es genug. Aus der Kälte des Hofes sehne ich mich nach der Wärme des Heimes.«
»Bravo! Sie sprühen ja förmlich. Ich gehe jetzt. Ich will das meiner Frau erzählen, die soll sich nur mal ärgern, daß auch andere außer ihr geistreich sein können.«
»Sie wird sich *nicht* ärgern, Exzellenz. Sie ist eine Ungarin.«
Er schwamm auf dem funkelnden Meeresspiegel der Gesellschaft genau wie einst in seiner Virtuosenzeit. Graf Walewski, der Sohn des großen Napo-

leon, gab einzig und allein seinetwegen eine große Abendgesellschaft. Die Metternichs, die Rothschilds, die Herzogin Mathilde und die anderen Aristokraten rissen sich förmlich um den berühmten Künstler. Die Zeitungen zitierten seine geistreichen Aussprüche. Der Kaiser lud ihn zum zweiten Male ein. Der Glanz seiner einstigen berauschenden Erfolge schien auch über diesen Pariser Tagen zu liegen. Er hielt sich noch in Paris auf, als der »Moniteur« bekanntgab, daß ihn Napoleon III. zum Ritter der Ehrenlegion ernannt hatte.

Nachdem er sich zur Ruhe gelegt hatte, starrte er in die Finsternis und sah einen langen und steilen Weg hinter sich. Aus den verzärtelten Jahren seiner Wunderknabenzeit, aus der ruhmsüchtigen Epoche seiner Jugend, von seiner theatralischen Eitelkeit war er endlich dort angelangt, wo nicht mehr der äußere Erfolg entscheidend ist. Aber auch vor sich sah er einen Weg. Er hatte einen neuen Kampf auszutragen. Und das war nicht der Streit gegen die Welt für die neue Musik, dieser neue Kampf ging gegen ihn selbst; sein Ziel war einsichtsvolle Weisheit und Demut. Daß jemand, dem Gott eine Begabung geschenkt, diese Gabe nützen muß, wußte er. Sein Leben bedeutete aber noch viel mehr als das: Gott hatte ihm eine Seele gegeben, eine unsterbliche Seele! Ihm oblag die Pflicht, diese zu pflegen, zu vertiefen, zu veredeln. Was für einen Menschen hatte er bis jetzt aus sich gemacht? Einen, mit dem man zufrieden sein konnte? Nein! Es fehlte noch sehr viel. Er besaß Schwächen, die er noch nicht abzulegen vermochte. Er mußte sein Haupt noch beschämt neigen, wenn er sich vorstellte, daß er vor Gottes Antlitz stehe. Es mußte noch viel Zeit vergehen, ehe er sich vor sich selbst freisprechen konnte. Und ganz undeutlich tauchte vor seinem geistigen Auge der weißgetünchte Gang eines Klosters auf. Wie schön mußte es sein, hier, umrauscht von der heiligen Musik der Psalmen, an seiner inneren Läuterung zu arbeiten! Aber er ließ diesen Gedanken in den Wogen der Zukunft versinken. Franzi konnte kein Mönch werden, er mußte Carolyne heiraten und in vertrauter Ruhe arbeiten.

Bevor er abreiste, besuchte er Marie noch einmal. Er wollte seinen Töchtern den Gefallen tun, das freundschaftliche Verhältnis zu ihrer Mutter wiederherzustellen. Marie fragte ihn hauptsächlich nach George Sand aus, wärmte den alten Klatsch aus den Zeiten in Nohant wieder auf. Der Haß gegen ihre einstige Freundin sprühte förmlich aus ihren Worten. Dann verabschiedeten sie sich voneinander.

Draußen auf der Straße mußte er daran denken, daß dieser Frau bei all ihren Begegnungen in Paris nicht ein einziges Mal eingefallen war, den Namen Daniels zu nennen.

ZWEIUNDZWANZIGSTES KAPITEL

Die politischen Verhältnisse hatten sich für Wagner gebessert. Sachsen blieb ihm zwar verschlossen, aber in den anderen deutschen Ländern durfte er sich schon frei bewegen. Er wohnte auch in Weimar der Tonkünstlerversammlung bei, dem Fest, das anläßlich der Gründung des »Allgemeinen Deutschen Musikvereins« dort stattfand. Diese Gründung war Franzis Idee, eine Weiterbildung des im Sande verlaufenen Planes der Goethe-Olympiade. Dieses eine war wenigstens gelungen. Der Verein faßte alle Musiker Deutschlands in einem Verband zusammen, und der Zauber des Namens Liszt trug auch das Seinige dazu bei, daß Franzi in den Vorstand gewählt wurde und Einfluß auf die neue Musik nehmen konnte. Es war beschlossen worden, daß der Verein jedes Jahr eine feierliche Versammlung mit großangelegten Konzerten abhalten solle. Das erste verlangte Franzi für Weimar, und man stimmte zu. Wagner kam ganz überraschend an. Man war eben bei der Probe, Franzi dirigierte. Der heimgekehrte Flüchtling, der meistangegriffene und bekrittelte Tondichter Europas, trat in den Saal. Erstaunen, Begeisterung, Tumult. Dann ein dröhnender, feierlicher Tusch. Ollivier und Blandine, Bülow und Cosima befanden sich unter den Anwesenden. Von überallher waren zahlreiche Gäste eingetroffen. Wagner verbrachte seine ganze Zeit mit Franzis Familie. Insbesondere mit Bülows. Hans wurde in seiner tiefen Schwärmerei immer ganz rot, wenn der Halbgott seiner musikalischen Träume ihn auch nur anredete. Franzi hatte den Großherzog mehrfach gebeten, Wagner den Falkenorden zu verleihen oder ihn zumindest einmal zu einem Diner am Hofe einzuladen. Der Großherzog widerstrebte aber dieser Bitte ebenso höflich wie hartnäckig. Er begründete seinen Standpunkt damit, daß er einen Mann, dem das Betreten des Königreiches Sachsen verboten sei, nicht auszeichnen könne, und wenn er sämtliche Werke Shakespeares geschrieben hätte. Wer dem König von Sachsen nicht gut genug sei, dürfe auch ihm nicht passen. Wagner solle sich damit begnügen, daß sein Werk in Weimar aufgeführt worden sei, und zwar zu einer Zeit, wo man es nirgends auf der Welt herausgebracht hätte.

Das war die letzte Bitte, mit der Franzi den Großherzog behelligte; denn jetzt kam das Telegramm aus Rom und zu gleicher Zeit das Schreiben aus Fulda. Die Kardinalskonferenz hatte der Fürstin auch zum zweiten Male recht gegeben und ihre Ehe annulliert. Kardinal Lucca, der Wiener Nuntius, sträubte sich nun nicht länger. Carolyne telegraphierte Franzi, daß es ihr Wunsch wäre, sich an seinem fünfzigsten Geburtstage, am 22. Oktober, trauen zu lassen; Franzi möge also sofort kommen.

Da war keine Zeit zu verlieren. Liszt ließ von der Einrichtung eine Bestandsaufnahme machen und alles versiegeln, weil er noch ganz unschlüssig war, was er nach der Hochzeit anfangen würde. Er entließ seine Schüler, schrieb einen langen Brief an Agnes nach Brüssel, verabschiedete sich von dem großherzoglichen Paar und von der Familie Schorn, der einzigen, die Carolyne gesellschaftlich nahegestanden hatte; dann reiste er ab. Aus dem Fenster des Eisenbahnwagens sah er gerührt auf die entzückende kleine Stadt zurück, wo er zwölf Jahre seines Lebens verbracht hatte und von wo aus er Wagners Musik in die große Welt hinausgehen ließ.

Nach einer langen und beschwerlichen Fahrt kam er in Rom an. Zwei Tage vor der Hochzeit, am 20. Oktober. Auf dem Bahnhof erwartete ihn Carolyne, die er seit eineinhalb Jahren nicht mehr gesehen hatte. Aus dem Wagen, der sie in die Stadt brachte, warf er keinen Blick auf die neue Umgebung. Er sah die Fürstin an, die erschreckend gealtert war, obwohl sie erst zweiundvierzig Jahre zählte. Die unsagbaren Mühen und Aufregungen der kampferfüllten Jahre in Rom hatten sie zugrunde gerichtet. Ihr Gesicht war eingefallen und zeigte im Ausdruck etwas Raubvogelartiges, ihr Haar war voll weißer Strähnen. Franzi betrachtete alles das mit heißer Anteilnahme. Wenn diese Frau gelitten hatte, dann war das seinetwegen geschehen. Im Wagen hielten sie einander bei der Hand.

»Ein wunderbarer Mensch ist er«, schwärmte die Fürstin, »gar kein Mensch mehr, sondern hier auf der Erde schon ein Geist und ein Heiliger.«

»Wer?«

»Der Papst. Ich behaupte, daß er wundertätig ist. Ich habe wochenlang an einer hartnäckigen Augenkrankheit gelitten, sie wollte nicht wieder vergehen. Da habe ich dem Papst aufgelauert, als er spazierenging. Ich warf mich vor ihm nieder, daß er mich segnen möge. Er tat es. Am anderen Tage fehlte meinen Augen nichts mehr.«

Franzi sah Carolyne schweigend an. Sie sprach wie von Alkohol berauscht. Anscheinend hatte sie, wie immer, wenn die Nervenkraft versagte, der Mystizismus wieder übermannt. Gleichviel. In der vertrauten Ruhe ihres Ehelebens würde das wieder besser werden. Da begann Carolyne zu weinen.

»Franzi, Franzi, es ist fürchterlich, ich habe vor einem großen Unglück Angst. Schon die zweite Nacht träumte ich von dem Sarge meiner Mutter.«

Er bemühte sich, sie zu beruhigen. Er streichelte ihre Hand und sagte ihr zärtliche Worte. Der Wagen rasselte über das holprige Pflaster dunkler Gassen. Endlich waren sie bei dem kleinen Gasthaus angelangt, wo Carolyne für ihren Bräutigam ein Zimmer gemietet hatte. Sie brachten hastig das Gepäck unter, dann gingen sie Abendbrot essen. Anderthalb Stunden lang schilderte Carolyne nochmals den ganzen Leidensweg, dessen Einzelheiten ihre Briefe schon berichtet hatten. Dann erzählte sie, daß sie für die Hochzeit schon alles vorbereitet habe. Sie sollten in einer entzückenden, kleinen Kirche getraut werden, in der San Carlo di Corso. Die Kirche würde über und über mit Blumen geschmückt sein, die morgen zur Stelle wären. Carolyne werde gerade noch Zeit haben, zu beichten und zu kommunizieren; im übrigen sei sie den ganzen Tag mit der Ausschmückung der Kirche

beschäftigt . . . Das Restaurant, in dem sie saßen, wurde um Mitternacht geschlossen, Franzi begleitete die Fürstin im Wagen nach Hause.
Anderntags sah er sich ihr künftiges Heim an. Es war eine kleine Wohnung im zweiten Stockwerk eines Hauses der Via del Babuino. Er beschloß sofort, dort nicht zu bleiben. Liszt wollte eine größere, hellere Wohnung haben. Davon sagte er aber Carolyne vorläufig noch nichts. Sie gingen zusammen in die Kirche, und Franzi beichtete. Am Abend vorher hatte er sich für diese Beichte bis zum Morgengrauen sorgfältig vorbereitet.
Es war eine lange Beichte, weil es schon sehr, sehr lange her war, seit er zuletzt kommuniziert hatte. Insbesondere die Sünden des Fleisches nahmen in dieser Beichte viel Platz ein. Seine letzte Sünde war Emilie Genast, die Tochter des ersten Weimarer Regisseurs, eine Schauspielerin, eine junge Frau. Einige Tage vor dem Musikfest hatte Franzi kurze Zeit in Löwenberg als Gast des Fürsten Hohenzollern-Hechingen geweilt. Bereits einen Tag nach seiner Ankunft meldete ihm ein Lakai, daß ihn ein junger Engländer zu sprechen wünsche. Er ließ bitten, und in Männerkleidung trat Emilie ein. Franzi schlug erschrocken die Hände zusammen; sie beteuerte aber, sie sei leidenschaftlich in ihn verliebt, und es wäre ihr ganz gleichgültig, was daraus würde. Franzi konnte seinen Gast nur unter großen Schwierigkeiten aus dem Schloß schmuggeln. Dieses Abenteuer schien ihm jetzt in weiter, weiter Ferne zu liegen, als ob es vor zehn Jahren geschehen wäre. Er beichtete es. Und er beichtete gleich mit, daß er es nicht besonders bereue. Der Beichtvater gab ihm Pönitenz, und er ging zur Heiligen Kommunion. Mit tiefer Andacht, glücklich, mit einem unendlichen Dank zu Gott im Herzen. Dann arbeitete er bis spät abends mit der Fürstin zusammen an der Ausschmückung der Kirche. Am anderen Tage, morgens um sechs Uhr, sollte die Trauung stattfinden.
Als sie mit der Ausschmückung endlich fertig waren, gingen sie gemeinsam zur Fürstin, um zu Abend zu essen. Sie unterhielten sich noch lange, erfüllt von einem Gefühl erhabener Reinheit, in dem Bewußtsein eines überirdischen Glückes, wie es Kinder bei der ersten Kommunion verspüren. Franzi wollte aber nicht allzulange verweilen, um am kommenden Morgen pünktlich um fünf Uhr aufstehen zu können. Er küßte Carolyne gerade die Hand, als es im Vorzimmer läutete.
»Das muß ein Irrtum sein«, sagte die Fürstin; »es ist halb elf Uhr, ich erwarte niemanden mehr. Bleiben Sie doch noch einen Augenblick.«
Sie ging hinaus und kam nach einer Weile mit einem sehr hochgewachsenen, hageren Pfarrer zurück. Der Geistliche stellte sich vor, er nannte irgendeinen italienischen Namen und drückte auch Franzi die Hand.
»Ich komme im Auftrage Seiner Eminenz des Kardinals Antonelli. Seine Eminenz läßt mitteilen, daß Seine Heiligkeit der Papst die Heiratserlaubnis Eurer Hoheit zurückzieht. Er wünscht die ganze Angelegenheit noch einmal zu untersuchen. Seine Heiligkeit lassen durch Seine Eminenz mitteilen,

Eure Hoheit möchten mir alle diese Angelegenheiten betreffenden Akten aushändigen. Der Seelsorger der Kirche San Carlo di Corso erhält in diesem Augenblick gleichfalls die Anweisung, daß die Trauung morgen nicht stattfinden dürfe.«
Franzi saß wie versteinert am Tisch. Er glaubte, Carolyne würde in Ohnmacht fallen oder irrsinnig werden. Statt dessen erwiderte sie dem Geistlichen mit schauerlicher Ruhe und dumpfer Stimme:
»Ich habe es gewußt. Ich war darauf vorbereitet. Richten Sie bitte Seiner Eminenz aus, daß ich die Herausgabe der Akten verweigere. Auf die Eheschließung verzichte ich hiermit ein für allemal.«
»Carolyne!« rief Franzi aufspringend.
»Es soll so sein«, fuhr die Frau ruhig fort. »Euer Hochwürden will ich nicht länger aufhalten.«
Der Pfarrer verabschiedete sich, Carolyne gab ihm das Geleit. Franzi stand unbeweglich neben dem Tisch, als ob seine Füße gelähmt seien. Er hörte, wie draußen die Tür zufiel. Die Fürstin kam zurück. Es war schauerlich, ihr ins Gesicht zu blicken. Ihr Mund zuckte in einem wehmütigen Lächeln.
»Sagen Sie nichts, Franzi! Ich habe es schon seit drei Tagen aus verschiedenen göttlichen Zeichen ersehen. Wir dürfen uns nicht heiraten. Gott will es nicht. Was jetzt geschehen ist, war der Fingerzeig Gottes. Gehen Sie jetzt nach Hause.«
»Aber Carolyne, um's Himmels willen . . .«
Da schrie Carolyne gequält und entsetzt auf:
»Gehen Sie! Ich bete Sie an, aber Gott will es nicht. Verstehen Sie denn das nicht? Sprechen Sie mir nie mehr von Heirat! Gott hat ein Zeichen gesandt. Er hat ein Zeichen gegeben! Gehen sie sofort, sündigen Sie nicht gegen Gott!«
Mit einem Male begann sie am ganzen Körper zu zittern. Ihr Gesicht war das einer schwer Heimgesuchten. Sie blickte Franzi starr an, und er sah, daß er hier nichts mehr tun konnte. Das Ergebnis von vierzehn Jahren qualvollen Wartens, unendlichen Mühens und Strebens, war innerhalb einer einzigen Minute vernichtet worden! Mit besorgtem Blick ging er auf die Tür zu. Er wandte sich noch einmal zurück, die Fürstin sah ihn aber nicht mehr an. Sie stand reglos neben dem Tisch und bebte am ganzen Körper.
Draußen regnete es. Liszt ging auf die andere Seite der Straße und blickte zum zweiten Stockwerk hinauf. Das Fenster war erleuchtet. Er wartete lange und wußte selbst nicht worauf. Dann erlosch oben das Licht. Sein Mantel war vollkommen durchnäßt. Auf der Straße – keine Seele weit und breit.
Langsam und zögernd ging er auf die Piazza di Spagna zu.

VIERTES BUCH

ERSTES KAPITEL

Was am Tage vor der Hochzeit im Vatikan vor sich gegangen war, hat man nie genau erfahren können. Franzi hörte nur so viel, daß sich zur selben Zeit Calm-Podoski, ein Verwandter der Familie Wittgenstein, in Rom aufgehalten hatte. Dieser Calm-Podoski hatte einen erwachsenen Sohn, der sich planlos auf den Straßen herumtrieb, bei der Kirche San Carlo di Corso vorbeikam, dort die großen Vorbereitungen sah und aus Neugierde die Arbeiter fragte, was da stattfinden solle. Die Leute gaben ihm Auskunft über die am anderen Tage stattfindende Hochzeit. Der Junge eilte nach Hause, worauf Calm-Podoski sich mit einem anderen Verwandten der Fürstin, Odescalchi, in Verbindung setzte. Sie sprachen gemeinsam beim Kardinal Catarini vor und machten ihm die Hölle heiß, daß hier ein Attentat gegen die Heiligkeit der Ehe vollführt werden sollte. Die Fürstin Carolyne hätte die Kardinalskonferenz irregeführt, die Annullierung entbehre jedes triftigen Grundes. Wie dann der Kardinal Catarini den Kardinal Antonelli zu überzeugen vermochte, und wie diese beiden Kardinäle es fertigbrachten, daß der Papst seinen Entschluß auf eine so ungewöhnliche Art, und zwar noch am selben Abend, widerrief – das blieb zeitlebens ein Rätsel.

Um diese Einzelheiten kümmerte sich aber Carolyne überhaupt nicht mehr. Ihre krankhafte religiöse Schwärmerei hatte sich in einen abergläubischen religiösen Wahn verwandelt. Sie war felsenfest davon überzeugt, daß sie der Herrgott durch den Papst hatte strafen wollen; er wollte sie für ihren Ehebruch strafen, und sie mußte sich dem Willen des Herrgotts beugen. Mit der geplanten, nunmehr endgültig im Sande verlaufenen Eheschließung beschäftigte sie sich schon nach wenigen Tagen nicht mehr. Kardinal Antonelli hatte ihr nämlich einen Floh ins Ohr gesetzt: er forderte sie auf, sich mit kirchlicher Literatur zu befassen.

Franzi durchschaute sofort, wo der kluge Kirchenfürst hinauswollte. Dessen Menschenkenntnis entging die eitle Ruhmsucht der Fürstin nicht, die einst als Muse eines großen Künstlers zur Geltung gelangen wollte, jetzt aber Gelegenheit hatte, sich in das heilige Gewand der Religion kleiden zu können. Die Fürstin konnte gut Lateinisch und war überzeugt, einen hervorragenden Stil zu schreiben. Antonelli verstand ihr klarzumachen, welch schöne Aufgaben in der kirchlichen Literatur noch ihrer harrten. Damit könne sie sogar die Sünde ihres großen Lebensromanes auch vor Gott wiedergutmachen. Und Carolyne ließ sich nicht lange bitten. Sie beschloß, Franzi ihre geschwisterliche Fürsorge, Zärtlichkeit und Anteilnahme zeit ihres Lebens zu bewahren, ihre Liebe aber und ihr Frauentum auf ewig zu begraben, ihr Herz einzig und allein Gott zu weihen. Es war ihr ja in dieser Welt sowieso niemand mehr übriggeblieben, nur ihre Religion und Franzi. Denn mit ihrer Tochter und mit ihrem Schwiegersohn kam sie nicht mehr zusammen. Schwiegermutter und Schwiegersohn hatten sich überworfen. Und zwar wegen der siebzigtausend Rubel, die man vor der Hochzeit Okraszewski hatte zahlen müssen. Der Schuldschein war seinerzeit auch von Manja als Bürgin unterzeichnet worden, und Okraszewki hatte die Unterschrift nun zu Geld gemacht. Das Recht stand ihm auch zu; denn nach dem Beschluß der Kardinalskonferenz hatte der Papst die Annullierung der Ehe endgültig verkündet. Konstantin Hohenlohe jedoch erfuhr von der Unterschrift seiner Frau erst jetzt und wollte nicht für seine Schwiegermutter zahlen. Daraus entstand ein großer Familienstreit, bei dem die junge Frau nicht geneigt war, gegen ihren Mann Stellung zu nehmen. Zwar zahlte Fürst Konstantin zuletzt doch noch, das gute Einvernehmen zwischen der Schwiegermutter und dem jungen Paare war aber zerstört. Dazu kam nun noch, daß die Schließung der Ehe in der letzten Minute scheiterte, Fürst Konstantin diesen Betrag also dem Polen umsonst gezahlt hatte.

»Wie anders wäre alles gekommen«, sagte Franzi, »wenn Sie nicht darauf bestanden hätten, daß wir uns in Rom trauen lassen! Wären Sie damals sofort nach Weimar gereist, nachdem der Heilige Stuhl sich auch zum zweiten Male zu Ihren Gunsten entschieden hatte, hätten wir uns dort trauen lassen können und würden heute schon längst Mann und Frau sein.«

»Das alles kümmert mich heute nicht mehr«, erwiderte Carolyne, »ich habe die heilige Aufgabe und Ruhe meiner Seele gefunden. Sie würden mich wirklich sehr glücklich machen, wenn Sie diese Frage nie wieder anschnitten.«

Franzi sprach also in Zukunft nicht mehr davon, konnte sich selbst aber von seinem Verantwortungsbewußtsein nicht freisprechen. Den Ausgang dieser Angelegenheit hielt er für geradezu unwürdig. Sein Testament hatte er schon geändert, als einzigen Erben für sein ganzes Hab und Gut setzte er die Fürstin ein und hinterlegte dieses Testament in Weimar an amtlicher Stelle. Sein Pflichtgefühl konnte sich aber noch immer nicht beruhigen. Diese Frau fristete jetzt aus den kümmerlichen Resten ihres einst so großen Vermögens ihr Leben in der Ewigen Stadt, sie hatte ihre Tochter verloren und war alt geworden. Alles das an seiner Seite und für ihn! Und er selbst war ganz außerstande, ihr alles das zu vergelten. Nur Zärtlichkeit, Aufmerksamkeit und Geduld konnte er dieser Frau entgegenbringen, an die ihn weder Liebe noch Ehe, sondern eine noch viel zwingendere moralische Pflicht band bis zum Tode. Carolyne wollte aus Rom nicht wieder fort. Also blieb auch er da. Nach Weimar zurückzukehren, verspürte er keine Lust mehr; dorthin hätte es ihn nur gezogen, wenn er das große weltbedeutende

Theater für das Wunder der Tetralogie hätte erbauen können. Diesen Traum hielt er aber für unerfüllbar.

Mit der Fürstin konnte er nicht mehr zusammenwohnen, nachdem die Hoffnung auf eine Eheschließung für immer zunichte geworden war; jetzt hätte nichts mehr eine wilde Ehe rechtfertigen können. Und da ihr Liebesverhältnis auch sein Ende gefunden hatte, war es berechtigt, wenn jedes in seinen eigenen vier Wänden lebte. Beide gingen schon *dem* Alter entgegen, wo kleine Gewohnheiten und die ungestörte Bequemlichkeit einem immer wichtiger werden. Franzi suchte sich also eine Wohnung für sich allein. In einem Hause der Via Felice fand er eine geeignete Unterkunft, eine bescheidene, kleine Wohnung mit dem Blick auf das Forum. Sehr anspruchslos, fast mit der Einfachheit eines Mönches, richtete er sich ein. Morgens stand er zeitig auf und arbeitete bis spät in den Mittag hinein; nach dem Mittagessen arbeitete er wieder bis spät am Nachmittag und ging abends zur Fürstin. Sie speisten zusammen, unterhielten sich und verabschiedeten sich dann wieder. Zwischen zehn und elf Uhr legte er sich schon zur Ruhe. Viele Stunden des Tages widmete er Rom.

Von der Ewigen Stadt konnte er nicht genug zu sehen bekommen. Sie weckte in ihm auf Schritt und Tritt unzählige fesselnde Erinnerungen an das klassische Altertum und die achtzehneinhalb Jahrhunderte des Christentums. Wenn er durch die Porta del Popolo schritt, blieb er vor einer kleinen Kirche stehen und dachte daran, daß dort die Reformation begonnen hatte. In dem Augustinerkloster hinter dieser Kirche wohnte einst Martin Luther, als er in Ordensangelegenheiten hier weilte und die Korruption des päpstlichen Staates in der Nähe zu sehen bekam. Dann blieb er vor Michelangelos »Moses« stehen, und es fiel ihm ein, was er von ihm gelesen hatte: als Michelangelo die unerhört großartige Statue beendet hatte, war er von seinem eigenen Werke dermaßen erschüttert, daß er es anschrie: »Warum sprichst du nicht?« Und in seinem unbändigen Zorn schlug er mit dem Hammer auf das Knie der Statue. Franzi sah sich dieses Knie näher an und fand tatsächlich einen Riß. Dann suchte er die Kirche Santa Maria Maggiore auf. Auch darüber hatte er gelesen: In den ersten Zeiten des Christentums träumten ein römischer Edler und der damalige Papst gleichzeitig, daß die Heilige Mutter Maria genau an der Stelle eine Kapelle errichtet haben möchte, wo es am anderen Tage schneien würde. Tags darauf schneite es tatsächlich am Esquilino, obgleich es erst August war, und der Papst zeichnete in den frisch gefallenen Schnee den Grundriß der Kirche ein. Dann sah sich Franzi die Sammlungen des Vatikans an, die Engelsburg, den Tiber; er freute sich an den alten Straßennamen, wie zum Beispiel: »Straße des Mundes Gottes«, stöberte ziellos in allen Winkeln herum und überließ sich voll und ganz der Stimmung dieser so reichen Stadt. Die Worte Goethes fielen ihm ein: »Rom ist dem Meere ähnlich; je tiefer man geht, um so tiefer wird es.« Und auch die Worte des heiligen

Bernhard kamen ihm in den Sinn: »Hier ist die Luft reiner, der Himmel näher und Gott freundlicher.«
Am liebsten hielt er sich aber doch in seiner Gegend auf: in der Unordnung der Ruinen, auf dem steinigen, klassische Schätze bergenden Forum Romanum. Seine Wohnung lag in unmittelbarer Nähe der Kathedrale »Basilica di Santa Maria«. Diese Kirche besuchte er täglich drei- bis viermal. Das Volk nannte dieses Gotteshaus Santa Francesca Romana. Aus den bröckelnden Ruinen des altertümlichen Palastes des Maxentius trat er in die schillernde Dämmerung dieser Kirche ein. Ein byzantinisches Marienbild hing über dem Altar, ringsum byzantinische Mosaiken mit Heiligengestalten auf Goldgrund. Und unter dem hohen Altar in einer höhlenartigen Vertiefung stand eine weiße Statuengruppe: der Engel begrüßt die Jungfrau. Rundherum rote Draperien mit goldener Borte. Zu beiden Seiten des Altars kauerten ständig ein oder zwei andächtig raunende oder gar ächzende Beter. Mit verkrampften Fingern langten sie durch das starke Gitter, hinter dem zwei wundertätige Steinklumpen in die Mauer eingelassen waren. Daneben die Aufschrift in italienischer Sprache: »Auf diesen Steinen ruhten die Knie des heiligen Petrus, als die Dämonen den Simon Magus mit sich in die Luft rissen.« Die Gläubigen betasteten mit zitternden Fingern die Kniespuren des heiligen Petrus und baten inbrünstig um ein Wunder, vielleicht um die Genesung eines kranken Kindes oder um das Kalben ihrer Kuh oder um einen Treffer in der Lotterie.
Von der Kirche aus sah man auf die würdigen, strengen und vornehmen Gebäude des Palazzo di Venezia. Hier wohnte der Botschafter von Österreich, kein anderer als Baron Alexander Bach, den Franz Joseph nach dem Mißerfolg seiner gewaltsamen innenpolitischen Einigungsmaßnahmen in die Außenpolitik übernommen hatte. Sobald sich die Erregungen der ersten Tage gelegt hatten und sein Leben wieder in geregelte Bahnen kam, besuchte ihn Franzi. Er machte auch noch einige Höflichkeitsbesuche, aus denen sich dauernde Beziehungen zu einzelnen vornehmen römischen Familien entwickelten. So war er beim Empfang des Ministerpräsidenten Minghetti, der jeden Sonntagnachmittag stattfand, ständig anwesend. Dann lernte er eine sehr merkwürdige, romantisch veranlagte Dame kennen. Espérance von Schwartz war die Tochter eines Hamburger Bankiers namens Brandt; ihre Mutter hatte einst als Erzieherin am Weimarer Hofe gelebt, aber noch lange vor Franzis Zeit. Ihr erster Gatte verübte Selbstmord, der zweite ertrank im Meer. Die reiche Witwe wurde mit Garibaldi bekannt, schwärmte für ihn und wurde seine Geliebte. Durch ihre Bearbeitung der Aufzeichnungen dieses Freiheitshelden, die sie für eine Veröffentlichung zu ordnen und zu übersetzen hatte, wurde sie auch Schriftstellerin. Sie schrieb unter dem Pseudonym Elpis Malaena, führte auch diesen Namen in der römischen Gesellschaft und hatte stets viele Gäste bei sich. Franzi lernte innerhalb weniger Wochen jede bedeutende und interessante

Persönlichkeit der römischen Gesellschaft kennen. Viele suchten *ihn* in seiner Wohnung auf, um sich ihm vorzustellen, wie zum Beispiel Paladilhe, ein römischer Stipendienschüler des Pariser Konservatoriums. Die jungen Musiker pilgerten im allgemeinen so zu ihm wie andere Romreisende zum Papst. Der erste Klavierspieler der Welt hatte, obwohl er längst vom Podium abgetreten war, einen ungeminderten Ruf!

Von Wagner erhielt er nur hin und wieder Nachricht. Der »Tristan« war noch gar nicht aufgeführt worden, aber schon arbeitete Wagner an einer neuen Oper. Diesmal sehnte er sich nach einem leichten, sonnigen Thema. Er suchte sich seine Hauptgestalten aus dem deutschen Mittelalter; der eine Held seines neuen Werkes, dem er den Titel »Die Meistersinger von Nürnberg« gab, war Hans Sachs, der Schuhmacher und Poet, Walther von Stolzing war der zweite, und man konnte unschwer erkennen, was Wagner mit dieser symbolischen Oper deutscher Art, Kunst und Verbundenheit sagen wollte. Walther von Stolzing, der aus weiter Ferne kommende Ritter, hielt sich nicht wie die Meistersinger von Nürnberg an hundert strenge Regeln, sondern sang sein neues, eigenartiges, aus dem innersten Herzen hervorquellendes Lied. Die strengen Meister der Sängerzunft schüttelten unzufrieden ihre Köpfe, und der hochmütigste unter ihnen, der Stadtschreiber, vermerkte fortwährend mit Kreidestrichen, wie oft der Ritter gegen die offiziellen Sängerregeln verstoßen hatte. Dieser Schreiber hieß im Text Hans Lick; der Komponist hatte also den Wiener Musikkritiker, den hochtrabenden Gegner der neuen Musik, Hanslick, treffen wollen. Der Ritter, besser gesagt Wagner selbst, fand unter den Meistersingern nur einen verständigen Freund, den alternden Schuhmacher und Sänger Hans Sachs, den wirklich poetisch Begabten, der die wahre Kunst verstand. Das war ganz offensichtlich auf die Gestalt Franzis gemünzt.

Die Handlung drehte sich um Eva, die schöne Tochter des Meistersingers Pogner, deren Namen Wagner wahrscheinlich mit Bedacht so gewählt hatte. Das war sicherlich die erträumte Frau, die als herrlicher Lohn seiner Kunst die Seine werden wollte. Aber auch Hans Sachs hegt seine stille Liebe zu dem Mädchen, doch tritt der alternde Sänger zuletzt weise zurück und überläßt die heimlich Geliebte dem jungen Walther von Stolzing.

Franzi verstand das nicht ganz. Wer mochte diese Frau sein, die er Wagner überläßt? Soll das als Symbol für den entscheidenden musikalischen Erfolg gelten? Was will Wagner mit dieser Eva sagen?

Dieses Geheimnis, das er nicht zu lüften vermochte, stimmte ihn nachdenklich; je mehr er sich aber anstrengte, den Sinn der flott dahinströmenden Verse zu erraten, um so weniger verstand er ihn. Dann ließ er das Rätselraten bleiben, der Text des Stückes gefiel ihm so, wie er war, sehr gut. Es kam ihm vor, als sei diese Oper im Grunde genommen eine Streitschrift über seine eigenen leidenschaftlichen musikrevolutionären Bestrebungen, freilich eine, wie sie, seit die Welt besteht, noch nie geschrieben wurde!

Die Tetralogie lag ganz zuunterst der Schublade, der »Tristan« konnte nicht aufgeführt werden, und für die »Meistersinger« vermochte Franzi jetzt auch nichts mehr zu tun. Die Aufgabe, sich für Wagner auch weiterhin vor der großen Öffentlichkeit einzusetzen, hätte er nunmehr fallen lassen können. Er gab aber auch hier in Rom den Kampf nicht auf. Wagner war von dem sächsischen König amnestiert worden, sein Exil hatte somit aufgehört. Nach zwölfjähriger Verbannung war er wieder berechtigt, jedes musikalische Amt in jedem beliebigen deutschen Staate zu bekleiden. Und Franzi versuchte also, Weimar als Wirkungskreis für Wagner zu gewinnen. In dieser Angelegenheit schrieb er eifrig lange Briefe an den Großherzog. Vorerst ohne jeden sichtlichen Erfolg. Er gab aber den Gedanken nicht auf. Er stellte sich das so vor, daß Wagner erst einmal in diesem Theater Fuß fassen sollte; mit seiner geschickten und gewalttätigen Art würde er sich schon durchkämpfen, und mit Dingelstedt müßte er gewiß auch gründlich fertig werden.
Was seine eigene Musik betraf, so hatte er alles andere beiseite gelegt und befaßte sich nur mit dem Oratorium der »Heiligen Elisabeth«. Der Text, bei dessen Einteilung Roquette sich brav an die sechs Wandgemälde der Wartburg gehalten hatte und der nach vielem Umschreiben und Korrigieren schon eher Franzis geistiges Eigentum war, bot eine ganze Menge tondichterischer Aufgaben. Die Legende begann mit der Ankunft der von zahlreichen Rittern begleiteten ungarischen Königstochter Elisabeth auf der Wartburg, mit festlichem Empfang und höfischen Spielen. Darauf folgte die Szene zwischen der heiligen Frau und ihrem Gatten, in der Gott die Notlüge Elisabeths zum Wunder werden läßt und ihre milden Gaben in Rosen verwandelt. Im dritten Satz brechen der Landgraf und die Kreuzritter ins Heilige Land auf. Im vierten wird Elisabeth als Witwe Herrin des Schlosses; ihre grausame Schwiegermutter aber jagt sie mit ihren Kindern aus dem Schloß hinaus in den Sturm. Im nächsten Bild tragen die Engel die Seele Elisabeths in den Himmel. Und zum Schluß wird die ungarische Königstochter in Anwesenheit Kaiser Friedrichs von Hohenstaufen zur Heiligen erklärt. Märsche, Sturm, Wunder, Begräbnis, Gebet, Litaneien, Jagdlieder, Kinderchor – alles. Und zu allem hatte er die erforderlichen Motive. Danielik, der Domherr zu Erlau, hatte ihm gleichermaßen verwendbares Material zur Verfügung gestellt wie Kronperger, der Franziskaner-Guardian in Pest. Liszt beabsichtigte, dem ganzen Stück einen stark ungarischen Grundton zu geben, sogar für den Aufmarsch der Kreuzritter bearbeitete er ein ungarisches Motiv. Für die Gestalt der Elisabeth fand er in der mittelalterlichen Kirchenmusik eine andächtige, weihevolle Melodie. »Quasi stella matutina« sang ein Breviarium aus dem sechzehnten Jahrhundert zum Gedenktage der »Heiligen Elisabeth«: »Wie der Morgenstern . . .«
Die Komposition des Oratoriums beschäftigte sein ganzes Fühlen und Denken, als er ein Telegramm erhielt, daß Blandine einem gesunden Jungen das

Leben gegeben habe. Nach der Großmutter und dem früh verstorbenen Onkel sollte er Daniel heißen. Franzi komponierte mit inniger Freude weiter und gratulierte den glücklichen Eltern in einem langen Briefe zu dem kleinen Daniel Ollivier. Aus Saint-Tropez, vom Gute Olliviers, traf nach dem Telegramm aber ein erschreckender Brief ein: die Geburt habe die junge Mutter sehr mitgenommen; sie fühle sich nicht wohl. Franzi versuchte, seiner quälenden Angst durch gesteigertes Arbeiten Herr zu werden. Während er komponierte, verwandelte sich das Gesicht der »Heiligen Elisabeth« in das Antlitz Blandines. Immer sah er die blasse junge Frau vor sich, auf ihrem Gesicht das Märtyrerleiden der Mutterschaft. Als er die »Verklärung der Heiligen Elisabeth« komponierte, übermannte ihn hin und wieder eine derartige Erregung, daß er aufspringen mußte und das Gefühl nicht loswerden konnte, den Tod seiner eigenen Tochter zu vertonen. Als er mit seiner Arbeit so weit war, daß die ungarische Königstochter die Glorie der Heiligen empfängt, kam das Telegramm an. Blandine sei gestorben. Nach Daniel Blandine! Dieser Schicksalsschlag war zu schwer. Er wurde krank. Der Arzt konnte nicht sagen, was ihm fehlte. Und wenn Carolyne ihn fragte, konnte er seine Leiden auch nicht genau schildern. Er fühlte sich bloß unendlich müde, bei dem kleinsten Anlaß weinte er fortwährend, manchmal schlief er drei Tage und drei Nächte lang nicht; dann überkam ihn wieder ein sonderbarer Halbschlaf, in dem er selbst hörte, daß er dummes Zeug zusammenfaselte, seinem Gehirn aber nicht zu befehlen vermochte. Er sah Daniel und Blandine vor sich, griff mit zitternder Hand nach ihnen, und wenn er ins Leere faßte, stierte er mit dumpfem Blick vor sich hin.

Endlich genesen, erkannte er sich selbst kaum wieder, als er in den Spiegel sah. Er war um Jahre gealtert, und sein Haar war schneeweiß geworden. Seine müden Glieder trugen ihn kaum. Er hatte zu nichts mehr Lust und mied die Gesellschaft. Nur zur Fürstin ging er jeden Abend, jetzt war er aber nicht mehr so höflich und unterhaltsam wie früher. Er saß wortlos da und lauschte Carolynes Worten. Besser gesagt, er ließ sie nur sprechen und hörte ihr gar nicht zu. Seine Gedanken wanderten unschlüssig ins Leere.

Dann fand er sich langsam wieder, seine gequälte Seele erhob sich zu Christus. Nur von diesem konnte er Trost empfangen, der mehr gelitten hatte als er. Die undeutlichen Umrisse einer großen und heiligen Symphonie begannen in seinen Gedanken zu reifen: der Heiland selbst sollte ihr Gegenstand sein.

In dieser Zeit hätte ihn jedermann für einen Mondsüchtigen halten können. Nur sein Körper hielt sich in der irdischen Welt auf, seine Seele lebte in Christus. Die Bibel trug er immer bei sich, eine alte französische Bibel, noch aus seiner Jugend, und die lateinische Vulgata. In den Straßen Roms ging er mit gerunzelter Stirn, tief in Gedanken versunken, blieb plötzlich stehen, nahm eine seiner Bibeln vor und begann zu blättern. Die Vorübergehenden rempelten ihn an, er achtete nicht darauf. Er suchte irgendeine Prophezeiung aus dem Alten Testament, um sie mit einem Satz der Passion zu vergleichen. Wenn er den Text fand, las er ihn gleich an Ort und Stelle, und falls ihn die vielen Menschen allzusehr störten, sah er sich um, wo die nächste Kirche war, damit er in der kühlen Stille dort ungestört nachdenken konnte. Jeden Tag ging er in die Sixtinische Kapelle, und wie ein Märtyrer, der vor den Folterwerkzeugen seine Brust entblößt, so gab er den Schmerz seiner Seele dem Chorgesang preis, an dessen Schönheiten er sich nicht genugtun konnte. Er besuchte den Schwager Manjas, den Bischof Hohenlohe, und sprach mit ihm über theologische Probleme. Dann hielt er sich auch gern in dem Archiv des Vatikans auf. Er fand dort jenen Pfarrer Theiner wieder, den er in dem Jahre der Geburt Daniels in Rom kennengelernt hatte. Er fand ihn um zwanzig Jahre älter, aber ebenso liebenswürdig und gütig wie damals. Auch mit ihm sprach er andauernd nur von der großen Gestalt seines Werkes, von Christus. Auch mit der Fürstin redete er alle Abende über nichts anderes als über die Persönlichkeit des Sohnes Gottes. Carolyne fühlte sich in ihrem Element, ihre Religiosität strömte in endlosen, leidenschaftlichen Ergüssen aus. Ein sonderbares Paar war das im zweiten Stockwerk des Mietshauses in der Via del Babuino: der weltberühmte Musiker und Liebling der Frauen und die Fürstin, die ihm zuliebe Gatten und Heimat verlassen hatte, debattierten in fieberhafter Erregung über die Vorgänge im Garten Gethsemane, als ob sie sich über ein tragisches Erlebnis eines ihrer Bekannten unterhielten.

Allmählich wurde ihm der Wirrwarr der Großstadt unerträglich. Der Lärm der Straße machte ihn reizbar, und das gesellschaftliche Leben bedrückte ihn wie eine schwere Last; denn er erhielt dauernd Einladungen, denen aus dem Wege zu gehen sehr schwer war. Aus Rom mochte er sich nicht entfernen, er konnte Carolyne nicht allein lassen, und sie fühlte sich hier schon wie der Fisch im Wasser; von früh bis abends verbrachte sie ihre Zeit damit, geistliche Personen zu empfangen und zu besuchen; zwischendurch schrieb sie religiöse Betrachtungen nieder. Franzi litt weiter und blieb unschlüssig, während die motivischen Grundgedanken seines großen Werkes sich in seiner Seele immer klarer formten.

An einem Wintertage beklagte er sich bitter beim Pater Theiner im vatikanischen Archiv, daß er seinen Platz gar nicht fände; aus Rom könne er nicht fort, aber hier wohnen zu bleiben, ginge über seine Kräfte. Tags darauf besuchte ihn der Pater.

»Ich habe eine für Sie geeignete Unterkunft gefunden, mein lieber Freund.«

»Wo?«

»In einem Kloster außerhalb der Stadt und trotzdem nicht zu weit weg. Wenn Sie wollen, können wir sogleich zusammen hingehen. Und sofern es Ihnen gefällt, können Sie sofort übersiedeln.«

In der Gegend des Forums nahmen sie sich einen Wagen. Theiner wies den Kutscher an, sie auf den Monte Mario zu fahren. Nach langer Fahrt ließen sie die Häuserreihen der Großstadt hinter sich, der schneelose Winter ließ auf beiden Seiten braune Schollen, sich weit in die Ferne ziehende Felder sehen. Es verging eine gute Stunde, bis sie an dem Hügel angelangt waren, dessen steilen Weg der Wagen im Straßenkot nur schwer erklimmen konnte. Auf halber Höhe lag das Kloster.

»Jetzt steigen wir aus«, sprach der Pater Theiner, »ich möchte Sie aber bitten, sich nicht eher umzudrehen, als bis ich es Ihnen sage.«

Auf weißen Steinstufen schritten sie aufwärts, eine weite Terrasse breitete sich vor ihnen aus. Linker Hand befand sich das Portal einer Kirche, rechter Hand das angebaute Gebäude des kleinen Ordens. Über dem Torbogen der Kirche sah man ein Wappen: im oberen Felde ein schwarzer Adler, im unteren Felde auf weißem Grunde drei rote Kreise.

»Das ist das Kloster der Madonna del Rosario. Drehen Sie sich aber noch nicht um.«

Der Pater läutete am Eingang des kleinen Ordenshauses. Eine unsichtbare Hand öffnete das Tor. Sie gingen hinein. Pater Theiner bog wie ein alter Bekannter im engen Torbogen nach rechts ab. Sie begegneten einem mit der Kutte bekleideten Mönch.

»Hier ist mein Freund, lieber Fra Beato, von dem ich dir schon erzählt habe. Bitte, zeige ihm sein Zimmer!«

Sie stiegen ins erste Stockwerk hinauf. Auf der weiten, weißen Fläche der Wand befand sich ein einziges schwarzes Kruzifix. Tiefe Stille ringsum. Steinfliesen auf dem Boden. Der Mönch trat durch die kleine, braun gestrichene Tür. Franzis Herz fing freudig an zu hämmern. *Das* war so, wie er es sich erträumt hatte; eine kleine Zelle, ein Gebetsschemel, ein Bett, ein an die Wand gerückter Tisch, ein Harmonium. An der Wand ein Kruzifix. Der Weihwasserbehälter. Das bedeutete die Andacht und die glückselige Ruhe selbst. Im Kachelofen knisterte das Feuer, in die angenehme Wärme mischte sich von irgendwoher ein starker Duft von Äpfeln.

»Bezaubernd!« sagte Franzi überwältigt. »So etwas habe ich mir in meinen geheimsten Träumen erhofft.«

»Das glaube ich. Jetzt erlaube ich Ihnen auch, auf die Stadt herabzublicken. Schauen Sie zum Fenster hinaus.«

Franzi trat hin und sah hinaus. Unten im Tale breitete sich vor ihm die Ewige Stadt in ihrer ganzen Pracht aus. Rechts über den kahlen Wipfeln der Bäume des Hügels sah man nur die mächtige Kuppel der Peterskirche, weiter nach links aber war das Gelände des Hügels flach, und das Ewige Rom wurde sichtbar, das Ewige Rom des Romulus, des Julius Cäsar, des Apostels Petrus, der ersten Christen, des Papsttums, Tassos, der Renaissance und des heutigen modernen Lebens. Aus dem gewaltigen Häusermeer erhoben sich die zwei Türme des San Carlo, etwas weiter nach links zwischen zwei Kup-

peln ein roter Turm: die Santa Maria Maggiore. Über den dunkelgrünen Flächen des Monte Pincio, weit im Hintergrunde, die die Campagna abschließenden Berge, verheißungsvoll, als ob man auch noch die weißen Gebäude von Frascati sehen könnte.
»Unfaßbar«, flüsterte Franzi.
»Ja, das *ist* unfaßbar. Das ist die schönste Aussicht auf Rom. Dieses Zimmer des Ordens steht leer, der Orden sieht Sie gern als Gast, solange Sie nur wollen, wenn Sie Lust haben, hierherzukommen.«
»Ja.« Franzi zögerte. »Eine unbeschreibliche Freude wäre es, hierherzukommen . . . Werde ich aber im Kloster nicht stören, wenn ich musiziere? Denn mein Klavier kann ich nicht entbehren.«
Der Mönch erwiderte liebenswürdig:
»Wir werden die Tageseinteilung besprechen. Am größten Teile des Tages können Sie nach Herzenslust Klavierspielen. Padre Theiner hat uns mitgeteilt, daß Maestro an einem Kirchenwerk arbeiten. Das wird uns sehr freuen.«
»Das alles ist selbst für einen Traum noch zu schön. Am besten wäre es, gleich hierzubleiben. Wegen meiner Sachen muß ich aber leider nochmals zurück in die Stadt.«
Noch am selben Tage hielt er seinen Einzug. Er ließ sich sein Klavier kommen, das man nur mit großer Mühe durch die enge Tür der Zelle hindurchzwängen konnte. Franzi stellte sich nacheinander den Insassen des Klosters vor. Im Refektorium setzte er sich zu dem bescheidenen Mönchsmahle, als ob er schon seit langer Zeit hier gelebt hätte. Und als er sich in seine Zelle zurückzog und auf die schimmernden Lichtpunkte Roms herabsah, weitete sich seine Brust unendlich. Jetzt, jetzt fühlte er zum ersten Male in seinem Leben, daß es ihm gelungen war, aus dem weltlichen Leben herauszutreten; er war jetzt bei Gott und sah auf das ferne Leben des Alltags herab, wie er es schon immer ersehnt hatte: aus einer stillen, besänftigenden reinen Ferne. Vor dem Schlafengehen betete er, in tiefer Andacht an die beiden Verschiedenen denkend, an Daniel und Blandine.
Von da ab lebte er so, als ob er selbst ein Mönch wäre. Beim Morgengrauen stand er auf und ging jeden Tag in die kleine Kirche, um Orgel zu spielen. Das Kirchenschiff hatte nur fünf Reihen Bänke, aber auch in diesen saßen kaum Menschen. In die Stadt kam er nur jeden zweiten, dritten Tag, um Carolyne zu besuchen. Wenn er aber aus dem Hause in der Via del Babuino hinaustrat und einen Wagen suchte, frohlockte er schon vor Sehnsucht, so schnell als möglich wieder auf dem Hügel zu sein, in der gesegneten Stille der Ruhe und Andacht. Die Tage vergingen in dem Glück der Arbeit, aus den Tagen wurden Wochen und aus den Wochen Monate.
Der März war schon herangekommen, als er von Bülows die Nachricht von der Geburt seines dritten Enkels bekam. Es war ein Mädchen, es sollte Blandine heißen. Am Monte Mario grüßte das Keimen eines neuen Lebens die

Nachricht von der Geburt des Kindes. Ein feenhafter Frühling keimte am Hügel auf, jeder Tag brachte irgendein neues Wunder von Blumenblüten, ersten Schmetterlingen und Vogelgezwitscher im Gebüsch. Man konnte schon das Fenster öffnen, und die Töne des Klaviers ergossen sich in den Duft der Pinien und in den Duft des frischen Rasens.

Und als der Sommer das Kloster grüßte, schwoll das Vogelgezwitscher so mächtig an, daß es ab und zu gar nicht mehr möglich war, auf die Musik zu achten. Franzi lockte die Vögel mit Brotkrümchen auf das Fenstersims, und bald hatten sie keine Angst mehr, wenn er ihnen ganz nahe kam. Er sah sie als seine Geschwister an in ihrem selbstvergessenen Gesang. Der heilige Franz von Assisi fiel ihm ein, der ihnen predigen und mit ihnen sprechen konnte. Unstet ließ er seine Finger über die Elfenbeintasten huschen, um ihr Gezwitscher nachzuahmen. Noch immer vermochte er auf dem Klavier alles zu sagen, was er wollte und was ihn bewegte. Das Gezwitscher wurde immer breiter, und mit einem Male löste sich aus ihm die warme, überirdische Stimme des heiligen Franz von Assisi. Er brachte das zu Papier. Es wurde eine Komposition daraus.

Seine trauliche Ruhe störte aber eine neue Aufregung. Carolyne hatte sich in den Kopf gesetzt, ihrem Freunde eine weltbedeutende Stellung zu verschaffen. Bei den ihr bekannten Kirchenfürsten nahm sie den Gedanken immer wieder von neuem auf, daß der Papst die Regelung der katholischen Kirchenmusik und deren gesamte Organisation über die ganze gebildete Welt Franzi anvertrauen müsse. Der Plan fand Anklang, und immer mehr und mehr Menschen sprachen davon. Franzi konnte sich zuerst mit der Idee der Fürstin nicht befreunden, ihm war es um seine wohltuende, liebgewonnene Ruhe leid. Dann griff aber auch er diesen Gedanken auf, wie ein Fisch den Köder, und jetzt zappelte er schon an der Angel. Er malte sich bereits aus, wie er mit dem Führer der Cäcilianischen Bewegung eine große Tagung veranstalten würde; er dachte schon über die Neugestaltung der Gregorianischen Methode nach; ja, er hatte bereits den Bischof Gustav von Hohenlohe aufgesucht und ihn um die Unterstützung des Vatikans zu seinen Plänen gebeten.

Und an einem Sommervormittag geriet der kleine Orden in eine ungeheure Aufregung. An der Landstraße vor dem Hügel hielten die prächtigen Kutschen des Vatikans. Die Mönche liefen verwundert zusammen. Ihre Augen trogen sie nicht. Er war es wahrhaftig: Papst Pius IX. schritt höchstpersönlich die heißen, blendenden Marmorstufen aufwärts. Neben ihm Kardinal Merode, der Günstling und der gefährlichste Widersacher des Staatssekretär-Kardinals Antonelli. Hinter ihnen Gustav Hohenlohe, der Kämmerer, Bischof von Odessa, und zwei junge diensthabende Geistliche. Kaum ein paar Minuten waren vergangen, da betraten sie schon Franzis Zelle. Liszt, der jedem Herrscher Europas schon gegenübergestanden, der mit der Königin Viktoria gescherzt und sich mit Napoleon III. geistreich unterhalten

hatte, der sich gegen die Etikette der spanischen Königin aufgelehnt, den Zaren geärgert und vom König von Preußen den Pour le mérite erhalten hatte – jetzt sank er auf die Knie und kannte nichts anderes als Demut, als der Statthalter Christi ihm den Fischerring gnädigst entgegenhielt.
Aus anderen Zellen mußte man Stühle herbeischaffen, damit die Gäste Platz nehmen konnten. Sie saßen in der kleinen Zelle eng zusammengedrängt. Der Papst war ein sonderbarer Greis. Auf seinem Gesicht lag eine mystische Kälte. Nach dem Urteil der ihm Nahestehenden war er von seiner göttlichen Mission zutiefst überzeugt; er glaubte zum Beispiel, daß er durch Handauflegen heilen könne. Körperlich war er schon sehr schwach. Als er sich setzte, mußte man ihm von zwei Seiten her unter die Arme greifen. Sein Geist aber war lebhaft und frisch. Auffallend schien, daß er von sich nur in der dritten Person zu sprechen pflegte.
»Der Papst beschäftigt sich mit der Frage der Kirchenmusik. Mehrere haben die Aufmerksamkeit des Papstes auf Sie gelenkt, mein Sohn.«
»Ich fühle mich hochgeehrt, Heiliger Vater.«
»Ja. Und was ist dieses Papier dort am Klavier?«
»Eine kleine Tondichtung. Ich arbeite in der Hauptsache an einer Christus-Symphonie, Heiliger Vater, das da habe ich nur nebenher geschrieben. Wie ich mir den heiligen Franz von Assisi vorstelle und die Vögel; denn hier am Monte Mario gibt es sehr viele Vögel.«
»Spielen Sie es vor. Der Papst will es hören.«
Franzi trug seine Komposition vor. Die Augen des Heiligen Vaters füllten sich mit Tränen.
»Wissen Sie, mein lieber Sohn, wofür man Ihre Musik verwenden könnte? Für gerichtliche Zwecke. Wenn Sie vor eingefleischten Verbrechern spielen würden, so ist der Papst der Überzeugung, daß Sie sie zur Ruhe bewegen könnten. Keiner vermöchte lange zu widerstehen. Der Papst hat die Musik sehr gern. Haben Sie nicht zufällig das ›Stabat mater‹ gehört, das man Sonntag in der Sixtinischen Kapelle sang?«
»Ich glaube, es ist dieses«, antwortete Franzi, die Anfangsakkorde anschlagend.
»Ja, das ist es. Spielen Sie es, mein lieber Sohn. Der Papst wünscht zu Ehren der Heiligen Jungfrau zu singen.«
Und Papst Pius IX. sang in der kleinen Zelle zur Begleitung Franz Liszts. Er sang sehr zart und geschmackvoll mit seiner feinen Greisenstimme. In der Seligkeit des gebrochenen Greises, der sich so ganz den Tönen hingab, lag etwas Rührendes.
»Es war sehr schön«, lobte er zuletzt. »Der Papst ist sehr zufrieden. Und diese Angelegenheiten mit der kirchlichen Musik wird er nicht vergessen.«
Pius erhob sich, und da sich ihr Herrscher erhob, sprangen mit einem Male auch alle anderen auf. Der Heilige Vater reichte den Ring abermals zum

Kuß. Franzi geleitete ihn barhäuptig bis zu den wartenden Kutschen. Als die Wagen vorbeifuhren, entrang sich ein tiefer und beglückender Seufzer seiner Brust:

»Ach, wenn das doch gelingen würde!«

Liszt sah den dahinfahrenden Wagen lange nach, und plötzlich behagte ihm die Stille des Klosters nicht mehr. Sein Verlangen nach Ruhe war gestillt. Er fühlte sich aufgewühlt und erregt. Er wollte durchaus in die Stadt und ging nur zurück, um seinen Hut zu holen. Dann eilte er schon den Hügel abwärts.

ZWEITES KAPITEL

Der schöne Plan ließ sich aber nur sehr schwer durchführen. Im Labyrinth des Vatikans fanden sich selbst die nur mit Mühe zurecht, die sozusagen darin aufgewachsen waren. Wieviel weniger sie beide, Franzi und die Fürstin, die Neulinge waren. Es schien unmöglich für sie, den Wirkungskreis des einzelnen festzustellen. Keiner faßte einen Entschluß in seinem Ressort, denn die Stellungen in dem nun schon lange Jahre währenden höfischen Zweikampf zwischen dem Kardinal Merode und dem Staatssekretär-Kardinal Antonelli änderten sich jede Woche wie auf dem Schachbrett; die Anhänger der beiden Parteien wechselten immer wieder von dem einen zum anderen hinüber. Was der eine in zeitraubender und mühseliger Arbeit aufgebaut hatte, das konnte in einem einzigen Tage wieder zusammenfallen, weil sich irgendein Kämmerer der Partei des anderen Kardinals angeschlossen hatte. Und dann mußte man alles wieder von vorn anfangen.

Franzi merkte mit einem Male, daß er in das Netz der höfischen Intrigen geraten war. Das einmal Begonnene mußte weitergeführt werden. Um dies zu ermöglichen, waren allerlei Besuche erforderlich. Er mußte seine Beziehungen pflegen. Und wenn er nur zögernd vorging, denn er wollte die im Kloster Rosario gefundene milde Ruhe nicht wieder aufgeben, so verhielt Carolyne sich anders. Mit einer leidenschaftlichen Zähigkeit blieb sie auf der Spur, bei jeder Gelegenheit lud sie neue und immer wieder neue Würdenträger des Vatikans ein. Wenn sie Franzi erwartete, so suchte sie täglich vertrauliche Nachrichten aus dem päpstlichen Hofe zu erhalten und notierte die kleinste Änderung in der Umgebung des Papstes. Dieses Treiben, dieses Haschen nach Verbindungen und Neuigkeiten, all die tausendfachen, den Kirchenfürsten bezeugten kleinen Aufmerksamkeiten führten zu nichts. Monate vergingen, aber Franzis Ernennung zum Leiter der gesamten Kirchenmusik ließ immer noch auf sich warten. So ging begreiflicher-

weise auch die Komposition des Christus-Werkes langsamer vonstatten, und von der vollkommenen klösterlichen Abgeschiedenheit, die ihn monatelang so beglückt hatte, war keine Rede mehr.
Der Aufenthalt im Kloster Rosario brachte ihm aber eine wichtige Offenbarung: den seelischen Frieden findet man tatsächlich nur in einer Mönchszelle. Die Mauern dieser Zelle müssen jeden Drang nach Vorwärtskommen, jeden Plan und jedes Ziel außer dem einen: Gott nahekommen, ausschließen. Der ist ein wahrer Mönch, der – mit jedem weltlichen Beruf – mit jeder Äußerlichkeit abgerechnet hat und nur Gott und nichts anderes sucht. Wie mancher aber wohnt ganz vergebens im Kloster, peinigt sich umsonst mit Stachelgürtel und Bußübungen tagelang: wenn er noch etwas von der Welt will, so ist es mit der Ruhe seiner Seele vorbei.
Auch mit Franzis Ruhe war es vorbei. Und obwohl er sie einem sehr schönen Plane opferte, so mußte er befürchten, daß er es vergeblich tat. Er besuchte wieder Gesellschaften, ging jetzt täglich in die Stadt, in seinem Kalender häuften sich bereits die vorgemerkten Einladungen.
Im Hause eines Diplomaten geschah es, daß eine der eingeladenen Damen sich ans Klavier setzte. Er befand sich in einem Nebensaale; als aber die regelmäßigen, gedämpften Töne an sein Ohr drangen, erhob er sich sofort und kam herüber. Er mußte wissen, wer da spielte. Am Klavier sah er eine katzenartig biegsame Frau sitzen. Sie war von bestechendem Wuchs, ihre Haut war schneeweiß und ihr Haar kohlrabenschwarz. Schon während des Abendessens hatte er sie gesehen, sie aber noch nicht gesprochen. Er erkundigte sich, wer die Dame am Klavier sei. Man teilte ihm mit, es sei die Frau eines Attachés bei der russischen Gesandtschaft in Rom, eine Baronin Meyendorff, die Tochter jenes Fürsten Gortschakow, der sich im Krimkriege so tapfer geschlagen hatte. Ihr Mann sei der engbrüstige elegante Herr, der dort in der Ecke zusammen mit der Hausfrau und dem Baron Bach säße.
Als die Dame ihr Klavierspiel beendet hatte, trat Franzi zu ihr hin:
»Ich beglückwünsche Sie zu Ihrem Spiel, Baronin. Ich habe selten ein so ausgeglichenes Spiel von nichtberufsmäßigen Klavierspielern gehört.«
»Ich danke, mir ist selten eine so wertvolle Anerkennung von einem berufsmäßigen Klavierspieler zuteil geworden.«
»Ich bin kein Klavierspieler mehr. Ich war es, einst zu Zeiten Ihres Onkels in Paris.«
»Onkel? Welcher Onkel?«
»Ich meine jenen Baron Meyendorff, der vor dreißig Jahren in Paris wohnte und mit dem ich im Salon der Gräfin D'Agoult oft zusammengekommen bin.«
»Was Sie sagen! Das ist aber eine interessante Begegnung. Felix, komm mal her.«
Der junge Mann erhob sich. Alsbald waren sie in ein Gespräch über Familie und Verwandtschaft vertieft. Sie fanden noch eine ganze Reihe gemeinsa-

mer Bekannter, und Franzi frischte nacheinander seine höfischen Erinnerungen auf. Als sie sich verabschiedeten, mußte Franzi versprechen, die Baronin zu besuchen, um sich mit ihr am Klavier über Musik zu unterhalten.
Liszt machte ihr auch seine Aufwartung. Er fand sie allein. Der Baron war durch die Geschäfte der Gesandtschaft abgehalten. Und schon bei der ersten Zusammenkunft langten sie bei dem früher oder später doch fälligen Gesprächsthema, bei der Liebe, an. Die schwarzhaarige Frau betonte ostentativ, wie es jene verheirateten Frauen zu tun pflegen, die die große Leidenschaft suchen, wie sehr sie an ihrem Manne hinge.
»Wissen Sie, Felix ist gar nicht mein Mann, sondern ich könnte eher sagen, mein Kind. Er will gepflegt und verwöhnt werden. Seine Lunge ist nicht ganz in Ordnung. Nach einem Aufenthalt in Stuttgart haben wir, bevor wir hierhergekommen sind, ein Jahr lang in Ägypten wohnen müssen. Ich liebe ihn auch mit jener mütterlichen Wärme, mit der man seine Kinder zu lieben pflegt. Ich habe eigentlich zwei Söhne, einen achtjährigen und einen erwachsenen.«
»Einen Mann haben Sie also demnach nicht?« fragte Franzi und griff nach ihrer Hand.
»Sie fragen zu viel«, entgegnete Olga von Meyendorff und entzog ihm ihre Hand.
Diese Geste war aber von einem Blick begleitet, der die Zukunft ihrer Beziehungen zweifelsfrei voraussagte. Franzi zog seinen kleinen Rasierspiegel hervor, als er ins Kloster zurückgekehrt war – denn ein anderer Spiegel war in seiner Zelle nicht vorhanden – und unterzog sein von markanten, harten Zügen gezeichnetes, starknasiges, warziges Gesicht einer scharfen Kritik.
»Kann ich noch gefallen?« fragte er den Spiegel. Und aus dem Spiegel antwortete ihm der hochmütige Blick eines Augenpaares, in dem das starke Selbstbewußtsein des Weltberühmten leuchtete. Nichts vermag eine Frau so anzuziehen wie der Ruhm. Sie sehnt sich danach, daß ein Lichtstrahl von ihm auch auf sie falle und sie hell erstrahlen lasse. Sie schmiegt sich dort an, wo ihr dieser Glanz zuteil wird. Und glückselig belohnt sie den Spender dieser Freuden, wenn sie sich nur in seinem Glanze sonnen darf.
Nach einigen Wochen hatten sie zueinander gefunden. Olga von Meyendorff stürzte sich mit der ganzen Leidenschaft suchender Liebe, wie sie nur den russischen Frauen eigen ist, in dieses Verhältnis, zugleich auch mit jener Eitelkeit, die das Benehmen der zu berühmten Männern gehörenden Frauen so verdächtig macht. Sie begnügte sich nicht mit den verborgenen Freuden geheimer Zusammenkünfte, sie bestand darauf, daß man sie mit dem berühmten Manne immer öfter zusammen sehe. Bei anderen derartigen Abenteuern ist es meistens die Frau, die sich zu verraten fürchtet, hier mußte Franzi fortwährend darauf achten, daß sie nicht auffielen. Er wollte dem liebenswürdigen, gutmütigen Ehemann keine Schmerzen bereiten,

und auch Carolyne mochte er nicht beunruhigen. Er konnte sich den Versuchen der temperamentvollen Olga, sich dauernd gemeinsam mit ihm zu zeigen, nicht oft genug widersetzen.
Ihretwillen trat er sogar öffentlich auf, nach so langen Jahren das erstemal.
»Ich will Sie sehen«, bat Olga, »wenn man Sie feiert. Ich will dabeisein und stolz auf Sie sein.«
Er sträubte sich eine Weile. Aber schon nicht mehr aus voller Überzeugung. Auch in ihm gärte wieder die Sehnsucht, auf dem Podium zu stehen und diese Frau mit seiner Titanengröße zu blenden. Und das sonderbarste war, daß das entscheidende Wort hierzu Carolyne aussprach! Vorsichtig schnitt sie den Gedanken an, daß der Heilige Stuhl pekuniär sehr schlecht stünde und daß jede Hilfe augenblicklich sehr hoch anerkannt würde . . . Vielleicht könne man ein Konzert veranstalten, dessen Programm Franzi zusammenstellen, und zu dem er auch die Mitwirkenden bestimmen würde . . . Das Richtige wäre es ja erst, wenn – sie getraute es sich kaum zu sagen –, wenn Franzi ein einziges Mal dem Papst zuliebe auf seinen alten Standpunkt verzichten und einmal öffentlich Klavier spielen würde . . . Als sie das ausgesprochen hatte, sah sie ihren Freund ängstlich an. Und sie war höchst erstaunt, als Franzi zustimmend nickte:
»Sie haben recht, ich werde wieder auftreten.«
Alles andere ergab sich dann von selbst. Der Kardinal Antonelli sagte jede Mithilfe des päpstlichen Hofes für das Konzert gern zu. Es wurde im großen Saale der neuen Kaserne veranstaltet, und zwar ausschließlich zugunsten des Peterspfennigs. Im Programm waren noch der päpstliche Chor und das Orchester verzeichnet, desgleichen vier Kardinäle, die längere oder kürzere Vorträge hielten. Die Eintrittspreise hatte man sehr hoch bemessen, der Saal war aber trotzdem bis auf den letzten Platz ausverkauft. Und das erlauchte Publikum, die ersten Kreise Roms, empfing den bisher größten Pianisten der Welt mit stürmischem Applaus.
Liszt stand im Frack auf dem Podium, an Hals und Brust seine sämtlichen Orden. Er wußte, daß seine Figur heute noch einwandfrei war. Er warf seinen Kopf in den Nacken, hob seine Brust, seine schlanke Gestalt hatte sich seit zwanzig Jahren nicht verändert. Dann setzte er sich ans Klavier. Franzi neigte den Kopf nach rückwärts und schüttelte die dichte weiße Mähne. Und er griff noch immer nicht in die Tasten, spielerisch zögerte er diesen Augenblick hinaus, genoß die gespannte Stille, diese für die anderen so erregenden, für ihn so erhebenden wenigen Minuten. Dann schlug er die ersten Töne an. Nach den ersten Takten meinte er ein leises Aufzischen zu hören, als ob die Menge von einem wollüstigen Entsetzen erschüttert worden wäre. Er hielt den Kopf hoch, stierte auf eine hochgelegene Stelle der Seitenwand, mit unbeirrbarem Gefühl glitt seine Hand die Tasten entlang. Liszt spielte nur kirchliche Musik. Er hatte aber damit einen tobenden welt-

lichen Erfolg. Als er abermals vor dem Publikum stand und, seine Hand gegen die Brust gedrückt, sich verbeugte wie der geschmeidigste Höfling vor seiner Dame, bedauerte er, daß er schweigen mußte. Am liebsten hätte er diesem bis zum Brechen vollen Saale zugeschrien: »Seht ihr, *das* habe ich unterlassen, um etwas noch viel Größeres vollbringen zu können, denn glaubt mir, Komponieren ist viel, viel mehr als Klavierspielen.« Sein Blick blitzte auch dorthin, wo Olga saß. Die schöne Frau spendete ihm mit gestreckten Händen Beifall. Und er nickte ganz unmerklich mit dem Kopfe wie ein den Tribut entgegennehmender König.

Das Konzert brachte zwanzigtausend Franken für den Peterspfennig. Die Kardinäle kamen nacheinander zu ihm, um ihm die Hand zu drücken. Es erschienen aber auch andere, eine dichte Menschenmenge umlagerte ihn, bewundernde und entzückte Rufe schwirrten um ihn herum, und mit einem Male schlug über ihm der aus der Vergangenheit aufsteigende schwere Duft des Rausches seiner Virtuosenjahre zusammen. So kehrte er heim auf den Monte Mario in seine Klosterzelle. Und als er sich dort befrackt und müde auf einen schlichten Stuhl sinken ließ, sann er über seine sonderbare Lage nach. Er bemühte sich, den Mann vor sich, der hier in den einsamen Mauern der Zelle saß, wie einen Fremden zu betrachten. Auf dem Klavier das dicke Notenbündel der Christus-Symphonie, an der Wand das Weihwasserbekken, über dem Bett das Kruzifix, auf dem Nachttischchen die Bibel und der Rosenkranz ... Was suchte dieser befrackte, ordengeschmückte Mann hier, der aus dem Dröhnen des Beifalls kam und die letzte, heiße Erinnerung an die Umarmung Olga Meyendorffs mitbrachte? Eine ernste Trauer übermannte ihn. Diese Monate, wo es auf der Welt für ihn nichts anderes gegeben hatte als Gott und die Musik, waren so schön gewesen. Wie schade, daß das ein Ende genommen hatte! Und ob man einst diesen glückseligen, durchgeistigten inneren Frieden nochmals zurückerlangen würde?

Einige Tage später, als er nach einem mit der Baronin verbrachten heimlichen und stürmischen Stelldichein zur Fürstin ging, erwartete ihn dort eine überraschende Nachricht.

»Mein Mann ist gestorben«, sagte Carolyne ohne jede Einleitung.

Fürst Nikolaus Sayn-Wittgenstein war in Rußland gestorben, er war ein noch junger Mann gewesen, aber sein ausschweifender Lebenswandel, der die Kerze auf beiden Seiten zugleich brennen ließ, brachte ihn früh ins Grab. Seine Frau wurde nunmehr auch nach den Gesetzen der Kirche frei. Sie konnte heiraten, sie war Witwe.

»Wann lassen wir uns trauen?« fragte Franzi ruhig.

»Wir lassen uns nicht trauen. Ich habe mir das schon überlegt. Gott will es nicht.«

Franzi schob seinen Sessel neben Carolyne und legte seinen Arm um ihre Schultern.

»Hören Sie mal zu, Carolyne. Wenn mich jemand auf dieser Welt kennt, so sind Sie es. Sie wissen, was für mich Pflicht und Verantwortung bedeuten. Sie haben meinetwegen alles verloren: Ihre Jugend, Ihr Vermögen, Ihr Vaterland, Ihre gesellschaftliche Stellung, und vielleicht bin ich auch daran schuld, daß Sie mit Ihrer Tochter nicht mehr zusammenkommen. Das alles wieder gutzumachen bin ich Ihnen, der Allerbesten, Allerliebsten und für mich Teuersten, schuldig. Ich bitte Sie herzlichst, erlauben Sie mir, diese Schuld zu sühnen. Wenn ich dem nicht entsprechen kann, dann wissen Sie am besten, welche fürchterliche Last für mein Verantwortungsbewußtsein das bedeutet.«

Carolyne wiegte langsam ihren Kopf hin und her. Dann blickte sie auf:

»Kannst du mir schwören, daß du mich noch immer liebst? Schwöre mir jetzt gleich bei den sieben Wunden Christi.«

Franzi schwieg erschrocken. Die Fürstin fuhr fort:

»Siehst du, du willst das Sakrament der Ehe aus Pflicht und Verantwortung auf dich nehmen. Das lasse ich nicht zu. Aus Pflicht sollst du mich nicht heiraten.«

»Aber Carolyne, glauben Sie mir, die ganze Wärme meines Herzens . . .«

Die Fürstin hob ihre Hand:

»Jetzt ist es schon zu spät, Franzi. Jetzt ist es auch schon zum Schwören zu spät. Ich kann *so* Ihre Frau nicht werden. Was mich betrifft, *ich* könnte es. Ich bin heute ebenso verliebt in Sie wie zu Anfang der Altenburger Zeiten. Mich hat der liebe Gott so geschaffen, daß ich in meinem Leben nur einen Mann lieben sollte. Diesem bin ich spät begegnet. Warum das so richtig war, weiß ich nicht, das weiß nur die Vorsehung. Ich neige mein Haupt vor ihr. Wir werden uns beide nebeneinander schön vertragen, ich habe mein Ziel ebenso gefunden wie Sie. Verstehen wir uns richtig: das eine meiner Ziele. Denn das andere bleiben Sie für mich bis zu meinem Tode. Ich werde an Ihrer Seite bleiben, ich werde Sie auch weiterhin quälen, wenn Sie viel trinken, ich will Sie auch weiterhin zur Arbeit anregen und ununterbrochen auf Ihr Seelenheil bedacht sein. Sagen Sie jetzt kein einziges Wort, geben Sie mir einen Kuß, und gehen Sie nach Hause.«

Zutiefst in seiner Seele gerührt, gehorchte Franzi. Er küßte sie wie das Kind seine Mutter, zart wie ein Hauch. Dann ging er. An der Piazza di Spagna nahm er sich einen Mietwagen. Und während dieser mit ihm zur Stadt hinaustrottete, dachte er über die Fürstin nach. Er kannte ihren lächerlichen Aberglauben, ihre altjüngferlichen Mucken, ihre ungerechte Ungeduld einzelnen Menschen gegenüber und ihre unzähligen anderen Fehler. Mit einem Male schwang sich diese Frau aber mit allen ihren Fehlern zu einer Höhe menschlicher Güte und Treue empor, die ihn mit größter Achtung erfüllte. Und er war sich darüber im klaren: was auch mit seinem Leben geschehen, was ihm das Schicksal noch auferlegen mochte – mit dieser Frau würde ihn eine tiefe innige Zuneigung bis zu seinem Tode verbinden.

Sein Leben lief weiter in aufgescheuchter Unruhe. In seine Arbeit konnte

er sich nicht mehr vertiefen wie einst. Wenn er arbeitete, rief ihn die äußere Welt, Einladungen fielen ihm ein, die Umarmungen Olga Meyendorffs lockten. Und wenn er an von Kerzenglanz schimmernden Soireen teilnahm oder in seiner Wohnung in einer versteckten Seitenstraße Olga in seinen Armen hielt, verspürte er eine müde Sehnsucht nach der Stille und dem Frieden seiner weißgetünchten Zelle. Was zwischen ihm und Carolyne geschehen war, das hatte außer dem päpstlichen Oberkämmerer Gustav Hohenlohe niemand erfahren. Franzi begegnete ihm oft, Carolyne nie, und der aristokratische Kirchenfürst, dessen Bruder Carolynes Tochter geheiratet hatte, konnte seine verräterische Freude nicht verheimlichen, als Franzi ihm erzählte, daß sie auf eine Ehe nunmehr endgültig verzichtet hätten. Aus der Freude dieses vornehmen Geistlichen leuchteten die verborgenen Gedanken nur zu offensichtlich hervor: er war der Diener Gottes, ja, in seinem Blut aber doch der Fürst, der vornehme und hochmütige. Namen und Rang seiner Familie hielt er mit einem ihm angeborenen Stolz hoch, die Zurückhaltung seiner Kaste ließ ihn qualvoll vor dem Gedanken zurückschrecken, daß sich im Gothaer Almanach zu den Namen der Hohenlohe-Schillingsfürst und Sayn-Wittgenstein noch ein dritter, bürgerlicher, gesellen sollte, wenn der auch weltberühmt war . . . Franzi durchschaute sehr wohl die Liebenswürdigkeit, die fast freundschaftlich warme Anteilnahme, mit der der Bischof Hohenlohe ihrer beider Standpunkt durchaus beipflichtete. Über diese Einstellung einer aristokratischen Familie gegen eine Eheschließung mit ihm war sein Blut früher einmal in Wallung geraten. Heute war er darüber schon hinaus, sein Name wurde seit dreißig Jahren nur in Verbindung mit den Namen aristokratischer Damen genannt, die Eitelkeit seiner Jugend war schon seit langem gesättigt.
Es gab aber jemanden, dem er seine Seele offenbaren konnte: Haynald war unerwartet in Rom aufgetaucht.
Das Haus Habsburg sah sich in diesem gelehrten Kirchenfürsten sehr getäuscht. Im Jahre 1849 hatte der revolutionäre Kultusminister Michael Horváth ihn aus der Graner Diözese entfernt, weil er nicht geneigt war, die Absetzung der Habsburger von der Kanzel zu verkünden. Während der Herrschaft Bachs hatten die dankbaren Habsburger ihn deshalb flugs zum Bischof von Siebenbürgen ernennen lassen. Und in Wien betrachtete man den jungen Bischof von Siebenbürgen als willfähriges Werkzeug der politischen Einigungsbestrebungen. Dann aber kamen die Überraschungen. Haynald weigerte sich grundsätzlich, die aus Wien kommenden Verordnungen auszuführen. Wie er seinerzeit die Absetzung als gesetzwidrig bezeichnet hatte, so nannte er jetzt die Wiener Verfügungen dem Gesetz zuwiderlaufend. Sein Verhältnis zum Hof verschlechterte sich endlich dermaßen, daß man ihn aufforderte: entweder keine Schwierigkeiten mehr zu machen oder vom Bischofsstuhle zurückzutreten. Er wählte das letztere und kam als freiwillig Verbannter in das mächtige Asyl aller im Dienste der

Kirche Stehenden – nach Rom. Der Papst ließ ihn auch nicht untergehen. Er ernannte ihn unverzüglich zum Bischof von Karthago und sicherte ihm durch einen starken diplomatischen Druck sogar noch eine Jahresrente vom Wiener Hofe.

Jetzt trafen sich Liszt und Haynald also in Rom und begrüßten sich im Gedenken an die Graner Messe als alte Freunde. Auch bei Carolyne führte Franzi den neubackenen Bischof von Karthago ein, und dieser wurde ein ziemlich häufiger Gast in der Via del Babuino. Noch viel häufiger weilte er aber in dem kleinen Dominikanerkloster, in der bescheidenen Zelle des weltberühmten Künstlers. Hier erzählten sie einander stundenlang aus ihrem Leben. Und als sie bei Franzis peinigenden Seelenqualen angelangt waren, meinte Haynald nachdenklich:

»Es ist mir als Seelsorger oft vorgekommen, daß ein junger Mann mich fragte, ob er eine bestimmte Dame heiraten solle oder nicht. Da pflegte ich immer zu antworten: ›Heiraten Sie sie nur dann, wenn Sie *müssen*, wenn Sie fühlen, daß Ihr Leben anderswie zwecklos ist.‹ Ich sage dir jetzt, daß es für deine innere Unruhe nur eine wirksame Arznei gibt: in die Kirche einzutreten, woran du in deinem ganzen Leben, wie du mir erzähltest, so oft gedacht hast. Aber auch hier sage ich: nur der soll ein Priester werden, der es werden *muß*! Der fühlt, daß sein Leben anders unmöglich ist. Bist du da angelangt?«

»Noch nicht. Wenn ich aufrichtig sein will, noch nicht.«

»Dann trage deine Unruhe weiter in dir und warte. Wenn du später glaubst, daß das dein einziger Weg ist, dann werde Geistlicher, vorher aber nicht.«

Franzi fühlte, daß dieser weise Mann recht hatte. Er ertrug also seine Unruhe weiter. Er kam und ging und führte sein Doppelleben. Rom bot ihm sehr viel. Es verging keine Woche ohne ein großes Ereignis. Jetzt zum Beispiel erregte es Aufsehen, daß der jüngere Bruder Kaiser Franz Josephs, der Erzherzog Max, den die Mexikaner zum Kaiser erwählt hatten, mit seiner Frau, der belgischen Prinzessin Charlotte, die Ewige Stadt besuchte, weil er den Segen des Papstes erbitten wollte, bevor er nach Amerika fuhr, um seinen Thron zu besteigen. Franzi bekam die beiden zu Gesicht: der junge blonde Kaiser von Mexiko wäre ein schöner Mann gewesen, wenn er mehr Haare auf dem Kopf und weniger schlechte Zähne gehabt hätte. Seine Gattin war sehr schön und hatte einen kühnen Blick. Sie blieben nur zwei Tage in Rom, dann reisten sie schnell wieder ab.

Ein anderes Ereignis war die Gründonnerstagprozession, die er jetzt zum ersten Male sah. Er stand auf dem Petersplatz, den man mit großen Kosten für diese Gelegenheit überdacht hatte; auf blumengeschmückten Säulen waren Baldachine über den ganzen Platz hinweggezogen. Eine dichte Menschenmenge drängte und stieß sich herum, zwischen den dunklen, eingeborenen römischen Gesichtern sah man sehr viele blonde, englische und amerikanische Köpfe. Der für die Prozession freigehaltene Weg war mit gelbem

Sand bestreut und mit grünen Zweigen belegt. Die Prozession setzte sich in Bewegung, über die vieltausendköpfige Menge lief eine Welle aufgeregter Neugierde. An der Spitze schritt päpstliches Militär, eine Kompanie Liniensoldaten. Dann folgten Knaben des Waisenhauses in weißen Kleidern, paarweise, in jeder Hand eine brennende Kerze. Nach ihnen kamen sämtliche Orden Roms. Bärtige Kapuziner in Sandalen und braunen Kutten, um die Hüften einen weißen Strick. Zisterzienser in schwarz-weißen Priestergewändern. Schneeweiß gekleidete Dominikaner. Karmeliter. Minoriten. Düstere, schwarze Jesuiten. Jedem Orden wurde ein Kruzifix vorangetragen, jeder Mönch hielt eine brennende Kerze in der Hand, die Mitglieder eines Ordens beteten laut, andere sangen. Anschließend an den Zug der Orden trug man die Glocken der beiden größten Kirchen von Rom, richtiger: verkleinerte Modelle der Originalglocken. Diese Glocken erklangen dauernd während der Prozession. Es folgte ein turmartiges Zelt mit gelben und roten Streifen, dessen Zweck niemandem mehr bekannt war, eine alte Überlieferung, deren Sinn man längst vergessen hatte. Danach kamen die Domherren der verschiedenen Kapitel, alle mit kleinen runden Kragen aus grauem Pelz. Nach ihnen die Korporationen der Ordensprioren und siebzehn Bischöfe, unter ihnen Gustav Hohenlohe und Haynald. Auch die anderen, alles Bekannte. Hinter den Bischöfen trugen acht Männer in Galauniform acht verschiedene Tiaren, päpstliche Kronen, auf roten Samtkissen; die Tiaren glitzerten von unzähligen Edelsteinen. Endlich folgte der päpstliche Hof. Zuerst der Chor, dann eine große Gruppe Hoflakaien in rotem Gewande, nach ihnen die Schweizer Garde in ihren prächtigen Uniformen mit glänzenden silbernen Brustpanzern, die Kammerherren in schwarzen, spanischen Kostümen mit Barett und Degen, die höfischen Notabilitäten in Prunkgewändern und die Kardinäle in roten Strümpfen, die unter ihrem Priestergewand hervorleuchteten, auf dem Kopfe den Kardinalshut, – alles auf der ganzen Welt bekannte Namen: Merode, der päpstliche Kriegsminister, Antonelli, der Staatssekretär, Alfieri, Guidi, Clarelli, Peptini, Andrea und alle die anderen, die greisen Stützen der geistlichen Weltmacht. Und hinter ihnen der bewegliche Thron, auf zwei Seiten riesengroße Fächer aus Pfauenfedern, und unter dem Baldachin Pio Nono, kniend, seine beiden Hände zum Gebet gefaltet.

Alles sank in die Knie, viele berührten mit der Stirn den Boden. Und der Thron schwebte weiter über die Menge, in seiner Mitte der betende Greis im weißen Gewande, der Carolyne nicht erlaubt hatte, zu heiraten, und zögerte, Franzi die kirchliche Musik anzuvertrauen. Auch Liszt kniete nieder und neben ihm Schlözer, der junge Sekretär der preußischen Botschaft.

»Wer kommt denn noch?« fragte der kniende Franzi, als er sah, daß die Prozession noch nicht zu Ende war.

»Das französische Militär«, entgegnete der Diplomat. »Der da vorn reitet, ist der General Graf Montebello.«

Beide erhoben sich wieder. Und Franzi faßte den jungen Mann am Arme.
»Erklären Sie mir bitte, was das französische Militär hier soll, damit ich es endlich begreife.«
»Gern. Die italienische Bevölkerung, die Sie jetzt hier auf die Knie fallen sahen, ist von dem Gedanken der nationalen Freiheit ganz erfüllt. Die Aktivisten, die Partei der Italianissimi, untergraben die weltliche Macht des Papstes, und das Papsttum besitzt keine ausreichende Waffenmacht mehr, um ihnen widerstehen zu können. Pius hat also von Frankreich Unterstützung erbeten, wie seinerzeit Franz Joseph den Zaren um Hilfe gegen die Ungarn bat. Napoleon III. spielt sehr geschickt Schach. Er stützt Viktor Emanuel bis zu einem gewissen Grade, aber er geht nicht über bestimmte Grenzen hinaus. Er unterhält hier ständig Militär, und in diesem Augenblick stützt Napoleon III. den Greis, den wir hier soeben sahen. Wohlgemerkt, solange er es sich nicht anders überlegt hat.«
»Wieso?« Franzi blickte überrascht auf. »Ist es denn möglich, daß er sich zu etwas anderem entschließt?«
»Selbstverständlich. Die Außenpolitik ist wie ein Kaleidoskop. Sie wechselt in jeder Sekunde. Morgen kann es passieren, daß der Kaiser diese Truppen zurückbeordert; dann ist die Bahn frei.«
»Wieso frei? Was kann dann geschehen?«
»Wer könnte sagen, was in einem Krieg alles eintreten kann? Solange der Papst zugleich eine weltliche Macht bedeutet, kann man sein Land genau so erobern wie Schleswig-Holstein.«
»Ja, ja. Aber was geschieht dann mit dem Katholizismus?«
Der Sekretär der preußischen Botschaft zuckte die Achseln und gab keine Antwort. Dafür hatte er auch keine Erklärung. Franzi verabschiedete sich dann von ihm. Er war mit Reményi, dem ungarischen Geiger, verabredet, der auf seiner Weltreise jetzt auch Rom besuchte. Diese Unterredung mit Schlözer hinterließ aber einen tiefen Eindruck bei ihm. Von da ab lenkte er das Gespräch öfters auf die außenpolitische Lage des Papsttums, wenn er mit Menschen sprach, die davon etwas verstanden. Das Bild, das ihm Schlözer gab, weitete sich jedoch nur vor ihm, es änderte sich aber nicht. Das achtzehnhundertjährige Gebäude des Papsttums war tatsächlich durch drohende Minen gefährdet. Liszt glaubte sich als Mensch und Katholik eine Meinung dazu bilden zu müssen. Anfangs sprach er stundenlang mit Carolyne darüber. Das gab er aber bald wieder auf. Die Füstin vertrug keinen Streit. Wer gegen den Papst nur einen einzigen Gedanken äußerte, den hielt sie für den fürchterlichsten Verbrecher der Welt. Franzi sprach mit Haynald. Der ungarische Geistliche glaubte zuversichtlich, daß der innige Glaube der katholischen Welt stark genug sei und die religiöse Meinung der Welt es nicht zulassen werde, daß dem Papsttum irgendein Leid zugefügt würde. Franzi sprach ferner mit dem Baron Bach. Dieser zuckte die Achseln, viele der außenpolitischen Schritte des Vatikans fand er nicht

richtig und war der Meinung, daß der Heilige Stuhl gezwungen werden könnte, einige Zeit nach Frankreich überzusiedeln, wie er schon einmal in Avignon residiert hatte; der geistigen Macht des Katholizismus würde das aber wohl weniger schaden. Von der Geliebten Garibaldis, von Elpis Melaena, dagegen erhielt Franzi einen Brief, der ganz anders lautete. Sie wohnte jetzt auf Kreta, schilderte mit glühenden Worten seitenlang die verständlichen Wünsche der großen italienischen Nation, die leben wollte und mußte, mochten ihre Wünsche auch noch so viele schmerzliche Opfer von jedem verlangen, der Italiener und Katholik zugleich sein wollte. Endlich sprach Franzi auch mit Meyendorff, dem Gatten seiner Geliebten. Der behauptete streng, daß es mit dem weltlichen Katholizismus vorbei wäre, die Macht würde die alleinseligmachende orthodoxe Kirche übernehmen; denn seinerzeit habe auch schon Byzanz recht gehabt.

Und zuletzt fragte Franzi den Bischof Hohenlohe, der seit dem Verzicht auf die Hochzeit mit Carolyne außerordentlich liebenswürdig und gütig zu ihm war und ihn jetzt in die Villa d'Este eingeladen hatte. Diese Villa in Tivoli gehörte zum Besitztum des Hauses Este, man überließ sie jedoch dem Bischof unter der Bedingung, daß er sie in Ordnung brächte und instand hielt. Aus Rom konnte man nur in einer mehrstündigen Wagenfahrt über die unvorstellbar schlechten Straßen der Campagna nach Tivoli gelangen. Wenn der Wagen den steilen Weg durch die Ölbaumfelder emporgekraxelt war und linker Hand Frascati verließ, tauchte in Tivoli ganz zuerst dieses feenhafte Schloß auf. Die Vorderfront sah sehr anspruchslos aus, in den Sälen aber blieben dem Gast beinahe Mund und Augen offen vor Staunen über die unermeßlichen Kunstschätze, und der mächtige Pomp des sich an der Hügelwand entlangziehenden Gartens mit dem Springbrunnen raubte dem Besucher förmlich den Atem. Franzi bekam ein Appartement im zweiten Stock zugewiesen, auf der der Campagna zugewandten Seite, deren unvergleichlich schöne Aussicht sogar noch die des Klosters Rosario übertraf. In dem schillernden Dunst des heißen italienischen Sommers konnte man bis in die Heilige Stadt sehen; zu beiden Seiten aber lag unten die einzigartige Ebene der Campagna.

An einem der taghellen Abende, als der Bischof und sein Gast bei schwarzem Kaffee und Kognak auf der nach dem Park zu gelegenen Terrasse saßen und die Springbrunnen mit ihrer einschläfernden Musik in der lauen sommerlichen Stille plätscherten, brachte Franzi das Gespräch auf die Lage des Papsttums. Der Oberkämmerer des Papstes und Bischof von Odessa kreuzte seine schmalfesseligen Füße, blies den Rauch einer von weither stammenden Zigarre durch die Nase und sagte:

»Ein Bruder von mir, Fürst Chlodwig, gehört zu den führenden bayrischen Politikern. Von ihm weiß ich, daß die deutschen Staaten, deren einheitlicher Zusammenschluß unbedingt erfolgen wird, keine allzu großen Freunde der weltlichen Macht des Papsttums sind; sie sind ja zum größten

Teil protestantisch, und der bayrischen und sächsischen Politik wird die deutsche Einigkeit wichtiger sein als der Katholizismus. Mein anderer Bruder, Fürst Konstantin, ist Adjutant Seiner Majestät des Kaisers Franz Joseph, und von ihm weiß ich, daß das Konkordat Österreichs mit dem Vatikan in Wien sehr viele Gegner hat; denn sie halten den Einfluß des Papstes auf die österreichische Innenpolitik für zu weitgehend. Was nun mich angeht, so bin ich enttäuscht, weil der Papst gesagt hat, ich tauge nicht zum Erzbischof. Ich wäre jetzt Erzbischof von Köln geworden, wenn er nicht so hartnäckig wäre.«

»Aber Durchlaucht, die Zukunft des Papsttums hängt doch nicht vom Erzbistum Köln ab?«

Der Bischof Hohenlohe schenkte sich nochmals schwarzen Kaffee ein und erwiderte dann:

»Das kann man nie wissen.«

Franzi blickte lange in das kluge, schmale Gesicht und auf die gepflegten Hände dieses aristokratischen Bischofs und beobachtete die anerzogene Vornehmheit seiner gemessenen Bewegungen. Und mit einem Male hatte er verstanden, daß sie beide noch aus dem feudalen Mittelalter stammten: das Papsttum – wenn seine weltliche Macht auch noch so sehr zusammengeschrumpft war – und dieser hochmütige, feine Kirchenfürst, hinter dessen kirchlicher Laufbahn eine der mächtigsten Familien Europas stand. Und Liszt begriff: wer eine weltliche Macht aufrechterhalten will, muß mit der Macht der weltlichen Gedanken rechnen. In den folgenden Tagen seines Aufenthaltes in der Villa d'Este fragte er den Bischof nicht mehr nach den Dingen, die ihn um diese Zeit so erregten.

Nach der Einladung Hohenlohes erhielt er eine noch viel vornehmere: der Papst selbst lud ihn in seine Sommerresidenz nach Castelgandolfo ein, in jenes kleine Dorf bei Rom am Ufer des Albaner Sees, wo schon seit zweihundert Jahren die Päpste den Sommer zu verbringen pflegten. Liszt war oft schon der Gast von Herrschern gewesen, diese Einladung aber ließ sein Herz freudig und stolz erbeben. Der Herrscher seines Glaubens lud ihn ein, der mächtigste Seelenhirt der Welt, der irdische Statthalter Christi selbst!

Im schönen Bernini-Schloß hielt sich der gesamte prächtige Hofstaat auf. Der Herrscher über alle irdischen Seelen forderte gleich am ersten Tage den Sohn des Raidinger Rentmeisters auf, ihm Klavier vorzuspielen. Vor allen Dingen jene liebenswürdige, zwitschernde Komposition von der Predigt des heiligen Franz von Assisi. Franzi setzte sich im Musiksaal ans Klavier, der Papst nahm Platz, und die Musik begann. Zuerst das Stück mit den Vögeln, dann alle anderen.

»Der Papst«, sagte plötzlich Pio Nono, »möchte ein weltliches Stück hören.«

Schlagfertig erwiderte Franzi:

»Der Papst ist auch eine weltliche Macht, es steht also bei ihm, auch über Weltliches zu verfügen.«
Die wasserblauen Augen des alten Mannes blickten zur Decke hinauf und verloren sich ins Ungewisse.
»Aber wie lange?« murmelte er leise, eher für sich.
»Mein heiliger Vater«, erwiderte Franzi tapfer und in eifriger Angst, »was wird mit der Kirche geschehen?«
»Die Kirche ist Christus«, entgegnete der Papst, »die Kirche ist unsterblich. Sie sollen nur beten, mein lieber Sohn, alles andere überlassen Sie dem irdischen Statthalter Christi. Nun, was spielen Sie dem Papst?«
Franzi begann willig dem Papst den ersten Satz seiner Dante-Symphonie »Die Hölle« zu erklären.

DRITTES KAPITEL

Schon seit langem drängte man Liszt, nach Deutschland zurückzukehren. Brendel, ein tüchtiger Vorkämpfer der neuen Musik, schrieb ihm einen Brief nach dem anderen über den diesjährigen Musikkongreß in Karlsruhe, daß die Anwesenheit Franz Liszts im Interesse der Sache unbedingt erforderlich wäre. Franzi verspürte keine große Lust zu dieser Reise. Endlich entschloß er sich aber doch, und zwar aus einem sonderbaren Grunde. Seit einiger Zeit ließ ihn der Gedanke an den Tod nicht mehr los. Ständig quälten ihn Ahnungen, daß er in Kürze sterben würde. Seine Gesundheit war vollständig in Ordnung, und er hätte keinerlei unmittelbaren Grund gehabt, solche Gedanken zu hegen. Trotzdem mußte er immer an sein Ende denken. Er fürchtete sich nicht vor dem Tode, denn er glaubte felsenfest an die ewige Seligkeit, seit er nur denken konnte. Mit voller Überzeugung hielt er daran fest, daß seine Seele zu Gott kommen werde, wenn seine irdische Hülle verwest sei, genau wie es die Kirche lehrte. Der Gedanke, die große Schwelle zu überschreiten, besaß nichts Grauenhaftes für ihn, im Gegenteil, er fühlte eher eine gewisse Neugierde. Und daß er dann »drüben« jenen verklärten Seelen begegnen würde, die ihm am nächsten gestanden hatten und vor ihm heimgegangen waren, machte den Gedanken an den Tod fast anziehend. Daniel, Blandine, sein Vater und Chopin – dauernd mußte er an sie denken. Trotzdem mochte er noch nicht sterben. Er wollte gern erst die Christus-Symphonie beenden, und die Aufführung der Tetralogie hätte er auch gern noch erlebt. Seine Todesgedanken verließen ihn aber nicht. Er legte die große Christus-Symphonie beiseite und komponierte eine Begräbnismusik. Sie bekam den Titel »La notte«. So, wie er sich den Tod vorstellte, schrieb er die Musik: ernst und feierlich, streng und gemessen. Mit einem Abschiedswort gedachte er auch seiner Heimat: in sein eigenes Abschiedslied flocht er ein melancholisches ungarisches Motiv ein. Wie ein mittelalterlicher Mönch, der, während er die Buchstaben langsam malt, ab und zu selbstvergessen eine persönliche Bemerkung auf den Rand des Kodex schreibt, schrieb auch Liszt auf das Notenblatt: »Dulces moriens reminiscitur Argos.« Als er mit der Komposition fertig war, bemerkte er auf das Titelblatt: »Wenn zu meinem Begräbnis Musik ertönen soll, so bitte ich, sowohl diese als auch meine schon vor längerer Zeit geschaffene Tondichtung ›Les morts‹ zu spielen.«

Sein Testament war gemacht, er wollte nur noch seine Lieben sehen, seine Mutter und Cosima. Deshalb entschloß er sich also, zu reisen, wenn es ihm auch noch so schwerfiel, sich von der römischen Umgebung zu lösen. Er schickte Brendel eine Zusage, stellte aber die Bedingung, daß Hans, der sich in München niedergelassen hatte, auf dem Musikfest dirigeren müsse. Wagner hatte ihn durch seinen neuen Mäzen, den König von Bayern, dorthin einladen lassen. Bülows und Wagners wohnten auch zusammen.

Franzi fuhr nach Karlsruhe. Selbst auf der Reise quälten ihn andauernd Todesgedanken. Als er angekommen war, empfing ihn Cosima allein auf dem Bahnhof.

»Wo ist Hans?«

»Er ist krank. Er ist zu Hause geblieben. Hans kann auch nicht dirigieren. Er hat ein Nervenfieber.«

In Cosimas Stimme lag eine leise Ungeduld, die dem Vater nicht entging. Forschend blickte er in das feine, schneeweiße Gesicht seiner Tochter, es war reglos wie das Gesicht einer Statue, sein Blick konnte nicht hinter die starre Verschlossenheit dringen. Im Wagen fragte er sie nach der Krankheit seines Schwiegersohnes. Cosima erzählte, daß sich ihr Mann zu Tode gearbeitet habe, er könnte kein Maß in der Arbeit halten. Die verhängnisvollen Folgen seiner Freundschaft mit Lassalle wirkten sich zu alledem jetzt auch noch aus. Dieser Mann war ein theoretischer Revolutionär, ein guter Bekannter Wagners aus früherer Zeit. Im Privatleben war er aber ein ganz anderer Mensch, als wie man sich ihn aus seinen Schriften vorstellte, ein sorgfältig gekleideter Weltmann, der das Leben liebte und auch zu leben verstand; selbst die extremsten Genüsse versagte er sich nicht. Durch den Umgang mit ihm hatte Hans sich auch das Opiumrauchen angewöhnt.

»Entsetzlich!« Franzi schlug die Hände zusammen. »Und das hast du zugelassen?«

»Ich habe dagegen angekämpft, solange es ging. Wenn man aber sieht, daß alles vergebens ist, verliert man schließlich auch einmal die Geduld. Ich kann dir sagen, es war fürchterlich, was ich neben Hans habe ausstehen müssen. Im Februar, als er den Doktortitel erhielt, gelobte er mir, ein neues Leben zu beginnen; aber es war schon zu spät. Seine Nerven waren schon vollständig zugrunde gerichtet. Lassalle ist inzwischen in einem Duell erschossen worden. Sie haben es sicher in der Zeitung gelesen, Papa, sein schreckliches Erbe hinterließ er aber. Hans' Nervensystem ist ein einziges Wrack. Alles macht ihn nervös, sogar ich, auch die Kinder. Nur Richard ist der einzige Mensch, den er leiden kann. Nach ihm verlangt er denn auch fortwährend in einem Maße, daß es schon beinahe nicht mehr normal ist.«

»Und er raucht immer noch Opium?«

»Jetzt nicht mehr. Er hat es sich abgewöhnt. Aber er ist furchtbar nervös. Und ich predige ihm umsonst, er solle nicht so viel arbeiten, das fruchtet nichts. Im übrigen sage ich jetzt überhaupt nichts mehr, denn es entsteht nur Streit daraus.«

Franzi schwieg eine Weile, dann faßte er nach der Hand Cosimas.

»Sieh mir in die Augen, Cosima. Bist du unglücklich?«

Cosima sah ihren Vater kalt und starr an. Ihre Stimme klang gleichgültig und trotzig:

»Ich bin weder glücklich noch unglücklich. Meine Ehe ist so wie alle übrigen.«

Dann begann sie von etwas anderem zu sprechen, um gleichsam damit anzudeuten, daß sie von den intimsten Angelegenheiten ihres Privatlebens nicht mehr zu sprechen wünschte. Inzwischen waren sie beim Hotel angelangt. Dort wurden sie schon erwartet. Alles alte Bekannte: der hochaufgeschossene Gille aus Jena, der einstige Schüler Pruckner, Reményi, ein junger ungarischer Musiker namens Bertha, Agnes Street-Klindworth und Frau Kalergis. Außerdem alle bekannten Namen der deutschen Musikwelt. Die Freude des Wiedersehens, die nicht endenwollenden Fragen trennten ihn von Cosima. Dann mußte er dem Großherzog von Baden seine Aufwartung machen, ferner mußten schnell Anordnungen wegen der Proben getroffen werden. Eine Besprechung mit dem Dirigenten Seifriz aus Löwenberg machte sich nötig, der für den kranken Bülow die Konzertleitung übernahm. Vier Tage dauerte dieses Musikfest, und trotzdem hatte er kaum Zeit gefunden, mit Cosima zu sprechen. Sie hatte die Gelegenheit hierzu aber auch gar nicht sonderlich gesucht. Dann wollte er noch in der vertrauten Gesellschaft von Agnes einige Stunden verbringen.

Als der letzte Ton der letzten Vortragsnummer verklungen war, wäre er am liebsten schleunigst in den nächsten Zug eingestiegen. Er wollte schnellstens bei dem kranken Hans in München sein. Auch auf der Fahrt konnte er sich mit Cosima nicht vertraulich unterhalten, denn das Abteil war voll von Besuchern des Musikfestes. Die allgemeine Unterhaltung drehte sich um Wagner, wie das eben bei Musikern der Fall ist, die bereits nach fünf Minuten bestimmt von Wagner, Liszt oder Bülow zu sprechen begannen, wenn sie einander begegneten. Entweder für oder gegen sie. Diesmal bestürmte man Franzi mit Fragen, was denn an diesen Nachrichten wahr sei über die plötzliche Schicksalswendung in Wagners Leben. Der

junge König von Bayern, Ludwig II., liebte die Musik Wagners geradezu enthusiastisch. Außer dieser Tatsache konnte aber auch Franzi nichts weiter berichten, und er selbst war auf Einzelheiten am meisten neugierig. Schon in Karlsruhe hatte er Cosima befragt, sie antwortete aber kurz und zurückhaltend: sie wüßte auch nur wenig darüber.
»Wo ist Richard jetzt?« erkundigte sich Franzi im Abteil des Zuges.
»Ich weiß nicht. Vielleicht in Hohenschwangau beim König.«
Mehr wollte sie nicht sagen. Als sie in München angekommen waren, lag Hans nicht mehr zu Bett. Mit scharfen Augen beobachtete Franzi das Ehepaar. Wenn er auch den Schwiegersohn, den er wie einen eigenen Sohn liebte, mit noch so überschwenglicher Freude umarmte, so ließ seine Wachsamkeit doch selbst in den glücklichsten Minuten des Wiedersehens nicht nach. Und er sah mit tiefer Trauer, daß dieser kalte und flüchtige Kuß, mit dem sich Mann und Frau begrüßten, ein Zeichen alltäglicher Gewohnheit und nicht mehr der Ausdruck der Liebe war. Und als er sie noch schärfer beobachtet hatte, bemerkte er im Benehmen von Hans etwas Verbittertes, Demütiges, hoffnungslos Flehendes neben Cosimas verschlossener und starrer Zurückhaltung. Da konnte kein Zweifel bestehen: Cosima war ihres Mannes überdrüssig geworden, der mit beinahe hündischer Treue und hoffnungsloser Liebe an ihr hing. Das lärmende Spiel der beiden Töchter belebte das neue Heim. Die Eltern nahmen aber an der guten Laune der Kinder keinen Anteil. Sorgen und Trotz einer Ehekrise standen auf ihren Gesichtern geschrieben.
Franzi war es endlich gelungen, seinen Schwiegersohn unter vier Augen zu fragen:
»Wie lebst du mit Cosima? Hoffentlich ist die Harmonie zwischen euch noch die alte.«
»Es ist nichts los«, wehrte Hans ab, »wir sind bloß ein bißchen nervös.«
Dann fing er sofort an, von etwas anderem zu sprechen. Man sah, daß auch ihm dieses Thema unbequem war. Und es gab ja genügend anderen Gesprächsstoff. Er ließ sich das Musikfest in Karlsruhe ausführlich schildern, auf dem er nicht hatte dirigieren können. Dann erstattete er Bericht über seine Arbeit und sprach kaum einen Satz, in dem nicht Wagner vorgekommen wäre. Wagner hatte es zustande gebracht, daß er nach München kam, Wagner hatte bei König Ludwig erreicht, daß er ein Ehrengeschenk von zweitausend Gulden erhielt. Er bekam den Titel »Vorspieler des Königs«, brauchte aber nur sehr wenig Klavier zu spielen. Seine Aufgabe bestand vielmehr darin, Wagner bei der Einstudierung der Opern behilflich zu sein. König Ludwig wollte die Münchener Oper zu einer echten Weihestätte der Wagnermusik machen. Im Augenblick waren sie gerade mit den Vorbereitungen zum »Fliegenden Holländer« beschäftigt.
»Da hat sich also doch der Herrscher gefunden«, nickte Franzi, »der dieser Aufgabe würdig ist. Mein Gott, *wie* habe ich mich in Weimar gequält, den

Großherzog dazu zu überreden! Es wollte nicht gelingen. Der ewige Ruhm wird nun München gehören. Meine Aufgabe war es, Richard bis hierher zu unterstützen, dem habe ich entsprochen. Jetzt kommen andere. So ist das aber ganz in Ordnung. Die Hauptsache ist, daß die Sache siegt. Aber sag mal, was für ein Mensch ist dieser König? Ich habe schon viel von ihm gehört, ihn aber noch nie gesehen.«
»Oh, der König ist ein außerordentlicher Mensch. Einfach ein Genie. Stell dir einen jungen Griechen vor, der ebenso schön wie begabt ist. Der König ist erst neunzehn Jahre alt. Er ist so ebenmäßig schön wie eine Marmorstatue. So habe ich mir Apollo vorgestellt. Und wie hinreißend liebenswürdig er ist und doch trotz allem durch und durch Fürst! Er hat den Thron erst vor einem Jahr bestiegen, aber das Volk vergöttert ihn bereits wie einen auf die Erde gekommenen Engel. Zu mir ist er rührend liebenswürdig, und Richard vergöttert er einfach, daß einem fast die Tränen in die Augen kommen . . .«
Hans traten tatsächlich die Tränen in die Augen. Franzi legte die Hand auf die Schulter seines Schwiegersohnes:
». . . besonders wenn man seine Nerven zugrunde gerichtet hat. Hans, mein lieber Sohn, warum achtest du nicht auf dich? Ist die kleine jämmerliche Freude, die dir dieses Gift bietet, denn soviel wert?«
»Gift? Wie ich sehe, hat Cosima wieder einmal ihrer fixen Idee freien Lauf gelassen. Von Opium ist keine Rede. Ich habe mich zu Tode gearbeitet, habe mich erkältet, das Fieber war noch nicht ganz vorüber, als ich schon wieder aufstand, um weiterzuarbeiten, und dadurch bin ich von neuem bettlägerig geworden. Ich fühle mich auch heute noch nicht ganz gesund. Opium, lächerlich! Ich leugne es gar nicht, ich habe es früher aus Spaß ein- bis zweimal versucht; ich fühlte mich aber am anderen Tage so elend, daß es mir gar nicht einfiel, mich daran zu gewöhnen. Richard ist es ebenso ergangen. Cosima findet aber in allem etwas . . . Nein, ich will ihr nicht weh tun, ich liebe sie unbeschreiblich, ich habe nur manchmal das Gefühl, daß sie ungerecht hart zu mir ist, und das tut mir furchtbar weh . . . Ich bitte dich innig, erzähle ihr nicht, daß ich dir das gesagt habe. Wenn sie Kummer hat, möchte ich am liebsten vor Scham und Schmerz in die Erde versinken. Mir ist sie heute noch mein Alles. Cosima ist meine Frau, Richard mein Freund, und du bist unser aller Vater. Ich möchte jeden Tag beten und Gott dafür danken. Ihr drei, die Größten und Besten . . .«
Hans begann zu weinen. Mit einem nervösen Schluchzen, wie zu Tode gehetzte Männer mit einer zerrissenen Seele zu weinen pflegen. Dann riß er sich zusammen und fuhr fort:
»Sieh mich nicht so erschrocken an, es ist eine vorübergehende Krankheit. Wenn wir den ›Fliegenden Holländer‹ hinter uns haben, will ich mich ausruhen. Ich werde wieder ganz gesund und froher Laune sein. Das Leben ist ja so schön. Cosima und Richard sind ja an meiner Seite . . .«

»Wo ist denn Richard jetzt? Ich habe Cosima schon gefragt, sie weiß es aber nicht.«
»Sie weiß es nicht? Selbstverständlich weiß sie es. Sie ist über jeden Schritt Richards ebenso unterrichtet wie ich. Wir leben alle drei hier so beieinander, als ob wir zusammen nur eine Seele hätten. Richard ist am Starnberger See. Er hat dort vom König eine wunderbare Villa geschenkt bekommen. Er arbeitet.«
Cosima trat ein. Der Vater wandte sich sofort an sie:
»Warum hast du mir gesagt, du wüßtest nicht, wo Richard ist, *wenn* du es weißt?«
»Wir waren doch nicht allein«, erwiderte Cosima ruhig. »Ich liebe es nicht, vor fremden Leuten Privatangelegenheiten zu besprechen. Richard ist am Starnberger See. Er wird aber höchstwahrscheinlich herkommen. Ich habe ihm noch aus Karlsruhe telegraphiert, daß Sie hier in München sein werden.«
Hans' Augen begannen mit einem Male zu funkeln.
»Du hast ihm wirklich telegraphiert? Ach, wie glücklich ich wäre, wenn er kommen würde! Wir so zu viert . . . könnte man sich eine größere Freude vorstellen? Ich habe wirklich das Gefühl, als ob wir ohne ihn lahm wären . . .«
»Du fühlst dich lahm, wenn ich dich besuche?« fragte Franzi lächelnd, aber nicht ganz ohne Spitze.
»Nein, nein, wie kannst du nur so etwas sagen . . . Ich habe mich vielleicht schlecht ausgedrückt . . . Wenn nur Richard käme, wenn er nur käme . . .«
Und als ob man einen Geist beschworen hätte – es läutete im Vorzimmer. Wagner trat ein. Das eine Mädchen führte er an der Hand, das andere trug er auf seinem Arm. Die Kinder hatten sich offenbar schon an ihn gewöhnt und freuten sich auch jetzt lärmend seines Kommens.
»Franzi!« rief Wagner.
Und schon hielt er ihn in seinen Armen und küßte und drückte ihn wie ein Verliebter. Franzi hatte sich von jeher von Männerküssen zurückgehalten, und wenn er auch früher Wagner diese Gewohnheit zugute gehalten hatte, so wußte er jetzt selbst nicht recht, warum er peinlich berührt war. Der Gedanke störte aber die Herzlichkeit des Wiedersehens kaum. Und dann begannen sie einander mit Fragen zu überhäufen, wie es gute Freunde zu tun pflegen, die sich drei Jahre lang nicht gesehen haben. Wagner berichtete vor allem von der wunderbaren Schicksalswendung seines Lebens. Ohne einen Pfennig Geld in der Tasche, von Minna getrennt, war er ziellos von Stadt zu Stadt gewandert. So kam er auch nach Stuttgart, wo er in einem kleinen Hotel an den »Meistersingern« weiterarbeiten wollte. Aber auch dort konnte er nicht lange blieben. Nur ein junger Mann namens Weißheimer stand ihm zur Seite, ein Musiker, der Sohn eines reichen Wirtes, der ihm

schon öfters Geld verschafft hatte, jetzt aber auch nicht länger helfen konnte. Und im größten Elend, bar jeglicher Hoffnung, packten beide ihre Sachen. Wohin nun? Da erschien eine Stunde vor der Abreise, in allerhöchster Not, ein fremder Herr bei ihm. Er stellte sich als Sekretär der Kabinettskanzlei Seiner Majestät des Königs Ludwig vor und brachte Wagner eine Photographie, einen Ring, einen Brief und eine Botschaft. In dem Schreiben teilte der König Wagner mit, daß er ein begeisterter Anhänger seiner Musik sei und sich freuen würde, wenn er dem Tondichter ein sorgenfreies Dasein sichern könnte. Die Botschaft lautete, daß der König geneigt wäre, die Schulden Richard Wagners, soweit diese zweimalhunderttausend Gulden nicht überstiegen, aus seiner Privatschatulle zu begleichen. Auf alle Fälle erwartete er dringend den Besuch Wagners. Daraufhin fuhr er natürlich sofort nach München. Der König gab das Geld tatsächlich auch. Zweimalhunderttausend Gulden auf einmal, obwohl die Schulden gar nicht so viel betrugen! Seit dieser Zeit herrschte Ruhe, Wohlstand, Arbeit und Glück bei ihm. Die »Meistersinger« waren fertig.

»Das klingt wie ein Märchen«, sagte Franzi, »vollkommen unwahrscheinlich! Aber gerade deswegen ist es so schön. Andere pflegen so etwas zu träumen, *dir* ist es wirklich widerfahren. Hast du dich nicht gewundert?«

»Nein. Ich habe immer gewußt, daß in meinem Leben einmal so etwas geschehen muß. Das stand mir vom Schicksal zu. Jetzt habe ich es erhalten. Ich finde das Ganze vollkommen in Ordnung. Cosima, komm jetzt ans Klavier, ich will aus den Meistersingern spielen.«

Der Ton der Aufforderung war fast roh. Und die stolze und kalte Cosima sprang sofort auf und eilte hinüber ins andere Zimmer wie eine Angestellte. Selbst Hans erhob sich, er wollte in seinem großen Eifer, so krank er war, nicht beiseite stehen. Franzi übersah nun die ganze Lage: dieser rechthaberische Mann hatte das junge Paar vollständig unterjocht! Sie folgten jeder seiner Bewegungen und jedem seiner Blicke wie Sklaven.

Hans blieb auf dem Sofa liegen, weil er sich so schwach fühlte, bat aber, die Tür offen zu lassen; denn er wollte an diesem beglückenden künstlerischen Ereignis teilnehmen. Die anderen gingen hinüber in das andere Zimmer. Cosima stellte sich neben das Klavier, um beim Umblättern der Partitur behilflich zu sein. Wagner begann. In der nächsten Sekunde versank für Franzi die Außenwelt. Was er hörte, war wiederum ein Meisterwerk. Und ganz und gar anders als die bisherigen Meisterwerke. Es lag Humor darin, eine stolze und freie Gesinnung, der Geistesflug einer erhabenen Seele. Die Harmonie und die Instrumentation offenbarten in jedem Augenblick den verblüffenden Reichtum unzähliger Überraschungen. Da bestand kein Zweifel: dieser Mensch war unter den lebenden musikalischen Größen der ganzen Welt der Größte!

Noch vor dem Abendessen nahmen sie zwei Aufzüge durch, nach dem Essen kam die Reihe an den dritten.

Als das letzte sieghafte Dröhnen des Nürnberger Volksfestes verklungen war, sagte Franzi nur ein einziges Wort auf den glücklichen fragenden Blick Wagners:
»Shakespeare!«
Zugleich sah er aber auch zur Seite, einem eigentümlichen Blick Cosimas folgend. In der Tür stand Hans, in Schlafrock und Pantoffeln. In seinem Gesicht sah man die Spuren der Krankheit, in seinen Augen ein feuchtes Schimmern. Winselnd, schwärmend und unbeholfen stotterte er:
»Richard, vor dir muß man in die Knie sinken . . .«
Es war ein geschmackloser Anblick, dieser wimmernde Mann mit seiner hündischen Treue, in der Schwäche seiner erniedrigenden Anbetung. Franzi blickte seinen nervösen Schwiegersohn unwillig an, obwohl er ihn sehr liebte. Und sofort sah er zu Cosima hin. Die Frau maß ihren Mann mit kalter Verachtung und mitleidigem Blick. Ihre Finger lagen auf der handgeschriebenen Partitur der »Meistersinger«.
»Es wäre besser«, sagte sie, »wenn du dich niederlegen würdest; denn du erkältest dich, wenn du dauernd in der Wohnung umhergehst.«
Hans drehte sich folgsam um und verschwand. In dem verzerrten Ausdruck seines Gesichtes lag etwas Unerklärliches. Sie unterhielten sich noch lange und begeisterten sich immer wieder an den Einzelschönheiten des neuen Meisterwerkes.
»Ist es dein Ernst, den gehässigen Krittler Hans Lick zu nennen? Meines Erachtens ist es zwecklos, Hanslick so scharf anzugreifen. Die Gestalt ist auch so leicht zu erkennen.«
»Ich habe das bereits geändert. Mir kam es selbst schon zu stark vor. In der endgültigen Form wird der Mann Beckmesser heißen. Meinst du tatsächlich, daß diese Arbeit shakespearisches Niveau hat?«
Wagner ließ sich das noch mehrfach bestätigen. Er konnte nicht genug Lobesworte hören. Er brauchte davon ebensoviel wie Geld. Und Geldsorgen hatte er jetzt keine mehr. Es sah auch so aus, als ob bald die Zeit käme, wo er in der ganzen Welt anerkannt sein würde. Als sie sich dann alle zur Ruhe legten, überdachte Franzi nochmals die »Meistersinger«. Er sann darüber nach, wer die junge Frau sein mochte, die den Tondichter zu der Gestalt Evas inspiriert hatte. Schließlich verblieb er dabei, daß es Mathilde Wesendonk sein mußte. Nur eines verstand er noch nicht, warum die Phantasie Wagners ihn, Franzi, in Verbindung mit der Frau Wesendonk gebracht hatte. Endlich verzichtete er darauf, den geheimen Wegen der schöpferischen Arbeit dieses Feuergeistes zu folgen. Das Stück war ein Meisterwerk, alles andere war nicht wichtig.
Am dritten Tage fuhr Wagner an den Starnberger See zurück, und Franzi begleitete ihn, um noch einen Tag mit ihm allein zu verbringen. Diese Villa war in der Tat das Heim eines königlichen Künstlers. Der Meister, der soviel Elend gesehen hatte, schwelgte nun in üppigem Glanze. Und auf dem Tisch

das Bild des jungen Königs, mit Widmungen, aus denen leidenschaftliche Hingabe sprach.
»Wie ich sehe, bist du endgültig in den Hafen eingelaufen«, sagte Franzi.
»Es war höchste Zeit. Ich bin einundfünfzig Jahre alt. Und mit Rücksicht darauf, daß ich hundertmal mehr leiden kann als andere, habe ich schon Jahrtausende erlitten. Jetzt will ich leben und den Erfolg meiner Arbeit sehen. Die arme dahingeschiedene Minna konnte ihn nicht mehr erleben. Aber sprechen wir endlich auch mal von dir. Was ist mit dir los? Wie sieht es in deiner Seele aus?«
»In meinem Innern herrscht *ein* Gedanke: Vergänglichkeit. Ich habe andauernd Todesahnungen. Vielleicht ist es auch gar nicht der Tod, den ich nahen fühle. Aber irgend etwas steht mir bevor, was mir die Vergänglichkeit alles Irdischen vor Augen führen muß, irgendein Verlust in meinem Leben, ich kann es selbst nicht genau beschreiben. Eigentlich hat mich auch nur dieses Gefühl aus Rom hierhergeführt und nicht die Karlsruher Festlichkeiten. Ich wollte Cosima sehen. Aber sag es ihr nicht.«
»Ach, Cosima . . . Ihr braucht man nichts zu sagen. Sie errät alles von selbst. Cosima ist die größte Frauenseele, der ich je begegnet bin. Und sie ist auch so einsam, wie es große Seelen zu sein pflegen.«
Franzis Stimme wurde schroff und ernst:
»Sie hat gar keine Veranlassung, sich einsam zu fühlen. Sie hat einen bedeutenden, grundgütigen Mann, der zu den ersten Künstlern der Welt zählt und der sie vergöttert. Cosima mag das dem Herrgott danken und ihren Mann in Ehren halten. Eine mit allem Glück gesegnete Frau soll nicht einsam sein. Das will ich ihr übrigens selbst noch sagen, da ich sehe, daß sie zu ihrem Manne nicht zärtlich genug ist. Und auch du könntest hier und da einmal eine vorsichtige Bemerkung machen. Ich sehe, du hast auf beide großen Einfluß. Cosima ist auf keinem guten Wege. So beginnt der Zerfall des Heimes bei den Frauen. Wenn ich Cosima nicht kennen würde und nicht wüßte, daß sie unehrenhafter Sachen vollständig unfähig ist, müßte ich mich wahrhaftig um ihre Zukunft bangen.«
Wagner sah seinem Freunde tief in die Augen. Er war bestrebt, die größte Treue und Aufrichtigkeit zu zeigen.
»Du kannst an Cosima glauben. Sie ist eine der größten Seelen, die es gibt. Und wenn du auch auf meine Mithilfe zählst, so kannst du auch mir trauen. Ich habe ja alle beide grenzenlos gern.«
Er bot Franzi die Hand. Die beiden Freunde schüttelten sich herzlich die Hände. Dann verbrachten sie den ganzen Tag zusammen, mit musikalischen Problemen beschäftigt. Franzi spielte vieles aus seinen Werken vor. Er wußte, daß das eine seltene Gelegenheit war: er spielte vor einem, der wirklich verstand, was er vortrug. Unter herzlichen Umarmungen nahmen sie Abschied voneinander.
»Wenn ich dich nicht mehr sehen sollte . . .«

»Rede keine Dummheiten, Franzi, das ist nichts als eine leere Einbildung. Du bist nur zwei Jahre älter als ich. Und ich fühle mich in der Blüte meines Lebens. Wenn du von Vergänglichkeit sprichst, beleidigst du mich geradezu.«

Franzi konnte aber den Gedanken nicht loswerden, daß er sich jetzt endgültig verabschieden müßte. Auch Hans umarmte er mit diesem Gefühl, sie hatten alle beide Tränen in den Augen. Von Cosima nahm er nicht Abschied, er wollte sie mit nach Paris nehmen. Er freute sich, mit ihr zusammen sein zu können, und war außerdem der Meinung, daß es ganz vorteilhaft wäre, wenn das Ehepaar die gereizte und gedrückte Stimmung ihres Heimes ein wenig lüftete. Bis zu Cosimas Rückkehr würde Hans wieder vollkommen gesund und alles wieder in Ordnung sein. Zunächst fuhr Franzi noch nach Weimar, um sich auch dort noch einmal umzusehen. Er ging in die Altenburg. Hinter den verschlossenen Türen dieses Hauses lauschte er den Erinnerungen der Vergangenheit. Das Haus wurde von Gustel bewacht, der zurückgelassenen Zofe der Fürstin, eigentlich ganz sinnlos, denn keiner von beiden wollte doch hierher zurückkehren. Er besuchte auch den Großherzog, der den Sommer in Wilhelmstal verbrachte. Der Großherzog freute sich herzlich über das Wiedersehen und wollte ihn unter allen Umständen dazu bewegen, nach Weimar zurückzukehren. Höflich wich er dieser Aufforderung aus. Er verabschiedete sich. Dann besuchte er noch den Fürsten von Hohenzollern-Hechingen in Löwenberg. Und schließlich machte er sich mit Cosima auf den Weg nach Paris.

Mutter Liszt wohnte jetzt bei Ollivier. Als Blandine noch lebte, war sie bereits zu dem jungen Paar übergesiedelt, und nachdem Blandine im Kindbette gestorben war, blieb sie bei dem Säugling. Der kleine Knirps, der den unvergeßlichen Namen Daniel trug, war jetzt schon zwei Jahre alt. Mutter Liszt war sehr gealtert. Ihr gebrochener Fuß heilte nicht, sondern machte ihr immer mehr zu schaffen, so daß sie jetzt an zwei Krücken gehen mußte. Ollivier, der Schwiegersohn, bewahrte auch nach dem Tode seiner Frau seine Zuneigung zu seinem Schwiegervater, umgab ihn mit Aufmerksamkeiten jeder nur erdenklichen Art und schwor, daß sein Haus immer das Heim des geliebten Schwiegervaters in Paris bleiben würde.

Der Aufenthalt währte acht Tage. Gerade lange genug, um Berlioz, dem Greis Rossini, Jules Janin, Erard und dem Belloni der Virtuosenjahre, der in Paris wohnte, die Hand zu drücken. Franzi besuchte auch Marie, die Zeit mit einem gleichgültigen Gespräche verbringend. Dann verabschiedete er sich auch von seiner Mutter. Unter vier Augen, damit seine Worte niemand anders hören könnte.

»Mutter, legen Sie Ihre Hand auf meinen Kopf und segnen Sie mich! Es kann sein, daß wir uns nicht wiedersehen.«

»Ja, mein lieber Sohn«, sagte die humpelnde alte Frau, »mich kann der große Schnitter in jeder Stunde mitnehmen. Irgendwie sehne ich mich auch

schon nach Ruhe. Ich habe genug gelebt. Und ich habe ein schönes Leben gehabt. Ich preise den lieben Gott dafür.«
»Sagen Sie, Mutter, haben Sie keine Angst vor dem Tode?«
»Woher soll ich denn Angst haben? Ich sage dir ja, daß ich ihn mir schon wünsche. Aber was hast denn *du* damit zu tun? Du bist doch noch jung und gesund.«
»Jung? Ich bin dreiundfünfzig Jahre alt. Und ich habe andauernd das Gefühl, daß dieses viele Hin und Her, diese Unruhe, bald ein Ende haben wird.«
»Oh, du wirst nicht sterben! Ich fühle, daß du nicht sterben wirst. Wenn dein Tod nahe wäre, würde ich es fühlen. Du sollst nur weiterarbeiten, wie es dir Gott befohlen hat. Du wirst nicht sterben, keine Rede davon! Mich wirst du aber kaum noch einmal sehen. Gott mit dir, mein lieber Sohn!«
Die alte Frau richtete sich im Lehnstuhl auf, nahm den Kopf ihres Sohnes zwischen ihre beiden Hände und küßte ihn zärtlich auf die Wangen, als ob er noch ein kleines Kind wäre. Sie nahm ruhig und heiter Abschied von ihm. Vom langen Leben ihres Sohnes sprach sie mit einer so unbeirrbaren Überzeugung, daß Franz ihr glaubte. Er wird also nicht sterben. Was konnte aber dann dieses sonderbare Gefühl sein, das ihn zu einem völligen Abschied vom Leben trieb?
Ollivier und Cosima begleiteten ihn nach St. Tropez. Er wollte Blandines Grab sehen. Er betete in dem Zimmer, wo seine Tochter gestorben war, dann blieb er lange im Park an dem frühen Grabe stehen. Er nahm auch von diesem Grabe Abschied. Und schließlich verabschiedete er sich auch von der, die er von allen am meisten liebte. Auf der Reise waren sie einander wieder sehr nahegekommen. Cosima war wie ausgewechselt, als sie ihr düsteres Heim verlassen hatte: gutgelaunt, geistig rege und zu ihrem Vater zärtlich und liebevoll. Nur in der letzten Sekunde senkte sich ein Schleier auf ihr inniges Verständnis.
»Versprich mir«, bat er Cosima in Marseille an der Dampferhaltestelle, »daß du gut und geduldig zu Hans sein wirst.«
»Ja, selbstverständlich«, erwiderte Cosima höflich.
»Und daß du ihn lieben wirst, daß du dich um jeden Preis zu dieser Liebe zwingen wirst, wenn es dir auch manchmal schwerfällt. Während der ganzen Reise wollte ich dir das schon sagen, ich habe es aber immer aufgeschoben. Jetzt habe ich es dir endlich gesagt. Du bist auf einem schlechten Wege, meine Tochter. Hans verdient etwas ganz anderes von dir, als daß du mit Ungeduld . . .«
Cosima fiel ihrem Vater ins Wort:
»Papa, das ist vollständig überflüssig. Ich bin ein erwachsener Mensch, ich habe zwei Kinder, und ich kann auf mein Leben achten. Überlassen Sie das mir.«
»Sprichst du *so* mit mir in der letzten Sekunde?«

»Gut, gut, ich verspreche Ihnen alles, Sie sollen bloß nicht böse sein. Küssen Sie mich, Sie müssen einsteigen.«
Das Schiff ging in See, und Cosimas winkende junge Gestalt verlor sich langsam in dem immer verschwommener werdenden Bilde des Abends. Er ging in den Speisesaal hinunter, um einen Kognak zu trinken. Da kam Alexander Bertha, der junge ungarische Komponist, den er in Karlsruhe kennengelernt hatte, auf ihn zu. Auch er wollte nach Rom. Franzi freute sich über die Gesellschaft, weil er nicht durch das Gedenken an seine Lieben trübe gestimmt sein wollte. Während der Überfahrt suchte er den jungen Ungarn in die Musik Wagners einzuweihen.
Als sie nach Civita vecchia kamen und die päpstlichen Zollbeamten, die die Reisenden unbarmherzig mit der Revision quälten, seinen Namen hörten, begrüßten sie ihn mit größter Ehrerbietung und ließen sein Gepäck unberührt. Bertha riß darüber Mund und Nase auf, ihm aber machte so etwas keinen Spaß mehr. Er konnte es kaum erwarten, wieder in Rom zu sein. Es war späte Nacht, als er in Rom ausstieg. Das Kloster Rosario wollte er nicht wecken, deshalb nahm er im »Albergo Inghilterra« ein Zimmer.
Trotz der beschwerlichen Reise konnte er nicht einschlafen. Er fand das Zimmer fremd und unbequem. Er sehnte sich nach der liebevollen Stille und Einfachheit der Zelle. Bis zum Morgengrauen kam kein Schlaf in seine Augen. Er sann über sein Leben, sein Schicksal und seinen Beruf nach, über diesen geheimnisvollen Trieb, der eine immer tiefer werdende Kluft zwischen ihm und dem Leben aufriß. In der fahlen Morgendämmerung zündete Franzi eine Kerze an und begann zu lesen. Er hatte aber keine Geduld dazu, eine unerklärliche Erregung beherrschte ihn. Er ließ das Buch fallen und grübelte weiter. Und er sehnte sich immer stärker nach der Traulichkeit der Zelle im Kloster Rosario, fort aus diesem pompösen Hotelzimmer.
Und mit einem Male waren seine Gedanken und diese Zelle ineinander verschmolzen und eins geworden. Wie eine Offenbarung kam es über ihn, und er begriff plötzlich, was ihn schon so lange Zeit jagte und aus diesem Leben trieb. Nicht als Entschluß oder Ziel, sondern als eine von ihm vollständig unabhängige und sich vor ihm abspielende Szene sah er, wie er das weltliche Leben aufgeben und sich zum Priester weihen lassen werde. Vierzig Jahre lang hatte er darauf gewartet. Jetzt endlich konnte er seine schmerzende und müde Seele in den Schoß Gottes legen.
Er stand auf und kleidete sich an. Draußen war es schon Morgen. Er eilte geradewegs in die Via del Babuino. Carolyne war schon wach. Sie saß im Morgenrock an ihrem Schreibtisch, rauchte eine Zigarre und schrieb irgend etwas. Sie sprang erfreut auf, als ihr Gast eintrat.
»Carolyne, ich bringe Ihnen eine große Nachricht. Ich trete in den Dienst der Kirche, mein weltliches Leben ist beendet. Vorher will ich Sie noch einmal fragen: wollen Sie nicht meine Frau werden?«

Die Fürstin schüttelte den Kopf.
»Soll ich Sie Gott rauben? Unmöglich. Sie wissen ja gar nicht, was für eine Freude Sie mir jetzt eben bereitet haben!«

VIERTES KAPITEL

Der Bischof Hohenlohe nahm die Absicht des weltberühmten Künstlers mit großer Überraschung und Freude zur Kenntnis. Der künftige Mann der Kirche bat ihn vor allem um Geheimhaltung. Außer ihnen beiden und der Fürstin sollte das zunächst noch niemand erfahren.
»Was habe ich also jetzt zu tun, mein lieber Fürst?«
»Vor allem reden Sie mich nicht mit ›Fürst‹ an. Ich bin für die Zukunft weder Hohenlohe noch Fürst. Ich bin der Bischof Gustav, denn Sie müssen wissen, daß die Hauptwürdenträger der Kirche nur einen Rufnamen tragen wie die Herrscher. Wenn mich Laien ›Eure Durchlaucht‹ nennen, bin ich damit noch einverstanden. Ein künftiger Amtsbruder von mir muß sich aber schon den kirchlichen Ton angewöhnen.«
»Es ist in Ordnung, mein lieber Bischof. Was habe ich also zu tun? Ich möchte damit sofort beginnen, denn ich kann kaum erwarten, daß ich Messe lesen darf.
»Messe lesen? Ach, mein Lieber, das wird noch lange dauern. Sie müssen erst Theologie studieren. Ihre Mittelschulbildung haben Sie doch wohl sicherlich?«
»Die habe ich nicht. Ich habe nie in meinem Leben eine Schule besucht. Andererseits bin ich jedoch Doctor honoris causa der Königsberger Universität. Nützt das etwas?«
»Höchstwahrscheinlich. Vielleicht erläßt man Ihnen die Formalitäten der Aufnahmeprüfung. Das werden wir schon machen. Dann kommen also die Theologenjahre. Da werden Sie sich schön in die Bank setzen und in Kirchengeschichte, Dogmatik, Homiletik, Exegetik und so weiter eine Prüfung ablegen.«
»Mich in die Bank setzen? Mit meinen weißen Haaren zwischen junge Burschen? Ich möchte nicht zur komischen Figur werden. Aber vielleicht geht das auch im Privatwege? Seine Heiligkeit wird mir das sicherlich erlauben. Doch das viele Lernen macht mich stutzig. Wann soll ich dann komponieren?«
»Das ist allerdings zu überlegen. Die Theologie ist ein riesengroßes Gebiet. Man muß jahrelang studieren, von früh bis abends werden Sie zu anderem wenig Zeit haben. Aber ich bin der Meinung, daß Sie nicht sofort damit zu

beginnen brauchen. Es gibt untere Würden, die das Studium der Theologie nicht bedingen und die Sie sich leicht verschaffen können. Und trotzdem können Sie sich als Geistlicher betrachten. Zwischen einem Geistlichen und einem Seelsorger ist ein himmelweiter Unterschied. Vorerst sprechen wir von den unteren Würden. Das Subdiakonat wollen wir dabei zunächst weglassen. Davon später einmal. Wie ich sehe, sehnen Sie sich schon sehr nach der Soutane. Also zunächst werden Sie die erforderlichen Exerzitien abhalten; dafür suchen wir schon den richtigen Seelsorger, der Ihnen die Grundlagen beibringt. Dann müssen Sie sich für die notwendigen Meditationen unter Klausur begeben, und später erhalten Sie die Tonsur.«

»Ich muß meine Haare abschneiden lassen?« erschrak Franzi.

Der Bischof Hohenlohe lachte.

»Das sind *Sie*! Ihr ganzes weltliches Leben geben Sie gern hin, aber Ihr Haar nicht. Vanitatum vanitas.«

»Bitte, in Ordnung. Ich opfere auch meine Haare.«

»Nun, so gefährlich ist das wiederum nicht. Wir werden als Symbol eine Strähne aus Ihrem Haarschopf herausschneiden. Sie haben ja Gott sei Dank soviel Haar, daß man das gar nicht sehen wird. Ich werde Sie dann weihen. Sie können den Pfarrock sofort anziehen.«

»Und wie lautet der Text des Gelübdes?«

»Das kommt überhaupt nicht in Frage. Ein Gelübde legen nur die Subdiakone ab. Die unteren Würden nicht. Sie werden weder das Armuts- noch das Keuschheitsgelübde ablegen müssen. Trotzdem werden Sie eine geistliche Person. Sie können sogar nach Ihrer Weihe heiraten, wenn Sie wollen. Auch das geistliche Gewand brauchen Sie nicht zu tragen, wenn Sie es nicht wollen.«

»Aber erlaubt ist es?«

»Erlaubt ist es. Mit einem Wort. Sie sind in der angenehmen Lage, daß Sie nur Rechte, aber keine Pflichten haben. Warum machen Sie denn so ein enttäuschtes Gesicht?«

»Ich hatte mir das Ganze nicht so vorgestellt. Ich hatte gedacht, daß es leichter sei, mich Gott zu geben. Ich weiß, ich weiß, sprechen Sie es gar nicht aus; jeder kann für sich im stillen geloben, was er will. Aber ich wollte mich doch gerade als Gefangener fühlen, als Gefangener Gottes. Ich will mich demütigen, weil ich so viele lärmende Erfolge in meinem Leben gehabt habe. Ich sehne mich danach, zu gehorchen, weil ich bisher innerhalb der allgemeinen Grenzen des Anstandes irgendwelche Schranken nicht gekannt habe. Meine Seele ist wie ein nicht zu bändigender, unbeherrscht leidenschaftlicher Empörer: sie kann nur dann Frieden erhoffen, wenn man sie grausam unterjocht. Ich selbst bin unfähig dazu. Dazu brauchte ich die Kirche. Ich dachte, es genüge, wenn ich mich ihr einfach zur Verfügung stelle. Und jetzt sehe ich erst, wie schwer es ist, ein Sklave zu werden. Ich bin ganz traurig geworden. Aber gleichviel. Mein Vorhaben wäre nichts wert, wenn

ich gleich am Anfang die Lust verlöre. Also zuerst die unteren Würden. Gut. Wann wählen wir diesen Seelsorger aus?«
»Bis morgen werde ich schon jemanden ausfindig machen. Kommen Sie morgen um die gleiche Zeit.«
Am anderen Tage fand er seinen alten Bekannten, den Dominikanerpater Salua, bei dem Bischof vor. Sie vereinbarten sofort, wann sie sich täglich treffen würden, das durchzunehmende Pensum, eine kleine Probe aus dem Katechismus, aus der Liturgie, Kirchenrecht und so weiter. Noch am selben Tage begannen sie mit der ersten Stunde. Der dreiundfünfzigjährige Schüler lauschte andächtig dem Wort des Pater Salua. In seiner tiefsten Seele empfand er aber eine Enttäuschung. Der Traum, daß er unter Orgeldröhnen und Weihrauchwolken jeden Tag in der reinen Morgenkühle unmittelbarer Teilnehmer der erschütternden Wunder des Meßopfers werden sollte, flog weit, weit weg von seiner sehnend ausgestreckten Hand. Es war ein Traum, er konnte ihn nicht festhalten. Nur die blasse Hoffnung blieb übrig, daß er es vielleicht doch noch einmal erreichen würde. Franzi seufzte und gab sich zufrieden.
In der Gesellschaft wußte man nichts von seinen Absichten. Nicht einmal Frau von Meyendorff, zu der er die Liebesbeziehungen abbrach. Den wahren Grund wollte er ihr nicht sagen, und er hatte keinen leichten Stand. Die schöne Olga fragte ihn weinend und zornig:
»Aber warum verschmähen Sie mich? Sind Sie meiner überdrüssig geworden?«
»Ich bin Ihrer nicht überdrüssig geworden. Nicht im geringsten.«
»Also was dann? Bin ich nicht schön genug? Oder lieben Sie eine andere Frau. Sicherlich ist es so. Wer ist es? Ich erwürge sie, wenn ich es erfahre.«
»Ich habe niemanden, ich gebe Ihnen mein Wort! Glauben Sie mir, auch für mich ist diese Trennung nicht leicht. Aber es muß sein.«
»Es ist zum Verrücktwerden! Man könnte glauben, Ihr Verstand sei nicht in Ordnung. Sie brauchen mich, wir sind glücklich, Sie haben sich in keine andere verliebt und jetzt auf einmal . . . am meisten tut mir weh, daß Sie kein Vertrauen zu mir haben. Warum sagen Sie mir denn nicht, was Ihnen fehlt?«
»Quälen Sie mich nicht, Olga. Sie werden alles erfahren. Und wenn Sie mich liebhaben, dann bleiben Sie mein guter Freund. Dieses kleine Zimmer muß ich aufgeben.«
»Mit einem Worte, es ist also Schluß? Ich war heute zum letzten Male hier?«
Franzi nickte stumm. Die Baronin warf sich schluchzend auf das Sofa. Er ging zu ihr hin, um sie zu trösten. Aus dem Trösten wurde Streicheln, aus dem Streicheln Umarmung, aus der Umarmung eine verzweifelte, wilde letzte Vereinigung. Die Frau glaubte, nun die Schlacht gewonnen zu haben.

Als sie ihren Geliebten aber mit glücklichen, verstörten Augen ansah und zärtlich fragte, wann sie sich wieder treffen würden, erwiderte er:
»Hier nie mehr, Olga. Das war der Abschied. Wenn Sie aber erlauben, werde ich Sie oft in Ihrem Hause besuchen.«
Die Baronin Meyendorff ging weinend fort. Er blieb allein in dem kleinen Zimmer und grübelte. Warum hatte er diese begehrenswerte, temperamentvolle, liebe Frau aufgegeben? Vorerst verpflichtete ihn doch noch nichts dazu. Wie verheißungsvoll, sie morgen zu versöhnen und das Ganze von neuem zu beginnen . . . Dann riß er sich aber zusammen. Nein, es durfte nicht sein! Wenn er sich ernsthaft zu dem großen Schritt vorbereitete, durfte er mit sich selbst nicht feilschen. Die schöne Olga würde sich trösten. Er würde ihr eine seiner Kompositionen widmen. Er wußte aus Erfahrung, wie empfänglich Frauen für einen solchen Ruhm sind und daß sie dafür sogar eine Liebesenttäuschung gern ertragen.
Die geheimen Stunden beim Pater Salua setzte er fort. An seinem äußeren Leben änderte sich aber zunächst noch nichts. Nur in seiner Wohnung auf dem Monte Mario ging es jetzt lebhafter zu: seine Schüler besuchten ihn immer häufiger dort. Es befanden sich unter ihnen einige, mit denen er sich gern beschäftigte. So war Alexander Bertha, der blonde ungarische Junge, der ihn von Marseille ab auf dem Dampfer begleitet hatte, in Rom geblieben, um unter seiner Anleitung sein Klavierspiel weiter zu vervollkommnen. Dann meldete sich ein junger Mann aus Birmingham namens Walter Bache, der neben seiner großen musikalischen Begabung auch eine nicht geringe Verehrung für Liszt mitbrachte. Sein dritter und liebster Schüler war ein Italiener, der Sohn eines römischen Advokaten, Sgambati. Dieser Sgambati galt schon seit vielen Jahren als Wunderkind, jetzt war er aber ein Mann geworden, und das Wunderkind hatte ihm nichts geschadet: er versprach, ein prächtiger Musiker zu werden, auch als Komponist. Da seine Mutter eine Engländerin war, schloß er innige Freundschaft mit Bache. Auch weniger bedeutende Schüler sprachen häufig in dem Kloster Rosario vor, und die alte kleine Zelle war für einen so zahlreichen Schülerkreis nun nicht mehr ausreichend. Franzi bekam eine andere, geräumigere Wohnung aus drei Zimmern bestehend; das eine stieß unmittelbar an das Oratorium der kleinen Kirche. In den weißgetünchten Zimmern nahmen die Bücher den meisten Platz ein. Dieses kleine Heim konnte die Wohnung eines vielbelesenen Plebanus sein, auf einer Konsole aber ruhte unter Glas Chopins Hand, aus Marmor nachgebildet, und auf dem Schreibtisch stand das Bild der Fürstin Sayn-Wittgenstein in polnischer Nationaltracht. Hierher strömten die Schüler, keine Mühe und Entfernung scheuend. Langsam entstand hier ein ebensolcher Liszt-Hof wie einst in der Altenburg. Jeden Dienstag hielten sie einen Musiknachmittag ab, wobei der Meister jeden einzelnen seiner Schüler gründlich belehrte.
Auch in Rom hatte er eine kleine Wohnung: Monsignore Nardi hatte ihm

ein für allemal sein Gastzimmer zur Verfügung gestellt. Wenn er abends lange in der Stadt blieb und es wegen des Brigantentums nicht mehr ratsam war, auf den Monte Mario zurückzufahren, übernachtete er dort.
Zu Neujahr 1865 verlor er einen seiner Schüler. Der Ungar Alexander Bertha überwarf sich mit seinem Meister. Sie hatten den letzten Tag des Jahres 1864 gemeinsam im Kloster verbracht. Gegen elf Uhr machte sich Franzi fertig, um mit seinen Schülern zusammen in die Stadt zu gehen. Er zog den Frack an. Sie gingen zu Berthas Wagen, der sie an der Freitreppe des Klosters erwartete.
»Wohin soll ich Sie fahren, Meister?« fragte Bertha.
»Wenn es für Sie kein zu großer Umweg ist, dann setzen Sie mich bitte am Palazzo Venezia ab. Ich gehe zum Baron Bach.«
»Was«, rief der junge Mann verdutzt, »der Meister verkehrt mit dem Baron Bach? Sie sprechen mit ihm, obwohl Sie Ungar sind? Bach hat doch den Grafen Széchenyi ermorden lassen, Meister!«
»Aber reden Sie doch kein albernes Zeug. Wie kann man solchen Ammenmärchen Glauben schenken! Schämen Sie sich denn gar nicht? Es steht längst fest, daß Széchenyi Selbstmord begangen hat.«
»Bitte«, antwortete der Schüler aufgeregt, »ich will nicht rechthaberisch sein. Gut, er hat also Széchenyi nicht umbringen lassen, er hat aber Ungarn gerade genug gequält und gepeinigt, solange er an der Regierung war. Der Meister kennt die heimischen Verhältnisse nur nicht zur Genüge. Glauben Sie mir bitte, daß ein Ungar dem Baron Bach nicht die Hand reichen kann.«
»Reden Sie keinen Blödsinn, Bertha, sonst werde ich ernstlich böse. Seine Politik mag gewesen sein, wie sie will, aber er ist ein sehr vornehmer Mensch, ein Ehrenmann und Freund von mir. Wagen Sie nicht, ihn vor mir zu beleidigen.«
Bertha schwieg. Sie saßen in einer sehr peinlichen Stimmung nebeneinander. Endlich waren sie über die verschneiten Straßen vor dem Palais der österreichischen Botschaft angelangt. Franzi stieg aus. Und da es ihm leid tat, daß er zu diesem jungen Manne so heftig gewesen war, wünschte er ihm liebenswürdig ein recht frohes neues Jahr und lud ihn sogar für den nächsten Vormittag zu sich ein.
Die Silvesterfeier bei Baron Bach hatte sich sehr in die Länge gezogen, und Franzi hatte die Nacht bei Nardi verbracht. Als er am Neujahrsmorgen im Kloster ankam, erwartete ihn Bertha schon dort.
»Meister«, sagte der Schüler, »ich habe die ganze Nacht nicht geschlafen. Ich möchte nicht unanständig sein, aber ich *muß* reden. Ich bitte Sie flehentlich, halten Sie Ihre Freundschaft mit dem Baron Bach nicht aufrecht! Sie betonen immer, wie sehr Sie Ihre Heimat liebhaben. Glauben Sie mir bitte, mir, der ich aus Ungarn komme, daß sich diese zwei Dinge nicht miteinander vertragen. Wegen des Buches über die Zigeuner hat man den Mei-

ster zu Hause schon genug angegriffen; wenn man jetzt noch von dieser Freundschaft mit Bach erfährt . . .«

»Machen Sie mich nicht nervös, mein Sohn! Mit wem ich mich befreunde, das ist meine Sache, und ich liebe es nicht, wenn andere sich in meine Privatangelegenheiten einmischen.«

»Das ist aber keine Privatangelegenheit«, rief der junge Mann aufgeregt, »sondern eine Sache des Ungartums. Der Meister ist heute der berühmteste Ungar der Welt. Vielleicht noch berühmter als Kossuth. Auf das, was der Meister tut, achtet die ganze Welt. Wenn Franz Liszt dem Baron Bach die Hand reicht, dann heißt das: der berühmteste Ungar billigt die Politik der Ära Bach vor der ganzen Welt!«

Franzi blickte überrascht auf Alexander Bertha, den ungarischen Musiker. Der junge Mann weinte vor Erregung. Diese Aufgewühltheit mahnte den Meister zur Nachsicht.

»Sie sind jetzt sehr gereizt, mein Sohn, gehen Sie schön nach Hause, wir sprechen ein anderes Mal von dieser Angelegenheit.«

Alexander Bertha wandte sich um und ging. Franzi sah ihm aus dem Fenster nach. Der junge Mann weinte noch, als er die Treppen hinunterstieg und seinem Wagen zuschritt. Stirnrunzelnd sah Franzi ihm sinnend nach. Daß er die Politik der Ära Bach gutheißt? Was war diese Ära Bach? Ohne Zweifel jene Zeit von 1849 bis 1859, als Bach an der Regierung war. Dieser Mann träumte von der einheitlichen Monarchie und war begreiflicherweise bestrebt, den Separatismus der Ungarn zu unterdrücken. Hatte er diesem Lande eine so große Wunde geschlagen, daß dieser junge Mann auch heute noch darüber weinen mußte? Sonderbar. Und ihm fielen die Abende im Komlo-Garten ein, wo ihn die bittere, wilde Stimmung der Zigeunermusik an die unterdrückten Polen erinnerte. Das Gesicht Johannes Vajdas kam ihm in den Sinn und Dopplers Brief von dem stillen Schmerz . . . Ja. Dieser junge Mann hat vielleicht recht. Er kann seine Empfindungen nicht teilen. Obwohl er Ungarn aus ganzem Herzen liebt. Warum ist das so? Doch wohl, weil er zu der Heimat keine innerlichen Beziehungen mehr hat, da er im Auslande lebt. Sein Vaterland ist klein und arm, dort kann sich das Talent nicht frei entwickeln. Die genialen Menschen, die dieser wundersame Urboden zur Welt bringt, müssen anderswohin gehen. Weit westwärts. Wenn man sich das überlegt, dann sieht man erst, was für eine große Seele Stefan Széchenyi war, der den blutigen Umsturz, leidenschaftliche Reden und Fahnenschwenken verabscheute, der aber Reichtum, Entwicklung und Kultur in dieses kleine Land säen wollte. Ja, das ist der wirkliche Weg des Herzens, das unbewußt, ungeschickt, aus Unwissenheit hundert Fehler begehend, sich trotzdem ehrlich der Heimat verbunden fühlt.

Als er in seinen Gedanken so weit gekommen war, hatte sich sein schmerzendes Gewissen einigermaßen beruhigt. Seine bloße Anwesenheit auf dieser Welt war für diese Nation schon ein großer Nutzen. Denn bis in die fernsten Zeiten wird es jeder wissen, daß er als Ungar geboren war, er, der in der Geschichte der Menschheit am besten Klavier spielen konnte und der die Musikkultur seines Jahrhunderts mit kraftvollem Ruder zu neuen Zielen lenkte. All das verdankte die Welt ihm. Damit auch Ungarn. Selbst die Rhapsodien, dann der Erfolg der Graner Messe waren Triumphe der ungarischen Nation. Und wenn einst die Musikakademie, zu der er vor zwanzig Jahren die ersten Gulden spendete, steht und die Talente der ungarischen Erde erzieht, dann brauchen die nicht mehr nach Wien und nach Paris zu gehen – und das wird ein wenig auch *sein* Werk sein. Ob es je dazu kommen wird?

Abermals übermannte ihn eine starke Sehnsucht nach der Heimat. Er unterdrückte sie jedoch. Gott hatte ihm jetzt einen anderen Weg gewiesen. Er würde Geistlicher in Rom werden, würde ganz in der heiligen Seligkeit der Psalmen der Kirche aufgehen und so leben, wie er es in seinem tiefsten Herzen schon immer ersehnt hatte: als einer, der sich vollständig aufgegeben hat und dessen mit der Unendlichkeit vereinte Seele nur noch äußerlich an diese Erde gebunden ist.

Ein sonderbarer Zufall fügte es, daß er einige Tage später einen Brief aus Pest erhielt. Baron Gabriel Prónay, der Präsident der Musikschule, schrieb ihm, daß die Musikschule im Mai ihr fünfundzwanzigjähriges Jubiläum feiern würde und ob man zu dieser Gelegenheit nicht in Pest seine »Legende von der heiligen Elisabeth« in Anwesenheit des Komponisten aufführen könne. Franzi fühlte eine starke Versuchung. Aber seine Sehnsucht, der Kirche anzugehören, war stärker. In einem höflichen Brief entschuldigte er sich. Im Mai würde es für ihn kaum möglich sein, nach Pest zu kommen.

Seine kirchlichen Unterrichtsstunden nahmen ihren Lauf. Es war bald kein eigentlicher Unterricht mehr, sondern lange Besprechungen über das Wesen des Glaubens und der Kirche, die Bedeutung der Dogmen und über den Geist des Katholizismus. Und manchmal waren es auch nicht Besprechungen, sondern Debatten. Mehr als einmal mußte Pater Salua vor dem streitbaren Gegner zurückweichen, der einst mit der Gräfin Liline die Bücher Chateaubriands gelesen, der die Seelenkämpfe Lamartines verfolgt und den Abbé Lamennais über die zahlreichen Stationen seines Leidensweges begleitet hatte.

Die Weihe war vom Bischof Hohenlohe auf den 24. April festgesetzt. Fünf Tage zuvor gab Franzi noch ein Konzert im Palais Barberini. Er zog den Frack mit dem Gedanken an, daß er sich nach seinem Konzert für immer von ihm verabschieden würde. Er legte seine sämtlichen Orden an und fuhr in dem eleganten Wagen Nardis vor. Lakaien mit Kandelabern in der Hand erwarteten ihn beim Eingang und gaben ihm treppenaufwärts das Geleit. Im großen Salon umströmte ihn mit einem Male die ganze römische Aristokratie. Die Fürstin Caraman-Chimay hängte sich an seinen Arm und ließ ihn nicht mehr los. Diese Dame pflegte ihn scherzhaft als einen Verwandten

zu bezeichnen; sie war eine geborene Gräfin Montesquiou-Fézensac, also die Frau von Maries Bruder.
»Was werden Sie spielen, lieber Vetter?«
»Eine Aufforderung, der ich nicht genügen kann«, erwiderte er gutgelaunt und geheimnisvoll.
Das war das erste Vortragsstück seines Programms: die »Aufforderung zum Tanz« von Weber. Er hatte dieses Stück wegen seines Finales gewählt. Zum Abschied, nur für ihn selbst verständlich, wollte er vorspielen, wie der Tanz im Ballsaale leise verklingt, das duftige Kerzenlicht der Welt und die Salonstimmung verweht, als der sich heimlich davonschleichende Kavalier leise die Tür hinter sich schließt. Dann spielte er noch den »Erlkönig«, dieses außerordentlich schwere Vortragsstück, mit dem er in jedem Lande Europas während so vieler Jahre die Zuhörer in den Bann zwingen und bis zum Himmel erheben konnte. Unbeschreiblicher Beifall wurde ihm zuteil, die Zuhörer erhoben sich von ihren Plätzen und klatschten stehend. Er verbeugte sich und dachte bebenden Herzens daran, daß in diesem Saale nicht eine einzige Seele war, die wußte, welchen Abschied dieser »Erlkönig« bedeutete. Prinzessinnen, Gräfinnen, Kirchenfürsten, Minister schlossen sich abermals zu einem engen Ring um ihn. Gregorovius, der berühmte deutsche Kunsthistoriker, der ständig in Rom lebte, rief über die von Diademen funkelnden Köpfe hinweg:
»Meinen herzlichsten Glückwunsch, Sie sind mit Ihrem Klavier der einzige lebende Zentaur!«
Und gerade jetzt war er im Begriff, mit einem schroffen, für das ganze Leben geltenden Entschlusse das weltliche Klavier von seinem Ich zu trennen. Als er fortging, traf sein rückschauender Blick das feurige, wehmütige Auge Olga Meyendorffs. Und im Gastzimmer Nardis, wo er seine letzte Nacht als Laie verbrachte, dachte er an den Abschiedsabend, mit dem er in Jelisawetgrad seine Virtuosenlaufbahn beendet hatte.
»Wieviel Schauspielerei war in meinem Leben«, sagte er zu sich, »wieviel Selbstgefälligkeit und Pose! Ich habe diese Pose nie geheuchelt, ich habe sie gefühlt. Sie hat meiner Eitelkeit geschmeichelt. Damit ist es nun zu Ende.«
Am anderen Tage, frühzeitig, zog er in das Kloster der Lazaristen zu einer viertägigen Meditation ein. Außer ihm wußten das nur drei: Carolyne, Hohenlohe und der Papst. Pio Nono hatte seinen Plan gebilligt. Im Kloster der Lazaristen hatte er keine weitere Aufgabe, als über sein unzulängliches Leben nachzudenken und seine Seele für das große Ereignis vorzubreiten. Er bekam eine kleine Zelle angewiesen, die auf den Hof des Klosters hinaussah. Um halb sieben Uhr stand er auf, seinen Kaffee brachte man ihm in die Zelle. Das Morgengebet verrichtete er bis ein halb acht Uhr. Dann ging er in die Lazaristenkirche zur Messe. Nachher mußte er in der Bibel lesen, Heiligenandacht üben und nachdenken. Mittags aß er im Refektorium, wo man ihm zunächst an einem besonderen kleinen Tische gedeckt hatte, ihm,

dem vorerst Unwürdigen. Während des Mittagessens las einer der Ordensbrüder laut aus der Heiligen Schrift vor. Nach dem Mittagessen schlief er ein wenig, danach mußte er, in seine Zelle gesperrt, wieder in sich gehen, den ganzen Nachmittag. Hernach durfte er im Klostergarten ein wenig spazierengehen. Um acht Uhr aß er zu Abend, dann hielt er eine Seelenübung mit dem Ordensprior Pater Guerini ab und legte sich um zehn Uhr zur Ruhe. Vier Tage lang in der gleichen Weise. Und während dieser vier Tage wiegte er sich mit tiefer Ergriffenheit in die große Freude ein, daß die schönste und reinste Sehnsucht seines Lebens nunmehr in Erfüllung gehen würde. Er zählte die Stunden wie ein auf seine Freilassung wartender Gefangener. Obwohl ihm nur eine neue, aber heißersehnte Gefangenschaft bevorstand.

Am frühen Morgen des fünften Tages ließ er sich in einem geschlossenen Wagen zum Vatikan fahren. Es war Sonntag, ein strahlender Frühlingsmorgen. Er wußte schon, wohin er sich wenden mußte: Carolyne hatte während der vier Tage in den Appartements des Bischofs Hohenlohe seine neue Wohnung eingerichtet, in dem Flügel mit Raffaels Stanzen. Auf seinem Bett lag die Soutane vorbereitet. Er legte sie an und verspürte eine unbeschreibliche Freude. Den Gürtel glättete er sorgsam auf seinen schlanken Hüften, und die Falten des Rockes ordnete er vorsichtig. Er machte einige Schritte und beobachtete seinen Gang. In seiner Freude ärgerte er sich, daß er nicht aus sich selbst heraustreten, daß er nicht von weitem Franz Liszt im Priesterrock betrachten könne. Dann bemerkte er auf dem Schreibtisch ein kleines Paket, darauf in Carolynes Handschrift seine Adresse. Er machte es auf. Es war eine Schachtel Visitenkarten: L'abbé François Liszt. Er freute sich so darüber, daß er am liebsten getanzt hätte; in dieser weihevollen Stunde hätte das aber nicht zum Priestergewand gepaßt.

Der Diener des Bischofs klopfte bei ihm an.

»Sono pronto«, erwiderte er.

Er ging nach einem Nebenaltar der Peterskirche auf einem langen und verwickelten, aber schon bekannten Wege, und endlich stand er vor dem Altar. Als er während der Zeremonie niederknien mußte und der Bischof symbolisch die Tonsur vollzog, fuhr er ein wenig zusammen. Mit seinem Haar war er immer ein bißchen eitel. Dann schämte er sich aber sehr und war bestrebt, seine Seele zu Gott zu erheben. Die leise geraunten lateinischen Worte des Bischofs fielen auf ihn hernieder wie die rieselnden Tropfen des Weihwassers. Seine Andacht zog ihn vollständig in ihren Bann; wie in einem Traume fühlte er sich selbst und den sich bewegenden, farbigen Schatten des Bischofs, das Geräusch der entfernt Schreitenden auf den Steinfliesen.

Nun war er eine geistliche Person, ein Kleriker geworden. Er ging ganz anders den Weg nach den Stanzen zurück, als er von dort gekommen war. Er hatte das Gefühl, der ganze riesengroße Vatikan gehöre ihm. Wände und

Säulen blickte er mit geschwisterlicher Seligkeit an. Als er wieder in seinem Zimmer oben war, kam der Bischof zu ihm.
»Ich gratuliere, nun wollen wir mal sehen, wie Sie ausschauen. Ganz gut. So ganz Geistlicher, daß Sie sogar eine Messe lesen könnten.«
»Ach, das Messelesen! Sagen Sie, lieber Bischof, *was* darf ich überhaupt? Habe ich denn zu keiner Zeremonie in der Kirche das Recht?«
»Aber davon ist doch keine Rede. Sie dürfen nicht Messe lesen und keine Beichte abnehmen, das ist wahr. Nach dem Kirchenrecht können Sie aber das Amt eines Vorredners oder Türstehers übernehmen. Sie sind sogar Akoluth, haben also das Recht, die Kerzen zu tragen, an Prozessionen teilzunehmen, bei der Messe den Wein zu reichen, mit einem Worte: zu ministrieren, was Sie zwar bisher auch schon tun durften; vor dem siebenten Jahrhundert wäre es aber noch nicht erlaubt gewesen. Was jedoch das wichtigste ist, durch die Priesterweihe haben Sie den Rang eines Exorzisten bekommen. Sie haben das Recht, den Teufel auszutreiben. Also kurz und gut, Sie sind ein Ostiarius, Kandelarius, Lektor, Akoluth und Exorzist. Ist das nicht auch genug?«
Franzi sah den Bischof an, ob er das wohl ernst meinte. Bei dem Bischof Hohenlohe konnte man das nie genau wissen. Sie plauderten noch eine Weile, dann ging der Bischof an seine Arbeit. Franzi aber begab sich zu Carolyne. Die Fürstin empfing ihn mit einem freudigen Aufschrei, dann kniete sie vor ihm nieder und küßte ihm die Hand.
»Aber Carolyne, wie können Sie denn so etwas . . .«
Die Fürstin achtete nicht auf diese Worte. Sie erhob sich, wandte sich ab und weinte. Franzi war zuerst der Meinung, daß sie vor Freude weine. Er sah aber alsbald, daß diese Tränen Tränen des Schmerzes waren. Zärtlich zog er die Frau an sich.
»Was fehlt Ihnen denn um Gottes willen? Warum weinen Sie?«
»Weil mir einfiel, wie schön es gewesen wäre, wenn wir uns hätten trauen lassen . . .«
»Carolyne, es ist noch nicht zu spät! Es kostet Sie nur ein Wort!«
»Nein, nein, das ist unmöglich. Sie müssen Priester werden. Gott der Herr will es auch so. Und wenn ich hundert Jahre leben würde, Sie werden Domherr in der St.-Peters-Kirche.«
»Danach habe ich keine Sehnsucht, Carolyne. Ich möchte Messe lesen, das will ich Ihnen gestehen. Darüber hinaus aber nur komponieren und nichts anderes. Jetzt muß ich mich schon wieder verabschieden, denn ich habe sehr viel zu tun. Ich will an meine Mutter schreiben und auch an Cosima.«
Er begab sich nach Hause. Ganz von Freude erfüllt, ging er zu Fuß, er konnte sich nicht genug an dem Gedanken begeistern, daß bei ihm von heute ab das »Nachhausegehen« den Vatikan bedeutete. Auf der Straße blickte er sehnsüchtig um sich, ob denn auch jedermann sehe, daß er ein Geistlicher sei. Den Menschen fiel das aber nicht allzusehr auf, sie gingen

zumeist gleichgültig an ihm vorbei. Die Soutane war keine besondere Sehenswürdigkeit in den Straßen Roms. Wenn ihn eine fromme alte Frau oder ein Bettler eifrig begrüßten, erwiderte er diesen Gruß lebhaft und dankbar. Und er prüfte oft, ob die Falten des eleganten Pfarrockes auch gut fielen.

Sowohl seiner Mutter als auch Cosima berichtete er das große Ereignis. In seinem Brief an Cosima erkundigte er sich zärtlich nach dem Wohlbefinden des Neugeborenen. Denn im Hause Bülow war das dritte Kind angekommen, und zwar wieder ein Mädchen. Die für Wagner schwärmenden Eltern nannten es Isolde. Der Abbé gedachte mit beglückender Freude seines neuen Enkelkindes. Das würde sicherlich die in Verwirrung geratenen Gefühle der Eltern wieder zueinanderführen.

Mutter Liszts altmodische Schriftzeichen waren die erste Antwort auf seine Mitteilung.

»Dein Schreiben vom 27. April, das ich gestern erhielt, erschütterte mich – und ich brach in Tränen aus. Verzeih mir – ich war wirklich nicht gefaßt auf solche Nachricht von Dir! Nach Überlegung, man sagt la nuit porte conseil – ergab ich mich in Deinen, als auch in den Willen Gottes. Ich ward ruhiger – denn alle guten Eingebungen kommen von Gott! Dieser Entschluß, den Du nun gefaßt hast, ist nicht ein Entschluß vulgaire. Gott gebe Dir die Gnade, ihn zu Seinem Wohlgefallen zu erfüllen! Es ist eine große Sache – aber Du hast Dich schon seit langer Zeit dazu vorbereitet, auf dem Monte Mario. Ich merkte es aus Deinen Briefen an mich seit einiger Zeit. Sie lauteten so schön, so religiös, daß ich oft sehr gerührt war – und Dir einige Tränen weihte. Und nun in diesem letzten, mein Kind – tu me demandes pardon! Oh, ich habe Dir nichts zu verzeihen! Deine guten Eigenschaften übertrafen viel, viel Deine Jugendfehler. Du hast Deine Pflichten immer streng, in jeder Hinsicht erfüllt – wodurch Du mir Ruhe und Freude gewährtest. Ich kann ruhig und ohne Kummer leben, was ich nur Dir zu verdanken habe. Lebe nun glücklich, mein liebes Kind! Wenn der Segen einer schwachen sterblichen Mutter bei Gott etwas bewirken kann – so sei von mir tausendmal gesegnet. Ich befehle Dich dem lieben Gott und verbleibe

Deine treue Mutter Anna Liszt.«

Die bedeutungsvolle Nachricht las man in der ganzen Weltpresse: Franz Liszt wurde Geistlicher. Unter den Zeitungsartikeln fand sich kaum einer, der diese überraschende Nachricht mit Wohlwollen zur Kenntnis nahm. Die meisten Zeitungen erblickten eine Sensationshascherei darin. Andere Blätter wiederum bemerkten nur leichthin, das sei nur ein neues Abenteuer dieses unbeherrschten Künstlers, es werde nicht lange anhalten.

Der neue Abbé saß im Gebäude des Vatikans, in der Nachbarschaft von Raffaels Stanzen, in demselben Hause, das dem Papst zur Wohnung diente, und las die Zeitungen. Außer ihm war niemand im Zimmer. Wenn jemand dagewesen wäre, so hätte er sich gegen den Zynismus und die spitzfindigen

Angriffe der Presse heftig aufgelehnt. Er hätte leidenschaftlich die Aufrichtigkeit seiner Absicht betont und sich energisch dagegen verwahrt, daß jemand das Recht haben sollte, die Lauterkeit seiner Handlung anzuzweifeln. Ein alter Wunsch seines Lebens habe sich erfüllt, und er sei darüber sehr glücklich . . . Aber er war allein, er konnte nur mit sich selbst sprechen. Und zu sich selbst konnte er wiederum nur sagen:
»So habe ich es mir nicht vorgestellt.«
Er setzte sich ans Klavier. Er wollte seine Gedanken von dem, was ihn störte, ablenken mit dem, was er liebte. Er schlug die ersten Töne des Orchesterwerkes an, das sich wieder nur mit »Faust« beschäftigte, diesmal jedoch nicht durch Goethe, sondern durch Lenau angeregt. Zwei Abschnitte aus Lenaus Dichtung lagen seiner Tonschöpfung zugrunde. »Der nächtliche Zug« hieß das eine Stück. Es begann mit einer bewölkten, schwülen, sternenlosen Nacht, mit Nachtigallengesang im Gebüsch und heißem Wind. Dann ließ er Faust erscheinen, nicht im Galopp Mazeppas, sondern langsam einherschreitend. Zwischen den Lauben glitzern jetzt Lichter auf, eine Kirchenprozession naht, die die Melodie des »Pange lingua« singt. Die Wellen der Psalme werden immer stärker, und zum Schluß überfluten sie mit ihrem Strom die ganze Welt, als die Prozession in Fausts Nähe vorbeizieht. Der sich immer weiter entfernende Gesang erstirbt, und Faust, also er, Franz Liszt, bleibt weinend in der Nacht zurück, die nie zu findende Ruhe seiner stürmischen Seele bitterlich beklagend.
Dann spielte er die zweite Episode, den »Tanz in der Dorfschenke«, den Mephisto-Walzer. Faust und Mephisto hören aus dem am Wege gelegenen Gasthaus den Klang der Musik, und ein Liebesabenteuer suchend, kehren sie ein. Drinnen tanzen die Bauern. Der Wirt hat eine sehr schöne Tochter. Mephisto ergreift die Geige eines Musikers und beginnt darauf einen diabolischen Walzer zu spielen. Der böse Zauber der Musik ergreift die Tanzenden, berauscht ergeben sie sich der Macht der Begierde. Paarweise schleichen sie sich in die von Vogelgesang widerhallenden Lauben, um sich zu küssen. Auch die Tochter des Wirtes kann nicht widerstehen, und als sie allein bleiben, sinkt sie wie betäubt in Fausts Arme. Der satanische Walzer erklingt weiter, und endlich schleichen auch sie hinaus in die Nacht.
Die Töne des teuflischen Tanzes schlugen weite Wellen im Zimmer, ergossen sich über die Gänge und erzitterten an den alten Wänden des Vatikans. Mephisto selbst spielte in der Residenz des Papstes diesen Walzer, von dem sein Komponist stolz sich bewußt war, daß es in der Musikliteratur der Welt nur wenige so faszinierend-geniale Stücke wie dieses Werk gab.
Die Tür ging auf, Franzi sah hoch. Ein Diener stand vor ihm.
»Der Herr Bischof lassen den Meister grüßen und bitten, irgendeine Kirchenmusik spielen zu wollen.«
Franzi erhob sich vom Klavier, schloß den Deckel und entließ den Diener mit einem Kopfnicken.

FÜNFTES KAPITEL

Liszt fühlte sich bedrückt, er war unruhig. Er konnte sich für einen Geistlichen halten und war trotzdem keiner, da er sich ja jederzeit hätte verheiraten können. Bis zum wahren Priestertum fehlte noch sehr viel. Und den ersehnten vollkommenen Seelenfrieden hatte er nicht gewonnen. Er stand mit leeren Händen da. Als er noch in dem Glauben gelebt hatte, daß mit der Priesterweihe zugleich auch das Wunder der inneren Harmonie sich in ihm vollziehen würde, hatte er sich gegen die Reise nach Pest gesträubt. Jetzt begann er sich danach zu sehnen. Und eines schönen Tages entschloß er sich zu reisen.

Das Jubiläum der Musikschule war vom Mai auf den August verschoben worden. Bei drückender Hitze kam er in Pest an. Er stieg im Gasthof zur »Königin von England« ab. Aufgeregt erwartete er die Nachricht aus München, wann sich Bülows melden würden, da er mit ihnen brieflich vereinbart hatte, daß sie sich in Pest treffen wollten. Endlich kam das Telegramm. Und noch am gleichen Tage das Ehepaar selbst. Mit ihnen zusammen traf auch Eduard ein, der sich ihnen in Wien angeschlossen hatte. Sie brachten viele Neuigkeiten mit über die Aufführung des »Tristan« in München. Man glaubte schon gar nicht mehr an die Möglichkeit einer Aufführung. Nun hatte das Werk endlich im Theater König Ludwigs das Licht der Welt erblickt. Es wäre eine wunderbare Aufführung gewesen, Hans hätte bei der Einstudierung geholfen. Von weither seien sehr viele Menschen zugereist. Auch ein junger Ungar namens Edmund Mihalovics habe sich unter anderen vorgestellt, auf den müsse man achten, da er ein ausgezeichneter Musiker und ein unbedingter Anhänger der Wagnerschen Musik sei. Er sei ebenfalls nach München übergesiedelt, zur Aufführung des »Oratoriums der heiligen Elisabeth« käme er aber jetzt auch hierher.

Das Ehepaar Bülow befand sich soweit wohlauf. Hans war jetzt weniger nervös, vollständig in Ordnung waren seine Nerven aber nicht. An seinem plötzlichen Stimmungswechsel sah man, daß er innerlich aufgewühlt war. Er geriet insbesondere dann aus der Fassung, wenn das Gespräch auf Wagner kam. Bei solchen Gelegenheiten brach er in maßlose und erregte Schwärmerei aus. Man merkte ihm an, daß er sich mit Absicht, wie gewaltsam, in diese Begeisterung immer mehr hineinzusteigern bemühte.

Den Text der Elisabeth-Legende hatte der Dichter und Musikkritiker Ábrányi ins Ungarische übersetzt. Es war ein ganz sonderbares Gefühl für Franzi, als er zur ersten Probe in die Redoute ging und die ungarischen Mitwirkenden und Chöre seine Komposition in der Muttersprache der heiligen Elisabeth sangen, er selbst aber den Text nicht verstehen konnte und nur aus dem deutschen Original wußte, wovon das Werk handelte. Die Probe fand seinen Beifall, die Chöre waren gut einstudiert, die Soli wurden von

sehr schönen Stimmen gesungen, insbesondere die Darstellerin der heiligen Elisabeth, eine gewisse Frau Paulay, gefiel ihm sehr gut. Bei dem Abendessen, das der Pfarrer der Innerstädter Abteikirche, Abt Schwendtner, ihm zu Ehren veranstaltete, konnte er des Lobes nicht genug finden. Hierher kam er schon wie ein Geistlicher zum anderen. Und an der gedeckten Tafel, wo er einst den Frack getragen, nahm er jetzt in einem schweren Seidengewand Platz. Auch andere geistliche Herren waren da, mit einem Blick streifte er sie schnell und stellte fest, daß er unter allen der eleganteste Abbé war.
Am anderen Tage bot sich ihm ein überraschendes Bild, als er auf die Straße trat. Die Stadt war beflaggt. Rotweißgrüne Fahnen wehten in dem sanften Winde des Sommertages.
»Was ist das?« fragte er den Baron Adalbert Orczy, der ins Hotel gekommen war, ihn abzuholen. »Ist denn das erlaubt?«
»Und ob es erlaubt ist. Wissen Sie denn nicht, Hochwürden, wie sehr sich hier die Welt verändert hat? Der Kaiser hat sich mit uns ausgesöhnt, er wird sich sogar zum ungarischen König krönen lassen.«
»Unerhört! Wann?«
»Darüber werden noch Monate vergehen. Vorerst verhandeln erst allerhand Ausschüsse über allgemeinrechtliche Fragen. Daß aber die Einigung stattfinden wird, steht heute schon außer Zweifel. Ungarn wird seine Freiheit und Selbständigkeit wiederbekommen. Wir haben einen Politiker namens Franz Deák. Haben Sie seinen Namen schon gehört?«
»Ich glaube, Bach hat ihn in Rom einmal erwähnt. Was er aber von ihm gesagt hat, habe ich wieder vergessen.«
»Dieser Deák veröffentlichte jetzt zu Ostern einen Artikel in der Zeitung, und das hat die ganze Angelegenheit in Fluß gebracht. Nächstes Jahr findet höchstwahrscheinlich die Krönung statt. Ich hoffe, daß Sie dazu wieder hierherkommen.«
»Unbedingt, wenn es mir Gott erlaubt. Aber sehen Sie mal, wer ist denn das?«
Ländliche Musikvereine marschierten die Straße entlang in einem unabsehbaren Zuge. Der Gesangverein der Stadt unter seiner eigenen Fahne. Sie trugen auch Tafeln mit den einzelnen Städtenamen: Eperjes, Semlin, Hódmezövásárhely. Auch eine Tafel mit der Aufschrift Eisenstadt war da. Diese Gruppe sah sich der Abbé mit plötzlich aufsteigender kindlicher Rührung an. Die Kunszentmiklóser trugen eine sonderbare Fahne: an der Fahnenstange hingen nur ein paar zerschlissene Fetzen.
»Was für eine Fahne ist *das*?«
»Das ist eine Fahne aus dem Jahre achtundvierzig. Die haben sie aus der Schlacht mit nach Hause genommen, versteckt und jetzt wieder hervorgeholt. Das ist nun auch erlaubt.«
Die Sänger trugen alle recht farbenprächtige Nationaltrachten. Grüne, rote,

lila und blaue Hosen leuchteten auf, dazu reichverschnürte farbige Dolmans, die Frauen trugen Kränze im Haar, bunte Röcke, goldverschnürte Mieder mit Achselträgern aus nationalfarbigen Bändern. Das Publikum der Straße trug ebenfalls stark betonte ungarische Kleidung; sehr viele hatten Hüte mit Marienflachs auf, nur hier und da sah man einen das Gesamtbild störenden Zylinderhut. Als ob die prangenden Farben und Formen jetzt mit einem Male das Blühen so vieler unterdrückter Jahre nachholen wollten! Eine einzige, mächtig tönende ungarische Symphonie war die Pester Straße.

Vor dem Festkonzert fand in der Innerstädter Abteikirche eine Messe statt. Man spielte die c-moll-Messe Beethovens. Dann ging das ganze Publikum hinüber in die Redoute. Ein in Flammenrot gekleideter Pförtner mit einem Reiherhut empfing die Ankommenden. Teppichpracht, Blumenpracht. Franzi, in seiner Seidensoutane, trat aufs Podium. Was wird jetzt geschehen? Wird jetzt ein Pfiff der Empörung wegen seines Zigeunerbuches ertönen?

Es ertönte kein Pfiff, sondern stürmischer Applaus. Das glückliche Land hatte dieses Buch vergessen. Festrede, Begrüßung, Prolog, Applaus, Applaus, Applaus. Dann folgte das Oratorium. Der Tondichter dirigierte selbst, auf seine ihm eigene sonderbare Art: er benahm sich eher wie ein Zuhörer als wie ein Mitwirkender. Ab und zu gab er sich ganz den geliebten Schönheiten seiner eigenen Arbeit hin, ließ den Dirigentenstab sinken und stand ganz unbeweglich da. Das hatte er auch schon früher getan, aber noch nicht in seinem geistlichen Gewand. An der Pauke saß Bülow, die Baßgeige spielte Mosonyi, und neben dem Komponisten saß Franz Erkel und paßte auf. Wenn der Abbé die Mitwirkenden und den Chor ihre eigenen Wege gehen ließ, dirigierte Erkel verstohlen im Sitzen an Stelle des Meisters und hielt das Ganze fest in der Hand. Es wurde ein großer Erfolg. Einer jener ungarischen Erfolge, wie man sie nirgendwo anders erleben konnte. Das Publikum erhob sich, trampelte, applaudierte und schwenkte die Tücher dem Abbé zu.

Zu Mittag fand wiederum bei dem Abt Schwendtner ein Festessen statt. Überladene Tafel, sechzig Gedecke. Begrüßungsreden lösten einander ab. Der Ordenspräfekt der Franziskaner, Agáp Dank, ergriff auch das Wort. Er sprach als Vertreter des Ordens zu dem weltberühmten Manne, der nun ein Mann der Kirche geworden war. Und so schloß er seine Ansprache:

»Demzufolge bitte ich ihn, zu dem großen Fest des Landes, wenn die Krone des heiligen Stefan die gesetzmäßig zustande gekommene Versöhnung des Königs und der Nation sanktioniert, mit seiner Krönungsmesse zu erscheinen.«

Stürmische Zustimmung und Eljenrufe. Franzi schlug das Herz bis in die Kehle. Die Krönungsmesse nach der Graner Messe, wie schön würde das sein! In einer Sekunde hatte ihn spontane Begeisterung erfaßt. Von diesem

Augenblick an brachte er während seines Aufenthaltes in Ungarn bei jeder Gelegenheit die Rede auf diese Krönungsmesse. Wie müßte man diese Angelegenheit in Fluß bringen, von welchen ungarischen Kreisen hängt der Auftrag ab? Den Gedanken des Ordenspräfekten nahmen auch andere auf, und immer mehr Menschen begannen davon zu sprechen. Und wenn diese Anregung einmal aufgekommen war, so erschien es zweifelsfrei, daß sie verwirklicht werden würde. Kein anderer konnte in Betracht kommen, sobald er es übernahm. Höchstens Franz Erkel. Der aber fand sich in mürrischer und achtungsvoller, selbstverständlicher Ergebenheit mit dem zweiten Platz neben dem weltberühmten Landsmann ab.

Am St.-Stefans-Tag trug man in einer feierlichen Prozession in der Burg die Reliquie der rechten Hand St. Stefans umher. Bülows, Eduard und Reményi erhielten durch die Zuvorkommenheit einer Budaer Familie einen Fensterplatz, von wo aus man die Prozession sehr gut übersehen konnte. Der Abbé war nicht mit ihnen. Er kaufte sich ein weißes Chorhemd und stellte sich zwischen die anderen Geistlichen. Dort schritt er zwischen ihnen, elegant in Schnallen-Lackschuhen. Seine langen weißen Haare stachen merkwürdig von den anderen Geistlichen mit der üblichen Haartracht ab. Er wußte, daß aller Augen an ihm hingen. Als der Zug vorbeikam, vernahm man von beiden Seiten aus der gedrängten Masse des Publikums her den S-Laut seines Namens. Liszt, Liszt gab die ganze Menge weiter. Liszt sah weder nach rechts noch nach links, er schritt zwischen seinen Amtsbrüdern. Und er konnte vor sich selbst nicht leugnen, daß er darüber eine große Freude verspürte.

Bülows wollte er unter allen Umständen die Graner Kathedrale zeigen, die durch seine Messe eingeweiht worden war. Sie fuhren mit Reményi nach Párkány-Nánára, von da brachte sie der neue Sekretär des Fürstprimas, Julius Meszlényi, in die Hauptstadt des Früstprimas. Der Kardinal Scitovszky bewirtete sie. Beim Mittagessen lenkte Hans geschickt das Gespräch auf die Krönung. Und nicht ohne Erfolg.

»Ich habe von dem wunderbaren Gedanken gehört«, fiel sofort der Fürstprimas ein, »daß Sie, mein lieber Sohn, eine Krönungsmesse schreiben sollen.«

»Ich leugne nicht, Eminenz, daß ich sehr glücklich wäre, wenn ich diesen Auftrag bekäme.«

»Wir werden das Unsrige tun, der Gedanke sagt auch mir zu. Ich will die Sache in Wien zur Sprache bringen und wärmstens empfehlen. Und da nichts dagegen sprechen dürfte, können Sie es als so gut wie sicher betrachten, daß Sie den Auftrag bekommen.«

Alles das stimmte Franzi so unendlich glücklich, daß er am liebsten gejauchzt hätte. Und man brauchte ihm nicht mehr lange zuzureden, wenn er schon einmal in Pest wäre, doch ein Konzert zu geben – trotz seiner Prinzipien. Pest konnte er nichts abschlagen. Er sagte zu. Er trat in der Redoute

auf, die Eintrittspreise wurden beträchtlich erhöht, eine Loge kostete vierzig Gulden, ein guter Sitzplatz acht Gulden. Aber man konnte sich das erlauben. Sobald sich die Nachricht verbreitet hatte, daß der Abbé Liszt öffentlich Klavier spielen würde, telegraphierte man sogar aus Wien um Karten. Kein einziger Platz blieb frei. Er spielte das Ave-Maria, danach das berühmte Stück: Cantique d'amour. Aus den dämonischen Fingern des eleganten, schlanken Abbé ergoß sich die Liebeserklärung mit sengender Leidenschaft. Ein wonniger Schauer lief den Frauen über den Rücken, und man hätte im Saale förmlich die Begierde mit der Hand greifen können, die mit frevlerischer Glut dem interessanten und elegantesten Abbé der Welt zuströmte. Mit Reményi zusammen spielte er auch ungarische Rhapsodien. Der Begeisterungstaumel kannte keine Grenzen mehr. Hans applaudierte und schrie unten wie ein Irrsinniger. Auch das schneeweiße Gesicht Cosimas hatte der allgemeine Rausch gerötet. Und als sie sich vom Schauplatz dieses tobenden Erfolges gemeinsam zurückzogen, flüsterten sich die Wartenden, die den Zauberer noch einmal sehen wollten und auf beiden Seiten der Treppe Aufstellung genommen hatten, zu: ein Geistlicher ist Arm in Arm mit seiner Tochter die Treppe hinuntergegangen.
Augusz ließ sich die Gelegenheit nicht entgehen, sie zu bewirten. Sie mußten nach Szegszárd fahren. Am Abend brachten ihm die Einwohner eine Serenade. Eine große Menge versammelte sich mit Fackeln vor dem Schloß und rief stürmisch »Eljen«.
»Du mußt zum Fenster gehen«, sagte Augusz, »am besten wäre es, du würdest zu ihnen auch ein paar Worte sprechen.«
»Ich rede nicht gern hier zu Hause, denn ich kann doch nicht Ungarisch. Aber mir fällt etwas anderes ein. Könntet ihr das Klavier nicht ans Fenster schieben? Denn dann würde ich ihnen etwas spielen.«
Sofort entsprach man seinem Wunsche. Es hatte gerade am Fenster Platz. Sogar einen Stuhl konnte man noch hinstellen. Es war ein wunderbarer Septemberabend, der Himmel voller Sterne, windstill. Die jubelnde Menge schwieg sogleich, als sie bemerkte, was im Gange war. Unter dem freien Himmel wurde es so still wie in der Kirche.
»Schnell die Violine!« sagte Franzi zu Reményi. »Wir werden die Rhapsodie spielen.«
Sie traten ans Fenster und begannen. Über ihnen der Sternenhimmel, unten das lauschende Szegszárder Volk. Sie spielten die Rhapsodie von Anfang bis zum Ende. Von unten stürmischer Beifall.
»Hans, komm her. Wir spielen den Rákóczi vierhändig.«
Bülow eilte herzu und brachte sich einen Stuhl mit. Aus dem Fenster quollen die dröhnenden Klänge des Rákóczi-Marsches. Unten ging eine Bewegung durch die Menge. Und wie immer bei diesem Stück konnte die ungeheure Begeisterung das Ende nicht erwarten. Man schrie, applaudierte und tobte schon bei der Mitte. Der Abbé verneigte sich im Fenster gegen die

Menge, dann zeigte er auf den neben ihm stehenden Hans. Der Abbé empfahl seinen Schwiegersohn der Liebe des Volkes.
Und ein so berauschender Erfolg war die ganze ungarische Reise. Liszt hätte schon längst heimkehren müssen, aber man ließ ihn nicht fort. Haynald wohnte wieder in Pest, die politische Wendung hatte ihn in die Heimat geführt. Seine Einladung konnte man nicht abschlagen. Liszt blieb und blieb immer noch. Die Zeitungen berichteten über jeden seiner Schritte. Besondere Mitteilungen gaben bekannt, daß der Oberschatzmeister Paul Sennyey das Klavier, auf dem er in der Redoute gespielt hatte, von der Fabrik Beregszászy für seine Frau gekauft hatte. Der Dichter Hiador schrieb ein Gedicht auf ihn. Aus den Gedichten, die man in seinem Leben schon über ihn verfaßt hatte, hätte man bereits einen umfangreichen Band zusammenstellen können. Der junge Mihalovics, den ihm Hans empfohlen hatte, sprach mit ihm wie mit einem Halbgott. Und das Feiern hörte auch dann nicht auf, als er endlich wegfuhr. In Promontor begrüßte ein Gesangverein den Zug, auf dem Bahnhof von Stuhlweißenburg hielt ein Zisterzienserpater an der Spitze einer riesigen Menschenmenge eine große Ansprache. Das war der Rausch einer glücklichen Nation, ungehemmt und jubelnd!
Von Bülows verabschiedete er sich mit innigen Umarmungen und Küssen.
»Ich lasse Richard grüßen«, sagte Franzi zu Hans, »es tut mir sehr leid, daß ich den ›Tristan‹ nicht habe sehen können. Ach ja, ich habe euch noch gar nicht gefragt, was denn mit dieser Frau Wesendonk ist. Dauert die Sache noch an?«
»Sie dauert, selbstverständlich«, erwiderte Hans eifrig, »ganz bestimmt dauert sie noch an.«
In dem Ausdruck seines Gesichtes erschien eine wehmütige und verzerrte Hast. Franzi war über dieses Mienenspiel verwundert und sann noch lange darüber nach. Er konnte es sich nicht erklären. Dann vergaß er das Gespräch aber wieder.
In Rom erwartete ihn eine wichtige Nachricht: dem Bischof Gustav Hohenlohe hatte der Papst den Kardinalshut versprochen. Der künftige Kardinal war bereits aus dem Vatikan nach Albano übergesiedelt. Die Räume in diesem Flügel hatte man anders eingeteilt. Franzi, der bis dahin der Gast Hohenlohes war, sah für sich keinen Platz mehr.
Da zog er sich wieder ins Kloster Rosario auf den Monte Mario zurück. Als er seine alten Zimmer übernahm und das erstemal in seinem weißgetünchten Schlafzimmer erwachte, übermannte ihn ein unbehagliches und mißmutiges Gefühl. Er fand die Decke drückend und die Stille kalt. Er bemerkte, daß die Wände feucht waren. Und das hatte er bis jetzt noch nicht festgestellt. Es war auch von der Stadt sehr weit bis hierheraus, obwohl ihn auch hier Schüler besuchten.
Er fühlte sich nicht mehr wohl in diesem kleinen Kloster.

SECHSTES KAPITEL

Mutter Liszt war gestorben. Zuerst kam ein Brief von Ollivier, daß die alte Frau ernstlich erkrankt und eine Lungenentzündung zu befürchten sei. Und fast gleichzeitig mit dem Briefe traf auch schon das Telegramm ein, das die Nachricht von ihrem Hinscheiden brachte. Dann ein Schreiben, das die Einzelheiten ihres Todes schilderte. Sie war insgesamt nur eine Woche lang krank gewesen. In den letzten Tagen befand sie sich bereits gar nicht mehr bei Bewußtsein. Still ging sie heim, den Übergang von ihrem kaum noch flackernden Leben zu dem ewigen Schlummer hatte man kaum bemerken können. »Ich habe die Arme zweimal geküßt«, schrieb Ollivier, »einmal in Papas Namen und einmal im Gedenken an Blandine.«

Der Abbé verspürte weder Schmerz noch Trauer, als er die Nachricht bekam. Seine erste Regung war Empörung. Es schien ihm, als hätte jemand, seine Abwesenheit ausnützend, seiner alten wehrlosen Mutter weh getan. Er wäre am liebsten aufgesprungen, um diesen Unbekannten mit wilder Kraft am Halse zu packen und zu erwürgen. Nur langsam besann er sich darauf, daß er am Tode selbst keine Rache nehmen konnte. Und erst dann ergriff ihn mit Allgewalt der Schmerz um die heimgegangene alte Frau, der er Fleisch von ihrem Fleisch und Seele von ihrer Seele gewesen war. Franzi empfand eine große und gähnende Leere, er hatte das Gefühl, als ob er eins seiner Glieder verloren hätte.

Zum Begräbnis konnte er nicht mehr rechtzeitig hinkommen, aber in einigen Wochen wollte er sowieso nach Paris reisen, weil er dabeisein wollte, wenn seine Graner Messe in der Kirche Saint-Eustache aufgeführt wurde. Unterdessen blieb er in Rom, wartete auf die amtliche Mitteilung wegen der Krönungsmesse und arbeitete an dem Christus-Oratorium. Er verkehrte in der Gesellschaft, verbrachte abends einige Stunden bei Carolyne, lebte ebenso wie ein Jahr zuvor, nur mit dem Unterschiede, daß er jetzt das Priestergewand trug. Die Damen der Gesellschaft und die Amerikanerinnen schwärmten nun eben für den Abbé, der nur *noch* interessanter und romantischer war als zuvor. Sein Zauber wuchs von Tag zu Tag und verbreitete sich wie eine Epidemie, man wußte gar nicht warum, er trat ja offiziell nicht mehr auf. Jetzt konnte es aber vorkommen, daß eine Amerikanerin den Stoff vom Polsterstuhl abtrennte, auf dem der Abbé gesessen hatte, und ihn einrahmen ließ. Wer das Heim dieser Amerikanerin besuchte, mußte sofort die stolze Prahlerei anhören, daß der erlauchte Körper des Abbé Liszt dieses eingerahmte Brokatstück berührt hätte. Bei der Einweihung des neuen Konzertsaales, der Sala Dante, dirigierte Sgambati seine Dante-Symphonie. Es war ein großer Erfolg, Handschuhe und Taschentuch des Komponisten waren verschwunden. Die Schwärmer hatten diese Sachen in Stücke zerrissen und unter sich verteilt. Endlich kam die Zeit der Pariser

Reise heran. Er nahm bei Ollivier in der Rue Saint-Guillaume Wohnung und bezog dieselben Zimmer, in denen noch vor kurzem seine Mutter gewohnt hatte. Franzi kramte fortwährend zwischen den altmodischen Sachen herum, vieles hatte er ihr zu ihren Namens- und Geburtstagen geschenkt. Er fand auch alte Bilder, unter anderen die Aufnahme der Großmutter im Kreise ihrer drei Enkel. Die Großmutter, Blandine und Daniel waren gestorben, nur Cosima lebte noch.
Ollivier führte ihn gleich am ersten Tage auf den Friedhof Montparnasse an das frische Grab. Barhäuptig beteten sie dort lange. Zwischen den Gräbern gingen vereinzelt Menschen; ihretwegen nahm Liszt eine gefällige Pose an. Er neigte den Kopf tief, reckte seine Gestalt im schlanken Priestergewand gerade wie ein Schilfrohr, und als der Märzwind sich in seinen langen Haaren verfing, strich er die ihm ins Gesicht hängenden Strähnen nicht nach hinten. Während er betete, ging es ihm durch den Sinn, daß es vielleicht doch nicht vornehm sei, am Grabe seiner Mutter zu posieren. Aber er wußte sofort eine Antwort: wenn wir unter Menschen gehen, machen wir uns ja auch zurecht. Es ist nur schicklich, auf das Äußere zu achten, und gebührt besonders dem, der weltberühmt ist und den die ganze Welt beobachtet. Dann kehrte er andächtig wieder zurück zu seinem trauernden Gebet; zwei heiße Tränen rollten seine Wangen entlang und gaben Zeugnis von der Aufrichtigkeit seiner Gefühle.
In der Kirche Saint-Eustache wurde die Messe auf eine sehr sonderbare Art aufgeführt. Die Kirchenbehörde hatte die Teilnahme von Frauen im Chor untersagt, deshalb mußten die Alt- und Sopranstimmen von Kindern gesungen werden. Von den Besuchern der Kirche verlangte man zugunsten des Fonds der Pariser Schulen einen gepfefferten Eintrittspreis, die Einnahme betrug fünfzigtausend Franken. Zu dieser prunkvollen Messe war auch Militär beordert, die Ehrenkompanie zog mit Militärmusik in die Kirche ein. Die schreienden Clairons verdarben die Stimmung der Zuhörer von vornherein. Bei der Wandlung präsentierte das Militär vorschriftsmäßig und rührte die Trommeln, obwohl gleichzeitig auf der Empore eine auf eine ganz andere Wirkung bemessene Kirchenmusik gespielt und gesungen wurde.
Die Presse nahm die Messe sehr ungnädig auf. Man nannte sie eine musiklose Musik, unverständlich und barbarisch. Mit bitterer Enttäuschung mußte Franzi lesen, daß D'Ortigue, seit dreißig Jahren sein innigster Freund und strenger Anhänger seiner Musik, ihn im Stich gelassen hatte. D'Ortigue schrieb, daß er das nicht mehr als Musik betrachten könne. Mit düsterem Hohn zitierte er in seiner Kritik die Worte der Bibel: »Laßt diesen Kelch an mir vorübergehen.« Auch Berlioz war in der Messe anwesend und erklärte vor verschiedenen Leuten, die seine Äußerung alsbald dem Komponisten weitergaben, daß das keine Musik sei und daß er von dem Ganzen nichts verstünde. Sehr bezeichnend war auch die ablehnende Kritik der »Li-

berté«. Die hatte niemand anders geschrieben als der Marquis Guy de Charnacé, der Schwiegersohn Maries. Man erzählte sich in Paris, daß die Musikkritiken des Marquis von seiner Schwiegermutter entworfen würden.
Marie war also immer noch seine Gegnerin. Es stellte sich auch alsbald heraus, daß sie ein noch heftigerer Feind war als je zuvor. Als er sie höflichkeitshalber besuchte, beglückwünschte ihn Marie kühl zum Pfarrock, zu der Erfüllung seiner alten Sehnsucht, sprach von ihren literarischen Plänen und teilte ihrem einstigen Geliebten mit, daß sie gerade eine zweite Auflage der »Nélida« vorbereite.
»Was?« sagte Franzi ganz starr. »Diesen schmachvollen Schlüsselroman wollen Sie jetzt nach zwanzig Jahren wiederaufleben lassen? Was hat das für einen Zweck?«
»Ich lasse ihn nicht als Schlüsselroman erscheinen«, erwiderte die weißhaarige Marie kalt, »der Verleger will ihn veröffentlichen. Ich bin ja schließlich auch Schriftstellerin, und der Name Daniel Stern hat keinen schlechten Ruf. Ich sehe nicht ein, warum ich mein altes Werk für ewig begraben soll.«
»Behaupten Sie im Ernst, daß Ihr Verleger das gewünscht hat? Und Sie wollen, daß ich das auch noch glaube? In diesem Buche haben Sie mich vor zwanzig Jahren als gewissenlosen, höherer Gefühle und Gedanken unfähigen, niederträchtigen Plebejer geschildert. Seit dieser Zeit ist das längst vergessen. Finden Sie es angebracht, das Ganze nochmals aufzuwärmen, jetzt, wo ich das Priestergewand trage?«
»Hier ist von Ihnen gar keine Rede, Franzi. Das Buch handelt nicht von uns, und es mag ruhig erscheinen. Ich will auch noch eins schreiben, das von uns handelt. Ich gedenke, meine Memoiren aufzuzeichnen. Das soll keine Anklageschrift werden. Ich habe meine Notizen schon zusammengestellt. Sie brauchen keine Angst zu haben: ich werde sachlich und aufrichtig sein. Könnten Sie mir nicht einen Titel für meine Memoiren sagen? Sie haben doch immer gute Einfälle?«
Franzi erhob sich.
»Ich habe auch jetzt einen. Nehmen Sie als Titel für Ihre Lebensgeschichte: ›Lügen und Heuchelei‹. Gott mit Ihnen, Marie!«
Er ging mit dem Entschluß fort, die Mutter seiner Kinder jetzt zum letzten Male gesehen zu haben.
Er war auch wieder bei Napoleon III. Der Kaiser unterhielt sich über eine halbe Stunde lang mit ihm. Die Audienz begann sehr heiter:
Franzi zeigte dem Kaiser seine Einladung in die Tuilerien, die die Kabinettskanzlei auf den Namen Abbé Laity ausgestellt hatte.
»In Paris hat man meinen Namen vergessen, Majestät.«
»Davon kann doch gar keine Rede sein. Aber man wird doch einem Abbé nicht zumuten, mit jenem berühmten Schürzenjäger identisch zu sein.«

Dann sprachen sie von Rom. Von jenem Bonaparte, dem Enkel Luciens, der als Geistlicher im Vatikan lebte und ungeduldig den Kardinalshut erwartete. Weiter kam das Gespräch auf Franzis Familie. Auf die unerhörte Klavierbegabung Bülows, auf die Enkel, auf das Münchener Opernleben und auf die Vorliebe König Ludwigs für Wagner.
»Ein gekrönter Mäzen ist ganz schön und gut«, sagte der Kaiser, »die Kleinbürger freuen sich aber meistens nicht darüber. Man meldete mir bereits aus München, daß die öffentliche Meinung die Aufwendungen für die Kunst zu hoch finde. Glauben Sie mir, lieber Liszt, es ist zweckmäßiger, politische Günstlinge zu haben als Künstler. Sie kosten weniger.«
»Zu diesem Zwecke kann ich Eurer Majestät meinen zweiten Schwiegersohn, Ollivier, empfehlen, der ein hervorragendes Mitglied des Parlaments Eurer Majestät ist.«
»Sie brauchen ihn mir nicht zu empfehlen. Ich halte ihn für einen sehr begabten Menschen. Er gehört nicht auf die Seite der Opposition. Im übrigen beginnt er sich jetzt ein wenig zu orientieren, was ich mit Freuden feststelle. Erzählen Sie mal einiges von ihm.«
Dem Abbé brauchte man nicht zuzureden. Mit überschwenglichen Worten pries Franzi die großartigen Eigenschaften seines Schwiegersohnes und entfernte sich vom Kaiser mit dem Gefühl, daß es ihm gelungen war, einen kleinen Dank dem Manne gegenüber abzutragen, der die arme Blandine für eine kurze Zeit so glücklich gemacht hatte.
Bevor er Paris verließ, bat er Kreutzer, den Geiger, er möge ihn mit D'Ortigue, Berlioz und anderen zusammenbringen, denen gegenüber er seit der Aufführung seiner Messe in eine etwas heikle Lage geraten war. Es fiel ihm zwar schwer, sie nach ihrer Kriegserklärung aufzusuchen, aber es lag ihm daran, ihnen die musikalischen Prinzipien seiner Messe zu erklären. Im Grunde genommen war er ihnen auch nicht böse und hatte die Hoffnung, daß er sie überzeugen würde. Kreutzer selbst war auch neugierig auf die Auslegung der neuen Musik. Er erinnerte sich, daß es bereits früher einmal eine solche musikalische Krise gegeben hatte. Beethoven hatte seinem Vater einst die Kreutzer-Sonate gewidmet, und dieser Vater verleumdete in heftigem Zorn denselben Beethoven als Revolutionär. Seit dieser Zeit hatte das Erbe Beethovens die ganze Welt überwunden. Und jetzt waren diese neuen Revolutionäre da: Liszt und Wagner. Er kannte sie als fähige Menschen und hegte den Gedanken, daß vielleicht doch etwas wahr sei an dem, was diese Neuen verkündeten. Er lud die von Liszt gewünschte Gesellschaft zusammen. Der Abbé begrüßte seine neuen Gegner und alten Freunde liebenswürdig und ohne jede Steifheit. In Verlegenheit gerieten die Gäste, nicht er. Er legte die Partitur der Messe auf das Klavier und suchte klarzulegen, daß das, was er schreibe, durchaus mit dem Rhythmus, der Harmonie und den ewigen Gesetzen der Melodie zu vereinbaren sei. Liszt nahm die ganze Messe durch. Er spielte volle vier Stunden lang, erklärte und antwor-

tete auf die immer schwächer werdenden Einwendungen. Endlich sagte er:
»Bitte, ich bin fertig. Jetzt bitte ich um eine aufrichtige Meinung.«
»Ich bin überzeugt«, erwiderte D'Ortigue, ohne zu zögern.
»Ich leugne es nicht, ich bin es auch«, bestätigte Kreutzer.
Aber Berlioz schwieg.
»Und du, Hektor?«
»Weiß Gott«, erwiderte Berlioz zögernd und achselzuckend, »auch ich sehe ein, daß du in vielem recht hast. Ich kann mich darüber bloß nicht recht freuen.«
Franzi wußte, warum Berlioz sich nicht freuen konnte – wegen Wagner. Von München aus breitete sich der Wagner-Kult bereits weiter aus. Vorerst nur unter einigen wenigen Auserwählten. Aber in jeder Stadt Europas fanden sich schon eine Anzahl Musiker, die Wagner für ein Genie hielten. Und überall gab es mutige Musikfreunde oder auch Scharlatane, die ohne Verständnis dem Interessanten der neuen Mode nachliefen und für das neue Wunder Partei ergriffen. Die Saat, die Franzi, der weltberühmte Musiker, in Weimar gesät hatte, begann in ganz Europa aufzugehen.
Überall steigerte sich Wagners Beliebtheit, nur in München war etwas nicht in Ordnung. Schon vor seiner Reise nach Paris hatte Franzi unangenehme Schilderungen über die Stimmung in München erhalten. Die Nachrichten aus dieser Stadt, von denen der Kaiser Napoleon geredet hatte, entsprachen vollauf den Tatsachen. Der sinnlose Luxus und die Verschwendungssucht Wagners waren in Bayern Landesgespräch geworden. Die Zeitungen begannen an der teuren Passion des Königs Kritik zu üben. Franzi konnte kaum erwarten, mit Hans zusammenzutreffen. Sie gaben sich in Holland ein Stelldichein, denn die Graner Messe wurde in Amsterdam um dieselbe Zeit angesetzt, als Hans dort konzertieren mußte.
Sie trafen sich also in Amsterdam. Cosima sah prächtig aus, sie war richtig jünger geworden, und Gesundheit, scharfer Verstand und Tatkraft strömten förmlich aus ihr. Um so mehr hatten die Münchener Aufregungen Hans mitgenommen. Er sah viel älter aus, seine Hand zitterte nervös, die Sorgen hatten tiefe Furchen unter seine Augen gezogen.
»Also nun mal los«, sagte der Vater, als sie ihr Zimmer abgeschlossen hatten, »nun erzählt mir alles von A bis Z.«
Hans begann mit müder und wehleidiger Stimme, aber schon in wenigen Minuten hatte ihn seine nervöse Erregung sehr mit fortgerissen. In seinen tiefliegenden, stumpfen Augen flammte plötzlich ein gefährliches Feuer auf, sein Gesicht wurde noch blasser. Der Schwiegervater stellte mit tiefer Anteilnahme fest, daß dieser erst sechsunddreißigjährige Mann schon viel müder und mitgenommener war als er, der Fünfziger.
Die Mißstimmung in München war schon früher aufgekommen. Anfänglich beschränkte sie sich auf unbedeutende Sticheleien am Hofe. Die Beam-

ten des Hofstaates, die noch aus der sparsamen Zeit des Königs Max stammten, sahen scheelen Auges auf jeden Betrag, den sie auf Geheiß des Königs an Wagner auszahlen mußten. Und als diese Anweisungen immer häufiger wurden und die Beträge zusehends wuchsen, entsetzte sich der ganze Hof über die ungeheure Verschwendung. Die allgemeine Entrüstung war so schnell und unvermutet aufgekommen wie ein Sturm im Sommer. Wagner mußte nach dem ersten in München verbrachten Jahre erleben, daß er der bestgehaßte Mann in der ganzen Stadt war. Dieser Haß dehnte sich natürlich auch auf seine Vertrauten, das Ehepaar Bülow, aus. Hans hatte in München bereits den Spitznamen: »Der Günstling des Königs.« Als der König abermals einen größeren Betrag für Wagner angewiesen hatte, holte Cosima das Geld. Die Beamten des Hofes nahmen offen gegen sie Stellung. Man fragte sie, ob sie Herr Wagner sei. Cosima erwiderte, sie sei nicht Wagner, sondern Frau von Bülow und die Sekretärin Wagners. Der Kassierer verweigerte die Auszahlung. Er verlangte eine schriftliche Vollmacht, obwohl er schon zehnmal Cosima derartige Beträge ausgezahlt hatte. Frau von Bülow erschien also am anderen Tage mit der schriftlichen Vollmacht. »Bitte«, sagte der Kassierer und zeigte auf einen Tisch. Dort lag das Geld bereit, aber in lauter Kupferstücken, eine ganze Wagenladung Geld. Cosima schluckte, ging fort, holte einen Mietwagen und zwei Arbeiter mit Säcken. Das Kupfergeld füllte vier Säcke, und sie fuhr es im Wagen nach Hause. Auf solche Art und Weise störte und quälte man sie überall und dauernd. Und hinterlistig machte sich auch ein Klatsch breit, der höchstens in einen Schauerroman gepaßt hätte. Man begann zu munkeln, daß den König eine krankhafte Neigung an Wagner binde.

»So ein Unsinn!« unterbrach Franzi den Bericht seines Schwiegersohnes. »Wie kann man so etwas überhaupt bloß sagen?«

»Sehr richtig«, pflichtete Hans bei. »Aber hör dir erst mal den anderen Klatsch an: Richard soll der Geliebte von Cosima sein.«

Franzi blickte blitzschnell seine Tochter an. Was sein Schwiegersohn sagte, traf ihn wie ein Faustschlag. Derselbe Gedanke lebte als unausgesprochener Verdacht schon seit langem in ihm, aber erst jetzt nahm er Form an. Mit scharfen, forschenden Augen sah er Cosima ins Gesicht. Er hatte aber keine Zeit, sie zu beobachten, denn unerwartet brach in diesem Augenblick Hans in Tränen aus.

»Diese zwei Menschen sind das ganze Glück meines Lebens«, sagte er weinend. »Cosima und Richard. Ich liebe sie mehr als mich selbst. Ich liebe sie aus ganzem Herzen. Und die Niederträchtigkeit der Menschen läßt uns nicht ruhig leben. Ist das nicht fürchterlich? Ich bin manchmal so verzweifelt, daß ich, wenn die Kinder nicht wären, gar nicht wüßte, was ich täte . . .«

Beide trösteten den von heftigem Schluchzen geschüttelten Mann. Cosima faßte seine Hand und mahnte ihn zur Ruhe. Franzi umarmte ihn und strich

ihm über den Kopf, wie man es bei kleinen Kindern tut. Hans aber hörte nicht auf zu weinen.
»Was soll ich machen? Wo soll ich Ruhe finden? In dieser Hetzjagd *muß* man verrückt werden. Ich werde erst dann ruhiger sein, wenn ich irgendwo Konzerte gebe und Cosima zu Richard schicke. Der ist ja so allein, dieser große Mann, dieser wunderbare Feuergeist, seit er aus München weg ist. Wenn Cosima bei ihm weilt, lebe ich wenigstens glücklich in dem unaussprechlichen, unermeßlichen Vertrauen, das ich den beiden entgegenbringe.«
Endlich gelang es beiden, ihn zu beruhigen. Mit zitternder Hand drückte er das Taschentuch an die rotgeschwollenen Augen und sprach dann mit verweinter Stimme weiter. Die allgemeine Stimmung habe sich dermaßen verschlechtert, daß Richard es vorgezogen habe, nach der Schweiz zu fahren. In der Nähe von Luzern habe er einen kleinen Ort namens Triebschen gefunden. Jetzt sei er auch dort und arbeite. Die Instrumentation der »Meistersinger« habe er schon beendet, das Finale habe Cosima mitgebracht, als sie ihn besucht hätte. Jetzt hege er einen ungeheuerlichen Plan, unter seinen unerhörten Werken das unerhörteste: Parsifal. Die Apotheose des Glaubens und der christlichen Reinheit mit dem erschütternden Wunder des das Blut Christi bewahrenden Grals-Kelches.
Franzi ließ sich noch berichten, wie demnach die augenblickliche Lage in München wäre. Sie erzählten ihm, daß der König unter dem Druck der allgemeinen Stimmung gezwungen sei, sich von Wagner zu trennen. Wenigstens vorübergehend. Doch er würde ihn wohl überhaupt ganz aufgeben, da sie sich selbst über künstlerische Fragen entzweit hätten. Der Darsteller des »Tristan«, der großartige Schnorr von Carolsfeld, war nämlich gestorben. Sie drei wollten Tichatschek als seinen Nachfolger sehen, aber der König hatte gesagt, daß *er* den Tichatschek nicht möge. Den gealterten Tenor könne er höchstens zur Fußwaschung am Karfreitag verwenden. Jetzt trotzten sie deshalb beide, sowohl Wagner als auch der König. Diese Situation gestaltete wiederum auch Hans' Lage kritisch. Was sollte er in München ohne Wagner machen?
Franzi hörte kaum noch auf ihre Worte. Er sehnte sich danach, mit seinen Gedanken allein bleiben zu können. Als er sich niederlegte, versäumte er sogar, das alltägliche Brevier zu lesen, zu dem ihn sein niederes Kirchenamt zwar nicht verpflichtete, das er trotzdem aber jeden Tag fleißig las, um auch vor sich selber kirchlicher zu erscheinen. Jetzt öffnete er das schwarze Buch nicht einmal, das mit seinem roten Schnitt im Nachttischkasten liegenblieb. Er mußte jetzt über die erschütternden Mitteilungen nachdenken, die ihm in das bisher unbegreiflich gewesene Dunkel einen Lichtstrahl geworfen hatten. Was ist das mit den »Meistersingern«? Wer ist diese Eva, die Walther Stolzing den väterlichen Gefühlen des alten Sachs entreißt? Er richtete sich plötzlich mit einem Ruck im Bette auf. Diese Frau ist niemand anders

als Cosima! Walther Stolzing, der neue Künstler von Gottes Gnaden, nimmt Eva dem Hans Sachs weg, dem wahren Dichter und Sänger, dem einzigen, der seine Kunst versteht. Wagner wußte, daß er, Franzi, von seinen Kindern Cosima stets am liebsten gehabt hatte. Jetzt nimmt er sie ihm. Und unter Beckmesser ist nicht mehr Hanslick zu verstehen, sondern der linkische, weinerliche arme Hans, den dieser Tyrann in seiner tiefsten Seele verachtet.

Franzi empfand einen brennenden Schmerz. Der Gedanke, daß dieser Mensch Cosima begehrte, erfüllte ihn mit wahnsinnigem Zorn. Und er fühlte auch einen mächtigen Groll gegen Cosima in sich hochsteigen bei dem Gedanken, daß der Münchner Klatsch vielleicht doch nicht jeden Grundes entbehrte. Dieser unglückliche Hans sperrte die beiden in seiner blinden Begeisterung ja förmlich zusammen! Er selbst schickte seine Frau ja allein nach Triebschen zu Wagner. Fürchterlich! Wenn das zutraf, was sollte dann mit dem seelischen Gleichgewicht Bülows werden?

Über den auf ihn einstürmenden Gedanken konnte er bis zum Morgengrauen nicht einschlafen. Und er beschloß, sich am anderen Tage über diese Angelegenheit unbedingt Klarheit zu verschaffen. Er mußte aus Cosima unter allen Umständen die Wahrheit herausholen. Er brauchte ja nur unter vier Augen mit ihr zu sprechen. Dazu bot sich aber keine Gelegenheit. Franzi drängte nicht darauf. Er dachte, die passende Stunde werde schon von selbst kommen.

Im Grunde genommen wußte er aber, daß diese Verschleppung nur eine Ausrede von ihm selber war. Er hatte Angst vor seiner Tochter. Vor dem stolzen, kalten und harten Blick Cosimas wich sogar er zurück. Und ebenso wie in der Liebe, so ist auch im Verhältnis der Eltern zu den Kindern derjenige der schwächere, der den anderen mehr liebt. Liszt fürchtete, von Cosima eine barsche und zurückweisende Antwort zu erhalten, wenn er sie auszufragen begänne. Und das hätte ihm noch viel mehr weh getan als dieser quälende Verdacht. Die Liebe Cosimas dünkte ihm wichtiger als alles andere auf dieser Welt. Und er fand auch tatsächlich keine Gelegenheit, mit seiner Tochter im Vertrauen zu reden. Die Aufführung der Messe, sein Verkehr mit der Gesellschaft in Amsterdam, der Hof der Königin von Holland nahmen ihn viel zu sehr in Anspruch. Hier mußte er seinen Dank ganz besonders zum Ausdruck bringen; denn seine Messe hatte in dem protestantischen Lande den größten Erfolg. Das Amsterdamer Ereignis war die neunte Aufführung der Messe. Dann mußte er zur Königin zur Audienz. Auch Bülows hatten tausenderlei zu erledigen, und auf die Bitte der Königin sollte er dann noch nach dem Haag fahren. Mit Cosima konnte er nicht sprechen. Nur als sie sich verabschiedeten, sah er ihr tief und forschend in ihre klugen, blauen Augen. Cosima erwiderte diesen Blick standhaft. In ihrer Seele wohnte der Hochmut ihres Vaters.

Über Paris fuhr er nach Rom. Die Zeitungen waren voll von Nachrichten über die preußisch-österreichische Spannung. Im Juni brach der Krieg aus. Auch Bayern nahm an ihm auf seiten Österreichs teil, desgleichen Italien auf seiten Preußens. In Rom herrschte außerordentliche Erregung. Franzis Einstellung zum päpstlichen Staate hätte ihm eigentlich eingeben müssen, dem machtgierigen weltlichen Italien eine Niederlage zu wünschen; die Mehrzahl der Einwohner sehnte sich aber danach, Venedig von der Knechtschaft der Habsburger frei zu sehen. Die diplomatischen Salons, in denen sich Liszt bewegte, erhielten jeden Tag genaue Nachrichten. Und er geriet in eine sonderbare Verfassung: seinen Herrscher, Franz Joseph, wollte er geschlagen sehen, denn eine österreichische Niederlage hätte der ungarischen Einigung nur genützt! Er wünschte also jenem einen Mißerfolg, den er in seiner Krönungsmesse zu verherrlichen beabsichtigte! Aber auch während dieser aufregenden Tage dachte er immerzu an Cosima.

Durch seine diplomatischen Freunde bekam er Münchener Zeitungen. Die fielen jetzt einmütig über das Ehepaar Bülow her. Franzi las in Rom den »Neuen Bayrischen Kurier«, der in einem heftigen Artikel Hans und Cosima angriff. Andere Zeitungen gleichfalls, allesamt wegen Wagner. Der frechste Artikel war im »Volksboten« erschienen. Schonungslos beleidigte diese Zeitung das Ehepaar und schrieb ganz unzweideutig, daß Wagner ein Liebesverhältnis mit Cosima habe.

Als dieser Artikel erschien, war Hans allein in München. Cosima hielt sich in Triebschen bei Wagner auf. Der förmlich zu Tode gehetzte Gatte forderte den Redakteur der Zeitung zum Zweikampf; der Mann war aber nicht geneigt, sich zu schlagen. Da wollte er ihn wenigstens zu einer Berichtigung zwingen und bat den ungarischen Musiker Mihalovics, zu vermitteln, der sich auf Franzis Anraten Cornelius angeschlossen hatte, um bei ihm weiterzulernen. Mihalovics übernahm den Auftrag, vermochte aber nichts zu erreichen. Ganz auf sich selbst angewiesen, hiflos, kämpfte Hans allein in diesem öffentlichen Skandal und floh schließlich, alles im Stich lassend, wie ein gehetztes Wild zu seiner Frau und zu seinem Freunde. Von dort schrieb er an König Ludwig, er gebe seine Münchener Stellung auf. Mit Richard und Cosima beriet er dann über die Zukunft und beschloß, sich in Basel niederzulassen.

Das alles erfuhr Franzi zusammenhanglos aus Briefen, die nach großen Umwegen eintrafen, und durch unterderhand beschaffte Zeitungen. Er sah noch immer nicht klar. Wie stand es nun in Wahrheit zwischen seiner Tochter, seinem Schwiegersohne und Wagner? Langsam gewöhnte er sich jedoch an den Gedanken, daß ein Liebesverhältnis zwischen Cosima und Wagner nicht unmöglich wäre. Diese Erkenntnis tat ihm noch immer sehr weh, und nach der Art hingebungsvoller Väter empfand er eine quälende Eifersucht gegen Wagner, wie er sie gegen Bülow nie gefühlt hatte. Er verstand das selbst nicht. Franzi beruhigte sich aber damit, daß es kein größeres Geheimnis gebe als unsere eigene Seele. Wenn ihn auch dieser Verdacht unverändert mit lodernder Empörung erfüllte, so konnte er jetzt immerhin schon etwas menschlicher über die Sache denken. Ganz gleichgültig, wie es sein mochte, nur: Cosima sollte glücklich werden!

Inzwischen beendete er die Christus-Symphonie, an der er schon seit Jahren gearbeitet hatte. Er gönnte sich nicht einen einzigen Tag Ruhepause und begann sofort mit der Krönungsmesse, obgleich er die offizielle Aufforderung noch immer nicht erhalten hatte. Wiederum konnte er sein ganzes Vertrauen nur in den Baron Augusz setzen, und obwohl er schon lange hatte warten müssen, irrte er sich auch diesmal nicht. Die verlorene Schlacht bei Königgrätz hatte Franz Joseph veranlaßt, die ungarische Angelegenheit nunmehr so schnell als möglich und so gründlich als mögich in Ordnung zu bringen. Die Krönungsfeierlichkeit wurde nunmehr aktuell, und eines schönen Tages kam ein Brief, in dem Baron Augusz im offiziellen Auftrag Franz Liszt die Komposition der Krönungsmesse anheimgab. Und zwar dringend: es war schon März, und die Krönung sollte im Juni stattfinden.

Cosima bekam inzwischen ihr viertes Kind. Auch das war ein Mädchen, und der Großvater in Rom, dessen Gedanken andauernd bei Wagner weilten, fragte sich in gequältem und düsterem Nachsinnen, wer wohl der Vater dieses Kindes sei.

SIEBENTES KAPITEL

Die Krönungsmesse stieß anfänglich auf ebensoviel Schwierigkeiten wie seinerzeit die Graner Messe. In Pest wollte man, in Wien nicht. Die Burg besaß ihr eigenes Orchester, und dieses hatte auch einen Dirigenten. Und der Dirigent vermochte sich nicht so ohne weiteres damit abzufinden, daß unter dem Zepter Franz Josephs ein offizielles Fest stattfinden könne, über dessen Musik nicht er zu entscheiden hätte. So geriet die Krönungsmesse in den Mittelpunkt einer allgemeinen rechtlichen Debatte. Der Fürstprimas Scitovszky war gestorben, seinen Platz nahm der junge Bischof von Raab, Johannes Simor, ein. Ihn für die Liszt-Messe zu gewinnen, war eine besondere Aufgabe, und der Baron Augusz konnte nichts anderes tun, als andauernd vom Kirchenfürsten zum Hof und zurück zu reisen. Auch den Kultusminister, Baron Eötvös, hatte man dafür interessiert. Die Angelegenheit wollte jedoch nicht vorwärtskommen. Endlich war man gezwungen, sich an die schöne Kaiserin zu wenden; denn am Hofe hatte man sich gegen die Liszt-Messe entschieden und bestimmt, daß der Dirigent des Wiener Hoforchesters über die vorzuführende Kirchenmusik entscheiden sollte. Die

Kaiserin Elisabeth, die sich in Wien wie eine Fremde fühlte und sich gegen die mächtige Partei ihrer Schwiegermutter, der Erzherzogin Sophie, auf die Ungarn stützen wollte, nahm sich tatsächlich der Sache an. Zuletzt entschied sie die Frage: zur Krönung sollte die Messe von Liszt aufgeführt werden.
Es herrschte ein unbeschreiblicher Jubel in Pest, als der Abbé aus Rom dort ankam. Die Ungarn hatten nach fast zwanzigjährigen Leiden den Sieg ihrer nationalen Sehnsucht endlich erreicht: der Herrscher kam zu ihnen, um die Krone St. Stefans auf sein Haupt zu setzen und den Schwur auf die Verfassung abzulegen. Die beiden Donaustädte, das alte Ofen und das junge Pest, waren eitel Farbe und Glanz, beflaggte Häuser, mit Teppichen geschmückte Fenster, Blumengirlanden, festlicher Kanonendonner, unerhört viele Menschen auf den Straßen, auf Schritt und Tritt ungarische Galatracht, Reiterscharen, Festzüge.
Franzi bekam in der Innerstädter Pfarrabtei Wohnung, beim Abtpfarrer Schwendtner, der ihn bei seinem letzten Pester Aufenthalt ein für allemal zu sich eingeladen hatte. In einem Hotel hätte er jetzt auch gar kein Zimmer bekommen können, die vom Lande hereingepilgerten Massen mußten zum großen Teil sogar unter freiem Himmel kampieren.
Die Hauptprobe leitete der Komponist selbst in der wunderbaren Kirche der Burg, deren amtlichen Namen niemand gebrauchte und die jedermann nur Matthiaskirche nannte. Hier sollte die Krönung stattfinden. Während der Probe arbeiteten die Werkleute noch fleißig im Hauptschiff und an den Seitenaltären. Diese Messe war wesentlich kürzer als die andere. Sie durfte insgesamt nur dreißig Minuten in Anspruch nehmen. Sämtliche Sätze faßte er also kurz. Für das Kredo benutzte er den alten Cantus firmus, er schrieb es für gemischten Chor mit Orgelbegleitung, ohne Orchester, an die gregorianische Art erinnernd. Für das Benediktus hatte er ein Violinsolo geschrieben, weil er Reményi das schon seit langem versprochen hatte. Der ganzen Messe verlieh er eine ungarische Färbung: Schon in das Kyrie flocht er ungarische Motive ein, und in dem Gloria, das diesmal der Hauptsatz der Messe war und ein Drittel des gesamten Werkes einnahm, ließ er die Erinnerung an den Rákóczi-Marsch erklingen. Im Sanktus faßte er dann sämtliche ungarischen Motive nochmals zusammen. Die Hauptprobe gelang sehr gut. Es schmerzte ihn zwar ein wenig, daß nicht er die Messe dirigieren würde; er klagte aber nicht, in der allgemeinen stürmischen Freude hätte man sowieso auch gar nicht auf ihn gehört.
Diesmal kam er aber nicht nur als Komponist und Tondichter und als Ungar nach Pest, er hatte auch einen besonderen kirchlichen Rang: er war der Ad-hoc-Beauftragte des Papstes. Liszt meldete sich sofort beim Hofe zur Audienz, und als man seine Meldung zuerst belächelte, nannte er seinen besonderen Auftrag. Pio Nono hatte ihn persönlich beauftragt, Franz Joseph das Krönungsgeschenk des Papstes und dessen Glückwünsche zu

überbringen. Da sah man ihn sofort mit anderen Augen an. Und er gelangte auch unverzüglich vor das Antlitz des Kaisers.
Franzi blieb vor dem Herrscher stehen, in seiner Hand den Kunstgegenstand, einen kleinen Altar aus purem Golde mit Perlmuttereinlage. Und er wartete auf die von der höfischen Etikette vorgeschriebene Anrede; denn solange der Kaiser nichts sagte, mußte er auch schweigen.
»Sie kommen von Seiner Heiligkeit«, sagte endlich der Herrscher.
»Zu dienen, Majestät. Im gütigen Auftrage Seiner Heiligkeit erlaube ich mir, Eurer Majestät dieses Geschenk zu überreichen und gleichzeitig die herzlichsten Glückwünsche des Heiligen Vaters zum Ausdruck zu bringen.«
Franz Joseph nahm das Geschenk entgegen, betrachtete es und stellte es dann auf seinen Schreibtisch.
»Das Geschenk Seiner Heiligkeit ist wunderbar und erfüllt mich mit großem Danke. Wie steht es um die Gesundheit Seiner Heiligkeit?«
»Gott sei Dank gut! Im Hinblick darauf, daß der Heilige Vater schon fünfundsiebzig Jahre alt ist, versieht er mit bewundernswürdiger geistiger Frische seine für die ganze Welt geltende Arbeit. Es ist zu hoffen, daß er noch lange Jahre die katholische Kirche leiten wird.«
»So soll es sein! Das letzte Mal erschienen Sie vor mir in bürgerlicher Kleidung, jetzt tragen Sie den Priesterrock. Wie ich gehört habe, sind Sie Geistlicher geworden?«
»Jawohl, Majestät. Durch die besondere Gnade Gottes habe ich die unteren Würden empfangen können.«
»Sehr schön, das freut mich sehr. Gott zu dienen ist immer der schönste Beruf. Sie kehren von hier nach Rom zurück?«
»Zu dienen, Majestät.«
»Ja. Für die rührende und wirklich wohltuende Aufmerksamkeit Seiner Heiligkeit werde ich mich besonders bedanken; wenn Sie aber Gelegenheit haben, vor Seiner Heiligkeit erscheinen zu können, teilen Sie ihm gleichfalls mit, wie sehr ich von diesem wunderbaren Geschenk entzückt war. Ihnen danke ich herzlichst für Ihre Bemühungen, und als Zeichen meines Dankes ernenne ich Sie zum Ritter meines Franz-Joseph-Ordens. Gott geleite Sie!«
Der Kaiser reichte ihm die Hand. Geistlichen Persönlichkeiten reichte er stets die Hand. Den Beauftragten des Papstes aber wollte er erst recht ehren. Und er schlug auch dabei die Hacken zusammen. Kaum merklich nickte er sogar mit dem Kopfe.
Und wen traf Franzi in einem der Säle? Den Fürsten Konstantin Hohenlohe! Der nunmehrige kaiserliche Adjutant – das zeigte seine Dienstschärpe – hatte zwar im Augenblick keine Zeit zu einem längeren Gespräch, sie konnten nur einige kurze Sätze miteinander wechseln. Er erkundigte sich schnell, wie es seinem Bruder, dem Kardinal Gustav, ginge. Dann bedauerte

er, daß der Meister so sehr in Anspruch genommen sei, daß er sich nicht mit der Fürstin Manja treffen könne, die das von ganzem Herzen bedauern würde; sie gedächte des Meisters immer mit großer Liebe. Nach dem Befinden der Fürstin Carolyne fragte er jedoch nicht. Carolyne hatte sich mit ihrer Tochter brieflich schon längst wieder ausgesöhnt, sie wechselten häufig Briefe miteinander über die drei Enkelkinder, aber Schwiegersohn und Schwiegermutter blieben ihrem Groll treu. Alles das geschah am 4. Juni, die Krönung war auf den 8. festgesetzt. Der Komponist wartete drei volle Tage auf seine Einladung und die Karte zu dem Fest in der Matthiaskirche. Und er hatte bis zum Abend des 7. Juni vergeblich gewartet. Da war es schon zur Gewißheit geworden, daß man den Komponisten der Krönungsmesse zur Krönung nicht eingeladen hatte! Vor dem Schlafengehen, als er mit dem Abtpfarrer allein war, meinte dieser mit Empörung:
»Es ist doch unerhört von den Wienern, eine solche Taktlosigkeit sich zu leisten! Wenn das mir passiert wäre, ich würde nicht hingehen.«
»Dazu hätte ich auch die größte Lust. Ich möchte aber zu gern meine Musik in der Kirche hören. Und dann ist das obendrein eine grundsätzliche Frage. Ich möchte beweisen, daß der Künstler bei seinem eigenen Werke seinen Platz hat, den ihm der liebe Gott selbst anweist. Und der liebe Gott ist eine größere Macht als das Organisationskomitee. Ich *werde* hingehen. Mag kommen, was will, ich werde in der Kirche sein!«
Am anderen Tage stand er schon im Morgengrauen auf, zog seine schönste Seidenrobe an und ließ sich in die Burg fahren. Sein Mietwagen wurde unterwegs achtmal angehalten. Alle acht Male gab er die Auskunft, daß er Franz Liszt sei und keine Einladung aufweisen könne. Und jedesmal ließ man ihn sofort weiterfahren. Zu beiden Seiten umsäumte eine dichte Menschenmenge den Weg, viele hatten sich schon um Mitternacht eingefunden, um einen guten Platz zu bekommen. Auf dem beflaggten, teppichausgelegten und pompös feierlichen Platz vor der Kirche mußte er aussteigen. Wieder hielt man ihn mehrmals an und ließ ihn dann weitergehen. Da war kein Polizeibeamter und kein Offizier, der es nicht ganz natürlich fand, daß Franz Liszt zu seiner eigenen Messe ging. Es vergingen noch viele Stunden bis zum Beginn der Feier, aber es befanden sich schon sehr viele Leute in der Kirche. Liszt ging hinauf zum Chor und wartete. Und allerlei Gedanken bestürmten ihn.
Es war wieder das Verhältnis zwischen der weltlichen Macht und der Kunst, das ihn beschäftigte, dieses schmerzliche Problem, für das er einer der bedeutendsten Kämpfer war. Er war der erste Musiker, der schon in seiner Kindheit an der Tafel der hohen Herren gesessen hatte. Ihm war es gelungen, die Vorurteile der Pariser Gesellschaft zu brechen, die den Künstler bis dahin höchstens ins Schlafzimmer eingelassen hatte, in das Speisezimmer und in den Salon aber nicht. Er hatte sich in einer ganzen Reihe von Artikeln für das Recht des Künstlers eingesetzt, den die Gesellschaft nicht

mehr als Zigeuner behandeln sollte, sondern als Menschen. Seinetwegen mußte man in Madrid die spanische Etikette ändern, er hatte den Zaren darauf aufmerksam gemacht: wenn die Kunst redete, habe auch die Krone zu schweigen. Sein Leben war ein stolzes Beispiel dafür, wie dem Auserwählten im Reiche der Musik auch die größten Ehrungen von Staat und Gesellschaft zuteil werden. Und in seiner Heimat mußte er jetzt diese erschrekkende, brutale Taktlosigkeit erleben, diese hochmütige höfische Geste, die den lästigen Wurm von dem prächtigen Schnürenrock abstreift! Ob Franz Joseph das wußte? Kaum. Der Monarch hatte jetzt keine Gedanken auf so etwas. Wenn er es wüßte, würde er sofort Abhilfe schaffen. Nicht aus Achtung vor der Kunst, die ja keine Eigenschaft des unmusikalischen, von Kopf bis Fuß militärischen Kaisers war. Aber dieser Franz Joseph war ein Meister der Würde, der Rangunterschiede, der Schattierungen in der Gunsterweisung. Den Mann, der ihm das Geschenk und die Grüße des Papstes gebracht hatte, hätte er unter keinen Umständen von einer kirchlichen Zeremonie ausgeschlossen. So etwas taten nur die höfischen Bürokraten, die Gelehrten des Gothaer Almanach, die einfältigsten Türhüter der Vornehmheit, deren Blick, wie bei Pferden vor einem Wagen, auf beiden Seiten durch Scheuklappen gegen das wahre Leben verdeckt war. Ihr Herrscher und Gebieter war anders. Dessen Beruf und Leben konnte man geradezu tragisch nennen, weil er es ernst nahm. Kaiser Maximilian fiel ihm ein, der sympathische blonde Bruder Franz Josephs, der jetzt in Mexiko sein Todesurteil erwartete, und an Charlotte mußte er denken, die unglückselige belgische Königstochter, die aus dem fürchterlichen Mexiko nach Rom geflüchtet war und im Vatikan geisteskrank wurde. Sie wollte aus den geweihten Mauern nicht wieder hinaus in das Entsetzen. Gegen jede Etikette mußte man ihr in einem in der Nähe der päpstlichen Gemächer liegenden Zimmer ihr Bett zurechtmachen. Man mußte ihrem Bruder, dem Herzog von Flandern, telegraphieren, daß er sie entferne. Franzi hatte sich im Vatikan erzählen lassen: im Gepäck der geistesgestörten Frau hatte man zwölferlei Gegengifte gefunden. Sogar im Vatikan hatte sie Angst gehabt, daß man sie umbringen könnte, und als sie mit dem Papst zusammen speiste, hatte sie stets die Speisen ausgetauscht.

Die Matthiaskirche füllte sich langsam mit den Auserwählten, die eine Einladung bekommen hatten. Und plötzlich lief eine heftige Erregung über den Chor: der Aufzug begann, anschließend die Messe. Franzi verfolgte nicht die in Weihrauch gehüllte weltliche Szene, als der Fürstprimas Simor dem Kaiser die Krone aufs Haupt setzte. Er achtete nur auf die Musik, auf das erhabene Orgelbrausen des Gloria, das zum Himmel erklang. In diesem Augenblick war er, der Tondichter, die Stimme der ungarischen Nation.

Als zum Schluß der Messe das Amen verklang, befand er sich nicht mehr auf der Empore. Noch während des Sanktus drängte er sich durch die zusammengepferchten Mitglieder des Chores, schritt die Treppe hinab und

ging bis zu den hinten Stehenden am Eingang. Mit den Stimmen des Amen war das Ganze für ihn beendet. Zum Anhören der Messe hatte er ein Recht gehabt, zu allem anderen nicht. Er trat hinaus ins Freie.
Am Dreifaltigkeitsplatz, wo die Garde in Reih und Glied wartete und die prächtigen Kutschen standen, rannten drei zugleich auf ihn zu. Er war der erste, der aus der Kirche getreten war.
»Was ist los? Wohin wollen Sie bitte?«
»Ich gehe nach Hause.«
Man staunte über ihn und ließ ihn seines Weges gehen. Inzwischen nahmen die Zeremonien ihren Fortgang. Liszt stieg langsam die Treppen der Bastei hinunter. So kam er auf die Albrechtstraße. Zwei Reihen der lebensgefährlich aneinandergepreßten Zuschauer, an die hunderttausend Köpfe säumten hier von beiden Seiten die Straße. Der Abbé trat in die Mitte des Fahrdammes. Er ging nach Hause. Franz war eine geistliche Persönlichkeit, keinem Polizisten fiel es ein, ihn anzuhalten. Die Menge glaubte, daß der Zug sich oben bereits in Bewegung gesetzt habe und daß dieser Geistliche der erste davon wäre. Man begann vereinzelt »Eljen« zu rufen. Alsbald erkannte man aber den weltberühmten Landsmann. Die »Eljen«-Rufe schwollen im Handumdrehen zu einem Sturm an.
»Eljen Liszt!«
Diese »Eljen«-Rufe hatten bei der Menge schon in der Luft gelegen. Zwar nicht für den Tondichter, sondern für den Zug, der aus der Matthiaskirche mit dem gekrönten ungarischen König zusammen sich hinunterbewegen sollte auf den Platz des königlichen Eides und zum Krönungshügel. Die wartende Masse war aber für jede Gelegenheit dankbar, die ihren Wunsch nach einer Demonstration befriedigte. Der Abbé Liszt schritt in der Mitte der Straße, allein, die Junisonne stach auf ihn hernieder; hinter ihm und vor ihm war die Straße leer, zu beiden Seiten stand die Menge. Und wie er abwärts schritt, begleitete ihn auch der Sturm der »Eljen«-Rufe. Als ob dieser schlanken Gestalt ein geheimnisvolles Fluidum entströmt wäre, das die Begeisterung der Wartenden entzündete. So ging er unter andauernden »Eljen«-Rufen die Albrechtstraße entlang und gelangte bis an die Kettenbrücke, an deren Ofener Brückenpfeilern sich Tribünen erhoben, dichtbesetzt mit Menschen in ungarischer Galatracht. Ein Orkan von »Eljen«-Rufen begleitete ihn ununterbrochen. So betrat er die Kettenbrücke, auf der unzählige Fahnen flatterten. Nun schritt er über die Brücke, und so gelangte er nach Pest. Auf dem ganzen Wege niemand, kein einziges Gefährt, nur er ganz allein. Und er ging barhäuptig, sein langes weißes Haar fiel auf seine Soutane herab. Als ob ganz Ungarn zu beiden Seiten Aufstellung genommen hätte, um den Weg des Raidinger Wunderkindes mit »Eljen«-Rufen zu begleiten. Als ob das Meer einer Nation ihm einen Weg freigegeben hätte, damit er vor den Augen des ganzen Landes in seinem von Sonnenstrahlen schimmernden Seidengewand vorbeischreiten könne.

Auf der Pester Seite wandte er sich nach rechts, wohin ihn sein von der Menschenmenge und von Tribünen gesäumter Weg sowieso geführt hätte. Er wohnte zufällig in der Nähe des Krönungshügels und wollte einfach nach Hause gehen. Begeisterte »Eljen«-Rufe und Hüteschwenken begleiteten ihn auf der Pester Seite. Als er endlich in die Nähe der Innerstädter Abteikirche kam, wandte er sich zur Seite und ging in die Menge hinein, die ihn mit einem Male verschlang. Aus unmittelbarer Nähe rief man ihm »Eljen« zu, er bemerkte das glückliche Aufleuchten der Augen, er sah die begeisterte Röte der sich ihm zuwendenden Gesichter. Wenn jemand aus den Wolken seinen Weg verfolgt hätte, so konnte er die förmlich greifbar gewordenen »Eljen«-Rufe in der Menge wahrnehmen, die dahinbrausten wie ein Wirbelwind über den Schaumköpfen des Meeres. Dieser aus »Eljen«-Rufen bestehende Wirbelwind zeigte an, daß dort in der Menge Franz Liszt der Pfarrabtei zuging.
Im Torbogen der Pfarrabtei blieb er endlich stehen. Er blickte sich um. Auf der anderen Seite sah er den Turm der Matthiaskirche. Von dort war er vor einer halben Stunde weggegangen. Diesen Weg abwärts, über die Brücke hinweg und das ganze Ufer entlang, hatte ihn das ganze Land eine geschlagene halbe Stunde gefeiert. Seit den Triumphzügen der siegreichen Heerführer des klassischen Rom war einem anderen Menschen solch ein Triumphzug wohl kaum beschieden gewesen. Die dort in seiner Nähe standen, sahen ihn jetzt noch mit glänzenden Augen an und riefen ihm »Eljen« zu. Er winkte ihnen mit der Hand. »Mein Vaterland ist stolz auf mich«, sagte er mit einem gesteigerten und hochmütigen Glücksgefühl in sich, »und ich bin auf Ungarn stolz.«
Dann trat er in das Gebäude ein. Von der Krönung sah er nichts mehr.

ACHTES KAPITEL

In diesem Sommer feierte Rom das Zentenarium der St.-Peters-Kirche. Das Straßenbild war bunt und bewegt, Rom prangte majestätisch als die geistliche Hauptstadt der Welt. Fünfhundert Bischöfe und Prälaten waren nach der Ewigen Stadt gekommen und den Zeitungsmeldungen nach ungefähr vierzehntausend Geistliche. Die Franzosen trugen niedrige Schuhe mit Schnallen, die Spanier Don-Bartolo-Hüte über ihren Asketengesichtern, sie benahmen sich sehr gemessen und ruhig. Die Deutschen, zum größten Teil Tiroler und Bayern, trugen Zylinder, viele der slawischen Geistlichen hatten Bärte und Schnurrbärte. Die östlichen Popen sahen aus wie Patriarchen

des Alten Testaments. Auch maurische und chinesische Geistliche konnte man in Gewändern sehen, die Rom bisher überhaupt nicht gekannt hatte. Es gab sogar einen Erzbischof, der einen Ring durch die Nase trug. Der Katholizismus der ganzen Welt traf sich in der Hauptstadt. Zwischen all den Fremden bewegten sich lebhaft und ungezwungen die Italiener. Ein Fest übertraf das andere. Als bei festlicher Beleuchtung der Peterskirche eine nächtliche Prozession veranstaltet wurde, nahmen vierhundert Erzbischöfe und Bischöfe am Zuge teil, mit den verschiedensten Mitren und Kronen, jeder eine brennende Kerze in der Hand. Am Tage darauf erregte am Monte Pincio der katholische Bischof der Türkei Aufsehen, der einen Teppich hinter sich hertragen, ihn ausbreiten ließ, sich mit gekreuzten Beinen darauf niedersetzte und seine Pfeife rauchte. Einem chinesischen Bischof hatte der Papst eine Audienz erteilt, man fand aber keine Sprache zur gegenseitigen Verständigung, da der Chinese nicht Lateinisch konnte.
In dem von unzähligen Geistlichen wimmelnden Rom verbreitete sich eine aufregende Neuigkeit: Papst Pius wollte im nächsten Jahre eine Synode einberufen, auf der die Unfehlbarkeit der Päpste verkündet werden sollte. Die Partei der Jesuiten im Vatikan hatte sich schon seit langer Zeit dafür eingesetzt. Obwohl es dem Kardinal Antonelli im vorigen Jahre geglückt war, den Führer dieser Partei, den Kardinal-Kriegsminister Merode, zu Fall zu bringen, blieb der Gedanke der Unfehlbarkeit als Erbe zurück. Dem Papst gefiel diese Idee außerordentlich.
Franzi hörte diese Nachricht zum ersten Male von Carolyne. Sie sprach mit schwärmerischem Entzücken darüber.
»Das hätte man schon lange tun müssen! Ein genialer Gedanke! Bisher haben die Gläubigen ihre Tribute dem Statthalter Christi in Peterspfennigen entrichtet. Das war zu wenig, der Heilige Vater verlangt jetzt ihre Vernunft als Tribut. Und man muß sie hingeben. So ist es richtig. Entweder glaubt man, oder man glaubt nicht. Wer nicht blind glaubt, ist kein Katholik. Denken Sie nicht genau so?«
»Zunächst denke ich noch gar nichts. Was die Synode bestimmen wird, das werde ich dann auch glauben. Das ist der Unterschied zwischen uns. Denn wenn die Synode der Unfehlbarkeit nicht zustimmt, so werden *Sie* es trotzdem glauben.«
Über diesen Punkt stritten sie noch lange. Die Fürstin war mit der Ansicht ihres Freundes nicht zufrieden. Sie forderte schon um deswillen einen noch eifrigeren, mustergültigen Glauben von ihm, weil sie immer noch nicht darauf verzichtet hatte, ihn mit Hilfe ihrer vatikanischen Verbindungen zum Musikdirektor der Peterskirche ernennen zu lassen. Und das würde bedeuten, daß Franz Liszt ebenso in die Geschichte der Kirchenmusik eingegangen wäre wie Palestrina oder Orlando di Lasso. Es war zwar schon vorgekommen, daß Papst Pius ihn einmal in Castelgandolfo als »mein lieber Palestrina« angeredet hatte; daß aber dieser Traum in Erfüllung gehen

würde, das glaubte nur noch Carolyne in ihrem von Zigarrenrauch angefüllten Zimmer an der Via del Babuino, das sie tagelang nicht verließ. Auf diesen schönen Traum hatte Franzi längst verzichtet. Für seinen Aufenthalt in Rom gedachte er nunmehr eine andere musikalische Grundlage zu schaffen; er wollte die Italiener mit Beethoven bekannt machen, damit sie über ihn zu Wagner gelangten. Sein liebster Schüler in Rom, Nino Sgambati, war glücklich, ihn dabei unterstützen zu können. In den neuen Mauern der Sala Dante veranstaltete er eine ganze Reihe von Konzerten; auf jede nur mögliche Art und Weise wollte er den Römern Beethoven verkünden. Jedes Mittel dazu schien ihm recht. Franzi war bei jedem dieser Konzerte anwesend, er gab gute Ratschläge in den Proben und beobachtete gewissenhaft das kaum wahrnehmbare Anwachsen der kleinen Zuhörerschaft. Jetzt hielt ihn in Rom nicht mehr sosehr die Hoffnung auf seine große Berufung zur Kirchenmusik, sondern Beethoven. Er fühlte sich nicht mehr so eng an Rom gebunden und unternahm gern Reisen, was die Fürstin nicht sehr erfreute. Als er dann eines Tages erfuhr, daß der Großherzog von Weimar im Rahmen einer großen Festlichkeit sein »Oratorium von der heiligen Elisabeth« in der Wartburg aufführen wollte, schrieb er mit Freuden, daß er kommen würde. Carolyne sandte sofort einen langen Brief an die Schorns, die einzige ihr treugebliebene Weimarer Familie, und bat die Tochter Adele, sie möge auf Franzi gut aufpassen und ihr einen genauen Bericht schicken, wenn Franzi auch nur sich rühren würde.

In der Altenburg fand der Heimkehrende eine neue Situation vor. Dieses Schloßgebäude war inzwischen Eigentum des Großherzogs geworden, der als gewissenhafter Besitzer nicht mit ansehen konnte, daß eine ganze Reihe der verschlossenen Zimmer unbenutzt stehen sollte. Er ließ also eine beträchtliche Anzahl Räume offen, die Möbel in einem Magazin unterstellen und vermietete sie.

Auf der Wartburg wurde in Anwesenheit zahlreicher Zuhörer das Oratorium aufgeführt, das an der sagenumwobenen Stätte, in der ursprünglichen Umgebung der heiligen ungarischen Königstochter, einen besonders starken Eindruck hinterließ. Diesem Werk war auch schon in Pest ein sehr schöner Erfolg beschieden gewesen, hier war die Wirkung ungleich größer und tiefer. Und inmitten der Feierlichkeiten nahm der Großherzog den Meister in dem einstigen Heim der Elisabeth zu einer eingehenden Unterredung beiseite. Lang und breit setzte er ihm auseinander, daß die Verhältnisse in Weimar jetzt viel günstiger lägen; das Publikum liebe das Theater, und das Ensemble sei sehr gut. Dann forderte er ihn auf, wieder nach Weimar zurückzukehren.

»Ich habe ja nicht einmal mehr meine alte Wohnung«, erwiderte Franzi etwas spitz.

»Natürlich haben Sie diese. Ihre Wohnung hat niemand angetastet. Die Fürstin Carolyne wird wohl kaum wieder zu uns zurückkehren, und nur

über deren Zimmer haben wir verfügt. Ihre Wohnräume stehen Ihnen jederzeit zur Verfügung. Nun?«
»Königliche Hoheit, um die Uraufführung des ›Tristan‹ sind wir ein für allemal gekommen.«
»Das bedaure auch ich sehr. Aber andere Dinge werden uns gehören. Wir können ja auch über ganz detaillierte Bedingungen verhandeln, ich brauche Sie wirklich sehr.«
Und der hohe Herr redete weiter. Franzi lehnte das Angebot nicht grundsätzlich ab. Er erwiderte, daß er darüber nachdenken wolle. Er schrieb an Carolyne, die in einem erschrockenen, zornigen Briefe antwortete. »Lüge, Lüge, Lüge«, schrieb sie, »das sind nur Worte! In Weimar sieht man in jedem Sandhügel einen Alpengipfel. Man spricht immer nur von der Vergangenheit und von der Zukunft Weimars. Seine Gegenwart überläßt man der Verwesung. Sascha verdient Dich nicht und kann Dir nicht das bieten, was Du verdienst.«
Er sah ein, daß Carolyne in vielem recht haben mochte. Nach diesem Briefe beschloß er, nicht mehr nach Weimar zurückzukehren. Er räumte die Altenburg vollständig, ließ die Möbel versteigern und behielt nur einzelne wertvolle Stücke, die in einem Speicher untergebracht wurden. Obwohl das eigentlich gar keinen Zweck hatte. Aber irgend etwas in seiner innersten Seele veranlaßte ihn, sich von dieser Stadt jetzt nicht für immer zu trennen. Er bemerkte nunmehr erst, daß er Weimar sehr liebhatte, wenn ihm dort auch noch soviel Trübes widerfahren war.
Zu den Feierlichkeiten auf der Wartburg war unter den Honoratioren ein interessanter Gast aufgetaucht: Baronin Olga Meyendorff. Ihr Mann hatte sich mit dem Papste überworfen, sie mußten Rom verlassen. Und der Zar hatte den Baron erst vor kurzem hierher nach Weimar versetzt. Franzi sah die Baronin mit Freuden wieder. Wenn er sie früher nur als Spielzeug betrachtet hatte, so gewann er sie seit ihrer Trennung fast lieb. Er liebte in ihr das Opfer, das sie seinerzeit für die Ruhe seiner andächtigen Seele brachte. Das Opfer ward gebracht, die göttliche Harmonie, nach der er sich so sehr sehnte, war nicht eingetreten. Die Frau aber stand vor ihm mit der lebendigen Erinnerung ihrer einstigen Küsse. Eines Tages zur Dämmerstunde – der Baron war gerade auf der Jagd, saßen sie zu zweit in Olgas Boudoir. Ihre Erinnerungen trieben sie einander in die Arme.
»Ich werde immer auf dich warten«, sagte die geschmeidige Frau. »Schreibe, daß du nach Weimar kommst, und ich werde dich mit offenen Armen erwarten, du Bösewicht.«
Der »Bösewicht«, wie ihn die Frau mit so feuriger Koketterie nannte, war sechsundfünfzig Jahre alt, und wenn auch durch keinerlei Gelübde gezwungen, auf den Kuß zu verzichten, trug er doch den Pfarrock. Dieses Gewand war für sie aber kein Hinderungsgrund. Und die sechsundfünfzig Jahre merkte man der kraftvollen Umarmung des Mannes nicht an. Sie ver-

abschiedeten sich mit dem Versprechen, daß Franzi wieder nach Weimar kommen würde, sobald er könnte.
Zunächst fuhr er aber nach München, auf einen schweren Weg. Er mußte Hans besuchen, der dort wieder tätig war. Aus Basel war er zur Einstudierung einzelner Opern nach München zurückgekehrt, da sich die allgemeine Erregung etwas gelegt hatte und er Geld verdienen mußte. Er selbst hatte sich aber noch nicht wieder beruhigt. Sein Schwiegervater wollte gründlich und eingehend mit ihm sprechen. Jetzt war nun nicht nur Hans, sondern auch Cosima nervös. Den Eintretenden übermannte in diesem Heim ein peinliches Gefühl der Befangenheit. Ein zu Tode gehetzter Mann, der so viel gearbeitet hatte, daß er tagelang nicht einmal dazu gekommen war, die Zeitung zu lesen, eine Frau voller Vorwürfe, der bald der Kopf, bald der Magen weh tat und die die Münchener Luft verwünschte. Streit, Lärm, das Greinen von vier kleinen Mädchen. Und bei diesen Klagen, der Krankheit und dem Lärm eine unsinnige, verkrampfte Wagnerschwärmerei.
»Eine fürchterliche Situation«, stöhnte Hans, »am 1. Oktober muß ich das neue Konservatorium eröffnen. Die Direktion macht entsetzlich viel Arbeit. Und zwischendurch die Proben im Theater. Der König ist so nervös, daß man schon gar nicht mehr auf ihn rechnen kann. Er hat sich zwar mit der Prinzessin Sofie verlobt, trotzdem ist er aber sehr aufgewühlt; es ist unmöglich, mit ihm zu verkehren. Ich selbst habe irgendein böses Geschwür am Halse, der Arzt hat mir sogar das Reden verboten. Welchen Trost finde ich in diesem furchtbaren Durcheinander? Der Mensch, der die Hälfte meiner Seele ist, ist weit weg von mir, und Cosima will jetzt wieder auf lange Zeit verreisen.«
»Du willst verreisen?« wandte sich der Vater an seine Tochter.
»Ja. Ich vertrage die Münchener Luft nicht. Die Ärzte sagen, ich brauche mindestens ein halbes Jahr Höhenluft. Ich habe schon meinem Schwager, dem Marquis Charnacé, geschrieben; ihm steht ein schönes Schloß in Südfrankreich mitten im Gebirge zur Verfügung. Oder, unter Umständen . . . kann ich auch nach der Schweiz gehen . . .«
»Ich bin für die Schweiz«, fiel Hans ein, »denn dann kannst du auch Richard besuchen, diesen armen, einsamen, großen Menschen.«
Franzi hörte ihnen schweigend zu und beobachtete ihre Gesichter. Was Cosima betraf, so konnte über den Stand der Dinge kein Zweifel bestehen. Dieser Frau fehlte auf der ganzen Welt gar nichts, sie wollte nur zu Wagner. Und noch dazu auf ein halbes Jahr. Aber was für ein Mensch war dieser Hans? War er denn blind? Er selbst schickte seine Frau zu dem Manne, mit dem sie schon die Zeitungen ins Gerede gebracht hatten? Das war entweder Wahnsinn oder überstieg alle Grenzen krankhafter Selbstpeinigung.
Am anderen Tag nahm sich der Vater Cosima unter vier Augen vor. Die Aussprache durfte jetzt nicht länger hinausgeschoben werden. Zeit hatten sie genug dazu. Hans ging frühmorgens aus dem Hause und hatte keine

Zeit, zum Mittagessen nach Hause zu kommen. Cosima las im Gesicht ihres Vaters sofort die Absicht heraus und wollte der vertraulichen Auseinandersetzung aus dem Wege gehen. Sie berief sich darauf, daß sie in der Stadt sehr viel zu erledigen habe.

»Du gehst jetzt nirgends hin«, sagte der Vater mit erhobener Stimme, »du setzt dich jetzt hierher in diesen Stuhl. Ich will klarsehen und alles wissen.«

Cosima sank in den gegenüberstehenden Sessel und neigte sich sofort schluchzend über den Tisch.

Das erschütterte den Vater. Seine ganze Strenge und Härte, zu der er sich fest entschlossen hatte, war mit einem Male verschwunden. Er streichelte teilnahmsvoll und zärtlich Cosimas Kopf.

»Aber, aber Cosette, mein liebes kleines Töchterchen . . . nimm dich doch zusammen. Deinem Vater kannst du ja alles sagen, du mußt doch wissen, daß du mir das Teuerste auf der ganzen Welt bist . . . Ist die Sache denn so schlimm? Hast du denn Richard so sehr lieb?«

Die weinende Cosima richtete sich auf und trocknete ihre Augen.

»Vater, ich sterbe, wenn ich bei Hans bleiben muß.«

Franzi pfiff durch die Zähne.

»Also so stehen wir? Aber wir wollen mal schön der Reihe nach gehen und sehen, was wir machen können. Du liebst Richard. Hast du dir das überlegt?«

»Ich habe es mir überlegt. Entweder er oder der Tod.«

»Und Richard?«

»Er sagt dasselbe. Ohne mich ist sein Leben kein Leben. Das ist nicht das Gefühl zweier Dutzendmenschen. Wir fühlen und wissen alle beide, daß Gott uns füreinander geschaffen hat. Er ist mein Leben, ich das seine! Was sollen wir aber mit diesem unglücklichen Menschen machen, der sich jetzt schon wie ein Wahnwitziger gebärdet? Mir tut er von ganzem Herzen leid, und auch Richard bedauert ihn, aber was können wir machen? Vater, lieber, guter, teurer Vater, helfen Sie, sonst werde ich noch verrückt.«

»Aber deswegen bin ich ja gekommen, mein Kind. Antworte mir mal auf einige Fragen. Vor allem, wie weit seid ihr, du und Richard, gegangen?«

Cosima schwieg. Sie sah vor sich nieder. Sie zog die Achseln hoch.

»Wir kennen unsere gegenseitigen Gefühle und wollen uns fürs ganze Leben vereinen.«

»So. Und Hans ahnt davon gar nichts?«

»Ich weiß nicht. Hans ist manchmal geradezu unbegreiflich. Es gibt Augenblicke, in denen ich überzeugt bin, daß er von der ganzen Sache keine Ahnung hat. Ganz München spricht offen davon, daß ich und Richard uns lieben, auch die Zeitungen haben es in ziemlich niederträchtiger Weise aufgegriffen. Und er hat mich trotz allem selbst auf Besuch zu Richard geschickt. Dabei erklärt er sowohl mir als auch Richard fortwährend, wie sehr

er uns vertraut. Ab und zu hat er aber auch einen sonderbaren Blick, ein gequältes, fratzenhaftes Lächeln, aus dem ich ahne, daß er doch über alles im klaren ist. Manchmal ist er ganz geisterhaft, und ich habe Angst, mit ihm allein zu bleiben. Da *muß* man verrückt werden! Ich war schon hundertmal so weit, daß ich ihm alles sagen wollte; wenn ich ihn dann aber ansehe, habe ich nicht das Herz dazu: Ich bedaure und hasse ihn zugleich. Fürchterlich!«
Franzi ergriff die Hand seiner Tochter. Stundenlang saßen sie so im Gespräch nebeneinander. Die Mittagszeit kam heran. Nach dem Mittagessen schlossen sie sich wieder ein und setzten ihre Unterredung fort. Langsam kam es dazu, daß der Vater seine Tochter in ein Kreuzverhör nahm. Wenn sie sich schon so sehr liebten und ohne jede Anwesenheit dritter Personen wochenlang allein in Triebschen waren, wie konnte man sich mit nüchternem Verstande noch vorstellen, daß sie *kein* Verhältnis miteinander hatten? Bei diesen Fragen aber wurde Cosima ebenso steif, wie sie vorher hingebungsvoll, zutraulich und hilfsbedürftig schien.
»Dringen Sie nicht weiter in mich, Vater, wie ein eifersüchtiger Ehemann. Ich habe kein Verhältnis mit Richard. Im übrigen gehört das gar nicht zur Sache. Die Frage ist die: Wie kann ich die Seine werden, ehe es zu spät ist? Denn ich bin nahe daran, daß meine Nerven nicht mehr mitmachen.«
Sie vermochten Endgültiges nicht zu vereinbaren. Seinen Schwiegersohn sah Franzi nur abends. Er war auch zweimal mit ihm im Theater. Er hörte »Tannhäuser« und »Lohengrin«. Beide Opern dirigierte Hans mit einer unbegreiflichen, rasenden, geradezu geisterhaften Hingabe. Aus der Loge hörte Cosima zu. Und den ganzen Zuschauerraum packte mit einem Male die Seele dieses unerhört großen tyrannischen Genies, das jetzt in einem Dorfe inmitten der Schweizer Berge lebte, während hier, unterjochten Sklaven gleich, Bülow und seine Frau in ihrer Schwärmerei zu ihm und in dem quälenden Zusammenbruch ihres aufgewühlten Heimes litten. Und auch er selbst, er, Franz Liszt, war sein Sklave, der viele Jahre seines Lebens in den Dienst dieser dämonischen Begabung gestellt, ihm zuliebe gekämpft und Unglück auf sich genommen, Geld, Nerven und alles für ihn hingegeben hatte. Als er so in seiner Loge saß und an die unheimliche Macht dieses Menschen dachte, lief ihm ein Schauer über den Rücken. In der Hofloge saß einsam der König, sein Gesicht konnte man im Halbdunkel kaum erkennen.
Endlich beschloß Franzi, zu Wagner nach Triebschen zu fahren und auch mit ihm zu sprechen. Cosima begleitete ihn an den Zug. Auf dem Bahnhofe fing sie an zu schluchzen:
»Sie können sich nicht vorstellen, Vater, was es für mich bedeutet, in diese Wohnung zurückzugehen! Ihre Anwesenheit war eine richtige Erlösung, jetzt habe ich auch das verloren. Ich muß zurück in dieses Gefängnis, in dem ich mit einem wildfremden Menschen zusammengesperrt bin.«

»Sei nicht ungerecht, Hans ist gut und zärtlich zu dir.«
»Das ist ja gerade das Furchtbare! Wenn er nach meinem Kopfe greift, um mir übers Haar zu streicheln, möchte ich schon schreien. Eher sollte er grob und schlecht sein, toben und auf den Tisch schlagen. Statt dessen vergöttert er mich und auch Richard, und er selbst leidet. Vater, um des Himmels willen, denken Sie sich mit Richard irgend etwas aus, ich werde sonst verrückt! Und nicht wahr, es bleibt dabei, was Sie versprochen haben? Sie kommen aus Triebschen hierher zurück, nicht wahr?«
»Ich komme zurück. Bis dahin sei gut und nachsichtig zu diesem armen, unglücklichen Menschen und vertraue mir.«
Der Zug fuhr ab. Kurz nach dem Mittagessen kam er in dem kleinen Dorfe bei Luzern an. Wagner wohnte in einer Villa in einer wunderbaren Lage, er sah den Rigi und den Pilatus, wenn er aus dem Fenster schaute. Die ganze Schönheit der romantischen Tell-Gegend des Vierwaldstätter Sees breitete sich vor ihm aus. In seiner Villa herrschte reiche Bequemlichkeit und Luxus. Auf seinem Schreibtische stand das Bild Cosimas neben dem Bild König Ludwigs.
»Es ist sehr schön hier«, sagte Wagner als stolzer Hausherr, »ich habe einen jungen Freund, Nietzsche, der diese Gegend für den schönsten Platz der Erde hält. Diesen Nietzsche mußt du unbedingt kennenlernen, Franzi. Ein großer Musiker. Unser Mann. Und die Geschichte der Philosophie kennt er, wie ich meine Handfläche . . .«
»Lassen wir Nietzsche jetzt, bitte. Ich bin in einer sehr ernsten Angelegenheit gekommen. Ich habe mit Cosima gesprochen. Ich weiß alles. Wir müssen einen Weg finden, wie man diese Angelegenheit mit möglichst wenig Qualen lösen kann.«
»Wenn du alles weißt«, entgegnete Wagner vorsichtig, »dann wirst du auch einsehen, daß ich hier derjenige bin, der am wenigsten zu tun vermag. Ich kann eine Ehe nicht zerstören. Insbesondere nicht die Ehe von Hans, der soviel Hingabe und Begeisterung für mich gezeigt hat. Das kann nur Cosima tun. Und es ist gerade deswegen so fürchterlich, weil sie es nicht tun kann. So müssen wir alle drei zugrunde gehen.«
»Kurz und gut, du erwartest also von Cosima den entscheidenden Schritt?«
»Von wem soll ich ihn sonst erwarten? Soll ich zu Hans gehen und ihm sagen: als Lohn für deine Begeisterung nehme ich dir jetzt deine Frau? Das wäre sehr niederträchtig. Cosima aber ist Herr ihres eigenen Schicksals. *Sie* kann Hans sagen, daß es ihr unmöglich ist, mit ihm weiter zusammenzuleben. Sie sagt es ihm aber nicht. Das ist eben das Unglück, daß Cosima mich nicht genug liebt.«
»Sprich nicht solche Sachen, Richard. Diese Frau lebt nur für dich. Sie ist darüber schon fast krank geworden. Verlange aber nicht von ihr, daß sie wortlos einen Menschen von sich stoßen soll, von dem sie nur Güte und

Anbetung erfahren hat. Dieser Mann ist ja schließlich auch der Vater ihrer Kinder.«
Wagner schlug ungeduldig mit der Hand auf den Tisch:
»Und ich bin *nicht* der Vater ihrer Kinder?«
Franzi wurde weiß wie die Wand.
»Was redest du da?«
»Was ich da rede? Du hast gesagt, du weißt alles. Da mußt du doch auch wissen, daß ich der Vater der zwei Jüngsten bin.«
Die beiden Männer stierten sich an, Wagner ein wenig wie bei etwas Verbotenem ertappt, die unüberlegte Preisgabe des Geheimnisses bereuend, aber den Folgerungen unerschrocken in die Augen sehend. Franzi hingegen sah schweigend diesen Menschen an, den Geliebten seiner Tochter. Er konnte seine Gedanken nach dieser Enthüllung, die ihn wie ein Faustschlag traf, kaum ordnen. Sie hatten also schon seit Jahren ein Verhältnis miteinander! Auch damals bereits, als er sie darüber befragte, und der Mann, der ihm jetzt mit kühnem Selbstbewußtsein gegenübersaß, hatte ihm seinerzeit mit dem aufrichtigsten Blick in die Augen geschaut!
»Warum hast du mich belogen, Richard«, sagte er endlich, seine Erregung niederkämpfend, still, »warum warst du nicht ehrlich zu mir?«
»Weil ich dir nicht weh tun wollte. Weil ich dich liebhabe. Weil ich glaubte, daß dies ewig ein Geheimnis bleiben könnte. Du wußtest die Ehe Cosimas glücklich und zufrieden. Es wäre eine Grausamkeit gewesen, diesen Glauben in dir zu töten. Wenn du jetzt alles weißt, so ist das nicht mein Fehler. *Ich* wollte dich damit verschonen, solange es ging.«
»Wenn du so sehr darauf achtest, was mir weh tut und was nicht, und wenn du dich Hans' Begeisterung gegenüber so verantwortlich fühlst, dann wäre es vielleicht das einfachste gewesen, Cosima nicht zu verführen.«
»Verführen? Ich? Dieses Wort ist nicht am Platze. Hier kann von einer Verführung gar keine Rede sein. Cosima ist keine abenteuertolle, spießbürgerliche Frau. Sie ist eine große Seele. Außer ihr kenne ich keine ähnliche. Wir haben uns als zwei gleichwertige Seelen gefunden und uns aus freiem Entschluß heraus dem mächtigsten und schönsten Gefühl der Welt überlassen. Die Verantwortung tragen wir zu gleichen Teilen. Cosima hat nicht nötig, die Last der Verantwortung auf einen sogenannten Verführer abzuschieben. Sie hat gewußt, was sie tat.«
»Was willst du also?«
»Wort für Wort dasselbe, womit du begonnen hast: diese Situation so friedlich, als es irgend angeht, lösen.«
»Wenn ich aber richtig verstanden habe, jedenfalls so, daß die Verantwortung für diesen schweren Schritt bei Cosima bleibt, nicht wahr?«
Wagners Augen füllten sich plötzlich mit Tränen. Er ergriff Franzis Hand.
»Sprich nicht in diesem Tone mit mir, Franzi. Hab doch ein Einsehen, daß

ich nicht anders handeln kann. Ich habe Cosima tatsächlich nicht verführt, sie mich aber auch nicht, wir haben einander gefunden. Und ich kann mich jetzt wirklich nicht vor Hans mit der Forderung hinstellen, er möge das Feld räumen. Auch du warst doch in deinem Leben verliebt und warst selber schon oft übel dran. Liebe und verstehe uns.«

»Nein, nein, ich kann euch nicht verstehen. Wenn du der Vater dieser zwei Kinder bist und Hans weiß nichts davon, dann bedeutet das, daß Cosima zwei Männern zugleich angehört hat. Lange Jahre hindurch. Und *das* von meiner Tochter zu erfahren, ist für mich, als ob eine Welt in mir zusammenstürzt! Cosima gegenüber empfinde ich einen tiefen und wehmütigen Zorn, das muß ich sagen.«

»Statt sie als unglücklich anzusehen und ihr zu vergeben? Franzi, du bist ein großer Künstler und ein großer Mensch. In diesem Punkte aber unterscheidest du dich kaum von irgendeinem beliebigen Schürzenjäger. Wenn eine andere Frau Gefühle hat, verstehst du das sofort; deine Tochter aber soll eine Heilige sein. Meinst du nicht auch, daß es einen größeren Egoismus auf dieser Welt überhaupt nicht gibt?«

»Ich wünsche nicht, daß sie eine Heilige sein soll, sondern eine Dame, die nie in eine gemeine und erniedrigende Situation geraten kann. Ihr aber seid jetzt in einer gemeinen und erniedrigenden Situation!«

»Mit *deinen* Augen gesehen! Mit *unseren* Augen betrachtet, fühlen wir uns durchaus erhaben. Weil wir uns lieben. So wie ein Mann und eine Frau sich noch nie geliebt haben. So, wie nur *wir* lieben können, sie und ich. Hör mal zu, Franzi, ich will dir etwas sagen: Als Hans bei dir um die Hand Cosimas anhielt, sagte er, er habe sich in sie verliebt, weil er in ihr so sehr dich sah. Dasselbe fühlte auch ich. Auch ich habe dich lange so angebetet, daß man das nur mit Liebe vergleichen konnte. Mit diesem Gefühle war ich Cosima nähergekommen. Ebenso wie Hans. Aber was kann Hans und was kann ich? Er ist ein Zwerg dort, wo ich ein Riese bin. Er kann hingebungsvoll sein und zärtlich und was du sonst noch willst. Ein winselnder, schwacher, weicher Mensch. Ein Klavierspieler. Er ministriert dem Kirchenfürsten und schwingt begeistert die Glocke. Er ist ein seelenguter Mensch, aber kein Mann. Der Mann bin ich. In dem wohnt eine so große Liebe, von der dieser arme Unglückliche gar keine Ahnung hat. Ich bin Cosimas würdig, und nicht er. Mein Schicksal ist Cosima, und mein Schicksal ist auch das ihre. Das ist so sicher wie Gott im Himmel. Und das fegt alles andere weg. Wozu willst du spießbürgerliche Einzelheiten wissen? *Du* sprichst von einer unwürdigen Lage, du, der du, ohne verheiratet gewesen zu sein, Cosima das Leben gabst? Du warst im Rechte, denn du hattest jene Frau geliebt und dich um nichts anderes gekümmert. Dann haben aber auch *wir* recht. Wir wollen glücklich sein, und wir werden es auch sein, und wenn Himmel und Erde einstürzen. Hilf uns lieber und quäle uns nicht.«

Dieser Mensch war nicht zu fassen. Daß er bis zum tiefsten Innern seines

Herzens Cosima liebte, darüber bestand kein Zweifel. Aber die mit dieser großen Liebe verbundenen Einzelprobleme wußte er so zu drehen und zu wenden, daß ihn keinerlei Verantwortung noch irgendeine Verpflichtung traf. Franzi sah ihn nur schweigend an, lange. Dann unterbrach er mit einem wehmütigen Lächeln die nach diesem großen Redeschwall eingetretene tiefe Stille:

»Du bist ein Egoist, Richard. Ein großer Egoist, wie es nur ein Genie sein kann.«

»Egoist? *Ich* Egoist?«

»Lassen wir das, es ist jetzt ja auch gar nicht die Rede davon. Du hast mir das Recht abgesprochen, von euch auf Grund der bürgerlichen Moral Rechenschaft zu fordern. Ich habe stürmisch gelebt, das ist wahr. Ich habe vieles getan, was ich nicht hätte tun sollen. Wenn ich auch schuldig bin, so bin ich doch Vater. Es gibt Dinge, über die ich nicht streiten mag. Cosima ist großjährig und kann tun, was sie will. Sie hängt nicht von mir ab. Auch dir kann ich nicht befehlen. Ob ich euch aber liebhabe, das wird euch beiden vielleicht doch nicht gleichgültig sein.«

»Nein, du gehörst zu unserm Glück, wie wir es uns vorgestellt haben.«

»Gut. Wenn ihr euch so liebt, dann beuge ich mein Haupt vor der Größe eurer Gefühle. Nicht aber vor ihrer Form. Cosima und Hans beraten zur Zeit darüber, daß Cosima für sechs Monate irgendwohin zur Erholung fahren soll. Meine Bedingung ist, daß Cosima *nicht* hierherkommt. Sie soll zu ihrer Schwester, der Marquise Charnacé, fahren. In diesen sechs Monaten wird sich Hans an die Einsamkeit gewöhnen. Im Frühjahr wird es wohl kein so harter Schlag mehr für ihn sein, die Wahrheit zu erfahren. Dann kann man, ohne Skandal zu erregen, den Scheidungsprozeß betreiben; der Klatsch wird sich daran gewöhnen, daß Cosima nicht mit ihrem Mann lebt, aber auch nicht mit dir. Im Frühjahr suche ich dann Hans auf, um ihm zu sagen, was notwendig ist. Wenn die ganze Angelegenheit *so* verläuft, bleibe ich euer liebender Vater. Kannst du mir das versprechen?«

»Das ist sehr schwer. Schau, Franzi, ich bin vierundfünfzig Jahre alt. Ich kann nicht mehr so mit Monaten um mich werfen. Wer weiß, wie lange ich noch lebe! Soll ich davon ein halbes Jahr ohne Cosima hingeben?«

»Du mußt es tun, Richard, ich sage es dir noch einmal, ihr könnt tun, was ihr wollt; wenn ihr aber einen Skandal heraufbeschwört, werdet ihr mich verlieren.«

Wagner versuchte Franzi umzustimmen. Er wies darauf hin, daß der Skandal sowieso schon da sei. Liszt bestand aber auf seinem Willen. Es wurde spätabends, als Wagner sich endlich entschloß. Er gab Franzi die Hand. Der Vater sah ihm ernst in die Augen.

»Richard, ich habe dir bis jetzt alles gegeben. Ich habe mich mit meiner Musik bescheiden an die zweite, abwartende Stelle gestellt; statt meiner Kompositionen habe ich mit meiner ganzen Kraft den deinen vorwärtsgeholfen.

Ich habe dir aber noch mehr gegeben: du hast mir nicht nur einmal gesagt, was du in der Harmonielehre mir verdankst. Jetzt gebe ich dir auch noch meinen letzten Schatz, meine Tochter. Überlege dir das alles und halte mich in Ehren. Ich möchte mich für dich nicht schämen müssen. Haben wir einander verstanden?«
Wagner brach in Freudentränen aus und umarmte seinen zukünftigen Schwiegervater. Dann aßen sie eine Kleinigkeit und setzten sich ans Klavier. Auf dem Notenständer lag der letzte Akt der Partitur der »Meistersinger«, die Instrumentation war erst vor kurzem fertig geworden. Franzi spielte; mit einer bewunderungswürdigen Geläufigkeit las er die Melodie sämtlicher Instrumente zugleich ab, die vorgeschriebenen Tempi einhaltend, in den Klangfarben die kleinsten Schattierungen des Orchesters wahrend. Und der Komponist saß neben ihm und sang die Arien der Hauptpersonen. Das bunte Stimmengewirr des Nürnberger Volksfestes erklang am Klavier. Sieghaft schwingt die Liebe Walther Stolzings zu Eva über dem weisen Verzicht von Hans Sachs.
»Ein unerhörtes Werk«, sagte Franzi, »das kann dir auf dieser Welt niemand nachmachen! Ich wiederhole, was ich einst in München schon gesagt habe: das reicht an Shakespeare heran.«
Es wurde tiefe Nacht. Liszt mußte zurück nach Luzern. Der Wagen wartete reisefertig auf ihn. Zum Abschied umarmten sie sich. Als sich der Wagen in der herbstlichen Pracht der mondglitzernden Nacht in Bewegung setzte, ballte der einsame Abbé die Faust. Er hatte das Gefühl, daß er selbst diesen großen Künstler verherrlichte, zu gleicher Zeit aber auch maßlos haßte.
In München wartete er, bis er mit Cosima allein war. Nur mit einem einzigen milden Worte machte er ihr den Vorwurf, daß sie sich selbst nicht hatte beherrschen können. Die Antwort wartete er gar nicht ab. Er erzählte genau, was er mit Wagner vereinbart hatte. Cosima begann sofort zu feilschen, genau wie ihr Geliebter. Der Vater aber bestand auf seinen Bedingungen hier ebenso wie in Triebschen. Und da er die peinliche Aufgabe übernommen hatte, dem unglückseligen Gatten die Wahrheit mitzuteilen, gab Cosima schließlich nach und versprach alles dem Vater in die Hand. Das übrige klärten sie dann in der Anwesenheit des nichts ahnenden Hans: es wurde beschlossen, Cosima für sechs Monate nach Frankreich reisen zu lassen. Am liebsten wäre er nun unverzüglich nach Rom zurückgeeilt, Hans aber bat ihn noch um eine Woche Aufschub. Also blieb er noch eine Woche lang. Er besuchte den Ministerpräsidenten, Fürst Chlodwig von Hohenlohe, den ältesten der drei Brüder, und unterhielt sich lange mit ihm über das interne Leben des päpstlichen Hofes und dessen Politik, über das erst kürzlich dem Fürsten Konstantin, dem Schwiegersohn Carolynes, verliehene Goldene Vlies und über das herrliche Palais des Kardinals Gustav in Tivoli. Dann verbrachte Franzi ein paar lustige Stunden im Atelier Kaulbachs und

hörte sich den aufregenden Klatsch der bayrischen Hauptstadt an, daß die Verlobung des Königs Ludwig wieder gelöst worden sei. Zu Hause spielte der Großvater mit seinen Enkeln. In den beiden jüngsten erkannte er erschrocken die stark hervortretenden Züge Wagners, und bei dem Gedanken, daß Hans täglich in diese beiden kleinen Gesichter sah und so blind war, daß er nichts merkte, überlief ihn ein Schauer. Dann fuhr er nach Rom. Dort wartete er auf die Nachricht von Cosimas Abreise nach Frankreich. Diese Mitteilung kam aber nicht. Statt dessen trafen bald von Cosima, bald von Wagner Briefe ein, die diese Verzögerung mit großem Eifer erklärten. Und endlich stellte sich heraus, daß Cosima ihren Geliebten doch in Triebschen besucht hatte! Das verwand er noch. Wenn sie sich so sehr liebten und sich vor dieser langen Trennung noch einmal verabschieden wollten, so war das schließlich verständlich.

Aber Cosima fuhr überhaupt nicht nach Frankreich. Einmal schob sie die Reise aus diesem, das andere Mal aus jenem Grunde hinaus. Dann schrieb sie eine lange Zeit gar nicht. Franzi war außer sich vor schmerzlichem Zorn, als er endlich einen Brief erhielt. Die bittere Wahrheit wurde erst jetzt offenbar. Hans hatte einen Brief zu Gesicht bekommen, den Cosima an Wagner geschrieben. Daraus ersah er alles. Es folgten furchtbare Tage. Hans wollte sich vergiften. Cosima aber faßte ihren Entschluß inmitten der entsetzlichsten Familienszenen, packte ihre notwendigsten Sachen zusammen und fuhr nach Triebschen. Sie zog in die Wohnung ihres Geliebten, um mit ihm zusammenzuleben, mochte kommen, was wollte. Das gab einen Skandal für ganz Europa. Und während die ganze Welt über das Verhalten von Liszts Tochter sprach, dirigierte Hans in München die Uraufführung der »Meistersinger«. Mit selbstquälerischem Trotz, sich selbst verhöhnender Schadenfreude, halb irrsinnig!

Franzi setzte sich hin und schrieb seinen schwersten Brief. Er teilte Wagner und Cosima mit, daß er sie nicht mehr kenne. Zur selben Zeit bereitete er die Drucklegung der »Elisabeth« vor und widmete das Werk König Ludwig von Bayern. Und zu gleicher Zeit erhielt er aus Paris die Nachricht von Berlioz' Tod.

NEUNTES KAPITEL

Unter seinen Schülern tauchte eine sonderbare junge Dame auf. Sie erzählte phantastische Sachen von sich, die man nicht kontrollieren konnte. Sie stellte sich als Olga Janina vor und behauptete, eine Tscherkessengräfin zu sein. Angeblich war sie in der Ukraine geboren, ihre Familie ungeheuer reich; mit vierzehn Jahren wurde sie die Frau eines Kosakenoffiziers, einige Jahre später ließ sie sich wieder von ihm scheiden. Sie war reich und unabhängig und wollte Klavierkünstlerin werden. Franzi wohnte neben der Kirche Santa Francesca Romana, als sich die Tscherkessengräfin bei ihm meldete. Die neue Schülerin spielte ihm auch vor, sie fiel über die cis-moll-Polonaise von Chopin her, aber in ihrer fürchterlichen Verlegenheit griff sie dauernd daneben.

»Der Fehler liegt nicht in Ihrer Begabung«, sagte der Meister schlechtgelaunt, »sondern darin, daß auf dem Klavier die Tasten zu nahe beieinanderliegen.«

»Sie weisen mich ab, Meister?« fragte die junge Dame, dem Weinen nahe.

»Von mir aus können Sie kommen, wann Sie wollen. Jeden Freitagnachmittag kommen meine Schüler, dann können auch Sie sehr gerne kommen.«

»Sie nehmen mich also an, Meister? Ich bekomme Unterricht? Ist denn ein so großes Glück möglich?«

»Nein, ein so großes Glück ist nicht möglich. Ich bin kein Klavierlehrer und gebe keine Stunden. Ich arbeite höchstens mit einem meiner jüngeren Freunde wöchentlich einmal zusammen. Ich sage Ihnen ja, Sie können auch kommen. Nicht, weil Sie so begabt wären, aber weil Sie so hübsch sind. Ich sehe häßliche Menschen nicht gern um mich.«

Die Tscherkessengräfin Olga Janina war tatsächlich hübsch. Jung, schlank und sehnig, schwarzhaarig, Mund, Backenknochen und die stumpfe Nase ausgesprochen slawisch. Aber in ihrer aufrechten Haltung, in ihren wiegenden, jungen Hüften war das Begehrenswerte gesunder junger Frauen. Sie kam jeden Freitag, und man merkte ihr sofort an, daß die Liszt-Epidemie auch sie ergriffen hatte. Sie seufzte, errötete, warf dem Meister schwärmerische Blicke zu und brachte ihm Blumen mit. Franzi bestach eine solche Schwärmerei, obwohl ihn die hundert und aber hundert ähnlichen Fälle schon hätten abstumpfen müssen, immer wieder von neuem. Mit den Liszt-Schwärmern war er höflich, liebenswürdig und freundlich. Das genügte aber Olga Janina schon. Drei Wochen später zitterte sie förmlich vor Liebe. Als Franzi eines Abends spät in der Nacht aus seinem Fenster zu den Ruinen hinunterblickte, sah er die verliebte Dame dort auf einem klassischen Steine sitzen. Er zog sich schnell vom Fenster zurück, er verspürte nicht im geringsten den Wunsch, diese sich über Gebühr anbietende Tscherkessenblume zu pflücken.

Allmählich aber waren sie so weit, daß Olga Janina sich mit den wöchentlichen Zusammenkünften nicht mehr zufrieden gab. In unregelmäßigen Zeitabständen klopfte sie bei ihm an, brachte Blumen oder irgendein überflüssiges Geschenk. Allmählich standen ihre Geschenke ihm überall im Wege, vor allem aber sie selbst mit ihrer unerschütterlichen, zähen Anbe-

tung. Franzi ertrug das mit Höflichkeit und Geduld, eines Tages aber hielt er es für angebracht, sie aufmerksam zu machen: »Das alles hat gar keinen Sinn, mein liebes Kind. Ich bin ein alter Mann und möchte nicht, daß Sie Ihre Zeit an unnütze Gedanken verschwenden. Es gibt hier in Rom genug junge Kavaliere, sehen Sie sich doch bei denen um.«
Die Tscherkessin, die bis jetzt die Bescheidenheit und Demut selbst gewesen war, richtete sich plötzlich mit blitzenden Augen auf.
»Nein, ich brauche überhaupt keinen anderen. Ich werde meine Zeit abwarten.«
Franzi lächelte und tätschelte das vor Erregung gerötete Gesicht der jungen Frau. Dann blieb alles beim alten. Olga Janina brachte auch weiterhin ihre Blumen und Kleinigkeiten angeschleppt, langsam und unauffällig fraß sie sich in das Leben des Abbés ein. Und mit fast übermenschlichem Fleiß übte sie fünf bis sechs Stunden am Tage, damit ihr Abgott nur zufrieden sein sollte.
Der Abgott achtete aber nicht besonders auf sie. Er ging viel in Gesellschaft und war jeden Tag bei Carolyne. Meistens waren sie allein, nur hin und wieder fand sich ein interessanter Mann ein, mit dem sich die Fürstin, ihre Zigarre rauchend, sofort in eine weitläufige Debatte einließ. Eines Abends traf Franzi einen gutgewachsenen, weißbärtigen Amerikaner in der Via del Babuino an. Es war Longfellow, der Dichter. Es stellte sich heraus, daß er Dante ins Englische übertrug. Sie unterhielten sich lange über die »Göttliche Komödie«, dann sprachen sie von der Kirche. Papst Pius feierte gerade seine goldene Messe. Von überallher strömten die Geschenke der Gläubigen in den Vatikan. Im Bramante-Hof wurden die Gaben zur allgemeinen Besichtigung aufgestellt. Da gab es jedes nur denkbare Geschenk: Marmorbüsten, Tischtücher, Leinenballen, Hühner, Töpfe, sogar eine Ladung Kohle. Und von jedem Punkte des Globus trafen die Geschenke für den großen Tag in Rom ein.
»Ich werde dann schon nicht mehr hier sein«, sagte der Abbé.
Carolyne sah ihn erschrocken an, entgegnete aber nichts; erst als sie allein waren, fragte sie:
»Wohin fahren Sie wieder?«
»Nach Weimar. Ich habe mich entschlossen, die alten Beziehungen zu Weimar wiederaufzunehmen. Ich weiß, daß Sie das nicht gutheißen. Ich habe aber sehr viel darüber nachgedacht, Carolyne, und ich konnte mich nicht anders entschließen. Mich zieht die Musik mit aller Kraft dorthin. Was ich auch tue, ist dort verwurzelt und nicht hier. Hier ist die Welt Verdis, dort die Wagners.«
»Gibt es denn nur Verdi und Wagner auf der Welt? Und *Sie* können hier keine Wurzel schlagen? Und die kirchliche Musik?«
»Sie wissen ja sehr gut, daß unsere Pläne bezüglich der Kirchenmusik gänzlich aussichtslos sind. Der Papst hat mich sehr gern, aber er sträubt sich,

in die musikalischen Einrichtungen der St.-Peters-Kirche einzugreifen. Darein muß ich mich fügen. Ich werde deswegen selbstverständlich hier in Rom und bei Ihnen bleiben. Aber einige Monate im Jahre will ich in Weimar verbringen. Ich brauche das so sehr wie die Luft zum Atmen.«

»Es ist gut«, entgegnete die Fürstin erbittert, »gehen Sie nur! Seien Sie sich aber darüber im klaren, daß ich das nie billigen werde. Es wird abermals mit Bitterkeit enden! Was ich prophezeie, pflegt leider immer in Erfüllung zu gehen. So war es mit Wagner, und so wird es auch mit Weimar werden. Jedes Übel kommt daher, daß Sie nicht fromm genug sind. Wenn Sie wahrhaft fromm wären, könnten Sie Ihr ganzes Seelenheil in der kirchlichen Musik finden. Und dann würden Sie nicht von hier wegreisen wollen. Innerlich haben Sie immer noch die Tetralogie im Kopf. Nach all dem, was dieser Mann Ihnen angetan hat . . .«

»Nicht er ist der Schuldige, sondern Cosima. Und ich habe gehört, daß er mir gar nicht zürnt, sondern sich durchaus mit mir versöhnen möchte. Cosima ist es, die mir böse ist und es auch bleiben will. Das alles hat aber nichts mit der Musik zu tun. Tatsächlich habe ich immer die Tetralogie im Kopfe. Mich beschäftigt nur diese Musik, die wir in Europa auf den Weg gebracht haben und die hier in Rom wie der Fisch auf dem Trockenen ist. Können Sie denn nicht verstehen, Carolyne, daß ich ohne Musik nicht leben kann?«

»Gut. Schließen wir jetzt die Debatte. Und wie lange bleiben Sie in Weimar?«

»Ein bis zwei Monate, je nachdem.«

Die Fürstin Carolyne überließ den Unbelehrbaren seufzend seinem Schicksal. Sie selbst schrieb für Kirchenzeitungen Abhandlungen über die Gefühle der Freundschaft, über die Grundlagen der Gottesfurcht und andere religiöse Themen. Aus ihren Zimmern entfernte sie sich nicht, Lüften war bei ihr verboten. Vor frischer Luft hatte sie geradezu Angst. In dichtem Zigarrenqualm saß sie halbe Tage lang und bewegte sich höchstens von ihrem Schreibtisch ins Speisezimmer und wieder zurück. Manchmal war ihr sogar das zuviel, und sie ließ sich das Essen zu ihren alten lateinischen Büchern und Manuskripten bringen. Eine vorzeitig gealterte, hakennasige, wunderliche alte Frau voller Mucken war aus ihr geworden.

Zwei Tage lang schlich Olga Janina mit verweinten Augen um den Meister herum. Sie begleitete ihn sogar zum Zug.

»Am allerliebsten wäre ich tot, solange Sie nicht da sind«, sagte sie heftig weinend, »und könnte erst aufstehen, wenn Sie wieder zurückkommen.«

Franzi kam um Mitternacht in Weimar an. Der nächste Tag, an dem er im Hotel erwachte, war der dreizehnte Januar. Sein erster Gedanke war ein gutmütiges Lächeln für Carolynes Aberglauben. Am Dreizehnten also begann er die neue Weimarer Ära. Er zog die Vorhänge zurück und sah auf

den Rathausplatz. Ein Januarmorgen grüßte ihn, voller Sonnenschein. Sein Blick lief mit vertrauter Freude die Häuser entlang, die diesen kleinen Platz von vier Seiten säumten. Linker Hand blickte das alte gotische Rathaus, auf dessen Balkon früher die städtische Kapelle zu spielen pflegte, auf den verschneiten Platz. Auf der anderen Seite stand ein keilgiebeliges, altdeutsches Haus, in dessen Räumen Kotzebue Lustspielaufführungen, verbunden mit literarischen Ränken, veranstaltet hatte, um Goethe und Schiller zu entzweien. Dort war das Cranach-Haus, über dessen Portal man das Wappen Lukas Cranachs, die geflügelte Schlange, sehen konnte. Und in der Mitte des Platzes stand der Brunnen mit der Neptunstatue, als ob die Jahre stehengeblieben wären. Vor zwanzig Jahren hatte dieser Neptun ebenso dort gestanden. Der Mann aber, der ihn damals betrachtete, war noch keine vierzig Jahre alt gewesen. Und der ihn jetzt fröhlich und voll Erwartung begrüßte, näherte sich schon dem sechzigsten Meilenstein auf dem Wege seines Lebens.
Gutgelaunt ging er um halb acht Uhr morgens zur Messe. Da begegnete er schon vielen Bekannten. Nach der Messe nahm man ihn in die Mitte, begrüßte und feierte ihn und fragte ihn aus. Jeder war liebenswürdig und herzlich. Schon nahm man ihn auch mit ins Palais des Großherzogs. Karl Alexander, im Volksmund Sascha genannt, der Herrscher, kam ihm im Arbeitszimmer des zweiten Stockwerkes, das einst Zeuge so vieler unmutiger und sorgenvoller Theaterbesprechungen gewesen war, mit ausgebreiteten Armen entgegen. Jetzt war vom Theater keine Rede, nur vom Wiedersehen. Der Großherzog, dessen Haar auch schon so manche frühzeitige weiße Strähne aufwies, umarmte den Abbé und klopfte ihm vor Freude immer wieder auf den Rücken:
»Schön, daß Sie wieder da sind, lieber Freund! Weimar ist nicht vollkommen ohne Sie. Sind Sie gut gereist?«
»Ausgezeichnet, Königliche Hoheit. Ich war sehr leichtsinnig: Zum ersten Male in meinem Leben habe ich eine Karte erster Klasse für mich selbst gelöst. Bis jetzt habe ich mich dazu immer nur dann verleiten lassen, wenn ich mit einer zu mir gehörenden Dame reiste. Aber ich dachte, einmal könnte ich auch vornehm sein. Ich war auch ganz allein im Abteil, habe mich prächtig ausgeruht und das Brevier gelesen.«
»Großartig! Nehmen Sie Platz. Graf Beust kommt sofort, er muß bei der Überraschung dabeisein. Denn eine kleine Überraschung haben wir für Sie vorbereitet. Schade, daß wir jetzt gerade Januar haben, im Sommer wäre das Ganze noch schöner gewesen. Ich kann einfach nicht widerstehen, es Ihnen zu verraten, obwohl meine Frau mir zürnen wird, daß nicht sie es Ihnen mitteilen konnte: wir haben Ihnen ein kleines Heim eingerichtet. Ich werde Sie sofort dorthin begleiten. Sie können es gleich besichtigen. Ich mache Sie aber aufmerksam, daß meine Frau und meine beiden Töchter diese Wohnung persönlich eingerichtet haben. Vom ersten bis zum letzten

Stück haben sie alles selber ausgewählt. Erinnern Sie sich noch an die Hofgärtnerei?«
»Aber selbstverständlich, Königliche Hoheit, dieses liebe einstöckige Haus an der Ecke des Parkes, das letzte Haus der Stadt an der Landstraße von links. Wo Preller gewohnt hat, der Maler.«
»Sehr richtig. Von nun an werden *Sie* dort wohnen. Noch unzählige Jahrzehnte lang: lebenslänglich. Wenn Sie sich nicht in Weimar aufhalten, können Sie es abschließen.«
Graf Beust kam. Der Großherzog hatte jede andere Besprechung auf den Nachmittag verschoben; er war zu neugierig, was sein alter, lieber Meister zu der neuen Wohnung sagen würde. Zuerst mußte er aber die Familie begrüßen. Die Großherzogin Sophie eilte mit einem liebenswürdigen Lächeln auf ihrem häßlichen, aber gutmütigen Gesicht dem verlorenen, nun wieder heimgekehrten Schäflein entgegen. Maria und Elisabeth, die beiden Prinzessinnen, freuten sich mächtig:
»Liszt! Liszt! Ach, wie wir uns freuen! Grüß Gott! Waren Sie schon in der Hofgärtnerei?«
Er sei noch nicht dort gewesen, aber er wolle gleich hingehen. Unten wartete bereits der schellenklingelnde Hofschlitten. Einige Minuten später traten sie durch das schmale Tor der Hecke. Ein kleiner Hof, ein bescheidener Eingang, eine Holztreppe, die auf die Etage führte.
»Hier stelle ich Ihnen die gute Pauline, Ihre Haushälterin, vor«, sagte Graf Beust.
Eine hübsche Magd verbeugte sich mit scheuer Achtung vor dem Abbé und küßte ihm die Hand. Sie gingen die Holztreppen hoch und traten in die Wohnung. Da taten sich drei entzückende Zimmer vor ihm auf, vollkommen eingerichtet. Es war mollig warm, in jedem der Räume stand ein schöner Berliner Kachelofen, in jedem Ofen knisterte das Feuer. Dunkelrote Gardinen, prachtvolle bequeme Möbel. Auf dem Klavier eine Vase, darin frische Blumen, im Gewächshaus gezüchtet. Der Graf öffnete hier und da eine Schublade, auch hier war alles fertig. Glas und Porzellan, Bestecke für sechs Personen, Tischtücher, Decken, Bettwäsche. Eine reiche, bequeme, gemütliche Umgebung, von der jedes Stück liebevolle Sorgfalt ausstrahlte.
»Ich bin ganz entzückt«, sagte der Abbé, »und tief gerührt. Was ist *das*, ich habe sogar einen Betschemel? Ich habe immer gesagt, daß die protestantischen Herrscherhäuser duldsamer sind als die katholischen. Im Ernst, ich fühle mich so heimisch, als ob ich schon seit Jahren hier gewohnt hätte. Nehmen Sie Platz bei mir, mein lieber Graf.«
Der Graf nahm Platz, Franzi zog einen Aschenbecher heran, denn auch die waren auf den Tischen, auf dem Klavier, auf dem Büfett reichlich vorhanden.
»Damit ich es nicht vergesse, lieber Meister«, sprach Graf Beust, »im Auf-

trage der Großherzogin erlaube ich mir, Ihnen eine kleine Aufmerksamkeit zu überreichen. In diesem Umschlage befinden sich dreitausend Mark. Ihre Königliche Hoheit haben Ihnen jährlich soviel für Ihre Zigarrenausgaben zugedacht, wenn Sie Weimar ständig beglücken. Ihre Königliche Hoheit betonen, daß das nur eine bescheidene Aufmerksamkeit und keine Bezahlung sei, denn Sie sind für uns unbezahlbar. Jetzt lasse ich Sie allein, damit Sie sich mit Ihrem Heim vertraut machen können. Ihre Sachen können Sie aus dem ›Erbprinzen‹ herüberholen lassen. Wenn es sich herausstellen sollte, daß an der Einrichtung noch etwas fehlt, so melden Sie das bitte mir. Hoheit Elisabeth ist gestern zum Beispiel noch eingefallen, daß auf dem Waschtisch keine Seife war. Sie selbst hat gestern noch ein Stück hergebracht.«

Der Abbé war begeistert. Er war darauf gefaßt gewesen, in der Unbequemlichkeit seines alten Junggesellenlebens irgendein Zimmer des »Erbprinzen« bewohnen zu müssen. Und jetzt hatte er diese kleine, prächtige Wohnung bekommen, die sich vor ihm auftat wie das Tischleindeckdich im Märchen. In seiner Freude setzte er sich ans Klavier; das war ein nagelneues Instrument mit ziemlich hartem Anschlag, so ganz nach seinem Herzen. Er donnerte darauf eine ungarische Rhapsodie herunter. Die winterliche Sonne schien zum Fenster herein. Das Leben war doch sehr schön.

Sein Gepäck ließ er schnellstens holen und richtete sich endgültig ein. Und schon am dritten Tage lud er Gäste zu sich zum Mittagessen ein: das großherzogliche Paar. Selbstverständlich mit dem Adjutanten. Diesem gebührte der Vorrang. Pauline bot in der im Erdgeschoß liegenden Küche ihr ganzes Können auf und briet der Dynastie Klops, weil sie das am besten konnte. Während des Mittagessens besprachen sie das musikalische Programm, das Theater erwähnte man gar nicht. Der Abbé wollte sich nicht damit befassen. Dingelstedt war zwar schon lange aus Weimar fort, das Amt des Intendanten versah im Augenblick der feine und weltgewandte Baron Loën, mit dem man sehr gut hätte zusammenarbeiten können. Liszt interessierten ja aber in der Hauptsache doch nur die Werke Wagners, und die hatte der bayrische König mit Beschlag belegt. Es blieb aber auch so noch reichlich zu tun: die Konzertsaison zu organisieren, die Hauskonzerte im großherzoglichen Schlosse zu leiten, der Großherzogin bei ihren Gesangstunden und den kleinen Prinzessinnen beim Klavierüben Berater zu sein, kurz, in Weimar ein musikalisches Leben zu schaffen. Das war seine liebste Aufgabe, nach der er sich überhaupt sehnen konnte. Am offiziellen Besuchstage der hohen Gäste kam, als sich die Dämmerung über die Stadt senkte, auch ein heimlicher Gast in die »Gärtnerei«, wie die Weimarer dieses Haus nannten. Dieser geheimnisvolle Besucher huschte gegen sechs Uhr herein. Es war die Baronin Meyendorff, deren Mann jetzt als Diplomat den russischen Hof in Weimar vertrat.

»Ich habe eine fürchterliche Angst ausgestanden, daß mich jemand sehen könnte. In einer so kleinen Stadt ist das ganz anders als in Rom, ich will mich nur schnell einmal umsehen. Ach, ist das nett hier . . . Haben Sie die Fenster gut verhängt? Ich möchte gleich bemerken, daß ich nur eine halbe Stunde lang bleiben kann; denn es war sowieso schon ein Wagnis, hierherzukommen. Ich konnte das Gefühl nicht loswerden, daß irgendein Spion mir auflauert.«

»Dieser Gedanke ist auch nicht ganz unbegründet«, erwiderte der Abbé. »Die Fürstin Carolyne hält tatsächlich einen Spion hier. Es ist die Aufgabe der guten Adelheid von Schorn, daß sie jeden meiner Schritte nach Rom berichtet.«

»Heiliger Gott, hoffentlich hat sie mir nicht nachspioniert!«

»Nein, seien Sie beruhigt. Die gute Adelheid ist bei Hofe zum Tee. So etwas Interessantes gibt es gar nicht auf der Welt, um dessentwillen sie diesen Tee versäumen würde. Die Gegend hier ist im übrigen vollständig einsam, deswegen liebe ich sie auch. Die Stille tut sehr wohl. Und es ist schön, daß Sie hier sind, Olga.«

»Es tut wohl, natürlich! In Rom haben Sie es aber fertiggebracht, sich von mir zu trennen. Das werde ich Ihnen nie verzeihen. Ich verstehe auch gar nicht, wie ich so verrückt sein kann: auf ein einziges Wort bin ich hierhergekommen. Aber jetzt ist es einerlei . . .«

Die schwarze Baronin legte ihren Kopf zurück und schloß die Augen. Sie wartete auf den Kuß. Was sie sagte, stimmte nicht ganz. Diese Zusammenkunft hatte nicht der Abbé vorgeschlagen, sondern sie. Über diesen kleinen Unterschied wollte Liszt aber nicht streiten. Er nahm den schönen Kopf der Frau zwischen seine beiden Hände und zog ihn an sich. Er näherte seinen Mund langsam dem ihrigen, ruhig und bedächtig wie ein Feinschmecker, der den Genuß des Leckerbissens trotz gierigen Appetites nicht übereilt. Und als die Baronin nach einer langen Stunde wieder weggehuscht war, sah er ihr nach. Die hohe, schlanke Gestalt eilte im Rahmen der weißen Straße allein dahin, nicht eine einzige Seele war zu sehen.

Das erste Hofkonzert fand sehr bald statt. Es ergaben sich Schwierigkeiten; denn Reményi, der eingeladen war, hatte wegen Reisestörungen Verspätung. Da mußte man jemand anderen auffordern. Der Festsaal des großherzoglichen Schlosses bot ein farbenprächtiges Bild. Die festliche Stimmung verursachte der berühmte, große Mann, der weißhaarige Abbé, der Verwöhnte, die Seele von Weimar. Und die Konzerte, die der Großherzogin für wohltätige Zwecke große Summen einbrachten, folgten einander in kurzen Abständen. Der Abbé lud nacheinander seine berühmten Schüler als Solisten ein. Bronsart kam, Rubinstein und Tausig, die einstigen drei Wunderkinder. Alle drei waren schon verheiratet. Bronsart war Intendant in Hannover und hatte eine Klavierkünstlerin mit Namen Ingeborg Starck geheiratet, Rubinstein eine Russin, Vera Zyganow, Tausig, der einstige Schrecken der Altenburg, der unartige Lümmel, hatte niemand anderen zur

Frau als die kleine Serafine Vrabély, mit der Franzi nach der Uraufführung der Graner Messe auf dem Dampfer zu Mittag gegessen hatte. Bronsart und Rubinstein führten ein sehr glückliches Familienleben, Tausig nicht. Die Lungenkrankheit hatte aus ihm einen skeletthageren, früh gealterten Mann gemacht; die Seele war in ihm förmlich schlafen gegangen.
Ende März reiste der Abbé schweren Herzens aus Weimar ab, es fiel ihm nicht leicht, die Hofgärtnerei zu verlassen. Das großherzogliche Paar war nicht müde geworden, ihn zu verwöhnen. Es verging keine Woche, ohne daß sie ihn mit irgendeinem Geschenk erfreut hätten. Wenn in dieser großen Verehrung auch ein wenig Kulturpolitik liegen mochte, so erwies sich diese doch als ganz richtig; denn Franzi hatte sich in Weimar kaum etwas eingelebt, da meldeten sich schon vier Schüler bei ihm, wenn auch nicht allzu bedeutende. Man konnte aber die Zeit voraussehen, wo alle Klavierspieler der Welt nach Weimar kommen würden, in die Nähe ihres großen Meisters, wenn die Nachricht über seinen dortigen Aufenthalt erst allgemein bekanntgeworden war. Sie würden dann Weimars Ruf in ihrer Laufbahn der ganzen Welt verkünden.
Von Weimar aus mußte Franzi nach Wien reisen, dann nach Pest. In Wien wollte er sein Elisabeth-Oratorium hören. Dieses Werk hatte dort einen außerordentlichen Erfolg, ja sogar einen noch größeren als in Pest und auf der Wartburg. Seine größte Freude aber wurde ihm durch eine seiner alten Bekannten, die kleine Sophie Menter, zuteil, die mit ihrem Klavierkönnen schon vor die Öffentlichkeit getreten war und jetzt in Wien spielte. Die energische und schlagfertige kleine Frau hatte beschlossen, in Wien das Es-Dur-Klavierkonzert des Meisters zu spielen, das seinerzeit Hanslick als Klingklang-Musik bezeichnet hatte. Jedermann riet der Künstlerin erschrocken von diesem bedenklichen Plane ab, sie kümmerte sich aber weder um Hanslick noch um sonst etwas. Sie spielte das Stück und hatte einen Riesenerfolg damit. Das war ein heldenhaftes Beginnen, ein imponierendes Bekenntnis zum Meister! Der Abbé küßte Sophie auf die Stirn. Bis jetzt hatte er sich nicht allzuviel um diese Frau gekümmert. Von nun an rechnete er sie aber zu den ihm am nächsten Stehenden.
Nun hätte er eigentlich nach Regensburg fahren müssen. Hans gab dort Konzerte zugunsten des Peterspfennigs und hatte sein Programm ausschließlich aus Werken von Liszt zusammengesetzt. Franzi bangte vor diesem Zusammentreffen. Er wußte, daß er Cosima nicht in Schutz nehmen konnte, verurteilen wollte er sie andererseits aber auch nicht. Deshalb hatte Baron Augusz, der ihn in Wien aufsuchte, eigens um ihn nach Pest zu lokken, keinen allzu schweren Stand. Dazu kam noch, daß er ihm eine Aufführung der Krönungsmesse sowie der Dante- und Hungaria-Symphonie in Aussicht stellte. Franzi entschloß sich schnell und schrieb Hans, er könne jetzt nicht nach Regensburg kommen; er würde ihn aber im Sommer in München besuchen, wenn auf Befehl König Ludwigs das erste Stück der

Tetralogie, das »Rheingold«, aufgeführt würde. Und er fuhr nach Pest. Auch die blauäugige Sophie begleitete ihn. Augusz flüsterte dem Abbé vertraulich zu:
»Ein neues Opfer?«
»Nein«, entgegnete dieser kopfschüttelnd, »das ist ein anständiges Mädchen. Ich habe in meinem Leben mich Frauen gegenüber oft genug töricht und leichtsinnig benommen, aber ein unschuldiges Mädchen habe ich noch nie unglücklich gemacht.«
Augusz sah ihn verwundert an. Er wußte nicht, ob dieser berühmte Fraueneroberer ernst sprach oder nur bescheiden tat.
»Du siehst mich zu unrecht so ungläubig an, es ist so. Ich weiß, daß man mich für einen satanischen Frauenjäger hält. Und trotzdem ist es so, wie ich gesagt habe. Das wird auch immer so bleiben. Die Reinheit ist mir heilig. Daß ich mir jemals eine Lilie ins Knopfloch stecken wollte, habe ich mir immer nur auf eine einzige Art und Weise vorstellen können, nämlich vor dem Altar. Die Ehe hat mir das Schicksal aber vorenthalten.«
Der Baron zuckte die Achseln und lächelte taktvoll. Er glaubte die ganze Sache noch immer nicht. Nur Franzi wußte, daß es sich wirklich so verhielt, wie er gesagt hatte. Und er freute sich von ganzem Herzen darüber, daß es so war.
Ungefähr zwei Wochen verbrachte er in Pest. Er wohnte abermals in der Pfarrabtei. Von einer Soiree mußte er zur anderen eilen. Auch das königliche Paar hielt sich in der Hauptstadt auf. Auf der großen Soiree des Ministerpräsidenten Graf Julius Andrássy traf er mit den Majestäten zusammen. Man stellte ihn der Königin Elisabeth vor. Die bezaubernde Frau trug ein weißes Seidenkleid, darüber eine mit Silbersternen bestickte Schleiertunika. Ihre unwahrscheinliche Schlankheit schwamm über dem Glanze des Balles wie ein königlicher Schwan. Sie reichte dem berühmten Manne die Hand, sah ihn mit ihren melancholischen, großen Augen an, nickte freundlich; dann ging ihr tieftrauriger, kindlich erschrockener Wittelsbacher-Blick auch schon ins Leere. Sie unterhielt sich sonst nur mit der Gräfin Andrássy, sie setzten sich beide in eine Sofaecke und sahen von dort den Tanzenden zu. Erst später ging eine leise Erregung durch die erlauchte Gesellschaft: die Königin sprach ungarisch. Viele schritten an ihr vorüber, um etwas von diesem großen Ereignis wahrzunehmen. Auch der Abbé bemerkte es: die königliche Frau sprach mit einem schlichten, kleinen, häßlichen Manne. Es stellte sich heraus, daß es Nikolaus Falk, ein Journalist, war. Elisabeth hatte ihn zu ihrem ungarischen Sprachlehrer erwählt. Sie unterhielten sich auch schon ganz fließend. Der Abbé beobachtete sie eine kleine Weile, konnte auch ein oder zwei Worte auffangen, aber er verstand davon nichts. Beschämt wandte er sich ab und ging in den anderen Saal. Da umflutete ihn sofort eine aristokratische Gesellschaft. Er wußte nicht, wohin er zuerst sehen und wem er zuerst antworten sollte. Baron Augusz war an-

dauernd neben ihm und machte ihn mit kurzen Bemerkungen auf Namen, Zusammenhänge und Familienbeziehungen aufmerksam. Dieses junge Paar zum Beispiel ist Graf Stefan Károlyi und Gräfin Margarete Csekonics, das andere dort Graf Edmund Csekonics und Gräfin Constanze Cziráky: sie ist heute abend der Königin vorgestellt worden. Jene interessante Dame ist die Fürstin Paul Esterhazy, geborene Prinzessin Trautmannsdorff; sie ist heute zum ersten Male in einer ungarischen Gesellschaft erschienen. Dieser Herr dort mit der imposanten Gestalt und dem großen Schnurrbart ist der General Türr, vor kurzem noch der kriegerische Gegner, heute unter dem gleichen Dache mit demselben Franz Joseph, der ihn seinerzeit zum Tode verurteilt hatte, das Urteil aber nur in effigie vollstrecken lassen konnte. Die Dame dort, ganz in seiner Nähe, ist die Frau eines Generals Garibaldi, die Cousine Napoleons III. Der da ist Graf Emmerich Széchenyi, seine Frau eine Gräfin Sztáray-Szirmay. Jener außerordentlich hochgewachsene junge Mann ist Graf Albert Apponyi.

»Graf Apponyi? Ein Verwandter des ehemaligen Botschafters in Paris? Den möchte ich näher kennenlernen.«

»Das meine ich auch. Dieser junge Mann wird's einmal noch weit bringen. Der arme Széchenyi nannte ihn damals, als er noch ein kleiner Junge war, nur ›Albi, der kleine Gott‹.«

Der weißhaarige Abbé und der alle anderen um Haupteslänge überragende, schmächtige, junge Graf kamen alsbald ins Gespräch.

»Ich freue mich dieser Bekanntschaft außerordentlich, lieber Graf. In welchem verwandtschaftlichen Verhältnis stehen Sie zu dem unvergeßlichen Gönner meiner Jugend, dem Botschafter in Paris, Graf Anton?«

»Er war der Bruder meines Großvaters. Sein Sohn Rudolf ist jetzt Botschafter in England.«

»Ach, der liebenswürdige Graf Rudolf, ein sehr netter Mensch. In Paris habe ich damals unvergeßliche Zeiten erlebt.«

»Ich habe viel von dieser Zeit gehört, Meister, von einem Pariser Freund, dem Grafen Montalembert. Er hat mir auch manches von dem interessanten Leben Ihres gemeinsamen Freundes, des Abbé Lamennais, erzählt.«

»Was? Graf Montalembert?«

Schon waren sie bei einem Punkte angelangt, der ihre gemeinsamen Interessen berührte: bei den Problemen des Katholizismus. Albert Apponyi war bei den Jesuiten in Karlsburg erzogen worden, und die religiösen Fragen beschäftigten ihn viel. Als sich dann herausstellte, daß der Graf obendrein ein gebildeter Musiker war und noch dazu leidenschaftlicher Anhänger Wagners, konnte man die beiden gar nicht mehr voneinander trennen. Eine beglückende Überraschung bedeutete ferner noch das Erscheinen Haynalds, der die Hände des Abbés herzlich schüttelte. Der rebellische Bischof, der sich die Gunst der Habsburger verscherzt hatte, war jetzt Erzbischof von Kalocsa. Dann trat Graf Emmerich Széchenyi zu ihnen. Seine Frau musizierte sehr gern und wollte den berühmten Mann unter allen Umständen in ihrem Hause begrüßen.

»Sie müssen auch aufs Land zu uns kommen, wir leben sehr angenehm in Horpács. Wir setzen eine Zeit fest und rufen eine große musizierende Gesellschaft zusammen. Auch du besuchst uns doch, Albi, wenn der Meister kommt?«

»Sehr gern.«

Haynald brachte gleichfalls seine Wünsche zur Geltung.

»Kalocsa hat auch noch etwas zu sagen. Ich kann unserem berühmten Manne dort sogar noch eine ganz besondere Attraktion bieten: sein Vetter, der Alois Hennig, ist jetzt Rektor des Kalocsaer Jesuitenordens. Wir gedenken des weltberühmten Verwandten sehr oft.«

Alles mußte der Abbé in die Hand versprechen. Daß er auch nach Horpács, nach Kalocsa und selbstverständlich auch nach Szegszárd zu Augusz kommen wollte. Und für den Sommer hatte er sich in München bei Hans angemeldet. Was würde Carolyne zu diesen vielen Reisen sagen? Aber die Fürstin war so weit entfernt, und diese alle hier waren so entzückende Menschen. Während seines Aufenthaltes in Pest sah er sie noch öfters, insbesondere machte der junge Apponyi einen großen Eindruck auf ihn mit seinen sogar bei den Aristokraten ungewöhnlichen Sprachkenntnissen, mit seiner umfassenden Bildung und dem großen musikalischen Verständnis. Franzi lernte aber auch noch andere Berühmtheiten kennen, wie Maurus Jókai, den bedeutenden Schriftsteller, der sehr viel von dem legendären Alexander Petőfi erzählen konnte; dann den Polizei-Oberstadthauptmann, der sein Amt mit jovialer Nachlässigkeit verwaltete, den Politiker Samuel Bónis, der berühmt geworden war, weil er die ungarische Königskrone vergraben hatte, als der Freiheitskampf verloren war. In all diesen Menschen fand Franzi sofort liebenswürdige, teilnahmsvolle, gleichgesinnte Kameraden. Nur einem einzigen Manne gegenüber empfand er, wenn auch keine ausgesprochene Antipathie, so doch ein instinktives Befremden. Das war Kolman Tisza, der Führer der Opposition im Parlament, einer der Hauptvertreter des ungarischen Protestantismus. Sie waren einander nur flüchtig begegnet und hatten kaum ein paar Worte miteinander gewechselt. Sofort aber erhob sich zwischen ihnen die eisige Wand, die zwei grundsätzlich verschiedene Persönlichkeiten schon im ersten Augenblick voneinander zu trennen pflegt, ohne daß sie auch nur ein Wort gewechselt zu haben brauchen.

»Erzähle mir bitte von diesem Menschen«, bat er Augusz; »das ist keine alltägliche Erscheinung, und ich weiß nicht, woran ich mit ihm bin.«

»Du meinst Kolman Tisza? In der Tat, eine nicht alltägliche Persönlichkeit. Ein ungarischer, protestantischer Edelmann; diese Art kennst du noch nicht. Das sind harte, logische, nüchterne Menschen, die werden nie weich; nur wenn von ihrem Ungartum die Rede ist, sind sie gerührt. In unserer alten Geschichte gehörten einst Protestantismus, Gegnerschaft von Habsburg und hochfahrendes, selbständiges Ungartum zusammen. Der katholische Magnat sah nur in der Macht der Habsburger den Schutz seiner Rasse gegen die Türken. Der protestantische Adlige stemmte seinen Rücken an die türkisch-siebenbürgische Mauer gegen die Gefahr, sein Volkstum an die Österreicher zu verlieren. Der katholische Graf und der reformierte Edelmann sind die beiden äußersten Typen des ungarischen öffentlichen Lebens. Verstehst du das? Wenn nicht, kann ich es dir noch mehr erklären.«

»Ich verstehe es nicht ganz, aber bemühe dich nicht weiter. Ich befürchte, daß du sehr viel erklären müßtest. Hat denn dieser Tisza wegen irgend etwas eine Abneigung gegen mich?«

»Warum? War er unhöflich zu dir?«

»Im Gegenteil, er war so höflich, daß ich fast erfroren bin. Aber der sieht mich nicht gern. Ich besitze ein untrügliches Gefühl dafür, wenn mich jemand nicht leiden kann.«

»Ich habe erzählen hören«, sagte Augusz zögernd, »daß er dich nicht als einen Ungarn ansieht. Über dein Zigeunerbuch war er sehr zornig, wie so viele andere auch. Und diesen Typ muß man kennen. Der ist mit der ungarischen Erde verwachsen wie das Reihergras. Wer lieber im *Auslande* lebt, ist ihm verdächtig. Und dann sprichst du ja auch nicht Ungarisch . . .«

»Aber entschuldige nur«, brauste der Abbé auf, »eine ganze Menge ungarischer Magnaten spricht nicht Ungarisch.«

»Beruhige dich, die sind ihm *auch* verdächtig.«

Bei demselben Festessen, wo diese Unterredung stattfand, hielt Cornelius Abrányi eine große Begrüßungsansprache. Sein Glas dem Abbé entgegenhebend, sah er ihm in die Augen und richtete mit großem Pathos die Aufforderung an ihn, in seine Heimat zurückzukehren; ein so großer Ungar hätte hier seinen Platz. Da hatte es nun Franzi mit der Antwort leicht, indem er bloß heftig nickte und dem dröhnenden Applaus zustimmte. Als er aber nachts in der Pfarrabtei allein war, wurde er mit sich selbst nicht so leicht einig. Er dachte über sein Ungartum nach. Die durchdringende Kälte des kurzsichtigen Blickes von Kolman Tisza empfand er hier am meisten. Er haßte diesen Mann und betete ihn zugleich an. Er haßte ihn, weil er so ganz anders war als er und ihn nicht leiden konnte. Andererseits bewunderte er ihn aber auch, weil er eine gewisse Sehnsucht danach verspürte, auch ein solcher Ungar, so halsstarrig, so unduldsam und den Wundern der Außenwelt gegenüber so hochmütig verschlossen zu sein. Er hätte sich lieber ebenso auf der Scholle heimisch gefühlt wie jener, er hätte gern von Paris und Rom nichts gewußt, um im Gefühl der Zugehörigkeit zu diesem einzigen Land vollkommen aufzugehen. Und als er über diese Sehnsucht nachsann, bemerkte er verwundert, daß dies im Grunde genommen das tiefste Problem seines Lebens war. Liszt hatte immer nur die Sehnsucht gehabt: sich selbst vollkommen zu geben, sich selbst mit seiner eigenen Hand zu erfassen und auf irgendeinen Altar, ganz gleich auf welchen, hinzulegen. Er hatte dieses vollständige, glückselige, der Vernichtung gleichkommende Sichauflösen bei Gott gesucht. Es war ihm nicht gelungen, es zu finden. Er hatte es bei den Frauen gesucht. Vergeblich. Er hatte es bei Freunden gesucht. Ohne Erfolg. Er hatte es im Patriotismus gesucht. Da mußte er die größten Enttäuschungen erleben. Selbst in der Musik führte sein Suchen nicht zu dem ersehnten Ziele; denn auch mit der Kunst erging es ihm wie mit Marie oder Carolyne: es gab Minuten, wo er dachte, sich vollständig gegeben zu haben; viel später mußte er dann aber erkennen, daß in seiner tiefsten Seele immer etwas Unbefriedigtes übriggeblieben war.

Jetzt leuchtete in ihm jedoch ein Hoffnungsstrahl auf. Wenn er sich in die Heimat begäbe, das würde vielleicht sehr viel ändern. Unzählige Gesichtspunkte des persönlichen und des musikalischen Lebens spielten hier mit, von der Fürstin Carolyne angefangen bis zur Exklusivität des ungarischen Musiklebens. Wenn man aber endlich einmal diese Pester Musikadademie ins Leben rufen könnte, dann fände sich vielleicht auch für ihn ein Wirkungskreis. Hier leben, nach soviel Jahren in der Fremde hier zu Hause Wurzeln fassen, die ungarische Sehnsucht seiner Seele zur Wirklichkeit gestalten – das könnte vielleicht alles ersetzen, was seine nach Hingabe strebende Seele sein ganzes Leben lang vergebens gesucht hatte!

Zu Hause in Rom konnte er nur kurze Zeit verweilen. Der Kardinal Hohenlohe hatte ihn abermals nach Tivoli eingeladen, und er eilte glücklich dahin, um im zweiten Stockwerk sein kleines, auf die Campagna blickendes Appartement zu beziehen. Hier störte ihn niemand, und vor lästigen Neugierigen, die ihn aufsuchten wie die Fremden den Schiefen Turm zu Pisa, konnte er sich verbergen. Es war ihm vergönnt, nach Herzenslust zu musizieren, einmal in der Woche seine Schüler zu empfangen und sich mit ihnen zu beschäftigen, insbesondere mit Nino Sgambati, an dessen bewundernswerter Begabung er immer mehr Freude empfand.

Mit den Schülern kam auch Olga Janina. Und sie nahm wieder ihre alten Gewohnheiten auf, schrak vor der vier- bis fünfstündigen holprigen Wagenfahrt durch die Campagna nicht zurück und kam immer öfter. Franzi hatte nichts dagegen. Ihr kindisches Geschwätz, ihr schwülstiges und unglaubhaft romantisches Aufschneiden von ihrer Kindheit, ihre verklärte Schwärmerei war er schon gewöhnt. Liszt betrachtete sie ungefähr so, als wenn ein Kanarienvogel um ihn herumhüpfte. Nach ihrer jugendlichen Frische hätte er noch Verlangen gehabt, die wilde Liebe aber, die nach einem ernsteren Schritt bei dieser eitlen und resoluten Frau sicherlich zu befürchten war, langweilte ihn. Die Tscherkessin schwatzte darauf los, und er hörte mit halbem Ohr zu. Oder sie gingen im Wunderpark spazieren, wo das eintönige Plätschern der märchenhaften Springbrunnen den anderswo glutheißen, hier kühlen und schattigen italienischen Sommer mit einer so wunderbaren und geheimnisvollen Stimmung erfüllte. Abends begleitete er sie bis zu jenem kleinen Platz, von dem die Kutscher nach Rom zurückfuhren; er half der verliebten Schülerin in den Wagen, und in der nächsten Sekunde dachte er schon gar nicht mehr an sie.

An einem bewölkten Sommertage fühlte er sich sehr unruhig und nervös. Er bekam die Nachricht, daß Cosima in Triebschen einen Sohn geboren hatte. Diese Cosima, deren Scheidungsprozeß noch nicht beendet war! Er versuchte vergeblich, sich damit zu trösten, daß es nicht am Platze sei, sich darüber so aufzuregen; denn seine drei Kinder waren ja auch außer der Ehe geboren. Das war aber nur eine Begründung für seinen Verstand, nicht für sein Herz. Zornige Scham und brennenden Schmerz empfand er. Wie bei solchen Gelegenheiten immer, nahm er auch jetzt zum Klavier seine Zuflucht. Wie der Nervosität eines anderen das körperliche Bad half, pflegte ihm das seelische Bad wohlzutun. Er spielte gerade die »Predigt des heiligen Franz von Assisi an die Vögel«, als ihm jemand von hinten die Augen zuhielt und ihn auf den Mund küßte. Es war Olga Janina, die aus Rom herausgekommen und unbemerkt in sein Zimmer geschlichen war.

»Scher dich zum Teufel!« schrie er zornig; denn dieses unerwartete Erscheinen hatte ihn erschreckt.

Sogleich bedauerte er aber auch seine Heftigkeit; die Tscherkessin warf sich aufs Sofa und fing an, bitterlich zu schluchzen. Wie sie so dalag, zeichneten sich ihre schmalen, jungen Linien deutlich unter dem Kleide ab. Er trat zu ihr und versuchte sie zu trösten. Er strich ihr nur übers Haar, das genügte Olga Janina aber schon. Sie hörte sofort mit dem Weinen auf. Ihre Augen standen noch voll Tränen, ihr Mund lachte aber schon wieder glücklich.

Spät am Nachmittag brach ein Sturm los. Ein förmlicher Orkan donnerte über Tivoli hinweg, der Wind beugte wütend die mächtigen Pinien des Parkes und schleuderte die Regenmassen bald nach dieser, bald nach jener Richtung. Der Sturm nötigte die beiden, ins Zimmer zu gehen. Olga Janina jauchzte glücklich, das Donnern und Blitzen liebte sie sehr. Und ihrem Gesicht war anzusehen, daß sie angespannt etwas überlegte.

»Seien Sie unbesorgt«, sagte Franzi, »das ist ein Sommergewitter, das läuft schnell über die Hügel hinweg.«

Der Sturm legte sich aber nicht. Sie aßen zu zweit Abendbrot, Franzi ließ seinem Gast zuliebe Champagner bringen und trank viel Kognak wie immer, wenn er sehr gereizt war. Spät am Abend schauten sie aus dem Bergfenster, der Regen strömte hernieder, als ob man ihn aus Kübeln herabgösse.

»Das Wetter ist hoffnungslos«, meinte Franzi. »Wie soll ich Sie jetzt nach Rom bringen? Wir können ja nicht einmal bis zu den Kutschern gehen.«

»Allenfalls könnte ich hier schlafen«, erwiderte Olga Janina mit einem nervösen Lachen. »In diesem Zimmer ist ja ein Sofa, und eine Decke wird sich auch finden. Ich schließe die Tür zu, da kann mir nichts passieren.«

Der Abbé blickte die Tscherkessin hochmütig an.

»Nein, meine teure Gräfin, hier kann Ihnen nichts passieren.«
Sie blieben noch eine Weile wach. Olga Janina erzählte von ihrem Tscherkessenvaterland das Blaue vom Himmel herunter. Liszt hörte nicht besonders aufmerksam zu. Lange nach Mitternacht, als draußen der Sturm in gleichmäßigen Regen übergegangen war, legten sie sich zur Ruhe. Die Tscherkessengräfin bekam Bettzeug aufs Sofa. Franzi tätschelte ihr liebenswürdig die Wangen, wünschte gute Nacht und zog sich in sein Schlafzimmer zurück. Er blätterte noch im Brevier, dann blies er die Kerze aus.
Er hatte die Augen noch nicht geschlossen, als vorsichtig die Tür knackte. Im nächsten Augenblick berührten ihn tastende Hände. Dann wurden seine Schultern krampfhaft umklammert. Wie erobernde Männer ihr Opfer an sich zu pressen pflegen. Er zögerte noch ein wenig, dann hob er seine beiden Arme und erwiderte ihre Umarmung.
Am anderen Morgen gingen sie unten im Park spazieren. Franzi blieb wortkarg und nachdenklich. Im Grunde genommen war ihm die Tscherkessengräfin schon jetzt zuwider. Und ein ausgesprochen unbehagliches Gefühl stieg in ihm auf, als diese Frau ihn am hellichten Tage leidenschaftlich mit du anredete.
»Sag«, fragte Olga Janina mit feurigen Blicken, »stimmt das, daß du mit so unglaublich vielen Frauen in deinem Leben zu tun gehabt hast?«
»Wie soll das wahr sein! Eine Kinderei.«
»Doch, es ist wahr, du bist nur bescheiden. Wie alt bist du denn?«
»Achtundfünfzig.«
»Na, während dieser langen Zeit konnten es tausend und aber tausend sein. Dein Ruf ist ja auch danach. Aber ich wundere mich gar nicht darüber. Ich weiß von mir am besten, wie satanisch man dich begehren kann.«
Der Abbé entgegnete nichts. Das Gespräch langweilte ihn. Er blieb stehen und beobachtete eine Schnecke auf dem aufgeweichten Kieswege.
»Nicht wahr, du warst nie hoffnungslos verliebt?«
»Doch, ja. Einmal. Das hält auch heute noch an. Es gibt jemanden, in den ich hoffnungslos verliebt bin.«
Olga Janina geriet plötzlich in eine wilde Eifersucht. Er sah ein, daß er es noch sehr schwer mit ihr haben würde.
»Wer ist es?« schrie sie haßerfüllt.
»Du kennst sie nicht. Man nennt sie ›Hungaria‹.«

ZEHNTES KAPITEL

Am Tisch der herzoglichen Familie Rospiglio, die er öfter besuchte, war eine leichte Plauderei im Gange. Man sprach davon, was das Fürchterlichste auf der Welt sei. Um seine Meinung befragt, antwortete der Abbé:

»Es gibt nichts Fürchterlicheres auf dieser Welt als eine Frau, die einem zuwider ist.«
»Das sehe ich nicht ein«, sagte der Herzog; »die Frauen, die einem zuwider sind, jagt man davon, und sie sind nicht mehr.«
»Das wäre sehr schön, wenn das ginge. Was macht aber einer, den das Schicksal damit gestraft hat, daß er Frauen gegenüber gar nicht unhöflich sein kann?«
Ihn hatte das Schicksal tatsächlich damit gestraft! Ihm war die Ritterlichkeit angeboren, die es ihm unmöglich machte, einer Frau gegenüber, gleichviel welchen Alters und welchen Ranges, unhöflich zu sein. Es ist ja eine alte Tatsache, daß alles dorthin strebt, wo es ersehnt wird. Das Geld, das Kind, der Hund, die Frau fühlen es gleichermaßen, wer sie liebhat, und streben dorthin. Die Frauen drängten sich nach ihm. Er war wirklich ein »homme aux femmes«, wie man ihn in Paris nannte. Zu Männern konnte er hinwieder grob sein, wenn man ihn irgendwie sehr erzürnt hatte. Seine Geduld, seine Zuvorkommenheit und seine Ritterlichkeit Damen gegenüber kannten aber keine Grenzen.
Und Olga Janina verstand es, diese Eigenschaften bis zum äußersten auszunützen. Von dem Augenblick an, wo sie ihr Ziel erreicht und den Abbé sozusagen verführt hatte, war sie brutal und hartnäckig bemüht, seine einzige, ausschließlich anerkannte Geliebte zu werden. Von früh bis spät arbeitete sie daran mit zäher Urkraft. Sie erschien ganz unerwartet beim Abbé, beobachtete jeden seiner Schritte; sie war imstande, ihm stundenlang an einer Straßenecke aufzulauern, um zu erfahren, ob er aus dem Palais eines seiner Bekannten tatsächlich nach Hause ging, oder ob er noch einen anderen Weg vorhatte. Sie war überall und immer da. Nur um seine Freundschaft zu Carolyne kümmerte sie sich nicht, weil sie wußte, daß diese keinen Beigeschmack von Liebe mehr besitzen konnte. Aber gegen jedes andere weibliche Wesen richtete sie ihre gefährliche Wühlarbeit. So lebte in Rom eine Bildhauerin, die eine Büste des Abbé meißelte. Die Tscherkessengräfin lief in das Atelier der Künstlerin und fing an, diese Büste zu schmähen. Sie reizte und ärgerte die Bildhauerin so lange, bis diese in Zorn geriet und die Büste vom Sockel stieß, so daß sie in tausend Stücke schlug. Dann entfernte sich Olga Janina ruhig und befriedigt; nur das hatte sie erreichen wollen. Die Aufgabe dieses Tages war erledigt; am nächsten Tage machte sie sich auf die Suche nach neuen Opfern. Auch unter den Schülern stiftete sie Unfrieden: sobald der Abbé eine Schülerin über Gebühr lobte, begann Olga Janina sofort, ihr die Freude an der Kunst zu nehmen. Sie klatschte, hetzte die Menschen gegeneinander, ihr ganzes Leben widmete sie nur diesem Ziele, und Klavierspielen lernte sie auch nicht des Klavierspielens wegen, sondern nur dem Meister zuliebe.
Franzi lächelte anfänglich über diesen großen Eifer, nach und nach aber wurde ihm die Sache ungemütlich. Es kam zu einer Aussprache. Die er-

tappte Tscherkessin zog vorsichtig die Fäden ihres Spinngewebes ein; bald aber begann sie hartnäckig von neuem an ihrem Netz zu spinnen. Als sie darauf gekommen war, daß der Abbé weiblichen Tränen gegenüber sofort entwaffnet war, inszenierte sie schluchzende Auftritte. Und mit diesen erreichte sie fast immer, was sie wollte.

Manchmal aber doch nicht. So konnte sie es nicht erkämpfen, daß der Abbé, als der Sommer kam, sie auf seine Münchener Reise mitnahm. Er blieb fest und schlug ihr diese Bitte rundweg ab. Nino Sgambati hingegen nahm er mit, weil es ihm sehr wichtig schien, daß dieser hervorragende Schüler, der seine Richtung unter den Italienern vertrat, die Tetralogie kennenlernte. Die beiden Musiker, der Meister und der Schüler, fuhren jedoch vergebens nach München; denn dort herrschte die größte Kopflosigkeit, und aus der Uraufführung wurde nichts. König Ludwig hatte einfach befohlen, daß das »Rheingold« aufzuführen sei, und zwar an seinem Geburtstage, dem 25. August. Dieser Befehl stand im vollen Widerspruch zu Wagners Wünschen, wie seine Tetralogie aufgeführt werden sollte. Er hielt es für unmöglich, daß dieses Werk anders das Licht erblicken sollte als im Rahmen von vier aufeinanderfolgenden festlichen Abenden. Dem Befehl des Königs hatte aber auch er sich nicht widersetzen können. Wagner hatte nichts weiter tun können, als sich persönlich ostentativ fernzuhalten. Lediglich seinen künstlerischen Einfluß wollte er geltend machen und von Triebschen aus Anweisungen bezüglich der Einstudierung und Rollenbesetzung erteilen. Das Werk wurde also in den Spielplan aufgenommen. Da hielt es aber Hans, der sich bis dahin heldenhaft zur Leitung der Werke Wagners gezwungen hatte, nicht mehr mit den Nerven aus; er konnte den inneren Zwiespalt zwischen seinem künstlerischen Glauben und seinem menschlichen Schmerz nicht überwinden, ließ alles im Stich und reiste ab. Seinen Platz nahm ein strebsamer und begabter Musiker namens Hans Richter ein, der nach Wagners Anweisungen, die sich bis auf die kleinsten Einzelheiten erstreckten, an der Einstudierung arbeitete, bei der Hauptprobe jedoch feststellen mußte, daß die Aufführung dieses Meisterwerkes unwürdig wäre. Er gab bekannt, daß er nicht geneigt sei, zu dirigieren. Die Aufführung wurde auf unbestimmte Zeit verschoben. Der Geburtstag des Königs verlief ohne das »Rheingold«. Zu der Aufführung waren aber die Anhänger Wagners aus ganz Europa herbeigeströmt. Da sah man die Frau Kalergis in der überreifen Pracht ihrer blonden Schönheit, ferner die berühmte Gräfin Mimi Schleinitz, in deren Berliner Kunstsalon die bekanntesten und interessantesten Persönlichkeiten verkehrten. Sie war eine alte Bekannte des Abbé; sooft sie sich trafen, blitzte zwischen ihnen unausgesprochen, aber prickelnd heiß der Gedanke an eine innigere Verbindung auf. Da war Pauline Viardot-Gracia, die berühmte Sängerin, eine noch ältere Bekannte, die einst als junges Mädchen von dem weltberühmten Meister Klavierstunden bekam und mit der er heute noch in sehr innigem Briefwechsel stand. Da bemerkte man die Gräfin Dönhoff, eine geborene Herzogin Maria Camporeale, die der Abbé gleichfalls noch von ihrer Mädchenzeit her kannte. Und aus jeder Hauptstadt kamen noch viele andere reiche und vornehme Kunstsachverständige, die sich einen solchen musikalischen Ausflug erlauben konnten. Alle waren zurückgereist, wie sie gekommen waren, ohne das »Rheingold« gehört zu haben. Aber der Abbé, der die Verehrung all der Damen entgegennahm, mit ihnen soupierte und sich in einer intimen Gesellschaft sogar ans Klavier gesetzt hatte, fühlte sich ausgezeichnet, obwohl er den Zweck seiner Reise nicht erreicht hatte. Weder das »Rheingold« noch Hans hatte er sehen können.

Statt dessen besuchte er öfters die alte Frau von Bülow, die Mutter von Hans. Und von ihr erfuhr er auch vieles. Die aufrechte und starke alte Frau hatte sich bis jetzt von den Familienangelegenheiten ihres Sohnes ferngehalten, aber alles gesehen und gehört. Und der Abbé war der einzige, dem sie all das auch erzählen konnte. Denn die Tochter Liszts machte ihren Sohn unglücklich, und in das Leben ihrer beiden Kinder war Wagner wie das Schicksal selbst getreten.

»Das ging schon lange, lange Jahre so«, sagte Frau von Bülow, »ich hatte es sofort bemerkt, als es anfing. Ich konnte aber doch nichts sagen. Bei solchen Gelegenheiten heißt es für die Mutter immer: ›schweigen‹. Ich hoffte auch immer, daß diese Hofiererei einmal ein Ende nehmen und Hans nie etwas erfahren würde. Es ist aber anders gekommen. Armer Hans, mein Herz blutet um ihn! Er hat Cosima jetzt noch lieb. Nie, solange er lebt, wird er eine andere Frau lieben! Mein Sohn kann in diesem Leben nie mehr glücklich werden. Aber, Gott ist mein Zeuge, ich verdamme wirklich niemanden.«

Der Abbé ergriff die Hand der alten Frau:

»Ich wollte Sie gerade auch bitten, daß Sie Cosima bitte nicht hassen sollen.«

»Ich hasse sie nicht. Aber ich kann sie nicht verstehen. Wie kann sie glücklich sein, wenn sie anderen soviel Schmerz bereitet? Sie kümmert sich aber nicht darum. Sie hat ja auch zu Richter gesagt, sie wäre auch über Leichen gegangen, nur um Wagner gehören zu können.«

»Es scheint, sie sind wirklich füreinander bestimmt. Und in meinem Herzen beginne ich fast schon, ihnen zu verzeihen. Ich werde aber doch noch ein Weilchen damit warten.«

»Sie verzeihen ihnen, Meister? Wie ich sehe, verkennen Sie die Situation vollkommen. Die wollen ja *Ihnen* nicht verzeihen.«

»Wie bitte?«

»Es ist so, wie ich sage. Ich habe genaue Nachrichten, denen Sie glauben können. Wagner möchte sich sehr gern mit Ihnen aussöhnen, was ja auch natürlich ist. Er hat bis jetzt immer alles erreicht, nun will er auch noch Ihre Freundschaft, dann gehört ihm alles. Er betont auch andauernd, daß er in diesem Leben nur einen wahren Freund habe, und das sei der Meister. Mit Cosima steht es aber anders. Cosima zürnt Ihnen tödlich und betont, daß sie sich nicht versöhnen will.«

Franzi hörte fassungslos und erstaunt zu. Bis jetzt hielt er sich für einen hartherzigen Vater, der gewisse gesellschaftliche Fragen viel zu streng genommen und sein einziges Kind übereilt von sich gestoßen hatte. Sein Gewissen regte sich in der letzten Zeit oft, er empfand es als Herzlosigkeit, daß er sich vom Glück seiner Tochter fernhielt. Und jetzt stellte sich heraus, daß Cosima ihn gar nicht brauchte – dieses Wesen, das ihm immer am nächsten gestanden, für das er soviel gearbeitet, zu dem er sich mit innigster und reinster Zärtlichkeit hingezogen gefühlt hatte! Seine beiden anderen Kinder, denen er Cosima im geheimen stets vorgezogen hatte, besaß er nicht mehr. Sie war da, lebte glücklich und wollte gar nichts von ihm wissen!

Liszt sprach noch lange mit Frau von Bülow, er befragte sie über weitere Einzelheiten. Und er mußte feststellen, daß die Informationen der alten Frau zutrafen. Wagner möchte sich mit ihm versöhnen, Cosima, trotzig, läßt es aber nicht zu. Sie zürnt ihm fürs ganze Leben, weil ihr Vater sie in der großen Krise ihres Lebens allein gelassen und sich nicht an ihre Seite gestellt hat.

»Ja, das ist das Schicksal der Eltern«, seufzte Frau von Bülow, »wenn die Kinder erwachsen sind, brauchen sie uns nicht mehr.«

»Nun, wir werden's ertragen«, entgegnete der Abbé.

Er lächelte leicht dazu, aber seine Lippen bebten, und in seinem Herzen verspürte er einen brennenden Schmerz. So fuhr er aus München fort, wie mitten ins Herz getroffen, seiner tiefsten Gefühle beraubt, mit der leeren Kälte der Einsamkeit in seiner Seele.

Am Bahnhof in Rom erwartete ihn Olga Janina mit einem riesengroßen Blumenstrauß und mit verlangender Liebe. Sie fuhren zusammen in die Stadt. Die Tscherkessin unterzog ihn einem theatralischen Verhör, wie weit er ihr die Treue gehalten habe. Liszt antwortete nur hin und wieder, bloß um etwas zu sagen. Und innerlich fragte er sich, was ihn eigentlich diese Frau anging und wie sie überhaupt neben ihn in den Wagen kam.

Carolyne hingegen richtete nur der Form halber einige Fragen über die Münchener Reise an ihn; ihre Gedanken weilten ganz woanders. Ihr ganzes Fühlen und Denken nahm die kommende Synode in Anspruch. Papst Pius hatte für Anfang Dezember die kirchliche Tagung anberaumt, die dazu ausersehen war, die Unfehlbarkeit des Papstes zu verkünden. Der Dezember war noch weit entfernt, aber in den Kreisen der hohen Geistlichkeit bemerkte man bereits eine zunehmende Nervosität. Schon formten sich die Parteien. Carolyne verfiel förmlich in ein religiöses Fieber, sie betete fortwährend für den Erfolg der Synode, und wenn sie nicht betete, dann hatte sie Gäste aus dem Vatikan, mit denen sie das Für und Wider und die

Erfolgsaussichten der Synode erörterte. Und der versteckte Zorn, den sie immer noch gegen ihren Schwiegersohn hegte, brach jetzt unverhüllt gegen den Bruder ihres Schwiegersohnes aus. Im Vatikan erzählte man sich, daß der Kardinal Hohenlohe schwanke und eher gegen das neue Dogma sei als dafür. Jedermann wußte, daß der Bruder des Kardinals, der bayrische Ministerpräsident, Fürst Chlodwig von Hohenlohe, ein Rundtelegramm an die europäischen Mächte gerichtet und sie auf die politischen Gefahren dieser Synode aufmerksam gemacht hatte, hauptsächlich aber darauf, daß der Papst bestrebt sei, seine weltliche Macht zu stärken. Von dem Kardinal Hohenlohe konnte man kaum annehmen, daß er sich gegen die Familienpolitik seiner beiden Brüder wenden würde. Und daß dieses Dogma kaum auf Anhänger zählen konnte, das wurde ziemlich schnell offenbar. Sämtliche Bischöfe der Welt bereiteten sich für die schwierigen, heiklen Debatten der Synode sehr gut vor. Alle sicherten sich einen Sachverständigen des Kirchenrechtes. Auch Kardinal Gustav: er lud den Universitätsprofessor Friedrich ein, den offiziellen Gegner der weltlichen Macht des Papsttums, der den Fürsten Chlodwig Hohenlohe zu diesem Rundtelegramm veranlaßt hatte.

All das erzählte Carolyne dem Ankömmling. Als Schwiegermutter des einen Hohenlohe fühlte sie sich in ureigenster Person verantwortlich für das antipäpstliche und ihrer Meinung nach gotteslästerliche Verhalten der Familie Hohenlohe. Sie legte sich Buße auf, sie fastete, sie betete und sprach mit sprühendem Zorn von dem Kardinal.

»Hoffentlich werden Sie jetzt Ihre Beziehungen zu ihm abbrechen?«

»Seien Sie mir nicht böse, Carolyne, aber mich geht diese Synode nichts an, und *ein* Kardinal bedeutet für mich ebensoviel oder -wenig wie der andere, es sei denn, daß uns persönliche Beziehungen verbinden. Der Kardinal Gustav war immer sehr liebenswürdig, gut und zuvorkommend zu mir, er ist mir offensichtlich zugetan, ich bin ständig sein Gast in der Villa d'Este; es wäre sehr häßlich von mir gehandelt, wenn ich mich von ihm zurückziehen würde wegen einer Frage, von der ich kein Wort verstehe und deren Entscheidung mir auch nicht obliegt.«

»Ich kenne keinen größeren Schmerz, Franzi, als den, daß Sie kein guter Katholik sind.«

»Aber selbstverständlich bin ich ein guter Katholik. Was die Synode verkündet, werde ich als begeisterter Anhänger glauben.«

»Ach, Ihnen würde der Heiland selbst vergebens predigen! Ich sage es noch einmal, Sie sind *kein* guter Katholik. Blasen Sie nur in ein Horn mit dem Kardinal Hohenlohe und geraten Sie in die Verdammnis! Mir unglücklichen Frau bleibt nichts übrig, als weinend für Ihr Seelenheil zu beten. Ich befürchte aber, daß es dazu schon zu spät ist.«

Der Abbé wartete geduldig den schluchzenden Redeschwall der Fürstin ab und dann noch weitere drei. Er widersprach nicht, um den Streit nicht in

die Länge zu ziehen. Er schwieg. Und fragte sich, warum er diese Frau, die ihm einst alles bedeutete, jetzt als so fremd und unglaublich fern empfand. Er ging müde, einsam und traurig nach Hause. Franzi hatte wieder einmal das heiße Verlangen, nach Ungarn zu fahren. Diese Sehnsucht übermannte ihn in letzter Zeit immer öfter. Wie so manches Mal in seinem Leben und von so zahlreichen anderen Möglichkeiten, so erhoffte er jetzt an der Schwelle seines Alters von der Heimat die Erlösung.
Die Ewige Stadt traf große Vorbereitungen für die Synode. Vor dem San Pietro in Montorio war anläßlich der Synode eine große Säule errichtet worden; nach und nach trafen die Bischöfe ein, um sich schon geraume Zeit vor der offiziellen Eröffnung über die Bildung der Parteien zu unterrichten. Zwei Monate vor der Synode hielten sich bereits fünfhundert ausländische Bischöfe in Rom auf. Man glaubte schon zu wissen, daß die angesehensten Autoritäten der Franzosen, die Kardinäle Dupanloup und Bonnechose, gegen das Dogma waren. Der Kardinal Schwarzenberg hatte angeblich geäußert, daß er den Kardinalshut ablegen wolle, wenn das Dogma verkündet würde. Der Bischof von Rothenburg hingegen meinte, daß im Falle der Ablehnung des Dogmas ganz Deutschland protestantisch werden würde. Die Jesuiten behaupteten steif und fest, daß eine Mehrheit für das Dogma sicher sei. Carolyne konnte vor Aufregung kaum noch schlafen, und der Abbé war glücklich über jede Stunde, die er nicht in der Via del Babuino verbringen mußte.
Andere gingen in den Vatikan, um die Errichtung des Sitzungssaales zu betrachten, ihn interessierte das nicht. Seine Schüler beschäftigten ihn viel mehr, nicht minder all die jungen Musiker, die, aus der ganzen Welt nach Rom strömend, ihn ebenso aufsuchten wie die Gläubigen den Papst. Im Augenblick war gerade ein junger Mann aus Skandinavien bei ihm, der genau so langes Haar trug wie er selbst. Freilich kein weißes. Er hieß Edvard Grieg. Er brachte eine Sonate für Violine und Klavier mit.
»Setzen Sie sich, mein Sohn, und spielen Sie sie vor.«
»Verzeihung, aber es ist niemand da, der Violine spielt.«
»Können Sie nicht beides auf einmal spielen? Na, dann spielen Sie nur den Klavierpart, ich werde hier oben die Violine spielen.«
Sie besprachen die Komposition im einzelnen. Die Sonate war reizvoll, von stark nationalem Charakter, in den Harmonien lag viel Kühnheit und Eigenart. Franzi lobte den jungen Künstler und fragte, ob er etwas für ihn tun könne.
»Ich hätte eine einzige Bitte, Meister. Einmal in meinem Leben möchte ich Liszt Klavier spielen hören.«
Der Meister zögerte, dann aber willigte er ein und setzte sich ans Klavier. Warum sollte der junge Mann nicht seine Freude haben? Er spielte ihm einen Text der Tasso-Symphonie vor und war innerlich belustigt über das erschrockene Staunen seines Gastes. Dann griff er nach der Sonate und spielte

sie von Anfang bis Ende, sowohl den Violinteil als auch die Klavierpartie, noch voller und reichhaltiger, als sie der Tondichter selbst geschrieben hatte.

»Meister, das ist unglaublich!« stammelte der junge Mann. »Wenn ich es nicht mit eigenen Augen gesehen hätte, könnte ich nicht glauben, daß so etwas möglich ist.«

»Ach was, nicht der Rede wert. Ich werde doch noch ein bißchen vom Blatt spielen können? Ich bin ja wirklich schon ein alter Musiker, mein lieber Sohn.«

Nach einer halbstündigen Unterredung verabschiedete sich Grieg. Am nächsten Tage kamen andere. Die Schüler arbeiteten fleißig. Die jungen Talente entwickelten sich trefflich unter seiner Leitung. Das war das einzige, was ihm in diesen durch das Gedenken an Cosima so schmerzlichen Monaten Freude machte. Dann traten andere Ereignisse ein. Die Zeitungen waren voll von Berichten über die Eröffnung des Suezkanals und über die Synode. An einem der ersten Dezembertage, bei strömendem Regen, nahm endlich das große Ereignis seinen Anfang. In der Peterskirche fand ein feierliches Hochamt mit anschließender riesenhafter Prozession statt; bei dem großen Andrang konnte man aber während der Messe nicht eine einzige Mitra sehen. Doch den Sitzungssaal durfte man besichtigen. Die Wände waren mit Gobelins bespannt, pomphafte Tribünen hatte man aufgestelllt, die Plätze der Kardinäle rot, die Plätze der Bischöfe grün gepolstert. Am selben Tage verkündete der alte Papst durch eine Bulle, was geschehen sollte, wenn er während der Synode stürbe. Es sprach sich auch herum, daß die ungarische Königin Elisabeth nach Rom gekommen sei und dem feierlichen Hochamt beigewohnt habe. Franzi sah sie aber nicht. Er konnte sich gar nicht viel umschauen; denn Carolyne bekam infolge der großen religiösen Aufregung in der Kirche Weinkrämpfe, und man mußte sie nach Hause schaffen.

Unter den Teilnehmern der Synode fand er ebenfalls viele Bekannte. Haynald und auch der Bischof Ipolyi waren gekommen. Der Abbé besuchte sie oft. Aber auch sie wußten von nichts anderem zu sprechen als von der Synode. Jeder Tag brachte eine neue Aufregung. Der Kardinal Mathieu hatte der ganzen Sache skandalöserweise bereits den Rücken gekehrt und war nach Hause gefahren. Dupanloup organisierte die französische Opposition. Die deutschen Kirchenfürsten nahmen energisch gegen die geistige Führung der Synode Stellung. Hohenlohe hielt es für ausgeschlossen, daß das Dogma angenommen würde.

Alles das machte den Abbé nervös, weil man es bei Carolyne in ihrer tobenden Aufregung jetzt überhaupt nicht mehr aushalten konnte. Ging er nach Hause, saß ihm Olga Janina mit ihren ewigen Blumensträußen und Eifersuchtsszenen auf dem Halse und forderte anmaßend ihren Favoritinrang. Eines schönen Tages bekam er das ganze satt, packte in großer Hast seine

Koffer und reiste nach Ungarn. Er fuhr durch bis nach Horpács, dem Heim des Grafen Emmerich Széchenyi. Auf die Nachricht hin von seiner Ankunft fanden sich auch Graf Albert Apponyi und Mihalovics, jener ungarische Musiker, dem er seinerzeit ein Empfehlungsschreiben an Cornelius gegeben hatte, dort ein.

Diese Tage in Horpács waren glückliche, frohe Stunden. Die beschwingte Leichtlebigkeit und heitere Gastfreundschaft des ländlichen ungarischen Herrensitzes bildete den Hintergrund, den Inhalt aber gaben die tiefsinnigen, musikalischen Gespräche. Irgend jemand saß ständig am Klavier. Und langsam wurde Franzis Sehnsucht immer größer, in seiner Heimat sich betätigen zu können. Die Gesellschaft in Horpács sprach darüber schon ganz ernsthaft. Der Gedanke schien auch keineswegs unausführbar. Über die mit staatlicher Unterstützung zu errichtende Musikakademie brauchte bloß im Reichstag abgestimmt zu werden. Und man konnte auf ein günstiges Ergebnis hoffen, wenn nur die Sache richtig angefaßt und der weltberühmte Name Franz Liszts auch in diesen Kampf hineingetragen würde. Die Saat reifte augenscheinlich mehr und mehr. Graf Apponyi unterstützte diesen Plan bereitwilligst. Von Horpács fuhren sie nach Pest, und hier verbreitete sich sehr schnell die Nachricht, daß Franz Liszt vielleicht in seine Heimat zurückkehren werde, um dort tätig zu sein. Der Abtpfarrer Schwendtner kannte mehr als einen Politiker, und diese suchte er der Reihe nach auf und weihte sie in seine Pläne ein. In Rom bekam Franzi dann mit beiden Frauen allerlei Schwierigkeiten. Carolyne war von den Aufregungen infolge der Synode ein lebender Leichnam geworden, ihr hatte wahrlich nur noch gefehlt, daß ihr Freund von seinen Plänen in Pest berichtete. Sie geriet außer sich vor Zorn. Gegengründe fand sie nicht, nur leidenschaftliche Beschwerden, Klagen und schlimme Prophezeiungen. Jeder Tag, den Gott werden ließ, brachte eine große Szene zwischen ihnen beiden. Die Weimarer Monate hätte sie zur Not noch ertragen, daß sich aber Franzi jetzt auch noch in Pest verpflichten wollte, das war für sie zuviel. Was blieb dann für Rom, das sie nicht verlassen konnte? Sie weinte, sie schrie, sie ereiferte sich und verwünschte ganz Ungarn.

Mit der anderen Frau hatte Liszt ebenfalls jeden Tag einen Auftritt. Sie war jetzt förmlich besessen vor Eifersucht. Aus anderen Gründen als Carolyne. Sie weinte aber, schrie und drohte ebensosehr, wenn nicht noch viel mehr. Sie warf sich zu Boden, machte fürchterlichen Spektakel und zerschlug, was man nicht vor ihr in Sicherheit gebracht hatte. Fortunato, der italienische Diener Franzis, fluchte schon im voraus, wenn die »Tscherkessenbestie«, wie er sie nannte, in dem stillen, ehrwürdigen Gebäude der Santa Francesca Romana auftauchte. Olga Janina hatte sich einen Dolch gekauft und holte ihn jetzt bei jeder Gelegenheit hervor.

»Daß du es weißt«, schrie sie, »ich nehme mir das Leben, vorher ersteche ich aber dich, wenn du noch einmal ohne mich verreist.«

»Duzen Sie mich nicht, mein Kind, denn man kann es draußen hören. Dann nehmen Sie endlich Vernunft an. Ich muß jetzt nach Weimar, und Sie können nicht mit dorthin.«
»Warum nicht? Haben Sie Schüler in Weimar?«
»Ja.«
»So werden Sie eben eine Schülerin mehr haben.«
»Aber Sie bringen mich in eine peinliche Lage, mein Liebling. Ich trage das Priestergewand und mag es nicht, wenn Sie ständig alle Welt sehen lassen, daß Sie zu mir in Beziehungen stehen.«
Bei solchen Auseinandersetzungen wandelte sich die Tscherkessin in einer Sekunde. Sie fiel auf die Knie und begann die Hand des Abbés zu küssen.
»Verzeihen Sie mir, um's Himmels willen, verzeihen Sie mir, wenn ich unbedacht war! Ich schwöre auf alles, was heilig ist, daß ich von nun an achtgeben werde. Ich flehe Sie aber an, nehmen Sie mich mit; denn wenn Sie mich allein lassen, werde ich verrückt vor Qualen.«
Sie umklammerte seine Knie und sah mit tränenerfüllten Augen zu ihm auf.
»Gut, wir sprechen noch darüber«, beschwichtigte sie der Abbé, nur um der Szene ein Ende zu bereiten.
Die Tscherkessin sprang auf, tanzte vor Glückseligkeit jauchzend im Zimmer herum, fiel über ihn her, umarmte und küßte ihn, wo sie ihn nur fassen konnte.
»Verzeihung«, wehrte der Abbé ab, »ich habe nichts versprochen. Ich sagte nur, daß wir über die Sache nochmals sprechen werden.«
Abermals Verzweiflung, Schluchzen, Flehen und Schreien. Er wußte nun wirklich nicht mehr, was er tun sollte. Endlich nahm er sich vor, die Weimarer Reise heimlich vorzubereiten, in der Nacht zu packen und beizeiten frühmorgens zu flüchten. Aber diesen Plan auszuführen, war unmöglich. Olga Janina achtete mit beispielloser Wachsamkeit auf jedes kleinste Anzeichen, und ihr Mißtrauen konnte niemand täuschen. Am Vorabend der Fahrt mußte man tatsächlich noch von der Angelegenheit sprechen.
»Nehmen Sie doch Vernunft an, ich will Ihnen lieber versprechen, Ihnen jeden Tag zu schreiben. Bleiben Sie schön hier zu Hause und üben Sie. Es handelt sich ja nur um einige Wochen.«
»Ausgeschlossen, das kenne ich schon. Sie sagen ein paar Wochen, und ein paar Monate werden daraus. Ich fahre eben mit.«
»Das ist unmöglich.«
»Gut. Wie Sie wollen. Dann werde ich mich vor den Zug legen. Die Eisenbahn soll dann zufahren, wenn sie kann. Und wenn man mich von den Schienen gewaltsam entfernt, gehe ich nach Hause und töte mich, das schwöre ich Ihnen hoch und heilig! Zuvor schreibe ich aber an sämtliche Zeitungen, warum ich in den Tod gehe. Wegen der Herzlosigkeit des Abbés Liszt. Wenn es Ihnen so besser gefällt, *mir* soll es recht sein.«

Es war nichts zu machen, er mußte sie mitnehmen. In Weimar brachte er sie im »Erbprinzen« unter, er selbst bezog die drei Zimmer der Hofgärtnerei. Die kleine Stadt sprach noch am gleichen Tage davon, daß der Abbé mit einer Frau angekommen war, und zwar mit einer außerordentlich hübschen Person. Und als Franzi sich offiziell beim Großherzog meldete, machte dieser auch schon eine Anspielung auf die schöne Reisegefährtin.
»Meine Schülerin«, erwiderte er schnell, »wie so viele andere.«
»Bitte, bitte«, lachte der Großherzog, »vor mir brauchen Sie sich nicht zu verteidigen. *Ich* weiß, daß Sie kein Gelübde abgelegt haben. Aber es wird schwer sein, meinen guten Weimarern zu erklären, daß eine so hübsche Reisegefährtin bei Ihnen nur das Klavierspielen lernt. Doch das ist nicht meine Sache. Sprechen wir von unseren Angelegenheiten. Haben Sie die Hofgärtnerei in Ordnung gefunden?«
»Danke, Hoheit, es ist alles in Ordnung.«
»Und welche Pläne haben Sie mitgebracht? Wir haben die Beethoven-Jahrhundertfeier vor uns.«
Der Abbé berichtete eingehend von seinen Absichten. Über Olga Janina fiel kein Wort mehr. Des weiteren stellte sich herus, daß die andere Olga, die Baronin Meyendorff, nicht mehr in Weimar wohnte. Kurz zuvor war ihr Mann nach Karlsruhe versetzt worden. Man brauchte also nicht mehr zu befürchten, daß die zwei Olgas sich gegenseitig die Haare ausraufen würden. Daher fühlte Liszt sich etwas erleichtert. Wenn auch kein offener Skandal ausbrach, so war der heimliche Klatsch um so größer. Olga Janina ließ sofort jedes weibliche Wesen, das in die Nähe des Abbés kam, wissen, daß alle, die ihn nur anzusehen wagten, ernstliche Unannehmlichkeiten haben würden. Dann überwarf sie sich mit Adelheid von Schorn, der treuen Berichterstatterin der Fürstin. Sie hatte nämlich entdeckt, daß man von der ziemlich weitab liegenden Wohnung Adelheids bis zu dem zwischen den Bäumen liegenden Gebäude der Gärtnerei sehen konnte. Nachdem sie wußte, daß diese alte Jungfer über den Tagesablauf des Abbés ständig Mitteilungen nach Rom schickte, trat sie gegen die Spionin als Gegenspionin auf und stellte fest, daß Adelheid stundenlang am Fenster stand und mit ihrem Operngucker das Speisezimmer des Abbé beobachtete, in dem man, weil das Zimmer schön hell war, sogar die Insassen unterscheiden konnte. Sofort drang Olga Janina in die Wohnung Adelheids ein, um sie am Fenster zu ertappen, und schlug einen solchen Lärm, daß alle Einwohner Weimars davon erfuhren. Ohne Zweifel würde es auch Carolyne zur Kenntnis kommen.
Dann beruhigte man sich aber etwas über diese Angelegenheit, und Weimar gewöhnte sich an die Tscherkessendame, die neben dem Abbé wie ein Gardist einherlief. Und als sich von Olga Janina herausstellte, daß sie sehr gut Klavier spielen konnte, verlor die Sache sogar ihre besondere Note.
Die Feierlichkeiten des Beethoven-Zentenariums währten vier Tage, am

letzten Tage dirigierte Franzi die »Neunte« selbst. Olga Janina brachte Tag für Tag neue und abermals neue Zeitungen angeschleppt, die von den Feierlichkeiten berichteten. Die Feinde der neuen Musik waren träge geworden und sahen den meist in Rom lebenden Liszt nicht mehr als eine so große Gefahr an. Zum Musikfest führte man auch seine Beethoven-Kantate auf, zu einem Angriff war also eigentlich Gelegenheit gegeben. Die Presse verhielt sich diesmal aber sehr ruhig. Hier und da meldeten sich sogar freundliche Stimmen. Da gab es sogar eine Kritik, die sich über diese sonderbare Art des Dirigierens wohlwollend äußerte, während die Musikreferenten früher Liszts Art zu dirigieren stets bekämpft und zerpflückt hatten. Olga Janina las ihm eines Tages beim Nachmittagstee aus Hermann Uhdes Schrift: »Weimars künstlerische Glanztage« die betreffende Stelle vor. Der Berichterstatter schilderte den Meister, wie er mit vor Freude geröteten Wangen dastehe, glücklich, den großen Toten ehren zu dürfen. Wie die Bewegungen seiner Arme die Stimmung des Gesamtwerkes deutlich wiedergäben; wie seine zarte, weiße Hand langsam die Luft durchschneide, um dann plötzlich, wenn der entscheidende Akkord komme, zur Faust geballt, niederzufallen. Ja, manchmal stampfte er dabei sogar mit dem Fuße auf. Bei steigenden vollen Akkorden breite er die Arme weit aus und öffne beide Hände; beim Piano sinke seine Gestalt ganz in sich zusammen, beim Krescendo wachse sie riesengroß empor; dann stelle er sich auf die Fußspitzen und hebe die Arme hoch über den Kopf. In die Partitur werfe er kaum einmal einen Blick; wenn die Melodie langsam dahinfließe, stehe er oft unbeweglich da, die Hände auf dem Rücken gefaltet, ganz in den Wohlklang vertieft, bis eine Beschleunigung des Tempos ihn wieder emporreiße. Manche fänden diese Art des Dirigierens seltsam, meinte der Kritiker zum Schluß, aber es sei erstaunlich, wie der Genius des Meisters das ganze Orchester, jedes einzelne Instrument in seinem Bann halte . . .

»Herrlich, herrlich!« rief die Tscherkessin.

»Ja, ganz gut. Und außerdem ist dieser Uhde ein sehr liebenswürdiger Mensch.«

Plötzlich warf die Tscherkessin die Zeitschrift auf den Tisch und schrie mit verändertem Gesicht zähneknirschend:

»Ich hasse dich, ich hasse dich!«

»Was ist, mein Kind, sind Sie verrückt geworden?«

»Ich hasse dich! Weil du so berühmt, so unwiderstehlich, so dämonisch bist! Ich hasse dich! Weil so viele Frauen von dir hingerissen sind! Ich vergehe vor Wut, daß auch andere dich zu lieben wagen! Am liebsten möchte ich die erwürgen, die dir einmal gehört haben. Auch auf deine Vergangenheit bin ich eifersüchtig wie eine Wahnsinnige. Wenn ich nicht weiß, woran du denkst, lasse ich dein Gesicht nicht aus den Augen und möchte dich erwürgen, weil ich deine Gedanken nicht sehen kann. Ich weiß gar nicht mehr, wohin das führen soll.«

»Das wird dahin führen, mein Kind, daß man Sie in eine Heilanstalt bringt. Warum machen Sie auch aus jeder Mücke einen Elefanten? Freuen Sie sich, daß wir schon beisammen sind, und geben Sie sich damit zufrieden, daß ich der ganzen Welt gehöre. Versuchen Sie die zu lieben, die *mich* lieben, gerade *weil* sie mich lieben; sie haben in ihrer Seele also etwas, was Ihnen gleicht. Die Eifersucht ist etwas Barbarisches und Egoistisches. Obendrein ist sie Leuten in meiner Nähe nicht sehr zu empfehlen. Wie sollen Sie sich mit der ganzen Welt messen, mein Kind? Sie bringen sich nur selbst in den Wahnsinn. Viel vornehmer wäre es, sich meiner zu freuen, auch darüber Freude zu empfinden, daß ich in meinem Leben einige schöne Augenblicke gehabt habe, die mir die Frauen geschenkt haben.«
Ganz außer sich vor Zorn sprang Olga Janina auf.
»Was? Ich soll mich darüber auch noch freuen, worüber ich fast wahnsinnig werde! Mir bleibt der Verstand stehen, daß Sie so etwas von mir verlangen. Wissen Sie denn nicht, was Eifersucht heißt? Waren Sie denn noch nie in Ihrem Leben verliebt?«
»Ich befürchte, mein Liebling, daß ich nie in meinem Leben so verliebt war, wie Sie sich das vorstellen. Ich kann wohl lieben, aber nie verliebt sein.«
Die Tscherkessin atmete heftig durch ihre geblähten Nasenlöcher; stumm, aufgebracht funkelte sie den Abbé an.
»Ich sage nur so viel«, erwiderte sie nach langem Schweigen, »daß da noch einmal ein großes Unheil geschieht.«
»Drohen Sie nicht, mein Kind«, seufzte der Abbé verärgert und gelangweilt, »einerseits erschrecken Sie mich damit nicht, andererseits wird mir die Sache nach und nach ein wenig lästig.«
»Du hast mich satt?« rief die Frau.
Es folgte abermals eine leidenschaftliche Szene. Olga Janina durchlief die ganze Tonleiter der Tobsucht. Schließlich schrie sie schluchzend und theatralisch:
»Lebe wohl auf ewig!«
Sie rannte hinaus und schmetterte die Tür hinter sich zu. Der Abbé blickte ihr mißmutig aus dem Fenster nach. Er sah, daß Olga Janina über die Straße stürzte. Franzi seufzte müde und verärgert. Schade um diese Olga, daß in ihr eine so eitle Komödiantennatur steckte. Sonst ist sie ja eine gute Frau und manchmal sehr lieb. So bereitet sie ihm aber immer wieder Ärger und macht ihn nur müde. Jetzt rennt sie heulend die Straßen entlang nach Hause in den »Erbprinzen«, man sieht sie, in einer Stunde wird die ganze Stadt davon sprechen, daß der Abbé mit seiner Geliebten ein Zerwürfnis gehabt hat. Olga Janina aber wird sich in einer Stunde beruhigen, die Szene bereuen, in einem flehenden Briefe um Vergebung bitten und sich drei Tage lang so bescheiden und demütig benehmen wie ein Engel.
Tatsächlich waren kaum zwei Stunden vergangen, da kam auch schon der Hausdiener des »Erbprinzen« mit einem Briefe. Mit erregt hingeworfenen

Buchstaben stand da: »Wenn Du mich noch am Leben treffen willst, komme sofort. Wenn Du diesen Brief in Händen hast, habe ich Gift genommen.« Liszt nahm sofort seinen Hut und eilte in den »Erbprinzen«. Inzwischen bemühte er sich, vom Hausdiener zu erfahren, was die Gräfin tue. Der konnte ihm aber keine Aufklärung geben, er hatte den Brief vom Zimmerkellner zwecks Zustellung erhalten.
Als Franzi die Treppen hinaufgeeilt war und ins Zimmer trat, bemerkte er in dem Gesicht der Frau ein fürchterliches Entsetzen.
»Sind Sie denn wahnsinnig geworden?« rief er zornig.
Olga warf sich vor ihm auf die Erde und umklammerte seine Knie, wie sie stets zu tun pflegte. Mit todblassem Gesicht blickte sie zu ihm auf, und man sah ihr an, daß sie jetzt keine Komödie spielte.
»Rette mich! Um des Himmels willen rette mich! Ich will nicht sterben. Ich habe Gift genommen, aber ich will leben.«
Er sah sich schnell im Zimmer um. Auf dem Tische fand er eine Medizinschachtel, daneben die leere Umhüllung einer Dosis Pulver. Und ein leeres Glas, das noch feucht war. Entsetzt wandte er sich zu der Frau, die ausgestreckt auf dem Boden lag und heftig zitterte. Sie sah zu dem Abbé auf, wie einer, der den Messias erwartet.
»Sie müssen sich sofort übergeben!« schrie der Abbé und trat zu ihr, um ihr aufzuhelfen.
»Das habe ich bereits«, erwiderte Olga mit schwacher Stimme, während er sie zum Sofa führte. »Im selben Augenblick, als ich es heruntergeschluckt hatte, bin ich so erschrocken, daß es mir gelang, es gleich wieder von mir zu geben. Nicht wahr, ich werde nicht sterben? Sagen Sie, daß ich am Leben bleibe. Nicht wahr, ich bleibe am Leben?«
»Wie lange haben Sie dieses Gift im Körper gehabt?«
»Drei Sekunden lang. Während ich von hier, vom Sofa, bis zum Waschbekken gegangen bin. Wollen wir nicht lieber einen Arzt kommen lassen?«
»Wir lassen keinen Arzt kommen, wir machen keinen Skandal, damit sich die Zeitungen freuen. Ihnen wird gar nichts fehlen. Was für ein Gift ist das, was Sie eingenommen haben?«
»Ich weiß nicht. Ich habe es bekommen. Ich habe aber nur die Hälfte ins Glas getan, der andere Teil war auf den Teppich gefallen, weil meine Hand gezittert hat. Vielleicht mehr als die Hälfte ist auf den Teppich gefallen. Mein Gott, wie gut, daß ich mich beruhigt habe! Selbstverständlich werde ich nicht sterben. Sind Sie böse?«
Der Abbé untersuchte die Medizinschachtel. In der Schrift Olga Janinas stand darauf geschrieben: »Schlafpulver«. Mit einem Male schien die Sache lächerlich. Die Selbstmörderin hatte die Hälfte eines Schlafpulvers eingenommen, doch ihr Schrecken, daß sie sterben würde, war keine Verstellung, das stand zweifelsfrei fest. Eine Komödiantin, die den Zustand der Angst so naturgetreu vortäuschen konnte, gab es auf der ganzen Welt nicht.

Olga Janina lag auf dem Sofa, stützte sich auf, in ihrem Blick las man Verzagtheit und die Angst vor Schlägen, wie bei einem Kinde, das etwas Schlechtes verbrochen hat.
»Was soll ich jetzt mit Ihnen machen, ja? Ich habe noch nie in meinem Leben eine Frau geschlagen, und in meinen alten Tagen will ich gar nicht erst damit anfangen. Gerechterweise müßte ich Ihnen aber zwei tüchtige Ohrfeigen geben. Eine von rechts und eine von links. Solche Ohrfeigen, an die Sie Ihr Leben lang denken müßten.«
»Schlage mich, das ist mir gleichgültig. Von dir ist auch das gut. Oh, wie ich dich anbete, wie ich dich anbete!«
Sie sprang vom Sofa auf, ihr fehlte nichts mehr. Sie blieb vor dem Abbé stehen und sah ihm blitzend in die Augen.
»Was kümmert's mich, wenn du mich ohrfeigst? Das ist schon der Mühe wert. Denn jetzt kannst du wenigstens sehen, daß ich fähig bin, für dich zu sterben.«
Und er wußte nicht, was er denken sollte. Was war da Lüge, was Berechnung, was Aufrichtigkeit? Die Frau schmiegte sich an seine Brust, und er umfaßte ihre Schultern wie einer, der eine drückende Pflicht erfüllt. Und da spürte er überrascht, daß diese Frau am ganzen Körper zitterte wie ein heftig frierendes Tier. Das konnte auch keine Lüge sein. Voller Mitleid drückte er die Tscherkessengräfin fester an seine Brust und seufzte tief:
»Mein teurer Engel, mit Ihnen hat mich der Herrgott aber gestraft . . .«

ELFTES KAPITEL

Ollivier, der Mann der armen verstorbenen Blandine, hatte bald den Weg der politischen Laufbahn erfolgreich beschritten. Er war Ministerpräsident in Frankreich geworden, Blandine sollte das nicht mehr erleben. Ihr Sohn aber erlebte es. Und der Abbé betonte stolz, daß der Vater seines Enkels Daniel Ollivier Ministerpräsident sei. Ja, er war sogar nicht nur Ministerpräsident, sondern zugleich Justiz- und Unterrichtsminister. Er hielt die Fäden des Parlaments sehr geschickt in seiner Hand. Jeden Tag konnte Franzi von neuen Erfolgen seines Schwiegersohnes in den Zeitungen lesen. Über den Häuptern der Menschen aber begann mit einem Male die Geschichte ihren ehernen Gang zu gehen. Es verging kein Tag ohne ein weltbedeutendes Ereignis. Der spanische Thron war ledig, ein Prinz von Hohenzollern kandidierte dafür, Kaiser Napoleon aber versuchte das mit aller Kraft zu verhindern. Zu gleicher Zeit ging die Synode in Rom ihrem Ende zu, und jetzt konnte man schon nicht mehr daran zweifeln, daß die Versammlung der

Bischöfe der Welt das Dogma von der Unfehlbarkeit des Papstes verkünden würde. Gleichzeitig war Viktor Emanuel, der König von Italien, eifrig bemüht, den päpstlichen Staat endgültig zu erobern, da Napoleon, dessen Macht den Papst bisher geschützt hatte, durch die deutsch-französische Spannung immer mehr von Rom abgelenkt wurde. Und eines Tages erhielt Franzi aus Rom einen Brief, daß er jetzt unter keinen Umständen zurückkehren solle; denn die Waffen könnten in jeder Stunde zu sprechen beginnen.

Zwei bedeutungsvolle Nachrichten erschienen an zwei aufeinanderfolgenden Tagen in der Presse: Am 18. Juli wurde aus Rom gemeldet, daß das Dogma von der Unfehlbarkeit des Papstes angenommen sei: unter hundert und aber hundert Kirchenfürsten hatten nur zwei dagegengestimmt. Der Bischof Hohenlohe fügte sich und stimmte mit Ja. Am Tage darauf teilten dann die Zeitungen mit, daß zwischen Deutschland und Frankreich der Kriegszustand eingetreten sei.

Der Abbé war damals schon in München. Da er nach Rom nicht fahren konnte, hatte er sich diese Stadt als Aufenthaltsort gewählt. Olga Janina verhielt sich brav, sie hatte sich überreden lassen und war allein nach Helgoland ins Seebad gereist. Dem Abbé wäre es in diesen Tagen unmöglich gewesen, Liebesszenen über sich ergehen zu lassen. Die Kriegserklärung hatte ihn tief erschüttert. Zwei Nationen standen sich gegenüber, und beiden fühlte er sich tief verbunden. Paris bedeutete seine Jugend, die Gräfin Liline hatte seine ganze geistige Entwicklung bestimmt; mit Deutschland verband ihn die schöpferische Tätigkeit seines ganzen Mannesalters. Weimar war für ihn die »neue Musik«. Ein Enkel von ihm war Franzose, alle anderen Deutsche. Wenn diese Enkelkinder militärpflichtig gewesen wären, hätte er jetzt erleben können, daß sie sich an zwei Fronten als Feinde gegenüberstanden. Zu den Herrschern beider Länder stand er seit langem in freundschaftlichen Beziehungen. Eine Zeitlang hielt er sich in dem vom Kriegstaumel erfüllten München auf. Er lernte Lenbach kennen, den in den letzten Jahren sehr berühmt gewordenen Porträtmaler, der auch sogleich sein Bildnis zu malen begann. Liszt kam auch mit anderen Bekannten zusammen und ging ins Theater: in München wurden zwei Teile der Tetralogie aufgeführt, das »Rheingold« und die »Walküre«. Krieg, Papsttum, Geschichte – alles hörte mit einem Schlage für ihn auf, als er diese beiden Abende erlebte. Während es im Zuschauerraum dunkel wurde und aus dem Orchester das langanhaltende, tiefe Es, der geheimnisvolle Ton des Chaos, des den Samen der künftigen Welt in sich tragenden Urnichts ertönte, als sich nach einer Weile das B dazugesellte, und im Zusammenhang sich die geheimnisvolle Unendlichkeit vor dem Hörer auftat, da packte ihn eine so gewaltige Erregung, daß er glaubte, seine Nerven müßten zerreißen. In einem ohnmachtsähnlichen Rausch verließ er das Theater. Der zweite Teil wirkte genau so auf ihn, obwohl beide Aufführungen weit von dem Idealbild entfernt waren, das sich der Komponist von der Wiedergabe dieses gigantischen Werkes auf der Bühne gemacht hatte. Der Autor war nicht anwesend. Wagner und Cosima wohnten in Triebschen und verkehrten nicht einmal brieflich mit ihm. Richtiger: nur Cosima nicht. Zwischen dem Abbé und Wagner war eine grundsätzliche Annäherung bereits im Gange. Franzi seinerseits tat den ersten Schritt. Er sandte Wagner zu seinem Geburtstage ein Telegramm: »In hellen und trüben Tagen für und für mit Dir. Liszt.« Wagner dankte ebenfalls in einem Telegramm mit warmen Worten. Cosima wurde aber von keinem von beiden erwähnt. Und sie selbst schwieg hartnäckig. Allem Anschein nach wollte sie mit ihrem Vater fürs ganze Leben die Beziehungen abbrechen. Vereinzelte Anspielungen und Andeutungen, taktvoll abgebrochene Sätze, die er im Kreise seiner Münchener Bekannten hörte, bewiesen ihm immer deutlicher, daß Wagner die Verbindung sehr gern wieder aufnehmen mochte, Cosima aber von ihm nie mehr etwas wissen wollte.

Liszt besuchte noch die Passionsspiele in Oberammergau. Das Ganze hätte ihm sehr gut gefallen, nur die Musik fand er recht schlecht. Vor den Blechtönen ergriff er die Flucht. Er setzte sich in den Zug und fuhr nach Szegszárd, um beim Baron Augusz den Verlauf der Weltereignisse abzuwarten. Ein Schüler von ihm, der kleine Franz Servais, begleitete ihn. In Szegszárd fühlte er sich ungemein wohl. Lange Wochen verbrachte er bei der lieben befreundeten Familie. Seine Tage vergingen in angenehmer Einförmigkeit. Morgens um sechs Uhr stand er auf und ging in die Kirche, um die Messe zu hören. Den ganzen Vormittag arbeitete er an seinen Werken, nach dem Mittagessen spielte er abwechselnd mit Baronesse Anna oder Baronesse Helene, den Töchtern des Hausherrn, vierhändig. Später machten sie einen Spaziergang oder eine Ausfahrt. Nach dem Abendessen legte sich jeder schon früh zur Ruhe, um zehn Uhr war das ganze Haus still.

Diesem ruhigen, idyllischen Leben bereitete Olga Janina ein jähes Ende. Eines Tages war die ganze Gesellschaft nach Pest zum Sängerfest am St.-Stefans-Tage gefahren, ein strömender Regen machte die Veranstaltung jedoch zunichte. Als sie dann nach Szegszárd zurückkehrten, war die Tscherkessengräfin gerade dort eingetroffen. Ohne Einverständnis des Abbés. Sie hatte einfach telegraphiert, daß sie dann und dann käme.

Im Schloß Augusz' war kein Fremdenzimmer mehr frei, da man noch mehr Besuch erwartete; sie mußte deshalb in dem gegenüberliegenden kleinen Gasthause Wohnung nehmen. Aber schon frühmorgens schloß sie sich dem Abbé auf seinem Wege zur Messe an, und abgesehen von den vormittäglichen Arbeitsstunden ließ sie ihn keine Minute allein, nicht eher, als bis alle sich zur Ruhe begeben hatten. Gesellschaftlich konnte man nichts gegen sie einwenden, sie war eine Liszt-Schwärmerin, die ihrem Meister gefolgt war, wie ja auch der junge Servais. Sie sorgte aber bald dafür, daß die Lage sich kritisch gestaltete. Die neuen Gäste kamen an: Mihalovics, Reményi und

Sophie Menter. Die blonde, schöne Pianistin Sophie Menter, die Liszt anbetete, durfte mit ihm unter einem Dach wohnen! Als sich die Gesellschaft nach dem Abendessen zur Ruhe begab, fauchte Olga Janina vor Eifersucht wie eine Wilde. *Sie* mußte ins Gasthaus, und die anderen blieben hier. Am anderen Morgen stand sie schon beizeiten vor dem Tore, um den Abbé zu erwarten, der in die Kirche gehen wollte. Mit einem Schwall von Vorwürfen überfiel sie ihn, vor Eifersucht hatte sie die ganze Nacht nicht geschlafen.
»Haben sich alle sofort niedergelegt?«
»Ja.«
»Aber sie haben sich noch verabschiedet, nachdem ich fort war?«
»Jeder hat jeden gegrüßt.«
»Wie haben Sie Sophie gegrüßt? Was haben Sie zu ihr gesagt?«
»Ich habe ihr ›Gute Nacht‹ gesagt.«
»Und was hat sie gesagt? Haben Sie einander in die Augen gesehen? Antworte, denn ich werde wahnsinnig. Habt ihr einander in die Augen gesehen?«
»Ich erinnere mich nicht.«
Mit unendlicher Geduld antwortete Liszt ihr auf jede Frage. Er war dieser in wilder Liebe tobenden Frau ausgeliefert, und man konnte ernstlich befürchten, daß sie einen mächtigen Skandal heraufbeschwören würde. Kleinere Verstimmungen waren sowieso an der Tagesordnung. In einer Nacht wurde Franzi durch wildes Hundegebell aus sämtlichen Nachbarhöfen und lautes Geräusch unter seinem Fenster aus dem Schlafe geweckt. Verwundert blickte er hinaus. Unten auf der Straße, im schimmernden Mondlicht, stand Olga Janina.
»Was machen Sie?« sagte er mit gepreßter Stimme. »Haben Sie den Verstand verloren? Sie wecken ja das ganze Haus.«
»Ich möchte wissen, ob Sophie bei Ihnen ist.«
»Sie ist nicht bei mir.«
»Schwören Sie.«
»Aber bitte, machen Sie sich doch nicht lächerlich. Deswegen wecken Sie einen mitten in der Nacht? Gehen Sie zu Bett!«
»Schwören Sie sofort, oder ich schlage Lärm.«
»Es ist gut, ich schwöre. Aber jetzt gehen Sie schlafen.«
Die Tscherkessin zögerte, dann wandte sie sich um und schritt dem Gasthause zu. Sie ging aber noch nicht hinein. Vom Eingang aus beobachtete sie das Fenster Liszts. Die aufgescheuchten Hunde bellten bis zum hellichten Morgen, Franzi konnte nicht wieder schlafen. Ein andermal erwähnte Reményi im Gespräch die Baronin Meyendorff. Olga Janina begann laut zu schluchzen, sprang vom Mittagessen auf und rannte hinaus. Verwundert sah man ihr nach, Baron Augusz, der Hausherr, wollte ihr nacheilen.
»Laß sie!« Der Abbé hielt ihn zurück. »Das brauchst du nicht ernst zu nehmen. Sie wird sich schon beruhigen und kommt dann von selbst zurück.«

Langsam gewöhnten sie sich alle an die Wildheit der Tscherkessin. Die ganze Gesellschaft gab dann acht, daß sie kein Unheil anstiftete, so ungefähr, wie man einen frei herumlaufenden Geisteskranken beobachtet. Loswerden konnte man sie nicht; der Abbé wagte nicht einmal daran zu denken, daß sie abreisen könnte. Wenn die ganze Gesellschaft irgendwohin eingeladen war, mußte man sie schon mitnehmen. Und damit lud man sich keine geringe Verantwortung auf; denn man fuhr nach Nádas, zu dem dort weilenden Bischof von Fünfkirchen, und nach Kalocsa zum Erzbischof Haynald und zu dem Jesuitenrektor Alois Hennig. Sie reisten wie eine regelrechte kleine Karawane, man konnte die Tscherkessin nicht gut allein zu Hause lassen. Sie schwur jedesmal Stein und Bein, daß sie sich beherrschen wolle, aber schon bei der ersten Gelegenheit war sie so taktlos, daß fünf auf einmal zu sprechen begannen, um die peinliche Situation zu retten.
Olga Janina regte sich besonders über die Nachrichten auf, die jetzt in den Zeitungen über Cosimas und Wagners Hochzeit erschienen. Eines Nachmittags riß sie dem Briefträger die Zeitungen aus der Hand, um sie zuerst lesen zu können.
»Verzeihung«, sagte Augusz ein wenig gereizt, »das sind meine Zeitungen.«
»Ich brauche nur die ›Presse‹, weil ich ein wenig Deutsch kann.«
Die ungarischen und anderen Zeitungen reichte sie Augusz, schlug dann die »Presse« auf und begann zu blättern. Plötzlich schrie sie auf: »O lala, das ist aber eine Neuigkeit! Jeder mag dem Abbé gratulieren, Wagner und Frau Bülow haben sich endlich entschlossen, zu heiraten. Hier steht's in der Zeitung, daß die Hochzeit in Luzern stattgefunden hat!«
Franzi riß, tief errötend, der Tscherkessin die Zeitung aus der Hand. Die »Presse« berichtete tatsächlich, daß Richard Wagner und Cosima Liszt, die geschiedene Frau Hans von Bülows, in Luzern die Ehe geschlossen hatten. Die ganze Gesellschaft wußte aber zur Genüge, daß das keine Hochzeit war, zu der man dem Vater gratulieren konnte. Der Hausherr begann sofort über die Berichte vom deutsch-französischen Kriegsschauplatz zu sprechen, und dieser taktvolle Verschleierungsversuch wirkte noch viel peinlicher als die Taktlosigkeit der Tscherkessin. Augusz brachte die Landkarte, auf der kleine Fähnchen die täglichen Stellungen bezeichneten. Und bald kümmerte die Gesellschaft sich tatsächlich nur noch darum, wie Moltke die Franzosen nach Sedan drängte, um sie von Paris abzuschneiden. Die Regierung Ollivier war unter dem Druck der französischen öffentlichen Meinung gestürzt worden.
»Ollivier ist auch ein Schwiegersohn unseres Abbé«, sagte Olga Janina.
Da verlor Reményi die Geduld und herrschte sie an:
»Reden Sie doch nicht soviel unnützes Zeug. Das hält ja keiner aus!«
Olga Janina erhob sich unheildrohend und wandte sich an den stummen Abbé:

»Sie lassen das zu, daß man mich hier beleidigt? Gut. Ich nehme das zur Kenntnis.«
Sie brach in Tränen aus und rannte davon. Die ganze Gesellschaft schwieg verlegen. Der Abbé sah sich um.
»Seien Sie nicht böse auf sie«, sagte er betreten, »sie ist eine ganz gute Frau, bloß ein bißchen übergeschnappt. In einer halben Stunde ist sie wieder da und bittet um Verzeihung.«
Und in der Tat – nach einer halben Stunde kam Olga Janina zurück und bat jeden einzelnen um Verzeihung. Baron Augusz, der Hausherr, versicherte ihr mit höflicher Nachsicht, daß alles in Ordnung wäre. Die Anwesenden betrachteten diese Frau als aufgezwungenen Tribut, den sie für den Aufenthalt des weltberühmten Mannes nun einmal zu zahlen hatten. Dann gab es auch jeden Tag irgendein weltbedeutendes Ereignis, das die Aufmerksamkeit von ihrem Verhalten ablenkte. Die Deutschen rückten mit sieghafter Stärke an der ganzen französischen Front vor, und nachdem Napoleon in die Ecke gedrängt war, handelten auch die Italiener blitzschnell. Die der französischen Unterstützung beraubte päpstliche Macht war gebrochen. Die einrückenden Italiener ließen dem Papst nur den Vatikan. Bloß ein einziges Palais für den einstigen Herrscher der Welt! Alles das aber schien dem Abbé in sehr weiter Ferne zu liegen. Er war schon ein halbes Jahr von Rom abwesend: es kam ihm aber wie ein Jahrzehnt vor. Erst hier, in diesem trauten, ländlichen Schloß, erkannte er, daß er in Rom stets nur Gast, nie ein wahrer Einwohner der Stadt gewesen war. Als er die Soutane anlegte, wollte er wirklich gern Priester werden. Es war aber anders gekommen. Von der großen Sehnsucht, die ihn zur Kirche zog, war nichts übriggeblieben als die alltägliche Messe und sein Brevier. Sein Priestergewand bedeutete nur ein Symbol dieser erloschenen Sehnsucht. In diesem Verlangen war damals eine ganz geringe, kaum wahrnehmbare, selbstgefällige Freude an den Äußerlichkeiten des Priestertums enthalten gewesen.
Zu seinem Geburtstage kamen auch Gäste aus Pest an. Anton Siposs, der Pianist, der ihn einst schon in Weimar besucht hatte, Heinrich Gobbi, der Komponist, und Abranyi, Mitarbeiter der Musikzeitung und Volksliedersammler. Der Globetrotter Paul Rosty, Josef Eötvös und sein Schwager Trefort, ein leidenschaftlicher Wagnerianer. Cornelius Abranyi, der Dichter und Musikkritiker. Und Mosonyi, der Operntextdichter, ein alter und hochgeschätzter Bekannter des Abbé. Die Einwohner von Szegszárd veranstalteten ein großes Fest, der Reihe nach wurden die Häuser beleuchtet, man zündete bengalisches Feuer an, auch eine Festmesse hatte man veranstaltet, ein Festessen mit zweihundert Personen und vielen Begrüßungsansprachen. Alle Redner bestürmten Franzi, er möge doch seinen Lebensabend im Lande seiner Kindheit beschließen.
Er hatte sich nunmehr entschlossen, sich in Pest ein ständiges Arbeitsfeld zu suchen. Jedermann wußte von seiner Neigung und von seiner Sehn-

sucht, sogar die Zeitungen sprachen schon davon. Die »Pester Naplo« forderte die Regierung auf, etwas zu unternehmen. Mihalovics schrieb einen langen begeisterten Artikel im »Pester Lloyd«. Baron Augusz war auch jetzt der gute Berater und die verläßliche Stütze Franzis. Augusz kannte einen jeden, überall wußte er Bescheid, allerorten hatte er Zutritt. Sie besprachen alle Möglichkeiten, und bei jeder Beratung kamen sie am Schluß zu der Einsicht, daß es nur einen Weg gab: man mußte das Parlament für die Musikakademie gewinnen! Deren Leitung war eine würdige Aufgabe für den nach fünfzig im Auslande verbrachten Jahren heimkehrenden Franz Liszt.

»Ja, ich habe kaum Zeit für mein Vaterland gehabt. Ich komme erst jetzt nach Hause, nun ich alt werde und zu gar nichts mehr zu gebrauchen bin.«

»Rede nicht so dummes Zeug«, widersprach Augusz ihm liebenswürdig, »du bist heute noch wie ein kräftiger Baumstamm. Jeder andere hat in deinem Alter schon längst einen Bauch und eine Glatze. Du hast heute noch keins von beiden, aber um so mehr Haar. Hab keine Sorge, Ungarn hat noch genug von dir zu erwarten.«

»Möglich. Im tiefsten Grunde meines Herzens glaube ich ja auch nicht, daß ich bald sterbe. Freilich trügen diese Gefühle meist. Ich habe vor ein paar Jahren in Rom eine Zeit erlebt, wo ich fest überzeugt war, in kurzer Frist sterben zu müssen. Damals habe ich das Priestergewand angelegt. Und siehe, ich bin heute noch da.«

Jedoch das Leben schickte ihm eine Mahnung, nicht übermütig zu werden. Mosonyi war kerngesund aus Szegszárd abgefahren. Auf der Reise hatte ihm der Wind den Hut vom Kopfe geweht, und er zog sich eine Erkältung zu. Der Dichter wurde bettlägerig. Eine Woche später traf in Szegszárd die Todesanzeige ein. Den guten Baron Augusz nahm diese Nachricht außerordentlich mit.

»Das ist doch furchtbar, aus der Todesanzeige ersehe ich eben, daß der arme Nikolaus Mosonyi sieben Jahre jünger war als ich. Er tut mir sehr leid. Wenn ich aber daran denke, daß es in diesem Alter für unsereinen genügt, wenn einem der Wind den Hut hinwegweht, dann ist mir nicht ganz wohl. Zum Teufel noch einmal! Hast du keine Angst vor dem Tode, Franzi?«

»Nein, ich bin jederzeit bereit. Ich glaube fest daran, daß uns der Herrgott so lange leben läßt, wie wir auf dieser Erde zu tun haben. Wenn ich meine Arbeit verrichtet habe, gehe ich nach Hause zum lieben Gott. Dieser Gedanke hat nichts Fürchterliches an sich, ich denke stets ohne Erregung und Angst daran, daß ich einmal sterben werde.«

Sie redeten noch eine Zeitlang weiter, Olga Janina las neben ihnen in der Zeitung. Daß sie aber mehr auf das Gespräch als auf die Zeitung geachtet hatte, stellte sich sofort heraus, als Augusz einmal ins Nebenzimmer ging. Gerade jetzt grollte sie dem Abbé, weil sie erfahren hatte, daß er der bereits abgereisten Sophie Menter einen Brief geschrieben hatte.

Als Augusz hinausgegangen war, trat sie vor den Abbé hin und blieb mit glühendem Gesicht vor ihm stehen:
»Wenn du nur schon sterben würdest! Dann hätte ich endlich vor dir Ruhe und könnte um dich trauern.«
Der Abbé lachte und tätschelte ihr die Wangen. Ihre Narrheiten fand er manchmal ergötzlich und konnte sich darüber herzlich belustigen.

ZWÖLFTES KAPITEL

Pest widmete dem Gedächtnis Beethovens ebenfalls ein Musikfest. In Rom waren die Verhältnisse noch immer unsicher, Franzi blieb also in Ungarn. Die Familie Augusz siedelte für den Winter nach Pest über, so kam er also wieder zu dem Abtpfarrer Schwendtner. Er hatte mit Augusz vereinbart, daß er so lange in Pest bleiben würde, bis die Angelegenheit der Musikakademie erledigt wäre.
Die Beethoven-Feierlichkeiten verliefen mit großem Pomp. Auch seine Beethoven-Kantate wurde wieder aufgeführt. Das Hauptkonzert fand in der Redoute statt. Da erschienen der König, die Erzherzöge Albrecht und Josef, Erzherzogin Clothilde, Fürst Paul Esterhazy, Julius Andrássy und noch unzählige andere Notabilitäten. An dem Beifall, der ihn empfing, konnte man erkennen, daß die Nachricht von seiner beabsichtigten Niederlassung in Pest langsam in weiteste Kreise gedrungen war.
Mit Augusz zusammen begann er nun die Angelegenheit ernstlich zu fördern. Der Baron war der Meinung, daß es im Parlament auf das entscheidende Wort eines einzigen Mannes ankomme, der gewonnen werden müsse. Dieser Mann war Franz Deák. »Der alte Herr«, wie man ihn weit und breit im ganzen Lande nannte, hatte nach der Versöhnung mit dem Hause Habsburg kein Ministerium mehr übernommen. Als Parteiführer besaß er jedoch einen um so größeren Einfluß. Wenn er es wollte, würde das Parlament der Gründung der Musikakademie zustimmen. Der Abbé ließ sich also bei ihm in seinem Hotel, der »Königin von England«, melden. Deák empfing ihn sofort.
Der große Mann bewohnte ein ganz einfach eingerichtetes Hotelzimmer; außer den eigenhändig unterzeichneten Photographien des Königs und der Königin wies nichts darauf hin, eine wie wichtige Persönlichkeit dieser schwerfällige, schnaufende Mann mit dem bäurischen Äußeren war. Zwei so verschiedenartige Ungarn hatten sich wohl noch nie gegenübergestanden. Der eine schlank, schmächtig, mit dichtem Haarwuchs, eine theatralische Erscheinung, der andere kahlköpfig, dick und behäbig. Der eine hatte

sein ganzes Leben im Auslande verbracht und sprach fünf Sprachen, der andere hatte sich nie nach dem Auslande gesehnt, und die fremde Sprache zu sprechen fiel ihm sehr schwer. Der eine war das Feuer, die Unruhe, die Begeisterung selbst, der andere das Ebenbild der Ruhe, der Weisheit. In dem einen Punkte aber, auf den es ankam, verstanden sie sich.

»Nicht ich allein will Ihre Heimkehr, das ganze Land wünscht sie. Hier dürfen keinerlei Schwierigkeiten bestehen.«

»Der Gedanke der Musikakademie kann also auf die Unterstützung der Partei rechnen?«

»Unbedingt. Es ist nur die Frage, in welches Budget wir diesen neuen Posten einsetzen. Ich befürchte, daß es im Haushaltplan des nächsten Jahres, einundsiebzig, nicht mehr gehen wird.«

»Verzeihung, wir haben ja erst Dezember 1870.«

»Eben deswegen. Im besten Falle bringen wir es im Jahre zweiundsiebzig unter Dach und Fach. Das soll Sie aber nicht stören, Andrássy wird schon etwas ausfindig machen. Der Mann weiß immer einen Ausweg. Haben Sie schon mit ihm gesprochen?«

»Schon mehrere Male, aber offiziell will ich erst jetzt zu ihm gehen.«

Sie verabschiedeten sich. Tief schnaufend erhob sich der alte Herr aus dem Lehnstuhle, das Aufstehen fiel ihm sichtlich schwer. Den berühmten Künstler wollte er aber trotz allem hinausbegleiten. In der Tür sagte er noch:

»Ich verabschiede mich mit einem ungewöhnlichen Worte von Ihnen: Seien Sie willkommen!«

Bei dem Grafen Julius Andrássy ging es nicht so einfach. Er mußte sich offiziell anmelden. Darauf bekam er eine Mitteilung, daß Seine Exzellenz ihn dann und dann erwarte. Kurz vor dem Termin wurde ihm jedoch vom Ministerpräsidenten mitgeteilt, der Herr Regierungspräsident sei wichtiger Staatsgeschäfte wegen verhindert. Man bestimmte einen neuen Tag für die Audienz. Dann mußte er wieder warten, weil ihm der Fürstprimas zuvorgekommen war. Endlich, nach vielen Schwierigkeiten, gelangte er zu dem großen stattlichen Grafen, der ihm inmitten kostbarer Bilder und Kunstgegenstände, in der bestechenden Umgebung einer auserlesenen Einrichtung, entgegentrat. Sein Gang verriet den guten Tänzer und den guten Reiter zugleich, die fesselnde Natürlichkeit seines Benehmens den geborenen Grandseigneur. Und er sprach Französisch, als wäre es seine Muttersprache.

»Ist es denn tatsächlich wahr, mon cher, daß Sie sich hier niederlassen wollen?«

»Ich wäre glücklich, wenn das ginge.«

»Da können Sie jetzt schon glücklich sein, da ich Gelegenheit gehabt habe, mit Seiner Majestät über diese Frage zu sprechen.«

»Über welche Frage, Exzellenz?«

»Über die materielle Möglichkeit Ihrer Heimkehr, mein Lieber. Diese Musikakademie ist ein sehr schöner Plan, der Baron Eötvös freut sich auch sehr darüber. Wir wissen aber nicht, wieviel Geld wir dafür von dem gemeinsamen Finanzministerium bekommen. Sicher ist sicher: ich habe Seiner Majestät vorgeschlagen, Ihnen irgendeinen Titel und einen Ehrensold zu geben. Sagen wir die Königliche Ratsherrenwürde. Und ein paar tausend Gulden. Ganz gleich, was mit der Musikakademie geschieht, Sie müssen nach Hause kommen. Sie haben es ja hier erleben können, daß die ›vox populi‹, die öffentliche Meinung, die in anderen Fällen meist fürchterliche Dummheiten zu wünschen pflegt, diesmal ausnahmsweise einen sehr schönen Wunsch hat.«

»Verzeihung, Exzellenz, hier liegt wohl ein kleines Mißverständnis vor. Titel besitze ich genug, und aus Geld habe ich mir nie viel gemacht. Nicht davon hängt die Verwirklichung meiner Sehnsucht ab, sondern davon, was ich hier zu tun haben werde. Demzufolge danke ich herzlichst für die Güte, die mich sehr rührt, aber sprechen wir lieber von der Musikakademie.«

Der Graf Julius Andrássy sah den Abbé verwundert an.

»Hören Sie mal, mein Lieber, Sie sind wirklich ein seltener Mensch! Mich wundert, daß der Stuhl, auf dem Sie sitzen, vor Überraschung nicht zusammenbricht. Die Herrschaften, die sonst darauf zu sitzen pflegen, wollen immer mehr Geld und weniger Arbeit, Sie machen es umgekehrt.«

»Schauen Sie, Exzellenz, Sie haben viel zu tun, und draußen warten noch viele. Versprechen Sie mir die Musikakademie, und ich gehe.«

Andrássy lachte. Sie erhoben sich.

»Also gut, wir werden tun, was wir können. Was wird aber, wenn Seine Majestät Sie nun trotzdem auszeichnet und Ihnen eine Jahresrente gewährt? Denn es ist jetzt schon sehr schwer, die Sache rückgängig zu machen. Dann müssen Sie also mit christlicher Geduld sowohl das Geld als auch die Auszeichnung ertragen.«

»Ich werde es versuchen. Auf Wiedersehen.«

Endlich sprach er auch noch mit dem Kultusminister, Baron Eötvös, dem einstigen großen Politiker, der sowohl im Jahre achtundvierzig als auch im Jahre siebenundsechzig Minister werden konnte. Der Baron war ein leicht melancholischer, schöner Mann, in dem warmen Ton seiner Stimme lag etwas Anziehendes, in seinem Benehmen neben der vornehmen Würde eine feine, ängstliche Zurückhaltung, ein lyrischer Beigeschmack. Baron Eötvös wollte die Musikakademie unter allen Umständen durchsetzen. Er richtete an seinen Besucher viele Fragen über die gesamte Organisation, die zweckmäßige Einteilung des Unterrichtes; man merkte ihm an, daß er sich von dem größten Sachverständigen belehren lassen wollte und sich das Gehörte gut zu merken gedachte. Sie sprachen auch über das ungarische Musikleben im allgemeinen, und der Abbé äußerte einige von seinen unzähligen Gedanken über das, was man tun müßte und könnte.

»Auch das Nationaltheater braucht neben meinem Freunde Erkel noch einen im Ausland ausgebildeten guten Dirigenten.«
»Und wer sollte das sein?«
»Hans Richter. Eine erstklassige Begabung. Mein Schwiegersohn, Richard Wagner, hat ihn entdeckt. Jetzt arbeitet er in Brüssel; soviel ich aber weiß, hat er keinen festen Vertrag. Auch ihn müßte man in die Heimat bringen, wenn wir schon einmal damit beginnen.«
»Wieso ›in die Heimat‹ bringen? Stammt er denn auch aus Ungarn?«
»Selbstverständlich. Der Sohn des Dirigenten der Kathedrale in Raab. Ich empfehle ihn wärmstens.«
Baron Eötvös notierte sich den Namen Hans Richter unter den noch zu erledigenden Angelegenheiten. Dann verabschiedeten sie sich. Als sie sich die Hand reichten, fiel dem Abbé noch etwas ein.
»Etwas bedrückt mich noch. Kann ich es ruhig aussprechen?«
»Selbstverständlich. Dazu bin ich da.«
»Exzellenz, ich kann nur arbeiten, wenn ich frei bin. Wenn man mich ungehindert tätig sein läßt. Ich wäre sehr glücklich, wenn mir die Regierung die Freiheit meiner Tätigkeit zusichern würde, die Immunität gegenüber äußeren Einflüssen, mit einem Worte, wenn man mir freie Hand läßt. Falls ich das nicht erhalten könnte, würde ich die hohe Auszeichnung, die Akademie führen zu dürfen, als eine Schlinge um meinen Hals fühlen.«
»Davor brauchen Sie keine Angst zu haben, Meister. Das wird keine Schlinge, sondern eine bequeme und elegante Krawatte.«
Nun war die Reihe an dem Baron Augusz, die Angelegenheit nicht wieder einschlafen zu lassen und mit seiner beispiellosen Fähigkeit, zu werben, dem Kultusministerium, der Partei und dem Ministerpräsidenten auf den Hals zu rücken, bis sie den Vorschlag dem Parlament unterbreitet hatten. Wenn es früher nicht möglich war, dann eben für das Jahr zweiundsiebzig.
Der Abbé tat inzwischen alles, das Interesse für Musik zu wecken. In der Pfarrabtei hielt er jeden Sonntagvormittag ein Hauskonzert ab, an dem geladene Gäste teilnahmen. Für die erste Zusammenkunft lud er aus München den Professor Nohl ein, der einen Vortrag über Beethoven halten sollte; danach spielte Franzi mit Reményi die Kreutzer-Sonate. Zum nächsten Konzert kam Sophie Menter, was bei Olga Janina einen zweitägigen Tobsuchtsanfall zur Folge hatte. Er ließ aber auch Olga auftreten, damit sie sich beruhigen sollte, und bei dem öffentlichen Konzert Reményis, als durch die Absage eines der Mitwirkenden der Vortrag seines »Orpheus« in Frage gestellt schien, sprang er selbst ein und spielte mit ihr den Orpheus vierhändig. Die Tscherkessin geriet ganz außer sich vor Freude, blieb im Vortrag stecken, machte Skandal. Aber sie war öffentlich mit dem Meister aufgetreten.
Liszt dirigierte auch die Philharmoniker. Auf dem Programm stand unter anderem eine Orchesterkomposition seines ehemaligen Schülers Alexander

Bertha, ein »Hochzeitsmarsch«. Der Komponist, der ständig in Paris lebte, während des Krieges aber in die Heimat gekommen war, wohnte auch den Proben bei. Das war jener junge Ungar, mit dem er sich in einer Silvesternacht wegen der Einladung des Barons Bach überworfen hatte. Alexander Bertha grollte jetzt noch, weil er ihn damals gescholten hatte.

Im Frühjahr bereitete er sich auf seine Weimarer Reise vor. Je näher die Zeit seiner Abfahrt heranrückte, um so wortkarger wurde Olga Janina. Er wußte ihr Verhalten nicht zu deuten und hatte sich im geheimen schon damit abgefunden, daß er die Tscherkessin wieder mitnehmen müsse. Liszt hatte aber Bedenken, sie zu fragen, was ihr fehle, denn er dachte, da würde bloß wieder ein Unglück geschehen. Endlich verriet Olga Janina selbst, was ihr Herz bedrückte.

»Ich kann nicht nach Weimar«, sagte sie, »ich muß sofort nach Rom reisen.«

»So«, sagte der Abbé erfreut, »das tut mir aber herzlich leid. Warum?«

»Mir ist etwas Schreckliches passiert. Ich bin arm geworden.«

»Wie bitte?«

»Ich habe ein Bankkonto in Rom gehabt. Wenn ich Geld brauchte, schrieb ich, man möge mir welches schicken. Ich habe nie gezählt, wieviel ich habe. Ich dachte, es reicht ewig. Jetzt bekam ich die Nachricht, daß keine Deckung mehr vorhanden ist. Alles ist aus.«

»Aber ich verstehe das nicht, meine Teure. Sie haben doch immer betont, daß Sie so unermeßlich reich sind. Wie kommt denn das?«

»Fragen Sie mich nicht. Es geht Sie nichts an. Sie können sowieso nicht für mich sorgen. Ich weiß nur zu gut, wie genügsam Sie leben. Ich muß jetzt nach Rom, um meine Angelegenheiten zu regeln. Morgen reise ich. Ich habe es Ihnen bis jetzt nicht gesagt, weil ich bis zum letzten Augenblick auf eine günstige Wendung gehofft habe. Dieses Wunder ist aber nicht geschehen. Also reise ich. Eins sage ich dir aber, du verwünschter, vergötterter Mann, der mich zugrunde gerichtet hat, denn du hast mich für mein ganzes Leben vergiftet, ich komme zurück und lasse dich beim Leben deiner Tochter schwören, daß du mich nicht betrogen hast! Und wenn du nicht schwören willst, dann bringe ich dich um. Jetzt küsse mich noch einmal.«

Mit einem freudigen Gefühl der Erleichterung überließ sich der Abbé den wilden Küssen der Tscherkessin. Ihre Drohungen, ihn schwören zu lassen oder ihn zu töten, hatte er oft genug gehört, solche Redensarten beachtete er nicht sonderlich. Er freute sich bloß der plötzlichen glücklichen Wendung, daß diese schwere Last endlich von seinen Schultern fiel. Liszt empfand geradezu etwas wie Dank gegen diese Frau. Und die Wärme dieses Dankes mißverstand Olga Janina. Sie hielt es für Liebe. Mehr tot als lebendig vor Glückseligkeit nahm sie Abschied, sein Haar, seine Hand küssend, ihren Kopf an seine Brust schmiegend, als ob sie mit diesem wild geliebten Manne verschmelzen wollte. Und als letzten Gruß biß sie ihn derartig in

den Mund, daß der Abbé einige Tage mit schmerzenden Lippen essen mußte.
Diese kleine Unbequemlichkeit ertrug er aber gern. Er war von der tyrannischen Gewaltherrschaft zweier Jahre erlöst, er fühlte sich leicht und wäre am liebsten wie ein Vogel geflogen. Er flog auch, aber in eine neue Gefangenschaft! Als er in Weimar ankam, erwartete ihn schon die andere Olga, die Baronin Meyendorff. Der Baron war vor kurzer Zeit an der Lungenschwindsucht gestorben, die reiche Witwe hatte diese Stadt zu ihrem ständigen Wohnsitz erwählt, wo sie den Abbé während einiger Monate jedes Jahres wiedersehen konnte. Schon jetzt war sie über die genaue Zeit seiner Ankunft, die am Hofe zu erfahren ja nicht schwer gewesen, unterrichtet und erwartete ihn am Bahnhof, von Kopf bis zu Fuß in Trauer. Und der erste Weg des Abbé, nachdem er seine Sachen in der Gärtnerei untergebracht, führte zu ihr. Olga hatte sich in unmittelbarer Nähe der Gärtnerei eine Villa gekauft, die er auch schon bequem eingerichtet fand. Über das Klavier hatte sie das Bild des Abbé und das eingerahmte Titelbild der ihr gewidmeten Christus-Komposition gehängt. Ein weiteres Liszt-Bild befand sich in ihrem Wohnzimmer, ein anderes stand auf ihrem Nachttischchen. Der Abbé nahm es als Schicksalsfügung hin, daß nunmehr *diese* Frau seine Schritte überwachen würde. Das war wenigstens eine gut erzogene, vornehme Dame, die nie ein lautes Wort über ihre Lippen brachte. Als Prinzessin Gortschakow war sie anders erzogen worden als der Tscherkessenpanther, bei dessen bloßer Erinnerung er schon erschrak.
Die Baronin Meyendorff wußte sehr viel über Wagner. Sie erzählte, daß er ein gewaltiges Unternehmen plane: er wolle ein Theater ganz für sich allein bauen, um seine Tetralogie dort so aufführen zu können, wie er sich das vorstellte. Er habe schon mit dem Baumeister gesprochen, der Kostenanschlag beliefe sich auf dreimalhunderttausend Taler. Um diesen Betrag zusammenzubekommen, müsse Wagner in Europa tausend Menschen finden, von denen jeder ihm dreihundert Taler stifte. Dieser Betrag soll der Eintrittspreis zu vier Abendvorstellungen sein, denen nur die Unterzeichner beiwohnen könnten. Er habe auch schon sehr viele Subskribenten gefunden, und es sehe so aus, als ob sein Vorhaben gelingen wolle.
»Und wo soll dieses Theater stehen?«
»Ich habe den Namen gehört, aber schon wieder vergessen. In irgendeiner kleinen bayrischen Stadt.«
Das war alles, was er von seiner Tochter und von seinem Schwiegersohn hörte. Der Plan interessierte ihn aber sehr, er hoffte, von Tausig mehr zu erfahren, mit dem er sich in Leipzig zu einem Konzert verabredet hatte. Das einstige Wunderkind kam auch dorthin, mußte sich aber sofort ins Bett legen, weil er auf der Reise sehr unpäßlich geworden war. Am anderen Tage stellte sich heraus, daß er Typhus hatte. Anfangs war noch Hoffnung, daß er genesen würde; sein Zustand verschlechterte sich aber von Tag zu Tag,

und eines Nachts starb er. Während der ersten Tage seiner Krankheit hatte er noch mit fieberglänzenden Augen viel von diesem wunderbaren Theater erzählt. Nach langem Suchen hatte Wagner endlich Bayreuth als geeigneten Ort für sein Theater gefunden. Eine schöne, kleine Stadt war dieses Bayreuth, reich an alten Überlieferungen. An der Stadtgrenze erhob sich ein Hügel, und das Theater würde sich auf diesem prächtig ausnehmen. Es sollte ganz anders werden als die üblichen Theater, es werde in klassisch-griechischem Stil erbaut werden. Das Orchester unsichtbar, die Plätze alle gleich, ohne Preisunterschied. Wenn alles gut ginge, sollte die ganze Welt schon in zwei Jahren die Tetralogie bewundern können. In seinem Fieberwahn sprach Tausig immer nur von Bayreuth, daß er das vollendete Werk aber nicht mehr sehen werde.

In Weimar gab Franzi seine üblichen Konzerte, beschäftigte sich mit seinen neuen Schülern und verbrachte seine Abende bei Baronin Olga. Inzwischen korrespondierte er fleißig mit Pest. Die Sache mit der Musikakademie ging sehr, sehr langsam vorwärts. Was aber die Auszeichnung durch Titel und Ehrensold anbelangte, so hatte Julius Andrássy Wort gehalten: in Weimar traf die Mitteilung ein, daß der König Franz Liszt für seine Verdienste um die Musik zum Königlichen Rat ernannt und eine Jahresrente von viertausend Gulden Ehrenhonorar für ihn ausgeworfen habe. Wenn er zu diesem Betrage die ihm aus Weimar jährlich zustehenden dreitausend Mark und die Einkünfte von seinen gedruckten Werken dazurechnete, so war er für sein Alter gut versorgt; denn so große Ansprüche Wagner stellte, so anspruchslos war Franzi. Er speiste einfach, irgendwelchen kostspieligen Passionen, außer dem Zigarrenrauchen, frönte er nicht. Er brauchte nur das Notwendigste zum Leben, um arbeiten zu können, nach etwas anderem sehnte er sich nicht.

Nach anderthalb Jahren Trennung begrüßte er endlich die Fürstin Carolyne in der Via del Babuino wieder. Aber auch jetzt kam er nur zu Besuch und war schon fest entschlossen, nach Pest zu fahren. Diese seine Absicht entfesselte natürlich heftige Szenen. Carolyne war auch jetzt noch gegen den Pester Plan, genau wie vor anderthalb Jahren. Nun aber wußte sie schon, daß sie vergeblich schalt, umsonst klagte, flehte und drohte – es nützte alles nichts mehr. Sie stritt sich trotzdem Tag für Tag mit Franzi, wenn es auch sinnlos war. Sie war eine zanksüchtige, alte Frau geworden, bei der die Grillen überhandgenommen hatten. Ihre Zimmer ließ sie nicht lüften, dabei rauchte sie dauernd Zigarren. Die frische Luft haßte sie derartig, daß ihre Besucher zehn Minuten im Vorzimmer warten mußten, bis sie ihren Frischluftgeruch verloren hatten. Nach zehn Minuten durfte dann der Gast in die auch am Tage verhängten Zimmer eintreten, wo inmitten dichten Zigarrenqualms, aufdringlichen Speisengeruchs und ungelüfteter Atmosphäre die wunderliche Frau saß, auch vormittags bei Lampenlicht, um sie herum ein großer Stapel Kirchenbücher, Manuskripte und Zeitschriften. In diesem Halbdunkel wirkte die funkeläugige Sibylle mit ihrem Vogelgesicht und der gelben Gesichtsfarbe geradezu erschreckend, wenn sie mit visionärer Stimme die Göttlichkeit des Papsttums und die fürchterliche Verdammnis der schlechten Welt, hauptsächlich Wagners, verkündete, den sie für eine Art Antichrist ansah, einen zum Verderb des Abbés gesandten bösen Geist.

Der Abbé hatte aber auch mit jemand anders reichlich Gelegenheit, über Wagner zu sprechen: Bülow, der nach der Familientragödie nach Florenz übergesiedelt war, kam unerwartet nach Rom, um ihn zu besuchen. Gerade zu seinem sechzigsten Geburtstage. Diesen Abend verbrachten sie zusammen, nachdem sie sich zeitig von der Fürstin Carolyne verabschiedet hatten. Sie aßen mit dem Erzbischof von Lepanto, mit dem französischen Gesandten und dem Herzog Theano zu fünft zu Abend. Diese Herren verabschiedeten sich ihrerseits bald wieder, und Bülow und Liszt blieben nun allein. Das erste Mal seit jener schmerzlichen Wendung der Dinge, und aus Hans strömten die Klagen, als ob ein Fluß eine Schleuse gesprengt hätte.

»Aber ich verstehe dich nicht, Hans, warst du denn blind? Hast du nicht gesehen, was vor deinen Augen geschah? Die Zeitungen schrieben darüber – und du hast Cosima immer wieder selbst nach Triebschen geschickt.«

»Ich war damals wie ein Halbirrer. Selbstverständlich war ich nicht blind. Ich glaubte aber so sehr an die beiden, daß ich mich zum Glauben zwang. Ich redete mir ein, Richard sei ein treuer und anständiger Freund und Cosima eine treue und anständige Frau; wenn dieser Glaube in mir zusammenfiele, würde es aus mit mir sein. Deswegen habe ich diesen Gedanken gepflegt wie ein Besessener, als schon jedermann über mich lachte. Ich hielt diesen Glauben in meinen Armen wie der Vater im ›Erlkönig‹ sein Kind. Ich wundere mich, daß ich überhaupt am Leben geblieben bin. Und dann wollte ich auf die Anständigkeit Wagners bauen. Ich vertraute ihm meine Frau an, um ihn dadurch zu entwaffnen. Wenn man jemandem einen Menschen mit so blindem Vertrauen überläßt, muß es jenem doch unmöglich sein, ihn anzutasten. Er hat sich aber darüber hinweggesetzt.«

»Haßt du ihn?«

»Nein. Er ist ein viel zu großer Künstler, als daß ich ihn hassen könnte.«

»Ich hasse ihn«, sagte der Abbé leise, »ich kann aber ohne ihn nicht leben. Seine Kunst hat mich bis zu seinem Tode bezaubert. Siehst du, wir sitzen nun beide hier, heute zweifellos die zwei größten Pianisten der Welt. Und er ist jetzt irgendwo weit entfernt von uns mit Cosima, die er uns beiden geraubt hat. Trotzdem sind wir seine Gefangenen. Das ist kein Mensch, sondern ein Dämon! In einem Menschen kann eine so fürchterliche Kraft nicht wohnen. Weißt du, was das ist, wenn ich komponiere? Ein Freiheitskampf gegen Wagner. Ich bin seinem Zauber so verfallen, er hat mir alles restlos genommen, daß ich aufgehört habe, ich selbst zu sein. Ich komponiere wie einer, der in einem dunklen Walde allein ist und schreit, weil er

Angst hat. Und wenn ich Faust, Dante und Tasso und die anderen paar Sachen nicht geschrieben hätte, wäre ich einfach erledigt. An die muß ich denken, wenn ich fühlen will, daß ich noch ich selbst bin.«

»Ich habe keine so großen Werke geschrieben, daß ich von ihm unabhängig sein könnte. Ich bin um Wagner gestorben. Er ist gekommen und hat mein Leben, meine Kunst, mein Glück vernichtet. Jetzt sitzt er als Dritter zwischen uns, wir können nur von ihm sprechen. Es wird besser sein, wenn wir nach Hause gehen.«

Sie taten es und gingen zu Fuß in die Nacht hinaus; die Luft tat ihnen wohl. Und der Abbé dachte bei sich, daß Wagner nur mit diesem neben ihm trottenden, unglücklichen Manne fertig werden konnte, nicht aber mit ihm. *Er* war stark, *er* war er selbst geblieben. Heute war er sechzig Jahre alt, fühlte sich aber jetzt noch als ein ganzer Mann, unbeugsam, mit starkem Rückgrat. Die Wunde, die Cosima seinem Herzen geschlagen, hatte sehr weh getan, aber er konnte das ertragen. Hans hingegen war darunter zusammengebrochen, er war vierzig Jahre alt und machte den Eindruck eines gebrechlichen Greises.

Nach einigen Tagen fuhr Bülow zurück nach Florenz, und Carolyne machte vergeblich neue und abermals heftige Szenen; er fuhr nach Pest. Nach anderthalbjähriger Abwesenheit hatte er kaum zwei Monate in Rom verbracht und reiste schon wieder fort.

In Pest erwartete ihn eine neue Wohnung. Jetzt, wo er längere Zeit in seiner Heimat verbringen wollte, widerstrebte es ihm, die Gastfreundschaft des Abtpfarrers noch länger in Anspruch zu nehmen. In der Nadorstraße hatte man eine Wohnung für ihn in dem ganz neuerbauten Hause Nr. 20 gefunden. Es war ein kleines, bescheidenes Heim, wie er es sich wünschte, einfach, anspruchslos, bequem. Auch ein Diener war vorhanden, ein würdevoller Ungar namens Michael Sipka, der während seiner Militärjahre deutsch sprechen gelernt, auch bereits bei Magnaten gedient hatte, und dem man alles anvertrauen konnte. Geruhsam und angenehm wäre hier das Leben gewesen, wenn Olga Janina nicht aufgetaucht wäre.

Sie kam zunächst nicht selbst, Hiobsposten gingen ihr voraus. Der Abbé erhielt ein Schreiben vom Verlag Schubert in New York. Man warnte ihn, daß eine aufgeregte Frauensperson in New York jetzt den Dampfer bestiegen habe, die behauptete, sie reise nach Europa, um Liszt zu ermorden. Bald traf auch von einem Bekannten aus Paris ein warnender Brief ein: eine Tscherkessengräfin sei auf dem Wege nach Pest, um ihn zu töten. Zu gleicher Zeit kam das Telegramm der aufgeregten Frau selbst: »Ich komme an, und wir sterben beide. Olga.«

»Dieses Telegramm muß zur Polizei gebracht werden«, drängte Augusz.

»Nicht eine Minute lang darf man zögern«, stimmte Mihalovics zu.

Franzi aber ließ es nicht zu. Alles, nur keinen Skandal! Und wenn diese verrückte Frau ihn tatsächlich töten wollte, das könnten auch die Polizisten

nicht verhindern. Sie sollte bloß kommen, irgendwie würde sich schon eine Lösung finden lassen.
Sie kam auch. Eines Abends war sie da. Der Abbé erhob sich und ging ihr entgegen. Ruhig und kalt sah er sie an.
»Verzeihen Sie mir«, sagte die Frau und begann sofort zu weinen, »ich habe alles bereut! Ich wollte uns beide vernichten, aber jetzt, wo Sie vor mir stehen, liebe ich Sie wieder genau wie damals. Wieviel habe ich gelitten, wieviel habe ich durchgemacht! Bieten Sie mir nicht einmal Platz an?«
»Bitte, nehmen Sie Platz. Was haben Sie in Amerika gemacht?«
»Fangen wir nicht damit an. Ich wollte erst in Rom Geld beschaffen. Zuerst ging ich zu der Tochter des ungarischen Ministers Szemere, mit der Sie mich bekannt gemacht haben. Ich dachte, sie wäre reich. Es stellte sich aber heraus, daß sie gerade nur zu leben hatte. Da fuhr ich mit meinem letzten Geld nach Baden-Baden und spielte im Kasino. Ich hatte schon ein großes Vermögen gewonnen, als ich das Ganze wieder verlor. Da versetzte ich meine Uhr und telegraphierte an Maria Szemere um Geld; ich hatte mich entschlossen, nach Amerika zu fahren. Sie schickte mir auch das Gewünschte. Ich fuhr nach Amerika. Dort habe ich aber auch nichts erreicht. Und da dachte ich über mein Leben nach. Alles war nur Ihretwegen geschehen, diesen Gedanken konnte ich nicht mehr ertragen, wir beide müssen sterben. Aber jetzt, jetzt sagen Sie mir, ob Sie mich noch liebhaben?«
»Liebe Olga, ich habe genug von alledem. Werden Sie nicht ohnmächtig, wälzen Sie sich nicht auf dem Boden herum, fangen Sie nicht an zu schreien, das ist alles umsonst. Damit ist es vorbei.«
Die Frau richtete sich auf. Aus ihrem Pelz holte sie ein Täschchen hervor. Franzi beobachtete sie aufmerksam und war bereit, wenn sie einen Revolver herauszog, ihn ihr sofort aus der Hand zu schlagen. Olga Janina aber zückte keine Waffe, sondern zeigte eine kleine, braune Flasche, deren Etikett einen Totenkopf aufwies. Blitzschnell entfernte sie den Glaspfropfen und sprang zurück, um Franzis Griff zu entgehen. In einer Sekunde hatte sie den Inhalt der Flasche verschluckt. Dann warf sie sich zu Boden. Sie täuschte krampfhafte Zuckungen vor, machte das aber nicht natürlich genug: man sah sofort, daß sie Komödie spielte. Franzi rief den Diener.
»Helfen Sie mal dieser Dame auf die Beine.« Sie griffen ihr unter die Schultern und hoben sie auf. Die Frau tat, als ob sie ohnmächtig wäre.
»Wo wohnen Sie?« erkundigte sich Franzi.
»Im ›Europa‹«, entgegnete sie gedankenlos.
»Gehen wir.«
Das klang so felsenfest und entschlossen, daß Olga Janina gehorchte. Trotz allem spielte sie aber ihre Rolle weiter, sie schluckte, zuckte und ächzte. Sie gingen aus dem Tor, Franzi hielt sie fest bei der Hand, damit sie sich nicht losreißen konnte. So führte er sie bis zum Hotel »Europa«. Dort wandte er sich an den Portier.

»Dieser Dame, die hier wohnt, ist schlecht geworden. Lassen Sie einen Arzt zu ihr kommen.«
Bei diesen Worte drehte er sich um und eilte zu Mihalovics. Der war eben im Begriff, sich niederzulegen. Franzi erzählte ihm, was geschehen war, und fuhr mit einem bitteren Lächeln fort:
»Sie sind schon daran gewöhnt, heikle Angelegenheiten in meiner Familie zu erledigen. Bitte tun Sie das auch diesmal für mich, gehen Sie zu dieser Frau und sprechen Sie mit ihr. Was Sie sagen sollen, wissen Sie am besten.«
Mihalovics nahm sofort Hut und Mantel. Sie gingen zusammen zum »Europa«. Der Abbé begab sich von dort nach Hause, um das Ergebnis abzuwarten. Schon nach einer Viertelstunde läutete Mihalovics bei ihm.
»Es fehlt ihr nichts. Der Arzt war gerade bei ihr. Ich habe ihr gemeldet, daß ich sie morgen früh im Namen des Meisters aufsuchen werde. Das hier war die Flasche. Ich nehme sie auf alle Fälle mit und lasse den Inhalt untersuchen. Morgen früh komme ich wieder und berichte Ihnen weiter.«
Am nächsten Vormittag erschien er auch. Vor allem legte er ein Lederfutteral auf den Tisch. Er öffnete es, es enthielt einen Revolver.
»Die dumme Frau wollte damit ihren Meister töten. Den Revolver hatte sie eigens für diesen Zweck gekauft. Sie dachte aber, vorher doch noch einmal den Versuch zu machen, Ihre Gunst wiederzugewinnen.«
»Und das Ergebnis?«
»Erledigt. Ich habe ihr erklärt, falls sie nicht freiwillig reisen würde, ginge ich zur Polizei und ließe sie einsperren. Sie begann zu weinen und brach zusammen. Den Revolver gab sie auch ganz von selbst. Sie fährt noch heute weg. Ich habe auch die Medizinflasche untersuchen lassen. Es war Laudanum darin, eine ganz schwache Lösung, vollkommen ungefährlich. Jetzt gehe ich zurück ins Hotel ›Europa‹, ich will sie zum Zuge begleiten.«
Olga Janina fuhr noch am selben Tage ab. Bevor sie den Zug bestieg, wandelte sich plötzlich ihre niedergebrochene Stimmung. Zornig aufgebracht fing sie an zu drohen. Der Abbé würde noch von ihr hören. Und das geschah auch. Er war schon längst in Weimar und hatte die Tscherkessin ganz und gar vergessen. Da brachte ihm die Post ein Buch. Gelangweilt sah er es sich an. »Die Memoiren einer Kosakenfrau« von Robert Franz. Einen Schriftsteller dieses Namens kannte er nicht. Jener alte Komponist, den er seit Jahren unterstützt hatte, konnte dieses Buch nicht geschrieben haben. Liszt begann zu lesen. Schon auf der zweiten Seite merkte er, daß Olga Janina das Buch verfaßt hatte. Er sah sich gezwungen, das Ganze sofort zu Ende zu lesen. Vor Zorn, Schmach und Erregung bekam er Herzklopfen. Obwohl das Buch ihn nur als X. benannte, konnte niemand seine Persönlichkeit verkennen. Dieser Schlüsselroman stellte Behauptungen auf, wie, daß er sich nur zu Frauen, die sehr viel Geld besäßen, hingezogen fühle. Was sie von *ihm* schrieb, hätte er noch ertragen können; seine sämtlichen Bekannten

aber, Carolyne, Augusz, Haynald und Reményi und alle, alle beschmutzte sie in blödem Zorn. Von der Baronin Augusz schrieb sie, daß sie ein Stubenmädchen gewesen wäre und ihre Töchter salzlose alte Jungfern seien. Reményi nannte sie einen widerwärtigen, schmutzigen Gesellen, und bei der Beschreibung des Besuches in Kalocsa gab sie ein Zwiegespräch mit dem Erzbischof wieder, voll heikler Einzelheiten, die selbstverständlich nie vorgefallen waren.

Was konnte man mit einem solchen Buche anfangen? Wie sollte er sich im Priestergewand vor ein Gericht stellen und sagen: »Bitte, in diesem Herrn X. erkenne ich mich selbst, und dieses Stubenmädchen kann niemand anders sein als die Baronin Augusz.«

Noch am selben Tage erfuhr er, daß auch der Großherzog in Weimar dieses Buch erhalten hatte. Einige Tage später, daß es sogar dem Papst zugesandt worden sei. Seine sämtlichen Pester und Weimarer Bekannten, alle hatten es bekommen.

Und kaum waren ein paar Wochen vergangen, da erhielt er ein neues Buch aus Paris zugesandt. Das hatte sich die Tscherkessin mit teuflischer List ausgedacht. Der Titel lautete: »Memoiren eines Klavierkünstlers.« Es war eine Antwort auf den vorigen Band. Wer es las, mußte der Meinung sein, daß der angegriffene Franz Liszt diese Entgegnung als Verteidigung geschrieben hatte. Dieses zweite Buch hatte ein ganz raffinierter Skribent geschrieben: allem, was im ersten Band nebensächlich schien, wurde widersprochen und alles zugegeben, was im ersten Buche schlecht und gemein war. Auch dieses Machwerk erhielt der Papst, der Großherzog, Carolyne, Augusz, Eduard und alle aus seinem Kreise.

»Sie tun mir von ganzem Herzen leid«, bedauerte ihn der Großherzog, der bei ihm zum Tee war.

»Ich habe mir das Ganze durch den Kopf gehen lassen und finde es so in Ordnung. Das Leben gibt nichts umsonst. Diese eine Frau hat sich von mir alle die Freuden bezahlen lassen, die mir einst von Frauen gewährt wurden. Und das war viel.«

DREIZEHNTES KAPITEL

Anscheinend war es Wagner gelungen, die erforderlichen Kapitalien aufzutreiben; denn in den Zeitungen erschien die Nachricht, daß er in Bayreuth das Fest der Grundsteinlegung begehen werde. Auch die Fürstin Carolyne wußte davon und schrieb Franzi mindestens zehnmal, daß ihm, wenn man ihn einladen werde, um's Himmels willen nicht in den Sinn kommen möge,

hinzufahren; denn dieses Theater sei ja das Werk des Satans. Der Abbé lehnte solche Behauptungen ab. Ihn würde man zu dieser Grundsteinlegung sicherlich nicht einladen.
Er hatte sich jedoch geirrt! Nach langem Schweigen schrieb ihm endlich Wagner.

»Mein großer, lieber Freund! Cosima behauptet, Du würdest doch nicht kommen, auch wenn ich Dich einlüde. Das müßten wir ertragen, wie wir so manches ertragen mußten! Dich aber einzuladen, kann ich nicht unterlassen. Und was rufe ich Dir denn zu, wenn ich Dir sage: komm? Du kamst in mein Leben als der größte Mensch, an den ich je die vertraute Freundesanrede richten durfte; Du trenntest Dich langsam von mir, vielleicht weil ich Dir nicht so vertraut geworden war als Du mir. Für Dich trat Dein wiedergeborenes innigstes Wesen an mich heran und erfüllte meine Sehnsucht, Dich mir ganz vertraut zu wissen. So lebst du in voller Schönheit vor mir und in mir, und wie über Gräber sind wir vermählt, Du warst der erste, der durch seine Liebe mich adelte; zu einem zweiten, höheren Leben bin ich ihr nun vermählt und vermag, was ich nie allein vermocht hätte. So konntest Du mir alles werden, während ich Dir so wenig nur bleiben konnte: wie ungeheuer bin ich so gegen Dich im Vorteile!
Sage ich Dir nun: komm!, so sage ich Dir damit: komm zu Dir! Denn hier findest Du Dich. – Sei gesegnet und geliebt, wie Du dich auch entscheidest!
Bayreuth, 18. Mai 1872.

Dein alter Freund Richard.«

Der Abbé reiste nicht hin. Nicht aus Angst vor der Fürstin, sondern weil ihn Cosima nicht eingeladen hatte. Und er wäre *sehr* gern dabeigewesen. Er wollte sich aber nicht der schmerzlichen Situation aussetzen, daß ihm seine Tochter, die er über alles liebte, womöglich mit kalter, abweisender Höflichkeit gegenübertrat. Lange dachte er über eine Antwort nach. Liszt suchte nach einer Wendung, die die hartnäckige Cosima gebührend strafen sollte. Aber sein Herz wurde weich. Wenn es jemanden auf der Welt gab, nach dessen Liebe er sich sehnte, so war es Cosima. Deshalb antwortete er so, daß sie seine Versöhnungsbereitschaft daraus ersehen sollte. Die sehnende Liebe des Vaters ließ ihn den ersten Schritt zu seiner Tochter tun. Er schrieb also:

»Erhabener, lieber Freund! Tief erschüttert durch Deinen Brief, kann ich Dir nicht in Worten danken. Wohl aber hoffe ich sehnlich, daß alle Schatten, Rücksichten, die mich fern fesseln, verschwinden, und wir uns bald wiedersehen. Dann soll Dir auch hell einleuchten, wie unzertrenn-

lich von *Euch* meine Seele verbleibt, innigst auflebend in Deinem ›zweiten‹, höheren Leben, wo Du vermagst, was Du allein nicht vermocht hättest. Darin beruht meine Begnadigung des Himmels:
Gottes Segen sei mit Euch, wie meine ganze Liebe.
20. Mai 72. Weimar F.L.
P. S. Es widerstrebt mir, diese Zeilen mit der Post zu schicken. Sie werden Dir am 22. Mai übergeben von einer Frau, welche seit mehreren Jahren mein Denken und Empfinden kennt.«

Diesen Brief nahm die Baronin Meyendorff mit nach Bayreuth. Der Abbé hatte sie eingehend unterrichtet, was sie bei Wagners sagen sollte: Cosima möge den ersten Schritt zu ihrem Vater tun, nichts anderes wäre notwendig. Die Baronin erfüllte ihren Auftrag – mit welchem Erfolg, war noch nicht zu ersehen. Dann kam aber ein Brief von Wagner, in dem er geradezu anfragte, auf welchen Empfang denn das Ehepaar in Weimar rechnen könne.
»Aus dem Heiligsten meiner Seele sage ich Dir Dank«, erwiderte er, »und Willkommen.«
Anfang September erschienen Wagner und Cosima in Weimar.
Das Wiedersehen erschütterte ihn im ersten Augenblick sehr. Er hatte sich vorgenommen, stark zu sein und seiner Erregung Herr zu werden. Er wollte liebenswürdig, ungezwungen und liebevoll sprechen, als ob nichts geschehen wäre, gedachte den heiteren Ton des künftigen Verkehrs von vornherein anzuschlagen. Seine Gefühle übermannten ihn jedoch. Als Cosima vor ihm stand, rüttelten Sorge und Schmerz des Vaters unwiderstehlich an seiner Seele. Er umarmte seine Tochter sehr heftig und raunte unter Tränen:
»Cosette – meine kleine Tochter, darf man denn so etwas tun?«
Cosima erwiderte ruhig:
»Ich möchte darüber nicht mehr streiten, Vater. Vergessen wir, was war und freuen wir uns aneinander.«
Der Vater trocknete seine Tränen. Cosima blieb auch diesmal Siegerin. Sie hatte also erreicht, daß er sich versöhnte, ohne Entschuldigung, ohne Reue, ja sogar ohne Klärung der ganzen Angelegenheit. Das war jetzt aber gleichgültig, der Vater hatte seine Tochter wieder; er wußte nunmehr ganz genau, daß seiner Seele weder in der Liebe noch in der Freundschaft jemand so nahestand, nie jemand so nahegestanden hatte.
Das Ehepaar verbrachte zwei Tage in Weimar. Von etwas anderem als von Bayreuth konnte man mit ihnen kaum reden. Nur der Gedanke an das Theater lebte in ihnen beiden, nichts anderes. In freudiger Erregung gingen sie auf alle Einzelheiten ein, insbesondere auf all das Neue, worin Wagners Bau vom üblichen Theatertyp abwich. Und wenn einer von beiden sprach, sah der andere ihn voller Hingabe, mit entzückten Blicken an. Man merkte,

daß sie vollkommen, ganz und gar glücklich waren. Was im Leben so selten geschieht: zwei füreinander geborene Menschen hatten sich gefunden! Ihr Weg ging über Verzweiflung und Qualen anderer, aber sie hatten ihn gehen müssen. Alle, die die beiden zusammen sahen, mußten zugeben, daß diese zwei Wesen das Recht besaßen, Himmel und Hölle zu trotzen und zueinanderzustehen. Und auch der Vater sah das ein. Er hatte Wagner oft überschwenglich seine Liebe laut künden hören, schwärmerisch herzlich, zärtlich sah er ihn aber jetzt zum ersten Male. Und an Cosima, dem hochmütigen und kalten Wesen, bemerkte er jetzt erstmalig weibliche Demut. Aber nur im Gespräch mit Wagner. Jedem anderen, sogar dem eigenen Vater gegenüber, bewahrte sie die aufrechte, stolze Haltung des Hauptes und die Unbeweglichkeit ihrer Gesichtszüge. Sie waren Tristan und Isolde, aber ohne König Marke, glücklich, zielbewußt und tatenfroh.

Vor dem Abschied saßen sie noch in der Gärtnerei zusammen. Cosima bemerkte einen blühenden Blumentopf, der mit Trauerflor umwunden war.

»Was ist das?« erkundigte sie sich.

»Das ist das Andenken an die Gräfin Liline D'Artigaux. Du weißt gar nicht, wer sie war?«

»Doch, ja, Ihre große Jugendliebe. Meine Mutter hat mir viel davon erzählt.«

»Ja. Sie ist vor kurzem gestorben, die Arme, das bedeutete zwar für sie wenig, denn sie war schon zeit ihres Lebens ein Engel. Ich bete jeden Tag für sie. Es ist aber eine eigentümliche Sache um das Altwerden. Ihre Gesichtszüge kann ich mir nur sehr schwer ins Gedächtnis zurückrufen. Es gelingt bloß manchmal, wenn ich mich sehr anstrenge, sie mir vorzustellen, wenn sie lachte. Sonst ist sie nur noch eine Erinnerung. Und oft scheint mir, als ob nicht einmal ich derjenige gewesen wäre, der sie so sehr geliebt und so unendlich viel um sie gelitten hat. Mit ihr wäre ich glücklich geworden, das glaube ich heute noch hoch und heilig. Dann wärst du aber nicht geboren worden. Der liebe Gott weiß doch besser als wir, was er tut.«

Cosima dankte ihrem Vater mit einem Lächeln, ihre Blicke suchten aber dauernd ihren Mann.

Dann reisten sie ab. Der Vater hatte ihnen versprochen, ihren Besuch baldigst in Bayreuth zu erwidern. Diese Absicht teilte er auch schriftlich Carolyne mit, die ellenlange Bogen mit ihrem Widerspruch füllte. Auf jede nur erdenkliche Art und Weise wollte sie den Abbé von Bayreuth fernhalten. In ihrem grenzenlosen Haß ging sie so weit, daß sie sogar musikalische Einwände vorbrachte. Franzi hatte ihr versprochen, zu Ehren des polnischen Heiligen Stanislaus ein Oratorium zu komponieren. Er hatte auch schon damit begonnen. Während dieser Arbeit erhielt er einen Brief von Carolyne:

»Wenn Sie den ›Stanislaus‹ komponieren wollen, so hören Sie sich die

›Götterdämmerung‹ zuvor nicht an, nur um gewisse Effekte daraus zu holen. Das ist weder Ihrer noch der Sache würdig.«
In ihren verzweifelten Bemühungen wollte sie ihn bei seiner musikalischen Eitelkeit packen und unterschob ihm plagiatorische Absichten. Ihm, ohne den Wagner nach seinem eigenen Geständnis weder in der Instrumentation noch in der Harmonie der geworden wäre, der er war. Ihm, der in Wagners Werken Schritt für Schritt einen seiner eigenen kühnen Übergänge fand, ein paar kleine Melodiebruchteile, eine besondere Klangfarbe . . . Darüber hielt er sich aber nie auf, er fand es selbstverständlich, daß Künstler sich gegenseitig inspirieren.
Carolyne konnte ihn von seiner Reise nach Bayreuth nicht mehr zurückhalten. Er besuchte zuvor in Schillingsfürst noch den Kardinal Hohenlohe, der sich mit dem Papst überworfen und die Konsequenzen dieser internen Auseinandersetzung im Vatikan nicht als demütiger Priester, sondern als hochmütiger Fürst zog: ohne die Erlaubnis des Papstes hatte er sich nach Hause auf sein Familiengut begeben und kam einfach nicht wieder nach Rom zurück. Er fühlte sich stark genug, um dem Papst trotzen zu können. Fürst Chlodwig von Hohenlohe war Vizepräsident des Deutschen Reichstages und besaß in Berlin einen bedeutenden politischen Einfluß. Fürst Konstantin, der Schwiegersohn Carolynes, war Oberhofmeister von Franz Joseph und genoß hohes Ansehen in Wien. Es schien unwahrscheinlich, daß der Papst den ungehorsamen Kardinal maßregeln würde. Der Kardinal lebte ruhig in Schillingsfürst und wartete darauf, daß sich Papst Pius damit einverstanden erklärte, daß er der Gesandte Deutschlands beim Heiligen Stuhl werde – denn so hatte ihr Streit begonnen.
»Ich sehe Sie sowohl hier als auch in Tivoli stets gern«, sagte er zu dem Abbé. »Die Villa d'Este steht Ihnen zur Verfügung. Sie verpflichten mich sogar, wenn Sie zeitweise dort wohnen und sich im Park umsehen. Ich werde in der nächsten Zeit kaum dorthin kommen.«
»Ich danke herzlich, Eminenz, und wenn wir schon darüber sprechen, möchte ich auch wegen einer Sache um Verzeihung bitten. Olga Janina, diese rachsüchtige Frau, hat in ihrem Buch auch die Villa d'Este mit Schmutz beworfen . . . ich kann mir vorstellen, daß das einem Kirchenfürsten nicht angenehm ist.«
»Macht nichts«, unterbrach ihn der Kardinal Hohenlohe. »Sie haben kein Keuschheitsgelübde abgelegt, Sie tun, was Ihnen beliebt. Gehen Sie ruhig nach Tivoli, wenn Sie dazu Lust haben. Ein skandalöses Buch kann man über jeden schreiben; dem sind wir alle ausgesetzt.«
Von Schillingsfürst aus fuhr er dann nach Bayreuth, wo er bis jetzt noch nicht gewesen war. Wagners lebten vorläufig in einer provisorischen Wohnung, der Plan zu ihrer eigenen Villa lag aber bereits vor. Gleich am ersten Tage gingen sie zum Hügel an der Stadtgrenze, wo, einem wimmelnden Ameisenhaufen gleich, die Arbeiter schufteten. Tief unten, auf vielen plan-

kenbelegten Wegen schoben sie Schubkarren; ziegelsteinstaubig und kalkig war alles, sogar die Blätter der in der Nähe stehenden Herbststräucher hatte der Kalkstaub grau gefärbt. Wagner blieb an einer Stelle des zunächst unübersichtlichen Geländes stehen.

»Schau her, hier wird die Bühne sein. Tief unten das Orchester. Hier wird Siegfried stehen. Du wirst es von dort aus hören.« Und er zeigte schräg gegen den blauen Himmel.

»Aus dem Himmel?«

»Mach keine schlechten Scherze! In dieser Richtung werden die beiden Hauptlogen liegen. Die Hofloge und die unsere. Dort wirst du mit uns an den ersten vier Abenden sitzen. Wenn wir doch schon soweit wären . . . Im übrigen wünsche ich das gar nicht. Gerade das ist ja das Herrliche: erleben, wie das Ganze aus dem Boden wächst, zur Welt kommt, sich entwickelt und so wird, wie ich es mir erträumt habe.«

Aus dem Boden war zunächst noch nichts heraus entstanden. Vorerst arbeitete man noch an den Grundmauern. Wagner hatte die ganze Sache in kühnem Entschluß begonnen; Geld, wie sich während der Unterredungen herausstellte, besaß er noch nicht, die Eintrittskarten zum Preise von dreihundert Mark gingen nur sehr langsam ab. Er dachte aber nicht eine Sekunde lang daran, daß er materielle Schwierigkeiten haben könnte. Cosima und er glaubten zuversichtlich an das Gelingen ihres Vorhabens. Zu Hause zeigte er die Pläne; blaue Papierbogen von der Größe eines Leintuches breitete er vor seinem Schwiegervater aus, auf denen weiße Linien die verschiedenen Querschnitte des Theaters andeuteten. Und er konnte lang und breit auseinandersetzen, was es bedeutete, ob die Bühne einen halben Meter tiefer oder schmäler sei.

Ein sonderbares Verhältnis entstand zwischen ihnen: er war der Vater, der dem einen das körperliche Leben, dem anderen die Geltung im Leben gegeben hatte; er hätte eine gütige Macht sein müssen, zu der man mit tiefer Achtung emporschaut. Statt dessen war er der Bescheidene, der ihre Gunst suchte. Die beiden, Cosima und Wagner, benahmen sich wie ein königliches Paar, das sich in neuerobertem Lande eine Residenz baut. Auf ihre Vergangenheit sahen sie nicht weiter zurück, und was sie nicht mehr nötig hatten, beachteten sie gar nicht. Und wenn sie mit ihm auch über alle Maßen höflich waren, so mußte er doch fühlen, daß man ihn bei der Musik Wagners nicht mehr brauchte. An Cosimas Haltung sah er das noch deutlicher als bei Wagner. Der Vater trug ihnen das aber nicht nach. Er überließ die Verantwortung still dem natürlichen Laufe der Welt: das Leben schiebt beiseite, wen es nicht mehr braucht.

Wagner las ihm den »Parsifal« vor. Die Textdichtung war schon vollständig abgeschlossen. »Parsifal« sollte die Krönung seines großen Lebenswerkes sein. Das war Religion, der Glaube Christi, die ideale Verkörperung der Reinheit. Als von der Kuppel her die weiße Taube über dem Haupte des

Helden schwebte, der Gral rot zu glühen begann, über die heilige Halle und den Leichnam Titurels sich der Schein der Glorie ergoß, beendete Wagner flüsternd die Vorlesung:

»Und kaum hörbar singt der Chor noch einmal: ›Höchsten Heiles Wunder: Erlösung dem Erlöser . . .‹«

Der Abbé fand keine Worte. Er war verlegen, unendlich ergriffen und suchte nach Worten. Er begann von Klingsor zu sprechen, von dem Zauberer, der auch in diesem Stück ein Ungar war. Schien es nicht sonderbar, daß Sage und Volksglauben Hexen und Zauberer so gern aus Ungarn herleiteten? Dann sagte er, daß er seine noch Meinung brieflich mitteilen würde.

Er reiste früher ab, als er geplant hatte, und zwar wegen eines Briefes der Fürstin. Carolyne war außer sich vor Zorn, daß er doch nach Bayreuth gefahren war. Sie warf ihm vor, daß er sich anläßlich seines Geburtstages in Bayreuth nur feiern lassen wolle.

»Sie wollen sich von jenen feiern lassen, die Christus mit Wort und Tat verleugnet haben, die Böses tun und behaupten, Gutes zu tun. Das wird einst ein trauriges Kapitel in Ihrer Biographie werden; denn Sie müssen ja zugeben, daß Sie sich feiern lassen wollen, wenn Sie gerade jetzt nach Bayreuth gefahren sind.«

Es war tatsächlich schon Mitte Oktober, und es fehlten nur noch wenige Tage bis zu seinem Geburtstage. Carolynes Brief verdroß ihn. Ein fast kindlich zu nennender, unverständiger Trotz übermannte ihn. Er strafte eher sich selber als jemand anders, als er trotz aller Bitten, zu bleiben, abreiste, nur um an seinem Geburtstage nicht in Bayreuth zu sein. Er verlebte den Tag in Regensburg. Am Abend seines Geburtstages war er ganz allein und trauerte still darüber, daß man ihn nach zweierlei Richtungen hin zerrte und beunruhigte.

An Cosima schrieb er: »Diese Vorlesung ist lebendig in meinem Herzen geblieben. Ich war hinterher ganz verklärt, und nur die Angst hielt mich zurück, daß Ihr mich affektiert finden könntet. Sonst hätte ich mit dem heiligen Petrus gesagt: ›Hier ist gut sein, hier laßt uns Hütten bauen.‹«

Denn dieser Gedanke ging ihm tatsächlich durch den Sinn, daß es gut wäre, sich in dieser Bayreuther Stille niederzulassen, neben Cosima und neben der Geburtsstätte der Tetralogie. Jetzt war er jedoch sowohl an Weimar wie auch an Pest gebunden. Der Fürstin aber antwortete er:

»Ich verstehe nicht, wie Sie behaupten können, daß Cosima und Wagner Jesus Christus verleugnet hätten. Sie haben nie etwas gesagt, was eine solche Meinung rechtfertigen könnte. In den acht gedruckten Bänden von Wagners Werken finden Sie nicht ein einziges solches Wort. Seine philosophischen und religiösen Ansichten stimmen haargenau mit den Meinungen vieler unserer Freunde überein, und er gibt immer maß- und taktvoll den Ton an. Wagner gehört zweifellos nicht zu den orthodoxen und auf die Äu-

ßerlichkeiten der Religion achtenden Christen, ihn deswegen aber sofort unter die Ungläubigen stellen? . . .«
So stritten sie sich, über Erwiderungen und Gegenerwiderung hinweg, jetzt noch in Briefen. Der Abbé ging nicht gern nach Rom; denn er hörte dort von jedem und von allem, was ihm lieb war, nur Schlechtes: von Cosima, von Wagner, von Augusz, von Ungarn. So machte er auch jetzt wieder einen Umweg und fuhr zuerst nach Horpács zum Grafen Emmerich Széchenyi, wo er abermals mit Edmund Mihalovics zusammentraf. Graf Széchenyi hatte einen Kriegsmarsch komponiert, den schrieb der Meister um und bearbeitete ihn so ausgezeichnet für Klavier, daß der Komponist über sein eigenes Können verwundert war, als er ihn hörte. Sie fuhren auch zu dritt nach Raiding, da floß wieder reichlich Wein für die Bauern, und als sich der weltberühmte Raidinger von seinem Geburtsort verabschiedete, ließ man ihm zu Ehren die Kirchenglocken läuten.
Dann kam abermals Pest an die Reihe. Überall empfingen ihn die wohlbekannten lieben Gesichter, das vertraute freundliche Lächeln. Hans Richter war schon da, Eötvös hatte ihn also tatsächlich heimgeholt. Der Heimgekehrte stürzte sich rastlos in die Arbeit; auch jetzt gab er gerade ein Orchesterkonzert. In der ersten Reihe saßen drei Geistliche: Haynald, Ipolyi, Liszt. Und schon trafen die täglichen Einladungen ein. Er hielt sich oft bei Franz Pulszky auf und freundete sich mit Polixena, der Hausfrau an; er war viel bei Augusz', die den Winter in Pest zu verbringen pflegten. Seine Schüler wurden auch immer zahlreicher. Und wenn das Labyrinth der Kanzleien die Angelegenheit der Musikakademie auch noch so sehr verzögert hatte, so kam der Vorschlag trotz allem vor das Parlament. Es ging nicht gerade glatt, die Opposition machte Schwierigkeiten. Es fand sich sogar ein Abgeordneter, der neugierig dazwischenrief: »Wer ist dieser Franz Liszt?« Was aber Deák und Andrássy versprochen hatten, das mußte gelingen. Am 9. Februar 1873 schlug der Abbé den »Pester Lloyd« auf und las, daß das Parlament der Gründung der Musikakademie zugestimmt hatte. Die Würfel waren gefallen, Carolyne konnte nicht mehr hoffen, daß ihr Freund die Jahre des Alters an ihrer Seite verbringen würde.
Nein, diese Jahre konnte er Carolyne nicht widmen. Er war über einundsechzig Jahre alt, in jeder Minute konnte irgendeine hinterlistige Krankheit kommen und ihn ins Grab bringen, wenn er sich auch noch so kräftig und gesund fühlte. Und er wollte jetzt erst noch ein wenig leben. Er, der seit seinem zehnten Jahre ununterbrochen nur gearbeitet hatte. Liszt gedachte gute Musik zu hören, den Vorführungen der Kompositionen langer Jahre in den verschiedensten Städten Europas beizuwohnen, neben der Baronin Olga endgültig in Weimar zu verbleiben und sich in Pest daran zu ergötzen, wie die Musikkultur einer jungen Weltstadt von seinem Namen und seiner Anwesenheit wächst und gedeiht, und wie auch ungarische Talente durch seine Anleitung den Weg zur Weltberühmtheit fänden. Auf alles das hätte

er mit tiefem Schmerz verzichten müssen, wenn Carolyne auf seiner Anwesenheit in Rom bestanden haben würde. Aber die Fürstin brauchte ihn nicht mehr. Carolyne arbeitete an einem mehrbändigen religionsphilosophischen Werke; sie lebte nur dafür, und ihr Freund kam erst an zweiter Stelle. Und wenn sie sich schon einmal um ihn kümmerte, ließ sie ihrem Haß und ihrer Voreingenommenheit Cosima gegenüber freien Lauf.

So ungebunden aber war das Leben schön und angenehm. Er sah nun ein, daß plötzliche Entschlüsse, lebenswichtige Anläufe, hart angepackte Grundsätze ziellos und unbequem waren. Er wollte nichts anderes, als fröhlich und unbeschwert leben, solange Gott es noch gestattete. Manchmal, wenn er Lust hatte, spielte er auch vor einem größeren Publikum, besonders dann, wenn man ihn nicht darum gebeten hatte. Auch seine frühere Absicht, Ungarisch lernen zu wollen, gab er auf. Als die Gründung der Musikakademie beschlossen war, dachte er an sein ursprüngliches Vorhaben. Er hatte einen netten Rechtsanwalt gefunden, der sehr gut Französisch sprach, und mit ihm hatte er ungarische Stunden vereinbart. Mit größtem Eifer begann er zunächst, und schon in der ersten Stunde fragte er, wie »Je suis Hongrois« auf ungarisch heiße.

»En magyar ember vagyok, ich bin ein Ungar«, sagte langsam, jede Silbe betonend, sein Sprachlehrer.

Eifrig war Liszt bestrebt, es nachzusprechen. Es ging sehr schwer. In der zweiten Stunde wurden ihm die Schwierigkeiten dieser sonderbaren Sprache schon klar. Ihr Aufbau war von dem jeder anderen Sprache grundverschieden. Ganz anders als die lateinische, anders als die deutsche, französische, englische und italienische Sprache. Diese beherrschte er alle sehr gut. Aber beim Ungarischlernen sah er keinen Nutzen. Er hatte etwa fünf Stunden genommen, dann kam ein Wort vor: »tántorithatatlanság«, Unerschütterlichkeit. Er konnte es vom Papier kaum ablesen, geschweige denn aussprechen. Franzi gab sich alle erdenkliche Mühe, aber es ging nicht. Sein Lehrer versuchte, dieses Wort in einzelne Teile zu gliedern, vergebens. Mit diesem einzigen Worte quälte er sich eine ganze Viertelstunde lang. Die nächste Stunde sagte er dann ab. Mit einiger Selbstironie stellte er den Zufall fest, daß sein großer Entschluß gerade bei diesem Worte ins Wanken gekommen war. Aber er gab sich damit zufrieden. Er mußte an Daniel, an die letzten Stunden des unvergeßlichen Jungen denken. Der Schwerkranke sagte damals ein ungarisches Gedicht auf. Der Sterbende hatte es verstanden, Franzi nicht. Auf keine Art und Weise konnte man erfahren, welches ungarische Gedicht das gewesen sein mochte. Die unverständlichen Worte hatten sich für ewig verloren. Derentwegen allein wäre es der Mühe wert gewesen, Ungarisch zu lernen. Für die Zeit, die ihm noch übrigblieb, würde er auch ohne die ungarische Sprache auskommen.

Er hatte ja eine Sprache, in der ihn seine Landsleute verstanden. Maurus Jókai, der berühmteste Schriftsteller der Ungarn, hatte ihn neulich zum er-

sten Male Klavier spielen hören, und man übersetzte ihm, was er darüber geschrieben hatte: »Wie Liszt Klavier spielt, läßt sich mit Worten nicht beschreiben. Wenn er seine Hand auf dieses Ungeheuer mit den vielen Zähnen legt, hört es auf, ein Klavier zu sein, es wird ein lebendiges Wunder daraus, das durch den Klang droht, als ob die Schrecken der Apokalypse auf uns herniederdröhnten. Dann wird dieses Phantom wieder zahm und beginnt zart von den Geheimnissen des Herzens zu reden, für die es keine Worte gibt. Es erfaßt die Strahlen des Mondes, die Strahlen der Sterne, und bringt uns dadurch den ganzen Himmel näher: ich glaube, er fliegt jetzt gleich davon. Dann aber geht er zum Kriegsmarsch über, er offenbart uns den Sinn der Töne Széchenyis, und wir haben das Gefühl, als ob diese irrsinnige Maschinerie losrollte und dorthin schieße, wo . . . ich hätte bald gesagt wohin. Die Musik Liszts zündet nicht nur, sie erwärmt auch.«
Diese Anspielung verstand der Abbé nunmehr schon: sein Klavier schießt auf die Österreicher. Die öffentliche Meinung in Ungarn war ihm jetzt bekannt. Und er wußte bereits, was er erwidern würde, wenn die Witwe des als Märtyrer gestorbenen Generals Johannes Damijanich ihn bäte, in einem Wohltätigkeitskonzert aufzutreten. Man hatte nämlich Bedenken gehabt, daß er diese Angelegenheit etwas heikel finden könne, weil er vor einer staatlichen Beförderung stand.
»Selbstverständlich werde ich auftreten«, erwiderte er sofort, »ich bin ja Königlicher Rat, und wenn der König mich diesbezüglich um meine Meinung angehen würde, so könnte ich ihm nur empfehlen, dieses Konzert stattfinden zu lassen.«
Liszt wurde stürmisch gefeiert. Den ganzen Abend spielte er Klavier, nur eine Gräfin Semsey sang einmal zwischen den Klaviervorträgen. Er freute sich, er liebte den Applaus, und er gab auch zu erkennen, daß er sich darüber freute. Der Gedanke, daß man ihn liebhatte, machte ihn glücklich. In seinem tiefsten Herzen sehnte er sich nach Cosimas Liebe. Diese Zuneigung fühlte er aber nicht so, wie er sich danach sehnte. Auch das blieb in seinem Herzen ein auf Erfüllung harrender Teil. Der Beifall der Welt war ein milder Trost für die schmerzende Saite in seinem Herzen.
Als er im Frühjahr seinen gewohnten Aufenthalt in Weimar nahm, erwartete ihn auch dort eine große Freude. Sein »Christus-Oratorium« war zur Aufführung angenommen worden. Als Aufführungsort hatte man die protestantische Kirche gewählt. Einst wäre er vor dem bloßen Gedanken zurückgeschreckt, jetzt aber trug er den Frieden in seinem beruhigten Herzen. Sein Priesterrock wurde nun erst zu einem echten Gewand Gottes. Und wenn Carolyne in ihren Briefen ihre Warnungen wie Savonarola auch noch so schmetternd predigte – er fühlte sich katholischer denn je und wußte seinen Gott auch in der protestantischen Kirche.
Schon seit langer Zeit war ihm nicht soviel Glück zuteil geworden. Die Uraufführung dirigierte er selbst. Ein sonderbares Werk war das: schon als

Ganzes gedacht unmöglich. Denn es war ein Oratorium im wahrsten Sinne des Wortes, ein Gebet, das das Mysterium der Messe voraussetzte. Es war eine Predigt, die man nur während der Messe hätte halten können. Er musizierte auch für niemand anders als für sich selbst. Liszt wollte nach seiner Art Gott selbst vertonen. Lange Jahre hatte er die Bibel und die Dogmen der Kirche studiert, um zu begreifen, was von Christus dem menschlichen Verstande faßbar ist. Er hatte das ganze Werk in drei große Teile geteilt: die Geburt Christi, sein Leben und sein Tod. Die drei Hauptteile umfaßten insgesamt dreizehn Sätze, und das Ganze leitete die Prophezeiung des Propheten Jesaias ein. Es begann dann mit der weihnachtlichen Verkündung der Engel und endete mit der Auferstehung. Die Bergpredigt, das Vaterunser, die ganze Passion hatte er vertont. Es war eine gewaltige Schöpfung und im großen und ganzen genommen ein erhaben vergebliches Bemühen. Denn seinen wahren Zweck hätte es nur erfüllen können, wenn die Kirche die bisherige Struktur der Messe ändern und sein Werk einsetzen würde. Die Uraufführung wurde zu einem großen Ereignis. Von fernen Ländern her kamen die Pilger, Wagners erschienen aus Bayreuth, aus Pest traf eine ganze Abordnung ein: Albert Apponyi, Abranyi, Siposs, Mihalovics und ein gewisser Johannes Végh, ein Grundbesitzer aus dem Burgenlande, der ein großer Musikfreund war. Wagner und Abranyi saßen nebeneinander. Abranyi konnte sich nicht versagen, außer auf die Musik ab und zu auch einmal auf Wagner zu achten.
Wagner, der Gottlose, rührte sich während der ganzen Aufführung nicht, mit geschlossenen Augen hörte er seinen Schwiegervater von Christus sprechen.
Die ungarischen Gäste erzählten dem Komponisten, daß im Herbst eine große Sache im Gange sei: man veranstalte ein Liszt-Jubiläum.
»Was für ein Jubiläum?«
»Das fünfzigjährige Jubiläum«, erwiderte Abranyi, »die goldene musikalische Messe des Meisters. Jetzt werden es fünfzig Jahre, seit Sie zum ersten Male in Wien aufgetreten sind.«
»Sieh mal an, tatsächlich! Daran habe ich gar nicht gedacht. Darüber werde ich mich wirklich freuen. Es wird schön, wenn ich das erleben kann.«
Er erlebte es. Den ganzen Sommer über blieb er in Weimar, dann besuchte er Wagners, den Kardinal Hohenlohe, die Wartburg und fuhr insgesamt drei Wochen nach Rom. Diese ganze Zeit hörte er sich die andauernden Vorwürfe Carolynes geduldig an, ihre Schmähungen Wagners und ihre Prophezeiungen von den furchtbaren Qualen, die den Abbé im höllischen Feuer erwarteten. Liszt hatte sich fest vorgenommen, nicht zu debattieren. Wenn er aber hin und wieder doch etwas sagen mußte, wurde daraus eine stundenlange Auseinandersetzung, ein unaufhaltsamer Redeschwall. Am letzten Abend zankten sie sich noch, und zwar wegen der Gräfin D'Agoult.

»Selbstverständlich bin ich Ihnen unbequem«, grollte Carolyne, »die D'Agoult, ja, die war bequemer, weil Sie sie gelangweilt haben und sie sich um Ihre Angelegenheiten nicht gesorgt hat. Sie hat sich ja auch um die Kinder nicht gekümmert. Das sieht man an Cosima.«
Darüber entstand eine neue Debatte. Eine Stunde lang stritten sie sich, eine Stunde lang versöhnten sie sich wieder. Dann küßte der Abbé die Fürstin auf die Stirn und verließ sie erleichterten Herzens. Wie ein Schüler nach dem Examen, der kaum erwarten konnte, in die Ferien zu fahren. Der Zug war noch gar nicht abgefahren – er war schon von dem eigenartigen Geruch des Rauches auf dem römischen Bahnhof beglückt.
In Wien traf er mit einem vierzehnjährigen Knaben ein. Das war niemand anders als der Sohn Blandines. Ollivier, der im Verlaufe des Krieges seinen Ministerpräsidentenposten verloren hatte, war während der neuen französischen Ära nach Italien übergesiedelt. Jetzt hatten sie sich in Florenz verabredet, der Schwiegervater und der Schwiegersohn; Ollivier brachte auch den kleinen Daniel mit, der sowohl seiner verstorbenen Mutter als auch seinem Onkel, nach dem er genannt worden war, glich. Es war ein liebes, lebhaftes Kind. Sein Großvater hatte ihn so liebgewonnen, daß er sich nicht von ihm trennen konnte.
»Laß mir das Kind, ich nehme es mal mit nach Pest. Er soll meinem Jubiläum beiwohnen. Das wird eine schöne Erinnerung für sein ganzes Leben bleiben. Und die Weltausstellung in Wien zeige ich ihm unterwegs.«
Ollivier war anfangs ängstlich gewesen, aber das Kind freute sich unbändig. Man mußte ihm schon seinen Willen lassen. Seinen Erzieher gab man ihm mit und packte schnell. Der Knabe lief mit fröhlicher Neugier in dem Eisenbahnwagen umher, versuchte jede Klinke, ließ jedes Fenster herunter und zog es wieder herauf, er war überglücklich. In Wien freundete er sich mit dem gleichaltrigen Franz Liszt junior, Eduards Sohn an. Die Familie besichtigte gemeinsam die Weltausstellung, auch in den Prater nahm man die Kinder mit. Der Abbé wurde bei jeder Gelegenheit gerührt, wenn er den kleinen Daniel ansah, weil er immer an seinen Sohn denken mußte.
Vor dem Pester Jubiläum mußte er noch seine Wohnung wechseln. Sein Diener Nikolaus war mit dem Umzug schon fertig: seine gesamte Einrichtung kam von der Nadorstraße auf den Halplatz. Hier bewohnte nunmehr der künftige Präsident der Musikakademie zwei Zimmer, und da man Wohnung und Heizung in das Budget der Musikakademie mit hatte einreihen müssen, wollte er sehr sparsam sein. Bei seiner anspruchslosen Lebensweise brauchte er aber auch gar nicht mehr.
In der neuen Wohnung meldeten sich bald auch die Schüler wieder. Es war eine Neue unter ihnen, sie hieß Ilonka Ravasz. Von dieser Schülerin war der Meister schon in der ersten Minute ganz begeistert. Dieses junge Mädchen war eine sehr begabte Klavierspielerin, ihre Persönlichkeit besagte aber noch viel mehr als ihre Begabung. Sie lachte immer. Eine vulkanisch

gute Laune spannte sie innerlich und schoß bei jeder möglichen und unmöglichen Gelegenheit aus ihr heraus. Sie sprach mit einem fürchterlichen Akzent deutsch, und es genügte, daß sie zwei Worte sprach, um dem Abbé schon ein lautes Gelächter zu entlocken. Sie war ein quecksilbriges Wesen, konnte keine Minute lang ruhig sein, befand sich fortwährend in Bewegung wie ein Teufelsrad. Und zu alledem war sie noch sehr hübsch und von außerordentlichem Reiz.

Zu dem Jubiläum traf die Meyendorff ein. Mit demselben Zuge kamen auch die Gräfin Dönhoff, die Gräfin Schleinitz und der Baron Loën, der Weimarer Intendant. Mit einem anderen Zuge kamen Marianne Brand, die Opernsängerin, Bösendorfer, der Klavierfabrikant, und die Fürstin Bibescu. Es kam Karl Goldmark, der vom Plattensee stammende junge Tondichter, der sich in Wien aufhielt. Es kam auch Sophie, die liebe Sophie Menter, die erst vor kurzem die Frau des Cellisten Popper geworden war. Aus Prag kam der Direktor des Konservatoriums, aus München der Professor der Musikgeschichte, Zeitungsreporter aus Paris, Wien, Berlin und unzählige Berühmtheiten. Die ausländischen Gäste waren Gäste des ungarischen Staates, Baron Eötvös befahl dem Organisationskomitee, dafür Sorge zu tragen, daß die Herrschaften nirgends etwas zu zahlen brauchten.

Die auf mehrere Tage verteilten Festlichkeiten setzten damit ein, daß am 8. November abends auf dem Halplatz eine Militärkapelle aufmarschierte. Alle Fenster in den Häusern rund um den Platz waren von Kerzen erleuchtet. Eine riesige Menge drängte sich auf dem Platz zusammen. Das Orchester spielte Liszts Kompositionen. Er mußte öfters am Fenster erscheinen, die »Eljen«-Rufe dröhnten wie der Donner im Gewitter. Danach folgte eine große Soiree im Hotel »Hungaria«. Haynald, Graf Georg Mailáth, Trefort, der neue Kultusminister, und Mihalovics empfingen die Gäste. Sehr, sehr viele Gäste. Gegenseitiges Zutrinken an dem kalten Büfett, Gedränge. Am anderen Tage vormittags ein Konzert in der Redoute. Haynald, Karl Ráth, der Oberbürgermeister, Albert Apponyi, Augusz und Guido Karácsonyi holten ihn als Deputation ab. Alle Karten waren ausverkauft. Die Festkantate hatte Gobbi geschrieben. Paul Királyi hält eine Rede in ungarischer Sprache, auf einem purpurnen Kissen bringt man einen goldenen Lorbeerkranz. Man verliest das Gründungsdiplom der Stadt über ein Liszt-Stipendium, das er, solange er lebt, selbst verteilen soll. Dann eine lange Reihe von Begrüßungen, allesamt Huldigungen: Weimar, Leipzig, Wien, Jena, das Komitat Ödenburg, in dem sein Geburtsort lag. Die Ehrungen wollen nicht aufhören. Hastiges Mittagessen, um fünf Uhr schon wieder eine Festlichkeit, Hans Richter dirigiert das »Christus-Oratorium«. Am dritten Tage Begrüßungen, abends ein Festbankett. Unzählige Telegramme. Darunter ein sehr langes von Cosima und Wagner in Versen. Dann ein Ausflug nach Gran. Der Fürstprimas Simor beglückwünscht den Gefeierten. Abermals Festlichkeiten, »Eljen«-Rufe, grenzenlose Begeisterung.

Nach den offiziellen Jubiläumsfeierlichkeiten reisten die Ausländer ab. Die Feste hörten aber nicht auf. Auf jeden Tag kam eine Soiree, die man ihm zu Ehren veranstaltete. Sogar ihm selber wurde es zuviel. Offenbar war es aber auch anderen schon zu reichlich geworden, denn alsbald tönte eine Dissonanz in die allgemeinen Ehrungen hinein. August Gregus, den man ihm als feinfühligen Ästheten geschildert hatte, trug in einer Sitzung der Kisfaludy-Gesellschaft seinen Zuhörern ein Märchen vor von einer Mutter, die zwei Söhne hatte, einen treuen und einen treulosen, und die den treulosen mehr liebte. Er beendete seine Erzählung mit einem Wortspiel auf Johannes Arany und Franz Liszt.
Schon am Tage darauf erfuhr Franzi von diesem Angriff. Man übersetzte ihm das Wortspiel und erklärte es ihm. Seine Freunde beeilten sich, ihn zu beruhigen. Ihrer Meinung nach hatte Gregus dem alten und kranken Johannes Arany nur einen Gefallen tun wollen und dafür diese nicht ganz glückliche Form gewählt. Auch die Presse mischte sich in die Angelegenheit ein und verteidigte Franz Liszt, der eben jetzt in seine Heimat zurückgekehrt sei: dieser Angriff hätte ihn also nie ungerechter treffen können als gerade in diesen Tagen.
Ihn hatte die Sache nicht besonders getroffen. Ihn interessierte im Augenblick ganz etwas anderes: das entzückende Mädchen Ilonka Ravasz. Mit jeder Stunde gewann er sie mehr lieb, und auch das Mädchen zeigte ihm gegenüber mehr als nur künstlerische Verehrung. Obwohl er sich an den Gedanken gewöhnt hatte, daß seine sechzig Jahre und sein schneeweißes Haar die Zuneigung der Frauen keineswegs ausschlossen, daß sie im Gegenteil sich nur noch steigerte, war er diesem jungen Wesen gegenüber doch ein wenig verlegen. Dazu kam, daß er sein ganzes Leben lang diesen Typ eines jungen Mädchens immer als heilig und unantastbar betrachtet hatte. So viel erlaubte er sich aber trotzdem, daß er sie unter irgendeinem Vorwande nach der Stunde noch dabehielt und ein Weilchen mit ihr plauderte. Die nie versiegende gute Laune des Mädchens, ihr kluger Humor, ihre immer fröhliche Unterhaltung entzückten und begeisterten ihn. Dann hörte er auch gern zu, wenn Ilonka Ravasz in echtem Zigeunerstil ungarische Lieder am Klavier vortrug.
Einmal, in der Winterdämmerung, nach der Unterrichtsstunde plauderten sie auch wieder. Einer seiner Zöglinge machte dem schönen Mädchen offenkundig den Hof, und Franzi ermahnte es mit väterlichem Wohlwollen, nicht ganz ohne Eifersucht in seinem Herzen, und gab ihm weise Ratschläge: in der heutigen Zeit müßte ein junges Mädchen sehr auf sich achten. Ilonka schwieg eine Weile. Dann sagte sie, nicht traurig, eher lustig, sich selbst verspottend:
»Ich bin ein großes Schaf, Meister. Die guten Ratschläge kommen zu spät. Wenn es meine Mutter wüßte, würde sie mich erschlagen.«
»Was? Also Sie . . .«

»Ja«, nickte das junge Mädchen, »ich habe jemandem Glauben geschenkt. Das ist allein schon ein großes Unglück. Nach dem ersten Gauner habe ich aber noch dem zweiten geglaubt. Das heißt, die waren gar keine Gauner. Ich war ein großes Schaf. Ich meine, ich war gar kein Schaf. Ich habe es nicht bereut, denn es weiß niemand, nur der Meister. Das ist ja mein ganzes Verderben, daß ich keine zehn Minuten lang ohne Liebe leben kann. Ich muß unbedingt verliebt sein. So ein Schaf wie mich hat der Meister noch nicht gesehen.«

Ihr fürchterliches Deutsch war so goldig, daß Franzi sie am liebsten auf der Stelle abgeküßt hätte. Aber er beherrschte sich.

»Jetzt auch?« erkundigte er sich lachend, aber mit heimlichem Herzklopfen.

»Ich?« lachte das junge Mädchen. »Nur ein Blinder kann nicht sehen, daß ich in den Meister verliebt bin wie ein Affe!«

Franzi erhob sich. Er war schon wie ein Löwe, der gerade sein Opfer anspringen will.

»Wenn Sie mich liebhaben, warum küssen Sie mich dann nicht?«

Der Übermut des jungen Mädchens war mit einem Male verflogen. Sie flüsterte leise und beglückt:

»Ich habe nicht gewußt, daß ich das darf.«

Sie legte ihren Kopf in den Nacken, schloß die Augen und wartete verklärt auf den Kuß.

VIERZEHNTES KAPITEL

Man hatte Liszt so viel zugejubelt und ihn so sehr gefeiert, daß er erschrak, als man auch in Weimar die Vorbereitungen zu einem Liszt-Jubiläum zu treffen begann. Er fühlte sich so müde, daß er es nicht mehr hätte durchhalten können, und schrieb nach Weimar, daß er dieses Jahr nicht dorthin käme. Er fuhr nach Rom. Zwar befürchtete er, daß Carolyne jeden seiner Tage mit Beschlag belegen würde, aber er wußte ja, daß die Villa d'Este zu seiner Verfügung stand, zu deren erhabener Stille er jederzeit Zuflucht nehmen konnte, wenn Carolynes zorniger Haß gegen Wagner und Cosima nicht mehr zu ertragen war.

So kam es auch. In der lieblichen Stille der plätschernden Springbrunnen der Villa d'Este komponierte er den »Stanislaus«. Den Klavierauszug des ersten Satzes hatte er schon fertiggestellt, mit dem weiteren Text war er hingegen nicht einverstanden, obwohl ihn niemand anders geschrieben hatte als Cornelius, der Komponist, bei dessen Opernaufführung in Weimar Dingelstedt seinerzeit jenen denkwürdigen Skandal in Szene gesetzt hatte. Cornelius war auch dichterisch begabt, um den Text zum »Stanislaus« hatte ihn die Fürstin gebeten. Der Abbé schickte ihm also die Dichtung mit der Bitte um Überarbeitung und mit ausgiebigen Erklärungen, wie er sie haben wolle. Cornelius konnte jedoch die Umarbeitung nicht mehr vornehmen. Er starb. Das »Stanislaus«-Oratorium blieb liegen, die Fürstin zürnte.

Carolyne geriet wegen jeder Kleinigkeit in Zorn; solange er sich in Rom aufhielt, verging kein Tag, an dem sie nicht ihrem Freunde irgendeine unangenehme Nachricht mit triumphierender Schadenfreude hinterbracht hätte. Jetzt mußte zum Beispiel Bülow daran glauben. Hans machte eine sonderbare Wandlung durch: er kehrte der Wagner-Liszt-Schule den Rükken und pries Brahms als den musikalischen Erlöser der Welt.

»Bitte, da haben Sie es!« sagte Carolyne. »Das geschieht Ihnen recht! Dieser Mensch hätte sein Leben für Sie hingegeben. Sie aber haben sich auf die Seite der Bayreuther gestellt. Jetzt sehen Sie den Erfolg. Es war nicht notwendig, diesen Menschen zu verlieren.«

»Hans tut mir sehr, sehr leid, seine Wandlung ist aber durchaus erklärlich. Seine Wagner-Schwärmerei schien mir zuletzt schon krankhaft gekünstelt, sie war das Nervenleiden eines eifersüchtigen Mannes, nichts anderes. Als ihn Cosima im Stich ließ, hatte er keinen Grund mehr, sich auch weiterhin mit Gewalt in diese Schwärmerei hineinzuleben. Er wandte sich von dem ab, der sein Leben zugrunde gerichtet hat. Und er suchte nicht bei mir Anlehnung, der ich mit Leib und Seele ein Wagnerianer bin, sondern schloß sich Brahms an, der sowohl mein als auch Wagners Feind ist. Hans ist von Natur ein Mensch, der sich ständig für jemanden begeistern muß, jetzt hat er sich nun Brahms auserwählt. Er ist ein kranker Mann, der Arme, man darf ihm nicht böse sein. Neulich soll er behauptet haben, daß der Jesuitenpater Baumgartner ein größerer Schriftsteller sei als Goethe. Trotzdem ist er der beste Klavierspieler nach mir. Ich werde auch in Pest anstreben, daß man ihn in meine Musikakademie als Klavierprofessor für die Fortgeschrittenen wählt.«

»Mit Ihnen kann man nicht streiten.«

»Wenn ich recht habe, ist es allerdings schwer, mit mir zu debattieren.«

»Schon gut, lassen wir das. Was ist mit dem Nikolaus?«

»Ich habe ihn im Krankenhaus untergebracht. Er sieht sehr schlecht aus, der arme Kerl.«

Nikolaus, der Diener, der den Abbé auf seinen Reisen begleitet hatte, war in der Villa d'Este krank geworden. Man hatte ihn nach Rom schaffen müssen. Täglich besuchte ihn der Abbé im Krankenhause. Der gute Nikolaus jammerte auch im Fieber und trotz seiner Schmerzen fortwährend, daß sein Herr, der jetzt nach Pest fahren mußte, sich in der Wohnung am Halplatz nicht zurechtfinden würde.

»Wenn Sie etwas nicht finden, so lassen Sie nur in der Friedrichschen Fechtschule Bescheid sagen, dort dient mein Freund, Andreas Csepregi, der einige Male schon zur Aushilfe da war. Der findet sich in der Wohnung zurecht.«
»Schon gut, Nikolaus, zerbrechen Sie sich darüber nicht den Kopf, sondern beten Sie, daß Sie bald wieder gesund werden.«
»Ich werde nie mehr gesund werden.«
Die Ärzte vermochten nicht festzustellen, was dem Diener fehlte, soviel wußten sie aber, daß er nicht mehr lange leben würde. Der Abbé hatte von Augusz Nachricht erhalten, er möge sofort nach Pest kommen, denn mit der Musikakademie sei etwas nicht in Ordnung. Er fuhr also ohne Diener ab.
Als er in die sorgfältig verschlossene Wohnung am Halplatz eintrat, sah er sofort, daß jemand dagewesen war. Die Möbel standen unordentlich durcheinander, die Schubladen waren herausgezogen, der Inhalt durcheinandergebracht. Kein Zweifel, hier hatte ein Einbrecher gehaust. Sogleich rief man einen Polizisten herbei. Der Täter war bald gefunden. Franzi erinnerte sich, wie Nikolaus zu ihm von dem Diener der Friedrichschen Fechtschule gesprochen hatte, daß jener in der Wohnung gut Bescheid wüßte. Er hatte tatsächlich von dieser Kenntnis Gebrauch gemacht und den goldenen Lorbeerkranz, verschiedene silberne Kränze, Bettwäsche und anderes gestohlen; die Pfandscheine wurden bei ihm noch vorgefunden. Der Abbé löste seine Sachen wieder ein und stellte alles auf den alten Platz zurück. Seine wirklichen Kostbarkeiten waren nicht mehr in seinem Besitz. Er hatte sie dem Nationalmuseum geschenkt. Beethovens Klavier, der silberne Notenständer, der mit Edelsteinen geschmückte Dirigentenstab aus purem Gold und der Ehrensäbel Báthorys befanden sich schon dort.
Betreffs der Musikakademie waren tatsächlich Schwierigkeiten entstanden. Die Lage schien verwirrt, aber man konnte nicht feststellen, wo das Übel saß. Eine Abteilung im Kultusministerium beschuldigte die andere, überall klagte man jedoch einstimmig, daß nicht genügend Geld vorhanden sei. Von den zur Verfügung stehenden Mitteln könne man keine Musikakademie errichten. Und dann hatte Trefort ihm noch etwas anderes gesagt:
»Lieber Meister, ich muß Ihnen aufrichtig gestehen, daß hinsichtlich der Musikakademie sich in gewissen Kreisen eine leichte Nervosität bemerkbar macht. Es sind Leute da, die befürchten, daß in dieser Akademie der ungarische Geist nicht zur Genüge zur Geltung kommen werde. Verlangen Sie von mir nicht, daß ich Namen nenne. Diese Mitteilung mache ich Ihnen natürlich streng vertraulich.«
»Es ist nicht schwer zu erraten, daß das die Befürchtungen von Kolman Tisza sind. Ich habe es schon von verschiedenen Seiten gehört. Die Befürchtung ist aber unbegründet. Erstens ist es lächerlich, für das Ungartum dieses Institutes von mir, dem Tondichter der Rhapsodien, etwas zu befürchten.

Zweitens haben wir Franz Erkel eine führende Stellung zugedacht. Er könnte doch für Tisza und seine Anhänger genügend Sicherheit bieten.«
»*Mich* brauchen Sie nicht zu überzeugen. Könnten Sie aber nicht Kolman Tisza selbst überzeugen?«
»Verlangen Sie das nicht von mir, Exzellenz. Ich kann niemanden als Bittsteller aufsuchen, der eine Position erreichen will. Ich bin gern in meine Heimat zurückgekehrt, um mein Alter hier zu verbringen und, soweit es mir möglich ist, für die ungarische Musikakademie zu arbeiten. Wir wollen aber nicht vergessen, daß man mich berufen hat. Die ganze öffentliche Meinung, die Presse, die Regierung, jedermann. Jetzt soll ich gehen und mich denen anbieten, die mich nicht brauchen? Das kann ich nicht. Wer irgend etwas an mir auszusetzen hat, soll zu mir kommen und es mir sagen. Wir sind doch erwachsene Menschen, wir werden einander schon verstehen.«
»Bitte, ich will Sie nicht überreden. Ich wiederhole, daß *ich* die Musikakademie nach wie vor errichten will. Aber mit so geringen Geldmitteln geht es nicht. Man braucht ein Konservatorium, eine staatliche Schauspielschule. Uns stehen fünfundzwanzigtausend Gulden zur Verfügung. Ich habe die Schauspielschule veranschlagen lassen. Diese allein wäre mit dreizehntausend Gulden kaum geschafft. Bleiben für den musikalischen Teil zwölftausend. Sagen Sie selbst, was kann man mit dieser Summe machen? Nichts.«
»So geht es natürlich nicht. Ich habe jedoch das Konservatorium und die Schauspielschule gar nicht nötig. Ursprünglich war auch davon gar keine Rede. Ich stehe heute noch da, von wo ich seinerzeit mit Baron Eötvös ausgegangen bin. Ich möchte eine ungarische Musikakademie mit ganz, ganz wenig Lehrfächern haben. Für Harmonielehre, für Kirchenmusik, für speziell ungarische Musik und für Klavier, selbstverständlich nur für fortgeschrittene Pianisten, ist je eine Lehrkraft notwendig. Die Namensliste der Professoren habe ich mir folgendermaßen vorgestellt: ungarische Musik: Erkel; Harmonielehre: Volkmann; für das Klavierfach empfehle ich Bülow und für Kirchenmusik Doktor Witt aus Regensburg, den Präsidenten des Cäcilienvereines. Ich übernehme die Leitung des ganzen Institutes. Das sind fünf Professoren. Dann brauchen wir noch einen Sekretär, für diesen Posten schlage ich Abranyi vor. Warum soll da das Geld nicht ausreichen, wenn wir es nicht für die Schauspielschule verwenden, von der gar keine Rede war?«
Trefort willigte ein, über diesen Vorschlag Punkt für Punkt einzeln zu verhandeln. Er bat um Aufklärung über Bülow und Witt, er stellte Berechnungen auf und beriet sich. Endlich verblieben sie dabei, daß der Abbé alles das in einem Memorandum darlegen solle und der Ministerrat dann darüber beschließen werde. Liszt arbeitete also diese Denkschrift aus. Er erklärte, daß seiner Ansicht nach die Musikakademie ein hochgestelltes Institut sei, das sich mit der elementaren Musikerziehung nicht befassen könne. Dazu

sei das Nationalkonservatorium da, das auch durchaus den Anforderungen genüge. Das Konservatorium solle weiterhin, außer Klavier, alle anderen Instrumente lehren. Auch in seinem Memorandum trat er für Bülow und Witt ein. Liszt erklärte ferner, daß vor der Eröffnung noch eine umfassende Organisationsarbeit erforderlich sei; man müsse eine Bibliothek zusammenstellen, Klaviere und Noten kaufen, alles das werde mindestens ein Jahr in Anspruch nehmen. Selbst wenn also die Ernennungen sofort erfolgten, könne man die Musikakademie erst im nächsten Jahre, im Herbst achtzehnhundertsechsundsiebzig, eröffnen. Das Schriftstück ging ans Ministerium ab. Er konnte nichts anderes tun, als den Erfolg abwarten.
Die Zeit wurde ihm nicht lang, es kam schon etwas, was ihn beschäftigte. Wagner geriet in finanzielle Schwierigkeiten. Die Anteilskarten wurden nicht genügend gekauft, das bisherige Bargeld schrumpfte zusammen, Kredit bekam er nicht, der Bau geriet ins Stocken. Der größte Teil der deutschen Presse stand dem Bayreuther Plan feindlich gegenüber, und dieser Umstand förderte das Ansammeln von Kapital naturgemäß nicht. Wagner versuchte, mit Konzerten Geld zu beschaffen. Mit Wien hatte er bereits eine Vereinbarung getroffen, und jetzt wollte er auch in Pest ein Konzert geben. Er schrieb an Richter und Mihalovics, sie möchten die Sache in die Hand nehmen. Diese begannen auch sogleich mit der Organisation, interessierten die Presse dafür und verhandelten eifrig. Die Zeitungen schrieben erwartungsvoll, daß der berühmte Wagner nach Pest käme, um ein Konzert zu geben. Als die Sache schon ziemlich weit gediehen war, teilte Wagner ihnen unverhofft mit, daß er nur dann geneigt sei, nach Pest zu kommen, wenn man ihm eine Einnahme von mindestens fünftausend Gulden garantiere. Die beiden Wagnerschwärmer gerieten nun in arge Verlegenheit. Sie hatten die gesamte Pester Musikwelt in Aufruhr gebracht und würden jetzt mehr als beschämt dastehen: so eine horrende Einnahme in Pest zu erreichen war einfach unmöglich; in der ganzen Stadt gab es nicht einen einzigen derartig großen Saal, daß man bei normalen Eintrittspreisen eine so hohe Einnahme hätte erzielen können. Sie beratschlagten ganz verzweifelt, was sie tun sollten. Endlich kam Mihalovics auf den Gedanken, daß man die Eintrittspreise gewaltig hochschrauben könnte, wenn zugleich auch Franz Liszt am Konzert teilnähme.
Franzi willigte sofort ein, als man das erste Mal mit ihm darüber sprach. Das Festspielhaus Wagners stand auf dem Spiel und Cosimas Zukunft! Richter fuhr zu Wagner, um über das Programm und andere Einzelheiten zu beraten, Mihalovics aber war weiterhin propagandistisch unermüdlich für das Konzert tätig. Der Preis einer Loge wurde auf fünfzig Gulden festgesetzt, die Sitzplätze der ersten Reihen auf zwanzig Gulden. Noch nie war in Pest ein so teures Konzert veranstaltet worden. Aber es standen ja die Namen Wagner und Liszt auf dem Programm! Die Karten wurden gekauft. Mihalovics' Idee bewährte sich.

Wagner und Cosima sahen sorgenbeladen und müde aus. Beide schienen unlustig. Nicht einmal über den finanziellen Erfolg in Pest konnten sie sich so recht freuen.
»Das ist gar nichts«, winkte Wagner düster ab, »ein einziger Wassertropfen, wo ich das ganze Meer gebrauchen könnte. Die Bauarbeiten ruhen.«
Die Proben wurden im Nationaltheater abgehalten, in dem großen Saale in der ersten Etage. Unter den zu probenden Werken befand sich auch eins von Liszt. Es trug den Titel »Die Glocken des Straßburger Münsters«. Zu dieser Komposition war er durch ein Gedicht von Longfellow angeregt worden. Die Teufel Luzifers überfallen eines Nachts die Straßburger Kathedrale, sie wollen den Altar, die Bilder, das Kruzifix, die Sakramente vernichten; der Chor der Engel aber eilt der bedrängten Kirche zu Hilfe. In diesem Ringen tragen die Engel den Sieg davon. Luzifer reitet in der stürmischen Nacht mit der ganzen Teufelsbrut auf und davon. Und die Engel stimmen den Siegeschor an.
»Du, Franzi«, sagte Wagner, »das ist wunderschön! Ich bin fast neidisch, daß ich es nicht selbst geschrieben habe.«
»Wirklich? Du machst mich ganz glücklich.«
»Es gefällt mir außerordentlich. Insbesondere das Motiv mit den Glocken ist hervorragend.«
Nachdenklich summte er es öfters vor sich hin, es gefiel ihm wirklich sehr gut. Im übrigen war das aber auch das einzige gute Wort, das er während der Proben verlauten ließ. Nervös stritt er sich mit den Musikern herum, klagte, daß die Mitwirkenden dauernd in Bewegung seien; mit nachhaltigem Lärmen wies er alle Unbefugten hinaus, verschloß die Tür von innen, steckte den Schlüssel in die Tasche und murrte weiter. Er probte rücksichtslos, und wie ein Tyrann beschäftigte er einen jeden; aber er behielt recht, die Aufführung ging wie am Schnürchen.
Die »Straßburger Glocken« leiteten das Konzert ein, dann folgte das Es-Dur-Klavierkonzert des Abbés. Wagner setzte sich an die Pauke, und das Publikum, das sehr neugierig auf den in ganz Europa so heiß umstrittenen Mann war, ahnte nicht einmal, daß der schon im Orchester saß. Als dann der Trauermarsch aus der »Götterdämmerung« an die Reihe kam und Wagner nunmehr als Dirigent das Podium betrat, geschah etwas Sonderbares: die weiter hinten Sitzenden waren so neugierig, daß sie sich von ihren Plätzen erhoben; da standen auch die auf, die vorn saßen, endlich der ganze Saal, und man konnte der Meinung sein, daß dies eine besondere Ehrung für Wagner bedeuten sollte. Er selbst teilte auch diese Ansicht. Man sah es an der stolzen Kopfhaltung, mit der er die seltene Auszeichnung entgegennahm.
›Er hat recht‹, dachte der Abbé bei sich, ›so muß man eine solche Huldigung entgegennehmen. Und sie gebührt ihm auch, bloß die wissen's noch nicht.‹

Wagner war ein großer Erfolg beschieden. Der Trauermarsch mußte wiederholt werden, auch Siegfrieds Schmiedelied fand großen Beifall. Der verschiedenartige Applaus zeigte aber auch, welchem von den beiden Künstlern vor allem der Beifallssturm des ausverkauften Hauses galt. Seit man in diesem Saale überhaupt ein Konzert veranstaltet hatte, war der Applaus für den Abbé der mächtigste Beifallssturm, der je hier getobt hatte. Und er selbst mußte weit in die Erinnerungen seines früheren Virtuosenlebens zurückgreifen, um einen ähnlichen Erfolg wie den heutigen sich zu vergegenwärtigen. Am Schluß des Konzertes umarmte ihn dann Wagner und sagte:
»Hör mal, du hast mich in den Schatten gestellt!«
Er sagte das lächelnd, aber nicht ganz ohne einen gewissen Verdruß. Cosima stand neben ihnen und schwieg. Auf ihrem Gesicht stand aber geschrieben, daß sie das, was Wagner lächelnd zugab, verärgert in sich verschloß. In der Freude des Erfolges und in der getrübten Stimmung durch Cosimas Verdrossenheit lächelte der Vater verstört und trat von einem Fuß auf den anderen, als ob er das Gefühl hätte, irgend etwas Verbotenes getan zu haben.
Auch an der Presse sah man, welche Höhe des Erfolges der vor fünfzig Jahren aus Raiding in die Welt gezogene Liszt in seinem Vaterlande erreicht hatte. Die Zeitungen schrieben:
»Diesem Löwen sind nur die Haare grau geworden, das Feuer seiner Seele ist jung geblieben. Wie er am Klavier phantasiert, das ist der süße Traum der geläuterten Jugend. Wie er seine Leidenschaft ausdrückt, das ist der mächtige Sturm des sich der Fülle seiner Kraft bewußten Mannesherzens. Es ist nur traurig, daß das, was einmal mit einer so unvergleichlichen Vollkommenheit vorgetragen worden ist, der Nachwelt nicht wie ein Meisterwerk der Malerei oder Bildhauerkunst erhalten bleibt, sondern im Äther verblaßt.«
»Haben Sie die Pester Zeitungen gelesen?« fragte Ilonka Ravasz.
»Wie hätte ich sie lesen können, wenn ich sie nicht verstehe! Aber Mihalovics hat es mir übersetzt. Dieser Artikel ist sehr schön, trotzdem hat er unrecht. Ich verblasse nicht. Meine Kompositionen werden nach mir bleiben. Wenn ich so etwas lese, segne ich erst recht den Herrgott, daß ich meinen Beruf gewechselt habe und nicht Klavierkünstler geblieben, sondern Komponist geworden bin.«
Der Beifallssturm des Wagner-Konzertes war kaum verklungen, als ihn eines Mittags der Minister Trefort höchstpersönlich in seiner Wohnung am Halplatz aufsuchte. Der Abbé empfing seinen hohen Gast mit gebührender Höflichkeit.
»Ich bringe Ihnen diese Urkunden persönlich, Meister. Die Regierung ernennt Sie zum Präsidenten der Musikakademie. Der Ministerrat hat über Ihr Memorandum beraten, das ich vorgelegt hatte. Jeder maßgebende Vor-

schlag ist angenommen worden. Jetzt bleibt also nur noch, daß ich Sie von ganzem Herzen beglückwünsche. Ich wollte der erste sein.«
»Ich danke Ihnen vielmals. Eine größere Freude hätte mir niemand bereiten können. Wie lange muß man aber noch warten, bis die Arbeit beginnen kann? Und meine Zeit ist jetzt schon sehr kostbar.«
»Wenn Sie mir die Frage nicht verübeln, wie alt sind Sie denn, Meister?«
»Ich bin in meinem vierundsechzigsten Lebensjahre.«
»Ernstlich? Das ist doch fast nicht zu glauben! Ich bin achtundfünfzig, aber ich gäbe etwas darum, wenn ich auch einen so kraftvoll zähen und gesunden Eindruck machte.«
»Ja«, entgegnete der neue Präsident mit stolzer Eitelkeit, »ich bin bei besten Kräften, und ich würde im Grunde genommen sündigen, wenn ich klagte. An meiner Gesundheit fehlt's nicht. Aber etwas anderes betrübt mich. Bülow hat geschrieben.«
»Bülow kommt nicht? Sehr schade, ich habe viel von ihm erwartet. Warum will er nicht nach Pest?«
»Er hat einen Vertrag nach Amerika bekommen und geht auf eine Konzertrundreise. Jetzt sind wir ohne Klavierlehrer. Wenn nun derjenige nicht annimmt, an den ich denke?«
»An wen denken Sie, Meister?«
Der Abbé lächelte geheimnisvoll, wie über einen gutgelungenen Streich.
»An Franz Liszt.«
»Ja, wenn der das übernehmen würde . . . Das wagen wir aber gar nicht von ihm zu verlangen, sich mit Schülern herumzuärgern und mit Stunden abzumühen. Kann ich das vom Meister erwarten?«
»Hier, meine Hand. Ich übernehme es. Wenn die Regierung gegen mich so zuvorkommend ist und mich auszeichnet, so möchte ich das, soweit es irgend in meiner Macht steht, vergelten.«
Diese Neuigkeit verbreitete sich wie ein Lauffeuer. Liszt erhielt unzählige Glückwünsche, viele besuchten ihn auch persönlich. Erkel war sehr oft bei ihm, um über die Organisation mit ihm zu beratschlagen. Auch Mihalovics war ein täglicher Gast. Der junge Komponist Goldmark kam auch, um zu gratulieren, zeigte ihm gleichzeitig seine Oper »Die Königin von Saba« und klagte, daß es ihm unmöglich sei, diese Oper aufführen zu lassen. Das Wiener Opernhaus habe sie zwar bereits angenommen, aber die Aufführung würde immer wieder von neuem verschoben. Der Abbé schrieb sofort an die Wiener Oper und an den inzwischen zum Außenminister emporgestiegenen Julius Andrássy. Die vielen Besucher wurden dem Abbé mit der Zeit ziemlich lästig, weil sein gewohntes Personal fehlte. In seiner Wohnung herrschte Unordnung, auf die Genesung seines Dieners wartete er leider vergeblich. Der Arme starb in Rom im Krankenhaus. Statt seiner stellte sich bei ihm ein zigeunerschwarzer Mann mit pfiffigem Gesicht vor. Er sprach zwar deutsch, aber mit fremdem Akzent.

»Mein Name ist Spiridion Knezovics. Ich bin der neue Diener Eurer Hochwürden.«
»Was ist los? Ich habe Sie noch nie in meinem Leben gesehen.«
»Nein, bitte schön, ich komme aus Rom. Ihre Durchlaucht die Fürstin hat mich engagiert und befohlen, mich hier zu melden. Meine Zeugnisse sind auch bei ihr.«
»So. Und die Bezahlung und alles andere haben Sie schon genau besprochen?«
»Jawohl, alles, bitte schön.«
»Was sind Sie denn für ein Landsmann, mein Freund?«
»Ich bin Montenegriner, ich spreche aber auch Deutsch, Italienisch und Ungarisch.«
»So. Sagen Sie mir Ihren Namen doch noch einmal.«
»Spiridion Knezovics.«
»Also gut, Spiridion, rechts vom Vorzimmer finden Sie Ihr Zimmer, sehen Sie sich um und bereiten Sie mir gleich einen Kaffee.«
»Jawohl.«
Spiridion trat also seine Stellung an, die nichts anderes war als die Dienstleistung eines Spiones. Der Abbé erlebte schon nach kurzer Zeit, daß die Fürstin Carolyne auch über solche Pester Einzelheiten unterrichtet war, die er ihr nicht mitgeteilt hatte. Er lächelte und kümmerte sich nicht darum. Über seine Herzensgeheimnisse forderte Carolyne schon seit langer Zeit keinerlei Rechenschaft mehr, und im übrigen hatte er vor niemand Geheimnisse. Spiridion hätte höchstens von seiner Vorliebe für den Alkohol manches nach Rom berichten können, aber auch das hatte er schon seit langer Zeit nicht mehr übertrieben. Zu seinen Mahlzeiten trank er Rotwein, einen ganz ausgezeichneten Szegszárder aus der Kellerei Augusz, von dem er eine Sendung regelmäßig nach Rom und auch nach Weimar bekam; vormittags zog er Bier vor, nach dem Abendessen vermischte er den Rotwein gern mit Kognak. Bei einem leichten nebelartigen Rausch pflegte er aber haltzumachen. In Pest hatte er jetzt nichts mehr zu tun, solange die Musikakademie nicht eröffnet war. Er ging deshalb nach Weimar, um seinen dortigen Verpflichtungen zu genügen. Unter anderem hielt er dort eine Trauerfeier für Frau Kalergis ab, die erst vor kurzem verschieden war. Sie starb nicht als Frau Kalergis, sondern als Frau Muchanow. Sie hatte einen Russen geheiratet, mit dem ihre Ehe aber auch nicht glücklich verlaufen war. In der letzten Zeit war sie sehr alt und gebrechlich geworden. Sie erinnerte kaum noch an die strahlende, junge blonde Frau, die die Warschauer Tage des Chopin spielenden jungen Klavierkünstlers so heiß und liebevoll gestaltet hatte.
Mit ihr wurde der erste Platz im Lager der für Wagner schwärmenden Damen leer. Diese erste Stelle nahmen nunmehr gleichzeitig zwei ein: die Gräfin Schleinitz und die Gräfin Dönhoff. Beide Damen unterstützten die

Bayreuther Bewegung aufs nachdrücklichste. Allen ihren Bekannten nötigten sie Anteilkarten auf und stellten alles mögliche an, um die unterbrochene Bautätigkeit wiederaufnehmen zu lassen. Aber auch ihre Hilfe wäre nur ein Tropfen im Meere gewesen, eine Katastrophe hätte Wagner und sein halbfertiges Bauprojekt hinweggerafft, wenn König Ludwig von Bayern nicht noch ein zweites Mal für ihn eingetreten wäre. Wie Wagner das fertiggebracht hatte, war dem Abbé nicht bekannt. Jedenfalls hatten sich der König und Wagner wieder versöhnt, und die Bayreuther Bautätigkeit setzte mit neuer Energie ein. Anschließend an Weimar fuhr Franzi auch zu Wagners, weil er das nunmehr fast vollendete Theater sehen und sie in ihrem neuen Heim begrüßen wollte.
Sie wohnten in einer Villa. Vor ihr stand die Statue König Ludwigs, aus weißem Marmor gemeißelt, den jungen Herrscher in apollinischer Schönheit darstellend. Die Villa trug den Namen »Wahnfried«, und den über dem Eingang stehenden Namen erklärten die Versinschriften auf dem linken und rechten Flügel des Hauses: »Hier, wo mein Wähnen Frieden fand, Wahnfried sei dies Haus genannt.« An der Stirnwand des Hauses prangte ein Wandgemälde aus der germanischen Mythologie: der Gott Wotan, zu beiden Seiten seines Kopfes die beiden Raben, neben ihm symbolische Gestalten. Auf der Treppe der Villa spielte der kleine Siegfried, den die ganze Familie nur »Fidi« nannte, mit einem Hunde. Seitlich deuteten junge Bäumchen an, daß da einstmals Bäume mit mächtigen Kronen Schatten spenden würden. Im Hause herrschte geräumige Bequemlichkeit und Wohlstand, der auch die Bezeichnung Luxus verdient hätte; schwere Teppiche, nagelneue Möbel, sehr viele Bücher, Bilder und Büsten. Und inmitten die schlanke, achtunggebietende Gestalt Cosimas. Ein prächtiges Heim, die endgültige und letzte Station auf dem Wege dieses großen Mannes.
Im Theater war man schon bei den Proben. Besser gesagt: man probierte nur die Proben. Von einer Aufführung der Festspiele konnte erst im nächsten Jahre die Rede sein; Wagner aber wollte sich mit der Akustik vertraut machen, er wollte prüfen, wie sich die neue Anordnung des Orchesters bewährte, oder – wenn er das alles auch sich selbst nur einredete – er konnte es eben vor Neugierde und Ungeduld nicht erwarten, zwischen den Wänden seines verwirklichten Traumes endlich Stimmen zu hören.
Von der Villa Wahnfried aus war es noch ein langer Weg bis in die kleine Stadt. Seitwärts blieb das verrußte Gebäude der alten Burg zurück, dann mußte man über die Brücke des Baches hinweg bis an die Grenze der Stadt, und von da führte die Bürgerreuther Straße zum Hügel. Das war eine lange, gerade Straße, das sich auf dem Hügel erhebende Gebäude war schon von weither sichtbar. Wagner erklärte alles mit nicht einzudämmendem Redeschwall. Er wies auf die Geländestreifen, die er noch mit Bäumen bepflanzen lassen würde, mit breiten Gesten, als ob er die ganze Gegend dirigieren wollte. Und oben auf dem Hügel, vor dem Theater haltmachend, pries er

die Schönheit der Hausfront, die Farbe des Gebäudes, die Zweckmäßigkeit der Eingänge. Und dann mußte man auch alles andere in dem halbfertigen Gebäude in Augenschein nehmen: die Bühne, den Schnürboden, die Logen, das Orchester, die Garderoben oder, wenn etwas noch nicht ganz fertig war, die Plätze, wo das alles später einmal zu finden sein würde. Eine anstrengende Besichtigung war das. Zuletzt konnte der Abbé gar nicht mehr so richtig achtgeben. Seine Füße schmerzten vom vielen Herumstehen, er hätte sich am liebsten einmal hingesetzt, um auszuruhen. Wagner ließ ihm aber keine Zeit dazu. Er mußte noch dies und jenes ansehen und konnte doch nur noch müde nicken zum Zeichen, daß es ihm gefiel.

»Wie ich sehe«, sagte Wagner verwundert, »freust du dich gar nicht richtig?«

»Doch, ich freue mich, aber mir geht es andauernd im Kopfe herum, wie sehr ich mich danach gesehnt habe, dasselbe in Weimar zu verwirklichen!«

»Ach, sei doch still. Sei froh, daß es nicht gelungen ist. Hier redet niemand drein, das gehört nur mir. So ist es erst das Richtige. Erinnerst du dich noch an die Nacht, als wir im Jahre achtzehnhundertneunundvierzig auf meiner Flucht mit dem Weimarer Regisseur und mit noch jemandem zusammen in einem Hotelzimmer hinter verschlossenen Türen zu Abend aßen? Sechsundzwanzig Jahre sind seitdem vergangen. Damals habe ich schon von diesem Theater gesprochen. Ihr habt geschwiegen. Ihr hieltet mich für einen halben Narren. Auch du hast meine Idee nicht ganz ernst genommen, leugne es gar nicht erst. Also jetzt ist sie verwirklicht, bitte. Und nächstes Jahr werde ich hier die Tetralogie aufführen.«

Sein Gesicht bleib auch in seinem Siegerstolz düster, seine Augen suchten Cosimas Blick. Und Cosima den seinen. Sie waren eins, eine einzige Seele, ein Geist und ein Wille in zwei Menschengestalten. Der Vater stand bescheiden und stumm neben ihnen. Beinahe schien ihm, als störte er, einem Fremden gleich, die niemand sonst etwas angehende Freude dieses Menschenpaares; das sogar ihn nicht ganz an seinem Glück teilnehmen lassen wollte.

Zwei Wochen lang blieb er bei ihnen. In dieser Zeit bereitete ihm ein kleiner Unfall großen Verdruß. Beim Rasieren hatte er sich in den rechten Daumen geschnitten. Das störte ihn sehr, wenn sie abends am Klavier saßen und von Musik sprachen. Es schien eine unbedeutende kleine Wunde zu sein, sie wollte aber nicht heilen. Als er in Rom angekommen war, zeigte er sie dem Arzt, der aber bezeichnete sie als eine harmlose Angelegenheit und meinte nur, daß sie bald wieder heilen würde.

In Rom erhielt er die Nachricht, daß die Musikakademie eröffnet sei. Was bislang in dieser Sache geschehen war, hatte er durch ununterbrochenen Briefwechsel genau erfahren. Die offiziellen Ernennungen waren vorgenommen worden. Ernannt hatte man Erkel, Volkmann und Abrányi. Nur den Lehrstuhl für Kirchenmusik hatte man nicht besetzen können, weil der

Regensburger Witt, der dieses Amt mit Freuden übernommen hätte, schwer erkrankt war und auf die Tätigkeit in Pest verzichten mußte. Die anderen drei widmeten sich um so eifriger ihrem neuen Pflichtenkreis; jede Woche wußten sie eine Neuigkeit zu berichten, von eingetroffenen Noten, Statuen, neuen Möbeln, von dem Anstreichen der Wände. Und jetzt hatte man ihm endlich mitgeteilt, daß die Musikakademie eröffnet worden sei und die Aufnahmen begonnen hätten.

Er wartete noch ein Weilchen: die Arbeit und der Unterricht sollten beginnen und die ersten Kinderkrankheiten des neuen Organismus vergehen, ehe er ankam. Wie man ihm geschrieben hatte, bestand die ganze Musikakademie nur aus ein paar Zimmern am Halplatz, wo er wohnte. Für Wagner war ein größerer Traum in Bayreuth in Erfüllung gegangen. Franzi hatte aber insgesamt nur soviel erträumt, einmal vor langer Zeit in seiner Jugend, inmitten des übergroßen Ruhmes seiner Klaviererfolge. Das wollte er und nichts anderes: eine Musikakademie, und wenn sie noch so klein war!

Dann begann er endlich zu packen: die Arbeit mußte nun beginnen. Für einige Tage machte er noch in Venedig halt. Er hatte brieflich der schönen Gräfin Emmerich Széchenyi, die mit ihrem Manne zur Sommerfrische dort weilte, versprochen, sie zu besuchen. Endlich, an einem Februarmorgen, kam er in Pest an. Auch hier konnte er nicht sofort in das neue Institut eilen, denn er erfuhr, daß der Musikverleger Taborszky schwerkrank sei. Diesen Mann hatte er richtig ins Herz geschlossen, den Sohn jenes Geigenkünstlers, zu dessen Unterstützung er seinerzeit vor etwa vierzig Jahren in Pest ein Konzert gegeben hatte. Sein erster Weg führte zu ihm. Er tröstete den Kranken liebevoll, erkundigte sich, was er begehre und was er für ihn tun könne.

Und endlich betrat er die Räume der Musikakademie. Er kam in einen schmalen Gang, wo die hart angeschlagenen Töne dreier Harmonien erklangen. Volkmann gab Harmonieunterricht. An der einen Tür las er die Aufschrift: Professorenzimmer. Dort trat er ein. Es war niemand anwesend. Am Kleiderhaken Mantel und Hut. Auf dem Tische Schriftstücke, Namenlisten mit handgeschriebenem Stundenplan. Jeder Gegenstand trug noch das Aussehen von etwas Neuem.

Er begab sich wieder aus dem Zimmer auf den Gang. Ein herumstehender Diener trat ihm in den Weg, der ihn auf ungarisch etwas fragte. Franzi lachte, zeigte auf sich selbst und sagte:

»Liszt.«

Der Diener wollte nicht verstehen, wovon die Rede war. Hinter der Tür erklangen neue Akkorde und dazu eine recht laute Erklärung.

Liszt drückte die Klinke nieder und blieb in der Tür stehen. Freundlich nickte er Volkmann zu:

»Guten Tag. Da bin ich.«

Überrascht sah dieser hoch. Und eine Schülerin schrie verzaubert und begeistert auf, als ob sie einen Engel gesehen hätte:
»Liszt!«

FÜNFZEHNTES KAPITEL

Die Wunde, die Franzi sich im Sommer am Finger zugezogen hatte, war noch immer nicht verheilt. Er hatte sie mit einem Pflaster verklebt, war aber schon so nervös, daß er fortwährend daran herumbohrte. Sie wurde schlimmer, der Finger schwoll häßlich an. Er ging abermals zum Arzt. Dieser mußte zum Messer greifen. Die kleine Operation tat scheußlich weh, aber sein Finger kam wieder in Ordnung. Als der Arzt die Wunde zum zweiten Male begutachtete, nickte er:
»Sie heilt. In einigen Tagen werden Sie gar nichts mehr davon sehen.«
»Es wird auch Zeit. Aber was zum Teufel war denn los, daß die Wunde solange nicht heilen wollte?«
»In diesem Alter ist das kein Wunder, lieber Meister, das kommt öfter vor.«
Das hörte er nicht gern. Auf sein körperliches Wohlbefinden war er stets sehr stolz, und es ergriff ihn immer eine eitle Freude, wenn man sein Äußeres lobte. Jetzt mußte er sich dareinfinden, daß er alt wurde. Das Alter hatte ihn viel später erreicht als andere, und auch jetzt noch, wenn er sich mit anderen Fünfundsechzigjährigen verglich, warf er sich stolz in die Brust. Unter den anderen fand man schon Greise. Er aber stand noch immer seinen Mann. Jedoch nur noch im Vergleich mit jenen. Es begannen jetzt seine Zähne schlecht zu werden, er mußte mal den einen, mal den anderen endgültig ziehen lassen, weil er einer abermaligen Plombierung nicht mehr standhielt. Und abends hatte er oft Fieber, wenn auch nicht hoch, so doch spürbar. Wenn er über sein Alter nachdachte, so suchte er sogleich bei den Frauen Trost. An der unveränderten Anteilnahme der Frauen für seine Person hätte man nicht merken können, daß er älter wurde. Er war von jeher der Ansicht gewesen, daß auf die ewige Eva nichts so sehr Eindruck macht wie die Berühmtheit des Mannes. Liszt hatte immer die Erfahrung gemacht, daß der Ruhm über das weibliche Geschlecht eine unwiderstehliche berauschende Macht hat. Jetzt paßte ihm das nicht mehr ganz. Die epidemieartige Schwärmerei der Frauen, nicht nur ihre Zudringlichkeit, hätte er zu gern, wenigstens einen kleinen Teil davon, vom Konto seines Ruhmes auf das seines Äußeren überschrieben. Wenn er allein war, studierte er lange sein Gesicht im Spiegel, und insbesondere, wenn er frisch rasiert war, fand er

dieses warzige, scharf gezeichnete Gesicht, das ihn aus dem Spiegel forschend ansah, recht anziehend. Er fing an, auf sein Äußeres noch mehr Gewicht zu legen als bisher. Jetzt trug er nur noch zu Abendgesellschaften oder zu feierlichen Gelegenheiten das Priestergewand; tagsüber zog er lieber eine schwarze Hose und Gehrock an und behielt nur die hochgeknöpfte Weste und den Priesterkragen bei. In seinen Mußestunden zu Hause zog er statt des Gehrockes eine bequeme Hausjacke aus Samt an. Sein Haar kämmte er mit besonderer Sorgfalt und war sehr ärgerlich, wenn er in dem Kamm viele ausgegangene Haare fand. Um so mehr freute sich Spiridion, der mit diesen Haaren einen schwunghaften Handel trieb. Er sammelte sie, und für ein oder zwei solcher kleiner Bündel erzielte er märchenhafte Preise. Die Echtheit der Haarsträhnen beglaubigte der tüchtige Diener eigenhändig, wie die verantwortlichen Leiter eines Museums die Kunstgegenstände zu ordnen pflegen. Und Käufer waren mehr vorhanden, als er bedienen konnte. Die Frauen, die Frauen. Deren heiße Anteilnahme wuchs auch jetzt noch, statt abzuebben.

Dieser Gedanke machte Liszt sehr glücklich. Für den Schmerz des Alterns war das die einzige Medizin. Und wenn sich eine Frau fand, die ihm gegenüber kein Interesse bezeugte, war ihm der Tag verdorben. Nur Ilonka Ravasz brachte es fertig, daß er ihr das nicht weiter nachtrug. Das Mädchen war jetzt Schülerin seines Lehrganges an der Musikakademie geworden, der Unterricht fand dreimal in der Woche nachmittags statt. Und es kam die Zeit, da Ilonka es vermied, Gast in seiner Privatwohnung sein zu dürfen. Sie machte durchsichtige Ausflüchte. Man sah ihr an, daß jemand anders ihre Zuneigung gewonnen hatte.

»Was ist denn mit dir los, du kleine Hexe?« fragte endlich einmal der Abbé auf dem Gang der Schule. »Du willst mich nicht mehr sehen?«

»O ja. Ich wollte den Meister gerade besuchen und ihn um Rat bitten. Ich habe mich in jemanden verliebt, nur deswegen, weil er dem Meister so ähnlich ist. Er drängt mich jetzt andauernd, ich soll ihm sagen, was ich an ihm liebe. Raten Sie mir bitte, ob ich es tun soll.«

Der Abbé lachte.

»Es ist gut, mein Kind, hab ihn nur lieb, weil er mir ähnlich sieht, aber sage es ihm nicht. Ein Mann verträgt nur schwer den anderen.«

Dann tätschelte er ihre Wangen und ließ sie ihres Weges gehen. Aber auch weiterhin zog er sie allen seinen Schülerinnen vor. Für diese Wunde eine heilende Salbe zu bekommen, war nicht schwer. Er brauchte nur mit geschlossenen Augen die Hand auszustrecken, und wenn er zugriff, fand er eine Frau, eine begeisterte und schwärmerische Frau, die in dem Wohlwollen des berühmten Mannes ihre irdische Seligkeit sah.

Unter seinen Schülern liebte er einen blonden ätherischen Jungen mit durchgeistigten Gesichtszügen am meisten. Er hieß Aladar Juhász. Er war unter den ersten Schülern der Musikakademie der begabteste und zweifelsohne ein Klaviertalent von europäischem Format. Kaum hatte sich der Meister einige Wochen lang mit ihm beschäftigt, merkte er bereits, daß er sich einen Nachfolger aus ihm würde erziehen können. Dabei war dieser Junge klug und gebildet, wohlhabend und stammte aus einer angesehenen Familie. Der Abbé verkehrte alsbald in der Familie. Es waren sehr liebenswürdige Menschen. In der Fortunastraße, oben in der Burg, lag ihr Heim. Oftmals hatten sie einen kleinen Kreis um sich versammelt, von den Mitschülern Aladars die besten, Verwandte und musikliebende Bekannte. Andreas Juhász, der Hausherr, war ein konservativer ungarischer Herr. Er ließ auf jede nur mögliche Art und Weise erkennen, wie dankbar er dem großen Manne für die seinem Sohne erwiesene Liebe sei und welch große Ehre ihm seine Besuche bedeuteten.

Überhaupt schloß sich, wie er allmählich in Pest seßhaft wurde, auch der Kreis seiner Bekannten mehr und mehr. In diesem Teile der Pester Gesellschaft war jede intelligente Schicht vertreten. In aristokratische Häuser lud man ihn ebensooft ein wie in die Künstlerwelt, zu den Führern der kirchlichen oder der regierenden Kreise oder zu den Größen der Finanzwelt. An einem Tage lud ihn die Gräfin Livia Zichy, am anderen Tage Trefort, am dritten der Abtpfarrer Schwendtner ein, dann Wahrmann, dann die Familie Jokai. Nunmehr kannte ihn nicht nur das sogenannte Publikum, sondern auch das Volk der Straße. Er wurde eine bekannte Erscheinung in Pest. Wenn er mehrere Wege zu erledigen hatte, fuhr er in einem Schimmelgespann umher, und da ihn das Aufsehen, das er erregte, nicht befremdete, hielt er in der einen Hand die brennende Kerze, in der anderen das Brevier. Und obwohl er es mit aufrichtiger Andacht las, während Spiridion in irgendein Geschäft einkaufen ging, war es ihm auch angenehm, daß alle, die an ihm vorübergingen, sich gegenseitig auf ihn aufmerksam machten: »Schau, schau, Liszt sitzt im Wagen, er geht bald zum König von Holland und zum Großherzog von Weimar.«

Und er fuhr tatsächlich zum König von Holland. Der alte Wilhelm III. hatte mehrere musikalische Stipendien gestiftet und zwecks deren Verleihung eine internationale Prüfungskommission einberufen. Die Mitglieder dieses Komitees kamen jährlich in Loon, im Brabanter Schloß des Königs, als Gäste des Hofes zusammen. Auch der Abbé war unter ihnen. Bei diesen Sitzungen führte er das Präsidium. Dann fuhr er nach Düsseldorf, weil man dort seinen »Prometheus« und die »Graner Messe« aufführte. Von dort reiste er nach Hannover, wo er mit seinem früheren Schüler Bronsart ein Konzert zugunsten von Bayreuth gab; dann fuhr er nach Weimar. Und anschließend nach Bayreuth. Als ihn die Eisenbahn in eintönigem Rattern durcheinanderrüttelte und er bei dem flackernden Licht der an dem Sitz befestigten Kerze das Lesen überdrüssig bekam und das Buch in den Schoß sinken ließ, dachte er darüber nach, daß er auch jetzt noch immer ruhelos unterwegs war. In einem Jahre abwechselnd in drei Ländern zu wohnen, war an sich schon mit anstrengenden Reisen verbunden, und erst recht beschwerlich, wenn man sich langsam den Siebzig näherte. Und Liszt war auch noch, abgesehen von diesen Reisen, dauernd unterwegs, fuhr hierhin und dorthin, ließ sich durcheinanderrütteln, fuhr die Nacht durch, durchquerte halb Europa, um irgendwo zwei Tage verweilen zu können; dann saß er abermals in der Eisenbahn. Warum bloß? Niemand hätte es ihm als altem Manne verübelt, wenn er auf den einen oder den anderen Weg verzichtet hätte. Aber der Wandertrieb war ihm angeboren, eine innere Unruhe ließ ihn nicht seßhaft werden, als ob er in seinem ganzen Leben etwas gesucht hätte und auch jetzt noch suchen müsse, was er weder nennen noch finden konnte. Wenn er seine Vergangenheit überdachte, konnte er in jedem Zeitabschnitt seines Lebens diese nomadenhafte Wanderlust bemerken, ja sogar während der Weimarer Jahre, als er bereits ständiger Einwohner dieser Stadt war und sich trotzdem öfter in Dresden, in Leipzig, in Berlin, in der Schweiz, ja in Paris aufhielt. Er mußte wandern, weil er das Unnennbare suchen mußte. Ob er wohl jemals in seinem Leben erfahren würde, was er fortwährend suchte, seit er auf der Welt war? Bayreuth wurde für die Welt eröffnet. Wagner hatte dreimal hintereinander die Tetralogie auf dreimal vier Abende angesetzt. Die erste Aufführung sollte am 12. August stattfinden. Der Abbé war schon am 1. August in Wahnfried mit den Briefen von Carolyne in der Tasche, die ihm heftige Vorwürfe wegen seiner Bayreuther Reise machte. Die Fürstin hätte aber diesmal schreiben können, was sie wollte, hier durfte er nicht fehlen. Dort oben auf dem Hügel stand jetzt das fertige Gebäude, seine grüne Kuppel glänzte weithin im hellen Sommersonnenschein. Wagner und Cosima schufteten wie Sklaven in einer Tretmühle, sie schliefen kaum und kümmerten sich um ihn überhaupt nicht. Den Proben wohnte Liszt anfänglich bei, er hatte aber bald das Gefühl, die Arbeit Wagners zu stören; da ging er nicht mehr hin. Er spielte mit den Kindern. Mit den beiden größeren Töchtern, den Kindern Bülows, sprach er schon wie mit Erwachsenen. Sie wuchsen nunmehr heran. Daniela war schon vierzehn Jahre alt, Blandine zwölf. Halb scherzhaft, halb im Ernst behandelte sie der Großvater wie erwachsene Damen, er bot ihnen den Arm, an der Tür ließ er ihnen den Vortritt. Mit der kleineren Tochter und mit Fidi, dem sieben Jahre alten Jungen, konnte er sich stundenlang beschäftigen. Er spielte Verstecken oder Räuber mit ihnen, sie zimmerten sich in der Villa ein Kindertheater, während die Eltern im Festspielhaus arbeiteten und nicht einmal zum Mittagessen nach Hause kamen. Die Eisenbahn schüttete förmlich Wagnerianer aus allen Ländern Europas aus. Der Traum wurde zur Wirklichkeit, und das schien fast genau so ein feenhaftes Märchen wie das, was der Großvater mit seinen Enkeln spielte. Ein Dirigent aus Dresden, dessen Stücke gräßlich durchgefallen waren, der einmal nur aus dem Erlös einer versetzten Taschenuhr seiner Frau das Allernotwendigste beschaffen konnte, hatte sich in den Kopf gesetzt, ein besonderes Theater zu erbauen, wo nichts anderes aufgeführt werden sollte als seine Werke. Diese unglaubliche Idee stand jetzt zu Stein geworden auf dem Hügel. Und zur ersten Vorstellung kam sogar der deutsche Kaiser. Der Gräfin Schleinitz war es gelungen, den Herrscher zu überreden, dessen Geschmack nichts ferner lag als die Wagnermusik. Die Gräfin aber wußte, was und wie sie dem Kaiser etwas begründen mußte. Sie schilderte ihm die außerordentliche nationale Kraft, mit der Bayreuth das ganze Deutschtum beschenken würde. Dafür hatte der Kaiser schon eher Verständnis, der mit Bismarck die deutsche Einheit zustande gebracht hatte. Seine Anwesenheit verlieh der ersten Aufführung der Tetralogie und der Tetralogie selbst eine sich auf das ganze Land erstreckende Bedeutung.

»Das habe ich alles genau vorher gewußt«, murmelte der Abbé.

Er sprach es aber nur für sich, es war sonst niemand da, dem er es hätte sagen können. Jeder achtete nur auf den Kaiser und Wagner, sie beide waren die Helden, die zwei großen Deutschen. Der alte Meister schrumpfte hier zu einer Nebenfigur zusammen; man befaßte sich nicht mit ihm, nicht ihm spendete man Beifall, es schien fast so, als ob er im Wege wäre. In der Doppelloge der Familie Wagner wohnte er der Vorstellung bei, die auch sein Erfolg war. Als am ersten Abend der erste Ton des »Rheingold« erklang, der langanhaltende, mystische Es-Ton, als das Urchaos, aus dessen Formlosigkeit langsam, kaum bemerkbar, das B entspringt, und die ganze Welt für den Zuhörer versank, da zitterte er vor künstlerischer Erregung. Liszt fühlte darin das Größte vom Großen. Jeden Abend saß er da, inmitten des begeistert drängenden Stromes der sich um Cosima Scharenden, und er selbst konnte weder mit ihr noch mit Wagner eine einzige, glücklich vertraute Stunde verbringen. Seine Zugehörigkeit war ja selbstverständlich, auf ihn brauchte man keine besondere Rücksicht zu nehmen; auf seine Meinung mußte man nicht aufgeregt warten, hier zählten nur die, von denen etwas Ausschlaggebendes abhing, die man erobern mußte.

Der Kaiser blieb nur die ersten beiden Abende, nach der »Walküre« reiste er ab. Zuvor aber brachte er seine volle Anerkennung über die nationale Bedeutung des bisher Gehörten zum Ausdruck. Am vierten Abend, nach der Vorstellung der »Götterdämmerung«, veranstaltete man in dem zum Theater gehörenden Speisesaal ein Festbankett für siebenhundert Personen. Wagner war der Redner. Und inmitten seiner Rede wandte er sich mit einem Male dem Abbé zu, der bescheiden auf seinem Stuhle saß, fast um Entschuldigung bittend, daß er da war.

»Hier ist derjenige, welcher mir zuerst diesen Glauben entgegenbrachte, als noch keiner etwas von mir wußte, und ohne den Sie heute vielleicht keinen Ton von mir gehört haben würden, mein lieber Freund, Franz Liszt.«

Sofort wurde Beifall gespendet. Der Abbé verneigte sich sitzend nach rechts und links. Er verbeugte sich auch gegen Cosima in diesem Augenblick, der alle drei nach den Kämpfen so schwerer Jahre durch den errungenen Sieg

miteinander verband. Aber Cosima applaudierte nicht. Sie saß mit steifem Gesichtsausdruck da, die Augen zusammengekniffen. Jeder Beifall, der an diesem Tage nicht ihrem Manne galt, störte sie. Der Abbé erhob sich, um auf die an ihn gerichteten Worte zu erwidern.
»Ich danke für diese ehrenvolle Auszeichnung meinem lieben Freunde, dessen untertänigster Bewunderer ich stets bleiben werde. So, wie wir uns vor dem Genius Dantes, Michelangelos, Shakespeares und Beethovens beugen müssen, neige ich mich vor dem Feuergeist des Meisters.«
Jetzt applaudierte auch Cosima. Und jeder spendete Beifall. Wagner stand auf dem Höhepunkt seines Lebens, auf dem Gipfel des Erfolges und des Verstandenseins. Mit seiner Lebensgefährtin zusammen. Der Abbé setzte sich und fühlte sich unendlich einsam.
Er blieb in Bayreuth bis zum Schluß der Aufführungen, er hörte sich bis zum letzten Ton jede Vorstellung der Tetralogie an. In der Einsamkeit seines Herzens mußte er an Hans denken, über den er von den vielen Künstlern der Festspiele, die ihn kannten, ein paar flüchtige Bemerkungen hörte. Bülow machte eine schlimme Zeit durch. In Amerika hatte er sich überanstrengt und fast zu Tode gearbeitet. Das dortige Tempo war nichts für seine zerrütteten Nerven. Schwerkrank war er nach Hause zurückgekehrt und mußte sich in ein Sanatorium begeben. Er lag jetzt in Godesberg, wohin nur Menschen mit ernsten Nervenleiden zu gehen pflegten. Während der lärmenden, erfolgreichen Tage der Bayreuther Festspiele hatte Franzi viel an diesen armen Menschen denken müssen, der ebenso allein war wie er.
Er fuhr zu ihm hin. Daß Bülow seinen musikalischen Glauben Brahms zugewendet hatte, darum kümmerte er sich jetzt nicht. Und Hansens übereilte, sich selbst widersprechende musikalische Ansichten konnten in ihm die Erinnerung an jenen jungen Schüler nicht verwischen, der einst mit himmelstürmendem Glauben für ihre Sache gekämpft hatte. Als einen gebrochenen, zitternden Greis sah er ihn wieder. Sie saßen zusammen im Garten des Godesberger Sanatoriums. Der Gast wollte unter keinen Umständen von Bayreuth sprechen, der Kranke hingegen *nur* davon. Er befragte ihn über das Tempo der einzelnen musikalischen Sätze, über die Akustik, über den Erfolg schwieriger Gesangspartien, über alles, was einen Theatermenschen in seinem Fach interessieren kann. Der Gast war gezwungen, selbst auf Einzelheiten einzugehen.
»Was sind seine Pläne jetzt?«
»Er wird nun den ›Parsifal‹ komponieren, wenn er sich wieder an die Arbeit macht. Dann hat er noch einen ganz neuartigen Plan: er will in Bayreuth eine Stilschule gründen, wo die Sänger den zu einem Musikdrama erforderlichen Gesangsstil studieren können, wo bildende Künstler Unterricht erhalten, in welcher Weise sie dem Musikdrama dienen sollen. Er plant sogar auch einen Lehrgang, in dem junge Dirigenten die Geheimnisse der richtigen Tempi erlernen.«

»Ein ausgezeichneter Einfall! Unbestritten eine riesenhafte Begabung, das kann man nicht leugnen.«
Sie schwiegen. Zwischen ihnen geisterte der bis jetzt noch unausgesprochene Name. Bülow aber konnte sich nicht beherrschen und sprach ihn aus:
»Und Cosima?«
»Danke«; der Abbé versuchte einen gleichmütigen Ton anzuschlagen. »Es geht ihr gut. Sie ist ein bißchen müde, in den letzten Wochen hat sie sehr viel gearbeitet und konnte sich nie richtig ausschlafen. Ich habe sie im übrigen selbst kaum sprechen können, jede ihrer Minuten war ausgefüllt.«
»Und die Kinder?«
Der Abbé wollte antworten, er kam aber gar nicht mehr dazu. Bülow brach in ein nervöses Schluchzen aus. Schon war eine Pflegerin da, die bis jetzt auf einer entfernten Bank gesessen hatte. Sie trocknete dem schluchzenden Manne die Tränen und beruhigte ihn, als ob sie mit einem Geistesgestörten spräche.
»Sie haben ihn sehr aufgeregt«, sagte sie vorwurfsvoll zu dem Abbé. »Jede Erregung schadet ihm sehr.«
»Das tut mir aber leid, aber ich gehe schon. Gott mit dir, Hans, ich freue mich, daß ich dich gesehen habe.«
Der weinende Mann blickte hoch.
»Sage es ihnen nur, was sie aus mir gemacht haben. Erzähle es Richard, in welcher Verfassung du mich angetroffen hast. Mich, der bereit war, für ihn zu sterben.«
Dann wandte er sich ab. Franzi sprach noch mit dem Arzt, der ihn beruhigte. Arg mitgenommene Nerven, eine schwere Neurasthenie, aber unmittelbare Gefahr bestünde nicht. Er würde sich hier schon allmählich beruhigen und seine Schaffenskraft sicherlich zurückgewinnen. Sein Gehirn sei vollkommen gesund, er müsse nur ruhen. Und vor allem jede Aufregung meiden.
Der Abbé reiste ab. Er bereute, daß er hierhergekommen war. Ein langer Brief voller Anteilnahme hätte auch genügt; es war bedauerlich, daß er durch sein persönliches Erscheinen die Nerven des kranken Mannes nur noch aufgepeitscht hatte. Hans mochte sich während der Bayreuther Tage sehr gegrämt haben. Wahrscheinlich hatte er sich an die Zeiten in der Altenburg erinnert, als sie den langen Brief Wagners über den Plan des Ringes und die eben vollendete Partitur des »Siegfried« gemeinsam gelesen hatten. Mit welch aufopfernder Begeisterung gründeten sie beide damals die Wagner-Partei: Liszt und Bülow! Wieviel Leid war seit dieser Zeit hereingebrochen, bis sie bei der ersten Bayreuther Vorstellung des »Siegfried« angelangt waren! Und jeder hatte dort sein können, nur dieser unglückliche Schwärmer nicht. Er mußte seelisch krank in der Nervenheilanstalt bleiben, während Cosima ihren Halbgott bewunderte.

Die Fürstin war fürchterlich aufgebracht darüber, daß der Abbé zur Eröffnung der Bayreuther Festspiele gefahren war. Aus ihrem Zorn und Haß machte sie in ihren Briefen kein Hehl. Zum ersten Male seit ihrer Bekanntschaft zürnte der Abbé ihr ernstlich. Carolyne ließ sich hinreißen, Wagners Werke musikalisch zu bekritteln. Sie legte dabei so viel dilettantenhaften Unverstand und Kleinlichkeit an den Tag, daß ihr Verhalten zugleich schmerzlich und ernüchternd wirkte. Der Abbé sann tagelang über diese Briefe, über seine Vergangenheit und seine einstigen Gefühle nach. Seine Liebe zu ihr war längst gestorben. Auch die Fäden ihres freundschaftlichen Einvernehmens waren inzwischen schon sehr locker geworden. Jetzt begannen sie sogar zu reißen. Wenn er sich die sechzigjährige alte Frau vorstellte, wie sie im dicken Zigarrenrauch in dem ungelüfteten Zimmer bei drückender Hitze ihren fünfzehnten oder zwanzigsten Band über die Ursachen der äußeren Schwäche des päpstlichen Staates schrieb, zwischendurch nur Wagner und Cosima haßte und sonst von der ganzen Welt nichts sah und hörte – dann tauchte die Frage in ihm auf, die auch immer mehr Menschen gegenüber in ihm laut wurde: was ging ihn diese in religiösen Wahn verfallene, schrullige, unberechenbare Frau eigentlich noch an? Er beschloß, nicht nach Rom zu fahren, sondern gleich nach Pest.
In seiner Abwesenheit waren unangenehme Dinge geschehen. Im Parlament wurde die Musikakademie stark kritisiert und angegriffen. Es gab viele, die sich der unverhüllten Abneigung Kolman Tiszas gegen Liszt angeschlossen hatten. Sie fielen über ihn her und spielten sein Buch über die Zigeuner, das er vor langen Jahren geschrieben hatte, als Trumpf gegen ihn aus. Daß der Verfasser dieses Buches die von ihm ins Leben gerufene Musikakademie trotz allem in Ruhe leiten könnte, damit wollten sie sich nicht einverstanden erklären. Es waren welche da, die beantragten, das Parlament sollte den für die Musikakademie bewilligten Betrag diesem Zweck entziehen. Daraus entstand eine große Debatte, und Trefort bestand umsonst auf seinem Rechte; die Opposition erkämpfte sich in einer geschickt gewählten Stunde eine Abstimmung, und die Zufallsmehrheit des Parlamentes stimmte gegen den Minister. Eine Regierungskrise wurde nicht daraus, dieser gut vorbereitete Streich hatte aber zur Folge, daß die am Halplatz fleißig arbeitende Musikakademie von der Regierung keinen Heller mehr erhielt. Man hätte sie gleich schließen können. Aber Franz Joseph selbst griff ein, den Graf Julius Andrássy eingehend unterrichtet hatte. Der König schätzte eine derartige Unordnung nicht. Die Opposition durfte nicht im Recht bleiben. Und kurze Zeit darauf erschien in den Zeitungen die Nachricht, daß Seine Majestät die Kosten der Aufrechterhaltung der Musikakademie von nun an in vollem Umfange aus seiner Privatschatulle zu decken geruhen würden. Die Akademie konnte demnach ihre Tätigkeit ungestört weiter fortsetzen.
Liszt kam zwar erst an, als alles schon wieder in Ordnung war, es tat ihm

aber weh, daß man ihn nicht gern sah, und ab und zu dachte er daran, das Ganze aufzugeben; wo man ihn nicht brauchte, dort wollte er auch niemandem zur Last fallen. Was sollte er aber dann in Pest machen? Ohne einen Wirkungskreis konnte er nicht leben. Pest war ihm so ans Herz gewachsen, daß er die hier verbrachten Monate nicht missen wollte. Also mußte er sich mit Geduld wappnen und weiterhin an der Spitze der Akademie verbleiben. Hin und wieder sann er aber doch tiefer über diese Fragen nach. Er dachte an Kolman Tisza, dessen Namen er in Gesellschaft zu nennen sorgfältig vermied, an den er ohne Wissen der anderen aber um so mehr dachte. Er hatte sich Mühe gegeben, diesen Menschen zu verstehen, er war bestrebt, seine Seele zu durchdringen, um die Gründe seiner Abneigung zu erforschen. Diese konnte ja auch persönlicher Art sein. Wenn ein Mensch dem anderen aus irgendeinem Grunde nicht gefällt, so kann man das nur oberflächlich erklären, die tief in der Seele verborgenen Gründe sind unerforschbar. Es war aber nicht zu bezweifeln, daß die feindseligen Gefühle Tiszas auch überzeugende Gründe haben mußten. Das einzige, was der Abbé wußte, war, daß Tisza ein unmusikalischer Mensch war; von den Strömungen in der Kunst verstand er gar nichts, einen musikalischen Standpunkt hatte er nicht. Um so stärker war aber sein Gefühl für Nation und Rasse. Kolman Tisza war durch und durch Ungar. Hier lag der Fehler: Tisza sprach ihm, Franz Liszt, das Recht ab, ein Kulturinstitut in Pest zu leiten. Wie kam er dazu? Durfte er über den Komponisten der Rhapsodien so urteilen?

Die Rhapsodien . . . Er hatte ungarische Volkslieder in ihnen verarbeitet oder Melodien, die er für ungarische Volksweisen hielt. Er hatte sich mehr als einmal geirrt und danebengegriffen. Eine Melodie der zweiten Rhapsodie kannte er von dem ungarischen Komponisten Ehrlich, der ihn einst in Wien aufgesucht hatte. Erst viel später stellte sich heraus, daß das kein Volkslied gewesen war, sondern eine eigene Komposition von Ehrlich selbst. In der dreizehnten Rhapsodie war eine Melodie enthalten, die er ebenfalls für ein Volkslied gehalten, die aber eine Komposition Rózsavölgyis war. In der vierzehnten Rhapsodie hatte er nach Erkels Meinung gegen die ungarische Melodik schwer gesündigt. Eine andere Melodie verwendete er an einer ernsten und erhabenen Stelle der »Heiligen Elisabeth«, um diesem Werke ungarischen Charakter zu verleihen. Von dieser Melodie stellte es sich heraus, daß der zu ihr gehörende ungarische Text nichts weniger als erhaben war. Einem Ungarn, der sich diesen Satz anhörte, mußte sofort der ursprüngliche Text einfallen, der von schwarzem Brot und Rettich handelte, und der Zuhörer konnte sich eines Lächelns kaum erwehren. Kurz und gut: daß er nicht Ungarisch konnte, hatte solche Versehen zur Folge. Erkel, Mosonyi und den anderen passierte dergleichen gewiß nicht. Das war nicht zu bestreiten. Und wie unangenehm mußten sich solche Fehler dem ungarischen Ohr aufdrängen! Man brauchte nicht einmal besonders musikalisch zu sein, um sie zu bemerken; man brauchte nur ein Ungar zu sein. Und Kolman Tisza, der in seinen einsamen Stunden sicherlich über alles genau so gründlich nachdachte wie er, war bestimmt gutgläubig und aus der ehrlichsten Überzeugung seines eifersüchtigen Ungartums heraus der Ansicht, daß es für die ungarische musikalische Jugend nicht gut war, solche Fehler von ihrem Meister zu lernen.

Und dann erwiderte er, der in seinen Gedanken widersprechende Kolman Tisza, die Musik Liszts, die in ihren Zielen mit der Wagners identisch sei, könne nicht die offiziell empfohlene Atmosphäre für eine ungarische Musikakademie sein. Schubert habe ja auch ungarische Melodien bearbeitet. Auch Brahms. Der ungarischen Musikkultur die Grundlage zu schaffen, dazu sei trotzdem keiner von beiden berufen. Die ganze Tradition der Musikakademie müsse auf nationalem Boden Wurzeln schlagen.

Die Schatten erdachter Gestalten führten diese Debatte in seinen geheimen Grübeleien: ein erdachter Liszt und ein erdachter Tisza. Besser gesagt, sein inneres Ringen mit sich selbst mit Beweisen und Gegenbeweisen. Und dieses innerliche Kämpfen mit sich selbst führte zu keiner vollkommenen inneren Befriedigung. Er konnte nur eins feststellen: seine Vergangenheit und sein in der Fremde verbrachtes Leben stellten sich ständig zwischen ihn und seine Heimat. Gerade dann, als er mit reinstem Glauben und restloser Hingabe sich seinen Landsleuten geben wollte. Und welcher Schmerz war es für ihn, jetzt, wo er nach Hause gekommen war, fühlen zu müssen, daß es Landsleute gab, aus deren Herzen er verbannt war!

Dieser Gedanke tat ihm weh, verursachte aber kein Leid mehr. Seine Seele war weise, geduldig und nachsichtig geworden. Er war dabei angelangt, auf der Welt alles so zu nehmen, wie es war. Schließlich ist im Leben nichts so wichtig wie das, was auf dieses Leben folgt. Man mußte alt werden, um die Worte des Thomas a Kempis wirklich zu verstehen: vanitatum vanitas. In unserem irdischen Leben gibt es nichts, was nicht mit Eitelkeit verbunden wäre. Zur Einsicht dieser Tatsache war er jetzt beinahe gekommen.

Aber nur beinahe. In seiner Seele schwang noch immer eine Saite, die bis jetzt nicht verklungen war. Sein sich nach der Hingabe der Frauen sehnendes Männertum war noch nicht genug gealtert. Er sehnte sich noch nach Liebe. Er wußte, daß er wesentlich jünger aussah, als seinem Alter entsprach. Den verwünschten Segen der Begierde, die seit seiner Jünglingszeit sein stärkster Trieb war, fühlte er noch in sich. Sein ganzes Leben war eine ununterbrochene Verkettung dieser Kämpfe, die die leidenschaftliche Freude des Kusses und die nach Reinheit strebende Tannhäuser-Sehnsucht in seinem Inneren ausgefochten hatten. Diese Kämpfe hatten noch nicht aufgehört. Im Gegenteil, sein nahendes Greisenalter gestaltete das Verlangen in ihm bloß heftiger und dringender. Mit großem Schreck fragte er sich, ob es denn möglich wäre, daß es mit der Liebe vorbei sein könnte? Nein, noch nicht. Das Schicksal sollte ihm nur noch eine einzige Liebe gewähren,

nur noch eine einzige, dann sollte es gut sein, dann mochte die weise, abgeklärte Ruhe kommen.
Und das Schicksal erfüllte seinen Wunsch. Es schenkte ihm Sophie Menter. Die fröhliche, entzückende Sophie lebte mit ihrem Manne, dem Cellisten David Popper, sehr unglücklich. Sie blieben auch nicht lange beieinander. Eines Tages bekam Sophie die ewigen Szenen satt, packte ihre Sachen und beschloß, sich in Pest niederzulassen. Sie wollte nahe beim Titanen des Klaviers sein, den sie vergötterte.
Ihr bisheriges Verhältnis war schon sehr vertraut. Sie waren sich nähergekommen, als Sophie in Wien trotz einschüchternder Vorhaltungen dabeiblieb, das Es-Dur-Konzert vorzutragen, das seit der abfälligen Kling-Klang-Kritik Hanslicks niemand in Wien auf die Spielfolge zu setzen sich getraut hatte. Sophie hielt dieses Werk für eine ganz großartige Schöpfung, und dem mächtigen Kritiker ganz offen trotzend, spielte sie es erst recht. Zwiefachen Lohn brachte ihr das ein: den überaus starken Erfolg des Konzertes und die besonders herzliche Zuneigung des Meisters. Sophie konnte man auch mit Recht sehr liebhaben. Ihr süddeutsches, blondes Äußere strahlte einen sonnigen Reiz aus. An ihr war nichts Kompliziertes, sie war die schlichte und natürliche Güte selbst. In musikalischen Dingen blieb sie sehr hartnäckig, in allen anderen nachgiebig. Sie war sehr klug, dabei aber naiv, in ihrem Berufe fleißig und selbständig, über das Klavier hinaus aber bescheiden, jedermann achtend und folgsam. Sie konnte leicht gerührt sein, Kindern und Tieren war sie besonders zugetan; wenn sie einen herumirrenden Hund sah, füllten sich ihre Augen sofort mit Tränen.
Der Abbé hatte gern Briefe mit ihr gewechselt und war bestrebt gewesen, sie dorthin einzuladen, wo er sich gerade aufhielt. Er lud sie zur Familie Augusz ein; als er über Wien fuhr, vereinbarte er einen Treffprunkt mit ihr, er lud sie nach Weimar ein. Innige Briefe der Freundschaft schrieben sie einander. Sophie schwärmte von den »ewig unvergeßlichen Stunden«, und der Abbé schlug ihr gegenüber auch einen so warmen Ton an, wie er einst nur an Agnes geschrieben hatte. Sie vermieden aber beide, von Liebe zu sprechen. Der Abbé hatte die Reinheit des Mädchens geachtet, die Schwärmerei des jungen Mädchens war frei von jedweder Koketterie gewesen. Dieses unbeschreibliche Etwas, dessen Duft bei dem Zusammensein zweier Menschen, die sich zueinander hingezogen fühlen, stets in der Luft spürbar ist, schwebte trotz allem immer zwischen ihnen.
Da verliebte sich Sophie in den Cellisten. Ihren Entschluß, seine Frau zu werden, teilte sie vor allem dem Abbé mit.
»Jeder Kavalier kann sich darüber nur freuen«, erwiderte scherzhaft, aber doch nur halb scherzhaft, der Abbé, »wenn ein so schönes Mädchen heiratet.«
Diese frivole Bemerkung tat ihm aber sofort wieder leid.
»Nein, nein«, fuhr er ernst werdend fort, »das billige ich nicht, mein Kind.

Tue es nicht. Die Ehe ist im allgemeinen schon ein sehr kühner Schritt, und erst recht zwischen Künstlern.«
»Das ist wahr«, gab Sophie offen zu, »ewig kann ich aber nicht allein leben. David ist ein guter Mensch und wird mich achten.«
Der Abbé sah, daß man an Sophies Entschluß nichts ändern konnte, er sagte nichts mehr. Auch seit dieser Zeit hatten sie sich in den Städten Europas öfter getroffen. Sophie schwieg sich aber immer über ihr Eheleben aus. Und jetzt erschien sie in Pest und besuchte ihren Meister. Sie war einunddreißig Jahre alt, blond und begehrenswert. Mit großer Freude empfing er sie. Der erste Gedanke des Abbés war die Frau, das verschwieg er aber. Sein zweiter Gedanke war die Künstlerin, und darüber sprach er.
»Ich bin aufrichtig glücklich, Sophie. Du weißt, wie sehr ich dich immer geliebt habe, du weißt auch, wie hoch ich dein Können stets einschätzte. Von dir habe ich jedermann erzählt, daß du von meinen sämtlichen Klaviertöchtern die einzige legitime bist. Alle anderen sind illegitim. Ich denke manchmal von dir, daß du das Klavier selbst bist. Du kannst mir jetzt hier großartig behilflich sein. Du kommst auf die Akademie zu meinen Stunden und wirst den Schülern zeigen, wie man es machen muß. Willst du?«
»Sehr gern. Sind Talente darunter?«
»Es gibt einen gewissen Aladar Juhász, der besitzt große Begabung. Unter den Mädchen eine Ilonka Ravasz. Eine ganz gute Klavierspielerin, hauptsächlich aber ein entzückender, liebenswürdiger Fratz.«
Sophie drohte mit dem Finger.
»Na, na!«
»Aber, mein Kind, wie weit liegen diese Dinge schon hinter mir! Diese Ilonka ist ein tadelloses Mädchen.«
»Lassen Sie sich nicht auslachen. Jedermann weiß nur zu gut, daß Sie auch heute noch ein großer Verehrer des zarten Geschlechtes sind. Aber ich gehe jetzt, ich muß meine Katze füttern. Morgen komme ich wieder.«
Sie kam anderntags wieder, auch am dritten Tage, jeden Tag. Die dreimal in der Woche stattfindenden Liszt-Nachmittage in der Musikakademie besuchte sie ebenfalls. Inzwischen hatte sie sich auch nach einer Wohnung umgesehen und sich eingerichtet. Dann besuchte sie der Abbé jeden Tag. Und es war noch keine Woche vergangen, da wurde er schon stürmisch. Er umarmte sie und wollte sie küssen. Zart, aber bestimmt schob Sophie ihn von sich.
»Nein, nein, lassen Sie mich in Ruhe! Ich habe die Liebe so satt, daß ich davon nicht einmal hören will. Und zwischen den vielen Ziffern nur eine Nummer zu sein, unter diesen vielen hundert Abenteuern, dafür bin ich zu gut.«
»Aber davon ist doch keine Rede. Ich denke viel mehr an dich und ganz anders, als wie du dir das vorstellst.«
Sophie lachte.

»Sie sagen das ja förmlich so, als ob Sie es ernst meinten. Sie sind fast ein ebenso guter Schauspieler wie Klavierkünstler. Na, setzen Sie sich mal schön auf diesen Stuhl. Plaudern wir in aller Ruhe. Das ist nichts Ernstes.«

Der Abbé zuckte die Achseln und setzte sich wieder. Er lachte dabei. In seinem Innern war er aber schmerzlich betroffen. Er dachte bei sich: Ich bin alt, mich braucht niemand mehr. Anderntags begann er abermals zu drängen – mit demselben Erfolge. Sogar mit noch weniger Erfolg, denn als sich Sophie endlich aus der Umarmung befreien konnte, war er ganz außer Atem. Sein Atem reichte nicht aus. Er wurde alt. Und der Gedanke tat ihm wiederum sehr weh.

Sophie hatte eine Katze, ein außerordentlich possierliches Tierchen. Ihr Körper war schneeweiß, nur um ihre Nase herum befand sich ein kleiner schwarzer Fleck, als ob sie Tinte geleckt hätte. Der Abbé gab ihr den Namen »Klecks«, und diesen Namen behielt sie auch. »Klecks« führte ihr ureigenes, hochmütiges Leben, kümmerte sich um niemanden, nur ab und zu ging sie zu Sophie, rieb sich mit krummem Rücken an ihrem Rock und stellte ihren Schwanz kerzengerade hoch.

»Ist das nicht ein liebes Tier? Ich habe es auf der Straße gefunden. Ich kann kein verlassenes Tier sehen. Aus Mitleid bin ich im allgemeinen zu allem fähig. Popper habe ich auch deswegen geheiratet, weil mir sein Herumquälen leid tat.«

Dann begannen sie von etwas anderem zu sprechen. Aber dem alten Verführer gingen ihre Worte nicht wieder aus dem Sinn. Er wartete einige Tage, daß es nicht zu sehr auffallen sollte. Dann begann er von seinem Alter zu sprechen. Er klagte, wie traurig das wäre, alt zu werden, was für eine Qual das sei, Jüngere und Stattlichere zu sehen, die noch das Recht hätten, glücklich zu sein. Dem Alternden bliebe aber nur das Herz jung, damit es dann um so mehr weh tue. Er redete und redete mit dem zartesten und ergreifendst instrumentierten Bariton. Und zwischendurch beobachtete er gespannt Sophie, die immer ernster wurde und schwieg. Und wie sie da so nebeneinander saßen, rückte er verstohlen immer näher zu ihr. Als dann plötzlich zwei dicke Tränentropfen bei diesem ergreifenden Geständnis in Sophies blauen Augen erschienen, umarmte er die verführerisch runden Schultern. Der blonde Kopf fiel brav auf seine Brust. Er preßte Sophie an sich, um sie zu küssen. In seinen Armen fühlte er die alte, wilde Kraft wiederkehren.

»Um's Himmels willen«, flüsterte Sophie, durch ihre Tränen lächelnd. »Sie zerbrechen mich ja ...«

Dann küßten sie sich. Im Herzen des Abbé klopfte stürmisch die Freude. Er hatte schon unzählige Frauen so in seinen Armen gehalten, aber keiner gegenüber einen so tiefen und aufrichtigen Dank empfunden. Er war über sechzig Jahre alt.

SECHZEHNTES KAPITEL

Als Liszt das siebzigste Lebensjahr erreicht hatte, wurde er mit einem Male alt. Das Alter überfiel ihn plötzlich innerhalb weniger Wochen. Wer ihn damals in einem Abstand von wenigen Monaten wiedersah, erschrak. Aus dem stämmigen, schlanken Abbé war ein zusammengefallener, tapsender, greiser Priester geworden. Seine Schlankheit war verschwunden, er begann fettleibig zu werden. Sein Rücken krümmte sich, als ob er das Gewicht der langen Vergangenheit nicht mehr tragen könnte. Die Zähne fielen ihm aus, und seine Lippen schlossen sich deshalb nur noch enger. Sein Hals schrumpfte zusammen, den nach vorn geneigten Kopf trug er fast zwischen den Schultern eingezogen, sein Gesicht war das der Hexe aus »Hänsel und Gretel«. Und er achtete auch auf sein Äußeres nicht mehr. Sein Anzug war voller Flecke und Zigarrenasche.

Inzwischen hatte er den Rang eines Domherrn erhalten. Der Kardinal Hohenlohe ernannte ihn zum Domherrn in der Diözese von Albano, weil dort ein Kanonikat frei geworden war und zur italienischen Domherrenwürde auch die unteren kirchlichen Grade ausreichten; man brauchte dazu kein Pfarrer zu sein. Der neue Domherr ließ sich mit beglückter Eitelkeit die lila Mozetta, den kleinen Schulterkragen, anfertigen, dessen vornehme kirchenfürstliche Farbe er schon immer so bewundert hatte. In den Bänken der Domherren der Kirche von Albano hatte auch er seinen ständigen Platz, in dem alten holzgeschnitzten Gestühl. Ab und zu ging er auch hin und sang eifrig mit den anderen Domherren mit.

Im Augenblick saß der Domherr Liszt in dem offenen Garten des Sibylla-Restaurants in Tivoli. Wenn er seiner Arbeit in der Villa Hohenlohe müde wurde, schritt er langsam durch die engen Straßen dem Berggipfel zu, wo er, die Ellenbogen auf den Gartenzaun des Gasthauses aufstützend, in das kleine Tal hinunterblickte und den Lauf der Aniene verfolgte. Domenico de Angeli, der Gastwirt, der außerordentlich stolz darauf war, daß seine Ahnen bereits hier ansässig gewesen, als Tivoli von den Römern noch Tibur genannt wurde, leistete ihm ständig ein Weilchen Gesellschaft und erzählte ihm von gemeinsamen Bekannten, von dem Bürgermeister Pietro Tornai oder von dem Dirigenten Pezzini, von dem Maler Carlandi, von dem alten Trinchieri, kurz, von den Honoratioren Tivolis, die es sich alle hoch anrechneten, wenn der Domherr ihr Haus hin und wieder durch seinen Besuch ehrte. Der Gastwirt erzählte noch von Francesco, seinem Sohne, der in Rom Ingenieur werden wollte und in jedem seiner Briefe den Meister grüßen ließ. Dann ging der brave Angeli weiter, um nach seinen Gästen zu sehen, den Domherrn seinen eigenen Gedanken überlassend. Vom Fuße der Ruinen des römischen Sibyllentempels sah der Domherr auf die Gegend herab. Rechter Hand stürzte der weiße Wasserstaub eines gewaltigen Wasserfalles

in die Tiefe. Oberhalb des Wasserfalles klopften Frauen ihre Wäsche, das Klatschen der nassen Wäsche hatte einen starken Widerhall in der Stille. Auf der anderen Seite des Wasserfalles ragten vier dunkle Pinien gen Himmel. Hinter ihnen, jenseits der Landstraße, bildeten weiße Felsen den Hintergrund. Die Wand des mächtigen Grabens, den das Gefälle des Wassers tief ausgehöhlt hatte, überzog der Sommer mit dichtem Grün; hier und da blühten grell lilafarbige Sträucher, dort wiederum viele Blumen, Glyzinien, Lorbeer, weißkelchige Kalla, Banksiarosen, Granat, Oleander, Palmen, Zypressen, Jasmine. Weit hinter dem sich windenden Wege tauchten die weißen Flecke kleiner Häuser auf, einst die Wohnhäuser des Horaz und des Katull. Am Himmelsmeer störte nicht eine einzige Wolke das strahlende Blau, und das Gefälle des Wassers sang mit ewiger Eintönigkeit seinen einzigen Akkord, dem einst Horaz und Katull hier am Fuße des Sibyllentempels ebenso gelauscht, die der Vergänglichkeit ebenso nachgesonnen hatten wie er jetzt.
Das Schicksal alter Menschen ist es, daß das Hinscheiden ihrer Altersgenossen den Gedanken an den Tod in ihnen ständig wach erhält. Je betagter einer wird, um so mehr scheiden von seinen Kameraden, Bekannten und Verwandten hin. Der Domherr dachte über seine Toten nach. Die Reihe eröffnete Marie. Die alte Dame hatte noch ihre Memoiren veröffentlicht, in denen sie in einem wunderlichen Gemisch von Wahrheit und Entstellung die Geschichte ihrer Liebe erzählte, dann war sie still gegangen. Ihr folgte der Papst, der den Verlust seiner weltlichen Macht nicht hatte verschmerzen können. Das Konklave wählte an seine Stelle den Grafen Massai-Ferreti und umging durch einen förmlichen Staatsstreich Franz Josephs Veto, das zu spät kam. Das neue Oberhaupt der Kirche bestieg als Leo XIII. den Thron, der Domherr Liszt war auch schon zur Audienz bei ihm gewesen. Der neue Papst war ein feiner, vornehmer alter Herr, auf seinem Lächeln, seinem Benehmen, seinen Bewegungen stand seine Abstammung geschrieben. Den Domherrn und Komponisten, dem er als Kardinal schon zugetan war, versicherte er erneut seiner väterlichen Zuneigung und segnete ihn auch. Dann folgten dicht hintereinander zwei schmerzliche Nachrichten: Baron Augusz, der treueste Freund, war gestorben und der Oberstaatsanwalt Eduard Liszt, der meistgeliebte Verwandte. Auch George Sand starb. Sie gingen, sie empfahlen sich nacheinander, er war immer noch da. Er konnte nur noch mühsam gehen, sich zu bücken bedeutete ihm eine große Anstrengung, andauernd fehlte ihm irgend etwas. Manchmal quälte ihn jeden Abend Fieber, ein anderes Mal schmerzte ihn der Kopf unerträglich, wieder einmal war er auf der Straße gestürzt und hatte sich verletzt. Auch die waren langsam alt geworden, die zu ihm gehörten. Die Fürstin Carolyne war schon über sechzig Jahre alt, sie arbeitete noch immer an ihrem riesigen kirchengeschichtlichen Werke, war bereits über den zwanzigsten Band hinaus und hatte ihr ganzes Geld geopfert, um das außerordentlich umfang-

reiche Werk drucken lassen zu können. Wagner war achtundsechzig Jahre alt, frisch und gesund, hatte aber schwere Sorgen; das Anteilsystem der Bayreuther Festspiele wollte sich nicht bewähren, und jetzt war er drauf und dran, seinen ursprünglichen Entschluß aufzugeben und die Karten ebenso frei zu verkaufen, wie die Karten zu den Oberammergauer Passionsspielen verkauft wurden. Cosima war über die Vierzig hinaus und hatte sich sowohl ihre prächtige Gestalt als auch die fast gläserne, kalte Weiße ihres Gesichtes bewahrt; aber auch in ihrem Haar zeigten sich nach und nach weiße Strähnen. Sie mußte allmählich daran denken, ihre Töchter zu verheiraten. Die älteste war schon siebzehn Jahre alt.
Und er war siebzig, ein sich schwerfällig bewegender, stiller, kränklicher alter Domherr. Die Geschehnisse zogen durch seine Seele dahin, wie die Schwalbe den Wasserspiegel berührt. Es mußte schon eine sehr wichtige Sache sein, wenn sie ihn außergewöhnlich bewegen sollte. Sofern er auf die vergangenen vier Jahre zurückblickte, zog eine ganze Reihe bunter Bilder vor seinen Augen vorüber. Er sah sich in vielen Ländern, an vielen Orten, als ob er den Lebenslauf eines fremden Menschen beobachtete.
Er sah sich in Pest ein Konzert geben: ein neunzehnjähriger Junge spielte Violine. Großartig. Der Geigenkünstler war ein hochgewachsener, schlanker, eleganter, dunkelblonder, sehr hübscher Junge; seine Bewegungen und seine ganze Körperhaltung ließen die gute Kinderstube ahnen. Es war Eugen Hubay, der Sohn eines der Dirigenten des Nationaltheaters. Sein Spiel hatte den Abbé so mitgerissen, daß er sofort sich des jungen Mannes annahm, ihm Empfehlungsschreiben nach Paris zu Pasdeloup und anderen musikalischen Größen mitgab. Der junge Geigenkünstler hatte bisher bei Joachim studiert, der einst Franz Liszt verraten hatte, aber ein großes Talent und ein Ungar war. Auch Hubay war ein großes Talent und ein Ungar, ein Sprößling dieser Erde, die der Welt so viele große Genies geschenkt hatte. Der junge Mann war in Paris bei Pasdeloup aufgetreten, hatte entscheidenden Erfolg gehabt, Vieuxtemps schätzte ihn außerordentlich und nahm ihn in seine Obhut – um sein weiteres Schicksal brauchte man sich nicht mehr zu sorgen.
Dann sah sich der Domherr in der Weimarer Gärtnerei mit dem genialen Russen Borodin zu zweit am Klavier sitzen. Dieser Borodin war der Nachkömmling des kaukasischen Fürsten Imeretinsky, Professor der Physik an der Universität in Petersburg, hatte sich aber nebenbei mit Musik befaßt. In Europa herumreisend, war er auch nach Weimar gekommen, ins Mekka der Musiker, um den großen Liszt kennenzulernen. Er war ein Mann in mittleren Jahren, bärtig mit hängendem Schnurrbart, dieser Physikprofessor. Er hatte auch gleich seine Oper mitgebracht, den Meister damit mächtig erschreckend, der in Verzweiflung geriet, wenn er sich die Musik von Dilettanten anhören mußte. Der sonderbare Professor hatte jedoch aus seiner Oper »Fürst Igor« noch keine drei Minuten lang vorgespielt, da zog der

Abbé schon seinen Stuhl aufgeregt näher. Die Stimme einer ganz eigenartigen Begabung ertönte am Klavier. Eine Stelle war in dieser Oper, die den Hörer ganz gefangennahm: die Tänze der Polowzen. Echte Urkraft, die titanische Wehmut der weiten tatarischen Steppen, eine sich in die Unendlichkeit verlierende Musik . . .

Der Domherr sah sich in Klausenburg. Eine herzliche Freundschaft verband ihn mit einem ungarischen Aristokraten, dem Grafen Géza Zichy, der durch einen Unfall den rechten Arm verloren hatte, mit seiner gesunden Linken aber so gut Klavier spielte, wie nur je ein berühmter Pianist mit zwei Händen. Er hatte bei Volksmann gelernt und sich zu einem hervorragenden Klavierspieler ausbilden lassen. Sie waren viel zusammen, sie traten sogar zu zweit auf und spielten dreihändig. Géza Zichy ging nach Klausenburg, um dort ein Konzert zu geben, und bat ihn so lange, bis auch er mitkam. Nach langer Zeit traf er hier den alten Freund, Graf Alexander Teleki, wieder. Der einstige Berliner Jurist war auch ein betagter Mann geworden. Er hatte allerlei erlebt; nach dem Freiheitskampf war er Emigrant geworden, und wenn es ihm nicht gelungen wäre, aus der Festung Arad zu entfliehen, hätte man auch ihn mit den anderen dreizehn Generalen zusammen hingerichtet. So hatte man ihn nur in effigie gehenkt, zu dieser Zeit war er aber schon in Konstantinopel. Er hielt sich in England, Frankreich und in der Schweiz auf, mußte viel Elend durchkosten, war Tagelöhner gewesen, hatte dann die Tochter des Lord Lonsdale geheiratet, sich wieder scheiden lassen, unter Garibaldi gekämpft und war endlich nach Hause zurückgekehrt. In seinem Gepäck brachte er die Bibel wieder mit, die ihm seine Mutter bei seiner Flucht mit der Ermahnung in die Hand gedrückt hatte, fleißig darin zu blättern. Er hatte sie aber nicht ein einziges Mal aufgeschlagen. Und erst hier zu Hause kamen die Hundert-Gulden-Bankscheine zum Vorschein, die seine gute Mutter zwischen den Bibelseiten versteckt hatte. Alexander Teleki war auch heute noch ein einziges buntes Erlebnis, ein Bündel von lauter lustigen Geschichten. Sie unterhielten sich abermals bei Zigeunermusik, aber von der alten, tobenden Ausgelassenheit waren nicht einmal mehr die Lieder geblieben; der heutige Zigeuner konnte die alten Lieder kaum noch spielen . . .

Dann sah sich Liszt in Paris bei der Weltausstellung. Man hatte ihn zum Präsidenten der ungarischen Gruppe gewählt. Er wohnte bei Erards. Er sah Victor Hugo wieder, den lange verschollen Gewesenen. Der französische Dichterfürst war nach dem Tode Napoleons III. aus seinem Exil zurückgekehrt und hatte seinen literarischen Thron von neuem eingenommen. Ihre gemeinsamen Erinnerungen, die sie auffrischten, waren fünfzig Jahre alt. Und der greise Abbé spielte dem greisen Dichter die »Berg-Symphonie« vor, deren Verse der junge Musiker vor fünfzig Jahren von dem jungen Dichter erhalten hatte. Der ungarische Teil der Ausstellung war sehr interessant und typisch ungarisch schon deswegen, weil sich die Ungarn auch

dort draußen ständig miteinander stritten. Die zwei berühmtesten ungarischen Maler Michael Munkácsy und Michael Zichy gingen im Ausstellungssalon fast mit der Faust aufeinander los, weil sie sich nicht einigen konnten, wessen Bild einen besseren Platz bekommen sollte. Endlich siegte Munkácsy, der aus einem schlichten Tischlergesellen zum weltberühmten Maler geworden war, die Witwe eines reichen Barons aus Luxemburg geheiratet hatte und ein großes Haus in Paris führte. Auch Alexander Bertha wohnte in Paris, Liszts früherer Schüler. Sie begegneten einander auch, wechselten aber nur einige wenige, ziemlich kühle Worte. Der Abbé hatte seinem Schüler nicht verzeihen können, daß dieser die Aufrichtigkeit seiner ungarischen Gefühle zu bezweifeln wagte.
Der Greis sah sich in Loon, der Sommerresidenz des Königs Wilhelm von Holland. Der König war der Bruder der Großherzogin von Sachsen-Weimar und kam Franz Liszt, dem Präsidenten des Schiedsgerichtes, sehr freundlich entgegen. Das Schiedsgericht setzte sich aus lauter bedeutenden Männern zusammen: Saint-Saëns, Thomas, Vieuxtemps, Wieniawski von den Musikern, Bouguereau und Gérôme von den Malern, allesamt Weltberühmtheiten. Jeden Abend speisten sie mit dem König, und nach jedem Souper gab es zum schwarzen Kaffee Darbietungen des königlichen Balletts.
Dann sah er sich in den neuen Räumen der Musikakademie. Das Institut hatte trotz aller Anfeindungen und Schwierigkeiten seine Aufgaben fleißig und pflichtgemäß erfüllt und auf der Andrássystraße im ersten Stockwerk eines Mietshauses ein neues Heim bekommen. Die Räumlichkeiten waren größer, die Einrichtung besser, die Zahl der Zöglinge war gewachsen, der Unterricht gestaltete sich angenehmer. Aladar Juhász hatte sich prächtig weiterentwickelt. Ilonka Ravasz setzte ihre Liebesspiele fort, blieb aber als Schülerin treu; sie besuchte ihn auch in Weimar und ergötzte dort alle mit ihrer guten Laune und ihrem ungarischen Deutsch. Eines schönen Tages aber verliebte sie sich dann in einen Sänger namens Korbay; sie wurde seine Frau und eine treue, anhängliche Gattin. Die Musikakademie erhielt im übrigen auch einen Verwaltungsdirektor, damit auch während der Abwesenheit des Meisters keine Unterbrechung des Betriebes eintreten sollte. Man hatte Johannes Végh dazu ernannt, seinen guten Bekannten, den er selbst für diese Tätigkeit schon zu gewinnen versucht hatte. Végh hatte seine Stellung bereits angetreten, und sie standen in besonders eifrigem Briefwechsel über die wichtigen Angelegenheiten der Professoren und des Unterrichtes.
Und Sophie, die rührend gute, törichte, liebe Sophie . . . Die Kunst hatte sie getrennt. Gerade als ihre Verbindung den süßen Geschmack der Frische zu verlieren drohte. Sophie wurde in eine hervorragende Position nach Rußland berufen. Sie verabschiedeten sich in Liebe voneinander, umarmten und küßten sich – die Erinnerung blieb entzückend und hinreißend. Und auch jetzt schrieben sie sich noch oft.

Dann sah er sich in Siena, wo damals Wagner und Cosima den Herbst verbrachten. Er hatte sie besucht und war acht Tage bei ihnen geblieben. Sein Verhältnis zu Wagner wurde immer inniger und vertrauter, das zu Cosima immer steifer. Sowohl Wagner als auch er waren inzwischen alt genug geworden, um in jeder Angelegenheit zuerst das Heitere zu suchen. An Stelle der einstigen überschwenglichen Freundschaftsbeteuerungen trat eine fröhliche Kameradschaft; sie konnten über die nichtigsten Belanglosigkeiten tagelang lachen und waren kindlicher als die Kinder. Cosima kam und ging zwischen den zwei ausgelassenen alten Knaben, als ob sie älter als die beiden wäre. Es war unmöglich, ihr nicht anzumerken, daß die Anwesenheit ihres Vaters ihr unbequem war. Sie bemühte sich zwar, das nicht erkennen zu lassen; so etwas fühlt man aber aus unzähligen kleinen Anzeichen heraus.
Dann folgte ein neues Bild den voraufgegangenen: als Liszt sich zum ersten Male in seiner neuen Pester Wohnung umsah. Man hatte sie ihm in der Musikakademie eingerichtet, um ihn zu überraschen. Die gesamte Einrichtung stifteten seine guten Freunde und Verehrer. Albert Apponyi, Mihalovics und Baron Harkányi schenkten je einen Teppich, andere gaben Gardinen, Porzellan, antike Möbel, Vasen. Die ganze Wohnung war eine Schau von Erinnerungsgegenständen. Die Fenster der Wohnung blickten nicht auf die Andrássystraße, sondern auf eine stille Nebenstraße. Spiridion nahm die neue Residenz gleich in Besitz und warf auch sogleich die Büste des Abtpfarrers Schwendtner um, zum Glück war ihr aber nichts geschehen.
Franzi sah sich auch vor dem Haus in Raiding. Eine große Menschenmenge. Gedenktafelenthüllung. Lange Reden. Unter den Bauern nur ein oder zwei bekannte Gesichter. Neue Gesichter, neue Menschen. Vierzig Wagen voller Gäste. »Hier wurde Franz Liszt am 22. Oktober 1811 geboren. Als Zeichen der Huldigung, der Ödenburger Verein für Literatur und Kunst.« Festessen. Rede des Vizegespans Edmund Simon. Ehrungen. Géza Zichy umarmt ihn mit seinem einen gesunden Arm. Florenz: Besuch bei Karoline, bei der allerersten, also Carlotta Ungher, die inzwischen den französischen Schriftsteller Sabatier geheiratet hatte. Eine zufriedene, stille, wohlhabende alte Frau. Dresden: man spielt die »Faust-Symphonie«. Wiesbaden: auch hier die »Faust-Symphonie«. Sondershausen: die »Berg-Symphonie«. Frankfurt: das »Christus-Oratorium«. Venedig, Hannover, Baden-Baden, Wien. Andauernd unterwegs, immer in der rüttelnden Eisenbahn, nächtliches Lesen beim Scheine der am Sitz befestigten Kerze, abermals Weimar, dann wieder Rom. Und hin und wieder diese herrliche, gesegnete, große Villa d'Este, wo man bei dem ewigen, leisen Plätschern der Springbrunnen so wundervoll arbeiten konnte. Aber nicht einmal dort kam er zur Ruhe. Ab und zu ging er auf die Straße, unterhielt sich mit einem Ladeninhaber, einer bettelnden alten Frau oder mit einem Kutscher, irrte planlos umher, als ob ihn das Schicksal zu ruhelosem Wandern verdammt hätte . . .

Er klopfte an sein Glas. Der »Quarto rosso« war inzwischen auch alle geworden. Angeli eilte persönlich herbei, um die Soldi entgegenzunehmen. Und sich tief verbeugend grüßte er den vornehmen Gast:
»Rivederlo, padre reverendissimo.«
Der Domherr trat aus den niedrigen Arkaden heraus, an denen eine ganze Reihe Marmortafeln die Namen der Herrscher verewigten, die dort schon verweilt hatten. Sie waren ihm alle bekannt. Unterwegs liefen Kinder auf ihn zu, um ihm die Hand zu küssen. Die Menschen grüßten ihn. Es wurde Abend. Aus der Ferne schimmerten die Lichter des jenseits der Campagna liegenden Roms durch den abendlichen Dunst.
Unter dem mit Steinfliesen ausgelegten Torbogen der Villa d'Este saß der Hausmeister, der gute Ercole Martini, neben ihm seine beiden Töchter Aldegonda und Ginevra. Sie erhoben sich beide sofort, als der Domherr näher kam. Der Hausmeister meldete, daß aus Rom eine Nachricht gekommen sei: Sua Eminenza der Kardinal Hohenlohe würde morgen herauskommen. Denn der Kardinal hatte sich mit Rom versöhnt. Als Preis des Friedens erhielt er das Bistum von Albano und kam ab und zu in diese prächtige Villa, um in einem der schönsten Gärten der Welt spazierenzugehen und sich mit seinem Gast zu unterhalten.
Der Domherr stieg langsam die Treppen hinauf, schritt den Gang entlang und betrat seine Wohnräume. Im Speisezimmer erwartete ihn der gedeckte Tisch. Er wußte schon, was es zum Abendessen gab: Radici, ravanelli, pepperoni, Rotwein. Er hatte aber noch keine Lust, zu essen. Er ließ sich auf der nach der Campagna zu liegenden großen Terrasse nieder und lauschte der unaufhörlich plätschernden, eintönigen, geheimnisvollen Musik der Springbrunnen im Garten. Dann leuchteten seine Augen mit einem Male auf, er ging zurück in sein Zimmer und setzte sich ans Klavier. Er spielte sich selbst jenes Stück vor, das er zu diesem Plätschern komponiert hatte: Jeux d'eaux à la Villa d'Este.
Unter seinen alten, immer noch wie verhexten Fingern perlten die Töne hervor und schwangen sich in die sommerliche Abenddämmerung hinaus. Er spielte sein Stück ganz verzückt, weil er wußte, daß er mit dieser kleinen Klavierkomposition etwas Großes geschaffen hatte, etwas, das seiner Zeit um fünfzig oder sogar hundert Jahre vorauseilte. Liszt war sich vollauf bewußt, daß dieses Stück ein großer Könner geschrieben hatte. In seinem alten, verrunzelten Gesicht mit den vielen Warzen sprühten und funkelten die Augen. Er fühlte jetzt kein Alter, nur eine große Seele.

SIEBZEHNTES KAPITEL

Bülow sehnte sich schon seit langem danach, seine Töchter zu sehen, und Cosima hatte erlaubt, daß Daniela ihren Vater besuchte. Beide kamen sie dann nach Weimar. Der Großvater freute sich sehr über die erblühende Enkelin. Die ganze freie Zeit, die ihm seine Schüler noch übrigließen, widmete er ihr. Er nahm sie mit zur Baronin Meyendorff, er paradierte mit ihr auf der Straße, auch der großherzoglichen Familie stellte er Daniela vor. Und er gab sich Mühe, sich aufrecht zu halten, er bürstete seine Kleider sorgfältig, rasierte sich lange. Er wollte ein stattlicher Großvater sein. Selbst seiner eigenen Enkelin gegenüber war er noch immer ein bißchen eitel.

Da traf ihn auch schon die Strafe für das, womit er sich am meisten gebrüstet hatte: hastig war er die Treppe in der Gärtnerei hinaufgeeilt, sein alter Fuß stolperte. Hilflos griff er mit seinen langen Armen in die Luft, es war aber nichts da, woran er sich hätte festhalten können, und er stürzte. Franzi fiel die ganze Treppe hinunter und blieb unten liegen. Er war sogar zu schwach, um zu schreien, er stöhnte nur schmerzerfüllt. Spiridion und Pauline kamen angerannt und versuchten ihn aufzurichten, aber es ging nicht. Der Arme hatte sich gehörig verletzt, er konnte nicht auf den Beinen stehen, und von seiner Stirn rieselte Blut herab. Mit vieler Mühe und Not schleppten sie ihn in die Wohnung, entkleideten ihn und legten ihn ins Bett. Liszt hatte sich nichts gebrochen, das konnte er auch selbst feststellen. Deswegen ließ er keinen Arzt kommen. Als Hans und Daniela aus der Stadt zurückkamen, hatte er sich schon wieder beruhigt. Seinen Kopf hatte er mit einem nassen Handtuch umwickelt, desgleichen die beiden stark blutenden Knie. Die Baronin Meyendorff saß entsetzt an seinem Bett.

»Es ist nichts von Bedeutung«, sagte er, »morgen stehe ich wieder auf.«

»Aber Großpapa, wir sollten doch lieber einen Arzt kommen lassen.«

»Nein, nein, das lasse ich nicht zu. Mir fehlt gar nichts. Ich sage ja, daß ich morgen wieder aufstehe.«

Aber am anderen Tage stand er nicht auf. Er fühlte sich nicht wohl. Alles tat ihm weh. Auch am dritten Tage ging es ihm noch schlecht. Er erholte sich nur sehr schwer, und es dauerte eine geraume Zeit, ehe er sich wieder in seinen Lehnstuhl setzen konnte. Hans und Daniela fuhren in Sorge ab, ließen ihn aber zuvor noch hoch und heilig versprechen, daß er sich in Halle, wo es die besten Ärzte gab, untersuchen lassen würde. Als es ihm soweit wieder besser ging, daß er reisen konnte, suchte er auch den berühmten Dr. Volkmann auf. Der Arzt untersuchte ihn gründlich.

»Es ist nichts Besonderes. In Ihrem Alter muß man aber schon tüchtig aufpassen. Der ganze Organismus ist nicht mehr so erneuerungsfähig wie in der Jugend. Auch in der Lunge höre ich kleine Geräusche. Es wäre angebracht, wenn Sie das Zigarrenrauchen einschränken würden.«

»Gut.«
Liszt fiel es aber nicht im geringsten ein, Maß zu halten. Er rauchte eine Virginia nach der anderen. Besser gesagt, er rauchte jede Zigarre nur bis zur Hälfte, die andere kaute er. Wann seine Zigarre brannte und wann nicht, wußte er nie. Manchmal zündete er seine brennende Zigarre an, manchmal wiederum paffte er den vermeintlichen Rauch aus der ausgegangenen Zigarre.
Im Augenblick bereitete er sich auf Bayreuth vor, und das regte ihn viel mehr auf als das Zigarrenrauchen. Erst vor kurzem hatte er von Wagner die Klavierpartitur des »Parsifal« erhalten, und dieses neue Werk brachte seinen Geist in eine förmliche Verzückung. Er konnte es kaum erwarten, die Krone aller Schöpfungen Wagners auf der Bühne zu sehen. Als in Bayreuth die Aufführungen begannen, war er schon mit Olga von Meyendorff dort. Bei der Hauptprobe saß er in der ersten Reihe. Staunend, voll Hingabe hörte er zu und dachte immer wieder bei sich, daß dieses Musikdrama das Meisterwerk des Jahrhunderts war.
Plötzlich fühlte er Wagners Hand auf seiner Schulter. Er wandte sich um.
»Jetzt paß auf, Franzi, jetzt kommt etwas von dir.«
Das Orchester spielte das liturgische Motiv Parsifals.
»Ja«, nickte er, »ich habe es schon in dem Klavierauszug gesehen. Die ›Straßburger Glocken‹ fangen so an. Ein schönes Motiv. Ich freue mich, daß es an einen so würdigen Platz gekommen ist.«
Er sagte das nicht aus Ziererei, er meinte es aufrichtig. Für den »Parsifal« hätte er gern alles hingegeben. Es schmeichelte ihm sogar ein wenig, daß Wagner dieses Motiv, das in der Musik des »Parsifal« so wichtig war, aus *seiner* Schatzkammer geholt hatte. Im übrigen war das gar nicht verwunderlich, das Lebenswerk Wagners wies oft seinen befruchtenden Einfluß auf. Und wenn dieses überragende Genie irgend etwas in seine Hand nahm, sei es auch von einem fremden Platze, wurde es sogleich so sehr sein Ureigenes, wie nach einer Bluttransfusion das neue Blut dessen ist, dem das Herz gehört.
Carolyne hatte auch jetzt noch nicht aufgehört, gegen die Bayreuther Reisen ihres Freundes anzukämpfen, obwohl sie wußte, daß das vergeblich war. Ohne jede Aussicht, bei Franz in dieser Hinsicht etwas zu erreichen, bemühte sie sich aber trotzdem weiter. In Rom hatte sich eine deutsche Musikerin und Schriftstellerin mit Namen Lina Ramann eingefunden, eine pedantische Jungfrau mittleren Alters, die die Absicht hegte, die Biographie Franz Liszt zu schreiben. Sie plante ein Werk in zwei Bänden und hatte sich schon sehr viele Notizen gemacht, aber das Wesentliche wollte sie von dem Helden ihrer Biographie selbst hören. Viele Stunden verbrachten sie gemeinsam, und den Abbé begannen diese Zusammenkünfte zu langweilen; Carolyne aber langweilten sie um so weniger. Sie belegte Lina Ramann richtig mit Beschlag. Carolyne beschloß, daß diese Liszt-Biographie nicht

wagnerfreundlich werden sollte. Der alte Mann war schon recht müde, und dann dachte er auch, daß er das endgültige Manuskript sowieso sehen und daraus schon streichen würde, was ihm nicht paßte. Deshalb überließ er die Vorbereitungen den beiden Frauen. Carolyne war mit ihrem großen religionswissenschaftlichen Werk von zweiundzwanzig Bänden fertig; sie hatte es zur Anerkennung beim Heiligen Stuhl eingereicht; dort erwartete es nun sein Schicksal zwischen tausend anderen Werken. Nachdem die Fürstin nun ihre neue Beschäftigung gefunden hatte, stöberte sie von früh bis abends in seinen Briefen, seinen Erinnerungen und in allen möglichen Kleinigkeiten herum, überall einen Anhaltspunkt gegen Wagner suchend, und hielt ihrem Freunde jetzt schon Reden wie ein den Bannspruch verkündender Papst. Das Ende ihrer Tiraden war stets, daß Cosima ihrem Mann zuliebe den protestantischen Glauben angenommen habe, deswegen also verdammt sein würde, und daß Wagner vollständig talentlos geworden sei.
Der alte Domherr ließ sich jedoch nicht unterkriegen. Als er sich den »Parsifal« angehört hatte, setzte er sich hin, um einen Brief zu schreiben:
»Mein felsenfester Standpunkt ist eine unbedingte, oder wenn es Ihnen so besser gefällt, übertriebene Bewunderung. ›Parsifal‹ ist mehr als ein Meisterwerk. Es ist eine Offenbarung in Form eines Musikdramas. Mit Recht ist gesagt worden, daß uns Wagner nach ›Tristan‹, dem irdischen Gesang der Liebe, das höchste Lied der Gottesliebe geschenkt hat, so gut ihm das in dem engen Rahmen des Theaters möglich war. Das ist die Wunderschöpfung des Jahrhunderts!«
Fünfmal nacheinander sah er sich den »Parsifal« an. Und er bekam noch immer nicht genug davon. Da wollte aber Olga von Meyendorff unter allen Umständen wieder nach Hause fahren. Es kam zu einer scharfen Aussprache zwischen beiden. Endlich gab der Kanonikus nach. Zum größten Leidwesen Wagners reiste er ab. Aber auf der ganzen Fahrt stritt er sich mit der Baronin. In Weimar gingen die Szenen weiter.
»Entweder lieben Sie *mich* oder Wagner«, verkündete Olga nachdrücklichst. »Ihre einzelnen kleinen Abenteuer ertrage ich noch, das aber nicht. Bitte wählen Sie!«
»Liebe Olga, treiben Sie die Sache nicht auf die Spitze! Ich bin immerhin ein gebrechlicher alter Mann und möchte ruhig dahinleben. Das ist aber wirklich eine Sinnlosigkeit, wenn es nun schon eine Musik gibt, die ich vergöttere, daß mich dann die eine Frau von Rom aus, die andere in Weimar quält. Lassen Sie mich doch in Frieden, sprechen wir von etwas anderem.«
»Wir sprechen von nichts anderem. Bitte wählen Sie. Entweder Bayreuth mit Ihrer hochmütigen und undankbaren Tochter und mit Ihrer erniedrigenden Statistenrolle oder ich, die jeden Ihrer Gedanken errät und schon entsetzt ist, wenn Sie nur husten. Ich bin entschlossen, auch Schluß zu machen.«

»Aber bitte, womit wollen Sie eigentlich ein Ende machen? Ich bin einundsiebzig Jahre alt.«
»Reden Sie nicht! Ich bin über jeden Ihrer Zöglinge genauestens unterrichtet. Auch damit war's genug. Bitte antworten Sie auf meine Frage.«
»Meine Antwort ist, daß ich Sie sehr bitte, mich nicht länger zu quälen.«
»So? Es ist gut.«
Die Baronin Meyendorff packte ihre Sachen und fuhr nach Rom. Er aber eilte freudestrahlend zurück nach Bayreuth. Die letzte »Parsifal«-Aufführung konnte er gerade noch hören. Dann blieb er noch eine ganze Weile da, und zwar anläßlich einer großen Freude, die im Hause Wahnfried Einzug hielt. Die zweite Tochter Bülows, die jetzt achtzehn Jahre alt war, hatte ihren Lebensgefährten gefunden, und man feierte soeben ihre Hochzeit mit einem jungen italienischen Aristokraten namens Gravina. Die Vermählung fand statt, das junge Paar ging auf die Hochzeitsreise, er aber fuhr zurück nach Weimar zu seinen Schülern. Und noch nie hatte er Weimar so genießen können wie jetzt: durch die Abreise der Baronin wurden seine Abende frei, er konnte immer mit der Jugend beisammen sein und endlos Whist spielen. Dieses Spiel war ihm sehr ans Herz gewachsen. Und obwohl es nicht um Geld, sondern lediglich um die Ehre ging, freute ihn der Gewinn über alle Maßen, der Verlust machte ihn hingegen mißmutig. Die Schüler merkten das bald und steckten sich unter dem Tisch die einzelnen Asse zu, nur damit der Meister gewinnen sollte. Wenn er es auch sah, sagte er nichts. Er tat so, als ob er nichts bemerkt hätte. Sie mochten sich ruhig ihrer List freuen. Auf diese Weise bemogelten sie sich stundenlang in gegenseitiger Zuneigung, und ein jeder unterhielt sich köstlich.
Wenn Olga von Meyendorff jetzt in Weimar geblieben wäre, würde er nach Rom gefahren sein. Die erzürnte Freundin aber hielt sich jetzt dort auf. Sowohl ihr als auch Carolyne gleichzeitig in Rom zu begegnen, das war ihm zuviel. Er beschloß, in diesem Jahre überhaupt nicht mehr dorthin zu fahren. Statt dessen reiste er zu Cosima nach Venedig.
Wagner blieb im Winter nicht gern in Bayreuth. Dieses Jahr hatte er im Palazzo Vendramin Wohnung genommen, dessen Hausherr der Sohn der Herzogin Berry, Herzog Della Gracia, war. Achtzehn Zimmer waren hier pompös eingerichtet, die Bedienung brachten sie aus der Villa Wahnfried mit und nahmen auch noch Italiener an: zwei Gondolieri hielten ständig vor dem Palazzo. Dem Großvater überließen sie ein Zimmer an der Vorderfront, dessen Fenster auf den Canale Grande sahen. Jeden Tag stand er früh auf und besuchte die Messe; kaum hundert Schritt entfernt war die Kirche San Geremia. Nach der Messe ging er wieder heim, frühstückte für sich und beschäftigte sich mit Briefeschreiben und seinen Notizen. Er konnte aber bei diesen Arbeiten die Gedanken nicht so recht sammeln, weil er andauernd auf Cosima wartete. Sie kam nämlich immer um die Mittagszeit zu

ihm herein, erkundigte sich, wie es ihm gehe, machte einige flüchtige Bemerkungen und ging dann wieder.

»Du bist ja fortwährend unterwegs, bleib doch ein wenig hier. Wir wollen plaudern. Nicht einmal eine halbe Stunde kann ich mit dir sprechen.«

»Ich habe jetzt keine Zeit, Papa, ich muß nach dem Mittagessen sehen, Richard ist im Essen sehr anspruchsvoll. Aber ich schicke Ihnen Daniela, wenn Sie sich langweilen. Wir werden uns schon beim Mittagessen unterhalten können.«

»Ja, aber ich bin zu Mittag nicht zu Hause, ich bin eingeladen.«

»Das tut mir sehr leid. Dann unterhalten wir uns abends.«

»Zufällig bin ich auch heute abend eingeladen.«

»Nun, dann sprechen wir morgen miteinander. Auf Wiedersehen.«

Cosimas Verhalten gegen ihn war recht sonderbar. Wie man mit lästigen Greisen umzugehen pflegt. Und zwar mit solchen, die die Hausordnung stören: die geduldige Hausfrau sagt nichts. Der Großvater fühlte, daß er hier nur störte. Wagner war ein häuslicher Mensch und fühlte sich nur im Kreise seiner Familie wohl. Er konnte Gäste im allgemeinen nicht ausstehen und wurde zornig, wenn ihn jemand besuchte. Er saß gern nach dem Abendessen mit den Seinen noch zusammen und liebte es, aus einem Buche vorzulesen. Alle mußten ihm zuhören, und dann wurde das Gelesene besprochen. Der Großvater hingegen liebte das Kommen und Gehen, die Gesellschaft, die Bewegung, und wenn er schon abends nicht fortging, dann wollte er unter allen Umständen wenigstens Whist spielen. Wagner mochte dieses Spiel nicht, und er ärgerte sich, wenn die gewohnte Familienvorlesung nicht stattfinden konnte. So hatten sie sich umsonst aufeinander gefreut; seine Anwesenheit wirkte nur störend. Sechs Wochen nur blieb er, dann rüstete er zur Abreise. Über seine Absicht, nunmehr weiterreisen zu wollen, sprach er zufällig in einem sehr ungünstigen Augenblick. Cosima war gerade sehr ärgerlich und gereizt. Und bei solchen Gelegenheiten liebte sie es, sarkastisch zu sein.

»Warum willst du uns verlassen?« fragte Wagner höflich. »Fühlst du dich nicht wohl?«

»Sicherlich ist die Fürstin wieder böse«, sagte Cosima spitz, »gehen wir jetzt schlafen.«

Liszt stand noch lange am Fenster und sah auf das Wasser hinaus. Ab und zu glitt eine späte Gondel darüber hinweg und strebte mit Gepäck und Reisenden der Santa Lucia zu.

Dann zuckte er die Achseln und trat zu seinem Schreibtisch. Eine Korrektur fiel ihm ein: in seiner neuesten Komposition verbesserte er einen Akkord. Diese Komposition hieß »La lugubre gondole«, die Trauergondel. Der Gedanke der Vergänglichkeit alles Irdischen beschäftigte ihn jetzt ständig. Die unsichtbare Gestalt des Todes fühlte er immer neben sich. Besonders in diesem Hause. Warum? Er wußte es nicht. Die Sonne schien hier ja immer,

und das Haus war auch andauernd von fröhlichem Kinderlärm erfüllt. Aber irgendeine düstere Ahnung flocht in seinem Herzen diese Stimmung von Venedig und die der Vergänglichkeit ineinander. Aus seiner Tondichtung erklang die Düsternis des Todes inmitten der lieblichen Schönheit der Lagunen. Und während er schrieb, überlief seinen alten Körper nicht nur einmal ein Schauder, als ob er friere.
Als er abfuhr, küßte ihm Cosima die Hand, dann hielt sie ihm ihre hohe, weiße Stirn zum väterlichen Kuß hin. Im Vestibül wandte sie sich bereits ab und sah sich nicht mehr um. Wagner aber geleitete ihn über die Treppe des Palazzo Vendramin bis an die Gondel. Da sagte er lachend:
»Wir haben uns diesmal ein wenig inkommodiert.«
Er umarmte und küßte seinen Schwiegervater. Im Tor blieb er nochmals stehen. Dann zögerte er und kam abermals an die Gondel gelaufen. Er umarmte ihn noch einmal, viel stärker als vorhin, und küßte ihn ergriffen und innig. Die Gondel war längst in Fahrt, Wagner stand noch immer barhäuptig am Eingang und winkte.
Franzi fuhr nach Pest und nahm seine Arbeit in der Musikakademie wieder auf. Diese Tätigkeit gestaltete sich immer schwieriger, denn seine alte Freundschaft zu Erkel bekam einen kleinen Riß. Aus den offiziellen Kreisen des Kultusministeriums und des Parlaments kamen ihm Nachrichten über gereizte und ungeduldige Bemerkungen zu Ohren: viele fingen an, den Wagnerkult der ungarischen Musikakademie für übertrieben und das Ungartum der einzelnen Lehrstühle, insbesondere das des Klavierfaches, für unzulänglich zu halten. Man konnte Bemerkungen hören, wie: »Was brauchen wir denn Wagner, wenn wir einen Erkel haben?« Die bislang versteckten, aber eindringlichen Stimmen gegen Liszt fanden nunmehr in der Person Erkels die lebendige Parole für ihren Kampf. Und dieser Mann, der seinem Vaterlande nationale Opern und Hymnen geschenkt, seinen Fuß nie aus seinem Vaterlande gesetzt hatte, vom Scheitel bis zur Sohle Ungar war und trotzdem sein ganzes Leben lang hatte fühlen müssen, daß er neben diesem weltberühmten Manne auf dem zweiten Platz stand, vernahm diese Stimmen nicht ungern. Die Klugheit und der vornehme Takt Johannes Véghs nahmen dem scharfen Ton zwar stets die Spitze, in der Führung der Akademie fehlte aber jetzt der begeisterte, schwungvolle Gleichklang, der sie bei der Eröffnung beseelt und ihr ein so großes Ansehen verliehen hatte.
An seinen Schülern und an der Gesellschaft empfand er um so mehr Freude. Er war viel im Salon der Geschwister Wohl. Johanna und Stefanie Wohl, die beiden weitgereisten Schwestern, verstanden es sehr gut, die Spitzen der vornehmen Gesellschaft mit den Berühmtheiten der Künstlerwelt geschickt zusammenzubringen. Ebenso vornehm, wenn nicht noch vornehmer, war der Salon der schönen Emma Földváry, wo man hauptsächlich dem General Türr und den aus dem Auslande ab und zu heimkehrenden Malern

Munkácsy und Hubay begegnete. Oft besuchte der Abbé auch den Abtpfarrer Schwendtner, in dessen Hause hauptsächlich ein sehr schön singender junger Mann namens Sigmund Ráth seine Aufmerksamkeit auf sich zog. Er wollte Opernsänger werden, seine vornehme Familie zwang ihn jedoch in die juristische Laufbahn. Auch in der Familie Juhász verkehrte der Greis weiterhin, traf oft mit Jokai zusammen, der Bildhauer Strobl meißelte seine Büste, Maurus Than malte ihn. Auch ein Mitglied der gräflichen Familie Nemes, die Frau des Grafen Ferdinand Nemes, die am Christophplatz wohnte, porträtierte ihn. Die Gräfin war eine Ausländerin, Tochter des Chefs der Wiener Kabinettskanzlei Baron Ransonnet-Villez; sie war eine begabte Malerin, spielte sehr talentiert Klavier, und in ihrem Atelier in der ersten Etage konnte man auch sonst angenehme Stunden verbringen. Des weiteren hielt er seine Freundschaft mit dem Grafen Apponyi und dem Grafen Géza Zichy aufrecht, die er in ihrem Schloß in Tet oft besuchte; er war aber auch Gast der gräflichen Familien Zichy, Sztáray und Széchenyi. Manchmal lud ihn auch der Graf Tassilo Festetics ein, ein Grandseigneur europäischen Rufes, der die Herzogin Hamilton, die Frau des Herrschers von Monte Carlo, von ihrem Manne getrennt und dann geheiratet hatte. Graf Festetics war ein großer Musikfreund und nahm auch an der Anteilscheinbewegung für Bayreuth teil. Der greise Kanonikus aß an dem einen Tage in diesem vornehmen Hause hinter dem Nationalmuseum zu Mittag, am anderen Tage ging er zu dem Musikverleger Taborszky ins Degre-Haus in der Kalapstraße und tätschelte dem Sohne die Wangen, wenn er ihn traf. Am nächsten Tage war er wieder in jenem Hause am Oktogon, in dem der Oberstaatsanwalt Alexander Kozma und Graf Leo Festetics nebeneinander wohnten.

Denn mit Leo Festetics war er wieder genau so befreundet wie früher in den alten Zeiten. Er grollte niemandem mehr. Liszt begegnete auch Joachim in Pest, dem sehr gealterten Geigenkünstler, der hier ein Konzert geben wollte. Er begrüßte ihn und reichte ihm die Hand. Der Vorkämpfer der Sache, die Joachim einst verraten hatte, konnte ihm jetzt ja den Verrat verzeihen. Wagners Musik wurde schon in ganz Europa gespielt, und Bayreuth war der musikalische Mittelpunkt der Welt geworden.

Mit seinen Schülern verbrachte er vier Nachmittage in der Woche. Aladar Juhász, den er jetzt bereits als vollendeten Klavierkünstler ansehen konnte, versah bei ihm das Amt eines Assistenten; er konnte ihn sogar innerhalb kurzer Zeit zum ordentlichen Professor ernennen lassen. Die jungen Leute machten ausgezeichnete Fortschritte, er hatte viel Freude an ihnen. Und unter ihnen tauchte auch ein deutsches Mädchen auf, Lina Schmalhausen, die ihm ebenfalls hierher nachgereist war.

Eine fröhliche, biedere, treuherzig gute Seele war diese Lina. Sie begann wie alle anderen damit, daß sie den Meister anschwärmte. Dann machte sie es ebenso wie Olga Janina: auch außerhalb der Stunden besuchte sie ihn dauernd. Und schüchtern begann sie darauf anzuspielen, daß das, was sie dem Meister gegenüber empfände, etwas mehr wäre als künstlerische Schwärmerei. Als dann die Anspielungen unmißverständliche Liebeserklärungen wurden, streichelte der Greis traurig lächelnd die kräftigen, runden Schultern des Mädchens.

»Was willst du von mir, mein Kind? Ich bin einundsiebzig Jahre alt.«

Statt jeder Antwort schmiegte sich das junge Mädchen an ihn und zog sein greises Haupt zu sich. Stürmisch küßte sie ihn. Er ließ es geschehen, sie schmiegte sich an ihn, streichelte, küßte und liebkoste ihn unermüdlich. Und in dem alten Löwen regte sich das einstige Blut, die alte Kraft. Als er sie an sich drückte, verklärten sich die jungen Züge des Mädchens überströmend mit einem glücklichen Seufzer in der späten Liebe des alten Mannes.

Von da an widmete Lina Schmalhausen ihr ganzes Leben dem Greis. Mit mütterlicher Zärtlichkeit umgab sie den wie ein Kind der Pflege bedürftigen Alten. Spiridion war nicht mehr im Hause; durch die Liszt-Locken hatte er sich ein kleines Vermögen verdient und in Weimar einen Zigarrenladen eröffnet. Jetzt diente ein junger Italiener namens Achille bei ihm. Diesem gab Lina nunmehr die nötigen Anweisungen. Sie zählte die Wäsche und gab sie zum Waschen, bestellte das Mittagessen für den anderen Tag, kaufte Kaffee und Zucker ein, wusch jede Woche das noch immer dichte weiße Haar des alten Meisters und saß so lange neben ihm, bis die mächtige Mähne trocken geworden war, damit der Alte nicht etwa die Wohnung verließ und sich erkältete. Der schwerfällig sich bewegende Kanonikus jedoch sah mit einer heimlichen, aber unbändigen Eitelkeit in die Welt. Er war einundsiebzig Jahre alt und hatte eine Geliebte.

Eines Tages, früh am Morgen, besuchte ihn Johannes Végh auf der Musikakademie. Er mußte ihn in einer Angelegenheit des Professorenkollegiums sprechen, und als die offiziellen Sachen erledigt waren, verabschiedete sich Végh noch nicht.

»Ich möchte Ihnen noch etwas sagen, Meister. Ich hätte eine große Bitte: achten Sie besser auf Ihre Gesundheit, die uns allen sehr teuer ist und die der Meister ein wenig verschwendet. Ich mache nicht gern unfeine Andeutungen, heute früh aber sehen Sie ungewöhnlich abgespannt aus.«

Der Greis errötete. Er wußte, warum er gerade heute morgen so müde war. Die Bemerkung hatte ihn ins Innerste getroffen. Er erwiderte etwas gereizt:

»Worauf soll ich noch aufpassen? Ich bummle die Nächte nicht durch, ich lebe anständig. Was soll ich noch tun?«

»Erstens einmal rauchen Sie viel zuviel Zigarren. Dann dieser viele Alkohol; der schwere Rotwein mit Kognak gemischt, und dann die Frauen. Das kann man ja nur kopfschüttelnd mit ansehen. Es ist ausgeschlossen, daß alles dies Ihr Leben nicht verkürzen sollte. Im Hinblick auf die zwischen uns

bestehende innige Freundschaft darf ich Sie vielleicht bitten, etwas mehr auf sich achten zu wollen.«
Der alte Domherr reckte beglückt seinen krummen Rücken. Es schmeichelte ihm, daß man ihn für solch einen Teufelskerl hielt.
»Ich bin ein armer, alter Sünder, mein lieber Freund, was soll ich tun? Einundsiebzig Jahre lang habe ich mit meinem Leben gewüstet und bis jetzt hat es mir nichts geschadet. Was noch übrig ist, warte ich nun schon so ab. Sprechen wir von etwas anderem. Die jungen Schüler kommen sehr schön vorwärts. Wissen Sie, es gibt kaum eine größere Freude, als sich an der Jugend zu ergötzen. Wenn ich auf alle die zurückblicke, die ich unterrichtet habe, dann bin ich wirklich stolz.«
»Wen halten Sie für Ihren größten Schüler?«
»Bülow. Er ist vorzeitig zusammengebrochen. Aber nachdem er sich wieder vermählt und die Schauspielerin Marie Schanzer geheiratet hat, wird er sich vielleicht wieder finden. Er ist das größte Klaviertalent, das ich kenne. Selbstverständlich waren außer ihm auch noch andere von meinen Schülern sehr begabt. Ein früherer Schüler von mir fällt mir jetzt öfter ein, den ich vor nunmehr fast fünfzig Jahren als Professor an das Genfer Konservatorium gebracht habe, obwohl er damals beinahe noch ein Kind war. Ich mochte ihn sehr gern, er war ein entzückender Fratz, ich habe ihn nur Putzi genannt . . . wie war denn nur gleich sein Familienname? . . . Es ist wirklich unangenehm, daß mich mein Erinnerungsvermögen seit einiger Zeit so verläßt . . . Na, gleichviel, sein Familienname fällt mir nicht ein, obwohl ich ihn auf der Zunge habe . . . Mit einem Wort, dieser Junge verfiel in religiösen Wahn, wurde Mönch, gab die Musik auf, und als er im Deutsch-Französischen Kriege ansteckende Kranke gepflegt hatte, starb er. Ist es denn nicht ärgerlich, daß mir sein Name nicht einfällt . . .«
Liszt dachte angestrengt nach, aber der Familienname Putzis wollte ihm nicht in den Sinn kommen. Sein Gehirn arbeitete manchmal nicht mehr so recht. Er hatte in letzter Zeit öfters erlebt, daß sein Geist spürbar schwächer wurde. An diesem Morgen aber war sein Kopf ganz besonders dumpf und hohl. Végh hatte sich schon von ihm verabschiedet, er aber grübelte immer noch über diesen Namen. Dann fiel ihm Lina ein. Er zuckte die Achseln. Der Teufel mochte diesen Familiennamen holen! Wer so geartet ist, daß er sein ganzes Leben zwischen Frauen verbracht hat, muß das in seinem Alter büßen. Und ein Leben mit Küssen mag lieber kürzer sein, als ein längeres und freudenloseres Dasein verbringen.
Er nahm seinen Vormerkkalender vor und sah nach, was darin stand. Achtzehnhundertdreiundachtzig, der dreizehnte Februar: Abendessen beim Grafen Alexander Apponyi. Darauf freute er sich. Graf Alexander war das Enkelkind seines einstigen Gönners, des Botschafters in Paris, und heute schon selbst ein verheirateter Mann. So verging die Zeit.
Da klopfte es, aber die Tür wurde sogleich auch aufgerissen. Mit schrecker-

fülltem Gesicht trat Cornelius Abranyi ein, weil er so rasch gelaufen war, noch immer keuchend.
»Meister, eine fürchterliche Nachricht: Wagner ist gestorben!«
»Aber nein«, erwiderte er, »woher haben Sie diesen Blödsinn?«
»Ich habe es von zehn Leuten gehört, die ganze Stadt spricht darüber.«
»Aber bitte, sowohl von ihm als auch von mir hat man das schon oft verbreitet. Mich hat die Presse in Paris sogar schon totgesagt. Wagner ist in Venedig und fühlt sich ganz prächtig.«
Da klopfte es abermals, und Taborszky, der Musikverleger, kam hereingestürzt.
»Meister, Wagner ist gestorben. Hier steht es im Extrablatt.«
»Zeigen Sie her!«
»Einer telegraphischen Nachricht aus Venedig zufolge ist Richard Wagner dort gestern in seinem neunundsechzigsten Lebensjahre gestorben.«
»Das ist unmöglich! Wenn jemand, so müßte ich es doch wirklich wissen. Rufen Sie mal den Achille herein.«
Der Diener kam. Der alte Domherr setzte ein Telegramm in französischer Sprache auf: »Cosima Wagner, Palazzo Vendramin, Venezia. Wie geht's Wagner? Telegraphische Antwort erbittet Liszt.« Der Diener lief mit dem Telegramm zur Post, und Liszt ging in angstvoller Verwunderung mit sich selbst zu Rate. Das war doch unmöglich! Er hatte ja noch nicht einmal davon Nachricht erhalten, daß Wagner krank war. Cosima hätte ihn auf alle Fälle benachrichtigt. Kaum war der Diener fort, kam der Depeschenbote. Der Meister öffnete das Telegramm aufgeregt: der Großherzog von Weimar sprach seine Anteilnahme aus. Nach einer halben Stunde abermals ein Telegramm: die Baronin Meyendorff drückte ihm ihr Beileid aus. Dann kamen auf einmal vier Telegramme, dann zehn. Was war das?
Nachmittags traf die telegraphische Antwort aus Venedig ein: »Mama bittet, nicht hierherzukommen, sondern ruhig in Pest zu bleiben. Nehmen Leichnam über München und von dort nach kurzem Aufenthalt nach Bayreuth mit. Daniela.«
Nach Empfang dieser Nachricht schloß er sich ein. Er wollte allein sein, um seine Lage zu überdenken. Cosima hatte ihn also ohne Nachricht gelassen! Sie hielt es nicht für erforderlich, sich in ihrem Schmerze an ihren Vater zu wenden. Und jetzt wünschte sie auch seine Anwesenheit beim Begräbnis nicht. Beim Begräbnis dieses Mannes, in dessen Dienst er sein ganzes Leben gestellt hatte! Andere würden da sein, Fürstlichkeiten, die ganze deutsche musikalische Welt, alle. Nur er nicht, Franz Liszt. Also gut. Er stöhnte und suchte das in seiner Kehle aufsteigende Schluchzen zurückzudrängen, und blieb.
Als es Abend wurde, legte er sein festliches Priestergewand an und ließ sich einen Wagen kommen. Dem Kutscher nannte er die Adresse Alexander Apponyis. Erschüttert hielt er unterwegs Rückschau in seiner Seele. Jenes

Stück fiel ihm ein, das er damals im Palazzo Vendramin komponiert hatte: »La lugubre gondole.« Diese Gondel, die er vorausgeahnt hatte, führte vielleicht gerade jetzt den toten Wagner nach Santa Lucia. Wagner liegt unbeweglich im Sarge, und Cosima sitzt in tiefer Trauer neben ihm. Und mit Ergriffenheit fühlt er, daß in diesem Gedanken für ihn etwas Erlösendes liegt. Entsetzt zwingt er sich, dem Dämon in die Augen zu sehen, der jetzt in seiner Seele ist. Was sollte das? Er war doch nie in seinem Leben ein schlechter Mensch, warum tobte er jetzt nicht vor Schmerz und Trauer? Warum dachte er nun an Cosima mit einem fast sündhaften Gefühl der Schadenfreude? Er verstand sich selbst nicht. Aufgewühlt und zerrissen saß er im Fond des Wagens.

Am Hause des Grafen Apponyi verriet kein Anzeichen, daß heute eine Gesellschaft geladen war. Sonst hielt immer eine ganze Reihe vornehmer Kutschen vor dem Haus. Er läutete. Liszt mußte lange warten, bis der Pförtner kam.

»Findet das Abendessen nicht heute statt? Habe ich den Tag verwechselt?«

»Bitte, Hochwürden, der Graf hat wegen des Todesfalles allen abgesagt.«

»Das verstehe ich nicht, mir hat er nicht abgesagt.«

»Nein, bitte, ich habe die Briefe befördert, und der Herr Graf sagte mir noch, Eure Hochwürden dürfe man heute nicht stören.«

»So. Also sagen Sie dem Grafen, daß ich ihn grüßen lasse.«

Er setzte sich zurück in den Wagen und nannte die Adresse von Mihalovics. Dieser fühlte sich nicht wohl und hatte sich schon niedergelegt. Er stand aus dem Bett auf, um ihm die Tür zu öffnen.

»Seien Sie mir nicht böse, daß ich Sie störe. Die Abendgesellschaft Apponyis ist abgesagt worden, und es wäre für mich heute fürchterlich, mit meinen Gedanken allein zu bleiben . . .«

ACHZEHNTES KAPITEL

In Weimar erhielt er einen Brief von Daniela, die ihm im Namen ihrer Mutter mitteilte, der Großvater möge nicht nach Bayreuth kommen, die Mutter könne jetzt unmöglich Gäste empfangen, sie befände sich in einem fürchterlichen Seelenzustand. Wenn es ihr besser ginge, werde sie ihn verständigen. Der Abbé legte den Brief beiseite und sagte niemandem etwas davon. Aber er litt sehr unter alledem.

Einen Trost boten ihm seine Schüler und seine unzähligen Reisen. Es schien, als ob sein zigeunerhafter Wandertrieb in ihm noch einmal, zum letzten Male aufgeflackert wäre wie die Flamme einer ersterbenden Kerze. Er fuhr nach Meiningen, wo Bülow ein Konzert gab, in überraschender Kraft und neuerwachter Frische, als ob ihn der Tod Wagners erlöst hätte. Er reiste nach Preßburg, um bei der goldenen Jubiläumsmesse des dortigen Pfarrers Heidler die »Krönungsmesse« zu dirigieren. Er begab sich nach Wien, wo ihn Tilgner modellierte. Dann wieder nach Weimar. Unruhig reiste er hierhin und dorthin, obwohl er am liebsten nur an einen einzigen Ort gefahren wäre: nach Bayreuth. Dorthin lud man ihn aber nicht ein. Cosima sehnte sich noch immer nicht nach ihrem Vater. Der Greis wartete ängstlich mit schmerzendem Gefühl und jedesmal wieder von neuer Hoffnung erfüllt auf die Einladung. Sie kam aber nicht.

Schon mehr als ein Jahr war seit Wagners Tode vergangen. Da schrieb er nach Bayreuth, ob er sie vielleicht jetzt besuchen könne. Er fühle sich sehr alt, er lebe vielleicht noch ein oder zwei Jahre, vielleicht aber auch nur einen oder zwei Monate. Und er möchte seine Enkel sehen. Cosima antwortete auch diesmal nicht. An ihrer Stelle schrieb nur Daniela, daß die Villa Wahnfried jetzt nicht geeignet sei, Gäste aufzunehmen; denn ihre Mutter habe wegen der Aufführung des »Parsifal« sehr viel zu tun. Sie hätten ihm aber in der Nähe des Hauses eine Wohnung gemietet: dort würde er sich sicherlich sehr wohl fühlen.

An der linken Seite der Villa Wahnfried zog sich eine kleine, enge Gasse entlang, in der infolge des reißend zunehmenden Fremdenverkehrs hübsche Häuser entstanden waren. Diese kleine Straße hieß Siegfriedstraße. An der Ecke stand jenes Haus, in dem man ihn unterbringen wollte. Bei einer vornehmen Dame, der Frau Forstrat von Fröhlich, hatte man für ihn zwei Zimmer gemietet. Es war ein soweit ganz angenehmes Heim. Der Greis brachte seine Sachen unter und eilte in die Villa Wahnfried. Im Hofe kamen ihm zwei mächtige Bernhardiner mit gefährlichem Bellen entgegengerannt, erkannten ihn aber sogleich und sprangen ihn mit wilder Begeisterung an, um ihn zu begrüßen. Der alte Herr konnte sich kaum aufrecht halten, die Hunde warfen ihn beinahe zu Boden; er mußte um Hilfe rufen. Aus der Villa eilte ein Diener herbei und nahm sich der Tiere an.

»Melden Sie mich meiner Tochter. Sind die Kinder zu Hause?«

»Sie sind alle spazierengegangen, Hochwürden. Melden darf ich niemand. Die gnädige Frau hat strengstens befohlen, daß sie nicht zu Hause sei, wer auch kommen möge. Sie hat sich eingeschlossen und arbeitet.«

»Ist gut. Richten Sie aus, daß ich gekommen bin: sie soll mich dann holen lassen.«

Er wandte sich um und ging spazieren. Als er nach Hause kam, erkundigte er sich bei Frau von Fröhlich, ob man nicht aus der Villa Wahnfried nach ihm gefragt hätte. Es war kein Bescheid gekommen. Anderntags besuchte ihn Daniela. Sie erklärte, daß ihre Mutter sehr stark beschäftigt wäre, der

Großvater möge sich hier in Bayreuth nur recht wohl fühlen, die Familienloge stünde ihm zur Verfügung. Daniela ging dann auch bald weg, sie hatte gleichfalls viel zu tun; denn in Verbindung mit den Festspielen sollte auch sie schon repräsentieren. Mit jedem Zuge kam jemand an, den man abholen mußte. Der Großvater wollte nachmittags mit den Kindern spielen und schickte eine Nachricht in die Villa Wahnfried. Von da kam der Bescheid zurück, daß die Kinder Sprachunterricht hätten und die Stunden zu versäumen strengstens untersagt sei. Liszt ging also abermals spazieren. Abends trat er dann aufgeregt in die Familienloge, die vielen Besucher versammelten sich schon langsam. In der Loge war aber niemand anwesend. Cosima wohnte der Aufführung nicht bei.
Am nächsten Tage wartete er abermals auf eine Nachricht von Cosima. Den ganzen Tag über kam aber kein Bescheid. Spät am Nachmittag, vor der Vorstellung, kamen die Kinder, die beiden kleinen Töchter und Fidi. In glücklicher Stimmung plauderte er mit ihnen, erzählte ihnen allerlei. Dann gingen sie wieder. Cosima erschien wieder nicht im Theater. Am anderen Tage benachrichtigte ihn Daniela, daß ausländische Gäste die Familienloge in Anspruch nehmen würden; man habe dem Großvater aber eine Karte im Parterre zurückgelegt. Der Mutter täte es außerordentlich leid, sie sei aber heute noch so stark beschäftigt, daß es ihr unmöglich wäre, den Großvater zu empfangen. Vielleicht böte sich in den nächsten Tagen Gelegenheit dazu.
Der Greis lächelte nachsichtig, aber seine Augen füllten sich mit Tränen. Er ließ niemand etwas ausrichten, packte seine Sachen und fuhr ab. Als er tagelang um die Villa Wahnfried herumgeschlichen war und nur über den Gartenzaun das vornehme, stumme Haus sah, hatte er sich wie ein Ausgestoßener gefühlt. Cosima schrieb er gar nicht mehr. Er fand sich damit ab, daß er seiner Tochter nur zur Last fiel, wenn er sie sehen wollte. Der Greis fuhr zurück nach Weimar. Zu seinen Schülern.
Hier war nunmehr seine wirkliche Familie, die bunte Schar der Schüler, die sich aus der ganzen Welt zusammenfanden. Eugen d'Albert, der leidenschaftliche Bursche, der jede Woche in eine andere Frau unsterblich verliebt war und sofort heiraten wollte, bis ihn der Meister tüchtig abgekanzelt hatte. Albeniz, der liebenswürdige, immer lächelnde junge Spanier, Zarembski, der unbeherrschte Pole, himmelhoch jauchzend, zu Tode betrübt, Emil Sauer, ein junger Hamburger, den er von Rubinstein übernommen hatte, und der durch seine verblüffende Entwicklung der Nachfolger von ihnen beiden zu werden versprach. Felix Weingartner, der große Hoffnungen an seine Dirigentenlaufbahn knüpfte. Lamond, ein Junge aus Glasgow, Da Motta, ein Portugiese, der von einer noch Sklavenhandel treibenden Insel Guineas nach Weimar gekommen war, Siloti, ein Russe aus Charkow. Dann der kleine Stefan Thomán, der Sohn des Kreisarztes von Homona, Stavenhagen, der Sohn des Generaldirektors der Berliner Reinigungsge-

sellschaft. Spindler, ein auffallend hübscher Junge, der Abgott der Schülerinnen gleich nach dem Meister. Friedheim, ein Russe, der mit seiner Mutter kam. Göllerich, der schon verheiratet war, seine Frau, eine bewunderungswürdige dicke Dame. Und die Frauen. Allen voran selbstverständlich Lina Schmalhausen. Dann Arma Senkrah, eine Amerikanerin, auf die ihre Mutter aufpaßte. Der Meister nannte die Mutter den »griechischen Chor«, weil sie in alles dreinredete und alles kommentierte wie die Chöre der antiken Tragödie. Amy Fay, eine andere Amerikanerin, eine holde Schönheit, die so verliebt in den greisen Meister war, daß ihre Hand zitterte. Der Königsberger Alfred Reisenauer, der nach seinen ersten Erfolgen sich dem Studium der Rechtswissenschaft zugewandt hatte und dann doch wieder zum Klavier zurückkehrte, den trinkfesten Korpsstudenten aber nie verleugnen konnte. Marie Lipsius, die sich unter dem Pseudonym »La Mara« auch schriftstellerisch betätigte. Adele Aus der Ohe mit ihrem schönen Namen. Die feurige Russin Vera Timanow und noch eine ganz große Reihe von Talenten, aber auch Talentlosen, die er alle mit freundlichem Wohlwollen anhörte und höflich lobte. Sie mochten ruhig nach Lust und Laune spielen, sie schadeten ja niemandem damit. Aber die wirklich begabt waren, an denen hatte er dauernd etwas auszusetzen. Es war der Mühe wert, sie zu schelten, zu quälen, anzuleiten, ihre Fehler auszugleichen und sich an ihren Fortschritten zu erfreuen.

Er lebte unter ihnen wie ein Herrscher. Er genoß eine ungeheuerliche Autorität, keiner wagte ihn anzureden, ehe er nicht eine Frage an ihn gerichtet hatte. Wie es an einem Herrscherhof üblich ist, bildeten sich Parteien, die Bevorzugten intrigierten heftig gegeneinander, eine einzige Bemerkung des Meisters brachte das ganze Lager für Tage durcheinander. Aber auch mit ihren Privatangelegenheiten, ihren Liebesnöten, den Sorgen ihrer Zukunft wandten sie sich an ihn. Er erteilte ihnen Rat, die einzelnen Pärchen versöhnte er wieder miteinander, die Drohungen von verlassenen Eifersüchtigen entkräftete er, und wenn er aus der Heimat der einzelnen Schüler sorgenvolle Briefe bekam, bestellte er die jungen Leute zu sich und machte sie tüchtig herunter, warum sie ihrer Mutter nicht eifriger schrieben.

Als er nach Pest fuhr, fanden sich auch einige, die mit ihm zurückreisten. Mit ihnen wurde die ungarische Gruppe noch größer. Diese bildeten wiederum eine neue Welt, wie die zweite Hofhaltung eines Königs, der zwei Länder beherrscht. Karl Aggházy, der sich nicht entschließen konnte, ob er Maler oder Klavierkünstler werden sollte, Karl Rausch, der reiche Junge, der gern die musikalische Laufbahn eingeschlagen hätte, dessen Familie es aber nicht zuließ. Arpad Szendy, nach Juhász der Begabteste, der sich am besten in den Liszt-Stil einleben konnte. Vilma Warga, in deren geräumiger Villa in Kroisbach er angenehme, sorglose Tage verbracht hatte. Isabella Kuliffay, die Tochter eines bekannten Journalisten, und auch hier Lina

Schmalhausen, ebenso segensreich wie schicksalhaft. Seine körperliche Kraft nahm zusehends ab. Insbesondere die Augen begannen unaufhaltsam schwächer zu werden. Auch mit Brille konnte er kaum noch lesen; die Briefe von Carolyne, Sophie und Olga, die er anderen nicht zeigen wollte, vermochte er nur mit großer Mühe zu entziffern. Linas Anhänglichkeit stellte seine Nerven auf eine harte Probe; viele Nächte verbrachte er schlaflos; morgens stand er mit rot unterlaufenen, dauernd tränenden, müden Augen auf. Er wurde mit der Zeit auch reizbar. Kleinigkeiten schon brachten ihn aus der Fassung, geschweige denn größere Aufregungen. Und auch diese blieben nicht aus. Die unerklärliche, grausame Unnahbarkeit Cosimas nagte ständig an seinem Herzen. Dann kamen solche Dinge vor, wie die Affäre mit dem »Königslied«. Die ritterliche Freigebigkeit Franz Jospehs hatte Pest den Bau eines Opernhauses ermöglicht. Das prächtige Gebäude wurde auf dem Herminenplatz errichtet, und zwar mit Front nach der Andrássystraße. Für die Eröffnung sollte der greise Tondichter eine der Gelegenheit entsprechende »Königshymne« komponieren. Er tat dies auch, aber der Intendant, Baron Friedrich Podmaniczky, untersagte die Aufführung des Liedes, weil der Tondichter den musikalischen Gedanken eines Kurucz-Liedes »Hej, Rákóczi, Bercsényi« eingeflochten hatte und der Baron der Meinung war, daß dies gegen die gebührende, untertänigste Ehrfurcht vor dem Kaiser verstoße. Der Greis geriet über diese Angelegenheit in die größte Erregung; er schlief abermals nächtelang nicht und hielt sich von der Eröffnung des wunderschönen Opernhauses trotzig fern. Seinen Besuchern erklärte er zornig, wie unsinnig man mit ihm umginge: einmal hielte man ihn für keinen richtigen Ungarn, das andere Mal wieder für einen viel zu übertriebenen Patrioten. Er sei aber doch immer der gleiche.
Und mit einem Male ergriff ihn von neuem der unstillbare Wandertrieb. Ohne Hilfe konnte er fast kaum noch den Eisenbahnwagen besteigen, trotzdem fuhr er unermüdlich von einer Stadt in die andere. Er reiste nach Preßburg zum Konzert Rubinsteins, von dort nach Wien. Von da nach Weimar. Von dort nach Karlsruhe, wo er den ehemaligen Inspizienten des Bayreuther Theaters, Felix Mottl, als einen Dirigenten wiedersah, der zu den größten Hoffnungen berechtigte. In Straßburg wohnte er einem Konzert bei, in dem nur seine Werke aufgeführt wurden. Von hier fuhr er nach Antwerpen, wo man seine für Männerchor geschriebene Messe sang. In Aachen spielte man auch Werke von Liszt, da begab er sich auch dorthin. Dann fuhr er nach München, weil dort die Oper von Cornelius aufgeführt werden sollte, der für ihn einst so bedeutungsvoll gewesene »Barbier von Bagdad«. Von da wollte er eigentlich an den Chiemsee, um einen seiner Schüler zu besuchen, aber über dem See stand solch ein Sturm, daß der Verkehr unterbrochen war. Liszt wartete aber nicht, bestieg den Zug und fuhr nach Itter, dem kleinen Ort in Tirol, wo sich Sophie eine bescheidene Villa gekauft hatte und den Urlaub von ihrer russischen Tätigkeit ver-

brachte. Zwei Tage lang war er bei Sophie; er ließ sich von ihren russischen Erfolgen erzählen, klagte über die Mühseligkeiten des Alters, dann fuhr er nach Innsbruck, wo er sich mit dem kleinen Thomán und Lina verabredet hatte. Zu seinem Geburtstage wollte er nach Rom fahren, aber der Po war über die Ufer getreten und hatte den Bahndamm überschwemmt. So wurde er in Innsbruck vierundsiebzig Jahre alt und verbrachte einen lustigen Abend mit seinen Schülern. Als man endlich wieder reisen konne, fuhr er mit Lina und Thomán zusammen nach Rom.
Carolyne schlug die Hände über dem Kopfe zusammen, als sie ihn wiedersah:
»Fürchterlich, wie Sie sich zugrunde gerichtet haben! Aber gar kein Wunder. Es ist ja entsetzlich, was ich über Sie höre. Diese Schmalhausen, dieses Frauenzimmer, müßte man totschlagen! Die richtet Sie zugrunde.«
»Lassen Sie, das ist eine sehr gute Seele. Sie sorgt sich um mich und betreut mich.«
»Schön betreut diese Frau Sie, das kann man wohl sagen! Furchtbar, furchtbar! Im übrigen gratuliere ich Ihnen zum Urgroßvater.«
»Ich Urgroßvater?«
»Wissen Sie es denn nicht? Die Gräfin Gravina hat in Sizilien einen Jungen bekommen. Er heißt Manfred. Erst in der vorigen Woche habe ich's gehört. Haben Sie es nicht gewußt?«
»Ich habe nichts gewußt«, stammelte der Greis, »mich haben sie nicht benachrichtigt.«

NEUNZEHNTES KAPITEL

Die letzte Fahrt begann in Paris. Hier führte man die »Graner Messe« auf. Der Greis nahm im »Hotel de Calais« Wohnung. Frau Munkácsy besuchte ihn sofort und ließ ihm nicht eher Ruhe, als bis er versprochen hatte, bei ihnen Wohnung zu nehmen, wenn er aus London zurückkäme. Der ungarische Maler bewohnte auf der Avenue de Villiers ein luxuriöses Palais. Dort malte er das Bild von Mozarts Tod; krank, mit beginnender Rückenmarkschwindsucht, erledigte er wie gehetzt diese Fronarbeit des Ruhmes neben seiner sklaventreiberischen, in der Jagd nach Geltung unersättlichen, erfinderischen Frau. Der Maler schuf auch sein Selbstporträt; das Bild war sehr gut gelungen, aber der geisteskranke Künstler stotterte auch schon mit Pinsel und Palette: er malte auf sein Bild die Aufschrift: »Für Liszt Ferenc«. Ein trauriges Haus war das, niederschmetternd und ergreifend tragisch. Liszt war nicht gern hier, obwohl er Munkácsy, in dessen Tischlerlehrlings-Rauheit echt bäuerliche Vornehmheit und Größe lag, sehr schätzte

und auch der Frau zugetan war, weil sie klug und trotz ihrer unförmigen Korpulenz außerordentlich beweglich und humorvoll war.
Die Messe führte man auch diesmal in St.-Eustache auf, wie vor zwanzig Jahren. Jetzt aber mit bedeutendem Erfolge. Im Konzertsaal Colonne trug man »Les Préludes« vor, die für Orchester umgearbeitete ungarische Rhapsodie und den »Orpheus«. Die Presse schlug schon einen ganz anderen Ton an, die neue Musik war in den zwanzig Jahren dem Konzertleben in Fleisch und Blut übergegangen. Der Greis erlebte eine großartige Huldigung. Erard gab ihm zu Ehren ein Festbankett mit dreihundert Personen. Und hier setzte er sich ans Klavier. Der alte Klingsor, der ungarische Zauberer, riß Paris noch einmal zu sprachloser Bewunderung hin wie vor sechzig Jahren. Seit er hier zum letzten Male aufgetreten, hatte man niemanden so Klavier spielen hören. Und er war schon alt, sehr alt. Als er sich ans Klavier setzte, mußte er sich vorsichtig festhalten, und langsam, langsam sich niederlassen, weil er sein Gleichgewicht sehr leicht verlor.
Und Liszt überquerte abermals den Kanal, um London zum letzten Male zu sehen, wo er seit der Zeit nicht mehr gewesen war, da Marie ihm nachgereist und sie beide so qualvolle, schmerzliche Zeiten durchgemacht hatten. Jetzt wurden ihm nur Sieg und Triumph zuteil. In St. James Hall führte man das »Elisabeth-Oratorium« auf. Es hatte einen Riesenerfolg, so daß man das ganze Konzert von Anfang bis Ende einige Tage später wiederholen mußte. Auch der Kronprinz Eduard war da mit seiner Frau, selbst schon ein alter Herr und trotz seiner Korpulenz ein Mann von blendender Eleganz. Am Tage darauf empfing ihn Königin Victoria in Windsor. Jahrzehntelang hatten sie sich nicht gesehen. Die einst bildschöne Herrscherin war ein unförmiges, kleines Mütterchen geworden, der einst so stattliche Löwe ein gebrechlicher Domherr. Sie sahen sich beide ins Antlitz, und während sie gezierte, höfische Sätze miteinander wechselten, dachten sie beide seufzend an ihre längst entschwundene Jugend.
Nach stürmischer Fahrt über den Kanal kehrte er wieder nach Paris zurück. Jetzt wohnte er bei Munkácsys. Die Seereise hatte ihn recht mitgenommen, er mußte sich ins Bett legen. Der Greis kränkelte in einem fremden Hause und genas nur langsam. Allabendlich kam Rubinstein, der sich auch in Paris aufhielt, zu Munkácsys. Sie spielten Whist zusammen und unterhielten sich. Liszt erholte sich aber nicht ganz wieder. Müde und kränklich schleppte er seinen Fuß nach, er hustete und hatte Fieberanfälle. Trotzdem mußte er Frau Munkácsy versprechen, sie im Sommer in ihrem Colpacher Schloß in Luxemburg zu besuchen.
In Weimar erwartete ihn schon Frau von Meyendorff, die doch wieder aus Rom zurückgekommen war. Nun war es auch mit dem fröhlichen und ausgelassenen Treiben des Weimarer Schülerlebens aus. Die alternde Baronin war ungestüm tyrannisch und sarkastisch. Man konnte sich aber vor ihr auch gar nicht retten. Wenn der Abend hereinbrach, vermochte er nirgend-

wohin zu flüchten; er mußte sich seinem Schicksal ergeben und zu ihr hinübertrotten. Sie aßen zusammen zu Abend, ab und zu war auch noch ein anderer Gast anwesend, und die durch ihr Alter launisch gewordene Frau verspottete den resignierten Alten mit bösen Scherzen und zog ihn mit Lina und anderen begeisterten Schülern auf.
Eines Tages erhielt er von Cosima ein Telegramm, daß sie käme. Diese Nachricht brachte den Greis vollständig aus der Fassung. Ganz aufgeregt trug er das Telegramm zur Baronin.
»Sehen Sie, Cosima braucht mich doch! Sie ist nun zu der Einsicht gekommen, daß sie sich nach mir sehnt. Sie ist eben meine Tochter, ich grolle ihr vergeblich.«
»Aber seien Sie doch nicht kindisch! In Bayreuth läßt sich dieses Jahr der Vorverkauf schlecht an, man hat Sie als Ausstellungsobjekt nötig, als Attraktion. Cosima weiß sehr gut, was sie will. Sie kommt hierher, sagt Ihnen ein paar gute Worte, und Sie werden nach Bayreuth gehen wie ein kleiner Pudel, dem man gepfiffen hat.«
»Ich? Eher ließe ich mir den Kopf abhacken, als daß ich dort jemals hinginge!«
»Reden Sie nur nicht so große Töne. Sie werden hinfahren.«
»Sie werden schon sehen, daß ich *nicht* hingehe.«
»Sie werden schon sehen, daß Sie *doch* hingehen.«
Liszt beschloß heldenmütig, daß er es Cosima jetzt beweisen würde, wie schmählich und hartherzig sie an ihm gehandelt habe. Er wollte sie empfindlich strafen: dieses Jahr ging er nicht nach Bayreuth. Erst im nächsten Jahre.
Als Cosima aus dem Zuge stieg, stand auf dem Bahnsteig ein gebrechlicher, gebeugter alter Mann. Mit aufrechter Haltung und energischen Schritten kam Cosima auf ihn zu. Er fiel seiner Tochter um den Hals und begann bitterlich zu schluchzen. Seine Brust keuchte, er hustete und weinte, nach Atem ringend.
»Machen wir kein Aufsehen, Papa! Kommen Sie.«
Sie faßte ihn am Arm und führte ihn. Aber der Vater konnte nicht mehr so eilen. Langsam, Schritt für Schritt, gelangten sie zu dem Wagen. Als sie Platz nahmen, begann der Alte abermals zu weinen. Seit Wagners Tode sah er seine Tochter jetzt zum ersten Male wieder.
»Papa«, sagte Cosima, als sie in der Gärtnerei nebeneinandersaßen und er weinend die Hand der Tochter in der seinen hielt, »Sie sind sicherlich der Meinung, mir mit Recht zürnen zu können. Vom Gegenteil kann ich Sie sowieso nicht überzeugen. Ich muß Ihren Groll ertragen. Aber auf Daniela dürfen Sie nicht böse sein. Ich bin in ihrem Namen gekommen, um Sie zu ihrer Hochzeit einzuladen. Daniela heiratet Anfang Juli einen tüchtigen jungen Mann.«
»Wen?«

»Es ist der Kunsthistoriker Henry Thode. Aber das sagt Ihnen wenig, Sie kennen ihn ja nicht. Wenn Sie bei dieser Hochzeit nicht anwesend wären, würde Daniela untröstlich sein, und wer weiß, was die Eltern Thodes denken würden; kurz und gut, Daniela läßt Sie durch mich bitten, zu ihrer Hochzeit nach Bayreuth zu kommen.«

»Und du bittest mich nicht?«

»Ich kann Sie doch nicht bitten, weil Sie mir böse sind.«

»Vergessen wir das Ganze, Cosette, willst du? Und sei wieder meine liebe, gute Tochter. Küsse mich.«

Cosima küßte ihn auf beide Wangen. Der alte Mann strahlte vor Glückseligkeit.

»Ich komme, selbstverständlich komme ich. Ich will auch zu den Festspielen da sein. Ich werde unbedingt kommen.«

»Auch damit haben wir gerechnet. Die Villa Wahnfried wäre zu unbequem für Sie. Anläßlich der Festspiele herrscht dort stets ein sehr großer Betrieb, aber bei Frau Fröhlich bekommen Sie wieder Ihre hübsche, kleine Wohnung. Dort stört Sie niemand.«

»Mir soll's überall recht sein; die Hauptsache ist, daß ich bei euch sein kann.«

Der Greis konnte sich gar nicht genug der Anwesenheit seiner Tochter freuen. Dauernd hielt er ihre Hand und streichelte sie. Er fragte sie nach den Kindern. Wie geht es dem Urenkel Gravina? Was machen die beiden Kleinen? Will Fidi immer noch Baumeister werden? Wer tritt alles im Sommer in Bayreuth auf? Und noch hundert andere Fragen. Wenn Cosima eine Woche lang geblieben wäre, hätte er immer noch Fragen an sie gehabt.

Sie blieb aber nicht so lange. Nachdem sie ihrer Sendung genügt hatte, fuhr sie auch sogleich zurück. Den Greis hatte die Freude so erschüttert, daß er krank wurde. Er konnte sich kaum noch vorwärtsschleppen mit seinen geschwollenen, schweren Füßen. Frau von Meyendorff, die den Alten nun tagelang damit quälte, wie schwach und leicht zu beeinflussen er sei, machte ihn nur noch kränker, und eines Tages brachte sie ihn fast mit Gewalt nach Halle, in die Stadt der Ärzte, um über ihn ein Konsilium abhalten zu lassen. Die Ärzte untersuchten den alten Herrn ganz eingehend.

»Was ist das in meinem Fuße?« erkundigte er sich.

»Wasser«, antwortete nüchtern der eine Arzt.

»Dann ist es gut. Glauben Sie nur nicht, daß ich nicht weiß, was das bedeutet. Soviel verstehe ich auch noch von Ihrer Wissenschaft. Wie lange kann ich noch leben?«

»Das vermag niemand zu sagen. Wenn Sie auf sich achten, Meister, können Sie noch eine ganze Zeit leben.«

»Das brauche ich nicht mehr. Ich will nur noch bis August aushalten, weil ich im Juli nach Bayreuth fahren muß. Den ›Tristan‹ und den ›Parsifal‹ *muß* ich sehen. Kann ich bis dahin noch leben, wie?«

»Aber natürlich. Sie müssen sich nur sehr schonen.«
Sie fuhren zurück nach Weimar. Er arbeitete dort noch ein wenig. Liszt hatte von sechs großen Ungarn ein musikalisches Porträt zusammengestellt, das berichtigte er noch an einzelnen Stellen. Széchenyi, Deák, Eötvös, Ladislaus Teleki, Vörösmarty, Petöfi waren die sechs berühmten Ungarn. Er wollte noch ein letztes Bekenntnis zum Ungartum ablegen. Aber die Arbeit ging nur sehr schwer vorwärts. Er war schon fast blind geworden, so sehr hatten sich seine Augen verschlechtert. Briefe konnte er nur noch lesen, wenn sie mit roter Tinte und mit sehr großen Buchstaben geschrieben waren. Sein Schüler Göllerich las ihm alles vor.
Als der Termin der Hochzeit herankam, fuhr er nach Bayreuth. Dort verlebte er Stunden des reinsten Glückes, jedermann war liebenswürdig und liebevoll zu ihm, sogar Cosima benahm sich auffallend freundlich und fürsorglich zu ihm vor der Hochzeitsgesellschaft. Mit lachendem Herzen fuhr er wieder ab und konnte kaum erwarten, zurückzukehren, wenn das Theater eröffnet würde. Murmelnd flehte er ab und zu: »Nur so lange laß mich noch leben, mein lieber, guter Gott, nur so lange laß mich noch leben!«
Bei Munkácsy in Colpach fühlte er sich diesmal sehr wohl, auch Haynald war da. In dem schönen Park verbrachten sie geruhsame Stunden miteinander, sprachen über die Verteilung der Stipendien, musizierten und waren guter Dinge. Der Greis ging sogar noch nach Luxemburg, um noch einmal für einen wohltätigen Zweck öffentlich aufzutreten. Am letzten Tage, als er schon vor Aufregung zitterte und die Stunde der Abreise ungeduldig herbeisehnte, ging er noch zur Frühmesse. Der Morgen war kühl, regnerisch und ungemütlich. Ein kalter Schauer überlief ihn, als er aus der Kirche heraustrat. Er wußte sofort, daß er sich erkältet hatte.
Am 21. Juli kam er in Bayreuth an. Dort traf er sich mit Lina, nach der er telegraphiert hatte. Abends fühlte er, daß er fieberte. Anderntags um sechs Uhr kam Cosima herüber zu ihm. Sie frühstückten gemeinsam, dann ging sie für den ganzen Tag ins Theater. Liszt begann stark zu husten, seine Brust schmerzte sehr. Am liebsten hätte er sich zu Bett gelegt, aber das ging nicht. Er hatte Cosima versprochen, das Mittagessen bei der Gräfin Hatzfeld einzunehmen. Nachmittags versuchte er Karten zu spielen, doch seine Hand zitterte so heftig, daß er die Blätter nicht mehr halten konnte. Trotzdem legte er sich noch nicht zu Bett, weil er Cosima versprochen hatte, zu einer Abendgesellschaft nach Wahnfried zu kommen, wo mehrere Menschen ihn kennenlernen wollten. Er ging auch hinüber, die Welt drehte sich ein wenig um ihn, und er hustete stark.
»Das ist schon ein Kreuz«, sagte er zu einem fremden Herrn, »die Zigarre schmeckt mir auch nicht mehr.«
Als er in seine Wohnung zurückkehrte, war das Fieber sehr hoch gesteigen. Am anderen Tage stand er trotzdem auf, weil er einige Besuche empfangen mußte, Ausländer, die ihn, den weltberühmten Künstler, kennenlernen

wollten. Und nachmittags um vier Uhr begann ja schon der »Parsifal«. Liszt saß in der Familienloge an eine Säule gelehnt, erschöpft, fiebrig, das Taschentuch vor den Mund haltend, um mit seinem andauernden Husten die Vorstellung nicht zu stören.
»Übermorgen wird ›Tristan‹ aufgeführt«, sagte Cosima nach der Vorstellung. »Sie kommen doch? Es ist sehr wichtig, daß Sie dabei sind.«
Der Greis nickte bloß mit dem Kopfe, denn er hustete bereits so stark, daß er nicht antworten konnte. Er ging nach Hause. Am anderen Tage behelligten ihn wiederum Fremde, die als Empfehlung Visitenkarten von Cosima vorzeigten. Mit geduldiger Nachsicht antwortete er auf ihre neugierigen Fragen; nur eine zudringliche Amerikanerin, die sogleich etwas vorgespielt haben wollte, fertigte er etwas kurz ab. Das war am Freitag. Am Sonnabend stand »Tristan« auf dem Spielplan.
»Ich bitte Sie um's Himmels willen«, flehte ihn Lina an, »gehen Sie nicht hin!«
»Ich muß. Cosima möchte es, und ich habe es ihr auch versprochen.« Lina klagte und jammerte. Aber er ging doch hin. Bis zum Beginn der Vorstellung hielt er sich mit großer Anstrengung an der Logenbrüstung. Sobald es aber dunkel wurde, zog er sich zurück und überließ sich dem einschläfernden, dämmernden Rausch des Fiebers. Sowie aber die Pause kam, war er wieder an der Brüstung und applaudierte mit seinen zittrigen und fieberheißen Händen, damit es jeder sehen sollte.
Endlich gab er am Sonntag Linas Flehen nach, einen Arzt zu rufen. Landgraf, der Bayreuther Arzt, kam zu ihm. Vor allem untersagte er dem Kranken strengstens jeglichen Alkohol. Die Speisen schickte man ihm aus Wahnfried herüber. Diese konnte er aber mit seinem zahnlosen Munde nicht essen, da er seit langer Zeit nur noch gekochte Muscheln, geriebene Kartoffeln und Ei mit Kalbshirn zu sich nahm; aus der Villa hatte man ihm jedoch Fleisch geschickt. Lina ging hinüber, um Bescheid zu sagen, aber sie wurde gar nicht vorgelassen. Cosima ließ ihr lediglich ausrichten, daß es ratsamer wäre, den Kranken in Ruhe zu lassen, den sie ja sowieso zugrunde gerichtet habe. Der Greis nahm den ganzen Tag nichts anderes zu sich als Mineralwasser. Er hätte viel für einen einzigen Kognak gegeben. Lina saß weinend am Rande seines Bettes, wagte aber nicht, dem Verbot des Arztes zuwiderzuhandeln. So verging auch der Montag. Lina hatte man von drüben energisch mitgeteilt, daß ihre Anwesenheit bei dem Kranken nicht mehr erwünscht sei.
»Ich gehe jetzt fort«, flüsterte sie ihm zu, »in der Nacht komme ich zurück. Ich werde schon einen Ausweg finden.«
Um Mitternacht tastete sie sich im Dunkeln zum Bett. Der Kranke schlief nicht. Sie setzte sich auf den Bettrand.
»Wie geht es Ihnen, mein Liebling?«
»Schlecht. Ich habe zu diesem Arzt kein Vertrauen. Er sagt immer nur, daß

es mir besser geht, und ich fühle mich nur noch schlechter. Hast du mir keinen Kognak gebracht?«

»Nein. Ich habe mich nicht getraut. Vielleicht hat der Arzt doch recht.«

Eine Weile quälte er sich mit der brennenden Sehnsucht nach Alkohol, dann schlief er ein. Lina kletterte wieder aus dem Fenster. Am anderen Tage kam sie schon frühzeitig, in dem Glauben, daß man sie um diese Zeit nicht sehen würde.

»Wie geht es Ihnen heute?« erkundigte sie sich besorgt.

»Es geht mir leider nicht besser. Ich bin gleich wieder aufgewacht und habe bis jetzt noch kein Auge geschlossen.«

Da trat Cosima ein. Sie bemerkte Lina.

»Entfernen Sie sich bitte sofort! Ich werde Frau Fröhlich dafür verantwortlich machen, daß hier niemand, aber auch niemand, seinen Fuß hereinsetzt. Ich dulde nicht, daß man den Kranken aufregt und zugrunde richtet. Gehen Sie, Fräulein! Wie geht es Ihnen, Papa?«

»Schlecht.«

»Ich habe wegen eines anderen Arztes nach Erlangen telegraphiert. Er wird morgen da sein und nach dem Rechten sehen. Dieser Landgraf versteht nichts. Haben Sie nur noch bis dahin Geduld. Diese Krankheit wird schon nicht so ernst sein.«

Nach diesen Worten ging sie wieder. Lina hatte sich schon zuvor entfernt. Der Kranke blieb allein. Niemand war bei ihm. Sein Schüler Göllerich lag mit der gleichen Erkältung und ebenfalls von Fieber geplagt danieder. In qualvoller Einsamkeit verrannen die Stunden. Sein Körper verlangte dringend nach Alkohol, den er so gewöhnt war, aber er bekam keinen. Den ganzen Tag blieb er allein. Abends fand drüben eine Gesellschaft statt. Durch das offene Fenster klang Musik zu ihm herüber. Und man spielte nur Wagner, ausschließlich Wagner. Nach einem Listz-Werk schmachtete er ebensosehr wie nach einem Glas Kognak.

Am anderen Tage kam Fleischer, der Arzt aus Erlangen. Er stellte sofort eine doppelseitige Lungenentzündung fest. Cosima war bei der Konsultation anwesend und erschrak sichtlich. Sie erbot sich, hier im Vorzimmer zu schlafen und auch tagsüber öfter herüberzukommen. Lina aber dürfe man nicht hereinlassen, sie solle wieder fortgeschickt werden, befahl sie dem Diener.

Wie durch einen Nebelschleier sah der Kranke, daß sich seine Tochter noch einige Male über ihn neigte. Dann begann er über Carolyne nachzudenken. Es fiel ihm ein, daß mit der Fürstin etwas ganz Fürchterliches geschehen war, irgendeine ihr ganzes Leben vernichtende Strafe . . . Was war denn das nur? Er konnte seine Gedanken nicht sammeln . . wie war das eigentlich . . .? Eine Strafe für ihr ganzes Leben . . . ach ja, der Papst hatte Carolynes zweiundzwanzigbändiges Werk auf den Index gesetzt . . .

Dann schwebte mit einem Male Carolyne neben ihm, jung, im Brautkleid, und faßte ihn bei der Hand. Aber er riß die seine zurück, weil er Liline erblickte. Sie kam auf ihn zu, lächelnd, errötend. Und er umarmte Liline, drückte sie heftig an sich und suchte mit seinem Munde ihren Mund. Da küßte er sie zum ersten Male. Dazu erklang eine feenhafte Musik.

Plötzlich zerfloß die Vision, und auch die Musik schwieg. Aus der Ferne kam ein dumpfes Dröhnen, und er fühlte sich mit einem Male sehr, sehr leicht. Er wuchs, wuchs, wurde noch größer, stieg empor, beschattete die ganze Welt. Mit einem gewaltigen Schwung flog er der Unendlichkeit zu und wußte, daß jetzt die Sekunde da war, in der er restlos eins mit dem Allmächtigen wurde.

Da fand er zum ersten Male jene vollkommene Hingabe, die er in seinem ganzen Leben vergebens und so sehnsüchtig gesucht hatte. Und nicht mehr mit seinem Verstand, sondern mit seinem ganzen seelischen Bewußtsein begriff er jetzt, daß er immer nur das gesucht hatte.

ZEITTAFEL

1811
Als Sohn von Adam Liszt, dem Rentmeister der Schäferei des Fürsten Esterházy in Raiding im Burgenland, und dessen Ehefrau Maria Anna, geb. Lager, wird Franz Liszt am 22. Oktober in Raiding geboren.
Am 24. Oktober wird in Frankfurt a.M. der spätere Freund und dann Gegner von Franz Liszt, der Komponist und Dirigent Ferdinand Hiller geboren.

1812
Auf dem Rittergut Teutendorf in Mecklenburg wird am 24. April der Komponist Friedrich von Flotow geboren, der später mit seiner Oper »Martha« einen Welterfolg erringt.
Die Gebrüder Grimm veröffentlichen ihre berühmte Sammlung deutscher Kinder- und Hausmärchen.
Im Juni beginnt Napoleon I. seinen Rußlandfeldzug, der im Oktober/November mit einem verlustreichen Rückzug endet.

1813
Am 22. Mai wird in Leipzig der Komponist Richard Wagner geboren, der spätere Schwiegersohn von Franz Liszt, am 10. Oktober in Le Roncole bei Busseto der italienische Komponist Giuseppe Verdi.
Ausbruch des deutschen Befreiungskrieges gegen Napoleon I., der dann in der Völkerschlacht bei Leipzig im Oktober entscheidend geschlagen wird.

1814
In Wien wird am 23. Mai die 3. und endgültige Fassung der Oper »Fidelio« von Ludwig van Beethoven uraufgeführt.
Napoleon I. dankt ab und wird auf die Insel Elba verbannt. Ludwig der XVIII. wird König von Frankreich.
Der englische Ingenieur George Stephenson, der Hauptbegründer des Eisenbahnwesens, konstruiert die erste brauchbare Dampflokomotive.

1815
Napoleon kehrt nach Frankreich zurück, besteigt für hundert Tage erneut den Thron, wird aber in der Schlacht bei Waterloo vernichtend geschlagen und nach St. Helena verbannt.
Der Instrumentenbauer Johann Nepomuk Melzel entwickelt ein Metronom

zur objektiven Festlegung des musikalischen Tempos. Obwohl diese Erfindung später in einem Prozeß dem Amsterdamer Mechaniker Ferdinand Winkel zugesprochen wird, propagiert Melzel das Instrument mit solchem Erfolg, daß noch heute die Tempoangaben nach dem Metronom Melzel gemacht werden.

1816

Von dem italienischen Komponisten Gioacchino Rossini wird am 20. Februar in Rom die Oper »Der Barbier von Sevilla« und am 4. Dezember in Neapel die Oper »Otello« uraufgeführt. In Berlin kommt am 3. August die Oper »Undine« des deutschen Schriftstellers und Komponisten E.T.A. Hoffmann zur Uraufführung; außerdem erscheint sein Roman »Die Elixiere des Teufels«.
Der deutsche Architekt Leo von Klenze, einer der führenden Vertreter des Klassizismus, baut in München die Glyptothek.
Johann Wolfgang von Goethe veröffentlicht das Tagebuch seiner italienischen Reise.
Die deutschen Maler und Vertreter der Nazarener-Schule Friedrich Overbeck, Peter Cornelius und Wilhelm Schadow schmücken in Rom die Casa Bartholdy mit Fresken aus der Josephslegende.

1819

Der junge Franz Liszt tritt in Baden bei Wien mit großem Erfolg als Pianist öffentlich auf.
Am 20. Juni wird in Köln der französische Komponist deutscher Herkunft Jacques Offenbach geboren, der 1833 nach Paris geht, dort die neue Bühnengattung Operette begründet und dann auch mit seiner romantischen Oper »Hoffmanns Erzählungen« nach Motiven des deutschen Dichters E.T.A. Hoffmann Weltgeltung erlangt.
In Leipzig wird am 13. September die Pianistin Clara Wieck, die spätere Frau des Komponisten Robert Schumann, geboren.

1820

In öffentlichen Konzerten in Ödenburg und Preßburg wiederholt sich der Erfolg des jungen Franz Liszt.

1821

Um dem Sohn eine gründliche musikalische Ausbildung zu verschaffen, übersiedelt Familie Liszt nach Wien, wo Franz Liszt von dem Klavierpädagogen und Komponisten Carl Czerny (1791–1857) im Klavierspiel und von dem Komponisten und Kapellmeister Antonio Salieri (1750–1825) in Musiktheorie unterrichtet wird.
Am 5. Mai stirbt Napoleon in der Verbannung auf der Insel St. Helena.
In Paris wird der italienische Komponist Luigi Cherubini Direktor des Conser-

vatoire. Nach erfolgreichem Wirken in Italien, Österreich und England und dem Welterfolg seiner Oper »Medea« zählt Cherubini dann auch in Paris zu den maßgeblichen Komponisten seiner Zeit.
In Berlin wird am 18. Juni die romantische deutsche Oper »Der Freischütz« von Carl Maria von Weber mit großem Erfolg uraufgeführt.

1822
Der junge Franz Liszt gibt mit sensationellem Erfolg sein erstes öffentliches Wiener Konzert und komponiert Variationen über einen Walzer von Diabelli.
In Berlin stirbt am 25. Juni der deutsche Schriftsteller und Komponist E.T.A. Hoffmann.
Am 10. Dezember wird in Lüttich der französische Komponist César Franck geboren.

1823
Beethoven arbeitet an seiner 9. Sinfonie und besucht in Wien ein Konzert von Franz Liszt. Nach dem Konzert küßt er den jungen Klaviervirtuosen öffentlich auf die Stirn.
Am 25. Oktober wird in Wien die romantische Oper »Euryanthe« von Carl Maria von Weber uraufgeführt.
Adam Liszt reist mit seinem Sohn nach Paris, wo Franz Liszt seine musikalische Ausbildung abschließen soll. Da der Direktor des Pariser Conservatoire, Luigi Cherubini, ein Vorurteil gegen Wunderkinder hat und Franz Liszts Aufnahme verweigert, nimmt der junge Pianist und Komponist Privatunterricht in Musiktheorie bei dem italienischen Komponisten und Kapellmeister Ferdinando Paer (1771–1839), der über Parma, Venedig, Wien, Dresden und Warschau nach Paris gekommen ist und sich mit mehreren Opern einen Namen gemacht hat, sowie bei dem französischen Musiktheoretiker und Komponisten tschechischer Herkunft Anton Reicha (1770–1836), der auch den französischen Komponisten Hector Berlioz zu seinen Schülern zählt.

1824
Am 2. März wird in Leitomischl der tschechische Komponist Friedrich Smetana und am 4. September in Ansfelden der österreichische Komponist Anton Bruckner geboren.
Franz Liszt befreundet sich mit der Pariser Klavierbauerfamilie Erard, die dem jungen Pianisten ihr neuestes Pianoforte mit Repetitionsmechanik zur Verfügung stellt.
Am 7. März gibt Franz Liszt mit großem Erfolg sein erstes öffentliches Konzert in Paris. Danach unternimmt er eine Konzertreise durch Frankreich und nach England. Am 21. Juni konzertiert er zum ersten Male in London.
Nach dem Tod von Ludwig XVIII. wird im September Karl X. König von Frankreich.

Am 24. Dezember wird in Mainz der deutsche Komponist und Dichter Peter Cornelius geboren, der später zu den namhaftesten Vertretern der von Franz Liszt repräsentierten Neudeutschen Schule gehört.

1825
In Wien stirbt am 7. Mai der ehemalige Lehrer von Franz Liszt, der italienische Komponist und Kapellmeister Antonio Salieri, und wird am 25. Oktober Johann Strauß (Sohn), der spätere Walzerkönig und Meister der Wiener Operette, geboren.
Franz Liszt setzt seine 1824 begonnenen Konzertreisen fort.

1826
In Wien stirbt am 26. März Ludwig van Beethoven.
In London wird am 12. April die romantische Oper »Oberon« von Carl Maria von Weber uraufgeführt. Der Komponist weilt in London, um mehrere Aufführungen seines Werkes zu dirigieren, stirbt aber am 5. Juni.
Franz Liszt unternimmt eine neue Konzertreise nach England und erholt sich nach seiner Rückkehr in Boulogne-sur-Mer, wo am 27. August sein Vater Adam Liszt stirbt.

1828
Franz Liszt läßt sich mit seiner Mutter in Paris nieder und etabliert sich als Klavierlehrer.
In Wien stirbt am 19. November der österreichische Komponist Franz Schubert.

1829
In Paris wird am 3. August die Oper »Wilhelm Tell« von Gioacchino Rossini uraufgeführt.
Am 16. November wird bei Balta in Podolien der russische Pianist, Komponist und Dirigent Anton Rubinstein geboren, der später in Paris einige Zeit Schüler von Franz Liszt wird, dann als Hofpianist und Dirigent der Hofkapelle in Petersburg wirkt, dort das kaiserliche Konservatorium gründet und leitet, durch ausgedehnte Konzertreisen Weltruhm erlangt und als Komponist mit mehreren Opern und Klavierstücken sehr erfolgreich ist.

1830
In Dresden wird am 8. Januar der deutsche Pianist, Dirigent, spätere Schüler und Schwiegersohn von Franz Liszt und leidenschaftlicher Wagneranhänger Hans von Bülow geboren.
Franz Liszt studiert vor der Uraufführung die Partitur der Sinfonie fantastique von Hector Berlioz und lernt den jungen Komponisten persönlich kennen, mit dem ihn dann eine herzliche Freundschaft verbindet.

Ausbruch der polnischen Revolution und der französischen Julirevolution. König Karl X. von Frankreich dankt ab und geht ins Exil nach England. Sein Nachfolger wird der sogenannte Bürgerkönig Louis Philippe.
Der französische Schriftsteller Stendhal veröffentlicht den Roman »Rot und Schwarz«; von Honoré de Balzac erscheinen »Tolldreiste Geschichten«.

1831
Der weltberühmte italienische Geigenvirtuose und Komponist Niccolo Paganini tritt am 9. März in Paris auf; Franz Liszt besucht das Konzert und ist davon nachhaltig beeindruckt.
Am 28. Juni wird in Kittsee bei Preßburg der deutsche Geiger, Dirigent und Komponist Joseph Joachim geboren, der später in Weimar dem Freundeskreis um Franz Liszt nahesteht, dann aber von der Neudeutschen Richtung abrückt und sich Johannes Brahms zuwendet.
Am 22. November wird in Paris die Oper »Robert der Teufel« von Giacomo Meyerbeer uraufgeführt, dessen große Opern den Pariser Spielplan beherrschen und den internationalen Operngeschmack der Zeit wesentlich prägen.

1832
Die Sinfonie fantastique von Hector Berlioz, dem französischen Begründer der Progammusik, wird in Paris uraufgeführt. Franz Liszt setzt sich leidenschaftlich für die von Berlioz vertretene neue musikalische Richtung ein und befreundet sich außerdem mit dem aus Polen nach Paris übersiedelten polnischen Komponisten und Pianisten Frédéric Chopin.
In Weimar stirbt am 22. März Johann Wolfgang von Goethe, in Berlin am 15. Mai der deutsche Komponist und Musikpädagoge Carl Friedrich Zelter.

1833
Franz Liszt bearbeitet die Sinfonie fantastique seines Freundes Hector Berlioz für Klavier.
Am 7. Mai wird in Hamburg der deutsche Komponist Johannes Brahms geboren.
In Berlin wird am 24. Mai die romantische Oper »Hans Heiling« von Heinrich Marschner, einem der erfolgreichsten deutschen Opernkomponisten seiner Zeit, uraufgeführt.
Der russische Dichter Alexander Puschkin veröffentlicht seinen großen Versroman »Eugen Onegin«.
Am 11. November wird in Petersburg der russische Komponist Alexander Borodin, der spätere Schüler von Franz Liszt, geboren, dessen Oper »Fürst Igor«, die II. Symphonie h-moll und das Orchesterstück »Eine Steppenskizze aus Mittelasien« noch heute zu den wichtigsten Werken der russischen Musik gehören.

1834

Am 13. Januar wird in Wien die romantische Oper »Das Nachtlager von Granada« von Konradin Kreutzer uraufgeführt.

Franz Liszt komponiert das Klavierwerk »Harmonies poétiques et réligieuses« (1. Fassung) und lernt die französische Schriftstellerin George Sand kennen, die gerade ihre Beziehung zu dem französischen Dichter Alfred de Musset zu lösen beginnt und 1838 die Geliebte von Frédéric Chopin wird.

In Paris stirbt am 8. Oktober der französische Komponist François-Adrien Boieldieu, dessen Opern, insbesondere die romantische Oper »Die weiße Dame«, international sehr erfolgreich sind.

1835

In Deutschland wird zwischen Nürnberg und Fürth die erste Eisenbahnlinie eröffnet.

Franz Liszt lebt mit der Gräfin Marie Cathérine Sophie d'Agoult in wilder Ehe. Um dem gesellschaftlichen Skandal zu entgehen, übersiedelt er mit ihr nach Genf.

In Puteaux bei Paris stirbt am 23. September der italienische Opernkomponist Vincenzo Bellini, dessen Opern »Der Pirat«, »Die Nachtwandlerin«, »Norma« und »Die Puritaner« weltweit bekannt sind.

Am 9. Oktober wird in Paris der französische Komponist, Organist, Pianist und Dirigent Camille Saint-Saëns geboren, dessen erfolgreichste Oper »Samson und Dalila« durch Förderung von Franz Liszt lange vor der ersten französischen Aufführung in Weimar zur Uraufführung kommt.

1836

In St.-Germain-du-Val wird am 21. Februar der französische Komponist Léo Delibes geboren, der später durch einige Opern, vor allem aber duch die Ballette »Coppélia« und »Sylvia« sehr bekannt wird.

Am 29. Februar wird in Paris die Oper »Die Hugenotten« von Giacomo Meyerbeer uraufgeführt.

Am 31. März ist der Pianistenwettstreit zwischen Franz Liszt und dem österreichischen Klaviervirtuosen und Komponisten Sigismund Thalberg (1812–1871) das große musikalische Ereignis in Paris. Liszt erweist sich technisch und geistig überlegen, trotzdem zählt Thalberg auch weiterhin zu den bedeutendsten Pianisten der Zeit.

Am 28. Mai stirbt in Paris der ehemalige Lehrer von Franz Liszt, der Musiktheoretiker und Komponist Anton Reicha.

In England erscheint der Roman »Oliver Twist« von Charles Dickens. In München baut der klassizistische Architekt Leo von Klenze die Pinakothek.

In Petersburg wird am 9. Dezember die Oper »Das Leben für den Zaren« (»Iwan Sussanin«) von Michael Glinka uraufgeführt.

1837
Nach dem Tod von Wilhelm IV. besteigt Königin Viktoria den englischen Thron.
Am 17. Oktober stirbt in Weimar der österreichische Komponist und Pianist Johann Nepomuk Hummel, eine der angesehensten Musikerpersönlichkeiten der Zeit.
In Leipzig wird am 22. Dezember die Oper »Zar und Zimmermann« von Albert Lortzing uraufgeführt.
Am 25. Dezember wird in Belaggio am Comer See Cosima, die Tochter von Franz Liszt aus der Verbindung mit der Gräfin d'Agoult, geboren.

1838
Hector Berlioz komponiert seine sinfonische Dichtung »Benvenuto Cellini« mit der später als selbständiges Konzertstück bekannt gewordenen Ouvertüre »Römischer Karneval«.
Franz Liszt unternimmt eine größere Italienreise und besucht in Mailand den italienischen Komponisten Gioacchino Rossini, mit dem er schon seit längerer Zeit freundschaftlich verbunden ist. Außerdem gibt er Konzerte in Wien, München und Berlin. In Wien lernt er die Pianistin Clara Wieck kennen, die spätere Ehefrau des Komponisten Robert Schumann. In Budapest konzertiert Liszt für die Opfer einer Überschwemmungskatastrophe.
Am 25. Oktober wird in Paris der französische Komponist George Bizet geboren, dessen Oper »Carmen« noch heute zu den meistgespielten Opern gehört.

1839
Am 16. März wird auf einem Gut im Gouvernement Pskow der russische Komponist und Pianist Modest Mussorgskij geboren, der später von Hector Berlioz und Franz Liszt wesentliche musikalische Anregungen erhält und dessen Oper »Boris Godunow«, das Orchesterstück »Eine Nacht auf dem Kahlen Berge« und das Klavierwerk »Bilder einer Ausstellung« zu den bedeutendsten Schöpfungen der russischen Musik gehören.
Am 3. Mai stirbt in Paris der ehemalige Lehrer von Franz Liszt, der italienische Komponist und Kapellmeister Ferdinando Paer.
Nach der 1835 geborenen Tochter Blandine und der 1837 geborenen Tochter Cosima wird am 9. Mai als drittes Kind von Franz Liszt aus der Verbindung mit der Gräfin d'Agoult sein Sohn Daniel in Rom geboren.
Franz Liszt geht erneut auf Konzertreise nach Ungarn.

1840
Franz Liszt konzertiert in Deutschland, Frankreich, Belgien, England und Italien und spielt in London vor der englischen Königin Viktoria.
In Paris wird am 2. April der französische Romanschriftsteller Emile Zola und

in Wotkinsk am 25. April der russische Komponist Peter Tschaikowsky geboren.
Am 27. Mai stirbt in Nizza der italienische Geigenvirtuose und Komponist Niccolo Paganini.
Der deutsche Komponist Robert Schumann heiratet die Pianistin Clara Wieck.

1841
In Mühlhausen an der Moldau wird der tschechische Komponist Antonin Dvořák am 8. September geboren.
Der französische Instrumentenbauer Adolphe Sax entwickelt das Saxophon.

1842
In New York wird ein Philharmonisches Orchester gegründet.
Der deutsche Komponist und Dirigent Felix Mendelssohn-Bartholdy vollendet die bereits 1826 mit einer meisterhaften Ouvertüre begonnene Musik zu Shakespeares Schauspiel »Ein Sommernachtstraum«.
In Paris stirbt am 15. März der italienische Komponist Luigi Cherubini.
In Montaud bei St.-Etienne an der Loire wird am 12. Mai der französische Komponist Jules Massenet geboren. Er gehört später zum Freundeskreis um Franz Liszt und wird mit den Opern »Manon«, »Werther« und »Thais« international bekannt.
Am 13. Mai wird in London der englische Komponist Arthur Sullivan geboren, der später mit der Operette »Der Mikado« einen Welterfolg erringt.
Der in Paris mit seinen Opern außerordentlich erfolgreiche deutsche Komponist Giacomo Meyerbeer wird als Generalmusikdirektor an die Berliner Oper berufen.
Franz Liszt hat große Konzerterfolge in Berlin und wird Mitglied der Akademie der Künste. Der Großherzog von Weimar ernennt ihn zum Hofkapellmeister in außerordentlichen Diensten. Die Universität Königsberg verleiht ihm den Doctor artis musicae h.c.
Am 27. November wird in Petersburg die Oper »Ruslan und Ludmilla« von Michael Glinka uraufgeführt. Franz Liszt ist von diesem Werk so begeistert, daß er den Tscherkessenmarsch für Klavier bearbeitet.

1843
Am 3. Januar wird in Paris die Oper »Don Pasquale« von Gaetano Donizetti uraufgeführt.
Franz Liszt unternimmt weitere erfolgreiche Konzertreisen und macht die Bekanntschaft der Tänzerin Lola Montez, die später als Geliebte König Ludwig I. von Bayern zweifelhaften Ruhm erlangt.
Am 15. Juni wird in Bergen der norwegische Komponist und Pianist Edvard Grieg geboren, der später in Rom zum Bekanntenkreis von Franz Liszt gehört.
In Leipzig wird ein Konservatorium gegründet.

1844
Am 6. März wird in Tichwin im Gouvernement Nowgorod der russische Komponist, Dirigent und Musikpädagoge Nicolai Rimskij-Korsakoff geboren, dessen Schaffen der Programmusik von Berlioz und Liszt nahesteht.
Am 10. März wird in Pamplona der spanische Geigenvirtuose und Komponist Pablo de Sarasate geboren.
Der französische Schriftsteller Alexandre Dumas d. Ä. veröffentlicht den Roman »Die drei Musketiere«.
Franz Liszt trennt sich von der Gräfin d'Agoult.

1845
Franz Liszt nimmt am Beethovenfest in Bonn teil, wo seine zur Enthüllung des von ihm finanziell unterstützten Beethovendenkmals geschriebene Festkantate für Solostimmen, gemischten Chor und Orchester uraufgeführt wird.

1846
Franz Liszt lernt während einer Rußland-Tournee die Fürstin Carolyne von Sayn-Wittgenstein kennen.
Der dänische Märchendichter Hans Christian Andersen veröffentlicht das Memoiren-Buch »Das Märchen meines Lebens«.

1847
In Florenz wird am 14. März die Oper »Macbeth« von Giuseppe Verdi und in Wien am 25. November die Oper »Martha« von Friedrich von Flotow uraufgeführt.
Franz Liszt läßt sich in Weimar nieder.
In Leipzig stirbt am 4. November der deutsche Komponist und Dirigent Felix Mendelssohn-Bartholdy.

1848
Februarrevolution in Frankreich. Der Bürgerkönig Louis Philippe dankt ab; Frankreich wird Republik. Märzrevolution in Deutschland und Österreich.
Am 18. Mai wird in der Frankfurter Paulskirche die Deutsche Nationalversammlung eröffnet.
In Bergamo stirbt am 8. April der italienische Komponist Gaetano Donizetti, dessen Opern »Der Liebestrank«, »Lucia di Lammermoor«, »Die Regimentstochter« und »Don Pasquale« weltweit erfolgreich sind.
Im Juni kommt es in Paris zu einem großen Arbeiteraufstand.
In Österreich dankt am 2. Dezember Kaiser Ferdinand I. ab, und Franz Joseph I. besteigt den Thron.

1849
Die Fürstin Carolyne von Sayn-Wittgenstein zieht zu Franz Liszt nach Weimar und lebt dort in der Villa Altenburg. Franz Liszt setzt sich auch weiterhin nachdrücklich für die neue Musikbewegung ein und bringt Richard Wagners »Tannhäuser« zur Aufführung. In den folgenden Jahren wird Weimar zu einem Treffpunkt vieler begabter junger Musiker aus aller Welt.
Von der Nationalversammlung in Frankfurt wird am 28. März eine Deutsche Reichsverfassung angenommen.
Am 16. April wird in Paris die Oper »Der Prophet« von Giacomo Meyerbeer uraufgeführt.
In Berlin stirbt am 11. Mai der deutsche Komponist Otto Nicolai wenige Wochen nach der erfolgreichen Uraufführung seiner Oper »Die lustigen Weiber von Windsor«.
Richard Wagner, der wegen Beteiligung an revolutionären Unruhen aus Dresden flüchten mußte, hält sich im Mai vorübergehend bei Franz Liszt und der Fürstin Carolyne von Sayn-Wittgenstein in Weimar auf.
In Ungarn und in der Tschechoslowakei kommt es zu Volkserhebungen gegen die Herrschaft Österreichs.
Am 25. September stirbt in Wien der österreichische Komponist und Kapellmeister Johann Strauß (Vater) und am 17. Oktober in Paris der Franz Liszt freundschaftlich verbundene polnische Komponist und Pianist Frédéric Chopin.
In Frankreich veröffentlicht der Schriftsteller Alexandre Dumas d. J. den Roman »Die Kameliendame«.
Von Franz Liszt kommen u.a. die symphonische Dichtung »Tasso«, das I. Klavierkonzert Es-Dur und »Totentanz«, eine Paraphrase über »Dies irae«, zur Uraufführung.

1850
Am 28. August wird in Weimar unter der musikalischen Leitung von Franz Liszt die Oper »Lohengrin« von Richard Wagner uraufgeführt. Von Franz Liszt selbst kommen u.a. die symphonische Dichtung »Prometheus« und Phantasie und Fuge für Orgel über den Choral aus Meyerbeers Oper »Der Prophet« zur Uraufführung.

1851
Am 21. Januar stirbt in Berlin der deutsche Komponist, Kapellmeister, Sänger und Schauspieler Albert Lortzing und am 24. Januar in Majolati der italienische Komponist und Dirigent Luigi Spontini, von dessen zahlreichen Werken vor allem die Oper »Die Vestalin« anhaltenden Erfolg hatte.
Am 11. März wird in Venedig die Oper »Rigoletto« von Giuseppe Verdi uraufgeführt.
In England erscheint der Roman »Moby Dick« von Herman Melville.

Der leidenschaftliche Wagneranhänger und spätere Pianist und Dirigent Hans von Bülow, der bereits im Vorjahr nach Weimar gefahren war, um dort Wagners Oper »Lohengrin« zu erleben, übersiedelt endgültig nach Weimar, um bei Franz Liszt seine pianistische Ausbildung zu vollenden. Von Franz Liszt erscheinen die ersten Ungarischen Rhapsodien, denen bald weitere folgen.

1852
Franz Liszt veranstaltet in Weimar eine Berlioz-Woche; der französische Komponist dirigiert mehrere seiner Werke.
Durch einen Staatsstreich läßt sich Louis Napoleon als Napoleon III. zum französischen Kaiser ausrufen.

1853
Am 19. Januar wird in Rom die Oper »Der Troubadour« und am 6. März in Venedig die Oper »La Traviata« von Giuseppe Verdi uraufgeführt. Franz Liszt ist mit seiner Klaviersonate h-moll sehr erfolgreich.
In New York gründet der Instrumentenbauer Heinrich Steinweg die Klavierfabrik Steinway and Sons.

1854
Am 3. Juli wird in Hukvaldy in Mähren der tschechische Komponist Leoš Janáček und am 1. September in Siegburg im Rheinland der deutsche Komponist Engelbert Humperdinck geboren.
Von dem Schweizer Dichter Gottfried Keller erscheint der Roman »Der grüne Heinrich«.
Von Franz Liszt werden u.a. die symphonischen Dichtungen »Les Préludes« und »Mazeppa« uraufgeführt.

1855
Am 2. März stirbt Zar Nikolaus I. von Rußland; sein Sohn Alexander II. besteigt den Thron.
In Lebenyi in Ungarn wird am 12. Oktober der spätere Lisztschüler und deutsche Dirigent Arthur Nikisch geboren.
Von dem deutschen Schriftsteller Gustav Freytag erscheint der Roman »Soll und Haben«.

1856
In Paris stirbt am 17. Februar der deutsche Dichter Heinrich Heine; in Freiberg in Mähren wird am 6. Mai der österreichische Psychiater und Begründer der Psychoanalyse, Sigmund Freud, geboren.
Der deutsche Dichter Eduard Mörike veröffentlicht die Novelle »Mozart auf der Reise nach Prag«.

Am 29. Juli stirbt in Endenich bei Bonn der deutsche Komponist und Musikschriftsteller Robert Schumann in geistiger Umnachtung.
Zur Einweihung der Basilika von Gran in Ungarn wird am 31. August die Missa solemnis für 4 Solostimmen, Chor und Orchester von Franz Liszt uraufgeführt. Auch die symphonische Dichtung »Hungaria« wird beifällig aufgenommen.

1857
In Berlin stirbt am 15. Februar der russische Komponist Michael Glinka, in Paris am 2. Mai der französische Dichter Alfred de Musset und in Wien am 15. Juli der österreichische Klavierpädagoge und Komponist Carl Czerny, der ehemalige Lehrer von Franz Liszt.
Cosima, die Tochter von Franz Liszt, heiratet am 14. August den Lisztschüler und Wagneranhänger Hans von Bülow. Auch Blandine, das älteste der drei Liszt-Kinder aus der Verbindung mit der Gräfin d'Agoult, heiratet im gleichen Jahr.
Von Franz Liszt kommen u.a. die symphonischen Dichtungen »Hunnenschlacht«, »Faust-Symphonie in drei Charakterbildern« und »Symphonie zu Dantes Göttlicher Komödie« zur Uraufführung.
In Frankreich erscheint von Gustav Flaubert der Roman »Madame Bovary« und von Charles Baudelaire die Gedichtsammlung »Die Blumen des Bösen«.

1858
In Neapel wird am 23. April der italienische Komponist Ruggiero Leoncavallo geboren, dessen Oper »Der Bajazzo« noch heute zum internationalen Opernrepertoire gehört.
Am 15. September wird in Budapest der ungarische Geigenvirtuose und Komponist Jenö Hubay geboren, dessen Karriere später von Franz Liszt gefördert wird.
Am 21. September kommt in Paris die Operette »Orpheus in der Unterwelt« von Jacques Offenbach zur Uraufführung.
In Deutschland veröffentlicht Wilhelm Busch seine Bildergeschichte mit Versen »Max und Moritz«.
In Weimar kommt es am 18. November bei der von Franz Liszt geleiteten Uraufführung der Oper »Der Barbier von Bagdad« von Peter Cornelius zu einem inszenierten Theaterskandal. Franz Liszt legt daraufhin sein Amt nieder und verläßt mit der Fürstin Carolyne von Sayn-Wittgenstein die Stadt.
In Lucca wird am 22. Dezember der italienische Komponist Giacomo Puccini geboren.

1859
Franz Liszt wird zum Ehrenpräsidenten des Allgemeinen Deutschen Musikvereins ernannt.

In Rom wird am 17. Februar die Oper »Ein Maskenball« von Giuseppe Verdi uraufgeführt.
Am 22. Oktober stirbt in Kassel der deutsche Komponist, Geiger und Dirigent Louis Spohr.
Am 13. Dezember stirbt in Berlin Liszts Sohn Daniel, das jüngste der drei Kinder aus der Verbindung mit der Gräfin d'Agoult.

1860

Am 13. März wird in Windisch-Gräz in der Südsteiermark der österreichische Komponist Hugo Wolf geboren, am 29. Mai in Camprodón in der Provinz Gerona der spanische Pianist, Komponist und Liszt-Schüler Isaac Albéniz und am 7. Juli in Kalischt in Böhmen der österreichische Komponist Gustav Mahler.
Franz Liszt konzertiert am Pariser Hof, lehnt es aber ab, ein ihm angebotenes hohes Amt anzunehmen.
Die Fürstin Carolyne von Sayn-Wittgenstein reist nach Rom, um beim Papst ihre seit Jahren betriebene Scheidung durchzusetzen und Franz Liszt heiraten zu können.

1861

Am 2. Januar stirbt König Friedrich Wilhelm IV. von Preußen; Wilhelm I. besteigt den Thron.
Ausbruch des Bürgerkrieges in Nordamerika; sogenannter Sezessionskrieg zwischen den Nord- und Südstaaten.
Zwischen Franz Liszt und Richard Wagner kommt es zu einer ernstlichen Verstimmung. Liszt läßt sich in Rom nieder, aber die geplante Hochzeit mit der Fürstin Carolyne von Sayn-Wittgenstein scheitert am Einspruch des Papstes.
Von dem russischen Schriftsteller Fjodor Dostojewskij erscheint der Roman »Memoiren aus einem Totenhaus«.
Von Franz Liszt wird die symphonische Dichtung »Zwei Episoden aus Lenaus Faust« uraufgeführt. Die zweite Episode ist der berühmte Mephisto-Walzer. Außerdem vollendet Liszt die Umarbeitung seines II. Klavierkonzertes A-Dur.

1862

Der französische Architekt Charles Garnier baut die Große Oper in Paris.
Der deutsche Maler Julius Schnorr von Carolsfeld, führender Vertreter der Nazarener-Schule, schafft eine Bibel in Bildern. Der deutsche Schriftsteller Theodor Fontane veröffentlicht »Wanderungen durch die Mark Brandenburg«.
In St.-Germain-en-Laye wird am 22. August der französische Komponist Claude Debussy geboren.

Von Franz Liszt kommt das Oratorium »Die Legende von der heiligen Elisabeth« zur Uraufführung.
Liszts Tochter Blandine, das älteste der drei Kinder aus der Verbindung mit der Gräfin d'Agoult, stirbt am 11. September in St.-Tropez.
In Petersburg wird am 10. November die Oper »Die Macht des Schicksals« von Giuseppe Verdi uraufgeführt.

1863
Am 22. Januar bricht in Polen ein die nationale Unabhängigkeit anstrebender Aufstand aus.
Am 10. April wird in Glasgow der spätere Liszt-Schüler Eugene d'Albert geboren, der als Pianist erfolgreich ist und dessen Oper »Tiefland« gelegentlich noch heute gespielt wird. Am 2. Juni wird in Zara in Dalmatien der österreichische Dirigent und Komponist Felix von Weingartner geboren, der später ebenfalls zu den Liszt-Schülern gehört.
25 Schweizer Bürger ergreifen die Initiative zur Gründung eines internationalen Roten-Kreuz-Komitees zur humanen Behandlung verwundeter und kranker Kriegsgefangener.
Im November entwickelt sich zwischen Cosima von Bülow, der Tochter von Franz Liszt, und Richard Wagner eine Liebesbeziehung.
In Livorno wird am 7. Dezember der italienische Komponist und Dirigent Pietro Mascagni geboren, dessen Oper »Cavalleria rusticana« noch heute zum internationalen Opernrepertoire gehört.

1864
Am 2. Mai stirbt in Paris der deutsche Opernkomponist Giacomo Meyerbeer.
Am 11. Juni wird in München der deutsche Komponist Richard Strauss geboren.
Das Rote Kreuz wird international anerkannt; am 22. August wird die Genfer Konvention zur humanen Behandlung verwundeter und kranker Kriegsgefangener abgeschlossen.

1865
Im April gibt Franz Liszt sein letztes öffentliches Konzert und empfängt die niederen Priesterweihen.
In Paris kommt am 28. April die Oper »Die Afrikanerin« des im Vorjahr verstorbenen Giacomo Meyerbeer, in München am 10. Juni die Oper »Tristan und Isolde« von Richard Wagner zur Uraufführung.
In Petersburg wird am 29. Juli der russische Komponist und Dirigent Alexander Glasunow geboren, der später seine II. Symphonie Franz Liszt widmet, in Paris am 1. Oktober der französische Komponist und Musikkritiker Paul Dukas und in Hämeenlinna am 8. Dezember der finnische Komponist Jean Sibelius, von dessen symphonischen Dichtungen in einem fin-

nischen nationalromantischen Stil vor allem »Finlandia« sehr bekannt wird.
Mit dem Sieg der Nordstaaten endet der amerikanische Bürgerkrieg; die Sklaverei wird in ganz Nordamerika aufgehoben.

1866
In Clamecy in Burgund wird am 29. Januar der französische Schriftsteller Romain Rolland geboren und in Empoli bei Florenz am 1. April der italienische Komponist, Pianist und Musikschriftsteller Verruccio Busoni.
Am 6. Februar stirbt in Paris Maria Anna Liszt, geb. Lager, die Mutter von Franz Liszt.
In Prag wird am 30. Mai die Oper »Die verkaufte Braut« von Friedrich Smetana uraufgeführt.
Franz Liszt beendet seine Beziehung zur Fürstin Carolyne von Sayn-Wittgenstein, bleibt ihr aber freundschaftlich verbunden.
Der russische Schriftsteller Fjodor Dostojewskij veröffentlicht den Roman »Schuld und Sühne«.

1867
Kaiser Franz Joseph I. von Österreich wird in Budapest zum König von Ungarn gekrönt. Aus diesem Anlaß kommt die »Ungarische Krönungsmesse« für 3 Solostimmen, gemischten Chor und Orchester von Franz Liszt zur Uraufführung.
In Paris wird am 11. März die Oper »Don Carlos« von Giuseppe Verdi uraufgeführt. Außerdem werden in einer vieldiskutierten Ausstellung Gemälde von Gustave Courbet und Edouard Manet gezeigt. Der französische Impressionismus beginnt sich zu entwickeln.

1868
In München wird am 21. Juni die Oper »Die Meistersinger von Nürnberg« von Richard Wagner uraufgeführt.
Am 13. November stirbt in Passy bei Paris der italienische Komponist Gioacchino Rossini.
Von Franz Liszt kommt das Requiem für 4 Solostimmen, 4stimmigen Männerchor, Orgel und Blechbläser zur Uraufführung.

1869
Am 8. März stirbt in Paris der französische Komponist Hector Berlioz.
Franz Liszt läßt sich erneut in Weimar nieder, wo er von vielen Schülern und Anhängern aufgesucht wird.
In Rußland erscheint der Roman »Krieg und Frieden« von Leo N. Tolstoi.
Eröffnung des Suezkanals.

1870
Am 10. März stirbt in Leipzig der deutsche Klaviervirtuose, Komponist und Dirigent Ignaz Moscheles, der international sehr erfolgreich war, lange Zeit in London lebte und dann am Konservatorium in Leipzig wirkte.
Ausbruch des deutsch-französischen Krieges am 19. Juli.
Am 25. August heiratet Richard Wagner die geschiedene Cosima von Bülow.
Im September Schlacht von Sedan; Kaiser Napoleon III. gerät in deutsche Kriegsgefangenschaft; in Frankreich wird die Republik ausgerufen.

1871
Die deutschen Truppen marschieren in Paris ein; Ende des deutsch-französischen Krieges. Am 18. Januar wird das Deutsche Reich gegründet; im Spiegelsaal von Versailles läßt sich König Wilhelm I. von Preußen zum deutschen Kaiser proklamieren.
Im März kommt es in Paris zu einem Aufstand der Kommune, der im Mai nach blutigen Straßenkämpfen von Regierungstruppen niedergeschlagen wird.
Am 13. Mai stirbt in Paris der französische Komponist François Auber, dessen Opern »Die Stumme von Portici« und »Fra Diavolo« weltweit erfolgreich sind.
Franz Liszt wird zum ungarischen Hofrat ernannt.
In Kairo wird am 24. Dezember anläßlich des bereits 1869 eröffneten Suezkanals die Oper »Aida« von Giuseppe Verdi uraufgeführt.

1872
Am 10. Januar wird in Moskau der russische Komponist und Pianist Alexander Skrjabin geboren, dessen Schaffen stark von Franz Liszt beeinflußt ist.
In Bayreuth wird der Grundstein zum Richard-Wagner-Festspielhaus gelegt.

1873
Am 19. März wird in Brand in der Oberpfalz der deutsche Komponist Max Reger geboren und am 20. März in Oneg im Gouvernement Nowgorod der russische Komponist, Pianist und Dirigent Sergej Rachmaninow, dessen Interpretationen der Klavierwerke von Franz Liszt internationale Anerkennung finden.
In Rußland erscheint der Roman »Anna Karenina« von Leo N. Tolstoi.

1874
Am 19. Januar stirbt in Corvey an der Weser der deutsche Dichter Heinrich Hoffmann von Fallersleben, der während seines Weimar-Aufenthaltes Franz Liszt freundschaftlich nahe stand.
Am 24. Januar wird in Petersburg die Oper »Boris Godunow« von Modest Mussorgskij uraufgeführt.
In Wien wird am 1. Februar der österreichische Dichter Hugo von Hofmannsthal und am 13. September der österreichische Komponist Arnold Schönberg

geboren, der später den Liszt-Preis des Allgemeinen Deutschen Musikvereins erhielt und die Zwölf-Ton-Musik begründete.
Am 26. Oktober stirbt in Mainz der Franz Liszt freundschaftlich verbundene deutsche Komponist und Dichter Peter Cornelius.

1875
Am 3. März wird in Paris die Oper »Carmen« von Georges Bizet uraufgeführt; am 3. Juni des gleichen Jahres stirbt der Komponist in Bougival bei Paris.
Am 7. März wird in Ciboure in den Pyrenäen der französische Komponist Maurice Ravel geboren.
Franz Liszt wird Präsident der ungarischen Musikakademie in Budapest, deren Gründung wesentlich auf Liszts jahrelange Initiative zurückgeht.
Die von Charles Garnier erbaute Große Oper in Paris wird festlich eingeweiht.

1876
Am 5. März stirbt in Paris die Gräfin d'Agoult, mit der Franz Liszt viele Jahre verbunden war; am 8. Juni stirbt in Nohant die französische Schriftstellerin George Sand, die zu Liszts Pariser Freundeskreis gehörte.
Mit der ersten Gesamtaufführung von Richard Wagners Tetralogie »Der Ring des Nibelungen« wird das Bayreuther Festspielhaus eröffnet. Franz Liszt wohnt den Aufführungen bei und besucht auch in den folgenden Jahren regelmäßig die Bayreuther Festspiele.
Am 23. November wird in Cadiz der spanische Komponist Manuel de Falla geboren.

1877
Zur Befreiung der Balkanstaaten führt Rußland Krieg gegen die Türkei.
Durch Förderung von Franz Liszt wird am 2. Dezember in Weimar die Oper »Samson und Dalila« von Camille Saint-Saëns uraufgeführt.

1879
In Moskau wird am 29. März die Oper »Eugen Onegin« von Peter Tschaikowsky uraufgeführt.
Franz Liszt wird im Oktober zum Domherren ernannt und trägt fortan die purpurne Soutane.

1880
Der Bau des Kölner Doms, Grundsteinlegung 1248, wird vollendet.
In Paris stirbt am 5. Oktober der französische Komponist deutscher Herkunft Jacques Offenbach.

1881
In Paris wird am 10. Februar die Oper »Hoffmanns Erzählungen« des im Vorjahr verstorbenen Komponisten Jacques Offenbach uraufgeführt.

Im März kommt Zar Alexander II. von Rußland bei einem Attentat ums Leben; sein Sohn Alexander III. besteigt den Thron.
In Petersburg stirbt am 16. März der russische Komponist Modest Mussorgskij. In Nagyszentmiklos wird am 25. März der ungarische Komponist Béla Bartók geboren.
Im Juli erleidet Franz Liszt in Weimar einen Schlaganfall, von dem er sich jedoch wieder erholt; er reist zur Fürstin Carolyne von Sayn-Wittgenstein nach Rom.

1882
Unter der Leitung von Hans von Bülow wird in Berlin das Philharmonische Orchester gegründet.
Am 26. Juli wird in Bayreuth das Bühnenweihfestspiel »Parsifal« von Richard Wagner uraufgeführt. Franz Liszt wohnt der Uraufführung bei und reist im November nach Venedig.
Am 16. Dezember wird in Kecskemet der ungarische Komponist Zoltán Kodály geboren.

1883
Am 13. Februar stirbt Richard Wagner in Venedig.
In New York wird die Metropolitan Opera eröffnet, die Weltgeltung erlangt.

1884
Am 19. Januar kommt in Paris die Oper »Manon« von Jules Massenet zur Uraufführung.
Am 12. Mai stirbt in Prag der tschechische Komponist Friedrich Smetana.

1885
In London wird am 15. März die Operette »Der Mikado« von Arthur Sullivan uraufgeführt.
Am 10. Mai stirbt in Köln der deutsche Komponist und Dirigent Ferdinand Hiller, der ehemalige Freund und spätere Gegner von Franz Liszt. In Paris stirbt am 22. Mai der französische Dichter Victor Hugo, der zu Liszts Pariser Freundeskreis gehörte.

1886
In Berlin wird am 25. Januar der Dirigent Wilhelm Furtwängler geboren.
Als Geschenk Frankreichs an die Vereinigten Staaten von Nordamerika wird im Hafen von New York die Freiheitsstatue errichtet.
Franz Liszt, obwohl bereits sehr schwach und hinfällig, unternimmt noch mehrere Reisen und fährt dann zum Festspielbeginn nach Bayreuth. Dort stirbt er am 31. Juli an einer Lungenentzündung.